KB175777

마르셀 프루스트(1871~1922) 20세 무렵의 프루스트 초상. 자크 에밀 블랑슈. 1900. 파리, 오르세미술관

고모 레오니의 집 《잃어버린 시간을 찾아서》 1권 스완의 집 쪽으로의 배경이 된 일리에 콩브레 마을이다.

마르셀 프루스트 공원 어린 시절 첫사랑 주인공인 질베르트와 운명적 만남이 이루어진 장소이다.

생자크 교회 콩브레 마을 단 하나의 성당으로 이 마을은 살기에 조금 쓸쓸하다.

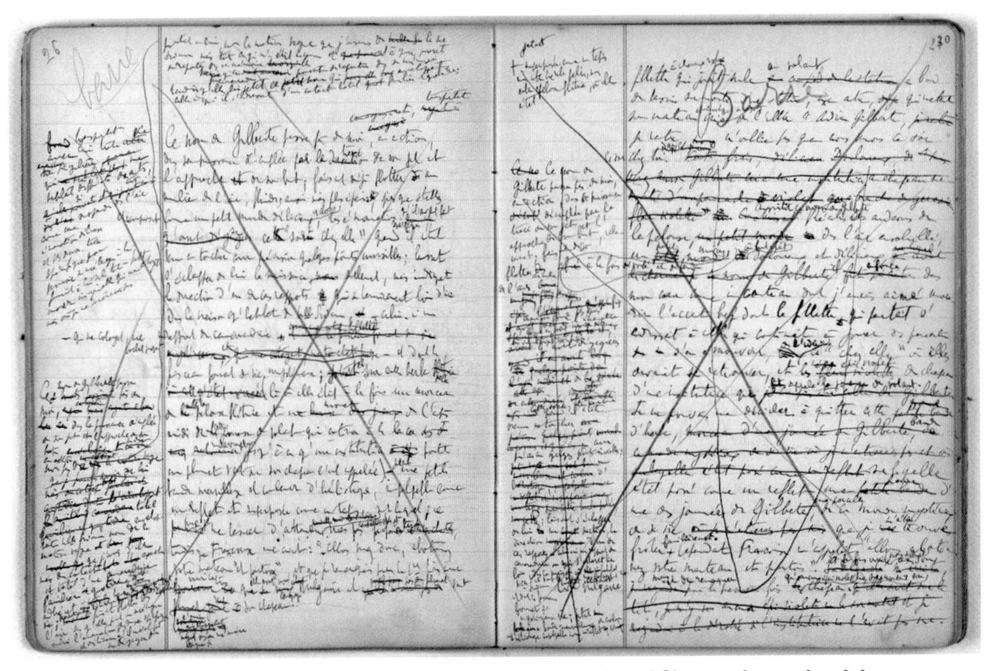

《잃어버린 시간을 찾아서》 프루스트가 직접 교정 본 제1편 〈스완네 집 쪽으로〉 초판 원고 프랑스 국립도서관

〈푸른 수련〉 클로드 모네. 1906. 파리, 오르세 미술관. 프루스트는 프랑스 인상파 회화를 좋아했는데, 그중에서도 특히 모네의 작품을 좋아했다. 이 작품을 '콩브레의 흐르는 수련'이라고 묘사했다.

카부르 그랜드 호텔 프루스트는 1907~14년까지 해마다 여름이면 《잃어버린 시간을 찾아서》의 배경이 되는 노르망디의 피서지에서 지내며 많은 작품을 썼다.

〈이드로의 딸〉 산드로 보티첼리. 1482. 제1편 2부 '스완의 사랑'에서 화자는 시스티나 성당의 벽에 그려져 있는 이 그림에서 오데트의 얼굴을 보았다고 한다.

〈밀물 때의 카부르 해변〉 르네 자비에 프리네. 1910. 오르세 미술관. "아니에요, 당신이 나에게 빠져 있는 건 알지만, 난 차지도 뜨겁지도 않아요. 그도 그럴 것이, 당신을 대수롭게 여기지 않으니까."

소돔과 고모라의 파괴 존 마틴. 1852. 마르셀은 샤를뤼스 남작과 재봉사 쥐피앙의 만남을 목격하며 고립된 동성애자들이 서로를 찾아내고 서로에게 끌리는 모습에서 만남의 기적에 대한 아름다움을 느낀다.

〈1889년 파리박람회 중앙 돔〉 루이 벨. 1890. 파리, 카르나발레 미술관
이 박람회는 에펠탑 건설로 역사에 그 이름을 남겼다. 세계 물산을 한곳에 모은 박람회는 보기 힘든 이국의 문화를 접하며 신선한 자극을 받는 장이 되었다.

▲리츠에서의 식사
리츠호텔은 파리 방돔 광장에 있는 고급 호텔이다. 1917년부터 프루스트는 이곳의 단골손님이 되어 소설을 쓰기 위한 정보를 얻기 위해 투숙객들을 관찰하기도 했다.

◀일리에의 생자크 교회
아버지의 고향 일리에는 소설 속 '콩브레'의 모델이다. 일리에의 한가운데에 생자크 교회가 우뚝 솟아 있다.

World Book 140

Marcel Proust

À LA RECHERCHE DU TEMPS PERDU

잃어버린 시간을 찾아서 I

마르셀 프루스트/민희식 옮김

동서문화사

디자인 : 동서랑 미술팀

잃어버린 시간을 찾아서
차례

잃어버린 시간을 찾아서 I

잃어버린 시간을 찾아서 Ⅱ

잃어버린 시간을 찾아서 Ⅲ

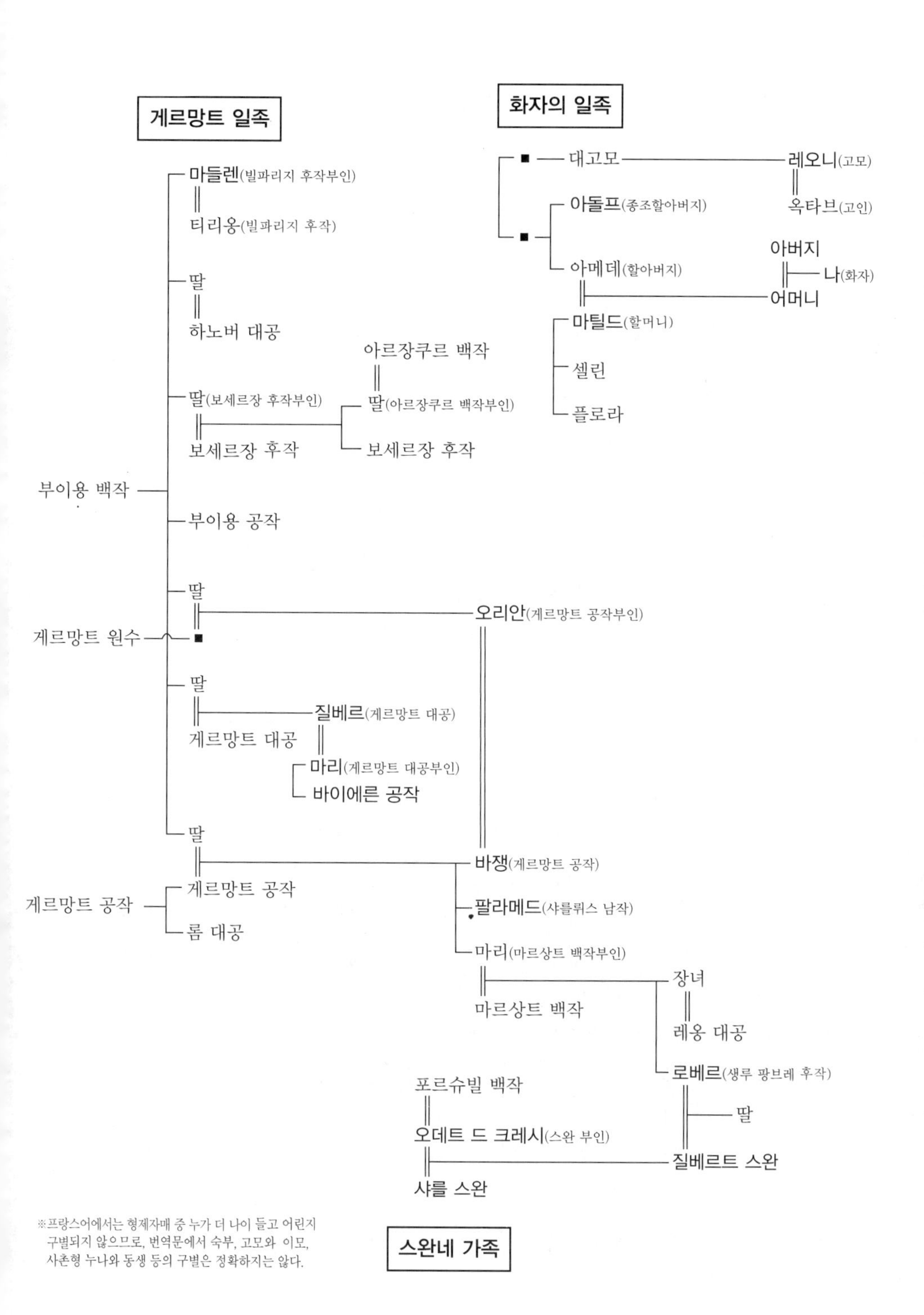
게르망트 일족
마들렌(빌파리지 후작부인)
티리옹(빌파리지 후작)
딸
하노버 대공
아르장쿠르 백작
딸(보세르장 후작부인)
딸(아르장쿠르 백작부인)
보세르장 후작
보세르장 후작
부이용 백작
부이용 공작
딸
오리안(게르망트 공작부인)
게르망트 원수
딸
질베르(게르망트 대공)
게르망트 대공
마리(게르망트 대공부인)
바이에른 공작
딸
바쟁(게르망트 공작)
게르망트 공작
게르망트 공작
팔라메드(샤를뤼스 남작)
롬 대공
마리(마르상트 백작부인)
장녀
마르상트 백작
레옹 대공
로베르(생루 팡브레 후작)
포르슈빌 백작
딸
오데트 드 크레시(스완 부인)
질베르트 스완
샤를 스완
화자의 일족
대고모
레오니(고모)
아돌프(종조할아버지)
옥타브(고인)
아버지
아메데(할아버지)
나(화자)
어머니
마틸드(할머니)
셀린
플로라
※프랑스어에서는 형제자매 중 누가 더 나이 들고 어린지 구별되지 않으므로, 번역문에서 숙부, 고모와 이모, 사촌형 누나와 동생 등의 구별은 정확하지는 않다.
스완네 가족

등장인물

'나'와 가족

나 작품 속의 말하는 이. 성도 이름도 나오지 않는다(제5편에서 마르셀이란 이름이 두 번 나오지만 그의 이름이라고 단정할 순 없다). 파리의 유복한 부르주아 가정에서 태어났다. 선천적으로 병약한 체질이라 어릴 때에는 가족들과 함께 아버지의 고향 콩브레에서 휴가를 보냈다. 문학을 좋아하는 어머니와 할머니의 영향을 받아 소설가를 꿈꾸며 자란다. 그러나 자기 재능에 자신이 없어서 사교와 연애에 빠져 지낸다.

아버지 행정기관의 고급 관료. 아돌프 종조할아버지가 자택에서 아들을 '장밋빛 드레스를 입은 여인'과 동석하게 하자, 화가 나서 숙부와 인연을 끊는다(제1편). 전직 외교관인 노르푸아 후작과 친해서 그를 식사에 초대하거나 그와 함께 스페인을 여행한다(제2편). 가족들 중에선 유일하게 반(反)드레퓌스파이다(제3편).

어머니 교양이 풍부하고 겸손한 여인. 어릴 때부터 병약했던 아들에게 세심한 애정을 쏟았다. 말하는 이는 콩브레에 머물던 시절, 잠자리에서 어머니가 해주던 입맞춤의 추억을 특히 그리워한다(제1편). 그녀는 어머니(말하는 이의 할머니)를 매우 사랑했고 죽음을 앞둔 어머니를 헌신적으로 간병했다. 어머니가 세상을 떠난 이후로는 풍모도 점점 어머니를 닮아간다(제3, 4편).

할아버지(아메데) 외할아버지이자 아돌프 종조할아버지의 형. 유대인인 스완의 아버지와 친했지만, 말하는 이의 친구들 가운데 유대인이 많다는 점을 경계한다(제1편).

할머니(마틸드) 외할머니. 미적 감수성이 풍부하다. 세비녜 부인의 서간을 인용하거나 조르주 상드의 소설을 말하는 이에게 선물하는 등, 문학 지망생인 말하는 이의 소년 시절에 영향을 미친다(제1편). 말하는 이와 함께 발베크에 머물렀는데, 이때 옛날에 함께 공부했던 빌파리지 후작부인과 재회한다(제2편). 말하는 이와 샹젤리제를 산책하다가 발작을 일으킨 뒤 머지않아 세상을 떠난다(제3편). 하지만 그녀의 추억은 '마음의 간헐'이란 장(章)에서 생생하게 되살아난다(제4편).

대고모 할아버지의 사촌누나이자 레오니 고모의 어머니. 말하는 이의 가족들이 머물렀던 콩브레 저택의 주인.

레오니 고모 콩브레의 집에서 살고 있는 대고모의 딸. 옥타브의 미망인으로 '옥타브 마님'이라 불린다. 지금은 늘 침대에 누워서 생활하고 있으며 하녀 프랑수아즈가 그녀를 돌보고 있다(제1편). 그녀가 유산 상속인으로 말하는 이를 지명했다는 사실이 그녀가 죽은 뒤에 밝혀진다(제2편).

셀린과 플로라 할머니의 여동생들이다. 콩브레에서 저녁 식사에 초대되어 온 스완에게, 그가 선물로 가져온 와인에 대해서 에두른 표현으로 감사인사를 한다(제1편).

아돌프 종조할아버지 할아버지의 동생. 콩브레 저택에 여전히 그의 방이 남아 있다. 아내와 사별하고 난 뒤 여배우와 고급 창부를 상대로 분방한 생활을 하고 있다. 그의 애인들 중 하나가 '장밋빛 드레스를 입은 여인' 곧 오데트인데, 이윽고 그녀와의 관계 때문에 말하는 이의 가족들은 물론 스완과도 사이가 틀어지고 만다(제1편). 음악가 모렐의 아버지는 그의 하인이었다(제3편).

그 밖의 등장인물

갈라르동 후작부인 게르망트 가문의 친척이지만 게르망트 가문 사람들은 그녀를 멀리하고 있다. 생퇴베르트 후작부인 저택의 야회에서 롬 대공부인(뒷날의 게르망트 공작부인)을 만나 집으로 초대하려 하지만 냉대를 받는다(제1편). 그 뒤 게르망트 대공부인 저택에서 조카를 샤를뤼스 남작에게 소개하려다가 실패한다(제4편).

게르망트 공작(바쟁) 프랑스 명문귀족 게르망트 가문의 12대 공작. 공작의 지위를 잇기 전에는 롬 대공이라 불렸다. 샤를뤼스 남작의 형. 아내는 사촌누이인 오리안인데, 공작은 결혼한 다음 날부터 바람을 피운다. 그의 고모인 빌파리지 후작부인과의 인연으로, 말하는 이네 가족은 파리에서 그와 같은 저택의 별채에 살게 된다(제3편). 친척 오스몽 후작이 죽은 날에도 사교적인 즐거움을 포기하려 하지 않았다. 반드레퓌스파였지만 부인네들의 영향을 받아 드레퓌스파로 돌아선다(제4편). 뒷날 격식 있는 자키 클럽의 회장 선거에서 쇼스피에르에게 패배하고, 미술 아카데미 회원으로도 선출되지 못한다(제5편). 제1차 세계대전 이후에는 포르슈빌 백작의 미망인 오데트가 그의 애인이 된다(제7편).

게르망트 공작부인(오리안) 게르망트 가문 출신으로 게르망트 공작의 아내. 이전의 신분은 롬 대공부인. 상류 사교계의 꽃. 그녀의 신랄한 경구(警句)는 '게르망트 가문의 재기(才氣)'라 불리고 있다. 어린 시절 말하는 이는 신비로운 소문에 싸인 부인을 동경했다(제1편). 그 뒤 같은 저택의 딴채에서 살게 된 말하는 이는 오페라 극장에서 부인을 보고서 두근거림을 느낀다. 시간이 흐르면서 동경은 점점 엷어지지만 부인과는 여전히 친하게 지낸다(제3편). 부인은 스완과 가까웠지만 품위 있는 여성이라서, 스완이 살아 있는 동안에 그의 아내 오데트를 저택으로 초대한 적이 없었다. 그러나 나중에 스완의 딸이자 포르슈빌 백작의 양녀인 질베르트가 부인의 조카 생루와 약혼하게 되자, 질베르트를 오찬회에 초대한다(제6편). 뒷날 그녀는 한때 창부였던 여배우 라셸과 친해지면서 사교계에서의 위신을 잃는다(제7편).

게르망트 대공(질베르) 게르망트 공작의 사촌형. 열렬한 반유대주의자로 알려져 있었으나 어느 야회에서 스완에게 자신이 드레퓌스파임을 털어놓는다. 이후 동성애자인 것이 밝혀지고, 사촌동생 샤를뤼스 남작의 연애 상대인 모렐과 함께 유곽에 드나들며 둘이서 밀회를 약속했던 사실이 드러난다(제4편). 뒷날 아내와 사별하고 파산한 끝에 뒤라스 공작부인(전 베르뒤랭 부인)과 재혼한다(제7편).

게르망트 대공부인(마리) 전 바이에른 공작 가문 출신으로 게르망트 대공의 아내. 사교계에서는 '마리 질베르'라고 불린다. 말하는 이는 오페라 극장에서 게르망트 공작 부부와 함께 극을 관람하고 있는 그녀를 처음 보았고, 두 부인을 대조적으로 관찰한다(제3편). 남편보다 먼저 드레퓌스의 무죄를 믿고 있었다. 뒷날 부인이 샤를뤼스 남작을 사랑한다는 소문이 난다(제4편).

공증인 → 브란데

구필 부인 콩브레의 이웃(제1편). 뒷날 말하는 이의 기사가 신문에 실리자 축하 편지를 보낸다(제7편).

나폴리 왕비 실존 인물(1841~1925). 지위를 잃고 지체에 어울리지 않는 생활을 하고 있다. 베르뒤랭 부인네 음악회에 참석해서 샤를뤼스 남작이 모욕을 당하는 현장에 맞닥뜨려 그를 궁지에서 구해준다(제5편).

노르푸아 후작 전직 대사. 빌파리지 후작부인과 몰래 사귀고 있다. 외교관다운 말투로 이야기하며 절대 꼬투리를 잡히지 않는 인물. 정부의 같은 위원회에 소속된 말하는 이의 아버지가 그를 저녁 식사에 초대했고, 그는 그 자리에서 문학에 대한 이야기를 나누며 말하는 이의 문학열을 꺾어놓는다. 말하는 이의 아버지와 함께 스페인 여행을 한다(제2편). 아카데미 회원으로 선출되길 바라는 아버지는 그의 지지를 얻으려고 하지만 그다지 좋은 대답을 얻지 못한다. 드레퓌스 사건에 대해서는 애매한 태도를 취한다(제3편). 뒷날 말하는 이는 베네치아에서 빌파리지 후작부인과 함께 있는 늙은 후작을 목격한다(제6편).

라 베르마 말하는 이가 동경하던 위대한 여배우. 그러나 말하는 이는 라 베르마의 무대를 제 눈으로 처음 보고 환멸을 느낀다(제2편). 나중에 오페라 극장에서 다시 한 번 그녀가 연기하는 〈페드르〉를 본다(제3편). 전쟁이 끝난 뒤 왕년의 명배우는 딸 부부를 위해 다과회를 열지만, 대중의 마음은 이미 그녀를 떠났으므로 사람이 모이지 않는다(제7편).

라셸 유대인 여배우. 본명은 알 수 없는데 말하는 이는 친구 블로크에게 이끌려 간 유곽에서 '라셸'이라 불리던 그녀를 보고서, 그녀에게 오페라 〈유대 여인〉의 아리아에서 따온 '주님의 라셸'이라는 별명을 붙인다(제2편). 여배우가 된 그녀는 생루에게 사랑받지만 게르망트 공작부인의 살롱에서 열린 낭독 모임에서는 모두에게 비웃음을 당한다(제3편). 그 뒤 베르뒤랭 부인의 조카 옥타브와 사귀지만 결국 버림받는다(제6편). 전쟁 뒤에 유명 여배우가 된 그녀는, 남편을 오데트에게 빼앗긴 게르망트 공작부인과 친해진다. 그리고 게르망트 대공부인 저택에서 열린 오후 연회에서 시를 낭독한다(제7편).

레비(에스텔) 블로크의 사촌누이. 발베크에 머물 때 여배우 레아와 가까워져서 주위의 빈축을 산다(제2편). 그 뒤 레아와 동거하게 되는데, 한편으로 말하는 이는 그녀가 다른 여성과 친해지는 장면을 목격한다(제4편). 이윽고 그녀와 알베르틴과의 관계를 의심하게 된 말하는 이는 그녀의 사진을 블로크에게 보내 달라고 부탁한다(제5편).

레아 여배우. 발베크에서 블로크의 사촌누이와 가깝게 지내고 있다(제2편). 말하는 이는 그녀가 알베르틴의 친한 친구였다는 사실과, 또 그녀가 트로카데로의 특별 마티네에 출연한다는 사실을 알자, 알베르틴과 앙드레가 공연을 보러 가는 것을 막으려고 한다. 얼마 뒤 모렐에게 보내는 그녀의 편지를 발견하고는 그 내용을 통해 그녀가 고모라의 여자임을 확신한다(제5편). 옛날에 질베르트와 함께 샹젤리제를 걸었던 남자는 바로 남장한 레아였다(제6편).

로베르 →생루(팡 브레) 후작

로즈몽드 '꽃피는 아가씨들' 가운데 한 사람(제2편). 말하는 이는 두 번째로 발베크에 머물 때 그녀를 다시 만난다. 알베르틴은 그녀의 부모님이 소유한 앵카르빌의 별장에 머문다(제4편).

롬 대공(**부인**) →게르망트 공작(부인)

뤽상부르 대공부인 발베크에서 빌파리지 후작부인을 만나는데, 후작부인이 말하는 이와 할머니를 소개한다. 호텔 투숙객들은 그녀를 고급 창부라고 여긴다(제2편).

르그랑댕 콩브레에 별장을 소유한 부르주아 기사(技師). 호사가이며 전형적인 속물. 귀족과 동행할 때에는 말하는 이와 그의 아버지를 만나도 모르는 체한다. 여동생 캉브르메르 후작부인에게 말하는 이와 할머니를 소개하고 싶어하지 않는다(제1편). 빌파리지 후작부인 저택을 억지로 방문한다(제3편). 뒷날 샤를뤼스 남작과 알게 되고 메제글리즈 백작을 자칭한다(제6편).

르루아 부인(**블랑슈**) 빌파리지 후작부인의 친구. 고상한 체하는 속물이다. 사교계에 드나들면서도 후작부인의 살롱에는 가려고 하지 않는다(제3편).

리프트 발베크 그랑 호텔에서 일하는 엘리베이터 보이. 보통 '리프트'라고 불리지만 블로크는 그를 '라이프트'라 부른다(제2편). 말하는 이를 찾아온 캉브르메르 후작부인의 이름을 '카망베르'라고 잘못 전한다(제4편). 제1차 세계대전에 종군(제7편).

마르상트 백작부인(**마리**) 생루의 어머니. 게르망트 공작과 샤를뤼스 남작의 여동생이며, 빌파리지 후작부인의 조카딸이다. 남편은 10년에 걸쳐 자키 클럽 회장 자리를 맡았다. 아들과 여배우 라셸의 관계를 달가워하지 않는

데, 그 때문에 라셀에게서 드레퓌스에 대해 잔혹한 태도를 보인다고 비난받는다. 스완과 결혼한 오데트에게 처음엔 차갑게 대했으나, 결국 그녀를 자기 집에 초대하고 게르망트 집안에도 드나들 수 있게 하려다가 공작부인의 노여움을 산다(제3편). 아들을 앙부르사크 아가씨와 결혼시키려고 한다(제4편). 나중에 많은 유산을 상속받은 스완의 딸 질베르트와 자기 아들을 결혼시키고, 그 뒤에는 그들의 이혼을 막는다(제6편).

마리 질베르 → 게르망트 대공부인

마마 → 오스몽 후작

메메 → 샤를뤼스 남작

모렐(샤를르, 샤를리라고도 불린다) 바이올리니스트. 그의 아버지는 아돌프 종조할아버지의 하인이었다. 포병연대 악대에 속해 있었을 때, 동시에르 역에서 샤를뤼스 남작을 만나 그의 애정을 이용하게 된다(제4편). 쥐피앙의 조카딸에게 구혼한다. 베르뒤랭네 살롱에서 뱅퇴유의 〈7중주곡〉을 연주한 다음, 남작의 방약무인한 태도에 화가 난 부부의 부추김을 받아 결국 남작과 결별한다(제5편). 그 뒤 생루에게도 사랑을 받아, 그와 그의 아내 질베르트한테 신세를 진다. 한편 말하는 이는 그가 가지고 놀던 세탁부들을 알베르틴에게 소개하고 있었다는 사실을 알게 된다(제6편). 전쟁 중에는 베르뒤랭 부인과 짜고서 늙은 남작을 독일 편이라고 중상하는 기사를 신문에 게재한다. 전쟁이 끝나고 게르망트 대공부인 저택에서 말하는 이와 재회했을 때, 그는 명망 높은 유명인이 되어 있었다(제7편).

몰레 백작부인 어느 날 아침, 게르망트 공작부인 저택에 귀퉁이를 접은 명함 비슷한 것을 두고 가서 공작부인의 빈축을 산다(제3편). 샤를뤼스 남작은 커다란 호의를 보이면서 그녀를 따라다닌다(제4편). 그러다가 갑자기 그녀가 싫어진 샤를뤼스는 모렐을 이용해서 신문을 통해 부인을 모욕했고, 이 때문에 부인은 죽게 된다(제5편, 다만 이는 소설 뒷부분의 내용과 모순된다). 전쟁 중에 베르뒤랭 부인에 맞서 은근히 샤를뤼스를 두둔한다(제7편).

바발루 → 브레오테 콩살비 후작

뱅퇴유 음악가이자 한때 말하는 이 할머니의 여동생들을 가르쳤던 전직 피아노 교사. 콩브레 근처 몽주뱅이라는 곳에서 조용히 살고 있는데, 같이 사는 딸과 그녀의 여자친구가 동성애자라는 소문이 돌아서 괴로워한다. 한편 그가 작곡한 소나타를 처음 듣고 나서부터, 스완은 그 곡을 오데트와 자신의 '사랑의 국가'로 여기게 된다(제1편). 그가 죽은 뒤에 숨은 걸작 〈7중주곡〉이 모렐 등에 의해서 연주되어 말하는 이에게 깊은 감명을 준다(제5편).

뱅퇴유 양 음악가의 딸. 아버지를 여의고 나서 그녀가 자택에서 여자친구와 함께 사디즘 행위에 몰두하는 장면을 말하는 이가 목격한다(제1편). 뒷날 그 여자친구의 도움을 받아 아버지의 미발표곡을 모아 〈7중주곡〉으로 완성한다(제5편).

베르고트 말하는 이가 동경하는 대작가. 소년 시절 블로크에게서 그의 이름을 들은 다음부터 말하는 이는 그의 소설을 애독한다(제1편). 노르푸아가 혹평한 그는 스완 일가와 친한데, 말하는 이는 스완네 오찬회에서 그를 만나고는 그의 본모습에 환멸을 느낀다(제2편). 뒷날 병을 앓고 있으면서도 말하는 이의 할머니를 가끔 병문안하러 온다(제3편). 어느 날 병을 무릅쓰고 전람회에 가서 베르메르의 〈델프트 풍경〉을 감상하다가 쓰러져 숨을 거둔다(제5편).

베르나르(**니생**) 블로크의 부자 삼촌. 유대인. 발베크의 별장에 블로크 일가를 묵게 해준다(제2편). 발베크 그랑 호텔의 젊은 사환을 아낀다(제4편). 나중에 블로크의 중개로 모렐한테 5천 프랑을 빌려주지만, 오히려 그의 원망을 산다(제5편).

베르뒤랭 부인 '마님'이라고 불린다. 상류 사교계 인사를 상대하는 게르망트 공작부인의 살롱과는 대조적으로 부르주아들이 드나드는 살롱을 열고 있다. 입으로는 귀족을 '진저리나는 무리'라고 부르면서 깎아내리고 있지만, 속으로는 그들한테 무시당하고 있는 데 불만을 품고 있다. 오데트의 소개로 살롱에 드나들게 된 스완을 별로 좋아하지 않는다(제1편). '발레 뤼스'를 비롯하여 예술 전반에 관심이 많은 그녀의 살롱은 점차 사교계 사람들에게도 알려지게 된다. 발베크 근교의 라 라스플리에르로 말하는 이와 모렐, 샤를뤼스를 초대한다(제4편). 파리 자택의 야회에서, 모렐 등이 뱅퇴유의 〈7중주곡〉을 연주하는 음악회를 연다. 그 뒤 샤를뤼스와 결별하게 된다(제5편). 알베르틴의 숙모 봉탕 부인과 친하며, 그녀와 마찬가지로 제1차 세계대전 중에도 살롱을 열었다. 전후 뒤라스 공작과 재혼했고 사별한 뒤에는 게르망트 대공과 결혼하여 마침내 파리 사교계의 정점에 도달한다(제7편).

베르뒤랭(오귀스트 또는 귀스타브) 유복한 부르주아. 젊은 시절엔 미술 비평을 쓰기도 했다. 화가 엘스티르를 발견한 사람들 중 하나. 아내와 함께 자택에서 살롱을 연다(제1편). 여름에는 노르망디에 있는 캉브르메르 후작 가문의 성관 라 라스플리에르를 빌려서 살롱의 단골손님들을 초대한다(제4편). 제1차 세계대전 중에 사망한다(제7편).

변호사협회 회장 발베크 그랑 호텔에서 휴가를 보내고 있는 지방의 부르주아 명사. 귀족인 캉브르메르 부부를 오찬에 초대해서 우쭐거린다(제2편). 말하는 이는 두 번째로 발베크에 왔을 때 호텔 지배인에게서 그가 죽었다는 소식을 듣게 된다(제4편).

보구베르 후작 동방의 테오도시우스 국왕에게 파견되었던 프랑스 대사. 노르푸아는 그의 외교적 수완을 칭찬한다(제2편). 게르망트 대공부인의 저택에서 열린 야회에서 샤를뤼스 남작과 밀담을 나누는데, 이를 통해 그도 소돔의 남자라는 사실이 밝혀진다(제4편).

보구베르 후작부인 프랑스 대사의 아내. 남자같이 생겼으며 남편인 후작에게 고자세를 취한다(제4편). 테오도시우스 왕의 두 번째 공식 방문 당시, 그 자리에 앉아 있던 대신 부인들을 무시하고 에우도키아 왕비의 관심을 독차지하여 남편의 정치적 입장을 난처하게 만든다(제5편).

보로디노 대위 동시에르에 주둔하고 있는 기병대 중대장. 생루의 상관. 어머니는 나폴레옹 3세의 사촌누이. 말하는 이가 생루를 만나러 갔을 때 병영에 머무는 것을 허락한다. 빌파리지 후작부인은 그를 못마땅하게 여긴다(제3편).

보세르장 후작부인 빌파리지 후작부인과 하노버 대공부인의 언니. 게르망트 공작 부부의 고모. 회상록을 남겼는데, 말하는 이의 할머니는 세비녜 부인의 서간집과 더불어 그 책을 애독하고 있었다(제2편). 뒷날 말하는 이가 읽은 공쿠르 형제의 미발표된 〈일기〉에서, 그녀는 조카 게르망트 공작에게 회화 컬렉션을 남긴 부인으로서 언급되고 있다(제7편).

봉탕 고급 관료. 정보통신부의 고위급 인사. 알베르틴의 작은아버지(제2편). 과거에는 드레퓌스파로서 상류 사교계에서 평판이 안 좋았다(제4편). 전쟁 때에는 애국자로 명성을 날리고, 3년 병역법 성립에 온 힘을 쏟는다(제7편).

봉탕 부인 스완 부인 살롱의 단골손님. 조카딸 알베르틴은 그녀를 별로 좋아하지 않는다(제2편). 알베르틴이 말하는 이의 집에서 동거하는 것을 허락한다. 그 뒤 본의 아니게 알베르틴의 거짓말을 폭로하여 말하는 이의 질투를 부추긴다(제5편). 나중에 조카딸의 사고사를 그에게 알린다(제6편). 전쟁 중에도 파리에 살롱을 열어 사교계에서 중요한 지위를 차지하게 된다(제7편).

부르봉 의사 뇌신경외과 전문의. 베르고트 유행을 선도한 열광적인 애독자. 베르고트도 부르봉 의사를 '지성적인 인물'로서 말하는 이에게 소개한다(제2편). 할머니가 병에 걸리자 말하는 이는 그에게 왕진을 받는다(제3편). 나중에 이 의사가 발베크만(灣) 건너편 해안에 머무르면서 진료를 하고 있다는 사실을 알게 되자 코타르 의사는 분개한다(제4편).

브란데 르 망의 공증인. 발베크에 휴가차 머무르고 있는 지방 명사(名士). 그의 아내는 화려한 투숙객들을 호기심 어린 눈으로 바라보아서, 친구인 셰르부르의 변호사협회 회장을 화나게 한다(제2편).

브레오테 콩살비 후작(안니발) 사교계의 명사. 가까운 사람들은 '바발루'라는 애칭으로 부른다. 오데트의 애인이었다고 한다(제1편). 박식가로 알려져 있으며 만찬회 자리에서 게르망트 공작부인과 식물에 관해 이야기한다(제3편).

브리쇼 파리의 대학교수이자 베르뒤랭 부인 살롱의 단골. 자기 지식을 끊임없이 자랑한다(제1편). 발베크에서는 지명의 어원에 대해 일가견을 피력한다. 또한 젊은 캉브르메르 부인에게 푹 빠진다(제4편). 제1차 세계대전 당시 애국적인 정열에 휩싸여 글을 써댔는데, 그것이 상류 사교계에서 인기를 끈다(제7편).

블라탱 부인 집행관의 미망인. 샹젤리제 공원에서 월간지 〈데바〉를 읽는 것이 일과이다. 질베르트와도 아는 사이인데, 말하는 이의 어머니는 기분 나쁘고 천한 사람이라고 그녀를 비판한다(제1편). 나중에 스완 부부도 부인의 용모와 인격에 대해 야유한다(제2편).

블로크(살로몽) 알베르의 아버지. 파리 하층계급 출신인 유대인 실업가. 발베크에 머무를 때 말하는 이와 생루를 저녁 식사에 초대한다(제2편).

블로크(알베르) 말하는 이의 문학 취미에 영향을 준 연상의 친구. 비교적 낮은 계급에 속하는 유대인. 남을 우습게 여기는 태도 탓에 말하는 이네 가족들의 눈총을 받는다(제1편). 유대인이면서도 반유대주의적 말씨를 쓴다(제2편). 거만하고 무례한 성격이라서 빌파리지 후작부인의 살롱에서도 그의 버릇없는 태도가 주위의 빈축을 산다(제3편). 제1차 세계대전 때 극작가로서 유명해진다. 전후에 게르망트 대공부인 저택에서 말하는 이와 재회했을 때 그는 얼굴도 변하고 이름도 자크 뒤 로지에로 바뀌어 있었다(제7편).

블로크의 누이들 말하는 이는 발베크에서 블로크네 가족의 초대를 받아서 만나게 된다. 오빠 알베르를 존경하고 있으며 그와 마찬가지로 옷차림도 말과 행동도 별나서, 말하는 이는 그 뒤에 이들과 마주치더라도 슬금슬금 피하게 된다(제2편). 사촌언니 에스텔 레비와의 관계가 구설수에 오른다(제4편).

비슈 → 엘스티르

빌파리지 후작부인(마들렌) 게르망트 공작 부부의 고모이자 생루의 대고모. 말하는 이의 할머니와는 소녀 시절에 같이 공부한 친구 사이. 훌륭한 가문에서 태어나 젊을 때에는 미모와 재기를 자랑했는데, 출신도 모를 남자와 결혼한 데다 문학에 빠진 탓에 지금은 상류 사교계에서 밀려나 있다. 노르푸아 후작의 애인. 말하는 이는 발베크의 그랑 호텔에 머무를 때 그곳에서 할머니와 함께 그녀를 만났는데, 그 뒤 가끔 마차로 같이 산책하자는 제안을 받았고 생루와 샤를뤼스도 소개받게 된다(제2편). 살롱에 손님을 초대하고선 자기는 그림을 그리면서 응대를 한다(제3편). 뒷날 베네치아에서 말하는 이가 목격했을 때, 그녀는 안쓰러우리만치 늙은 모습으로 오랫동안 사귄 애인 노르푸아와 식사를 하고 있었다(제6편).

사니에트 고문서학자이자 포르슈빌 백작의 친척(제1편). 베르뒤랭네 살롱의 단골손님이지만 소심하고 눈치가 없어서 남들에게 끊임없이 괴롭힘을 당한다(제4편).

사제 콩브레의 사제. 온갖 어원에 능통한 인물로 레오니 고모를 병문안하러 와서는 그 지식을 온통 쏟아내서 고모를 지치게 만든다(제1편). 나중에 잠깐 크리크토의 사제직을 맡는데, 그때 주변 고장들의 이름에 관한 소책자를 저술한다. 그러나 브리쇼는 이 책을 오류투성이라고 비판한다(제4편).

사즈라 부인 콩브레의 이웃(제1편). 드레퓌스파인 것이 밝혀지면서 말하는 이의 아버지와 사이가 멀어진다(제3편).

생루 양 질베르트와 생루의 딸. 말하는 이는 전쟁이 끝난 다음 게르망트 대공부인이 주최한 오후 연회에서 질베르트와 재회하고, 부모를 쏙 빼닮은 이 소녀를 만나게 된다. 아버지를 통해서 '게르망트 쪽', 어머니를 통해서 '스완네 집 쪽'이 이 소녀에 이르러서 하나가 되어 있음을 말하는 이는 실감하게 된다(제7편).

생루(팡 브레) 후작(로베르) 게르망트 가문의 아름다운 귀공자. 빌파리지 후작부인의 조카딸인 마르상트 백작부인의 아들. 게르망트 공작 부부의 조카. 군인인 그는 발베크 근처의 동시에르에 주둔하다가 우연히 발베크를 방문해서 말하는 이와 만나 친해진다. 귀족이면서도 자유사상에 매력을 느껴서 상류사회를 경멸하는 듯한 언동을 취한다(제2편). 유대인 여배우 라셀을 사랑하고 있다(제3편). 나중에 스완의 딸 질베르트와 결혼하지만 한편으로 모렐과의 도착적인 관계가 드러난다(제6편). 제1차 세계대전에 종군했다가 전사한다(제7편).

생퇴베르트 후작부인(디안) 게르망트 가문보다 격이 낮은 사교계 부인. 그녀가 주최한 음악회에서 스완은 뱅퇴유의 소나타를 듣고 저도 모르게 오데트에 대한 사랑을 떠올린다(제1편). 뒷날 부인은 게르망트 대공부인의 야회에서 샤를뤼스 남작에게 모욕을 당하는데도 비굴한 태도를 취한다(제4편). 제1차 세계대전 이후 몰락하여 반신불수가 된 샤를뤼스 남작은, 샹젤리제 거리에서 부인을 발견하자 겸손하게 인사를 한다(제7편).

샤를뤼스 남작(팔라메드) 애칭은 '메메'. 게르망트 공작의 동생으로 생루의 큰아버지. 상류 사교계에 군림하는 오만하고 분방한 인물. 스완과 매우 친한데, 콩브레에서는 그가 스완의 아내 오데트의 애인이라는 소문이 돌았다(제1편). 발베크에서 그와 만나게 된 말하는 이는 그 기묘한 언동에 깜짝 놀란다(제2편). 게르망트 공작부인은 그를 '짓궂은 오만 대왕'이라고 부른다(제3편). 말하는 이는 남작과 재봉사 쥐피앙의 대화 장면을 훔쳐보고는 동성 애인을 찾는 남작의 은밀한 성벽(性癖)을 눈치챈다. 이윽고 바이올리니스트 모렐의 비호자가 되었으나 그에게 놀아나고 만다(제4편). 모렐한테 반해서 베르뒤랭네의 단골이 되었으나, 그의 거만한 태도에 화가 난 베르뒤랭네 사람들에게 결국 쫓겨나고 모렐한테도 버림을 받은 뒤 끝내 병으로 쓰러진다(제5편). 전쟁 중에는 독일 지지자로 여겨져서 사교계에서의 지위를 잃지만, 그래도 여전히 쾌락을 추구한다(제7편).

샤를리 → 모렐

샤텔로 공작 빌파리지 후작부인 저택을 방문한다. 그가 인사를 해도 샤를뤼스 남작은 모르는 체한다(제3편). 사실 그는 동성애자로, 게르망트 대공부인의 야회에서 그를 맞이한 문지기는 그가 전에 샹젤리제에서 말을 걸었던 젊은이였다(제4편).

셰르바토프 대공부인 러시아에서 온 부인. 유복하지만 상류 사교계에서는 외면을 당하여 베르뒤랭 부인 살롱의 단골손님이 된다(제4편).

쇼스피에르 부인 게르망트 대공부인 저택의 야회에서 게르망트 공작부인한테 무시를 당한다(제4편). 소박하게 살아가면서 자그마한 음악회를 연다. 그러나 남편 쇼스피에르는 자키 클럽 회장 자리를 놓고 게르망트 공작과 경쟁을 벌인 끝에 당선된다(제5편).

쉬르지(르 뒤크) 후작부인 게르망트 공작의 애인(제3편). 그녀의 아들들이 샤를뤼스의 관심을 끈다(제4편). 나중에 샤를뤼스와 아들들 사이를 갈라놓는다(제5편).

스완 부인(오데트) 본디 오데트 드 크레시라는 고급 창부로서 남자관계가 복잡한 여자. 한때는 아돌프 종조할아버지의 애인이었다. 스완과 친해지고서부터 두 사람은 자주 베르뒤랭 부인 살롱에서 만난다. 포르슈빌 백작과도 교제하고 있었지만 결국 스완과 결혼한다. 질베르트는 두 사람 사이에 태어난 딸. 화려하게 차려입고서 불로뉴 숲을 산책하는 모습이 작품 속에 묘사된다(제1편). 나중에 질베르트와 친해진 말하는 이는 가끔 질베르트의 어머니인 스완 부인을 만나서 함께 산책한다(제2편). 출신 탓에 게르망트 공작부인한테 무시당하지만, 남편이 유대인인데도 그녀가 반드레퓌스파를 가장한 덕분에 조금씩 다른 귀족들의 마음을 얻게 된다(제3편). 고명한 작가 베르고트를 추종하는 그녀의 살롱은 점차 유명해졌고, 이제 그녀는 옛날에 친했던 베르뒤랭네 사람들을 모르는 체하게 된다(제4편). 스완과 사별하고 나서 포르슈빌 백작과 재혼(제6편). 뒷날 게르망트 공작의 애인이 된다(제7편).

스완(샤를) 유대인 주식중매인의 아들. 유복한 사교계 인사. 미술과 문학에 조예가 깊고 베르메르를 누구보다도 먼저 높이 평가한다. 콩브레에서는 말하는 이네 가족의 이웃이다. 부르주아 신분이면서도 상류 사교계의 총아이며 게르망트 일가와도 친하게 지낸다. 그러나 고급 창부 오데트와 사랑에 빠지면서 그녀의 소개로 베르뒤랭 부인의 살롱에도 드나들게 된다. 이후 오데트와 포르슈빌 백작의 관계를 의심하고 질투하다가 사랑이 식어버렸을 즈음 그녀와 결혼한다(제1편). 오데트와 결혼한 탓에 사교계에서의 지위가 흔들린다. 게르망트 일가는 결코 오데트와 교제하려 하지 않는다. 한편 스완은 천천히 오데트의 가치관에 물들어 간다(제2편). 드레퓌스파지만 적극적인 행동은 하지 않는다. 뒷날 중병에 걸리는데, 죽기 전에 아내와 딸을 게르망트 공작부인에게 소개하고 싶어하지만 결국 소원을 이루지 못하고 죽는다(제4편).

스키(비라드베트스키의 애칭) 폴란드인 조각가이자 화가. 훌륭한 피아니스트이기도 하다. 베르뒤랭네 단골손님으로, 말하는 이는 발베크의 지방 철도에서 그를 만나게 된다(제4편). 뒷날 게르망트 대공부인의 오후 연회에 말린 과일 같이 야윈 모습으로 나타난다(제7편).

스테르마리아 양(부인) 브르타뉴의 귀족. 아버지와 함께 발베크에 머물 때 말하는 이와 만난다(제2편). 결혼은 했지만 석 달 만에 이혼. 나중에 탕헤르에서 그녀와 만난 생루의 도움으로 말하는 이는 그녀에게 편지를 보내, 불로뉴 숲에서 같이 식사하자고 초대한다. 그녀는 처음엔 승낙했지만 결국 거절한다(제3편).

아그리장트 대공 게르망트 가문의 친척. '그리그리'란 별명으로 불린다. 스완과도 친해서 만찬회에 초대된다(제2편). 말하는 이는 게르망트 공작 댁에서 그를 처음 만났는데 그 칭호에 걸맞지 않은 용모를 보고 실망한다(제3편). 제1차 세계대전이 끝난 뒤 그는 정정한 노인의 모습으로 게르망트 대공부인 저택에 나타난다(제7편).

아르장쿠르 백작 벨기에 대리대사이자 게르망트 집안의 친척. 빌파리지 후작부인 저택의 연회에서 게르망트 공작부인에게 마테를링크에 관해 이야기했으며, 드레퓌스 사건에 관해서는 드레퓌스의 유죄를 믿고 있다(제3편). 샤를뤼스 남작을 경계하고 있었지만 사교계의 한 젊은 여성에게 푹 빠지면서 샤를뤼스에 대한 태도도 크게 변한다(제5편). 제1차 세계대전 이후 게르망트 대공부인 저택에서 열린 오후 연회에, 나이 들어 쇠약해진 모습으로 나타난다(제7편).

아르파종 후작부인 게르망트 공작의 옛 애인. 파름 대공비가 보는 앞에서 게르망트 공작부인에게서 비방당한다(제3편). 게르망트 대공부인 저택의 야회에서 공작의 마음을 빼앗은 쉬르지 공작부인을 질투한다(제4편). 나이 든 모습으로 오후 연회에 나타난다(제7편).

알바레(셀레스트) 발베크의 그랑 호텔에서 언니 마리 지네스트와 함께 어느 투숙객을 모시고 있다. 말하는 이는 그녀의 '기묘한 언어적 재능'에 매력을 느껴 서로 친해진다(제4편).

알베르틴 시모네 '꽃피는 아가씨들' 가운데 한 사람. 가난한 고아인데 숙부인 고급 관료 봉탕 씨와 그의 아내가 그녀를 길러주었다. 말하는 이는 발베크에 머무를 때 화가 엘스티르의 아틀리에에서 그녀를 만났고 점차 사랑에 빠진다. 하지만 그녀는 말하는 이의 키스를 거부하고 어느 날 갑자기 떠나버린다(제2편). 이윽고 예고도 없이 파리에 있는 말하는 이의 집에 나타나서 처음으로 키스를 허락한다(제3편). 두 번째로 발베크에 머무를 때 말하는 이와 더욱 깊은 관계가 되지만, 그녀가 동성애를 즐긴다는 의혹이 점점 강해지면서 그는 교제를 끊으려고 한다. 그러나 그녀가 뱅퇴유 양의 여자친구를 안다고 말하자, 말하는 이는 질투에 사로잡혀 당장 그녀와 결혼하기로 결심하고 어머니에게도 그 뜻을 전한다(제4편). 말하는 이의 집에서 동거하게 된 그녀는 그의 의심과 질투가 심해짐에 따라 마음의 문을 닫아버린다. 이내 서로 말다툼과 화해를 되풀이하는 생활에 싫증이 난 말하는 이는 헤어질 기회를 노리게 되는데, 어느 날 그녀가 돌연 사라진다(제5편). 그녀는 지방에 사는 봉탕 부인의 집에 가 있었다. 말하는 이는 생루를 그곳으로 보내지만 그녀의 마음을 되돌리지 못한다. 그래서 돌아와 달라고 직접 전보를 보내는데, 엇갈려서 봉탕 부인의 전보가 날아온다. 그 전보를 통해 말하는 이는 그녀가 낙마 사고로 죽었다는 사실을 알게 된다(제6편).

앙드레 '꽃피는 아가씨들' 가운데 한 사람. 부잣집 딸. 의자에 기대어 있던 늙은 은행가의 머리 위로 뛰어올라 그를 깜짝 놀라게 한다(제2편). 앵카르빌의 카지노에서 그녀와 알베르틴이 춤추는 모습을 보고서, 말하는 이는 두 사람의 관계를 의심하게 된다(제4편). 말하는 이에게서 알베르틴을 감시해 달라는 부탁을 받고(제5편), 나중에 알베르틴과 고모라의 여자들이 관계를 맺어왔다는 사실을 그에게 고백한다(제6편). 그 뒤 베르뒤랭 부인의 조카 옥타브와 결혼한다. 생루 부인 질베르트와 친해진다(제7편).

앙부르사크(데지레 드) 빌파리지 후작부인의 먼 친척으로, 발베크에 별장을 소유하고 있는 부잣집 딸들 중 하나. 생루의 약혼녀라는 소문이 나 있다(제2편). 생루는 그녀와 결혼할 거라는 소문을 단호히 부정한다(제3편).

에메 발베크 그랑 호텔의 우두머리 사환(제2편). 비수기에는 파리의 식당에서 우두머리 사환으로 일한다. 라셀과 샤를뤼스가 그에게 관심을 보인다(제3편). 말하는 이에게서 알베르틴의 행실을 조사해 달라는 부탁을 받고 그가 작성한 결과 보고서로 말미암아 그녀의 이중생활이 폭로된다. 생루의 동성애 경향에 대해서도 밝혀낸다(제6편).

엘리베이터 보이 →리프트

엘스티르 화가. 한때 베르뒤랭 부인 살롱의 단골이었으며 부인에게서 '비슈 화백'이라고 불렀다(제1편). 오데트를 모델로 한 듯한 그의 그림 〈사크리팡 양의 초상〉이 발베크의 아틀리에에 걸려 있다. 말하는 이는 그 아틀리에에서 알베르틴을 만났으며 그녀를 통해 다른 소녀들과도 알게 된다(제2편). 나중에 게르망트 공작 저택을 방문한 말하는 이는 공작이 소장하고 있는 그의 작품을 보고 감명을 받는다(제3편).

오데트 드 크레시 →스완 부인

오스몽 후작(아마니앙 드) 게르망트 공작의 사촌동생. 별명은 '마마'이다. 공작 부부가 연회에 가기 직전에 위독한 상태에 빠지고, 또 가장무도회에 가기 한 시간 전에 사망 소식이 전해져서 부부를 당황케 한다(제3, 4편).

옥타브 베르뒤랭 부인의 조카로 부유한 실업가의 아들. 안 좋은 입버릇 때문에 뒷날 '형편없는 사람'이라고 불리게 된다. 골프를 좋아하고 바카라 도박에도 열중해 있다. 처음 만났을 때 말하는 이는 그를 교양 없는 사람이라고 생각한다(제2편). 나중에 라셀의 애인이 되는데, 그녀를 버리고 결국 앙드레와 결혼한다. 이후 연출가, 극작가로서의 재능을 인정받게 된다(제6편).

올로롱 양 →쥐피앙의 조카딸

욀라리 콩브레에서 레오니 고모를 병문안하러 와서는 동네 소문을 이야기해주고 용돈을 받아 가는 노파. 프랑수아즈는 그녀를 싫어한다(제1편).

재판소장 →퐁생

쥐피앙 조끼 재봉사. 파리에 있는 게르망트 공작 저택의 안뜰에다 가게를 차린다(제3편). 샤를뤼스 남작과 동성애 관계를 맺는다(제4편). 모렐과 생루의 관계를 말하는 이에게 폭로한다(제6편). 전쟁 중에는 샤를뤼스 남작을 위해서 동성애 유곽을 경영하고, 전후에는 몸이 불편해진 남작 곁에서 시중을 든다(제7편).

쥐피앙의 조카딸 쥐피앙의 가게에서 바느질을 하고 있다(제3편). 모렐을 사랑했고 그와 약혼까지 했으나 결국 버림받는다(제5편). 샤를뤼스 남작의 양녀가 되어 올로롱 양이라 자칭하고 캉브르메르 후작의 아들과 결혼하지만, 그 뒤 몇 주일 만에 죽는다(제6편).

지젤 말하는 이가 발베크에서 만난 '꽃피는 아가씨들' 가운데 한 사람(제2편). 나중에 파리의 파시에서 다시 만난다(제5편).

질베르트 스완 스완과 오데트의 딸. 말하는 이는 소년 시절에 '스완네 집 쪽'으로 산책을 가다가 산사나무 울타리 너머로 처음 그녀를 본다. 나중에 파리의 샹젤리제 공원에서 서로 사귀게 되고 말하는 이는 그녀에게 첫사랑을 느낀다(제1편). 이윽고 말하는 이는 스완네 집에 초대될 만큼 그녀와 친해지지만 중간에 사이가 틀어져서 마음이 멀어진다(제2편). 아버지를 여읜 뒤 그녀는 오데트와 재혼한 포르슈빌 백작의 양녀가 되고, 게르망트 공작부인 저택에서 말하는 이와 다시 만난다. 나중에 생루와 결혼한다(제6편). 게르망트 대공부인 저택의 연회에서 그녀는 생루와의 사이에 얻은 딸을 말하는 이한테 소개한다(제7편).

캉브르메르 후작 르그랑댕의 여동생 르네와 결혼한 노르망디의 귀족. 발베크 근교의 페테른 저택을 소유하고 있다. 별명은 '캉캉'. 베르뒤랭 부부에게 라 라스플리에르를 빌려주고 있지만 나중에는 그들과 사이가 나빠진다(제4편).

캉브르메르 후작부인(젤리아) 캉브르메르 후작의 어머니. 작품 속에서는 며느리와 구별하기 위해 자주 '노부인'이라 지칭되고 있다. 피아노를 잘 친다. 생퇴베르트 후작부인의 야회에 초대받았는데 스완과 롬 대공부인은 그녀의 성(姓)을 가지고 우스갯소리를 한다. 상류 사교계와는 별로 인연이 없으며 게르망트 공작부인에게 미움을 받고 있다(제1편). 말하는 이는 두 번째로 발베크에 머무를 때 그녀의 저택에 초청된다(제4편).

캉브르메르=르그랑댕 후작부인(르네) 콩브레에서 말하는 이네 가족의 이웃이었던 르그랑댕의 여동생. 캉브르메르 후작과 결혼했는데, 오빠만큼이나 고상한 체하는 속물이며 쇼팽을 경멸하고 바그너를 절찬한다. 생퇴베르트 부인의 야회에서 사람들에게 주목받게 되고 스완도 그녀에게 관심을 보인다(제1편). 게르망트 가문과 사귀는 것이 꿈이지만, 게르망트 공작부인은 그녀를 '덩치 큰 초식동물 같은 여자'라고 혹평한다(제3편). 브리쇼도 그녀에게 푹 빠진다(제4편). 뒷날 그녀의 아들이 재봉사 쥐피앙의 조카딸과 결혼한다(제6편).

캉브르메르(레오노르) 캉브르메르=르그랑댕 후작 부부의 아들. 어머니의 반대를 물리치고, 샤를뤼스 남작의 양녀가 된 쥐피앙의 조카딸과 결혼한다(제6편). 이윽고 그도 남작이나 숙부 르그랑댕과 마찬가지로 동성애자라는 사실이 밝혀진다(제7편).

코타르 부인(레옹틴) 남편과 마찬가지로 베르뒤랭네의 단골손님. 똑똑하지는 않지만 마음씨 상냥한 부인.

코타르 의사 저명한 임상의. 실력은 좋지만 재치가 없는 몰취미한 남자. 아내와 더불어 베르뒤랭네 살롱의 단골손님인데 시시한 말장난만 해댄다(제1편). 처음에는 스완에게 경멸을 받았지만, 결혼한 뒤에 스완 부인이 연 살롱에서는 단골손님 대접을 받는다(제2편). 앵카르빌의 카지노에서 알베르틴과 앙드레의 관계를 말하는 이에게 암시한다. 한편으로 베르뒤랭 부인의 살롱에서 샤를뤼스 남작을 만나 알게 되는데, 남작은 모렐을 붙잡기 위해 꾸민 '거짓 결투'에서 증인이 돼 달라는 의뢰 편지를 그에게 보낸다(제4편).

테오도르 콩브레의 식료품 가게 점원이자 성당의 성가대원(제1편). 나중에 샤를뤼스 남작 친구의 마부가 되고, 누이는 퓌트뷔스 부인의 몸종이 된다(제5편). 말하는 이의 기사가 〈르 피가로〉에 실리자 축하 편지를 보내온다. 이윽고 르그랑댕의 비호 아래 메제글리즈에서 약국을 운영하게 된다(제6, 7편).

테오도시우스 왕 파리를 공식 방문하고 있는 동방의 국가 원수. 부인은 에우도키아 왕비(제1편). 노르푸아 후작에게 긴 배알을 허락한다. 또한 보구베르 대사의 노고를 치하하는 건배 인사를 하면서 '친화력'에 대해 언급한다(제2편). 뒷날 또다시 파리를 방문한다(제5편).

파름 대공부인 명문가 출신의 자산가. 중국 그림자 연극의 야회나 극장

등에 사람들을 초대한다. 말하는 이는 게르망트네 야회에서 그녀를 소개받는데, 부인의 이름에서 제비꽃다발 향기를 떠올린다(제3편). 신분이 높은 사람이 가진 특유의 친절함을 지니고 있으며, 발베크의 호텔에서는 지배인과 소믈리에에게 봉사료를 후하게 준다(제4편). 나중에 캉브르메르 후작의 아들과 쥐피앙의 조카딸이 결혼하는 데 도움을 준다(제6편).

파펜하임 대공 인문·사회과학 아카데미의 통신 회원으로 선출되기 위하여 빌파리지 후작부인 저택에서 노르푸아에게 접근한다. 게르망트 공작부인 저택에서는 '폰 대공'이라 불리고 있다(제3편).

페르스피에 콩브레의 의사. 말하는 이는 그의 딸 결혼식에서 처음으로 게르망트 공작부인을 본다. 또한 그의 마차에서 마르탱빌의 종탑을 바라보고 '숨겨진 진실'의 계시를 얻는다(제1편).

포르슈빌 백작 오데트의 애인들 중 하나. 포르슈빌을 총애한 베르뒤랭 부부는 오데트와 스완 사이를 갈라놓고 그녀를 포르슈빌과 맺어주려고 한다(제1편). 스완이 죽은 뒤에 오데트와 결혼하고 질베르트를 양녀로 삼는다(제6편).

폰 대공 → 파펜하임 대공

퐁상 캉의 재판소장. 말하는 이가 할머니와 함께 처음 투숙했던 발베크 그랑 호텔에 휴가차 머무르고 있었다(제2편). 몇 년 뒤에 레지옹 도뇌르 훈장을 받는다. 말하는 이의 두 번째 발베크 체류를 환영하는 척하고 또 할머니의 죽음을 애도하는 척한다(제4편).

푸아 대공 생루의 친구(제3편). 아버지는 동성애자로서 제1차 세계대전 당시 쥐피앙의 유곽에 드나들었으며 모두의 애도 속에 세상을 떠났는데, 아들도 그런 성향을 이어받았을 가능성이 있다(제7편).

퓌트뷔스 남작부인 말하는 이는 부인의 몸종이 성적으로 분방한 여성이란 이야기를 생루에게서 들은 다음부터 끊임없이 그녀가 마음에 걸려서, 부인이 라 라스플리에르에 초대받았을 때 몸종에 관해 묻는 편지를 그녀에게 보낸다(제4편).

프랑수아즈 콩브레 근처의 농가 출신으로, 충실하고도 완고한 하녀. 레오니 고모를 오랫동안 모셨으며 그녀가 세상을 떠난 다음에는 파리의 말하는 이네 집에서 일하게 된다. 샹젤리제에 놀러 가는 말하는 이를 따라간다

(제1편). 요리를 잘해서 그녀가 만든 '젤리를 곁들인 쇠고기' 요리는 노르푸아의 마음을 사로잡는다(제2편). 콩브레를 떠나 파리에서 살게 된 것을 아쉬워한다. 또한 말하는 이의 할머니를 헌신적으로 간호한다(제3편). 뒷날 말하는 이의 문학작품에 대해 '직관적인 이해'를 보이며 원고 정리를 돕는다(제7편).

프로베르빌 장군 롬 대공부인과 스완의 친구. 생퇴베르트 후작부인의 야회에 외알 안경을 쓰고 나타나는데, 젊은 캉브르메르 부인한테 반해서 스완에게 부탁하여 그녀를 소개받는다(제1편). 나중에 말하는 이는 장군과 스완이 롬 대공부인네 단골손님이었다는 사실에 대해 언급한다(제6편).

《잃어버린 시간을 찾아서》 전7편 줄거리

제1편 스완네 집 쪽으로

제1부 콩브레

소설은 말하는 이가 잠으로 이끌려 가는 묘사로 시작된다. 몽환 상태, 눈뜸, 어렴풋이 떠오르는 콩브레라는 마을에서의 유년시절. 그 무렵 말하는 이가 잠들기 전에 어머니가 해주시던 입맞춤. 손님(스완) 때문에 어머니가 입맞춰주지 않았던 밤의 괴로움과, 소년의 크나큰 슬픔에 마음이 흔들린 어머니가 밤새 곁을 지키며 읽어준 상드의 〈프랑수아 르 샹피〉. 이런 어린 시절의 추억들이 세세히 그려진다. 그러나 이런 추억들은 망각에 묻힌 과거로부터 불쑥불쑥 튀어나온 단편적인 기억일 뿐이다.

그런데 어느 겨울날 홍차에 담근 마들렌을 입에 댄 순간 유년시절에 콩브레에서 맛본 그 과자에 대한 기억과 함께 콩브레에서 살아온 모든 추억이 생생하게 떠오른다. 이른바 '무의지적 기억'이 솟아난 것이다. 이렇게 떠오른 유년시절의 콩브레와 그곳에서 만난 사람들 가운데 이후 이야기에서 중요한 역할을 하게 될 몇몇 인물들이 간단히 소개된다. 더불어 콩브레의 두 산책로 방향, 곧 '스완네 집 쪽 또는 메제글리즈 쪽'과 '게르망트 쪽'에 대해서 언급한다. 전자는 유대인 주식중매인의 아들인 스완의 소유지를 지나고 후자는 유서 깊은 귀족 게르망트 공작의 소유지를 지나간다.

이것은 각각 부르주아와 귀족, 유대인 세계와 가톨릭 세계가 반영되는 두 방향이다. 제2편부터 말하는 이는 이러한 두 가지 방향으로 대별되는 현실 세계에 본격적으로 들어선다. 말하는 이는 스완네 집 방향에서 산책 도중 죽은 음악가 뱅퇴유의 딸과 그 여자친구가 벌이는 배덕한 장면을 엿보는데, 이것은 전작품에 일관되는 동성애 주제의 서곡이다. 게르망트 쪽의 산책을 통해서는 문학에 뜻을 두면서도 자신의 재능을 의심하는 말하는 이의 모습을 일찍부터 보여준다.

제2부 스완의 사랑

여기서는 특별하게도 말하는 이가 태어날 무렵에 있었던 스완의 사랑 이야기를 다루고 있다. 말하는 이가 들은 이야기 형식으로, 독립된 3인칭 작품처럼 쓰여 있지만 말하는 이의 목소리가 이따금 개입한다. 베르뒤랭이라는 부유한 부르주아 여인의 살롱이 무대이다. 여기에는 일류 귀족들의 사교계에 초대받지 못하는 사람들이 모인다. 최상류층 사교계의 단골인사이면서도 스완은 우연히 사귄 고급 창녀 오데트 드 크레시에 관심을 갖고 그녀가 다니는 이 살롱에 오게 된다. 이윽고 두 사람 사이에 애정관계가 생겨난다. 그러나 오데트는 포르슈빌 백작에 접근하면서 스완을 배반한다. 스완은 오데트를 통해 사랑의 기쁨과 질투의 고통을 경험하지만 이윽고 그녀에 대한 관심도 점점 엷어진다. 두 사람의 관계 변화와 밀접하게 관련된 형태로, 그들이 '사랑의 국가(國歌)'라고 부른 뱅퇴유 소나타의 작은악절에 대한 이야기가 다뤄진다. 이는 전작품에 걸쳐 전개되는 예술의 진실성이라는 주제의 포석이다.

제3부 고장의 이름—이름

말하는 이의 소년시절에 대한 회상이 이어진다. 노르망디의 발베크 해안, 이탈리아의 피렌체, 베네치아, 아직 가본 적 없는 고장들의 '이름'이 말하는 이를 몽상으로 이끈다. 이는 현실과 상상의 본질적인 차이를 밝히는 중요한 주제이다. 스완은 이미 관심이 엷어진 오데트와 결혼하여 딸 질베르트를 낳게 된다. 말하는 이는 샹젤리제 공원의 놀이친구로 그녀를 알게 되고 그녀에게 어린 사랑을 바친다. 불로뉴 숲을 산책하는 세련된 스완 부인(오데트)의 모습이 그려진다. 별안간 시점은 다시 '올해'로 돌아와 불로뉴를 방문한 현재의 말하는 이는 기억의 숲과 현재의 숲 간의 커다란 차이에 충격을 받는다.

제2편 꽃피는 아가씨들 그늘에

제1부 스완 부인을 둘러싸고

중요한 주제는 말하는 이와 질베르트의 관계이다. 말하는 이는 샹젤리제 공원에서 그녀와 함께 놀면서 정신적인 애정을 통해 쾌락에 눈뜬다. 그녀의 부모(스완 부부)와 친해져서 같이 차도 마시게 되지만 그러다 두 사람의 교제는 중단된다.

그녀와의 헤어짐으로 인한 괴로움과 그리움은 서서히 잊혀가고 말하는 이는 불로뉴 숲에서 스완 부인과 함께하는 산책을 즐기게 된다. 이를 통해 스완과 오데트, 말하는 이와 질베르트라는 두 관계의 유사점과 차이점이 뚜렷이 나타난다. 여기에 부수적으로 아버지의 친구인 전직 대사 노르푸아 후작이 이야기하는 문학과 말하는 이가 추구하는 문학 사이의 심각한 차이가 드러난다. 또한 말하는 이가 여배우 라 베르마의 무대에 대해 갖는 기대와 환멸은 다시 한 번 상상과 현실의 깊은 대립을 표현한다.

제2부 고장의 이름—고장

이 제목은 제1편 제3부 고장의 이름—이름에 대응한다. 말하는 이가 할머니와 함께 전부터 동경했던 노르망디의 바닷가 발베크에 처음 갔을 때 경험한 환멸과 발견이 주제가 된다. 여기서 '게르망트 가문'의 인물 빌파리지 후작부인과 인근인 동시에르에서 군 복무 중인 로베르 드 생루, 그리고 그의 숙부 샤를뤼스 남작이 말하는 이의 생활에 등장한다.

이와는 별도로 말하는 이는 화가 엘스티르의 아틀리에를 방문하여, 보통 사람들이 생각하는 현실과는 아주 다른 독창적인 예술가가 표현하는 진실에 이끌린다. 엘스티르의 소개로 발베크에 온 '꽃피는 아가씨들'과 사귀게 된 말하는 이는 그중에서 알베르틴에게 끌리게 된다. 그러나 알베르틴은 말하는 이의 입맞춤을 거부하고 여름이 끝날 무렵 서둘러 발베크를 떠나버린다.

제3편 게르망트 쪽

제1부

말하는 이의 가족은 파리에 있는 게르망트가 저택 한 모퉁이로 이사하여 게르망트 쪽에 접근하게 된다. 동시에 게르망트가를 통하여 이번에는 일류 귀족들의 저택이 모여 있는 포부르 생제르맹의 살롱이 상상의 대상이 된다.

라 베르마가 연기하는 〈페드르〉를 관람하러 갔을 때 말하는 이는 게르망트 공작부인이 게르망트 대공부인과 같이 있는 것을 보고 마음이 끌린다. 게르망트 공작부인에게 정신적인 애정을 품게 된 말하는 이는 이제 아침마다 그녀가 산책하는 길에 나가 인사를 한다. 또 부인에게 접근하기 위해 같은 게르망트 가문 사람인 생루를 만나러 동시에르에 간다. 생루의 애인은 본디 창가(娼家)에 있던 유대인 여자로 배우 되기를 바라는 라셸이다. 말하는 이는 이윽고 빌파리지 부인의 살롱에서 게르망트 공작부인을 보게 되지만 현실의 그녀에게서는 그 이름이 주는 신비로운 매력을 찾아내지 못한다. 한편 게르망트 가문의 한 사람인 남색가 샤를뤼스 남작과 말하는 이는 이상한 우정을 맺게 된다. 말하는 이의 할머니는 병이 악화되어 어느 날 샹젤리제에서 발작을 일으킨다.

제2부

제1장

발작을 일으킨 할머니를 진찰한 E교수는 살 가망이 없다는 진단을 내린다. 겨우 집에 도착한 할머니를 맞이하는 어머니와 하녀 프랑수아즈의 반응, 코타르를 비롯하여 차례로 왕진을 오는 의사들의 태도가 냉정하고도 얄궂게 기술된다. 작가 베르고트와 코타르 부인, 생루 등이 병문안을 온다.

마침내 할머니는 젊은 처녀 같은 모습으로 임종을 맞는다. 작가 프루스트가 겪은 어머니의 죽음에 관한 경험이 녹아 있는 이 단락은 비꼬는 듯한 관찰과 묘사가 주를 이루는 이 장에서도 특별히 엄숙한 정조를 띠고 있다.

제2장

부모가 콩브레로 여행을 떠나 말하는 이 혼자 남은 파리의 아파트. 아무런 예고도 없이 발베크에서 만난 알베르틴이 그곳으로 말하는 이를 방문한다. 말투에서 한결 성숙해진 그녀의 면모가 드러난다. 발베크에서는 입맞춤을 한사코 거부했던 그녀가 이번에는 선선히 허락한다. 두 사람의 입술이 처음으로 가까워지는 장면은 독특하고 우스꽝스러운 묘사 형태를 띤다.

그 무렵 말하는 이는 게르망트 공작부인에 대한 일방적인 슬픈 사모에서 벗어나 이제는 빌파리지 부인의 야회에서 게르망트 공작부인과 이야기를 나누거나 그 집의 저녁식사에 초대받는다. 파리 사교계의 가장 화려한 존재에 접근한 말하는 이의 눈에 서서히 화려함 이면에 숨겨진 상류사회 생활이 면면이 드러나 보이기 시작한다. 게르망트 가문을 다른 귀족들과 구별짓는 특징들, 그중에서도 특별한 자질인 '재기'에 대해 언급된다. 한편 게르망트 공작은 부인을 배신하고 불륜을 저지르고 있는데, 그의 애인이었던 몇몇 부인은 게르망트가 살롱의 중요인물이다.

제4편 소돔과 고모라

제1부

여기서는 동성애의 주제가 뚜렷하게 나타난다. 말하는 이는 샤를뤼스 남작과 재봉사 쥐피앙의 만남을 목격하는데, 이를 계기로 고립된 동성애자들이 서로를 찾아내고 서로에게 점점 이끌리는 모습이 자세히 관찰된다. 말하는 이는 본디 한 여인을 속에 품고 있는 남자 동성애자가 사회에서 업신여김을 당하는 모습을 유대인과의 비교 속에서 깊이 생각하면서 이러한 그들의 만남의 기적에 아름다움마저 느낀다.

제2부

제1장

말하는 이는 게르망트 대공부인에게 초대받은 야회에 간다. 대공 부부의 살롱은 게르망트 공작 부부의 살롱과 맞먹는 위상을 갖는다. 살롱에 모인 손님들의 모습이 자세히 묘사되고 있다. 사교계에 있는 '소돔의 사나이들'의 수는 의외로 많다. 또한 드레퓌스 사건이 사교계 사람들에게 깊은 영향을 주고 있음을 엿볼 수 있다. 사람들은 드레퓌스파와 반드레퓌스파로 나뉘어 있다. 유대인인 스완은 물론 드레퓌스파지만, 게르망트 대공도 그들 부부가 드레퓌스의 무죄를 믿고 있다고 스완에게 고백한다. 게르망트 공작 또한 여행 중 세 미인의 영향으로 드레퓌스파로 돌아섰다. 한편 스완 부인 오데트는 반드레퓌스파라 자임한 덕분에 사교계에서 상당히 높은 지위에 오르게 된다.

대공부인의 야회에서 돌아온 말하는 이에게 밤늦게 알베르틴이 찾아온다. 그러나 두 사람 사이에서는 벌써 미묘한 갈등이 싹트고 있다.

이 장 말미에 등장하는 '마음의 간헐'에 관한 단락은 시간과 기억에 관한 중요한 상징적 의미를 담고 있다. 두 번째로 발베크에 도착한 날 구두끈을 풀려고 하던 말하는 이가 문득 예전 첫 발베크 여행 때 같이 있던 할머니가 자기의 구두끈을 풀어주던 순간을 떠올리고, 할머니의 죽음을 처음으로 실감하고는 눈물을 흘린다.

제2장

할머니의 죽음에 대한 슬픔이 조금씩 잦아들고 발베크와 그 주변을 무대로 만남을 이어가던 말하는 이와 알베르틴은 보다 깊은 애정관계로 발전한다. 이윽고 알베르틴이 그녀의 여자친구 앙드레와 춤추는 모습을 보면서 말하는 이는 두 사람의 관계를 의심하게 되고 그 의혹은 다른 계기를 통해 더욱 깊어진다. 고모라, 곧 레즈비언의 세계가 여기서부터 천천히 그 모습을 드러낸다. 알베르틴의 남자친구 여자친구에 대한 말하는 이의 질투와 그녀의 마음을 끌기 위한 여러 가지 궁리가 언급된다.

한편 앞서 쥐피앙을 만났던 샤를뤼스 남작은 이번에는 발베크 근처의 기차역에서 바이올리니스트 모렐과 만나 그에게 접근한다(소돔의 세계). 그리고 이 두 사람을 포함하여 제1편 '스완의 사랑'에 나타난 베르뒤랭 부인의 살롱이 말하는 이의 눈을 통해 서술된다. 부인은 발베크 근처에 있는 시골귀족 캉브르메르 후작의 별장(라 라스플리에르)을 빌려 거기에 동료들을 초대해 만찬회를 자주 연다. 연회 참석자 중 한 사람인 파리대학 교수 브리쇼는 지명의 어원에 대한 지식을 끝없이 늘어놓는다.

제3장

말하는 이는 운전기사 딸린 자동차를 세내어 날마다 알베르틴과 발베크의 교외로 산책한다. 당시엔 희귀했던 자동차는 사람들의 눈을 끌고 베르뒤랭 부부도 여기에 같이 타고 싶어한다. 말하는 이의 마음속에서는 알베르틴에 대한 애정과 질투가 엇갈리지만 동시에 그녀와의 교제에 권태를 느끼기 시작하고, 이 장 마지막에 가서는 그녀와의 결혼을 미친 짓으로 여기게 된다. 한편 샤를뤼스는 모렐을 만나기 위해 베르뒤랭 부부가 빌린 라 라스플리에르에 열심히 드나든다. 그러나 모렐은 그에게 호감을 나타내지 않으므로 샤를뤼스는 상대의 마음을 끌기 위해서 거짓 결투사건까지 만들어내는 등 마구잡이로 절망적인 노력을 거듭한다.

제4장

알베르틴과 헤어지려고 마음먹을 즈음에 말하는 이는 그녀에게서 그녀가 뱅퇴유 양의 여자친구를 알고 있다는 말을 듣는다. 제1편 '콩브레'에서 말하는 이는 뱅퇴유 양과 그녀의 여자친구의 동성애 장면을 엿본 적이 있어, 그 때문에 알베르틴의 이야기를 듣고 심한 질투심에 괴로워하며, 그녀를 다른 사람 손이 미치지 않는 곳에 가두어두고자 하는 마음에 사로잡힌다. 이리하여 말하는 이는 어머니에게 알베르틴과 무슨 일이 있어도 결혼하겠다고 선언한다.

제5편 갇힌 여인

말하는 이는 알베르틴을 파리로 데려가고, 이로써 두 사람의 동거생활이 시작된다. 하지만 애초에 질투에서 비롯됐던 알베르틴을 다른 여인에게서 떼어내는 데 성공함으로써 질투심이 사라지자 단박에 권태로워진다. 질투와 진심이 교차되는 모습이 자세히 그려진다. 알베르틴은 진실을 말하지 않고, 말하는 이는 그녀의 행동에 의혹의 눈길을 보내면서 모든 상상력을 발휘하여 혼자 괴로워한다. 사랑의 불가능성, 타인의 마음을 알지 못하는 숙명이 무겁게 서술된다.

이어서 말하는 이는 샤를뤼스가 주재하는 베르뒤랭 저택의 야회에 나간다. 여기서 연주되는 뱅퇴유의 〈7중주곡〉은 제1편 제2부 '스완의 사랑'의 뱅퇴유 소나타와 대응하며, 말하는 이에게 음악만이 영혼의 현실을 구성한다는 생각을 갖게 한다.

이 야회에서 베르뒤랭네 사람들은 샤를뤼스와 모렐을 떼어놓기 위한 음모를 꾸미고 샤를뤼스는 쫓겨나듯 베르뒤랭 저택을 떠난다. 명문 게르망트가의 귀족이 부르주아의 살롱에서 쫓겨나 전락하는 모습이 암시되어 있다.

한편 장면이 바뀌어 말하는 이와 알베르틴의 질투와 권태가 교차하는 생활로 되돌아간다. 말하는 이는 알베르틴과 헤어져 베네치아로 가고자 하지만 그러던 어느 날 갑자기 알베르틴이 사라진다.

제6편 사라진 여인

알베르틴이 사라진 뒤 느끼는 말하는 이의 슬픔. 그녀가 돌아오기를 바라는 마음과 돌아오지 않기를 바라는 마음이 한데 엉겨 소용돌이친다. 사람을 시켜 그녀에게 연락하지만 그녀는 돌아오려고 하지 않는다. 그러다 그녀가 말에서 떨어져 죽었다는 소식을 듣는다. 갑자기 그녀에 대한 기억이 생생하게 떠올라 말하는 이를 괴롭힌다. 한편 조사를 의뢰했던 사람의 보고로 알게 된 그녀의 숨은 과거가 생각나 말하는 이를 더욱 고통스럽게 한다. 그녀의 여자친구 앙드레가 들려준 이야기도 그녀의 동성애 경향에 대한 의혹을 한층 더해줄 뿐이다. 그러나 이런 의혹과 괴로움 속에서도 그녀를 잊게 될 날이 오리라는 예감을 느낀다.

알베르틴에 대해 무관심해지는 과정은 세 단계로서 언급된다. 제1단계는 초겨울 불로뉴 숲을 산책하던 때의 일로, 숲에서 매력을 느끼는 것은 이전에 알베르틴과 그곳을 거닌 추억 때문이며 지금도 계속 그녀를 사랑하고 있기 때문이라고 처음에 생각하지만, 사실은 그녀에 대한 추억이 망각으로 말미암아 잔혹함을 잃었기 때문임을 알게 된다. 이 무렵에는 또 다른 여자에 대한 관심이 생겨 젊은 세 아가씨의 뒤를 따라다니기도 한다. 그 가운데 하나를 게르망트 공작부인 저택에서 만나게 되는데, 그녀는 이제 포르슈빌 양이 된 옛날의 질베르트 스완이었다. 그녀의 아버지 스완은 이미 세상을 떠나고 어머니 오데트는 포르슈빌 백작과 재혼한 것이다.

제2단계는 반년이 지나서 앙드레와 다시 만났을 때로, 그녀를 통해 알베르틴과 그녀 사이에 관계가 있었던 사실을 알게 되지만 그것도 더 이상 말하는 이에게 큰 고통을 주진 않는다.

제3단계는 한참 뒤에 베네치아를 방문했을 때의 일로, 죽었다고 생각한 알베르틴에게서 전보가 오지만 그 소식은 말하는 이에게 큰 기쁨을 주지 못한다.

이 전보는 나중에 알베르틴에게서 온 것이 아니라 질베르트에게서 온 것임이 밝혀진다. 질베르트는 말하는 이의 친구이자 게르망트 일족의 귀공자인 로베르 드 생루와 결혼한다. 말하는 이는 그들이 사는 탕송빌(콩브레의 이웃마을)에 머무른다.

제7편 다시 찾은 시간

전편에 이어서 말하는 이는 탕송빌에 체류하고 있다. 질베르트는 '게르망트 쪽'과 '메제글리즈 쪽'이 실은 지리적으로 통해 있다고 말한다(그리고 스완의 딸로 게르망트 일족의 생루와 결혼한 그녀의 존재는 두 방향의 융합을 상징한다).

여기서 말하는 이는 공쿠르 형제의 《일기》를 읽으며 자기 자신의 재능이 모자람을 깨닫고 문학 그 자체에 대해 의문을 느낀다.

이윽고 제1차 세계대전이 시작되고 말하는 이는 요양생활을 하게 된다. 전시의 파리와 전쟁으로 인한 사람들의 변화. 베르뒤랭 부인은 살롱을 계속 연다. 샤를뤼스는 독일파가 되고 또한 남색병이 심해져 젊은 남자들을 뒤좇고, 쥐피앙이 경영하는 이상한 호텔에서 손발을 묶인 채 그들에게 회초리로 얻어맞으며 마조히즘의 쾌락에 빠진다. 늙은 육체를 이끌고 끊임없이 동성애에 잠기는 그의 모습은 성애의 순교자처럼 그려지고 있다.

전쟁이 끝난 뒤 말하는 이는 게르망트 대공부인의 초대로 오후 연회에 간다. 자기의 문학적 재능이 부족함을 떠올리며 게르망트 저택 안뜰에 들어갈 때, 포석에 발이 걸려 휘청거리는 느낌에서 갑자기 베네치아의 산마르코 성당의 포석을 생각해내고서 말하는 이는 형용할 수 없는 기쁨을 느낀다. 이어서 일련의 감각이 저마다 과거에 느꼈던 것과 같은 종류의 감각을 불러일으킨다. 이것은 제1편 앞부분에 나오는 홍차에 담근 마들렌의 맛과 똑같은 것, 다시 말해 현재와 과거에 경험한 감각의 동질성에서 태어나는 초시간적인 인상으로 지각과 상상, 현실과 꿈을 동시에 가능케 하는 것이었다. 말하는 이는 이러한 기쁨이야말로 진실하고 유일한 쾌락이라고 생각하며, 그것을 어둠속에서 끄집어내어 그것과 같은 가치를 지닌 정신적인 것을 만들어내는 일이 곧 예술작품을 만드는 일임을 스스로에게 설득한다.

그리고 말하는 이는 살롱에 들어가면서 시간이 인간에게 새겨넣는 기억에 감동받는다. 게르망트 대공부인은 그 옛날의 베르뒤랭 부인이고, 포르슈빌 백작부인 즉 오데트는 이제 게르망트 공작의 애인이 되었다. 또 말하는 이는 생루 양, 곧 질베르트의 딸에게 소개받지만 이것이야말로 '메제글리즈 쪽'과 '게르망트 쪽'의 완전한 합체이며 시간이 이루어낸 걸작이다.

이처럼 말하는 이는 시간의 계시에 감동을 받아 이제부터 작품을 쓸 것을, 그리고 그 작품에 '시간'의 각인을 남길 것을 결심한다.

제1편

스완네 집 쪽으로

Du côté de chez Swann

가스통 칼메트 씨에게
가슴 깊이 감사드리며

마르셀 프루스트

제1부
콩브레

1

나는 오래전부터 일찍 잠자리에 들었다. 이따금 촛불을 끄자마자 바로 눈이 감겨와 '아, 잠이 드는구나' 느낄 틈조차 없었다. 그러면서도 30분쯤 지나면 이제 잠들어야지 생각하면서도 눈이 떠진다. 아직 손에 들고 있는 줄 알고 책을 내려놓으려 하며 촛불을 불어 끄려 한다. 잠이 들면서도 좀 전까지 읽고 있던 책에 대해 생각하고 있었던 것이다. 그런데 그 생각은 조금 독특한 것으로 변해 있다. 즉 교회나 사중주(四重奏)나 프랑수아 1세와 카를 5세* 사이의 싸움 따위들이 나 자신의 일처럼 느껴진다. 이런 기분은 깨어난 뒤에도 얼마간 이어지는데, 그것은 나의 이성에 별로 어긋나지 않지만 마치 비늘처럼 눈꺼풀을 덮어, 촛불이 이미 꺼져버렸다는 사실을 잊게 한다. 이어 그것은 뜻을 모르는 일이 되어가기 시작한다. 마치 태어나고 죽고 다시 태어나기를 되풀이하면서 전생의 일들이 알 수 없게 되는 것처럼. 책의 주제는 나를 떠나, 내가 그 주제에 매달리거나 말거나 내 마음대로다. 나는 어느새 시력을 회복하여 주위가 캄캄한 데 놀라지만, 눈에 쾌적하고 부드러운 어둠, 아마 정신에게는 더한층 쾌적하고 부드러울 어둠—왜냐하면 정신에게 이 어둠은, 까닭 모를, 정말로 애매한 그 무엇으로 보이기 때문이다.

몇 시나 되었을까. 기차 기적 소리가 들려온다. 그 울림은 멀리, 또는 가까이, 숲 속에서 지저귀는 새들의 노래처럼 서로 떨어져 있는 거리를 새삼 느끼게 하면서 내 마음속에 적막하고 넓은 들판을 그려낸다. 그 들판에서 한 나그네가 다음 역으로 걸음을 서두르고 있다. 새로운 고장, 익숙하지 않은

* 1552년 2월, 지난해 가을부터 이탈리아 북부에 진격했던 프랑스군은 이틀 동안의 격전 끝에 독일 황제이자 에스파냐 왕인 카를 5세 군에 대패하여, 전선에 있던 국왕 프랑수아 1세는 포로가 되어 갖은 고초를 겪음.

행동, 지금도 여전히 밤의 고요 속에서 그의 마음을 떠나지 않는, 낯선 집 등잔 밑에서 방금 나눴던 즐거운 이야기와 작별인사, 곧 집으로 돌아가게 되는 기쁨 따위—이러한 일들이 그의 마음속에 또렷하게 떠올라 지금 걷고 있는 오솔길은 앞으로도 그의 기억에 깊이 새겨질 것이다.

나는 베개의 예쁜 볼, 토실토실하고 싱싱한 우리 어린 시절의 뺨과 같은 그 볼에 내 뺨을 살짝 댄다. 시계를 보려고 성냥을 긋는다. 오래지 않아 자정이다. 그것은 병을 무릅쓰고 나그넷길을 떠나야 했던 환자가 낯선 여관방에서 잠들었다가 몸서리치며 깨어났을 때, 문 밑으로 스며드는 아침 햇살을 보고서 기뻐하는 그러한 순간이었다. 아, 살았다. 아침이구나! 곧 사환들이 일어나겠지, 초인종을 울릴 수 있겠지, 도와주러 오겠지. 편해질 수 있다는 희망에 아픔을 참는 힘이 솟는다. 바로 이때, 그는 발걸음 소리를 들은 것 같다. 발소리가 다가왔다가 멀어진다. 문 밑으로 새어들었던 아침 햇살은 사라졌다. 자정인 것이다. 이제 막 가스등을 끈 참이었다. 마지막 사환은 가버렸다. 이대로 약 없이 밤새도록 괴로워해야 하는 것이다.

나는 다시 잠이 든다. 그러고 나서는 이따금 잠에서 깨어나는 일이 있어도 잠시뿐, 판자벽이 말라서 갈라지는 삐걱삐걱 소리를 듣거나, 눈을 뜨고 어둠의 만화경을 바라보거나, 의식에 잠시 비치는 순간적인 빛 덕택으로 세간과 방, 그 밖에 여러 가지가 가라앉아 있는 이 잠을 즐기거나 할 뿐, 그 한 부분에 지나지 않는 나는 이내 아무런 감각도 없이 주위에 녹아든다. 그런가 하면, 잠자는 동안 영원히 지나간 어린 시절 한때로 쉽사리 돌아가, 큰아버지가 내 곱슬머리를 잡아당기지나 않을까 하는 터무니없는 공포감, 그 곱슬머리가 잘리는 날—나에게 새 시대가 시작되던 날—부터 없어졌던 공포감을 다시 발견하는 것이었다. 자고 있을 때에는 곱슬머리가 잘린 사건을 잊고 있다가, 큰아버지의 손을 피하려다가 눈을 뜬 순간 다시 생각해낸 것인데, 그래도 조심해서 꿈의 세계로 되돌아가기 전에 베개로 머리를 푹 감싼다.

때로는 자고 있는 동안에, 이브가 아담의 한쪽 갈빗대로부터 태어났듯, 내가 잠자는 동안에 무리한 자세로 잔 나의 넓적다리에서 한 여인이 태어나기도 한다. 그 여인은 바로 내가 맛보려고 했던 쾌락에서 생겨난 여인인데, 그럼에도 나는 그녀가 나에게 쾌락을 줄 것이라 떠올리고 있었다. 내 몸은 그녀의 몸속에서 자신의 체온을 느껴 그것과 합치려다가 잠에서 깬다. 지금 막 헤어진 그 여인에 비하면 다른 사람들은 멀게만 느껴진다. 나의 볼은 그녀의 입맞춤으로 뜨겁게 불타고, 내 몸은 그녀의 육체에 눌려 뻐근했다. 이따금 일어나는 일이지만 그것이 이전에 알고 지내온 여인 가운데 한 사람의 모습을 하고 있을 때, 그녀를 다시 한 번 보고 싶은 단 한 가지 생각에 나는 온 힘을 쏟는다. 마치 오래도록 마음속으로 바라던 도시를 제 눈으로 보려고 길을 떠나는 사람들이 꿈의 매력을 현실 세계에서 맛볼 수 있다고 떠올리는 것처럼. 그리고 조금씩 그녀에 대한 추억은 사라지고, 나는 어느 결에 꿈의 아가씨를 잊어버렸다.

잠든 인간은 시간의 실, 세월과 삼라만상의 질서를 자기 몸 둘레에 휘감고 있다. 깨어나면 인간은 본능적으로 그것들에게 물어, 거기서 자기가 차지하고 있는 지점과 깨어날 때까지 흘러간 시간을 한순간에 읽어내는데, 가끔 실이나 질서가 차례로 혼란을 일으켜 끊어지기도 한다. 잠을 못 이룬 채 새벽이 다가와 평소 잠자는 자세와 다른 자세로 책을 읽다가 잠이 드는 경우라면, 이렇게 해서 눈을 떠도 시간이 어떻게 됐는지도 모르고 방금 잠자리에 들었다고 생각해버릴 것이다. 보다 바르지 못한 나쁜 자세, 예컨대 저녁 식사 뒤 안락의자에 앉아 졸기라도 하면 세계가 궤도를 벗어나 완전히 뒤바뀌어, 이 마법의 안락의자 덕분에 시간과 공간 속을 엄청난 속도로 날아다니는 느낌이 들 것이다.

그리고 눈을 뜨게 되면, 다른 나라에서 몇 개월 전에 잠들었던 기분이 들기도 할 것이다. 아니, 비록 자기 침대에서 자고 있을지라도 깊은 잠이 들어 완전히 정신의 긴장을 풀어주면 그것으로 충분했다. 그때 정신은 잠든 곳이 어디였는지도 잊어버리고, 한밤중에 눈 뜰 때에는 내가 어디 있는지 모르므로 처음에는 내가 누군지조차 아리송해지곤 한다. 나는 동굴 속에서 떨고 있는 것 같은 존재 감각을 매우 기본적으로만 갖추었을 뿐, 동굴 속에 사는 사람 이상으로 아무것도 가진 게 없다. 그러나 이러한 때 추억이—지금 내가 있는 곳에 대한 추억이 아니라 지난날 내가 살았거나 또는 가본 적이 있는 듯한 두세 곳에 대한 추억이지만—하늘의 구원처럼 다가와서 혼자서는 빠져나올 수 없는 허무로부터 나를 꺼내준다. 나는 한순간에 문명을 몇 세기 뛰어넘는다. 그러고 나면 먼저 석유램프, 이어 셔츠 따위들이 어렴풋이 눈에 비쳐 그러한 것들이 조금씩 나의 독특한 특징을 재구성해주는 것이다.

우리 둘레에 있는 사물의 부동성은, 어쩌면 사물이 그 자체이지 다른 어떤 것이 아니라고 하는 신념, 즉 그 사물을 대했을 때 우리 사고의 부동성에 의해서 강요되었는지도 모른다. 어쨌든 내가 그런 모양으로 깨어날 때 정신은 내가 어디 있는지 알려고 애를 쓰지만 좀처럼 잘되지 않고 주위에서는 모든 사물, 땅, 세월이 어둠 속 나의 둘레를 빙빙 맴도는 것이었다. 지나치게 잔 나머지 쥐가 난 내 몸은 얼마나 피로한가에 따라 팔다리의 위치를 가늠하고 나서, 벽의 방향과 세간이 놓인 자리를 추측하여, 몸이 누워 있는 자리를 가다듬어 그 집이 어느 집인가를 알아내려고 한다. 몸의 기억, 옆구리와 무릎과 어깨의 기억이, 지난날 몸이 누웠던 여럿의 방을 잇따라 그려내고, 그러는 동안 주위에서는 눈에 보이지 않는 벽이 상상으로 그려본 방의 모양에 따라 자리를 바꾸면서 어둠 속에 맴돈다. 그리하여 나의 사고가 때와 형태의 문턱에서 망설이며 주위의 모습을 긁어모아 내가 있는 곳을 확인하기 전에, 내 몸은 방마다 놓인 침대의 종류, 방문의 위치, 창문의 채광, 복도의 유무를, 내가 그 방에서 잠들 때의 생각과 깨어났을 때에 머리에 떠올랐던 상념과 함께 이미 생각해내고 있는 것이다. 쥐가 난 내 옆구리는 몸의 방향을 알아내려고, 이를테면 천장이 달린 큰 침대 속에서 얼굴을 벽 쪽으로 돌리고 누워 있겠거니 떠올려본다.

그러자 곧 나는 마음속으로 중얼거린다. '이런, 어머니가 잘 자라는 저녁 인사를 하러 오시지도 않았는데 잠들어버렸구나!' 나는 몇 해 전에 돌아가신 시골 할아버지 집에 와 있었다. 내 몸, 깔고 누웠던 옆구리는 나의 정신도 결코 잊어버리지 않았을 과거를 충실하게 간직하고 있어서, 가는 사슬로 천장에 걸어놓은 항아리 모양의 보헤미아산(産) 유리로 만든 등불의 불꽃이라든가, 시에나산 대리석 벽난로 등, 먼 옛날 콩브레 할아버지 댁 나의 침실에 있던 것을 떠오르게 해주었다. 그 과거들을 정확하게 떠올린 것은 아니지만 나에게는 그것이 어쩐지 지금의 일처럼 여겨진다. 그리고 완전히 잠을 깨면 그것이 더 뚜렷하게 보일 것이다.

또 다른 자세의 추억이 되살아난다. 벽이 딴 방향으로 가버리고 나는 시골에 있는 생루 부인 댁 나의 방에 있다. 아차! 벌써 10시는 되었을 터인데 저녁 식사는 이미 끝났을 것이다! 평소처럼 생루 부인과 함께 산책하고 돌아와 만찬복으로 갈아입기에 앞서 잠시 눈을 붙인다는 게 너무 오래 잔 모양이다. 콩브레에서는 산책을 하다가 아무리 늦게 돌아가도, 창문 유리에 아직 석양이 붉게 비치고 있는 모습을 볼 수 있었다. 하여 지금은 그 콩브레 시절 이후 많은 세월이 흐른 때인 듯싶었다. 탕송빌에 있는 생루 부인 댁에서 지내는 생활은 그것과는 다른 생활이라 내가 경험하는 기쁨도 달라서, 어릴 적 햇볕을 쬐며 놀던 그 길을 이번에는 밤에 달빛을 받으며 걸어간다. 그리고 만찬복으로 갈아입지 않은 채 내가 깜박 잠들어버린 방, 그것은 산책에서 돌아오는 길에 어둠 속에 홀로 켜져 있는 등대처럼 그 램프의 불빛이 새어나오는 걸 내가 멀리서 알아보는 그 방이다.

뒤섞여 소용돌이치는 이러한 생각은 늘 몇 초밖에 이어지지 않는다. 그럴 때 내가 있는 장소는 불확실해지고, 자주 그 불확실함의 여러 원인을 따로따로 추측하는 판별력은 사라져버린다. 달리는 말을 구경하면서, 영사기가 내비추는 연속적인 자태를 실제로 가려서 판별할 수 없는 것과 마찬가지이다. 그러나 나는, 내가 지금까지 살아온 방들을 때로는 이것, 때로는 저것을 떠올리다가 드디어는 깨어난 뒤의 긴 몽상을 통해 그러한 모든 방을 되새기게 되었다. 겨울의 방, 그것은 참으로 잡다한 것으로 엮어 만든 보금자리이다. 게다가 어디까지나 새가 집 지을 때의 모양을 본떠 베갯잇, 이불깃, 숄의 끝자락, 침대 가장자리, 〈데바 로즈〉지의 일부마저 함께 뒤범벅으로 섞어 바르고 만 둥우리 속에 머리를 처박고 잠자는 그러한 방이다. 얼어붙을 듯이 추운 날이면 나는 그 방에서 (마치 지열로 따뜻한 땅 구멍 속에 둥지를 짓는 바다제비처럼) 바깥으로부터 떨어져 있는 것을 느껴 그것이 기쁨이 되고, 또는 밤새도록 벽난로 불을 꺼뜨리지 않아서 이따금 다시 불꽃이 이는 타다 남은 장작의 빛이 반짝거리는 연기 밴 따스한 공기, 이러한 공기의 커다란 외투를 두른 채 잠을 잔다. 그리고 이 외투는 모습이 없는 침소와도 같은 것, 방의 한가운데에 파인 따뜻한 동굴, 다시 말하자면 창가에 가깝고 벽난로에서는 멀어 바깥공기 탓에 냉랭한 모퉁이에서 얼굴로 서늘하게 불어오는 바람 때문에 테두리가 일렁이는, 늘 뜨거운 열을 내뿜는 곳이라고도 할 수 있다.

이것이 겨울의 방이다. —여름의 방, 그것은 후덥지근한 밤과 하나로 녹아들기를 즐기는 방, 빠끔히 열린 덧문 너머로 달빛이 침대 다리까지 그 마법의 사다리를 던지는 방, 뾰족한 빛의 끝에서 산들바람에 한들거리는 곤줄박이처럼 거의 한데서 자는 흥취가 나는 방이다—때로는 처음으로 묵는 밤까지 그다지 거북살스럽지 않았을 만큼이나 쾌적한 루이 16세 시대의 방, 작은 기둥이 가볍게 천장을 이고 아주 우아하게 떨어져 있으면서 침대의 위치를 알리며 그 자리를 확보해주는 방—때로는 이와 반대로 넓이가 좁은 데 비해 천장이 매우 높다랗고, 2층 건물만큼이나 높은 피라미드 모양으로 패고 그 일부분에는 마호가니가 덮여 있으며, 방에 들어선 첫 순간부터 맡아본 적 없는 방충제 냄새에 속이 메스꺼워지고, 보랏빛 커튼의 적의와 나 따위는 아랑곳없다는 듯이 큰 소리로 지껄이는 괘종의 오만한 무관심에 압도당하던 방. 게다가 거기에는 사각형 다리가 달린 기괴하고도 냉혹한 거울이 방 한쪽 구석을 비스듬히 가로막은 채 평소 따사롭고 충만한 내 시야 속에 날카롭게 파고들어와 뜻하지 않은 상처를 내고 있었다.

이러한 방에서 내가 눈을 치뜨고, 근심스레 귀를 기울이며 콧구멍을 벌름거리고, 심장을 두근거리면서 침상에 누워 있는 사이에 나의 사념은 정확하게 방 그대로의 생김새가 되어, 그 거대한 깔때기 모양의 천장 꼭대기까지 가득 채우려고 여러 시간 동안 흩어지기도 하고 위로 늘어나기도 했으므로 나는 몇몇 밤을 잠 못 이루어 괴로워했는데, 그러다가 점점 이 방에 익숙해지자 드디어 습관이 커튼의 빛깔을 바꾸고, 괘종을 침묵시키며, 본 체 만 체하는 인정머리 없는 거울에 연민의 정을 가르치고, 방충제 냄새를 깨끗이 쫓아내진 못했을망정 그다지 코를 찌르지 않게 하며, 눈에 거슬리는 천장의 높이를 두드러지게 줄이는 것이었다. 습관! 재주 좋지만 매우 느릿느릿한 이 지배인은, 먼저 우리 정신을 몇 주일 동안 임시 배치 속에 가두어두는 일부터 시작한다. 그러나 어쨌든 습관을 찾아낸다는 것은 정신으로선 다행한 일이다. 습관이라는 것 없이 단지 정신상의 수단밖에 없다면, 주어진 방을 살 만하게 만들기란 불가능하기 때문이다.

그래, 나는 이제 말끔히 깨어나 있다. 몸을 마지막으로 뒤치고, 확실함을 주관하는 천사가 모든 것을 내 주위에 자리잡게 해주어, 나를 내 방 안 이불 밑에 누이고, 서랍장, 책상, 벽난로, 거리로 난 창문, 방문 두 개 따위를 어둠 속에서 대강 제자리에 놓았던 것이다. 하지만 잠이 덜 깨어 몽롱한 상태로 한순간, 영상이 또렷하게 그려지지는 않더라도 적어도 눈앞에 보인다고 믿었던 그 여러 거처에 이미 내가 있지 않다는 사실은 알지만 결국 아무 소용없는 일이니 기억에 흔들림이 생겨버리는 것이다. 보통 나는 금방 다시 잠들려 애쓰지 않는다. 그 옛날 콩브레에 있는 대고모*1 댁, 발베크, 파리, 동시에르, 베네치아, 그 밖의 곳에서 우리 집안사람들이 지낸 생활을 떠올리거나 그 여러 장소, 거기서 알게 된 사람들, 그 사람들에 관해 보고 듣던 것들을 돌이켜 생각하며 밤의 대부분을 보내곤 한다.

콩브레에서는, 어머니와 할머니의 곁을 떠나 잠도 못 이룬 채 꼼짝 못하고 있어야 할 침실이, 땅거미가 질 때부터 잠자러 갈 때까지의 기나긴 시간 동안 날마다 나를 괴롭혔다. 그러한 저녁, 너무나 처량한 내 모습을 보다 못한 집안사람들이 내 기분을 바꿔주려고 환등(幻燈)을 보여주자는 생각을 해내어, 저녁 식사 시간을 기다리는 동안 그것을 내 방 등잔 위에 씌워주었다. 그러나 환등은 마치 고딕 시대의 일류 건축가나 그림 유리창의 거장이라도 된 양, 어두운 벽면들을 손에 잡히지 않는 아롱진 광채로 채색한 초자연적 환상으로 바꾸어버려서, 그곳에는 마치 순식간에 너울거리며 사라지는 그림 유리창처럼 가지가지의 전설이 그려졌다. 하지만 나의 슬픔은 더해만 갔으니, 이제 습관이 몸에 밴 덕분에 잔다는 고통을 빼놓고는 그런대로 방이 견딜 만했는데, 조명의 변화만으로도 그 습관이 부서졌기 때문이다. 이제 그곳은 더 이상 내 방 같지가 않아서, 마치 기차에서 내려 처음으로 닿은 호텔 또는 산장의 방에 있는 듯 나는 내 방에서 불안에 떨었다.

마음에 무서운 계획으로 가득한 골로(Golo)가 재빠르고도 불규칙한 걸음으로 말을 몰아, 골짜기의 비탈을 검푸른 비로드 천으로 물들인 작은 삼각형 숲에서 뛰쳐나와서는 가련한 주느비에브 드 브라방(Genevieve de Brabant)*2의 성을 향해 펄쩍펄쩍 뛰어간다. 이 성은 한 줄의 곡선으로 잘려 있는데, 이 곡선은 바로 환등의 홈에 끼워진 타원형 유리 원판의 윤곽이다. 곧 성의 한부분만이 보이는데, 그 앞쪽에 황야가 있으며 거기에선 푸른 띠를 두른 주느비에브가 시름에 잠겨 있다. 성과 황야는 노란색이다. 내가 그것을 보지 않고서도 어떤 색깔인지 알아냈던 것은, 원판을 틀에 끼우기 전부터 브라방이라는 이름이 지닌 황갈색 울림이 그 색깔을 내게 똑똑히 보여주었기 때문

*1 친할아버지의 사촌누이. 이 책에 등장하는 할머니, 할아버지, 증조할아버지는 모두 모계임. 원문에 외가라고 밝히지 않아 그대로 좇았음.

*2 중세기 황금전설의 여주인공. 골로는 그녀 남편의 집사.

이다. 골로는 잠시 멈추고, 나의 대고모가 큰 목소리로 읽어대는 사설을 침울하게 듣고 나서 알아들었다는 표정을 짓는다. 어떤 위엄을 잃지 않는 온순함과 더불어 대본의 지시대로 움직이면서. 그러곤 그는 처음과 마찬가지로 말을 몰아 사라진다. 무엇 하나 그 유유한 말의 전진을 막을 수 없다. 환등이 움직이기라도 하면 골로의 말은 커튼으로 다가가 그 위를, 그 주름진 부분에서 부풀어오르기도 하고 그 주름 사이로 내려가기도 하면서 계속 달려간다. 골로 자신의 몸도 타고 있는 말의 몸뚱이처럼 초자연적인 성질을 띠고 있어서 도중에 부딪치는 온갖 물적 장애, 온갖 방해물을 모조리 처치하여 그것을 제 몸의 뼈와 내장으로 삼고 만다. 설령 그것이 문손잡이일지라도 당장 그 위로 옮아가 그의 붉은 옷 또는 창백한 얼굴을 뚜렷이 떠오르게 하지만, 언제나 한결같이 고귀하고 우울한 그 얼굴은 그러한 골격의 변화에 조금도 고통의 기색을 보이지 않았다.

이러한 환등, 메로빙거(Merovinger) 왕조의 과거로부터 튀어나온 듯한 환등, 그리고 내 주위에 그처럼 옛 역사의 그림자를 나돌게 했던 광화(光畫)를 물론 나는 아름답게 여겼다. 하지만 이미 내 자아로 가득 차서 내가 나 자신을 대하듯 그다지 주의를 기울이지 않게 된 방 안에 이러한 신비와 아름다움이 침입했음은 역시 뭐라고 말할 수 없는 불쾌감을 일으켰다. 감각을 둔하게 만드는 습관의 힘이 멈춰 버리자 슬프게도 나는 무언가를 생각하며 느끼기 시작했다. 내 방의 이 손잡이만 해도 돌리지 않고서도 스스로 열리는 듯이 생각했던 점에서 나에게는 다른 여느 손잡이와 다르게 보였을 만큼 그것을 무의식적으로 다뤄왔는데, 이제는 그것을 골로의 영상을 만드는 몸으로 생각하게 되었다. 그래서 나는 저녁 식사 종이 울리자, 골로도 푸른 수염*도 전혀 모르지만 집안사람들이나 쇠고기 스튜는 잘 알고 있는 커다란 천장 램프가 저녁마다 빛을 던지는 식당으로 부랴부랴 달려가, 주느비에브 드 브라방의 불행으로 말미암아 더욱 그리워진 엄마의 품 안으로 뛰어들었다. 그러는 동안에도 골로의 죄악은 여전히 세심하게 나 자신의 양심을 반성시켰다.

저녁 식사를 마치면 슬프게도 나는 곧 엄마 곁을 떠나야만 했다. 엄마는

* 페로의 동화집에 나오는 인물로 아내를 여섯 명이나 죽인 잔인한 남편.

그대로 남아 날씨가 좋을 때는 뜰에서, 나쁠 때는 다들 들어가는 작은 손님방에서 다른 사람들과 이야기를 했다. 다들이라고 하지만, '맙소사, 시골에 와 있으면서 방 안에 갇혀만 있다니' 생각하시는 할머니는 빼놓고 말이다. 할머니는 비가 몹시 오는 날이면 곧잘 아버지와 입씨름을 벌였는데, 그런 날 아버지는 나를 밖에 내보내지 않고 책이나 읽으라며 방으로 몰아넣기 때문이었다. "그러면 못써, 튼튼하고 씩씩한 애로 키우려면." 할머니는 한심스럽다는 듯이 말했다. "더구나 이 애에겐 체력과 의지력을 길러줄 필요가 있으니까." 아버지는 어깨를 으쓱하며 청우계를 살펴본다. 기상학에 열심인 것이다. 어머니는 그러한 아버지를 방해하지 않으려고 숨죽인 채 그 옆에서 경의가 담뿍 실린 황홀한 눈길로 아버지를 바라보는데, 그렇다고 해서 뚫어져라 보는 게 아니라 아버지가 지닌 비범함의 신비를 뚫고 들어가기를 삼가는 눈빛이다. 그런데 할머니로 말하자면, 비가 억수같이 쏟아질 때도, 프랑수아즈가 젖을세라 버드나무 안락의자를 재빨리 안으로 들고 들어오는 날씨에도, 소나기 내리는 인기척 없는 뜰로 나가 흐트러진 반백 머리를 쓸어올리며 건강에 좋다는 비바람에 좀더 이마를 적시려 한다. "이제 겨우 숨 쉴 것 같구나!" 할머니는 말한다. 그리고 물이 많이 괸 오솔길을 이리저리 돌아다닌다. 길은 자연에 대한 정서라곤 전혀 없는 풋내기 정원사가 마음 내키는 대로 만든 대칭형인데, 아버지는 아침부터 이 정원사에게 날씨가 좋아질 것 같냐고 늘 묻곤 했다. 할머니는 이 길을 신바람이 난 총총걸음으로 돌아다녔다. 그 걸음걸이는 자줏빛 치마에 흙탕물을 튀기지 않으려는 무의식적인 소망보다는 오히려 소나기에의 도취, 건강을 지키는 힘, 나에 대한 교육법의 어리석음, 뜰의 대칭적인 꾸밈 따위가 할머니의 마음속에 일으키는 여러 감동에 따른 것이어서 결국 치마는 위쪽까지 흙탕물투성이가 되었으며 그것은 언제나 할머니 몸종의 절망과 두통의 원인이었다.

저녁 식사 뒤 할머니가 그런 모양으로 뜰을 돌아다니지 못하게 하고 집 안으로 들어오게 만드는 경우는 딱 한 가지뿐이었다. 그것은 할머니가 빙빙 돌며 산책하던 중 나방처럼 되풀이하여 작은 손님방 등불 맞은편으로 돌아올 때, 마침 작은 손님방에 있는 트럼프 놀이용 탁자 위에 리큐어 술이 놓여 있고, 대고모가 "바틸드! 바깥양반이 코냑을 마시니 어서 와서 말려요!" 하고 외칠 때였다. 사실 대고모는 할머니를 놀려주려고(할머니는 친가 사람들 가운데서 특이한 인물이어서 온 식구로부터 놀림을 받았다) 할아버지에게 금지되어 있는 코냑을 몇 잔 마시게 했다. 불쌍한 할머니는 방 안으로 들어와 남편에게 코냑을 입에 대지 말라고 애원한다. 할아버지는 오히려 성이 나 그대로 꿀꺽 들이켠다. 할머니는 슬픈 듯 풀이 죽어, 그렇지만 미소를 지으며 다시 밖으로 나간다. 그도 그럴 것이 할머니의 마음이 어찌나 순하고 겸허한지 자기 몸이나 고통을 가볍게 여기는 심정과 남에 대한 깊은 애정이 그 눈길 속에 미소로 녹아 있어서, 보통 사람들과는 달리 그 미소는 할머니 자신에 대해서는 냉소이지만 우리 모두에게는 눈의 입맞춤이라고 할 만한 것, 사랑하는 사람들을 눈길로 열렬히 애무하지 않고서는 볼 수 없다는 투의 눈으로 하는 입맞춤이었던 것이다. 대고모가 할머니에게 끼친 괴로움도, 할머니의 보람 없는 간청의 광경도, 처음부터 한풀 꺾고 들어가면서 할아버지한테서 술잔을 빼앗으려고 부질없이 애쓰는 그 약하디약한 딱한 모습도 나중에는 익숙해져 드디어는 웃어대며 구경하게 되고, 그것도 모자라 이번에는 자신의 죄책감을 얼버무리기 위해 적극적으로 재미있어 하면서 귀찮게 구는 쪽을 편들고 마는 그런 것이었다. 그러나 이런 것들은 그때의 나에게는 그대로 보기에 진저리가 나 대고모를 때려주고 싶은 마음까지 들었다. 하지만 "바틸드! 바깥양반이 코냑을 마시니 어서 와서 말려요!" 하는 소리가 들리면 비겁한 점에선 이미 어른이었던 나는, 우리 모두가 한번 어른이 되고 나면 비통한 것, 의롭지 못한 것과 마주칠 때 곧잘 쓰는 수를 썼다. 말하자면 보고도 못 본 체하려고 우리집 맨 꼭대기 공부방 옆에 붙은 지붕 밑 작은 방으로 올라가 흐느껴 울었다. 방 안에는 붓꽃 냄새가 나고 벽돌 틈에서 나온 야생 까막까치밥나무 한 그루가 빠끔히 열린 창으로 꽃이 핀 가지를 들이밀어 향기를 풍기고 있었다. 어떤 특수한 쓰임을 위해 마련된 이 방은 낮 동안 루생빌 르 팽의 성탑까지 내다볼 수 있는 곳으로 오랫동안 내 은신처 구실을 해왔다. 오직 그곳만이 독서·몽상·눈물과 쾌락 같은, 남의 침범을 허락하지 않는 고독한 나의 몰두가 시작될 때마다 늘 자물쇠를 잠그고 틀어박힐 수 있는 방이었기 때문이다. 그러나 나는 모르고 있었던 것이다. 그러한 오후나 저녁때의 쉴 새 없는 산책 시간에 할머니의 마음을 슬프게 하고 걱정시키고 있었던 것은 할아버지의 약간 잘못된 식탁보다는 더 큰 것, 곧 내 의지의 결함, 허약한 체질, 더 나아가서는 그것이 내 미래에 던지는 불안이었다는 사실을. 그러한 산책 중 우리 앞을 지나가고 또다시 지나가는 할머니를 보고 있노라면 그 품위 있는 얼굴을 하늘 쪽으로 비스듬히 쳐들 때가 있었다. 그 주름진 갈색 뺨은 덧없이 흘러간 세월에 거의 추수가 끝난 가을밭 같은 연보랏빛으로 보였다. 그녀는 외출할 때 그 뺨을 반쯤 올린 너울로 가렸는데 추위 탓인지 아니면 어느 구슬픈 생각에 이끌려서인지, 자신도 모르게 흘러내린 눈물 한 방울이 언제나 그 뺨 위에서 말라가고 있었다.

잠자러 올라갈 때 나의 유일한 위안은, 침대에 들어가 있는 나에게 키스해주려고 어머니가 오는 일이었다. 하지만 이 밤 인사도 잠시일 뿐 어머니는 금세 내려갔으므로, 어머니가 올라오는 발소리가 들려오고 2층 복도에 밀짚으로 짠 조그마한 술을 늘어뜨린 푸른 모슬린 실내복 자락이 스치는 소리가 들려오는 순간은 나에게 정말 숨 막히도록 괴로운 순간이었다. 그것은 이어서 다가올 순간, 어머니가 내 곁에서 떠나 다시 내려가는 순간을 알리고 있기 때문이었다. 그래서 어머니가 오기까지의 휴식 시간을 어떻게든 연장시키려고, 그토록 간절히 기다리는 밤 인사가 될 수 있는 한 늦게 오기를 바라게 되었다. 때로는 나에게 입맞추고 나서 방문을 열고 나가는 엄마를 불러, "한 번만 더 입맞춰줘" 말하고 싶었으나, 그러면 금세 엄마 얼굴이 험해질 것을 알고 있었다. 나의 쓸쓸함과 흥분을 그대로 보기가 딱해서 내 방에 올라와 화합의 입맞춤을 해주는 이러한 습관을 어리석은 짓으로 여기던 아버지의 마음을 언짢게 했기 때문이고, 엄마 또한 이러한 요구나 습관을 될 수 있는 한 없애려고 마음먹고 있는 게 틀림없어서 이미 방문까지 가 있을 때 다시 입맞춰달라고 졸라대는 버릇을 호락호락 받아줄 리가 없다고 생각했기 때문이다. 그리고 조금 전 엄마가 애정 어린 얼굴을 내 침대 쪽으로 기울여서 마치 화합의 영성체를 위한 면병*처럼 나에게 내밀어, 나의 입술이 이 면병에 임하는 엄마의 현존과 편안한 잠의 힘을 빨아들이려고 했을 때 엄마가 가져다준 평온도, 그것에 뒤이어 오는 엄마의 찡그리는 얼굴을 생각하면 모두 망가지고 마는 것이었다. 그렇지만 결국 엄마가 잠시 동안밖에 내 방에 있어주지 않는 이러한 저녁도, 저녁 식사 뒤에 손님을 상대하느라 나에게 올라오지 않는 저녁에 비하면 즐거웠다.

---

* 미사 때, 성체를 이루기 위해 쓰는 밀떡.

손님이라야 평소에는 스완 씨뿐이라서 지나가다 들르는 몇몇 모르는 사람을 빼놓고는 이분이 콩브레의 우리집에 찾아오는 거의 유일한 사람이었다. 때로는 이웃으로서 저녁 식사를 같이하려고 왔으며(그 바람직하지 못한 결혼 이후로는, 우리집에서 그의 아내를 초대하고 싶어하지 않아서 이런 일은 매우 뜸해졌지만) 때로는 저녁 식사 뒤에 불쑥 찾아오기도 했다. 저녁때 집 앞에 있는 커다란 마로니에 아래 철제 탁자에 둘러앉아 있으려니 뜰의 한구석에서 방울 소리가 난다. 그건 도무지 끝날 것 같지 않은 냉랭한 쇳소리를 쏟아내어서 문을 드나들 때마다 정신을 얼떨떨하게 만드는 탓에 집안사람들이 으레 그 연결장치를 벗겨서 '소리 내지 않고' 들어서곤 하는 엄청나게 요란스러운 방울 소리가 아니라, 손님용 달걀 모양의 작은 금빛 종이 달랑달랑 수줍어하며 내는 울림이다. 그래서 우리 모두는 금세 "손님이구나, 누굴까?" 서로 묻지만, 손님이 스완 씨밖에 없다는 걸 잘 알고 있다. 대고모는 모범을 보이려고 애써 자연스러운 투의 큰 목소리로, 그렇게 쑥덕거리는 게 아니다, 오신 손님에게 그보다 더한 불친절은 없으며, 또 손님은 자기가 들어서는 안 되는 이야기를 하고 있는 줄로 여기고 만다고 말한다. 그리고 할머니를 척후로 파견한다. 그럴 때마다 할머니는 또다시 뜰을 둘러볼 핑계가 생겼다고 좋아하면서, 그때를 이용해 장미꽃을 조금이라도 자연 그대로의 모습으로 만들려고 지나가는 길에 장미나무의 버팀대를 슬그머니 뽑는다. 마치 이발사가 지나치게 반드르르하게 매만져놓은 아들의 머리털에 손을 넣어 헝클어뜨리는 어머니처럼.

우리는 할머니가 가져다줄 적군의 소식을, 마치 수많은 적들 가운데 과연 누가 공격하러 왔는지 잘 모르겠다는 듯 목이 빠지게 기다린다. 그러다가 할아버지가 말한다. "응, 스완의 목소리군." 사실 그를 알아볼 단서라곤 목소리밖에 없었다. 모기를 끌어들이지 않기 위해 뜰 안을 가능한 한 어둡게 하고 있어서 거의 불그스름한 갈색 머리털을 브레상(Bressant)*풍으로 깎은 넓은 이마, 그 밑에 매부리코에다 초록빛 눈을 한 얼굴은 분간하기 어려웠다. 나는 시럽을 가져오라고 이르기 위해 짐짓 꾸미는 티 없이 자리를 뜬다. 할머니는 언제나 그처럼 꾸미는 티 없이 구는 게 싹싹하다는 생각이어서, 손님

* 19세기 중엽의 배우. 머리 양옆을 길게 빗어 붙인 상고머리를 유행시켰음.

이 있을 때만 유별나게 시럽을 내온다는 식으로 내색하지 않는 게 중요하다고 여기고 있었다. 스완 씨는 할아버지보다 아주 젊었지만, 두 사람은 꽤 친했다. 할아버지는 지난날 스완 씨의 아버지와 친구였다. 그 아버지 되는 분은 훌륭하지만 좀 별난 분이어서 이따금 하찮은 일로 마음의 비약을 방해받아 사고의 흐름이 달라지는 분인 듯싶었다. 나는 한 해에도 몇 번이나 할아버지가 식탁에서 꺼내는, 그 아버지 되는 스완이 밤이나 낮이나 간호하던 아내를 여읜 때의 태도에 대한 똑같은 일화를 들어왔다. 그 무렵 오랫동안 이 친구분과 못 만나고 있던 할아버지는 부음을 듣자마자 바로 콩브레 근방에 있는 스완 집안 소유지로 달려가서, 입관을 보지 못하도록, 눈물 젖은 그를 잠시 동안 빈소 밖으로 데리고 나왔다. 두 사람은 햇볕이 보드랍게 비추는 큰 정원을 몇 걸음 걸었다. 그러자 갑자기 스완 씨의 아버지가 할아버지 팔을 붙잡으며 외쳤다. "아! 이런 좋은 날씨에 함께 산책을 하니 얼마나 유쾌합니까! 이 나무들이, 저기 산사나무가, 그리고 아직 당신의 칭찬을 한 번도 못 받은 이 못이 아름답지 않습니까? 어, 시무룩한 기색이신데 왜 그러시지? 어떻습니까, 이 산들바람은? 아무렴, 뭐니뭐니해도 살고 볼 일이지요. 안 그렇습니까, 아메데 형장!" 그때 갑자기, 죽은 아내에 대한 추억이 다시 떠올랐다. 그리고 하필이면 이런 때 어떻게 즐거운 기분이 들었는지 알다가도 모를 일이어서, 결국 그는 어려운 문제가 떠오를 때마다 버릇처럼 하는 동작, 즉 한쪽 손을 이마로 가져가 눈과 코안경의 알을 비비는 동작으로 얼버무렸다. 그렇지만 아내를 여읜 슬픔은 좀처럼 사라지지 않았다. 그 뒤 살아남은 이태 동안, 그는 나의 할아버지에게 자주 이렇게 말하곤 했다. "이상하지요. 나는 죽은 아내를 자주자주 생각하지만, 웬일인지 한 번에 많이는 생각을 못하거든요." 그 뒤부터 '자주자주 한 번에 조금씩, 스완의 아버지식으로'라는 말이 할아버지의 입버릇 가운데 하나가 되어서 아주 상황이 다른 경우에도 쓰이게 되었다. 만약 내게 최고의 재판관이었고 그분의 판결이 법규가 되어 나중에도 내가 비난하고픈 남의 과실을 용서하는 데 자주 이바지하게 했던 할아버지가, "뭐라고? 그분은 황금 같은 마음씨를 갖고 계셨던 분이야!" 하고 되풀이해서 말해주지 않았더라면 나는 스완의 아버지를 괴물로 여겼을지도 모른다.

여러 해 동안, 특히 결혼하기 전까지 그의 아들 스완 씨는 자주 콩브레에 와서 나의 대고모와 조부모를 방문했다. 그동안 대고모와 조부모는 스완이 이전에 그의 집안사람들이 드나들던 사회와는 전혀 딴판인 화려한 생활을 하고 있는 줄은 꿈에도 몰랐으며, 또 이 스완이라는 이름은 그가 우리집에서 쓰고 있는 일종의 가명 같은 것으로—말하자면 그런 줄 모르고서 유명한 도둑을 묵게 하고 있는 정직한 여관 주인의 악의 없는 고지식함과 더불어—자기들이 사실 자키 클럽(Jockey club)*1의 가장 우아한 회원, 파리 백작(Comte de Paris)*2과 영국 황태자*3가 아끼는 친구, 생제르맹 동네 상류 사교계의 제일가는 총아를 맞아들이고 있는 줄은 상상조차 못했다.

스완이 누리고 있던 그 화려한 사교 생활을 우리가 까맣게 몰랐던 까닭은, 한편으로는 그의 조심스럽고 겸손한 성격 때문이기도 하지만, 다른 한편으로는 그때 유산계급 사람들이 사회에 대하여 얼마간 힌두적인 개념을 품고 있는 데서 비롯된 것이기도 하다. 다시 말해 사회란 폐쇄적인 계급으로 구성되며 개인은 저마다 태어나면서부터 부모가 차지하고 있는 계급에 속하고, 예외적인 경력이나 뜻밖의 결혼 같은 요행에 부딪치지 않는 한 그는 그 계급에서 벗어나 상위계급으로 들어가지 못하는 것으로 간주됐다. 아버지 스완 씨는 증권거래소의 직원이었다. 따라서 '아들 스완'은 납세자 일람표에서 볼 수 있는 것처럼, 소득에 따라 재산이 여러모로 변동된다고 정해져 있는 계급에 한평생 속하는 것으로 여겨졌다. 사람들은 그의 아버지가 어떠한 곳에 출입했는지 알고 있다. 따라서 아들이 어떠한 곳에 드나드는지, 어떠한 사람들과 교제하는 '신분'인지도 알고 있다. 그 밖의 사람들과 가깝게 지낸다 하더라도 그것은 마땅히 젊은이들과의 교제였고, 그 집안의 옛 벗들, 예를 들어 우리집 사람들이 그런 교제에 대해서도 호의적으로 눈감아주었던 것은 그가 부모를 여읜 뒤에도 계속해서 충실하게 우리집을 찾아왔기 때문이었다. 그러나 우리가 모르는 곳에서 그가 만나고 다니는 사람들은, 만약 그가 우리와 함께 있을 때에 그 사람들을 만난다면 우리 보기가 부끄러워 인사도 하지 못할 사람들일 거라고 생각했다. 그의 부모와 같은 지위에 있는 증권거래소 직

---

*1 1833년에 조직된 프랑스의 특권계급 인사들의 사교 클럽으로 승마와 경마의 유행을 지배했음.

*2 루이 필립 왕의 손자인 루이 필립 도를레앙 공.

*3 후에 영국 윈저 왕가의 왕 에드워드 7세가 된 사람.

원의 아들들과 스완 사이에서 그에게 사회적 계수(係數)라는 걸 매겨본다면, 그 계수는 다른 것보다 좀 낮았을 터이다. 왜냐하면 생활태도가 매우 담백하며 오래전부터 골동품과 그림에 심취해온 스완은, 지금은 어느 옛 가옥에 머무르면서 그곳에 그의 수집품을 쌓는 생활을 하고 있기 때문이다. 할머니는 그 집에 한번 가보고 싶어했지만 유감스럽게도 그것은 오를레앙 강변,*1 즉 대고모가 그런 곳에 산다는 것은 부끄러운 일이라고 생각하는 거리에 있었다. "약간은 정통하신가요? 당신을 위해서 물어보는 거예요. 왜냐하면 당신은 장사치에게 속아 엉터리 물건을 인수한 게 틀림없으니까요." 대고모는 스완에게 이렇게 말하곤 했다.

대고모는 사실 스완을 무엇 하나 정통한 것이 없는 사내로 가정하여 담소 중 진지한 화제를 피하는 사내, 요리법을 세밀하게 이야기할 때뿐만 아니라 할머니의 여동생들이 미술에 대하여 이야기할 때에도 아주 평범하고 속된 지식의 정확성밖에 보이지 않는 이 사내에 대하여 지적인 부분에서도 결코 높이 평가하지 않았다. 어느 그림에 대한 의견을 듣고 싶다든가 어떤 부분에 감탄했는지 보여달라든가 하고 대고모가 조를 때에도 그는 거의 불친절에 가까울 만큼 침묵을 지키다가, 그 대신 될 수 있는 한 그 그림이 있는 미술관이라든가 그려진 연대라든가 하는 지식을 제공하는 것으로 때웠다. 그러나 여느 때의 스완은 우리가 알고 있는 사람, 예컨대 콩브레의 약제사, 혹은 우리집의 식모나 마부를 택해 그 사람과 자기 사이에 일어난 새로운 사건을 이야기하면서 우리를 웃기는 데에 만족하고 있었다. 확실히 그런 이야기는 대고모를 웃게 했는데, 대고모는 스완이 언제나 그 이야기 속에서 우스운 역할을 하고 있기 때문인지, 아니면 스완이 이야기할 때에 보이는 풍부한 기지 때문에 웃음이 나오는 건지 가리지 못했다.

"스완 씨, 당신은 참으로 인물이세요!" 대고모는 우리 집안에서 조금 속된 단 한 분이었기 때문에, 스완에 대한 얘기가 나오면 남들에게 다음과 같은 주제넘은 말을 했다. 스완 씨는 하려고만 든다면 오스망 큰거리나 오페라 거리*2에 살 수 있다, 아버지 스완 씨가 한 500만은 유산으로 남겼겠지만 색

---

*1 파리 중심지인 생루이 섬의 센 강가에 있는 거리로, 옛 파리의 아름다움이 남아 있음.

*2 둘 다 나폴레옹 3세 제2제정기에 근대적 규모로 세운 건물이 즐비하고, 신흥 유산계급이 많이 살던 거리.

다른 취미를 가진 사람이어서 오를레앙 거리에 살고 있는 것이라고. 게다가 남들에게 이 색다른 취미를 들려주면 틀림없이 한데 모인 사람들의 흥을 돋우리라고 여기고 있던 대고모는, 파리에 있을 무렵 정월 초하루에 스완 씨가 대고모를 위하여 마롱글라세가 든 주머니를 들고 우리집에 왔을 때, 그 자리에 손님이 있기라도 하면 스완에게 "그런데 스완 씨, 여전히 주류전매소*[1] 근처에 사시나요, 리옹에 오실 때 열차를 놓치지 않으시려고?" 하고 말하는 것을 잊지 않았다. 그러고 나서 대고모는 코안경 너머로 다른 손님들을 흘끗 보는 것이었다.

그러나 어떤 사람이 대고모에게, 이 스완은 겉으로는 아들 스완으로서 온갖 '훌륭한 부르주아지'나 파리의 가장 믿음직한 공증인 또는 소송 대리인에게 환영받을 만한 '자격'을 충분히 갖추고 있으면서(그는 이런 특권 따위는 거의 잊어버리고 있는 듯했지만) 남몰래 아주 다른 생활을 하고 있다고 말하거나, 또 스완이 집에 돌아가서 자야겠다고 말하고 나서 파리에 있는 우리집을 나와 거리를 돌자마자 금세 되돌아가서는 거래소 직원이나 조합원들의 눈에 결코 띄지 않는 살롱에 들어간다고 말하거나 하면, 이 말은 대고모에게 꽤나 괴상하게 들렸을 것이다. 어느 누구보다 학식 있는 부인으로서는, 그 부인 자신이 아리스타이오스(Aristaios)*[2]와 개인적으로 우정을 맺었다고 생각하는 것, 게다가 그 아리스타이오스가 부인과 몸소 만나 이야기한 뒤, 베르길리우스(Vergilius)*[3]의 묘사에 따르면 테티스(Thetis)*[4]가 사는 물의 왕국, 인간의 눈에는 보이지 않는 나라에서 아리스타이오스가 크게 환영받았다고 하는 나라에 투신해 들어갔다고 생각하는 것이 몹시도 괴상하게 여겨지는 바와 마찬가지로. 혹은 좀더 대고모가 떠올릴 성싶은 비유를 하자면(왜냐하면 콩브레에서 비스킷을 담는 우리집 과자 접시에 그러한 광경이 그려져 있는 것을 대고모도 보았을 테니까), 알리바바—나중에 혼자 남자 아무도 떠올리지 못한, 보물로 가득 차 눈이 부신 동굴에 들어간 그 알리바바

---

*1 보세 창고가 있는 주류 공설시장.

*2 아폴론과 키레네 사이에 태어난 아들. 인간에게 양봉을 가르치고, 처음으로 올리브 나무를 심었다고 함.

*3 로마의 시인(B.C. 70~19). 여기에 나오는 비유는 그의 작품 〈게오르기카〉에서 딴 것임.

*4 바다의 요정. 펠레우스의 아내이자, 아킬레우스의 어머니.

—와 함께 식사를 했다고 생각하는 것이 몹시도 괴상하게 여겨지는 바와 마찬가지로.

어느 날 저녁 식사 뒤, 스완이 야회복 차림 그대로 온 것을 사과하면서 파리에 있는 우리를 찾아온 적이 있었는데, 그가 돌아가자 프랑수아즈가 마부에게서 들었다면서 스완이 '어느 대공부인 댁에서' 저녁 식사를 했다고 말하자, "그래, 청등홍가의 대공부인 집에서겠지!" 하고 대고모는 어깨를 으쓱 올리며 뜨개질감에서 눈도 떼지 않고 노골적으로 비꼬면서 대답했다.

그래서 대고모는 스완에게 너글너글하게 굴었다. 대고모는 우리의 초대가 스완을 기쁘게 해준다고 믿고 있어서 여름철 그가 찾아올 때 번번이 그의 정원에 열린 복숭아나 나무딸기가 든 바구니를 들고 오는 것도, 이탈리아에 여행을 다녀올 적마다 나에게 명작 사진을 선물로 가져다주는 것도 아주 당연한 일로 여겼다. 집에 처음으로 오는 낯선 손님을 대접할 때 스완이 있으면 품위가 떨어진다고 일부러 그를 초대하지 않았던 중요한 저녁 식사 때에도, 그리비슈 소스와 파인애플 샐러드의 요리법이 필요하게 되자 체면이고 뭐고 상관없이 스완을 부르러 보냈다. 또 우연히 프랑스 왕실의 지체 높은 이들이 화제에 오르기라도 하면 "우리와는 가까워질 수가 없는 분들이죠, 당신이나 나나. 그러니 그런 이야기는 그만둡시다. 안 그래요?" 하고 대고모는 스완에게 말했는데, 그 스완으로 말할 것 같으면 주머니 속에 트위큰햄(Twickenham)*에서 온 편지 한 통이 들어 있을지도 모를 위인이었다. 또 할머니의 여동생이 노래를 부르는 저녁이면 대고모는 스완에게 피아노도 옮기게 하고 악보도 넘기게 했는데, 다른 곳에서는 그토록 인기 있는 이 인물을, 수집용 골동품을 싸구려 물건처럼 마구 갖고 노는 순진한 어린애처럼 함부로 다루었다. 그때 많은 클럽의 회원들에게 알려졌던 스완이라는 인물은 대고모가 멋대로 생각하고 있는 스완과는 틀림없이 큰 차이가 있었다. 대고모가 생각하고 있는 스완이란, 저녁 무렵 콩브레의 작은 뜰 안에 방울이 달랑달랑 두 번 망설이는 듯 울리자 마중 나간 할머니의 뒤를 따라 어둠을 배경 삼아 나타나며, 목소리를 듣고서야 누군지 알게 되는 어두컴컴하고도 뚜렷하지 않은 인물, 그러한 인물을 스완네 집안에 대한 자신의 본디 생각으로 다듬어 꾸미고 생기를 부여해놓은 것

* 왕위 계승자로 추대된 파리 백작 오를레앙 가문이 영국 망명 시절에 머물렀던 런던 근처의 별장지.

이다. 하지만 보잘것없는 일상사를 놓고 보아도 우리 인간은 물질적으로 구성된 전체, 즉 누가 보든지 같은 시방서*나 유서같이 한 번 보고 금세 알 수 있는 단순한 조직체가 아니다. 우리의 사회적 인격이란 남들의 생각이 만들어낸다.

'아는 사람을 본다'고 하는 단순한 행위마저 어느 정도는 지적 행위이다. 우리는 우리가 보고 있는 인간의 외모에, 그 인간에 대해 우리가 갖고 있는 모든 관념을 채워넣는다. 그리하여 전체 모습을 마음속으로 보았을 때 그 대부분은 역시 이러한 관념으로 이루어져 있다. 그래서 이러한 관념이 그 인간의 뺨을 부풀리고, 콧날을 또렷하게 그려내며, 목소리 울림이 하나의 투명한 껍질에 지나지 않는 듯이 그 안에 들어가 울림에 뉘앙스를 섞으므로 실제로 우리가 그 인간의 얼굴을 보고 듣고 할 때마다 우리가 보고 듣고 있는 것은 결국 이러한 관념에 지나지 않는다.

우리집 사람들은 자기들이 구성하고 있는 스완의 내부에 다른 면이 있으리라곤 짐작도 못해 그의 사교 생활의 매우 많은 특징을 거기에 넣지 않고 있었는데, 모르면 몰라도 다른 사람 같으면 그를 만났을 때, 그의 얼굴에 우아함이 가득하고 그것이 자연의 경계인 듯 매부리코에서 멈추고 있는 것을 보고는 그것을 사교 생활의 특징에서 비롯한 것으로 생각했으리라. 그러나 또한 우리집 사람들은 그의 진정한 위엄이 보이지 않는 공허하고도 널따란 그 얼굴 속에, 그를 과소평가시키는 그 눈 속에, 그가 우리 시골의 좋은 이웃으로 지내는 동안 트럼프 탁자의 둘레나 뜰에서 매주 저녁 식사 뒤에 함께 보냈던 한가한 시간의 아련하면서도 달콤한—흐리마리한—기억의 흔적을 채워넣고 있었던 것이다. 이 우리 벗의 육체적 껍질은 그런 기억의 흔적이나 그의 부모에 관한 몇몇 추억으로 꽉 차 있었으므로 그런 스완이 오히려 완전하고도 실감 나는 존재가 되어버렸으므로, 그 뒤 정확하게 알게 된 스완 쪽으로부터 기억을 더듬어 이 최초의 스완 쪽으로 옮아갈 때는 어쩐지 한 인물과 헤어지고 남에게로 가는 느낌이 들었다. 이 최초의 스완—나는 이 사람 안에서 내 소년 시절의 귀여운 실수를 발견한다—은 나중에 알게 된 또 하나의 스완보다는 도리어 그때 내가 알고 있던 다른 사람들과 더 비슷하다는

* 물품 양도, 부동산의 계약 규정서.

느낌이 든다. 마치 우리 삶이라는 것이 같은 시대의 온갖 초상화가 같은 색조로 한 가족인 듯 나란히 걸려 있는 미술관과 같기나 한 것처럼. 이 최초의 스완은 큰 마로니에나 나무딸기 바구니나 사철쑥의 새순 냄새를 풍기는 언제나 한가로운 스완이었다.

그런데 어느 날 할머니가 성심수도원의 여학교 시절에 알게 된 귀부인, 유명한 부이용 가문의 빌파리지 후작부인에게 부탁이 있어 찾아갔을 때(이 부인과는 서로 호감을 가졌으면서도 우리의 계급관념 때문에 할머니는 계속 교제하기를 원하지 않았다) 부인이 할머니에게 말했다. "당신은 스완 씨와 잘 아는 사이지요 아마. 그분은 롬 가문의 내 조카들과 꽤 친한 사이랍니다." 할머니는 빌파리지 부인으로부터 세 들기를 권유받은, 뜰이 사방에 나 있는 가옥의 일, 그리고 그녀가 계단에서 찢긴 치맛자락을 한 바늘 꿰매달래려고 들어간 안마당에서 가게를 운영하고 있던 조끼 장인(匠人) 부녀(父女)의 일로 잔뜩 흥분하여 외출에서 돌아왔다.

할머니는 이 부녀를 더할 나위 없는 사람들로 여겨 그 딸은 진주이며, 아버지인 조끼 장인은 자신이 본 사람 가운데 가장 품위 있고 나무랄 데 없이 훌륭한 사람이라고까지 단언했다. 그도 그럴 것이 할머니에게 품위란 사회적 지위와는 전혀 상관없는 것이었기 때문이다. 할머니는 조끼 장인이 한 대답에 경탄해 마지않아 어머니에게 말했다. "세비네(Sévigné)* 부인이라도 그보다 더 훌륭하게 말하진 못했을 거야!" 반면 그날 빌파리지 부인 댁에서 만난 부인의 조카에 대해서는 다음과 같이 말했다. "어멈아! 조카라는 그 사람, 정말 품위가 없더라!"

그런데 스완에 관한 이야기는 대고모의 머릿속에서 스완을 높이기는커녕 빌파리지 부인을 낮추는 결과를 낳고 말았다. 우리가 할머니를 믿고 여태까지 빌파리지 부인에게 보여온 존경은, 그런 존경을 받을 가치가 없는 행동은 절대로 해선 안 된다는 의무 같은 것을 만들어서 이를 부인에게 강요해왔는데, 바로 그 부인이 스완의 생활을 알고 있으면서 친척과 스완의 교제를 허락하고 있다니, 어쩐지 우리는 부인이 자신의 의무를 저버리고 있다는 생각이 들었다. "뭐! 부인이 스완을 안다고? 막마옹 원수의 친척 되는 분이!"

---

* 프랑스의 여류 서간 문학자(1626~96). 본명은 마리 드 라뷔탱 샹탈.

스완의 교제에 관한 우리 집안사람들의 이와 같은 의견은 스완이 보다 하류 사교계의 여인, 거의 창부에 가까운 여인과 결혼함으로써 증명된 듯했다. 게다가 스완은 이 여인을 남들에게 보이지 않으려고 애써 우리집에 오는 일도 점점 뜸해졌으나 그래도 혼자서 계속 들렀는데, 우리 집안사람들은 이 여인으로 미루어보아 스완이 자주 드나들고 있는 환경—그가 그곳에서 이 여인을 주운 것으로 상상하며—즉 우리가 모르는 그 환경을 판단할 수 있다고 믿었다.

그러나 한번은 할아버지가 어떤 신문에서 스완 씨가 모 공작 저택 일요일 저녁 식사 모임에 빠짐없이 참석하는 손님들 가운데 하나라는 기사를 읽은 일이 있었다. 이 모 공작의 아버지도 아저씨도 루이 필립 치세의 가장 이름난 정치가였다. 그런데 할아버지는 몰레(Molé)나 파스키에(Pasquier) 공작이나 브로이(Broglie)* 같은 인물들의 사생활에 대해 이것저것 떠올리는 데 도움이 될 듯한 온갖 보잘것없는 일에 많은 호기심을 가지고 있었다. 할아버지는 스완이 그러한 인물들과 아는 사이였던 사람들의 집에 드나들고 있는 사실을 알고는 매우 기뻐했다. 대고모는 이와 반대로 그 기사를 스완에게 불리하게 해석했다. 곧 자기가 태어난 계급 바깥, 그 사회적인 '등급' 바깥의 교제를 선택하는 인간은 유감스럽게도 계급에서 탈락한 사람으로서 쫓겨나는 거라고 대고모는 생각했던 것이다. 선견지명이 있는 부모들이 그 자손을 위해 명예롭게 자기 집안에 간직한, 좋은 사람들과의 훌륭한 온갖 교제의 열매를 단번에 던져버리는 것같이 보였던 것이다(대고모는 전에 우리 집안의 친구인 어느 공증인의 아들과 절교한 일까지 있었는데, 그것은 그 아들이 어느 왕녀와 결혼하여 공증인이라는 존경받는 지위로부터 하나의 연애 모험가의 지위, 말하자면 왕비들로부터 이따금 호의를 받는다고 사람들 입에 오르는 옛 시대의 시중꾼이나 마부 같은 처지로까지 떨어졌다는 이유에서였다).

할아버지는 우리가 알게 된 그러한 친구에 대해서, 스완이 요 다음번에 오는 저녁 식사 자리에서 물어보겠다는 계획을 세웠다. 그러나 대고모는 그 계획을 비난했다. 한편 할머니의 두 여동생, 자존심만 높고 재치는 전혀 없는 두 노처녀는 형부가 그와 같은 하찮은 일을 이야기하면서 즐거워하는 이유를

---

* 왕정복고기 루이 필립 치세에 중요한 역할을 한 귀족 정치가들.

통 모르겠다고 불쑥 말했다. 이 두 분은 드높은 동경에 사는 분이어서 설령 역사적인 흥미를 끄는 일이라 할지라도 이른바 잡담이라는 것에는 관심이 없었으며, 또 일반적으로 말해 아름답거나 도덕적인 대상에 직접 관련되지 않은 사물에는 전혀 흥미를 가질 수가 없었다. 직접이건 간접이건 사교 생활에 관련되어 있을 성싶은 모든 일에 이 두 분은 완전하게 무관심해서 드디어는 청각을—식사 때에 담소가 경박한 가락, 아니 조금 비속한 가락을 띠기만 하더라도 그 담소를 두 분의 고귀한 화제로 되돌릴 수 없게 되자마자 당분간 이야기를 들을 필요가 없다는 단정을 하고—당장 멈추도록 하고 그 기능의 완전한 감퇴를 내보이는 정도였다. 그러한 때 할아버지가 이 처제들의 주의를 끌 필요가 있거나 하면 정신과 의사가 넋 놓은 환자에게 쓰는 물리적인 경고에 도움을 빌려야만 했다. 그것은 여러 번 되풀이해서 칼날로 컵을 두드리며 또한 목소리와 눈으로 돌연한 질문을 내뱉는 방법인데 이는 정신과 의사가 직업적인 습관에서, 혹은 모든 인간을 얼마간 미치광이로 여기고 있는 데서 건강한 사람과의 일상 대화중에도 자주 쓰는 난폭한 방법이었다.

두 분의 처제가 좀더 큰 관심을 보인 것은 저녁 식사를 하러 오기로 된 스완이 그 전날 아스티산 백포도주 한 상자를 두 분에게 친히 보내온 때였다. 그때 대고모가 코로(Corot)* 화전에 출품된 어느 그림 옆에 '샤를 스완 님 소장'이라는 활자가 실린 〈피가로〉지를 손에 들고서 "스완이 〈피가로〉지에 오르는 '신분'임을 보았냐?"고 우리에게 말했다. "그래서 내가 늘 댁들에게 말해왔잖아. 스완은 취미가 풍부한 분이라고." 할머니가 대꾸했다. "옳거니, 번번이 댁들이지. 의견이 우리와는 서로 다르니까 말이야." 대고모가 대답했다. 할머니가 자기와 의견을 좀처럼 같이하지 않는 것을 알고 있던 대고모, 집안사람들의 의견이 언제나 반드시 자기편이라고는 확신을 못했던 대고모는 우리로 하여금 할머니의 의견을 비난토록 하기 위해 할머니의 의견에 맞선 자기와의 연대책임을 우리에게 억지로 지우려고 애썼던 것이다. 그러나 우리는 그대로 침묵했다. 할머니의 여동생들이 〈피가로〉의 기사를 스완에게 말해주려는 눈치를 보이자 대고모는 그것도 말렸다. 남에게 자기보다 우수한 점이 조금이라도 있는 것을 볼 때마다 대고모는 그것이 장점이 아니라 단

---

* 프랑스의 화가(1796~1875). 풍경화에 능했음.

점인 양 단정해버려, 그런 것 따위 부러워하지 않는 모습을 보이려고 오히려 상대를 동정하곤 했다. "그분은 기뻐하지 않을 거야. 나 같으면 이처럼 신문에 또렷하게 내 이름이 인쇄된 것을 볼 때 불쾌하기 짝이 없을 테고, 또 남들이 그런 것 따위를 아첨 삼아 나에게 말해도 조금도 기쁘지 않을 거야." 하기야 대고모는 할머니의 여동생들을 이해시키려고 고집하지는 않았다. 왜냐하면 그녀들은 속됨을 싫어하는 나머지 당하는 당사자마저 가끔 깨닫지 못할 정도로 교묘하고 완곡한 표현 밑에 개인적인 암시를 숨기는 솜씨를 부리는 분들이었기 때문이다. 한편 어머니는 어떠냐 하면, 스완의 아내에 대해서가 아니라 들리는 말로는 스완이 애지중지하고 있는 딸 때문에 결혼하고 말았다는데, 그 딸에 대하여 스완에게 한마디 건네보겠다는 승낙을 아버지로부터 어떻게 얻어낼까 하는 생각밖에 하고 있지 않았다. "그분에게 요새 따님은 잘 지내냐고 한마디만 하면 되잖아요. 그분으로선 아픈 데를 찔리는 셈이 될 거예요." 그러나 아버지는 얼굴을 찡그렸다. "안 돼! 당치 않은 생각을 하고 있구려, 바보같이."

그런데 우리 가운데 단 한 사람, 스완의 방문으로 괴로워하고 있던 사람이 있었는데 그건 바로 나였다. 그도 그럴 것이 손님들이 와 있는 저녁에는, 아니 스완 씨 혼자 와 있는 저녁에도 어머니는 내 방에 올라와주지 않았기 때문이다. 나는 남들보다 먼저 저녁 식사를 마친 뒤 그들의 식탁에 가서 8시까지 앉아 있다. 바로 이 8시가 내가 자러 올라가야 하는 시간으로 정해져 있었다. 그런 때는 내가 잠들 때 침대에서 어머니가 해주는 그 소중하고도 깨지기 쉬운 입맞춤을 식당에서 받고, 그걸 내 방까지 그대로 옮겨가야 하며, 옷을 갈아입는 동안에도 그 감미로움이 깨지지 않도록, 그 쉽게 날아가는 효능이 널리 퍼지거나 증발되지 않도록 조심조심 간직해야만 했다. 그리고 바로 그러한 저녁에야말로 입맞춤을 보다 조심스럽게 받아야 할 필요가 있었건만, 나는 그것을 남들 앞에서 갑작스럽게 훔치지 않으면 안 되었고, 그런 때 나에게는 그 편집증 환자들의 주의력—문을 닫는 동안에도 다른 것을 생각지 않으려고 애쓰며, 병적인 불안이 되살아나도 그 문을 닫았을 때의 추억으로 당당하게 그 불안에 맞설 수 있게 하는 주의력—을 지금 내가 하고 있는 일에 기울일 시간도 마음의 여유도 없었다.

우리 집안사람들은 모두 뜰에 있었다. 그때 방울이 망설이듯이 두 번 울렸다. 모두들 스완이라는 걸 알고 있었다. 그런데도 다들 누군지 묻는 투로 서로를 바라보고 할머니를 척후로 내보냈다. "백포도주에 대한 사례를 똑똑하게 말해요. 맛있는 술이고 상자도 크니까." 할아버지는 두 처제에게 타일렀다. "쑥덕거리지들 말아요." 대고모가 말했다. "모두가 속닥속닥 말하는 집에 들어오려면 얼마나 기분이 좋을까요!"—"어허! 스완이 왔군. 내일은 날씨가 좋을 거라고 생각하는지 한번 물어봅시다." 아버지가 말했다. 어머니는 스완이 결혼한 뒤부터 그를 거북살스럽게 했을지도 모르는 우리 집안의 모든 것을 자기의 한마디로 씻어낼 수 없을까 생각하고 있었다. 어머니는 스완을 약간 외딴 곳으로 용케 끌어냈다. 그러나 나는 그 뒤를 따랐다. 여느 저녁때처럼 어머니가 입맞추러 와주는 위안도 없이 곧 어머니를 식당에 남겨둔 채 내 방으로 올라가야만 한다고 생각하니 한 걸음도 어머니 곁을 떠나고 싶지 않았던 것이다.

"저어, 스완 씨." 어머니가 스완에게 말했다. "따님 이야기를 들려주세요. 틀림없이 이미 아빠처럼 훌륭한 작품에 취미를 갖고 있겠죠."—"자아, 어서 다 함께 베란다 아래에 앉으러 갑시다." 할아버지가 다가오면서 말했다. 어머니는 어쩔 수 없이 이야기를 멈추었는데, 도리어 그 방해로 보다 상냥한 배려를 떠올렸다. 마치 되레 운율의 구속으로 가장 아름다운 시구를 찾아내는 빼어난 시인처럼. "나중에 우리끼리만 있을 때 따님에 대해 다시 이야기하기로 해요." 어머니는 스완에게 작은 목소리로 말했다. "애들을 이해해줄 만한 사람은 뭐니뭐니해도 엄마밖에 없으니까요. 따님의 어머니도 제 생각과 같을 거라고 믿어요." 우리는 다들 철제 탁자에 둘러앉았다. 나는 오늘 저녁도 잠 못 이룬 채 홀로 내 방에서 괴로운 시간을 지내는구나 하는 생각을 되도록 하고 싶지 않았다. 내일 아침이면 싹 잊어버리고 말 테니까 그런 괴로운 시간쯤 하나도 대수로운 것이 못 된다고 애써 스스로 이해하려고 했다. 코앞에 닥쳐와 나를 위협하고 있는 이 심연 위를, 다리를 건너듯이 그 건너편으로 나를 이끌어줄 미래를 생각하려고 노력했다. 그러나 눈앞의 근심으로 긴장한 나의 정신, 어머니를 마구 바라보고 있는 내 눈과 마찬가지로 불룩하게 튀어나온 내 정신은 다른 어떠한 인상도 받아들이려 하지 않았다. 여러 생각들이 나의 정신 속에 들어오기는 했으나, 평소 나를 감동시켜주고 내 기분을 전환시켜주던 미의 요소나 보잘것없는 익살의 요소는 모조리 제외되고 있었다. 마치 환자가 마취 탓에 의식은 말짱한데 아무런 느낌 없이 수술에 임하듯이, 나는 좋아하는 시구를 속으로 외울 수 있었으며 또는 오디프레 파스키에 공작에 대해 스완에게 말하려는 할아버지의 노력을 헤아릴 수도 있었지만, 그 시구는 나에게 어떤 감동도 주지 못했고 할아버지가 하는 행동도 도무지 흥미롭지 않았다.

할아버지의 노력은 헛수고였다. 할아버지가 스완에게 이 웅변가에 관한 질문을 던지기가 무섭게 할머니의 여동생 가운데 한 분이—이분의 귀에는 이 질문이 때 아닌 깊은 침묵으로 울려 이를 깨뜨리는 게 예의라는 생각에서—또 한 분의 여동생에게 소리쳐 말을 걸었던 것이다.

"이봐 셀린, 나 말이야 스웨덴에서 온 젊은 여교사와 친구가 되었는데, 그 분이 들려준 스칸디나비아 협동조합에 대한 자세한 이야기가 어찌나 재미있었는지 몰라. 한번 저녁 식사에 그분을 초대해야겠어."—"어머, 잘됐네!" 동생 플로라가 대답했다. "그런데 말이야, 나도 멍하니 시간을 허비하지는 않았어. 난 말이야, 뱅퇴유 댁에서 어느 나이 든 학자를 만났는데 그분은 모방(Maubant)*[1]과 절친한 사이래. 그래서 모방이 맡은 배역을 어떻게 구상하는지 세밀하게 설명해주시지 뭐야. 더할 나위 없이 재미나는 이야기였어. 그분은 뱅퇴유 씨의 이웃이래, 난 통 그 사실을 몰랐지 뭐야. 아주 친절한 분이셔."—"친절한 이웃을 가진 이가 뭐 뱅퇴유 씨뿐인가" 하고 셀린 할머니*[2]가, 소심하므로 도리어 크게 나온 목소리, 말할 내용을 미리 생각해놨으므로 부자연스럽게 튀어나온 목소리로 외쳤다. 끊임없이 스완에게 이른바 그녀가 일컫는 의미심장한 눈길을 던지면서. 또한 플로라 할머니도 이 말이 아스티 술에 대한 셀린의 사례 인사인 것을 이해하고는 찬탄과 빈정거림이 섞인 투로 스완을 바라보았다. 그것은 오직 언니의 재치를 돋보이게 하기 위해서이기도 하고, 그러한 재치의 동기를 만든 스완이 부럽기 때문이기도 하며, 또 여러모로 도마에 오르곤 하는 스완에게 쓴웃음을 금치 못했기 때문이기도 했다.

"그분을 저녁 식사에 초대할 수 있을 거라고 생각해." 플로라가 계속해서 말했다. "모방이나 마테르나(Materna)*[3] 부인에 관한 이야기를 시키면 그분

---

*1 코메디 프랑세즈 극장 배우.

*2 원문은 tante(아주머니)이지만, 실은 외할아버지의 처제임.

*3 오스트리아의 가수.

은 몇 시간이나 쉬지 않고 말할 거야."—"아무렴, 재미가 깨소금 같을걸." 할아버지가 한숨짓듯 말했다. 자연은 그만 스웨덴의 협동조합이나 배역에 대한 모방의 구상 같은 것에 열중할 가능성을 할아버지 정신 속에 넣는 걸 깜빡했으며, 마찬가지로 할머니의 여동생들 정신에 몰레나 파리 백작의 사생활 이야기에서 어떤 풍미를 느끼기 위해 듣는 사람 자신이 가미해야 할 아주 적은 양의 소금을 주는 걸 까맣게 잊었던 것이다.

"그런데 말입니다." 스완이 할아버지에게 말했다. "제가 지금부터 말씀드리려고 하는 것은 어르신께서 아까 저에게 물어보신 것과 의외로 많은 관련이 있습니다. 왜 그런고 하니, 사물이란 어느 점에서는 그다지 변하지 않고 있으니까요. 오늘 아침 저는 생시몽(Duc de Saint-Simon)*의 책을 다시 읽었는데 어르신들께 재미있을 듯한 구절을 발견했습니다. 다름이 아니라 생시몽이 에스파냐 대사로 있을 때 겪었던 일들을 기록한 책에 있는 겁니다. 물론 그의 명문에 속하지 못하는 일기일 뿐이지만 적어도 기막히게 잘 쓴 일기인 만큼, 이런 점에서만 해도 우리가 아침저녁으로 읽어야 한다고 생각하는 따분한 신문과는 딴판이에요."—"저는 그렇게 생각하지 않아요. 신문 읽는 게 매우 즐거운 날도 있으니까요……." 이렇게 말하며 플로라가 〈피가로〉지에서 스완 씨가 소장하고 있다는 코로 작품에 관한 기사를 읽었음을 표시하려고 이야기를 가로막았다. "신문에 우리와 관계있는 사물이나 사람들에 관한 기사가 실려 있을 적에는 그렇고말고!" 셀린이 한 술 더 뜨며 이야기했다. "저는 나쁘다고 말하는 게 아니죠." 스완이 놀라며 대답했다. "제가 신문을 비난하는 건 날마다 하찮은 것에 우리의 주의력을 돌리게 하기 때문입니다. 한편 우리는 본질적인 중요한 것이 씌어 있는 서적은 한평생 서너 번밖에 읽지 않습니다. 아침마다 신문의 포장을 찢는 손이 기대감에 부르르 떨게 되려면 모든 걸 고쳐야 하고, 이 경우 신문에 실을 것으로는, 저도 잘 모르지만 저…… 파스칼의 《명상록》 정도가 어떨는지! (유식한 체하는 티를 내지 않으려고 그는 이 말을 일부러 비꼬는 과장된 가락으로 발음했다) 그리고 우리는 10년에 한 번 정도밖에 펴지 않는 금테두리 책자 속에서" 하고 그는 덧붙였다. 어떤 상류 사교인이 사교적인 대상에 대하여 짐짓 꾸미는 그 경멸

* 프랑스의 저술가(1675~1755).

의 정을 나타내면서. "그리스 왕비께서 칸에 행차하셨다, 또는 레옹 대공부인께서 가장무도회를 개최하셨다는 것을 읽으면 됩니다. 이러면 다시 균형이 잡힐 것입니다." 그러고선 진지한 일을 입 밖에 나오는 대로 경솔하게 말한 것을 뉘우치면서, "야아 이거, 엄청난 이야기가 되어버렸군요" 하고 그는 비꼬는 투로 말했다. "저도 모르는 사이에 이런 '고상한 꼭대기'에 다다르고 말았군요." 그리고 할아버지 쪽으로 고개를 돌리며 말했다. "거기서 생시몽은 몰레브리에(Maulévrier)*가 대담하게도 생시몽의 아들들과 악수하려고 했던 일을 이야기하고 있습니다. 아시다시피 이 몰레브리에에 대해서 생시몽은 이렇게 말하고 있죠. '이 볼썽사나운 병 속에서 내가 본 것이라고는 노여움, 상스러움, 어리석음밖에 없노라.'"—"꼴사나운지 어떤지는 모르지만요, 난 알맹이가 아주 다른 병을 알고 있어요." 플로라가 재빠르게 말했다. 그녀 또한 스완에게 사례의 말을 해버리고 싶었던 것이다. 왜냐하면 아스티산 백포도주는 이 자매에게 온 선물이니까. 셀린은 까르르 웃어댔다. 스완은 당황해 하며 계속 말했다. "'나는 그것이 무지였는지 함정이었는지 모르겠지만' 하고 생시몽은 쓰고 있습니다. '그는 나의 자식들에게 손을 내밀려고 했다. 다행히 나는 곧 알아채고 그것을 못하게 했다.'" 나의 할아버지는 '무지였는지 함정이었는지'에 벌써 경탄해 마지않고 있었다. 그러나 노처녀 셀린은 생시몽이라는 문학가의 이름에 의해 청각 기능의 완전한 마취에서 깨어나고 말았으므로 차차 화를 내기 시작했다. "뭐라고요? 그런 것에 감탄하시나요? 좋아요! 재미나는 일이에요. 하지만 그건 무슨 뜻이죠? 한 인간이 다른 인간보다 열등하다는 뜻인가요? 지성과 인정미가 있다면, 공작이건 마부이건 그게 무슨 상관이 있어요? 당신이 좋아하는 생시몽이라는 분은 자식을 키우는데 훌륭한 방법을 가지셨군요. 신사라고 불릴 수 있는 사람이라면 누구에게나 손을 내밀라고 자식에게 일러주지 않았다면 말이에요. 아무튼 고약해요. 그뿐이에요. 그런데 당신은 감히 그 따위 말을 인용하십니까?" 몹시 심기가 상한 할아버지는 이러한 장애에 부딪친 이상 스완에게 자기를 재미나게 해줄 이야기를 부탁하는 건 불가능하다고 느끼고서는 어머니에게 작은 목소리로 말했다. "뭐였더라, 네가 나에게 가르쳐준 그 시구는? 이런 때 내게 큰 위

* 그 무렵의 주 에스파냐 프랑스 대사.

안이 되는 시구인데. 옳지, 그렇지. 주여, 우리로 하여금 싫어하게 하시는 미덕이 얼마나 많사온지! (Seigneur, que de vertus vous nous faites haïr) *1 아! 참 좋은 시구야!"

나는 어머니에게서 눈을 떼지 않았다. 나는 알고 있었다. 이제 곧 모두들 식탁 앞에 앉게 되면 엄마는 그 저녁 식사가 계속되는 동안 나를 그대로 남아 있게 허락하지 않을 터이며, 아버지의 뜻을 어기지 않으려고 내 방에서처럼 내가 여러 번 입맞추는 것을 허락하지 않으리라는 사실을. 그래서 나는 결심했다. 이제부터 식당으로 옮겨가서 모든 이가 식사를 시작하려고 하면, 그리고 자야 할 시각이 다가오는 것을 피부로 느끼게 되면 그 짧은 시간을 이용해서 그토록 짧고 은밀한 입맞춤에 대비하기 위해 나 혼자 할 수 있는 모든 것을 미리 해두자. 내가 입맞추려고 하는 뺨의 위치를 내 눈으로 골라두자. 이렇게 머릿속에서 입맞춤을 시작하고 미리 마음을 가다듬어, 엄마가 입맞추게 해줄 때에는 주어진 그 순간을 조금이라도 헛되이 하지 않고 엄마의 뺨을 내 입술에 느낄 수 있도록 만반의 준비를 갖추어두자. 마치 모델에게 자세를 취하는 시간을 아주 조금밖에 얻지 못한 화가가 팔레트 준비를 게을리하지 않고, 적어놓은 메모를 통해 기억을 더듬어서 부득이한 경우에는 모델 없이도 그릴 수 있는 것은 모두 미리 그려놓듯이. 그러나 이때, 저녁 식사를 알리는 방울 소리가 아직 울리지도 않았는데 그것이 잔혹한 일인 줄도 모르고 할아버지가 말했다. "아가는 피곤해 뵈는걸. 방에 올라가 자려무나. 게다가 오늘은 저녁 식사가 늦구나." 또 할머니나 어머니만큼 엄격하게 집안의 규칙을 지키지 않는 아버지도, "그렇지, 어서 가서 자라"고 말했다. 나는 엄마에게 입맞추려고 했다. 그 순간 식사를 알리는 방울 소리가 들려왔다. "그만두렴. 어서 어머니를 놔드려라. 저녁 인사는 이걸로 충분해. 이런 꼴을 보이면 남들이 웃잖니. 자아, 어서 방으로 올라가!" 그래서 나는 병자성사(病者聖事) *2도 받지 못하고 떠나야만 했다. 어머니가 나에게 입맞춰주며 "자아, 어서 아가를 따라가렴" 하고 내 마음을 어루만져서 보내주지 않았기 때문에 나의 마음은 어머니 곁으로 되돌아가고 싶을 뿐인데도, 내 마음

---

*1 코르네유의 《폼페이우스의 죽음》 1072절을 인용한 것으로, 원문은 'O'ciel, que de vertus vous me faites haïr!'임.

*2 가톨릭에서 사고나 중병, 고령으로 죽음에 임박한 신자가 받는 성사.

과는 반대로, 그야말로 흔히들 말하는 표현처럼 '억지로(마음과 달리)' 계단을 하나하나 올라가지 않으면 안 되었다. 언제나 구슬픈 마음으로 내가 발을 딛곤 하던 이 끔찍한 계단에선 니스 냄새가 풍겼고, 그 냄새는 내가 저녁마다 느끼는 특별한 슬픔을 빨아들여 굳혀버리고 있었는데, 모르면 몰라도 이 냄새는 내 감수성을 가장 잔혹하게 해쳤다. 그도 그럴 것이 나의 지성이 후각이라는 형태를 띠게 되면 이미 제 구실을 할 수 없었기 때문이다. 자는 도중에 생긴 격렬한 치통을, 물에 빠진 소녀를 계속해서 이백 번이나 건져내려고 하는 노력이나 몰리에르의 시구를 끊임없이 되뇌거나 하는 상태로밖에 지각하지 못하고 있다가, 문득 눈이 떠지면서 지성이 그러한 영웅적인 구조나 끊임없는 시구의 반복이 은폐하고 있던 치통의 의식을 환기해주었을 때 우리는 참으로 커다란 안도감을 느끼는 법이다. 내 방으로 올라간다는 나의 슬픔이 이 계단에서 나는 특유한 니스 냄새의—정신적인 침입보다 더 해로운 형태의—흡수에 의해서 비할 데 없을 만큼 빨리, 거의 순간적으로, 교활하고 거칠게 내 몸속으로 들어왔을 때 내가 느끼는 것은 그와 같은 안도감과는 반대되는 느낌이다. 먼저 방 안에 들어가자 나는 출구란 출구는 모조리 막고, 덧문을 닫고, 이불을 헤치며 나 자신의 무덤을 파고 잠옷이라는 수의로 몸을 싸야만 했다. 그러나 작은 철제 침대에—여름에는 큰 침대에 둘러놓은 두꺼운 커튼 안에서 자면 너무 더웠으므로 방에는 여분의 철제 침대가 놓여 있었다—몸을 묻기에 앞서 나는 반항의 충동을 느낀 나머지 유죄선고를 받은 자가 쓰는 속임수를 쓰고 싶어졌다. 나는 어머니에게 몇 자 적어 편지로는 말 못할 중요한 일이 있으니 올라와주십사 간청했다. 한데 나의 두려움은, 콩브레에 있는 동안 나를 돌보는 일을 맡고 있던 고모*의 식모인 프랑수아즈가 내 쪽지를 전달하는 걸 거부하지나 않을까 하는 점이었다. 프랑수아즈에게 있어 손님이 있을 때 어머니에게 쪽지를 전한다는 건, 극장 문지기가 무대에 나가 있는 배우에게 편지를 건네는 일과 마찬가지로 불가능하지 않을까 하고 나는 생각했다. 프랑수아즈로 말할 것 같으면 할 수 있는 일과 할 수 없는 일에 대하여 이해할 수 없고도 쓸데없는 구별에 따른 오만하고도 방대한, 미묘하고도 굳건한 법전을 지니고 있었다(그 때문에 이 법전은 영

* 대고모의 딸로서 이름은 레오니.

아 학살이라는 잔인한 법규를 내세움과 더불어, 새끼 염소를 그 어미의 젖 속에 넣고 끓이거나 동물의 넓적다리 힘줄을 먹는 일을 지나친 동정심으로 금하는 고대 법전의 모습을 띠고 있었다). 우리가 내린 어떤 지시를 막무가내로 따르지 않겠다고 프랑수아즈가 갑자기 고집부리곤 하는 것으로 미루어 보건대, 이 법전은 프랑수아즈의 주위 사람들이나 마을의 식모살이 중의 어떠한 것도 그녀에게 암시해줄 수 없었던 사회적인 복잡성과 사교계의 세련성을 미리 정하여 꾸며진 듯싶었다. 따라서 누구나 그녀의 마음속에는 오해되기 쉽고도 우아한, 아주 오래된 프랑스의 과거가 있다고 생각할 수밖에 없었다. 마치 옛날 궁정 생활이 영위되던 흔적이 남아 있는 오래된 저택을 이웃해서 화학제품 공장이 있고, 테오필 성자의 기적 또는 에몽(Aymon)의 네 아들*을 나타낸 정묘한 조각 등에 둘러싸여 노동자가 일하고 있는 공장지대 안에 그러한 옛 프랑스의 과거가 있듯이. 이 법전의 조문에 의하면, 프랑수아즈가 나 같은 하찮은 인물을 위하여 스완 씨 앞에서 엄마를 방해하러 간다는 건 불이라도 나지 않는 한 거의 있을 수 없는 일이며, 오늘 저녁과 같은 특별한 경우에는, 그 문제의 조문에 적혀 있는 것이라고는 부모에 대한 존경—망자·사제·왕에 대한 것과 똑같은 존경—뿐만 아니라 손님에 대한 존경이라는 한마디로 간추려지고 있었는데, 그러한 존경을 책에서 읽었다면 아마 나는 감동했을는지도 모르나, 프랑수아즈로부터 들으면 그녀가 그것을 말하는 데 짐짓 꾸미는 장중하고도 감동 어린 말투 때문에 번번이 약이 올랐다. 더구나 오늘 저녁은 프랑수아즈가 저녁 식사를 성스러운 것으로 보아 그 의식을 어지럽히는 걸 거부할 게 뻔하여 나는 더 약이 올랐다. 그러나 나는 형편이 내게 유리해지도록 망설임 없이 거짓말을 하여 프랑수아즈에게 말하기를, 내가 엄마에게 쪽지를 쓰려고 한 것이 아니다, 나와 헤어질 때 나에게 찾아보라고 부탁한 물건에 관하여 대답을 잊지 말고 써 보내라 한 것은 엄마다, 그러니 이 쪽지를 전하지 않는다면 엄마는 아마 크게 화를 낼 것이라고 했다. 지금 생각하니 프랑수아즈는 내 말을 곧이듣지 않았나 보다. 왜냐하면 프랑수아즈는 우리보다 훨씬 예민한 감각을 지닌 원시인처럼, 우리로서는 포착할 수 없는 징후에서 이쪽이 숨기려고 하는 어떠한 진실도 바로 가려냈

* 중세기 무훈시에 나오는 네 명의 기사.

기 때문이다. 프랑수아즈는 5분 남짓 봉투를 물끄러미 바라보았다. 마치 종이와 글씨체가 곧 그 내용의 성질을 알려주고, 그것을 법전의 몇 조에 비추어봐야 하는가를 그녀에게 가르쳐주기라도 하듯이. 그러고 나서 프랑수아즈는 '이러한 자식을 둔 부모는 얼마나 불행할까!'라고 말하는 듯한 포기한 얼굴로 나가버렸다. 그녀는 잠시 뒤 돌아와서, 다들 아직 아이스크림을 드시고 있는 중이니 나로서는 지금 그분들 앞에서 쪽지를 전달하기가 불가능하다, 그러나 식후의 입가심 물이 나올 무렵에는 엄마에게 쪽지를 전달하는 방법을 발견할 것 같다고 말했다. 곧 내 불안은 씻은 듯 사라졌다. 이제는 아까처럼 어머니와 헤어진 뒤 내일까지 만나지 못하는 것과 다르다. 나의 짧은 편지는 아마 어머니의 마음을 언짢게 하겠지만(그리고 이러한 술책을 부리는 내가 스완의 눈에는 우스꽝스럽게 보일 것이므로, 거듭 어머니의 마음을 언짢게 하면서) 적어도 상대의 눈에 보이지 않는 이 황홀해져 있는 나를 어머니와 같은 방 안으로 들여보내주고, 어머니의 귀에 나의 이야기를 전해주려 하고 있는 것이다. 조금 전까지 적의를 품고서 나를 들여보내주지 않던 식당에는 '그라니테' 아이스크림도, 식사 뒤의 입가심 물그릇도 건강에 해롭고도 매우 슬픈 쾌락을 담고 있는 성싶었다. 왜냐하면 엄마가 나를 멀리하고 그것을 혼자 맛보았으니까. 그런데 지금은 그 식당이 나에게 열리고 있는 것이다. 그리고 나의 글 몇 줄을 읽는 동안 나에게 주의를 기울이는 엄마는 마치 무르익은 과일이 껍질을 터뜨리고 단물을 내듯, 자식을 생각하는 진정을 이 도취된 내 마음속까지 내뿜어 던져주려 하고 있는 것이다. 나는 이미 엄마와 떨어져 있는 것이 아니다. 경계가 무너지고 감미로운 실 한 가닥이 우리를 이어주고 있었다. 게다가 그뿐이랴, 엄마는 반드시 와줄 것이다!

만약 스완이 내 쪽지를 읽고 그 목적을 알아챘다면 내가 조금 전까지 느끼던 고뇌를 비웃겠지, 하고 나는 생각했다. 그런데 그와는 반대로 한참 뒤에 내가 알게 된 바로는, 그 또한 지난 오랜 세월 동안 비슷한 고민으로 괴로워했었다. 그러니 스완만큼 내 심정을 잘 이해해줄 사람은 없었던 것이다. 스완의 고뇌란 자기가 가 있지 않고 어울릴 수도 없는 환락가에 사랑하는 사람이 있다는 것을 느끼는 고뇌인데, 이를 그에게 알게 만든 것은 바로 연정이었다. 또 이러한 고뇌는 연정과 하나의 숙명으로 이어지고, 연정이 이 고뇌를 독점하여 특수한 형태로 만든다. 그러나 나의 경우처럼 연정이 아직 삶

속에 나타나기에 앞서 고뇌가 마음속에 들어오기라도 하면 그 고뇌는 연정을 기다리는 동안 막연히 제멋대로, 정해진 목적도 없이, 어느 날은 어느 감정에, 다음 날은 다른 감정에, 어떤 땐 자식으로서의 애정에, 어떤 때는 벗에 대한 우정에 떠돈다. 그리고 프랑수아즈가 쪽지는 전달될 것이라고 나에게 일러주려고 돌아왔을 때 나는 처음 경험하는 생생한 기쁨을 맛보았는데, 스완은 이미 그러한 기쁨을 자주 겪어 왔던 것이다. 그것은 우리가 어떤 무도회나 특별한 야회나 연극의 첫 공연을 위하여 사랑하는 여인이 와 있는 저택 또는 극장에 이르러, 바깥을 어슬렁거리면서 그 여인과 이야기할 기회를 절망적인 기분으로 엿보고 있는 모습을 그 여인을 만나러 온 친구나 친척에게 들켰을 때 그 사람의 호의로 주어지는 헛된 기쁨이다. 그 사람은 우리를 알아보고 허물없이 다가와 거기서 뭘 하고 있느냐고 묻는다. 그래서 이쪽이 말을 꾸며대어, 그 사람의 친척 또는 친구 되는 어느 여인에게 급한 볼일이 있기 때문이라고 말하면, 상대는 그런 것쯤 쉬운 일이라고 말하며 이쪽을 현관으로 데리고 가서는 5분 안에 찾는 여인을 보내주마 약속한다. 이 순간에 우리는 호의에 가득 찬 이 중개인을 얼마나 고맙게 여길까. 내가 프랑수아즈를 고맙게 여긴 것처럼 말이다. 이 중개인은 떠올리지도 못할 지옥과도 같던 이 환락의 장소를 그 한마디로 견딜 수 있는 인간다운 것, 거의 상서로운 것으로까지 여기게 해준다. 이때까지 우리는 사악하고 적의에 찬, 그러나 감미로운 소용돌이가 사랑하는 여인으로 하여금 우리를 비웃게 하면서 멀리멀리 그녀를 이 환락 속으로 데리고 가는 줄로만 여겨왔던 것이다! 우리에게 말을 건네온 그녀의 친척, 또한 이 잔혹한 신비경에 환히 통달한 분이므로, 그 분을 통해서 판단하건대 이 파티에 초대받은 다른 사람들도 그다지 악마적인 면을 갖고 있을 리가 없는 것이다. 애인이 우리로선 알 수 없는 환락을 맛보려 하고 있는, 그 가까이 갈 수 없는 동시에 지옥과 같은 시간에 뜻하지 않은 틈이 생겨 우리는 그곳으로 뚫고 들어가는 것이다. 그 가까이 갈 수 없는 시간을 시시각각 구성하고 있던 이어진 순간 가운데 하나가 지금 눈앞에 있는 것이다. 그것은 다른 순간과 마찬가지로 현실적인 순간, 애인이 거기에 깊이 얽혀 있으므로 우리에게 그만큼 더 중대한 한순간이다. 우리는 그 순간을 마음속에 그리며 자기 것으로 갖는다. 거기에 끼어든다. 아니, 그 한순간이야말로 우리가 거의 창조한 것이다. 그것은 우리가 아래층 현관에서 기다리고 있다는 사실이 애인에게 알려지는 순간이다. 그리고 그 친절한 친구가 우리에게 "물론 그분은 기뻐하며 내려오실 겁니다! 저런 곳에 지루하게 있는 것보다 당신과 함께 이야기하는 게 그분에게도 더 즐거울 테니까요"라고 말한 이상, 아마 이 환락의 다른 순간도 이 한순간과 매우 다른 성질의 것은 아닐 터이며, 뛰어나게 감미로워서 우리로 하여금 그토록 괴로워하게 했던 그런 순간은 사실 하나도 존재하지 않았을는지도 모른다. 아아! 스완은 일찍이 그 쓰디쓴 경험을 통해서 알고 있었다. 달갑지 않은 사내가 환락이 한창 무르익어가는 곳까지 따라오는 것을 느끼고 화가 난 여인에게는 제삼자의 호의 따위가 힘을 쓰지 못한다는 사실을. 그래서 제삼자는 흔히 혼자서 내려오는 것이다.

어머니는 오지 않았다. 게다가 나의 자존심(찾던 물건이 어떻게 되었는지 알려달라고 어머니가 내게 부탁했다는 말이 부정되지 않았으면 좋겠다는 나의 자존심)에는 아랑곳없이, 어머니는 프랑수아즈로 하여금 이렇게 말하게 했다. "회답은 없어요." 그 뒤 나는 이러한 회답을 '으리으리한 호텔'의 접수원이나 도박장의 보이들이 어느 가련한 아가씨에게 가져다주는 것을 가끔 들었는데, 그러면 아가씨는 깜짝 놀라 외친다. "뭐라고요? 그분이 아무 말도 하지 않았다고요? 그럴 리 없어요! 아무튼 편지는 확실히 전해주셨죠? 그럼 좋아요, 좀더 기다려보죠." 그러고 나서 아가씨는 이따금 접수원이 아가씨를 위하여 켜주려고 하는 보조 가스등을 한사코 필요 없다고 하면서 그곳에 들어앉아, 접수원과 심부름꾼 사이에 드문드문 오가는 날씨 이야기를 멍하니 듣고 있을 뿐이다. 그러다 접수원이 문득 시간을 깨닫고 갑자기 심부름꾼을 재촉하여 어느 손님의 음료를 얼음으로 식히러 보낸다. 그러한 경우와 마찬가지로 나는 허브티를 끓여드릴까요, 이대로 곁에 남아 있어 드릴까요 하는 프랑수아즈의 제의를 거절하고 그녀를 부엌으로 돌려보내고 나서 잠자리에 들어가, 뜰에서 커피를 들고 있는 집안사람들의 목소리를 듣지 않으려고 애쓰며 눈을 감았다. 그러나 아까 엄마를 화나게 하는 위험을 무릅쓰면서까지 쪽지를 쓰고 곧 엄마를 다시 한 번 만날 수 있다고 여겼던 만큼 엄마 곁에 가까이 갔었으므로, 엄마를 다시 보지 않고서도 잠을 이룰 가능성을 스스로 내쫓아버렸음을 이내 깨달았다. 닥친 불행을 감수함으로써 평화를 얻자고 스스로 타일러도 마음의 동요는 더해가 심장의 고동은 시시각각으로 고통스러워졌다. 하지만 극약이 작용하기 시작해 우리의 아픔을 없애주는 때처럼, 갑자기 불안이 가라앉아 행복감이 나를 엄습했다. 엄마를 다시 보지 않고서는 잠들지 말자, 이후 두고두고 엄마와의 사이가 틀어질 것이 확실할망정 엄마가 자러 방으로 올라올 때 기어코 입맞추고자 마음먹었던 것이다. 고뇌가 끝나 처음으로 생긴 마음의 고요는 위험에 대한 기대, 갈망, 공포 못지않게 야릇한 기쁨으로 나를 감쌌다. 나는 소리 나지 않게 창문을 열고 침대 발치에 앉았다. 아래층에 아무런 기척도 들리지 않도록 거의 꼼짝도 하지 않았다. 바깥의 삼라만상도 달빛을 부서뜨리지 않으려고 몸을 굳힌 채 숨죽이고 있는 듯했다. 달빛은 사물보다 짙고도 치밀한 그림자를 그 앞에 늘이어, 그 하나하나를 이중으로 만들기도 하고 넓히기도 하면서, 지금까지 포개놓았던 지도를 펼치기나 하듯 풍경을 얇게 펴는 동시에 넓히고 있었다. 움직이지 않고서는 못 배기던 것, 이를테면 마로니에의 무성한 잎이 살랑거리고 있었다. 그러나 무성한 잎 전체에 이는 세밀한 살랑거림은 보다 작은 명암과 더할 나위 없는 섬세함을 이루고 있어, 다른 것 위로 흘러넘쳐 그것과 녹아내리거나 하지 않고 뚜렷이 구분되어 있었다. 한편 어떠한 기척도 빨아들이려 하지 않는 이 고요 위에 멀고 먼 기척, 틀림없이 마을 건너편 끝에 있는 정원에서 오는 소리가 가늘게 들려왔는데 그 소리는 오직 피아니시모(pianissimo) 효과로 그러한 거리감을 내는 것으로밖에 생각되지 않을 만큼 '확실하게' 들려왔다. 마치 들릴까 말까 한 주 가락이 파리음악원 관현악단에 의해 매우 정교히 연주되어 음표 하나도 남김없이 다 들리고 있음에도, 어쩐지 머나먼 연주실로부터 들려오는 듯한 느낌이 드는 그러한 효과였다. 그리고 그 연주회의 단골 회원인 아래층 이들은 모두—스완이 자리를 구해주었을 때는 할머니의 두 여동생도 그 청중이었다—아마 트레비즈 거리*를 아직 돌지 않았을 군대의 멀리 들려오는 행진 소리라도 듣고 있기나 한 듯이, 그 멀리 들리는 소리에 귀를 기울이고 있었다.

지금 나는 부모님께 특히 중대한 벌을 받을지도 모를 상황이라는 사실을 알고 있었다. 남이라면 그러한 벌을 참으로 부끄러운 잘못에서밖에 생길 수

* 콩브레의 거리 이름.

없는 것이라고 생각했으리라. 사실 그것은 그들이 상상한 이상으로 중대한 뜻을 갖는 것이었다. 그러나 내가 받고 있던 교육에서는 과실의 가볍고 무거움이 다른 애들의 교육과 같지 않았으며, 지금에 와서 이해한 바로는 집안사람들은 내가 다른 어떠한 과오보다도(왜냐하면 내가 특히 조심해서 지켜야 하는 과실은 그 밖엔 따로 없었으므로) 우리가 신경질적인 충동에 끌려 저지른다는 점에서 공통된 성질을 지닌 과실을 중시하도록 해주었다. 그러나 그땐 신경질적인 충동이라는 낱말을 누구 한 사람 입 밖에 내는 이가 없었을 뿐만 아니라, 그러한 충동에 굴하는 것도 무리가 아니라든가 틀림없이 그것에 맞서지 못하는 게 당연하다고 스스로 이해할 만한 그 충동의 원인을 뚜렷하게 말해주는 이도 하나 없었다. 하지만 나는 그것이 과실이라는 걸 잘 분간했다. 그것에는 엄한 벌이 뒤따랐을 뿐만 아니라 애초에 고뇌가 앞섰으니까. 그리고 내가 지금 막 범한 충동에 굴한다는 과실이, 전에 엄하게 벌 받았던 온갖 과실과는 비교도 안 될 만큼 중대한 것이긴 하나 또한 같은 계통에 속해 있다는 사실도 알고 있었다. 좀 있다가 어머니가 주무시러 올라올 때 내가 복도에 가서 서 있기라도 한다면, 그리고 복도에서 어머니에게 또 한 번 저녁 인사를 하기 위해 계속 깨어 있었다는 것을 어머니가 알기라도 한다면 집안사람들은 나를 집에 그냥 두지 않을 것이다. 내일 나를 학교 기숙사로 보낼 것이다. 그건 확실하다. 하지만 아무래도 좋다! 설혹 5분 뒤에 창 너머로 이 몸을 던져야만 할지언정 차라리 그 편이 낫다. 내가 지금 바라는 것은 어머니다. 어머니에게 저녁 인사를 하는 것이다. 이 욕망을 이루는 길에 나는 너무나 깊이 들어갔다, 이제는 되돌아올 수 없다.

스완을 배웅하는 집안사람들의 발소리를 들었다. 그리고 대문의 방울이 스완이 막 떠났음을 알리자 나는 창가로 갔다. 엄마가 아버지에게 왕새우가 맛있었느냐, 스완 씨가 커피 피스타치오 아이스크림을 더 들었느냐고 물었다. "오늘 저녁 아이스크림은 그다지 신통치가 못했어요." 어머니가 말했다. "다음에는 다른 향료를 넣어보겠어요."—"스완이 어찌나 심하게 변했던지." 대고모가 말했다. "마치 노인 같더구나!" 대고모는 스완을 언제나 옛날과 다름없이 젊디젊은 청년으로 생각하는 버릇이 있었으므로, 평소 생각하고 있던 것보다 갑자기 나이 든 모습을 보고는 깜짝 놀랐던 것이다. 하기야 집안의 다른 사람들도 스완의 이상한 노쇠를 깨닫기 시작하고 있었다. 그것은 남에게 보이기에 부끄러운 홀몸으로 사는 이에게 흔히 있는 심한 노쇠, 즉 별다른 내일 없이 밝아온 하루가 마치 텅 비고, 그 시간이 애들의 시중이나 걱정으로 나누어지는 일도 없이 헛되이 아침부터 쌓여가므로, 그러한 하루가 남들보다 더 길게 여겨지는 이에게 있기 쉬운 그런 노쇠였다. "스완에게는 수두룩한 근심이 있는 거야. 바람기 있는 계집을 아내로 맞았으니까. 그 계집이 샤를뤼스라는 사람과 붙어산다는 건 콩브레 사람들이 다 아는 사실이고 또 마을의 웃음거리지." 그러자 어머니는 그래도 요즘 스완이 전보다는 덜 우울해 보이지 않던가요, 하고 주의를 끌어보았다. "게다가 그분 아버님을 쏙 뺀 몸짓, 눈을 비빈다든가 이마에 손을 얹는다든가 하는 버릇은 많이 사라졌던데요. 스완이 이젠 그 여인을 사랑하지 않는다고 저는 생각해요."—"물론 그렇지, 이제 스완은 그 여인을 사랑하지는 않아." 할아버지가 대답했다. "오래전에 이 문제에 관해 스완의 편지를 받은 일이 있었거든. 그때 당장은 그걸 믿지 못했지만 그것은 아내에 대한 감정, 적어도 연애에 대한 감정을 토로한 것이 틀림없었지. 그런데 임자들! 그분에게 아스티산 백포도주에 대한 사례 인사를 안 치렀구먼." 할아버지가 두 처제 쪽을 바라보며 덧붙였다. "어마, 우리가 사례 인사를 안 치렀다구요? 여기서만 하는 얘긴데, 난 매우 미묘하고 완곡하게 잘 치렀다고 생각해요." 플로라가 대답했다. "암 그렇지, 너는 썩 잘했어. 내가 감탄할 만큼." 셀린이 말했다.—"그러는 언니 역시 꽤 잘하던걸."—"응, 친절한 이웃이라는 말은 내 생각에도 꽤 훌륭했던 것 같아."—"또 뭐라고, 그런 걸 가지고 사례 인사를 했다는 거야?" 할아버지가 외쳤다. "그 말은 나도 확실히 들었지만, 유감스럽게도 스완한테 하는 말인 줄은 몰랐는걸. 스완도 전혀 이해 못했을 거야, 틀림없이."—"그럴 리가, 스완은 바보가 아닌걸요, 분명히 알아들었을 거예요. 그렇다고 술병이 몇 개더라, 값이 얼마더라, 그분에게 말할 순 없잖아요!" 아버지와 어머니만이 남아 잠시 동안 앉아 있다가 아버지가 먼저 입을 열었다. "어때, 슬슬 자러 올라갈까?"

"글쎄요, 여보. 저는 졸리지 않은데요. 이상해라, 그 커피 아이스크림 때문에 이처럼 졸음이 안 올 리는 없는데. 어머, 식모 방의 등불이 켜져 있군요. 불쌍하게도 프랑수아즈가 저를 기다려주는 모양이니, 코르사주 뒤의 호크를 벗겨달래야겠어요. 그동안에 당신도 옷을 갈아입으세요."

그러고 나서 어머니는 계단으로 나 있는 현관의 격자문을 열었다. 이윽고 나는 어머니가 어머니 방의 창문을 닫으러 올라오는 소리를 들었다. 나는 소리 없이 복도로 나갔다. 심장이 너무도 세차게 두근거려 발이 앞으로 잘 나가지를 않았다. 그러나 그것은 이미 불안의 고동이 아닌, 두려움과 기쁨의 고동이었다. 나는 보았다. 계단 아래에서 난간 너머로 비치는 엄마의 촛불빛을, 다음에는 어머니 당신을. 나는 달려들었다. 처음엔 어머니는 까닭도 모르고 놀라서 나를 바라보았다. 이어 어머니는 성난 표정을 지었다. 나에게 말 한마디 건네지 않았다. 그렇다, 사실 어머니는 더 보잘것없는 일로 며칠 동안 나에게 말을 건네지 않은 적도 있었다. 지금 어머니가 나에게 한마디라도 건네준다면, 뒤이어 말을 꺼낼 기회를 나에게 주게 될 것이다. 아니, 그러한 기회를 얻는다는 것은 오히려 나에게 더욱 두려운 일이다. 왜냐하면 거기에 준비되어 있는 무거운 벌에 비한다면 지금의 침묵과 불화 쪽이 그래도 훨씬 나아 보였으니까. 당장 나올지도 모를 한마디는 해고하기로 작정한 하인을 대하는 침착성이며, 단 이틀 동안의 불화로 끝날 정도라면 차라리 거절하려고 생각하고 있던 참에 입대하게 된 아들에게 해주는 입맞춤 같은 것이리라. 하지만 이때 엄마는 옷을 갈아입으러 간 화장실에서 아버지가 올라오는 소리를 들었다. 아버지가 내게 내릴지도 모르는 불호령을 피하기 위해 노여움으로 숨이 찬 목소리로 엄마는 말했다. "가, 어서 가. 아버지께 들키기라도 해 봐라, 미친 사람처럼 이 모양으로 기다리는 꼴을!" 그러나 나는 엄마에게 되뇌었다. "저녁 인사를 해주러 와." 아버지가 든 촛불이 이미 벽에 비치어 올라오는 것을 보고는 움찔움찔 겁내면서도 아버지가 가까이 오는 것을 위협 수단으로 써서, 엄마가 한사코 거절하기라도 하면 아직 이런 꼴로 있는 나를 아버지가 보게 될 테니 그것을 피하기 위해서라도 '어서 빨리 네 방으로 돌아가거라, 나중에 엄마가 갈 테니' 하고 말하려니 기대하면서. 하지만 때는 이미 늦었다. 아버지는 우리 앞에 와 있었다. 나는 무의식중에 아무에게도 들리지 않는 말로 중얼거렸다. "아아, 끝장이다!"

그런데 그렇지 않았다. 아버지는 '원칙'에 구애받지 않고 '인권' 같은 것은 염두에 없었으므로, 어머니와 할머니에 의해 정해진 폭넓은 규약 가운데 나에게 승인되어 있는 허가 사항을 줄곧 인정하지 않곤 했다. 대체로 우연한 이유 때문이거나 아니면 아무런 이유 없이, 아버지는 내가 약속을 지키지 않는 한 금할 수 없으리만큼 일상적인 산책을 아무렇지 않게 금지하거나, 또는 오늘 저녁에도 아까 아래층에서 나에게 한 것처럼 정해진 시각보다 훨씬 이르게, "자아, 어서 올라가 자거라, 말대꾸하지 말고!"라고 했다. 그러나 또한 아버지는 (할머니가 품고 있는 뜻으로서의) 원칙 따위를 가지고 있지 않아, 말이 통하지 않는 고집불통은 아니었다. 아버지는 잠시 놀란 채 어처구니없다는 듯 나를 바라보다가 어머니가 뚜렷하지 않은 몇 마디로 사정을 설명하자, 곧 어머니에게 말했다. "그럼 함께 가구려. 마침 당신은 졸리지 않다고 했으니, 잠시 동안 이 녀석 방에 있어주구려. 나는 상관없으니까."—"하지만 여보." 어머니는 망설이듯이 대답했다. "제가 졸리든 졸리지 않든 정한 일은 고칠 수 없어요. 말씀대로 해보세요. 애 버릇이 나빠져요……."—"버릇이 문제가 아냐." 아버지는 어깨를 추켜세우며 말했다. "보구려, 이 녀석이 힘든 모양이오. 외로워 보이잖소, 이 애는. 너무 심하게 굴 건 없지! 병이라도 나 보구려, 너무 심하게 군 게 되지! 이 녀석 방에는 침대가 두 개 있으니, 프랑수아즈에게 일러서 큰 것을 당신이 쓰게 준비시키구려. 그리고 오늘 밤은 이 녀석 곁에서 자구려. 자아, 그럼, 잘 자오. 나는 당신들처럼 신경질쟁이가 아니니까 혼자 잠이나 자야지."

아버지에 대한 감사를 어떻게 나타내야 좋을지 몰랐다. 아버지의 이른바 '착 달라붙는 짓거리'를 하면 오히려 화를 내실지도 몰랐다. 나는 손발 하나 까딱하지 못하고 서 있었다. 아버지는 우리 앞에 아직 묵직하게 서 있었다. 흰 잠옷을 걸치고, 신경통을 앓은 뒤부터 하게 된 보라와 장밋빛이 섞인 캐시미어 숄을 머리에 친친 동인 채, 전에 스완 씨가 내게 준 베노초 고촐리 (Benozzo Gozzoli)*의 판화에 있는 아브라함이 그의 아내 사라를 향하여 아들 이삭과 작별하라고 이르는 그 몸짓을 하면서. 이후로 오랜 세월이 흘러갔다. 아버지가 손에 든 촛불이 올라오는 모습이 보이던 그 계단의 벽은 이미 오래전에 없어졌다. 내 몸 안에서도 언제까지나 존재하리라 믿고 있던 많은 것이 허물어지고 새로운 것이 지어져, 그것이 그때에는 예상할 수 없었던 새로운 고통과 기쁨을 낳았고, 그와 함께 옛것은 이해하기 어렵게 되어버렸다. "이 녀석하고 함께 가구려" 하고 아버지가 엄마에게 말하지 못하

* 15세기 피렌체의 화가(1420~97).

게 된 지도 오래다. 그러한 시간이 또다시 내게 생길 가능성은 전혀 없을 것이다. 하지만 얼마 전부터 귀를 기울이면 매우 똑똑하게 다시 들려오기 시작한다. 아버지 앞에서는 기를 쓰고 참다가 엄마와 단둘이 되고 나서야 비로소 터져나온 그 흐느낌이. 실제로 그러한 흐느낌은 결코 멈추지 않았던 것이다. 그것이 지금 새삼 나의 귀에 들리는 까닭은 삶이 나를 둘러싸면서 점점 더 깊이 침묵하고 있기 때문일 뿐이다. 마치 낮 동안에는 거리의 소음에 모조리 덮여버려서 이제는 못 울리게 되었는가 싶었던 수도원 종소리가 저녁의 고요 속에 다시 울리기 시작하듯이.

엄마는 그날 밤을 내 방에서 보냈다. 조금 전과 같은 과실을 범하고서는 스스로도 집에서 반드시 쫓겨날 거라 생각하고 있을 때에, 부모님은 나에게 착한 행실에 대한 상으로 여태껏 받은 것보다도 더 엄청난 상을 주었던 것이다. 나에 대한 아버지의 행동에는 이러한 은혜를 베풀 때조차도 뭔가 독단적이고 엉뚱한 구석이 있었는데, 이는 아버지 행동의 특징으로 보통 예정된 계획에서 나오는 것이라기보다 그때그때의 형편에서 나온다고 하는 편이 옳았다. 가서 자라고 나를 2층 방으로 보낼 때 아버지의 엄함이라고 내가 이름 짓고 있던 것도, 어머니나 할머니의 엄함에 비한다면 틀림없이 그만 못한 것이었다. 왜냐하면 아버지의 성질은 어떤 점에선 어머니나 할머니의 그것보다도 더 나와 동떨어져 있어서, 저녁마다 내가 얼마나 비참했는지 어머니나 할머니가 잘 알고 있는 그 사정을 아마 아버지는 이때까지 짐작하지 못했을 테니까. 그러나 어머니나 할머니는 충분히 나를 사랑하고 있어서 그저 내 고뇌를 없애주는 대신 나의 예민한 신경을 고치고 의지를 굳세게 하기 위해 이 고뇌를 극복하는 법을 가르치려고 했던 것이다. 아버지에게 과연 그러한 용기가 있었는지 없었는지 나는 모른다. 아버지에게는 나에 대한 또 다른 애정이 있었던 것이다. 그래서 아버지는 내가 몹시 슬퍼하고 있는 것을 이해하고 즉시 어머니에게 말했던 것이다. "그럼, 가서 위로해주구려." 엄마는 그날 밤 내 방에 있어주었다. 그리고 내 곁에 앉아 내 손을 잡고서 꾸짖지도 않고 나를 우는 대로 내버려두는 엄마를 보고 이상한 일이 일어난 것을 알아챈 프랑수아즈가 "어머나 마님. 웬일이죠, 도련님이 이처럼 우시니?" 하고 물었을 때, 내가 기대한 것 이상으로 이뤄진 이러한 시간을 선불리 마음에 가책을 주어 망가뜨리지 않게 하려는 듯 엄마는 이렇게 대답했다. "그게 말이야,

프랑수아즈, 이 아이 자신도 모르는 것 같아. 흥분했나 봐. 어서 큰 침대를 준비해주어요. 그리고 당신도 올라가 자요." 이리하여 처음으로 내 슬픔은 더 이상 벌받을 죄로 간주되지 않고 하나의 무의식적인 병이라고 공인되어, 내게 책임이 없는 신경 증상으로 보이게 되었다. 나는 이제 눈물의 쓴맛에 이런저런 근심 걱정을 섞지 않아도 된다는 데에 안도했다. 울어도 죄가 되지 않는 것이다. 그리고 프랑수아즈 앞에서 이처럼 인간적인 대접을 받게 된 일이 적잖이 자랑스러웠다. 한 시간 전만 해도 엄마는 내 방에 올라오기를 마다하고, 자지 않으면 안 된다고 매정한 말투로 프랑수아즈에게 대답했는데, 이제는 이 인간적인 대접으로 나는 어른의 자리에까지 올라서 대번에 이른바 고뇌의 사춘기, 마음껏 울어도 되는 시기에 다다랐던 것이다. 나는 행복할 수밖에 없었다. 그런데 나는 행복하지 않았다. 내게는 다음과 같은 생각이 들었다. 엄마가 처음으로 나에게 양보한 것이다, 그 마음이 얼마나 아플까, 이것은 엄마가 나를 위해 품어온 이상 앞에서 보인 최초의 굴복이다, 그리고 그처럼 꿋꿋한 엄마가 처음으로 인정한 패배이다, 하고. 또 이런 생각도 들었다. 내가 승리를 거두었다고 하더라도 그것은 엄마에 대한 승리이며, 병이라든가 비애라든가 또는 철없음이 이기듯이 나는 엄마의 의지를 늦추고 이성을 구부러지게 하는 데 성공한 것이다, 그리고 오늘 밤은 새 시대의 시작이면서도 슬픈 날로서 남을 것이다, 하고. 지금은 감히 엄마에게 말할 수 있다. "아니야. 괜찮아, 여기서 안 자도 돼요." 그러나 나는 알고 있었다. 오늘날 같으면 현실주의라고 불릴 실제적인 슬기가, 엄마의 품 안에서는 할머니에게 물려받은 열렬한 이상주의적 성질과 알맞게 섞여 있다는 사실을. 그리고 나는 알고 있었다. 이런 부정한 일이 일어난 이상 적어도 나에게 이대로 마음이 진정되는 기쁨을 맛보게 하고, 아버지의 심정을 어지럽게 하지 않는 편이 오히려 낫다고 엄마는 생각할 거라고. 물론 그토록 부드럽게 내 손을 쥐고 눈물을 멈추게 하려고 애쓰던 그날 밤, 엄마의 아름다운 얼굴은 아직 젊음에 빛나고 있었다. 그런데 나는 그런 일은 좋지 않다는 생각이 들었다. 나의 어린 심정이 여태껏 몰랐던 서먹한 다정스러움을 보이기보다 오히려 화를 내는 편이 덜 슬펐으련만. 나는 어떤 불효한, 눈에 보이지 않는 손으로 엄마의 영혼 속에 첫 주름살을 긋고 첫 흰 머리칼이 생기게 한 것 같은 느낌이 들었다. 이러한 생각에 내 흐느낌은 더해갔다. 그 순간, 이때까지 내 감정에 휘말려 눈물을 보이는 일이 좀체 없었던 엄마가 갑자기 감동에 사로잡혀 울고 싶은 것을 겨우겨우 참고 있는 모습을 보았다. 내가 그 모습을 눈치챈 것을 느끼자 엄마는 웃으며 말했다. “어쩌나. 나의 귀여운 보배, 꼬마 카나리아야. 조금만 더 이러다가는 엄마까지 바보가 되겠구나. 자아, 아가도 엄마도 둘이 다 잠이 안 오는 모양이니 이렇게 흥분하지 말고, 뭔가 해보자꾸나. 네 책을 하나 가져오자.” 그러나 방에 책이 없었다. “할머니가 네 생일 선물로 준비한 책을 지금 꺼내오면 네 기쁨이 덜해질까? 잘 생각해보렴. 내일모레 아무것도 받지 못해도 섭섭해하지 않을래?” 섭섭하기는커녕 오히려 이편이 기뻤다. 그래서 엄마는 책 꾸러미를 가지러 갔다. 포장지 모양으로 보아서는 길이가 짧고 폭이 넓다는 것밖에 짐작되지 않았으나 언뜻 눈어림으로 보아도, 설날에 받은 그림용 물감상자나 작년에 받은 누에보다 훨씬 좋은 물건인 듯싶었다. 그것은 《마의 늪》, 《프랑수아 르 샹피》, 《사랑의 요정》과 《피리 부는 사람들의 무리》였다. 나중에 안 사실이지만, 처음에 할머니는 뮈세의 시집과 루소의 책 한 권과 《앵디아나》*를 골랐었다. 할머니는 무익한 독서를 봉봉이나 케이크만큼이나 건강에 해로운 것으로 생각하고 있었으나, 천재의 위대한 숨결이라면 어린이의 정신 자체에도 바깥바람이나 바닷바람이 육체에 미치는 것 못지않은 영향을 주며, 그러한 영향은 조금도 위험하지 않고 또 생기를 없애는 것도 아니라고 믿었다. 그런데 아버지는 할머니가 나에게 주려고 하는 책 제목을 알자 정신 나간 짓을 한다고 거의 대들 듯한 기세를 보였으므로, 할머니는 내가 선물을 받지 못하는 일이 없도록 주이 르 비콩트의 서점에 몸소 다시 가서(그날은 푹푹 찌는 날씨로 할머니가 돌아왔을 때 어찌나 녹초가 되었는지, 저렇게 몸을 지치게 내버려두어서는 안 된다고 의사가 어머니에게 경고까지 했을 정도이다) 조르주 상드의 전원소설 네 권으로 바꿔 왔던 것이다. 할머니는 엄마에게 말했다. “어멈아, 나는 말이다. 잘 쓰지도 못한 것을 아가에게 줄 마음이 좀체 나지 않는구나.”

사실 할머니는 지적인 이익, 특히 안일과 허영심의 만족 밖에서 기쁨을 구하는 길을 가르치는, 지적인 이익을 가져다주는 아름다운 물품 말고는 하나

---

* 이상 다섯 작품은 모두 조르주 상드의 소설.

도 사고 싶지 않았다. 남에게 이른바 실용적인 선물, 예컨대 안락의자나 그릇이나 지팡이 같은 것을 보내야 할 때에도 할머니는 '옛것'을 찾아다녔다. 그러한 것들은 오랫동안 쓰이지 않아서 그 실용성을 잃어버렸으므로 우리 생활의 필요를 충족시켜준다고 하기보다, 오히려 옛 사람들의 생활을 우리에게 이야기해줄 듯 보이는 물건들이었다. 할머니는 가장 아름다운 풍경 또는 사적의 사진을 내 방에 놓고 싶어했다. 하지만 막상 그런 사진을 살 때 설사 그 찍힌 대상에 미적인 가치가 있어도 그 기계에 의한 표현법, 곧 사진술 속에서 금세 속됨과 실용성이 나타나는 걸 찾아냈다. 할머니는 이리저리 궁리해보았다. 그래서 설령 상업적인 속됨을 말끔히 없애지는 못할망정, 적어도 그 속됨을 줄이고 더 많은 부분을 예술로 바꾸어 예술적인 '깊이'를 더하려고 했다. 곧 샤르트르의 대성당, 생클루의 대분수, 베수비오 화산의 사진 대신에 그녀는 누군가 이름난 화가가 그 장소를 그리지 않았느냐고 스완에게 물어보아서 코로의 샤르트르 대성당, 위베르 로베르(Hubert Robert)*1의 생클루 대분수, 터너의 베수비오 화산과 같은 명화의 예술적으로 한결 드높은 복제 사진을 주려 했다. 그러나 걸작 또는 자연을 나타내는 과정에서 사진사가 배제되고 대신 위대한 예술가가 이것을 그렸다고 해도, 사진사는 그 화가의 해석 자체를 복사하는 동안에 그 속된 역할을 맡았을 것이다. 속됨에 양보해야만 했지만, 그래도 할머니는 그것을 멀리하려고 애썼다. 할머니는 그 작품의 복사품이 없겠느냐고 스완에게 물었다. 그것도 될 수 있는 한 옛 복사를 좋아해서 단순한 복사 이상의 것, 이를테면 오늘날에 와서는 볼 수 없게 된 원화를 복사한(모르겐(Morghen)*2이 복제한 다빈치의 완벽한 〈최후의 만찬〉 판화 같은) 걸작의 재현을 선호했다. 말해두어야 할 것은 다름이 아니라, 이런 투로 생각하는 선물 방식의 결과가 반드시 성공한 것은 아니라는 사실이다. 개펄을 배경으로 삼은 듯한 티치아노(Tiziano)*3의 소묘를 보고 베네치아에 대해 내가 품었던 관념은, 단순한 사진으로부터 받은 관념보다 확실히 덜 정확했다. 약혼한 젊은이들이나 늙은 부부가 할머니로부터 선물 받은 안락의자를 처음으로 써보는 순간에 그것이 앉은 사람의 무게

*1 프랑스의 화가(1733~1808).

*2 이탈리아의 판화가(1761~1883).

*3 이탈리아의 화가(1477~1576).

로 당장 망가진 예는, 집에서 대고모가 할머니에게 당신 생각을 이야기하려 할 때 일일이 셀 수 없을 만큼 많았다. 그러나 할머니로서는 과거의 달콤한 속삭임과 미소, 때로는 아름다운 공상이 아직도 그 나뭇결 사이에서 떠오르는 듯한 가구의 단단함을 지나치게 문제 삼는 태도는 속되게 생각했을 것이다. 그러한 가구 가운데 어떠한 용도로든 아직 쓰일 수 있는 것마저 우리 눈에 익지 않은 투로 쓰이기라도 하면, 그것은 쓰이기에는 너무 낡아 현대어에서 사라진 비유의 옛 말투처럼 할머니를 기쁘게 했다. 그런데 과연 할머니가 생일 선물로 준 조르주 상드의 전원소설은, 이제는 시골에서밖에 접할 수 없는 바로 이러한 옛 가구처럼 비유에만 남아 있는 한물 간 표현으로 가득 차 있었다. 할머니는 이러한 것을 고르고 골라서 사왔던 것이다. 마치 고딕풍의 비둘기집이 있다든가, 두 번 다시 돌아갈 수 없는 과거로 떠나는 나그넷길의 향수를 불러일으켜 마음에 행복의 그림자를 던지는 듯한 옛것이 하나 있다든가 하는 가옥을 일부러 골라서 빌리는 것처럼.

엄마는 내 침대 곁에 앉았다. 《프랑수아 르 샹피》를 가지고 왔는데, 그 불그스름한 표지와 뜻 모를 제목*은 이 책에 뚜렷한 개성과 신비스러운 매력을 주고 있는 성싶었다. 나는 아직 온전한 형식을 갖춘 장편소설을 읽은 적이 없었다. 조르주 상드가 장편소설가의 전형이라고 남들이 말하는 걸 들은 적은 있었다. 그것만으로도 나는 이미 《프랑수아 르 샹피》 속에 뭐라고 형용 못할 감미로운 것이 있을 걸로 상상했다. 조금이나마 학식 있는 독자라면 호기심 또는 감동을 북돋우려고 하는 서술법, 불안과 애수를 자아내는 말투 따위는 수많은 장편소설에 흔히 있는 것임을 다 알기 마련인데—새로 보는 책을, 비슷비슷한 수많은 것들 가운데 하나로서가 아니라 그 자체 말고는 다른 존재 이유를 갖지 않는 유일한 인격으로 생각하는 나에게는—그것이 《프랑수아 르 샹피》에 특유한 정수로부터 무럭무럭 피어오르는 그 무엇처럼 생각되었다. 그 안에 적힌 일상사, 흔히 있는 것, 쓰이고 있는 낱말 밑에 나는 뭔가 야릇한 어조, 억양이 있는 것처럼 느꼈다. 이야기가 시작되었다. 그 무렵 나는 책을 읽을 때 흔히 몇 장을 넘기는 동안에도 다른 것을 몽상하는 버릇이 있었으므로, 그만큼 나에게는 그 이야기가 이해하기 어려웠다. 또 이러

* 《프랑수아 르 샹피》를 말함. 여기서 샹피는 옛 방언으로 '버린 아기' '아비 없는 아이'라는 뜻.

한 방심 때문에 이야기 줄거리에 빈틈이 생기는데다가 읽어주는 분이 엄마이고 보니, 연애 장면은 모조리 그냥 지나가버리곤 했다. 따라서 물방앗간 아가씨와 소년 사이에 일어나는 기묘한 태도의 변화는 움트는 사랑의 경과로만 설명될 수 있었는데, 나에게는 그 변화가 깊은 신비의 자국을 지니고 있다는 느낌이 들었다. 나는 그 신비의 근원이 '샹피'라는, 처음으로 듣는 느낌이 아주 부드러운 미지의 이름 안에 있다고 내 멋대로 떠올렸다. 소년이 어째서 그런 이름을 갖고 있는지 몰랐지만 어쨌든 그 이름은 또렷한 선홍색의 매혹적인 빛깔을 발하며 소년을 감싸고 있는 느낌이 들었다. 엄마가 충실하지 못한 낭독자였다고 해도, 참된 감정의 억양이 있는 작품에 관해서는 그 경건하고도 소박한 해석, 아름답고도 부드러운 목소리 때문에 또한 훌륭한 낭독자였다. 실제 생활에서 예술작품이 아닌 인간이 엄마의 감동과 감탄을 불러일으킬 때에도 엄마가 공손하게 목소리, 몸짓, 말에 있어, 이를테면 지난날 애를 잃은 어머니의 심정을 상하게 할는지도 모르는 수선스러움이라든가, 노인에게 자기 나이를 생각하게 할는지도 모르는 생일 또는 기념일에 대한 상기라든가, 젊은 학자에게 지루하게 생각될는지도 모르는 살림살이 이야기를 삼가려 애쓰는 모습은 매우 감동적이었다. 마찬가지로, 엄마가 할머니로부터 이 삶에서 무엇보다도 탁월한 것으로 삼도록 교육받은—한참 뒤에 내가 엄마에게 책에서는 그것을 무엇보다도 탁월한 것으로 삼을 수는 없다고 가르쳐주어야 했던—그 자애, 그 정신적인 고상함을 도처에 풍기고 있는 조르주 상드의 산문을 읽을 때, 그녀는 흘러나오는 힘찬 낱말의 물결을 막을 성싶은 잔재주나 편협한 태도를 목소리에서 모두 내쫓도록 주의하면서 자신의 목소리를 위해 쓰인 듯한 글, 말하자면 모두가 엄마의 감수성 장부에 적혀 있는 듯한 글에 꼭 알맞은 자연스러운 애정과 풍요한 다정함을 마음껏 쏟아넣었다. 그러한 글보다 이전에 존재하여 그 글을 쓰게끔 암시했으나 낱말 자체에는 나타나 있지 않을 작자 마음속의 억양, 그것을 엄마는 몸속에 느끼고, 드디어 그 글을 글에 필요한 가락에 실어서 이끌어내는 것이었다. 그러한 가락 덕분으로 엄마는 읽어가는 중에 동사(動詞) 시제(時制)의 온갖 생경함도 누그러뜨려 반과거나 정과거에는 자비로움 가운데 있는 감미로움, 애정 가운데 있는 우수의 빛을 곁들이고, 끝나가는 글을 이어 시작되는 글 쪽으로 돌리고, 음절의 걸음걸이를 빠르게 하는가 하면 느리게도 하여, 음절의 길고 짧음이 다름에도 그것을 균일한 리듬 속에 넣었다. 그리하여 엄마는 그처럼 흔해 빠진 산문에 정서가 한없이 풍부한 생명을 불어넣었다.

양심의 가책이 가라앉아, 나는 엄마가 곁에 있어주는 이 밤의 다사로움에 온몸을 내맡겼다. 나는 알고 있었다. 이러한 밤이 다시 올 리 없다는 사실을. 그리고 이승에서의 가장 커다란 욕망, 이런 서글픈 밤 시간에 언제까지나 엄마와 함께 방에 있고 싶은 욕망이란, 인생의 어쩔 수 없는 자질구레한 일들과 모든 이의 소망과는 서로 어긋나는 것이어서 오늘 밤처럼 그것이 이루어진 것은 거짓말 같은 예외적인 일이 틀림없다는 사실을. 내일이면 나의 고뇌는 다시 시작되고 엄마는 이곳에 있지 않으리라. 그러나 고뇌가 가라앉아버린 뒤에는 이미 나에겐 고뇌에 대한 이해가 없었다. 게다가 내일 밤은 아직 멀다. 나는 내 마음에 이러한 이야기를 들려주었다. 그때까지 이리저리 궁리할 시간이 있을 것이다. 하지만 그 시간도 괴로움을 이겨낼 보다 더한 힘을 나에게 가져다주지는 못할 것이다. 왜냐하면 나의 고뇌는 내 의지만으로 어쩔 수 없는 것이어서 오로지 그것과 나 사이를 가르고 있는 이런 중간만이, 아직 다음 고뇌를 잠시 피할 수 있을 듯한 느낌을 내게 주었으니까.

이렇듯 밤중에 잠에서 깨어나 콩브레를 떠올릴 때 오랫동안 내 머릿속에는 혼돈한 어둠 한가운데 윤곽이 뚜렷이 드러난 반짝이는 어느 담벼락밖에 떠오르지 않았는데, 그것은 번쩍하는 벵갈 불꽃 또는 어떤 조명등이 어둠 속에 잠긴 건물 한 모퉁이만을 비추고 있는 것과 비슷했다. 그 반짝이는 모퉁이의 꽤 널따란 밑바닥에는 작은 손님방, 식당, 자기도 모르는 새에 나를 슬프게 했던 스완 씨가 지나오는 어두컴컴한 오솔길의 어귀, 그 자체가 매우 좁고도 일그러진 피라미드를 이루고 있는 계단, 내가 발 딛기도 괴롭던 첫 계단을 향할 때 지나가는 현관방이 있었다. 그리고 꼭대기에는 엄마가 들어오는, 유리문이 있는 작은 복도가 딸린 내 침실이 있었다. 한마디로 말해 그것은 언제나 같은 시각에 내가 보는 무대장치, 주위에 있을 수 있는 온갖 것으로부터 고립되어 그만큼 어둠 속에서 홀로 뚜렷이 드러나 있는 무대장치, 내가 옷 갈아입는 비극에 꼭 필요한(이를테면 옛 희곡의 첫머리에 지방 공연을 위하여 지정되어 있는 장치와 같은) 무대장치다. 이 회상에서 콩브레는 마치 좁은 한 개의 계단으로 이어진 2층으로만 구성됐던 것 같기도 하고,

또는 저녁 7시 시각밖에 없었던 것 같기도 하다. 사실 누가 나한테 묻는다면 콩브레에는 다른 것도 다른 시간도 있었다고 나는 대답할 수 있었으리라. 하지만 그런 것은 단지 의지에 의한 기억, 지성의 기억에 의해서 떠올려지는 것이며, 그 기억이 주는 과거에 대한 정보는 참된 과거를 무엇 하나 간직하고 있지 않으므로 나는 그것에 의지해 콩브레의 그 밖의 것을 떠올리고 싶은 마음은 결코 갖지 않았을 것이다. 그러한 모든 것은 내게 있어서 사실 이미 죽고 만 것이다.

영영 죽었는가? 그런지도 모른다.

이러한 것은 모두 우연에 달려 있다. 그리고 두 번째의 우연, 곧 우리의 죽음이라는 우연은 흔히 첫 번째 우연이 가져다주는 은혜를 오래도록 기다리는 일을 우리에게 허락하지 않는다.

나는 켈트인의 신앙이 매우 옳다고 생각한다. 켈트인의 신앙에 의하면 우리가 여읜 이들의 혼은 어떤 하등한 존재, 곧 짐승이나 식물이나 무생물 안에 사로잡혀 있어서 우리가 우연히 그 나무 곁을 지나가거나 혼이 갇혀 있는 것을 손에 넣거나 하는 날, 결코 많은 사람에게 찾아오지는 않는 그러한 날이 올 때까지는 완전히 우리에게서 멀리 떨어져 있다. 그런데 그날이 오면 죽은 이들의 혼은 환희에 차서 우리를 부른다. 그리고 우리가 그 목소리를 알아들으면 저주는 곧바로 풀린다. 우리에 의해서 해방된 혼은 죽음을 정복하고 다시 우리와 더불어 산다.

우리 과거도 그와 마찬가지다. 과거의 추억은 억지로 그것을 구하려고 해도 헛수고요, 지성의 온갖 노력도 소용없다. 과거는 그 힘이 미치지 못하는 지성의 영역 밖, 이를테면 우리가 꿈에도 생각하지 못했던 어떤 물질적인 대상 안에(이 물질적인 대상이 우리에게 주는 감각 안에) 숨어 있다. 우리가 죽기 전에 이러한 대상을 만나느냐 만나지 못하느냐 하는 것은 우연에 달려 있다.

내 회상에서 나의 취침에 관한 비극과 그 무대 말고는 콩브레에 아무것도 존재하지 않게 된 지도 이미 오래인 어느 겨울날, 집에 돌아온 내가 추워하는 것을 보고 어머니는 평소엔 마시지 않는 차를 조금 들면 어떻겠느냐고 물었다. 나는 처음에는 거절했다가, 무슨 까닭인지 몰라도 생각을 고쳐 차를 마시기로 했다. 어머니는 과자를 가져오게 했다. 차를 가느다란 홈이 난 조개껍데기 속에 흘려넣어 구운 듯한 잘고도 통통한, 프티트 마들렌*이라고 하는 과자였다. 잠시 뒤 우중충했던 오늘 하루와 우울한 내일의 짐작에 풀이 죽은 나는 마들렌 한 조각이 부드럽게 녹아들어가고 있는 차를 한 숟가락 떠서 별다른 생각 없이 입술로 가져갔다. 그런데 과자 부스러기가 섞여 있는 한 모금의 차가 입천장에 닿는 순간, 나는 몸 안에 이상한 일이 일어나고 있음을 깨닫고 소스라쳤다. 뭐라고 형용키 어려운 감미로운 쾌감이, 외따로, 어디에서인지 모르게 솟아나 나를 휩쓸었다. 그 쾌감은 마치 사랑의 작용처럼 귀중한 정수(精髓)로 나를 채우고, 그 즉시 나로 하여금 삶의 온갖 괴로움을 아랑곳하지 않게 하며, 삶의 재앙을 무해한 것으로 여기게 하고, 삶의 짧음을 착각으로 느끼게 했다. 아니, 차라리 그 정수는 내 몸속에 있는 것이 아니라 아예 나 자신이었다. 나는 더 이상 나 자신을 시시하고 우연한, 죽음을 면치 못하는 존재라고 느끼지 않게 되었다. 어디서 이 힘찬 기쁨이 나에게 올 수 있었는가? 그것이 차와 과자의 맛과 이어져 있다는 것은 느낄 수 있었지만, 그 기쁨은 그러한 것들을 한없이 초월하고 있어서 도저히 같은 성질의 것이 아닌 듯싶었다. 어디서 이 기쁨이 왔는가? 이는 무엇을 뜻하고 있는가? 어디서 그것을 파악하는가? 두 모금째를 떠 마신다. 거기에는 첫 모금 속에 있던 것보다 더한 것이라고는 아무것도 없다. 세 모금째는 두 모금째보다도 못한 것밖에 가져다주지 않는다. 그만두는 편이 좋겠다. 차의 효력이 줄어드는 성싶다. 내가 찾는 진실이 차 속이 아니라 나 자신 속에 있다는 건 확실하다. 그 차는 분명 내 몸속에서 진실을 눈뜨게 했다. 그러나 어떠한 진실인지를 모르는 채 조금씩 힘이 빠지면서 막연히 같은 표시를 되풀이할 뿐이며, 나도 이 표시를 해석할 줄 몰라서, 뒷날의 결정적인 해명에 도움이라도 될까 하여 처음 그대로의 완전한 표시를 지금 당장 나의 의향대로 다시 한 번 요청하고 그대로 되찾을 수 있기를 바라는 것이다. 나는 찻잔을 놓고 정신을 되돌아본다. 진실을 찾아내는 일은 정신의 소임이다. 그러나 어떻게? 심각한 불안, 정신이 그 자신의 능력을 뛰어넘는 영역에 발을 들여놓았을 때 느끼는 불안이다. 탐구의 주체인 정신이 완전히 캄캄한 세계인데 그 세계에서 탐구해야만 되고, 지식의 보따리가 하나도 도움이 되지 않을 때의

* 틀에 넣고 굽는 평범한 버터케이크.

심각한 불안이다. 탐구한다? 그뿐이랴, 창조를 해야 한다. 정신은 아직 존재하지 않는 어떤 것에 맞닥뜨리고 있다. 오직 정신만이 그것을 현실화하며 정신의 빛으로 비출 수 있는 것이다.

그리하여 나는 나 자신에게 다시 묻기 시작한다. 도대체 그 미지의 상태는 무엇이었나, 아무런 논리적인 표시를 가져다주지 않았지만, 그 뚜렷한 행복감과 사실감으로 다른 모든 것을 사라지게 했던 그 미지의 상태는 무엇이었나 하고. 나는 그 상태를 다시 나타나게 하려고 애쓴다. 사고의 흐름을 거슬러 올라가 차의 첫 숟가락을 마신 순간으로 돌아간다. 같은 상태를 발견하나, 새로운 빛은 없다. 나는 내 정신에게 좀더 노력해보라고, 달아나는 감각을 다시 한 번 붙잡아 데려오라고 요구한다. 정신은 그 감각을 다시 붙잡으려고 애쓴다. 이러한 정신의 약동이 아무것에도 방해받지 않도록 나는 온갖 장애물과 잡념을 물리치고, 옆방의 기척에 귀를 막고 주의를 기울이지 않으려고 한다. 그러나 노력한 보람도 없이 피곤만을 느껴, 이번엔 반대로 정신에게 지금까지 금했던 휴식을 시켜 다른 것을 생각하게 하며, 마지막 시도를 하기 전에 원기를 회복하도록 강요한다. 다음에 두 번째로 정신 앞을 깨끗이 치운 뒤, 그 첫 한 모금의 새로운 맛을 또다시 정신에 부딪치게 한다. 그러자 내 몸 안에서 깊은 심연에 빠진 닻처럼 끌어올려지기를 기다리고 있던 그 무엇이 떠오르려고 꿈틀거리는 것이 느껴진다. 그것이 뭔지 나는 모른다. 하지만 그것은 천천히 올라온다. 나는 그것의 저항을 느끼며, 그것이 지나오는 기나긴 거리의 소란한 소리를 듣는다.

그렇다, 자아의 밑바닥에서 그와 같이 떨고 있는 것, 그것은 그 맛과 결부되어 그 맛의 뒤를 이어 자아의 겉으로 올라오려는 심상(心像), 시각적인 추억임에 틀림없다. 그러나 그것은 너무나 먼 곳에서 너무나 어렴풋이 파닥거린다. 뒤숭숭한 색채가 뒤얽힌 포착할 수 없는 소용돌이가 빙빙 돌면서 내는 무색의 그림자를 나는 겨우 알아보지만, 그 형태는 식별할 수가 없다. 그래서 나는 잔뜩 믿는 유일한 통역자를 대하듯이 그 그림자를 향하여, 그것과 함께 태어나 서로 떨어질 수 없는 사이인 그의 짝이 들려주는 그 맛을 번역해주기를 청할 수도, 그것이 어떤 특수한 상황, 어떤 과거의 시기와 관련이 있는지 가르쳐주기를 청할 수도 없다.

지금 매우 비슷한 순간의 끄는 힘이 그처럼 먼 곳에서 찾아와, 자아의 깊은 밑바닥에서 이 옛 순간을 끌어올려 일으키려 하고 있는데 이 추억, 이 옛 순간은 과연 내 맑은 의식의 표면까지 도달할 수 있을까? 그건 모르겠다. 이제는 아무것도 느껴지지 않는다. 추억은 멈추었다. 아마 다시 가라앉았나 보다. 그것이 다시 한 번 어둠 속에서 올라올 수 있을까? 그것을 누가 알랴? 나는 열 번이나 다시 시작해 가라앉은 추억 쪽으로 몸을 기울여야 한다. 그때마다 온갖 어려운 소임이나 중대한 일로부터 우리의 마음을 돌리게 하는 나태가 머리를 쳐들고, 그런 일 따위는 그만두고 수고 없이 되새기는 오늘의 권태나 내일의 욕망을 생각하면서 차라도 마시라고 권유한다.

그 순간 갑자기 추억이 떠올랐다. 이 맛, 그것은 콩브레 시절의 주일 아침(그날은 언제나 미사 시간 전에 외출하는 일이 없었으므로), 내가 레오니 고모 방으로 아침 인사를 하러 가면 고모가 곧잘 홍차나 보리수꽃을 달인 물에 담근 뒤 내게 주던 그 조그만 마들렌의 맛이었다. 여태까지 나는 늘 프티트 마들렌을 보아왔지만, 실제로 맛보기 전까지는 아무것도 떠올리지 못했다. 그 이유는 아마, 그 뒤 과자 가게 선반에서 몇 번이고 마들렌을 봤지만 먹지는 않고 지내왔으므로, 드디어 그 심상이 콩브레에서 보냈던 나날과 떨어져 보다 가까운 다른 나날과 이어져버렸기 때문인지도 모른다. 또는 그처럼 오랫동안 기억 바깥에 버려진 그런 기억에서는 살아남아 있는 것이라곤 아무것도 없으며 모든 게 분해되어버렸기 때문인지도 모른다. 사물의 형태 또한—근엄하고도 순박하며 진실한 치마 주름에 싸여 그토록 풍만하고 육감적인, 저 과자 가게 선반에 진열된 작은 조가비 모양도—없어지거나 잠들어버리거나 하여, 의식에 또다시 결부될 만한 팽창력을 잃고 만 것이다. 그러나 옛 과거에서 인간이 죽고 사물이 부서져 아무것도 남지 않게 되었을 때에도, 냄새와 맛만은 홀로 보다 연약하게, 그만큼 보다 뿌리 깊게, 형태는 없어도 집요하고 충실하게, 오랫동안 변함없이 넋처럼 남아 있어, 추억의 거대한 건물을, 다른 온갖 것의 폐허 위에 환기하며, 기대하고, 희망하며, 거의 느껴지지 않는 냄새와 맛의 이슬방울 위에 꿋꿋이 버티는 것이다.

그런데 그것이 레오니 고모가 나에게 줬던, 보리수꽃을 달인 더운 물에 담근 한 조각 마들렌의 맛임을 깨닫자(왜 그 기억이 나를 그토록 행복하게 했는지 아직 몰랐고, 그 이유의 발견도 한참 뒤로 미뤄야만 했으나) 곧 고모 방이 있는, 거리 맞은편 회색 옛 가옥이 극의 무대장치처럼 나타나, 나의 부모님을 위해 이 가옥 뒤에 뜰을 향해서 지어진 작은 별채와 이어졌다(내가 여태까지 떠올렸던 것은 오직 이 별채의 잘린 벽면뿐이었다). 그리고 이 회색 가옥과 더불어 마을이 등장했다. 내가 아침부터 저녁까지 온갖 날씨 아래에서 보았던 마을이. 점심 전에 심부름을 가곤 했던 광장, 물건을 사러 갔던 거리, 날씨가 좋을 때 걸어간 길이 나타났다. 그리고 일본 사람이 재미있어 하는 놀이, 즉 물을 가득 채운 도자기 사발에 작은 종잇조각을 담그면 그때까지 구별할 수 없던 종잇조각이 물에 닿는 순간 곧바로 펴지고, 형태를 이루며, 물들고, 구분되어, 확실히 알아볼 수 있는 꽃이, 집이, 사람이 되는 그런 놀이와 마찬가지로 이제야 우리집 정원의 꽃이란 꽃은 모조리, 스완 씨의 정원의 꽃이란 꽃은 모조리, 비본 냇가의 수련과 마을의 착한 사람들과 그들의 조촐한 집들과 성당과 온 콩브레와 그 근방, 그러한 모든 것이 제대로 형태를 갖추고 뿌리를 내려, 마을과 정원과 더불어 나의 찻잔에서 나왔다.

2

콩브레—매년 부활제 전 주일에 이곳으로 올 때 10리의 거리를 두고 멀리 기차에서 바라보면 콩브레는 단 하나의 성당으로만 보일 뿐이며 그 성당이 시가를 요약하고 대신하여, 먼 곳을 향해, 시가를 위해 시가에 대해 이야기하는 듯 보이는데, 막상 가까이 가보면 성당은 들판 한가운데서 바람을 막으며, 높다랗고 우중충한 외투 둘레에, 마치 양치는 여인이 양들에게 그러하듯 가옥들의 양털 같은 회색 따위를 거느리고 있다. 그처럼 온순하게 모여 있는 가옥을 중세기 성벽의 유물이, 마치 르네상스 이전 미술가들의 그림에 있는 작은 마을처럼 완전히 원을 그리며 여기저기를 둘러싸고 있다. 콩브레는 살기에는 조금 쓸쓸한 마을이었다. 이 고장에서 나오는 거무스름한 돌로 지어지고, 돌계단이 밖으로 튀어나와 있으며, 합각머리가 가옥 앞에 그림자를 떨구고 있는 집들이 나란히 늘어서 있어서 몹시 칙칙한 콩브레 거리는, 해가 지기 시작하면 서둘러 넓은 방의 커튼을 올려야 될 만큼 어두워지기 때문이었다. 성자들의 엄숙한 이름이 붙은 거리(그 가운데 대부분은 콩브레 초기 영주들의 역사와 관계가 있었다), 곧 생틸레르 거리, 고모의 집이 있는 생자크 거리, 철책이 서 있는 생틸드가르드 거리, 그리고 생테스프리 거리가 있었는데 이 거리에는 고모 집 정원의 작은 뒷문이 나 있었다. 콩브레의 이러한 거리는 내 기억에 조금 남아 있기는 하나, 너무나 깊숙한 곳에 있어서 지금 내 눈에 띄는 이 세계의 색채와는 너무나도 다른 색채를 띠고 있으므로, 나에게는 사실 온 거리와 광장에서 그 거리들을 굽어보고 있는 성당이 환등에 비친 모습보다도 더 비현실적으로 보이며 또 어떤 순간에는 이렇게도 생각된다. 즉 아직 생틸레르 거리를 가로지를 수도 있고, 루아조 거리에 방 하나를 얻을 수도 있다—그 거리의 옛 여관 '화살 맞은 새', 지금도 이따금 내 몸 안에 그곳 지하의 환기창에서 올라오는 부엌 냄새가 옛날과 똑같이 간헐적으로 따뜻하게 일어나는 일이 있는데, 그 옛 여관의 방 하나를 얻을 수도 있다—는 것은, 골로와 친하게 지내거나 주느비에브 드 브라방과 이야기를 나누는 것보다 더욱 눈부시고 초자연적인 '피안(彼岸)'과 접촉하는 일이 될 거라고.

우리는 친할아버지의 사촌누이—나의 대고모—집에 묵고 있었는데, 이분은 레오니 고모의 어머니였다. 레오니 고모는 그녀의 남편이자 나의 고모부뻘 되는 옥타브가 돌아가신 뒤로는, 먼저 콩브레에서, 다음에는 콩브레의 자기 집에서, 그 다음에는 자기 방에서, 다음에는 자기 침대에서 떠나려 하지 않고 고뇌, 몸의 쇠약, 병환, 고정관념, 신앙심이 뒤섞인 분명하지 못한 상태 속에서 누워 지낼 뿐 절대 '내려오지' 않았다. 고모의 방은 생자크 거리와 마주하고 있었는데, 이 거리는 아주 멀리까지 뻗어 큰 목장에서 끝났다(이 목장은 세 거리가 만나는 시가 중심지에 푸른 지대를 이루고 있는 작은 목장과 비교되어 큰 목장이라 불렸다). 거리는 단조롭고 희끄무레했으며, 거의 모든 대문 앞에 사암(砂巖)으로 된 세 층계가 있어 옛날 고딕풍 석상의 돌장이가 구유나 십자가상을 조각해냈을 돌산을 그대로 뚫어 만든 좁은 골짜기 길처럼 보이기도 했다. 고모는 사실상 맞닿은 두 개의 방에서만 살고 있었다. 오후에 한쪽 방을 환기시키는 동안 다른 한쪽 방에 가만히 틀어박혀 있는 식으로. 이 방들은 시골 방이었다. 그것은—어느 고장에서는 대기나 바다가 눈에 보이지 않는 무수한 미생물 때문에 온통 빛을 띠거나 향기를 풍기는 것처럼—무수한 냄새로, 말하자면 미덕과 예지와 습관 같이 주위에 감도는, 은밀하여 눈에 보이지 않으면서도 넘쳐흐르는 듯한 그런 도덕적 생활의 모든 것으로부터 발산되는 무수한 냄새로 우리를 황홀하게 하는 방이었다. 또한 그 냄새는 자연의 냄새, 이웃 시골의 냄새와 마찬가지로 그때그때 다른 빛을 띠기는 하지만, 그것이 그대로 게으르게 눌러앉아서 인간과 어울리고 떠날 줄을 모르는 그런 냄새다. 다시 말해 그 냄새는 과수원에서 찬장으로 옮겨진 그해 모든 과일의 젤리, 맛있게 잘 만들어진 투명한 젤리다. 철따라 변하지만 마치 세간과 하녀처럼 그 집에 머무르는 냄새, 따끈한 빵의 보드라움으로 새하얗게 살얼음 낀 젤리의 짜릿함을 조절하는 냄새, 마을의 큰 시계처럼 한가로우나 시각을 어기지 않는 꼼꼼한 냄새, 빈둥거리는 듯하면서도 견실한 냄새, 무심하면서도 준비성 있는 냄새, 빨랫감의 냄새, 아침 일찍 일어나는 냄새, 신앙심의 냄새, 사실상 불안의 증가밖에 가져다주지 못하는 평안을 즐기는 냄새, 그리고 이 방에서 살지 않고 그대로 지나치는 이의 눈에는 시(詩)로 가득 찬 큰 수조처럼 보이나 실은 산문적인 일상밖에 즐기지 못하는 냄새. 그러한 고모의 방 공기는 매우 영양이 풍부한, 자양분이 많은 침묵의 미묘하고 구수한 냄새로 가득 차 있어서, 나는 늘 왕성한 식욕과 더불어 그곳으로 가곤 했는데, 부활제 전 주일의 아직 쌀쌀한 이른 아침에는 더욱 그러했다. 그도 그럴 것이 그때는 내가 콩브레에 온 지 얼마 되지 않아 그 공기가 더더욱 맛났기 때문이다. 고모에게 아침 인사를 하러 들어가기 전에, 나는 첫 번째 방에서 잠시 기다려야 했다. 이 방에는 겨울의 약한 햇살이 불 앞에 온기를 쬐러 와 있었는데, 불은 이미 두 줄의 벽돌 사이에서 활활 타올라 온 방 안에 그을음 냄새를 칠감처럼 발라서, 마치 이곳을 시골의 커다란 '화덕 앞'이나 옛 별장의 맨틀피스* 밑처럼 만들고 있었다. 이러한 널따란 난롯가에 틀어박힌 사람은 칩거의 안락함에 겨울나기의 시흥(詩興)을 덧붙이려고 바깥에 비나 눈이 내리는 건 물론이고 큰 홍수 같은 재난이 일어나는 것마저 바라는 법이다.

나는 기도대 의자에서 올이 촘촘한 우단을 씌운 안락의자—머리 닿는 곳에 털실로 뜬 덮개가 늘 씌워져 있는—쪽으로 몇 걸음 나아갔다. 불은 파이를 구울 때처럼 입맛을 돋우는 냄새를 풍겼는데 이 냄새 때문에 방 안의 공기는 완전히 한데 엉겨 뭉쳐 있었다. 그리고 그 냄새는 화창한 아침 햇살 아래 상쾌한 습기를 머금고 있는 공기로 이미 반죽이 되어 '부풀었고', 불은 그런 냄새를 풍기는 이 반죽을 잎 모양의 과자로 만들었으며, 거기에 달걀

* 벽난로의 윗면에 설치한 장식용 선반.

노른자를 바르고, 구김살을 내고 부풀게 하여, 눈에는 보이지 않으나 느낄 수 있는 시골 과자, 이를테면 무척 큰 쇼송(Chausson)* 같은 것을 만들고 있는 성싶었다. 그러한 냄새 속에서 벽장이나 찬장이나 가지와 잎 무늬 벽지가 풍기는 바삭바삭하고도 보다 섬세한, 보다 이름이 난, 그러나 또한 보다 메마른 향기를 조금이라도 맡으면, 나는 곧 그 꽃무늬 침대보의 어중간한 냄새, 끈적끈적하고 맛이 변하며 소화가 안 되는 풋내 나는 냄새로 은밀한 탐욕과 더불어 끈끈하게 감싸여 가기 일쑤였다.

옆방에서 고모가 혼자 낮은 목소리로 중얼거리는 소리가 들려왔다. 고모는 매우 낮은 목소리로만 말했는데 자기 머릿속에 뭔가 깨져서 흔들흔들하는 것을 가지고 있어서, 너무 큰 소리로 말하면 그 위치가 옮겨질 것으로 믿고 있었기 때문이다. 그러면서도 혼자 있을 때조차 고모는 뭔가 말하지 않고 오랫동안 그대로 있는 일이 좀체 없었는데 중얼거리는 것이 목구멍에 유익하며, 목구멍에 피가 머물지 못하게 하여 지병인 호흡 곤란과 그 고통을 억제해주는 줄로 믿고 있었기 때문이다. 또 고모는 생기를 모두 잃은 그 생활 속에서 사소한 감각에도 엄청난 중대성을 부여하고 있었다. 그녀는 사소한 감각에 운동 능력을 부여하고 있었는데, 그 때문에 그 감각을 자기만을 위해 간직하기가 어렵게 되고, 또 그것을 들려줄 상대가 없었으므로 고모의 유일한 활동 형식인 끊임없는 독백으로 자기 자신에게 들려주는 것이었다. 불행하게도 고모에게는 소리 내어 말하면서 생각하는 버릇이 있었는데 옆방에 누가 있거나 말거나 조금도 개의치 않았다. 그래서 나는 고모가 자기 자신에게 이렇게 말하는 걸 자주 들었다. "한잠도 못 잔 것을 잊어서는 못써요." (왜냐하면 고모는 한잠도 못 자는 것을 크나큰 자랑으로 삼는 터여서, 집안사람들이 쓰는 말에는 이 자부심에 대한 경의와 배려의 흔적이 남아 있었다. 예컨대 아침에 프랑수아즈는 '고모를 깨우러' 가는 것이 아니라 고모의 방에 '들어가보는' 것이며, 또한 고모가 낮에 한잠 자려고 할 때 집안사람은 고모가 '깊은 생각에 잠기'려 하고 있다, 또는 '휴식'하려 하고 있다고 말했다. 가끔 이야기에 열중한 고모가 '나를 깨운 것은' 또는 '꿈에 말이야' 하고 실수로 말해버렸을 때에는, 그녀는 얼굴을 붉히고 재빨리 고쳐 말하곤 했다)

---

* 소를 넣고 둘로 접어서 구운 과일 파이.

잠시 뒤 나는 방으로 들어가 고모에게 입맞춘다. 프랑수아즈가 차를 달인다. 고모는 마음이 설렐 때에는 차 대신에 보리수꽃을 달인 탕약을 원한다. 그럴 때, 약봉지에서 접시에 정량의 보리수꽃을 옮긴 뒤 끓는 물에 넣는 것이 나의 일이었다. 마른 꽃줄기는 고르지 못한 격자를 이루며 안쪽으로 굽었고, 마치 화가가 가장 장식적으로 배치한 것처럼 그 격자의 매듭에는 빛바랜 꽃이 달려 있다. 망가지고 변한 잎들은 보다 부조화스러운 것, 예컨대 파리의 투명한 날개, 꼬리표의 흰 뒤쪽, 장미꽃잎 같은 모양을 하고 있었는데 그런 것들은 새가 둥지를 틀듯이 차곡차곡 쌓이거나 조각나거나 또는 엮어놓은 것 같아 보였다. 인공적인 제조에서는 아마 제거되었을 이 아무 쓸모없는 많은 잡살뱅이들—이것을 일부러 남겨둔 것은 사랑스러운 약제사의 사치이다—은, 마치 책을 읽다가 그 안에서 아는 이름을 보고 깜짝 놀라는 것처럼 나에게는 그리운 기쁨, 그것이 역 앞 큰 거리에서 본 것과 똑같은 실제 보리수꽃의 줄기이며, 가짜가 아닌 진짜이고, 다만 오래되었으므로 모양이 변한 것뿐이라는 사실을 깨닫는 기쁨을 주었다. 그리고 저마다의 새 성질이란 옛 성질이 변한 것에 지나지 않는 만큼, 나는 이 회색의 작은 공 속에서 열매를 맺기 전에 이미 따진 초록빛 꽃봉오리를 알아보았다. 더구나 황금색 작은 장미 모양의 꽃송이가 조랑조랑 달려 있는 나약하고 무성한 줄기 안에서 그 꽃을 뚜렷이 드러나게 하는, 부드럽고도 은은한 장밋빛 광채—마치 지워진 벽화의 자리를 그대로 벽면에 드러내는 아주 희미한 불빛처럼, 보리수의 '물들었던' 부분과 그렇지 않았던 부분을 가르는 광채—는 이 꽃잎들이 약봉지를 꾸미기에 앞서 봄의 여러 밤을 향기롭게 하던 그 꽃잎임을 나에게 보이고 있었다. 큰 초와도 같은 꽃잎의 장밋빛 불꽃은 아직도 보리수꽃의 색채를 띠고 있으나, 꽃의 지금의 삶, 꽃의 황혼이라고도 할 시들어진 삶에서는 반쯤 사라져 잠들고 있었다. 이윽고 고모는 더운물에 달인 그 마른 잎과 시든 꽃잎을 맛볼 수 있었다. 그리고 그 속에 프티트 마들렌을 담그고, 그것이 충분히 물러졌을 때 그 한 조각을 나에게 내밀어주기도 했다.

고모의 침대 한구석에는 레몬 나무로 만든 누런 빛깔의 큰 옷장과 조제(調劑) 탁자인 동시에 제단(祭壇)으로도 쓰이는 탁자가 있으며, 거기에는 작은 성모상과 비시 셀레스탱의 병 밑에 미사 책 몇 권과 약 처방전, 그 밖에 침대에서 여러 성무일과나 식이요법을 하는 데 필요한 것, 소화제 먹는 시간이나 저녁기도 시간을 지키는 데 없어서는 안 될 모든 것이 놓여 있었다. 다른 한쪽은 창가였고 고모의 침대는 그 창 옆에 붙어 있어 고모는 거리를 눈 밑에 두고 있었는데, 그녀는 아침부터 저녁까지 페르시아의 왕들처럼 심심풀이 삼아 그 거리에 펼쳐져 있는 나날의, 그러나 기억에서 사라진 콩브레의 옛 기록을 읽어내고는 나중에 프랑수아즈와 함께 주석을 붙이곤 했다.

고모와 함께 있은 지 5분도 채 못 되어, 고모는 내가 피곤하게 할까 봐 나를 내보낸다. 고모는 창백하고 윤기 없는 침울한 이마를 내 입술에 내민다. 그 이마 위에는, 이처럼 이른 시간이면 아직 가발을 손질할 틈이 없어서 척추*가 마치 가시관의 뾰족한 끝이나 묵주 알처럼 환하게 보인다. 그리고 고모는 나에게 말한다. "자아, 아가야 가거라. 가서 말이야, 미사 갈 채비를 해라. 그리고 아래층에서 프랑수아즈를 만나거든 말해다오. 너무 오랫동안 놀지만 말고 나에게 시중들 일이 없나 곧 올라가보라고 말이다."

그러고 보니 몇 년이나 고모의 시중을 들어온 프랑수아즈가 훗날 우리집 식구가 되리라고는 이 무렵에는 꿈에도 생각지 못했지만, 우리가 손님으로 고모 집에 몇 달 묵는 동안 분명 그녀는 고모를 더러 내버려두었다. 내가 아직 어렸을 때, 우리가 아직 콩브레에 오지 않았을 무렵, 레오니 고모가 파리에 있는 그녀의 어머니 집에서 겨울을 보내던 때 이런 일이 있었다. 그 무렵 나는 아직 프랑수아즈를 잘 몰랐는데, 설날 대고모 집에 들어가기에 앞서 엄마는 내 손에다가 5프랑짜리 금화 한 닢을 쥐어주며 말했다. "알겠니, 사람을 잘못 보지 않도록 해라. 엄마가 '안녕하세요, 프랑수아즈'라고 말할 때까지는 주면 안 돼. 그때 네 팔을 살그머니 만질 테니까." 고모 집의 어두컴컴한 응접실에 이르자 나는 곧 어둠 속에서, 눈부시고 빳빳한, 마치 솜사탕으로 만들어진 듯 이내 부서질 것 같은 헝겊 모자의 둥근 주름 밑에서, 미리 고마운 뜻을 표하고 있는 듯한 미소의 동심원(同心圓) 물결을 알아보았다. 그 사람이 프랑수아즈, 벽감 속에 서 있는 성녀상처럼 복도의 작은 문 테두리 안에 움직이지 않는 자세로 서 있는 프랑수아즈였다. 예배당과도 같은 어둠에 다시 눈이 익숙해졌을 때 나는 프랑수아즈 얼굴에서 인간에 대한 욕심 없는 애정, 설날 선물을 받는 희망으로 그 가슴속 가장 훌륭한 부분에 끓어

---

* 원문은 vertèbres.

오르고 있는 상류 사회에 대한 순박한 존경심을 읽을 수 있었다. 엄마는 내 팔을 세게 꼬집으면서 힘찬 목소리로 말했다. "안녕하세요, 프랑수아즈." 이 신호로 나는 손가락을 펴고 금화를 놓아버렸다. 그러자 창피스러워하면서도 내민 손에 그것은 얹어졌다. 그러나 우리가 콩브레에 가게 되면서부터 나는 누구보다도 프랑수아즈를 잘 알게 되었다. 우리는 프랑수아즈의 마음에 들었다. 그래서 프랑수아즈는 우리에게, 적어도 첫 몇 해 동안은 고모에게 바치는 것과 같은 정도의 경의와 그 이상의 애정을 품고 있었다. 그도 그럴 것이 우리에게는 고모의 친척이라는 위세에다(프랑수아즈는 같은 피의 흐름이 한 가족의 구성원들을 맺고 있는 눈에 보이지 않는 유대에, 그리스의 비극작가만큼 존경심을 품고 있었다), 늘 대하는 그녀의 주인이 아니라는 매력이 덧붙여져 있었기 때문이다. 우리가 도착하는 부활제의 전날, 때로는 살을 에는 듯한 찬바람이 불기도 했지만 그런 날에도 아직 날씨가 좋아지지 않은 것을 한탄하면서도 그녀는 얼마나 기쁘게 우리를 맞아주었던가. 그러면 엄마는 그녀의 딸과 조카들의 안부를 묻기도 하고, 손자들이 얌전하냐, 무엇이 되게 할 작정이냐, 할머니인 자네를 닮았느냐고 묻기도 했다.

그리고 그 자리에 아무도 없게 되면, 프랑수아즈가 돌아가신 지 오래된 부모님에 대해 아직도 슬퍼하고 있는 것을 아는 엄마는 상냥하게 부모님을 화제 삼아 살아 있을 때의 일을 자세히 묻기도 했다.

엄마는 프랑수아즈가 사위를 좋아하지 않는다는 것, 이따금 딸과 함께 지내는 즐거움을 사위가 망쳐놓는다고 생각하는 것, 사위가 있는 데서는 딸과 마음대로 이야기도 하지 못한다는 것을 알고 있었다. 그래서 프랑수아즈가 콩브레에서 몇 십 리 떨어져 사는 딸 부부를 만나러 갈 때면 엄마는 미소 지으며 말했다. "이봐요, 프랑수아즈, 만일 쥘리앵이 집을 비워야만 해서 온종일 프랑수아즈가 마르그리트를 독차지하게 된다면, 그야 매우 섭섭할 테지만, 그래도 그 편이 프랑수아즈에겐 더 좋겠지?" 그러자 프랑수아즈는 웃으며 말했다. "마님은 무엇이나 다 아세요. 옥타브 마님께서 찍은 일이 있는 X광선이라든가, 가슴속을 환히 들여다보는 그것보다 더 나쁜 분이세요."(그녀는 X란 단어를, 빙글빙글 웃으며 짐짓 점잖게 어려운 듯이 말했는데, 그것은 일자무식인 자기가 이런 학술용어를 쓰는 것을 스스로 비웃기 위해서였다) 그러고 나서 그녀는 남이 자기를 걱정해주는 데 황송한 마음을 금치 못하면서 사라졌는데, 아마 남에게 우는 꼴을 보이지 않으려고 그랬을 것이다. 시골 여인인 프랑수아즈의 생활·행복·고뇌 같은 것이 그녀 자신 말고 다른 사람의 흥미를 끌어 그 사람의 기쁨 또는 슬픔의 원인이 됨을 느끼는 그 다사로운 감동을 그녀에게 준 최초의 사람은 바로 엄마였다. 엄마가 이 영리하고 일 잘하는 하녀의 시중에 얼마나 감탄하고 있는가를 고모는 알고 있어서, 우리가 머무르는 동안에는 프랑수아즈를 독차지하는 것을 얼마간 단념했다. 프랑수아즈가 아침 5시부터 원색대로 구운 질그릇처럼 윤나며 빳빳하고 둥근 주름이 잡힌 헝겊 모자를 쓰고 부엌에 있는 모습은, 대미사에 갈 때처럼 보기에 훌륭했다. 그녀는 말(馬)처럼 일하고 몸의 건강 상태가 좋건 나쁘건 맡은 일을 깨끗이 해치웠는데, 그것도 소리 하나 없이, 무엇을 하고 있는 기색을 통 보이지 않으면서 해냈다. 엄마가 더운물 또는 블랙커피를 청할 때, 정말로 펄펄 끓는 것을 가져오는 이는 고모 집의 하녀들 가운데 그녀뿐이었다. 어느 집에나 처음 찾아온 손님의 마음에 몹시 들지 않는 하인이 있는데, 그녀는 그러한 하인 가운데 한 사람이었다. 왜냐하면 그러한 하인들은 손님의 마음에 들려고 애쓰지 않으며 유달리 상냥하게 굴지도 않기 때문이리라. 그러한 하인들은 잘 알고 있는 거다. 그런 손님은 별로 중요치 않으며, 주인도 자기들을 해고시키기보다는 차라리 손님을 더 이상 초대하지 않는 쪽을 택하리라는 사실을. 그들의 실제 능력을 알아주는 주인이라면, 손님에게는 바람직한 인상을 주지만 사실상 아무짝에도 소용없는, 무능을 덮고 있는 천박한 아첨이나 비굴한 수다스러움을 바라지 않고 도리어 그들을 소중히 여기게 마련이다.

우리 식구에 대한 시중에 모자란 데는 없는지 살피고 난 뒤, 프랑수아즈가 비로소 고모 방에 올라가서 소화제를 드리고 아침 식사로 무엇을 들겠느냐고 물을 때면, 고모 쪽에서 먼저 어떤 중대한 사건에 관하여 의견을 말하거나 설명하지 않고는 못 배겼다.

"이봐요, 프랑수아즈. 구필 부인이 여동생을 데리러 가는 데 평소보다 15분 이상이나 늦게 집 앞을 지나갔지 뭐야. 도중에 조금이라도 머뭇거리면 거양 성체가 끝난 뒤에야 성당에 도착할 게 틀림없어."

"저런! 틀림없이 그렇게 되겠네요." 프랑수아즈가 대답한다.

"이봐요, 프랑수아즈. 5분만 빨리 왔다면 앵베르 부인이 칼로 어멈네 아스파라거스보다 두 배나 되는 아스파라거스를 들고 가는 것을 봤을 텐데. 부인이 그걸 어디서 손에 넣는지 그 댁 하녀에게 물어보도록 해요. 당신은 올해 어느 소스에나 아스파라거스를 곁들이고 있으니까, 그런 것을 손님들에게 내놓으면 얼마나 좋겠어."

"그건 주임사제님 댁에서 난 아스파라거스가 틀림없어요." 프랑수아즈가 말한다.

"어마, 그럴까, 프랑수아즈" 하고, 고모는 어깨를 으쓱하면서 대답한다. "사제님 댁! 아니야, 할멈도 잘 알면서 그래, 사제님 댁에는 잘고 질긴 형편없는 아스파라거스밖에 나지 않잖아. 아까 그건 팔뚝만큼이나 굵었어요. 그야 할멈의 팔뚝만 하지는 않았지만, 이 불쌍한 내 팔뚝만은 했어. 올해 들어 이렇게 더 가늘어졌지만…… 이봐요, 프랑수아즈, 못 들었어? 머리가 깨질 것 같은 종소리를?"

"못 들었는데요, 옥타브 마님."

"어마! 기가 막혀라, 할멈의 머리는 여간 단단하지 않네. 천주님께 감사해야 해요. 그건 피프로 의사 선생님께 왕진을 청하러 온 마글론 아주머니가 낸 소리였어. 의사 선생님은 곧바로 아주머니와 함께 나와서 루아조 거리로 돌아갔지 뭐야. 분명히 어떤 애가 병에 걸린 걸 거야."

"저런! 맙소사." 프랑수아즈가 한숨지었다. 그녀는 설사 먼 곳에서 일어난 일이더라도 탄식 소리를 내지 않고서는 누가 불행에 빠져 있는 이야기를 들을 수 없었다.

"그런데 프랑수아즈, 도대체 누구를 위해서 조종(弔鐘)*이 울렸을까? 아아! 그렇지, 루소 부인을 위해서지. 그분이 어젯밤 돌아가신 걸 까맣게 잊고 있었네. 아아, 정말이지, 이래 가지곤 이번에는 내가 착하신 천주님의 부르심을 받겠군. 우리 불쌍한 옥타브가 죽은 뒤부터 내 머리가 어떻게 됐는지 통 모르겠어. 그러나저러나 또 할멈의 시간을 괜히 빼앗았네."

"아닙니다. 그런 말씀 마세요, 옥타브 마님, 쇤네의 시간 같은 건 조금도 중요치 않습니다. 그래도 잠깐 보고 오겠습니다. 불이 꺼졌을지도 모르니까요."

---

* 죽은 사람을 애도하는 뜻으로 치는 종.

이렇게 프랑수아즈와 고모는 아침 대화중에 그날의 여러 가지 첫 사건을 함께 논하는 것이었다. 그런데 간혹 이러한 사건이 매우 신비하고 중대한 성질을 띨 경우에는, 고모는 프랑수아즈가 올라올 때까지 기다리지 못하기도 한다. 그런 날에는 초인종이 네 번, 집 안에 요란하게 울린다.

"옥타브 마님, 아직 소화제 드실 시간이 아닌데요." 프랑수아즈가 말한다. "현기증이 나시나요?"

"아니야, 그런 게 아니야, 프랑수아즈." 고모가 말한다. "말하자면 그런 일로 부른 게 아니란 말이야. 할멈도 잘 알잖아, 요즘은 현기증이 안 날 때가 거의 없다는 것을. 나도 언젠가 루소 부인처럼 제정신이 들지 않은 채로 가버릴 거야. 그러나저러나 그런 일로 초인종을 울린 건 아냐. 이봐요, 믿어져? 나는 말이야, 지금 막 이 눈으로 똑똑히 보았어. 구필 부인이 내가 한 번도 본 적이 없는 계집애와 함께 가는 모습을. 그러니 어서 카뮈 가게에 가서 소금을 두 푼어치 사 오구려. 그게 누군지 테오도르라면 모를 리 없을 테니까."

"그 여자애라면 퓌팽 씨 댁의 따님일 겁니다." 프랑수아즈가 말한다. 그녀는 오늘 아침부터 벌써 두 번이나 카뮈 가게에 갔기 때문에 지금 당장 가능한 설명만으로 끝내고 싶은 것이다.

"퓌팽 씨 댁의 따님이라고! 오오! 정말 그럴까, 프랑수아즈! 그 애라면 왜 내가 알아보지 못했을까!"

"큰따님을 두고 한 말이 아닙니다, 옥타브 마님. 작은따님을 말하는 겁니다. 주이 기숙학교에 가 있는. 오늘 아침에 이미 그 애를 본 것 같은데요."

"아아, 그래그래, 그 애가 틀림없겠지." 고모가 말한다. "그 애가 부활제 휴가로 돌아온 거로군. 그래 맞았어, 이젠 아무것도 사러 갈 필요 없어요. 그 애는 부활제 휴가로 온 거겠지. 그건 그렇고, 이럭저럭 사즈라 부인이 점심 식사하러 여동생 집 초인종을 울리러 올 시간이 됐군. 분명히 그럴 거야! 난 갈로팽 가게의 꼬마가 타르트를 들고 지나가는 것을 보았으니까! 그 타르트는 구필 부인 댁에 배달됐을 거야."

"구필 부인이 손님을 초대하셨다면, 옥타브 마님, 오래지 않아 구경하실 수 있겠지요. 손님들이 점심 식사를 하러 줄줄이 들어가는 것을. 벌써 이럭저럭 이른 시간은 아니니까요." 프랑수아즈가 말한다. 그녀는 점심 식사를 준비하러 서둘러 내려가고 싶어서, 그런 소일거리를 고모에게 남겨두고 가는 것도 괜찮겠거니 생각했다.

"아니, 정오 전에는 아마 안 올 텐데." 고모는 단념한 투로 대답하면서도 걱정스러운 눈길을 괘종시계에 슬쩍 던진다. 모든 걸 단념하고 있는 고모이면서도 구필 부인이 점심에 손님을 모시기로 한 것을 알고는, 자신이 그 사실에 그처럼 강한 기쁨을 느끼는 것을 남에게 들키고 싶지 않았던 것이다. 안타깝게도 그 즐거움은 아직 한 시간은 더 기다려야 누릴 수 있겠지만. "또 그건 바로 내가 한창 점심을 들 때로군!" 고모는 낮은 목소리로 자신에게 말하듯 덧붙인다. 고모로서는 그 점심만으로도 충분한 심심풀이였으므로, 동시에 따로 심심풀이가 있는 게 달갑지 않다. "잊지 말고 크림 친 달걀을 넓적한 접시에 담아 내오도록 해." 주제가 있는 그림이 그려져 있는 접시라곤 넓적한 접시뿐인데, 고모는 식사 때마다 그날 나오는 접시의 이야기를 재미있게 읽는다. 고모는 안경을 걸치고 알리바바와 40인의 도둑, 알라딘의 요술 램프 같은 것을 헤아려 읽는다. 그리고 미소 지으며 말한다. "아주 재미있어, 꽤 재미있어."

"뭐하면 카뮈 가게에 물어보러 가도 괜찮았을 텐데요……." 고모가 이제 물으러 보내지 않을 것을 빤히 알면서도 프랑수아즈가 말한다.

"그만두어요, 그런 수고는 말아요. 그 애는 확실히 퓌팽 댁의 따님이니까. 이봐요, 프랑수아즈, 시시한 일로 올라오게 해서 미안하군."

그러나 고모는 시시한 일로 프랑수아즈를 부른 게 아니라는 걸 잘 알고 있다. 왜냐하면 콩브레에서는 '전혀 모르는' 사람이란, 신화의 신처럼 믿을 수 없는 존재였으니까. 생테스프리 거리 혹은 광장에 실제로 이런 크게 놀라다 못해 얼굴이 하얗게 질릴 만할 출현이 일어날 때마다, 철저히 파헤치면 이 가공의 인물은 콩브레 사람들과의 어떤 친척 관계가 있는 이상 그 신분에 따라 개인적이건 추상적이건, 결국 반드시 자기가 '아는 사람'의 범위 안에 들어가게 마련이었다. 예외는 결코 없었다. 이를테면 그러한 인물로는 제대하고 돌아온 소통 부인의 아들, 페르드로 신부의 조카딸로 수녀원 기숙사를 나온 아가씨, 샤토됭의 세리(稅吏)로 퇴직 혹은 축일의 휴가 때문에 돌아온 주임사제의 동생들이 있었다. 처음 이 사람들을 목격했을 때 콩브레에 낯선 인간이 있는 줄 알고 시민들은 적잖게 술렁였는데, 이는 단순히 상대를 알아보지 못했거나 또는 당장 누군지 생각나지 않았기 때문이다. 그렇지만 오래전부터 소통 부인이나 주임사제는 자기들이 '손님'을 기다리고 있다는 사실을 미리 알려놓은 터였다. 저녁 무렵 내가 집에 돌아오는 길로 2층에 올라가서 오늘 산책 중에 있었던 일을 고모에게 이야기할 때, 할아버지도 모르는 남자를 비유 다리 근처에서 만났다고 무심코 말하자 "할아버지께서 전혀 모르는 사람이라고!" 하고 고모는 소리 지른다. "아이, 설마!" 그럼에도 이 소식에 적지 않게 마음이 흔들려, 고모는 진실을 확인하려고 한다. 결국 할아버지가 불려온다. "비유 다리 근처에서 만나셨다는 그분이 도대체 누구죠, 숙부님? 숙부님이 모르시는 분인가요?"—"아냐, 아는 사람이야." 할아버지가 대답한다. "부유뵈프 부인 댁 정원사의 동생, 프로스페르였어."—"어마! 그래요" 하고 고모는 안심이 된 듯 약간 얼굴을 붉히며 말한다. 그러고 나서 비꼬는 미소를 짓고 어깨를 으쓱하며 덧붙인다. "숙부님이 전혀 모르시는 분을 만나셨다고 이 애가 나보고 말하지 않겠어요!" 그리고 집안 사람들은 다음부터는 더욱 신중하게 굴어라, 경솔한 말로 고모를 동요하게 하지 말아라, 나에게 주의를 준다. 콩브레에서는 모두가 동물이건 인간이건 샅샅이 알고 있어서 우연히 '낯선' 개 한 마리가 지나가는 것을 보기라도 하면, 고모는 그 개 생각에 골몰하면서 그 이해할 수 없는 사실에 자기의 귀납적 추리 능력과 한가로운 시간을 쏟아붓기를 그치지 않는다.

"그건 사즈라 마님의 개겠지요." 프랑수아즈는 그다지 확신 없이 다만 고모의 마음을 진정시킬 목적으로, 고모의 '머리를 아프지' 않게 하기 위해 말한다.

"마치 내가 사즈라 부인네 개를 모르고 있다는 말 같네!" 고모가 대답한다. 고모의 비판 정신은 그렇게 쉽사리 사실을 인정하려 들지 않는 것이다.

"어마! 그럼, 이번에 갈로팽 님이 리지외에서 데리고 온 개겠지요."

"아아 그래, 그럴 수밖에."

"아주 순한 개인가 봐요." 테오도르한테서 얻어들은 바가 있는 프랑수아즈가 덧붙인다. "사람처럼 영리하고, 언제나 활기차고, 언제나 애교가 있고, 언제나 우아한 구석이 있어 보인대요. 아직 어린데 그처럼 귀여운 개는 드물어요. 옥타브 마님, 이제 쇤네는 물러가야 합니다. 놀고만 있을 시간이 없어요. 곧 10시가 됩니다. 아직 화덕에 불도 못 지폈고, 아스파라거스 껍질도 벗겨야 하니까요."

"뭐라구요, 프랑수아즈, 또 아스파라거스야! 할멈은 올해 정말 아스파라거스 병이 들었나 봐. 파리에서 온 손님들이 진저릴 내시겠어!"

"천만에요, 옥타브 마님. 모두들 그걸 좋아하시는걸요. 두고 보세요. 그분들이 성당에서 시장해서 돌아오시면, 얼마나 열심히 그걸 잡수시는지."

"그렇군, 그분들은 벌써 성당에 계시겠군. 할멈에게는 꾸물거릴 틈이 없겠어. 어서 가 점심 식사를 준비하구려."

이처럼 고모가 프랑수아즈와 정다운 이야기를 나누는 동안에 나는 부모님과 함께 미사에 참석했다. 내가 우리 성당을 얼마나 좋아했는지, 지금도 얼마나 똑똑하게 기억하고 있는지! 우리가 들어가던 그 예스러운 정면 현관은 검고, 조리처럼 작은 구멍이 나 있으며, 일그러지고, 모서리마다 깊게 파여 있어(거기서 우리가 인도되어가는 성수반과 마찬가지로) 마치 성당에 들어가는 시골 여인들 외투의 부드러운 마찰과, 성수를 찍는 그 조심스런 손가락의 마찰이 몇 세기 동안 거듭되는 가운데 드디어 파괴력을 얻어, 날마다 부딪치는 짐마차의 차바퀴 때문에 주차 표석(標石)에 홈이 나는 것처럼 돌을 일그러뜨리고 거기에 고랑을 판 듯했다. 콩브레 역대 사제의 고귀한 유골이 그 밑에 묻혀 있는 성당 안의 묘석은 성가대의 정신적인 포석(鋪石) 구실을 해왔는데, 그것도 이제는 움직이지 않는 단단한 물질이 아니었다. 세월이 묘석을 푸석하게 만들어, 그 네모난 가장자리 바깥으로 꿀처럼 돌가루를 흘러넘치게 했기 때문이다. 이렇듯 그 묘석의 어느 곳에서는 황금물결이 일어 앞으로 흘러나와, 화려한 고딕체 대문자를 물결 사이사이에 떠내려가게 하고, 대리석의 흰 오랑캐꽃을 물에 잠그고 있는가 하면, 또 다른 곳에서는 묘석이 그 네모난 모양 속에 흡수되어, 생략되어 있던 라틴문의 비명(碑銘)을 더욱 짧게 축소하고, 그 생략된 글자 배치에 더욱 변덕을 가미해, 어떤 낱말의 두 글자를 바싹 붙이더니 다른 글자를 멀찍이 떨어뜨리기도 하는 것이었다. 성당의 그림 유리창은 햇살이 그다지 비치지 않는 날만큼 더 아름답게 아롱거리는 적은 없었다. 따라서 바깥이 흐리면, 성당 안은 화창한 날씨일 것이 틀림없었다. 그림 유리창 가운데 하나에는, 트럼프의 왕과 같은 인물 한 분이 그 자리를 온통 채운 채 그 높은 곳에서, 성당의 천장을 하늘 삼아 하늘과 땅 사이에 살고 계셨다(그리고 이 그림 유리창에서 비스듬히 비치는 푸른빛을 받으면서 주일이 아닌 미사가 없는 날 정오에—그것은 매우 드문 순간이지만, 바람이 잘 통하는 이 한적한 성당이 더욱 친밀하고, 햇빛을 받은 호화로운 건물로 더욱 웅장하고 화려하게 마치 어느 중세풍 저택의, 돌에는 조각이 되어 있고 창문에는 그림 유리창을 끼운 홀처럼 사람이 거주할 수 있는 곳으로 보이는 순간이 있는데, 그 드문 순간에—사즈라 부인이 조금 전 점심으로 먹으려고 건너편 과자 가게에서 산 끈으로 맨 비스킷 한 봉지를 기도대 위에 놓고 잠시 동안 무릎 꿇고 있는 모습이 보이곤 했다). 또 하나의 그림 유리창에는 기슭에서 전투가 벌어지고 있는, 장밋빛 눈으로 뒤덮인 산이 유리창 전체를 빙화(氷花)로 꾸민 것처럼 보였는데, 이 창은 산에 펑펑 내리는 싸라기눈 때문에 마치 어떤 여명의 빛에 반짝이는 눈송이가 잔뜩 붙은 창유리처럼 부어오를 듯 보였다(이 여명의 빛은 제단화를 다홍색으로 물들이고 있는 여명의 빛과 틀림없이 같은 것이었는데, 그 색조가 어찌나 뚜렷한지 그것은 영구히 돌에 붙어 있는 색채의 배치라기보다 오히려 사라지려고 하는 외광(外光)이 한순간 거기에 색을 남기고 간 것처럼 보였다). 그리고 모든 그림 유리창은 아주 오래된 것이어서 몇 세기의 먼지가 고색창연한 은색으로 반짝이며, 수려한 태피스트리는 해진 씨실을 드러내 보이면서 빛나고 있는 것이 여기저기에 보였다. 그리고 높은 한곳은 샤를 6세 왕을 즐겁게 했을 트럼프와 비슷한 커다란 트럼프를 펴놓듯이, 푸른색을 바탕 삼아 100여 장의 작은 직사각형 그림 유리창으로 이루어져 있었다. 그런데 빛이 반짝여서인지, 아니면 내 눈길이 움직이면서 어두워졌다 밝아졌다 하는 그림 유리창의 끝에서 끝으로, 움직이는 귀중한 불꽃을 이리저리 끌고 다녀서인지, 다음 순간에 이 유리창은 공작 꽁지처럼 다채롭게 변하는 색채로 반짝이고, 다음에 그 어둑한 돌 천장의 꼭대기로부터 축축한 벽을 따라서 한 방울 두 방울 떨어지는 찬란하고도 환상적인 비가 되어 바르르 떠는가 하면 물결치기도 하여, 나는 기도서를 손에 든 부모님의 뒤를 따라서 어떤 구불구불한 석회동굴의 무지갯빛 홀을 지나가는 듯했다. 또 다음 순간에는 마름모꼴의 작은 그림 유리창 몇 개가 어떤 거대한 가슴 장식 위에 나란히 박힌 사파이어처럼 깊고 투명한 색깔과 깨뜨릴 수 없는 단단함을 가지고 말았는데, 그 뒤편에도 그러한 화려함보다 뛰어나게 사랑스러운 것, 곧 잠시 스치듯 태양의 미소가 보였다. 그 태양의 미소는 광장 거리 또는 시장의 밀짚 위에서와 마찬가지로, 창문의 보석 세공을 비추고 있는 그 푸르고도 부드러운 물결의 반짝임 안에서 빛났다. 그리고 우리가 부활제 전에 일찍 도착해버리면 그로부터 첫 번째 되는 주일에는 대지가 아직 벌거벗어 검었으나, 햇살은 성 루이 왕의 계승자들 시절의 옛 봄처럼, 그 유리로 된 물망초 융단을 눈부신 금빛으로 꽃피워 내 마음을 위로해주었다.

손베틀로 짠 두 태피스트리는 에스더(Esther)*1의 대관식을 나타내고 있었다(전해지는 말에 따르면 여기서 아하수에로는 어느 프랑스 왕의 모습으로, 에스더는 이 프랑스 왕이 연모하던 게르망트 가문의 한 귀부인의 모습으로 수놓아졌다). 그리고 이 두 태피스트리의 색채는 서로 융합하면서 거기에 하나의 표정, 하나의 돋을새김, 하나의 조명을 가하고 있었다. 에스더의 입가에는 그 입술 윤곽이 도드라져서 아주 조금 장밋빛이 감돌고, 옷의 노란색은 기름이 흐르듯이 윤택해서 어떤 입체감을 내면서 주변 공기를 누르고 뚜렷하게 드러나 있었다. 또 명주와 양털로 짠 화면의 아랫부분에는 수목들의 초록빛이 아직 또렷하게 남아 있었는데, 위쪽은 세월 탓에 색이 '희미'해져서, 색이 짙은 줄기 위에 노랗게 물든 높다란 가지를 한층 더 연한 빛으로 드러내 보였고, 어디서 오는지 갑자기 비스듬히 비치는 햇살이 그 높다란 가지를 금색으로 물들이며 반쯤 지워버린 곳도 있었다. 그러한 모든 것, 또 그 위에 나에게는 전설 속의 인물에 지나지 않는 사람들로부터 교회로 옮겨진 여러 귀중한 보물(다고베르트*2에 의해서 봉납되고 생텔루아의 손으로 만들어졌다는 황금 십자가, 칠보로 아로새긴 구리와 반암(班岩)으로 만든 루이 르 제르마니크*3의 왕자들의 묘비 등등), 그런 것들 때문에 우리가 성당에 들어가 정해진 자리에 앉으려고 할 때 내 기분은 마치 요정의 골짜기에 우연히 들어갔다가 바위·나무·늪 속에서 요정들의 초자연적인 길의 또렷한 흔적을 발견하고 깜짝 놀라는 시골 사람과도 같았다. 그러한 모든 것이 나로 하여금 성당을 마을의 다른 장소와 전혀 다른 어떤 곳으로 만들었다. 성당은 말하자면 4차원 공간

---

*1 구약성서 〈에스더〉에 나오는 유대인 여자. 페르시아 왕 아하수에로의 왕비가 되어 박해당하고 있던 동포를 구했음.

*2 메로빙거 왕조 마지막 프랑크 왕인 다고베르트 1세(600？~39). 프랑크의 여러 왕국을 통일했다. 학예를 보호하고 생드니 성당을 건립함.

*3 샤를마뉴 대제의 세 손자 가운데 한 사람으로 독일의 왕이 됨.

—그 차원은 '시간'이지만—을 차지한 건물인데 그 건물은 몇 세기에 걸쳐 성소를 넓히고, 이 성소가 두 들보와 들보 사이로, 소제단에서 소제단으로 넓어지면서 단지 몇 미터의 거리뿐만 아니라 잇따라 이어진 여러 세대마저 정복하고 뛰어넘음으로써 이 건물이 생겨난 듯했다. 그리고 그 두꺼운 벽 속에는 거칠고도 조야한 11세기가 숨겨져 있었는데 우툴두툴한 작은 돌로 입도 귀도 막힌 둔중한 아치와 함께 그 벽에서 그 시대가 보이는 것은, 오로지 정문 출입구 근처, 종루의 계단 때문에 파인 깊은 금을 통해서뿐이었으나, 거기 또한 이 계단 앞에 야단스럽게 밀려들고 있는 고딕식 우아한 기둥들에 가려 그다지 눈에 띄지 않아서, 마치 손위 누이들이 버릇없고 실쭉하며 더러운 옷을 입은 남동생을 남의 눈앞에서 가리려고 생글생글 웃으며 그 앞을 가로막고 서 있는 듯했다. 또 그 건물은, 옛적 성 루이 왕을 굽어보았으며 지금도 역시 굽어보고 있는 듯한 탑을 광장 위 하늘 쪽으로 치솟게 하는 한편, 그 지하 납골당과 함께 메로빙거 왕조의 밤의 장막 속 깊숙이 가라앉아 있었으며, 그 밤의 장막 속에서, 돌로 만든 거대한 박쥐의 날개처럼 강한 쇠시리를 넣은 어두컴컴한 둥근 천장 아래를 손으로 더듬으면서 우리를 안내해주던 테오도르와 그 누이는 양초 한 자루를 손에 들고 지그베르트(Sigebert)* 손녀딸의 묘를 우리에게 비춰주었는데, 그 묘석에는 조가비 모양의 깊은 구멍이 하나—화석에 남은 흔적처럼—파여 있었으며 테오도르는 다음과 같이 설명했다. "이 구멍을 낸 것은 수정 등잔입니다. 이 프랑크의 왕녀께서 살해되던 날 저녁, 현재 성당 후전(後殿)에 걸려 있던 등잔이 스스로 황금 사슬에서 벗어나, 그 수정이 깨지는 일 없이 또 불도 꺼지지 않은 채, 이 돌 속에 움푹 박혀서 돌을 부드럽게 뚫었던 것입니다."

콩브레 성당의 후전, 그것에 대하여 정말 뭐라고 말해야 좋을까? 그것은 매우 거칠어서 예술적 아름다움은커녕 종교적 분위기마저 결핍되어 있었다. 밖에서 보면 후전 맞은편 도로의 교차점이 낮은 곳에 있어서, 그 조잡한 벽은 윤기 하나 없고 잔돌이 비죽비죽 나와 있는, 전혀 성당다운 풍취가 나지 않는 작은 돌로 된 토대 위에 솟아올라 있었고, 그림 유리창은 지나치게 높

* 프랑크 왕 클로테르 1세의 막내아들(535~75).

은 곳에 있는 듯하여 전체가 성당의 벽이라고 하기보다는 감옥의 벽에 가까웠다. 따라서 훗날, 그때까지 보아온 명성 높은 여러 성당의 후전을 모조리 떠올려봤을 때도, 그것들과 콩브레 성당의 후전을 비교해볼 생각이 좀처럼 나지 않았던 것이다. 단지 어느 날 나는 시골의 작은 도로 모퉁이에서 세 갈래 골목길의 교차점에 서서, 거친 벽이 치솟고 그 높은 곳에 그림 유리창이 나 있는, 영락없이 콩브레 성당의 후전과 똑같이 균형 잡히지 않은 꼴을 한 벽을 본 일이 있었다. 그때 나는 샤르트르나 랭스에서 그랬듯이, 거기에 얼마나 힘차게 종교적인 감정이 나타나 있는가를 생각지 않았음에도 나도 모르게 외쳤다. "성당이다!"

성당! 친근한 성당. 성당의 북문이 나 있는 생틸레르 거리에서 두 이웃의 가옥, 곧 라팽 씨의 약국과 루아조 부인 집 사이에 끼인 성당은 벽 하나로 이 두 이웃과 붙어 있었다. 콩브레의 거리거리에 번지수가 매겨져 있었다면 생틸레르 거리에 제 번지수를 가졌을는지도 모르는, 콩브레의 평범한 성당. 우편배달부도 아침 배달을 할 때, 라팽 씨 집에서 나오는 길로 루아조 부인 집으로 들어가기 전에 이 성당에서 걸음을 멈췄을 것이다. 그래도 역시 이 성당과 성당이 아닌 것과의 사이에는 하나의 경계가 있어, 내 정신은 그것을 도저히 뛰어넘지 못했다. 루아조 부인 댁의 창에는 늘 가지를 아무 곳에나 뻗치는 나쁜 버릇이 있는 푸크시아(fuchsia), 꽃이 꽤 커지면 충혈된 보랏빛의 뺨을 성당의 우중충한 겉면에 재빨리 맞대고 식히려 드는 푸크시아가 있었지만, 성당의 겉면에 맞대고 있다고 해서 그 꽃이 나에게 성스러운 것이 되었느냐 하면 그렇지 않았다. 꽃이 달라붙어 있는 거무스름한 돌과 꽃 사이에 설령 눈에 보이는 간격은 없었다 해도, 내 정신은 거기에 심연을 남겨두고 있었던 것이다.

콩브레가 아직 보이지 않는 지평선에 잊지 못할 그 모습을 새기고 있는 생틸레르 종루는 아주 멀리서도 알아볼 수 있었다. 부활제 전 주일에 파리로부터 우리를 실어다주는 열차 창문에서, 이 종루가 그 꼭대기의 철로 된 작은 수탉을 사방으로 빙빙 돌리며 하늘의 구름 이랑을 차례차례로 미끄러져가는 것을 언뜻 본 아버지는 우리에게 말했다. "담요를 챙겨라, 도착했다." 또 콩브레에서 우리가 멀리 산책을 나왔을 때, 좁은 길이 갑자기 넓은 평원으로 탁 트였다가 그 먼 지평선에서 여기저기 흩어져 있는 숲으로 가로막히는 곳이 나타나는데, 그 숲 위로 솟아오른 생틸레르 종루의 뾰쪽한 끝이 어찌나 가늘고 어찌나 또렷한 장밋빛을 띠고 있는지, 오로지 자연만으로 이루어진 그 풍경, 그 화면에, 예술의 작은 자국, 단 하나의 인간적인 표시를 주기 위해서 손톱으로 하늘에 그어진 한 줄기 선처럼 보였다. 그러나 점점 가까이 가서 종루 옆에 낮게 붙어 아직도 남아 있는 반쯤 무너진 네모난 탑의 흔적이 보이게 되면, 우리는 그 돌 더미의 불그스름한 빛을 띤 우중충한 색에 무엇보다 놀란다. 그것은 가을의 안개 낀 아침 같은 때에 포도밭의 잔뜩 찌푸린 보랏빛 위에 치솟은, 거의 개머루 색에 가까운 다홍빛 폐허 같아 보였다.

산책하고 돌아올 때, 할머니는 광장에서 곧잘 내 걸음을 멈추게 하고는 그 종탑을 구경시켰다. 둘씩 가지런히 위아래로 나 있는 종루의 창문, 인간의 얼굴이 아니어도 고움이나 품위를 갖출 수 있다고 외치는 듯 정확하고도 독특한 균형에 의해서 간격이 잡혀 있는 창문에서, 종루는 일정한 시간을 두고 까마귀떼를 풀어 하늘에 뿌렸다. 까마귀떼는 잠시 우짖으며 소용돌이치듯 빙빙 돈다. 마치 여태까지 보고도 못 본 체 까마귀떼를 마구 깡충깡충 뛰놀게 내버려둔 해묵은 석탑이, 심한 불안을 일으키는 요소를 퍼뜨려 까마귀떼를 마구 등 떠밀어 내쫓아버리기나 한 것처럼. 이어 보랏빛 비로드와 같은 땅거미 지는 대기에 가로세로 선을 그은 다음, 까마귀떼는 갑자기 조용해지더니 다시 날아 돌아와 상서롭지 못한 곳에서 다시 상서로운 보금자리가 된 탑 안으로 빨려들어갔는데, 그 가운데 몇 마리는 작은 종루의 꼭대기 여기저기에 날개를 쉬면서 까딱도 않는 성싶었으나, 아마 무슨 벌레라도 부리에 물고 있는 듯, 그 모습이 마치 낚시꾼과 같이 꼼짝도 않는 자세로 물마루에 닿을락 말락 멈추고 있는 갈매기와도 같았다. 할머니는 이렇다 할 까닭도 없이 생틸레르 종루에는 비속함·거드름·초라함이 보이지 않는다고 생각했다. 이러한 생각이 할머니로 하여금, 대고모의 정원사가 한 것같이 인간의 손으로 작아지지 않은 자연과 또 천재의 작품을 좋아하게 하여, 그런 자연이나 천재의 작품이야말로 바람직한 영향력을 풍부하게 지니고 있는 걸로 믿게 했다. 그리고 이 성당은 어느 부분이 눈에 들어오든 선천적으로 가지고 있는 어떤 사상에 의해 그것이 다른 어떤 건물과도 다르다는 사실을 보는 이로 하여금 알아채게 하지만, 그래도 이 성당이 명확히 자기를 의식하며 책임 있는 개성적인 존재임을 주장하는 것은 뭐니뭐니해도 그 종루에 의해서였다. 이 성당을 대변하는 것은 다름 아닌 그 종루였던 것이다. 특히 내 생각엔, 할머니는 막연히 이 콩브레의 종루를 이 세상에서 가장 값어치 있는 것으로 간주하고 거기서 자연스러움과 기품을 발견했던 듯하다. 건축에 대해 아무것도 모르면서 할머니는 말했다. "얘야, 이런 말을 하면 다들 날 비웃을 테고, 또 미적으로도 저것은 아름다운 게 아닐지도 몰라. 하지만 말이다, 저 낡고 괴상한 모습이 내 마음에는 꼭 드는구나. 만약에 말이다. 저 종루가 피아노를 연주한다면 메마른 연주를 하지 않을 게 틀림없어." 그리고 할머니는 이 종루를 바라보며, 합장하고 있는 손처럼 위로 올라갈수록 좁아지며 쌓인 돌의 경사의 부드러운 긴장감과 열기를 띤 물매를 눈길로 좇는데, 그 눈길은 첨탑의 뾰족한 기세와 빈틈없이 한몸이 되어 그 첨탑과 더불어 비약하고 있는 듯 보였다. 동시에 할머니는 탑의 낡아 빠진 옛 돌을 향해 정답게 미소 지었는데, 석양은 이제 그 돌의 꼭대기밖에 비추지 않았으며, 이 석양이 비추는 테두리에 들어가는 순간, 돌의 꼭대기는 빛으로 부드러워져서 갑자기 한결 더 높고 멀어진 듯했다. 마치 한 옥타브 높게 '가성(假聲)'으로 이어진 노래처럼.

콩브레 마을의 온갖 일, 온갖 시각, 온갖 견해에 형태를 주고 이를 완성하여 성스럽게 만드는 것은 생틸레르의 종루였다. 내 방에서는 새로 슬레이트로 갈아 이은 지붕밖에는 보이지 않았다. 그러나 여름의 더운 주일 아침, 그 슬레이트가 검은 태양처럼 불타오르고 있는 것을 볼 때 나는 속으로 말했다. '이런! 9시구나! 당장 음악 미사에 갈 채비를 해야겠는걸, 레오니 고모에게 입맞추고 나서 가려면.' 그때 나는 정확하게 알고 있었다. 광장에 비치는 햇살의 색깔, 시장의 더위와 먼지, 상점의 차일이 만드는 그늘 따위를, 그리고 틀림없이 엄마는 미사에 가기 전에 그 상점 안, 생마(生麻) 냄새가 풍기는 속으로 손수건 같은 것을 사러 들어가리라는 사실을. 상점 주인은 허리를 굽히며 엄마에게 물건을 보여주겠지. 그 주인은 상점 문을 닫을 채비를 다 마치고 가게 뒷방에 들어가 나들이옷으로 갈아입고, 비누로 손을 막 씻고 온 참이다. 이 남자에게는 아무리 심각한 상황에 놓여 있어도 뭔가를 계획하는 양, 위태위태한 즐거움을 남몰래 기다리는 양, 모든 일이 잘되어 나가는 양으로 5분마다 손을 마주 비비는 버릇이 있었다.

사촌들이 좋은 날씨를 기회 삼아 우리와 함께 점심 식사를 하러 티베르지에서 오기로 되어 있으므로 미사가 끝난 뒤 테오도르 가게에 들러 평소보다 큰 브리오슈(brioche)*를 배달해달라고 이르고 있을 때, 우리 앞에 있는 종루는, 마치 축성된 커다란 브리오슈처럼 스스로 금빛으로 구워져, 비늘처럼 햇빛에 껍질을 반짝이면서, 고무 수액처럼 뚝뚝 떨어지는 태양 방울을 받으면서, 푸른 하늘에 그 날카로운 끝을 찌르고 있었다. 그리고 저녁 산책에서 돌아온 내가, 조금 있으면 엄마에게 저녁 인사를 하고 내일 아침까지 못 뵙게 될 순간이 다가오리라고 생각할 무렵에는 종루의 모습은 딴판으로 변해서, 저물어가는 하루를 아주 부드러운 기색으로 보내며, 희미해지는 하늘 위에 갈색 비로드 쿠션처럼 놓여 움푹 묻힌 모양을 짓고, 그 하늘은 종루에 눌려서 휘고 가볍게 파였다가 종루 주위로 다시 부풀어오르는 듯했다. 그리고 종루 둘레를 빙빙 돌면서 나는 새들의 울음소리는 오히려 종루의 고요를 더하고 첨탑을 더욱 늘씬하게 높여, 이루 형용키 어려운 것을 종루에 주고 있는 듯이 보였다.

성당 뒤쪽으로 물건을 사러 가야 할 때 또한, 성당은 보이지 않아도 종루만은 가옥들 사이사이를 통해 여기저기서 모습을 보여 모든 것이 종루를 중심으로 배치되어 있는 듯했는데, 그런 식으로 성당 없이 종루만이 나타났을 때 그 종루의 모습은 더한층 감동적이었다. 그야 물론 이런 식으로 바라본, 그보다 더 아름다운 종루들도 많이 있다. 내 기억 속에만 해도 지붕들 위에 우뚝 솟은 종루의 모습이 여러 개 있는데, 그것들은 콩브레의 쓸쓸한 거리로 이뤄진 것과는 다른 예술적인 특징을 갖는다. 나는 발베크에 가까운 노르망디의 어느 별난 시가에 있는 두 채의 아름다운 18세기 저택을 결코 잊지 못할 것이다. 그것은 나에게 여러모로 소중하고 존중할 만한 것인데, 그 현관 앞 돌층계에서 개천 쪽으로 비탈져 내려가는 아름다운 뜰에서 바라볼 때, 두 저택으로 가려진 성당의 고딕풍 첨탑은 두 저택 사이에 날씬하게 나타난다. 마치 저택의 정면 벽을 완성하는 동시에 그것을 뛰어넘듯이. 그러나 그 첨탑은 아주 다른 재료로 매우 귀중한, 고리 모양의, 윤나는 장밋빛 재료로 된 것으로, 이 나란히 서 있는 저택의 일부가 아님에 틀림없었다. 마치 작은 탑 모양으로 깎여 칠보의 윤을 내는 어떤 조가비의 자줏빛으로 반짝거리는 꺼칠꺼칠한 첨탑이 바닷가에 나란히 뒹굴어 있는 고운 두 알의 조약돌 사이에 끼여 있더라도, 그

* 달걀과 버터에 이스트를 섞어 구운 빵.

것이 조약돌의 일부가 아닌 것처럼. 파리의 가장 누추한 구역에 있어서, 수두룩한 거리의 지붕들이 밀집하여 한 겹, 두 겹, 세 겹으로 겹겹이 쌓인 너머로 보랏빛 도는 종 모양의 탑, 때로는 불그스름하고, 때로는 대기가 인쇄한 아주 고상한 '색판' 위에 떨어진 한 방울 잿물처럼 거무스름한 종 모양의 탑이 보이는 창문을 나는 안다. 그 탑은 바로 생토귀스탱(Saint-Augustin)* 성당의 둥근 지붕으로, 이 파리의 조망에 피라네시(Piranesi)가 그린 로마 풍경과 같은 아담한 정취를 더한다. 하지만 내 기억이 어떠한 풍경의 정취를 갖고서 이와 같은 작은 판화를 그릴 수 있었대도, 그 판화 가운데 어느 것에도 내가 오래전부터 잃어버리고 있는 것, 곧 우리로 하여금 한 가지 사물을 단지 풍물로서 보게 하는 것이 아니라 둘도 없는 존재로 믿게 하는 감정을 그려넣을 수 없는 것과 마찬가지로, 그 판화 가운데 어느 하나, 콩브레 성당의 뒷골목에서 바라본 그러한 모습의 종루에 관한 추억만큼이나 내 삶의 깊은 부분 전체를 지배하지는 못한다. 5시 무렵 우체국에 편지를 찾으러 갔을 때 몇몇 가옥들 왼쪽에 외딴 꼭대기로, 가옥들의 용마루 선을 돌연히 훌쩍 높이고 있는 종루를 보았다고 하자. 또는 반대로 사즈라 부인의 안부를 물으러 그 집에 가려고 할 때, 종루를 지나 두 번째 거리를 돌아야 한다는 사실을 되새기면서, 종루의 반대쪽 비탈이 비스듬히 내린 뒤에 가옥의 용마루 선이 다시 낮아지는 것을 눈으로 좇았다고 하자. 혹은 더 멀리 역 근처까지 가서, 거기서 우리가 어느 찰나에 마치 회전하는 물체를 문득 포착하는 순간처럼, 옆면으로 새로운 모서리와 면을 드러내 보이는 종루를 비스듬히 보았다고 하자. 또는 비본 냇가에서 멀리 눈길을 던질 때, 근육이 두드러지게 불쑥 오른 성당의 뒤쪽 건물이, 첨탑을 하늘 한가운데로 던져 올리려고 하는 종루의 기세에 따라 솟아오르려고 하는 듯 보였다고 하자. 하지만 어느 경우라도 결국 우리가 되돌아오는 곳은 언제나 이 종루이며, 온갖 것을 내려다보고 있는 것도 늘 종루이다. 이 종루는 뜻밖에 나타나 신의 손가락처럼 내 앞에 하늘을 가리키고 선 하나의 첨탑 모습을 하고서 집집마다 경고를 내리고 있는 것이며, 그 신은 인간의 무리 속에 숨어 있던들 그 무리와 혼동될 리가 없는 존재인 것이다. 그리고 오늘에

* 파리 제8구에 있는 성당. 프루스트가 살던 오스망 거리와 말제르브 거리가 맞닿은 네거리에 있다. 그 지붕이 성 베드로 성당과 비슷해서, 로마 풍경을 많이 그린 이탈리아의 판화가 피라네시를 인용했음.

와서도 만일 시골의 큰 시가 또는 잘 모르는 파리의 어느 구역에서 길을 잘못 든 나를 '바른 길에 놓아준' 길가는 이가, 멀리 목표로, 내가 갈 길의 모퉁이에 수도사의 헝겊 모자 끝을 들어올리고 있는 듯한 어느 병원의 종루나 수도원의 종루를 가리켜주는 경우, 거기서 내 기억이 그리우나 이미 사라진 모습과 닮은 어떤 특징을 어렴풋이 발견하기라도 한다면, 내가 또 길을 잃지나 않을지 확인하고자 되돌아보는 아까의 그 통행인은 내 모습을 보고 깜짝 놀랄지도 모른다. 나는 그대로 내가 하다 만 산책 또는 마쳐야 할 볼일을 까맣게 잊은 채 그 종루 앞에 꼼짝하지 않고 몇 시간 동안 서서, 골똘히 떠올리려고 하면서, 내 마음속에서 망각으로부터 도로 빼앗아 찾은 영토를 느끼며, 그 영토가 망각의 바닷속에서 솟아올라 천천히 건조되어 다시 지어지기를 기다리고 있을 테니까. 그리고 틀림없이 그러한 경우의 나는 지나가는 이에게 길을 가르쳐달라고 청한 아까보다 더욱 불안하게 또다시 내 길을 찾으며 모퉁이를 돌 것이다……. 그러나…… 그것은 내 마음속에서다…….

미사에서 돌아오는 길에 우리는 자주 르그랑댕 씨를 만났다. 이분은 기사라는 직업상 파리에 발이 묶여 있어 긴 휴가를 빼놓고는 콩브레의 소유지에 토요일 저녁부터 월요일 아침밖에 와 있지 못했다. 세상에는 과학자로서 훌륭한 성공 말고도, 그 전문 직업에는 아무런 도움도 되지 않고 단지 대화에 이용되는 다른 방면의 문학적·예술적 교양을 지니고 있는 사람들이 있는데, 그도 그 가운데 한 사람이었다. 그들은 하고많은 문학자보다도 조예가 깊고 (우리 집안사람들은 그때 르그랑댕 씨가 작가로서 높은 명성을 얻고 있는 줄 몰라, 어느 유명한 음악가가 그의 시로 작곡한 것을 보고는 매우 놀랐다) 하고많은 화가보다도 '능숙한' 솜씨를 타고나, 그들이 영위하는 생활은 틀림없이 그들에게 적합한 것이 못 된다고 상상하여, 자신의 본업에 대해서는 변덕스러움이 섞인 도무지 탐탁하게 여길 줄 모르는 마음이나 아니면 변함없고 오만하고 남을 깔보는, 쓰디쓴, 그러면서도 양심적인 근면성을 갖는 법이다. 덩치가 크며 풍채가 당당하고, 우수에 잠긴 듯한 푸른 눈의 명상적인 얼굴에는 갈색의 긴 입수염을 길렀으며, 세련된 예절을 갖추고, 우리가 여태껏 들어본 적이 없을 만큼 이야기를 좋아하는 그는, 번번이 그를 보기로 들고 있는 우리 가족의 눈으로 본다면 삶을 보다 고상하고 섬세하게 받아들이고 있는 선택된 인간의 전형이었다. 우리 할머니가 비난한 점은 단지 그가 좀 지나치게 잘, 마치 책처럼 말한다는 것, 그가 매고 있는 늘 펄럭이는 큼직한 나비넥타이나 거의 초등학생 옷처럼 단정한 윗옷 안에 있는 자연스러움이 그의 언어 속에 없다는 것이었다. 또한 할머니는 그가 자주 귀족 사회, 사교 생활, 또 '바오로 성인께서 용서받지 못하는 죄악에 대하여 언급하실 때, 머릿속에 생각하셨다고 여겨지는 죄악'인 속물근성에 대하여 불꽃같은 독설을 퍼붓는 것을 놀라워했다.

사교적인 야심이란 할머니로서는 전혀 느낄 수도 없고 거의 이해할 수도 없는 감정이라서, 그러한 야심을 때려누이려고 그처럼 극성스럽게 구는 게 그녀에겐 쓸데없는 짓으로 보였던 것이다. 게다가 르그랑댕 씨의 누이동생이 발베크 근방 바스 노르망디의 어느 귀족에게 시집가 있는 터에 르그랑댕 씨 자신이 모든 귀족을 단두대에 올려놓지 않았다는 점 때문에 대혁명을 비난할 만큼 귀족을 맹렬히 공격한다는 것은, 할머니에게는 그리 좋은 취미로 생각되지 않았다.

"안녕하십니까, 여러분!" 그가 우리 쪽으로 오며 말한다, "여러분은 이곳에 오랫동안 계실 수 있으니 얼마나 좋겠습니까? 나는 내일 파리로, 내 움막으로 돌아가야 합니다. 오오!"

그리고 그는 특유의, 빈정거림이 은근히 섞인, 실망한 듯한 조금 멍청한 미소를 지으며 덧붙인다. "물론 내 집에는 소용없는 것이라면 무엇이고 다 있죠. 필요한 것만이 없고요. 여기처럼 커다란 하늘 조각이 없는 거죠. 이봐요, 어린이, 그대의 생활 위에 언제나 커다란 한 조각의 하늘이 있도록 힘쓰시오" 하고 내 쪽으로 몸을 돌리며 덧붙인다. "그대는 참으로 보기 드문 훌륭한 영혼과 예술가의 소질을 가지고 있소. 그에 꼭 필요한 것을 잃어버려서는 안 되는 겁니다."

우리가 집에 돌아오자 고모는 구필 부인이 미사에 늦지 않았더냐고 사람을 시켜 물어왔는데 우리는 가르쳐줄 수 없었다. 그 대신 우리는 화가 한 분이 성당에서 질베르 르 모베의 그림 유리창을 열심히 모사하더라고 말해 고모의 혼란을 더하게 했다. 곧바로 프랑수아즈가 임무를 띠고 식료품 가게로 나가보았지만 테오도르가 상점에 없는 탓에 허탕 치고 돌아왔다. 이 테오도르는 성당 관리에 참여하는 성가대원 겸 식료품 가게의 점원이어서, 온갖 계층의 사람과 만나므로 동네일은 모르는 게 없었다.

"아아!" 고모가 한숨짓는다. "빨리 욀라리가 올 시간이 됐으면 좋겠어. 정말 그분밖에 없지, 그걸 내게 말해줄 수 있는 사람은."

욀라리란 절름발이에 부지런하지만 귀가 먼 할멈인데, 어렸을 때부터 섬겨오던 집주인인 라 브르토느리 부인이 죽은 뒤로는 '은퇴하여' 성당 곁에 방 하나를 얻어 들고, 성무일과나 혹은 그 밖의 기도를 하려고 또는 테오도르를 거들어주려고 그 방에서 들락날락한다. 남은 시간에는 레오니 고모와 같은 병자를 문병하러 가서 미사 또는 저녁 기도 때에 일어난 일들을 이야기하곤 한다. 그녀는 때때로 주임사제라든가 그 밖에 콩브레의 성직자 사회에서 이름난 인사들의 치다꺼리를 해주고, 옛 주인 집에서 보내주는 약간의 연금에 임시 수입을 더하는 일도 게을리하지 않았다. 그녀는 검은 나사 외투 위에 수녀처럼 작은 흰 베갱(béguin)*을 얹고 있었는데, 피부병 때문에 두 뺨의 한 부분과 구부러진 코는 봉숭아같이 또렷한 장밋빛을 띠고 있었다. 욀라리의 방문은, 이제 사제님 말고는 거의 아무도 찾아오는 사람이 없게 된 레오니 고모의 크나큰 심심풀이 거리가 되어 있었다. 고모는 그 밖의 방문객들을 점점 내몰아버렸는데, 고모의 눈으로 볼 때 그들은 모두 고모가 싫어하는 두 종류의 인간 가운데 어느 한쪽에 들어가는 잘못을 범하기 때문이다. 그 한 가지는 가장 고약한 인간으로 고모가 제일 먼저 떨쳐버린 족속인데, 고모에게 그렇게까지 '몸에 너무 신경 쓰지' 말라고 충고하며, 설사 소극적으로 찬성하지 않는 뜻을 비치는 침묵이나 의심의 뜻을 비추는 미소를 통해 조심스럽게 나타내는 데 지나지 않더라도, 어쨌든 침대에 누워만 있는 안정이나 약보다 양지바른 곳을 잠시 거니는 산책과 피가 뚝뚝 떨어지는 맛 좋은 스테이크 쪽이 몇 배나 더 몸에 이로울 거라는 과학적인 의견(비시 약수의 밉살스러운 두 모금이 열네 시간 동안이나 고모의 위에 얹혀 있을 때!)을 겉으로 드러내는 인간이다. 다른 한 가지는, 고모의 병을 고모 자신이 생각하고 있는 것보다 더 중태라고 생각하거나, 고모가 말하는 그대로 중태라고 생각하는 듯 보이는 인간으로 이루어져 있다. 그래서 고모가 얼마 동안 망설인 끝에 프랑수아즈의 간절한 청도 있고 해서 위로 올라오는 걸 허락한 사람들이 문병 중 조심스런 어투로 "날씨가 화창할 때 몸을 좀 움직여보시는 게

* 베긴회 수녀들이 쓰는 모자.

좋지 않을까요" 따위의 말로써 베풀어준 호의에 얼마나 적합하지 못한 사람인가를 보이거나, 이와 반대로 고모가 "몸이 형편없어요. 살아나기는 다 틀렸어요. 끝장예요" 하고 말할 적에 "아무렴요, 몸이 건강하지 않고서야! 하지만 댁께선 그런대로 더 지탱하시겠지요" 따위로 대답한다면 그런 사람들은 그 어느 쪽도 다시는 이 집에 들어오지 못할 게 확실했다. 그리고 프랑수아즈는, 고모가 침대에서 그런 족속들 가운데 집에 찾아올 듯한 인물을 생테스프리 거리에서 보거나, 초인종 소리를 들었을 때 두려워하는 모양을 재미있어하고, 더구나 고모가 찾아온 사람을 내쫓아버리는 그 언제나 승리하는 술책과, 고모를 만나지 못하고 그냥 돌아가는 사람들의 실망한 얼굴을 보고는 몹시 재미있다는 듯 소리 내어 웃었다. 한편 프랑수아즈는 마음속으로 주인마님이 그 사람들을 만나지 않으려고 하시니 그 사람들보다 훨씬 훌륭한 분이 아니냐고 판단하여 그녀를 존경해 마지않았다. 요컨대 고모는 손님들이 그녀의 건강유지법을 칭찬하는 동시에 그녀의 고통을 동정하며, 그녀의 장래를 보증하기를 요구한 것이다.

욀라리가 뛰어난 것은 바로 이 점에서였다. 고모가 1분 동안에 스무 번이나 "이젠 마지막이에요, 욀라리 할멈" 하고 말하면, 욀라리도 지지 않고 스무 번 대답한다. "옥타브 마님처럼 자기 병을 잘 알고 계시는 분은, 어제도 사즈랭 부인이 말씀하신 바와 같이 백 살까지는 사십니다."(욀라리의 가장 굳은 믿음 가운데 하나이며 경험에 의하여 아무리 번번이 부정당한대도 단연코 흔들리지 않았던 믿음은, 사즈라 부인의 성이 사즈랭이라는 것이었다)

"구태여 백 살까지 살기를 바라는 건 아니지." 고모가 대답했다. 고모는 자기 수명에 명확한 기한이 정해지는 걸 좋아하지 않았던 것이다.

게다가 욀라리는 누구보다도 고모를 피로하게 하지 않고 그 기분을 잘 바꿀 줄 알아, 뜻밖의 지장이 없는 한 일요일마다 착실하게 이루어지는 그녀의 방문은 고모에게 크나큰 즐거움이어서, 고모는 그날 일찍부터 이를 학수고대하므로 처음에는 기분이 명랑하지만, 조금이라도 욀라리가 늦어지면 금세 매우 심한 배고픔을 느낄 때처럼 고통스러운 기분이 되고 말았다. 그 기다림이 너무 길어지면 욀라리를 기다리는 기쁨이 고통으로 변해 고모는 끊임없이 시계를 쳐다보거나, 하품을 하거나, 마침내는 현기증을 느꼈다. 고모의 희망이 다 사라진 해질 무렵에야 욀라리가 울리는 초인종이 울려올 때, 고모는 거의 병고를 느꼈다. 사실 일요일에 고모는 이 방문밖에 생각하고 있지 않아, 프랑수아즈는 우리의 점심 식사가 끝나자마자 위층에 있는 고모에 '전념'하러 올라가려고, 우리가 식당에서 어서 떠나기를 초조하게 기다렸다. 그러나 (특히 좋은 날씨가 콩브레에 자리잡기 시작하면서부터) 정오의 거드럭거리는 종소리가 음향 왕관에 둘린 열두 꽃무늬를 하나하나 그리며 잠시 생틸레르 종루에서 내려와 우리의 식탁 둘레나, 이 또한 성당에서 허물없이 여기까지 온 축성된 빵 근처에 울려온 지 오래 지나도, 우리는 그 '아라비안나이트' 접시 앞에 그대로 앉아, 더위에 더구나 점심으로 먹은 음식 때문에 온몸을 늘어뜨린 채 있었다. 왜냐하면 으레 식탁에 올라 이제는 미리 알릴 필요도 없어진 달걀, 코틀레트(côtelette),* 감자, 잼, 스펀지케이크 같은 음식에다 프랑수아즈가 여러 가지를 곁들였기 때문인데—때와 경우에 따라서 밭과 과수원에서 수확된 것, 해산물, 상인에게서 우연히 구하게 된 것, 이웃 사람들의 친절한 마음씨와 프랑수아즈 자신의 천재적 실력이 낳은 음식 따위가 한데 어우러진 결과, 우리 메뉴에는 13세기 무렵 대성당의 정면 현관에 조각된 네잎 무늬처럼 계절의 율동과 삶의 삽화가 어느 정도 반영되어 있기 때문이었다. 먼저 넙치가 나온다. 이것은 생선 상인이 프랑수아즈에게 그 싱싱함을 보증했기 때문이다. 다음에 암컷 칠면조가 나온다. 프랑수아즈가 루생빌 르팽 시장에서 이 훌륭한 것을 발견했기 때문이다. 엉겅퀴 잎에 쇠골을 섞은 요리가 나온다. 이것은 그녀가 우리에게 이런 식으로 요리를 만들어준 적이 없기 때문이다. 양의 넓적다리 구운 것이 나온다. 이것은 신선한 바깥공기가 우리를 시장하게 하기 때문이며, 이것이라면 소화시키는 데 앞으로 넉넉하게 일곱 시간은 걸리기 때문이다. 기분전환을 위해 시금치가 나오고, 아직 철이 아니라 희귀하므로 살구가 나온다. 2주쯤 지나면 안 나올 것 같으므로 까치밥나무 열매가 나온다. 스완 씨가 일부러 가져왔으므로 나무딸기가 나온다. 열매를 맺지 않은 지 이태 만에 뜰의 벚나무에 처음으로 열린 것이어서 버찌가 나온다. 전에 내가 아주 좋아했으므로 크림치즈가 나온다. 어젯밤 주문해 둔 것이므로 아몬드케이크가 나온다. 우리집이 만들어 식탁에 올릴 차례여서 브리오슈가 나온다. 이런 음식이 모두 나오고 나면 일부러 우리를 위하여 만

* 양·송아지 따위의 갈비.

들어진 것, 특히 단것을 좋아하는 아버지에게 바쳐지는 프랑수아즈 자신의 창의이자 배려인 초콜릿 크림이, 그녀의 온 솜씨를 다해서 만들어진 것인데도 즉흥적으로 만든 작품처럼 슬쩍 아무렇지 않게 우리 앞에 선보여진다. 그것을 "이젠 됐어, 배가 불러서"라고 말하며 맛보기를 거절하기라도 한다면, 당장 그 사람은 화가로부터 선물받은 작품이 그 의도와 서명만으로 가치가 있는데도 무게와 재료를 중요시하는 상것 족속으로 떨어졌으리라. 또 접시에 단 한 방울을 남기기라도 한다면, 그것은 연주가 끝나기 전에 작곡자의 코앞에서 일어서는 것과 같이 무례한 일이 되었을 것이다.

마침내 어머니가 나에게 말했다. "자아, 언제까지 계속 여기 있을 게냐. 바깥이 너무 더우면 네 방에 올라가렴. 하지만 식탁에서 일어서자마자 책을 읽는 건 좋지 않으니까, 잠시 바깥공기를 쐬고 오렴." 나는 뜰로 나가서, 고딕풍 성수반같이 이따금씩 장식처럼 붙어서 그 우화적인 유선형 몸으로 닳아 없어진 돌 표면에 살아 움직이는 도롱뇽 돋을새김이 새겨져 있는 펌프 달린 수조(水槽) 근처의, 뜰 한구석에 있는 라일락 녹음이 우거진 등 없는 벤치에 앉는다. 거기에는 생테스프리 거리 쪽으로 출입문이 나 있었다. 그리고 손질이 거의 안 된 이곳에서 두 계단 정도 올라간 곳에, 부엌 뒤쪽이 불쑥 나와 딴 건물처럼 서 있었다. 너럭바위처럼 붉게 번쩍거리는 타일이 보였다. 그것은 프랑수아즈의 소굴이라고 하기보다 베누스의 작은 신전과도 같았다. 밭에서 얻은 첫 수확을 갖다 바치려고 일부러 먼 마을에서 찾아드는 우유·과일·채소 장수 아낙네들의 봉납물로 가득 차 있고, 그 용마루는 늘 비둘기의 구구거리는 울음으로 된 관을 쓰고 있었다.

이전 같으면 나는 이 신전을 둘러싼 신성한 숲 속에서 늑장을 부리지 않았다. 그도 그럴 것이 책을 읽으러 내 방으로 올라가기에 앞서 나는 아래층의 작은 휴게실에 들어가곤 했기 때문이다. 그 작은 방은 할아버지의 동생이자 소령으로 퇴역한 전직 군인인 아돌프 종조할아버지가 쓰던 곳인데, 열린 창문을 통해 햇살이 거기까지 미치는 일은 드물지언정 더운 공기가 자유로이 들어올 때도 그 방은 아련하고도 싱싱한 냄새, 숲의 향기 같기도 하고 옛 풍습의 향기 같기도 한, 비어 있던 사냥꾼 움막에 들어갈 때 오래도록 짜릿짜릿 황홀하게 하는 그런 냄새를 언제나 잔뜩 풍기고 있었다. 그러나 여러 해 전부터, 나는 아돌프 종조할아버지 방에 들어가지 못했다. 내 잘못으로 종조할아버지와 우리 가족 사이에 불화가 일어나 종조할아버지가 다시는 콩브레에 오지 않았기 때문이다. 자초지종은 다음과 같다.

파리에서는 한 달에 한두 번 식구들이 나를 종조할아버지 댁에 보냈는데, 그 시각은 늘 종조할아버지가 평상복을 입고, 보라색과 흰색 줄이 있는 무명 작업복을 입은 하인의 시중으로 점심 식사를 막 끝내는 참이었다. 종조할아버지는 내가 오랫동안 오지 않았다며, 또 모두가 찾아와주지 않는다며 투덜투덜 푸념했다. 나에게 아몬드 과자 또는 밀감을 주기도 했다. 우리는 손님방을 지나치지만 거기에 멈추는 일은 한 번도 없었다. 불이 피워져 있던 적이 한 번도 없었던 이 손님방의 벽에는 금빛 쇠시리가 꾸며져 있었고, 천장은 하늘을 흉내낸 듯 푸르게 칠해져 있었으며, 가구에는 할아버지 댁의 것과 똑같이 공단이 씌워져 있었는데 색은 누런색이었다. 다음에 우리는 이른바 종조할아버지의 '작업실'로 들어갔는데, 그 벽에는 판화가 몇 장 걸려 있어 몸집이 풍만한 장밋빛 여신이 마차를 몰고 있는 장면, 지구 위에 올라타 있는 장면, 이마에 별을 달고 있는 장면들이 검은 바탕에 그려져 있었다. 그러한 판화는 그 폼페이풍 때문에 제2제정기에 사랑받았는데, 그 뒤로는 사람들이 거들떠보지도 않게 되었다가, 여러 가지 이유는 있겠지만 결국은 제2제정기풍이라는 유일하고도 동일한 이유로 다시 세상 사람들의 애호를 받기 시작한 것이었다. 그리고 나는 종조할아버지의 시중꾼이 마부를 대신하여 몇 시에 마차를 채비해야 하는가 물어올 때까지 종조할아버지와 함께 있었다. 그러면 종조할아버지는 깊은 생각에 잠겼고, 시중꾼은 몸짓 하나 까딱 잘못하다가 주인님의 명상을 어지럽힐까 봐 그 답변을 기다리며 호기심과 함께 묵묵히 기다렸지만, 결과는 늘 같았다. 종조할아버지는 극심하게 망설인 끝에 반드시 다음과 같이 말했다. "2시 15분." 그러자 시중꾼은 놀라면서도 말대꾸 없이 되풀이했다. "2시 15분? 알았습니다……. 그대로 일러놓겠습니다……."

이 무렵 나는 연극을 사랑했다. 그것은 정신적인 사랑이었다. 내가 극장에 가는 걸 부모님이 아직 허락하지 않았기 때문이다. 나는 남들이 극장에서 맛보는 즐거움을 매우 부정확한 형태로 떠올리다 보니, 관객은 저마다 입체거울을 들여다보듯 자신만을 위한 하나의 무대를 보는데, 그 무대는 다른 관객이 저마다 보고 있는 수많은 무대와 비슷하나 오로지 그 한 사람을 위한 무대인 줄로 여겼다.

아침마다 나는 모리스 광고탑*[1]까지 달려가서 거기에 붙어 있는 연극 광고를 보았다. 예고돼 있는 하나하나의 희곡이 내 상상력에 이바지하는 여러 꿈보다 더 순수하게 행복한 것도 없었다. 그러한 꿈은 또한 제목을 이루고 있는 글자와, 아직 축축한 풀로 부풀어 그 제목을 뚜렷이 드러나게 하고 있는 광고지의 색깔, 이 두 가지와 떼어놓을 수 없는 영상에 의해 가지가지로 변했다. 오페라 코미크 극장의 초록빛 광고지가 아니라 코미디 프랑세즈 극장의 자주색 광고지에 쓰인 '세자르 지로도 황제의 유언'*[2]이나 '오이디푸스 왕' 같은 별난 작품을 별개로 친다면, '검은 가장복(Domino Noir)'*[3]의 신비스럽고도 윤나는 공단만큼 '왕관의 다이아몬드'*[4]의 반짝이는 흰 깃털 장식과 동떨어진 것도 따로 없을 성싶었다. 그리고 내가 처음으로 극장에 가게 될 때는 이 두 가지 희곡 가운데 하나를 골라야 한다고 부모님에게서 들은 적이 있던 나는 그 두 작품의 제목을—내가 알고 있는 것이라고는 제목뿐이어서—번갈아 깊이 연구하여, 제목마다 나에게 약속하고 있는 즐거움 가운데 한쪽을 집어 들어 또 한쪽이 숨기고 있는 즐거움과 비교하면서, 결국 하나는 으리으리하고도 의기양양한 극, 다른 하나는 부드럽기가 비로드와도 같은 극이라고 멋대로 상상하고 말아, 예컨대 후식으로 리 아 랭페라트리스(riz á l'Impératrice)*[5]와 초콜릿 가운데 어느 쪽을 들겠느냐고 누가 물어왔을 때처럼 이 극들 가운데 어느 쪽이 더 좋은지 정할 수 없었다.

친구와 하는 이야기는 모두 배우에 관한 것이었다. 나는 아직 서툴렀지만, 배우의 연기는 온갖 예술 형태 가운데 처음으로 내게 '예술'의 존재를 예감케 해주었다. 배우 개개인의 대사를 읊는 투나 풍기는 뉘앙스 사이에 있는 아주 작은 차이도 나에게는 그지없는 중요성을 갖고 있는 듯이 여겨졌다. 그리고 남에게 들은 배우들의 소문에 의거하여, 재능의 순서대로 그들에게 등급을 붙여 그 등급표를 온종일 혼자 암송했으므로, 나중에는 배우들의 지위가 좀처럼 움직이지 않을 만큼 등급표가 뇌리에 굳어버렸다.

*1 연극·음악회 같은 흥행물의 광고를 붙여둠.

*2 볼로와 비유타르가 합작한 3막짜리 희극.

*3 오베르 작곡. 3막의 오페라 코미크(1837년 초연).

*4 오베르 작곡. 3막의 오페라 코미크(1841년 초연).

*5 설탕에 잰 과일을 잘게 썰어 넣어서 만든 쌀 푸딩.

그 뒤 중학교 시절, 수업 시간에 선생님이 고개를 딴 쪽으로 돌리자마자 나는 새 친구와 쪽지를 주고받곤 했는데, 그때마다 늘 첫째로 질문했던 것은 극장에 간 일이 있는가, 가장 뛰어난 배우는 단연코 고(Got)인데 그 다음이 들로네(Delaunay)라고 생각하는가 따위였다. 그리고 페브르(Febvre)는 티롱(Thiron)만 못하다든가 들로네는 코클랭(Coquelin)만 못하다고 그 친구가 의견을 밝히면, 코클랭이 철석같은 굳음을 잃어버리고 내 머릿속에서 둘째 줄로 올라가기 때문에 생기는 돌연한 움직임과, 들로네가 넷째 줄로 물러나는 데서 생기는 기적적인 날램과 넘치는 활기가, 연해지고 비옥해진 내 머릿속에 꽃피는 느낌과 생생한 느낌을 주는 것이었다.

그러나 그렇듯 남자 배우에 마음을 빼앗겼어도, 어느 날 오후 테아트르 프랑세즈에서 나오는 모방의 모습을 보고 연정과 비슷한 떨림과 고뇌를 느꼈던 나로서는 극장 문에 빛나는 스타 여배우의 이름이나, 이마 끈에 장미꽃을 꽂은 말이 끌고 거리를 지나가는 작은 마차 유리창에서 여배우인 듯한 여인의 얼굴을 보았을 때, 그 여인의 생활을 마음속으로 그려보려고 얼마나 오래 애태우며 괴롭고 헛된 노력을 다했는지! 나는 재능 순서에 따라 가장 이름난 여배우들, 이를테면 사라 베르나르(Sarah Bernhardt), 라 베르마(La Berma), 바르테(Bartet), 마들렌 브로앙(Madeleine Brohan), 잔 사마리(Jeanne Samary)* 등을 분류하고 있었지만 모든 여배우가 나의 관심을 끌고 있었다. 그런데 종조할아버지는 여배우를 많이 알고, 또 내가 여배우와 뚜렷하게 구별하지 못하는 화류계 여자도 많이 알고 있었다. 종조할아버지는 그런 여인들을 자기 집에 초대하곤 했다. 우리가 정해진 날에만 종조할아버지를 뵈러 갔던 것은 다른 날에는 그런 여인들이 오기 때문이었는데, 적어도 우리 가족의 생각으로는 그런 여인과 만난다는 건 있을 수 없는 일이었던 것이다. 반대로 종조할아버지는 십중팔구 결혼한 일조차 없는 아름다운 과부나 틀림없이 가짜인 야단스러운 이름의 백작부인을 일부러 할머니에게 소개하기도 하고, 그런 여인들에게 집안의 보석을 주기도 하는 일을 지나치게 태연히 하였던 까닭에 이미 할아버지와 여러 차례 말다툼이 있었다. 가끔, 이야기 중에 여배우의 이름이 언급되자 아버지가 웃으며 '당신 숙부님 여자친구 말이야' 하고

* 라 베르마(소설의 작중인물)를 제외하고는 전부 현실의 이름난 배우. 그 가운데에서도 코클랭은 '시라노 드 베르주라크' 역으로 유명함.

어머니에게 말하는 것을 들었을 때, 나는 생각했다. 아무리 훌륭한 분들도 아마 몇 해 동안 그런 여자를 쫓아다녀보았자, 보낸 편지에 답장 한 장 못 받고 그 집 문지기에게 내쫓기는 것이 고작이겠지만, 종조할아버지라면 나 같은 코흘리개에게도 그런 수고를 시키지 않고 유유히 자기 집에서 그 여배우에게 나를 소개해줄 수 있을 것이라고. 왜냐하면 다른 숱한 사람들이 감히 접근조차 못하는 그녀도 종조할아버지에게는 친한 친구일 뿐이니까.

그래서—수업 시간이 변경되었으므로 종조할아버지를 여러 차례 만나 뵙지 못했는데, 이러다가는 앞으로도 뵙지 못할 것이라는 핑계를 대며—우리가 방문하기로 되어 있지 않은 어느 날, 부모님이 점심 식사를 일찍 끝낸 것을 요행 삼아 나는 집에서 나왔는데, 혼자 가도 괜찮은 광고탑을 보러 가는 대신 곧장 종조할아버지 댁으로 달려갔다. 나는 문 앞에서, 마부가 단춧구멍에 꽂은 것과 똑같은 붉은 카네이션을 눈가리개에 꽂은 말 두 필이 매인 마차를 보았다. 출입구의 계단을 밟자 안에서 웃음소리와 여인의 목소리가 들려왔다. 초인종을 울리자 갑자기 조용해지더니 다음에 문 닫히는 기척이 났다. 시중꾼이 나와 문을 열고 나를 보더니 당황한 얼굴빛으로, 종조할아버지께서 매우 바쁘셔서 아마 나를 만나보시지 못할 거라고 말했다. 그러나 어쨌든 시중꾼이 종조할아버지에게 나의 방문을 알리러 간 사이에 아까 들은 목소리가 "괜찮아요! 들어오게 해요, 잠시 동안만. 재미있을지도 모르니까. 당신 책상 위에 있는 사진을 보니, 그 애는 엄마를 꼭 닮았군요. 당신의 조카딸하고요. 엄마 사진 옆에 있는 게 그 애 사진이죠? 잠깐이라도 좋으니 만나고 싶네요, 저 아이를" 하고 말하는 게 들려왔다.

종조할아버지가 화난 듯 투덜거리는 소리가 났다. 하지만 결국 시중꾼이 나를 들여보냈다.

탁자 위에는 여느 때처럼 아몬드 과자 접시가 놓여 있었고 종조할아버지는 늘 입는 평상복을 걸치고 있었는데, 종조할아버지 맞은편에는 커다란 진주 목걸이를 걸고 장밋빛 비단 드레스를 입은 젊은 여인이 앉아서 막 밀감을 다 먹은 참이었다. 그 여인을 부인이라고 불러야 할지 아가씨라고 불러야 할지 몰라서 나는 얼굴을 붉혔다. 그리고 그녀에게 말을 건네야만 하는 상황이 될까 봐 두려워서 그쪽으로 감히 눈을 돌리지 못하고, 종조할아버지에게 포옹하러 갔다. 여인은 미소 지으며 나를 바라보았다. 종조할아버지는 그녀에게 "나의 종손이오" 말했을 뿐, 내 이름도 그녀의 이름도 말하지 않았다. 분명 종조할아버지는 할아버지와의 말다툼 뒤로 될 수 있는 한 친척과 이런 여인과의 만남을 피하려고 애썼으므로 그랬을 것이다.

"어머나, 어머니하고 꼭 닮았네." 그녀가 말했다.

"그렇지만 당신은 내 조카딸을 사진에서 봤을 뿐이잖소." 종조할아버지는 말이 떨어지기가 무섭게 퉁명스레 말했다.

"천만에요. 지난해 당신이 몹시 앓으셨을 때 계단에서 그분하고 엇갈린 적이 있는걸요. 그야 물론 번갯불같이 흘끗 보았고 또 이 집 계단이 아주 캄캄하지만, 그래도 그분이 아름답다는 것은 충분히 알았어요. 이 도련님의 눈도 그분의 고운 눈과 똑같네요. 그리고 여기도." 그녀는 손가락으로 자기 이마 아래쪽에 줄을 그으면서 말했다.

"당신의 조카딸 되는 분도 당신과 같은 이름인가요, 여보?" 하고 그녀는 종조할아버지에게 물었다.

"이 애는 뭐니뭐니해도 아버지를 닮았지" 하고 종조할아버지는 중얼거렸다. 그는 눈앞에 있는 나를 소개하지 않는 것과 마찬가지로, 그 자리에 없는 어머니의 이름도 소개하려 들지 않았다. "아주 아버지 그대로지, 그리고 돌아가신 내 어머니하고도."

"저는 이 아이의 아버지를 몰라요." 장밋빛 옷의 부인은 머리를 갸우뚱하며 말했다. "그리고 돌아가신 당신의 어머니도. 여보, 기억하세요? 우리가 아는 사이가 된 건 당신이 크나큰 슬픔을 치르고 난 뒤였지요."

나는 약간 환멸을 느꼈다. 이 젊은 부인은 내가 때때로 우리집에서 보았던 예쁜 여인들, 특히 내가 정월 초하루에 찾아가는 사촌들 가운데 한 댁의 따님과 그다지 다르지 않았던 것이다. 옷만은 잘 입었으나, 종조할아버지의 여자친구의 눈길은 다른 여인들과 똑같이 생기 있고 착하며, 겉모습 또한 서글서글하고 다정스러웠다. 여배우들의 사진에서 끌렸던 그 연극적인 모습도 없었고, 그녀가 보내고 있을 것이라 생각하는 생활에 어울리는 악마적인 표정도 전혀 없었다. 나는 이 여인을 코코트(cocotte)*로 생각하기 어려웠다. 특히 내가 말 두 필이 끄는 마차와 장밋빛 드레스와 진주 목걸이를 보지 않았

* 화류계 여성.

다면, 또 내 종조할아버지가 알고 지내는 사람들이 최고급 사교계의 코코트만이라는 사실을 알지 못했다면 도저히 이 부인을 멋진 코코트라고 생각하지 못했을 거다. 그나저나 이런 부인에게 마차와 저택과 보석들을 주는 부자가, 이처럼 보기에는 평범하고 얌전한 여인 때문에 어찌 자기 재산을 탕진하면서도 기뻐할 수 있는지 이상했다. 그렇지만 그녀의 생활이 어떠하리라 생각해보려 할 때, 그 도덕에 어그러진 생활이 특별난 모습으로 내 눈앞에 구체화되는 경우보다, 이처럼 눈에 보이지 않는 경우가 아마 더욱 내 마음을 흔들어놓았을 것이다. 이를테면 소설 속 추문에 숨겨진 비밀과 마찬가지로—여인을 견실한 중산계급의 부모님 슬하에서 뛰어나오게 하며 윤락 세계에 떨어뜨리고, 거기서 아름답게 꽃피게 하여 그 명성이 드높은 드미 몽드(demi-monde)* 여인의 자리에까지 올라가게 한 비밀과 마찬가지로—뚜렷하게 눈에 보이지 않는 편이 더욱 내 마음을 흔들어놓았는데, 이 여인의 짐짓 꾸미는 표정의 변화나 목소리의 억양은 내가 이미 알고 있는 다른 수많은 여인의 그것과 마찬가지였고, 사실 그 여인이 어떠한 가정에도 속하지 않는데도 그녀와 양갓집의 자녀가 별로 다르지 않다고 생각하게 되었다.

우리는 '작업실'로 이동했다. 그리고 종조할아버지는 내가 있는 것이 조금 거북스러운 표정으로 부인에게 궐련을 권했다.

"사양할게요." 부인이 말했다. "아시다시피 대공 전하가 보내주시는 것에 길이 들었거든요. 그분에게 말했어요. 당신이 그것 때문에 질투하고 있다고요." 그리고 그녀는 궐련갑에서 금빛의 외국어가 잔뜩 쓰인 궐련을 뽑아냈다. "아, 그렇지" 하고 그녀는 갑자기 말을 이었다. "저는 이 도련님의 아버지를 만나 뵌 적이 있을 거예요. 당신의 조카뻘 되는 분 아니에요? 어떻게 잊었을까? 그분은 참 친절하셨고, 저에게 아주 잘 대해주셨는데"라고 얌전하며 다정다감하게 말했다. 그녀는 잘 대해줬다고 말하지만, 아버지의 조심성과 냉담성을 잘 알고 있는 나는 아버지가 매우 무뚝뚝하게 응대했을 것이라는 생각이 들어, 아버지에게 주어진 지나친 감사의 정과 아버지의 불충분한 친절 사이의 불균형이 마치 아버지가 무례를 범하기라도 한 것처럼 거북스러웠다. 뒷날 생각한 바로는, 한가롭게 빈둥거리면서도 실은 근면한 이 여

* 화류계.

성들이 맡은 소임의 감동적인 면 가운데 한 가지는 그녀들의 너그러움, 재능, 자유로이 만들어내는 아름다운 감정의 꿈—왜냐하면 그녀들은 예술가와 마찬가지로 선불리 그 꿈을 실현하려 들거나, 그 꿈을 일상생활의 틀에 넣으려고 그 융통성을 없애거나 하지 않으므로—또 그녀들에게 그다지 대수롭지 않은 돈 따위를 이용해, 남성들의 거칠고도 투박한 생활에 귀중하고 아름다운 것을 교묘히 끼우고 박아 그것을 윤택하게 하는 데에 있다는 것이었다. 종조할아버지가 평상복 차림으로 그녀를 맞아 응접하고 있는 흡연실에서 그녀는 그처럼 부드러운 몸을, 그 장밋빛 비단 드레스를, 그 진주 목걸이를, 어느 대공 전하와의 우의에서 모락모락 나오는 우아한 연기를 유유히 퍼뜨리고 있는 것과 똑같은 방법으로, 아버지의 사소한 이야기를 끄집어내어 미묘하게 세공하고, 거기에 훌륭한 윤곽과 명함을 달아주며, 겸허와 감사로 아롱진 반짝거리는 아름다운 눈길을 거기에 박아 넣으면서 아버지와의 하찮은 이야기를 이른바 예술적인 보석으로, '아주 우아한' 어떤 것으로 바꾸어주는 것이었다.

"자아, 이젠 네가 돌아가야 할 시간이구나." 종조할아버지가 나에게 말했다.

나는 몸을 일으켰다. 장밋빛 드레스를 입은 부인의 손에 입맞추고 싶은 마음을 억누를 수 없었지만, 나에게는 그것이 그녀를 유괴하는 것과 같은 어떤 방약무인한 짓처럼 생각되었다. 심장이 방망이질치는 동안 나는 생각했다. '해도 좋으냐, 해서는 안 되느냐.' 그러다가 나는 어떤 짓을 해도 좋으냐 나쁘냐 생각하기를 그만두고 그저 행동을 하기로 했다. 그리고 조금 전까지 이러니저러니 생각하던 온갖 이유를 내동댕이치고, 나는 그녀가 내미는 손에 맹목적이고 무분별한 거동으로 입술을 가져갔다.

"어마, 귀여워라! 이미 어엿한 어른이시네. 여성 보는 눈도 높고. 역시 종조할아버지의 핏줄이라 다르셔. 훌륭한 신사가 되시겠네." 부인은 이 말에 가볍게 영국풍 억양을 내기 위하여 이를 꼭 물며 덧붙였다. "한번 오시지 않겠어요, 어 컵 오브 티(a cup of tea)를 드시러? 이웃집 영국인식으로 말하면 말이에요. 오실 땐 아침 중으로 나에게 '블뢰(bleu)'*를 보내시기만 하면

---

* 속달우편.

돼요.”

‘블뢰’가 뭔지 나는 몰랐다. 부인이 하는 말을 반밖에 이해 못했지만, 대답하지 않으면 실례되는 물음이 거기에 숨어 있지나 않을까 걱정되어 주의를 기울여 듣고 있었으므로 나는 몹시 피로감을 느꼈다.

“아니, 그건 무리요.” 종조할아버지가 어깨를 으쓱하며 말했다. “이 애는 품행이 매우 단정하고 공부도 열심히 하거든. 학교에서 꼬박꼬박 상을 타고.” 종조할아버지는 이 거짓말이 나에게 들리지 않게, 내가 반대의 말을 하지 못하게 낮은 목소리로 덧붙였다. “누가 아나? 이 애가 소(小)빅토르 위고가, 아니 볼라벨(Vaulabelle)* 같은 작가가 될지.”

“저는 예술가들을 무척 좋아해요.” 장밋빛 드레스의 부인이 대답했다. “여성을 이해하는 건 예술가들밖에 없으니까요……. 아니, 예술가들과 당신네들처럼 선택받은 사람들뿐이니까요. 그런데 저의 무지를 용서하세요. 여보, 볼라벨이 누구죠? 당신 침실의 유리 끼운 작은 서가에 들어 있는 금빛 장정한 책들의 작가인가요? 저에게 빌려주시겠다고 하셨죠? 물론 소중히 읽어보겠어요.”

책을 빌려주는 걸 아주 싫어하는 종조할아버지는 그 말에 대꾸 없이 나를 응접실까지 데리고 갔다. 장밋빛 드레스의 부인에게 넋을 잃고 있던 나는 담배 냄새가 나는 종조할아버지의 두 뺨에 미친 듯이 입맞추었다. 그리고 종조할아버지가 몹시 당황하면서, 부모님에게 오늘의 방문에 대해선 이야기하지 않는 게 좋겠다고 차마 대놓고 말하지는 못하고 넌지시 타이르는 동안 나는 눈에 눈물을 글썽거리며, 종조할아버지의 친절을 뼈에 사무치도록 느끼고 있습니다, 언젠가는 꼭 감사의 뜻을 나타낼 방법을 찾아내겠습니다 하고 말했다. 실제로 종조할아버지의 친절은 어찌나 뼈에 사무쳤던지 두 시간 뒤, 나는 부모님에게 어떤 숨은 뜻이 있는 듯한 몇 마디를 꺼낸 다음에, 그것만으로는 내가 새로이 부여받은 가치를 충분히 똑똑하게 알리지 못할 듯싶어 차라리 방금 전의 방문을 세밀하게 이야기하는 편이 훨씬 명확하리라고 생각했다. 그렇게 하는 것이 종조할아버지에게 누를 끼치는 일이 되리라고는 미처 생각지 못했다. 누를 끼칠 것이라고 어찌 생각했으랴, 나 자신이 꿈에도 그

* 프랑스의 역사가(1799~1879).

러기를 원하지 않았는데? 게다가 내가 나쁘게 생각하지 않는 방문을 부모님이 나쁘게 생각하리라고는 상상조차 할 수 없었다. 이를테면 한 친구가 편지를 써 보내지 못했던 여인에게 꼭 사과의 말을 전해달라고 우리에게 부탁한다. 그런데 우리는, 그냥 잠자코 있어도 우리에게 그다지 중대하지 않은 것이 그 상대의 여인에게 중대할 리가 없다고 판단해 그 부탁을 소홀히 하는 일이 흔히 있지 않은가? 남의 두뇌란 거기에 주입되는 것에 대하여 독특한 반사작용을 일으킬 힘이 없는 활발하지 못한 온순한 그릇이라고 누구나 다 떠올리듯이, 나도 그렇게 생각했다. 그래서 나는 종조할아버지 덕분에 어떤 사람을 알게 되었다는 소식을 부모님께 알림으로써, 내가 바람직하게 여기는 대로 이 소개에 대한 나의 호의적인 판단을 부모님에게 전할 수 있을 것이라 믿어 의심치 않았다. 그런데 불행하게도 부모님은 종조할아버지의 행동을 평가할 때에 내가 은근히 권하던 바와는 정반대의 입장에 섰다. 아버지와 할아버지는 그 행동에 대하여 종조할아버지에게 심하게 따졌다. 나는 이 일을 남의 입을 통해 들었다. 며칠 뒤 덮개 없는 마차를 타고 지나가는 종조할아버지와 밖에서 맞닥뜨렸을 때, 나는 고통과 감사와 후회를 함께 느껴 어떻게든 그 감정을 종조할아버지에게 나타내고 싶었다. 그러나 이런 감정의 광대함에 비해, 잠깐 모자를 벗고 인사한다는 건 어쩐지 치사스럽고, 내가 평범한 예의 이상으로는 종조할아버지를 대하지 않는다고 그가 여길 것 같다는 생각이 들었다. 차라리 그런 불충분한 거동을 삼가기로 결심하고 나는 얼굴을 돌렸다. 종조할아버지는 내가 부모님의 명령을 그런 식으로 따르는 줄로 생각하고, 그 때문에 두 번 다시 부모님을 용서하지 않았다. 그리고 그는 우리 가운데 아무하고도 만나지 않다가 몇 해 뒤에 돌아가시고 말았다.

그래서 지금은 닫혀 있는 아돌프 종조할아버지의 그 휴게실에 나는 들어가지 않았다. 그리고 부엌 뒤쪽에서 빈둥거리다가 프랑수아즈가 앞뜰에 나타나 "부엌데기에게 커피를 차려 내게 하고 더운물을 올려보내죠. 저는 이만 옥타브 마님 방에 올라가봐야 하니까요"라고 나보고 말할 때, 나는 본채로 돌아가기로 마음먹고 책을 읽으러 내 방에 곧장 올라갔다. 그런데 이 부엌데기는 말하자면 법인(法人) 같은 존재로, 일시적인 다른 형태로 계속 바뀌며 나타나는데, 그 부엌일이라는 불변의 직권에 의해 어떤 종류의 연속성과 동일성을 확보하고 있는 영속적 제도와도 같았다. 왜냐하면 우리집에 같은 부엌데기가 이태를 계속해 있는 일이 없었기 때문이다. 우리가 아스파라거스를 많이도 먹었던 해에 언제나 그 껍질을 '벗기는' 소임을 맡고 있던 부엌데기는, 우리가 부활제 무렵 콩브레에 왔을 때 이미 해산달이 가까운 몸을 안고 쩔쩔매는 불쌍한 병자나 다름없었는데, 프랑수아즈가 그녀를 마구 심부름 시키고 일을 시키는 데에 온 식구들이 어안이 벙벙했다. 그도 그럴 것이 이 부엌데기가 몸 앞쪽으로 불쑥 나와 날마다 더 무거워져만 가는 그 이상야릇한 바구니를 겨우 끌어안고 있었기 때문인데, 우리는 그녀의 헐렁헐렁한 행주치마를 통해 그 으리으리한 모양을 충분히 짐작할 수 있었다. 그 행주치마는, 스완 씨가 준 사진 가운데 지오토(Giotto)* 그림의 상징적인 인물이 입고 있는 넉넉한 외투를 떠올리게 했다. 우리에게 이 서로 비슷함을 지적해준 사람은 스완 씨 본인으로, 그는 이 부엌데기의 안부를 물을 때 우리에게 이렇게 말했다. "지오토의 '자애'는 안녕한가요?" 게다가 임신 때문에 얼굴까지 부어 두 볼이 네모로 변해 똑바로 축 늘어진 이 가련한 부엌데기 아가씨의 몸은, 과연 온갖 미덕이 인격화되어 있는 아레나 성당 벽화의 그 건장한 남자 같은 처녀들, 아니 오히려 기혼 여인들과 아주 비슷했다. 지금의 나는 파도바 성당에 있는 그 '미덕'과 '악덕'의 그림 또한 다른 형태로 이 부엌데기 아가씨와 닮았음을 알아챘다. 이 부엌데기 아가씨의 모습은 배 앞에 안고 있는 상징적인 추가물로 불러 있었지만, 본인은 그저 귀찮은 짐을 떠맡은 사람처럼 그 뜻도 전혀 모르는 양 얼굴 어디에도 그것의 아름다움과 정신을 나타내지 않았던 것과 마찬가지로, 아레나 성당에 있는 '카리타스(자애)'라는 이름 아래 그려진 튼튼한 주부도—그 복제품이 콩브레 내 공부방 벽에 걸려 있었다—스스로 그 자애의 덕을 구현하고 있는 줄 꿈에도 모르는 듯하지만 그래도 그 미덕의 화신으로, 심지어 지금까지 그 어떤 자애의 사상도 그녀만큼 힘차고 비속한 모습으로 나타내어진 적은 한 번도 없는 듯 보였다. 화가의 훌륭한 창의에 의해 이 주부는 지상의 보배롭고 귀중한 재물을 발로 짓밟고 있는데, 그것도 즙을 짜내려고 포도를 짓밟는 것처럼 굳건하게, 아니 키를 높이려고 자루 위에 단호하게 올라선 모양이었다. 그리고 그녀는 자기의 불타는 심장을 신에게 내밀고 있다. 아니, 좀더 잘 표현하자면 신에

* 피렌체 출신 화가(1266~1337).

게 심장을 '내주고' 있다. 마치 1층 창문에서 병따개를 달라고 부탁하는 아무개에게 부엌데기가 지하실 환기창 너머로 그것을 내주듯. 한편 '질투'의 여인은 좀더 질투하는 표정을 지을 수 있었을지도 모른다. 그러나 이 벽화에서도 상징이 더할 수 없을 정도로 넓은 장소를 차지하고 게다가 지나치게 현실적으로 표현되어, '질투'하는 여인의 입술에 숨을 뿜고 있는 뱀의 모습이 매우 커서 크게 벌린 여인의 입을 온통 채우고 있으므로, 여인의 얼굴 근육이 뱀을 입안에 품을 수 있도록 마치 고무풍선을 부풀리는 어린이의 뺨처럼 극도로 부풀어오른 바람에 '질투' 자체의 주의력 초점이—또한 우리의 주의력 초점이—전부 그 입술의 움직임에 집중돼버려 질투라는 생각을 할 여지가 거의 남아 있지 않았다.

스완 씨가 이러한 지오토의 그림에 대하여 역설한 찬사에도, 나는 그 복제품이 걸려 있는 공부방에서 그림을 바라보면서도 오랫동안 아무 기쁨도 느끼지 못했다. 그 '자애'에는 사랑이 없고, 그 '질투'는 혀의 종기 또는 의사가 집어넣는 기구로 압박받고 있는 성대문이나 목젖을 나타낸 의학서의 삽화와 같았으며, '정의'에서는 회색을 띤 점잖지 못하게 균형 잡힌 얼굴이, 콩브레에서 미사 때 눈에 띄는 경건하지만 심정이 메마른 여인들, 그 대부분이 이미 '부정'의 예비군에 편입돼 있을 성싶은 중산계급의 예쁜 여인들의 특징을 다 갖추고 있었다. 그러나 한참 뒤에 내가 이해한 바로는, 우리 마음을 사로잡는 그런 벽화의 기묘함과 특수한 아름다움은 그 그림에서 상징이 큰 자리를 차지하는 데서 비롯되는 것이고, 또 상징화된 사상이란 그대로는 표현되지 못하므로 그 상징은 상징으로서가 아니라 현실적인 것으로서, 실제로 겪은 것 또는 물질적으로 가공된 것으로 표현되어, 이러한 점이 이 작품의 의의에 보다 합당하고 정확한 그 무엇, 이 작품의 교훈에 보다 구체적이고 적절한 그 무엇을 주고 있는 것이었다. 불쌍한 부엌데기의 경우에도, 그녀 또한 주의력의 초점은 그녀의 배를 잡아당기는 중력 때문에 끊임없이 그 배에 돌려진 것이 아닐까. 마찬가지로 반죽음 상태에 있는 인간의 사고력도 되레 현실적인 괴로움과 컴컴한 내장 쪽으로 향한다. 그것은 바로 죽음의 뒷면에 해당한다. 죽음은 반죽음 상태의 인간에게 그 뒷면을 보여 그것을 뼈에 사무치듯 절실하게 느끼게 하는데, 그것은 우리가 죽음의 관념이라고 일컫는 것보다도 온몸을 짓부수는 무거운 짐, 호흡 곤란, 갈증과 더 비슷하다.

파도바 성당의 '미덕'과 '악덕'은 그 자체 속에 많은 현실성을 품고 있음이 틀림없었다. 그것은 나에게 임신한 부엌데기와 마찬가지로 살아 있는 것같이 보이고, 그 부엌데기 자신도 그 그림 못지않게 우화적으로 생각되었기 때문이다. 그리고 아마 이처럼 한 인간의 영혼이 그 인간의 덕행과는 무관하다는(적어도 외관상) 점에서 한 인간의 미적인 가치 말고 다른, 심리적 현실성은 아니지만 적어도 이른바 인상학적인 현실성이 생겨났을 것이다. 뒤에 내 인생의 길 위에서, 이를테면 수도원을 방문하여 활동적인 자애의 화신, 성스러움 그 자체라고 할 만한 화신을 만나 뵐 기회가 있었는데, 그분들은 보통 일이 많아 몹시 바쁜 외과 의사처럼 쾌활하고 적극적이며 무심하고 퉁명스러운 외모를 하고 있으며, 남의 고뇌를 눈앞에 보고서도 아무런 동정도 연민도 나타내지 않는, 또 그 고뇌와 맞부딪치는 일을 조금도 두려워하지 않는 인정머리 없고 반감을 사는 얼굴, 그러나 그야말로 참된 자비심을 지닌 숭고한 얼굴을 하고 있었다.

엄마의 의견에 의하면 부엌데기가—마치 '오류'가 '진실'의 승리를 대조적으로 한층 빛나게 하는 것처럼 본의 아니게 프랑수아즈의 우월성을 빛나게 하면서—그저 더운물에 지나지 않는 커피를 차려 내고 나서, 우리 방에 겨우 미지근한 물을 들고 올라오는 동안 나는 손에 책을 들고 침대에 누워 있었다. 내 방은 거의 닫힌 덧문 너머 오후의 햇빛과 맞서 부르르 떨며 투명하고도 깨지기 쉬운 서늘함을 지키고 있었다. 반사된 햇빛은 그 노란색 날개를 통과시키는 방법을 겨우 발견하고서도 덧문의 살과 유리 사이의 한구석에서 마치 날개를 펴고 있는 나비처럼 그대로 꼼짝하지 않고 머물러 있었다. 방 안은 겨우겨우 책을 읽을 만큼 밝았는데, 바깥의 찬란함은 라퀴르 거리에서 카뮈가 먼지투성이 상자를 두드리는 소리만으로도 느껴졌다(카뮈는 프랑수아즈의 입을 통해, 고모가 '쉬지 않고 계시기 때문에' 소리를 내도 괜찮다는 통지를 받았다). 그 소리는 더운 계절 특유의 소리가 잘 울리는 대기 속에 우렁차게 울려퍼져 빨간 별똥을 멀리멀리 날려 보내고 있는 성싶었다. 바깥 빛의 찬란함은 또한 여름의 실내악처럼 내 눈앞에서 작은 음악회를 벌이고 있는 파리의 윙윙대는 소리만으로도 느껴졌다. 이 파리의 실내악은 좋은 계절에 우연히 들린 뒤로 그것이 들릴 때마다 그 계절을 떠올리게 된 인간적 음악의 한 곡조처럼 빛의 찬란한 감각을 불러일으키는 것이 아니라, 보다 긴밀한 유대로 여름 자체에 매여 있다. 화창한 나날에 태어나고 그러한 나날들과만 다시 태어나는 음악, 그러한 나날의 정수(精髓)를 조금쯤 품고 있는 파리의 실내악은 오직 우리 기억 속에 맑은 여름날의 심상을 일깨울 뿐만 아니라 여름이 돌아온 것을, 여름이 실제로 눈앞에 있어 정말로 우리를 둘러싸고 있으므로 우리가 거기에 곧바로 가까이 갈 수 있다는 것을 보증해준다.

내 방의 이 어둑어둑한 서늘함과 거리의 햇빛과의 관계는 음과 양의 관계였다. 즉 어둑어둑한 방의 서늘함은 거리의 햇빛과 마찬가지로 환해서 내 상상력에 여름의 모든 광경을 전해주었는데, 만약 내가 산책에 나갔다면 내 감각은 단편적으로밖에 여름의 광경을 즐기지 못했을 것이다. 그렇듯 내 방의 어둑어둑한 서늘함은 나의 휴식과 잘 조화되고, 그 휴식은 (읽고 있는 책 줄거리의 파란만장한 모험에 흔들려) 흐르는 물 한가운데 부동자세로 있는 손처럼, 바깥에 넘치는 약동의 물줄기가 주는 충격과 활기를 견디고 있었다.

그러나 할머니는 좋은 날씨가 흐려져도, 소나기 또는 광풍이 불어와도, 나에게 와서 외출하라고 하신다. 책 읽기를 그만두기가 싫은 나는 뜰에 나가 계속 책을 읽기로 하고, 마로니에 그늘 아래 멍석과 천막으로 된 작은 은신처로 가서 그 안쪽에 앉는다. 그러면 부모님을 찾아오는 사람이 있어도 눈에 띄지 않을 것으로 여기면서.

그러한 때의 내 사고 자체도 또 하나의 피난처 같은 것, 그 안에 들어가 있으면 설사 밖에서 일어나는 일을 구경한다 해도 자기는 몸을 숨기고 있다는 느낌이 드는 그런 피난처 같은 것이 아니었던가? 내가 외부의 사물을 볼 때, 그것을 보고 있다는 의식이 나와 그 사물 사이에 남아 있어 얇은 정신의 가두리로 그 대상의 가장자리를 둘러치므로, 나는 직접 그 사물의 실체에는 늘 손대지 못했다. 말하자면 그 실체는 내가 그것에 손대기에 앞서 증발하고 만다. 마치 축축한 물체에 온도가 몹시 높은 물체가 닿으면 늘 증발한 기체가 앞서므로 결국 습기에 닿지 못하는 거나 마찬가지다. 책을 읽는 동안 내 의식이 전개하는 여러 가지 상태, 즉 내 안의 가장 깊숙한 곳에 숨겨져 있는 갈망을 비롯해 당장 눈앞에 펼쳐진 뜰 한구석의 아주 외적인 형상에 이르기까지 각양각색의 상태로 다채롭게 물든 하나의 화면 안에서, 먼저 나에게 있어 가장 친밀한 것, 곧 그 밖의 것을 지배하며 끊임없이 움직이는 핸들은 내가 지금 읽고 있는 책 안에 담겨 있는 철학적인 풍요와 미에 대한 강한 믿음이며, 또 그것이 어떤 책이든 간에 이 철학적인 풍요와 미를 내 것으로 만들려는 나의 욕망이었다. 그 책이 어떤 책이든 간에, 하고 말한 것은 설령 내가 콩브레의 보랑즈 잡화점(이 상점은 프랑수아즈가 카뮈 상점처럼 거래하기에는 집에서 너무 멀었으나, 문구점과 책방을 겸하고 있어 손님이 많았다)에서 대성당의 대문보다 더 신비하고 수많은 사상이 뿌려져 있는 대문의 두 문짝을 꾸미고 있는 여러 가철본(假綴本)과 분책의 모자이크 가운데 끈에 매달린 그 책을 골라 샀다 해도, 그 책이 좋은 작품이라는 걸 이전에 선생님이나 친구로부터 들어 알고 있었으므로, 그때 나로서는 반쯤 짐작하면서도 이해하지 못했던 진리와 미의 비밀을 선생님이나 친구가 지니고 있는 듯한 생각이 들어, 그 비밀을 아는 것이 내 사고의 어렴풋하지만 영원한 목적이었기 때문이다.

내가 책을 읽는 동안 안에서 밖으로, 진리의 발견 쪽으로 부단한 운동을 행하고 있는 이 중심과도 같은 믿음에 뒤이어 오는 것은 내가 참여하고 있는 사건의 흐름이 내게 주는 여러 감동이었다. 왜냐하면 그런 날의 오후는 일생에 흔히 경험하는 것보다 더 많은 극적 사건들로 가득 차 있었기 때문이다.

그 사건들은 내가 읽고 있는 책 안에서 나타났다. 물론 그 사건에 관계하는 인물은 프랑수아즈의 말처럼 '실제' 인물은 아니었다. 그러나 실제 인물의 기쁨이나 불행이 우리에게 느끼게 하는 감정도, 모두 그 기쁨 또는 불행의 심상의 매개를 통해서만 우리 마음속에 생긴다. 우리의 감정 기관에서는 이 심상이 유일한 본질적 요소여서, 처음으로 소설을 쓴 사람의 뛰어난 점은 실제 인물을 깨끗이 없애는 단순화야말로 결정적인 완성일 것이라고 이해했다는 데 있다. 우리가 아무리 깊이 공감하더라도 실제 인간은 대부분 우리 감각에 의해 지각되는 것이고, 말하자면 우리에게는 그대로 불투명하여 우리 감성이 들어올릴 수 없는 짐짝과도 같다. 불행이 어느 인간을 덮쳐 그 불행에 우리 마음이 움직이는 것은, 그에 대해 우리가 갖고 있는 모든 관념의 작은 부분에 대해서일 뿐이다. 게다가 그 자신이 자기 불행에 감동하는 것도 그가 자신에게 갖고 있는 온 관념 가운데 한 부분의 범위 내에 그친다. 소설가의 발견은, 정신으로는 뚫고 들어갈 수 없는 그런 수많은 부분을 같은 양의 비물질적인 부분으로 바꾸는 일, 말하자면 우리 정신이 동화될 수 있는 것으로 바꾸는 일을 생각해냈다는 점에 있다. 그러고 나서부터는 새로 만들어진 그러한 인간의 행동이나 감정이 우리에게 진실하게 보이는 게 어찌 이상하겠는가. 우리가 그러한 행동이나 감정을 우리 것으로 삼은 바에야, 또 그런 행동이나 감정이 생기는 곳이 우리 마음속이며, 우리가 열에 들떠 책장을 넘기고 있는 동안 그것들이 우리의 호흡과 눈길을 주관하고 있을 바에야 말이다. 소설가가 한 번 우리를 그런 상태에 놓을 때, 다시 말해 순전히 내적 상태에 있듯이 온갖 감정이 열 배로 커지는 상태, 그 소설이 우리를 꿈으로 이끄는데 그 꿈은 잠자면서 꾸는 꿈보다 더 또렷하며 그 기억이 오랫동안 계속해서 우리 마음을 어지럽히는 상태에 소설가가 우리를 놓을 때, 소설가는 한 시간 남짓한 사이에 온갖 가능한 행복과 불행을 우리 마음속에 폭발시킨다. 이런 행복과 불행 가운데 어떤 것은 그걸 아는 데에만 생애의 몇 해가 걸리고, 그중 가장 강렬한 것은 실제 삶에선 완만하게 일어나므로 똑똑히 자각되지 않아 우리에게 뚜렷하게 알려지는 일이 없을 것이다(우리 심정은 실제 삶에서 이렇게 변한다. 그리고 이것이 가장 괴로운 일이다. 그러나 우리는 이 괴로움을 겨우 독서를 통해 상상 속에서 알 뿐이다. 현실 세계에서 심정은 자연의 어느 현상처럼 느릿느릿 변해가므로 우리는 그 변해가는 여러 가지 상태들을 하나하나 줄지어 확인할 수는 있을지언정, 반대로 변화의 감각 자체는 얻을 수 없다).

다음으로 책 줄거리에 전개되고 있는 풍경이 소설 속 인물의 생활만큼 밀접하게 내 몸 안에 들어와 있지는 않았어도 이미 내 앞에 반쯤 화면에 영사된 듯이 나타나, 내가 책에서 눈을 쳐들었을 때 내 시야에 들어오는 현실 세계보다도 훨씬 더 큰 영향을 내 사고에 미치는 것이었다. 이처럼 두 해의 여름 동안 콩브레의 뜨거운 정원에서, 나는 그때 읽고 있던 책 때문에 냇물이 흐르는 어느 산악 지방에 대해 향수를 품고 있었는데, 그 지방에는 제재소가 많이 보이고, 맑은 물속에는 무성한 물냉이 밑에 나뭇조각이 썩어 있고, 얼마 멀지 않은 곳에 불그스름한 보랏빛 꽃송이가 낮은 벽을 기어오르고 있다. 그리고 나를 사랑해주었을지도 모를 어떤 여인에 대한 몽상이 언제나 내 생각 주위에 맴돌고 있어, 그 두 해 여름의 공상에는 흐르는 냇물의 서늘함이 스며 있고, 내가 마음속으로 어떤 여인을 떠올리건 그 좌우에는 불그스름한 보랏빛 꽃송이가 금세 보색(補色)으로 나타나곤 했다.

그것은 오직 우리의 꿈꾸는 심상이 우리 몽상 속에서 우연히 심상을 둘러싸는 낯선 색채의 반영을 받아 미화되고, 언제나 눈에 띄게 남기 때문만이 아니었다. 왜냐하면 내가 읽고 있던 책 속의 풍경은, 나로서는 눈앞의 콩브레 풍경보다도 더 뚜렷하게 내 상상에 비쳤을 뿐 아니라, 아마도 그와 닮은 풍경이었을 것이기 때문이다. 소설가는 여러 풍경 가운데 미리 이것을 선택하고, 내 사고는 계시를 읽듯이 성실하게 작가의 말을 믿고 받아들이려 했으므로, 책 속의 풍경은—내가 현재 있는 고장, 특히 우리집 뜰처럼 할머니의 업신여김을 받던 정원사의 변변치 못한 환상의 산물인 뜰에서는 결코 생겨날 수 없는 인상을 주는 것—연구되고 깊게 규명되어야 할 참된 '자연' 그 자체의 일부처럼 느껴졌다.

어떤 책을 읽고 있을 때, 만약 부모님이 그 책 속에 묘사되어 있는 지방으로 찾아가보는 것을 허락했다면, 나는 진리 획득의 귀중한 첫걸음을 내딛는 느낌을 받았을 것이다. 왜냐하면 우리는 늘 자기 정신에 둘러싸여 있다는 느낌을 갖고 있어도, 그것은 꿈쩍도 안 하는 감옥 속에 갇혀 있는 것과는 다르기 때문이다. 우리는 오히려 자기 둘레에서, 바깥의 메아리가 아니라 안에서 떨리는 울림인 늘 같은 소리와 그 울림을 들으면서, 실망과 더불어 정신의 울타리를 뛰어넘어 외부로 벗어나려고 하는 끊임없는 약동 속에 정신째 휩쓸려 들어간다. 우리는 정신이 던진 빛 덕분에 귀중해진 여러 사물 속에서 그 빛의 그림자를 찾아내려고 애쓴다. 그리고 그러한 사물이 사고 안에서는 어떤 관념의 이웃이었으므로 갖고 있던 매력이 자연계에서는 없어진 듯싶어 실망을 한다. 때때로 우리는 이 정신의 온갖 힘을 교묘하고 화려한 것으로 바꿈으로써 우리의 바깥에 있는, 우리가 결코 닿지 못하리라는 것을 잘 아는 다른 사람들에게 작용하는 일이 있다. 그러므로 내가 사랑하는 여인의 둘레에 그때 내가 가장 보고 싶어했던 곳을 으레 그려보거나, 나를 그곳에 안내해주고 미지 세계의 문을 열어주는 것이 모두 그 여인이기를 바라거나 하는 것은 단순한 연상의 우연에 의한 일이 아니었다. 아니, 오히려 내 여행의 꿈도, 연애의 꿈도, 바로 내 모든 생명력의 굽힐 줄 모르는 한결같은 용솟음의 여러 순간—오늘날의 나는 이러한 순간을 마치 무지갯빛으로 빛나는, 보기에 움직이지 않는 분수를 여러 높이의 단계로 나누듯이 인공적으로 구별하지만—에 대한 계기에 지나지 않았다.

마지막으로 나는 의식 속에 동시에 나란히 놓인 상태를 차례차례 안에서 바깥으로 따라가면서, 이 상태를 싸고 있는 현실의 지평선에 닿기 전에 그와는 다른 몇 가지 즐거움을 맛본다. 이를테면 편히 앉아서 누구의 방문에도 방해받지 않고 바깥공기의 상쾌한 냄새를 맡는 즐거움, 또 생틸레르의 종루에서 어느 시각을 알리는 종소리가 울려오기 시작할 때부터 그 종소리를 전부 모아서 시각을 알려주는 마지막 소리를 듣기까지 이미 사라진 오후의 몇 시간이 토막토막 내려오는 것을 바라보는 즐거움이었다. 그리고 마지막 종소리에 뒤이어 오는 오랜 고요가 저녁 식사 때까지 그대로 내게 허락된 독서 시간을 모조리 푸른 하늘에 펼치기 시작한 것처럼 보이며, 그것은 책을 읽는 동안 주인공의 뒤를 쫓아다녀 피곤한 내 기운을 돋우어줄 프랑수아즈의 맛난 저녁 식사가 나올 때까지 이어졌다. 또 시각을 알리는 종소리가 울려올 때마다 그전 시간의 종소리가 울린 것이 조금 전같이 느껴졌다. 막 울려온 시간이 또 하나의 시간 바로 옆 하늘에 기록되어, 그 두 개의 금빛 기호 사이에 포함되는 푸르고 작은 궁형(弓形) 안에 60분이라는 시각이 들어차 있다고는 도저히 믿어지지 않았던 것이다. 가끔 빨리 지나가는 시간은 그전 것보다 두 번 더 종을 울리는 일이 있었다. 즉 내가 듣지 못했던 시간이 하나 있었던 것이다. 말하자면 실제로 일어났던 일이 나에게는 일어나지 않았던 셈이다. 깊은 잠처럼 이상야릇한 독서의 재미가 환상에 사로잡힌 내 귀를 속여, 고요한 창공 표면에서 금빛 종을 지워버린 것이다. 콩브레 뜰의 마로니에 그늘에서 지낸 일요일의 화창한 오후여, 내가 사사로운 내 생활의 보잘것없는 사건을 그대로부터 조심스럽게 파내, 그것들을 맑은 물이 흐르는 어떤 고장에서 일어나는 이상한 모험과 동경으로 가득한 삶으로 바꾸었던 일요일의 화창한 오후여, 내가 그대를 생각할 때 아직도 그대는 그 아름다운 삶을 내 머리에 떠오르게 하며, 그대의 조용하고 소리가 잘 울리는, 향기롭고 밝은 시간이, 잎이 무성한 나뭇가지 너머로 천천히 변해가면서 만들어낸 잇따른 결정(結晶) 속에—나는 독서에 파묻히고 낮 더위가 점점 물러가는 동안—그대는 그 아름다운 삶을 조금씩 이루다가 마침내 가두어버렸으므로, 그대는 아직도 실제로 그 삶을 그대 속에 품고 있구나.

때때로 나는 오후의 한복판에서부터 정원사의 딸 때문에 어쩔 수 없이 책 읽기를 그만두는 일이 있었다. 이 아가씨는 지나가는 길에 오렌지나무 화분을 엎어뜨리기도 하고 손가락을 다치기도 하고 이를 부러뜨리기도 하면서 미친 듯이 달려와 "왔어, 왔어!" 하고 소리를 질러, 프랑수아즈와 내가 바로 달려가 바깥 구경을 놓치지 않도록 하는 것이었다. 콩브레의 주둔부대가 야외 훈련 때문에 시가를 통과하는 날이었기 때문인데, 부대는 보통 생틸드가르드 거리를 지나갔다. 우리집 하인들이 정원 철책 바깥으로 의자를 내놓고 그 위에 나란히 앉아 주일에 콩브레 시가를 산책하는 사람들을 구경하면서 또 그들이 하인들을 구경하고 있는 동안, 정원사의 딸은 멀리 역 앞 큰길의 두 가옥 사이에 난 틈으로 군모가 번쩍거리는 것을 언뜻 보았던 것이다. 하인들은 부랴부랴 의자를 안으로 넣었다. 그도 그럴 것이 흉갑(胸甲)기병이 생틸드가르드 거리를 행진할 때에는 길이 온통 그들로 꽉 차고, 질주하는 군마들은 마치 너무 비좁은 강바닥의 양 둑 사이를 흐르는 급류처럼 보도에까지 넘쳐 가옥을 스치며 지나갔기 때문이었다.

"저렇게나 젊은데. 가엾은 병사들." 철책에 이르자마자 프랑수아즈가 눈물이 글썽해지며 말했다. "가엾게도 저 젊은이들은 목장의 풀처럼 베여 쓰러지겠지. 생각만 해도 가슴이 뭉클해." 그 뭉클해진 가슴 위에 손을 대며 이렇게 덧붙였다.

"참 좋군요. 안 그렇습니까, 프랑수아즈 아주머니? 목숨을 아끼지 않는 젊은이들을 보니 말이죠." 정원사는 프랑수아즈를 '흥분'시키려고 말했다.

그의 말은 헛되지 않았다.

"목숨을 아끼지 않는다고? 목숨을 아끼지 않는다면 그럼 뭘 아껴야 하지? 목숨이란 천주께서 결코 두 번 주시지 않는 단 하나의 선물인데. 아아! 이 무슨 일이람! 그렇지만 저들이 목숨을 아끼지 않는 건 정말이야! 이 눈으로 70년전쟁* 때 보았지만, 저들은 그토록 무의미한 전쟁에서 죽는 걸 조금도 무서워하지 않았으니까. 미친 사람들과 다를 게 없어, 아니 목매다는 줄에 매달릴 값어치도 없는 것들이야. 그건 인간이 아니라 리-옹(사자)이야."(프랑수아즈가 인간을 사자—그녀는 리옹을 리-옹이라고 발음했다—에 비유한 것은 결코 칭찬이 아니었다)

생틸드가르드 거리는 급격히 구부러져 있으므로 부대가 멀리서 오는 모습

* 1870년에 일어난 프로이센-프랑스 전쟁을 가리킴.

은 보이지 않고, 역 앞 큰길의 두 가옥 사이로 차례차례 군모가 햇빛에 반짝이며 지나가는 것이 보일 뿐이었다. 정원사는 병사들이 얼마나 더 많이 통과할는지 알고 싶어했는데, 햇볕이 내리쬐어 목이 말랐다. 그러자 갑자기 정원사의 딸이 포위망을 뚫듯이 뛰어나가더니 거리 모퉁이까지 이르러서는 백 번이나 사경을 넘은 뒤에, 부대는 확실히 천 명은 되어 보이며 티베르지와 메제글리즈 쪽에서 끊임없이 오고 있다는 정보를 감초수(甘草水) 물병과 함께 우리에게 가져왔다. 프랑수아즈와 정원사는 화해하고, 전쟁이 일어났을 때 취할 태도에 대해서 논의했다.

"생각을 해보세요, 프랑수아즈 아주머니." 정원사가 말했다. "그야 혁명 쪽이 낫지요, 혁명의 포고가 날 때는 가고 싶은 사람만 가면 되니까요."

"그야 그렇지! 그건 나도 이해가 가지, 그편이 더 자유롭지."

정원사는 선전포고와 함께 철도가 모두 멈출 거라는 의견을 내놨다.

"그렇고말고! 달아나지 못하게 하려고." 프랑수아즈가 말했다.

그러자 정원사는 "참으로 고약한 놈들이죠" 하고 말했다. 그도 그럴 것이 그는 전쟁이란 국가가 국민을 농락하려는 속임수와 같은 것으로, 만일 방법만 있다면야 누구든 달아나버릴 걸로 생각하고 있었기 때문이다.

그러나 곧 프랑수아즈는 부랴부랴 고모에게로 돌아가고, 나는 책으로 되돌아가고, 하인들은 대문 앞에 다시 자리잡아 병사들이 일으킨 먼지와 감동이 가라앉아가는 것을 바라보고 있었다. 소요가 가라앉은 뒤에도 오랫동안, 평일에는 못 보는 행인의 물결이 아직도 콩브레의 거리거리를 메우고 있었다. 그리고 어느 집 앞에도, 심지어 그런 습관이 없던 집 앞에도 하인 또는 주인까지 나와 앉아 구경하고 있어, 마치 썰물이 빠져나간 뒤 바닷가에 해초의 상장(喪章)이나 조가비의 자수(刺繡)가 남듯이, 그들은 변덕스럽고도 우중충한 틀이 되어 문턱을 꾸미고 있었다.

이러한 날을 제외하고는 나는 늘 조용히 책을 읽을 수 있었다. 하지만 한 번은 처음으로 베르고트라는 작가의 책을 읽고 있는 도중에 스완 씨가 찾아와서 내 독서를 멈추게 하고 그 책에 주석을 달아주었다. 그래서 이때부터 오랫동안 내가 몽상하는 여인 가운데 한 사람의 모습은 방추형의 보랏빛 꽃으로 꾸며진 벽면이 아니라 아주 다른 배경, 고딕풍 대성당의 정문 앞에서 나타나게 됐다.

베르고트에 대한 이야기는, 나보다 나이가 많고 내가 매우 존경하던 학우인 블로크를 통해서 처음으로 들었다. 내가 〈시월의 밤〉*1에 탄복하고 있다며 속내를 털어놓자 블로크는 나팔처럼 우렁차게 웃고 나서 나에게 말했다. "뮈세 선생을 좋아하는 따위의 저급한 취미는 버려. 그 사람은 아주 고약한 녀석이야. 교양 없는 흉한 놈이야. 바른 대로 말해, 그야 물론 뮈세나 라신 같은 놈팡이도 그 한평생 꽤 운율 좋은 시를 한 줄씩 남기기는 했지. 내가 보기에 그 시구는 그 자체에 아무런 뜻도 없다는 점에서 최상의 가치를 갖고 있네. 예를 들어 '흰 올로손과 흰 카미르', *2 그리고 '미노스와 파지파에의 딸'*3 같은 거지. 이건 말이야, 이 두 놈의 불한당을 변호한 내 친애하는 거장, 불멸의 신들에게 사랑받는 르콩트(Leconte de Lisle)*4 사부(師父)의 논문에서 지적된 걸세. 그런데 여기 있는 이 책은, 나야 당장 읽을 틈이 없지만 이 훌륭한 영감이 추천한 책이라더군. 들리는 말에 의하면 사부는 이 작가, 베르고트 선생을 아주 훌륭한 녀석으로 생각하나 봐. 사부는 꽤 이해할 수 없는 관용을 자주 보이기는 하지만, 사부의 말은 나에게 델포이*5의 신탁이지. 그러니 이 서정적인 산문을 읽어보게. 만약 〈바가바트〉와 〈마그누스의 사냥개〉를 쓴 운율 조립의 거장이 한 말이 정말이라면, 아폴론에게 맹세하지만, 여보게 친애하는 선생, 자네는 올림포스의 좋은 술에 입맞추는 기쁨을 맛볼 걸세." 블로크는 냉소적인 투로, 나에게 자기를 '선생'이라고 부르기를 요구하면서 그 자신도 나를 '선생'이라고 불렀다. 그러나 우리는 이런 장난스러운 이름으로 서로 부르는 데에서 사실 어떤 기쁨을 느꼈으니, 그렇게 스스로 붙인 이름을 실제로 자신이 만든 거라고 믿어 마지않는 나이였기 때문이다.

아름다운 시구는 전혀 아무런 뜻이 없으면 없을수록 그만큼 더욱 아름답다고 블로크가 나에게(시구에 오로지 진리의 계시만을 구하고 있던 나에게) 말했을 때 내가 느낀 혼란은, 불행하게도 그 뒤 블로크와 이야기하여 설명을

---

*1 알프레드 드 뮈세의 시.

*2 뮈세의 〈시월의 밤〉 시구.

*3 라신의 〈페드르〉 시구.

*4 프랑스의 고답파 시인(1818~94). 나중에 나오는 〈바가바트〉는 그의 《고대시집》 가운데 한 편이고 〈마그누스의 사냥개〉는 《비극시집》 가운데 한 편임.

*5 아폴론 신전이 있던 곳.

듣고 그것을 없애는 기회를 갖지 못했다. 실제로 블로크는 다시는 우리집에 초대되지 못했기 때문이다. 처음엔 그는 매우 환영받았다. 할아버지는 내가 어떤 학우와 특히 친해져 집에 데리고 올 적마다 여전히 또 유대인이군 하고 말했으나, 내가 고른 친구가 보통 가장 좋은 축에 끼지 못한다는 생각만 하지 않았다면—할아버지의 친구 스완도 유대계였으니까—친구가 유대인인 것은 원칙적으로 할아버지의 마음에 걸리지는 않았을 터이다. 그러므로 내가 새 친구를 데리고 왔을 때, 할아버지가 〈유대 여인〉*1의 '오, 우리 아버지이신 신이여'라든가 '이스라엘이여, 그대의 쇠사슬을 끊으라'*2 등을 입속으로 읊조리지 않는 일이란 좀처럼 드물었다. 물론 그 곡조(Ti la lam talam, talim)밖에 노래하지 않았지만, 나는 친구가 그걸 알아채고 가사를 제대로 다시 꾸미지나 않을까 겁내었다.

내 친구를 만나보기도 전에 단지 이름만 듣고서도—그 이름 중에는 이스라엘인다운 특징이 전혀 없는 것도 꽤 있었는데—할아버지는 실제로 유대인인 그 친구의 태생을 알아맞힐 뿐만 아니라, 때로는 그들 가족의 불미스러운 일까지 알아맞혔다.

"그런데 오늘 저녁에 오는 네 친구는 이름이 뭐지?"

"뒤몽입니다. 할아버지."

"뒤몽이라! 그거 의심스러운걸."

그리고 할아버지는 노래했다.

Archers, faites bonne garde!
Veillez sans trêve et sans bruit.
궁수(弓手)여, 잘 경계하라!
쉬지 말고 소리 없이 살펴라.

그리고 집안사람에 대해 더 명확한 질문들을 교묘히 던지고 나서 할아버지는 외쳤다. "조심, 또 조심!" 또는 이미 당사자가 와 있어 할아버지가 아무렇지 않게 슬쩍 심문한 결과, 친구가 자기도 모르게 태생을 털어놓고 말자

---

*1 19세기의 작곡가 알레비의 오페라.

*2 생상스 작곡 〈삼손과 데릴라〉 중에서.

할아버지는 이젠 의심할 여지가 없음을 우리에게 보여주려고 귀에 들릴락말락 다음과 같은 노래를 읊조리면서 우리를 바라보는 것으로 만족해했다.

De ce timide Israëlite
Quoi! vous guidez iei les pas!
어이한 일이뇨, 여기까지 데리고 오다니,
이 겁 많은 이스라엘 사람을!

또는,

Champs paternels, Hébron, douce vallée.
아버지들의 들이여, 헤브론이여, 그리운 골짜기여.

또는,

Oui, je suis de la race élue.
아무렴, 이 몸은 선택받은 민족의 자손.

할아버지의 이러한 사소한 버릇에는 내 친구에 대한 악의 같은 건 조금도 들어 있지 않았다. 그러나 블로크는 다른 이유 때문에 우리 집안사람들의 기분을 언짢게 했다. 그는 처음부터 아버지 비위를 거스르기 시작했는데, 그의 옷이 젖어 있는 것을 본 아버지는 관심을 갖고 그에게 물었다.

"아니, 블로크 군, 도대체 바깥 날씨가 어떤가? 비라도 왔나? 알 수가 없구먼. 청우계를 보면 날씨가 좋을 듯한데."

아버지는 다음과 같은 대답밖에 받지 못했다.

"비가 왔는지 안 왔는지는 절대로 입 밖에 낼 수 없어요. 저는 단연코 형체가 있는 세계의 우연성 밖에서 살기로 각오했기 때문에, 저의 감각은 그런 우연성을 알리는 수고를 하지 않습니다."

"어이없는 녀석이야. 저능아야, 네 친구는." 블로크가 돌아간 뒤 아버지가 나에게 말했다. "말이 되니? 오늘의 날씨마저 말 못한다는 게! 날씨보다 흥미로운 게 대체 어디 있단 말이냐! 그 녀석은 바보다."

다음으로 블로크는 할머니의 마음을 언짢게 했다. 왜냐하면 점심 식사 뒤 할머니가 약간 몸이 불편하다고 말하자 그가 흐느낌을 참으며 눈물을 닦았기 때문이었다.

"어떻게 그게 진정에서 우러나왔지?" 할머니가 나에게 말했다. "나와 잘 아는 사이도 아닌데. 아마도 머리가 돈 애일 거야."

그리고 마침내 블로크는 온 가족의 불만을 사고 말았다. 점심 식사에 한 시간 반이나 늦게, 더구나 흙탕물투성이로 와서 사과를 하기는커녕 이렇게 말했기 때문이었다.

"저는 기상의 변화에도 시간의 인습적인 구분에도 결코 구애되는 일이 없어요. 저는 아편 담뱃대나 말레이시아인의 단검 사용이라면 기꺼이 부활시키고 싶지만, 그보다 한없이 더 위험하고 게다가 부르주아 냄새가 코를 찌르는 시계와 우산 따위는 무시하지요."

만약 이것뿐이었다면 그는 콩브레에 또 올 수 있었을 것이다. 그러나 그는 집안사람들이 나를 위하여 바람직하게 여길 만한 친구가 아니었다. 물론 나중에는 할머니가 몸이 불편함을 하소연했을 때 그가 흘린 눈물이 거짓이 아니었음을 집안사람들도 알게 되었다. 하지만 집안사람들은, 감수성의 비약이 그 뒤의 행위나 우리 생활태도에 대해 근소한 지배력밖에 갖지 못한다는 것, 그리고 도덕적인 의무의 존중, 친구에 대한 성실성, 한 가지 일의 수행, 식이요법 엄수는 그런 열렬하고도 무익한 순간적인 흥분 속에서보다는 맹목적인 습관 속에 더 확실한 토대를 갖고 있다는 사실을 본능적으로 또 경험적으로 알고 있었던 것이다. 그래서 그들은 블로크보다 부르주아의 도덕률에 따라 친구 사이에 적당한 것 이상을 주지 않을 친구를 내 친구로 택했으리라. 어느 날 우연히 내가 그리워져서 과일 바구니를 나에게 보내는 일이 없을 친구를, 또 단지 상상력과 감수성의 움직임에 좌우되어 우정의 의무와 요구의 바른 균형을 나에게 유리한 쪽으로 기울이지 못하고, 오히려 그 바른 균형을 나에게 불리한 쪽으로 그르치게 하는 일이 없을 친구를 택했으리라. 설령 가족 가운데 잘못을 범한 이가 있더라도 쉽사리 가족에 대한 의무를 져버리지 못하는 사람이 있는데, 그 좋은 본보기로 대고모가 몇 년 전부터 조카딸과 사이가 나빠져 서로 말도 하지 않았지만 그렇다고 해서 그 조카딸에게 자기 재산 전부를 주기로 되어 있는 유언장을 고치지는 않았으니, 조카딸이 가장 가까운 친척이며, 재산을 물려주는 일 또한 '그녀의 의무'이기 때문이었다.

하지만 나는 블로크를 좋아했고, 집안사람들은 구태여 내 즐거움을 방해하려 들지 않았다. 게다가 '미노스와 파지파에의 딸'이라는 시구의 뜻 없는 아름다움에 대해서 나 자신에게 던진 난해한 질문은 점점 더 나를 괴롭혔다. 어머니는 내가 블로크와 또다시 이야기 나누는 것이 해롭다고 판단하고 있었지만, 나는 이 질문에 머리가 아파 어떻게든 해결하고 싶었다. 따라서 다음과 같은 일만 없었더라면 블로크는 콩브레에 다시 초대받았을 것이다. 그런데 그만 그 저녁 식사 뒤, 여인이란 누구나 연애밖에 생각하지 않는다, 그리고 남자의 힘으로 여인의 저항을 무찌르지 못한 예가 없다고 그가 나에게 가르치고—이 이야기는 뒤에 가서 나에게 더없이 큰 영향을 미쳐 처음에는 내 삶을 한결 행복하게 해주고, 그 다음에는 한결 불행하게 해주었는데—곧 이어서, 매우 확실한 소식통에 의하면 나의 대고모는 파란만장한 청춘을 보냈으며 늘 공공연히 사람들에게 둘러싸여 있었다고 나에게 단언했다. 나는 이 이야기를 식구들에게 가르쳐주지 않고는 배길 수가 없었다. 그 다음 블로크가 왔을 때, 식구들은 그를 내쫓았다. 그리고 그 뒤 거리에서 만나 내가 말을 건네려고 하자 그는 아주 냉담하게 굴었다.

그러나 베르고트에 관해서는 그의 말이 옳았다.

언젠가 열중하게 될 멜로디가 아직 확실히 식별되지 않는 경우처럼, 내가 나중에 베르고트의 문체에서 그토록 좋아하게 된 것이 처음에는 아직 눈에 띄지 않았다. 그의 소설을 읽기 시작하면 손에서 놓을 수 없었지만, 그건 오로지 줄거리에 흥미를 느끼기 때문이란 생각이 들었다. 마치 여인을 만나러 날마다 어느 모임이나 놀이에 가서, 자기는 그 모임이나 놀이의 재미에 푹 빠져 있는 거라고 여기는 사랑의 초기처럼. 그러다가 나는 조화의 숨은 물결이나 어떤 내적인 서곡이 그의 문체를 고조시켰을 때 그가 즐겨 쓰는 희귀한 표현, 거의 예스러운 표현이 있다는 사실을 깨달았다. 게다가 그러한 때 그는 '삶의 헛된 꿈'이라든가, '겉보기가 아름다운 무궁무진한 급류'라든가, '이해하고 사랑하려는 보람 없으면서도 감미로운 고뇌'라든가, '대성당의 존귀하고도 매력적인 정면 출입구를 영원히 고귀하게 하는 감동적인 인물상'에 대해 말하기 시작해, 아직 내가 모르는 철학의 모든 체계를 뛰어난 심상으로 나타냈는데, 그 심상에 의해 깨어난 하프의 노래는 긴장되어 가락을 높이고, 심상은 그 노래 반주에 숭고성을 부여하는 것이었다. 베르고트의 그러한 대목 가운데 하나를 다른 부분에서 떼어놓을 때, 세 번째인가 네 번째 것은 첫 번째 것에서 내가 느꼈던 기쁨과는 비교할 수 없는 기쁨을 주었는데, 그 기쁨은 나 자신의 보다 깊은 곳, 장애와 간격이 걷힌 듯한 보다 널따랗고 평탄한 곳에서 느낀 기쁨이었다. 왜냐하면 이전에 읽었을 때는 자각이 없는 상태에서 이미 기쁨의 원인이 되고 있었던 그 희귀한 표현에 대한 기호, 그 음악적인 심정의 토로, 그 이상주의 철학을 그때 나는 다시 인정하면서, 내 사상의 표면에 그저 선으로만 도형을 긋는 베르고트의 어떤 단편(斷片)에 접하고 있는 인상이 아니라, 그의 모든 작품에 공통된 '이상적 단편'에 접하고 있는 인상을 받았기 때문이며, 그러한 단편과 서로 비슷한 모든 대목이 하나로 합쳐지면서 이 단편은 어떤 깊이와 무게를 갖게 되어, 내 정신은 그것으로 말미암아 넓어지는 성싶었기 때문이다.

베르고트 숭배자는 나 혼자만이 아니었다. 그는 또한, 우리 어머니의 여자친구로 문학에 조예가 깊은 어느 부인이 좋아하는 작가였다. 뿐만 아니라 부르봉 의사는 베르고트의 신간을 읽느라고 환자를 기다리게 할 정도였다. 그처럼 이 의사의 진료실과 콩브레 근방의 뜰로부터 베르고트 애호의 첫 씨앗 몇 알이 날아갔는데, 그땐 매우 드물었으나 오늘날에 와서는 널리 퍼져 유럽이나 아메리카의 아주 작은 마을에 이르기까지, 여기저기에서 그 이상(理想)의 공통된 꽃이 발견된다. 어머니의 여자친구나 부르봉 의사가 베르고트의 작품 속에서 특히 좋아했던 것은 아마 내가 좋아한 것과 같은 것, 곧 그 율동적인 흐름, 그 고풍스러운 표현, 또 매우 간소하고 잘 알려진 다른 몇몇의 표현인 듯싶었는데 그런 표현을 사람들이 다 알도록 뚜렷하게 드러내는 위치가 베르고트 특유의 기호를 드러내주는 듯 보였다. 그리고 구슬픈 대목에는 어떤 퉁명스러움, 거의 쉰 목소리와 같은 가락이 있었다. 베르고트 자신도 거기에 그의 가장 큰 매력이 있는 줄 알고 있음에 틀림없었다. 왜냐하면 그 뒤의 저작에서 그가 어느 위대한 진리 또는 유명한 대성당의 이름에 부닥치거나 하면, 그는 이야기를 멈추고는 기원(祈願), 돈호법(頓呼法), 기나긴 기도 속에 그 숨결을 마음대로 발산하고 있기 때문이다. 그의 초기 작품에서는 그 발산이 산문 안쪽에 머물고 있어서 표면의 파동이 일고서야 비로소 약간 드러날 뿐이었는데, 이렇게 그 표면의 파동이 처음처럼 가려져 있을 때, 그리고 그 살랑거림이 어디서 생겨나고 어디로 사라지는지 뚜렷하게 가리킬 수 없을 때, 그 파동은 아마 좀더 잔잔하고 더할 나위 없이 조화로웠는지도 모른다. 그가 스스로 만족하고 있던 그 독특한 부분은 또한 우리가 좋아하는 부분이기도 했다. 나는 그러한 부분을 암기하고 있었다. 그리고 그가 이야기의 줄거리를 다시 잇기 시작하면 나는 실망했다. 소나무 숲이라든가, 우박이라든가, 파리의 노트르담 대성당이라든가 〈아탈리〉 또는 〈페드르〉 같은, 그때까지 나에게 그 아름다움이 감춰져 있던 무엇에 대해서 이야기할 적마다, 그는 하나의 심상 속에서 그 아름다움을 폭발시켜 나에게 전해주었다. 그러므로 그가 만약 가까이 다가가게 해주지 않았다면 내 허약한 지각으로는 식별하지 못했을 부분이 이 세상에 얼마나 많은가를 깨닫고, 나는 온갖 사물에 대하여, 무엇보다도 나 자신의 눈으로 볼 기회가 있는 것, 특히 프랑스의 역사적 건축물과 몇몇 바다 풍경에 대하여 그의 의견이나 은유를 들었으면 했는데, 그런 것을 자신의 작품 속에 끈질기게 인용하는 것으로 미루어보아, 그가 그러한 것을 풍부한 의미와 아름다움의 결정체로 생각하고 있는 것이 보였기 때문이다. 불행히도 나는 거의 모든 것에 대하여 그의 의견을 몰랐다. 그러나 그것이 내가 어떻게든 올라가려고 하는 미지의 세계로부터 내려오고 있는 이상, 내 의견과는 전혀 다르리라는 것을 나는 의심하지 않았다. 이 완벽한 정신에서 보면 내 생각 따위는 아주 어리석게 보일 거라고 믿어 마지않던 나는, 나의 하찮은 생각을 전부 싹 쓸어버리고 백지로 돌아갔다. 그래서 어쩌다가 그의 작품 속에서 나 자신이 전에 갖고 있던 생각과 맞부딪치는 일이 있으면, 마치 하느님이 친절하시게도 그 생각을 나에게 돌려주시고 그것을 정당하며 훌륭한 것으로 칭찬해주시기라도 한 듯이 내 가슴은 부풀어올랐다. 때로는 그의 한 페이지가, 잠 못 이루는 밤에 내가 자주 할머니나 어머니에게 썼던 편지와 같은 내용을 말하기도 했는데, 그때 베르고트의 그 페이지는 내 편지의 첫머리에 놓기 위한 인용구집처럼 보였다. 오랜 훗날에, 내가 책 한 권을 쓰기 시작했을 무렵 문장의 질이 충분하지 못하여 계속해서 쓸 결심이 서지 않았을 때, 나는 베르고트의 저술에서 그것과 같은 가치를 지닌 문장을 찾아냈다. 하지만 그 문장을 즐길 수 있던 것은, 그의 작품 속에서 그걸 읽었던 그때뿐이었다. 내가 그 문장을 쓸 때에는, 자신이 머릿속에서 깨달은 바를 문장이 정확하게 그려내고 있는지에 정신이 쏠려, '사실과 똑같지' 않을 걸 두려워하는 사이에 내가 쓰고 있는 것이 과연 좋은 문장인지 스스로 의심하게 돼버리는 것이었다. 그러나 실제로 내가 정말 좋아하던 것은, 그때 쓴 종류의 문장, 그때 나타내려 했던 종류의 사상뿐이었다. 내 불안하고도 불만스러운 노력은 그 자체가 사랑의 표시, 기쁨은 없으나 속 깊은 사랑의 표시였다. 그러므로 이렇게 다른 이의 작품에서 갑자기 그런 문장을 찾았을 때, 말하자면 이제는 거리낌이나 엄격함도 없고 자기를 괴롭힐 필요도 없을 때 나는 비로소 그런 문장에 대한 나의 기호에 몸을 맡기고 더할 나위 없는 기쁨을 느끼는 것이었다. 마치 요리사가 음식에 더 손댈 필요가 없고 나서야 비로소 음식 맛을 즐기는 틈을 갖듯이. 하루는 베르고트의 책 안에서 늙은 하녀에 관하여 농담하는 구절에 부딪쳤는데, 그 농담은 작자의 매우 장중한 필치 때문에 더욱 풍자적이었으나, 실은 내가 곧잘 프랑수아즈에 대하여 할머니에게 말하던 때에 한 것과 같은 농담이었다. 또 한 번은 우리의 친구인 르그랑댕 씨에 관해 내가 했던 바와 비슷한 고찰을, 그가 진리의 거울인 그의 책에 실릴 만하다고 판단하고 있는 것을 찾아냈을 때(프랑수아즈와 르그랑댕 씨에 관한 고찰 따위는 베르고트가 그런 것에 흥미를 느끼지 않는다고 생각했다면 헌신짝처럼 던져버렸으리라) 돌연, 나의 보잘것없는 생활과 참의 왕국과의 거리는 생각만큼 그렇게 떨어져 있지 않다, 그 둘은 어느 점에선 일치까지 하고 있다는 생각이 들어, 믿음과 기쁨에 가슴이 꽉 차, 마치 다시 만난 아버지에게 안긴 듯이 이 작가의 페이지 위에 눈물을 떨어뜨렸다.

그 작품을 통해 나는 베르고트를, 자식을 잃어버리고 결코 위로받은 적 없는 실의에 빠진 약하디약한 노인처럼 떠올리고 있었다. 그래서 나는 씌어 있는 것보다 아마 더 부드럽고 느리게 마음속으로 그의 산문을 읽고 노래했다. 그리하여 가장 단순한 문장마저 감동적인 억양으로 나에게 말을 건네왔다. 무엇보다도 나는 그의 철학을 좋아하여, 이미 영원히 그것에 몸을 바치고 있었다. 그 때문에 빨리 중고등학교 철학반*에 들어가는 나이가 되고 싶었다.

* 철학반은 중고등학교의 최상급반(졸업반).

그러나 그 학급에 가서는 주로 베르고트의 사상만으로 살아가고 다른 것은 하지 않기로 마음먹고 있어서, 만일 그 학급에서 내가 좋아하게 될 형이상학자들이 그와 하나도 닮지 않은 인간일 거라고 나에게 말하는 이가 있었다면, 한평생 한 여인을 사랑하려는 남자가 훗날에는 다른 애인들을 몇 명이나 가질 거라고 놀림을 받을 때와 같은 절망을 느꼈을 것이다.

어느 일요일에 나는 뜰에서 책을 읽다가, 부모님을 만나러 온 스완 때문에 방해받게 되었다.

"뭘 읽나요, 좀 봐도 좋을까? 저런, 베르고트로군? 누가 자네에게 그의 작품을 가르쳐주던가?"

나는 블로크였다고 말했다.

"아아, 그래! 전에 여기서 한 번 만난, 벨리니(Bellini)*1가 그린 마호메트 2세*2 초상과 꼭 닮은 학생 말이군. 정말 꼭 닮았어. ㅅ자 모양 눈썹도 같고, 구부러진 코며 튀어나온 광대뼈도 같고. 수염만 길렀다면 틀림없이 같은 인물이지. 아무튼 그는 좋은 취미를 갖고 있군. 베르고트로 말하자면 참으로 매력적인 재치를 지닌 이니까." 그리고 내가 얼마나 베르고트에게 감탄하고 있는지 살펴보면서, 평소에는 좀처럼 아는 사람에 관한 말을 하지 않는 스완이 친절하게도 나에게 말했다.

"나는 그분과 잘 아는 사이지. 혹시 자네가 갖고 있는 책 첫 장에 그가 한마디 써주길 바란다면, 그분에게 부탁해봄세."

나는 감히 부탁할 용기가 없었지만, 그 대신 베르고트에 관해 이것저것 물었다. "그분이 좋아하는 배우는 누군지 아십니까?"

"남자 배우는 잘 모르겠군. 다만 내가 알기로 그는 라 베르마를 가장 높이 평가하고, 남자 배우 중에는 그만한 사람이 없다고 하지. 라 베르마의 무대를 보았나?"

"못 봤습니다. 어른들이 극장가는 것을 허락해주지 않아서요."

"유감이군. 허락해달라고 부탁해보게. 〈페드르〉나 〈르 시드〉에 나오는 라 베르마도 물론 한낱 여배우에 지나지 않는다고 말할 수 있겠지. 그러나

*1 베네치아의 화가(1429~1507).

*2 오스만 투르크 제국의 제7대 군주(1430~82).

나는 알다시피 그 예술의 '등급!'이라는 걸 그다지 믿지 않으니까."(이때까지 스완과 할머니의 자매들과의 대화중에서 자주 내 귀를 때렸던 것처럼, 그가 진지한 이야기를 할 때나 중대 문제에 관한 의견이 포함된 듯한 표현을 쓸 때에는 주의 깊게 그 표현을 유별나고 기계적인 비꼬는 투의 억양 속에 고립시켜, 책임지고 싶지 않다는 듯 그것을 인용부호 안에 넣어 "알다시피 어리석은 사람들이 말하는 그 '등급'이라는 걸"이라고 말하는 것을 나는 이때 눈치챘다. 하지만 그렇다면, 그게 어리석은 줄 알고 있으면서 왜 그는 등급을 운운했을까?) 잠시 뒤 그는 덧붙였다. "라 베르마의 무대는 어떠한 걸작에도 견줄 만한 숭고한 시각을 자네에게 줄 걸세. 뭐랄까……." 이렇게 말하고 그는 웃어댔다. "이를테면 〈샤르트르의 왕비들〉*에 견줄 만한!" 이때까지 나는, 진지하게 자기 의견을 나타내기 싫어하는 그의 태도에 뭔가 우아한 파리풍의 취미가 있는 게 틀림없으며, 그것은 할머니 여동생들의 시골티 나는 독단에 대립하는 것으로 생각해왔다. 그것은 또한 스완이 드나드는 무리에서 하는 재치의 형태이며, 그 무리에서는 전 세대의 서정적 어조에 대한 반동으로써 옛적에는 비속하다고 여긴 작고도 정확한 사실을 과도하게 부활시켜 '미사여구'를 추방하고 있는 것으로 생각해왔다. 그러나 나는 지금 사물 앞에서 취하는 스완의 이러한 태도에 뭔가 신경을 건드리는 점이 있음을 느꼈다. 그는 뚜렷한 의견을 가지려 하지 않으면서, 한편 정확한 설명을 세밀하게 하지 않고서는 안심을 못하는 듯 보였다. 그런데 그러한 세부의 정확성을 중요시하는 그 자체가 이미 의견을 나타내는 것임을 그는 알아채지 못했다. 나는 그때, 다시 그 저녁 식사 때의 일을 생각했다. 어머니가 내 방으로 올라오지 않을 것이 뻔해 몹시 슬펐던 그 저녁 식사 때, 그 자리에서 스완이 레옹 대공부인 댁의 무도회는 조금도 중대하지 않다고 말한 그 저녁 식사 때의 일을. 그런데 스완은 바로 이러한 쾌락을 위해 자신의 삶을 바치고 있었다. 나는 그런 모든 게 모순처럼 생각되었다. 사물에 대해 생각한 바를 진지하게 말하거나, 판단을 인용부호 안에 넣지 않고 나타내거나, 한쪽으로는 어리석은 짓이라고 공언하고 있는 일에서 몸을 빼거나 하는 것을, 도대체 그는 다른 어떤 삶을 위하여 남겨두었는가? 나는 또 베르고트에 대하여 말하는

---

* 샤르트르 대성당의 서쪽 현관에 있는 13세기의 군상 중의 왕비들.

스완의 말투에, 그에게 특유한 것이 아니라 그 무렵 베르고트의 모든 예찬자, 어머니의 여자친구와 부르봉 의사에게도 공통된 무엇이 있는 것에 주목했다. 스완과 마찬가지로 그 사람들도 베르고트에 대하여 이렇게 말했다. "매력적인 재치의 소유자, 아주 특출한 분이죠. 약간 꾸며낸 듯하지만 매우 쾌적한 그분 특유의 표현법을 가지고 계세요. 서명을 보지 않고서도 금세 그분 작품이라는 걸 알아내죠." 그러나 아마 아무도 이렇게까지 확실히는 말하지 않았을 거다. "그분은 위대한 작가입니다. 위대한 재능의 소유자입니다." 그들은 그에게 재능이 있다고조차 말하지 않았다. 그들이 그렇게 말하지 않은 건 그 재능을 몰랐기 때문이었다. 새 작가의 독특한 외모만 보고는 우리의 일반적인 관념이 전시되어 있는 박물관에서 '위대한 재능'이라 불리고 있는 전형을 알아보기엔 무척 긴 시간이 걸린다. 그 외모는 그것이 새롭다는 바로 그 점 때문에, 우리가 재능이라고 일컫는 바와 꼭 닮았다고 생각하지는 않기 때문이다. 우리는 그것을 차라리 독창성·매력·섬세함·힘이라고 말한다. 그리고 그 뒤 어느 날, 우리는 그 모든 것이 바로 재능이란 사실을 이해한다.

"베르고트의 작품 중에서 라 베르마에 대한 것이 있나요?" 나는 스완 씨에게 물었다.

"라신에 관해 쓴 소책자 내용 중에 있는 걸로 기억하는데 그 책은 절판됐을걸. 그렇지만 재판이 나와 있는지도 모르지. 문의해보겠네. 게다가 나는 자네가 희망하는 것은 무엇이고 베르고트에게 부탁할 수 있네. 그 사람, 일년 내내 한 주도 빼놓지 않고 우리집에 와서 식사를 하니까. 우리 딸과는 아주 사이가 좋지. 둘이서 옛 시가, 대성당, 성 같은 곳에 곧잘 구경 가네."

내게는 사회적인 계급 관념이 하나도 없었다. 그래서 스완 부인이나 스완 아가씨와의 교제는 불가능하다고 한 아버지의 의견은, 그녀들과 우리 식구들 사이에 커다란 거리가 있는 듯한 상상을 불러일으켜 도리어 그녀들에게 빠지게 만들고 말았다. 스완 부인이 남편을 위해서가 아니라 샤를뤼스 씨의 마음에 들려고 머리에 물을 들이고 입술에 연지를 칠하고 있다고, 이웃의 사즈라 부인이 말하는 것을 들은 일이 있어서 나는 그렇게 하지 않는 어머니가 못내 아쉬웠다. 또 우리가 스완 부인의 멸시를 받는 과녁이 되고 있는 게 틀림없다고도 생각했다. 이러한 생각은 스완 아가씨 때문에 특히 내 마음을 괴롭혔으니, 들리는 말로 그녀는 정말 예쁜 소녀라고 해서, 나는 자주, 내 멋대로 언제나 똑같은 귀여운 얼굴을 그녀의 얼굴로 상상하고 있었던 것이다. 그러나 스완 아가씨가 드문 조건을 갖춘 존재로 마치 처음부터 그리 태어난 것처럼 수많은 특권의 한가운데 있다는 것, 그래서 그녀가 집안사람에게 오늘 저녁 식사 손님은 누구냐고 물으면 베르고트라는 빛으로 가득 찬 음절, 그 황금빛 손님의 이름, 하지만 그녀로서는 자기 집안의 옛 벗에 지나지 않는 그 사람의 이름을 집안사람이 대답한다는 것, 또 나에게는 대고모의 대화에 해당하는 식탁에서의 친밀한 잡담이 그녀에게는 베르고트가 여태껏 책에서 다루지 않았던 온갖 주제에 관한 말이며 바로 내가 듣고 싶어하는 그의 신탁(神託)이라는 것, 그리고 끝으로 그녀가 여러 시가를 구경하러 갈 때 베르고트가 그녀의 곁을 따라 마치 인간 사이에 내려온 신들처럼 남모르게 또한 영광으로 빛나며 걸어간다는 것을 알았을 때, 나는 스완 아가씨와 같은 인간의 가치를 깨달음과 더불어 그녀의 눈에 나라는 존재가 얼마나 거칠고 무지하게 보일까 생각하여 그녀의 벗이 된다는 게 얼마나 즐거울지 느끼는 한편 그것이 얼마나 불가능한지를 느껴서 희망과 절망으로 가득 차버렸다. 그래서 이제는 그녀를 생각할 때면 가끔 어느 대성당 정문 앞에서 나에게 조각상의 뜻을 설명하면서, 그리고 나를 칭찬하는 미소를 지으며 베르고트에게 나를 자기의 벗으로 소개하는 그녀가 머릿속에 떠올랐다. 대성당이 내 마음에 떠올리게 하는 온갖 사상의 매력, 일 드 프랑스의 언덕과 노르망디 평야의 매력이 내가 마음속으로 그리는 스완 아가씨의 형상 위에 늘 그 아름다운 그림자를 띄우고 있었다. 즉 나는 언제라도 그녀를 사랑할 준비가 되어 있었던 것이다. 사랑이 우리로 하여금 뚫고 들어가게 하는 미지의 삶을 같이 할 상대가 있다는 생각, 바로 이것이야말로 사랑이 생겨나는 온갖 조건 중에서 사랑에 가장 필요한 것이며, 그 밖의 것은 그다지 대수롭지 않다. 남성을 단지 풍채로만 판단한다고 주장하는 여인들마저 이 풍채 속에 어느 독특한 생활이 풍기는 무엇을 알아본다. 때문에 그러한 여인들도 군인이나 소방수와 사랑에 빠진다. 제복 덕분에 그녀들은 그의 용모에 대해 꽤 너그러워진다. 여인들은 그들의 갑옷 밑의, 그 인간과는 다른, 모험을 좋아하는 부드러운 마음에 입맞춘다고 믿는 것이다. 또 젊은 군주나 황태자는 그가 방문한 타국에서 아름다운 사냥감을 손안에 넣으므로 평범한 주식 중개인에겐 반드시 있어야 하는 균형 잡힌 옆얼굴 따위가 별로 필요치 않은 것이다.

내가 뜰에서 책을 읽고 있는 동안—일요일이 아닌 다른 날에 내가 이렇게 했다면 대고모가 이상히 여겼으리라. 주일에는 진지하게 일하는 것이 금지되어 있었으므로 대고모는 뜨개질조차 손대지 않았다(이것이 주일 아닌 다른 날이었다면 그녀는 "아니, 너는 또 책이나 읽으며 놀고 있구나. 주일도 아닌데"라고, 놀고 있다는 말에 어린애 장난이라는 뜻과 시간 낭비라는 뜻을 담아 말했을 것이다)—레오니 고모는 윌라리가 올 시간을 목 빠지게 기다리면서 프랑수아즈와 잡담하고 있었다. 그녀는 조금 전 구필 부인이 지나가는 걸 보았다고 말했다. "우산도 들지 않고, 샤토됭에서 맞춘 비단 드레스를 입고 있었어. 만약 저녁기도 시간까지 멀리 다녀올 작정이라면 옷을 흠뻑 적실걸."

"아마, 어쩌면요(아닐지도 모른다는 뜻)." 보다 바람직한 가능성을 단호하게 배제하지 않으려고 프랑수아즈는 그렇게 말했다.

"아차." 고모는 이마를 찰싹 두드리며 말했다. "이제 생각이 나는군. 그분이 거양성체가 끝난 뒤에 성당에 도착하지나 않았는지 윌라리에게 잊지 말고 꼭 물어봐야지……. 프랑수아즈, 저것 좀 봐요, 종루 뒤 저 검은 구름을. 저 슬레이트 위의 이상한 빛깔의 햇빛을. 틀림없이 오늘 중으로 한바탕 비가 올 거야. 이대로 그냥 지나갈 리 없다고. 너무 더운걸. 빠르면 빠를수록 좋으련만. 소나기가 쏟아지지 않고서는 아까 마신 비시 약수가 배 밑으로 내려가지 않을 테니까" 하고 고모는 덧붙였다. 고모의 머릿속에서는 구필 부인의 드레스가 망가질 걱정보다도 비시 약수를 빨리 소화하고픈 소원 쪽이 더 간절했던 것이다.

"아마, 어쩌면."

"게다가 만약 광장에서 비를 만나면 거기엔 비를 피할 적당한 곳이 없지. 어머, 벌써 3시인가 봐?" 고모는 갑자기 얼굴빛이 창백해지면서 외쳤다. "그럼 저녁기도가 시작되겠군. 소화제 먹는 걸 잊었어! 이제야 알겠어, 왜 비시 약수가 위장에 걸려 있는지."

그러고 나서 고모는 보랏빛 비로드 표지에다 금빛 고리가 달린 미사 책으로 달려가면서 서두는 통에, 축일의 페이지를 표시하려고 책에 끼워뒀던 노랗게 된 종이 레이스로 테를 두른 상본(像本) 여러 장을 떨어뜨리고, 소화액 몇 방울을 단숨에 삼키면서 미사 책을 읽기 시작했는데, 비시 약수를 마신 지 한참 뒤에 소화액을 마신지라, 그래도 소화액이 지금부터 뒤쫓아가 약수를 밀어내릴 수 있을지 의심스럽다는 생각에, 성경 구절의 뜻이 흐리멍덩해져서 알쏭달쏭한 듯싶었다. "벌써 3시라니, 시간이 지나가는 건 정말이지 믿을 수 없어!"

무엇인가 부딪친 것처럼 유리창을 때리는 작은 소리가 한 번 울렸다. 다음에 창 위쪽에서 뿌려진 듯한 모래알처럼 수북하고도 가벼운 낙하가 이어지고, 그 낙하는 넓어지며, 고르게 되고, 리듬을 띠며, 흐르고, 울리며, 음악처럼, 헤아릴 수 없이, 고루고루 퍼졌다. 비였다.

"봐요, 프랑수아즈, 내가 말한 대로지? 참 잘도 오신다! 아니, 뜰 쪽 문 방울 소리가 들린 것 같은데. 잠깐 가서 누가 왔는지 보고 와요. 이런 날씨에 밖에 있다니."

프랑수아즈가 돌아왔다.

"아메데(내 할머니의 이름) 마나님이세요. 한 바퀴 돌고 오시겠다는군요. 비가 억수처럼 오는데 말이에요."

"조금도 놀라운 일이 아니지." 고모는 하늘 쪽으로 눈길을 보내면서 말했다. "내가 늘 말했듯이 그분은 보통 사람과는 전혀 다른 기질을 타고나셨거든. 이런 날씨에 바깥에 있는 게 내가 아니라 그분이니 얼마나 다행이야."

"아메데 마님은 늘 남들과 매우 다르시죠." 프랑수아즈는 상냥하게 말하여 할머니가 '정신이 좀 돌았다고' 여기는 점을 입 밖에 내는 것을, 다른 하인들하고 있을 때를 위하여 남겨두었다.

"자아, 성체 강복식이 끝났어! 이젠 윌라리도 오지 않을 거야." 고모는 한숨지었다. "날씨에 겁이 난 거야."

"그렇지만 5시가 안 됐어요, 옥타브 마님. 아직 4시 반인걸요."

"4시 반밖에 안 됐다구? 그런데도 작은 커튼을 올려서 고약한 햇살을 방에 들여야 한다니. 4시 반인데 말이야! 풍작 기원 축일을 앞둔 일주일 전인데 좋지 못한 현상이야. 프랑수아즈! 천주께서 우리 때문에 화나신 게 틀림없어요. 그렇고말고. 요즘 사람들은 너무하다니까! 돌아가신 옥타브가 말했듯이, 천주님을 지나치게 잊고 있거든. 그래서 천주님이 복수하시는 거야."

고모의 양 볼에 살짝 붉은 기가 돌았다. 욀라리가 온 것이었다. 그런데 공교롭게도 욀라리가 들어오자마자 프랑수아즈가 다시 돌아와서, 자기의 말이 고모를 기쁘게 하리라 확신한 채 그 기쁨을 나누고자 하는 미소를 지으며 훌륭한 하녀로서, 손님이 공손히 쓴 말을 간접화법을 써서 그대로 알리고 있는 것을 나타내기 위해 한 음절 한 음절을 똑똑히 발음했다.

"만약 옥타브 마님께서 지금 휴식하지 않으셔서 뵙는 걸 허락해주신다면 주임사제님은 매우 기쁘게 생각할 것입니다. 사제님은 폐를 끼치지나 않을까 하고 송구스러운 마음을 금치 못하고 계십니다. 사제님은 아래층에 계십니다. 제가 손님방으로 들어오시라고 여쭈었습니다."

사실 주임사제의 방문은 프랑수아즈가 짐작한 만큼 고모에게 큰 기쁨을 주던 게 아니어서, 사제의 방문을 알릴 때마다 프랑수아즈가 짐짓 꾸며야 한다고 스스로 믿고 있던 얼굴에 기쁜 빛 가득한 모양도, 병자의 기분에 완전히 들어맞는 것은 아니었다. 주임사제(이 훌륭한 인물과 좀더 많은 이야기를 나누지 않았던 것을 뉘우친다. 왜냐하면 그는 예술은 조금도 이해하지 못했으나 어원학(語源學)에는 조예가 깊었기 때문이다)는 성당을 찾아온 이름난 인사에게 성당에 관한 여러 지식을 제공하는 데에 익숙해(그는 콩브레 소교구에 관한 책을 쓸 의향마저 가지고 있었다) 끝없고도 한결같은 설명으로 고모를 지치게 했던 것이다. 게다가 그의 방문이 욀라리의 방문과 겹치게 되었으니, 고모에게는 명백히 유쾌하지 못한 노릇이었을 것이다. 고모는 욀라리한테서 여러 가지를 알아내고 싶었으므로 한꺼번에 두 사람을 만나고 싶지 않았다. 그러나 감히 사제를 만나지 않을 수도 없어서 고모는 욀라리에게 오직 몸짓으로, 사제와 함께 돌아가지 않기를, 사제가 돌아간 뒤에 잠시 동안 있어 주기를 바란다고 표시했다.

"사제님, 들리는 말에 의하면 유리창에 그림을 그리기 위해 성당 안에 화판들을 버티어놓은 화가가 있다고 하던데 나는 이 나이에 이르기까지 그런 이야기는 한 번도 들은 적 없다고 단언해도 좋아요! 요즘 사람들은 도대체 뭘 원하고 있는 걸까요! 성당 안에서 그런 보기 흉한 일이 일어나다니!"

"아니, 그게 보기 흉한 일이라고까지는 말할 수 없습니다. 왜 그런고 하니, 생틸레르에는 구경할 만한 가치가 있는 부분도 여럿 있습니다만 우리 가련한 성당에는 아주 낡은 다른 부분도 있기 때문이죠. 이것은 온 주교관구

(主教管區) 가운데 아직 수리되지 않은 단 하나의 성당입니다! 말이 아닙니다. 정문은 더럽고 아주 낡았습니다. 그래도 장엄한 풍치는 여전하지만요. 에스더가 그려진 그림 유리창은 그래도 좋다고 합시다. 하기야 나는 누가 그걸 사라고 해도 두 푼도 안 내겠지만, 그 방면에 정통한 사람들은 상스 대성당에 있는 에스더의 그림 유리창 바로 다음가는 것이라고 하죠. 어쨌든 그것에는 얼마간 사실주의적인 부분과 더불어, 말 그대로 훌륭한 관찰 안목이 드러난 부분이 있다는 건 인정합니다. 그러나 그림 유리창에 대한 이야기라면, 안 하니만 못하죠! 그다지 햇살을 들여보내지 않는 창, 뭐라고 형용할 수 없는 색채의 반사로 사람 눈을 속이기까지 하는 창을 높이가 같은 포석이라곤 하나도 없는 이 성당 안에 그대로 둔다는 것이 과연 제대로 된 처사일까요? 내가 그 포석을 바꾸려고 해도 이건 콩브레 역대 수도원장의 묘석이다, 이건 옛 브라방 백작인 게르망트 영주의 묘석이다 따위의 핑계로 사람들이 못하게 하지 뭡니까. 그런데 이 영주들은 오늘의 게르망트 공작과 공작부인의 직계 조상입니다. 왜 그런고 하니, 공작부인은 게르망트 가문의 따님이신데 그 사촌오빠와 결혼했기 때문이죠."(우리 할머니는 대인관계에 무관심한 분이라서 이름을 모두 혼동해버려, 게르망트 공작부인의 이름이 사람들의 입에 오를 적마다 그녀가 빌파리지 부인의 친척임에 틀림없다고 우긴다. 모두가 웃음을 터뜨리자 할머니는 어떤 통첩장을 핑계 삼아 변명하려고 애썼다. "그 통첩장 안에 게르망트 가문이라고 씌어 있었던 것 같은데." 나도 할머니의 기숙학교 시절의 벗이 주느비에브 드 브라방의 후손인 한 여인과 관계있다고는 생각할 수 없어서, 이때만큼은 다른 사람들과 한패가 되어 할머니에게 반대했었다) "루생빌을 보십쇼. 옛날에는 펠트 모자와 괘종 장사로 크게 발전했는지도 모르겠지만, 오늘날에는 겨우 소작인들의 소교구에 지나지 않습니다.—나는 루생빌(Roussainville)의 어원을 확실히는 모릅니다. 다만 예를 들어 샤토루*[1]가 곧 'Castrum Radulfi'*[2]인 것처럼, 그 이름이 본디 루빌*[3] 곧 'Radulfi villa'*[4]이었으리라는 것은 쉽사리 짐작됩니다. 하지만 이

*1 홍모족(紅毛族)의 성(城).

*2 라틴어로 Châteauroux의 뜻.

*3 홍모족의 별장.

*4 라틴어로 Rouville의 뜻.

에 대해서는 나중에 다시 말씀드리죠—그런데 말입니다. 루생빌의 성당에는 거의 전부가 근대적이라고 해도 좋을 만큼 웅장하고 화려한 그림 유리창들이 있어요. 그리고 바로 이 콩브레에 있어야 마땅한 위엄 있는 '루이 필립의 콩브레 입성' 같은 것은, 들리는 말에 의하면 샤르트르 성당의 유명한 그림 유리창에 견줄 만할 정도입니다. 사실 어제 취미로 미술을 즐기는 페르스피에 의사 선생님의 형제분을 뵈었는데, 그분은 그 그림 유리창을 가장 훌륭한 작품 가운데 하나라고 보고 있더군요. 그런데 나는 그 화가, 매우 예의 바르고 또 정말 화필(畫筆)의 명수로 보이는 그 화가에게 말해보았습니다. 도대체 이 그림 유리창의 어디가 비상하다고 생각하십니까? 이건 다른 것들보다 한층 우중충한데요, 하고 말입니다."

"만약에 신부님이 그렇게 주교님께 여쭈어보신다면" 하고, 피곤이 몰려오는 것을 느끼기 시작한 고모가 기운 없이 말했다. "주교님은 새 그림 유리창으로 바꾸는 것을 말리시지 않을 거예요."

"그렇다면 오죽이나 좋겠습니까, 옥타브 부인." 사제가 대답했다.

"그런데 바로 그 주교님이, 고양이 목도 아닌 이 가여운 그림 유리창에 방울을 달아놓으셨습니다. 다시 말해서 주교님께서 처음으로 증명하셨습니다. 이 그림 유리창이 게르망트 영주 질베르 르 모베, 곧 생틸레르 님으로부터 사죄를 받으신 게르망트 가문의 따님 주느비에브 드 브라방의 직계인 영주님을 그린 것이라는 사실을."

"하지만 나는 모르겠는데요, 어디에 생틸레르 님이 그려져 있는지?"

"아니, 그림 유리창 한구석에 계신 노란 옷을 입은 귀부인을 주의 깊게 보신 적이 없으신가요? 그렇지요! 그게 생틸레르 님이신데, 아시다시피 지방에 따라서는 그 이름을 생틸리에, 생텔리에라고 부르고 있는데, 쥐라 지방에서는 생틸리라고도 부르죠. 이러한 호칭은 Sanctus Hilarius가 여러 가지로 바뀐 것인데, 사실 복자(福者)들의 이름이 변한 것 중에서는 그다지 신기한 축에 끼는 것도 아닙니다. 이를테면 말입니다. 욀라리 아주머니, 아주머니의 수호성녀 상크타 에우랄리아(Sancta Eulalia)가 부르고뉴에서 어떻게 불리고 있는지 아십니까? 단지 생텔루아(Saint Eloi)라고 불립니다. 그 성녀는 남자 성인으로 변했죠. 아시겠습니까, 욀라리 아주머니, 아주머니는 돌아가시면 남자가 되고 마는 겁니다."

"사제님은 늘 농담만 하신다니까요."

"질베르의 형제인 샤를 르 베그는 신심 깊은 분이셨지만, 아버님 되시는 페팽 랭상세 님을 정신병으로 일찍 여의신 뒤로는 교양이 모자라는 젊은이의 온갖 자만심과 더불어 최고 권력을 마구 휘둘렀습니다. 시가에서 눈에 띈 어느 한 사람의 얼굴이 머리에 떠오르지 않는다고, 곧 주민의 마지막 한 사람까지 모두 살육했습니다. 질베르는 샤를에게 복수하려고 콩브레 성당을 불사르게 했는데, 이것은 그 시절의 초대 성당이었습니다. 그것은 테오드베르(Théodebert)가 이 근처, 곧 티베르지(Thiberzy, 즉 Theodeberciacus)에 있었던 성관에서 신하들과 함께 나가 부르군트인과 한바탕 싸움을 벌이려 했을 때, 만약 생틸레르가 자기에게 승리를 준다면 그 무덤 위에 성당을 세우기로 맹세했던 바로 그 성당이었던 것입니다. 질베르가 불살라버려서 지금은 성당 지하실만 남아 있는데, 테오도르가 그곳에 여러분을 안내했을 것입니다. 그 뒤 질베르는 기욤 르 콩케랑*의 힘을 얻어 이 불쌍한 샤를을 멸망시켰습니다. 그래서 오늘날에도 영국인이 많이들 찾아오는 거죠. 그러나 질베르는 콩브레 주민의 공감을 얻지 못한 것 같아요. 왜냐하면 콩브레 주민들은 미사가 끝난 뒤 밖으로 나온 그에게 달려들어 그의 머리를 베었으니까. 하기야 그러한 사정은 테오도르가 여러분께 빌려드리는 소책자에도 설명돼 있습니다만.

하지만 우리 성당에서 의심할 여지없이 가장 신기한 것은 종루에서 바라보는 전망인데, 이것이 참으로 장관입니다. 그야 물론 부인께서는 튼튼하시지 못하니까, 우리의 아흔일곱 층계를 올라가시기를 권하지는 않겠습니다. 밀라노에 있는 유명한 두오모의 꼭 절반 규모인데, 머리를 부딪치지 않으려면 허리를 구부리고 올라가야 하므로 매우 건강한 분도 지치고, 또 계단의 거미줄이란 거미줄이 모조리 옷에 묻으니까요. 아, 그리고 옷을 두툼하게 입고 올라가야 합니다." 사제는 (고모도 종루에 올라갈 수 있다는 식의 그 말투 때문에 일어난 고모의 분노를 알아채지 못하고) 이야기를 덧붙였다. "왜 그런고 하니, 먼저 꼭대기에 다다르고 보면 바람이 휘몰아치니까요! 어떤 분은 거기서 얼어 죽을 뻔했다고 합니다. 그런데 그런 건 아랑곳없이, 주일

* 정복왕 윌리엄 1세. 사제는 기롬이라고 발음하였음.

에는 언제나 이 정상에서 장관을 구경하려는 사람들이 아주 먼 곳에서까지 무리를 지어 와서는 모두들 흐뭇해 돌아갑니다. 두고 보세요, 만약 날씨만 이대로 간다면 오는 주일은 풍작 기원 축일이기도 하니 틀림없이 많은 사람을 보실 겁니다. 또 말해둬야 할 점은, 거기에서는 광야 위에 아주 유별난 특징이 있는 조망이 보여 마치 선경을 엿보는 듯한 기쁨을 맛보게 된다는 것입니다. 날씨만 좋다면 베르뇌유까지 볼 수 있습니다. 특히 평소에는 한쪽만 보이던 여러 가지가 한꺼번에 명확히 보입니다. 예를 들어 비본 냇물의 흐름이나 생타시즈 레 콩브레 도랑 같은 것인데, 비본 냇가는 이러한 도랑을 둘러싸고 있는 커다란 나무들의 휘장으로 나누고 있지요. 다시 예를 들자면, 주이 르 비콩트(어원은 아시다시피 Gaudiacus vice comitis*입니다)의 수많은 운하도 마찬가지입니다. 나는 주이 르 비콩트에 갈 때마다 운하의 한 끄트머리를 보기는 봅니다. 다음에 길을 돌면 또 다른 부분이 보입니다만, 그때에는 이미 먼저 것은 보이지 않습니다. 나는 그것들을 머릿속에서 모두 아우르려고 하지만, 다 헛일이고 별 효과가 없었습니다. 그런데 생틸레르의 종루에서 보면 사정이 달라지죠. 그것은 마치 이 고장을 잡는 그물처럼 펼쳐져 있습니다. 단지 물만은 가리지 못합니다. 말하자면 커다란 여러 균열이 보기 좋게 시가를 구획하고 있다고나 할까, 칼을 넣어 잘라놓은 브리오슈의 각 부분이 아직 붙어 있는 모양처럼 보인단 말이죠. 제대로 보려면 생틸레르의 종루와 함께 주이 르 비콩트에도 있어야만 하겠지요."

사제가 어찌나 고모를 피곤하게 했는지, 그가 떠나가자마자 고모는 욀라리도 돌려보내야만 했다.

"이봐요, 욀라리 할멈." 고모는 손이 닿는 곳에 놓아둔 작은 지갑에서 동전 한 닢을 꺼내면서 모기만한 목소리로 말했다. "이거 받아요. 기도할 때 나를 잊지 않기 위해서."

"어쩌나! 옥타브 마님, 몸 둘 바를 모르겠군요. 쇤네가 이러기를 바라고 온 게 아닌 줄 잘 아시면서!" 욀라리는 매번 있는 일인데도 처음인 것처럼 망설이고 당황하며, 그리고 뚜렷하게 난처한 표정으로 말했는데 이는 고모를 유쾌하게 했을 뿐 결코 불쾌하게는 하지 않았다. 왜냐하면 어느 날 욀라

* '자작의 기쁨'이라는 뜻의 라틴어.

리가 돈을 받으면서 여느 때보다는 좀 덜 당황한 표정을 지었는데, 나중에 고모가 이렇게 말했기 때문이다.

"욀라리가 왜 그랬는지 모르겠어. 여느 때와 똑같이 주었는데도 별로 기쁘지 않은 모양이었으니 말이야."

"욀라리가 불평할 이유가 뭐가 있겠어요." 프랑수아즈는 한숨지었다. 프랑수아즈에게는, 고모가 자기 또는 자기애들을 위해 주는 것은 잔돈푼이라고 생각하면서, 주일마다 프랑수아즈의 눈에도 띄지 않을 만큼 몰래 욀라리에게 쥐어주는 은화는 은혜를 모르는 자 때문에 분별없이 낭비되는 귀한 재물처럼 간주하는 성향이 있었기 때문이었다. 그렇다고 해서 고모가 욀라리에게 주는 돈을 프랑수아즈가 욕심내고 있었던 것은 아니다. 프랑수아즈는 고모가 가지고 있는 것을 이미 충분히 누리고 있었으니, 주인의 부귀가 뭇사람의 눈에 그 하인을 돋보이게 하고 훌륭히 보이게 한다는 사실도 알고 있었고, 또 고모의 수많은 소작지, 주임사제의 빈번하고도 긴 방문, 비시 약수의 엄청난 소비량 때문에 콩브레와 주이 르 비콩트와 그 밖의 고장에서 그녀, 즉 프랑수아즈가 평판 높고 칭송이 끊이지 않는 사실도 알고 있었던 것이다. 프랑수아즈는 단지 고모를 위하여 인색해진 것에 지나지 않았다. 만약에 그녀가 고모의 재산을 관리했다면—그것이야말로 그녀의 꿈이었겠지만—그녀는 어머니와 같은 엄격함으로 고모의 재산을 남의 침해로부터 지켰으리라. 그렇지만 어쩔 수 없을 만큼 고모의 도량이 너그러운 것을 알고 있던 그녀는, 고모가 마구 주고 싶어하는 상대가 적어도 부자들이라면 내버려둬도 그다지 해롭지 않다고 생각했을 것이다. 고모의 선물이 필요하지 않은 부자이고 보면, 그들이 선물 때문에 고모를 좋아하고 있지나 않은지 의심해볼 여지가 없다고 틀림없이 그녀는 생각했으리라. 게다가 재력가이자 지위 있는 분들, 이를테면 사즈라 부인이라든가 스완 씨라든가 르그랑댕 씨라든가 구필 부인처럼 고모와 '동등'하고 '잘 어울리는' 사람들에게 하는 선물은, 프랑수아즈 자신이 미소 지으며 감복해 마지않는, 사냥을 하기도 하고, 서로 무도회를 열기도 하며 방문하기도 하는 부자들의 신기하고도 찬란한 생활 습관의 한 부분처럼 보였던 것이다. 그러나 고모의 너그러운 도량의 은총을 입는 사람이 프랑수아즈가 '나와 같은 인간, 나보다 낫지 않은 인간'이라고 일컬으며 심하게 멸시하는 사람인 경우, 그 사람이 그녀를 '프랑수아즈 마님'이라고 부르며 자신을 '프랑수아즈 이하'로 여기지 않는 한 사정은 아주 달라졌다. 그래서 그녀의 충고에도 고모가 고집 부려 하찮은 놈들에게 돈을 뿌리는—적어도 프랑수아즈는 그렇게 믿었다—것을 보았을 때, 그녀는 욀라리 때문에 낭비되고 있다고 떠올리는 액수에 비해 그녀 자신이 고모에게서 받는 돈은 아주 적다고 생각하기 시작했다. 콩브레 부근에는 그다지 값비싼 소작지가 없었으므로, 욀라리가 방문할 때마다 가져간 돈을 모두 합친 것만으로도 힘들지 않게 소작지를 살 수 있을 거라고 프랑수아즈는 떠올렸다. 또 욀라리는 욀라리대로, 프랑수아즈가 몰래 모으고 있는 재산을 똑같이 큰 액수로 평가하고 있었지만 말이다. 욀라리가 돌아가면 프랑수아즈는 늘 상대가 받아 간 액수를 정확하게 알아맞혔다. 그녀는 욀라리를 미워했으나 한편으로는 어려워하여, 욀라리가 있는 데서는 '좋은 낯'을 지어야 한다고 생각하고 있었다. 그래서 욀라리가 돌아간 다음에는 본디 성미를 드러내 한 번도 욀라리의 이름을 부르는 일 없이, 무당이 전하는 신의 말씀이나 전도서에 있는 일반적인 격언 같은 것을 늘어놓았는데, 그것이 누구를 두고 하는 말인지 고모도 알아채지 못할 리가 없었다. 프랑수아즈는 욀라리가 문을 닫았는지 커튼 한구석 너머로 바라본 다음, "아첨꾼이란 어떻게 하면 돈을 주워 모을 수 있는지 잘도 아는군요. 그렇지만 좀 있어 보세요. 천주께서 벌주실 날이 있을 테니" 하고 곁눈질을 하면서 말했는데, 그 말 가운데는 조아스가 아탈리를 생각하면서 다음처럼 말했을 때와 같은 암시가 담겨 있었다.

> Le bonheur des méchants comme un torrent s'écoule.
> 사악한 자의 행복은 급류처럼 흘러간다.*

그러나 사제도 함께 와서 길디긴 방문으로 고모를 기진하게 했을 때에는, 프랑수아즈는 욀라리의 뒤를 따라 방에서 나오며 말했다.

"옥타브 마님, 좀 주무세요. 매우 피곤해 보이십니다."

그러자 고모는 땅이 꺼질 듯한 한숨을 내쉬며, 두 눈을 딱 감고 죽은 사람처럼 대답조차 하지 않았다. 하지만 프랑수아즈가 아래층에 내려가자마자

---

* 라신 작 〈아탈리〉의 시구.

온 집 안에 초인종이 네 번 요란스럽게 울리더니, 고모가 침대 위에 일어나 앉아 고래고래 소리 질렀다.

"욀라리는 벌써 가버렸나? 구필 부인이 거양성체에 늦지 않고 미사에 참석하셨는지 욀라리에게 묻는 걸 깜빡 잊었구려! 어서 뒤쫓아가 물어보고 와요!"

그러나 프랑수아즈는 욀라리를 따라잡지 못한 채 되돌아왔다.

"어떡하지." 고모는 머리를 저으며 말했다. "꼭 물어보고 싶었던 가장 중요한 일이었는데!"

레오니 고모에게 삶은 이처럼 늘 한결같이, 그녀가 짐짓 꾸며 보이는 경멸과 깊은 애정을 담아 '자질구레한 타성'이라고 일컫는 안온한 단조로움 속에서 지나갔다. 고모에게 보다 유효한 건강관리법을 권해본댔자 소용없음을 알고서 차츰 이 타성을 존중하게 된 우리 집안뿐 아니라, 집에서 세 거리나 떨어진 곳에서 짐 꾸리는 인부가 궤짝에 못질하기 전에, 고모가 '쉬고 계시지나 않은지' 프랑수아즈에게 물으러 사람을 보내는 마을에 이르기까지, 모든 사람에 의해 보호되었던 이 타성—그렇지만 그것이 그해 꼭 한 번 혼란에 빠지게 되었다. 남의 눈에 띄지 않고 무르익어 자연히 가지를 떠나는 숨은 열매처럼, 어느 날 밤 부엌데기의 해산이 닥쳐온 것이었다. 그런데 그 진통이 견딜 수 없을 만큼 심한데다가 콩브레에는 산파가 없었으므로, 프랑수아즈가 날도 밝기 전에 티베르지로 산파를 부르러 가야 했다. 고모는 부엌데기의 비명 소리에 쉬지 못하고, 또 프랑수아즈는 먼 거리도 아닌데 좀처럼 돌아오지 않아서 고모는 내내 프랑수아즈가 아직도 돌아오지 않았냐는 말을 되풀이해야 했다. 그러므로 그날 아침 어머니는 나에게 말했다. "어서 올라가서 고모님께 뭐 필요하신 거라도 없는지 뵙고 오렴." 나는 첫 번째 방으로 들어갔다. 그러자 두 번째 방 열린 문 너머로 고모가 비스듬히 누워 잠들어 있는 것이 보였다. 가볍게 코 고는 소리가 들렸다. 나는 살그머니 떠나려고 했는데, 내가 낸 기척이 아마도 고모의 잠 속에 들어가, 자동차 용어에서 말하듯 '기어 변경'을 한 듯했다. 코 고는 음악이 한순간 멎었다가 다시 더 낮은 가락으로 시작된 것이다. 이윽고 고모는 눈을 뜨고 고개를 반쯤 돌렸는데, 그 순간 고모의 표정이 보였다. 그 얼굴에는 어떤 공포가 나타나 있었다. 막 무서운 꿈을 꾼 참이었던 것이다. 누워 있는 그대로의 위치에서는 고모의 눈에 내가 보일 리 없었으나, 나는 이러지도 저러지도 못하여 그대로 있었다. 그러나 고모는 이미 현실감각을 되찾은 듯, 그녀를 무섭게 한 것이 거짓이었음을 알아채고 있었다. 현실의 삶을 꿈보다 덜 가혹하게 해주시는 천주에 대한 경건한 감사의 정과 기쁨이 섞인 미소가 고모 얼굴을 어렴풋이 환하게 했다. 그리고 혼자 있는 줄로 여길 때 습관적으로 그러듯이 작은 목소리로 고모는 중얼거렸다. "하느님, 감사합니다! 소동이라고 하지만 오직 부엌데기가 몸을 푼 것뿐입니다. 저는 이제 막 무서운 꿈을 꾸었습니다. 우리 불쌍한 옥타브가 살아나 날마다 나에게 산책시키려고 하지 뭡니까!" 그 손은 작은 탁자 위에 놓여 있는 묵주 쪽으로 뻗었는데, 다시 졸음이 몰려와서 거기에 닿을 만한 힘이 빠져버렸다. 고모는 안심해 다시 잠들고, 나는 내 귀로 들은 것을 고모에게도 또한 아무에게도 들키지 않고 살금살금 방에서 나왔다.

이 해산처럼 매우 드문 사건을 제외하고는, 고모의 타성에는 아무런 변화도 일어나지 않았다. 다만 여기서 변화라는 것은, 일정한 사이를 두고 늘 한결같이 되풀이되므로 이 단조로움 가운데 어떤 이차적인 단조로움을 넣었던 것에 지나지 않는, 그 여러 가지 변화를 말하는 것은 아니다. 이를테면 토요일 오후마다 프랑수아즈가 루생빌 르 팽 시장에 가기 때문에 온 식구의 점심 식사가 한 시간 빨라지는 따위의 변화가 그렇다. 고모는 매주 한 번씩 일어나는 그런 습관 위반에 익숙해져 그걸 다른 습관과 똑같이 중히 여기고 있었다. 프랑수아즈가 말하듯 고모에게는 그것이 '버릇돼' 있어서 어느 토요일 점심 식사를 평소 시간까지 기다려야 한다면, 그것은 다른 날의 점심 식사를 토요일 시간처럼 한 시간 앞당겨 하지 않으면 안 되는 것만큼이나 고모를 '어수선하게' 만들었다. 점심 시간이 빨라지는 토요일은, 그러므로 더욱더 모든 식구에게 너그럽고 매우 호감 주는 특별한 얼굴을 보이고 있는 성싶었다. 여느 때라면 식사 때의 느긋한 휴식을 맞이하기까지 아직 한 시간이나 남아 있는데, 우리는 몇 초 안으로 철 이른 꽃상추, 특별한 오믈렛, 점심으로는 과분한 스테이크가 나오리라는 사실을 알았던 것이다. 이처럼 균형을 깨뜨리는 토요일의 반복은 내부의, 지방의, 아니 거의 공민으로서의 작은 사건 가운데 하나로, 이는 평온한 생활과 닫힌 사회 안에 어떠한 국민적인 유대를 만들어내어 대화·농담·과장된 이야기의 좋은 소재가 되는 것이었다.

우리 가운데 누구 한 사람이 서사시적인 두뇌를 갖고 있었더라면, 그것은 당장 한 묶음 전설의 중심이 되었으리라. 아침 일찍 옷도 갈아입기 전에 이렇다 할 이유 없이, 연대의 힘을 느끼는 기쁨을 맛보려고 식구들은 들뜬 기분으로, 진정으로 애국심을 품고서 서로 말한다. "늑장 부릴 틈이 없어요. 오늘이 토요일이라는 걸 잊지 말도록!" 한편 그러는 동안 고모는 프랑수아즈와 협의 중으로, 오늘은 여느 날보다 길 것이라고 생각하면서 "모두를 위해 송아지 고기로 맛난 것을 만들어주었으면 좋겠어. 토요일이니까"라고 말한다. 10시 반이 되어 누가 무심코 회중시계를 꺼내 "허어, 점심까지 아직 한 시간 반이나 남았군" 말하기라도 하면 모두 신이 나서 "아니, 뭘 생각하고 있는 거지요? 오늘이 토요일이라는 걸 잊으셨나 봐!" 대답하고 나서 15분이 지나도록 계속해 웃고, 고모를 재미나게 해주려고 이 일을 알리려 한다. 하늘의 얼굴마저 다른 듯싶었다. 점심 식사 뒤, 태양은 오늘이 토요일이라는 걸 아는지 하늘 위에서 한 시간 이상 늑장을 부린다. 그리고 산책하기에 시간이 늦거니 생각하는 참에 누군가 생틸레르의 종소리가 두 번 울리는 것을 들으면서(평소 같으면 그 종소리는 점심 또는 낮잠 때문에 적막한 길이나, 낚시꾼마저 돌아보지 않는 희게 빛나는 냇가를 따라서 사람 그림자 하나 만나는 일 없이, 게으른 구름만이 점점이 남아 있는 허공을 외로이 지나가는데), "뭐, 아직 2시야?" 말하면 모두들 입을 모아 대답한다. "잘못 안 거야, 한 시간 이르게 점심을 들었으니까 그렇지, 오늘은 토요일이야!" 어느 야만인이(우리는 토요일의 특별함을 모르는 자를 야만인이라고 불렀다) 11시 무렵 아버지에게 할 말이 있어 찾아왔을 때 식사 중인 우리를 보고 깜짝 놀라는 것은, 프랑수아즈의 생애에서 그녀를 가장 즐겁게 하는 일 가운데 하나였다. 우리가 토요일에 점심 식사를 일찍 한다는 사실을 몰랐던 손님이 깜짝 놀라는 모습을 보고도 프랑수아즈는 재미있어하기는 했으나, 그 이상으로 그녀가 우습게 생각한 것은(우리 아버지가 너그럽지 못하게 다른 이를 배척함에 마음속 깊이 공감하면서도) 그 야만인에게 대답하는 아버지에 대해서였으니, 아버지는 야만인이 토요일 우리 습관을 알 리가 없다는 사실을 염두에도 두지 않고, 벌써 식당에 있는 우리를 보고 깜짝 놀라는 그 사람에게 다짜고짜 "알다시피 토요일이지 않습니까!" 대답하는 것이었다. 프랑수아즈는 그녀의 이야기가 이 대목에 이르자 터져나오는 웃음을 참을 수 없어

고인 눈물을 닦으며, 자기가 맛보는 즐거움을 더하려고 문답을 길게 끌어 이 '토요일'의 의미를 모르는 손님이 했던 대답을 재미나게 꾸며댔다. 우리도 프랑수아즈의 그러한 덧붙이는 말을 싫어하기는커녕 그것만으로는 모자란 듯싶어 이렇게 말했다. "아니지, 그분은 또 다른 말도 한 것 같아. 프랑수아즈가 처음으로 우리에게 그 이야기를 해주었을 때는 더 길었는데." 대고모마저 뜨개질을 멈추고 코안경 너머로 이를 구경했다.

토요일에는 이 밖에도 다른 특별한 것이 있었다. 5월 동안 토요일이 되면 우리는 '마리아의 달'*에 참례하기 위해 저녁 식사 뒤 외출했다.

때때로 성당에서 뱅퇴유 씨를 만났는데, 이분은 '현대 사상에 물들어 옷차림에 신경 쓰지 않는 젊은이들의 통탄할 습성'에 매우 엄했으므로, 어머니가 내 옷차림에 모자란 점이 없는지 살피고 나서야 우리는 성당으로 가곤 했다. 지금 생각해보니 내가 산사나무를 좋아하게 된 것은 이 마리아의 달에 나가면서부터였다. 매우 신성한 곳이기는 하나 누구나 마음대로 드나드는 성당 안에 있을 뿐만 아니라, 제단 위에까지 놓여 제식의 일부가 되어 있는 산사나무는 축제의 재료로써 얼기설기 수평으로 엮어진 가지를 촛대와 성물들 사이에 뻗고 있었는데, 그 가지들은 무성한 잎 장식으로 한층 아름답게 꾸며져 있었고, 그 무성한 잎 위에는 눈부실 만큼 흰 꽃봉오리의 작은 다발이, 마치 새색시의 늘어진 치맛자락 위에 뿌리듯 아낌없이 뿌려져 있었다. 나는 그러한 가지들을 뚫어져라 바라볼 용기가 없어서 남몰래 볼 수밖에 없었는데, 그래도 이 화려한 장식들이 살아 있음을 느끼며 또한 그 잎에 들쭉날쭉한 꼴을 내고 새하얀 꽃봉오리라는 최고의 장식을 가해, 이 장식에 서민적 기쁨과 신비스러운 장엄함을 아울러 갖추게 한 것이 오로지 자연 그 자체임을 느낄 수 있었다. 제단 위쪽에는 무심하고도 우아한 맵시로 여기저기 산사나무의 꽃부리가 피어 있었는데, 그 꽃부리들은 하늘거리는 거미줄처럼 섬세한 수꽃술의 다발, 꽃부리를 안개로 덮듯이 하고 있는 수꽃술의 다발을 마치 마지막으로 살짝 다는 노리개처럼 어찌나 아무렇게나 달고 있던지, 꽃부리가 되는 모양을 눈으로 더듬고 마음속으로 흉내내려고 하면서, 나는 무엇엔가 마음 쏠린 활발한 흰옷의 아가씨가 실눈에 아양을 담뿍 실은 눈길로 경

* 가톨릭교에서는 5월을 '마리아의 달'로 정하고, 그 달의 토요일마다 저녁때 성당에서 미사를 거행함.

솔하게 얼른 머리를 갸우뚱하는 짓인 양 그 모습을 머릿속에 그려보았다. 뱅퇴유 씨가 딸과 함께 와서 우리 옆에 자리잡고 있었다. 좋은 집안 출신인 그는 우리 할머니의 여동생들에게 피아노를 가르쳐준 적이 있었는데, 아내를 여읜 뒤 유산을 상속받고 나서 콩브레 가까이에 살게 되었을 때, 우리 집안 사람들은 자주 그를 손님으로 맞이하곤 했다. 그런데 체면을 매우 중시하는 그는, 그가 '현대풍의 취미에 빠진 당치 않은 결혼'이라고 일컫는 결혼을 한 스완 씨와 만나기 싫어서 우리집에 발을 끊었다. 전에 어머니는 그가 작곡하고 있는 줄을 알아, 인사말 삼아 댁으로 찾아갈 때 자작곡을 꼭 들려주셔야 한다고 말했다. 뱅퇴유 씨는 그 말에 흡족한 모양이었다. 하지만 그는 예의와 호의에 지나치게 마음을 써서 언제나 자신을 남의 처지에 놓고, 자기 욕망에 따르거나 또는 오직 자기 욕망을 남이 눈치채게 하는 것만으로도 남을 불쾌하게 만들고 자기를 이기주의자로 보이게 하지는 않을까 전전긍긍할 정도였다. 하루는 부모님이 그를 방문할 때 나도 함께 갔는데, 나는 밖에 있어도 좋다는 허락을 받았다. 몽주뱅에 있는 뱅퇴유 씨의 집은 떨기나무가 울창한 벼랑 아래에 있었으므로 그 떨기나무 숲에 숨어 있던 나는 3층 손님방과 같은 높이에, 그 창으로부터 50센티미터 떨어진 곳에 있는 셈이었다. 우리 부모님의 방문이 알려지자, 뱅퇴유 씨가 급히 악보를 피아노 위에 눈에 잘 띄도록 올려놓는 것이 보였다. 그러나 부모님이 방 안에 들어서자, 그는 재빨리 그 악보를 집어서 한구석으로 치웠다. 아마 자작곡을 들려주게 되어 손님을 기쁘게 맞이하는 줄로 오해받을까 봐 두려웠나 보다. 그래서 이 방문 동안에, 어머니가 그 작품에 대해 언급할 때마다 그는 몇 번이고 "아니, 도대체 누가 이걸 피아노 위에 놓았는지 모르겠군요. 그런 곳에 둘 만한 게 아닌데" 되풀이하고는, 단지 그 자신과 덜 관련되었다는 이유에서 이야기를 다른 화제로 돌리곤 했다. 그는 오로지 딸에게만 정열을 기울고 있었는데, 이 소년 같은 딸은 어찌나 튼튼하게 보였던지 딸의 어깨에 덮어줄 예비 숄을 항상 들고 있을 정도로 딸에게 여러 가지로 마음을 쓰는 그 아버지를 보면 누구나 미소를 금치 못했다. 우리 할머니는 주근깨투성이인 이 억센 소녀의 눈길 속에 자주 부드러운, 섬세한, 거의 겁내는 듯한 표정이 스치는 것을 지적하곤 했다. 이 아가씨는 입 밖에 한마디를 내뱉고 나면 바로 그 말을 듣는 상대의 마음이 되어가지고서, 자기 말을 듣고 할 수 있는 오해를 걱정했다.

그래서 사람들은 이 '장난꾸러기' 사내 같은 얼굴 아래에서, 눈물에 젖은 아가씨의 보다 섬세한 모습이 속까지 환하게 드러나는 것을 보곤 했다.

성당을 떠나려고 제단 앞에 무릎을 꿇었다가 막 몸을 일으키려는 순간, 나는 산사나무에서 풍기는 아몬드처럼 살짝 씁쓰레하면서도 감미로운 냄새를 언뜻 느꼈다. 그리고 그때, 이 꽃 위에 한결 눈에 두드러지는 금빛 작은 점들이 있는 것을 보았는데, 이 냄새는 분명 이 점들 밑에 숨겨져 있는 게 아닐까, 나는 떠올렸다. 마치 빵가루를 입혀 구운 부분 밑에 프랜지페인* 맛이 숨어 있고, 뱅퇴유 아가씨의 주근깨 밑에 두 뺨의 맛이 숨어 있듯이. 산사나무는 침묵한 채 가만히 그 자리에 있었지만, 이 간헐적인 냄새는 강렬한 생명의 속삭임인 듯하여, 그 때문에 제단은 싱싱한 촉각을 가진 곤충들이 찾아가는 시골 산울타리처럼 그 생명의 속삭임으로 가득 차 있었다. 그리고 불그레한 수꽃술을 보고 있자니 아주 싱싱한 촉각이 머리에 떠올라, 그런 수꽃술은 지금 꽃으로 변하고 있어도, 과거 곤충이었던 시절 봄의 독기, 사람을 찌르는 기운을 그대로 지니고 있는 듯싶었다.

우리는 성당에서 나와 정문 앞에 서서 뱅퇴유 씨와 함께 잠시 이야기를 나누었다. 그는 앞 광장에서 다투고 있는 장난꾸러기들 사이에 끼어들어 작은 아이를 두둔하고 큰 애들에게 한바탕 설교를 했다. 그의 딸이 굵은 목소리로 우리를 뵙게 되어 얼마나 기쁜지 모르겠다고 말했을 때, 그녀 자신 속에 도사리고 있는 보다 감수성 풍부한 누이동생은 경솔하고도 유쾌한 이 소년 같은 말이 자기를 집에 초대하라는 재촉처럼 들릴까 봐 금세 얼굴을 붉히는 것 같았다. 그녀의 아버지가 딸에게 외투를 덮어주고 두 사람 모두 조그만 이륜마차에 올라타자, 딸이 직접 마차를 몰고 몽주뱅으로 돌아갔다.

한편 우리는 내일이 주일인지라 큰미사 시간에 맞춰 일어나기만 하면 되므로, 달이 밝고 무덥기라도 하면 아버지는 우리를 곧장 집으로 돌아가게 하는 대신 명예심을 뽐내어, 칼바리오 언덕으로 우리에게 긴 산책을 시켰다. 본디 어머니는 방향감각이 없어서 자기가 어느 길에 있는지조차 모를 정도라 이 산책을 모조리 천재 전략가의 공훈으로 돌릴 것이기 때문이었다. 때때로 우리는 고가선까지 가기도 했다. 돌로 된 다리는 역에서 시작되고 있어서

* 아몬드·설탕·크림으로 만든 과자.

나에게 문명 세계 밖으로의 추방과 고생을 떠올리게 했다. 왜냐하면 해마다 파리에서 이곳으로 올 때, 콩브레에 다 왔다 싶으면 역을 지나치지 않도록 미리 신경 써서 내릴 채비를 하고 있으라고 주의를 받았으므로, 기차는 2분간 정차한 다음 다시 움직이기 시작해, 나로서는 콩브레가 그 한계를 이루고 있는 것이라 생각하는 그리스도교 국가 저 너머로, 고가선을 통해 건너갔기 때문이었다. 우리는 역 앞 큰길을 지나 집에 돌아오곤 했는데, 이 근방에는 이 시가에서 가장 좋아 보이는 성관이 즐비하였다. 뜰마다 달빛이 마치 위베르 로베르의 그림처럼, 무너진 흰 대리석 계단, 분수, 방긋이 열려 있는 철책에 빛을 뿌리고 있었다. 달빛이 전신국을 어둠 속에 담가, 거기에 이제는 반쯤 부서진 기둥 하나밖에 남아 있지 않았지만 그 기둥에는 영원한 폐허의 아름다움이 간직되어 있었다. 나는 다리를 끌고 있었다. 졸려서 당장 쓰러질 것 같았다. 주위에서 풍기는 보리수 향기가, 큰 노고 끝에만 차지할 수 있으면서도 그렇게까지 수고할 값어치가 없는 상처럼 내 앞에 나타났다. 우리의 적막한 발소리에 깨어난 개들이 서로 멀리 떨어져 있는 철책에서 번갈아 짖어댔는데, 이 소리는 지금도 이따금 저녁 무렵이면 내 귓가에 들려오곤 한다. 그리고 그 소리 사이로 역 앞 큰길이(그 자리에 콩브레 공원을 만들었을 때) 살짝 몸을 숨겨버린 게 틀림없다. 왜냐하면 지금 나는 그게 어디에서든 개 짖는 소리가 들려오고 또 그 소리가 서로 답하기 시작하면, 그 보리수나 달빛에 환한 보도와 함께 그 역 앞 큰길을 떠올리기 때문이다.

갑자기 아버지는 우리들의 걸음을 멈추게 하고 어머니에게 묻는다. "여기는 어딜까?" 걷느라 지쳤지만 아버지를 자랑스러워하는 어머니는 여기가 어딘지 전혀 모르겠다고 상냥하게 실토한다. 그러자 아버지는 어깨를 으쓱하고 웃는다. 그때, 아버지는 웃옷 주머니에서 그 열쇠와 함께 꺼내기라도 한 듯이 우리 앞에 서 있는 우리집 뜰의 조그만 뒷문을 가리킨다. 생테스프리 거리의 한 모퉁이와 더불어, 온갖 모르는 길의 끝에 우리를 맞이하러 와 있는 뒷문을. 어머니는 감탄하여 아버지에게 말한다. "당신, 대단해요!" 그리고 이 순간부터 나는 한 걸음도 걷지 않아도 된다. 이 뜰에서는 지면이 대신 걸어준다. 오래전부터 내 행위에 의식적인 주의를 동반하지 않게 된 이 뜰에서는 '습관'이 나를 그 품에 안아 갓난애처럼 침대까지 옮겨주는 것이다.

고모로서는 한 시간 이르게 시작되며 또한 프랑수아즈가 사라지는 토요일 오후가 다른 날보다 지루하게 흘러갔으나, 그래도 고모는 주초부터 토요일이 다시 돌아오기를 손꼽아 기다린다. 마치 쇠약해져 까다로워진 자기 몸으로도 아직 견딜 수 있는 새로운 일과 심심풀이가 토요일에 깃들어 있기나 한 듯. 그렇지만 고모가 이따금 어떤 큰 변화를 몹시 원하지 않은 것은 아니며, 고모에게도 다음과 같은 예외적인 시간이 없던 것도 아니다. 말하자면 현재 있는 것과 다른 무엇인가를 몹시 원하게 되는 시간—정력도 상상력도 없어 자기 자신에게서는 전환의 원동력을 끄집어낼 수 없게 된 인간이 앞으로 다가올 순간이나 대문의 초인종을 울리는 우편배달부에게, 설령 그것이 나쁜 것일망정 뭔가 새로운 것을, 감동을, 고뇌를 자기에게 가져다주기를 바라는 시간, 또 한가한 하프처럼 행복함에 벙어리가 된 감수성이, 설령 난폭한 손에 금선이 뚝 끊어질망정 다시 한 번 손길을 받아 소리 내기를 바라는 시간이. 이런 예외적 시간에 인간의 의지는, 고생 끝에 비로소 욕망이나 고통에 아무런 지장 없이 몸을 맡길 권리를 얻었음에도 설령 잔혹한 것일망정 어쩔 수 없는 사건의 손안에 자기의 고삐를 맡기고 싶어한다. 하기야 고모의 힘은 아주 작은 피로에도 말라버리고 휴양하는 중에 겨우 한 방울 두 방울씩 돌아오므로 그 힘의 저수통을 채우는 데 오랜 시간이 걸리는 데다가, 몇 개월이 걸려 겨우 살살 넘쳐흐르게 된 물마저, 남이라면 그 힘을 바로 활발하게 써버리고 말 것을 고모는 그걸 어디다 쓸지도 몰랐고 그럴 결심도 못했다.

이 무렵 고모는—고모가 '물린' 적 없는 으깬 감자를 되풀이해서 먹는 기쁨에서, 오래지 않아 즐겨 먹는 이 으깬 감자를, 베샤멜소스를 친 감자로 바꿔 먹어보려고 하는 소망이 생겨나고 말듯이—그처럼 매우 집착하고 있는 이 단조로운 나날의 쌓임으로부터 가정 내의 큰 변동에 대한 기대를 꺼내고 있었음에 틀림없다. 그 큰 변동은 한순간이면 끝나는, 그러나 자기 몸에 이로우리라고 생각하면서도 스스로 일으키지 못하는 변화 가운데 한 가지를 고모로 하여금 결행하지 않을 수 없게 만드는 그런 변동이다. 고모는 우리를 진심으로 사랑하셨지만, 가족의 죽음을 슬퍼하는 데에도 분명 기쁨을 느꼈을 것이다. 이를테면 고모가 기분이 좋고 땀도 흘리지 않는 순간에, 집이 불바다가 되어 벌써 우리가 타 죽고 이제 곧 벽도 완전히 무너질 것이라는 소식이 오는 판에, 자기는 당장 침대에서 일어나기만 하면 유유히 달아날 충분한 여유가 있다고 생각하는 상상은 아마도 자주 고모의 희망을 사로잡았으리라. 그런 희망에는, 고모가 우리에 대한 애정을 그 언제까지나 이어지는 애도 속에서 음미한다는 이차적인 기쁨과, 고모가 크나큰 슬픔을 겪으면서도 씩씩하게, 다 죽어가면서도 늠름하게 앞장서서 우리의 장례를 거행하여 한 마을에서 경악의 대상이 된다는 이차적인 기쁨, 그리고 보다 귀중한 것으로는 그런 좋은 기회에 조금의 지체도 없이, 결심을 하지 못하고 안절부절못하는 일도 없이, 폭포가 있는 미루그랭의 아름다운 소작지에 고모로 하여금 피서 가지 않을 수 없게 한다는 기쁨이 존재했다.

고모가 수없이 파시앙스* 놀이에 열중하는 동안에 분명 그 성공을 떠올려 보았을 그런 사건은 결코 일어나지 않아서(만약 그런 사건이 약간이라도 실현돼서 뜻밖의 작은 사건이 실제 일어났다면 고모는 당장 절망하고 말았을 것이다. 왜냐하면 그 흉보를 전하는 말에는 잊으려고 해도 영영 잊을 수 없는 억양이 있어, 논리상의 추상적인 그 가능성과는 달리 실제 죽음의 낙인이 모조리 찍혀 있기 때문이다), 고모는 자기 생활을 이따금 보다 재미있게 하려고 방침을 바꿔 자기가 열심히 추구하고 있는 상상 속의 격변을 실생활에 끌어들이려 하고 있었다. 이를테면 고모는 프랑수아즈의 도둑질 버릇을 확인하려고 꾀를 써서 그 현장을 붙잡았다고 돌연 가정하는 데에 더 재미있어 한다. 또 혼자서 트럼프 놀이를 할 때 상대의 역할까지 자기가 맡아하는 습관이 있어, 고모는 프랑수아즈로 둔갑하여 당황한 듯 변명을 늘어놓는가 하면, 이번에는 자기 자신으로 되돌아와 불같이 화내며 그것에 대꾸한다. 그럴 때 우리 가운데 한 사람이 방 안에 들어가면, 땀에 흠뻑 젖은 고모가 눈을 반짝이며 가발이 삐뚤어져서 벗겨진 이마를 드러내고 있는 게 보인다. 프랑수아즈는 아마도 이따금 자기를 향한 신랄한 비꼬기를 옆방에서 들었을 텐데, 그 비꼬기가 순전히 비물질적인 상태를 넘지 않거나, 오직 작은 목소리로 중얼거리는 일에 그쳐 그 이상의 현실성을 주지 않았더라면, 이런 비꼬기를 아무리 지어내봤자 고모의 마음은 충분히 위로받지 못했을 것이다.

이따금 그런 '침대 안의 연극'으로 만족하지 못한 고모는 그 각본을 무대 위에 올리고 싶어한다. 그래서 어느 일요일, 문이란 문을 모조리 의미심장하게 닫아 건 방 안에서 고모는 욀라리에게, 프랑수아즈의 결백성이 의심스러

---

* 혼자서 운수를 점치는 카드놀이.

워져 며칠 안에 해고할 생각이라고 속내를 털어놓는다. 그런가 하면 또 한번은, 프랑수아즈에게 욀라리의 불성실함을 책하고 다음부터는 집에 얼씬도 못하게 하겠다고 속내를 이야기한다. 그런데 며칠 뒤, 고모는 전날 자기의 속내 이야기를 들은 자에게 싫증이 나서, 그때의 반역자와 다시 친해질 뿐더러 그 다음 상연에서는 두 사람의 역할을 바꾸어버린다. 그러나 고모가 욀라리에게 품는 혐의는, 욀라리가 한지붕 밑에 살고 있지 않은 만큼 짚불에 지나지 않아 탈 것이 없어 금세 꺼진다. 그런데 같은 집에 사는 프랑수아즈에 대한 혐의는 줄곧 속을 끓이고 있는 만큼 사정이 아주 달랐다. 다만 혹시나 침대를 떠났다가 감기라도 들지 않을까 하는 근심 때문에 부엌까지 내려가서 확증을 잡을 마음은 들지 않았지만. 고모의 관심은 차츰 좁혀들어 프랑수아즈가 늘 무엇을 하며 무엇을 자기에게 숨기려고 하는지, 오직 그걸 알아내는 데에 모아져 있다. 고모는 프랑수아즈의 매우 은밀한 표정도 눈여겨보고 그녀 말 속의 모순, 검은 뱃속에 숨기고 있는 듯한 욕망도 놓치지 않았다. 그리고 고모는 프랑수아즈를 질리게 하는 한마디로 그 속마음을 꿰뚫어 보고 있다는 사실을 프랑수아즈에게 보이며, 이 불행한 여인의 마음속 깊이 뚫고 들어가는 것에서 잔혹한 심심풀이를 찾아내고 있는 성싶었다. 그런데 다음 일요일이면 욀라리의 누설에 의해—여태까지 과거의 사고방식에 사로잡혀 있었던 미개척 학문에서 뜻하지 않은 분야를 단번에 열어주는 여러 발견처럼—고모가 사실과는 아주 먼 가정(假定)에 서 있었다는 점이 증명되는 것이었다.

"그런데 프랑수아즈는 마님이 자기보고 마차를 타라고 한 줄로 아나 봐요."—"뭐요, 내가 프랑수아즈에게 마차를 타라고 했다고!" 고모가 외친다.—"어머나! 잘은 몰라도 전 그렇게 생각했죠. 전 프랑수아즈가 사륜마차를 타고 아르타방*처럼 으스대며 루생빌 시장에 가는 걸 봤거든요. 옥타브 마님이 그 사람을 마차에 타게 한 줄로 생각했죠." 프랑수아즈와 고모는 점점, 마치 짐승과 사냥꾼처럼 서로 상대의 속임수에 떨어지지 않으려고 경계를 게을리하지 않게 되었다. 우리 어머니는 프랑수아즈의 마음에 질리도록 상처를 주고 있는 고모에 대해, 진짜 미움이 프랑수아즈의 마음속에서 커지지

* 라 칼프르네드의 소설 《클레오파트라》의 주인공으로 으스대는 성격.

나 않을까 걱정했다. 아무튼 프랑수아즈는 고모의 아무리 작은 말이나 행동에도 점점 더 비상한 주의를 기울이게 되었다. 고모에게 뭔가 부탁할 일이 생기면 프랑수아즈는 어떻게 말을 꺼내야 할지 오랫동안 망설였다. 그리고 부탁을 입 밖에 내고 나서는, 프랑수아즈는 고모가 생각하고 있는 바와 결정짓는 바를 그 얼굴빛에서 짐작하려고 은근히 고모를 살폈다. 어느 예술가는 17세기 《회상록》*을 읽고선 루이 대왕을 흉내내려고 자신을 유서 있는 가문의 후예로 기록하는 족보를 만들거나, 현대 유럽 군주들 가운데 누구와 서신 교환을 하거나 하면서 제깐에는 대왕에게 점점 가까워지고 있는 줄 알지만, 실은 어리석게도 과거와 똑같은 형식, 즉 이미 죽어버린 형식을 취한 탓으로 뜻하는 바와는 정반대 쪽으로 들어서게 된다. 그런데 시골에 사는 한낱 노부인에 지나지 않는 고모는 루이 14세에 대해서는 꿈에도 생각해본 일 없이 다만 자기의 억누를 수 없는 괴벽과 한가로움에서 생겨난 까다로운 성미를 애지중지 지키고 있을 뿐이었는데 기상, 점심 식사, 휴양 등 나날의 하찮은 일이 그 기묘한 형식을 전제적으로 고수하는 결과, 오히려 생시몽이 베르사유 궁의 '술책'이라고 부르던 것의 재미를 조금이나마 지니게 된다는 사실을 발견한 것이었다. 또한 고모는 자기의 침묵, 얼굴에 나타나는 밝은 기색이나 거드름의 정도 역시 프랑수아즈의 처지에서 보면, 루이 대왕의 침묵이나 좋은 기분이나 거드름이 베르사유 궁의 작은 길모퉁이에서 대왕에게 청원서를 바치는 조신 또는 대귀족의 처지에서 그리 보이듯이, 열심히 읽어내지 않고서는 못 배기는 두려운 대상이라는 사실을 이해할 수 있었던 것이다.

고모가 주임사제와 욀라리의 방문을 함께 받고 나서 휴식을 취하던 어느 일요일, 우리는 고모에게 저녁 인사를 하려고 모두 위층으로 올라갔는데 그 때 어머니는 운수 나쁘게도 언제나 같은 시간에 손님이 겹치는 데에 대한 위로의 말을 고모에게 건넸다.

"아까는 정말 혼났겠군요, 레오니." 어머니는 상냥하게 말했다.

"손님을 한꺼번에 맞이했으니 말이에요."

이러는 어머니의 말을 가로막고 대고모가 "경사가 겹쳐서……"라고 했다. 대고모는 딸 레오니가 병든 이래, 늘 모든 일의 좋은 면을 보여 딸의 기운을

* 프랑스의 작가이자 정치가인 생시몽의 저서.

돋우어야 한다고 여기고 있었기 때문이다.

그런데 이때 아버지가 입을 열었다. "마침 온 가족이 모여 있는 이 기회에 여러분께 이야기하겠습니다. 따로따로 되풀이해서 말하는 수고가 덜어지니까 말이죠. 어쩐지 우리와 르그랑댕의 사이가 틀어진 것 같아요. 오늘 아침 그분은 나보고 인사조차 하는 둥 마는 둥 했거든요."

나는 아버지의 이야기를 듣기 위해 그곳에 계속 남아 있지 않았다. 왜냐하면 미사 뒤 우리가 르그랑댕 씨를 만났을 때, 나도 마침 아버지와 함께 그 자리에 있었으니까. 그래서 나는 저녁 식사 메뉴를 물어보려고 부엌으로 내려갔다. 메뉴는 마치 신문 기사처럼 날마다 내 기분을 바꾸어주며 축제의 프로그램처럼 나를 흥분시켰던 것이다. 성당에서 나온 르그랑댕 씨는 우리가 얼굴만 아는 근방의 대(大)성관 여주인과 나란히 우리 곁을 지나갔는데, 이때 우리는 걸음을 멈추지 않고, 다만 아버지가 정다우며 또한 조심성 있는 인사를 그에게 했다. 그런데 르그랑댕 씨는 마치 우리를 모르는 것처럼 놀란 표정을 지었을 뿐 답례를 하는 둥 마는 둥 했다. 그때 그분의 눈길은 상냥하게 굴 생각이 없는 사람들에게 나타나는 특유한 것으로, 갑작스럽게 커진 눈 속에서 보기엔 상대가 너무나 먼 길 저 너머에 있어서 꼭두각시 정도로밖에 보이지 않는 그 크기에 맞춰 머리를 까딱하는 그런 사람들의 먼산바라기 눈길이었다.

르그랑댕 씨와 함께 지나가던 부인은 정숙하고도 인망 높은 부인이었다. 따라서 그가 몰래 만나고 있는 모습을 들켜 난처했을 리는 절대 없어서, 아버지는 왜 자기가 르그랑댕 씨의 마음을 언짢게 했는지 고민했다. "그분이 화를 내다니 정말 뜻밖입니다." 아버지가 말했다. "일요일이라 다른 사람들은 다들 나들이옷을 입고 있었는데, 그분은 평소 입는 윗도리를 단정하게 입고 헐렁하게 타이를 맨 모습이 뭔가 조금도 꾸민 티가 없는 참으로 소탈하고 호감 가는, 거의 순수한 인간으로 보였거든요. 그래서 더욱 아쉽군요." 그러나 식구들은 아버지가 지나치게 생각하고 있거나 또는 르그랑댕 씨가 그때 어떤 생각에 사로잡혀 있거나 했기 때문이라는 데에 의견이 하나로 모아졌다. 하기야 아버지의 근심은 그다음 날 저녁에 해소되었다. 긴 산책에서 돌아오는 길에, 우리는 비외 다리 근처에서 르그랑댕 씨를 만났다. 그는 축일 휴가로 콩브레에 여러 날 머무르고 있었다. 그는 우리 쪽으로 손을 내밀며

다가왔다. "여어, 독서가 양반, 아시는가?" 그는 내게 물었다. "폴 데자르댕*의 이러한 시구를.

Les bois sont déjà noirs, le ciel est encore bleu.
숲은 이미 검고, 하늘은 아직 푸르다.

어디, 지금 이 시각에 대한 뛰어난 묘사 아니겠소? 어쩌면 아직은 폴 데자르댕을 읽지 않았는지도 모르지. 읽어봐요, 독서가. 들리는 말에는 그도 오늘날에 와선 설교가로 변했다고 하지만, 그래도 오랫동안 그는 투명감 있는 수채화가였지…….

숲은 이미 검고, 하늘은 아직 푸르다…….

하늘이 늘 나의 젊은 친구인 자네를 위해 푸르기를. 그러면 지금 나에게 다가오는 이 시간, 숲은 이미 검고 밤은 빨리 저무는 이 시간이 와도 내가 지금 하고 있듯, 자네도 하늘을 쳐다보며 마음을 위로할 수 있을 거요." 그는 주머니에서 궐련을 꺼내더니 한동안 지평선에서 눈을 떼지 않았다. 그러다가 갑자기 "안녕, 여러분들" 하고 말하고는 떠나갔다.

내가 메뉴를 물어보려고 부엌으로 내려갔을 때에는 이미 저녁 식사 준비가 시작되어, 프랑수아즈는 마치 거인이 요리사로 고용되는 몽환극에서처럼 프랑수아즈의 조수가 된 자연을 지휘하면서, 석탄을 쑤시고 감자를 증기로 찌고, 큰 통, 냄비, 솥, 생선 냄비를 비롯해 크고 작은 온갖 스튜 냄비의 완전한 수집품을 거쳐, 사냥하여 잡은 새 고기를 넣는 틀이나 갖가지 과자 틀, 크림의 작은 병에 이르기까지 옹기장이가 비술을 써서 만든 수많은 그릇 속에 미리 조리해 담아놓은 요리의 걸작을 불로 알맞게 익히고 있었다. 나는 탁자 앞에 가서 걸음을 멈추고, 부엌데기가 막 껍질을 벗겨놓은 완두콩이 어떤 놀이에 쓰이는 초록빛 구슬처럼 가지런히 줄지어 있는 걸 바라보았다. 그러나 내가 나도 모르게 황홀해한 것은 바로 아스파라거스 앞에서였다. 그건

---

* 프랑스의 실천적 철학자(1859~1940).

질은 푸른빛과 장밋빛으로 물들고, 끝 부분은 연보라와 하늘빛으로 세세하게 점점이 그려지고, 밑까지—밭의 흙으로 아직 더러웠으나—땅 위의 것이 아닌 무지갯빛으로 눈에 띄지 않을 만큼 부드럽게 칠해져 있었다. 그러한 천상의 색조는 장난삼아 푸성귀로 둔갑한 아름다운 여인들을 드러내 보이고 있는 성싶었다. 그녀들은 먹을 수 있는 그 맛나고 실한 육신의 가장을 통해서, 이 갓 태어난 새벽의 빛깔, 아직 다 그리지 못한 무지개 빛깔, 사라져가는 황혼의 푸른 하늘 빛깔 속에서 자기들의 소중한 정수를 언뜻 내비치고 있는 것이며, 그러한 소중한 정수는 내가 아스파라거스를 먹은 저녁 뒤에 한밤중이 되어도 여전히 똑똑하게 느껴졌다. 아름다운 여인들은 그날 밤중에, 셰익스피어의 몽환극처럼 시적이면서도 품위 없는 소극(笑劇)을 연기하면서, 내 요강을 향수병으로 바꿔놓았다.

스완이 별명 지은 그 가련한 지오토의 '자애'는 프랑수아즈로부터 아스파라거스 '껍질 벗기기'를 분부받아 그것이 든 바구니를 자기 곁에 놓아두고 있었는데, 그 모양이 어찌나 처량한지 땅 위의 불행이란 불행을 도맡아 느끼고 있는 것 같았다. 장밋빛 튜닉을 입은 아스파라거스가 머리에 쓰고 있는 하늘빛 가벼운 왕관은, 파도바의 벽화 '미덕'이 이마를 두르고 있는 꽃이나 바구니에 담은 꽃이 그렇듯 그 별 모양 하나하나에 이르기까지 섬세하게 그려져 있었다. 한편 프랑수아즈는 자기만 알고 있는 방식으로 꼬챙이에 꿰인 영계를 빙글빙글 돌리며 굽고 있었는데, 그 영계는 콩브레의 끄트머리까지 프랑수아즈 솜씨가 낳은 훌륭한 냄새를 풍겼고, 그것이 우리 식탁에 놓여 있는 동안, 프랑수아즈의 성격에 대해 나 혼자만이 갖고 있는 이해 가운데 특히 프랑수아즈의 상냥함을 돋보이게 했다. 그도 그럴 것이 프랑수아즈의 손으로 그처럼 기름지고 연하게 된 이 고기 냄새가, 나로서는 그녀의 여러 미덕 가운데 한 가지의 고유한 향기 그 자체이기 때문이다.

그러나 아버지가 르그랑댕 씨를 만난 일에 대해서 집안사람의 의견을 듣고 있는 동안 내가 부엌으로 내려갔던 날은, 지오토의 '자애'가 최근 해산으로 몸져누워 있는 날이었다. 도와주는 손이 없어 프랑수아즈의 식사 준비는 늦어지고 있었다. 내가 아래층에 내려갔을 때 프랑수아즈는 닭장 쪽으로 나 있는 찬방에서 영계 한 마리를 잡고 있는 판이었는데, 그녀는 닭의 귀밑 목을 자르려고 "요놈! 요놈!" 흥분해서 외치고 있는 반면, 마땅히 영계는 죽을힘을 다해 몸부림을 쳤다. 영계는 다음 날 저녁 식사에 그 살갗을 사제복처럼 금실로 수놓은 채 성체 그릇에서 뚝뚝 떨어지는 귀중한 국물과 더불어 나타나 우리 하녀의 성스러운 부드러움과, 영계에 마지막 기름을 붓는 그녀의 의식을 빛나게 해줄 터인데도, 지금은 오히려 그런 것들에 찬물을 끼얹고 있었다. 영계가 죽자 프랑수아즈는 여전히 원한을 풀지 않고 그 피를 뽑는다. 그리고 다시 화가 치밀어서 원수의 시체를 뚫어지게 바라보며 "요놈!" 하고 마지막 한마디를 내뱉었다. 나는 부들부들 떨면서 위층으로 올라갔다. 프랑수아즈를 당장 내쫓아주었으면 했다. 하지만 그녀 말고 누가 그처럼 따끈따끈한 물단지를, 그처럼 향기로운 커피를 만들어줄 것인가. 그리고 또…… 그런 영계 요리를?…… 실은 누구나 나처럼 이런 비겁한 계산을 할 수밖에 없었던 것이다. 레오니 고모만 해도—그 무렵 나는 아직 모르고 있었지만—프랑수아즈가 딸이나 조카를 위해서라면 아낌없이 목숨을 버렸을 텐데도 남들에게는 이상하게 냉혹한 것을 알고 있었다. 그럼에도 고모가 프랑수아즈를 곁에 두고 있던 까닭은 프랑수아즈의 잔인성을 알면서도 그녀의 일솜씨를 높이 평가하고 있었기 때문이다. 마치 성당 그림 유리창에 합장한 모습으로 그려져 있는 경건한 왕이나 여왕의 평화로운 세상이 피비린내 나는 무력으로 물들어 있는 것을 역사가 드러내듯이, 프랑수아즈의 상냥함, 온화함, 여러 미덕도 찬방의 비극을 숨기고 있다는 사실을 나는 차츰 깨달았다. 자기 친척을 빼놓고는, 그녀로부터 멀리 있는 사람이면 사람일수록 그들의 불행이 그녀에게 연민의 정을 더 불러일으킨다는 사실도 나는 점점 이해했다. 신문을 읽으면서 전혀 모르는 사람의 불행에 흘리는 억수 같은 눈물도, 만약 그 대상이 조금이라도 뚜렷하게 머릿속에 떠오르기만 하면 금세 말라버리고 마는 것이었다. 부엌데기가 해산하고 난 어느 날 밤, 그녀가 심한 복통을 일으켰다. 엄마는 신음 소리를 듣고 침대에서 일어나 프랑수아즈를 깨웠는데, 프랑수아즈는 냉담하게 그런 비명은 연극이다, '마님인 체하고' 싶어하는 거다 하고 내뱉었다. 그런 발작을 미리 걱정한 의사는 집에 있는 의학서적 가운데 그 증상이 적혀 있는 페이지에 책갈피를 끼우고, 먼저 해야 할 응급치료가 무엇인지 참고하도록 우리에게 일러두었다. 어머니는 책갈피를 떨어뜨리지 말라고 여러 번 당부하면서 프랑수아즈에게 책을 찾으러 보냈다. 그런데 한 시간 남짓 지나도 프랑수아즈는 돌아오지 않았다. 화가 난 어머니는 프랑수아즈가 다시 잠자고 있는 줄 알고, 나한테 서재에 가보라고 했다. 나는 거기 있는 프랑수아즈를 발견했다. 프랑수아즈는 책갈피로 표시된 페이지를 열고 그 발작의 임상 기술을 읽고 있었는데, 거기에 전형적인 예로 적혀 있는 이름 모를 환자들의 이야기를 읽고는 흐느껴 울고 있었다. 저자가 쓴 고통스러운 증상과 마주칠 때마다 그녀는 소리치고 있었다. "아이고, 맙소사! 동정녀 마리아시여, 착하신 천주께서 불쌍한 인간을 이처럼 괴롭히다니, 있을 수 있는 일인가요? 아이고! 가엾어라!"

그러나 내가 불러 그녀가 지오토의 '자애' 침대 머리에 이르자마자, 프랑수아즈의 눈물은 금세 말라버리고 말았다. 부엌데기 때문에 한밤중에 일어나 있다는 짜증과 노기로 말미암아, 프랑수아즈가 신문을 읽으면서 스스로 잘 분간하기도 하고 또 자주 느끼기도 하는 그 동정과 감동의 쾌적함도, 또한 그와 같은 종류의 기쁨도 전혀 느낄 수 없어, 조금 전 프랑수아즈를 울게 했던 의학서적에 묘사된 상황과 똑같은 고뇌를 목격하면서도 그녀는 불쾌한 잔소리뿐 아니라 무서운 비웃음까지 날리는 것이었다. 방에서 나온 나에게 이제는 자기 말이 들리지 않을 거라고 생각하고 그녀는 말했다. "이년도 그런 짓을 하지만 않았더라면, 이렇지는 않지! 그런 재미를 보고서! 이제 와서 아니꼬운 행동 말라구! 어쨌든, 이것과 함께 뒹굴었기 때문에 젊은이 하나가 착하신 천주에게 버림을 받고 말았지. 흥! 돌아가신 우리 어머니네 고향 사람들이 이렇게 말하던 것과 똑같아.

> Qui dù cul d'un chien s'amourose
> Il lui paraît une rose.
> 개의 엉덩이에 반하면
> 개의 엉덩이도 장미꽃."

손자가 코감기라도 걸리면 프랑수아즈는 그 아이에게 필요한 게 있는지 보려고, 심지어 몸이 불편하더라도 밤중에 떠나 다음 날 근무시간에 맞춰 오기 위해 먼동이 트기 전에 40리 길을 터벅터벅 걸었는데, 그 반면 자기 친척에 대한 같은 애정과 자기 집의 장래 발전을 확실히 하려는 욕망은 다른 하인들을 대하는 행동 속에 변함없이 나타나 있었다. 즉 프랑수아즈는 다른 하인 가운데 그 누구도 고모 집에 오래 있게 하는 법이 없었으며, 자신이 병이 났을 때도 부엌데기를 주인마님 방에 드나들게 하는 것보다 차라리 병상에서 기어나와서라도 몸소 주인에게 비시 약수를 갖다바치는 편이 낫다는 자부심이 있어서 고모의 방엔 아무도 얼씬 못하게 했다. 그리고 파브르*가 관찰한 벌목의 나나니벌처럼—나나니벌은 자기가 죽은 뒤 자기 애벌레들이 먹을 신선한 고기를 저장하기 위해, 해부학의 힘을 빌려 그 잔인성을 발휘한다. 바구미나 거미를 사로잡아 다른 생명 기능은 그대로 두고 놀라운 지식과 솜씨로 다리운동을 주관하는 신경중추를 찌르고, 그리하여 몸이 마비된 곤충의 둘레에 알을 낳으므로 그 알이 부화됐을 때 애벌레들에게 얌전한, 무해한, 달아날 수도 저항할 수도 없는, 게다가 조금도 썩지 않은 먹이를 주게 되는 것인데—프랑수아즈는 어느 하인도 주인집에 오래 붙어 있지 못하게 하려는 끈덕진 뜻을 지켜내기 위하여 매우 교활하고도 무자비한 술책을 썼던 것이다. 그해 여름 우리에게 거의 날마다 아스파라거스를 먹였던 것도, 실은 아스파라거스 껍질을 벗기는 일을 맡아하던 부엌데기에게 그 냄새로, 불쌍하게도 마침내는 일을 그만두어야만 할 만큼 심한 천식 발작을 주기 위한 것이었다는 사실을 우리는 몇 년 뒤에나 알게 되었다.

아아! 우리는 르그랑댕에 대한 의견을 결정적으로 바꿔야만 했다. 비유다리에서 그와 만난 뒤 아버지가 자신의 잘못된 생각을 인정해야 했던 날부터 몇 주일이 지난 어느 일요일, 미사가 끝나자 바깥 햇살이나 소음과 함께 전혀 성스럽지 못한 것들이 성당 안으로 들어왔으므로 구필 부인과 페르스피에 부인이(그리고 아까 내가 좀 늦게 들어왔을 때 열심히 기도서를 보고 있던 사람들, 그때 내 자리로 가는 데 방해되던 작은 의자를 다리로 가볍게 치워주지 않았더라면 내가 들어온 줄도 몰랐을 거라고 여겼던 모든 사람이) 마치 이미 성당 앞 광장에 나온 기분으로 우리와 함께 떠들썩하게 잡담을 하기 시작했을 때, 우리는 햇볕이 쨍쨍한 정문 문턱에 서서 시장의 온갖 소란을 굽어보고 있는 르그랑댕을 보았다. 우리가 최근 만났을 때 그와 함께 있던 귀부인의 남편이 근처 다른 어떤 대지주의 아내에게 르그랑댕을 소개하고 있는 중이었다. 르그랑댕의 얼굴은 이상한 활기와 열의를 띠고 있었다.

* 《곤충기》로 잘 알려진 프랑스의 곤충학자(1823~1915).

그는 허리를 깊숙이 꺾어 인사한 다음 뒤로 홱 젖혀서 등을 먼저 위치보다 더 쭉 폈는데, 그건 그의 누이동생인 캉브르메르 부인의 남편에게서 배운 인사인 듯싶었다. 재빨리 몸을 일으키는 이 동작은, 내가 그렇게까지 살집이 좋으리라 추측하지 못했던 르그랑댕의 엉덩이를, 마치 격렬하게 파도치는 심한 물결처럼 밀려나가게 했다. 그리고 정신의 표시라곤 하나 없이 비열함으로 가득 찬 열의가 폭풍우처럼 휘몰아치고 있는 이 순전히 물질적인 파동, 이 살의 물결은 우리가 알고 있는 르그랑댕과는 전혀 다른 또 하나의 르그랑댕이 있을지도 모른다는 느낌을 문득 내 마음속에 불러일으켰다. 그 부인은 마부에게 무엇인가 전해달라고 부탁했다. 그리고 그가 마차까지 가는 동안, 조금 전 소개받았을 때 그의 얼굴에 두드러지게 나타난 수줍어하면서도 헌신적인 기쁨의 자국은 그대로 남아 있었다. 그는 꿈꾸는 마음으로 미소 짓고 있다가 부랴부랴 부인 쪽으로 돌아왔다. 그 걸음걸이가 평소보다 빨라서 두 어깨는 우스꽝스럽게 좌우로 흔들리고, 그 밖의 것은 전혀 염두에 없을 만큼 완전히 넋이 빠져, 마치 행복이라는 것에 조종되는 무기력한 장난감 기계같이 보였다. 그러는 동안 우리는 정문에서 나와 그의 옆을 스쳤다. 그는 예의 바른 사람이라 고개를 돌리거나 하지는 않았지만, 그 자세 그대로 느닷없이 깊은 몽상에 가득 찬 눈길로 지평선의 머나먼 한 점을 바라보기 시작했으므로 우리를 볼 수도 인사할 수도 없었다. 그의 얼굴은 경쾌하고도 단정한 윗도리 위에 순박하게 올려져 있어서 주위의 혐오스러운 호사 한가운데에 뜻하지 않게 잘못 들어가 난처해하고 있는 것처럼 보였다. 광장의 바람에 너울거리는 물방울무늬의 큼직한 나비넥타이는 르그랑댕의 자랑스러운 고립과 고귀한 독립의 깃발처럼 그의 가슴에서 계속 펄럭거리고 있었다. 우리가 집에 이르자 어머니는 생토노레 케이크를 까맣게 잊어버리고 사지 않은 것을 깨닫고 아버지에게 나와 함께 되돌아가서 곧 가져오도록 일러달라고 부탁했다. 성당 근처에서 우리는 좀 전의 부인을 배웅하면서 마차가 있는 곳으로 오고 있는 르그랑댕과 마주쳤다. 그와 우리는 엇갈렸다. 그때 그는 곁의 부인과 이야기를 멈추지 않은 채 푸른 눈으로 흘끗 우리에게 곁눈질했는데, 그건 이를테면 눈꺼풀 속에서 한 인사라 얼굴 근육과는 관계가 없었으므로 상대 부인에게 조금도 들키지 않았을 것이었다. 하지만 그렇게 제한한 표정 범위가 너무 좁았으므로, 이것을 감정의 강도로 보상하려는 듯 그는 우리에게 인사랍시고 곁눈질한 푸른 눈꼬리 속에 쾌활한 호의를 있는 대로 다 담아 빛냈는데, 그것은 쾌활함을 지나쳐 질 나쁜 장난에 가까워 보였다. 그는 어찌나 세련되게 호의를 나타내던지, 친근한 사이의 눈짓, 끝까지 말은 하지 않는 암시, 공모의 비밀 같은 섬세한 기술을 쓰더니 마침내는 곁의 대성관 여주인 눈에는 띄지 않는 남모를 안타까움을 품고서, 쌀쌀한 얼굴 속에 열정에 불타는 눈동자를 오직 우리만을 위하여 반짝이면서 애정의 하소연, 사랑의 고백으로까지 보이는 우정의 확언을 하는 것이었다.

마침 그 전날, 그는 그날의 저녁 식사에 나를 꼭 보내달라고 부모님에게 부탁했었다. 그는 나에게도 "늙은 벗의 상대를 하러 와달라" 말했다. "다시는 돌아가지 못할 나라에서 나그네가 보내주는 꽃다발처럼, 옛날에 나 또한 거쳐온 봄철의 꽃향기를 아득한 그대의 소년기로부터 맡게 해주게. 앵초, 민들레, 금잔화와 함께 와주게. 발자크의 식물지대에 만발한 사랑의 꽃다발을 만드는 그 꿩의비름*1과 함께 와주게. 부활절의 꽃*2과 데이지, 그리고 부활절의 우박 섞인 마지막 눈송이가 아직 녹지 않았을 때 그대의 대고모님 댁 뜰 오솔길에 향기를 뿌리기 시작하는 까마귀밥나무꽃과 함께 와주게. 솔로몬의 차림에 어울리는 백합의 영광스런 비단옷과 더불어, 팬지꽃의 다채로운 칠보와 함께 와주게. 그리고 특히, 녹다 만 마지막 서리로 아직 차갑지만 오늘 아침부터 문가에서 기다리는 두 마리 나비를 위해 예루살렘의 첫 장미꽃을 방긋이 피게 해줄 산들바람과 더불어 와주게나."

가족들은 나를 르그랑댕 씨와 함께하는 저녁 식사에 보내야 할 것인가에 대해 이야기했다. 그러나 할머니는 그가 예의를 저버렸다고는 생각하지 않았다. "아범도 보아서 알지 않니, 그분이 사교계 사람들과는 달리 매우 간소한 차림으로 온 것쯤은." 어쨌든, 또 가장 나쁘게 가정해서 그가 예의를 잃었다 하더라도 그런 건 모르는 체하는 게 제일 좋지 않은가 하고 할머니가 말했다. 사실을 말하자면, 르그랑댕이 취한 태도에 가장 화를 낸 아버지 자신도 그 태도의 참뜻에 대해서는 역시 의혹을 다 버리진 못한 듯했다. 그 태도에는 한 인간의 깊숙이 숨겨진 성격이 자연히 나타나는 모든 태도와 닮은

---

*1 발자크의 《골짜기의 백합》에 나오는 첫사랑의 구절 참조. 발자크의 식물지대란 투렌의 평야를 가리킴.

*2 안산수(安產樹). 시리아산 한해살이풀.

구석이 있었다. 즉 그것은 그가 전에 했던 말과 관계되는 것이 아니다. 우리는 피고인이 나중에 인정하지 않을 증거를 갖고서 그 태도를 확정할 수는 없다. 왜냐하면 태도를 결정하는 때에 있어서 우리는 우리 감각에 기댈 수밖에 없는데, 조각나고 갈가리 흩어진 기억을 앞에 두면 그 감각이 과연 환각은 아니었나 의심쩍은 일이 있기 때문이다. 따라서 그와 같은 태도, 유일하게 중요한 태도도 우리에게 의문을 남기기 일쑤이다.

나는 르그랑댕 댁의 발코니에서 그와 함께 저녁 식사를 했다. 밝은 달밤이었다. "아름다움이 깃든 고요군, 안 그런가?" 그가 나에게 말했다. "훗날 자네도 읽겠지만 어느 소설가가 말하기를, 나처럼 상처 입은 마음에는 오로지 어둠과 고요만이 어울린다고 했네. 그리고 자네한테는 앞으로 먼 일이겠지만, 언젠가 반드시 이런 때가 오네. 그때 피곤한 눈이 견뎌낼 수 있는 빛이라곤 다만 오늘처럼 아름다운 밤이 은연히 마련하여 어둠과 더불어 똑똑 한 방울씩 떨어뜨리는 빛뿐일세. 또 들을 수 있는 음악이라곤 달빛이 고요의 피리로 부는 음악뿐일세." 언제나 듣기 좋은 르그랑댕 씨의 말에 나는 귀를 기울이고 있었다. 그러나 최근 처음으로 보게 된 한 여성의 생각으로 마음이 뒤숭숭하던 나는, 또 르그랑댕이 이 근방의 여러 귀족들과 교제를 하고 있는 줄 알고 난 뒤라 아마 그 여성을 알고 있을지도 모르겠다는 생각이 들어 용기를 내어 그에게 말했다. "혹시 아십니까, 저어, 게르망트 성관에 사는 부인……들을?" 게르망트라는 이름을 발음하는 것이 내게는 매우 기쁘기도 했다. 이 이름을 내 꿈에서 꺼내, 그것에 소리와 울림을 갖는 객관적인 존재를 부여하는 것만으로도 내가 그 이름에 대해 어떤 힘을 갖게 되는 것이어서.

하지만 게르망트라는 이름을 듣자, 우리 친구 르그랑댕의 푸른 눈 한가운데에 보이지 않는 바늘 끝으로 막 찔린 듯한 자그마한 갈색 상처가 박히는 것이 보였다. 그때 눈동자의 나머지 부분이 하늘빛 물결을 내보이며 그걸 지워버렸다. 눈가가 검어지고 눈꺼풀이 축 늘어졌다. 쓰디쓴 주름 하나가 그어진 입이 재빨리 본디 모습으로 돌아가 미소 지었지만, 눈길은 마치 온몸에 화살을 맞은 아름다운 순교자의 눈길처럼 여전히 비통했다. "아니, 나는 한 사람도 모르네." 그가 말했다. 그러나 이처럼 간단한 사실 전달, 이처럼 대수롭지 않은 대답에 알맞은 자연스럽고 평범한 투로 말하는 대신 그는 낱말 하나하나에, 몸을 굽히기도 하고 고개를 움직이기도 하면서 힘을 주어 말하는 것이었다. 게다가 믿기 힘든 것을 믿게 하려는 사람처럼—마치 그가 게르망트 집안사람들을 모르는 사실이 기묘한 우연의 결과일 수밖에 없다는 듯이—끈질기게 단언하며, 또 이를테면 어떤 사람이 자기의 고통스러운 상태에 대해 잠자코 있을 수 없어 남에게 고백할 때, 자기 고백은 자신에게 하나도 어렵지 않으며 오히려 하기 쉽고 유쾌하며 자연스러운 고백이라는 인상을 주려고 하는, 그리고 그 상태 자체는—게르망트네 사람들과 친분이 없다는 그 상태는—억지로 이루어진 게 아니라 스스로 바라서 그런 것이고, 게르망트네와의 교제를 특히 금하는 집안 관례라든가, 도덕상의 주의, 또는 비밀 맹세의 결과일 것이라는 인상을 주려고 하는 과장을 곁들여 말했다, "아니." 그는 자신의 말하는 투를 설명하며 말을 이었다. "아니, 나는 한 사람도 모르고, 알려고도 하지 않았네. 나는 늘 나의 완전한 독립성을 지키기 위해 노력하고 있으니까. 요컨대 나는 과격파인지도 모르지. 많은 분들이 나를 도와주려고 왔네. 그분들이 번번이 말하더군. 내가 게르망트 댁에 드나들지 않는 것은 잘못이라고, 그래서는 상스러운 사람 또는 사교를 싫어하는 사람처럼 보일 거라고. 하지만 나는 이런 평판을 겁내지 않네. 사실 그대로니까! 결국 이 세상에서 내가 좋아하는 것은 몇몇 성당, 책 몇 권, 그와 거의 같은 그림의 수, 그리고 이 늙은 눈동자로는 이미 분간할 수 없는 화단의 냄새를 자네 젊음의 산들바람이 이 몸에까지 가져다주는 이러한 밤의 달빛 정도지." 모르는 사람의 집에 가지 않기 위하여 어째서 독립성을 지켜야만 하는지, 그렇게 할 경우 어째서 남들에게 상스러운 사람이나 사교를 싫어하는 사람으로 보이는지 나는 잘 이해되지 않았다. 다만 이해가 간 것은, 성당과 달빛과 젊음밖에 좋아하지 않는다는 르그랑댕의 말은 진실이 아니라는 것이었다. 그는 훌륭한 별장을 가진 사람들을 아주 좋아했고, 그래서 그들 앞에서 그들의 마음을 언짢게 하지나 않을까, 자신의 친구 가운데 단순한 부르주아나 공증인 또는 증권거래소 직원 아들 따위가 있다는 것이 들키지나 않을까 겁내어, 어차피 그런 사실이 밝혀질 거라면 자기가 없는 저 먼 곳에서 '결석재판'으로 그렇게 되길 바라 마지않았다. 그는 속물이었던 것이다. 하기야 그는 우리 집안사람이나 나 자신이 그토록 좋아하던 그의 이야기 가운데 그런 사정을 말한 적은 단 한 번도 없었다. 그리고 내가 "게르망트 집안사람들을 아시나요?" 묻자 이야기꾼인 르그랑댕이 대답했던 것이다. "아니,

알려고도 하지 않았네" 하고. 그러나 안타깝게도 그건 제2의 르그랑댕이 대답하고 있는 것에 지나지 않았다. 왜냐하면 그가 가슴속에 조심스럽게 숨겨둔 채 겉으로 드러내지 않는 또 하나의 르그랑댕—우리의 이야기꾼인 르그랑댕과 그의 속물근성에 관해 악명을 초래할 만한 일화들을 잘 알고 있으므로 그의 마음속에 숨으려 하는 그 르그랑댕이, 상처 입은 눈빛과 딱딱하게 굳은 입매와 무거운 투로 이미 말해버렸기 때문인데, 그 순간 우리의 이야기꾼 르그랑댕은 단숨에 많은 화살을 맞고 속물근성의 세바스티아누스 성자[*1] 처럼 기진하였다. 그는 마치 "아아! 그렇게 날 괴롭히지 말게! 아니, 난 정말 게르망트네 사람들을 모르네. 내 평생의 상처를 건드리지 말게" 하고 말하는 듯싶었다. 이 응석둥이 르그랑댕, 갈취꾼 르그랑댕은 또 다른 르그랑댕의 아름다운 말솜씨를 갖고 있지 않는 대신 매우 날렵한, 이른바 '반사작용'이라는 것으로 이뤄진 말을 가지고 있어, 이야기꾼 르그랑댕이 응석둥이인 그를 우격다짐으로 침묵시키려 할 때 응석둥이는 이미 말을 해버렸으므로, 우리의 벗 르그랑댕은 그의 알테르 에고(alter ego)[*2]의 출현으로 생긴 나쁜 인상에 유감을 느끼지만 어쩔 수 없는 일이라 다만 그걸 얼버무리려고 하는 수밖에 없었다.

그래도 그가 속물들에게 욕설을 퍼부었을 때 진지하지 않았던 것은 아니다. 르그랑댕은 적어도 자기가 속물이라는 사실을 스스로 알지 못했다. 우리는 오직 남들의 정념밖에 보지 못하므로 우리 자신의 정념을 알게 되는 것은 주로 남들에게서 가르침을 받고 난 다음이기 때문이다. 정념은 최초의 동기를 보다 얌전한 다른 동기로 바꿔주는 상상력을 통해 이차적으로만 우리에게 작용한다. 르그랑댕의 속물근성은 어느 공작부인을 자주 방문하도록 그에게 권유한 일이 한 번도 없었다. 오히려 그의 속물근성은 그의 상상력에 명령을 내려, 그 공작부인을 온갖 우아함으로 꾸며진 사람처럼 생각하게 했다. 르그랑댕은 야비한 속물들이 모르는 정신과 미덕의 매력에 자신이 매혹되어 있는 줄로 여기고, 그 공작부인에게 접근하고 있었다. 다만 다른 사람들만이 그 또한 속물들 가운데 하나임을 알고 있었다. 왜냐하면 그들은 그의 상상력이 중개역할을 맡고 있다는 사실을 이해하지 못하는 상황이라서, 르그랑댕의 사

---

*1 228년 화살로 사살된 로마의 순교자·성인. 여기서는 속물근성의 순교자라는 뜻.

*2 또 다른 자아. 취미와 사상을 같이하는 친구.

교 활동과 그 근본적인 원인을 바로 앞에서 보고 있었기 때문이다.

이제 가족들은 르그랑댕이 실제로 어떤 위인인지 잘 알게 되어 우리와 그의 교제는 몹시 소원해지고 말았다. 르그랑댕이 실토하지 않았던 죄, 즉 그가 끊임없이 용서 못할 죄라고 부르고 있던 속물근성을 그 스스로가 발휘하는 모습을 볼 때마다 어머니는 무척 재미있어했다. 그러나 아버지는 그렇게까지 드러나는 르그랑댕의 태도를 쉽사리 웃어넘길 수 없었다. 그래서 어느 해의 여름휴가에 할머니와 함께 나를 발베크에 보내주자는 이야기가 식구들 입에 올랐을 때 아버지가 말했다. “발베크에 가는 걸 꼭 르그랑댕에게 알려줘야겠군. 그분이 자기 누이동생을 너와 할머니에게 소개하겠다고 말을 꺼내나 한번 보자고. 누이동생이 거기서 2킬로미터쯤 떨어진 곳에 살고 있다는 말을 한 적이 있었는데, 벌써 까맣게 잊어버렸을 거야.” 먼저 해수욕장에 가면 소금기 어린 바람을 들이마시기 위해 아침부터 저녁까지 바닷가에 있어야 하고, 방문이나 산책 같은 것을 하면 그만큼 바닷바람을 마실 시간이 줄어드니까 거기서는 아무와도 알고 지내지 말아야 한다고 생각하는 할머니는, 아버지와는 반대로 르그랑댕에게 이 계획을 말하지 말라 부탁했다. 낚시를 가려고 우리가 막 떠나는 참에 르그랑댕의 누이동생 캉브르메르 부인이 여관에 마차를 대어, 우리는 그녀를 응접하기 위해 어쩔 수 없이 여관에 갇혀야 하는 장면이 벌써부터 할머니의 눈앞에 선하게 보였던 것이다. 그러나 어머니는, 그런 위험이 눈앞에 닥쳐온 것도 아니고 또 르그랑댕도 그처럼 서둘러서 우리를 누이동생에게 소개할 리 없다고 생각해, 할머니의 그러한 걱정에 웃고 있었다. 그런데 우리 쪽에서 먼저 말할 필요도 없었다. 어느 날 저녁, 우리가 그쪽으로 갈 계획인 줄은 꿈에도 생각지 못한 르그랑댕 자신이 우리의 덫에 걸려든 것이다. 비본 냇가에서 그와 맞닥뜨렸을 때의 일이다.

“오늘 저녁에는 구름 사이에 매우 아름다운 보랏빛과 푸른빛이 있군요, 안 그래요?” 그가 아버지에게 말했다. “푸른빛이라고 해도 하늘의 푸른빛보다는 꽃의 푸른빛에 훨씬 가까운 푸른빛, 시네라리아의 푸른빛이군요. 놀라운데요, 이런 게 하늘에 있다니. 그리고 저 장밋빛 작은 구름 또한 꽃의 빛깔이 아니겠습니까? 카네이션 또는 수국 같은. 내가 이런 하늘의 식물계에 관해서 풍부한 관찰을 할 수 있던 곳은 노르망디와 브르타뉴 사이, 도버 해협밖에 없지요. 그곳의 발베크 근방, 너무나도 황량한 그 지방 근처에 매혹적인 고요를 가진 작은 만이 있는데 거기서 보이는 오주 지방의 석양, 그 붉은빛과 금빛의 석양은, 딱히 경멸할 맘은 없지만 이렇다 할 특색이 없는 하찮은 것이죠. 하지만 그 촉촉하고 다사로운 대기 안에 땅거미가 질 때 잠시 동안 푸른빛과 장밋빛 천상의 꽃들이 피어납니다. 그것은 비할 데 없이 아름다우며, 때로는 시들기까지 몇 시간이 걸리지요. 또 다른 꽃들은 금세 꽃잎이 떨어지는데, 그러한 때에 유황빛이나 장밋빛의 수많은 꽃잎이 흩어져 하늘을 가득 메우는 것도 한결 아름다운 광경이지요. 오팔의 만이라 불리는 이 만에서는 황금빛 해변이 근처 해안 울퉁불퉁한 암벽에 금발의 안드로메다(Andromeda)*[1]처럼 잡아매어 있어, 그 바닷가가 한층 더 아늑하게 보입니다. 사실 그 근처는 그러한 암초 바위가 많아 무시무시한 바닷가인데, 풍파로 부서진 배가 많기로 유명해, 겨울에는 많은 쪽배가 난파되어 가라앉습니다. 아아, 발베크! 우리 국토에서 지질학상 가장 오래된 골격, 참말로 아르모르(Armor)*[2]이자, 바다 그 자체이자, 땅의 끝이자, 저주받은 지방이라 할 수 있는데 아나톨 프랑스는—이 작은 친구가 언젠가 꼭 읽어야 할 그 마술사는—《오디세이아》에 나오는 키메리안(Cimmerian)*[3]의 나라와 너무 비슷하게 이 지방을 그 영원한 안개 밑에 멋들어지게 묘사하고 있습니다. 특히 발베크에는 고대의 매혹적인 땅 위에 이미 여러 호텔이 즐비하게 서 있지만 그 때문에 지형이 달라지진 않아서, 거기서 몇 걸음 걷기만 하면 원시적이며 게다가 매우 아름다운 곳으로 소풍 갈 수 있으니 얼마나 유쾌합니까!"

"허어! 발베크에 누구 아시는 분이라도 계십니까?" 아버지가 물었다. "마침 이 애가 할머니와 함께 그곳에 가서 두어 달쯤 보내기로 되어 있거든요. 어쩌면 집사람도 함께 갈지도 모르고."

이 뜻밖의 질문에 어리둥절하여 가만히 아버지를 바라본 르그랑댕은 그 눈을 딴 데로 돌리지 못하고 벗다운 솔직한 태도, 서로 똑바로 쳐다보아도 하나도 두려울 것이 없다는 태도로, 시시각각 더 심각하게—그리고 구슬프

---

*1 에티오피아의 왕 케페우스와 왕비 카시오페이아의 딸. 바다 괴물에게 제물로 바쳐져서 바위에 묶여 있었으나, 영웅 페르세우스에게 구조되어 그의 아내가 됨.

*2 켈트어로 '바다 위'라는 뜻. 브르타뉴 지방을 가리킴.

*3 호메로스가 '세계의 서쪽 끝에서, 언제나 안개와 암흑에 휩싸여 산다'고 노래한 상상의 나라에 사는 종족.

게 미소 지으면서—상대의 눈을 들여다보며, 마치 상대의 얼굴이 투명해지기나 한 것처럼 그 얼굴 너머 저 멀리 있는 구름 한 점을 바라보고 있는 듯싶었는데, 그 뚜렷하게 물든 구름은 그를 위하여 정신적 알리바이를 만들어 줘서 발베크에 아는 사람이 있느냐고 누가 물어왔을 때에 딴 생각을 하느라 그 질문을 못 들었다는 핑계가 돼주었다. 흔히 이와 같은 눈길에 부딪치면, 상대는 "도대체 뭘 생각하고 계십니까?" 묻게 마련이다. 그런데 호기심이 잔뜩 난 아버지는 좀이 쑤셔 잔혹하게 되물었다.

"그곳에 벗이 계신가요, 발베크를 그렇게 잘 아시는 걸 보니?"

절망적인 마지막 발버둥으로 미소 띤 르그랑댕의 눈길은 다정다감, 막연함, 성실과 방심의 극에 닿았는데 아마도 이젠 대답할 수밖에 없다고 생각해선지 그는 우리에게 말했다.

"벗은 어디에나 있습니다. 상처 입은 나무들이 아직 쓰러지지 않고 서로 기대 선 채, 연민의 정이라곤 티끌만큼도 없는 하늘을 향해 비장한 고집을 부려 애원하고 있는 곳이라면, 벗은 어디에나 있습니다."

"내 이야기는 그게 아닙니다." 아버지는 나무들처럼 고집 세게, 하늘처럼 무자비하게 가로막았다. "내가 여쭤본 것은, 우리 장모님께 무슨 일이 일어났을 경우를 대비해, 또 쓸쓸한 고장에서 허전한 느낌이 드시지 않게 해드리기 위하여 혹시나 그곳에 아시는 분이 있지 않나 여쭈어본 건데요?"

"어디에나 마찬가지로, 그곳에서도 나는 모두와 아는 사이이고 또한 아무와도 아는 사이가 아닙니다." 르그랑댕은 호락호락 항복하지 않고 대답했다. "사물은 많이 알고 있지만 인간은 거의 모릅니다. 한데 그곳에서는 사물 자체가 인간과 비슷하죠. 드문 인간, 미묘한 본질을 가진, 삶에 배신당한 인간과 비슷합니다. 해안 절벽 위에 난 길 가장자리에서 당신이 만나는 상대는 때로는 성(城)일 수도 있습니다. 아직 장밋빛인 황혼, 때마침 금빛 달이 떠오르고 몇몇 쪽배가 오색 수면에 길쭉한 물결을 그으면서 돛대에 노을의 신호기를 올리고 고물에 석양의 국기를 단 채 돌아오고 있는 황혼에, 그 성은 자기 고민을 하소연하려고 그곳까지 와서 멈추고 있는 거죠. 또 때로는 그것이 간소한, 어느 쪽인가 하면 지저분한 외딴집, 행복과 환멸의 영구히 풀리지 않는 어떤 비밀을 모든 인간의 눈으로부터 숨기고 있는 듯 소심하면서도 소설적인 외딴집일 때도 있겠지요. 이 진실성 없는 지방은" 하고 그는 마키

아벨리풍의 교활성과 더불어 덧붙였다. "이 순전히 가공적인 지방은 나이 어린 사람에게는 나쁜 책과도 같아서요. 이미 상당히 우수에 잠기는 경향이 있는 이 어린 친구를 위하여, 그렇지 않아도 쓸쓸한 그 마음을 위하여, 나는 아무래도 이런 지방을 권해드리고 싶지가 않습니다. 사랑의 속내 이야기라든가 헛된 애도에 알맞은 곳은 나같이 꿈에서 깨어난 늙은이에게는 안성맞춤이지만, 아직 굳지 않은 어린아이의 성격에는 결코 건전하지 못하죠. 그렇고말고요." 그가 끈질기게 이어 말했다. "그 만의 물은 이미 절반쯤 브르타뉴의 물이어서, 논의의 여지는 있겠으나 내 마음같이 이미 더러워져 다시는 낫지 않는 상처를 가진 마음에는 진정작용을 미칠 수 있습니다. 그러나 여보게, 그 만의 물은 자네 나이 또래에게는 금기지. 그럼 안녕히들 주무시오, 이웃분들." 그는 버릇처럼 갑작스럽게 달아나듯 우리한테서 떠나면서, 의사처럼 손가락 하나를 쳐들고 우리 쪽을 돌아보며 진찰 결과를 요약하듯 외쳤다. "쉰 살 전에 발베크는 금물, 그것도 심장 상태에 따라서."

아버지는 그 뒤에도 그와 마주치면 다시 이야기를 꺼내 그를 질문으로 괴롭혔지만, 결국 헛수고였다. 박식한 사기꾼이 양피지 고문서를 위조하기 위해 수고와 지식을 기울이면서도, 그 100분의 1의 수고만으로도 좀더 벌이가 좋고 명예로운 지위를 충분히 얻을 수 있다는 것을 외면하듯이, 르그랑댕 씨는 우리가 더욱 집요하게 질문했다면 마침내는 바스 노르망디 지방 풍경의 모든 윤리학과 천공의 지리학을 구성하여 한껏 이야기했을 테지만, 발베크에서 2킬로미터쯤 떨어진 곳에 그의 누이동생이 살고 있다고 실토하거나 우리에게 소개장을 써주거나 하는 일은 끝끝내 피했을 것이다. 그런 소개장을 우리가 이용할 리 없다는 확신이 그에게 있었다면—그가 알고 있는 할머니의 성격으로 보아 당연히 확신할 수 있었을 텐데—그처럼 소개장 하나를 겁내지 않아도 됐을 것을.

우리는 저녁 식사 전에 레오니 고모를 문안할 수 있도록 언제나 산책에서 일찍 돌아왔다. 계절의 첫 무렵이라 해가 짧을 때에도, 우리가 생테스프리 거리에 이를 즈음에는 우리집 창유리에 석양빛 반사가 아직 한 줄기 비치고, 칼바리오 언덕의 숲 뒤쪽에도 자줏빛 띠 하나가 걸려 있어 그것이 숲에서 멀지 않은 늪에 비치고 있었는데, 자주 싸늘한 추위를 동반하는 그 붉은색은 내 마음속에서 병아리를 굽고 있는 붉은 불꽃—산책에서 받은 시적인 기쁨에 뒤이어 맛있는 음식과 실내의 따스함과 휴식의 기쁨을 안겨주는 붉은 불꽃—에 합쳐졌다. 여름에는 이와 반대로 해가 아직 지지 않았을 때 돌아오는데, 우리가 레오니 고모 방에 들어가서 문안하는 동안 그 햇빛은 천천히 기울어지면서 창에 스쳐, 커다란 커튼과 그것을 묶는 끈 사이에 걸려 가늘게 갈라져 나뉘고 걸러져, 옷장의 레몬나무 판에 정교한 금박을 박으면서, 숲속 풀밭 사이로 비칠 때의 섬세함과 더불어 방을 비스듬히 밝혔다. 그러나 날에 따라 매우 드물게, 우리가 돌아왔을 때에는 이미 옷장이 그 한순간의 금박을 잃은 지 오래된 때가 있었는데, 그럴 때는 우리가 생테스프리 거리에 이르러도 창유리에 펼쳐지는 석양빛의 반사는 이미 흔적조차 없었으며, 칼바리오 언덕 숲 기슭의 늪도 그 붉은 기를 잃어버려 때로는 벌써 오팔 빛을 띠고 있고, 긴 달빛 한 줄기가 넓어져가면서 멀리까지 비쳐, 잔물결 사이사이에 갈라지며 온 수면을 가로지르고 있었다. 그럴 때에 우리는 집 근처에 이르러 대문 돌층계 위에서 그림자를 알아본다. 그러면 어머니는 우리에게 말하는 것이었다.

"어쩌나! 프랑수아즈가 우리를 기다리고 있네. 네 고모님이 걱정하시나 봐, 역시 너무 늦게 돌아왔지."

우리는 옷도 갈아입지 못하고 레오니 고모 방에 올라가서 그녀를 안심시키고, 고모가 이것저것 떠올리던 것과는 달리 우리가 아무 일 없이 '게르망트 쪽으로' 갔다온 사실을 증명했는데, 그야 물론 고모도 우리가 이 근방을 산책할 때에는 돌아올 시간을 다짐할 수 없다는 걸 잘 알고 있었다.

"그것 봐요, 프랑수아즈." 고모가 말한다. "게르망트 쪽으로 갔을 거라고 내가 말했잖아! 그나저나 모두 시장하시겠지! 자네가 모처럼 장만한 넓적다리 양고기도 오랜 기다림 끝에 말라비틀어지고 말았을 거야. 그래도 하는 수 없지, 이런 시간에 돌아오다니! 뭐? 게르망트 쪽으로 가셨다고!"

"하지만 나는 알고 계신 줄로만 알았지 뭐예요, 레오니." 엄마가 말한다. "우리가 채소밭 쪽 작은 문으로 나가는 걸 프랑수아즈가 본 줄 알았거든요."

우리가 산책하는 길은 콩브레 주변에 두 '방향'이 있는데, 이 두 방향이 정반대라서 어느 방향으로 가든지 같은 문을 통해 집 밖으로 나가는 일이 없었기 때문이었다. 그중 메제글리즈 라 비뇌즈 방향은 스완 씨의 소유지 앞을 지나가므로, 그쪽은 스완네 집 쪽이라고도 불리고 있었다. 그리고 또 하나는 게르망트 쪽이었다. 사실 나는 메제글리즈 라 비뇌즈에 대해서는 단지 그런 '방향'이 있다는 것과, 주일에 낯선 사람들이 그쪽에서 콩브레 쪽으로 산책 오는 것밖에 몰랐다. 그런 사람들은 고모 자신은 물론 우리 모두가 '전혀 알지 못하는' 사람들이므로, 그런 기색만으로 '메제글리즈에서 온 듯싶은 사람들'로 간주되는 것이었다. 게르망트에 관해서는 언젠가 많은 것을 알게 되었는데, 그것도 먼 훗날의 일에 지나지 않았다. 내 어린 시절을 통해, 나에게 메제글리즈가 콩브레와는 전혀 닮지 않은 지형 때문에 아무리 멀리 가도 시야에서 달아나버리는 지평선처럼 가까이 갈 수 없는 그 무엇이었다면, 게르망트는 그 '방향' 자체를 나타내는 언어, 현실적이라기보다 오히려 관념적인 언어로 이를테면 적도라든가, 북극이라든가, 남극이라든가, 동방이라든가 하는 추상적인 지리학상의 표현으로 여겨질 뿐이었다. 그러므로 메제글리즈로 가는 데 '게르망트를 통해 가는 길을 잡는다'고 하는 것이나 그 반대로 서쪽으로 가는 데 동쪽을 통해서 가는 길을 잡는다는 것과 마찬가지로, 나에겐 그저 뜻없는 표현으로 여겨졌을 것이다. 아버지는 늘 메제글리즈 방향을 자신이 본 것 가운데 가장 아름다운 평야의 경치라고 말했고, 게르망트 방향을 시내〔川〕 풍경의 전형이라고 말하곤 했으므로 나는 그것들을 그런 모양의 실체 두 개로 생각함으로써 인간 정신만이 창조할 수 있는 그 결합, 그 통일성을 그것들에게 주고 말았다. 그 두 개 가운데 어느 쪽의 가장 작은 조각도 나에게는 귀중하게 보이며, 제각기 특수한 뛰어남을 나타내고 있는 성싶었다.

한편 그 신성한 땅 두 곳 가운데 어느 한쪽에 이르기 전, 그 안쪽으로 들어간 곳에 문제의 둘이 이상적인 평야 경치와 시내 풍경으로 자리잡고 있는 그전의 길은 어느 쪽이든 한결같이 순전히 물질적이어서, 문제의 둘에 비하면 연극에 열중한 관객에게 있어서 극장 주변의 작은 길과도 같아 구경할 가치조차 없었다. 그런데 나는 특히 둘 사이에 킬로미터로 나타내는 거리 이상의 것, 양쪽을 생각하는 내 두뇌 두 부분 사이에 있는 거리, 단지 그 둘을 멀어지게 할 뿐만 아니라 아예 떼어서 다른 차원으로 옮겨놓는 정신 안의 거리 한 가지를 설정한 것이었다. 그리고 같은 날 단 한 번의 산책을 하는 데 결코 두 방향으로 간 적 없이, 어느 날은 메제글리즈 쪽으로 또 어느 날은 게르망트 쪽으로 가곤 한 우리의 습관이 두 방향을 서로 멀리 떨어뜨리고,

말하자면 서로 다른 오후라는, 서로를 알 수 없고 연락도 할 수 없는 닫힌 항아리 속에 따로따로 가두어놓았으므로 그 경계선은 더욱 절대적인 것이 되었다.

메제글리즈 쪽으로 가려고 할 때 우리는(이 산책은 그다지 길지도 않고 오래 걸리지도 않아, 너무 일찍 나갈 필요도 없고 날씨가 흐려도 무방하여) 따로 목적지를 정하는 일 없이 생테스프리 거리 쪽으로 나 있는 고모 집의 대문을 통해 외출했다. 우리 일행은 총포 장수의 인사를 받기도 하고 편지를 우체통에 넣기도 하면서, 기름 혹은 커피가 떨어졌다는 프랑수아즈의 말을 지나가는 길에 테오도르에게 전하기도 하면서 스완 씨네 정원 흰 울타리를 따라 나 있는 길을 걸어 시가 밖으로 나갔다. 스완 씨네 정원에 이르기에 앞서, 우리는 낯선 손님을 맞으러 나와 있는 라일락꽃 향기와 우연히 마주쳤다. 라일락꽃들은 그 싱싱한 초록빛 조그만 하트 모양 잎들 사이에서, 이미 햇볕을 담뿍 받았기에 그늘이 졌어도 반짝반짝 윤나고 있는 연보랏빛 또는 흰빛 깃털 장식을 궁금하다는 듯 정원 울타리 위에 쳐들고 있었다. 그리고 어떤 것은 문지기가 머무르고 있는, 사수(射手)의 집이라고 불리는 작은 기와집에 반쯤 가려져 그 장밋빛 미나레트(minaret)*[1]를 작은 기와집 고딕풍 합각머리 위에 삐죽 내밀고 있었다. 이 프랑스풍 정원 안에서 페르시아 세밀화의 생생하고도 순수한 색조를 지니고 있는 이 젊은 우리(houri)*[2]들에 비하면 봄의 님프들도 비속하게 보였을 것이다. 그 호리호리한 허리를 껴안고, 그 향기로운 별 모양의 고수머리를 당기고 싶은 내 욕구에도, 우리는 걸음을 멈추지 않고 지나갔다. 스완이 결혼한 뒤로 우리집 어른들은 탕송빌에 발걸음을 하지 않았기 때문이다. 그래서 우리는 정원을 구경하는 모습으로 보이지 않기 위해 울타리를 따라 곧장 들판으로 나가는 길로 접어들지 않고, 역시 들판으로 나가지만 멀리 도는 다른 길을 택해 훨씬 멀리 빠져나갔다. 그런데 어느 날 할아버지가 아버지에게 말했다.

"스완이 어제 한 말 생각나는가? 아내와 딸이 랭스에 가기 때문에 그 틈에 파리로 가서 하루를 보낸다고 하지 않던가? 그 여인들이 저기에 없으니

---

*1 이슬람교 사원의 첨탑. 프루스트는 라일락꽃이 페르시아에서 도래한 사실 때문에 이러한 비유를 쓰고 있는 듯함.

*2 이슬람교에서 천국에 사는 미녀.

정원을 따라 가세. 그만큼 가까울 테니."

우리는 잠시 울타리 앞에서 걸음을 멈추었다. 라일락의 계절도 끝 무렵에 가까웠다. 그 가운데 몇몇은 연보랏빛 높다란 샹들리에 모양으로 아직 그 꽃의 섬세한 거품을 내뿜고 있었다. 겨우 일주일 전만 해도 잎이 무성한 부분 어디에서나 향기로운 거품이 물결처럼 부서지고 있었건만, 지금은 김빠지고 메마르고 향기 없는 거품이 졸아들어 거무칙칙하게 시들어 있었다. 할아버지는 스완 씨 아버지의 부인이 눈감던 날 상주와 함께 산책했던 뒤로, 정원의 어디가 그대로 있고 어디가 변했는가를 전부터 자주 아버지에게 일러주었다. 그리고 이 기회를 타서 또 한 번 그때 산책 이야기를 하는 것이었다.

우리 앞에는 한련꽃을 가장자리에 두른 오솔길이 햇볕을 가득 받으며 성관 쪽으로 가파르게 뻗어 있었다. 반대로 오른쪽 정원은 편편한 지면이 펼쳐지고 있었다. 둘레를 에워싼 높다란 수목들 그림자 아래, 스완의 부모님이 파놓은 그늘진 샘물이 어렴풋이 보였다. 그러나 인간에 의해서 가장 인공적으로 만들어진 것 또한 자연을 바탕 삼아 가공되어 있는 것이다. 어떤 장소는 그 주위에 늘 자기 특유의 왕국을 세우고, 정원 한가운데에서도 먼 옛적 낡은 자기 깃발을 높이 내건다. 그것은 마치 인간의 그 어떤 간섭이든 그것에서부터 벗어나 그 장소의 배치에서 필연적으로 생겨난 듯한 적막감, 인간이 만든 것을 온전히 감싸버리는 적막감에 사방으로 둘러싸여 있는 것과 같았다. 그런 인공 못을 굽어보는 오솔길 밑, 빛과 어둠이 서로 만나는 수면의 이마에는 물망초와 색비름의 꽃 두 줄기로 엉켜 짜여진, 미묘한 푸른색 자연의 왕관이 씌워져 있었고, 한편 글라디올러스는 왕자 같은 무관심으로 그 수많은 단검이 구부러지는 것에도 아랑곳없이, 물에 발을 담근 매화마름과 개연꽃에 이르기까지 못을 다스리는 홀(笏)처럼 보이는, 찢어진 백합과 비슷한 보랏빛과 노란빛의 그 꽃을 뻗고 있었다.*

스완 아가씨가 집을 비웠으므로—베르고트를 친구로 삼아 여러 대성당을 구경 다니는 특권을 지닌 아가씨가 오솔길에 갑자기 나타나 맞부딪칠 근심도, 그녀와 알게 되어 멸시당할 두려운 기회도 없어—처음으로 탕송빌을 느긋이 구경할 기회가 생겼는데도 나는 왠지 흥이 나질 않았는데, 반대로 할아

* 글라디올러스의 꽃을 프랑스 왕의 꽃인 백합에 비교해, 그 잎을 검으로, 꽃잎을 홀로 비유한 말.

버지나 아버지의 눈에는 그녀의 부재 덕분에 이 소유지에 편리함과 한때의 즐거움이 가미된 듯 보여, 마치 산악 지방에 간 유람에서 날씨가 구름 한 점 없이 갠 것처럼 그날이 이 산책에 예외적으로 안성맞춤이 된 듯싶었다. 나는 할아버지나 아버지의 계산이 뒤집히기를 바라 마지않았다. 기적이 일어나 스완 아가씨와 그 아버지가 아주 가까이 나타나, 서로 피할 틈이 없어서 하는 수 없이 아가씨와 아는 사이가 되기를 바랐다. 그래서 돌연 스완 아가씨가 있을지 모른다는 표시처럼 수면에 찌를 띄우고 있는 낚싯대 옆 풀 위에 광주리가 놓인 것을 언뜻 보았을 때, 나는 서둘러 할아버지와 아버지의 눈길을 다른 쪽으로 돌리게 했다. 하기야 스완이 손님이 묵고 있으므로 집을 비우기 꺼려진다고 우리에게 말했던 것으로 보아, 낚싯대는 그 손님의 것이었을지도 모른다.

오솔길에는 발소리 하나 들리지 않았다. 눈에 보이지 않는 새 한 마리가 어느 나무인가에 앉아 하루를 더 짧게 만들려고 애써 길게 뽑은 한 가락으로 주위의 정적을 더듬어 살피고 있었는데, 돌연 주위에서 한꺼번에 반박이 일어나 그 반동으로 주위는 더욱 조용해지고 미동도 없이 멈추어버려, 그 새는 더 빨리 지나치게 하려던 순간을 오히려 영영 멈추게 하고 만 듯한 생각이 들었다. 햇볕은 이제 움직이지 않게 된 하늘에서 너무나 쨍쨍 내리쬐어 그 시선에서 달아나고 싶을 정도였다. 잠자는 물은 곤충에게 끊임없이 잠을 방해받아 아마도 상상의 거대한 소용돌이를 꿈꾸고 있는지 수면에 비친 넓은 하늘의 고요 위에 찌를 전속력으로 끌어들이고 있는 듯했고, 찌는 거의 수직으로 막 잠겨가고 있는 듯이 보여 그 코르크 찌 때문에 생겨난 내 혼란을 더하게 했다. 이미 나는 그녀와 친구가 되는 희망이나 두려움을 개의치 않고, 어서 빨리 스완 아가씨에게 물고기가 걸린 사실을 알려야 한다고 생각하고 있었다—그때 할아버지와 아버지가 나를 불렀으므로, 나는 달음질쳐서 그 뒤를 쫓아가야만 했다. 두 분은 들판으로 나가는 오솔길을 걷고 있다가 내가 따라오지 않자 깜짝 놀란 것이다. 그 오솔길에는 산사나무 향기가 짙게 풍기고 있었다. 울타리는 길 위 임시로 지은 제단에 쌓아 올린 산사 꽃더미, 바로 그 밑에 숨어 있는 하나의 작은 제단과 비슷한 모양을 이루고 있었다. 그 밑에 해가 비쳐, 마치 그림 유리창 너머로 비쳐오기나 하는 것처럼 땅 위에 빛의 바둑판을 그리고 있었다. 산사나무 향기는 흡여 내가 성모마리아 제단 앞에 있는 것이 아닌가 여겨질 만큼 촉촉하고 그윽하게 감돌며, 그 꽃 또한 잘 차려입은 채 저마다 무심한 듯 섬세한 플랑부아양(flamboyant)*식 방사형 수술의 반짝이는 다발을 지니고 있었는데, 그것은 마치 정밀하게 만든 성당 제단 뒷자리의 난간 또는 그림 유리창의 살 따위가 딸기꽃의 새하얀 피부가 되어 피어난 듯한 모양새였다. 그것에 비하면 저 찔레꽃, 산들바람에도 헤쳐지는 무늬 없는 붉은 비단 블라우스를 입고, 2~3주만 지나면 햇볕을 받으면서 이 시골길을 기어오르는 찔레꽃은 얼마나 소박하고 시골 아가씨 같은가!

그러나 나는 산사나무 앞에 멈추어 서서 눈에 보이지 않으나 그윽한 그 향기를 맡아보기도, 내 생각 앞에 그것을 가져오기도 했으나 모두 헛일이었다. 내 생각은 어찌할 바를 모르고 난처해할 뿐이었다. 나는 또 그 향기를 잃어버리기도 다시 찾아내기도 하며, 산사나무가 젊디젊은 환희와 더불어 어떤 악기의 음정처럼 뜻하지 않은 사이를 두고 여기저기 그 꽃을 배열하고 있는 리듬과 하나가 되려고 했으나 그마저 모두 헛일이었다. 산사꽃은 똑같은 매력을 무궁무진 아낌없이 나에게 주기는 했으나 그 매력을 더 깊게 해주지는 않았다. 마치 계속해서 백 번을 연주하여도 그 비밀에 더 깊이 다가가지 못하는 멜로디처럼.

나는 더욱 싱싱한 기운을 가지고서 다시 한 번 그것에 가까이 가려고 잠시 꽃에서 비켜났다. 나는 울타리 뒤쪽, 가파르게 기울어져 들판 쪽으로 오르고 있는 비탈까지 올라가, 그곳에 무리에서 떨어져 홀로 길 잃고 있는 개양귀비, 게으르게 뒤처진 몇 송이 수레국화 뒤를 좇았다. 그것들은 이 비탈길 여기저기를 그 꽃으로 장식하고 있었다. 마치 머지않아 곧 벽판 위에 찬란하게 빛날 농촌풍 주제가 군데군데 나타나 있는 그림 유리창의 테두리 장식이기라도 한 듯이. 아직 듬성듬성한, 마을이 가까워짐을 알리는 점점이 흩어진 외딴집처럼 서로 사이를 둔 그 화초들은 물결치는 밀밭 위로 구름이 뭉게뭉게 이는 드넓은 공간을 나에게 일러주고 있었다. 그리고 외톨이 개양귀비가 그 동아줄 끝에 붉은 신호기를 올리고 기름기 밴 검은 부표(浮標) 위에서 깃발을 펄럭이고 있는 것을 보자, 내 심장이 뛰었다. 마치 낮은 땅 위에서

* 고딕풍의 한 양식으로, 불꽃 모양 장식.

목수가 수리하는 좌초한 쪽배를 흘끗 보고는, 아직 보이지도 않는데 "바다다!" 외치는 나그네처럼.

그리고 나는 다시 산사나무 앞에 돌아왔다. 마치 바라보는 걸 잠시 멈추고 나면 더 자세히 감상할 수 있으려니 여겨지는 걸작 앞에 가듯이. 나는 산사나무 말고는 아무것도 보지 않으려고 두 손으로 눈 주위에 병풍을 쳐보았지만 헛일이었다. 산사나무가 내 몸 안에 불러일으킨 감정은 내게서 떠나 산사꽃에 들러붙으려 하지만 결국 실패해 애매하고도 모호한 채로 남았다. 산사나무는 이 감정을 밝히려는 나를 도와주지 않았는데, 그렇다고 다른 꽃에게 내 기대를 채워주길 바랄 수도 없었다. 그때, 좋아하는 화가의 작품으로 지금까지 알고 있는 것과는 다른 작품을 보았을 때의 기쁨, 또는 연필로 그려진 초벌 그림밖에 보지 않았던 유화의 완성품을 누군가가 보여주었을 때의 기쁨, 또는 피아노 연주만으로 듣던 곡이 다음에 오케스트라의 색채를 띠고 나타났을 때의 기쁨을 나에게 주듯 할아버지가 나를 불러 탕송빌 울타리를 가리키며 말했다. "너는 산사나무를 좋아하지? 이 장밋빛 산사나무를 좀 봐라, 정말 예쁘구나!" 과연 그것은 산사꽃이었다. 그것은 장밋빛이었고 흰 것보다 더 아름다웠다. 그 장밋빛 산사 한 그루 또한 축제의 몸단장, 그것도 종교적 축일인 유일하게 참된 축제의 몸단장을 하고 있었다—참된 축제라고 한 것은, 그러한 축일은 세속적인 축제일과는 달리, 축일에 알맞은 본질적인 것이나 특별한 것을 하나도 갖지 않은 보통날에 우연한 변덕으로 실시되는 법이 없기 때문이다—아니, 참된 축제 때의 몸단장보다 더욱 화려한 몸단장을 하고 있었다. 왜냐하면 마치 로코코*식 지팡이를 꾸미는 비단술처럼, 어디 한 군데 장식 안 된 부분이 없을 만큼 가지에 다박다박 붙어 있는 꽃은 '빛깔 있는' 것으로서, 따라서 콩브레의 심미학에 의하면—성당 앞 광장의 '가게'라든가 카뮈 상점에선 장밋빛 쿠키가 더 비싸다는 사실에 따라 판단한다면—최고의 것이었다. 나 자신도 으깬 딸기로 빛깔을 낸 장밋빛 크림치즈 쪽을 더 높이 평가했다. 이 꽃들은 그러한 먹음직스러운 음식 빛깔 또는 대축일의 나들이옷을 그윽이 장식하는 빛깔을 바로 택했는데, 그 빛깔은 자신이 뛰어난 까닭을 나타내고 있으므로 어린이들의 눈에 뚜렷이 아름답게 보

* 루이 15세 시대의 건축·미술 양식.

이고, 그렇기에 설사 그러한 빛깔이 조금도 먹을 수 없는 것, 또 재봉사의 손으로 골라지지 않은 것임이 알려졌을 때도 그것은 다른 빛깔들보다 더 뚜렷하고도 자연스러운 그 무엇인가를 늘 지니고 있는 것이다. 그러므로 나는 흰 산사꽃 앞에 섰을 때처럼, 그러나 더 경탄하며 금세 이렇게 느꼈다.

이 꽃들에 밝디밝은 축일의 의향이 나타나 있는 것은 꾸며 만든 기교에 의한 것이 아니라 바로 자연에 의한 것인데, 그 자연은 길 위에 설치하는 임시 제단을 꾸미는 데 정성을 다하는 마을 여자 상인의 고지식함을 발휘해, 지나치도록 그윽한 색조와 촌스러운 퐁파두르(Pompadour)*1 양식을 가진 이와 같은 장밋빛 꽃을 작은 떨기나무에 더함으로써 소박하게 축일의 뜻을 나타내었다고. 나뭇가지 위쪽에는 마치 레이스 종이로 싼 화분의 작은 장미나무, 그 꽃봉오리가 가느다란 불화살이 되어 대축일 제단 위에서 반짝반짝 빛나고 있는 작은 장미나무처럼 엷은 빛 꽃봉오리가 수없이 무리지어 방긋이 피어나면서 마치 장밋빛 대리석 컵의 바닥처럼 붉은 핏빛을 보였는데, 그것은 어디서나 장밋빛으로밖엔 싹트지 않고 꽃피지 않는 이 산사나무 고유의 매우 강한 특성을 활짝 핀 꽃 이상으로 뚜렷하게 드러내고 있었다. 마치 평상복을 입고 집에 남아 있는 여자들 사이에 끼어 있는 나들이옷 차림의 아가씨처럼, 울타리 속에 섞여 있지만 산울타리의 나머지 부분과는 다른 모습으로 '마리아의 달'을 위한 준비가 다 되어, 벌써 그 일부가 되어 있는 듯 싱싱한 장밋빛 몸단장을 한 채 미소 지으면서 이 가톨릭적인 아름다운 떨기나무는 빛나고 있었다.

울타리부터 정원 안의 말리화, 팬지꽃, 마편초로 둘러쳐진 작은 길이 보였다. 그러한 꽃들 사이에 비단향꽃무가, 코르도바(Cordoba)*2산 옛 가죽의 시든 장밋빛을 띤 향기로운 새 두루주머니를 벌리고 있었고, 한편 자갈 위에는 초록빛으로 칠해진 고무호스 다발이 풀려 길게 뻗어, 뚫린 구멍에서부터 다채로운 작은 물방울로 된 수직선 무지갯빛 부채를 꽃 위에 쏘아 올리면서 꽃향기를 축축이 적시고 있었다. 그 순간, 느닷없이 나는 걸음을 멈추었다. 꼼짝할 수 없었다. 마치 어떤 시각적 형상이 단지 우리 눈길에 말을 건네올 뿐 아니라 훨씬 깊은 지각을 요구하고, 우리의 온 존재를 손안에 넣고 마는

---

*1 루이 15세의 애첩으로 사치를 유행시켰음.

*2 에스파냐 남부의 도시 이름. 여기서 나는 염소 가죽을 속칭 '코도반'이라 함.

때처럼. 불그레한 금발 소녀 하나가 산책에서 돌아오는 길인 듯 손에 꽃삽을 든 채, 장밋빛 주근깨가 뿌려진 얼굴을 쳐들며 우리를 바라보고 있었다. 소녀의 검은 눈이 반짝이고 있었다. 그러나 그때의 나는 그 강한 인상을 객관적인 여러 요소로 되돌릴 수 없었으며 이후에도 그런 방법을 배우지 못했으므로, 더구나 눈빛의 인상만을 따로 떼어놓을 '관찰력'도 없었으므로, 그 뒤 오랫동안 이 소녀를 떠올릴 때마다 소녀가 금발이었다는 이유로 기억 속의 눈빛은 금세 선명한 하늘빛으로 나타나곤 했다. 따라서 아마도 소녀의 눈이 그토록 검지 않았다면—하기야 그 검은 눈은 처음 보는 이에게 강한 인상을 주었지만—나는 내 공상일 뿐인 그 푸른 눈을 실제로 내가 연모한 만큼 연모하지 않았을지도 모른다.

나는 소녀를 가만히 바라보았다. 내 첫 눈길은 단지 눈을 대변하는 게 아니라 그 창문을 통해 불안하고도 어리벙벙한 온 감각이 몸을 내밀고 있는 눈길, 그것이 바라보는 상대의 육체를 그 영혼과 함께 만지고, 잡아오며, 이끌고 가려는 눈길이었다. 그리고 그 다음 눈길은, 할아버지나 아버지가 당장이라도 이 소녀를 알아채고는 나보고 조금 먼저 달려가라고 이르면서 나를 멀리 떨어뜨려놓지나 않을까 겁내고 있었으므로, 모르는 사이에 애원하는 빛을 띠게 된 눈길, 기어이 소녀의 주의를 끌어 내 존재를 알리고자 하는 눈길이었다! 소녀는 할아버지와 아버지를 살펴보려고 앞쪽과 옆쪽으로 눈동자를 굴렸는데, 틀림없이 우리가 우스꽝스러운 인간이라는 인상을 받은 듯싶었다. 왜냐하면 소녀가 눈길을 돌리고 관심 없다는 듯 건방진 모양으로, 자기 얼굴을 할아버지나 아버지의 시야 안에서 벗어나게 하기 위해 옆으로 비켜섰기 때문이다. 그리고 할아버지와 아버지가 계속 걸어가면서 소녀를 알아채지 못하고 나를 지나쳐가는 동안, 소녀는 눈길이 닿을 수 없을 때까지 내가 가는 쪽을 바라보고 있었다. 아주 다른 표정 없이, 나를 보는 기색도 없이, 그러나 한쪽을 물끄러미 바라보며, 내가 받은 예의범절 교육의 관점에서 본다면 아무래도 매우 무례한 멸시의 표시로밖에 볼 수 없는 거짓 미소를 띠며, 그와 동시에 소녀의 손은 단정치 못한 시늉으로 흔들리고 있었는데, 공공연히 모르는 사람에게 그런 손짓을 했다면, 내가 마음속에 지니고 있는 작은 예의범절 사전에서는 그것은 주로 모욕의 의사표시로밖에 해석할 수 없는 것이었다.

"질베르트, 어서 이리 오렴. 뭐 하고 있니?" 날카롭고도 고압적인 목소리로, 내가 여태껏 보지 못한 흰옷을 입은 부인이 소리쳤다. 그리고 그 부인으로부터 몇 걸음 떨어진 곳에 데님 옷을 입은 낯선 신사 하나가 튀어나올 것 같은 눈으로 유심히 내 쪽을 바라보고 있었다. 그러자 소녀는 갑자기 미소를 거두더니 삽을 주워, 내 쪽은 뒤돌아보지도 않고 온순한, 야릇한, 앙큼한 표정을 지으며 멀어져갔다.

이러한 모양으로, 내 곁을 질베르트라는 이름이 지나갔다. 한순간 전까지만 해도 소녀는 막연한 형상에 지나지 않았는데, 지금은 이 이름에 의해 인격이 주어진 것이었다. 말하자면 언젠가 우릴 다시 만나게 해줄 부적처럼 내게 주어진 이름이었다. 이처럼 이 이름은 말리와 비단향꽃무 위에 울리며, 초록빛 물뿌리개의 물방울처럼 살을 에는 듯이 시원하게 지나갔다. 또 이 이름은 그것이 가로질러온—그리고 그로 인해 외따로 분리된—맑은 공간을 소녀의 삶의 신비로 적시어 무지갯빛으로 빛나게 하면서, 소녀와 함께 살고 여행하는 행복한 이들에게 이 소녀가 질베르트라는 것을 알리고 있었다. 그것은 그 행복한 이들과 소녀와의, 그리고 내가 들어가지 못하는 소녀의 미지의 삶에 대해 그들이 누리는—나로서는 괴로운—친밀성의 진수를 내 어깨 높이에 있는 장밋빛 산사나무 밑에 펼쳐놓고 있었다.

한순간(우리가 그곳을 떠나고 할아버지가 "불쌍한 스완, 그들이 스완에게 못할 노릇을 시키고 있군. 애인인 샤를뤼스와 단둘이 있으려고 스완을 쫓아냈군그래. 그놈이 샤를뤼스거든. 난 본 적이 있으니까! 거기다 계집애까지 그런 파렴치한 짓에 끌어넣다니!" 중얼거리는 동안), 질베르트가 대꾸도 없이 고분고분 들었던 그 어머니의 위압적인 말투가 나에게 남긴 인상은 질베르트가 어떤 이에게 하는 수 없이 그대로 따르고 있다는 사실, 모든 것에 우세한 위치를 차지하고 있지는 않다는 사실을 나에게 보여줌으로써, 내 고통을 조금 누그러뜨리고 얼마간 희망을 되찾아주며 또한 내 연정을 식게 했다. 그러나 이 연정은 금세 또다시 내 몸 안에서 튕기듯 일어났다. 비굴해진 내 마음이 반동적으로 작용하여 질베르트와 똑같은 수준이 되든가 아니면 질베르트를 내 위치까지 끌어내리든가 하려고 했던 것이다. 나는 질베르트를 사랑하고 있었다. 질베르트를 모욕하거나 불쾌하게 하여 억지로라도 나를 기억하게 만들고 싶었지만 그럴 만한 시간도 없고 묘안도 떠오르지 않는 게 섭섭하기 그지없었다. 질베르트가 어찌나 아름답게 보였던지, 나는 되돌아가서 어깨를 으쓱 추켜세우며 "참말 못생긴 밉상이구나, 소름 끼칠 정도로!" 외치고 싶었다. 그렇지만 나는 그곳에서 멀어져가고 있었다. 한 손에 삽을 쥐고 앙큼하고도 무표정한 눈길을 나에게 보내며 웃고 있던, 살갗에 장밋빛 주근깨가 깨알같이 흩어져 있는 불그레한 머리털을 지닌 소녀의 모습을, 범치 못할 자연법칙에 의해 나 같은 어린아이가 다가갈 수 없는 행복의 첫 전형으로서 영원히 가슴속에 품은 채 멀어져갔다. 그리고 이미 그녀의 이름은, 그녀와 내가 함께 그 이름을 듣던 장밋빛 산사나무 밑에 매혹의 향을 피우고 있었고, 그 매혹은 근처에 있는 온갖 것을, 이를테면 나의 조부모가 행복하게도 절친하게 지낼 수 있었던 그녀의 조부모를, 증권거래소의 중개인이라는 거룩한 직업을, 그녀가 파리에서 머무는 그 가슴 아픈 샹젤리제 거리를 그 향기로 감싸고 폭 뒤덮어서 가득 채우고 있었다.

"레오니." 할아버지는 집에 돌아오자 말했다. "아까 너와 함께 있었으면 했지. 탕송빌은 많이 변했더구나. 좀 용감하게 굴었다면 네가 정말 좋아하는 장밋빛 산사나무 한 가지를 꺾어 왔을걸." 할아버지는 레오니 고모를 위로할 겸, 또 온 식구에게 고모를 외출시키고 말겠다는 희망을 잃지 않게 할 겸 이런 투로 우리의 산책 이야기를 고모에게 들려주곤 했다. 전에 고모는 스완의 소유지를 아주 좋아했고, 게다가 모든 손님에게 문을 닫게 된 뒤로도 한동안 스완의 방문은 마지막까지 받아들였었다. 스완이 얼마 전 고모를 문병하러 왔을 때(지금도 스완이 만나고 싶어하는 사람은 우리 식구 가운데 고모뿐이었다) 오늘은 피곤하니 다음번에 만나자고 대답을 전하게 했는데, 그와 마찬가지로 그날 저녁 고모가 말했다. "그래요, 다음에 날씨가 좋은 날, 마차로 그 정원 문까지 가보죠." 고모는 스완과 탕송빌을 또 한 번 보고 싶었으므로 진심으로 그렇게 말한 것이었다.

그러나 고모에게 남아 있는 체력으로는 그저 바라는 것만으로 고작이어서, 그 실현은 어림도 없었다. 때로 날씨가 좋으면 고모는 얼마간 기운을 차려 침대에서 일어나 옷을 갈아입지만, 다음 방에 닿기도 전에 피곤해져 침대로 되돌아가고 싶어하는 정도였다. 고모에게 이미 시작되고 있던 일은—이는 일반적인 경우보다 조금 일찍 찾아왔을 뿐이지만—죽을 준비를 하고, 죽음에 이르는 과도기적 상태인 번데기 속에 틀어박히는 노년의 크나큰 체념으로, 오래 끌어온 삶의 마지막에서 흔히 나타나는 것이다. 이 체념은 서로 가장 깊이 사랑하던 옛 애인들 사이에서도, 강한 정신적인 유대로 맺어진 벗들 사이에서도 볼 수 있는 것인데, 그들은 어느 해를 마지막으로 서로 만나기 위해 필요한 여행이나 외출을 멈추고, 서로 편지 보내기를 그만두며, 이제는 이승에서 서로 사귈 수 없음을 알게 된다. 고모는 앞으로는 스완과 다시 만나지 못할 것과 영영 집에서 나가보지 못하리라는 것을 전부 알고 있는 게 틀림없었는데, 우리 눈으로 보면 이 영원한 은거는 분명 괴로울 것이라 생각했지만, 반대로 그녀로서는 꽤 견디기 쉬운 일이었는지도 몰랐다. 왜냐하면 이 은거는 고모가 자기 체력이 나날이 감퇴하는 것을 스스로 확인했기에 어쩔 수 없던 것인데, 한편 그러한 감퇴는 하나하나의 움직임마다 고통은 아니더라도 최소한 피로를 가져다주었으므로, 휴식을 취해 그 체력을 회복하는 이러한 은거는 고모의 나태·고독·침묵에 성스러운 쾌적함을 주고 있었기 때문이다.

고모는 장밋빛 산사나무 울타리를 보러 가지 않았다. 하지만 나는 끊임없이 집안사람들에게, 고모가 탕송빌에 가지 않는가, 전에는 자주 갔는가 묻곤 했다. 그리하여 나에게 신들처럼 위대하게 보였던 스완 아가씨의 부모와 조부모에 대한 이야기를 시키고 싶었던 것이다. 내가 집안사람들과 이야기하고 있을 때 나에게 거의 신화처럼 되고 만 스완이라는 이름이 그들의 입에 오르는 것을 듣고 싶어 애가 탔지만, 나 자신의 입으로는 그것을 감히 발음하지 못했다. 그러나 질베르트와 그 가족에 인연이 있거나 그녀에게 관계 있는 이야기처럼, 아무튼 그녀에게서 그다지 떨어져 있지 않다고 느껴지는 화제 쪽으로 나는 집안사람들을 이끌고 갔다. 이를테면 우리 할아버지의 직업은 할아버지 선대부터 우리집의 것이었다느니 또는 레오니 고모가 보고 싶어하는 장밋빛 산사나무 울타리는 시가의 공유지에 있다느니 하는 말을 자못 정말로 그렇게 생각하고 있는 체 말함으로써 느닷없이 아버지가 내 주장을 고치게 만들어, 결국 아버지가 나서서 이야기를 들려주지 않을 수 없게 했다.

"그렇지 않아. 그건 스완 아버지의 직업이었다. 그 울타리는 스완네 정원 일부야." 그제서야 나는 안도의 한숨을 후유 하고 내쉬었다. 그만큼 이 이름이 내 마음속에 늘 씌어 있는 장소에 자리잡은 채 나를 숨 막히도록 짓누르고 있었기 때문인데, 이 이름을 내 귀로 듣는 순간 그것은 다른 이름보다 더 알차게 느껴졌다. 그도 그럴 것이 이 이름을 마음속으로 발음해볼 때마다 그 무게가 더해갔기 때문이었다. 그 이름은 나에게 기쁨을 주었는데, 그 기쁨을 집안식구들에게 감히 요구하는 나 자신이 너무 부끄러웠다. 왜냐하면 나로서는 그 기쁨이 매우 큰 것이지만 그것을 나에게 주려면 식구들은 틀림없이 크나큰 고통을 겪어야만 했을 테고, 또한 식구들로서는 그것이 기쁨이 아닌 이상 그 고통을 보상받지도 못했기 때문이다. 그래서 나는 기쁨을 사양하는 마음에서 화제를 바꿨다. 또한 그것은 조심하는 마음에서 우러난 것이기도 했다. 집안사람들이 스완이라는 이름을 입 밖에 내자마자 거기에 내가 부어 넣은 특수한 온갖 매력을, 금세 나는 그 이름에서 다시 찾아냈다. 그 순간 나는, 집안사람인들 그런 매력을 느끼지 않을 리가 없다, 그들도 나와 똑같은 관점에 서 있다, 이번에는 그들이 내 몽상을 알아채고 그것을 용서하고 받아들이는 것이다, 하고 언뜻 생각한다. 그리고 마치 내가 그들을 무찔러 타락시키기나 한 듯 비참한 마음이 되었다.

그해 부모님은 파리로 돌아가는 날을 예년보다 조금 일찍 잡았다. 떠나는 날 아침, 사진을 찍기 위해 집안사람들은 내 머리털을 곱슬곱슬 지지고, 여태껏 써본 적 없는 새 모자를 나에게 주의 깊게 씌우고, 솜 넣은 비단 외투를 입혔는데 어머니는 그런 모습으로 나간 나를 찾아 이곳저곳 헤매다가 탕송빌에 잇달린 가파른 작은 언덕길에서 나를 발견했다. 나는 가시 있는 산사나무 가지를 안고서 눈물을 흘리며 작별인사를 하는 중이었다. 그리고—헛된 장식을 귀찮게 생각하는 비극의 왕녀처럼, 내 머리털을 전부 비비 꼬아 이마 위에 모으려고 수고해준 까다로운 손에 대한 은혜도 잊고서—떼어버린 파피요트(papillote)*와 새 모자를 짓밟고 있었다. 어머니는 내 눈물에 감동하지 않았으나, 찌그러진 모자와 망가진 외투를 보고서는 외침을 참지 못했다. 나는 어머니가 외치는 소리에 귀도 기울이지 않고, "오오, 나의 가련한 작은 산사들아" 하고 울면서 말했다. "나를 슬프게 만들고, 나를 억지로 떠나게 하려는 건 너희들이 아니야. 너희들은 단 한 번도 나를 괴롭힌 적이 없

* 컬하는 머리카락을 마는 종이. 컬 페이퍼.

었어! 그러니까 나는 언제까지나 너희들을 사랑할 거야." 그리고 눈물을 닦으면서 나는 산사나무에게 약속했다. 나는 어른이 되어도 남들의 바보 같은 생활을 흉내내지 않겠다고, 그리고 파리에 있어도 봄날이 오면 사람을 찾아가 하찮은 이야기를 듣는 대신에 피어나기 시작하는 산사꽃을 보러 시골에 오겠다고.

메제글리즈 쪽으로 산책할 때는, 먼저 들판 안에 들어서면 산책이 끝나기 전에는 들판에서 빠져나오지 못했다. 내게는 콩브레 특유의 정령이던 바람이 마치 눈에 보이지 않는 방랑자처럼 그 들판을 끊임없이 지나가고 있는 것처럼 보였다. 해마다 콩브레에 닿는 그날, 확실히 콩브레에 와 있다는 것을 실감하려고 나는 그 바람을 다시 만나러 언덕길을 올라간다. 그러면 그 바람은 밭고랑을 달려서 내가 그 뒤를 쫓게 했다. 메제글리즈 쪽으로 몇십 리에 걸쳐 바람이 땅의 어떠한 높고 낮음에도 부딪히지 않는 이 두드러진 벌판에서는, 언제나 바람을 길동무 삼아 산책을 했다. 나는 스완 아가씨가 자주 랑(Laon)에 가서 며칠씩 지내곤 한다는 것을 알고 있었다. 그곳까지 몇십 리는 되었지만, 뜨거운 오후에 지평선 끝에서 오는 듯한 바람이, 가장 먼 밀밭을 일렁거리게 하며 가없는 넓이 위를 물마루처럼 퍼져가고, 속삭이면서 미지근하게 내 발밑 누에콩과 토끼풀 가운데에 눕는 것을 보자 이 장애물 하나 없는 평탄함이 마치 우리 사이의 거리를 메워주고, 우리 둘에게 같이 주어진 이 벌판이 우리를 가까이하게 하고 맺어주는 것처럼 느껴져 이 바람은 그녀의 곁을 지나온 것이다, 그것은 그녀한테서 온 어떤 소식이어서 나에게 속삭이고 있지만 그저 내가 그 뜻을 모르는 것이다, 라고 생각하며 나는 지나가는 바람에 입맞추었다. 왼쪽에는 샹피외(주임사제의 말에 의하면 캄푸스 파가니(Campus Pagani)*)라고 불리는 마을이 있었다. 오른쪽에는 밀밭 너머로 생탕드레 데 샹을 아로새긴 촌스러운 종루 두 개가 보였는데, 마치 두 줄기의 밀 이삭처럼 그 자체도 호리호리한, 비늘 있는, 벌집 모양의, 파도 무늬의, 황금빛으로 물든, 덩어리진 것으로 보였다.

규칙적인 간격으로 서 있는 사과나무들이 다른 어떤 과일나무 잎과도 혼동할 수 없는 잎의 독특한 장식술에 휩싸인 채 그 새하얀 공단 같은 넓적한

* 원야(原野)라는 라틴어.

꽃잎을 벌리기도 하고 또는 얼굴을 붉힌 꽃봉오리의 수줍어하는 다발을 늘어뜨리고 있기도 했다. 사과나무들이 양지바른 지면에 이루어놓은 동그란 그림자나, 석양이 비스듬히 그 잎들 밑에 짜놓은 손으로 만질 수 없는 금빛 비단을 처음으로 본 것도, 아버지가 단장으로 이 비단을 잘라서 그 위치를 바꾸려고 들지만 번번이 잘되지 않는 것을 구경한 것도 이 메제글리즈 쪽에서였다.

때로는 오후의 하늘에 흰 달이 한 점 구름처럼 빛을 잃고 몰래 지나갔다. 마치 자기 차례가 오지 않은 여배우가 평상복을 입은 채, 남들의 눈을 피해 잠시 동료의 연기를 구경하는 것처럼. 나는 그런 달의 모습을 그림이나 책에서 보는 걸 좋아했는데, 그러한 작품은—적어도 블로크가 내 눈과 사상을 보다 미묘한 조화에 익숙하게 해주기 전의 처음 몇 년 동안에는—오늘날 내가 아름답다고 생각하는 작품과는 매우 달랐다. 오늘날 내가 아름답다고 생각하는 작품 속의 달을 그 시절의 나는 미처 몰랐던 것이다. 예컨대 그것은 달이 하늘에 은빛 둥근 낫을 뚜렷하게 드러내는 글레이르(Gleyre)*1의 풍경화나 생틴(Saintine)*2의 어떤 소설 같은, 나 자신의 인상처럼 소박하고도 완전하지 못한 작품, 내가 그것을 좋아하는 걸 보고 할머니의 여동생들이 화를 내던 작품이었다. 할머니의 여동생들은, 어린아이에겐 어른이 되고 나서도 변함없이 감탄할 작품을 줘야 한다, 먼저 그러한 작품을 좋아함으로써 좋은 취미를 나타내게 되는 거라고 생각했던 것이다. 틀림없이 그녀들은 미적 가치라는 것을 눈만 똑바로 뜨고 있으면 쉽사리 인식되는 물질적인 대상으로 여겨서, 그 사람의 마음속에서 그런 미적 가치와 비슷한 것이 천천히 무르익기를 기다릴 필요가 없다고 생각하고 있었음이 분명하다.

뱅퇴유 씨가 사는 곳은 메제글리즈 쪽 몽주뱅이었다. 그 집은 큰 늪가에 자리잡고, 떨기나무가 우거진 비탈에 기대고 있었다. 그러므로 우리는 산책할 때, 이륜마차를 전속력으로 몰고 가는 그의 딸과 자주 엇갈렸다. 그러던 것이 어느 해부터 그녀 혼자가 아니라 연상의 한 여자친구와 함께 다니는 그녀를 만나게 되었다. 그 여자친구는 이 고장에서 평판이 좋지 못한 여인이었

*1 스위스 태생의 화가(1808~74).

*2 프랑스의 통속 소설가(1798~1865).

는데, 어느 날 몽주뱅에 아주 자리잡고 말았다. 세간엔 이런 소문이 나돌았다. "참 딱도 하지, 뱅퇴유 씨도 정에 눈이 어두워 사람들 사이에 퍼진 소문을 알아채지 못하고 있는 게야. 약간 어긋난 말 한마디에도 얼굴을 찡그리는 그분이 한지붕 밑에 그런 여인과 함께 사는 걸 딸에게 허락하다니. 그분의 말로는 그 여인은 심지가 훌륭한 여자로서 잘만 가꾸었다면 음악에 훌륭한 소질을 보였을 여인이라는 거야. 그 여인이 자기 딸과 함께 골몰하고 있는 게 음악이 아닌 줄 그분도 잘 알련만." 실제로 뱅퇴유 씨는 그 여인을 그처럼 칭찬하고 있었다. 과연 그러고 보니 상대와 육체적 관계를 맺고 있는 인간이 상대의 부모 집에서 얼마나 늘 그 정신적 장점을 칭찬받고 있는지 주목할 만하다. 육체적인 사랑은 그처럼 부당한 비난을 받지만 그 사랑에 사로잡힌 모든 인간에게 그가 갖고 있는 친절함과 자기희생의 세세한 부분까지 아낌없이 발휘하게 하므로, 그 주위 사람들의 눈에도 그러한 부분이 빛나게 보이는 것이다. 페르스피에 의사는 그 굵은 목소리와 짙은 눈썹 덕분에 남을 마음껏 흉봐도 도무지 나쁜 사람처럼 보이지 않았다. 그래서 그는 퉁명스러워 보이지만 본바탕이 친절한 사람이라는 부당한 정평을 조금도 깨뜨리지 않고, 거친 말투로 다음과 같이 말하면서 주임사제와 그 밖의 사람들을 눈물 나도록 웃길 수 있었다. "글쎄 말이오! 뱅퇴유 따님이 그 여자친구와 음악을 한다는군. 왜 놀란 얼굴을 하시나. 과연 그럴지. 하여튼 이건 뱅퇴유 영감이 내게 한 말이지. 어제도 그러더군. 어쨌든 그 애한테도 음악을 좋아할 권리는 있단 말이지. 나도 아이들의 예술적 천분에 반대하지 않거든. 뱅퇴유도 아마 그런가 봐. 게다가 그 자신도 딸의 여자친구와 함께 음악을 하고 있으니까. 기가 막혀서! 그런 비좁은 부아트(boîte)* 속에서 셋이 함께 북 치고 피리 부니 말이오. 여러분 뭐가 우습소? 하지만 지나치게 음악을 하고 있는걸, 그 사람들은. 요 전날 묘지 근처에서 뱅퇴유 영감을 만났지. 그 영감 다리가 이리 비틀 저리 비틀 하더군."

그 무렵 뱅퇴유 씨는 아는 사람들을 피하며, 그들의 모습이 눈에 띄면 가던 방향을 바꾸고, 2~3개월 사이에 부쩍 늙고, 비탄에 잠기고, 딸의 행복에 어긋나는 노력은 조금도 하지 않게 되고, 온종일 죽은 아내의 묘 앞에서 지

* 상자, 궤짝. '비좁은 방'이라는 속어.

냈는데 우리처럼 이 모습을 목격한 사람이라면 그가 슬픈 나머지 죽어가고 있구나 생각했을 것이며, 또 그가 사람들 사이에 퍼져 있는 소문을 모르고 있다고는 가정할 수 없었으리라. 그는 그 소문을 알고 있었다. 아마도 곧이 곧대로 믿기까지 했을 것이다. 아무리 위대한 덕을 지닌 인물이라도 복잡한 사정 아래에서는 예외 없이 여태껏 공공연히 비난해온 악덕과 가까워질 수밖에 없으리라. 게다가 그 악덕은 온갖 특수한 사실—예컨대 한편으로는 사랑할 만한 이유를 가진 인간의, 어느 날 밤 내뱉는 기괴한 말, 이해할 수 없는 태도 같은—의 가면 밑에 숨어 다가오며 그를 괴롭히므로 그는 그것이 악덕인 줄 제대로 깨닫지 못하는 것이다. 그러나 우리가 방종한 무리의 독특한 속성이라고 잘못 생각하고 있는 상황 가운데 하나를 묵묵히 받아들인다는 건, 뱅퇴유 씨 같은 사람으로서는 남들보다 더 많은 고통이 따랐으리라. 그러한 상황은, 때로는 오직 부모님의 훌륭한 미덕—아이의 눈 빛깔처럼—이 단순히 섞이기만 한 결과 자연히 아이의 몸 안에 피어나게 된 악덕이 그 성장에 필요한 장소와 안전을 확보하려 할 때에 생겨난다. 그런데 뱅퇴유 씨가 딸의 소행을 알고 있다 해도 딸에 대한 그의 헌신이 줄어들었다는 결과가 나오진 않는다. 상황이 가져다주는 사실은 우리 믿음의 정이 오랫동안 살아온 영역까지 뚫고 들어오진 못한다. 사실은 믿음의 정을 낳지도 파괴하지도 못한다. 따라서 불행이나 질병의 눈사태가 한 가정을 잇따라 엄습해도, 그 집 사람들에게 신의 자비나 의사의 솜씨를 의심하게 하지는 못하리라. 그러나 뱅퇴유 씨가 세상의 관점, 자기들에 대한 평판이라는 관점에서 딸과 자기 자신을 생각했을 때, 일반의 존경을 받는 지위에 딸과 함께 머무르려 했을 때, 그때 콩브레 주민이 그에게 가장 심한 적의를 품을 경우에 내렸을 판단과 똑같은 사회적 판단을 그는 확실하게 마음속에 지니고서, 딸과 함께 최하층 계급에 떨어져 있는 자기 모습을 마음속으로 보았다. 그리하여 그의 태도는 요즘 겸손, 그의 위에 있어 그가 밑에서 쳐다보는 이들(그때까지는 훨씬 그의 밑에 있었더라도)에 대한 겸손이나 존경이 되어 모든 명성 실추에서 거의 기계적으로 생기는 경향, 자기 위에 있는 이들의 지위에까지 다시 올라가려는 경향을 띠게 되었다.

어느 날 우리는 스완과 함께 콩브레 거리를 걷다가 다른 거리에서 불쑥 나온 뱅퇴유 씨와 마주쳤는데, 너무나 갑작스러워 그가 우리를 피할 겨를이 없었다. 그러자 스완은 사교계 사람다운 건방진 연민의 정을 얼굴에 나타내며—자신의 모든 도덕적인 편견을 버리고, 남이 받는 악평을 남에게 은혜를 베풀 핑계로만 삼고, 은혜를 받는 쪽이 고마워하면 고마워할수록 자존심에 자극을 느끼는 사교계 인물다운 건방진 연민의 정을 얼굴에 나타내며—여태껏 말조차 건네본 적이 없던 뱅퇴유 씨와 오랫동안 이야기를 나누었다. 그리고 작별할 때, 언젠가 따님이 탕송빌에 와서 음악을 들려줄 수 없겠느냐고 부탁했다. 이것은 이태 전이라면 뱅퇴유 씨를 화나게 했을 초대였으나, 이때는 어찌나 그를 감사의 정으로 가득 채워주었던지, 오히려 그는 이 초대에 뻔뻔하게 응하는 실례를 범해서는 안 된다고 생각할 정도였다. 그에게는 그의 딸에 대한 스완의 호의 그 자체가 매우 명예롭고 기쁜 지지처럼 느껴져 지금은 그걸 쓰지 않고 정신적인 감미로움 그대로 보존해두는 편이 낫다고 생각한 것이었다.

"얼마나 훌륭한 분입니까." 뱅퇴유 씨는 스완이 떠나가자 우리에게 말했다. 밉상에다 바보일지라도 공작부인이기만 하면 재치 있고 예쁜 부르주아 여인들도 곧 존경심을 품고 그 매력에 사로잡히듯이, 바로 그런 열광적인 존경의 정을 품고. "얼마나 훌륭한 분입니까! 그런데 저런 분이 아주 당치 않은 결혼을 하셨다니, 이 얼마나 불행한 노릇입니까!"

그런데 아무리 성실한 인간이라 할지라도 위선을 갖고 있으니, 남과 얘기할 때는 그 사람에 대해 품고 있는 의견을 입 밖에 내지 않지만 그 사람이 그 자리를 떠나자마자 금세 그걸 입 밖에 낸다. 우리 집안사람들도 그때 뱅퇴유 씨와 어울려서 도덕과 예절의 이름으로 스완의 결혼을 한탄하며(뱅퇴유 씨도 그들과 마찬가지로 착한 사람으로서 그런 도덕과 예절을 함께 내세운 이상), 몽주뱅에는 물론 그런 잘못이 없다는 뜻을 어렴풋이 암시하고 있는 듯싶었다. 뱅퇴유 씨는 딸을 스완네 집에 보내지 않았다. 그것을 누구보다도 제일 유감스럽게 여긴 것은 스완이었다. 왜냐하면 뱅퇴유 씨와 성이 같아서 그와 친척인 듯싶은 어느 인물에 관해 요전부터 물어보려고 생각해 왔으면서도, 번번이 뱅퇴유 씨와 작별하고 나서야 그것을 떠올리곤 했기 때문이다. 그리고 이번에야말로 뱅퇴유 씨가 탕송빌에 따님을 보내주면 잊지 않고 그것을 물어봐야겠다고 마음먹고 있었던 것이다.

메제글리즈 쪽으로의 산책은 콩브레 주변 두 산책길 중 거리가 짧은 쪽이므로 날씨가 애매한 날을 위해 아껴두고 있었는데, 메제글리즈 쪽은 보통 비가 많이 오는 편이라 우리는 그 무성한 나무 그늘 밑에서 비를 피할 수 있는 루생빌의 숲 가장자리를 시야에서 잃어버리지 않으려고 했다.

흔히 태양은 구름 뒤에 숨고, 구름은 해의 달걀 모양을 변형시키며, 해는 구름 둘레를 노랗게 물들였다. 밝기는 해도 빛의 광채가 지워져버린 들판에서는 온갖 삶이 멈추어 있는 듯 보인다. 한편 루생빌의 작은 마을에서는 지붕들의 하얀 선이 하늘에 뚜렷하고 두드러지게 조각되어 있다. 약간 바람이 일어 까마귀를 날게 했는데, 그 까마귀는 저 멀리에 또다시 내려앉는다. 그리고 먼 숲은 하얗게 된 하늘을 마주하여, 옛 거처 창 사이의 벽을 꾸미는 단색화 안에 칠해진 색처럼 눈에 띄게 푸르렀다.

어떤 때는 비가 내리기 시작한다. 우리가 안경 가게 진열창에 걸려 있는 습도계 인형을 보고 걱정하던 비다. 빗방울은 마치 날개를 가지런히 하고 날아오르는 철새처럼 촘촘히 줄지어 하늘에서 내려온다. 빗방울은 절대 서로 떨어지지 않는다. 빗발이 세게 쏟아지는 동안에도 마구 오는 게 아니라, 저마다 자기 장소를 유지하면서 뒤이어 오는 것을 이끌기 때문에 하늘은 제비 무리가 날아오를 때보다 더 어두컴컴해진다. 우리는 숲 속으로 몸을 피한다. 하늘에서 땅에 이르는 빗방울의 여행이 끝난 듯 보여도, 약하디약한 느린 비가 또다시 온다. 그러나 이제 우리는 몸을 피했던 곳에서 나온다. 지면이 벌써 거의 마르고 있는데도 빗방울이 나뭇잎을 좋아해서, 수많은 빗방울은 아직 잎맥 위에서 노느라 정신이 팔려 잎 끝에 매달리거나 쉬거나 하며 햇빛에 반짝이다가, 갑자기 나뭇가지 높이에서 또르르 굴러 우리 코 위에 떨어지기 때문이다.

또한 우리는 흔히 생탕드레 데 샹 성당 정문으로, 돌의 성자들이나 대주교들과 섞여 비를 피하러 갔다. 이 성당은 얼마나 프랑스풍이었는지! 출입구 위에는 성자들, 손에 한 송이 나리꽃을 든 기사왕들, 혼례와 장례의 장면 따위가 프랑수아즈의 마음속에 있을 법한 모양으로 나타나 있었다. 그 조각가는 또한 아리스토텔레스와 베르길리우스에 관한 일화를 이야기하고 있었는데, 마치 그것은 프랑수아즈가 부엌에서 친히 아는 사이였던 것처럼 성 루이 왕 이야기를 즐겨 말하면서, 보통 성 루이 왕에 비하여 훨씬 '바르지' 못한 내 조부모를 비난하려고 하던 그 투와 비슷했다. 중세의 예술가와 (19세기까지 살아남은) 중세의 촌부(村婦)가 갖고 있는 고대사라든가 기독교사에 대한 관념, 순박한 만큼이나 부정확하다는 점이 특징인 관념은 서적에서 비롯한 것이 아니라 오래되고 직접적인 구전, 다시 말해 면면히 전해 내려오는 동안에 알아볼 수 없을 만큼 변형되었으나 그래도 살아 있는 구전에서 비롯한 것임이 느껴졌다.

그리고 콩브레에 살고 있는 또 하나의 인물이 은근히 예언하듯, 생탕드레 데 샹의 고딕 조각에 나타나 있는 것을 나는 알아보았다. 그것은 카뮈 가게의 점원인 테오도르 청년이었다. 사실 프랑수아즈는 이 테오도르에게서 자신과 같은 고향, 같은 시대 사람임을 뚜렷하게 느끼고 있어서, 레오니 고모의 용태가 몹시 나빠 프랑수아즈 혼자만으로는 고모를 돌려 누일 수도 안락의자에 데리고 갈 수도 없을 때, 부엌데기를 윗방에 올려 보내 고모의 눈에 들게 하느니 차라리 테오도르를 불러왔다. 그런데 이 점원은 만만치 않은 사람으로 통하고 또 그럴 만한 이유도 있었는데, 한편으로는 생탕드레 데 샹을 장식하는 조각에 깃든 얼과 특히 프랑수아즈가 '불쌍한 병자들'이나 '불쌍한 마님'에게 진정으로 바쳐야 한다고 여기고 있는 그 존경심이 넘치고 있어서, 고모의 머리를 받쳐 베개를 괼 때에는 마치 쇠약해가는 성모마리아 곁에 큰 초를 들고 모여들어 있는, 그 얕은 돋을새김의 작은 천사들처럼 순진하고도 열의에 찬 모습을 하고 있었던 것이다. 그리고 돌에 새겨진 천사들의 적나라한 회색빛을 띤 얼굴도 지금은 마치 겨울 숲처럼 졸며 가만히 있을 뿐이지만, 이윽고 테오도르의 얼굴처럼 민중적인 얼굴, 경건한 얼굴, 꾀바른 얼굴, 무르익은 사과의 붉은 기로 빛나는 얼굴 같은 수많은 얼굴로 이 세상에 피어날 채비를 하고 있는 성싶었다. 이러한 작은 천사들처럼 돌에 딱 붙어 있는 게 아니라, 정문에서 떨어진 곳에 사람 키보다 높은 성녀상이 축축한 지면에 발 딛기를 모면해주려고 마련된 듯한 받침돌 위에 서 있었는데, 그 토실토실한 뺨, 두꺼운 자루 속에 무르익은 열매 송이처럼 옷의 주름을 부풀게 하고 있는 단단한 젖가슴, 좁다란 이마, 고집 센 듯한 작은 코, 오목한 눈동자는 이 지방 시골 여인들의 건장하고 무감각하며 씩씩한 그 모습을 잘 나타내고 있었다. 내가 구하지도 않았던 다사로움을 석상에서 풍기게 하는 이러한 닮음은, 우리처럼 비를 피해서 성당 현관에 들어온 촌색시 같은 여자에 의해 여러 번 증명되었다. 그 아가씨의 존재는 마치 조각된 잎 곁에 돋아난 개물통이풀잎과도 같아, 자연과의 대조를 통해 이 예술작품의 진실성을 판단하게 도와주도록 마련되어 있는 성싶었다. 우리 앞쪽 저 멀리에서는 약속된 땅인지 저주받은 땅인지, 이쪽은 이미 비가 그쳤는데도 루생빌이—그 둘레의 벽 안에 내가 한 번도 들어간 적이 없는 루생빌이—구약성서에 나오는 한 마을*[1]처럼 마을 사람들의 거처를 비스듬히 매질하는 소나기 창살로 계속 징벌받고 있는가 하면, 또는 이미 천주의 용서를 받아, 다시 나타난 천주의 태양의, 고르지 못한 길이의 금빛으로 풀린 줄기가, 제단의 성체현시대(顯示臺)의 빛처럼 그곳에 내리 쏟아지고 있었다.

때로는 날씨가 아주 궂어서, 집에 돌아가 들어앉아 있어야만 할 경우도 있었다. 자욱한 어둠과 물보라 때문에 바다처럼 보이는 아득한 들판 너머에는 밤과 물속에 가라앉은 언덕 허리에 매달린 외딴집들이 돛을 접고 온밤을 저 멀리 넓은 바다에서 꼼짝하지 않고 있는 쪽배와도 같이 반짝이고 있었다. 하지만 비 따위가 뭐냐, 소나기 따위가 뭐냐! 여름의 궂은 날씨는 그 너머에 숨어 있는 푸른 하늘의 잠시 표면적인 신경질에 지나지 않으며, 그 푸른 하늘도 변덕스럽고 옮겨다니기 쉬운 겨울의 맑게 갠 하늘과는 전혀 다르다. 여름의 푸른 하늘은 겨울과는 반대로, 땅 위에서 빽빽한 나뭇잎으로 엉기어 맺히고 대지에 자리잡는다. 그 나뭇잎에 내리는 비도, 무성한 나뭇잎의 변하지 않는 환희의 저항을 무너뜨리지 못하고 방울방울 흘러내린다. 이렇듯 여름의 맑고 푸른 하늘은 그 계절 동안 마을의 길에, 집들의 벽과 뜰의 담벼락에, 보랏빛 또는 흰 비단 깃발을 올리고 대지에 자리잡는다. 나는 작은 손님방에 앉아 저녁 식사 시간이 될 때까지 책을 읽으며 뜰의 큰 마로니에 잎사귀에서 떨어지는 물소리를 듣고 있었는데, 그때 나는 알고 있었다. 소나기는 큰 마로니에 잎을 빛나게 할 뿐이며, 큰 마로니에는 마치 여름이 잡힌 담보물처럼 화창한 날씨의 계속을 보증하려고 비 오는 밤이 새도록 서 있기로 약속하고 있다는 것을, 또 아무리 비가 많이 와도 하룻밤만 새면 탕송빌의 흰 울타리 위에는 하트 모양의 수많은 작은 잎이 여전히 물결치리라는 것을. 따라서 페르샹(Perchamps)*[2] 거리의 포플러가 소나기에게 절망적인 태도로 고

*1 고모라를 암시하는 말.

*2 '들판을 지나서'라는 뜻.

개 숙여 애원하고 있는 모습을 보아도 나는 별로 슬프지 않았으며, 또 뜰 안의 라일락나무 사이에서 마지막 천둥이 울리는 소리를 들어도 그다지 슬프지 않았다.

아침부터 날씨가 나쁘면 식구들은 산책을 단념했으므로 나도 밖에 나가지 않았다. 그러나 그 뒤 어느 해 가을에는, 그런 날에도 나 혼자 메제글리즈라 비뇌즈 쪽으로 나가는 습관을 갖게 되었다. 그것은 결국 레오니 고모가 돌아가셔서, 그분의 유산상속 때문에 우리가 콩브레에 가야만 했던 가을의 일이었다. 고모의 죽음은, 그분의 건강관리법이 단지 몸을 더 쇠약하게 할 뿐 결국에는 목숨을 빼앗고 말 것이라고 주장한 사람들을 우쭐하게 만드는 동시에, 또한 그분의 병은 마음의 병이 아니라 몸속 장기의 병이라 주장하며 그분이 죽고 나서는 이를 의심하는 자들도 그 뚜렷한 사인에 항복하게 될 거라 우기던 사람들 역시 우쭐하게 만들었다. 고모의 죽음은 단 한 사람에게만 큰 슬픔을 주었는데, 그 사람에게는 무참할 만큼 깊은 슬픔이었다. 고모가 숨을 거두기 전 두 주일 동안 프랑수아즈는 그 곁을 잠시도 떠나지 않고, 옷도 갈아입지 않았으며, 아무도 그분을 돌보지 못하게 하고, 그분의 몸이 땅속에 묻히고 나서야 그 몸에서 떨어졌다. 그때 우리는 겨우 이해했다. 프랑수아즈가 고모의 악담이나 의심을 겁내며 살아가는 동안에 그녀의 몸 안에 어떠한 감정이 커갔는데, 우리가 증오라고 생각했던 그 감정이 실은 존경과 애정이었다는 사실을. 예측을 불허하는 결심을 하며, 미리 막기 어려운 농간을 부리며, 감동하기 쉬운 착한 마음씨를 가진 그녀의 참된 여군주, 신비하고도 전능한 제왕은 이제 이승에 없었다. 고모에 비하면 우리는 거의 셈속에도 들어가지 않았다.

우리가 휴가를 콩브레에서 보내기 시작했을 때 고모와 똑같은 위신을 갖춘 사람으로 프랑수아즈의 눈에 비쳤던 것은 이미 오래전 일이었다. 그 가을, 마쳐야 할 절차 및 공증인과 소작인과의 빈번한 면담에 바쁘던 부모님은, 설상가상으로 날씨에 방해받아 외출할 틈이 없어서 나를 메제글리즈 쪽으로 혼자 산책 보내는 습관이 들었다. 나는 비에 젖지 않으려고 격자무늬의 커다란 망토로 몸을 감쌌는데, 그 스코틀랜드풍 체크무늬가 프랑수아즈의 얼굴을 찡그리게 하는 줄 느낀 나는 일부러 보란 듯이 그것을 어깨에 걸쳤다. 옷의 색깔이란 초상과는 아무런 관계도 없다는 발상이 그녀의 머릿속에 들어가는 일은 불가능했을 것이다. 더구나 고모의 죽음에 대해 우리가 보이고 있는 슬픔은 그녀의 마음에 조금도 들지 않았으니, 우리가 큰 장례식도 베풀지 않고, 고모에 대한 이야기를 할 때 특별한 목소리를 내지도 않으며, 때로는 내가 콧노래까지 불렀기 때문이었다. 그야 물론 책 안에서는—여기선 나 자신도 프랑수아즈와 마찬가지로—〈롤랑의 노래〉나 생탕드레 데 샹 성당의 정문에 나타나 있는 장례의 개념에 나는 공감했을 것이다. 그러나 프랑수아즈가 곁에 있기만 하면 금세 악마가 그녀를 골나게 하라고 나를 부추기므로, 나는 사소한 핑계를 잡아서 그녀에게 말하곤 했다. 고모가 돌아가시니 매우 애석하다, 하지만 그분이 여러모로 문제가 많긴 해도 마음씨 착한 분이어서 애석하게 여기는 것이지 그분이 내 고모여서 그러는 게 결코 아니라든가, 하기야 그분이 내 고모였지만 내가 보기에 밉살스러운 분일 수도 있고, 그래서 그분의 죽음이 조금도 슬프지 않을 수도 있다든가, 요컨대 책 안에서라면 가장 어리석게 생각되었을 말을 프랑수아즈에게 하곤 했다.

그럴 때 프랑수아즈가 시인처럼 슬픔이나 가족의 추억에 대한 혼잡한 생각에 가슴이 꽉 차 내 생각에 답할 줄 모르는 것을 변명하면서, "뭐라고 표현해야 좋을지 모르겠네요"라고 말하면, 나는 페르스피에 의사 못지않게 비웃는 듯 난폭한 상식의 힘을 써서 그런 따위의 고백을 제압했다. 그리고 프랑수아즈가 "아무튼 옥타브 마님은 파랑테즈*이십니다. 언제까지나 파랑테즈를 존경해야죠" 덧붙이기라도 하면, 나는 어깨를 으쓱하며 마음속으로 말했다. '이런 실수를 하는 무식한 사람과 왈가왈부하다니, 나도 사람이 지나치게 좋군.' 이렇듯이 나는 프랑수아즈를 판단하는 데에 여느 사람들의 옹졸한 관점을 택했는데, 공평한 판단에 따라 그런 쩨쩨한 인간을 멸시하는 사람들도 스스로 비속한 인생극의 한 장면을 연기하기에 이르러서는 쩨쩨한 인물 역을 맡아하기가 일쑤이다.

그해 가을 내 산책은 한 권의 책으로 오랜 시간을 보낸 뒤에 했던 만큼 더욱더 쾌적했다. 오전 내내 손님방에서 책을 읽다가 지치면 어깨에 외투를 걸치고 외출했다. 오랫동안 부동자세로 있어야 했던 나의 몸은 축적된 활기와

---

* la parenté(친척)가 옳지만, 발음상 즈가 붙으면 parenthèse(괄호)가 됨.

속력으로 가득 채워져, 뒤이어 그러한 힘을 줄에서 풀린 팽이처럼 사방팔방에 발산할 필요가 있었다. 가옥들의 벽, 탕송빌의 산울타리, 루생빌 숲의 수목들, 몽주뱅 따위를 기대고 있는 떨기나무 덤불, 이 모두가 내 우산 또는 지팡이의 매를 맞으며 내가 냅다 지르는 명랑한 외침 소리를 들었다. 그러한 난타와 외침은 둘 다 나를 흥분하게 하는 혼란된 관념, 바깥 빛 속에 들어가 있으면서도 아직 안정에까지는 이르지 못한 혼란된 관념이 노력해서 천천히 뚜렷한 꼴을 취하기보다 가까운 돌파구 쪽으로 단숨에 빠져나가려고 하여 생긴 결과에 지나지 않았다. 우리가 느낀 바를 표현한다는 것은 보통 우리가 느낀 바를 우리한테서 나가게 함으로써 우리를 그것에서부터 해방시켜주는 것에 지나지 않고, 이때 우리가 느낀 그것은, 그것을 인식할 길 없는 애매한 형태로 밖에 나가버린다. 그런데 지금 내가 메제글리즈 쪽으로부터 얻은 것을, 그리고 메제글리즈 쪽이 우연한 무대 또는 자극물이 되어 이루어진 수수한 발견을 세어보려 할 때 생각나는 것은, 그해 가을, 그런 산책의 어느 날, 몽주뱅의 방벽이 되고 있는 떨기나무 덤불에 뒤덮인 비탈 근처에서 우리가 받는 인상과 그 인상의 일반적 표현 사이에 있는 어떤 어긋남에 처음으로 놀랐던 바로 그 일이다. 내가 한 시간 남짓 즐겁게 비와 바람과 싸우고 나서 몽주뱅 늪가의 기와 덮인 오막살이—뱅퇴유 씨의 정원사가 원예용 연장을 넣어두는 오막살이—앞에 이르렀을 때 해가 막 다시 나타나, 소나기에 씻긴 황금빛이 하늘에, 수목들 위에, 오막살이 벽에, 아직 축축한 기와지붕에 새로 반짝이고, 그 지붕 꼭대기를 암탉 한 마리가 거닐고 있었다. 불어오는 바람이 벽면에 돋아난 잡초와 암탉의 솜털 깃을 수평으로 당겨, 잡초도 솜털 깃도 다같이 바람 부는 대로 무기력하게 가벼이 몸을 내맡기고 그 길이대로 한껏 나부끼고 있었다. 다시 햇살을 받아 거울같이 반짝이고 있는 늪 속에서는 기와지붕이, 이 또한 여태껏 깨닫지 못했던 장밋빛 대리석 모양새를 지어내고 있었다. 그리고 수면과 벽면에서는 어떤 창백한 미소가 하늘의 미소에 답하고 있었는데, 이를 보자 나는 하도 기뻐서, 접은 우산을 휘두르며 큰 소리로 외쳤다. "제기랄, 제기랄, 제기랄, 제기랄." 하지만 그와 동시에 나의 의무는 이런 애매한 낱말에 그칠 것이 아니라, 내가 느낀 환희를 좀더 똑똑히 확인하도록 힘쓰는 일이 아닐까 하는 생각을 했다.

또 이것도 그때의 일인데—마침 지나가던 농부가 어지간히 시무룩한 얼굴빛을 하고 있었는데 하마터면 내 우산이 얼굴에 닿을 뻔하여 더욱 시무룩해져서, 내가 "좋은 날씨군요. 걷는 건 참 기분 좋네요, 안 그렇습니까" 말한 것에 열없이 대답했는데, 그 농부 덕분에—같은 감동이 모든 사람의 마음속에 예정된 순서로 함께 일어나지는 않는다는 사실을 알았다. 그 뒤 좀 오랫동안 책을 읽고 나서 담소하고 싶은 마음이 들 때면, 내가 꼭 말동무 삼고 싶었던 친구는 마침 대화의 즐거움에 잠겼다 온 참이라 이제는 혼자 조용히 책 읽기를 바라는 것이었다. 또 내가 집안사람들을 정답게 생각하여 그들을 기쁘게 하려고 더할 나위 없이 슬기롭고 꼭 들어맞는 결심을 막 하고 난 참이면, 그들은 그 같은 시각을 내가 잊어버린 지 오래된 작은 과실을 들춰내는 데 써서, 내가 그들에게 입맞추려고 달려가는 바로 그 순간에 나를 엄하게 꾸짖기가 일쑤였다.

때로는 홀로 걷는 고독에서 비롯하는 흥분에 그것과 뚜렷하게 구분할 수 없는 또 하나의 흥분이 겹치는 일도 있다. 이 흥분은, 팔 안에 껴안을 수 있도록 우연히 시골 아가씨가 내 앞에 나타나는 걸 보고 싶어하는 욕망에서 야기되는 것이다. 무언가를 생각하는 도중에, 그 원인을 정확하게 캐볼 겨를도 없이 갑자기 생긴 그 욕망에 따르는 쾌락을, 나는 그 직전의 사념이 나에게 주는 쾌락보다 높은 것으로 칠 수밖에 없었다. 그러한 새로운 감동 때문에 나는 그때 내 정신 속에 있던 온갖 인상에, 다시 말해 기와지붕의 장밋빛 반영에, 잡초에, 오래전부터 오고 싶었던 루생빌 마을에, 숲의 수목들에, 그 성당의 종탑에 한결 가치를 더해주었다. 왜냐하면 그런 사물의 인상 덕분에 시골 아가씨에 대한 욕망이 생겨난 것이라고 생각하자, 이 새로운 감동이 그런 인상에 더욱 호감 가게 하고, 내 돛을 미지의 힘찬 순풍으로 부풀게 하면서 보다 빨리 그런 인상 쪽으로 나를 옮겨가려고 하는 듯 느껴졌기 때문이었다. 그런데 한 여인이 나타나주었으면 하는 이 욕망이 나를 위하여 자연의 매력에다 무엇인가 더 들뜨는 것을 덧붙였다면, 반대로 자연의 매력은 여인이 지닌 매력의 한정된 폭을 넓혔다. 나에게 수목의 아름다움은 여인의 아름다움이며, 여인의 입맞춤은 그 지평선의 얼, 루생빌 마을의 얼, 그해에 읽은 책의 얼을 나에게 줄 듯이 여겨졌다. 이리하여 내 상상력은 육감과 접촉하여 기운을 되찾고 육감은 상상력의 온 영역에 번져서 이미 내 욕망에는 한계가 없어졌다. 말하자면—이런 자연 한가운데서는 습관의 작용이 멈춰지고 사물의 추상적 관념이 제외되므로 우리는 우리가 있는 곳의 독자성과 그 개성적인 생명을 깊이 믿는 법인데, 그런 자연 한가운데서 몽상할 때 흔히 일어나듯이—내 욕망이 부르는 지나가는 여인도 흔해빠진 일반적인 여인이 아니라, 이 토지에서 필연적으로 생겨난 자연의 산물로 느껴졌던 것이다. 왜냐하면 그때 나에게는 나 아닌 모든 것, 즉 땅도 생물도 평범한 모든 인간의 눈에 비치는 이상으로 현실적인 생명을 타고나 더욱 귀하고 중요하게 보였기 때문이다.

그리고 나는 땅과 생물을 따로따로 떼어놓지 않았다. 나는 메제글리즈나 발베크에 욕망을 갖고 있던 것처럼, 메제글리즈나 루생빌의 시골 아가씨, 발베크의 어촌 아가씨에게 욕망을 갖고 있었다. 하지만 그녀들이 나에게 줄 수 있는 쾌락의 발생조건을 내 마음대로 바꿔버렸다면, 그 쾌락은 사실성을 잃어 나도 그런 쾌락을 믿지 않게 되었을 것이다. 파리에서 발베크의 어촌 아가씨나 메제글리즈의 시골 아가씨와 친교를 맺는다는 건 바닷가에서 보지 못했던 조가비나, 숲에서 찾아낸 적 없는 고사리를 받는 것이나 마찬가지니까. 이는 그런 여인이 줄 쾌락에서, 내 상상력이 그 여인을 중심 삼아 쌓고 쌓던 쾌락이란 쾌락을 모조리 떼어버리는 것이나 마찬가지다. 하지만 이렇듯 포옹할 시골 아가씨 없이 루생빌 숲 속을 헤매고 다닌다는 건 이 숲에 숨겨진 보배, 이 숲의 오묘한 아름다움을 모르는 것이나 매한가지였다. 내 눈에 나뭇잎들로 얼룩덜룩하게 그늘진 모습으로밖에는 보이지 않는 그 아가씨. 그녀 자체가 나에게는 어떠한 고유식물이었다. 그 어떤 종류의 식물보다 한층 훌륭하고, 그 구조는 여느 식물보다 훨씬 깊게 나를 그 지방의 정취에 친근하게 했다. 내가 이를 아주 쉽사리 믿을 수 있었던 까닭도(또 나를 그런 정취에 맞닿게 해준 그녀의 애무는, 그녀 아닌 다른 여인을 통해서는 얻을 수 없는 쾌락을 선사하는 독특한 애무일 거라고 매우 쉽사리 믿을 수 있던 까닭도), 그때의 내 나이가 여러 여인과 쾌락을 맛보고, 그런 여인들을 자기 것으로 만든 데서 쾌락을 끌어내 어떤 보편적인 개념으로 되돌리며, 그러고 나서는 여인들을 언제나 바꿀 수 있는 같은 쾌락의 연장으로 간주하게 되는 그런 나이에 이르려면 아직 멀었기 때문이다. 그런 추상적인 쾌락은 여인에 접근하면서 추구하는 목적으로써, 먼저 느껴지는 불안의 원인으로써, 고립된 채 다른 것들로부터 떼어져 정신 속에 정당한 격식으로 존재하는 것이 아니다. 사람들은 쾌락을 자기가 품고 있는 것으로는 거의 생각하지 않는다. 오히려 여인이 갖는 매력을 쾌락이라고 일컫는다. 왜냐하면 사람들은 자기 자신을 생각하지 않고, 자기 밖으로 나가기만을 바라기 때문이다. 막연히 기대되고 속에 숨어 있는 쾌락은, 막상 그것이 이루어지는 순간, 우리 곁에 있는 여인의 다정한 눈길과 입맞춤에 의해서 야기되는 다른 여러 쾌락을 극에 닿게 하기 때문에, 특히 우리 자신에게 이 쾌락은 그녀가 우리에게 한껏 베푸는 선심이나 감동 어린 호의와 착한 마음씨에 대한 우리의 열광적인 감사로밖에 보이지 않는 것이다.

아아, 루생빌의 성탑에 내가 애원한 것도 모두 헛일이었다. 콩브레에 있는 우리집 위층에서, 붓꽃 냄새 풍기는 작은 골방 안, 빠끔히 열린 창유리 사이로 그 탑이 꼭대기만 살짝 내보일 때 내 첫 욕망의 속내 이야기를 할 수 있는 유일한 상대처럼 보이는 그 루생빌의 성탑을 향해, 이 몸 곁에 그 마을의 계집애를 보내달라고 부탁한 것도 모두 헛일이었다. 그러는 동안 마치 탐험을 떠나는 여행가나 절망하여 자살하려는 사람처럼 비장하게 망설이면서 나는 기력을 잃고, 창문으로 나를 들여다보는 야생 까치밥나무 잎에 마치 달팽이가 지나간 자국처럼 어떤 자연스러운 자국이 날 때까지, 나 자신 속에 미지의 길을, 나에게 죽음의 길처럼 여겨지기도 하는 길을 내고 있었다. 이제는 탑에 바치는 나의 애원도 헛일, 넓은 들판을 내 시야 안에 넣고, 거기서 한 여인을 찾아내려고 혈안이 되었으나 헛일. 나는 생탕드레 데 샹 성당 정문까지 가기는 갔다. 그러나 할아버지와 함께여서 말을 붙일 수 없을 때라면 틀림없이 만났을 그 시골 아가씨, 그 아가씨의 모습은 거기에 없었다. 나는 멀리 있는 한 그루 나무의 줄기를 하염없이 바라보았다. 그 나무 뒤에서 아가씨가 나타나 내게로 올지도 모르니까. 하지만 아무리 바라봐도 지평선에는 그대로 인적 없이, 이윽고 어둠이 깔리기 시작했다. 나는 이 불모의 땅, 이 고갈된 대지가 숨기고 있을지도 모르는 아가씨를 빨아올리려고 희망 없이 땅 위를 주시했다. 그리고 루생빌 숲의 나무들을 내가 매질하는 것도 이젠 희열에서가 아니라 분노에서이며, 그 나무들 사이에서는 화폭에 그려진 수목들 사이에서처럼 이젠 살아 있는 인간이 튀어나오는 일은 없었다.

이렇듯, 그처럼 바라 마지않던 여인을 팔 안에 꼭 껴안지 않고서는 단념하고 집에 돌아올 수 없으면서도, 하는 수 없이, 도중에 그 여인이 우연히 나타날 가능성이 점점 희박해진 것을 스스로 시인하면서, 나는 다시 콩브레로 가는 길에 접어들 수밖에 없었다. 하지만 그 여인이 실제로 나타난들 내가 감히 말을 건넬 수 있었을까? 그녀는 아마도 나를 미치광이라고 생각했으리라. 이러한 산책 도중에 생각만 하고 실현되지 않았던 욕망을 다른 사람들도 나누어 갖고 있다든가, 나 말고 다른 사람에게서도 이것이 진실이라든가 하는 생각을 버렸기 때문이다. 그런 욕망이 이제는 내 기질의 순전히 주관적인, 무기력한, 환상적인 창조물로밖에 생각되지 않았다. 욕망은 자연과도 현실과도 이미 인연을 잃었으며 그 뒤로는 자연도 현실도 모든 매력과 모든 뜻을 잃어버리고 말아, 마치 나그네가 의자에 앉아서 심심풀이로 읽는 소설의 허구와 그가 타고 있는 객차의 관계가 그러하듯이 내 삶은 오직 인습적인 틀에 지나지 않게 되었다.

사디즘에 대하여 한참 뒤에 내가 만들어낸 관념은 아마도 이 또한 그 몇 해 뒤에 몽주뱅에서 직접 받은 인상, 그때 어렴풋이 받은 어떤 인상으로부터 비롯된 듯하다. 이 인상의 기억이 아주 다른 이유로 내 삶에서 중대한 소임을 맡아하게 되는 것은 나중에 보게 되리라. 그것은 몹시 더운 날의 일이었다. 온종일 집을 비우게 된 집안사람들은 나에게 얼마든지 늦게 돌아와도 좋다고 말했다. 그래서 그 수면에 비친 기와지붕을 다시 보려고 몽주뱅의 늪까지 간 나는, 나무 그늘에 누웠다가 가옥을 굽어보는 비탈의 떨기나무 덤불 속에서 깜박 잠들어버렸다. 그곳은 전에 뱅퇴유 씨를 방문하던 날, 내가 아버지를 기다리던 장소였다. 잠에서 깨어났을 때는 거의 어둑어둑했는데, 내가 몸을 일으키려고 하자 뱅퇴유 아가씨의 모습이 눈에 띄었다(내가 아는 한, 그녀임이 틀림없었다. 왜 이렇게 말하는가 하면, 나는 콩브레에서 자주 그녀를 보지 못했으며 보았다고 해도 그녀가 아직 어린애였을 때뿐인데, 이제 그녀는 이미 아가씨 티가 나기 시작했기 때문이다). 그녀는 분명 막 방에 돌아온 참인 듯했다. 바로 내 코앞에 있는 그 방은 그녀의 아버지가 내 아버지를 접대하던 방으로, 지금은 그녀가 작은 손님방 삼아 쓰고 있었다. 창문은 반쯤 열려 있고 등불이 켜져 있었다. 그래서 나는 들킬 염려 없이 그녀의 모습을 하나하나 보았는데, 지금 떠나려고 수풀을 부스럭거린다면 오히려 그녀에게 들켜 그녀를 엿보려 숨어 있었던 걸로 오해받을지도 몰랐다.

그녀는 정식 상복을 입고 있었다. 그도 그럴 것이, 그녀의 아버지가 얼마 전에 죽었기 때문이다. 우리는 그녀의 집에 조문하러 가지 않았다. 어머니가 선의를 행하는 데 있어 방해하는 단 한 가지 미덕, 바로 염치라는 미덕 때문에 뱅퇴유 씨 댁에 방문하기를 싫어했던 것이다. 그러나 어머니는 진정 우러나는 마음으로 그녀를 측은히 여기고 있었다. 어머니는 뱅퇴유 씨의 쓸쓸한 늘그막을 떠올렸다. 그는 딸에게 어머니로서 유모로서 정성을 쏟았고, 그리고 딸 때문에 고통을 겪었다. 어머니는 고뇌로 가득한 뱅퇴유 노인의 늘그막 얼굴을 머릿속에 그려보았다. 어머니는 그가 늙은 피아노 교사, 은퇴한 시골 성당의 오르가니스트로서 만년의 초라한 곡목, 모든 작품에 대한 정서(淨書)의 완성을 영영 단념하고 말았다는 사실을 알고 있었다. 우리는 그 곡 자체를 거의 값어치 없는 것으로 생각했지만, 그렇다고 해서 그걸 우습게 본 것은 아니었다. 왜냐하면 그건 그에게 있어서 비상한 가치를 지닌 소중한 것, 딸 때문에 그걸 희생시키기 전까지만 해도 그가 살아가는 이유였기 때문이다. 그 작품의 대부분은 미처 악보로 쓰이지 못하고 다만 그의 머릿속에 간직되어 있었을 뿐이며, 고작 두세 곡이 몇몇 종잇장에 씌어 있었지만 그것 또한 읽을 수가 없었으므로, 그 곡들은 아마 세상에 알려지지 않은 채로 남을 것이다. 그러나 어머니는 뱅퇴유 씨가 보다 더 잔혹한 단념을 견뎌야만 했던 걸로 생각하고 있었는데, 그것은 부끄럽지 않고 존경받을 만한 행복한 딸의 미래에 대한 단념이었다. 어머니는 내 할머니들*의 옛 피아노 선생이었던 고인의 더할 나위 없는 슬픈 탄식을 떠올렸을 때 진정으로 마음 아파하며, 뱅퇴유 아가씨가 틀림없이 느끼고 있을 이보다 더 쓰디쓴 아픔, 즉 아버지를 죽였구나 하는 후회와 같은 정이 섞인 아픔을 생각하고는 몸서리쳤다. "불쌍한 뱅퇴유 씨." 어머니는 말했다. "그분은 아무 보답도 받지 못하고, 딸을 위해서 살다가 딸을 위해서 돌아가신 거예요. 죽은 뒤에 그 보답을 받으실는지. 하지만 어떤 식으로? 그 보답은 오직 따님만이 할 수 있는데."

뱅퇴유 아가씨의 손님방 구석 쪽 벽난로 위에는 아버지의 작은 사진이 놓여 있었는데, 바깥 길을 굴러오고 있는 마차 소리가 들려오자, 아가씨는 얼른 그 사진을 가지러 갔다가 소파 위에 몸을 던지고는 작은 탁자를 몸 가까

* '나'의 외할머니의 여동생들을 가리키는 말.

이로 끌어와 그 위에 사진을 놓았다. 마치 이전에 뱅퇴유 씨가 우리 부모님에게 들려주고 싶은 악보를 가까운 곳에 놓아두었던 것처럼. 이윽고 그녀의 여자친구가 들어왔다. 뱅퇴유 아가씨는 몸도 일으키지 않고 두 손을 머리 뒤로 감은 채 친구를 맞이하더니 자리를 내주는 양 소파 한쪽으로 몸을 비켰다. 그러나 곧 아가씨는, 그 자세 그대로는 어쩐지 어떤 자세를 강요하는 것 같아 분명 상대를 불편하게 하리라는 느낌이 들었다. 여자친구가 아마 틀림없이 자기에게서 먼 의자에 앉는 편을 좋아하리라는 사실에 생각이 미치자, 아가씨는 스스로 부주의함을 느껴 그 예민한 마음은 겁을 먹었다. 그녀는 다시 소파 자리를 다 차지하더니 눈을 감고, 그렇듯 누워 있는 것이 오직 졸리기 때문이라는 걸 보이려고 하품을 했다. 그런데 여자친구에 대한 아가씨의 그 무례하고도 거만스러운 뻔뻔한 태도에도, 나는 그녀 아버지의 그 알랑거리는 듯한 태도와 짐짓 삼가는 거동, 갑작스러운 조심성을 그녀에게서 발견했다. 이윽고 아가씨가 몸을 일으키더니, 덧문을 닫으려고 하는데 잘 닫히지 않는다는 시늉을 했다.

"열린 대로 그냥 둬, 더우니까." 여자친구가 말했다.

"그렇지만 싫은걸, 남들이 볼 테니까." 뱅퇴유 아가씨가 대답했다.

그러나 틀림없이 아가씨는 알아챘다. 자기가 이런 말을 한 것은, 실상 듣고 싶은 다른 말을 일부러 삼가서 먼저 여자친구의 입에서 대답이 나오도록 부추기는 것뿐이라고 여자친구가 생각하리라는 사실을. 그러므로 아가씨가 격하게 다음 말을 덧붙였을 때 그 눈길은, 나로서는 똑똑히 알아볼 수 없었지만 우리 할머니를 매우 기쁘게 해준 그 표정을 띠고 있는 게 틀림없었다.

"남들이 볼 거라는 건 말이야, 책 읽는 모습을 남들이 본다는 뜻으로 말한 거야. 아무렇지 않은 일을 하고 있을 때도 사람들이 보고 있거니 생각하면 싫거든."

본능적인 관용과 무의식적인 예의로 인하여, 아가씨는 자기 욕망을 모두 실현하기에 꼭 필요하다고 판단한, 미리 생각해둔 말을 입 밖에 내지 않고 있었다. 이런 식으로 언제나 그녀 자신의 밑바닥에서 쭈뼛거리면서 호소하는 처녀가, 닳고 닳은 의기양양한 노병에게 애원하여 그를 물러서게 하는 것이었다.

"그렇군, 누가 볼지도 모르지. 시간도 시간이고 사람들이 자주 오가는 시골이니까." 여자친구가 비꼬아 말했다. "하지만 그게 어때서?" 하고 덧붙였다(뱅퇴유 아가씨의 마음에 들 것이 뻔한 문장을 낭독할 때도 애써 냉혹한 가락을 덧붙이듯, 호의에서 입 밖에 낸 이 말에다가 짓궂고도 다정스러운 윙크를 보태야겠다고 생각하면서). "본들 대수야, 그럼 더 좋지."

뱅퇴유 아가씨는 부르르 몸을 떨며 일어섰다. 세심하고도 예민한 그녀의 마음은, 자기 감각이 요구하는 무대에 자연스럽게 꼭 맞추려면 어떠한 대사를 읊어야 할지 몰랐다. 아가씨는 가능한 한 자신의 도덕적인 본성에서 멀리 떠나 자기가 되고 싶은 부도덕한 아가씨다운 말을 찾아내려고 애썼으나, 그런 부도덕한 아가씨라면 진심으로 할 법한 말도 자기 입에서 나오면 어색하게 들리는 것이었다. 그리고 아가씨가 용감하게 입 밖에 내본 몇 마디는 부자연스럽게 태깔 부린 거북한 말투가 돼버려, 대담하게 해볼까 하는 속셈도 그녀의 습관적인 소심함에 마비되어 다음과 같은 말로 뒤범벅되고 말았다. "너 춥지 않니? 너 너무 덥지 않니? 너 혼자서 책 읽고 싶지 않니?"

"오늘 저녁에 넌 아주 망측한 생각을 하나 보구나." 결국 그녀는 이렇게 말을 끊었다. 전에 여자친구의 입을 통해 들었던 말을 되뇌고 있는 성싶었다.

크레이프천으로 된 옷 앞의 가슴께에 재빠르게 닿는 여자친구의 입맞춤을 느낀 뱅퇴유 아가씨가 작은 비명을 지르며 달아나자 그녀들은 팔짝팔짝하면서 서로 쫓아다녔다. 넓은 소매를 날개처럼 파닥거리며, 서로 사랑을 나누는 작은 새들처럼 꾸꾸 삐삐 서로 불러대면서. 그러다가 드디어 뱅퇴유 아가씨는 여자친구의 몸에 깔려 소파에 쓰러지고 말았다. 그런데 여자친구는 옛 피아노 교사의 사진이 놓여 있는 작은 탁자에 등을 돌리고 있었다. 뱅퇴유 아가씨는 자기가 상대의 시선을 돌려주지 않으면 사진이 상대의 눈에 띄지 않는다는 사실을 깨닫고는, 마치 자기도 그것을 이제야 본 것처럼 말했다.

"어머나! 아버지 사진이 우리를 바라보고 있네. 누가 이런 곳에 놓았담. 여긴 이 사진이 있을 자리가 아니라고 몇 번이나 말했는데."

나는 뱅퇴유 씨가 자기가 작곡한 악보에 관해서 우리 아버지에게 똑같은 말을 했던 것을 기억해냈다. 이 사진은 평소에도 그녀들의 의식(儀式)이 된 모독에 틀림없이 이바지했을 것이다. 왜냐하면 여자친구가 예의상의 대답인 것 같은 말로 뱅퇴유 아가씨에게 대꾸했기 때문이다.

"상관없으니까 그냥 거기 둬. 이젠 우리를 귀찮게 하지 못하니까, 그 놈팡이가. 네가 이렇게 창문을 열고 있는 모습을 그놈이 보기라도 한다면 당장 눈물을 글썽거리며 네게 외투를 입혀주려고 할 것 같으냐, 그 늙다리 원숭이가?"

뱅퇴유 아가씨는 상냥하게 나무라듯이 말했다. "아서, 그러지 마." 이 말은 아가씨의 착한 성품을 증명했다. 다만 그런 투로 아버지에 대해 말한 데 화가 나서 튀어나온 것이 아니라(명백히 이런 상황이 되면 그녀는 습관적으로 그러한 분노를—어떤 궤변을 썼을지?—억눌러버리는 것이었다) 이기주의자로 보이지 않으려고, 여자친구가 아가씨에게 갖다주려는 쾌락에 아가씨 쪽에서 거는 하나의 제동이었다. 그리고 그런 모욕에 답하는 그 미소 띤 얌전함, 위선적이면서도 상냥한 그 비난은, 아가씨의 솔직하고도 착한 성질로는 아마 그녀가 동화하고자 하는 사악함의 유달리 더러운 한 형식, 달착지근한 한 형식으로 생각했는지도 모른다. 그러나 아가씨는 스스로를 지킬 힘도 없는 망자에게 그토록 무자비하게 구는 여성에게서 다사롭게 대접받았을 때에 느끼는 쾌락의 매력에 맞설 수 없었다. 아가씨는 여자친구의 무릎 위에 뛰어올라, 마치 딸이 입맞춤을 바라듯이 청순한 동작으로 이마를 내밀었다. 그녀들은 그렇게 해서 자신들이 무덤 속에 들어간 뱅퇴유 씨에게서까지 부성의 존엄성을 앗아 잔혹함의 극에 이른 데 도취되었다. 여자친구는 두 손으로 뱅퇴유 아가씨의 머리를 안고는, 아가씨에 대한 크나큰 애정과, 지금은 참으로 쓸쓸한 고아의 생활에 어떤 기분전환을 선사하고픈 욕망에서 우러나온 온순함과 더불어 그 이마에 입맞추었다.

"이 흉악한 늙은이에게 내가 뭘 해주고 싶은지 아니?" 사진을 집어들면서 여자친구가 말했다.

그리고 뱅퇴유 아가씨 귀에 뭔가 속삭였지만, 내게는 안 들렸다.

"어마! 설마 그런 짓을."

"내가 침을 못 뱉을 줄 알아? 이놈 위에?" 여자친구는 일부러 난폭하게 말했다.

그 이상은 들을 수 없었다. 왜냐하면 뱅퇴유 아가씨가 지치고 어색하고 불안하고 진지하고 슬픈 표정으로 덧문과 창문을 닫으러 왔으니까. 그러나 나는 이제야 알았다. 뱅퇴유 씨가 평생토록 그 딸 때문에 견디었던 온갖 고뇌의 보답으로 죽은 뒤에 그 딸로부터 무엇을 받고 있었는가를.

그렇지만 나는 나중에 가서 생각했다. 설령 뱅퇴유 씨가 그곳에 있었더라도 틀림없이 딸의 착한 마음에 대한 믿음을 여전히 잃지 않았을 것이며, 그러한 태도 또한 완전히 잘못된 것은 아니었을지도 모른다고. 물론 뱅퇴유 아가씨의 일상에서는 악의 외관은 완벽했으니, 사디즘의 여인에게서가 아니라면 그처럼 완전하게 실현된 악의 모습을 보기란 어려웠으리라. 오로지 딸을 위해서 살아온 아버지의 사진에 여자친구가 침을 뱉게 하는 딸을 구경할 수 있는 건, 시골 별장의 불빛 아래에서보다 오히려 불바르 극장*의 각광 밑에서다. 그리고 실생활에서 멜로드라마 미학의 기반이 되는 것은 사디즘을 빼놓고는 거의 없다시피 하다. 현실에서 사디즘의 경우 말고도, 죽은 아버지에 대한 추억이나 그의 유지를 그 딸이 뱅퇴유 아가씨처럼 잔혹하게 저버리는 예가 있을지 모르겠으나, 그것도 그런 배신행위를 그토록 유치하고도 소박한 상징적인 행위로 명백히 요약하지는 못할 것이다. 죄악으로 보이는 그 행동만 해도 남들의 눈에는 더 희미했을 테고, 죄악을 범한다는 의식 없이 죄악을 행하고 있을 그녀 자신의 눈에도 희미했을 것이다. 그러나 외관을 떠나 뱅퇴유 아가씨의 마음속에서 악은, 적어도 처음에는 그렇듯 순수하고 완전한 악은 아니었다. 그녀와 같은 사디스트들은 악의 예술가이지, 타고난 악인과는 다르다. 왜냐하면 완전히 악한 여인은 악이 외부에 있는 게 아니라 아주 자연스러운 본성으로 보여, 그녀 자신과 구별조차 되지 않을 것이기에. 그리고 미덕, 고인에 대한 추억, 자식으로서 부모에게 느끼는 애정 같은 것을 예찬하지 않았다면, 그런 것을 모독하는 기쁨도 느끼지 않았을 것이다. 뱅퇴유 아가씨와 같은 사디스트들은 순전히 너무나 감상적이며 본디 덕스러운 존재여서, 그들에게는 육감의 기쁨마저 뭔가 나쁜 일, 나쁜 사람의 특권처럼 보이는 것이다. 그리고 그들이 한순간 육감의 기쁨에 탐닉하기를 그들 자신에게 허락할 때, 그들은 그들의 성실하고 상냥한 영혼으로부터 탈출했다는 착각을 한때나마 갖도록, 악인의 껍질을 뒤집어쓰고, 쾌락의 비인간적인 세계에 그들도 들어가고 공범자들도 들여보내려고 애쓴다. 그런데 그런 탈출에 성공하는 일이 뱅퇴유 아가씨에게 얼마나 불가능했는지를 보고, 나는 그녀가 얼마만큼 이 쾌락을 갈망했는지 이해가 갔다. 그녀가 아버지와는

* 파리 그랑 불바르 거리에 있는 통속적인 극장들을 가리킴.

아주 다른 사람이 되기를 바라고 있는 그 순간에도 그녀를 보고 있는 나에게 떠오른 것은, 그 늙은 피아노 교수의 사고방식과 말투였다. 아버지 사진 이상으로 그녀가 모독한 것, 그녀가 자신의 쾌락에 이용한 것, 그러나 쾌락과 그녀 사이에 끼어 있어 결국 쾌락을 직접 맛보는 걸 방해한 것은 아버지와 닮은 얼굴이며, 아버지가 딸에게 여러 대의 가보처럼 전한 자기 어머니의 푸른 눈이며, 뱅퇴유 아가씨와 그 악덕 사이에 과장스런 말투와 악덕에 어울리지 않는 마음을 개입시키는 그 싹싹한 거동이었다. 그런 마음 때문에 그녀는 악덕을, 평소에 지키고 있는 수많은 예의범절의 의무와 크게 다른 것으로 생각하지 않는 경향이 있었다. 악이 그녀에게 쾌락의 관념을 주고, 그녀가 그걸 쾌적하게 생각한 것은 아니다. 쾌락이 그녀에게 악으로 여겨진 것이다. 그리고 그녀가 쾌락에 열중할 때마다 쾌락이 평소 그녀의 덕스러운 영혼에 없던 고약한 사념을 동반해서, 이윽고 그녀는 쾌락에서 뭔가 악마적인 것을 발견해 쾌락을 '악'과 동일시하고 말았다. 아마 뱅퇴유 아가씨도 그 여자친구가 타고난 악인이 아니며, 그 모독적인 말도 본심에서 나온 것이 아닌 줄로 느꼈으리라. 그런데도 그녀는 적어도 여자친구 얼굴에 나타나는(아마도 가장된 것이겠지만) 옳은 미소와 눈길에서 쾌락을 느꼈던 것이다. 그 음탕하고도 천한 표정은 결코 착한 인간, 괴로워하는 인간의 것이 아니라 잔인한 인간, 쾌락을 좇는 인간이 보이는 것과 너무 비슷한 미소와 눈길이었기 때문이다. 사실 그녀가 한순간 아버지의 추억에 대해 야만스러운 감정을 품었더라면 그녀와 마찬가지로 극악한 공범 아가씨와 더불어 했을지도 모르는 그 희롱을 자기가 실제로 하고 있구나 떠올렸을는지도 모른다. 하지만 그녀가 만약, 자기 마음속에나 남들의 마음속에나 남이 일으키는 고뇌에 대해 무관심하며, 어떠한 명칭으로 불리든 간에 이 무관심이 잔인성의 무시무시한 영구적인 형태임을 깨달았더라면 그녀는 악을 이처럼 드물고 이상하며 낯선 것이라고는 생각지 않았을 터이고, 악의 나라에 이주하는 것을 이토록 아늑한 것으로도 생각하지 않았을 터이다.

메제글리즈 쪽으로 가기는 꽤 쉬웠지만 게르망트 쪽으로 가려면 그렇지 않았다. 이쪽은 산책길이 길어서 날씨를 확인한 뒤에 나서야 했기 때문이다. 좋은 날씨가 날마다 계속될 듯싶었던 무렵, 프랑수아즈가 '불쌍한 농작물'에 비 한 방울 떨어지지 않는 데 실망해, 잔잔한 푸른 하늘 표면에 드문드문 흰 구름밖에 떠 있지 않은 것을 보고는 두덜두덜 "쪼그만 돔발상어가 저 높이에서 콧마루를 내밀고 놀고 있다고나 할까? 원! 저걸로 불쌍한 농부들을 위해 비를 내려주겠다니 잘도 생각하셨지! 이러다가 밀 싹이 돋아날 무렵에 가서는 우당탕통탕 쉴 새 없이, 내리는 곳이 바다 위나 되는 것처럼 함부로 내리퍼붓기 시작하니, 아이 딱해라!" 소리치게 되고, 아버지가 청우계를 보고, 또 정원사로부터 긍정적인 대답을 얻게 되자, 그제야 저녁 식사 때 이런 이야기가 나왔다. "내일도 같은 날씨라면 게르망트 쪽으로 가봅시다." 우리 식구는 점심이 끝나자마자 뜰의 작은 뒷문을 나서서 페르샹 거리로 내려갔다. 이 거리는 비좁고, 집과는 날카로운 모를 이루며, 사방에 벼과 식물이 나고, 그 가운데 말벌 두세 마리가 식물 모으는 데 하루를 보내고 있었다. 그 이름 못지않게 괴상한 거리로, 그 기묘한 특징과 까다로운 개성은 이름에서 유래한 듯싶었는데, 현재의 콩브레에서는 이 거리를 찾아보아도 헛일이니, 전에 이 거리가 있던 자리에 지금은 초등학교가 서 있기 때문이다. 그러나 내 공상은(르네상스 시기의 쥐베(jubé)*[1]와 17세기 제단 아래에서 로마네스크식 성소의 흔적을 찾아낸 줄 믿고, 12세기에는 모든 건물이 이랬을 것이라고 짐작되는 상태로 복구한 비올레르뒤크(Viollet-le-Duc)*[2] 문하의 건축가들과 마찬가지로) 새 건축물의 돌 하나 남기지 않고 페르샹 거리를 다시 한 번 해체하여 '복구'한다. 게다가 나의 공상은, 이러한 복구를 위하여 여느 복구자들이 가지고 있는 것보다 더 정확한 구상 자료를 갖고 있다. 그것은 곧 내 소년 시절 그 콩브레의 심상, 내 기억에 의해 보존된 심상, 아직 현존하는 아마도 마지막 심상, 오래지 않아 사라질 심상이며, 더구나 콩브레 자체가 사라지기 전에 내 마음속에 새겼으므로—할머니가 그 복제화를 내게 주기 좋아하던 영광스러운 초상화에 세상에 알려지지 않은 초상화가 비교될 수 있다면—다빈치의 걸작이나 산마르코 성당의 정문을 오늘날 이미 존재하지 않는 옛 상태 그대로 보여주는 저 〈최후의 만찬〉의 옛 판화 또는 젠틸레 벨리니의 그림*[3]처럼 참으로 감동 어린 심상인 것이다.

---

*1 성당의 성소와 본당 사이의 높은 주랑.

*2 프랑스의 건축가(1814~79).

*3 〈산마르코 광장의 행렬〉(1496)을 가리킴.

우리는 루아조 거리에서 오래된 여관 '루아조 플레셰(l'Oiseau flesché)' 앞을 지나간다. 그 널따란 안마당은 17세기 무렵 몽팡시에, 게르망트, 몽모랑시 같은 여러 공작부인이 이따금 영내 소작인들끼리의 쟁의 및 상납 문제로 콩브레에 와야 했을 때 화려한 사륜마차가 들어갔던 곳이다. 우리가 산책로까지 오자 나무들 사이에 생틸레르의 종탑이 나타나기 시작한다. 나는 거기에 앉아 종소리를 들으며 온종일 책을 읽을 수 있다면 오죽 좋을까 생각한다. 그도 그럴 것이 날씨가 화창하고 주위가 아주 조용했기 때문이다. 그래서 시각을 알리는 종소리가 울려와도 낮의 고요를 깨뜨리기는커녕 고요 안에 있는 거추장스러운 것을 없애주는 듯했고, 또 종탑은 따로 할 일 없는 사람같이 무료하고도 꼼꼼한 정확성과 더불어—그때까지 태양열에 의해 천천히 자연스럽게 고요 속에 모아진 금빛 물방울을 짜서 떨어뜨리기 위해—가득 찬 고요를 때맞춰서 꾹 하고 압착한 데에 지나지 않는다고도 할 수 있었다.

게르망트 쪽의 가장 큰 매력은 산책하는 동안 줄곧 비본 냇가의 흐름이 곁에 있다는 것이었다. 우리는 집에서 나온 지 10분쯤 지나 비외 다리*라고 불리는 작은 다리에서 처음으로 이 흐름을 건너간다. 우리가 콩브레에 도착한 다음 날부터 부활절 설교가 끝난 뒤 날씨만 좋다면 나는 늘 이 다리까지 달려가, 화려한 축제 준비가 여전히 흩어져 있는 살림살이를 더욱 지저분해 보이게 하는 큰 축제일 아침의 혼란 속에서, 이 냇물이 아직 벌거벗은 검은 땅 사이를 이미 푸른 하늘빛을 띠고 흘러가는 것을 보곤 했다. 그 흐름 곁에서는 너무 철 이르게 온 솔나물과 일찌감치 찾아온 앵초 한 무리가 겨우 호위하고, 한편 푸른 주둥이를 한 오랑캐꽃이 여기저기 하나씩, 그 조그마한 나팔 속에 간직한 향기 방울의 무게로 줄기를 구부리고 있었다. 비외 다리에서부터는 예인선을 끄는 좁은 길로 빠져나가는데, 이 길 근처는 여름이면 개암나무의 푸른 잎으로 덮여 그 나무 그늘에 밀짚모자를 쓴 낚시꾼이 뿌리를 내리던 곳이다. 콩브레에서는 편자 대장장이 또는 식료품 가게 점원이 성당지기의 제복이나 성가대 소년의 짧은 흰옷을 입고 모습을 속여도 그게 누군지 알 수 있었는데, 이 낚시꾼만은 도무지 어디 사는 누군지 모르고만 단 한 사람이다. 낚시꾼은 우리집 사람들을 알고 있는 게 틀림없었다. 우리가 그

* '낡은 다리'라는 뜻.

앞을 지나갔을 때 그가 모자를 벗어 올렸으니까. 그때 나는 그의 이름을 묻고 싶었는데, 물고기가 도망가지 않도록 다들 나보고 잠자코 있으라고 손짓을 했다.

우리는 몇 피트 높이의 둑 위에서 흐름을 굽어보는, 예인선을 끄는 좁은 길로 들어선다. 맞은편 냇가는 낮고 널따란 풀밭으로 되어 마을까지, 멀리 떨어진 역까지 트여 있었다. 풀밭에는 그 옛날 콩브레의 영주였던 백작들의 성터가 반쯤 풀에 뒤덮인 채 여기저기 흩어져 있었다. 이 성은 중세기에 비본의 흐름을 방패삼아 게르망트의 제후와 마르탱빌의 대수도원장들의 공격에 맞섰다. 이제는 풀밭에 혹처럼 우툴두툴 솟아 겨우 분간이 가는 성탑의 몇몇 부분, 몇몇 총안흉벽(銃眼胸壁)밖에 남아 있지 않지만, 옛날에는 이 총안흉벽으로부터 사수(射手)가 돌을 쏘고, 감시병이 콩브레를 둘러싼 게르망트의 속령인 노브퐁, 클레르퐁텐, 마르탱빌 르 섹, 바이요 레그장을 감시했던 것인데, 오늘날에 와서는 그 총안흉벽도 풀에 닿을 듯 말 듯한 데까지 내려앉아서 학과 공부를 하러 오기도 하고 쉬는 시간에 놀러 오기도 하는 신학교 아이들에게 함부로 짓밟히고 있었다—그러한 과거, 거의 땅속으로 내려가서 마치 서늘한 바람을 쐬며 산책하는 사람처럼 물가에 누운 과거, 하지만 그 과거는 나를 깊은 명상에 잠기게 하고, 콩브레라는 이름 속에서, 나로 하여금 현대의 이 작은 시가에 이와는 정취가 다른 한 도시를 덧붙이게 하며, 미나리아재비(les boutons d'or)*1 밑에 반쯤 가려져 있는 불가해한 옛 모습으로 나의 사념을 붙잡았다. 미나리아재비는 풀 위에서 놀기 위해 직접 선택한 이곳에 많이들 와서 홀로, 쌍쌍이, 무리지어 있었다. 그것은 노른자처럼 노랗게 물들어 있었는데, 내가 미나리아재비꽃을 바라보는 데서 오는 눈의 기쁨을 혀로 맛보고 싶은 마음으로 이끌지 못하고, 그 기쁨을 꽃의 황금빛 표면에 부질없는 아름다움이 되어 넘쳐흐를 만큼 칠해갔으므로 그 미나리아재비의 노른자 빛깔은 그만큼 더 강하고 눈부셨다. 또 그것은 프랑스의 선녀 이야기에 나오는 왕자의 이름과도 같은 그 예쁜 이름*2의 철자를 완전히 읽을 수 없을 만큼 어렸던 내가 좁은 예인선 길에서 그것들 쪽으로 손을 내밀 무렵부터 그런 모습으로 있었고, 아마도 그것들은 몇 세기 전에 아시아

*1 원뜻은 '금 단추'.

*2 미나리아재비의 원뜻인 '금 단추'를 가리킴.

에서 건너와, 이 마을에 영원히 자리잡아, 수수한 지평선에 만족하며, 해와 물가를 사랑하며, 멀리 보이는 역의 대수롭지 않은 조망에 실망하지 않으며 그 서민적인 단순성 안에 프랑스의 옛 유화 가운데 어떤 것처럼 아직도 동방의 시적 광채를 보유하고 있었다.

나는 아이들이 송사리를 잡으려고 비본 냇물 속에 물병을 담그고 있는 것을 재미나게 구경했다. 그 물병은 냇물로 가득하고 한편으로는 냇물에 둘러싸여 고체로 굳은 물처럼 투명한 허리를 가진 '그릇'인 동시에, 흐르는 액체 수정 그릇 속에 잠긴 그보다 좀더 큰 내용물이기도 했다. 그 물병은 식탁에 나왔을 때보다 더 쾌적한 자극을 북돋우면서 청량감을 불러일으켰다. 그도 그럴 것이 그 청량감은, 손에 잡히지 않고 단단하지도 않은 물과 입에 넣고 맛볼 수도 없는 유동성 없는 유리가 끊임없이 부딪쳐서 만들어내는 율동 속으로 하릴없이 사라져버리기 때문이었다. 나는 다음에 낚싯대를 갖고 이곳에 오기로 마음을 정했다. 간식거리인 빵을 조금 꺼내달라고 부탁했다. 그것을 조그맣게 몇 조각으로 나눠 뭉쳐서 비본 내에 던졌다. 그것은 냇물에 과포화 현상을 일으키는 데 만족한 듯했다. 왜냐하면 물은 금세 그 빵 조각 둘레에 흐늘흐늘한 올챙이 같은 알 모양으로 엉기었으니까. 틀림없이 물은 그때까지 눈에 띄지 않게 그 송이송이를 녹여 가지고 있었던 것이다. 언제라도 응결시킬 수 있도록.

이윽고 비본의 흐름은 물속에 사는 식물로 막혀 나간다. 먼저 홀로 살아가는 수련 같은 것이 외따로 나타난다. 그 수련은 공교롭게 흐름을 가로지르듯이 나 있으므로 쉴 틈도 없이 물의 흐름에 흔들려, 마치 기계로 움직이는 나룻배처럼 저쪽 냇가에 닿았는가 하면 금세 왔던 냇가로 밀려 돌아가기를 끊임없이 되풀이하고 있었다. 냇가 쪽으로 밀려나면 그 줄기는 주름을 펴고 길게 뻗다가 실 잣듯이 뻗칠 대로 뻗쳐 냇가에 닿는데, 거기서 흐름에 다시 잡혀 그 초록빛 동아줄이 둘둘 말려, 가련하게도 이 식물은 출발점으로 또다시 끌려가곤 했다. 같은 동작을 다시 시작하지 않고서는 잠시도 가만있지 못하니까, 그만큼 더 그 장소를 출발점이라고 부를 만했다. 산책할 때마다 매번 수련은 같은 상태에 있었는데 그것은 곧 어떤 신경증 환자를 떠오르게 했다. 할아버지 말로는 레오니 고모도 그 안에 들어가는데, 그들은 이번에야말로 꼭 떨쳐버리겠다고 결심하는 그 괴상한 버릇을 여러 해 동안 변함없이 되풀이한다. 그들은 불쾌감과 괴벽의 톱니바퀴 장치에 휩쓸려 들어간다. 거기서 빠져나오려고 헛되게 몸부림치는 노력은 도리어 톱니바퀴의 움직임을 더 강화하고, 그들의 기묘하고도 어쩔 수 없는 불길한 식이요법이 시작되게 할 뿐이다. 이 수련도 그러했다. 그것은 또한 그 기이한 고뇌를 짊어진 불행한 한 사람과도 비슷했다. 곧 그 인간에게 영원토록 되풀이되는 이상한 형벌에 호기심을 일으킨 단테가, 성큼성큼 멀리 가는 베르길리우스를—내가 부모님을 뒤쫓듯이—어쩔 수 없이 서둘러 쫓아가야 하지 않았더라면* 단테한테 그 자신이 받고 있는 형벌의 특징과 원인을 더 장황하게 이야기하여 들려주었을 그 죄인과도 비슷했다.

그러나 더 멀리 나아가면 흐름은 느려져서 어느 사유지를 가로지른다. 일반 사람들에게 이 사유지에 드나들도록 허락하고 있는 소유자는 수생식물 재배를 낙으로 삼는 사람인데, 비본 내가 형성하는 몇몇 작은 늪을 훌륭한 수련원(睡蓮園)으로 만들어놓았다. 이 근처 냇가는 수목이 매우 우거져서 커다란 나무 그림자 때문에 물은 늘 검은 초록빛을 띠고 있었는데, 이따금 찌푸렸던 오후 하늘이 갠 뒤 조용한 저녁에 산책에서 돌아오면, 그 물빛이 섬세하게 쪼개진 일본식 칠보자기처럼 보랏빛에 가까운 밝고 눈부신 푸른빛을 띠고 있는 것을 보았다. 수면 이곳저곳에서는 심(芯)이 빨갛고 가장자리가 흰 수련꽃이 딸기처럼 붉게 물들고 있었다. 더 멀리 갈수록 꽃이 많아진다. 눈에 띄게 색이 희미한 것, 덜 윤나는 것, 더 오톨도톨한 것, 더 주름잡힌 것, 또 우연히 우아한 나선형으로 되어 마치 멋있는 잔치를 장식한 꽃들의 꽃잎이 구슬프게 떨어지고 나서 풀어진 화환에 남은 들장미처럼 이리저리 떠도는 것도 있었다. 다른 한구석은 흔히 볼 수 있는 수련을 위한 듯 가정주부가 공들여 닦은 그릇처럼 노랑장대와 꼭 닮은 깨끗한 흰색과 장밋빛의 수련이 보이고, 한편 좀더 먼 곳은 그야말로 물 위에 떠 있는 화단과 같이 꽃들이 잔뜩 빽빽하게 자라서, 마치 여기저기 뜰의 팬지꽃들이 나비처럼 이 수상 화단의 투명한 비탈에 그 푸르스름하고도 윤나는 날개를 쉬러 온 듯했다. 그것은 수상 화단이며 하늘의 화단인 듯했으니, 그것이 꽃 자체의 색깔보다 더 귀중하고 더 감동적인 색깔을 가진 땅을 꽃들에 주고 있었기 때문

* 단테의 《신곡》 지옥편 29곡 1~22 참조.

이다. 그리하여 이 화단은 오후 동안 수련꽃 밑에서 주의 깊게 조용히 움직이는 행복의 만화경을 반짝일 때도, 땅거미 질 무렵 어딘가 먼 항구처럼 석양의 장밋빛과 꿈의 빛으로 가득 찰 때도, 비교적 색조가 고정된 꽃판들 둘레에서 그 시각의 보다 속 깊은 것, 보다 덧없는 것, 보다 신비스러운 것과의—말하자면 보다 가없는 것과의—조화를 늘 유지하려고 쉴 새 없이 변화하면서 수련꽃을 하늘 가운데 꽃피게 하는 성싶었다.

이 정원에서 나오면 비본 내는 다시 흐름이 빨라진다. 노 젓는 사람이 노를 놓고 뱃바닥에 번듯이 활개 펴고 누워서 작은 배 한 척을 떠내려가는 대로 둔 채, 머리 위에 천천히 흘러가는 하늘만 바라보며 얼굴에 행복과 평안의 예감을 띠고 있는 모습을 몇 번이나 보았는지. 그리고 내가 내 마음대로 살게 될 때 나도 저렇게 해보겠다고 몇 번이나 생각했는지.

우리는 물가에 있는 붓꽃 사이에 앉았다. 축제일 하늘에 한가로운 구름이 길게 거닐고 있었다. 이따금 권태로움에 숨이 막혀버린 잉어 한 마리가 뻐끔거리며 물 밖으로 튀어오르고 있었다. 간식 시간이 되었다. 집에 돌아가기에 앞서 우리는 오랫동안 풀밭에 앉아 과일과 빵과 초콜릿을 먹었다. 우리가 앉아 있는 곳까지 약하기는 하나 그래도 여전히 조밀하고 금속적인 생틸레르의 종소리가 수평으로 들려왔다. 그 소리는 공기 속을 그처럼 오래오래 건너왔는데도 그 공기에 섞이지 않고, 가느다란 소리가 차례로 파도처럼 진동하게 하면서 꽃들을 스치며 우리 발밑에서 파르르 떨었다.

때때로 숲에 둘러싸인 물가에서 우리는 별장이라고 불리는 집에 맞닥뜨린다. 이 세상에서 보이는 거라고는 자신의 발밑을 적시는 냇가밖에 없을 만큼 궁벽한 외딴집이었다. 생각에 잠긴 얼굴과 우아한 너울로 보아 이 고장 사람이 아닌 듯싶은 젊은 여성 하나가, 틀림없이 속된 말로 '세상을 피해' 이곳에 와서, 자기 이름은 물론이려니와 특히 마음을 붙잡을 수 없었던 남성의 이름을 어느 한 사람 모르겠거니 느끼는 그 쓰디쓴 기쁨을 맛보기 위해 이곳에 자리잡고, 문가에 매어놓은 쪽배보다 더 멀리는 보이지 않는 창문 안에 둘러싸여 살고 있었다. 냇가의 수목 너머에서 지나가는 이들의 목소리가 들리자 그 여인은 멀거니 눈을 쳐들었는데, 그 얼굴들을 보기도 전에 그녀는 이미 확신했다. 저들은 그 못 믿을 남성을 결코 모르며 앞으로도 알 리가 없다고. 저들의 과거 속에 그 못 믿을 남성의 자국은 하나도 없으며 저들의 미래에도 그 자극을 받을 기회는 하나도 없으리라고. 그녀는 모든 걸 단념한 끝에 사랑하는 남성의 모습을 언뜻 볼 수 있을지도 모르는 곳을 스스로 떠나, 그가 한 번도 모습을 나타낸 적 없는 고장을 택한 모양이었다. 이렇게 생각하면서 나는, 사랑하는 남성이 절대 지나가지 않으리라는 사실을 알고 있는 어떤 길을 산책하고 막 돌아온 듯한 그녀가 모든 걸 체념한 손에서 이제는 그 우아함도 쓸모없게 된 동작으로 긴 장갑을 벗는 것을 가만히 바라보았다.

게르망트 쪽으로 산책할 때 우리는 한 번도 비본 내의 수원지까지 올라가지 못했다. 나는 이 수원지에 대해 자주 생각했는데, 수원지란 나에게 매우 추상적이고 관념적인 존재여서 그것이 콩브레에서 몇 킬로미터 떨어졌을 뿐 같은 현 안에 있다는 말을 들었을 때, 지구에 또 하나의 명확한 지점이 있어서 고대에는 거기에 '지옥'으로 들어가는 문이 열려 있었다는 말을 들었던 날처럼 깜짝 놀랐다. 더구나 우리는 내가 그처럼 가고 싶어했던 이 산책의 맨 끝, 즉 게르망트까지 한 번도 나아갈 수 없었다. 나는 그곳에 성주인 게르망트 공작 부부가 살고 있는 것도, 공작 부부가 실제의 인물이며 현재 살아 있는 인간인 것도 알고 있었다. 그러나 그들에 대해 생각할 때마다 어쩐지 우리 성당의 〈에스더 대관식〉에 나오는 게르망트 백작부인처럼 그들을 태피스트리 속의 인물로 떠올리거나, 또 어떤 때는 내가 성수를 손가락으로 찍으려고 할 때인지 자기 자리에 앉을 때인지에 따라 양배추의 초록빛에서 푸른 서양자둣빛으로 변해가는 그림 유리창 속의 질베르 르 모베처럼 변하기 쉬운 색조로 떠올리거나, 또 어떤 때는 환등이 비칠 때 내 방 커튼 위를 거닐기도 하고 천장에 올라가기도 하는 게르망트 집안의 조상인 주느비에브 드 브라방의 영상처럼 전혀 손에 잡히지 않는 것으로 떠올리거나—요컨대 언제나 메로빙거 왕조 시대의 신비에 둘러싸여서, 그 Guermantes(게르망트)의 'antes(앙트)'라는 철자에서 나오는 오렌지색 빛 속에 마치 저녁놀에 젖듯이 잠겨 있는 모습으로 떠올리고 있었다. 그럼에도 그들이 공작과 공작부인이니만큼 신비한 사람들이긴 하지만 현실의 존재임에는 변함이 없었는데, 이번에는 공작이라는 작위를 가진 인격이 엄청나게 팽창되고 비물질화되었다. 그리하여 그것은 그 안에, 그들이 그 공작이며 공작부인인 게르망트 집안을, 양지바른 그 '게르망트 쪽' 전부를, 비본의 흐름을, 그 수련과 아름드리 수목을, 그리고 수많은 맑은 오후를 남김없이 포함하게 되었다. 또 나는 알고 있었다. 그들이 단지 게르망트 공작과 공작부인이라는 칭호를 갖고 있을 뿐 아니라, 14세기 무렵 옛 성주를 정복하려다 실패한 뒤 혼인에 의해 마침내 동맹을 맺은 뒤로 콩브레 백작이 되고, 따라서 콩브레의 첫째가는 시민이면서 동시에 여기에 살지 않는 유일한 시민이 되었다는 사실을. 그들은 콩브레 백작이라는 이름과 그 인격 한가운데 콩브레를 소유하며, 아마도 콩브레 특유의 그 기묘하고도 경건한 우수를 사실상 자신들 속에 가지고 있었나보다. 그들은 이 시가의 소유자이면서도 개인의 가옥 없이, 틀림없이 바깥에, 거리에, 하늘과 땅 사이에 살고 있는가 보다. 마치 내가 카뮈 상점에 소금을 사러 갈 때 머리를 쳐들면 생틸레르 성당 후전의 그림 유리창에서 검은 칠을 한 뒤쪽만 보이고 있는 그 질베르 드 게르망트의 모습처럼.

그리고 게르망트 쪽에서는 침침한 빛깔의 꽃 몇 송이가 기어 올라가 있는 축축한 작은 울타리 앞을 지나갈 때가 자주 있었다. 나는 어떤 귀중한 관념이 떠오를 성싶어 걸음을 멈추었다. 왜냐하면 내가 좋아하는 작가 가운데 한 사람이 이 하천 지방을 묘사한 것을 읽은 다음부터 몹시 알고 싶어했던 그 경치의 한 부분을 바로 지금 눈앞에 두고 있는 듯한 느낌이 들었기에. 그리고 페르스피에 의사한테서 성관 정원에 있는 꽃과 아름답게 흐르는 물에 대한 이야기를 듣고 난 뒤, 게르망트는 내 머릿속에서 그 모습을 바꾸면서 이 하천 지방, 거품 이는 물의 흐름이 가로지르는 이 공상의 땅과 하나가 되었다. 나는 게르망트 부인이 갑작스러운 변덕으로 내게 반하여 나를 성관에 초대해주는 것을 몽상했다. 부인이 온종일 나와 함께 송어를 낚는다. 그리고 저녁에는 내 손을 잡고 가신들의 작은 뜰 앞을 지나는 길에, 낮은 담을 따라서 보랏빛과 붉은빛의 봉오리를 이고 있는 꽃들을 가리키면서 나에게 그 이름을 가르쳐준다. 부인이 내가 구상하고 있는 시 주제에 대한 이야기를 말해달라고 한다. 그러자 그 몽상은 내가 작가를 지망하는 이상 지금이야말로 무엇을 쓰고자 하는지 알아야 할 시점이라고 나에게 알리는 것이었다. 하지만 무엇을 쓸까 생각하면서 무한한 철학적인 뜻을 지닐 수 있는 주제를 발견하고자 하면, 금세 내 정신은 행동을 멈춰서 아무리 주의를 기울여봐도 눈앞에는 공허밖에 보이지 않아, 내게는 재능이 없든가 아니면 뇌가 병들어 재능이 태어나는 것을 막든가 하는 느낌이 들었다.

때때로 나는 아버지가 적당히 조치해주겠거니 기대를 걸었다. 아버지는 세력도 있고 유력자들로부터 특별대우도 받고 있으므로, 프랑수아즈가 나에게 죽고 사는 법칙보다 더 피할 수 없는 걸로 간주하기를 가르친 법률을 거리낌 없이 집안식구에게 어기게 하거나, 온 구역 안에서 우리가 사는 집에 한해서만 1년 동안 '벽 깎아내기(ravalement)'* 공사를 늦추거나, 온천에 가고 싶어한 사즈라 부인의 아들을 위하여 A부터 시작하는 수험생 명단에서 S의 차례가 올 때까지 기다리지 않고 2개월 앞서 대학입학 자격시험을 치르는 허가를 장관에게서 받아주거나 하는 일도 있었다. 설사 내가 중병에 걸리거나 강도에게 납치되는 일이 있더라도, 아버지는 최고 권력자와 충분히 통하고 있고 하느님에 대해서도 아주 유리한 추천장을 갖고 있으므로, 병도 감금도 나에게는 아무런 위험도 없는 괜한 헛소동에 지나지 않는다는 확신이 내게 있어서, 나는 행복한 현실로 돌아갈 수밖에 없는 해방 또는 쾌유의 시간을 조용히 기다렸을 것이다. 그러므로 재능 결핍이나, 앞으로 내가 쓰고자 하는 작품의 주제를 찾았을 때 내 정신 속에 생겨나는 이 캄캄한 구멍은 실없는 환영에 지나지 않아, 내가 당대 첫째가는 작가가 되는 문제에 관해서 '정부'와 '하느님'과 의견 일치를 보았을 아버지의 간섭에 부딪치기만 하면 그런 환영은 틀림없이 사라졌을 것이다.

그러나 때로는, 예컨대 따라오지 않고 뒤처져 있는 나를 보고 집안 어른들이 초조해했을 때 내 실생활은 아버지가 인공적으로 만들어 아버지 마음대로 바꿀 수 있는 것으로 보이는 대신, 반대로 나에게 불리한 현실 안에 포함되어 있는 것처럼 느껴졌다. 게다가 그러한 현실에 맞서서는 어떻게 할 방법도 없으며, 그 안에는 나를 편드는 자도 없고, 거기에는 나를 위한 것이라곤 하나도 숨어 있지 않았다. 그러자 나는 나 자신이 다른 인간들과 같은 식으로 살고 그들과 마찬가지로 늙고 죽을 것이며 또한 나는 그들 가운데 글쓰는 소질을 전혀 타고나지 않은 축에 속할 따름이라고 생각했다. 그래서 나는 낙심하여 블로크가 해준 격려에도 문학을 영영 단념하기로 했다. 나의 사상 따위 허무하다고 느끼는 마음속에서 나오는 절박한 감정은, 다른 이들이 나에

* 거리를 넓히려고 건물의 나온 부분을 깎아내는 일. 여기서 집은 파리에 있는 작자의 집을 말함.

게 마구 주는 어떠한 아첨보다 더 무게가 있었다. 그것은 마치 만나는 사람 모두에게 자기 선행을 칭찬받는 악인이 갖는 양심의 가책과 같은 것이었다.

어느 날 어머니가 나에게 말했다. "넌 늘 게르망트 부인 이야기를 하더구나. 페르스피에 의사 선생님이 4년 전 그분의 병환을 잘 치료해주셔서, 의사 선생님 따님의 결혼식에 참석하려고 그분이 콩브레에 오실 거야. 그 결혼식에서 넌 그분을 볼 수 있겠지." 나는 게르망트 부인에 대한 이야기를 페르스피에 의사의 입을 통해 가장 많이 들어왔으며, 이 의사는 게르망트 부인이 레옹 대공부인 댁 가장무도회에서 입었던 의상 그대로 찍은 사진이 실려 있는 그림잡지를 우리에게 보여준 적까지 있었다.

혼인미사 중에 성당의 순시원 한 사람이 갑자기 몸을 움직였다. 그래서 작은 제단 앞에 앉아 있는, 높은 코에 푸르고 날카로운 눈, 연보랏빛으로 반들반들 윤이 나는 헐렁헐렁한 새 비단 목도리, 그리고 코 한옆에 조그마한 뾰루지 하나가 있는 금발 귀부인이 내 눈에 띄었다. 몹시 더워하는 듯한 부인의 불그레한 얼굴에, 흐려지긴 했어도 내가 보았던 초상화와 비슷한 작은 부분을 겨우 분간할 수 있었고, 특히 내 주의를 끈 그 부인의 특징을 말로 표현해본다고 한다면 페르스피에 의사가 내 앞에서 게르망트 공작부인을 묘사했을 때에 썼던 높은 코, 푸른 눈 따위의 낱말로 바로 표현되었으므로, 나는 마음속으로 이 귀부인은 게르망트 부인과 닮았구나 하고 말했다. 그런데 부인이 미사를 보고 있는 그 작은 제단은 질베르 르 모베의 작은 제단이었는데, 나는 벌집처럼 금빛이 드문드문 있는 그 평평한 묘석 밑에는 옛 브라방 백작들이 잠들어 있고, 또 게르망트 가문의 누군가가 의식에 참례하기 위해서 콩브레에 왔을 때는 이 작은 제단 앞에 앉는다는 이야기를 들었던 기억이 떠올랐다. 게르망트 부인이 분명히 와 있을 이날, 이 작은 제단 앞에 앉아 있고, 게다가 그녀의 초상화와 닮은 부인이라면 결국 한 사람밖에 없으리라.

저분이 그분이다! 나의 실망은 컸다. 이 실망은 내가 게르망트 부인을 생각했을 때 그녀를 태피스트리나 그림 유리창의 색채와 함께 다른 세기에, 다른 인간과는 다른 물질로 이루어진 존재로 떠올리곤 했다는 사실에 전혀 주의하지 않았던 데에서 온 것이었다. 부인이 붉은 얼굴을 하고 있거나, 사즈라 부인처럼 연보랏빛 목도리를 할 수 있다고는 그때까지 한 번도 생각해본 일이 없었다. 그리고 부인의 달걀 같은 뺨의 곡선은 내가 집에서 본 적 있는 몇몇 사람들을 금세 떠올리게 하여, 이 귀부인이 그 발생 원리에서, 그 온갖 구성 분자에서 아마도 실질적인 게르망트 공작부인이 아니라, 그 육체가 자신에게 붙여진 성명을 모르며, 의사나 상인의 아내 등을 포함한 어떤 여성형에 속해 있는 게 아닌가 하는 의혹이 내 머리를 스쳤다. 하기야 그런 의혹은 곧 사라졌지만 '그래, 게르망트 부인이란 고작 이런 거야!' 이 눈앞의 영상을 주의 깊게 물끄러미 바라보고 있는 놀란 내 얼굴은 아마 그렇게 말하고 있었으리라. 그 영상은, 게르망트 부인이라는 같은 이름 아래 몇 번이나 내 꿈속에 나타난 모습과는 물론 아무런 관계가 없었다. 왜냐하면 그 영상은 다른 영상처럼 내가 멋대로 꾸민 것이 아니라, 처음부터 이 성당 안에서 내 눈에 뛰어들어왔기 때문이다. 그 영상은 같은 성질의 것이 아니었으며, 어떤 철자의 오렌지색으로 물든 영상처럼 내 멋대로 물들여진 것도 아니었다. 그 영상은 매우 현실적인 것이어서 코 한옆에 붉게 타고 있는 작은 뾰루지에 이르기까지 모든 게 삶의 법칙에 대한 순종을 증명하고 있었다. 마치 몽환극의 절정 부분에서 내가 그저 환등으로 비춰진 요정을 보고 있는 게 아닌가 불안해졌을 때, 요정 옷의 주름 하나가, 요정의 가느다란 손가락의 떨림 하나가 살아 있는 몸인 여배우의 물질적 존재를 알리듯이.

하지만 동시에, 나는 높은 코와 날카로운 눈이 내 시각에 핀으로 꽂은 이 영상에(그도 그럴 것이, 내 앞에 나타나 있는 여성이 게르망트 부인일지도 모른다고 내가 생각할 겨를도 없이 먼저 내 시각에 부딪치고, 그 시각에 첫 상처를 낸 것이 아마도 높은 코와 날카로운 눈이므로), 이 바꿀 수 없는 아주 새로운 영상에 '이는 게르망트 부인이다'라는 관념을 붙이려고 했으나, 어떤 간격으로 떨어진 두 원반처럼 그 관념을 영상 앞에서 빙빙 돌게 만들었을 뿐이다. 그러나 내가 그처럼 자주 꿈꾸었던 게르망트 부인은, 그녀가 내 외부에 실제로 존재하고 있는 것을 내가 목격하는 지금도 그 때문에 더 큰 힘을 내 상상력 위에 발휘했다. 그리고 이 상상력은 기대와는 아주 동떨어진 현실에 접해 한순간 마비되었다가, 금세 그에 반응하여 움직이기 시작해 나에게 말했다. "샤를마뉴 시대 이전부터 명성 높은 게르망트 가문은 신하를 죽이고 살릴 수 있는 권리를 쥐고 있었다. 게르망트 공작부인은 주느비에브 드 브라방의 후예이다. 공작부인은 이 고장 사람은 그 누구도 모르며, 또 알려고도 하지 않는다."

그리고—오, 끝없이 늘어나는, 눈에 보이지 않는 느슨하고도 긴 끈으로 얼굴에 매여 있어 홀로 얼굴에서 멀리 떠나 이리저리 향할 수 있는 인간 시선의 놀라운 독립성이여! —게르망트 부인이 조상의 묘석 위 작은 제단 앞에 앉아 있는 동안, 그녀의 눈길은 이리저리 떠돌다가 기둥을 따라 올라가더니 내 얼굴에까지 와서 멈추었다. 마치 본당 안을 떠도는 햇살, 하지만 그 애무를 받았을 때 나에게는 의식 있는 것처럼 느껴지는 그 햇살처럼. 그러나 게르망트 부인 자신은, 자녀가 장난치기를 좋아해 대담하고도 버릇없이 처음 보는 사람들과 말을 건네며 노는 것을 보고도 못 본 체하는 어머니처럼 꼼짝도 않고 앉아 있어, 부인의 한가로운 마음이 그 눈길의 방황을 용서하고 있는지 아니면 꾸짖고 있는지 나는 통 알 수가 없었다.

내가 충분히 관찰하기도 전에 부인이 가버리기라도 하면 큰일이라는 생각이 들었다. 왜냐하면 몇 해 전부터 그녀를 이 눈으로 보는 게 첫째가는 소망이던 것이 생각났기 때문이다. 그래서 나는 그녀에게서 눈을 떼지 않았다. 내 눈길 하나하나가 부인의 높은 코, 붉은 뺨, 그 밖에 많으면 많을수록 그 얼굴의 귀중한, 확실하고도 독특한 표시로 느껴지던 온갖 특징의 기억을 물질적으로 내 몸 안에 가져다 보존해줄 수 있기나 한 듯이. 아까는 부인의 몸을 바라보기만 했으므로 부인을 다른 인간과 혼동해버렸지만, 지금은 내 온갖 사념이—그리고 아마도 특히 우리 자신의 가장 좋은 부분을 보존하려는 본능의 한 형태, 말하자면 늘 인간의 마음속에 있는 기대를 배반당하지 않으려는 욕구가—부인 얼굴을 나로 하여금 아름답게 생각하도록 하여 다시 부인을(실제 부인과 지금까지 내가 공상했던 게르망트 부인과는 한 인물이어서) 다른 모든 인간 밖에 놓아두어, 주위 사람들이 "저분은 사즈라 부인이나 뱅퇴유 아가씨보다 아름답군요"라는 식으로 마치 게르망트 부인이 그러한 인간들과 비교될 수 있기나 한 것처럼 말하는 것을 듣고 나는 약이 올랐다. 내 눈길은 부인의 금발, 푸른 눈, 목도리에 머물러, 다른 여인의 얼굴을 상기시킬지도 모르는 특징은 보지 않았다. 그리하여 나는 일부러 불완전하게 그린 이 소묘 앞에서 마음속으로 소리쳤다. '얼마나 아름다운 여인인가! 참으로 고상하구나! 내 앞에 있는 분이 바로 게르망트 가문의 고결한 여인, 주느비에브 드 브라방의 후예다!' 그리고 부인의 얼굴에 내 주의력을 집중해서 그것을 그만큼 밝게 비추어 외따로 고립시켜놓았다. 그래서 지금 그 결혼식을 다시 생각해보아도 참석자 가운데 떠오르는 사람은 부인과 또 한 사람, 이 귀부인이 정말 게르망트 부인이냐고 물어본 나에게 그렇다고 대답한 성당의 순시원뿐, 그 밖에는 아무도 생각나지 않는다. 한데 이 부인은 지금도 내 머릿속에 또렷이 떠오른다. 특히 바람과 소나기가 있었던 그날, 때때로 뜨겁게 내리쬐는 태양에 이따금 환해지는 성당 성구실(聖具室)에서의 행렬* 때의 부인이. 그 성구실 안에서 게르망트 부인은 그녀가 이름조차 모르는 콩브레 주민들 사이에 섞여 있었는데, 금세 그녀의 우위가 뚜렷이 나타나 절로 주민들에게 진심 어린 호감을 느낄 수밖에 없었다. 게다가 더 나아가서 그녀는 타고난 얌전한 우아함과 꾸밈없는 솔직함으로 더욱 그들에게 존경심을 일으키려 했다. 그러므로 어느 벗에게 보낼 법한 뚜렷한 뜻을 품은 의도적인 눈길을 던지지 못하고, 단지 방심한 사념이 자신의 눈에서 푸른빛 물결로 변해 멋대로 쉴 새 없이 흘러나가는 것을 그대로 놔둘 수밖에 없었으므로, 그 물결이 도중에 마주치거나 끊임없이 부딪치는 주위 사람들에게 거북함이나 멸시받는 느낌을 주지 않기를 원하는 게 그녀로서는 고작이었다.

나는 지금도 머릿속에 또렷이 떠올린다. 연보랏빛 비단으로 된 불룩한 그녀의 목도리 위에서, 그 눈에 나타난 조용한 놀란 빛이. 그녀는 그 눈에, 굳이 누구에게 주려는 마음 없이 그 자리에 있는 모든 사람에게 나눠주는 듯한 미소, 사랑하는 신하에게 양해를 구하는 듯한 여군주다운 약간 수줍은 미소를 덧붙이고 있었다. 그녀에게서 눈을 떼지 않고 있는 나에게 그러한 미소가 떨어졌다. 그때 나는, 부인이 미사가 거행되는 동안 내 몸 위에 멈추던 그 눈길, 질베르 르 모베의 그림 유리창을 꿰뚫고 들어왔을 성싶은 햇살처럼 푸른 눈길을 떠올리며 속으로 말했다. '아마도 저분이 나에게 관심이 있나 보다.' 나는 생각했다. 내가 저분의 마음에 든 거다, 성당을 나온 뒤에도 나를 생각하겠지, 어쩌면 밤에 게르망트에 돌아가서도 내 생각 때문에 쓸쓸해하겠지 하고. 당장 나는 그녀를 사랑하게 되었다. 왜냐하면 스완 아가씨의 경우에 내가 그렇게 생각한 것처럼 한 여인을 사랑하는 데는 때론 여인으로부터 멸시의 눈길을 받고, 그 여인이 절대로 자기 것이 되지 않는다고 생각하는

* 신혼부부를 축복하기 위한 행렬.

것만으로 충분할 수도 있지만 또한 때로는 게르망트 부인의 경우처럼 여인으로부터 호의적인 눈길을 받고, 그 여인이 자기 것이 될지도 모른다고 생각하는 것만으로 충분할 수도 있기 때문이다. 부인의 눈은 이쪽에서 구하지는 못하나 그녀 스스로 나에게 바쳤을 색비름처럼 푸르렀다. 그리고 태양은 구름에 위협받으면서도 아직 광장 위와 성구실 안에 힘을 다해 빛을 던지며, 결혼식을 위해 그곳에 깔린 붉은 양탄자를 제라늄의 핏빛으로 물들였다. 그리고 그 위에 미소를 띠고 걸어가는 게르망트 부인은 그 모직물에 장밋빛 비로드 같은 부드러움을, 빛의 거죽을 주었으며, 〈로엔그린(Lohengrin)〉*[1]의 어떤 부분이나 카르파초(Carpaccio)*[2]의 어느 그림을 특징짓고, 또 보들레르가 어째서 트럼펫의 음을 나타내는 데 '델리시우(délicieux, 감미로운)'라는 형용사를 썼는가 이해시키는, 화려함과 환희 속에 감도는 어떠한 애정과 근엄한 다사로움을 첨가했다.

그날 이후 게르망트 쪽으로 산책할 때마다 내게 문학적 소질이 없다는 것과 유명한 작가가 되기를 단념하지 않을 수밖에 없다는 것이 얼마나 더 가슴 쓰렸는지! 그 때문에 내가 느낀 슬픔이 사람들에게서 벗어나 홀로 몽상에 잠겼을 때 나를 어찌나 고통스럽게 했던지, 이 고통에 대한 억제가 저절로 일어나 다시는 그런 비탄을 맛보지 않기 위해 내 정신은 시나 소설을 전혀 생각하지 않게 되고, 재능의 결핍을 알고 나서 기대하기를 그만둔 시인으로서의 장래도 전혀 생각하지 않게 되었다. 그러자 그런 온갖 문학적인 관심과는 전혀 동떨어진 곳에서 그것과는 아무 관계없이, 느닷없이 한 지붕이, 돌 위에서 빛나는 태양의 반사광이, 길의 냄새가 나에게 어떤 특별한 기쁨을 주어 발걸음을 멈추게 했다. 또 내가 걸음을 멈춘 이유는, 그것이 나보고 붙잡으러 오라고 초청하고 있는데도 아무리 노력해도 내가 발견하지 못하는 그 무엇을 내 눈에 보이는 것 건너편에 숨겨두고 있는 성싶어서이기도 했다. 나는 그 숨겨진 무언가가 눈길이 미치는 것들 속에 있다고 느껴, 거기에 그대로 서서 꼼짝하지 않고, 눈을 크게 뜨고 냄새를 맡아서, 내 사념과 함께 눈에 비치는 것의 형상 또는 냄새의 건너편으로 가려고 애썼다. 또한 할아버지

*1 13세기 독일의 서사시를 각색한 바그너의 가곡으로, 1850년 초연.

*2 이탈리아의 베네치아파 화가(1472~1527).

의 뒤를 서둘러 쫓아가 산책을 계속해야만 할 때에도 나는 눈을 감고서 그것들을 다시 발견하려고 노력했다. 나는 지붕의 선이나 돌의 색조를 정확히 떠올리는 데 전념했다. 그 까닭은 알 수 없지만 나에게는 그것들이 충만하고 마치 터질 듯하여, 그 덮어 숨기고 있는 것을 나에게 금방이라도 내줄 것처럼 생각되었다. 물론 그것은 내가 잃고 만 희망, 장래에 소설가나 시인이 될 수 있다는 희망을 되찾아줄 수 있는 인상은 아니었다. 그도 그럴 것이 그 인상들은 지적 가치가 전혀 없는 특수한 어떤 대상, 추상적 진리와는 아무 관계도 없는 어떤 대상에 늘 결부되어 있었기 때문이다. 그러나 적어도 그 인상들은 나에게 까닭 모를 기쁨을, 어떠한 풍요로운 환상을 주어, 한 위대한 문학작품을 쓰기 위해 철학적인 주제를 탐구할 때마다 반드시 내가 경험했던 우울과 무력감을 위로해주었다. 하지만 그런 형태나 냄새나 색채의 인상에 의해 내 의식에 가해진 의무—다시 말해 그 인상들 뒤에 숨은 것을 인식하려고 애써야 할 의무—는 너무나 힘들어, 나는 곧 그 노력을 모면해주는 동시에 나를 그 노고에서 구해줄 핑계를 나 자신에게서 찾았다. 그럴 때 다행히 집안 어른이 나를 불렀다. 그러면 나는 느꼈다. 지금 내게는 이 탐구들을 유효하게 계속해가는 데 요긴한 잔잔함이 모자란다, 집에 돌아갈 때까진 더 이상 이를 생각하지 않는 게 낫다, 이렇다 할 결실도 없는 지나친 노고는 삼가는 게 낫다고. 그리하여 나는 형태 또는 냄새에 감싸여 있는 미지의 것에 더는 관심을 두지 않았는데, 마음 한구석에는 그런 미지의 것을 심상으로 덮어서 보호해 고스란히 집에 데리고 오면 싱싱하리라는 안심이 있었다. 마치 낚시질하러 가던 날, 그 싱싱함을 유지하려고 풀로 덮은 바구니에 넣어 돌아온 물고기처럼. 그런데 일단 집에 돌아오면 나는 다른 것을 생각해버린다. 그와 같이 내 정신 속에는(내 방 안에 산책에서 따온 꽃들이며 남에게 받은 물건들이 쌓여 있듯이) 햇빛이 반짝거리던 돌, 어느 지붕, 종소리, 나뭇잎 냄새 같은 여러 심상이 쌓여 있었으며 그 심상 밑에는 내게 예감되었지만 의지박약 때문에 발견되지 않고 만 현실이 오래전부터 죽어 있는 것이었다.

그렇지만 한번은 이런 일이 있었다—여느 때보다 멀리 간 산책에서 돌아오는 도중 운 좋게도 페르스피에 의사를 만났는데, 땅거미가 지기 시작할 때라 의사는 마차를 전속력으로 몰고 있었으며, 우리 일행을 알아채고 마차에 태워주었다—바로 그때 나는 같은 종류의 인상을 받아 그대로 버리지 않고 좀더 깊이 생각한 적이 있었다. 나는 마부 곁에 앉았고 마차는 바람처럼 갔으니, 의사가 콩브레에 돌아가기에 앞서 마르탱빌 르 섹의 환자 집에 들러야 했기 때문이고, 우리는 그 집 앞에서 의사를 기다리기로 했다. 어느 길모퉁이에서 느닷없이 나는 다른 어떤 것과도 닮지 않은 유별난 기쁨을 느꼈다. 마르탱빌의 두 종탑이 언뜻 눈에 들어왔을 때였다. 그 두 종탑은 저무는 햇살을 받으면서 우리가 탄 마차의 움직임과 길의 굴곡에 따라 위치를 바꾸는 듯이 보였는데, 드디어 비외비크의 종탑이 나타나더니, 먼저 나타난 두 종탑과는 언덕과 골짜기를 사이에 두고 동떨어져 멀리 더 높다란 언덕에 자리잡고 있으면서도, 그것은 마치 두 종탑 바로 근처에 있는 듯 보였던 것이다.

첨탑의 모양, 선의 이동, 표면을 비추며 지는 해를 눈으로 확인하고 마음에 적어두면서도, 나는 아직 인상의 밑바닥에 이르지 못했다고 느꼈다. 뭔가가 이 움직임의 뒤, 이 밝음의 뒤에 숨어 있으며 종탑은 그 뭔가를 지니는 동시에 감추고 있는 듯싶었다.

그 종탑은 아주 멀리 있는 듯 보이고 또 우리가 그것에 그다지 가깝게 가고 있다고도 생각하지 않았으므로, 잠시 뒤 마차가 마르탱빌의 성당 앞에 닿았을 때 깜짝 놀라고 말았다. 나는 아까 지평선에서 그 종탑을 언뜻 보았을 때 느꼈던 기쁨의 까닭을 몰랐고, 또 그 까닭을 알아내려고 애쓰는 것도 매우 힘들게 느껴졌다. 가능하다면 나는 석양을 받아 이리저리 움직이는 종탑의 선을 머릿속에 간직해두고, 지금은 더 이상 생각하고 싶지 않았다. 만약 그렇게 했더라면 아마 이 마르탱빌의 두 종탑도 그 수많은 수목, 지붕, 향기, 소리와 영영 합해졌을 것이다. 다시 말해 수목이나 지붕 같은 것은 거기서 받았던 아리송한 기쁨 덕분에 다른 것과 구별되어왔는데, 그 기쁨 자체를 아직 한 번도 규명하지 않았으니 말이다. 나는 의사를 기다리는 동안 마차에서 내려 부모님과 잡담을 했다. 그러고 나서 마차는 다시 출발했다. 나는 또 마부 옆에 자리를 잡았다. 다시 한 번 종탑을 보려고 고개를 돌렸다. 그 종탑은 잠시 뒤 길모퉁이에서 마지막으로 언뜻 눈에 들어왔다. 마부는 수다 떨고 싶지 않은 듯 내가 거는 말에 좀체 답하지 않았고, 따로 상대도 없어 결국 나는 나 자신을 상대 삼아 방금 본 종탑을 떠올려볼 수밖에 없었다. 오래지 않아 종탑의 선과 저무는 햇살을 받은 표면이 마치 어떤 껍데기처럼 찢어져, 그 안에 숨겨져 있던 것이 조금 모습을 드러냈다. 한순간 전만 해도 나에게 없던 어떤 사념, 머릿속에서 낱말의 꼴을 이룬 사념이 떠올랐다. 그러자 그 종탑을 보고 방금 느꼈던 기쁨이 어찌나 커졌는지 어떤 도취에 사로잡힌 나는 이젠 다른 것을 생각할 수가 없었다. 그때 우리는 이미 마르탱빌에서 멀리 와 있어서, 뒤돌아보니 종탑이 다시 보였으나 이번에는 새까맸다. 벌써 해가 진 것이다. 이따금 길모퉁이가 그 종탑을 감추다가, 마지막으로 또 한 번 종탑이 나타나더니, 마침내 더 이상 그 모습은 보이지 않게 되었다.

마르탱빌의 종탑 뒤에 숨어 있던 게 낱말의 형태로 내 눈앞에 나타나 나를 기쁘게 한 이상, 그것이 뭔가 아름다운 문장과 비슷한 것임이 틀림없다고 생각한 건 아니지만 그래도 나는 의사한테서 연필과 종이를 빌려, 내 마음을 가라앉히고 감흥에도 따를 겸 마차의 흔들림에도 아랑곳없이 다음과 같은 단문을 썼다. 나는 이 단문을 한참 뒤에 찾아냈는데, 몇 자밖에 고치지 않았다.

"고개를 벌판 위로 쑥 내밀고 마치 널따란 평야를 헤매듯이, 마르탱빌의 두 종탑이 하늘로 솟아 있었다. 오래지 않아 우리는 그 종탑이 셋이 되는 모습을 보았다. 빙그르르 재빨리 돌아 마르탱빌의 두 종탑 맞은편에 자리잡으면서, 비외비크의 종탑이 뒤늦게 합류한 것이었다. 시간이 흐르고 우리는 마차를 재촉했는데 그래도 세 종탑은 여전히 앞쪽 저 멀리 있어, 마치 들판에 내려앉아 옴짝달싹하지 않고 햇볕을 받은 뒤라야 비로소 눈에 띄는 세 마리 새와 같았다. 그러다가 비외비크의 종탑이 멀어져서 제자리로 돌아가고 마르탱빌의 두 종탑만이 붉게 타는 석양에 비쳐 남았는데, 그 종탑의 비탈면에 석양이 미소 짓고 장난치는 것이 이렇게 먼 거리에서도 보였다. 여기까지 다가가는 데 이렇듯 오래 걸렸으니 종탑에 다다르려면 또 얼마가 걸릴까 생각하고 있는데, 돌연 마차가 모퉁이를 돌고 나서 종탑 밑에 우리를 내려놓았다. 그 종탑이 마차를 향해 어찌나 난폭하게 뛰어나왔던지, 마차는 하마터면 정문에 부딪칠 뻔하다가 겨우 멈췄다. 우리는 다시 가던 길을 계속 갔다. 우리는 조금 전에 이미 마르탱빌을 떠났고, 그 마을은 잠시 우리를 배웅하다가 사라졌다. 그때 홀로 지평선에 남아서 달아나는 우리를 바라보고 있던 마르탱빌의 두 종탑과 비외비크의 종탑은, 석양을 받은 그 꼭대기를 고별의 표시로 흔들어대고 있었다. 때로는 하나가 비켜서, 다른 둘에게 우리의 모습을 좀더 오래 볼 수 있게 했다. 그러나 이윽고 길의 방향이 달라지자, 종탑 세 개는 전부 석양빛을 받아 금빛 굴대처럼 빙빙 돌더니 곧 내 눈앞에서 사라졌다. 하지만 잠시 뒤, 우리가 거의 콩브레 근처에 이르렀을 때 이미 해는 가라앉아버렸는데, 마지막으로 다시 한 번 아주 멀리 세 종탑들이 보였다. 그것은 이제 들판의 야트막한 선 위 하늘에 그려진 세 송이 꽃으로밖에 보이지 않았다. 또한 그것들은 이미 어둠이 내린 적막한 곳에 버려진, 전설에 나오는 세 아가씨를 생각하게 했다. 그리고 우리가 말의 달음박질로 멀어져가는 동안에, 그것들이 소심하게 길을 찾으며, 우아한 실루엣을 어색하게 두어 번 흔들거리더니 서로 다가붙자, 한 줄로 겹쳐져서 미끄러지듯 뻗어, 아직 장밋빛으로 물든 하늘에 가련하게도 단념한 듯한 단 하나의 아름답고 시커먼 모습이 되어 밤의 세계로 사라져가는 것을 나는 보았다."

그 뒤 나는 이 글을 다시 생각해본 적이 없었다. 그러나 이때, 페르스피에 의사의 마부가 평소 마르탱빌 시장에서 사온 닭을 바구니에 넣어 얹어두는 그 마부석 구석에서 이 글을 다 썼을 때, 나는 정말 기뻤다. 이 글 덕분에 종탑과 그것이 자기 뒤에 숨기고 있는 것으로부터 완전히 풀려난 듯싶은 느낌이 들어, 마치 나 자신이 암탉이어서 막 알을 낳기나 한 것처럼 목청을 다하여 노래하기 시작했다.

이러한 산책을 하는 한나절 동안에 내가 몽상할 수 있던 것은 게르망트 공작부인의 벗이 되어서 함께 송어를 낚거나 비본 내에서 뱃놀이를 하는 기쁨이었다. 그리고 이럴 때 행복을 갈망하던 내가 삶에서 바라던 것은, 삶이 언제까지나 계속 행복한 오후로 이루어졌으면 하는 것뿐이었다. 그런데 집으로 돌아가는 도중 왼쪽에 한 농장이 눈에 들어오자—그 농장은 다른 두 농장에서 꽤 떨어져 있고 반대로 다른 두 농장은 매우 가까웠는데, 이 동떨어진 농장에서 콩브레로 들어가려면 떡갈나무가 양쪽에 늘어서 있는 길로 접어들면 되었고, 그 길 한쪽은 쭉 풀밭으로 이어져 있었으며 모두 울타리를 친 작은 과수원의 부속지로, 거기에는 사과나무가 같은 간격으로 심어져 있고, 그 사과나무는 석양빛을 받으면 풀밭에 그 그림자로 일본풍의 묵화를 치는 것이었다—갑자기 내 가슴이 뛰기 시작했다. 나는 알고 있었다. 30분도 채 못 되어 우리는 집에 도착하리라, 게르망트 쪽으로 나간 날에 늘 그렇듯이 저녁 식사가 늦어져서 나는 식사가 끝나자마자 방으로 자러 가야 하리라, 그 때문에 어머니는 손님이 있는 날처럼 식탁에 붙들려서 나에게 잘 자라고 말하러 올라와주지 않을 것이다.

내가 막 들어선 이 슬픔의 지대는 조금 전 기뻐 날뛰며 들어갔던 지대와는 뚜렷이 구별되고 있었다. 마치 노을 진 하늘에서 장밋빛 지대가, 금이 그어진 듯이 하늘의 초록빛 지대나 검은 지대로부터 분리되어 있는 것처럼. 새 한 마리가 그 장밋빛 속에서 날아가는 게 보인다. 그 끝에 막 닿으려고 한다. 검은빛에 거의 닿을까 말까 하다가 이윽고 그 안에 들어가버린다. 조금 전까지 나를 둘러싸고 있던 욕망, 게르망트에 가고 싶고 여행을 하고 싶고 행복하게 되고 싶던 욕망에서 지금은 완전히 벗어나 있어, 설령 그것이 이루어진들 나는 하나도 기쁘지 않았을 것이다. 어머니의 품에 안겨 밤새도록 울 수만 있다면 이런 욕망 따위는 모조리 버려도 좋다! 나는 몸을 부르르 떨면서 어머니 얼굴에서 근심스러운 눈을 떼지 않았다. 벌써 머릿속에는 침실에 누워 있는 내 모습이 떠오르고 있는데, 오늘 저녁 어머니는 절대 나타나지 않으리라. 나는 차라리 죽고 싶었다. 이 상태는 다음 날까지 계속될 것이다. 그리고 아침 햇살이 창까지 기어올라온 한련(旱蓮)으로 뒤덮여 있는 벽에 정원사의 사다리처럼 기대면, 나는 침대에서 뛰어나와 재빨리 뜰로 내려가겠지. 저녁이 되면 또다시 어머니와 헤어지는 시간이 돌아온다는 사실을 까맣게 잊고서. 이렇게 나는 게르망트 쪽에서, 내 마음속에 뒤이어 일어나는 그런 마음의 상태들을 확실히 구별하는 걸 배웠다. 그런 상태는 한동안 내 마음속에 잇따라 일어나, 서로 하루를 나누게까지 되어, 마치 정해진 시간에 열이 나는 것처럼 정확하게 한쪽이 나타나서 다른 한쪽을 내몰았다. 그런 상태는 서로 이웃해 있기는 하지만 저마다 독립되어 있고 연락 수단도 없으므로, 한쪽 상태에서 내가 원하거나 두려워하거나 이룬 것을 다른 한쪽 상태에서는 이해는커녕 떠올릴 수조차 할 수 없었다.

그러므로 나로서는 메제글리즈 쪽도 게르망트 쪽도, 우리가 동시에 보내고 있는 갖가지 잡다한 생활 중에서도 가장 변화무쌍하고 이야깃거리가 풍요한 생활, 즉 정신생활에서 일어나는 여러 작은 사건과 얽혀 있다. 틀림없이 그 생활은 우리 안에서 모르는 사이에 조금씩 진행될 것이다. 그리고 우리를 위해 그 생활의 뜻과 양상을 바꿔준 진실, 우리에게 어떤 새로운 길을 열어준 진실의 발견을 위해 우리는 오래전부터 준비를 해오고 있었지만, 이것은 의식 없이 해온 준비였다. 그리고 그러한 진실은, 그것이 우리 눈에 보이게 된 그날 그 순간부터 비로소 존재하기 시작한다. 그 무렵 풀 위에 놀던 꽃들, 햇빛을 받으며 흘러가던 물, 말하자면 진실의 출현을 둘러싸던 모든 풍경은 무심한 또는 방심한 얼굴을 하고서 지금도 계속 진실의 추억을 동반하고 있다. 그야 자연의 한구석, 정원의 가장자리는 이 수수한 행인, 즉 꿈꾸는 소년에 의해—마치 왕이 군중 속 전기 작가에 의해 그렇게 되듯—오랫동안 거듭 관찰되었지만, 그렇다고 해서 이 소년에게 선택받은 덕분에 자기들이 짧은 삶이라는 덧없는 특징을 잃지 않으면서도 언제까지나 살아남게 되리라고는 꿈도 꾸지 못했을 것이다. 그렇지만 머잖아 들장미에 자리를 내줄 산사꽃이 꽃에서 꽃으로 산울타리를 따라 사방에 퍼뜨리는 향기, 오솔길의 자갈을 밟고 가는 메아리 없는 발걸음 소리, 물풀에 부딪치는 냇물에 방울졌다가는 덧없이 부서지는 거품, 내 감격한 마음은 그런 향기·소리·형상을 유지하며 오랜 세월을 건너뛰게 하는 데에 성공했던 것이다. 그동안에 주위의 길은 사라지고 그 길을 밟던 이들도, 그들에 대한 추억도 전부 죽어 없어졌건만. 그렇듯 현재까지 옮겨온 그 풍경의 한 조각은 때로는 모든 것에서 외따로 떨어져서 뚜렷하게 솟아나, 내 사념 속에서 꽃이 활짝 핀 델로스* 섬처럼 정처 없이 떠다니는데, 그것이 어떤 나라 어떤 시대에서—어쩌면 오직 어떤 꿈에서—왔는지 말할 수 없을 때가 있다. 그러나 나는 메제글리즈 쪽과 게르망트 쪽을 무엇보다도 내 정신의 토양 속에 존재하는 깊은 지층, 아직도 내가 의지하는 단단한 지반으로 생각할 수밖에 없다. 이 두 가지 길을 쏘다닐 무렵 내가 그곳에 있던 사물과 사람을 믿었기 때문이며, 양쪽 길에서 알게 된 사물이나 사람만이 아직도 내게는 진실한 존재처럼 여겨지는 동시에 기쁨을 주기 때문이다.

창조하는 신념이 내 몸속에서 고갈되어선지, 아니면 현실은 기억 속에서만 형성되기 때문인지, 오늘날 처음으로 내 눈에 들어오는 꽃은 내게는 참된 꽃으로 느껴지지 않는다. 그 라일락꽃, 그 산사꽃, 그 수레국화, 그 개양귀비, 그 사과나무가 있는 메제글리즈 쪽과, 올챙이가 헤엄치는 개울, 수련과 미나리아재비가 있는 게르망트 쪽은, 나를 위해 내가 살고 싶어하는 고장의 모습을 영원토록 만들어놓았던 것이다. 그런 고장에서는 무엇보다도 먼저 낚시질을 가고 뱃놀이를 하고 고딕풍 보루의 폐허를 구경할 수 있어야 하며,

* 에게 해에 있는 그리스의 섬. 그리스 신화에서는 이 섬에서 아폴론이 태어났다고 하며, 처음에는 떠돌이섬이었던 것을 제우스가 고정시켰다고 함.

생탕드레 데 샹 성당이 그렇듯 밀밭 한가운데 웅대한, 촌스러운, 낟가리처럼 금빛 나는 성당이 있어야 한다고 나는 까다롭게 생각하는 것이다. 그리고 지금도 여행할 때 들판에서 우연히 눈에 띄는 수레국화나 산사나무나 사과나무는 그것들이 내 과거의 지평에서 같은 깊이에 놓여 있으므로 금세 내 마음과 교감하게 된다. 그렇지만 어느 고장에도 그 고장 고유의 무엇이 있으므로, 다시 한 번 게르망트 쪽을 보고 싶어하는 욕망이 나를 사로잡았을 때, 설령 비본 내의 수련만큼 아름답거나 그보다 더 고운 수련이 피는 냇가에 누가 나를 데려갔더라도 나의 욕망은 채워지지 않았으리라. 마치 저녁 무렵 집으로 돌아가면서—나중에 연정으로 옮아가 연정과 떼어놓을 수 없게 되고마는 그 고뇌가 그 무렵 내 몸 안에 눈뜨던 시간—내 어머니보다 더 아름답고 현명한 분이 있던들 그분이 내게 와서 잘 자라는 저녁 인사를 해주길 바라지는 않았을 것처럼. 그렇다. 내가 행복하게 안심하고 자는 데 필요하던 것은 어머니이며 어머니가 그 얼굴을 내 쪽으로 기울이는 것, 한쪽 눈 아래에 뭔가 결점처럼 생각되는 것이 있었지만 그것마저 다른 부분과 마찬가지로 내가 좋아하던 그 얼굴을 내 쪽으로 기울이는 것이었다. 그리고 그러한 안심은 그 뒤 어떤 애인도 내게 줄 수 없었던 것인데, 왜냐하면 인간이란 애인을 믿고 있는 때마저 애인을 의심하는 법이어서, 애인의 마음을 손안에 넣는다 해도, 그것은 내가 어머니와의 입맞춤을 통해서 그저 나를 위할 뿐 아무런 속셈 없는 어머니의 마음을 온전히 손에 넣었던 것과 같은 모양이 되지 않기 때문이다.

이와 마찬가지로 내가 다시 한 번 보고 싶은 것은 게르망트 쪽, 그 떡갈나무 오솔길 어귀에 잇닿은 다른 두 농장에서 좀 떨어진 농장이 있는, 그 낯익은 게르망트 쪽이다. 또 해가 그 주위를 늪처럼 반짝반짝 반사할 때 사과나무 잎들이 뚜렷이 그림자를 떨어뜨리는 풀밭이다. 또 때때로 밤에 내 꿈속에서 그 개성이 거의 믿을 수 없을 만한 힘으로 나를 껴안지만, 내가 깨어나면 그림자조차 찾아볼 수 없는 그 풍경이다. 하기야 메제글리즈 쪽이나 게르망트 쪽은 여러 가지 다른 인상들을 한꺼번에 느끼게 하고 있다는 이유만으로, 그런 인상을 영영 풀리지 않게 내 마음속에서 합치고 있어서, 훗날에 이 두 방향은 나로 하여금 이따금 기대에 어긋난 실망을 맛보게 했고 수많은 과오마저 거듭하게 했다. 왜냐하면 나는 한 여성이 나에게 산사나무 산울타리를 상기시킨다는 이유만으로 분별없이 그 여성을 만나고 싶어하거나, 여행하고 싶어하는 단순한 욕망만으로 애정이 되돌아온 줄 스스로 믿고 상대에게까지 그렇게 여기도록 한 적이 자주 있었기 때문이다. 그러나 한편 그 때문에, 그리고 이 두 방향과 관련지을 수 있는 오늘날 내 어떤 인상 속에 그것이 그대로 존재함으로써, 이 두 방향은 그런 인상에 토대와 깊이를 주며 다른 인상보다 한층 높은 차원을 준다. 또한 이 두 방향은 그런 인상에 매력을, 나만이 아는 어떤 뜻을 덧붙이고 있다. 여름날 저녁, 잔잔한 하늘이 짐승처럼 으르렁거리고 모든 사람이 뇌우를 원망할 때, 나 홀로 퍼붓는 빗소리를 통해서, 눈에 보이지 않지만 그대로 남아 있는 라일락 향기를 들이마시며 황홀해지는 것도 메제글리즈 쪽 덕분이다.

이런 식으로 나는 자주 아침이 올 때까지 생각에 잠겼다. 콩브레 시절의 일들, 잠 못 이루던 서글픈 밤들, 또한 홍차 한 잔의 맛에 의해—콩브레에 어울리는 말로 하면 차 한 잔의 '향기'에 의해—최근 내게 그 심상이 돌아왔던 나날들, 또 이 작은 시가를 떠난 지 여러 해가 지나서 추억의 합쳐짐에 의해, 내가 태어나기 전 스완이 겪은 어느 사랑에 대해 세세한 부분까지 정확히 알게 된 일들을 생각했다. 우리는 이렇게 해서 절친한 벗의 생애보다도 때로는 몇 세기 전에 죽은 사람들의 생애를 더 자세히 파악하는 수가 있는데, 또 이런 정확한 지식은 그 편법을 모르고서는, 떨어져 있는 시가와 시가 사이의 통화가 옛날에는 불가능해 보였듯이 거의 있을 수 없는 일로 여겨지는 것이다. 덧붙여지고 또 덧붙여진 이러한 많은 추억이 이제는 한 덩어리를 이루고 있지만, 그렇다고 해서 그 추억들 사이에—가장 오래된 것과 향기에서 생긴 가장 새로운 것과 그리고 어떤 사람이 나에게 얘기해준 그 자신의 추억 사이에—진정한 균열이나 단층은 없다 해도, 적어도 어떤 바위나 대리석 속에 존재하며 그것의 기원이나 시대나 '생성'의 다름을 나타내는 세맥(細脈)이라든가 잡다한 색채를 가리지 못하는 것은 아니다.

하긴 아침이 가까워지면 막 깨어났을 때의 짧고 몽롱한 상태는 이미 가신 지 오래다. 내가 실제로 어느 방에 있는지 알고, 어둠 속에서 그 방을 내 주위에 다시 짓고—기억만으로 방향을 잡거나, 언뜻 눈에 들어온 희미한 빛을 실마리로 그 빛 밑에 유리창의 커튼이 있거니 여기면서—마치 창과 문은 그대로 두고 개장 공사를 하는 건축가나 실내장식가처럼 나는 그 방을 온통 다시 지어 가구를 새로 갖추고, 거울을 다시 달며, 옷장을 본디 장소에 다시 놓고 있었다. 그러나 아침 햇살이—내가 햇살이라고 착각했던 커튼의 구리봉에 비친 꺼져가는 잉걸불의 반사광이 아니라 진짜 햇살이—어둠 속에 하얀 분필로 그은 듯한 희고 곧은 첫 선을 그었는가 싶자, 창은 커튼과 함께 내가 잘못 놓았던 문틀에서 사라지고, 한편 내 기억이 거기에 부주의하게 놔뒀던 사무용 책상은 창에 자리를 내주려고 벽난로를 앞으로 밀어내고 복도와의 사이에 있는 벽을 밀어젖히면서 전속력으로 물러났다. 조금 전까지 화장실이 누워 있던 곳을 이제는 안마당이 차지하게 되고, 내가 어둠 속에서 다시 지었던 거처는 깨어날 때의 혼란 속에 언뜻 보였던 다른 거처들에 섞이고 말았다. 아침 햇살이 손가락을 하나 쳐들어 커튼 위에 그은 희끄무레한 표시에 쫓기어.

제2부
스완의 사랑

베르뒤랭네의 '작은 핵심', '작은 단체', '작은 동아리'에 들어가려면 한 가지 조건이면 충분했는데, 그 대신 그것은 없어서는 안 될 중요한 조건이었다. 곧 어떤 신조를 묵시적으로 지켜야만 했는데, 그 조항 한두 가지를 열거해볼 것 같으면, 그해 베르뒤랭 부인의 비호를 받아 "바그너를 그처럼 연주할 수 있다니, 그건 그렇게 쉬운 일이 아니에요!"라는 부인의 칭찬을 듣고 있는 피아니스트가 플랑테*[1]도 루빈슈타인*[2]도 한꺼번에 '때려눕힌다'는 것, 코타르 의사가 임상학에서는 포탱*[3]보다 더 훌륭하다는 것 따위였다. 베르뒤랭 부부가 자기 집에 드나들지 않는 이들의 야회란 비 오는 날처럼 지루하다고 말해도 좀처럼 받아들이려고 하지 않는 '새내기 회원'은 모조리 제명되었다. 이 점에서 여성들은 남성들보다 더 반항적이었다. 여성들은 온갖 세속적인 호기심과 다른 살롱의 매력을 몸소 알아보려는 욕망을 버리지 않았고, 또 베르뒤랭 부부도 이와 같은 자유 검증의 요청이나 언행이 경솔한 귀신이 만연하면 그 작은 성당의 정통파에 치명상을 입힐지도 모르겠다고 느껴, 하는 수 없이 여성 '신자'들을 차례차례 추방해야만 했다.

그해 코타르 의사의 젊은 아내를 빼놓고는 여성 신자라곤 거의 없다시피 되어(베르뒤랭 부인 자신은 정결하고, 게다가 매우 부유하나 전혀 알려지지 않은 집안 출신으로 친정과는 그녀가 스스로 점점 관계를 끊어왔지만, 그 집안도 어엿한 부르주아 집안이었는데), 이른바 고급 화류계에 속하는 한 여성, 곧 베르뒤랭 부인이 오데트라는 세례명으로 부르고 남들에게는 '참으로 사랑스러운 분'이라고 떠들어대는 크레시 부인과 또 그 젊은 피아니스트의

---

*1 프랑스의 피아니스트(1839~1934).

*2 러시아의 피아니스트(1829~94).

*3 프랑스의 의학아카데미 회원(1825~1901).

숙모로서 이전에는 문 끈을 잡아당겼던 듯싶은*1 여인만이 남게 되었다. 두 여인 모두 사교계에 어둡고 아주 단순해, 사강 대공부인이나 게르망트 공작부인은 자기 만찬회에 손님을 모으기 위해서 천한 작자들을 돈으로 낚아 들이지 않을 수 없었다고 믿게 하기는 더할 나위 없이 쉬운 노릇이었다. 그러므로 만약 누군가 그녀들에게 이 두 귀부인 댁에 초대받도록 해주마 제의했더라도, 전직 문지기도 이 화류계 여인도 거만하게 거절했을 것이다.

베르뒤랭네에서는 일부러 저녁 식사 모임에 손님을 초대하지 않았다. 처음부터 드나드는 모든 사람의 '식사가 준비되어' 있었다. 야회에는 프로그램도 없었다. 젊은 피아니스트가 연주할 때도 있지만 그것도 '마음 내킬 때'뿐이었다. 그도 그럴 게 모든 걸 억지로 시키는 법이 없어, 베르뒤랭 씨의 말마따나 '어쨌든 친구가 제일이니까, 친구 만만세!'였기 때문이다. 만일 피아니스트가 〈발키리〉의 기행곡(騎行曲) 또는 〈트리스탄과 이졸데〉*2의 서곡을 연주하려고 하면 베르뒤랭 부인은 번번이 반대했는데, 이 음악이 마음에 들지 않아서가 아니라 반대로 그녀에게는 너무나 감명 깊었기 때문이다. "그럼, 여러분은 기어이 내 편두통을 재발시킬 셈인가요? 저분이 그걸 연주할 때마다 늘 그렇게 되는 걸 아시면서. 내가 어떻게 될지 안다고요. 내일 아침 일어나려고 하잖아요? 그러면 머리가 천근만근!" 피아니스트가 연주하지 않을 때는 잡담들을 나누었다. 그리고 그 가운데 한 사람, 보통은 그 무렵 모두가 좋아하던 화가가 베르뒤랭 씨의 말마따나 '모든 이가 웃음을 참을 수 없게 만드는 객설'을 '쏘아 날렸는데', 특히 베르뒤랭 부인은—자기가 느끼는 감동의 비유적 표현을 말 그대로 받아들이는 버릇이 매우 심해서—깔깔 웃어대어, 하루는 코타르 의사(그때는 아직 새내기 의사)가 너무나 웃어서 빠진 그녀의 턱을 다시 맞춰야 했다.

야회복은 입지 않기로 되어 있었다. 다들 '친구' 사이고, 또 그들이 흑사병처럼 경계하고 있는 '진저리나는 무리'와 닮고 싶지 않았기 때문이다. 그들은 친구 화가를 즐겁게 해주거나 친구 음악가의 이름을 높여줄 경우에만, 그것도 될 수 있는 한 드물게 커다란 야회를 열어 그 '진저리나는 무리'를 초대했다. 그 밖의 시간은 수수께끼 놀이를 하거나 가장복 차림으로 식사를

---

*1 '문지기'라는 뜻.

*2 둘 다 바그너의 가극.

하는 정도였는데, 그 가장무도회도 이 작은 '핵심'에 누구 하나 남을 끼우지 않고 끼리끼리 어울렸다.

그러나 베르뒤랭 부인의 생활 속에 이 '친구들'이 점점 더 넓은 장소를 차지해감에 따라 그 친구들을 그녀에게서 얼마간 멀리 떨어지게 하는 것, 그들을 이따금 못 오게 만드는 것—아무개의 어머니, 누군가의 직업, 또 다른 사람의 시골 별장이나 병 같은 것—이 그녀로서는 모조리 진저리나는 무리, 배척할 만한 대상이 되고 말았다. 코타르 의사가 중환자 곁으로 다시 돌아가기 위해 식탁을 뜨자마자 나가야겠다고 생각하고 있기라도 하면, 베르뒤랭 부인은 말했다. "혹시 압니까, 오늘 밤은 푹 쉬게 내버려두는 편이 환자를 위해 훨씬 좋을는지. 당신이 가보지 않아도 환자는 오늘 밤 잘 지내실 거예요. 내일 아침 일찍 가보세요, 병이 나았을 테니까." 12월 초순부터 부인은 신자들이 크리스마스와 정월 초하루에 달아날지도 모른다는 생각에 병이 날 것만 같았다. 피아니스트의 숙모가 정월 초하루에는 조카도 자기 어머니 집에 초대해서 가족끼리 저녁 식사를 해야겠다고 말하자 베르뒤랭 부인이 쏘아붙였다.

"촌뜨기처럼 초하룻날 어머니와 함께 저녁 식사를 하지 않았다고 해서 어머니가 돌아가실 줄 아시나 봐!"

부인의 불안은 부활제 전 주일이 되자 다시 시작되었다.

"이봐요, 의사 선생님, 댁은 학자이시고 종교 따위에 얽매이지 않는 분이시니, 물론 부활제 전 금요일에도 평소처럼 우리집에 와주시겠지요?" 부인은 첫 해에 코타르에게, 마치 돌아올 대답에 아무런 불안도 품고 있지 않은 것처럼 자신 있는 투로 말했다. 하지만 사실 대답을 들을 때까지 부인은 속으로 덜덜 떨고 있었다. 만약 코타르가 와주지 않는다면 부인 혼자 있게 될 두려움이 있었기 때문이다.

"부활제 전 금요일에 찾아뵙겠습니다…… 작별인사차. 실은 부활제 휴일을 오베르뉴에 가서 보내게 돼서요."

"오베르뉴에 가신다고요? 이나 벼룩에게 먹히러 가시나요? 그것참!"

그리고 잠시 잠잠하다가 말했다.

"단 한 마디라도 비쳤다면, 우리 다 같이 유쾌한 여행을 했을 텐데."

마찬가지로 어느 '신자'에게 친구가 있거나 또는 '조문객 여인'에게 애인이 생기거나 하여 이따금 그 상대 때문에 베르뒤랭 부부를 '내팽개칠' 가능성이 있는 경우, 베르뒤랭 부부는 자기네 집에서 애인을 사귀거나 자기네 안에서 상대를 사랑하거나 하는 한, 또 자기들 이상으로 상대를 좋아하게 되는 일이 없는 한, 여인이 연인을 갖는 걸 별로 두려워하지 않아 이렇게 말하곤 했다. "그럼! 당신의 그 벗을 데려오시구려." 그리고 그 상대가 베르뒤랭 부인에게 아무것도 숨기지 않을 인물인지, 이 '작은 동아리'에 집어넣어도 괜찮을지 시험해보는 것이었다. 불합격이라면 소개한 신자를 따로 불러, 그 벗 또는 애인과 손을 끊는 일을 도와주었다. 반대의 경우라면 이번에는 그 '신입'이 신자가 되었다. 따라서 그해에 고급 창부 출신인 크레시 부인이 베르뒤랭 씨에게 자기가 스완 씨라는 멋진 남성과 벗이 된 것을 이야기하고 나서, 만약 그가 이곳에 드나들 수 있다면 매우 기뻐할 것이라고 완곡하게 말했을 때, 베르뒤랭 씨는 당장 이 청원을 아내에게 전달했다(그는 아내의 뒤가 아니고서는 제 의견조차 말하지 못하는 성품이고, 그의 특별한 소임이란 아내의 희망과 신자들의 희망을 솜씨 있게 실행에 옮기는 데 있었다).

"크레시 부인이 임자한테 부탁할 것이 있다는군. 그분의 친구 가운데 한 사람, 스완 씨라는 분을 임자한테 소개하고 싶다는데. 어떻소?"

"어머나 새삼스럽게, 이처럼 멋지고 사랑스러운 분에게 뭘 거절할 수 있겠어요? 아니, 당신은 잠자코 있어요. 당신의 의견을 묻는 게 아니니까. 하여튼 오데트, 당신은 정말 멋진 분이에요."

"좋으실 대로 말씀하세요." 오데트는 짐짓 거드름스럽게 대답하고 나서 덧붙였다. "하지만 난 칭찬을 듣고 싶어하는 사람(fishing for compliments)이 아니에요."

"좋아요! 그러면 그 친구 분을 데리고 오세요. 뜻에 맞는 분이라면."

그런데 이 '작은 핵심'은 스완이 드나들고 있는 사교계와는 아무 관계도 없었다. 그리고 순수한 사교인이라면, 스완과 같은 대단한 지위를 차지하고 있는 몸으로서 베르뒤랭네에 소개받으려고 따로 애쓸 필요를 느끼지 않았을 것이다. 그러나 스완은 여성을 무척 좋아하여 귀족계급의 온갖 여인을 거의 다 알고 그녀들로부터 더 이상 배울 것이 없게 된 뒤로는, 포부르 생제르맹*

* 귀족 저택이 있는 파리의 한 구역.

의 상류 사교계가 그에게 수여한 귀족 칭호와도 같은 귀화(歸化) 허가장도 이제 어떤 교환가치나 신용장 정도로밖에 보이지 않게 되고 말았다. 즉 이런 건 그것만으로는 무가치하지만, 시골구석에 사는 신사의 딸 또는 파리의 이름도 없는 구역 재판소 서기의 딸이 예쁘게 보이는 경우, 그 자리에서 당장 한 지위를 만들어내도록 해주는 것이다. 왜냐하면 이런 경우에는 천재의 일상생활에서 굳이 필요 없는 허영심이 욕망 또는 연정에 의해 생겨나기 때문이다(하기야 틀림없이 이 허영심이 일찍이 그를 사교 생활로 이끌었고, 그곳에서 그의 정신의 타고난 재능을 하찮은 향락에 낭비시켰으며, 미술에 관한 깊은 조예를 오직 사교계 여인들에게 어떤 그림을 사야 하는가, 어떻게 저택을 꾸며야 하는가를 충고하는 데밖에 써먹지 않게 했지만). 그 허영심 때문에 그는 자신이 반한 미지의 여성의 눈에 스완이라는 이름 자체에는 들어 있지 않은 빛나는 멋을 갖춘 존재로 보이고 싶었던 것이다. 그는 미지의 여인이 보잘것없는 신분일 때 특히 그러기를 원했다. 영리한 사람은 영리한 다른 사람에게 바보로 보이는 걸 겁내지 않는데, 이와 마찬가지로 사교계 멋쟁이가 그 멋을 무시당하는 걸 두려워하는 것은 대귀족에게 무시당할 때가 아니라 시골뜨기에게 무시당할 때이다. 천지개벽 이래 인간이 낭비해온 재치의 지출과 허영심에서 생긴 거짓—그런 것은 인간의 위엄을 깎아내렸을 뿐인데—의 대부분은 늘 자기보다 못한 사람을 목표 삼아 왔다. 그리고 상대가 공작부인이라면 아무렇게나 마음 편히 거동하던 스완도, 몸종 앞에서는 멸시받지나 않을까 하고 겁내 늘 점잔을 빼곤 했다.

많은 사람들은 게으름에선지, 아니면 사회적인 높은 지위에서 오는 의무감 때문에 어떤 강변을 못 떠나는 데 대한 체념에선지, 현실이 모처럼 제공하는 쾌락을 외면하고 죽을 때까지 그 사교계에 틀어박혀 지낸다. 그러다가 드디어는 그것에 익숙해져서 주위에 있는 평범한 기분전환이나 견딜 만한 권태를 하는 수 없이 쾌락이라고 일컬음으로써 만족하고 있다. 그러나 스완은 그런 인간들과는 달랐다. 스완은 함께 시간을 보내는 여인이라서 예쁘다고 생각하려 애쓰는 게 아니라, 처음부터 예쁘다고 생각한 여인과 함께 시간을 보내려고 애썼다. 그리고 상대 여인은 흔히 꽤 속된 아름다움의 소유자였다. 그도 그럴 것이 스완이 무의식적으로 구하던 육체적 특성은, 그가 애호하는 거장들이 그리거나 조각한 멋진 여성들의 특성과는 정반대였기 때문이다. 심각한 표정이나 우울은 그의 감각을 얼리지만, 반대로 건강하고 포동포동한 장밋빛 살은 그의 감각을 눈뜨게 했다.

여행 중 우연히 한 가족을 만나서 그 가족과 벗이 되려고 애쓰지 않는 편이 더 고상하게 보일 경우라도, 그 가족 가운데 한 여인이 그가 아직 모르는 매력을 장식하고 눈앞에 나타난다면 '새치름한 태도'를 취하는 것, 그 여인 탓에 생긴 욕망을 저버리는 것, 그 여인과 더불어 알게 될 쾌락을 편지로 옛 애인을 불러와서 누리는 다른 쾌락과 바꾸는 것, 그런 것들은 스완으로서는 인생에 대한 비겁한 기권이며 새 행복을 어리석게 포기하는 행위나 다름없어, 마치 국내를 두루 유람하는 대신에 파리의 조망을 바라보면서 방 안에 처박혀 있는 것이나 마찬가지였으리라. 스완은 자신의 교제 관계라는 건물 안에 들어앉아 있지 않았다. 오히려 그는 마음에 드는 여인이 있는 곳곳의 새 터에 건물을 다시 세울 수 있게, 탐험가들이 가지고 다니는 것과 같은 접이식 천막을 그 교제를 하면서 만들어내었다. 교제 관계 중에 새 쾌락으로 옮길 수 없거나 그 쾌락과 바꿀 수 없는 것은 남들의 눈에 아무리 부럽게 보이는 것이라도 헌신짝같이 버렸을 것이다. 스완은 그가 시골에서 목격한 아가씨의 아버지이자 부인의 집사이기도 한 사람과 당장 알고 지낼 수 있게 소개서를 전보로 보내달라고 공작부인에게 부탁하는 무례한 전보를 침으로써 공작부인에게서 얻어낸 믿음, 스완의 마음에 들려고 하다가 기회를 얻지 못한 부인이 몇 해 동안 쌓아둔 욕망에서 생긴 믿음을 무너뜨린 일도 한두 번이 아니었다. 마치 다이아몬드를 빵 조각과 맞바꾸는 배고픈 인간의 행동처럼! 게다가 그러고 나서도 스완은 그것을 재미있어했다. 그의 내면에는 드물게 보는 섬세함으로 채워져 있기는 해도 조금 상스러운 점이 있었으니까. 또한 그는 하는 일 없이 세월을 보내면서도 그들의 지성은 예술이나 학문이 줄 수 있는 바와 똑같은 흥미의 대상을 얻는다는 사상과, 삶이란 어떠한 소설보다 흥미로우며 소설적인 상황을 품고 있다는 사상에서 위안과 아마도 변명을 찾는 지성인의 부류에 속했다. 그는 그 점을 사교계 친구들 중에서 가장 세련된 인간, 특히 샤를뤼스 남작에게는 적어도 단언했고 또 쉽게 이해시켰다. 스완은 몸소 겪은 자극적인 사건들을 이 남작에게 이야기하여 즐겁게 해주는 걸 재미있어했다. 이를테면 열차 안에서 우연히 어떤 여인을 만나

자기 집으로 데리고 왔는데, 알고 보니 그 여인은 바로 그때 유럽 정치의 온 실마리가 그 손안에 얽혀 있던 어느 군주의 누이여서, 덕분에 아주 유쾌한 방법으로 유럽의 정세를 잘 알게 되었다든가, 또는 사정이 복잡하게 엉켜서 그가 어느 집 식모의 애인이 될 수 있을지 없을지 교황 선거회의 결과에 따르게 되었다는 이야기였다.

그리고 스완이 뻔뻔스럽게 중매자 구실을 시켜버린 상대는 오직 그와 절친한 명문의 정숙한 미망인, 장군, 아카데미 회원 같은 으리으리한 무리만이 아니었다. 그의 친구란 친구는 때때로 스완으로부터 추천 또는 소개라는 낱말을 외교관도 울고 갈 정도의 솜씨로 부탁하는 편지를 받곤 했는데, 그 외교적인 능란한 솜씨는 꼬리를 물고 일어나는 연애 사건과 갖가지 핑계에도 한결같이 계속되어, 서투른 부탁 솜씨가 폭로하는 이상으로 변함없는 성격과 같은 목적을 일목요연하게 폭로했다. 먼 훗날의 일이지만, 스완의 성격이 아주 다른 부분에서 내 성격과 여러 가지로 닮아 내가 그 성격에 흥미를 갖기 시작할 무렵 여러 번 들은 얘기로는 다음과 같은 것이 있다. 스완의 편지가 우리 할아버지(그러나 그때는 아직 할아버지가 아니었다. 왜냐하면 스완의 유명한 연애가 시작된 것은 바로 내가 태어날 무렵이고, 그 연애 사건 때문에 오랫동안 편지를 쓰는 습관이 멈추었으니까)에게 올 때마다 할아버지는 봉투에 적힌 이 친구의 필적을 알아보고는 소리를 질렀다. “스완이 또 뭔가 부탁해왔군. 마음 조심, 몸 조심!” 그리고 경계에선지, 아니면 가지고 싶어하지 않는 사람에게만 굳이 무엇을 주려고 하는 짓궂은 심사에선지 우리 할아버지 할머니는 쉽사리 들어줄 수 있는 스완의 청도 쌀쌀하게 거절해버렸다. 예를 들어 일요일마다 우리집에 와서 저녁 식사를 같이하는 한 아가씨에게 자기를 소개해달라는 부탁도 거절했다. 그래서 스완이 그 아가씨에 대한 말을 꺼낼 때마다 할아버지 할머니는 요즘 그 아가씨를 통 보지 못한 체할 수밖에 없어서, 실은 일주일 내내 그 아가씨와 함께 누구를 초대하면 좋을까 망설이지만 초대를 무척 기뻐할 사람에겐 알리지 않은 채 결국 한 사람도 찾아내지 못하기가 일쑤였다.

때로는 할아버지 할머니와 친한 부부로 그때까지 스완을 통 보지 못했다고 한탄해오던 이들이 갑자기 만족스러운 얼굴을 하고, 아마 뽐내려는 속셈에선지 요즘 스완이 자기들에게 더할 나위 없이 매력적인 친구가 되어 자기들 집에서 떠나지 않을 정도라고 말한 적이 있었다. 할아버지는 그들의 기쁨을 망치고 싶지 않았지만, 그래도 할머니를 돌아보면서 다음과 같은 노래를 흥얼거렸다.

Quel est donc ce mystère
Je n'y puis rien comprendre.
도대체 이 수수께끼는 뭔고?
나는 통 모르겠노라.

또는

Vision fugitive…….
덧없는 환영…….

또는

Dans ces affaires
Le mieux est de ne rien voir.
이러한 사건은
눈 감고 안 보는 게 상책.

몇 달 뒤 할아버지가 스완의 새 친구에게 "스완과는 여전히 자주 만나십니까?" 물으면 상대의 얼굴은 시무룩해진다. "내 앞에서 그 따위 이름은 입 밖에도 내지 마시오!" "하지만 절친한 사이이신 줄로 알았는데……." 스완은 이처럼 몇 달 동안 내 할머니의 사촌 댁 사람들과 절친하게 지내, 거의 날마다 사촌 집에서 저녁 식사를 했다. 그런데 돌연 예고도 없이 발길을 뚝 끊었다. 사촌 댁 사람들은 스완이 병난 줄 알았다. 그래서 할머니의 사촌누이가 사람을 보내 스완의 소식을 알아보려던 바로 그때, 그녀는 주방에서 식모가 깜박 잊고 출납부에 끼워놓은 스완의 편지를 발견했다. 자기는 파리를 떠날 것이며 다시는 만날 기회가 없으리라고 스완이 이 여인에게 알리는 내용의 편지였다. 식모는 스완의 애인이었고, 헤어지는 마당에 그가 작별을 고할 필요가 있다고 판단한 단 하나의 여인이었던 것이다.

이와 반대로 당장 사귀는 애인이 사교계 여인이거나, 적어도 출신이 지나치게 천하지 않고 처지가 지나치게 난잡하지 않아서 장애 없이 사교계에 끌어들일 만한 여인이라면, 스완은 그 여인을 위하여 사교계에 되돌아갔는데, 그것도 그 여인이 다니는 곳 아니면 스완이 그녀를 데리고 간 특수한 범위에 한해서였다. "오늘 저녁 스완에게 기대를 걸어도 소용없어요. 아시다시피 오늘은 그 아메리카 여인과 오페라 극장에 가는 날이니까요." 이런 말이 사람들 입에 오르내리곤 했다. 스완은 아주 적은 수의 사람에게만 문을 여는 살롱, 거기서 일주일에 한 번은 그가 반드시 저녁 식사를 들고 포커를 치는 단골 살롱에 그 여인을 초대했다. 저녁마다 그는 짧게 깎은 갈색 머리털을 곱슬곱슬하게 지져서 날카로운 초록빛 눈매를 얼마간 부드럽게 하고, 꽃 한 송이를 골라 단춧구멍에 꽂고 나서는, 한 동아리의 여인들 가운데 아무개 집의 저녁 식사에서 애인과 만나려고 집을 나갔다. 그때 스완은 거기서 만날 사람들, 그의 뜻대로 비도 되고 화창한 날씨도 되는 사교계의 인기인들이 그가 좋아하는 여인 앞에서 그에게 마구 퍼부을 감탄과 호의를 생각하고 사교 생활이라는 것에 다시 매력을 느꼈다. 그런 생활에 그는 무감각해져 있었지만 그 생활을 이루는 소재가 거기서 희롱하는 아련한 불꽃에 젖고 뜨겁게 채색되어, 거기에 새 사랑이 더해지고 나서는 그에게 귀중하고도 아름다운 것으로 느껴졌다.

이와 같은 여자관계, 이와 같은 가벼운 연애의 하나하나는 스완이 여인의 얼굴이나 몸매를 보고서 억지로 애쓰지 않아도 아주 자연스럽게 예쁘구나 하고 생각했을 때, 거기서 생긴 꿈을 얼마간 완전한 형태로 실현한 것이었다. 그런데 그와는 달리 어느 날 극장에서 옛 친구로부터 오데트 드 크레시를 소개받았을 때—전에 그 친구는 그녀에 대해서 참으로 매혹적인 여인이다, 이 여인이라면 자네도 무슨 일을 저지르겠지 하고 말했으며 이 여인을 소개해주는 것이 매우 특별한 호의의 표시인 양 생색내고 싶었는지, 그녀를 실제보다 더 까다로운 여인으로 평했다—스완이 보기에 그녀는, 그야 물론 아름답지 않은 여인은 아니었지만 어쩐지 매력 없는 미인, 마음속에 욕정을 불러일으키기는커녕 오히려 어떤 육체적 혐오감마저 일으키는 미인처럼 보였다. 남성에겐 저마다 그 유형은 다르지만 관능이 요구하는 바와는 서로 어긋나는 유형의 여인이 있게 마련인데, 오데트는 그런 여인 가운데 하나로 보였다. 그의 마음에 들기에는 옆얼굴이 너무나 날카롭고, 살갗은 지나칠 만큼 여리며, 광대뼈가 너무 불쑥 나오고, 전체적인 얼굴 모습이 지나치게 수척했다. 눈은 아름다웠으나 너무 커서 그 무게를 견디지 못하고 처져 얼굴의 다른 부분을 약하게 만들었으므로 언제나 병자 같이 시무룩해 보였다.

극장에서 서로 소개를 받고 나서 얼마 뒤 그녀는 스완에게 편지로 '예쁜 것을 좋아하는 무식한 여인'의 더없이 큰 흥미를 끌고 있는 그의 수집품을 보여 달라고 청하고, 스완이 '차(茶)나 서적과 더불어 쾌적하게' 지내는 장소로 그녀가 떠올리고 있는 '그의 가정(son home)'에서 뵌다면, 그를 더 잘 이해하게 될 거라고 써 보내었다. 다만 그녀는 그처럼 쓸쓸한 거리, '그토록 세련된(smart) 그에게 너무나 걸맞지 않은' 그런 거리에 그가 살고 있는 줄이야 미처 몰랐다는 놀라움을 그에게 감추지는 않았다. 스완이 그녀를 초대한 날, 헤어지는 마당에, 마치 그가 그녀에게는 보통 지인들 이상의 그 무엇이기나 한 것 같은 투로 이곳에 올 수 있어서 정말 기뻤는데 잠시밖에 머물지 못한 것이 섭섭하다고 말하면서 어떠한 소설적인 연결선을 둘 사이에 그으려고 하는 듯했기에, 스완은 그만 미소 짓지 않을 수 없었다. 그런데 스완에게 가까워지고 있는 불혹의 나이, 사랑의 상호성을 지나치게 강요하지 않고 오직 사랑하고 있다는 기쁨 때문에 사랑하는 것으로 만족할 줄 아는 나이에는, 마음과 마음의 접근이라는 건 더 이상 젊은 시절처럼 반드시 사랑의 목표가 되는 목적은 아닐망정, 역시 매우 강한 관념의 연상(聯想)에 의해—만약 이 마음의 접근이 사랑에 앞서 일어난다면 사랑의 원인이 될 만큼 강한 관념의 연상에 의해—사랑과 결부되어 있는 것이다. 전에는 자신이 사랑하는 여인의 마음을 사로잡고 싶어서 그것만을 꿈꾸었으나, 나중에 와서는 한 여인의 마음을 소유하고 있다는 느낌만으로 충분히 그 여인을 사랑할 수 있다.

이처럼 사람은 사랑 속에서 뭐니뭐니해도 주관적 쾌락을 추구하므로, 여성의 아름다움에 대한 취향이 사랑의 최대 부분을 차지하는 것처럼 보이는 나이에도, 사랑은—그것도 가장 육체적인 사랑은—그 밑바닥에 미리 욕망이 존재하지 않고서도 생겨날 수 있다. 인생의 이 시기에 이른 사람은 이미 몇 번이고 사랑에 사로잡혔을 것이다. 그리고 금이 간 우리의 수동적 마음 앞에서는, 이제 사랑은 그 이해할 수 없고도 숙명적인 고유한 법칙에 따라 혼자서 발전하지 못하게 된다. 그래서 우리가 사랑을 도와주려고 나서서 기억과 암시로 사랑을 만들어내는 것이다. 사랑의 징후를 조금이라도 알아채면, 우리는 곧 그 밖의 징후를 떠올려 다시 태어나게 한다. 우리는 가슴속에 깊이 새겨진 사랑의 노래를 갖고 있으므로, 한 여인이 노래의 첫 소절을—그녀의 아름다움이 마음속에 일으키는 찬미로 가득 찬 노래의 첫 소절을—불러주지 않아도 다음 소절을 떠올릴 수 있다. 또한 여인이 중간부터—마음과 마음이 서로 접근하는 무렵, 둘이 서로를 위해서만 존재한다는 뜻을 말하는 무렵부터—노래를 시작한다면, 그 음악에 충분히 익숙한 우리는 상대가 기다리고 있는 곳에 금세 다다른다.

오데트 드 크레시는 다시 스완을 찾아갔고, 그 뒤에는 더 자주 방문했다. 그런데 그녀가 찾아올 때면 스완은 잠시 못 본 사이에 그녀의 얼굴 특징을 조금 잊어버려서, 이토록 표정이 풍부하다든가 아직 젊은데 몹시 말랐다든가 하는 기억도 별로 없는 그 얼굴을 마주 대하고는, 그때마다 아마도 새롭게 실망했을 것이다. 그녀와 담소하는 동안 그는 그녀가 지닌 뛰어난 아름다움이 자신이 본능적으로 좋아하는 아름다움이 아닌 것을 유감스럽게 생각했다. 사실 오데트 얼굴은 실제보다 더 깡말라 보이고 한층 날카로워 보였다고 말해야 할 것이다. 왜냐하면 그 무렵 '앞머리'로 늘어뜨리고 '컬'로 말아 올리고 두 귀를 따라 흐트러진 머리 타래처럼 퍼뜨린 풍성한 머리털로 이마와 두 볼 위의 매끄럽고 평평한 부분이 덮여 있었기 때문이다. 또 그녀의 몸매는 훌륭했으나 이어진 하나의 몸이라는 느낌을 갖기는 어려웠는데(이것은 그 시절의 유행 탓으로, 뭐니뭐니해도 그녀는 옷을 잘 입는 파리 여인 가운데 한 사람이었다), 그만큼 있지도 않은 배 위에 코르사주가 불쑥 앞으로 나오다가 갑자기 꽉 죄어지고, 또 그 아래쪽으로는 치마 두 겹이 풍선처럼 부풀어 있어, 그런 모양의 오데트는 서로 잘못 끼운 다른 재료로 이뤄진 여인같이 보였다. 또 주름 장식이나 프릴이나 베스트도, 그 독특한 디자인이나 옷감의 감도에 따라 제각기 리본이나 레이스 주름이나 세로로 달린 칠흑빛 술 따위에 이르는 선 또는 살*을 따라서 난 선을 제멋대로 더듬어가지만, 그것이 그녀 몸에 조금도 맞지 않아서 이런 너절한 것들이 이루어내는 형태가

* 부인용 코르셋에 대는 가는 대.

몸에 지나치게 달라붙거나 떨어져 있거나 하는 데 따라 몸의 그 부분이 빡빡하게 드러나기도 하고 간 곳 없이 숨어버리기도 했다.

그러나 오데트가 돌아가버리면 스완은, 요 다음 불러주실 때까지 얼마나 기다리는 게 지루할까요 하고 그녀가 한 말을 생각하면서 미소 지었다. 한번은 그녀가 너무 사이를 두지 않고 오게 해달라고 청했을 때의 그 불안해하는 수줍은 모양과, 그 순간 조심조심 탄원하듯 그를 뚫어지게 바라보던 눈길, 검은 비로드 끈이 달린 동그란 흰 밀짚모자 앞에 붙어 있는 인조 팬지꽃 다발 밑에서 한순간 애처로운 빛을 띠던 눈길을 그는 떠올렸다. "저어, 혹시 괜찮다면 당신께서도" 하고 그녀가 그때 말했다. "우리집에 차 드시러 오지 않겠어요?" 그는 지금 하고 있는 일이 바쁘다면서 베르메르(Vermeer)*에 관한—실은 수년 전부터 내던지고 있었던—연구를 핑계로 삼았다. "저처럼 변변치 못한 여자는 당신들처럼 훌륭하신 학자님들 곁에서는 아무것도 할 수 없다는 것은 알고 있어요." 그녀가 그에게 대답했다. "훌륭한 분들 앞에 선 저 같은 건 개구리나 다름없죠. 그래도 저는 정말로 뭔가를 배우고, 지식을 넓히고, 깨우침을 받고 싶어요. 오래된 책을 읽거나 고문서에 몰두하는 게 얼마나 재미날까!" 이렇게 그녀는 멋쟁이 여인이 몹시 더럽혀지는 걸 개의치 않고 불결한 일에 몰두하는 것, 예컨대 '손수 반죽을 해서' 요리하는 데 몰두하는 것을 즐겁다고 단언할 때에 짓는 자기만족의 모습으로 덧붙였다. "저를 비웃으실지도 모르지만, 당신이 저를 찾아오는 걸 방해하는 그 화가(그녀는 베르메르를 말하고 싶었던 것이다)에 관한 이야기는 한 번도 들어보지 못했어요. 아직 살아 계시나요? 파리에서 그분의 작품을 볼 수 있습니까? 볼 수 있다면 저도 당신이 좋아하는 게 무엇인지 알 수 있을 텐데요. 많은 공부를 하시는 넓은 이마 밑이나, 늘 깊게 생각하고 계시는 머릿속에 있는 것도 알아, 바로 이거다, 지금 이것을 생각하고 계시다 하고 조금은 짐작할 수 있을 텐데요. 당신의 일에 참여하다니 그 얼마나 멋있는 꿈이겠어요!" 스완은 새로운 우정에 대한 두려움, 불행한 사랑의 두려움이라고 그가 멋부려 일컫고 있는 것을 핑계로 삼았다. "당신은 애정을 겁내시나요? 어머, 정말 이상해라. 저는 그것만을 찾는데요. 새로운 애정을 얻기 위해서라

* 네덜란드의 화가(1632~75).

면 목숨이라도 아깝지 않아요." 그녀는 그의 마음이 흔들렸을 만큼 자연스럽고도 확신에 찬 투로 말했다. "아무래도 당신은 어느 여인 때문에 괴로움을 겪으셨나 봐요. 그래서 딴 여인도 다 그렇거니 여기시는 거죠. 하지만 그분은 당신을 이해 못했던 거예요. 그만큼 당신은 세상의 여느 사람과 다르니까요. 제가 처음부터 좋아한 것도 바로 당신의 그런 점이에요. 당신이 여느 사람과 같지 않다는 걸 저는 금세 느꼈어요." "하지만 당신 또한" 하고 스완은 대꾸했다. "나는 여인이 어떠한 분들인지 잘 압니다. 당신에겐 일이 산더미같이 있어 좀처럼 한가한 시간이 없으시겠죠." "전 할 일이라곤 아무것도 없는걸요! 언제나 한가해요. 당신을 위해서라면 언제라도 시간을 내겠어요. 낮이건 밤이건 어느 때라도 상관없어요. 당신 형편이 좋은 대로 저를 불러주세요. 저는 아주 기꺼이 달려갈 테니. 그렇게 해주시겠어요? 지금 제가 가장 기뻐할 것이 뭔지 아시나요? 그건 말이죠, 제가 매일 저녁 방문하는 베르뒤랭 부인에게 누가 당신을 소개해드렸으면 하는 거예요. 정말이지! 만약 거기서 뵙게 되고, 그리고 당신이 그곳에 와주시는 게 조금은 저를 위하는 일이라고 제가 생각할 수 있다면!"

확실히 스완은 혼자 있을 때 그녀와의 담소를 이와 같이 떠올리며 그녀를 생각했지만, 이는 소설적인 몽상 속의 수많은 여인들 가운데 하나로서 그녀의 영상을 머릿속에 그리고 있는 것에 지나지 않았다. 그러나 만약 어떤 사정으로(아니, 그런 사정이 없어도 될지 모른다—왜냐하면 혹시 그때까지 숨어 있던 어떤 상태가 밖으로 나타나는 순간의 주위 형편이라는 것은, 그때까지 그 상태에 아무런 영향도 미치지 않았을지도 모르니까) 오데트 드 크레시의 영상이 그러한 몽상을 전부 빨아들이는 바람에 그 몽상이 더 이상 그녀의 기억과 분리될 수 없게 되어버린다면, 이제 그녀의 육체적인 결점도, 또 그 육체가 다른 여인들의 육체보다 스완의 취미에 맞느냐 안 맞느냐 하는 문제도 더는 아무런 의미가 없다. 자기가 사랑하는 여인의 것인 이상, 그 뒤로는 그 육체만이 그의 기쁨과 고뇌를 일으킬 수 있는 유일한 육체가 될 것이기 때문이다.

우리 할아버지는 현재의 베르뒤랭네 친구들 가운데 아는 사람이라곤 한 사람도 없을 테지만, 전에는 베르뒤랭 가족을 잘 알고 있었다. 그러나 할아버지는 늘 '젊은 베르뒤랭'이라고 부르곤 하던, 이 예술가들에게 둘러싸여 사회의 쓰레기통 속으로—막대한 재산을 갖고서—타락했다고 조금 어림잡아 간주하던 이와는 교제를 딱 끊어버렸다. 어느 날 할아버지는 스완에게서 베르뒤랭네 사람들에게 소개해줄 수 없겠느냐는 부탁 편지를 받았다. "마음 조심! 몸 조심!" 할아버지는 외쳤다. "하지만 별로 놀랄 것도 없군그래. 그렇지, 스완이 끝내 닿은 곳은 그런 곳이겠지. 안성맞춤의 장소야! 나는 이젠 그 사람을 모르니까 스완의 부탁을 들어줄 수 없지. 그리고 또 이 부탁에는 틀림없이 말썽거리 여인이 숨어 있을 거야. 그런 일에 말려드는 건 정중히 사양해야지. 아무렴! 스완이 베르뒤랭네의 2대 가풍에 물든다면 좋은 구경거리가 되겠는데."

그래서 할아버지는 그 부탁을 거절했고, 오데트 자신이 스완을 베르뒤랭네 집에 데리고 가게 되었다.

스완이 처음으로 찾아간 날 베르뒤랭네 저녁 식사에 참석한 사람은 코타르 의사 부부, 젊은 피아니스트와 그 숙모, 그 무렵 그들의 애호를 받고 있던 화가였다. 그리고 밤이 되자 다른 신자 몇몇이 함께했다.

코타르 의사는 말을 건네오는 상대에게 대꾸해야 할 어조의 투를 잘 몰랐으며, 또 상대가 하는 말이 농담인지 진담인지 통 가리지 못했다. 그래서 어쨌든 간에 그는 모든 표정에 제한이며 일시적인 미소를 덧붙였는데, 그 미소는 상황에 따라 어떻게든 해석되는 미묘한 것으로, 만약 상대가 하는 말이 익살스러운 농담이었을 경우에도 얼간이라는 비난을 벗어나게 해주는 그런 것이었다. 그러나 그는 반대의 상황에 대비코자 이 미소를 똑똑하게 얼굴에 나타내려고 하지 않아서, "그걸 당신은 진심으로 말하는 건가요?" 하고 감히 물어보지 못하는 질문이 거기에 엿보이는 애매함에 끊임없이 감돌고 있는 게 보였다. 그는 거리에서도, 또 대체로 일상에서마저 살롱에서와 마찬가지로 어떻게 처신해야 하는지 통 자신이 없었다. 그래서 그가 자주 통행인에, 마차에, 갖가지 사건에 대해서 엷은 미소, 미리 자신의 태도에서 상황에 맞지 않는 온갖 성격을 없애버리는 미소를 보내는 모습이 보였다. 왜냐하면 설혹 그 태도에 적당하지 않은 점이 있더라도 자기는 그걸 잘 알고 있다는 것, 그저 농담으로 그런 태도를 지었다는 것을 그 미소가 증명해주기 때문이다.

그렇지만 솔직한 질문을 해도 될 성싶을 때면, 이 의사는 그 태도에서 애매한 부분을 줄여 자기의 교양을 넓히려고 애쓰는 것을 잊지 않았다.

따라서 그는 고향을 떠날 때 선견지명이 있는 어머니가 그에게 준 교훈에 따라, 자기가 모르는 숙어나 고유명사를 충분히 알아보지 않고서는 절대 그대로 쓰지 않았다.

의사는 숙어에 대해서 알아보는 데 지칠 줄 몰랐다. 왜냐하면 사람들 사이에 자주 쓰이는 걸 들은 숙어, 예컨대 악마의 아름다움(la beauté du diable)*[1]이라든가, 푸른 피(du sang bleu)*[2]라든가, 의자 다리의 생활(une vie de bâton de chaise)*[3]이라든가, 라블레의 15분간(le quart d'heure de Rabelais)*[4]이라든가, 멋쟁이들의 왕자(être le prince des élégances)*[5]라든가, 흰 카드를 준다(donner carte blanche)*[6]라든가, '왜냐하면'으로 환원되다(être réduit à quia)*[7]라든가 하는 말에 그 이상으로 뚜렷한 뜻이 있을 거라고 그는 자주 떠올려, 이런 표현이 정확히 어떠한 뜻으로 쓰이는지, 또 구체적으로 어떤 경우에 그것을 말속에 쓸 수 있는지를 끊임없이 알고 싶어했기 때문이다. 그것을 몰랐을 때는 그가 전에 배운 결말을 썼다. 그의 앞에서 사람들이 말하는 새로운 인명(人名)에 대해서는, 그가 물어보는 모습을 보이지 않고서도 이런 말투라면 상대가 설명해줄 게 틀림없다고 스스로 여기는 질문 투로 그 이름을 되풀이했다.

코타르 의사는 모든 일에 비평감각을 발휘하고 있다고 스스로 생각하고 있었으나 바로 그에겐 그것이 전혀 없어서, 실은 은혜를 베풀고 있지만 오히려 자기 쪽이 은혜를 받고 있다고 믿게 하는 사교적인 세련된 예의는 그에게 하나도 통하지 않아, 그는 모든 걸 문자 그대로 곧이들었다. 베르뒤랭 부인은 그를 제대로 파악하지 못하고 세련된 인간으로 계속 생각해왔는데, 사라 베르나르*[8]의 무대 앞자리에 그를 초대했을 때에 당한 일로 화가 나서 이젠

---

*1 묘령 여인의 아름다움.

*2 명문 태생.

*3 타락한 생활, 방탕한 삶.

*4 대금을 지급하기가 어려울 때.

*5 더할 나위 없이 세련된 멋쟁이.

*6 백지위임을 함.

*7 답변이 궁함.

*8 프랑스의 여배우(1844~1923).

그 생각을 그만두었다. 부인은 그 자리에서 인사치레로 말했던 것이다. "선생님, 와주셔서 고마워요. 사라 베르나르는 이미 여러 번 보셨으련만. 그리고 우리 자리가 무대에 너무 가까운 것 같군요." 코타르 의사는 그 엷은 미소—누군가 이 방면의 권위자가 이 연극의 가치를 설명해주고 나서야 비로소 뚜렷해지거나 사라지거나 하는 미소—를 지은 채 칸막이 좌석에 들어와 있었는데, 그때 그는 부인에게 대답했다. "과연 이 자리는 너무 가까운데요. 또 사라 베르나르에 물리기 시작한 것도 사실이죠. 하지만 부인께서 꼭 오길 바라셔서요. 저에게 부인의 소망은 곧 명령이니까요. 이런 보잘것없는 일로 부인에게 도움이 되다니, 분에 넘치는 행복입니다. 부인같이 친절한 분을 즐겁게 해드리기 위해서라면 무엇을 마다하겠습니까!" 그리고 그는 덧붙였다. "사라 베르나르, 과연 '황금의 목소리'죠, 안 그렇습니까? 그 목소리는 무대를 다 태운다고 자주 씌어 있더군요. 기묘한 표현이지요, 안 그렇습니까?" 이렇게 말한 그는 자기 말에 상대가 주석을 달아주기를 바랐는데, 조금도 반응이 없었다.

베르뒤랭 부인은 남편에게 말했다. "저기 여보, 우리가 의사 선생님께 배운 친절을 겸손하게 일부러 과소평가한 것은 확실히 잘못한 노릇인가 봐요. 그분은 실생활 밖에 사는 학자라 사물의 가치도 잘 모르거니와, 우리가 하는 말을 곧이곧대로 믿나 봐요." "지금까지 당신에게 말을 못했지만, 실은 나도 알아채고 있었지." 이것이 베르뒤랭 씨의 대답. 그리고 그는 이듬해 초하루에 코타르 의사에게 홍옥 3천 프랑을 변변치 못한 것이라고 말하며 보내는 대신, 300프랑짜리 가짜 보석을 사 보내면서 이처럼 아름다운 것은 그리 흔하지 않다는 뜻을 비쳤다.

베르뒤랭 부인이 야회에서 스완 씨가 참석할 것이라고 알렸을 때 의사는 깜짝 놀라 거칠어진 목소리로 "스완?" 하고 외쳤다. 왜냐하면 이 사내는 모든 일에 늘 대비하고 있다고 자신만만한 주제에, 정말 별것 아닌 소식에도 늘 그 누구보다 의표를 찔렸기 때문이다. 그래도 누구 하나 대꾸하지 않자, "스완? 도대체 누구죠, 스완이라니!" 하고 심한 불안감에 소리치며 말했는데, 이윽고 베르뒤랭 부인이 "오데트께서 말씀하셨던 그 친구 분"이라고 대답하자 불안은 금세 가라앉았다. "아아, 그래, 그렇군. 좋아요." 의사는 진정되어 대답했다. 화가로 말할 것 같으면 그도 스완이 베르뒤랭 부인 댁에 소개되는 걸 기뻐했다. 왜냐하면 그는 스완이 오데트를 사랑하고 있는 줄로 상상했고, 그러한 남녀 관계를 도와주는 것을 좋아했기 때문이다. "결혼을 거들어주는 것처럼 재미나는 일은 따로 없지요." 그는 코타르의 귀에다 이렇게 털어놓았다. "이미 여러 차례 성공했지요, 여인들끼리인 적도 있었어요!"

베르뒤랭 부부는 오데트가 스완을 매우 '스마트'하다고 말해서 혹시 스완이 '진저리나는' 사내가 아닐까 걱정했었다. 그런데 반대로 스완은 그들에게 아주 좋은 인상을 주었다. 그 간접적인 원인 가운데 하나는 그들이 모르는 사이 스완이 상류 사회에 드나들고 있는 데 있었다. 실제로 그는 사교계에 전혀 출입한 적 없는 지식인에 비해, 조금 사교계에서 지낸 바 있는 사람의 장점을 지니고 있었다. 즉 사교계가 상상력 속에 불러일으키는 욕망이나 두려움에 의해 실상을 왜곡해서 보지 않고, 사교계를 하찮은 것으로 간주하는 그런 장점이다. 이 같은 사람이 갖추고 있는 싹싹함, 온갖 속물근성에서 분리되고 또 지나치게 상냥해 보이지나 않을까 하는 근심에서도 분리되어 자립하게 된 싹싹함은 실없이 서투르게 몸의 다른 부분과 함께 움직이는 일 없이, 원하는 대로 정확하게 늘씬한 팔다리를 움직이는 운동가들의 동작과 마찬가지로 자유로운 우아함을 지니는 법이다. 남이 소개해주는 미지의 젊은이에게 쾌히 손을 내밀거나, 또 남이 소개해주는 대사 앞에서 공손하게 머리를 숙이는 사교계 인사의 간단한 기본동작이 모르는 사이에 스완의 온갖 사교적 태도 속에 스며들고 말아, 스완은 베르뒤랭 부부와 그 친구들처럼 자기보다 못한 환경의 사람들에 대하여 본능적으로 싹싹함을 나타내 먼저 호의를 보였는데, 그들의 생각으로는 진저리나는 사람이라면 그렇게 하기를 삼갔을 것이었다.

그는 코타르와만 잠시 동안 서먹서먹했다. 아직 서로 말하기도 전에 그가 스완에게 눈짓을 하며 모호한 미소를 던지는(이것은 코타르가 '유인의 수법'이라고 일컫는 표정이었다) 것을 보고 스완은 이 의사가 아마도 어떤 홍등가에서 만난 일이 있어 자기를 알고 있지 않나 생각했다. 하기야 스완 자신은 홍등가에 드나든 적이 거의 없다고 해도 지나친 말이 아니었지만. 더구나 오데트가 있는 곳에서 스완의 인상이 나빠질 만한 악취미를 그가 은근히 암시하고 있다고 생각했기에, 스완은 얼음장 같은 태도를 지었다. 그러나 곁에 있는 여인이 코타르 부인이라고 들었을 때, 이처럼 젊은 남편이 아내 앞에서 그런 오락을 암시할 리가 없다고 생각하고 이 의사가 보이는 자신만만한 태도를 의심쩍은 뜻으로 해석하는 걸 그만두었다. 화가는 금세 오데트와 함께 자기 아틀리에에 와달라고 스완을 초대했다. 스완은 화가를 상냥한 사람으로 생각했다. "틀림없이 당신은 나보다 더 환영받을 거예요." 베르뒤랭 부인은 짐짓 골난 투로 말했다. "그리고 코타르의 초상화를 보여드리겠죠(베르뒤랭 부인이 그 그림을 화가에게 주문한 지 오래되었다). 그렇죠, 비슈(Biche)* 화백." 부인은 이렇게 화가를 불렀는데, 화가에게 화백이라는 존칭을 붙여서 부르는 것이 정해진 농담이었다. "비슈 화백. 그 예쁜 눈매, 그 한없이 섬세하고 재미있는 눈의 특징을 잊지 마세요. 아시겠지만, 특히 내가 그려줬으면 하는 것은 그 미소예요. 내가 부탁한 것은 코타르 씨의 미소를 그린 초상화예요." 그녀는 이 표현이 썩 마음에 들어 다른 손님들에게도 들리게끔 아주 큰 목소리로 되풀이했다. 아니, 막연한 핑계를 만들어서 미리 몇몇 손님을 주위에 모아놓기까지 했다. 스완은 여러분과 벗이 되고 싶다, 베르뒤랭 부부의 오랜 벗인 사니에트와도 사귀고 싶다고 청했다.

이 사니에트라는 사람으로 말할 것 같으면 소심하고 단순하며 착한 마음씨 때문에, 그가 지닌 고문서에 대한 학식이나 막대한 재산이나 훌륭한 가문이 마땅히 받을 만한 존경을 곳곳에서 잃고 있는 위인이었다. 그는 말할 때 입속에서 웅얼웅얼하는 버릇이 있었는데, 이것은 혀의 결함을 드러내고 있다기보다는 오히려 영원히 잃어버리지 않은 어린 시절 순진함의 잔재처럼 그 착한 마음씨를 드러내고 있다고 느끼게 하므로 사랑스러운 점이기도 했다. 그가 발음할 수 없는 모든 자음은, 그가 입에 담을 수 없는 그 수효만큼 난폭한 말같이 생각되었다. 사니에트에게 소개해주기를 부탁한 결과 스완은 베르뒤랭 부인에게 주인과 손님의 위치가 뒤바뀌는 인상을 주었지만(그래서 이 부탁에 대답할 때 부인은 두 사람의 차이를 일부러 강조하며 말했다. "스완 씨, 우리 친구 사니에트를 당신께 소개하는 것을 부디 허락해주시겠어요?"), 사니에트에게 뜨거운 호감을 불러일으켰다. 하지만 베르뒤랭 부부는 스완에게 이 호감을 알리지 않았는데, 그들로서는 사니에트가 약간 귀찮은

---

* 암사슴. 이 별명이 붙은 이유는 제2편 〈꽃피는 아가씨들 그늘에〉에서 밝혀짐.

존재여서 그에게 벗을 만들어주는 건 어림도 없는 일이었기 때문이다. 그러나 그 직후 스완이 피아니스트의 숙모를 소개해달라 청해야겠다고 생각했을 때는 그들 부부의 마음을 무난히 감동시켰다. 검은 옷을 입으면 언제나 아름답게 보이고 또 그것이 가장 고상한 옷차림인 줄 여기고 있어, 늘 검은 옷을 입고 있는 피아니스트의 숙모는, 식사 뒤 번번이 그렇듯 매우 붉은 얼굴을 하고 있었다. 그녀는 스완 앞에 공손히 몸을 굽히고 다시 장중하게 몸을 일으켰다. 그녀는 아무런 교양도 없었으며, 프랑스 말을 틀리게 할까 봐 겁내고도 있었다. 그러므로 혹시 연음(liaison)을 실수해도 똑똑히 식별되지 않고 애매하게 들릴 거라 믿으면서 일부러 흐리멍덩하게 발음하고 있었다. 그래서 그녀의 이야기는 별것 아니라 또렷하지 않은 헛기침의 연속이었는데, 이따금 거기서 그녀가 자신 있게 말할 수 있는 극소수의 낱말이 나타나곤 했다. 스완은 베르뒤랭 씨와 이야기하는 자리에서 그녀를 가볍게 놀려주어도 괜찮을 거라고 생각했는데, 베르뒤랭은 반대로 시무룩한 표정을 지었다.

"저분은 참으로 훌륭한 부인입니다." 그는 대답했다. "저분이 눈에 띄게 특출한 분이 아니라는 데에는 동감합니다. 그러나 저분과 한번 단둘이 이야기해보세요. 정말 좋을 테니까." "그러실 테죠." 스완은 서둘러 양보했다. "내 말은 저분이 '눈에 띄는' 분이라고는 생각하지 않는다는 뜻이죠." 여기서 스완은 이 형용사를 일부러 떼어 강조하면서 덧붙였다. "요컨대, 오히려 찬사로 한 말입니다!" "그런데 놀랍게도 말이죠." 베르뒤랭 씨가 말했다. "저분은 훌륭한 글을 쓴답니다. 저분의 생질이 피아노 연주하는 걸 들으신 적이 없나요? 훌륭하답니다. 안 그렇습니까, 코타르 선생? 어떻습니까, 스완 씨, 저분에게 뭔가 한 곡 연주해달라고 할까요?" "그거 참 더할 나위 없는 지복……." 스완이 대답하려는 것을 코타르 의사가 비웃듯이 가로막았다. 왜냐하면 그는 대화에 과장된 말투나 일부러 엄숙하게 꾸민 표현을 쓰는 걸 시대에 뒤진 것으로 여겼으므로, 방금 나온 '지복(至福)'이라는 낱말같이 엄숙한 낱말을 진지하게 말하는 걸 듣자마자, 그는 그 낱말을 입 밖에 낸 사람이 짐짓 점잔 부리는 티를 냈다고 생각한 것이다. 게다가 아무리 그 낱말이 널리 쓰이고 있을지라도 그것이 그가 낡은 상투적 문구라고 일컫는 부류에 우연히 들어있기만 하면, 의사는 상대가 말하기 시작한 문구를 우스꽝스러운 것으로 가정해버려 금세 그 문구를 받아 상투어로 비꼬아서 끝맺었는데, 이는 아무런 생각도 하지 않았던 상대를 그런 상투어를 쓰려 했다고 책망하는 듯했다.

"지복입니다, 프랑스를 위하여!" 의사는 지나치게 떠벌리려는 듯 두 팔을 올리며 짓궂게 소리쳤다.

베르뒤랭 씨는 폭소를 금치 못했다.

"거기 계시는 분들, 뭘 그렇게 웃고 계시죠? 매우 흥겨운가 보군요." 베르뒤랭 부인이 외쳤다. "나만 혼자 벌받는 학생처럼 이렇게 심심하게 있으니, 아이 속상해라." 그녀는 골이 난 듯 어리광부리며 덧붙였다.

베르뒤랭 부인은 왁스칠한 전나무로 만든 스웨덴풍의 높다란 의자에 앉아 있었다. 이 의자는 스웨덴의 한 바이올리니스트가 부인에게 보낸 것인데, 보기에 발판을 떠올려 거기에 있는 고전적인 곱다란 세간과 어울리지 않았지만 그래도 그냥 두고 있던 것이었다. 그녀는 선물을 보내는 이가 왔을 때 보고 기뻐하도록 때때로 신자들이 보내는 선물을 눈에 잘 띄는 곳에 간수하려 했기 때문이었다. 그러므로 부인은 금세 없어져버리는 꽃이나 봉봉 같은 것들만 보내달라고 부탁했었는데, 그 보람도 없이 부인의 집에는 늘 비슷비슷한 물건이나 새해 선물들이 쌓여 각로(脚爐), 방석, 괘종, 병풍, 청우계, 도자기, 꽃병 같은 것의 수집장이 되었다.

이 높다란 의자에서 부인은 신자들의 담소에 쾌활하게 가담해 그들의 '허풍'을 즐기곤 했는데, 턱에 사고가 생긴 뒤로는 실지로 웃음을 터뜨리는 수고를 거절하게 되었다. 그 대신 그녀는 피로 없이, 위험 없이, 더구나 눈물이 나도록 웃고 있다는 뜻도 되는 상투적인 무언극에 골몰했다. 이를테면 진저리나는 인물, 또는 전에는 조문객이었다가 진저리나는 인물들의 진영에 던져지고 만 사람 따위에 대하여 한 문상객이 살짝 빈정거리기라도 하면, 부인은—부인의 이 행동에 가장 절망한 이는 베르뒤랭 씨였는데, 이유인즉 그는 자신이 아내 못지않게 상냥하다고 오랫동안 자부해왔으나 그렇게 실제로 크게 웃으면 금세 숨이 차므로, 언제까지고 그치지 않는 가공 폭소를 터뜨리는 부인의 술책에 번번이 당해버리고 말았기 때문이다—작은 외침을 지르고, 눈이 쑤시고 붉어지는 병에 걸려 흐려지기 시작한 새의 눈 같은 자기의 눈을 딱 감고, 그러다가 갑작스럽게, 마치 하마터면 추잡한 광경을 볼 뻔했거나 아니면 뭔가 치명적인 발작의 습격을 겨우 피했거나 한 것처럼, 두 손에 얼굴을 파묻고는 아무것도 보이지 않게 하고, 얼떨결에 터뜨리기라도 하는 날에는 웃다가 끝내 기절하고 말 염려가 있는 웃음을 꾹 참아 없애버리려고 죽을힘을 다 쓰는 시늉을 하는 것이었다. 이렇듯 신자들의 즐거움에 취하고 조문객들 사이의 다정스러움이나 남의 흉이나 찬성과 동의 따위에 얼근해진 베르뒤랭 부인은 따끈한 포도주에 담근 먹이를 먹은 새처럼 그 홰 위에 앉아 애교로 흐느껴 울었다.

그러는 동안 베르뒤랭 씨는 담배 한 대 피우는 결례를 용서하라고 스완에게 청하고 나서("여기서는 체면 차릴 필요가 없지요, 모두가 다 친구니까") 젊은 예술가에게 피아노 앞에 앉아달라고 부탁했다.

"어머나, 그러지 마세요. 귀찮게 굴지 마세요. 괴로우려고 여기 계시는 게 아니니까요." 베르뒤랭 부인이 소리 질렀다. "그분을 괴롭혀서는 안 됩니다!"

"아니 당신은 왜 괴롭히는 거라고 하오?" 베르뒤랭 씨가 말했다. "스완 씨께서는 우리가 발견한 올림 바장조 소나타를 아마 아직 모르실 거요. 그러니 피아노를 위한 편곡을 연주해달라는 거요."

"어머나, 안 돼요 안 돼. 나의 소나타만은 안 됩니다!" 베르뒤랭 부인이 소리쳤다. "요전처럼 울어서 코감기에다 안면신경통까지 앓고 싶지는 않아요. 뜻은 고마우나 다시 듣고 싶은 생각은 없어요. 그야 여러분들에게는 좋겠지만, 이레 동안이나 몸져눕는 사람은 결국 나라고요!"

피아니스트가 연주하려고 할 때마다 번번이 되풀이되는 이 촌극이야말로 '주인마님'의 매력 있는 독창성과 음악적 감수성의 증거나 되는 것처럼, 마치 그것을 처음으로 목격하듯 모여 앉은 문상객들을 황홀하게 하는 거였다. 부인 곁에 있는 문상객들은 좀 떨어진 곳에서 담배를 피우거나 트럼프 놀이를 하고 있는 이들에게 마치 독일제국 의회에서 중요한 순간에 그러듯이 "근청(謹聽), 근청"이라고 말하면서 가까이 오라고, 무슨 재미있는 일이 일어나고 있다는 시늉을 했다. 그리고 이튿날이 되면 지난밤 오지 못했던 사람들에게 그 촌극이 여느 때보다 재미있었다는 유감의 뜻을 표하는 것이었다.

"좋소, 좋아. 알아 모시겠소." 베르뒤랭 씨가 말했다. "그럼 안단테만 연주하시라고 하지."

"안단테만이라고요? 기가 막혀서!" 베르뒤랭 부인은 소리 질렀다. "바로 그 안단테가 내 팔다리를 아프도록 꺾는걸요. 참으로 훌륭하신 '주인어른'이

시구려! 〈제9교향곡〉 중에서 피날레만 듣자, 또는 〈메트르(Les Maîtres)〉[1]에서 서곡만 듣자고 말씀하시는 거나 마찬가지지 뭐예요."

그러는 동안 코타르 의사는 베르뒤랭 부인에게 피아니스트가 연주하도록 그냥 두라고 권유했다. 이는 음악이 부인에게 주는 고통을 그가 거짓으로 여겨서가 아니라—그는 거기에서 신경쇠약 증상을 알아보고 있었다—그가 보다 중요하다고 생각하는 것, 이를테면 그가 출석한 사교 모임이 문제가 될 때는 처방의 엄격성을 갑자기 누그러뜨려 그 모임의 중요 인물인 환자에게 그때만 소화불량 또는 유행성 감기를 잊어버리도록 권유하는, 의사에게 흔히 있는 습관 때문이었다.

"이번은 앓지 않으실 겁니다. 두고 보십쇼." 그는 눈길로 부인에게 암시를 주려고 애쓰면서 말했다. "또 병이 나시더라도 우리가 간호해드릴 테니까요."

"어머, 정말이세요?" 베르뒤랭 부인은 그렇게까지 생각해주는데 굽히지 않을 수 없다는 듯 대답했다. 아마도 부인은 앓을 것이라고 자기 입으로 거듭 말한 탓에 때로는 그것이 거짓말이라는 사실조차 잊어버려 정말로 병자 같은 느낌이 들 때도 있었으리라. 그런데 병자란 발병 빈도를 줄이기 위해 늘 스스로 주의해야 하는 데 지쳐, 차라리 자기를 어느 든든한 사람의 손에 맡겨버린다면 마음 내키는 대로, 평소에는 몸에 해로운 것이라도 탈 없이 할 수 있지 않겠는가, 내가 굳이 고생하지 않아도 그 사람이 말 한마디로, 아니면 알약 하나로 금세 회복시켜주지 않겠는가 하고 믿기를 좋아한다.

오데트는 피아노 옆에 있는 장식 융단이 깔린 소파에 가서 앉아 있었다.

"난 이 자리가 좋아요." 그녀는 베르뒤랭 부인에게 말했다.

베르뒤랭 부인은 스완이 딱딱한 의자에 앉아 있는 것을 보고 일어나게 했다.

"그 자리는 편하지 않으실 거예요. 어서 오데트 옆에 가서 앉으시죠. 안 그래요, 오데트, 스완 씨의 자리가 있겠죠?"

"참으로 훌륭한 보베(Beauvais)[2]의 장식 융단이군요." 스완은 앉기에 앞서 싹싹한 티를 내려고 말했다.

---

*1 '명가수'. 바그너의 가극.

*2 장식 융단 제조로 유명한 고장.

"어머, 소파를 칭찬해주시다니 기뻐요." 베르뒤랭 부인이 대답했다. "미리 말해두지만, 이 정도로 훌륭한 소파를 딴 데서 구경하시려면 당장 단념하시는 게 좋을 거예요. 이와 같은 것이 또 만들어진 적은 없었으니까요. 여기 작은 의자들 또한 경탄할 만한 것들이랍니다. 이따가 구경해보세요. 청동 조각마다 그 장식이 의자의 그림 주제와 일치해요. 그걸 구경하시면 분명 재미있을 테고, 틀림없이 구경하길 잘했다고 생각하실 거예요. 자, 보세요. 이 가장자리에 두른 장식, 붉은 바탕 위에 그린 〈곰과 포도〉*의 작은 포도나무를. 잘 그리지 않았나요? 어떻게 생각하세요? 나는 실력 있는 분들이 그린 거라 역시 다르구나 생각하는데요. 이 포도가 꽤 맛나 보이지 않습니까? 나는 과일을 조금만 먹으므로, 바깥양반은 내가 과일을 좋아하지 않는다고 우긴답니다. 하지만 그렇지 않아요. 나는 어느 누구보다도 먹보예요. 다만 눈으로 과일을 맛보고 있으므로 입안에 넣을 필요가 없죠. 아니, 왜들 웃으시죠? 코타르 선생님께 여쭤보세요. 이 포도는 내 뱃속을 깨끗이 한다고 말씀하실 테니. 치료를 위해 퐁텐블로로 가시는 분도 있지만, 나는 이 보베 융단을 보는 걸로 치료를 하는 거죠. 그건 그렇고 스완 씨, 나가시기 전에 잊지 말고 의자 등의 작은 청동 조각을 만져보세요. 녹슨 빛깔에 비해 꽤 부드러운 촉감이 아니겠어요? 아니, 그게 아니라 손안 가득히 고루고루 만져보세요."

"이런, 베르뒤랭 부인께서 청동 조각을 어루만지기 시작하셨으니 오늘 밤 음악은 다 들었군." 화가가 말했다.

"잠자코 계세요, 짓궂으시긴. 그런데 실은 말이죠." 그녀가 스완 쪽으로 얼굴을 돌리며 말했다. "우리 여성은 이 청동보다 더 육감적이라야 해요. 하지만 여성에게는 이것에 비견할 만한 육체가 없답니다! 바깥양반이 나 때문에 질투해주었을 때만 해도—그러시지 말고 얌전히 구세요, 조금도 질투하지 않았다고는 말 못할 테니……."

"하지만 나는 절대로 아무 말도 하지 않았다고. 여보, 의사 선생, 당신이 증인이오. 내가 무슨 말이라도 했소?"

스완은 예의상 청동 조각을 쓰다듬고 있었는데, 감히 곧 그만두지 못하고 있었다.

---

* 라 퐁텐의 우화.

"자, 그건 이따가 쓰다듬으세요. 지금은 당신을, 당신의 귀를 쓰다듬어주려는 거예요. 당신도 좋아하시겠죠. 이 젊은 피아니스트 분께서 그 일을 맡아주실 겁니다."

피아니스트가 연주를 끝냈을 때 스완은 그곳에 있는 누구보다도 이 피아니스트에게 한결 더 살갑게 굴었다. 그 까닭은 다음과 같다.

지난해 어느 야회에서 그는 피아노와 바이올린으로 연주된 어느 곡을 들은 일이 있었다. 처음에 그는 단지 악기가 만들어내는 음의 물질적인 특징밖에 맛보지 못했다. 그러다가 섬세하고 탄력 있으며 치밀하고 통일적인 바이올린의 가는 줄 밑에서 달빛에 홀려 반음계로 떨어진 물결의 연보랏빛 출렁임처럼, 다양한 모습으로 변하며 잔잔하면서도 가볍게 서로 부딪치는 피아노 가락이 물결의 찰랑거림이 되어 솟아오르려고 하는 것을 보았을 때 그건 이미 커다란 기쁨이 되었다. 그러나 어떤 순간에 그를 기쁘게 하고 있는 것의 윤곽을 뚜렷하게 식별할 수도 없고 거기에 뭐라고 이름 붙일 수도 없이 단박에 홀리고 만 스완은, 마치 땅거미 질 무렵 축축한 공기 속에 퍼지는 장미 향기가 콧구멍을 부풀게 하듯 지나가는 결에 그의 영혼을 보다 넓게 넓힌 그 악절이나 화성을—그 자신도 그게 뭔지 모르고서—거두어들이려고 했다. 그런데 스완이 그토록 어렴풋한 인상, 하지만 순전히 음악적이며 비좁게 한정되고 완전히 독창적인, 다른 어떤 인상으로도 되돌릴 수 없는 단 하나의 인상을 감지할 수 있던 것은 아마도 그가 음악을 모르기 때문이었으리라.

이런 종류의 매우 짧은 인상은 이른바 무실체(無實體, sine materia)의 인상이다. 물론 그런 순간에 우리가 듣는 가락은 그 높낮이와 양에 따라서 우리 눈앞에 온갖 크기의 면을 덮고, 아라베스크*를 그리며, 우리에게 넓음과 가늚, 안정성과 급변 같은 감각을 주게 마련이다. 그러나 그런 감각이 우리 안에 충분히 이루어지기도 전에 가락은 사라져버린다. 그리하여 그런 감각은 뒤이은 가락은커녕 바로 그 순간 울리는 가락이 불러일으키는 감각 속으로 파묻히고 만다. 그리고 만약 기억력이 마치 파도 한가운데에 견고한 토대를 쌓는 일을 하는 노동자처럼, 이런 덧없는 악절의 복사를 만들어서 우리로 하

* 아라비아식 덩굴무늬 장식.

여금 그 악절과 그것에 계속되는 악절의 비교 및 구별을 가능케 하지 않는다면, 이와 같은 인상은 액체와도 같이 흐르고 녹아서 이따금 그것으로부터 겨우 알까 말까 하게 떠올랐다가 금세 사라지는 모티프, 그것이 주는 특별한 쾌감을 통해서만 어렴풋이 인식될 뿐 그려낼 수도, 떠올릴 수도, 이름 지을 수도 없는, 말로 형용키 어려운 모티프를 이 인상의 유동성과 '흐리기' 같은 성질로 계속 덮어 싸리라. 그리하여 스완이 느꼈던 그 형용키 어려운 감미로운 감각이 사라지자마자 그의 기억력은 당장에 그 감각의 간략하고도 일시적인 사본을 그에게 제공해주었는데, 곡이 진행되는 동안 그는 이 사본에 눈길을 던지고 있어서 같은 인상이 갑자기 되돌아왔을 때에는 이제 그것을 포착할 수 있었다. 스완은 그 인상의 확장, 그 균형 있는 집합, 그 악보, 그 힘찬 표현을 떠올렸다. 그는 더 이상 순수한 음악에 속하지 않는 것, 오히려 소묘이며 건축이며 사상이면서도 음악을 상기시켜주는 것을 눈앞에 떠올리고 있었다. 이제야 그는 음악 물결 위에 얼마 동안 솟아오른 한 악절을 뚜렷이 구별할 수 있었다. 그것은 당장 그에게 생각조차 하지 못했던 특별한 즐거움을 주어, 그는 그 악절 말고는 어떤 것도 그런 희열을 맛보여줄 수 없을 것이라고 생각했다. 그는 그 악절에 미지의 사랑 같은 감정을 느꼈던 것이다.

그 악절은 느릿한 리듬으로 스완을 처음에 이곳, 다음에 저곳, 그 다음에는 다른 곳으로 이끌어, 고상하고 이해할 수 없으나 매우 명확한 행복 쪽으로 점점 이끌어갔다. 그러다가 그가 거기서부터 악절의 뒤를 쫓아가려고 마음먹고 있던 그 미지의 악절이 닿고 있는 점에 단숨에 이르자, 잠시 쉰 다음 돌연 악절은 방향을 돌려, 한결 빠르고 섬세하며 구슬픈, 끊기지 않는 아름다운 새 속도로 그를 미지의 목표를 향해 함께 데리고 갔다. 그러고 나서 그 악절은 사라졌다. 스완은 세 번째로 악절을 다시 보길 간절히 원했다. 그러자 실제로 악절이 다시 나타났다. 그러나 이제는 전같이 뚜렷하게 말을 건네지도 않았고, 전처럼 깊은 쾌감을 일으키지도 않았다. 그럼에도 집에 돌아가고 보니 그는 다시 그 악절이 필요했다. 이를테면 한 사내가 지나가다 언뜻 본 여인, 이름조차 모르면서 이미 사랑하고 만 여인, 다시 만날 길 없는 여인에 의해서 곧 그의 삶 속에 아주 새로운 아름다움의 모습이 들어와 그의 감수성이 한결 강해지는 그런 경우와도 같았다.

마찬가지로 한 악절에 대한 이런 애착은 스완의 몸속에 어떠한 젊어질 가능성을 열 것이 틀림없는 성싶었다. 오래전부터 그는 자신의 삶을 이상적인 목적에 맞추기를 단념하고 일상적인 만족을 추구하는 데 그쳐서, 그렇다고 명확히 마음속으로 말한 적은 없었지만 죽을 때까지 그런 삶이 변하지 않을 거라고 여기고 있었다. 뿐만 아니라 정신 속에 고상한 사상을 품지 않게 되어 그런 고상한 사상의 실재를 믿는 것도 그만둔 지 오래였는데, 또한 그 실재를 전적으로 부정하지도 못했다. 따라서 그는 하찮은 사상, 사물의 본질에 계속 무관심하게 있을 수 있는 사상 속으로 몸을 피하는 습관이 들어버렸다. 사교계에 드나드는 게 좋은지 좋지 않은지는 생각해본 일도 없는 대신에, 만약 초대를 승낙했다면 꼭 가야하며 혹시 방문하지 않았다면 나중에 명함이라도 놓고 와야 한다고 확신하고 있던 것과 마찬가지로, 그는 담소 중에 사물에 관한 속마음을 절대 진정으로 표시하지 않고 오히려 그 자체만으로도 가치가 있어 그 자신의 기준을 밝히지 않아도 되는 어떤 구체적인 이야기를 하려고 애썼다. 그는 요리 만드는 법, 어느 화가의 생년월일 또는 사망 연월일, 그 화가의 작품 목록 따위에 매우 정통했다. 그래도 가끔은 어쩔 수 없이 어느 작품이나 어느 인생관에 대해서 자기 의견을 내지 않을 수 없었는데, 그럴 때는 자기가 말하고 있는 것에 전혀 집착하지 않는 듯 자기 말에 비꼬는 투를 가미했다.

그런데 병에 걸려 몸이 약한 어떤 사람들은 그들이 닿은 어느 고장, 다른 식이요법, 때로는 우발적인 동시에 신비로운 신체 기관의 변화로 갑자기 그들 병이 점점 나아가는 것처럼 보여, 그 때문에 아주 다른 생활이 뒤늦게 시작된다는 뜻하지 않은 가능성에 마주치는 일이 있는데, 마치 그런 사람들처럼 스완은 그가 들었던 악절의 기억 속에서, 또는 그 악절이 다시 한 번 나타나지나 않을까 싶어 연주해달라고 했던 여러 소나타 속에서 그런 눈에 보이지 않는 실재 가운데 하나의 존재를 발견한 것이었다. 그런 실재의 존재에 대한 믿음은 버린 지 오래였으나, 마치 그를 괴롭히던 메마른 마음에 음악이 어떤 특별한 영향을 준 것처럼 그는 그런 실재에 일생을 바치고 싶은 욕구와 그럴 능력 비슷한 것을 새로 느꼈다. 그러나 자신이 들은 곡이 누가 작곡한 것인지 아무리 알려고 해도 알 수가 없고, 그것을 얻으려고 해도 얻을 수 없어서 결국 잊어버리고 말았다. 그는 그 주일 안에 자기와 같은 야회에 있었던 몇몇 사람을 만나 물어보았으나, 보통은 음악 연주 뒤에 왔거나 그전에 돌아갔거나 했다. 그리고 어떤 사람들은 연주하는 동안 그 자리에 있기는 했지만 다른 방에 가서 이야기를 나누었고, 또 남아서 들었던 사람들도 귀담아 들었던 것은 아니었다. 살롱의 주인들은 어떤가 하면, 그날 밤 그들이 고용한 음악가들이 연주하기를 원한 것은 신곡이었다는 정도밖에 몰랐다. 게다가 그 음악가들이 연주 여행에 나가고 없어, 스완은 그 작품에 대해 더 이상 알 수 없었다. 그에게 음악가 친구가 많이 있기는 했다. 그러나 그 악절에서 받은, 옮기기 어려운 특별한 기쁨을 모조리 떠올리고 그 악절이 그려진 형태를 눈앞에 보면서도, 그것을 음악가 친구들 앞에서 노래 부른다는 것은 그로서는 불가능했다. 그 뒤로 그는 그것에 대한 생각을 하지 않기로 하였다.

그런데 베르뒤랭 부인 댁에서 젊은 피아니스트가 연주하기 시작한 지 몇 분 있다가 두 소절에 걸쳐 어떤 높은 음이 오래 이어진 뒤에, 스완은 불현듯 품고 있는 비밀을 숨기려고 음의 장막처럼 길게 쳐진 이 울림의 밑에서, 그가 사랑하던 그 향기롭고 공기처럼 가벼운 악절이 몰래 찰랑거리며 나뉘어 도망쳐나와 가까이 오는 것을 보았다. 그것이 어찌나 독특하고 개성적인 매력을 갖고 있으며 또 무엇과도 바꿀 수 없던지, 스완은 마치 그가 길거리에서 홀딱 반해버린 뒤 영영 다시 만날 길 없다고 생각하던 여인을 뜻밖에 벗의 살롱에서 만난 심정이었다. 그리고 마침내 악절은 사라졌다. 그를 앞서 이끌듯이 민첩하게, 좋은 향기를 퍼뜨리고 스완의 얼굴에 빛나는 미소의 그림자를 남기면서. 하지만 이번에는 이 미지의 여인의 이름을 물어볼 수 있었다(그것은 뱅퇴유 작곡 〈피아노와 바이올린을 위한 소나타〉의 안단테라고 했다). 그는 그녀를 손안에 꼭 쥐었다. 이제는 얼마든지 원하는 대로 그녀를 자기 집에 초대할 수 있고, 또 그 언어와 비밀을 배울 수 있었다.

그래서 피아니스트가 연주를 끝냈을 때 스완은 그 곁에 가서 감사의 마음을 나타냈던 것인데, 그 열렬함이 베르뒤랭 부인의 마음에 쏙 들었다.

"정말 마술사 같죠?" 부인이 스완에게 말했다. "이토록 젊은데도 그 소나타를 잘 이해하고 있지 않나요? 피아노로 여기까지 다다를 수 있다고는 생각 못하셨을 거예요. 그런데 사실 피아노를 빼놓고는 여기까지 달하는 건 하나도 없어요, 맹세코! 나는 피아노로 이 연주를 들을 때마다 오케스트라를 듣고 있다는 생각이 들어요. 아니, 오케스트라보다 훨씬 아름답고, 훨씬 완벽해요."

젊은 피아니스트는 머리를 숙였다. 그리고 미소 지으며 익살을 부리듯 힘주어 말했다.

"저에게는 매우 너그러우시군요."

그리고 베르뒤랭 부인이 남편한테 "어서 그에게 오렌지에이드를 드려요. 그만한 값어치를 했으니까!" 이렇게 말하는 동안, 스완은 오데트에게 이 소악절을 좋아하게 된 까닭을 이야기했다. 베르뒤랭 부인이 좀 떨어진 곳에서 "어머나! 뭔가 좋은 이야기를 하고들 계시나 봐요, 오데트"라고 말하자 오데트가 "그럼요, 아주 좋은 이야기지요" 하고 대답했을 때, 스완은 그 솔직함이 마음에 들었다. 그렇지만 한편으로 그는 뱅퇴유에 관해, 그의 작품에 대해, 이 소나타를 작곡한 시기에 관해, 뱅퇴유에게 이 소악절이 어떠한 뜻을 갖고 있었는가에 대해 이곳에 모인 사람들에게 여러 가지로 질문하고 있었고, 특히 이 마지막 것은 스완이 알고 싶은 점이었다.

그러나 이 음악가에게 공공연히 감탄하고 있는 모든 사람은(스완이 그 소나타가 참으로 아름답다고 말했을 때 베르뒤랭 부인은 외쳤다. "그렇고말고, 그건 아름답죠! 뱅퇴유의 소나타를 모른다고 공공연히 말하는 사람도 없죠. 누구에게도 그걸 모르고 있을 권리는 없으니까요." 그리고 화가는 이렇게 덧붙였다. "아아, 그건 아주 대단한 작품이죠, 안 그렇습니까? 하지만 '느낌이 좋다든가' '대중적'이라든가 하는 것과는 다르죠, 안 그렇습니까? 그 대신 예술가에게는 매우 강한 인상을 주죠.") 스완이 한 질문을 자기 자신에게 한 적이 한 번도 없는 모양이었다. 왜냐하면 그들에게는 그 질문에 대답할 만한 능력이 없었기 때문이다.

스완이 자기가 좋아하는 이 악절에 대해 내린 두세 가지 단평에도 베르뒤랭 부인은 이렇게 대꾸했다. "아이, 재미있어라. 미처 몰랐어요. 나는 말입니다, 바늘구멍을 쑤시듯 파고들거나 바늘 끝을 비교해보는 데 열중하거나 하는 걸 꽤 싫어해요. 여기서는 머리칼 세듯 아주 세밀하게 따지며 시간을 허비하는 사람은 한 분도 없답니다. 이 집에 맞는 취미가 아니거든요." 코타르 의사는 이런 관용구의 물결 한가운데에서 자유자재로 노는 부인을 황홀에 빠져 감탄하는 눈과 학구적인 열심을 갖고서 뚫어져라 바라보고 있었다. 그리고 코타르 부인도 서민계급 사람들이 지니고 있는 어떤 분별을 지니고 있었으므로, 음악에 대해 의견을 말하거나 감탄하는 체하는 것을 삼갔는데,

일단 집에 돌아오자 그들은 '비슈 화백'의 그림과 마찬가지로 그 음악도 전혀 이해 못하겠다는 사실을 서로 털어놓는 것이었다.

독창적인 예술가는 예술에서 진부한 작품을 내던지는 것으로 시작하는데, 본디 대중이란 그들이 천천히 동화된 예술의 진부한 작품 속에서 얻은 것 말고는 자연의 아름다움, 풍취, 풍모를 알아보지 못한다. 그러므로 그런 점에서 대중의 모습이라고 말할 수 있는 코타르 부부는 뱅퇴유의 소나타에서도, 그 화가의 초상화에서도 그들 예술가에게는 음악의 화성이 되고 회화의 미가 되는 것을 알아내지 못했던 것이다. 그들 부부에게는 피아니스트가 이 소나타를 연주할 때 그들의 귀에 익숙한 형식과 전혀 관계없는 가락을 피아노 위에 멋대로 두드리는 것처럼 들리고, 화가가 화폭 위에 멋대로 여러 색을 문지른 것처럼 보였다. 그 화폭 속에서 그들이 어떤 형태를 알아볼 수 있었다 할지라도 그들은 그 형태를 답답하고도 비속한 것으로 생각하며(다시 말해 그들은 거리에서 실제 인간을 볼 때도 그러듯이 회화의 어떤 파에서 갈려 나온 갈래에 비추어보아 그 인간에게 우아함이 없다고 생각하며), 또한 마치 비슈 화백이 어깨의 구조도 모르고, 여인의 머리털 색이 연보라가 아닌 것도 모르고 있기나 한 것처럼 그의 그림에는 진실이 그려져 있지 않다고 생각하는 것이다.

그렇지만 신자들이 흩어져 있었으므로 의사는 좋은 기회라 여겼다. 때마침 베르뒤랭 부인이 뱅퇴유의 소나타에 관해 결론을 내리고 있는 참이라, 의사는 수영 초보자가 사람들이 거의 보지 않는 틈을 타서 수영을 배우려고 물에 풍덩 뛰어들듯이 결연하게 외쳤다.

"그럼, 그 음악가는 이른바 디 프리모 카르텔로(di primo cartello)* 음악가군요!"

스완은 최근 뱅퇴유 소나타의 출현이 어느 앞선 유파(流派)에 지대한 인상을 주었는데, 일반에게는 전혀 알려지지 않고 있다는 것을 겨우 알아냈다.

"실은 뱅퇴유라는 이름의 어떤 사람을 잘 알고 있습니다만……." 스완은 우리 할머니의 여동생들을 가르친 피아노 선생을 생각하면서 말했다.

"아마 그분일지도 몰라요!" 베르뒤랭 부인이 소리쳤다.

---

* '가장 위대한'이라는 뜻의 이탈리아어.

"천만에요!" 스완은 웃으며 말했다. "만일 부인께서 그분을 잠깐이라도 보셨다면, 그런 의문을 품지 않으실 겁니다."

"그럼, 의문을 품는 게 의문을 푸는 셈인가요?" 의사가 말했다.

"하기야 친척일지도 모르지만" 하고 스완은 말을 이었다. "그렇다면 매우 한심한 일이겠지만, 결국 천재라 할지라도 바보 영감의 사촌형제일 수도 있으니까요. 만약 그렇다면, 그 바보 영감이 나를 소나타의 작곡가에게 소개해 준다면야 나는 아무리 괴로운 노릇도 달게 참겠습니다. 먼저 그 바보 영감과 자주 만나는 괴로움도 달게 받고말고요, 가장 진저리나는 노릇임에 틀림없지만."

화가는 요즘 뱅퇴유가 병이 중해서 포탱 의사도 이미 희망이 없다고 걱정하는 것을 들어 알고 있었다.

"뭐라고요!" 베르뒤랭 부인이 소리 질렀다. "아직도 포탱의 치료를 받는 사람이 있다니!"

"허어, 베르뒤랭 부인." 점잔 빼는 말투로 코타르가 말했다. "내 동료 가운데 한 분에 대해 말씀하시고 있다는 걸 잊지 마시길. 아니, 내 선생님들 가운데 한 분이라고 할까요."

화가는 뱅퇴유에게 정신착란의 위험이 있다는 말을 들었다. 그리고 그는 이 음악가가 작곡한 소나타의 어떤 악절에서 그 점을 알아챌 수 있다고 단언했다. 스완은 이 지적을 터무니없다고 생각하진 않았으나 이는 그의 마음을 어지럽혔다. 왜냐하면 언어의 논리적 혼란은 정신착란을 뜻하지만 애초에 순수한 음악작품에는 아무 논리적인 맥락이 없으므로, 소나타에서 엿보이는 착란이 암캐의 광기나 말의 광기—이것들은 실제로 관찰되지만—와 마찬가지로 스완에게 뭔가 신비하게 느껴졌기 때문이다.

"당신의 선생님들이 어쩌고저쩌고하는 말은 그만두세요. 당신이 포탱보다 그 방면에 열 배나 밝으니까." 베르뒤랭 부인은 자기 소신이 강한 이가 다른 의견에 용감무쌍하게 덤벼드는 말투로 코타르 의사에게 대답했다. "자기 환자를 죽이지는 않거든요, 적어도 당신은!"

"그러나 부인, 그분은 아카데미 회원입니다." 코타르 의사는 비꼬는 말투로 대꾸했다. "만약에 환자가 과학의 제왕 손에 죽기를 바란다면…… '나를 치료하는 분은 포탱입니다'라고 말할 수 있는 편이 썩 멋져요."

"어머! 그게 멋이라고요?" 베르뒤랭 부인이 말했다. "그럼, 요새는 병에도 멋이 있나요? 미처 몰랐어…… 재미난 말씀이야!" 부인은 재빨리 손안에 얼굴을 묻으면서 외쳤다. "나도 참 사람이 좋아, 당신이 나를 놀리는 줄도 모르고 진지하게 입씨름하다니."

한편 베르뒤랭 씨는 이런 시시한 이야기에 웃어야 하는 일이 약간 귀찮아서, 사교성이라는 영역에서 더 이상 아내를 쫓아갈 수 없는 것을 쓸쓸하게 생각하며 담뱃대에서 연기를 한 번 내뿜는 것으로 만족했다.

"당신 친구가 우리 마음에 썩 들어요." 베르뒤랭 부인은 오데트가 작별인사를 한 순간에 말했다. "솔직하고 매력 있는 분이군요. 이런 친구 분만 소개하신다면 얼마든지 데리고 오세요."

베르뒤랭 씨는 스완이 피아니스트 숙모의 가치를 낮게 평가한 것을 지적했다.

"약간 어리둥절한 거예요, 그분은." 베르뒤랭 부인은 대답했다. "설마 그분이 처음 와주신 날부터, 몇 년이나 우리 작은 동아리에 가입해 계신 코타르처럼 우리집 분위기를 알길 바라는 건 아니겠죠. 첫날은 셈에 들지 않아요. 먼저 계기가 필요했던 거니까. 오데트, 내일 샤틀레 극장에서 우리와 만나기로 그분이 승낙하셨죠. 당신이 그분을 데리러 가시겠어요?"

"아뇨, 그분이 싫어해요."

"그래요! 그럼 좋으실 대로. 그가 여차할 때 달아나지 않는다면야!"

베르뒤랭 부인으로선 몹시 놀랍게도 스완은 단 한 번도 달아나지 않았다. 장소를 가리지 않고 그는 그들을 만나러 왔다. 때로는 교외 식당에서 만나는 일도 있었지만 아직 제철이 아니어서 거기에는 매우 드물게 가고, 극장에서 더 자주 만났다. 베르뒤랭 부인이 연극을 무척 좋아했던 것이다. 어느 날 부인 댁에서 부인이 스완을 앞에 두고, 초연이나 특별 공연 날에는 경찰의 통행증이 아주 유효하다는 것, 강베타(Gambetta)*의 장례식날 그것이 없어 매우 난처했다는 것을 이야기했을 때, 평소에 자기의 빛나는 교제는 결코 언급하지 않으면서 오직 숨길 것도 없다고 판단한 변변치 않은 교제—포부르 생

* 1870년 프랑스 국방 내각의 위원(1838~82).

제르맹에서 그는 어느새 정치인과의 교제를 이 변변치 않은 교제에 넣어서 셈하는 습관이 들고 말았는데—만을 입 밖에 내고 있던 스완이 대답했다.

"내가 그 일을 맡아하죠. 〈다니세프네 사람들〉*1의 재연에는 늦지 않게 해드리겠습니다. 마침 내일 엘리제궁에서 경시 총감과 점심 식사를 하니까요."

"뭐요, 엘리제궁에?" 코타르 의사가 우레 같은 목소리로 외쳤다.

"네, 그레비(Jules Grévy)*2 씨 댁에서." 스완은 자기 말이 일으킨 상황에 약간 당황해서 대답했다.

그러자 화가는 우롱하는 투로 의사에게 말했다.

"그런 일로 자주 놀라시나?"

보통 한 번 설명을 들으면 코타르는 '아아! 옳거니, 그거 좋군' 하고는 더 이상 동요의 기색을 나타내지 않았다. 그런데 이때만은 달랐다. 스완의 마지막 말은 그에게 여느 때의 진정을 가져다주기는커녕, 자신과 식사를 같이하고 있는 이 사내, 공직에 있지도 않고 어떤 명성도 없는 이 사내가 국가 원수와 사귀고 있다는 놀라움을 극에 달하게 했다.

"뭐라고요? 그레비 씨? 그레비 씨와 아는 사이라고요?" 그는 얼빠진 동시에 의심 많은 투로 스완에게 말했다. 그것은 궁정의 수위가 처음 보는 사람에게서 공화국 대통령을 만나게 해달라는 요구를 듣고, 그 말 속에서 신문이 말하는 이른바 '누구에게 볼일이 있는지'를 이해하고, 이 불쌍한 미치광이를 곧 만나게 해주겠다고 달래면서 유치장의 특별 병동에 보내는 순간의, 그 얼떨떨한 의심 많은 투였다.

"조금 아는 사이죠, 우리에게는 같은 벗이 있어서요(그는 구태여 그 벗이 웨일스 왕자라고 말하지 않았다). 게다가 그분은 아주 쉽게 사람을 초대하죠. 또 그 오찬으로 말할 것 같으면 하나도 재미없고요. 아주 간소하고, 손님도 여덟 명이 넘는 경우가 드물죠." 이렇게 스완은 공화국 대통령과의 교제가 상대의 눈에 너무 빛나게 비치는 것을 막으려고 애쓰며 대답했다.

그러자 곧 코타르는 스완의 말을 곧이곧대로 들어 그레비 씨의 초대가 지닌 가치에 관해, 그것이 조금도 진귀한 것이 아니라 흔해빠진 것이라는 견해

---

*1 소(小)뒤마의 희극. 1876년 초연.

*2 프랑스 대통령. 1879년에서 1887년까지 재직.

를 택했다. 그러므로 스완이든 다른 사람이든 간에 누군가가 자주 엘리제궁에 드나들고 있다 해도 그는 더 이상 놀라지 않았으며, 스완 자신이 재미없다고 말한 오찬에 초대되는 스완 신세가 불쌍하기까지 했다.

"아아! 옳거니, 그거 좋군." 마치 조금 전까지도 의심하다가 설명을 듣고 이해가 가자 곧바로 비자를 주고, 여행가방을 열어보지도 않고 통과시키는 세관 관리 같은 투로 그는 말했다.

"그렇고말고요! 그런 오찬은 재미없을 게 뻔해요. 그런 곳에 가다니 참을성도 많으셔라." 베르뒤랭 부인이 말했다. 부인은 공화국 대통령을 유달리 가공할 만한 진저리나는 인간으로 생각했던 것이다. 왜냐하면 부인의 신자들에게 쓰인다면 금세 그들이 부인 곁을 떠나고 말 유혹이나 속박을, 그가 마음대로 행사하는 것처럼 생각되었기 때문이다. "듣자하니 그분은 항아리처럼 귀머거리인 데다가 손가락으로 식사하는 모양이죠."

"그럼 역시 그곳에 드나드시는 게 별로 재미없겠군요." 의사는 동정하는 투로 말했다. 그리고 여덟이라는 참가자 수를 떠올린 그는 "이른바 내부의 오찬이겠군요?" 하고, 실없이 구경하기 좋아하는 사람의 호기심보다 오히려 언어학자의 열의를 갖고서 열심히 물어보았다.

그러나 의사의 눈에 비친 공화국 대통령의 위광이 결국 스완의 겸허나 베르뒤랭 부인의 악의보다도 강했으므로, 저녁 식사 모임 때마다 코타르는 관심과 더불어 묻곤 했다. "오늘 저녁 스완 씨를 뵐는지요? 그레비 씨와 친한 사이라고 하시잖아요. 그야말로 이른바 신사이신데요?" 그리고 그는 스완에게 치과 전람회 초대권을 주는 데까지 이르렀다.

"이것으로 동반하신 분들까지 들어올 수 있지만, 개만은 못 들어갑니다. 아시겠습니까. 이런 말씀을 드리는 것도 실은 내 친구 가운데 이 점을 모르고 개를 데리고 가서 몹시 뉘우친 사람이 있기 때문이죠."

베르뒤랭 씨는 어떤가 하면, 스완이 자기 입으로 말한 적은 없으나 유력한 친구를 사귀고 있는 것을 발견한 데서 아내에게 생긴 역효과를 주목했다.

바깥 놀이를 가지 않았을 때에는 스완은 베르뒤랭네에서 이 작은 핵심들과 만나곤 했는데, 꼭 밤에만 갔으며, 오데트가 아무리 간청해도 저녁 식사 초대에는 거의 응하지 않았다.

"난 당신과 단둘이서 저녁 식사를 해도 괜찮아요. 그러는 걸 당신이 좋아하신다면.” 오데트가 그에게 말했다.

“그럼, 베르뒤랭 부인은?”

“어머나! 그야 간단해요. 옷 마련이 미처 안 됐다든가, 이륜마차가 늦게 왔다든가 하고 말하면 그만이죠. 언제든지 적당히 넘어갈 길은 있는 법이에요.”

“당신은 귀여워.”

그러나 스완은 만약에 자기가 오데트에게(만찬이 끝나면 다시 만납시다라고 말하여) 그녀와 함께 있는 즐거움보다 더 좋아하는 갖가지 즐거움이 있음을 나타낸다면, 그녀도 질리지 않고 오랫동안 계속 자기에게 호감을 품을 거라고 생각했다. 그리고 다른 한편으로는 오데트의 아름다움보다도, 그 무렵 그가 반해 있던 장미꽃같이 싱싱하며 오동포동한 여공 아가씨의 아름다움을 한없이 더 좋아해서, 어차피 오데트는 나중에 만날 게 확실하니까 초저녁은 이 아가씨와 함께 보내고 싶었던 것이다. 그리고 같은 이유에서 그는 베르뒤랭네로 갈 때 오데트가 데리러 오는 것을 한 번도 허락하지 않았던 것이다.

그 여공 아가씨가 스완네 근처 거리 모퉁이에서 기다린다. 마부 레미는 아가씨를 알아본다. 아가씨는 스완 옆에 타고, 마차가 베르뒤랭네 앞에 이르기까지 그의 팔에 안겨 있다. 스완이 살롱에 들어가면 베르뒤랭 부인은 그가 아침에 보낸 장미를 보이며 “이러시면 안 되죠” 말하면서 오데트의 옆자리를 가리킨다. 그러는 동안 피아니스트는 스완과 오데트를 위하여 그들 사랑의 국가(國歌)라고도 할 뱅퇴유의 소악절을 연주한다. 국가는 언제나 바이올린 트레몰로(tremolo)의 연속으로부터 시작해, 몇 소절 동안 전경을 모두 차지한 트레몰로만이 들리다가, 갑자기 그것이 멀어져가는 듯이 보인다. 그리고 마치 피터르 더 호흐(Pieter de Hooch)*의 그림처럼, 그 소악절은 반쯤 열린 문의 좁다란 틀 덕분에 깊이를 얻어 새어들어오는 햇살의 벨벳에 싸여서 다른 색채를 띠며 나타난다. 그것은 춤추는 듯, 목가적인 듯, 우연히 끼워넣은 삽화인 듯하여 어쩐지 다른 세계에 속해 있는 느낌이 들기도 했다. 그것은 단순하고도 끝없는 기복을 그리며, 여기저기에 우아함을 흩뿌리며,

* 네덜란드의 화가(1629~84).

형용키 어려운 미소를 품고 지나갔다. 그러나 스완은 이제야 거기에서 뚜렷하게 환멸을 본 듯했다. 이 악절이 길을 가리켜준 행복의 덧없음을 이 악절 자체가 알고 있는 성싶었던 것이다. 그 경쾌한 우아함 가운데, 악절은 비탄에 뒤따르는 해탈 같은 완성된 그 무엇을 지니고 있었다. 하지만 스완으로서는 그건 아무렇지도 않았으니, 그는 이 악절을 그 자체로—이를테면 그것을 작곡했을 때 스완과 오데트의 존재를 몰랐던 한 작곡가에 대하여, 또 몇 세기 동안 그것을 들을 모든 사람에 대하여 그 악절이 나타내고 있는 것으로—보기보다 오히려 베르뒤랭 부부나 젊은 피아니스트에게까지 자신과 오데트를 생각나게 하는, 그와 그녀를 맺어주는 사랑의 징표, 사랑의 기념으로 보고 있던 것이다. 그래서 소나타 전곡을 어느 음악가에게 연주하도록 하겠다는 계획을 이제는 오데트의 변덕에서 나온 청에 따라 단념하고 말아, 그는 여전히 그 소악절밖에 몰랐다. "그 밖에 뭐가 더 필요하죠? 우리의 곡, 그걸로 충분해요" 하고 오데트가 그에게 말했던 것이었다. 그리고 또 이 악절이 아주 가까운 곳을, 그러나 실은 무한히 먼 곳을 지나쳐 사라져간 순간, 그들 두 사람에게 말을 건네면서도 그들 두 사람과는 아는 사이가 아니라는 사실을 스완은 괴롭게 생각하면서, 그것이 어떤 뜻을 지니고, 그들과 관계없는 본질적이고 고정된 어떤 아름다움을 지니고 있음을 섭섭하게 생각했다. 마치 사랑하는 여인이 보내온 보석 또는 글을 받고서도 이 덧없는 관계와 잊지 못할 여인의 진수만으로 이루어진 것이 아니라는 이유에서 그 보석의 광택과 글의 낱말을 탓하듯.

스완은 베르뒤랭네로 가기 전에 여공 아가씨와 더불어 어찌나 꾸물거렸던지, 피아니스트가 소악절을 다 연주하고 나자 곧 오데트가 돌아갈 시간이 머지않은 것을 깨닫는 일이 자주 있었다. 그는 오데트를 개선문 뒤의 라 페루즈 거리에 있는 작은 집 문까지 배웅한다. 그리고 그는 아마도 이렇게 그녀를 바래다주고 싶어서, 또 그녀에게 사랑의 표적을 모조리 청해버리지 않으려고 그로서는 그다지 필요하지 않은 기쁨, 좀더 빨리 그녀를 만나 함께 베르뒤랭네에 이르는 기쁨을 희생해서 그녀도 감사하는 권리, 나와 같이 돌아간다는 보다 가치 있는 권리 행사를 택했는지도 몰랐다. 왜냐하면 이 덕분에 스완은 그녀와 작별한 뒤에 그녀를 만나는 자도, 두 사람 사이에 끼어들어오는 자도, 아직 그녀의 모습을 꼭 품고 있는 자기를 방해하는 자도 없다는 인상을 가졌기 때문이다.

이와 같이 그녀는 스완의 마차를 타고 집에 돌아가곤 했다. 어느 날 밤, 그녀가 막 마차에서 내리고, 스완이 그녀에게 그럼 내일 또 보자고 말했을 때, 그녀가 부랴부랴 집 앞쪽에 있는 작은 뜰에서 철 늦은 국화 한 송이를 꺾어 떠나려는 그에게 준 적이 있었다. 그는 그 국화 한 송이를 돌아가는 동안 입술에 꼭 대고 있었다. 그리고 며칠 뒤 꽃이 시들자 그는 책상 서랍 속에 그걸 소중히 넣어두었다.

그러나 그는 좀처럼 그녀의 집에는 들어가지 않았다. 오직 두 번, 그것도 대낮에, 그녀로서는 중요한 일인 '차 마시기'에 참석한 게 다였다. 근처의 적막하고 인적 없는 골목길들(길가에는 거의 작은 집들만 줄지어 있고, 그 단조로움은 이 거리가 아직 나쁜 평판을 얻고 있던 시대의 역사를 그대로 말하는 듯한 누추하고도 음울한 몇 군데 구멍가게로 느닷없이 깨지곤 했다), 뜰과 수목에 아직도 남아 있는 눈, 그 계절 특유의 무심한 분위기, 가까이 다가와 있는 자연의 모습 같은 것이, 그녀의 집 안에 들어서면서 눈에 띄는 꽃이며 피부에 느껴지는 따스함에 한결 신비스러운 그 무엇을 더하고 있었다.

큰길보다 더 높은 1층에 오데트의 침실이 있고, 뒤쪽으로는 또 다른 평행한 골목길에 마주하고 있는 침실을 왼쪽으로 지나쳐서 우중충한 색을 칠한 벽 사이로 똑바른 계단이 나 있었다. 그 벽에는 동방의 직물, 터키의 염주, 명주 노끈으로 매단 커다란 일본 초롱(다만 이것에는 방문자한테서 최근 유럽 문명의 쾌적함을 빼앗지 않기 위해 가스등이 켜져 있었다)이 매달려 있었으며, 계단은 크고 작은 두 손님방으로 통하고 있었다. 이 두 손님방 앞에 있는 비좁은 대기실 벽은 정원의 철망과 같은 격자로 되어 있었고, 그 빛은 금색을 띠었으며, 또 벽 쪽을 꽉 채우면서 직사각형 상자가 놓여 있었다. 그리고 거기에는 그 무렵 아직 희귀하던 큰 송이 국화, 그러나 그 뒤 원예가가 재배에 성공한 것과 비교하면 훨씬 작은 국화가 온실 안에서처럼 한 줄로 나란히 피어 있었다. 스완은 지난해부터 시작된 국화 유행을 못마땅하게 여겨왔지만, 지금은 이 우중충한 겨울날에 반짝이는 이내 스러질 그 많은 별의 향기로운 빛줄기를 통해 장밋빛이나, 오렌지빛이나, 흰빛 줄무늬가 져 있는 방의 희미한 빛을 보니 왠지 기분이 좋았다.

처음 오데트는 장밋빛 비단 실내복 차림으로 목덜미와 팔을 드러낸 채 그를 맞아들였다. 그녀는 스완을 수많은 신비로운 사실(私室) 가운데 한 곳, 손님방 안쪽에 꾸며지고, 중국 화분에 심은 커다란 종려나무라든가 사진과 리본과 부채 따위를 붙인 병풍으로 보호받고 있는 사실 안으로 맞이해 자기 옆에 앉혔다. 오데트는 그에게 "이래서는 편하지 않으시죠. 잠깐만 기다리세요. 편하게 해드릴 테니까" 하고 말하고, 무슨 특별한 발명이라도 해낸 것처럼 자랑스럽게 생글생글 웃으며 스완의 머리 뒤와 다리 밑에 일본 비단 방석을 괴었다. 그녀는 마치 그런 귀중품이 아깝지 않고 그 값도 개의치 않는다는 듯 방석을 마구 주물러 부드럽게 했던 것이다. 이윽고 시중꾼이 연달아 등잔—대개 중국 도자기 속에 넣은 것—을 가져왔다. 그것은 모두 마치 제단을 꾸미듯이 여러 가구 위에 홀로 또는 쌍쌍이 켜지고, 그리고 그 불빛이—아마도 이 방의 밝게 비춰진 유리창이 드러냈다가 숨겼다가 하는 불가사의한 인기척 앞에, 연정에 사로잡힌 누군가의 발걸음을 창 밑 거리에 멈추게 하여 그의 몽상을 불러일으켰을지도 모르지만—이미 거의 밤중을 떠오르게 하는 겨울날의 황혼 중에 저물어가는 해를 더 오래, 더 장밋빛으로, 더 인정미 있는 것으로 재현하는 것이었다.

그런데 그때 오데트는 시중꾼이 그 등잔을 정한 자리에 제대로 놓는지 곁눈으로 엄하게 지켜보고 있었다. 단 한 개의 등잔이라도 제자리에 놓지 않으면 손님방 전체의 분위기가 망가지고, 플러시천을 두른 비스듬한 화판틀에 세워놓은 자기 초상화가 제대로 불빛을 받지 못할 거라고 생각했던 것이다. 그래서 그녀는 언제나 조심성 없는 시중꾼의 동작을 눈여겨보다가, 깨뜨릴까 봐 평소에 그녀 자신이 손수 청소하고 있는 두 개의 화분 옆을 시중꾼이 너무 바싹 지나갔으므로 그를 심하게 꾸짖고 나서 화분 귀퉁이가 벗겨지지 않았는지 살피려고 곁으로 가보기도 했다. 오데트는 자신이 가진 중국 골동품의 형태를, 그리고 또 난초과의 꽃, 특히 카틀레야 꽃 모양을 '재미있다'고 생각하고 있었는데, 카틀레야는 국화 못지않게 그녀의 마음에 든 꽃이었다. 왜냐하면 그것은 꽃이라기보다는 명주나 새틴으로 만들어진 것처럼 보인다는 매우 큰 장점을 갖고 있었기 때문이다.

"이 꽃은 제 외투 안감에서 오려낸 것 같아요." 오데트는 카틀레야를 가리키며 스완에게 말했다. 이 '무척 멋있는 꽃', 자연이 뜻밖에도 그녀에게 선사한 우아한 누이, 생물의 등급으로 본다면 그녀보다 훨씬 낮은 위치에 있지만 그래도 세련된 누이, 수많은 여인네보다 훨씬 훌륭하여 이 손님방에 참으로 어울리는 이 누이에 대한 존중이 깃들인 어조로. 도자기 꽃병에 장식되거나 또는 벽난로 앞 병풍에 수놓인 화설(火舌)의 용을, 난초 꽃다발의 꽃관을, 벽난로 위에 비취 두꺼비와 나란히 놓여 있는 눈에 홍옥이 박힌 상감한 은제 단봉낙타 따위를 번갈아 그에게 보이면서, 오데트는 그 괴물의 사악함을 겁내는 체하기도 하고, 그 우스꽝스러움을 웃는 체하기도 하며, 그 꽃들의 외설함에 얼굴을 붉히는 체하기도 하고, 자기가 '사랑하는 이'라고 부르는 두꺼비와 낙타에 입맞추러 가고 싶어 못 견디겠다는 체하기도 했다. 그런데 이러한 체는 그녀가 갖고 있는 신앙심의 어떤 진정, 특히 그녀가 니스(Nice)에서 살았을 때 거의 죽을병을 낫게 해준 라게(Laghet)*의 성모에 대한 신앙심의 진정과 대조를 이루는 것이었다. 그녀는 늘 이 성모의 금메달을 몸에 지니고 다녔으며 그것의 능력이 넓고 커서 끝이 없다고 믿고 있었다.

오데트는 스완에게 '그의' 차를 따라주며 묻는다. "레몬을 칠까요, 크림을 칠까요?" 스완이 "크림"이라고 대답하니까 그녀는 웃으면서 말한다. "구름 한 점만큼만!" 그리고 스완이 맛있다고 말하자 대꾸한다. "보세요, 당신이 좋아하시는 걸 잘 알잖아요." 과연 이 차는 그녀와 마찬가지로 스완에게도 뭔가 귀중한 것으로 느껴졌다. 그리고 사랑이란 여러 기쁨 속에서 사랑의 증거와 영속의 보증을 찾아낼 필요가 있으므로—반대로 기쁨은 사랑 없이 있을 수 없으며 사랑과 더불어 끝나지만—스완이 7시에 그녀와 작별하고 야회복으로 갈아입으려고 마차에 몸을 실어 집에 돌아가는 도중, 그는 이 오후가 그에게 준 기쁨을 억누르지 못해 "그처럼 희귀하고 맛있는 차를 대접할 줄 아는 사랑스러운 여인이 있다니 얼마나 좋은가" 하고 되뇌었다. 한 시간 뒤 그는 오데트가 보낸 쪽지를 받고, 단박에 그 번드르르한 글씨를 알아보았다. 영국풍으로 어색하게 멋부린 덕분에 삐뚤빼뚤한 그 글씨도 언뜻 보아 교양 있는 인상을 주고 있었지만, 스완보다 선입관이 적은 사람의 눈에는, 모르면 몰라도 그런 글자는 정신의 혼잡, 충분하지 못한 교육, 정직성과 의지의 결핍을 나타냈을 것이다. 스완은 오데트네 집에 깜박하고 담뱃갑을 놓고 왔다. "왜 당신 마음도 같이 놓고 가시지 않았는지요. 마음이라면 돌려드리지 않았

* 알프마리팀(Alpes-Maritimes)에 있는 성당.

을걸."

스완의 두 번째 방문은 아마 한결 중대했을 것이다. 둘이서 만나기로 되어 있을 때마다 그렇듯, 그날도 그는 오데트네로 가는 동안 그녀의 모습을 마음속으로 그리고 있었다. 그녀의 얼굴을 예쁘다고 생각하려면, 늘 누렇고 초췌하며 이따금 붉은 반점이 드문드문 돋는 그녀의 두 볼에서 오직 장밋빛 도는 산뜻한 광대뼈 언저리만을 떼어 마음속으로 그려야만 했다. 이 사실은 인간의 이상이란 인간이 가까이할 수 없는 것이며 실제 행복이란 결국 보잘것없는 것임을 증명하는 듯싶어서 그를 몹시 슬프게 했다.

그는 그녀가 보고 싶어하던 판화를 가져갔다. 오데트는 몸이 약간 거북한 듯했다. 그녀는 호화롭게 수놓은 천을 외투처럼 가슴 위에서 여미면서, 연보랏빛 크레프드신(crêpe de Chine)*1 실내복 차림으로 그를 맞이했다. 그의 곁에 서서, 흐트러진 머리털을 두 볼을 따라 그대로 늘어뜨리고, 판화 쪽으로 몸을 편히 기울일 수 있게 춤추는 듯한 자세로 한쪽 다리를 굽히고, 생기가 없을 때면 무척 피로하고도 침울해 보이는 큰 눈으로, 머리를 갸우뚱하게 기울이고 판화를 들여다보고 있는 그녀는 시스티나 대성당 벽화에 있는 이드로*2의 딸 십보라*3를 꼭 닮아서 스완을 놀라게 했다.

평소 스완에게는 우리 주위에 있는 현실의 보편적인 특징뿐만 아니라, 그와는 반대로 보편성과는 가장 거리가 멀어 보이는 것, 즉 우리가 아는 사람의 얼굴이 지닌 개성적인 특징을 거장들의 그림 속에서 발견하기를 좋아하는 유별난 취미가 있었다. 이를테면 안토니오 리초(Antonio Rizzo)*4의 작품인 로레다노*5 흉상에서는 불쑥 나온 광대뼈를 비롯하여 비스듬한 눈썹에 이르기까지 그것이 그의 마부 레미와 괘씸하리만큼 닮은 것을, 기를란다요(Ghirlandajo)의 채색화*6에서는 그 색깔이 곧 팔랑시 씨의 코 색깔이란 것

*1 쪼글쪼글한 엷은 비단.

*2 미디안의 제사장.

*3 이드로의 딸, 모세의 아내. 《출애굽기》 제2장 20절 참조. 여기서는 보티첼리가 그린 것을 가리킴.

*4 15세기 이탈리아의 조각가.

*5 베네치아의 총독.

*6 피렌체의 화가(1449~94). 여기서 말하는 그림은 루브르 미술관에 있는 〈노인과 소년〉.

을, 틴토레토(Tintoretto)*가 그린 어느 초상화에서는 볼 속으로 파고 들어오는 구레나룻 난 부분이라든지, 코의 흠이라든지, 쏘아보는 눈매라든지, 충혈된 눈 따위가 부르봉 의사와 닮았다는 사실을 발견했다. 그는 자기 삶이 사교계에서의 관계나 담소에 한정되어 있다는 점을 늘 뉘우치고 있었던지, 이 위대한 미술가들에 의해서 주어지는 어떠한 관대한 용서를 기대하며, 이 거장들도 이런 얼굴—그 작품들에 현실성과 생명의 독특한 증명 및 현대미를 주고 있는 얼굴—을 기쁘게 관찰하여 그 작품 속에 넣었다는 사실에서 그 용서를 얻을 수 있다고 믿고 있었는지도 몰랐다. 또한 그는 사교계 인사들의 신중하지 못하고 가벼운 말과 행동에 해를 입어와서, 오늘날의 인간을 새롭게 하는 이러한 암시를 옛 작품 속에서 발견할 필요를 느끼고 있었는지도 몰랐다. 아니면 반대로 그는 옛 초상화와 거기에 나타나 있을 리 없는 자기 주변의 어떤 개인이 매우 닮아서, 그런 개인적인 특징이 이 유사 속에 완전히 자유롭게 실려 있다는 사실을 알아보자, 그런 특징에 한결 넓은 뜻이 부여되어 있음을 간파하여 기뻐할 정도의 예술가적 소질을 충분히 갖고 있었는지도 몰랐다.

어쨌든 아마도 그가 얼마 전부터 가지게 된 인상의 풍요함이, 하기야 그 풍요함은 오히려 음악에 대한 애호와 함께 왔지만 어쨌거나 회화에 대한 그의 취미를 보다 높였으므로 이 기쁨은 더 깊어지고—스완에게 영속적인 영향을 미쳤던 것이 틀림없고—이 순간에 그는 이 기쁨을 오데트와 산드로 디 마리아노의 작품인 십보라와의 유사 속에서 발견했던 것이다(보티첼리라는 향명이 이 화가의 진짜 작품을 떠올리게 하는 대신 그에 대해서 지금 나돌고 있는 비속하고도 틀린 관념을 떠올리게 된 이래, 세상 사람들은 산드로 디 마리아노를 이 유명한 별명으로 즐겨 불렀다). 따라서 그는 이제 그녀의 두 볼이 지닌 아름다움이라든가, 언젠가는 그녀를 껴안아 자기 입술을 뺨에 대면서 알아낼 것이라 상상하고 있는 순수한 육체적 부드러움에 준하여 오데트 얼굴을 평가하지 않게 되었다. 그는 오히려 그녀의 얼굴을 섬세하고도 아름다운 선의 뒤섞임으로 평가하고, 눈으로 그 얽힌 곡선을 뒤쫓고 목덜미의 리듬을 풍성한 머리털과 눈꺼풀의 곡선에 한데 합치면서 고치에서 실을 뽑

* 베네치아의 화가(1518~94).

듯 선 하나하나를 풀어갔다. 말하자면 그는 그녀를, 그녀의 특징이 뚜렷하게 이해될 것 같은 초상화 속에 넣고서 보게 되었다.

그는 오데트를 눈여겨보았다. 벽화의 단편이 그녀의 얼굴과 몸에 나타났다. 그리고 그때부터 그는 오데트 곁에 있거나 혼자서 그녀를 생각하거나 할 때 늘 그녀 몸속에서 이 벽화의 단편을 찾아내려고 애썼다. 그가 피렌체파의 걸작을 존중한 까닭은, 물론 단순히 그가 그것을 그녀 안에서 찾아냈기 때문인 것은 틀림없지만, 이 닮음이 그녀에게도 아름다움을 주어서 그는 그녀를 더 소중히 생각하게 되었기 때문이다. 스완은 거장 산드로에게 황홀하게 보였을 여성의 가치를 인정하지 못한 자신을 꾸짖는 동시에, 오데트와 만나는 기쁨을 자신의 심미적 교양으로써 정당화할 수 있는 것을 기뻐했다. 그는 이렇게 생각했다. 오데트를 생각하는 마음과 행복에 대한 자기 꿈을 결합하면서, 자신은 지금까지 여겨온 것처럼 불완전하기 짝이 없는 것을 감수하고 있는 게 아니다, 왜냐하면 자기의 가장 세련된 예술 취미를 그녀가 만족시켜주고 있기 때문이다, 라고. 한데 그런다고 해서 오데트가 좀더 제 욕망에 걸맞은 여인이 되는 것은 아니라는 사실을 그는 잊어버리고 있었다. 그도 그럴 것이 그의 욕정은 늘 그의 심미적 취미와는 정반대 방향으로 쏠리고 있었기 때문이다. '피렌체파의 작품'이라는 낱말은 스완에게 커다란 이바지를 했다. 마치 작위와도 같은 이 낱말 때문에 그는 이제까지 그녀로서는 다가갈 길 없던 꿈나라 안에 오데트의 모습을 들여보내게 되고, 그녀도 거기서 고귀성에 젖었다. 그가 이 여인에 대하여 갖고 있던 순 육체적인 견해는 그녀의 얼굴과 몸의 여러 아름다움에 관한 의혹을 끊임없이 불러일으키면서 실은 그의 연정을 약화시켜왔는데 평가의 토대로 그런 육체적인 견해 대신 어떤 미학의 토대가 갖춰지자, 그런 의혹은 곧바로 사라지고 연정은 더욱 굳어지게 되었다. 물론 입맞춤이나 육체의 소유도 그것이 만약 망가진 육체를 통해 그에게 주어지는 경우는 아주 자연스럽고도 시시하게 여겨졌겠지만, 이와는 반대로 미술관에 있는 어떤 걸작의 단편에 대한 숭배를 성취하면서 주어지는 경우, 그에게는 그것이 초자연적이고 감미로운 것으로 생각되었던 것이다.

그래서 몇 달 동안 따로 하는 일 없이 오데트를 그냥 만나기만 해온 것을 뉘우치는 생각이 들 때마다 그는 이런 식으로 스스로 변명했다. 매우 뛰어난 걸작에 시간을 많이 들이는 것은 당연한 일이다. 단 한 번뿐인, 여느 것과는 전혀 다른, 유달리 풍미 있는 재료로 꾸며진 걸작. 어떤 때는 예술가의 겸손한 태도와 구도의 정신과 욕심 없는 마음으로 조용히 바라보고, 어떤 때는 수집가의 긍지와 이기심과 욕정을 갖고서 바라보는 드문 걸작으로 만들어질 작품에 시간을 들이는 것은 당연한 일이다.

그는 사무용 책상 위에 마치 오데트의 사진이나 되는 양 이드로 딸의 복제화를 놔두고 있었다. 그는 커다란 눈, 아직 무르익지 않은 살갗을 짐작하게 하는 섬세한 얼굴, 피곤하게 보이는 두 볼을 따라 흘러내린 머리털의 보기 좋은 물결을 감상하고 있었다. 그리고 이제까지 심미적인 아름다움이라고 생각해온 것을 살아 있는 여성에 대한 관념에 적용하면서, 그는 그 아름다움을 육체적 가치로 변형했다. 또한 그와 같은 육체적 가치가 머지않아 자기 소유가 될 여인 속에 집중되어 있는 것을 보고 기뻐했다. 그림에는 우리가 들여다보고 있는 어떤 걸작 쪽으로 우리를 끌어당기는 막연한 공감이 있는데, 스완이 이드로의 딸의 실제 몸으로 된 근본을 알게 된 지금, 이 공감은 욕정이 되어 처음에 오데트의 육체에서 받지 못했던 욕정을 메우게 되었다. 보티첼리의 이 그림을 한참 동안 들여다보고 있으면 그는 그 그림보다 더 아름답다고 여기고 있는 그 자신의 살아 있는 보티첼리 그림을 생각하고 있는 셈이며, 십보라의 사진을 몸 가까이 당기면 그는 오데트를 제 가슴에 꼭 껴안은 느낌이 들었다.

그렇지만 그가 예방코자 한 것은 오데트의 권태만이 아니라, 때로는 그 자신의 권태이기도 했다. 오데트가 스완을 쉽사리 만나게 된 뒤로는 스완에게 말할 대수로운 것이 없는 듯 보여, 이제 그는 그녀와 단둘이 있을 때면 어느새 조금 무감각하고도 단조로운 틀에 박힌 투가 돼버려, 이러다간 언젠가 그녀가 연정을 털어놓을 날이 오리라는 낭만적인 희망—이것만으로 그가 사랑도 하고 연정을 유지해오기도 했던 그 희망—마저 자기 마음속에서 죽고 말지 않을까 걱정되었다. 그래서 오데트의 마음이 너무 평온하게 굳어진 것을 그대로 두었다가는 언젠가 자신이 물리게 될까 봐 거기에 생기를 불어넣을 요량으로, 그는 돌연 펜을 들어 거짓 실망과 가장된 노여움이 가득 실린 글을 써서 저녁 식사 전에 오가는 사람들 편으로 그녀에게 보냈다. 그는 오데트가 깜짝 놀라 허겁지겁 답장을 쓰리라는 걸 알고 있었으며, 또 이제 와서 자기를 잃을까 봐 겁내는 마음의 긴장으로 여태껏 그녀가 자신에게 한 번도 한 적 없는 말이 샘솟듯 넘쳐나오기를 바랐던 것이다. 과연 이 방법으로 그는 지금까지 그녀가 쓴 편지 가운데 가장 애정이 넘치는 글을 받았다. 이를테면 '메종 도레' 식당에서(무르시아 도시의 수재민을 돕기 위해 개최된 파리 무르시아 무도회 날이었다) 정오 때 그가 받은 글은 "나의 벗이여, 손이 어찌나 떨리는지 글씨가 잘 써지지 않는군요"라는 문장으로 시작돼 있었다. 그는 이 글을 그 시들어버린 국화와 같은 서랍에 넣어두었다. 또 만일 그녀에게 편지 쓸 여유가 없었다면, 그가 베르뒤랭네 집에 닿았을 때 그녀가 재빨리 곁으로 와서 "말씀드릴 게 있어요" 하고 말한다. 그러면 그는 그녀의 얼굴 표정과 말 속에 나타나는, 그때까지 그녀가 가슴속에 숨겨둔 것을 호기심과 더불어 물끄러미 바라보게 되는 것이었다.

베르뒤랭네에 가까이 와서 덧문이 닫혀 있는 적이 없는 커다란 창문이 등잔 빛으로 환한 것을 보았을 때, 스완은 그 금빛에 꽃핀 듯한 얼굴로 그를 만나려고 달려오는 귀여운 여인을 생각만 해도 마음이 두근거렸다. 때때로 손님들의 그림자가 영사막 위로 가늘고 검게, 등불 빛을 받아 뚜렷이 드러나곤 했다. 마치 반쯤 투명한 램프 갓 곳곳에 끼워진 작은 그림 부분이 그 밖의 다른 부분을 밝은 채로 그대로 두고 검게 뚜렷이 드러나듯. 그는 오데트의 실루엣을 구별하려고 했다. 그러고 나서 방 안에 들어가자마자 자신도 모르는 사이에 그의 눈이 어찌나 기쁨에 빛났던지, 베르뒤랭 씨가 화가에게 "저분 열에 들떠 있군" 말할 정도였다. 오데트가 와 있다는 이 사실이야말로 스완으로 하여금 그가 초대받았던 어느 집에도 마련되어 있지 않았던 것, 곧 온 방마다 가지를 치고 있어 그의 마음에 끊임없이 자극을 가져다주는 어떤 감각기관, 어떤 신경조직이 이 베르뒤랭네 집에 마련되어 있는 것처럼 생각하게 했다.

그렇듯 이 작은 '동아리'라는 사회조직의 단순한 작용은 스완을 위하여 오데트와의 밀회를 스스로 주선하는 한편 그가 오데트를 만나는 데 무관심인 체하는, 아니 더 나아가서 이젠 만나고 싶지 않은 체하는 것마저 허락했다. 사실 그렇게 무관심한 체해도 그에겐 별 위험이 없었으니, 왜냐하면 낮 동안에 그녀에게 편지를 썼더라도 저녁이 되고 보면 반드시 그녀를 만나러 가서 그녀의 집까지 데려다주게 마련이었기 때문이다.

그러나 어느 날 이렇게 늘 같이 돌아가는 일에도 슬슬 싫증이 난 스완이 그 여공 아가씨를 불로뉴 숲까지 데리고 가서 일부러 베르뒤랭네로 가는 시간을 늦춘 적이 있었는데, 너무나 늦게 닿는 바람에 오데트가 이제는 스완이 오지 않을 걸로 여기고 떠나버린 뒤였다. 오데트가 살롱에 없는 것을 알자 스완은 가슴이 아팠다. 기쁨을 빼앗긴 것에 전율하며 이때 처음으로 그 기쁨이 얼마나 큰지 알았다. 이때까지 그는 원하기만 한다면 언제라도 그 기쁨을 맛볼 수 있다고 확신하고 있었다. 그런데 그 확신 때문에 우리는 온갖 기쁨의 크기를 작게 보기도 하고, 전혀 알아보지 못하기도 하는 것이다.

"오데트가 살롱에 없는 것을 알아챘을 때 그 사람 얼굴 보았소?" 베르뒤랭 씨는 아내에게 말했다. "꽉 꼬집히기라도 한 표정이더군!"

"그 사람 얼굴이라니요?" 코타르 의사가 기세 좋게 물었다. 조금 전까지 환자를 보러 갔다가 이제 막 아내를 데리러 온 참이라 누굴 두고 하는 이야기인지 모르고 있었다.

"아니, 당신은 세상에 둘도 없는 미남인 스완을 문 앞에서 못 만나셨나요……."

"아뇨, 스완 씨가 왔었나요?"

"아무렴요! 조금 전에 아주 흥분한, 아주 신경질적인 스완이 왔었죠. 오데트가 막 떠나간 뒤에."

"그럼 오데트가 그 사람과 죽자 사자 하는 사이라는 말씀입니까? 이미 행복한 때를 맛보게 해주었다는 말씀입니까?" 의사는 이런 표현의 뜻을 신중히 확인하면서 말했다.

"천만에요, 절대로 그럴 리가 없어요. 우리끼리 하는 이야기지만, 내 생각으로는 오데트가 잘못하고 있는 거예요. 어처구니없는 바보짓을 하고 있죠. 하기야 애초부터 그런 사람이지만."

"아니 여보, 뭘 안다고 절대로 그럴 리가 없다는 거요?" 베르뒤랭 씨가 말했다. "우리 눈으로 본 일도 아닌데, 안 그렇소?"

"만약 그렇다면 오데트가 적어도 나한테는 다 말해주었을 테니까요." 베르뒤랭 부인은 의기양양하게 대꾸했다. "나한테는 어떤 사소한 일이라도 이야기하니까요! 오데트에게는 지금 아무도 없으니까, 내가 오데트한테 말해보았지요. 스완하고 잠자리를 함께하면 어떠냐고요. 그랬더니 오데트가 안 된다고 우기지 않겠어요. 그럴 수 없다, 그야 그분에게 홀딱 반했지만 그분은 자기에게 미지근하다, 그래서 이번에는 자기 쪽이 겁난다, 게다가 그런 식으로는 그분을 사랑하지 못한다, 그분은 이상적인 사람이고, 자기는 그분에 대한 자기 감정을 더럽히는 것이 두렵다고, 일일이 말할 수 없지만 대충 이렇게 우기더라고요. 어때요? 그렇지만 그분은 오데트에게 더할 나위 없는 사람이죠."

"당신 의견에는 아무래도 찬성할 수 없는걸." 베르뒤랭 씨가 말했다. "그 사람 어쩐지 절반밖에 마음에 들지 않아. 교만 떠는 사람 같단 말이야."

베르뒤랭 부인은 움직임을 딱 멈추더니 석상이 되어버리기나 한 것처럼 무표정해졌다. 이런 태도를 가장하면 차마 그대로 들을 수 없는 '교만 떠는 사람'이라는 낱말이 귓속에 들어오지 않은 걸로 간주되므로. 왜냐하면 이 낱말에는, 그녀의 집에서 '교만 떨 수 있는 사람이 있다' 따라서 자기네보다 '한 수 위'가 있다는 뜻이 포함되어 있는 성싶었기 때문이다.

"요컨대 말이오. 아무 일이 없더라도 그건 그분이 오데트를 정숙한 여인으로 여겨서 그런 거라고는 생각하지 않소." 베르뒤랭 씨는 비꼬는 투로 말했다. "하지만 결국 우리는 이러니저러니 말할 수 없지. 스완은 오데트를 총명한 사람으로 믿고 있는 모양이니까. 당신도 들었는지 모르겠지만 요전 날 저녁, 그가 오데트에게 뱅퇴유의 소나타에 대해서 어쩌고저쩌고 뇌까리더군. 그야 나도 오데트를 진심으로 좋아해. 그렇지만 그 사람에게 미학 강의를 한다는 건, 뭐니뭐니해도 바보 천치가 아니고서야!"

"그러지 말아요. 오데트를 나쁘게 말하지 말아요." 베르뒤랭 부인이 어리광 부리며 말했다. "오데트는 정말 귀여운 사람이에요."

"아니, 내 말은 오데트가 귀엽지 않다는 게 아니야. 오데트를 나쁘게 말하려는 것도 아니고. 단지 오데트가 정숙한 여인도 총명한 여인도 아니라고 말할 따름이야. 솔직히 말해서" 하고 그는 화가에게 말했다. "당신은 오데트가 그토록 정숙하게 살기를 바라시나? 정숙해지다가 훨씬 덜 귀엽게 될는지 누가 안담?"

층계참에서 스완은 뒤쫓아온 베르뒤랭네의 집사를 만났다. 이 집사는 스완이 도착했을 때 그 자리에 없었는데 오데트에게서, 혹시 나중에 스완이 오면 자기는 집으로 가기 전에 프레보 가게에 초콜릿을 먹으러 들를지도 모른다는 말을 전해달라는 부탁을 받았다고 했다. 그런데 그게 벌써 한 시간 전의 일이었다. 스완은 프레보 가게로 향했는데, 그의 마차는 다른 마차나 길을 가로지르는 사람에게 끊임없이 방해받았다. 어찌나 밉살스러운 방해물이었던지 차라리 그것들을 다 치어 넘어뜨리고 싶었다. 만약 순경에게 조서를 받는 시간도 넣어서 그러는 편이 더 빠르기만 했다면. 그는 계속 시간을 세었다. 시간이 빨리 지나가지 않게 하려고 1분을 70~80초로 생각했다. 그렇게 해서 이르게 도착하여 오데트를 만날 가능성을 실제보다 더 크게 하고 싶었던 것이다.

그러다가 한순간, 마치 막 잠에서 깨어나 지금까지 똑똑히 판별하지 못한 채 곰곰이 생각하고 있던 망상의 비합리성을 의식하는 열병 환자처럼, 스완은 베르뒤랭네에서 오데트가 이미 돌아갔다는 말을 들었을 때부터 이리저리 궁리해온 생각의 기묘함을, 마음에 생긴 고통의 새로움을 갑자기 깨달았다. 그는 분명 아까부터 마음이 아팠지만, 지금 막 깨어나기나 한 것처럼 겨우 그 점을 인정했다. 이게 대체 무슨 일인가? 오늘이 아니고서는 오데트를 만나지 못할 거라는, 겨우 그런 이유로 이토록 흔들리다니? 한 시간 전, 베르뒤랭네로 갈 때는 바로 이렇게 되길 바랐으면서! 그는 다음과 같이 인정해야만 했다. 프레보 가게로 가는 마차에 타고 있는 스완, 그는 이미 그전과 같은 인물이 아니다. 그는 진작부터 혼자가 아니다. 새로 태어난 인간이 그에게 딱 들러붙고 섞여서 그와 함께 있다. 그리고 그 새로운 인간으로부터 그는 아마도 해방되지 못할 것이다. 마치 주인이나 질병을 대하듯이 조심스레 그 인간을 대해야만 할 것이다. 그렇지만 그 새로운 인간이 자기에게 덧붙여졌다고 느낀 순간부터, 삶이 그에게 더 흥미로운 것으로 보이기 시작했다. 어쩌면 프레보 가게에서 그녀를 만날지도 모르지만(이 기대 때문에 이때까지의 시간은 모조리 의미를 잃고 벌거벗겨져서, 그는 정신을 안정시켜줄지도 모르는 공상도 추억도 무엇 하나 찾아내지 못했다), 설령 그 만남이 이루어진다 해도 거의 틀림없이 다른 날처럼 평범한 만남이 될지도 모르는데, 그는 이 점을 생각해보려고도 하지 않았다. 여느 때 저녁처럼 오데트와 함께 있게 되자마자, 그는 그녀의 잘 변하는 얼굴을 슬그머니 바라보겠지. 하지만 그녀가 그 눈빛에서 욕망의 징조를 발견하여 그가 무관심하지 않다는 사실을 깨달을까 걱정되어, 금세 눈길을 돌리고 그녀를 생각할 기력을 잃겠지. 그녀 곁에서 바로 떠나지 않아도 괜찮을 핑계, 다음 날 베르뒤랭네 집에서 다시 만날 수 있을지 티 내지 않고 확인하는 핑계, 다시 말해 감히 껴안지 않고서 가까이하고 있는 이 여인과의 헛된 모임에서 오는 실망이나 고통을 잠시 늘려 다른 날에 되풀이하는 핑계를 찾기에 골몰하겠지.

오데트는 프레보 가게에 없었다. 그는 큰길가의 식당이란 식당은 하나도 빼놓지 않고 찾아다니려 했다. 시간을 벌려고 몸소 한쪽 방향의 식당을 돌아다니는 동안 마부 레미(리초 작 〈로레다노 총독〉)를 다른 쪽 방향의 식당으로 보냈다. 헛수고 끝에, 아까 마부에게 일러둔 장소에 와서 기다렸다. 마차가 돌아오지 않았다. 기다리는 동안 스완은 다가오는 순간을, 레미가 그에게 '부인께서 계셨습니다'라고 말하는 순간으로, 동시에 '부인께서는 어느 카페에도 안 계셨습니다'라고 말하는 순간으로 떠올렸다. 이처럼 그는 앞으로 올 오늘 밤의 시간이 눈앞에서 막을 내리는 걸 보고 있었다. 그 끝나는 형태는 하나였으나, 다만 그 방식이 오늘 밤이 가기 전에 오데트와 만나 고뇌에서 벗어나느냐 아니면 하릴없이 오늘은 오데트와 만나길 단념하고 그대로 집으로 돌아가느냐 둘 가운데 하나였다.

마부가 돌아왔다. 그러나 그가 스완 앞에 멈춘 순간, 스완은 그에게 "부인을 찾았나?" 묻지 않고, "내일 장작을 주문할 테니까 일러주게, 저장한 것이 바닥나기 시작한 듯하니까"라고 말했다. 아마 스완은 이렇게 생각한 것이 틀림없었다. 만약에 레미가 스완을 기다리고 있는 오데트를 어느 카페에서 찾아냈다면 행복한 밤의 종말이 겨우 실현되어 이 상서롭지 못한 밤의 종말은 이미 없어져버렸을 테니까 서둘러 행복을 좇아갈 필요가 없다, 이미 안전한 곳에 행복이 잡혀 있어서 다시는 달아나지 못할 테니까 하고. 그러나 그러한 생각은 무기력에서 비롯한 것이었다. 어떤 인간의 몸속에 있는 민첩성이 그의 영혼에는 없었던 것이다. 그런 인간은 충격을 피하거나 옷에 붙은 불을 털거나 화급한 동작을 마쳐야 할 순간에 오히려 꾸물거리면서, 먼저 있던 위치에 그대로 잠시 있다가 비로소 움직이게 마련이다. 마치 그 위치에 자기의 거점, 약동의 원천이 있기라도 한 듯이. 만약에 마부가 그의 말을 가로막고 '부인께서 계셨습니다' 하고 말했다면 틀림없이 그는 '아아, 그래! 내가 그런 일을 시켰지. 그렇군, 수고했어. 실은 있으리라고는 생각하지 않았네'라고 대답하고 나서, 마부에게 자기 감동을 감추는 동시에 불안과 인연을 끊고 행복에 잠기는 틈을 내려고 장작 저장에 대해서 그에게 계속 말했을 것이다.

그런데 마부는 돌아오자 어느 곳에서도 오데트를 찾지 못했다고 말하고, 오랜 하인으로서 자기의 의견을 덧붙였다.

"주인어른께서는 이제 집에 돌아가시는 도리밖에 없다고 생각됩니다."

레미가 더 이상 그 무엇도 바꿀 수 없는 대답을 가지고 오기만 했을 때는 스완은 쉽사리 담담한 태도를 꾸미고 있었지만, 그가 스완의 희망과 찾기를 단념시키려는 꼴을 보자 담담한 태도는 순식간에 사라졌다.

"천만에" 하고 그는 소리 질렀다. "그 부인을 꼭 찾아내야 해. 아주 중대한 일이야. 못 만나면 그분이 매우 난처하실 거야. 만나야 할 일이 있어. 또 나를 만나지 못하게 되면 마음 아프실 거야."

"저는 그 부인께서 마음 아프실 까닭을 모르겠는데요." 레미가 대답했다. "주인님을 기다리시지도 않고 떠나셨고, 프레보 가게에 가신다고 일러놓고 거기에도 계시지 않으니 말입니다."

그러는 동안 곳곳에 등불이 꺼지기 시작했다. 큰길 가로수 아래 신비로운 어둠 속에, 이제는 아주 드문 행인들이 겨우 눈에 띌까 말까 하게 이리저리 돌아다녔다. 이따금 여인의 그림자가 그에게 다가와서 귓전에 소곤소곤 속삭이며 데려가달라고 청하는지라, 스완은 몸서리쳤다. 그는 아리송한 이 몸들을 모조리 불안스레 스치며 지나갔다. 마치 저승 세계의 망령들 사이에서 에우리디케*를 찾고 있기나 하듯.

사랑이 생겨나는 온갖 형태, 이 성스러운 병을 일으키는 온갖 원인 가운데 가장 효력 있는 것 가운데 한 가지는 이따금 우리를 지나가는 흥분의 격한 숨결이다. 그런 순간에 우리가 우연히 서로 기쁨을 나누는 사람이야말로—운명의 주사위는 던져졌다—우리가 사랑하게 될 사람이다. 그 사람이 과연 그때까지 다른 사람보다 더, 또는 다른 사람과 같은 정도로 우리 마음에 들었는지 아닌지는 문제가 되지 않는다. 필요한 것은 그 사람에 대한 우리의 기호(嗜好)가 배타적으로 변하는 것이다. 그래서—그 사람이 우리 가까이에 없는 이러한 때—그 사람의 매력이 우리에게 주던 쾌락의 추구에 대치되어

* 오르페우스의 아내.

급작스럽게 우리를 불안하게 하는 어떤 욕구, 그 같은 사람을 대상으로 삼는 욕구이면서 사회의 법칙으로는 채워줄 수도 가라앉힐 수도 없는 당치 않은 욕구, 그 사람을 자기 소유로 하려는 분별없고도 고통스러운 욕구가 우리 안에서 머리를 쳐드는 것인데, 그때에 그 사랑의 조건은 이루어지는 것이다.

스완은 아직 문을 연 몇 군데 식당으로 마차를 몰게 했다. 그가 조용히 바라보고 있던 것은 오직 행복의 가설에 지나지 않았다. 그는 이제 자기의 동요, 이 만남에 붙이고 있는 가치를 숨기지 않았으며, 성공할 경우 마부에게 보수를 주겠다는 약속까지 했으니, 마치 성공하고자 하는 소망을 이 마부에게 불어넣음으로써 그 자신의 소망을 강하게 만들어, 설령 오데트가 이미 집에 돌아가 자고 있다 하여도 자기를 위해서 큰길 어느 식당에 있을 수 있기나 한 듯했다. 그는 메종 도레까지 마차를 몰아 토르토니에 두 번이나 들어갔다. 그래도 그녀와 만나지 못하고 카페 앙글레에서 나와 이탈리안 큰길 모퉁이에서 기다리는 마차 곁으로 돌아가려고 사나운 얼굴로 성큼성큼 걷고 있을 때, 그는 맞은편에서 오고 있는 한 여인과 부딪쳤다. 오데트였다. 나중에 오데트는 그에게 설명했다. 프레보에는 자리가 없어서 메종 도레에 갔는데, 안쪽에서 밤참을 먹었으므로 아마 스완이 보지 못했을 것이며, 자기는 그때 기다리게 한 마차로 돌아가는 길이었다고.

그녀는 그를 만나리라고는 그다지 기대하지 않았던 참이라 깜짝 놀랐다. 스완이 파리를 두루 쏘다녔던 것은 그녀를 꼭 만나리라 믿었기 때문이 아니라 만남을 단념하기가 너무나 괴로웠기 때문이었다. 그러나 이 기쁨, 그가 머릿속으로 오늘 밤에는 실현되지 않을 것이라고 쉴 새 없이 생각하던 기쁨이 이제는 오히려 그 때문에 보다 현실적인 것으로밖에 느껴지지 않았다. 왜냐하면 그가 있음직하다는 예측으로 이 기쁨을 도왔던 것이 아니어서, 기쁨은 그의 바깥에 머물러 있었기 때문이다. 자신에게 그 기쁨을 주기 위해 자기 마음에서부터 기쁨을 끌어낼 필요조차 없었다. 그가 겁내던 고독을 한낱 꿈처럼 가뭇없이 잊게 할 정도로 찬란하게 빛나고 있는 이 오데트를 만났다는 사실, 이 사실은 기쁨 자체에서 생겨나고, 기쁨이 그를 향하여 이 사실을 던져 와서, 그는 아무 생각도 없이 그저 이 사실에 자기의 행복한 몽상을 기대놓고서 편히 쉬도록 했다. 마치 화창한 날 지중해의 해변에 닿은 나그네가 막 떠나온 나라들의 존재를 의심스러워하면서 그 나라 쪽으로 눈길을 던지는 것이 아니라, 오히려 찬란하게 빛나며 오래도록 변하지 않는 한없이 넓은 바다가 그에게 내쏘는 빛살에 넋을 잃고 있듯이.

그는 오데트와 함께 그녀의 마차에 올라타고, 자기 마부에게는 뒤따라오라고 일렀다.

그녀는 카틀레야 꽃다발을 손에 들고 있었다. 같은 카틀레야가 레이스 스카프 아래에서 백조 깃털 장식과 함께 머리털을 단장하고 있는 것이 스완의 눈에 띄었다. 그녀는 만틸라* 밑에 검정 벨벳 겉옷을 느슨하게 입고 있었는데, 한쪽 옷섶이 비스듬히 포개져서 올이 굵은 흰 비단 치마를 폭넓은 삼각형으로 드러내고, 같은 비단으로 된 깃이 깊게 판 코르사주의 벌어진 사이로 보였으며, 거기에는 또 다른 카틀레야가 꽂혀 있었다. 스완 때문에 겁먹은 그녀의 마음이 겨우 가라앉을까 말까 했을 때, 말이 장애물을 만나 껑충 뛰었다. 그 바람에 두 사람은 몹시 세차게 주저앉고 말았고, 그녀는 소리를 지르고 숨을 헐떡이며 달달 떨었다.

"아무렇지 않습니다. 겁내실 것 없어요." 스완은 그녀에게 말했다.

그리고 그는 그녀의 어깨에 팔을 둘러 자기한테 기대도록 가볍게 안으며 말을 이었다.

"무엇보다도 말씀 마시기를. 더 이상 숨차지 않게 몸짓으로만 대답해주시면 됩니다. 그런데 방금 그 충격으로 가슴의 꽃이 떨어지게 됐군요. 바로잡아 드려도 좋겠습니까? 떨어질는지도 모르니, 좀더 깊이 꽂으면 어떨까요?"

남성에게서 이처럼 정중한 대접을 받은 일이 없는 그녀는 방긋 웃으며 말했다.

"아무렴요, 조금도 거북하지 않으니 마음대로 하세요."

그러나 이 대답에 기가 죽은 스완은 아마 진정으로 이 핑계를 택한 척하려고 해서인지, 아니면 그 자신이 이미 진정이었다고 여기기 시작해서인지 목소리를 높여 말했다.

"안 돼요! 말하지 마시라니까요. 또 숨이 차져요. 몸짓으로 대답해주시면 되죠. 그걸로 충분히 이해할 수 있습니다. 그런데 정말 거북하지 않으신가요? 자, 뭔가 조금…… 알았습니다…… 꽃가루가 당신한테 쏟아졌군요. 손

---

* 어깨까지 가리는 베일.

으로 꽃가루를 닦아드려도 될까요? 너무 세지 않습니까? 너무 거칠지 않습니까? 좀 간지럽지요? 하지만 구겨지지 않도록 벨벳 드레스에 손대지 않으려고 조심하니까, 자연히, 이것 봐요, 정말 꼭 꽂아놓았어야 했어요. 떨어질 뻔했는데요. 이렇게 내 손으로 좀더 깊이 꽂아놓으면…… 정말 불쾌하지 않으신가요? 냄새를 좀 맡아봐도 되겠습니까? 정말로 이 꽃에는 냄새가 없는 걸까요. 사실 나는 이 냄새를 맡아본 적이 없거든요. 맡아도 좋습니까? 솔직히 말씀해주십쇼."

방긋 웃으면서 그녀는 두 어깨를 가볍게 추켜세웠다. '수다스럽기도 하셔라, 난 그리되는 것을 썩 좋아하는 걸 잘 아시면서'라고 말하려는 듯.

그는 다른 한쪽 손을 오데트의 볼을 따라 올렸다. 오데트는 그를 물끄러미 바라보았다. 그가 오데트와 닮았다고 생각하던 그 피렌체파 거장이 그린 여인들의 심란한 듯하면서도 엄숙한 모습으로. 그녀의 크고도 눈초리가 긴 반짝이는 눈동자는 눈꺼풀 끄트머리까지 쏠려, 두 방울의 눈물인 듯이 툭 굴러 떨어질 것만 같았다. 종교화 속에서나 이교의 정경 속에서나 피렌체파 거장의 여인들이 곧잘 그런 자세로 있는 것처럼 오데트는 목을 기울이고 있었다. 틀림없이 그녀의 버릇이던 자세, 이런 순간에 안성맞춤인 것을 알아서 취하기를 잊지 않으려고 마음을 써온 자세, 그런 자세로 그녀는 얼굴을 받치고 있는 데 온 힘을 다하는 듯싶었다. 마치 눈에 보이지 않는 힘이 스완 쪽으로 그녀 얼굴을 잡아당기기나 하는 것처럼. 그리고 그런 얼굴을, 그녀가 본심은 아닌 듯이 저절로 그의 입술 위에 떨어뜨리는 순간 그 얼굴을 두 손으로 붙잡아 약간 떨어진 상태로 고정한 사람은 스완이었다. 그의 사념이 재빨리 거기에 달려와 그처럼 오랫동안 품어온 꿈을 인식해둘 겨를, 그 꿈의 실현을 눈앞에서 볼 겨를을 마치 사랑하는 아들의 영광스러운 자리에 어머니를 초대하듯이 그는 자기 마음에 내주고 싶었던 것이다. 아마 스완은 또한 아직 소유되지 않은, 아직 키스조차 한 적 없는 이 오데트 얼굴에, 이번이 마지막이라고 생각하며 보는 그 얼굴에, 길 떠나는 날에 영원한 이별을 고하려는 풍경을 눈 속에 간직하려는 사람과도 같은 눈길을 쏟았는지도 몰랐다.

그러나 스완은 그녀 앞에서 너무도 소심했다. 그는 카틀레야를 바로잡아 주는 것으로 시작하여 드디어 그날 밤 그녀를 자기 것으로 만들고 나서도 혹시 그녀의 마음을 언짢게 할까 봐, 또는 나중에 자신이 그녀를 속인 것으로 보일까 봐, 또는 그날 밤의 요구(이 첫 번째 요구는 오데트의 마음을 아프게 하지 않았으므로 그는 그것을 되풀이할 수 있었다)보다 더 큰 요구를 나타낼 용기가 없어, 다음 며칠 동안 이 핑계를 썼다. 그녀가 가슴에 카틀레야를 꽂고 있으면 그는 말했다. "너무 섭섭한데요, 오늘 저녁에는 카틀레야를 굳이 고칠 필요가 없다니. 요전번 밤처럼 금세 떨어질 지경은 아니군요. 하지만 아무래도 좀 똑바르지는 않은 듯한데요. 지난번보다 향기가 강할 것 같은데, 한번 맡아보아도 좋습니까?" 또는 그녀가 카틀레야를 꽂고 있지 않으면 이렇게 말했다. "오! 오늘 저녁은 카틀레야가 없군요. 고쳐드릴 수가 없군요." 그래서 얼마 동안은 첫날 저녁의 순서에 따라, 먼저 오데트의 가슴에 손가락이나 입술을 대는 것으로 시작하여 변함없는 그런 핑계 밑에 매번 애무가 시작되었다.

그리고 아주 한참이 지나, 카틀레야 꽃을 고치는 수가(또는 고치는 흉내가) 이미 오래전부터 사라지고 나서도 '카틀레야를 한다(faire catleya)'는 비유가 육체적인 소유 행위—이렇게 말하나 사실 소유하는 건 아무것도 없지만—를 뜻하려고 무심히 쓰는 단순한 말이 돼버려, 이 비유는 그 잊어버린 사용법을 기념하면서 두 사람의 언어 속에 그 무엇보다 오래 남았다. 아마 이 '사랑 행위를 한다(faire l'amour)'는 뜻의 특수한 어법은 그 여러 가지 동의어와 아주 똑같은 내용은 아니었는지도 모른다. 여인에게 아무리 싫증났더라도, 또 온갖 독특한 육체적 소유를 그저 그렇고 그런 거라며 미리 다 아는 것으로 간주하더라도, 여인과의 관계에 있어 뜻하지 않은 어떤 사건을 계기로 삼아야만 겨우 그런 소유가 가능할 만큼(이를테면 스완은 처음에 카틀레야 꽃을 고쳐야 했다) 다루기가 까다로운 여인—또는 다루기가 까다롭다고 느껴지는 여인—의 경우 그런 소유의 과정이 새로운 기쁨이 되는 것이다.

그날 밤, 스완이 가슴 설레면서 바란 것은('오데트는' 하고 그는 속으로 생각했다. '속임수에 넘어갈망정 내 속임수를 알아채지는 못하겠지') 카틀레야의 커다란 연보랏빛 꽃잎 사이에서 나오려 하는 이 여인의 소유였다. 그리고 그가 이미 맛보기 시작한 기쁨, 오데트는 그것을 알아채지 못했으므로 아마도 참을 수 있었던(그렇게 그는 생각했다) 기쁨은 바로 그 때문에 그에게—마치 지상낙원의 꽃 사이에서 그걸 처음 맛본 남자들이 그렇게 생각하듯이—이제까지 존재하지 않던 기쁨, 지금 그가 만들어내려고 애쓰고 있는 기쁨, 그 기쁨에 그가 붙인 특별한 이름('카틀레야를 한다')이 그 흔적을 간직하듯 아주 특수한 새로운 기쁨처럼 느껴졌다.

이렇게 되고 보니, 저녁마다 그녀를 집에 데려다줄 때면 그는 안까지 들어가야만 했고, 또 그녀도 자주 실내복 차림으로 다시 밖에 나와 마차까지 그를 배웅하고 마부의 눈앞에서 키스하게 되었다. "남들이 보거나 말거나 상관없어요, 남들 따위야"라고 말하면서. 그가 베르뒤랭네에 가지 않는 저녁(다른 방법으로 그녀를 만날 수 있게 된 뒤로는 이런 일이 가끔 있었다), 다시 말해 점점 드물게 되었지만 사교계에 나가는 저녁에는, 그녀는 아무리 늦더라도 집으로 돌아가기 전에 자기 집에 들러달라고 그에게 부탁했다.

계절은 봄, 그것도 맑은 얼음과도 같은 봄이었다. 야회에서 나온 그는 지붕 없는 사륜마차에 올라타 다리 위에 무릎덮개를 펴고, 또한 자리를 나와 같이 가자고 말하는 친구들에게 함께 갈 수 없다, 같은 방향이 아니니까 하고 대답한다. 그러면 주인이 가는 곳을 잘 알고 있는 마부는 빠르게 말을 몬다. 친구들은 깜짝 놀란다. 사실 스완은 이제까지의 스완이 아니었다. 친구들은 스완으로부터 여인에게 소개해달라는 편지를 받지 않게 되었다. 이제 스완은 어떤 여인에게도 한눈팔지 않았으며, 여인을 만날 만한 장소에 가기를 삼갔다. 식당에서도 교외에서도 그는 어제까지의 그다운 태도, 앞으로도 변하지 않을 거라고 남들이 생각한 태도와는 영 딴판이었다. 이처럼 우리 안의 열정은 이제까지와는 다른 일시적인 성격처럼 작용하여, 본디 성격을 대신하고 그 성격에 여태껏 변함없이 나타나던 특징마저 없애버린다!

반대로 이제 변하지 않는 것은, 어디에 있든 간에 스완이 반드시 오데트를 만나러 간다는 사실이었다. 그와 그녀를 떨어뜨려놓고 있는 도정(道程)이야말로 그가 반드시 지나야 할 도정이며, 그것이야말로 삶에서 피치 못할 가파른 언덕과도 같은 것이었다. 솔직히 말해 그가 늦게까지 야회에 남아 있을 때, 그 기나긴 길을 달리지 않고 곧장 집에 돌아가 다음 날 여인을 만나는 편이 좋겠다고 생각한 적도 한두 번이 아니었으리라. 하지만 상식을 벗어난 시간에 여인을 찾아가는 어수선한 행동 자체가, 또 그와 헤어진 친구들이 "너무 사로잡혔는걸, 아무리 시간이 늦었어도 꼭 만나야 할 여인이 있나 보지"라고 서로 말하리라는 것을 짐작하는 사실 자체가 그로 하여금 정사에 탐닉하는 남자처럼 생활하는 기분을 느끼게 했는데, 그런 남자의 경우에는 관능적인 몽상 때문에 휴식과 이해관계를 희생하는 일이 어떤 내면적인 매력을 낳는 것이다. 또 스완 자신이 알아채지 못한 사이에, 그녀가 자기를 기다리고 있다는 확신, 다른 사내와 함께 다른 곳에 가 있지 않다는 확신, 반드시 그녀를 만나리라는 확신이, 잊어버렸으나 언제라도 다시 나타나려는 태세를 갖추고 있는 그 고뇌, 오데트가 베르뒤랭네에서 먼저 돌아가버린 그 밤에 그가 겪었던 고뇌를 서로 맞물려 사라지게 했다. 그리고 이 고뇌가 실제로 사라지는 것이 어찌나 감미로웠던지, 그걸 행복이라 일컬어도 좋을 만했다. 오데트가 그에게 이토록 중요한 가치를 지니게 된 것은 틀림없이 이 고뇌의 탓인지도 몰랐다.

우리는 평소 남들에게 무관심하므로, 그런 남들 가운데 한 사람 속에 우리의 커다란 고뇌가 되고 기쁨이 될 어떤 가능성이 있다고 여길 때 갑자기 그 사람이 다른 우주에 속하는 사람처럼 보이게 된다. 이제 그 사람은 시(詩)로 둘러싸여 있으며, 우리 삶을 놀라우리만큼 넓히고, 말하자면 그 넓이 안에서 조금이나마 우리에게 다가온다. 스완은 앞으로의 나날에서 오데트가 자기에게 어떠한 존재가 될 것이냐는 문제를 불안 없이는 생각할 수 없었다. 때로는 이런 차가운 아름다운 밤에 지붕 없는 사륜마차 안에서 그의 두 눈과 인기척 없는 적막한 거리 사이사이에 빛을 뿌리고 있는 맑고 밝은 달을 보며 그는 떠올렸다. 이 달처럼 밝고 엷은 장밋빛으로 물든 다른 얼굴, 어느 날 그의 사념 앞에 나타난 뒤부터 세상에 신비한 빛을 던지고, 그 빛을 통해서 그가 세상을 바라보게 된 또 하나의 얼굴을.

오데트가 하인들을 잠자리에 들라고 보낸 뒤에 그가 이르렀을 때에는, 그는 작은 뜰 문의 초인종을 울리기에 앞서서 먼저 거리로 나가 죽 늘어선 비슷비슷한 어두운 창들 사이에서 단 하나 밝게 빛나는, 그녀가 있는 아래층 방의 창으로 다가간다. 창을 두드리자 그임을 알아챈 그녀는 응답하고 나서 반대쪽 출입구로 나와 그를 맞이한다. 그는 피아노 위에 그녀가 좋아하는 악보들이 펼쳐져 있는 것을 본다. 이를테면 〈장미의 왈츠〉 또는 탈리아피코(Tagliafico)*의 〈불쌍한 미치광이〉(이 곡들은 오데트가 미리 써놓은 유언에

* 프랑스의 가수이자 작곡가(1821~1900).

따르면 그녀의 장례식 때 연주하기로 되어 있었다)였는데, 그는 이 따위 대신에 뱅퇴유의 소나타를 쳐주기를 그녀에게 부탁한다. 오데트는 피아노를 생각보다 매우 서투르게 쳤으나, 우리 마음속에 남아 있는 어떤 작품의 가장 아름다운 모습이란 흔히 서투른 손가락으로 음률이 고르지 못한 피아노에서 연주되어 나오는 엉터리 음을 초월한 모습이다.

스완에게 있어서 이 소악절은 그가 오데트에게 품고 있는 연정과 하나가 되어 있었다. 이 연정이, 그가 아닌 남들에 의해서는 인정되지 않는 것, 자기 외부의 무엇하고도 상응되지 않는 것임을 그는 잘 알고 있었다. 오데트 곁에서 보내는 시간에 이렇게까지 큰 가치를 부여한다는 것은 그녀의 자질로 보아 잘못된 일이라는 것도 알아채고 있었다. 때문에 스완의 마음을 실리주의적인 지성이 홀로 지배하고 있을 때, 그는 이와 같은 가상의 기쁨 때문에 수많은 지적 이익과 사회적 이익을 희생하는 걸 그만두고 싶을 때가 자주 있었다. 그러나 이 소악절은 스완이 그것을 듣자마자 금세 그의 안에 자신에게 필요한 공간을 마음대로 열어, 스완의 영혼의 균형에 변화가 일어나곤 했다. 그리하여 영혼의 여백이 어떤 즐거움을 위하여 남겨지고, 그 즐거움 또한 외부의 무엇과도 교감하지 않았지만, 그것은 사랑의 즐거움처럼 순 개인적인 것이 아니라 구체적인 사물을 넘어서는 하나의 현실로서 스완에게 닥쳐왔다. 이 소악절은 미지의 매력에 대한 갈망을 그의 마음속에 눈뜨게 했으면서, 이 갈망을 채워줄 뚜렷한 그 무엇도 그에게 가져다주지 않았다. 그래서 소악절에 의해 물질적인 이해에 대한 걱정이나 모든 사람에게 가치 있는 인간적인 고려가 말살되어 있는 스완의 영혼 가운데 어떤 부분을 그 소악절이 공백 그대로 두고 있었으므로, 거기에 오데트의 이름을 자유롭게 적어넣을 수도 있었다. 게다가 오데트의 애정이 조금 모자라서 실망을 주는 듯한 곳에는 소악절이 메우러 와서 그 신비스러운 정수를 뒤섞었다.

이 소악절을 듣고 있는 동안 스완의 얼굴을 보면, 호흡을 깊게 해주는 아편을 복용하고 있는 중이라고 말할 만한 모습이었다. 그리고 음악이 그에게 준 기쁨, 오래지 않아 그의 몸속에 확실한 욕망을 낳으려 하는 이 기쁨은 실로 그러한 순간에, 그가 여러 가지 향기로 경험하는 기쁨과 과연 비슷했다. 다시 말해 그것은 본디 우리에게 인연 없는 어떤 세계에 접촉할 때 느끼는 기쁨과 비슷했는데, 그 세계는 우리 눈에 보이지 않으므로 형체가 없는 듯 느껴지고, 또 지성으로는 이해하기 어려우며 우리가 오직 하나의 감각으로 밖에 그곳에 이르지 못하므로 의미 없는 세계처럼 보이는 것이다. 그 눈이 아무리 회화 감상에 뛰어나더라도, 그 정신이 아무리 풍속 관찰에 예리하더라도, 그 눈이나 그 정신이 지울 수 없는 삶의 무미건조한 인상을 영구히 지니고 있는 스완으로서 그 자신이 인류와는 관계없는 피조물, 논리력을 박탈당한 눈먼 피조물, 거의 환상으로 빚어진 일각수*와 비슷하며, 오로지 청각으로만 세상을 지각하는 가공의 피조물로 변신했다고 느끼는 것은 크나큰 안식이며 신비한 재생이었다.

스완은 자기의 지성이 거기까지 내려갈 수 없는 어떤 뜻을 소악절에서 찾고자 했다. 그리하여 그는 가장 깊은 영혼에서 거치적거리는 이성의 온갖 옷을 벗기고는 그 영혼을 소악절 음의 은근한 여과기 속에 홀로 통과시키면서 얼마나 괴이한 도취를 느꼈던가! 이 악절의 감미로운 바닥에 깔린 고통, 은밀히 완화되지 않고 남아 있는 듯이 느껴지는 모든 것을 그는 알아채기 시작했으나, 그것을 고통이라고도 생각하지 않았다. 설사 이 소악절이 사랑이란 덧없는 것이라고 말한들 신경 쓰랴, 그의 사랑은 그처럼 강했는데! 그는 이 소악절이 펼치는 애수와 더불어 유희한다. 그의 마음 위에 애수가 지나간다. 그러나 그것은 그의 행복을 더 깊게, 더 감미롭게 해주는 애무처럼 느껴지는 것이었다.

그는 오데트에게 이 소악절을 열 차례 스무 차례 연주시켰다. 또한 그녀가 그에게 입맞춤을 쉬지 않고 하기를 요구하면서. 입맞춤마다 다음의 입맞춤을 부른다. 아아! 이런 사랑의 첫 무렵에 입맞춤은 얼마나 자연스럽게 생겨나는가! 그것은 서로 밀치락달치락하면서 빽빽하게 나온다. 한 시간 동안 서로 주고받는 입맞춤은 5월의 들꽃처럼 세지 못할 것이다. 그런데 오데트는 "이 몸을 풀어주지 않으시면서, 어떻게 피아노를 치라고 하시죠? 한꺼번에 둘 다 할 수는 없어요. 확실히 말씀해보세요. 어느 쪽을 원하시죠? 피아노 치기를, 아니면 사이좋게 애무하기를?" 하고 말하면서 그만두려고 한다. 그러면 그는 성난 기색을 보이고, 그녀는 까르르 웃어대며, 그 웃음이 입맞춤의 비로 변해 그의 얼굴 위에 쏟아진다. 또는 그녀가 침울한 기색으로 그

---

* 인도의 전설상의 동물. 모양과 크기는 말과 같고 이마에 뿔이 하나 있음.

를 바라보고, 그는 보티첼리의 〈모세의 생애〉에 그려질 만한 얼굴을 다시 보며, 그 얼굴을 그림 속에 배치하고, 거기에 필요한 만큼 오데트의 목을 기울게 한다. 그리고 그가 15세기로 거슬러 올라가 시스티나 성당의 벽에 템페라*로 그녀를 그려냈을 때도, 그녀가 이 순간 거기 피아노 옆에서 언제라도 키스를 받고 소유되기를 기다리고 있다는 의식, 그녀가 육체와 생명을 갖고 존재한다는 의식이 어찌나 강하게 그를 도취시켰던지 그는 눈이 아찔아찔해져서 모조리 물어 삼킬 듯이 턱에 힘을 주고는 이 보티첼리의 처녀에게 덤벼들어 그 볼을 움켜잡는다.

그녀와 헤어진 뒤에도, 기억 속에 그녀의 체취나 생김새의 어느 특징을 깜빡 잊고 가져가지 못했다는 핑계로 되돌아와 그녀에게 입맞추고, 그런 다음 지붕 없는 사륜마차를 타고 곧장 집으로 가는 도중 이렇듯 날마다 방문을 허락해주는 오데트에게 감사한다. 그는 이러한 방문이 오데트에게 크나큰 기쁨을 줄 리가 없다는 사실을 알고 있었다. 그러나 이 방문은 그를 질투로부터 보호해주고—베르뒤랭네에서 그녀를 찾지 못했던 그날 밤 그의 마음에 나타났던 아픔이 다시 나타날 기회를 없애주므로—그가 그의 삶의 마법과도 같이 야릇한 시간, 달 밝은 파리를 쏘다니던 그때처럼 거의 홀려버린 시간의 끝에 닿는 데 이바지하는 것으로 여겨졌다. 두 번 다시 그와 같은 마음의 위기, 첫 번은 그렇듯 괴로웠던 위기를 더 이상 되풀이하지 않고서.

이렇게 집으로 돌아가던 중 스완은 달이 거의 지평 끝에 옮아가 있는 것을 주목하며, 제 사랑도 또한 이 불변한 자연법칙에 지배되고 있는 것을 느껴 스스로 물어보았다. 현재 이 몸이 들어서 있는 이 주기는 앞으로 오랫동안 계속될 것인가, 아니면 자기 마음의 눈은 오래지 않아 그 정다운 얼굴을 멀고도 작아진 자리, 이제라도 매력 발산을 멈추려는 자리를 차지하고 있는 것으로밖에 보지 않게 될 것인가 하고. 왜냐하면 스완은 오데트에게 연정을 품게 되면서부터 자기를 예술가로 여기던 젊은 시절처럼 온갖 사물에서 매력을 발견했기 때문이다. 하지만 그것은 옛날 같은 매력은 아니었으니, 지금 이 매력을 사물에 주고 있는 것은 오데트뿐이다. 그는 말과 행동이 신중하지 못하고 가벼웠던 생활로 잃어버렸던 젊은 시절의 영감이 그의 몸 안에 다시 태

* 달걀노른자나 갖풀로 푼 그림물감.

어나는 것을 느꼈다. 그러나 그 영감마다 어떤 개인의 생명의 그림자나 자국이 찍혀 있었다. 그리고 지금, 자기 방에서, 회복기에 접어든 자기 영혼과 단둘이 시간을 보내는 데 미묘한 기쁨을 맛보게 된 그는, 그 오랜 시간 동안에 천천히 자기 자신으로, 하지만 한 여성에 예속된 자기 자신으로 돌아갔다.

그는 밤에만 그녀의 집에 갔다. 그래서 그녀의 과거를 모르는 만큼이나, 그녀가 낮 시간을 무얼 하며 보내고 있는지 하나도 몰랐다. 실제로는 우리로 하여금 우리가 모르는 것을 떠올리게 하여 그것을 알려는 욕망을 일으키는 그 최초의 사소한 실마리마저 없는 셈이었다. 그러므로 그녀가 지금 도대체 뭘 하고 있을까, 그녀의 과거 생활은 과연 어땠을까 생각조차 해보지 않았다. 단지 그는 때때로 미소짓는 게 고작이었다. 몇 해 전 아직 오데트를 몰랐을 때, 사람들이 어떤 여인을 두고 매춘부니 첩이니 이야기하는 것을 듣고, 그런 여자들과는 거의 어울리지 않았던 스완인지라 어느 소설가들의 상상에 의해서 그런 여인들에게 영구히 씌워진, 밑바닥까지 나쁘다는 성격을 그 또한 그대로 씌운 적이 있었는데, 만약 자기가 잘 기억하고 있다면 그 이야기의 주인공은 확실히 오데트임에 틀림없다고 생각하면서, 그는 한 인간을 바르게 판단하려면 사람들 사이에 떠도는 평판에 반대하는 것만으로 충분한 경우가 흔히 있음을 생각하고, 그런 성격과는 반대로 오데트는 착하고, 순진하며, 이상에 열중하고, 거의 진실을 말하지 않고는 못 배기는 성격이라고 생각했다. 그도 그럴 것이 어느 날 그녀와 단둘이서 저녁 식사를 하기 위해 베르뒤랭 부부에게 몸이 불편해서 빠지겠다는 편지를 써 보내라고 그녀에게 부탁한 일이 있었는데, 그다음 날 그녀에게 몸은 좀 어떠냐고 묻는 베르뒤랭 부인 앞에서 그녀가 얼굴을 붉히며 더듬거리고, 자기도 모르게 얼굴에 거짓말로 인한 괴로움과 가책을 나타내면서, 또한 어제의 꾀병에 대해서 있는 말 없는 말을 꾸며대어, 애원하는 듯한 눈길과 비탄에 잠긴 목소리로 자신의 거짓말을 용서해달라고 비는 듯한 모습을 그는 보았기 때문이다.

그런데 날에 따라서는 매우 드물게, 그녀가 오후에 스완네를 찾아와 그의 몽상 또는 얼마 전에 다시 시작한 베르메르에 관한 연구를 방해하는 일이 있었다. 하인이 그에게 크레시 부인을 작은 손님방에 모셨다고 알리러 온다. 그는 손님방으로 그녀를 만나러 간다. 그리고 문을 열었을 때, 스완의 모습을 보자마자 오데트의 장밋빛 얼굴에 방긋 웃는 미소가—입 모습, 눈매, 두 볼의 생김새가 달라지며—떠오르는 것이었다. 그리고 혼자가 되면 그는 다시 이 미소, 그 전날에 그녀가 짓던 미소, 그녀가 언젠가 그를 환대하여 짓던 다른 미소, 마차 안에서 그가 카틀레야를 고치면서 그녀에게 싫지 않느냐고 물었을 때 그녀가 대답 대신 짓던 미소를 떠올리는 것이었다.

한편으로 그는 그 나머지 시간 동안 오데트의 생활에 대해서는 통 몰랐으므로, 그 생활이 그에게는 특징 없는 무색의 배경과 함께, 바토(Watteau)의 습작 몇 장—엷은 노란색 종이의 온갖 부분, 온갖 방향 여기저기에 삼색 연필로 수없는 미소가 그려진 습작—과 비슷하게 생각되었다. 그러나 스완으로서는 떠올릴 수 없었으므로, 설사 마음속으로는 그럴 리 없다고 생각하고 있지만 그래도 온통 공백으로 보이는 그녀의 생활 한구석에, 때때로 한 친구(그들이 서로 사랑하고 있는 줄로 짐작하고 그녀에 관해서는 하찮은 것밖에 이야기해주지 않았던 친구)가 그날 아침 목격한 오데트의 모습을 스케치하는 일이 있었다. 스컹크 모피를 단 외투를 걸치고 '렘브란트풍' 모자를 쓰고, 가슴에 오랑캐꽃 다발을 달고서 아바튀시 거리를 걸어가는 그녀의 모습을. 그렇게 되면 이 간단한 소묘가 스완의 마음을 뒤집어놓았다. 이 소묘가 그로 하여금 오데트가 전혀 그에게 속하지 않은 생활을 영위하고 있다는 사실을 단번에 알아차리게 했기 때문이었다. 그는 자신이 보지 못한 이런 차림새로 그녀가 누구의 마음에 들려고 애쓰고 있는가를 알고 싶어한다. 그녀에게 그 시간에 어디에 갔는지를 물어보자고 결심한다. 마치 애인의 색깔 없는 모든 생활—그에게는 보이지 않았으므로 존재하지 않는다 해도 괜찮은 생활—속에는, 그에게 보낸 그 모든 미소를 빼놓고는, 오로지 렘브란트풍 모자를 쓰고 가슴에 오랑캐꽃 다발을 달고 나들이 나가는 모습밖에 없기나 한 것처럼.

그녀에게 〈장미의 왈츠〉 대신 뱅퇴유의 소악절을 부탁할 때를 제외하면 그는 자기가 좋아하는 곡을 일부러 치게 하는 일이 없었고, 또 문학에 관해서도 음악과 마찬가지로 그녀의 나쁜 취미를 고치려고 하지 않았다. 그는 그녀가 총명하지 못한 걸 잘 알고 있었다. 저한테 위대한 시인들에 관해서 말씀해주시면 얼마나 좋을까 하고 그에게 말하면서, 그녀는 보렐리(Borelli)* 자작의

* 19세기 말의 사교계 시인.

가요와 같은 작풍의, 보다 감동적이며 강렬하고도 낭만적인 시를 당장 배울 수 있으리라고 떠올리고 있었던 것이다. 베르메르에 관해서는, 이 화가가 어떤 여인에게 고통을 당하지나 않았는지, 그 여인은 화가에게 영감을 준 여인이었는지를 묻더니, 스완이 그런 일에 대해서는 아무것도 알려지지 않았다고 솔직하게 대답하자 그녀는 이 화가에 대한 흥미를 잃고 말았다. 그녀는 곧잘 말했다. "하기야 물론 시보다 아름다운 것은 없을 거예요, 그것이 참말이면 말이죠. 시인이 자기가 노래하고 있는 것을 정말이라고 생각하고 있으면 말이에요. 그런데 보통 그런 시인들보다 사리사욕에 눈이 먼 사람은 없거든요. 이 점에 대해 저도 조금은 알아요. 제 친구 가운데 시인 나부랭이에게 반한 애가 있었거든요. 그 작자는 시에서 사랑이다, 별이다, 하늘이다, 어쩌고저쩌고밖에는 말하지 않는 거예요. 그런데 어처구니없게도, 제 친구가 속을 줄이야! 그 작자는 제 친구한테서 30만 프랑이 넘는 돈을 쪽쪽 빨아먹었지 뭡니까." 그럴 때 스완이 예술적인 아름다움이 무엇이며 시나 그림은 어떻게 감상해야 하는지 가르쳐주려고 하면, 금세 그녀는 듣지 않고 이렇게 말했다. "어마 그래요…… 저는 그런 건 생각도 못했어요." 그리고 스완은 그녀의 실망이 너무나 크게 보여 차라리 거짓말을 하는 편이 낫겠다고 생각해서, 지금 자기가 말한 건 대수로운 게 아니다, 하찮은 것이다, 자기에게는 깊이 연구할 틈이 없었지만 분명 또 다른 것이 있을 거라고 그녀에게 말했다. 그런데 그녀는 그에게 매섭게 물었다. "다른 것이라니? 뭔데요? 말씀해주세요." 그러나 그는 대답하지 않았다. 말해보았자 그것이 그녀에게는 기대와 달리 얼마나 그저 그렇고 덜 특별하고 덜 감동적으로 보일지 알고 있으며, 한편 예술에 환멸을 느낀 그녀가 사랑에도 환멸을 느낄까 봐 두렵기 때문이었다.

또 실상 그녀는 스완을 생각보다 지적으로 열등하다고 생각하고 있었다. "당신은 언제나 몸에 차가운 피가 도는군요, 당신이라는 분은 종잡을 수가 없어요." 그보다도 오히려 그녀는 금전에 대한 스완의 무관심, 누구에게나 상냥한 태도, 심정의 섬세함에 감탄해 마지않았다. 실제로 스완보다 더 훌륭한 인물, 이를테면 학자라든가 예술가 같은 인물이 주위 사람들에게 오해받고 있지 않은 때에도, 그의 뛰어난 지성을 완벽하게 증명해주는 것은 그런 인물의 사상에 대한 사람들의 감복이 아니라(왜냐하면 사상에는 그들의 손이 닿지 않아서) 오히려 그런 인물의 착함에 대한 존경일 경우가 흔히 있다.

마찬가지로 오데트는 스완의 사교적인 지위로 말미암아 마음속에 존경심이 일어났지만, 그녀는 스완이 자기를 사교계에 받아들여지게 하려고 애쓰는 것을 원하지 않았다. 아마도 그녀는 그가 그 일에 절대로 성공할 리가 없다고 느꼈으므로, 뿐만 아니라 오직 그가 그녀에 대해서 남에게 말하는 것만으로도 자기가 속으로 두려워하고 있는 일이 일어날지도 모른다고 생각해서 그런지도 몰랐다. 어쨌든 그녀는 결코 자기 이름을 입 밖에 내지 말라고 그에게 다짐시키고 있었다.

그녀가 그에게 밝힌 사교계에 가고 싶지 않은 이유란, 전에 친구였던 한 여인과 사이가 틀어졌는데 그 뒤로 그 여인이 자기를 나쁘게 말하고 다니는 데 있었다. 스완은 이의를 제기했다. "그러나 모든 사람이 당신의 여자친구를 알 리는 없지 않소." "그건 그래요, 하지만 그것은 기름 얼룩 같아요. 점점 멀리 퍼지죠. 사교계란 고약하니까요." 한편으로 스완은 이 이야기를 잘 이해할 수 없었지만, 또 한편으로는 "사교계란 고약하다"든가 "중상모략이란 기름 얼룩 같다"든가 하는 말은 거의 사실로 보아도 좋다고 생각했다. 틀림없이 그런 말에 꼭 들어맞는 경우가 있었을 것이다. 오데트의 경우도 그런 경우 가운데 하나였을까? 그는 이 문제를 마음속에서 스스로 묻고 스스로 대답했다. 그러나 생각은 오래가지 않았으니, 풀기 어려운 문제에 맞닥뜨릴 때 그 또한 아버지처럼 머리가 둔해지기 때문이었다. 그리고 또 그처럼 오데트를 두렵게 하고 있는 이 사교계는, 모르면 몰라도 그녀의 마음속에 그다지 큰 욕망을 일으키진 않았을 것이다. 왜냐하면 이 사교계는 그녀가 알고 있는 사교계와는 너무나 동떨어져 그녀로서는 머릿속으로 똑똑하게 그려보지도 못했으니까.

그러나저러나 그녀는 어떤 점에서는 정말 태깔을 부리는 티 없이 소박했는데(이를테면 그녀는 퇴직한 재봉 여공을 그대로 친구로 삼아, 거의 날마다 그 집의 어두컴컴하고 역한 냄새를 풍기는 가파른 계단을 올라갔다), 그래도 역시 멋을 동경하고 있었다. 그렇다고 사교계 사람들과 같은 생각을 하고 있던 것은 아니다. 그들 사교계 사람들이 보기에 멋이란 어떤 극소수의 인간들이 발산하는 것으로, 그런 인간은 그 친구들 또는 그 친구들의 친구들, 다시 말해 사람들의 이름이 이른바 목록을 이루고 있는 범위 안에서 매우 떨어진 계급에까지 그 멋이라는 걸 던진다. 하기야 그런 인간들이 맺는 친교의 중심에서 머냐 가까우냐에 따라 얼마간 멋의 강도가 차이 나겠지만. 사교계 사람들은 이 인명록을 외우고 있어 그런 일에는 박식하며, 거기에서 그들은 취미라든가 날카로운 촉각을 뽑아낸다. 그리고 스완은 그 좋은 보기로, 그는 그다지 사교계에 관한 지식에 호소할 필요조차 없이 신문에서 어느 만찬에 참석한 인사들의 이름을 한 번 읽기만 하면 금세 그 만찬의 멋이 어느 정도인지 말할 수 있었다. 마치 문학가가 단 한 구절을 읽기만 해도 저자의 문학적 재능을 정확하게 평가하듯. 그러나 오데트는 그런 개념을 갖지 못하여 아주 다른 멋을 떠올리는 인간에(사교계 인간의 생각이 어떻든 간에, 사회의 온갖 계급 안에 퍼져 있으므로 꽤 많은 수를 차지하고 있는 인간에) 속했다. 그리고 이 아주 다른 멋이란 그런 많은 사람들이 저마다 속한 환경에 따라 여러 양상을 띠는데, 그래도 공통된 하나의 독특한 성질로서—오데트가 꿈꾸는 멋인들, 또는 코타르 부인이 그 앞에 몸을 굽히고 절하는 멋인들—누구나 다 그것에 직접 가까워질 수 있다는 특성을 지니고 있었다. 다른 것, 곧 사교계 인간들의 멋도, 이 또한 실은 누구나 다 가까이하기 쉬운 것인데, 단지 거기에는 조금 시간이 필요한 것이다. 오데트는 어떤 사람에 대해 이렇게 말한 적이 있었다.

"그분은 멋있는 곳밖에 가지 않지요."

그때 스완이 그녀를 보고 무슨 뜻이냐고 물으니, 그녀가 약간 멸시하는 투로 대답했다.

"무슨 말씀이세요! 멋있는 곳 말이에요. 나이 지긋한 당신에게 멋있는 장소가 어떤 곳인지 가르쳐야 하다니, 내가 뭐라고 말해야 하나요? 말하자면 주일 아침의 랭페라트리스 큰 거리, 5시 무렵의 호수 일주(一周), 목요일의 에당 극장, 금요일의 경마장* 그리고 무도회……."

"어떤 무도회?"

"그야 파리에서 열리는 무도회, 멋진 무도회를 말하는 거예요. 이봐요, 에르벵제를 아시죠, 증권회사 사람 말이에요. 물론 아시겠죠, 파리에서 가장 유명한 사람 가운데 하나니까. 젊고 키가 호리호리한 데다 금발인 그분. 그분은 참말 속물이래요. 언제나 단춧구멍에 꽃을 달고, 등에 줄이 난 화려한

* 불로뉴 숲에 있는 호수와 경마장을 말하는 것이며, 에당 극장은 무용 중심의 공연장임.

빛깔의 외투를 입고 있거든요. 또 언제 보아도 짙은 화장을 한 나이 든 여인과 함께 다니는데, 그분을 모든 첫 공연에 데리고 가요. 그런데 말이죠! 그분이 요전 밤에 무도회를 열었는데, 아니 글쎄 파리의 멋쟁이란 멋쟁이는 다 모였나 봐요. 나도 어찌나 가고 싶던지! 하지만 초대권을 보여야 들어갈 수 있는데, 그 초대권을 손에 넣지 못하고 말았어요. 그렇지만 안 가길 잘했다는 생각도 들어요. 사람들한테 치이느라 아무것도 구경 못했을 테니까. 그렇게 많은 사람들이 모여든 것도, 에르뱅제네에 가 있었다고 말하기 위해서일 뿐이죠. 그게 바로 허영심이라는 거죠! 게다가 거기 갔다고 하는 여자가 백 명쯤 된다 해도, 그 가운데 절반은 거짓말하는 걸 거예요……. 그러나저러나 놀랐는데요. 당신 같은 '뛰어난 멋쟁이'가 거기를 가지 않았다니."

그러나 스완은 멋에 대한 그녀의 이와 같은 개념을 하나도 고치려 애쓰지 않았다. 그 자신의 개념 또한 그다지 실답지 않으며 마찬가지로 어리석고 하찮은 것으로 느껴져, 애인에게 자기의 개념을 가르치는 데 아무런 흥미도 느끼지 않아서였다. 그래서 몇 달쯤 지나자 그녀는 스완이 가까이 지내는 사람들에 대해서, 그 사람들을 통해 스완이 경마장의 중량 측정장 쪽 특별석 입장권, 마필 콩쿠르 초대권, 첫 공연의 표 따위를 얻어주는 때밖에 이들에게 흥미를 갖지 않게 되었다. 그녀는 스완이 그처럼 유익한 교제를 좀더 개척해 주길 바라고 있었지만, 한편으로는 어느 날 빌파리지 후작부인이 검은 모직 드레스를 입고 끈 달린 헝겊 모자를 쓴 채 거리를 지나가는 모습을 본 뒤로는, 이런 교제를 멋없는 것으로 생각하게 되었다.

"세상에, 저분 마치 좌석 안내인이나 문지기 할멈 같네, 여보(darling)! 흥, 저러고도 후작부인이라니! 나야 후작부인 같은 높은 신분이 아니지만, 나를 저 꼴로 돌아다니게 하려면 아주 비싼 값을 치러야 할 걸!"

그녀는 스완이 오를레앙 강둑의 저택에 살고 있다는 사실이 이해가 가지 않았다. 감히 입 밖에 내지는 않았으나, 그곳은 그에게 어울리지 않는다고 생각하고 있었던 것이다.

그야 물론 그녀는 '고대 미술품'을 애호하는 체했고, '골동품 수집'이라든가 '고물'이나 '옛것'을 찾으면서 하루를 보내는 걸 썩 좋아한다고 말할 때는 무척이나 기뻐하는 듯한 꾀바른 모양을 꾸미기도 했다. 낮 동안 어떻게 지내는가에 대해서는 명예에 관한 일이나 되는 것처럼(마치 가훈에 따르기라도 하듯이) '보고'도 하지 않고 좀처럼 질문에 대답하지 않았는데, 그래도 한번은 스완에게 자기를 초대해준 여자친구에 대해서 말하며, 그 집에 있는 것이 모두 오래된 '시대'의 것이었다고 말한 일이 있었다. 그러나 그때 스완은 그녀에게 그 오래된 시대가 어느 시대인지 대게 하진 못했다. 그렇지만 그녀는 숙고한 끝에 '중세'였다고 대답했다. 그녀는 이 대답으로 그 집의 벽이 판자로 둘러져 있었다고 말한 셈이었다. 한데 얼마 뒤 그녀는 그에게 이 여자친구에 대한 말을 다시 꺼내, 마치 여태껏 이름도 못 들어본 사람, 그 전날 밤 만찬에서 처음으로 합석한 사람인데 그 자리의 주인 말투로 미루어보아 이름난 인물 같았기에, 자기가 말하려는 사람을 지금 대화하는 상대도 잘 알기를 바라는 어떤 인물을 들먹일 때와 같은 그 우물쭈물 아는 체하는 말투로 덧붙였다. "친구 집 식당이 말이에요…… 그거…… 18세기 것이더군요!" 게다가 그녀는 이 식당이 몹시 추악하고, 마치 그 집이 아직 미완성이기나 한 것처럼 밖으로 드러나 있다고 생각했다. 그런 곳에서는 여인들도 추악해 보이니 절대로 이런 것이 유행할 리가 없다고 생각했다. 드디어 그녀는 세 번째로 그 식당 이야기를 끄집어내어, 스완에게 식당을 지은 사람의 주소와 성명을 보이고는, 돈이 마련되었을 때 자기에게 식당을 지어줄는지 묻기 위해 그 사람을 불러볼 작정이라고 했다. 물론 그런 식당이 아니라, 자기가 늘 공상하고 있는 식당을. 하기야 자기 집의 넓이로는 아쉽게도 블루아성*에 있는 것처럼 높다란 조리대, 르네상스풍의 세간, 벽난로 따위를 갖춘 식당은 무리지만, 하고 그녀는 덧붙여 말했다.

바로 그날, 그녀는 그의 앞에서 오를레앙 강둑에 있는 스완의 거처에 대한 생각을 그만 입 밖에 내고 말았다. 스완이 오데트의 여자친구를 평하여, 그 분은 루이 16세식에 심취한 게 아니라(루이 16세식은 지금에 와서는 만들지 못하지만 그래도 꽤나 매력 있는 것이므로, 하고 말하고) 옛것을 본뜬 것에 심취해 있다고 비판하자, 오데트는 말했다. "내 친구가 당신처럼 호기심에서 부서진 세간과 다 낡은 양탄자 가운데서 살 수야 없죠." 이러고 보니 부르주아다운 체면 중시 정신은 아직 그녀의 마음속에서 화류계 여인의 예술

* 12세기부터 16세기에 걸쳐 건축된 프랑스 문예 부흥기의 역사적 성관.

애호를 이겨내고 있었던 셈이다.

골동품 수집을 좋아하며, 시를 즐기고, 너절한 셈을 경멸하며, 명예와 사랑을 꿈꾸는 인간을 그녀는 다른 인간보다 뛰어난 엘리트로 삼고 있었다. 게다가 그런 취미를 가졌다고 입 밖에 내기만 하면 그만이지 실제로 갖고 있을 필요는 없었다. 한 남성이 만찬 자리에서 그녀에게, 자기는 한가로이 거닐며 골동품 가게에 들어가 손가락을 더럽히는 것을 좋아한다, 자신의 이익 따위는 신경 쓰지 않으니까 자기는 이 상업적인 시대에서는 결코 존중받지 못할 것이다, 따라서 자기는 다른 시대의 인간이다, 라고 속내를 털어놓았을 때, 그녀는 집에 돌아와서 "정말 마음가짐이 훌륭한 분이야. 다정다감한 분이셔. 그런 분인 줄은 미처 몰랐어!" 하고 말하며, 갑자기 그 사람에게 가없는 친근감을 느꼈다. 그러나 반대로 스완처럼 그런 취미를 갖고 있으면서도 입 밖에 내지 않는 인간에겐 냉담했다. 그야 물론 스완이 돈에 애착하지 않는 것은 인정할 수밖에 없었지만, 그녀는 실쭉한 표정으로 덧붙였다. "그렇지만 그분의 경우는 달라." 결국 그녀의 공상에 호소하는 것은 실질적으로 욕심이 없는 게 아닌 언어상의 그것이었다.

그는 그녀가 꿈꾸고 있는 것을 실현시켜주지 못하는 일이 많다는 걸 알고 있었다. 그래서 적어도 자기와 함께 있는 때만은 그녀를 즐겁게 해주려고, 또한 그녀의 그런 비속한 생각이나 악취미를 반대하지 않으려고 애썼다. 그녀는 모든 일에 그 저속한 생각과 악취미를 나타내었는데, 그는 그것을 그녀가 가진 온갖 것과 마찬가지로 사랑하면서 이에 기쁨마저 느꼈으니, 그런 것들이 곧 그녀의 본질을 나타내어 눈에 뚜렷하게 보여주는 개성적인 특징이기도 했기 때문이었다. 그러므로 그녀가 〈토파즈의 여왕〉*을 보러 가게 되어서 기뻐하고 있을 때, 또는 꽃 축제를 놓칠세라, 아니면 멋진 여인이라는 명성을 굳히려면 열심히 다녀야 한다고 믿고 있는 '루아얄 거리의 카페'에서 머핀이나 토스트와 함께 차를 마시는 다과회에 늦을세라 눈빛이 변해 자못 불안하고 진지한 눈매가 되었을 때, 스완은 우리가 어린이의 천진스러움 또는 당장에라도 말할 듯이 보이는 초상화의 생생함에 감동하듯이 감동하여, 애인의 혼과 얼굴이 겹쳐지는 것을 느껴서 저도 모르게 그 얼굴에 입술을 가

---

* 마세의 3막짜리 희극, 1856년 초연.

져가 그 혼을 접하지 않을 수가 없었다. '아아! 귀여운 오데트는 꽃 축제에 데리고 가주기를 바란다. 남들에게 자기 모습을 구경시키고 싶은 거다. 좋고 말고, 데려가고말고, 그녀 뜻에 복종할 따름이다.'

스완은 시력이 조금 낮아서, 집에서 일할 때는 싫어도 안경을 쓸 수밖에 없었고, 사교계에 나갈 때는 외알안경을 써야 했다. 외알안경일 때는 그의 인상이 덜 흉했다. 오데트는 스완의 눈에서 처음으로 외알안경을 보았을 때 기쁨을 참지 못했다. "남자 분에게 잘 어울려요, 두말할 것 없이 멋진데요! 당신의 이런 모습, 참 좋아요! 당신 정말 신사다워요. 단지 작위가 없을 뿐이군요!" 이와 같이 그녀는 유감인 듯한 투로 덧붙였다. 그는 그렇게 말하는 오데트가 좋았다. 만약에 그가 브르타뉴의 여인에게 반했다면 그 여인이 벙거지를 쓰고 있는 모습을 보거나 그녀가 유령을 믿고 있다고 말하는 것을 듣고서 좋아했을 텐데, 이것도 그와 마찬가지다.

예술에 대한 취미가 육욕과는 별개로 발달되어 있는 사람들 대부분이 그렇듯이 여태껏 그가 양쪽 취미에 준 만족 사이에는 기이한 부조화가 있었으니, 곧 상대하는 여성에게서는 점점 더 상스러운 것을 즐기는데 예술작품에서는 더욱더 세련된 것의 매력을 즐기게 되어, 자기가 보고 싶었던 퇴폐적인 극 상연에 어린 하녀를 데려가 칸막이 좌석에 앉히거나 인상파 전람회에 데리고 가거나 하는 것이다. 그리고 이런 작품은 교양 있는 사교계 여인이라도 이 어린 하녀 이상으로는 이해하지 못할 거다, 그러면서 어린 하녀만큼 온순하게 잠자코 있지도 못할 거다, 하고 그는 믿고 있었다. 그런데 이와는 반대로, 그가 오데트를 사랑하게 되면서부터는 그녀와 공감하여 그들 둘이 하나의 영혼만을 갖고 있다고 느끼는 것이 그에게 어찌나 감미로웠던지, 그는 그녀가 좋아하는 것을 애써 좋아하려고 했다. 그래서 그녀의 습관을 흉내낼 뿐만 아니라, 그녀의 의견을 받아들이는 데도 더욱더 깊은 기쁨을 맛보기에 이르렀다. 그리고 이 습관이나 의견은 본디 그녀의 지성에 뿌리박은 것이 아니어서, 그것들은 그에게 오직 그녀의 애정만을 떠올리게 했고 그 때문에 그는 그것들을 더욱 좋아하게 되었다.

그가 〈세르주 파닌(Serge Panine)〉*을 다시 보러 가고 올리비에 메트라의

* 조르주 오네가 쓴 통속극. 1882년 초연.

지휘를 구경할 기회를 찾은 것도, 사실은 오데트의 온갖 사고방식을 이해하고 그녀의 온갖 취미를 나누어 갖는 기쁨 때문이었다. 그녀가 좋아하는 작품이나 장소는 그녀에게 스완 자신을 접근시키는 매력을 갖췄으며, 그 매력은 설령 훨씬 아름다울망정 그에게 그녀를 상기시키지 않는 작품이나 장소의 매력보다 한결 신비롭게 느껴졌다. 그뿐만 아니라 젊은 시절의 지적 신앙의 쇠퇴를 그대로 방치하고, 또 모르는 사이에 사교 생활에서 물든 회의주의가 이 신앙에까지 침투되는 것을 그대로 내버려둔 그는, 우리 취미의 대상이 그 자체로는 절대적인 가치를 가질 수 없으며 모든 게 시대와 계급의 문제이고 유행에 달려 있으니까, 가장 저속한 유행이라도 가장 점잖은 것으로 통하는 유행에 맞먹는 것이라고 생각하고 있었다(또는 적어도 오랫동안 그렇게 생각해왔으므로 아직도 그렇게 말하곤 했다). 그리고 오데트가 전람회 첫날의 초대장을 얻으려고 급급하는 것도 자기가 지난날 웨일스 왕자와 점심 식사를 같이했을 때 느낀 기쁨보다 우스꽝스러운 것이 아니라고 생각하고, 마찬가지로 그녀가 몬테카를로(Monte Carlo)*[1] 또는 리지(Righi)*[2]에 감탄하는 마음도, 그녀가 추악하다고 생각하는 네덜란드나 음침하다고 보는 베르사유를 좋아하는 그 자신의 기호보다 몰상식한 것으로는 생각하지 않았다. 그러므로 그는 그처럼 자신이 좋아하는 곳에 가기를 스스로 단념했다. 그녀가 아니라면 느끼거나 좋아하거나 하지 않으려고 하는 것은 오로지 그녀를 위해서라는 생각으로 스스로 위로하면서.

오데트를 둘러싸고 있는 것, 말하자면 그가 그녀를 만나고 그녀와 담소하는 데 주로 도움이 되고 있는 모든 것과 마찬가지로 그는 베르뒤랭네와의 교제를 좋아했다. 거기서는 식사, 음악, 놀이, 가장 만찬회, 야유회, 연극 관람, 그리고 아주 가끔 '진저리나는 사람들'을 위해 열리는 '대야회' 따위에 이르기까지 온갖 즐거움의 중심에, 베르뒤랭 부부가 초대 손님인 스완에게 매우 귀중한 선물로서 준 오데트가 자리를 같이하여, 오데트의 모습이 있고 오데트와의 밀어가 있었다. 그래서 그는 다른 어떤 곳보다 이 '작은 핵심' 안에 있기를 즐기고 또 이 핵심에 실제 가치를 주려고 애썼으니, 왜냐하면 그는 자기 취미에 따라 이 집에 평생토록 드나들 거라고 상상했기 때문이다.

---

*1 모나코 북동부의 관광지.

*2 스위스 고지에 있는 호수 마을.

그런데 오데트를 영원히 사랑하리라고 마음속으로도 감히 말 못하면서(애정을 믿지 못하는 날이 올까 봐 두려웠으므로), 어쨌든 영원히 베르뒤랭네에 드나들 거라고 가정하며(이는 다른 모든 경험에 앞서서 그의 이성으로부터의 근본적인 이의를 일으키지 않는 명제다), 그는 앞으로도 계속 밤마다 오데트를 만날 거라고 여기고 있었다. 이러한 마음은 아마도 언제까지나 그녀를 사랑한다는 것과는 일치하지 않을지 몰라도, 적어도 사랑하는 동안만은 단 하루도 빼놓지 않고 그녀와 만날 수 있으리라고 믿는 것이 그가 바란 전부였다.

'얼마나 매력적인 사람들인가' 그는 생각했다. '그곳의 생활이 얼마나 참된 생활이냐! 사교계 사람들보다 더 총명하고 더 예술미 있는 사람들이 아닌가! 약간 우스운 과장에도 불구하고, 베르뒤랭 부인이 그림과 음악에 얼마나 성실한 사랑을 바치고 있는가! 작품에 대한 그 열정, 예술가를 기쁘게 해주려는 그 욕망! 물론 그분은 사교계 사람들을 잘못 생각하고 계시지. 하지만 사교계 사람들은 예술적인 분위기를 더욱 잘못 생각하고 있지 않은가! 나는 아마 그곳에서 나눈 담소로는 큰 지적 요구를 만족시키지는 못할 거야. 하지만 나는 코타르와 함께 있는 게 정말로 즐거워. 그가 가끔 어리석은 재담을 뱉긴 하지만. 그리고 그 화가로 말할 것 같으면, 남을 놀라게 할 때 잘난 체하는 꼴이야 유쾌하지 않지만, 그 대신 내가 아는 사람 가운데 가장 머리가 좋은 사람이야. 또 뭐니뭐니해도 거기서는 다들 자유롭게, 거리낌 없이 바라는 대로 하고들 있지. 그 살롱에서 날마다 얼마나 많은 즐거운 기분이 흩어져 있는지! 이제 몇몇 드문 예외를 빼놓고는 단연코 그 모임에만 가련다. 그러면 나는 점점 그곳에서 나의 습관과 생활을 지니게 되겠지.'

그가 베르뒤랭네에 고유한 것으로 여기던 수많은 장점은, 실은 베르뒤랭네에서 그가 오데트에게 한 사랑 때문에 맛보고 있던 즐거움의 반영에 지나지 않았으므로, 그런 장점은 사랑의 즐거움이 더해감에 따라 더욱 진지하게, 더욱 깊게, 더욱 생기 있게 되었다. 베르뒤랭 부인은 이따금 그의 행복을 이룰 수 있는 유일한 것을 스완에게 주었다. 이를테면 오데트가 유독 한 손님과 자주 담소하고 있어서 불안해진 스완이 그만 화가 나, 자기 쪽에서 먼저 그녀에게 함께 돌아가자고 말 꺼내지 못하는 밤, 베르뒤랭 부인은 아주 자연스럽게 "오데트, 당신 스완 씨를 모시고 가지 않나요?" 하고 말하면서 스완에게 안심과 기쁨을 선사했다. 또 여름이 되어 오데트가 혼자서 피서 가지나 않을까, 날마다 그녀와 만나지 못하게 되는 게 아닌가 하고 그가 근심했을 때, 베르뒤랭 부인은 그 두 사람을 자신의 시골 별장에 초대해 여름을 함께 지내도록 해주었다. 그 결과 스완은 감사의 정과 계산적인 마음이 자신도 모르는 사이에 머릿속에 스며들고 마음속에 흘러들어, 베르뒤랭 부인을 위대한 영혼의 소유자라고 확신하게 되었다.

루브르 학교*의 옛 동창생이 취미가 섬세하거나 뛰어난 사람들에 대해서 그에게 말하자, 그는 "나는 베르뒤랭네 사람들이 백배나 더 좋다"고 대답했다. 그리고 이전의 그와는 달리 엄숙한 태도로 이렇게 덧붙였다. "고결한 분들이지. 그리고 고결하다는 건, 요컨대 이승에서 가장 중요한 단 하나의 것, 이것만이 인간을 뛰어나게 하는 것이지. 여보게, 인간에게는 두 계급밖에 없네. 곧 고결한 인간과 그렇지 않은 인간 말일세. 나는 다른 것들과 어울려 낭비한 시간을 만회하기 위하여 이제 방침을 정해 좋아하는 것과 멸시하는 것을 분명하게 결정짓고 좋아하는 것들에 머물러, 죽을 때까지 그 좋아하는 사람들과 헤어져서는 안 될 나이가 되었네. 그렇고말고!" 이때 그는 어떤 말이 참말이라서가 아니라 그저 그렇게 말하는 게 즐거워서, 자신이 말하고 있으면서도 그 목소리가 어딘지 자기 말고 다른 데서 나오는 것처럼 들리므로, 그것을 뚜렷하게 이해하지 못하면서도 말할 때 사람들이 느끼는 그 가벼운 감동과 더불어 말하는 것이었다. "운명의 주사위는 이미 던져졌네. 나는 고결한 사람만을 사랑하고, 고결한 마음속에서만 살기로 했네. 베르뒤랭 부인이 참말로 총명한 분이냐고 묻는 건가. 아무렴, 내 단언하지만, 그분은 나에게 고귀한 마음씨와 드높은 영혼을 보여주었거든. 여보게, 똑같이 드높은 사상을 갖지 않고서는 그토록 높은 곳에 이르지 못하는 법일세. 물론 그분은 예술에 깊은 이해심을 갖고 있지. 하지만 그분의 가장 훌륭한 장점은 아마도 그 점이 아닐걸세, 그렇지. 그보다도 그분이 내게 보여준, 참으로 재치 있고 훌륭하게 선의를 보이는 그 사소한 행동, 타고난 친절, 친근하면서도 숭고한 몸짓 따위는 어떠한 철학개론보다도 인생에 대한 더 깊은 이해를 드러내보이는 거지."

* 파리에 있는 국립고고학학교.

그렇지만 스완이 그의 부모님에게도 베르뒤랭 부부와 마찬가지로 소박한 옛 친구들이 있었다는 것, 그의 청춘 시절에도 똑같이 미술에 심취한 동료가 있었다는 것, 또한 그 밖에도 도량이 넓은 사람들을 알고 지냈다는 것을 떠올렸을 법도 하다. 그러나 그는 고지식함과 예술과 고결함을 택하고 나서는 그런 다른 사람들과는 아주 만나지 않게 되었다. 왜냐하면 그런 다른 사람들은 오데트의 존재를 몰랐으며, 알고 있었던들 그녀를 스완에게 접근시키려는 따위의 생각은 하지 않았을 것이기 때문이다.

그러므로 베르뒤랭네 주위의 어디를 살펴봐도 스완만큼 베르뒤랭 부부를 사랑하거나 또는 사랑하고 있는 줄로 여기는 신자는 분명 한 사람도 없었다. 그럼에도 베르뒤랭 씨가 아무래도 스완이 마음에 들지 않는다고 말했을 때, 그는 자기의 속생각을 나타냈을 뿐만 아니라 아내의 속마음도 알아맞힌 것이었다. 물론 스완은 오데트에게 매우 유별난 연정을 품고 있었다. 그런데 그는 베르뒤랭 부인을 이야기상대로 삼아 날마다 그 연정에 대해 털어놓는 일을 소홀히 하고 있었다. 더구나 베르뒤랭 부부는 꿈에도 생각 못할 이유 때문에(진짜 이유 대신에, 그들은 스완이 '진저리나는 사람들'한테서 오는 초대를 결코 거절하지 않기 때문이라고 보고 있었다) 스완이 만찬에 오기를 자주 삼가면서 베르뒤랭 부부의 후대를 받았을 때에 취한 조심성, 또한 그가 그토록 신중하게 숨기려 했음에도 그들이 스완이 사교계에서 차지한 으리으리한 지위를 차차 알게 되었다는 것, 그런 사실들이 겹쳐 그들의 울화통을 터뜨려놓고야 말았던 것이다. 그러나 깊은 이유는 따로 있었다. 그것은 스완의 안에 따로 남겨져 있어 그들이 뚫고 들어갈 수 없는 한 장소, 사강 대공 부인은 괴상하지 않으며 코타르의 익살은 조금도 재미있지 않다고 스완이 그 자신에게 조용조용히 계속 주장하고 있는 장소를 그들 부부가 감지하여, 마침내는 스완은 결코 상냥함을 버리지 않았고 또 그들의 가르침에도 반항한 적 없으나, 그들이 그 가르침을 강요해 그를 철저하게 개종시킬 수 없음을 유례없이 느꼈기 때문이다. 만일 스완이 좋은 본보기로, 신자들의 면전에서 진저리나는 사람들과 자기와의 관계를 부인하는 데 동의만 했다면(하기야 마음속으로 그는 이런 사람들보다 베르뒤랭 부부와 작은 핵심의 사람들을 천배나 더 좋아하고 있었다) 그들은 스완이 그 진저리나는 사람들의 집에 계속 드나드는 것을 묵인했으리라. 하지만 그들도 잘 알고 있듯이 스완에게 이런 맹세를 시키기란 불가능했다.

한편 오데트가 그녀 자신도 아직 몇 번 만나지 않았으면서 그들에게 초대해주기를 부탁한 이번 '신입', 그들이 많은 희망을 걸고 있는 포르슈빌 백작은 얼마나 다른가! (백작은 바로 사니에트의 동서였는데 이 사실은 신자들을 몹시 놀라게 했다. 그 늙은 고문서학자 사니에트가 어찌나 겸허했던지 그들은 늘 사니에트를 자기들보다 낮은 사회적 신분으로 여겨왔는데, 사실은 그가 부유하고도 비교적 귀족에 가까운 가문에 속해 있다는 사실을 알게 될 줄은 전혀 몰랐기 때문이다) 틀림없이 포르슈빌은 상스러운 속물이었지만, 스완은 그렇지 않았다. 틀림없이 포르슈빌은, 스완과 마찬가지로 베르뒤랭네 사람들을 다른 모든 사람 위에 놓으려고는 하지 않았다. 그러나 포르슈빌에게는 스완의 벗들을 향하여 베르뒤랭 부인이 내린 분명히 잘못된 비평을 스완으로 하여금 따르지 못하게 한 타고난 우아함이 없었다. 화가가 때때로 내뱉는 건방지고도 저속한 수다나, 코타르가 언제나 위험을 무릅쓰고 하는 외판원과도 같은 농담에 대하여, 그들 두 사람을 좋아하고 있는 스완은 쉽게 그것을 흘려들을 순 있을망정 그것에 갈채를 보내는 용기나 위선은 갖지 못했는데, 이에 반해 포르슈빌의 지능으로 말할 것 같으면, 그 뜻도 모르면서 그 가운데 어떤 것에는 입을 딱 벌리고 감탄해 마지않고 또 어떤 것에는 매우 즐거워하는 수준이었다. 바로 이 때문에 포르슈빌이 출석한 베르뒤랭네의 첫 만찬회가 이러한 둘의 차이를 백일하에 드러내어, 포르슈빌의 장점을 뚜렷이 보여주고 스완이 총애를 잃는 일을 재촉했다.

이 만찬회에는 여느 때의 손님 말고도 소르본 대학의 교수 브리쇼가 참석했다. 그는 어느 온천장에서 베르뒤랭 부부와 알게 된 사람으로, 대학의 직무와 자신의 연구로 자유로운 시간이 모자라지만 않았다면 기꺼이 베르뒤랭네에 자주 왔을 것이다. 왜냐하면 그의 연구 대상과 관계된 어느 회의주의에 연결되어 있는 것으로, 어떤 지성인에게—예컨대 의학을 믿지 않는 의사나 자국어의 라틴어 역문을 믿지 않는 중학교 교사 등에게—폭넓고도 왕성하며 심지어 뛰어난 정신의 소유자라는 명성을 주는 삶에 대한 호기심, 삶에 대한 맹신을 브리쇼가 갖고 있었기 때문이다. 베르뒤랭네에서 철학과 역사에 대해 말했을 때 그는 가장 실제적인 것들 가운데에서 여러 가지 비교를 찾아내는 체했다. 이는 첫째로, 그가 철학과 역사란 삶에 대한 준비에 지나지 않는다고 여겼기 때문이며, 또 여태껏 자신이 책 속에서밖에 알아내지 못했던 것이 이 작은 동아리 속에서 실행되는 것을 보게 되려니 상상했기 때문이며, 또한 틀림없이 전에 어떤 주제에 대한 존경심이 머리에 박힌 것을 모르는 사이에 계속 지니고 있어, 그런 주제를 대담하게 다룸으로써 대학교수라는 허울을 벗은 기분이 들었기 때문이다. 하지만 실은 거꾸로, 그가 여전히 대학교수라는 허울을 쓰고 있었으므로 그런 행동이 대담하게 보이는 것에 지나지 않았다.

'신입'을 위하여 공들여 몸단장한 베르뒤랭 부인의 오른편 자리에 있던 드 포르슈빌 씨가, 식사가 막 시작됐을 때 부인에게 "독창적이군요, 이 블랑슈 로브(흰옷)는" 하고 말했을 때, '드(de)'*[1]라고 불리는 자의 정체를 알고자 호기심을 잔뜩 품고 드 포르슈빌의 관찰에 여념이 없던 코타르는, 이 기회를 이용해 상대의 주의를 끌어 그와 더 친해지기 위해 재빨리 그 '블랑슈'라는 낱말의 꼬리를 잡아, 게다가 코를 쳐들지도 않고 "블랑슈? 블랑슈 드 카스티유(Blanlche de Castille) *[2]입니까?"라고 말하고 나서, 머리는 움직이지 않고 슬그머니 좌우로 확신 없는 그러나 은근한 만족을 나타내는 눈길을 던졌다. 스완은 억지로 미소 지으려고 헛되게 애를 써서 도리어 이를 어리석은 재담으로 판단하고 있음을 내색하고 말았는데, 반면에 포르슈빌은 재담의 묘미도 알고 있지만 처세에도 능통함을 보여 적당히 쾌활하게 대처했으므로, 베르뒤랭 부인은 그의 솔직함에 반하고 말았다.

"어떻게 생각하시죠, 이런 학자 분을?" 부인이 포르슈빌에게 물었다. "저 분과는 그분도 진지하게 이야기 못하죠. 당신은 병원에서도 환자들에게 그런 농담을 하십니까?" 부인은 코타르 의사를 향해 고개를 돌리며 덧붙였다. "그럼, 날마다 심심하지 않겠네요. 나도 입원시켜달라고 해야겠어요."

"아무래도 의사 선생님께서 말씀하신 건 블랑슈 드 카스티유라는 성미가 고약한 노파인 것 같은데요, 감히 말하자면 말입니다. 안 그렇습니까, 부인?" 브리쇼가 베르뒤랭 부인에게 물었다. 그러자 부인은 혼비백산하여 눈을 감고 얼굴을 두 손에 파묻으니, 두 손 사이에서 숨이 끊어질 듯한 외침이

---

*1 귀족의 성 앞에 붙이는 존칭.

*2 루이 8세의 왕비(1182~1252). 성 루이 왕의 어머니.

새어나왔다. “이런 이런, 부인, 나는 경건한 영혼들을 겁나게 하려는 의사는 조금도 없습니다. 그러한 영혼들이 이 식탁 둘레에 남몰래(sub rosa) 계신다면…… 게다가 나는 우리의 황공스런 아테네풍의 공화국이—정말 아테네풍이죠! —이 카페 왕조의 몽매주의자 부인께 귀신같이 엄격한 초대 경시총감의 명예를 줄 수 있다고 인정합니다. 그렇고말고요. 주인어른, 그렇고말고요.” 그는 베르뒤랭 씨의 반박에 대꾸하며, 철자 하나하나가 뚜렷이 드러나는 낭랑한 목소리로 말을 이었다. “《생드니 연대기》*1 기록의 정확성은 논박할 수 없는데, 이 점에 관한 연대기의 기록에도 아무런 의심의 여지가 없습니다. 애당초 그녀가 자기 아들인 성 루이 왕에게 쓰라린 맛을 보였다고 쉬제르(Suger)*2도 말했거니와 성 베르나르*3도 뭐라고 말씀한 이 어머니만큼, 종교를 배척하는 무산계급이 수호신으로 모시기에 알맞은 분도 따로 없습니다. 왜냐하면 이 블랑슈 드 카스티유에게 걸리기만 하면 누구나 다 혹독한 경험을 겪어야 했으니까요.”

“저분은 누구죠?” 포르슈빌이 베르뒤랭 부인에게 물었다. “권위 있는 분 같습니다만.”

“어머나, 유명하신 브리쇼 님을 모르시나요? 온 유럽에 알려진 분인데요.”

“아! 저분이 브리쇼군요.” 잘 알아듣지도 못했으면서 포르슈빌이 외쳤다. “과연 그랬군요” 하고, 크게 뜬 눈을 이 저명한 인물에게 고정하면서 덧붙였다. “저명한 인사와 저녁 식사를 같이한다는 것은 언제나 즐거운 일이지요. 아니 정말, 부인께서는 고르고 고른 손님들과 함께 우리를 저녁 식사에 초대하여 주십니다그려. 댁에서는 누구든지 지루하지 않겠습니다.”

“어머! 아니, 하지만 우리집에서 제일가는 특징은” 하고 베르뒤랭 부인은 겸손하게 말했다. “여러분이 서로 친근감을 느끼는 거죠. 모든 분이 하고 싶은 대로 말씀하시니까 자연히 이야기가 불화살처럼 튀어 솟아나옵니다. 그래서 저래 봬도 브리쇼 님도 오늘 저녁은 보통이랍니다. 우리집에서는 저분, 그 앞에 무릎을 꿇어도 시원치 않을 정도로 눈부시게 보일 때도 있는데, 글

*1 생드니 수도원에서 1340년 무렵 기록된 초기 카페 왕조의 역사서.

*2 생드니 수도원장(1081~1151).

*3 교회학자. 클레르보 수도원의 창시자(1091~1153).

쎄! 다른 곳에서는 생판 딴 사람이 되지 뭡니까. 재기도 없고 말을 억지로 꺼내야 하는, 아주 진저리나는 사람이 되고 말지 뭐예요."

"그거 이상하군요!" 포르슈빌이 놀라면서 말했다.

브리쇼 것과 같은 재치는 실제 지성과 양립할 수는 있지만, 스완이 젊은 시절을 보냈던 사교계 사람들 사이에서는 어리석기 짝이 없는 것으로 생각했을 것이다. 하기야 이 교수의 심오하게 길러낸 왕성한 지식은, 스완이 재치 있다고 생각한 사교계의 많은 사람들의 부러움을 샀을지도 몰랐다. 그러나 스완은 그런 사교계 사람들로부터 적어도 사교 생활에 관계되는 모든 면에서, 게다가 어느 쪽이냐 하면 지성의 영역에 속하는 그 부수적인 사교 생활의 부분, 곧 담소와 같은 면에서 그들의 취미나 혐오를 참으로 잘 주입받았으므로, 결국 브리쇼의 농담을 들어도 현학적이고 저속하며 구역질이 나올 만큼 기름진 소리라는 생각밖에 들지 않았다. 더욱이 몸에 배어버린 사교계의 예의범절 때문에 스완은, 군인을 좋아하는 이 대학교수가 아무에게나 말을 건넬 때 즐겨 쓰는, 귀에 거슬리는 호전적인 군인 말투가 성미에 맞지 않았다. 끝으로 그날 저녁 특히 스완의 비위가 뒤틀린 것은 오데트가 어떤 괴상한 생각을 품고 데려왔는지 모르는 그 포르슈빌에게 베르뒤랭 부인이 애교 떠는 모습을 목격했기 때문인지도 몰랐다. 한편 오데트는 이 집에 닿았을 때 스완과 마주 보는 것을 약간 거북스러워하면서 그에게 물었다.

"내가 부른 손님을 어떻게 생각하시죠?"

그리고 스완은 오래전부터 아는 사이인 포르슈빌이 여인의 마음에 들 수도 있고 더구나 꽤 잘생긴 사내인 것을 처음으로 알아채어 대답했다. "더러운 놈이지!" 물론 스완은 오데트에 관해 질투할 마음은 없었지만, 여느 때만큼 행복하지 못했다. 따라서 브리쇼가 "결혼하기에 앞서 이미 몇 해 동안 앙리 플랑타즈네와 함께 산" 블랑슈 드 카스티유의 어머니 이야기를 하기 시작하여, 스완으로 하여금 이어지는 이야기를 재촉하게 하려는 속셈에서 "안 그렇습니까, 스완 씨?" 하고 무지렁이 농부조차 알아듣게 하려거나 아니면 병사에게 기합을 넣으려고 하는 군인다운 말투로 물었을 때, 스완은 블랑슈 드 카스티유에게는 거의 흥미가 없는 것을 용서해주기 바란다, 화가에게 좀 물어볼 것이 있어서 실례한다고 대답하여 이 집 안주인을 크게 화나게 했으며 또한 브리쇼의 체면을 구겨버리고 말았다. 사실 화가가 그날 오후에 베르뒤랭 부인의 친구로 최근에 죽은 어느 미술가의 전람회를 보러 갔으므로, 스완은 화가한테서(왜냐하면 스완은 화가의 감상력을 높이 평가하고 있었으므로) 정말 그 늘그막의 작품에도 이미 이전 작품에서 사람들을 경탄시키던 뛰어난 솜씨 이상의 무엇이 있는지 듣고 싶었던 것이다.

"그런 관점에서 보면 이전 작품은 비범했지만, 이른바 매우 '높은' 예술에 속하는 것이라고는 느껴지지 않더군요." 스완이 미소 지으며 말했다.

"높다…… 학교의 높이만큼." 코타르가 짐짓 점잖은 체 두 팔을 번쩍 올리면서 말을 가로막았다.

사람들은 웃음을 터뜨렸다.

"저것 보세요, 저분과 같이 있으면 웃지 않고 정색한 채로는 있지 못하죠." 베르뒤랭 부인이 포르슈빌에게 말했다. "뜻밖의 상황에서 농담이 튀어나오거든요."

부인은 스완 혼자만 주름살을 펴지 않고 있는 것을 주목했다. 하기야 그는 포르슈빌 앞에서 코타르에게 놀림을 받았으니 그다지 좋은 기분이 들 리가 없었다. 더구나 화가는 아마 스완과 단둘이라면 했을지도 모르는 스완의 마음에 드는 대답 대신 이 죽은 거장의 솜씨에 관해서 한바탕 연설을 하여 자리를 같이한 사람들을 감탄시키는 쪽을 택했다.

"나는 가까이 갔습니다." 화가는 말했다. "어떻게 그려져 있는지 보려고요. 코를 가져다댄 것이죠. 흠, 어허, 대체 뭘로 그려져 있는지, 아교로, 루비로, 비누로, 브론즈로, 태양으로, 지지(caca)로!"

"하나를 보태면 열둘!"[*1] 코타르가 소리 질렀지만 너무 늦어 아무도 그 말뜻을 몰랐다.

"그건 보아하니 그 무엇으로 그려진 것도 아니었죠." 화가는 말을 이었다. "그것의 비밀을 밝힐 방법이 없다는 점에서는 〈야경(la Ronde)〉[*2] 또는 〈섭정관〉[*3]과도 같고, 솜씨로 말하면 렘브란트나 할스보다 더 굉장합니다. 빈틈이 없습니다. 정말이지, 맹세코 그렇습니다."

---

*1 화가가 브론즈라고 말할 때, 그 낱말 끄트머리의 온즈(onze, 11)를 농담거리로 삼아서 그것에 하나를 보태면 열둘이라고 한 말.

*2 렘브란트의 그림.

*3 할스의 그림.

그리고 마치 자신이 낼 수 있는 가장 높은 음에 다다른 가수가 가성으로 가늘게 노래를 계속하듯이, 그는 웃으면서 이렇게 속삭이는 것으로 만족했다. 그 그림의 너무나 강한 아름다움에 우롱당하기나 한 것처럼.

"그것은 좋은 냄새를 풍깁니다. 머리를 빙빙 돌게 합니다. 숨을 끊지요. 간질여주지요. 게다가 무엇으로 그려져 있는지 알 도리가 없습니다. 그건 마술입니다. 농간입니다, 기적입니다(웃음을 터뜨리면서), 불성실한 사기입니다!" 그는 여기서 말을 멈추고서는 점잖게 머리를 들고 매우 낮은 가락으로, 그 가락을 듣기 좋게 만들려고 애쓰며 덧붙였다. "그러면서도 그건 참으로 성실합니다!"

그가 "〈야경〉보다 더 훌륭하다" 말했을 때, 다시 말해 〈야경〉을 〈제9〉나 〈사모트라키〉*와 더불어 지상 최고의 걸작으로 생각하고 있는 베르뒤랭 부인의 항의를 야기했던 이 모독적인 말을 했을 때와 그리고 "지지로"라는 말, 포르슈빌로 하여금 그 말이 무사히 넘어가는지 살펴보려고 식탁 위를 한 바퀴 둘러보게 한 말, 이어서 그의 입가에 점잖은 체하는 동시에 타협적인 미소를 자아낸 이 말을 했을 때를 제외하면, 스완을 뺀 모든 이는 다들 감탄한 나머지 화가의 몸 위에다 홀린 눈길을 비끄러매고 있었다.

"이처럼 열중하실 때는 저분 참 재미나죠!" 베르뒤랭 부인은 화가가 얘기를 마쳤을 때, 포르슈빌이 처음으로 방문한 날의 식사가 이토록 흥겨운 것이 기뻐서 외쳤다. "여보, 왜 그러시죠, 바보처럼 멍하니 입을 딱 벌린 채 계시다니?" 그녀가 남편에게 말했다. "저분 말솜씨가 대단하다는 것쯤은 잘 아시면서. 우리 바깥주인도 참, 당신 얘기를 처음 듣는 것처럼 굴고. 댁이 얘기하는 도중에 우리 바깥양반을 보셨더라면. 당신을 삼킬 것 같더라니까. 그러니 내일이라도 우리 바깥주인께서는 당신이 얘기한 것을 한마디도 빼놓지 않고 그대로 술술 우리한테 암송하시겠지."

"아니, 아니, 이건 허풍이 아닙니다." 화가는 기뻐서 어쩔 줄 몰라 말했다. "부인께서는 내가 약장수가 늘어놓는 허튼소리를 한다, 그건 밑도 끝도 없는 말이다, 라고 여기시는 모양인데, 좋습니다. 언제라도 전람회에 모시고 가서 보여드리겠습니다. 그러면 내가 과장했는지 가려질 게 아닙니까. 장담

* 에게 해 북동부 사모트라키 섬에서 나온 승리의 여신 니케(Nike) 상.

하지만 나보다 더 푹 빠져서 돌아오시게 될 겁니다!"

"아니, 당신이 과장하시고 있다고는 생각하지 않아요. 다만 나는 당신이 잡숴주시기를, 또 바깥양반이 먹어주기를 바라는 것뿐이에요. 자, 화백에게 노르망디의 가자미를 다시 갖다드려요. 드시던 게 다 식었을 테니까. 우리 것은 그리 급하지 않으니. 아니 왜 발등에 불이 붙은 듯 허겁지겁 시중드는 거지, 샐러드는 좀 있다가 내놓아요."

코타르 부인은 겸손하고 말수가 적었지만, 그렇다고 해서 기발한 착상으로 적절한 낱말을 발견했을 때조차 자신을 갖지 않는 것은 아니었다. 그녀는 틀림없이 성공하리라 생각하면 대담해졌다. 또 그녀가 그렇게 하는 것은 자신을 빛나게 하기 위해서라기보다 오히려 남편의 출세를 도우려는 마음에서였다. 그래서 그녀는 베르뒤랭 부인이 막 입 밖에 낸 샐러드라는 낱말을 놓치지 않았다.

"일본 샐러드가 아닌가요?" 그녀는 오데트를 돌아보며 낮은 목소리로 말했다.

그리고 그녀는 그와 같이 은근하면서도 뚜렷하게 뒤마의 신작 희곡을 암시하여, 그것이 시기에 어울리고 또한 대담하기도 한 데에 스스로 도취되고 당황한 김에 순진하고도 귀여운 웃음소리, 결코 소란스럽지는 않았지만 억누를 수 없이 솟아나오는 웃음소리를 한동안 계속 터뜨리고 있었다. "저 부인은 누구시죠? 재치 있는 분이군요." 포르슈빌이 말했다.

"아니, 일본 샐러드는 아니에요. 하지만 여러분이 금요일 저녁 식사에 다들 와주시면 일본 샐러드를 만들어드리죠."

"시골뜨기라고 생각하시겠지만, 난 아직 그 유명한 〈프랑시용〉을 못 봤어요." 코타르 부인이 스완에게 말했다. "모든 자리에서 말씀들 하시는 데 말이에요. 우리 의사 선생님은 벌써 갔다 왔죠(그렇지, 그 사람이 댁과 함께 그날 밤을 보내서 아주 즐거웠다고 말한 게 생각나는군요). 그런데 그이는 나와 함께 다시 구경하려고 자리를 예약한다는 거예요. 솔직히 말해서 난 좀 그래요. 그야 물론, 테아트르 프랑세즈에 가서 그 밤을 아깝게 여기는 일은 좀처럼 없지요, 언제나 좋은 연극만 상연하니까. 그러나 우리에게는 매우 친절한 친구 분이 계셔(코타르 부인은 고유명사를 좀처럼 발음하지 않고 짐짓 꾸민 말투로, 또 자기가 말하고 싶은 이의 이름밖에 말하지 않는 사람의 점잔 빼는 모양으로 사람을 '구별'해서 '우리의 친구 되시는 분'이라든가 '내 친구 가운데 한 사람'이라고 말하는 것으로 그쳤다) 그분이 곧잘 칸막이 좌석을 예약하셔서, 볼 만한 가치만 있다면 어떤 신작이라도 보여주시거든요. 그러니까 나도 조만간에 반드시 〈프랑시용〉을 구경하고, 무언가를 느낄 게 확실해요. 그렇지만 속내 이야기를 해서 말입니다만, 나는 좀 바보인가 봐요. 내가 찾아가는 어느 살롱에서나 그분 입에 자연스럽게 오르내리는 것이, 하필이면 그 일본 샐러드에 대한 이야기니 말이에요. 누구나 조금은 듣기에 귀가 아파지죠." 이렇게 그녀는, 사람들이 한창 시끄럽게 떠들어대고 있는 이 화제에 생각보다 스완이 시큰둥한 모양을 보고 덧붙였다. "그렇지만 이런 것이 이따금 꽤 재미나는 생각의 핑곗거리가 된다는 걸 인정해야죠. 실은 내 친구 가운데 매우 예쁘고 주위 사람들에게 호감을 받으며 얼굴이 넓은 분이 있는데, 그분이 꽤나 독특하거든요. 그런데 글쎄 자기 집에서 일본 샐러드를 만들게 했다는 거예요. 게다가 알렉상드르 뒤마 피스가 그 극 안에서 말한 것을 모조리 넣어서 말입니다. 그리고 그걸 먹어보라고 몇몇 친구를 초대했다는 거예요. 나는 운 나쁘게 부름을 받지 못했죠. 그러나 오늘 오후에 방문했더니 그분이 우리에게 그때 일을 이야기해주었는데, 음식이 돼먹지 않았더래요. 덕분에 우리는 어찌나 눈물이 나도록 웃었는지. 아시다시피 모든 건 이야기 투에 달렸거든요." 그녀는 이렇게 덧붙이면서 스완을 보았는데, 그는 여전히 엄숙한 표정을 짓고 있었다.

그래서 분명 스완이 〈프랑시용〉을 좋아하지 않기 때문이라고 가정하여 말했다.

"게다가 나는 그 희곡에 실망할 것 같은 생각이 들어요. 그건 크레시 씨가 아주 좋아하는 〈세르주 파닌〉만큼 가치 있다고 생각하지 않아요. 이 희곡에는 적어도 여러모로 반성하게 하는 근본적인 문제가 있거든요. 그런데 테아트르 프랑세즈의 무대에서 샐러드 만드는 법을 가르치다니 이게 말이 되나요! 그에 비하면 〈세르주 파닌〉이야말로! 조르주 오네의 붓끝에서 나온 모든 작품처럼 이것도 썩 잘 써졌거든요. 댁이 〈대장간 주인〉*을 아시는지는

* 조르주 오네의 작품.

모르지만, 나는 〈세르주 파닌〉보다 이걸 더 좋아해요."

"실례지만." 스완은 비꼬는 투로 말했다. "사실 난 이 두 걸작에 대해서 거의 같은 정도로 탄복하지 않습니다."

"어마 정말로요? 그럼 어떤 점을 비난하시나요? 처음부터 편견을 가지신 건가요? 오네에게 조금 음산한 점이 있다고 생각하십니까? 하기야 내가 늘 말하듯이 소설이나 희곡에 대해서 입씨름할 필요가 없죠. 사람마다 보는 눈이 다른 법이어서 내가 제일 좋아하는 것도 댁에게는 돼먹지 않은 것으로 보일지도 모르니까요."

그녀의 말은 스완에게 소리쳐 이야기를 걸어온 포르슈빌 때문에 방해받았다. 실은 코타르 부인이 〈프랑시용〉에 대해 말하는 동안, 포르슈빌은 그가 화가의 짧은 'speech(연설)'라고 일컬은 것에 대해 얼마나 감탄했는지를 베르뒤랭 부인에게 표명하고 있었다.

"말솜씨가 능란한 데다 기억력도 뛰어난 분이군요!" 그는 화가가 말을 마쳤을 때 베르뒤랭 부인에게 말했다. "저런 분은 만나기 어렵죠. 허, 참! 나도 저런 재주를 갖고 싶군요. 훌륭한 설교자도 되실 수 있겠어요. 댁에는 브리쇼 씨와 더불어 그 우위를 가릴 수 없는 두 보물이 있군요. 혀가 잘 돌아가기로는 어쩌면 교수보다 한 수 위인지도 모르겠어요. 저분 이야기가 좀더 자연스럽고 점잔 빼는 느낌도 적어 보이니까요. 저분은 사실을 있는 그대로 묘사하는 낱말을 조금 썼는데, 그건 현대의 방식인 거겠죠. 군대식으로 말해서, 나는 저렇게 능란하게 '침 뱉는 그릇을 한 손에 들고 하는'* 사람은 처음 보았습니다. 아니, 생각나는군요, 연대에도 저분과 비슷한 동료가 하나 있었습니다. 부인께서 뭐라고 하실는지 모르지만, 무엇에 관해서도, 예를 들어 이 유리컵에 관해서도 몇 시간이나 수다를 떨 수 있는 사내였죠. 아니, 컵은 좀 그렇군요. 이거 어리석은 말을 했습니다. 그게 아니라 이를테면 워털루 전투라든가 뭐 그런 종류에 관해서 말입니다만, 그 사람은 말하는 도중에 부인께서 생각조차 못 하실 일들을 차례차례 이야기해주었답니다. 그렇지, 스완도 같은 연대였으니 그 사람을 알고 있을 겁니다."

"당신은 스완 씨와 자주 만나시나요?" 베르뒤랭 부인이 물었다.

---

* 오래 지껄인다는 뜻.

"천만에요." 포르슈빌 씨는 대답했다. 그리고 더 수월하게 오데트에게 접근하려면 먼저 스완의 마음에 들어야 한다고 생각하고 있었으므로, 그는 이 기회에 스완에게 아첨할 셈으로 그의 으리으리한 교제에 대해 말을 꺼냈다. 그것도 그것을 뜻하지 않은 성공으로서 축하하는 것이 아니라, 같은 사교계 인간으로서 다정하고도 비평적인 말투로 이야기했다. "안 그렇습니까, 스완 씨? 나는 좀처럼 당신을 만나 뵙지 못하죠. 하긴 어떻게 해야 당신을 만나 뵐는지? 이분으로 말하면 언제나 라 트레모유네나 롬네 같은 댁에 박혀 있으니……."

물론 이 비난은 스완이 최근 1년 동안 베르뒤랭네밖에 거의 드나들지 않았던 만큼 터무니없는 말이었다. 그러나 베르뒤랭 부부가 모르는 이러한 가문의 이름은 그 하나만으로도 비난 섞인 침묵을 대접받기에 충분했다. 베르뒤랭 씨는 이런 '진저리나는 무리'의 이름이, 더구나 모든 신자 앞에서 노골적으로 거론되는 바람에 필연코 아내가 느꼈을 괴로움을 걱정하여 불안스러운 염려가 가득한 눈길을 그녀에게 슬그머니 던졌다. 그때 그의 눈에 비친 것은, 잘못을 저지른 친구가 어떤 변명을, 그것도 우리가 반대하지 않고 들어버리면 그대로 받아들이는 것이 되고 마는 변명을 슬쩍 담소에 끼워넣으려고 하는 경우라든가, 또는 입 밖에 내어서는 안 된다고 정해져 있는 배은망덕한 자의 이름이 우리 앞에서 언급되는 경우에 우리가 흔히 그러듯이, 그런 것 따위 단연코 인정하지 않겠다는 결의, 이제 막 알려진 소식에 흔들리지 않겠다는, 아무 말도 안 할 뿐만 아니라 애초부터 아무 소리도 못 들은 것으로 해주겠다는 결의, 이런 결의를 굳힌 베르뒤랭 부인이 자기 침묵에 동의하는 게 아니라 그것이 아예 아무것도 모르는 무생물의 침묵임을 보이려고 갑자기 그 얼굴에서 온갖 생명력과 움직임을 벗겨버리고 만 모습이었다. 부인의 두드러진 이마는 이제 동그랗게 조각된 훌륭한 습작에 지나지 않아서 스완이 자주 드나드는 라 트레모유 가문의 이름 따위는 그 습작 안에 뚫고 들어갈 수가 없게 되었다. 가늘게 주름진 코는 살아 있는 진짜 코를 본떠 만든 듯했다. 그 반쯤 벌어진 입은 무슨 말을 할 것만 같았으나 그것은 이제 허망한 밀랍 인형, 석고상의 면, 기념비의 모형, 국립산업관을 꾸미기 위한 하나의 흉상에 지나지 않았다. 틀림없이 사람들은 이 흉상 앞에서 발길을 멈추어, 어떻게 조각가가 베르뒤랭네 사람들의 해칠 수 없는 위엄을 라 트레모유 가문과 롬 가문 사람들의 위엄에—베르뒤랭 집안은 지구상의 온갖 '진저리나는 사람들'에 대해서와 마찬가지로 이들 집안에도 견줄 만할 것이다—맞서는 것으로 나타내며, 돌의 하얌과 견고함에 거의 교황과도 같은 존엄성을 주었는가를 감상하리라. 그러나 이 대리석은 드디어 생기 있게 살아 움직이기 시작했고 거기서 다음과 같은 말이 새어나왔다. 그런 '진저리나는 사람들' 집에 가려면 참을성이 많고 까다롭지 않아야 하느니라. 왜냐하면 그런 집의 아내는 늘 술 취한 기분이고, 그 남편으로 말할 것 같으면 지식이 없고 사리에 어두워 corridor(복도)를 collidor라고 발음할 정도니까.

"내가 그런 사람들을 우리집에 들이지 않는 것을 높이 평가해주시겠죠." 베르뒤랭 부인은 오만하게 스완을 바라보면서 결론을 내렸다.

그야 물론 부인은 스완이 쉽게 굴복하여 피아니스트 숙모의 성스러운 단순함을 흉내내기까지 되리라고는 기대하지 않았다. 피아니스트의 숙모는 이제 막 다음과 같이 떠들었다. "그따위 사람들을 만나다니? 나를 깜짝 놀라게 한 건 다름이 아니라, 그런 이들에게 아직도 기꺼이 말상대가 돼주는 쑥* 이 있다는 사실이에요! 어쩐지 소름이 오싹 끼치네요. 충격이란 순식간에 덮쳐오니까! 아직도 그런 사람들의 뒤를 쫓아다니는 얼간이가 있다니, 원?"

그러나 어째서 스완은 하다못해 포르슈빌처럼 "그야 그 사람은 공작부인이니까요. 그런 칭호에 감동하는 이가 아직 있는 거지요"라고 대답하지 않았는가. 그러면 베르뒤랭 부인도 최소한 "아하, 그거 참 좋겠군요!" 하고 대꾸할 수 있었으련만. 그런데 스완은 아무 말 없이 그런 엉뚱한 말에는 진지하게 대꾸조차 할 수 없다는 투로 웃기만 했다. 여전히 아내를 몰래 훔쳐보고 있던 베르뒤랭 씨는 아내가 이단을 뿌리 뽑지 못하게 된 종교재판소 심문자의 분노를 느끼고 있음을 너무나 환히 알아 슬픔에 잠겨서, 스완이 그의 의견을 도로 거두어들이게 하려고—제 의견을 용감하게 주장한다는 것은 반대파 사람들의 눈에는 반드시 타산이나 비겁함으로 보이는 법이므로—이렇게 말을 건넸다.

"자, 어서 당신 생각을 솔직하게 말씀해보시죠. 그 사람들에게는 말하지 않을 테니까."

---

* 너무 순하기만 하여 우습고 어리석은 사람을 비유하여 일컫는 말.

이 말에 스완은 대답했다.

"뭐 내가 공작부인을 겁내는 것은 전혀 아닙니다(만약에 여러분이 말씀하시는 게 라 트레모유네 사람들이라면 말입니다). 사실 모두들 그분 댁에 가기를 좋아합니다. 나는 그분에게 '깊이'가 있다고 말하진 않겠습니다(스완은 이 '깊이'를 우스꽝스러운 낱말처럼 발음했는데, 이는 음악을 사랑하고 즐기면서 나타난 어떠한 새로운 습관 때문에 한동안 그의 말투에서 사라지긴 했어도—그는 가끔 자기 의견을 열띠게 진술하곤 했다—여전히 옛날 사고방식의 흔적이 남아 있었기 때문이다). 그러나 공작부인은 총명한 분이고, 그 남편 되는 분도 실로 학식 높은 분입니다. 두 분 다 매력적인 분들이죠."

그래서 이 유일한 배교자 때문에 작은 핵심이 정신적으로 하나가 되는 데에 방해받았다고 느낀 베르뒤랭 부인은, 자기가 한 말이 부인을 얼마나 괴롭히고 있는지 알지도 못하는 이 고집쟁이에게 분통을 터뜨리면서 자기도 모르게 마음속에서 치밀어오르는 소리를 토하고 말았다.

"좋으실 대로 생각하시든지. 하지만 최소한 그걸 우리에게 말하지는 마시구려."

"문제는 무엇을 총명이라고 부르는가에 달려 있죠." 이번에는 자기를 빛내고 싶어한 포르슈빌이 말했다. "이봐요, 스완 씨, 당신이 말씀한 총명이란 무슨 뜻이죠?"

"바로 그거예요." 오데트가 외쳤다. "그게 중요한 문제예요. 여러 번 설명해주십사 부탁했는데, 영 말씀을 안 하려 드시거든요."

"설명했을 텐데……." 스완이 항의했다.

"설명했다고요? 거짓말 마세요!" 오데트가 말했다.

"담배쌈지(blague)*[1]라뇨?" 코타르 의사가 물었다.

"당신으로서는" 하고 포르슈빌이 다시 말했다. "총명이란 사교계에서 말하는 수다를 뜻합니까? 교묘하게 환심을 살 줄 아는 사람들을 두고 하는 말인지요?"

"접시를 거둬야 하니 어서 빨리 앙트르메(entremets)*[2]를 드세요." 베르뒤랭 부인은 생각에 골몰해 먹기를 잊어버리고 있던 사니에트에게 날카로운

---

*1 이 낱말에는 거짓말이라는 뜻과 담배쌈지, 허풍, 농담이라는 뜻이 있음.

*2 주요리와 후식 사이에 먹는 요리.

투로 말했다. 하지만 곧 자기가 취한 말투가 약간 부끄러워졌는지 덧붙였다. "괜찮아요, 천천히 드세요. 당신에게 그렇게 말한 것도 실은 다른 사람들이 들으라고 한 말입니다. 이대로는 식사가 이어지지 않으니까요."

"총명에 대한 매우 기발한 정의가 있습니다." 브리쇼가 음절마다 끊어 발음하면서 말했다. "그 온건한 무정부주의자인 페늘롱*의 저서 속에는 말입니다……."

"조용히 들어보세요!" 베르뒤랭 부인이 포르슈빌과 코타르 의사를 향해 말했다. "브리쇼 씨가 페늘롱이 말한 총명의 정의를 말씀해주신다니까요. 재미나라, 이런 것을 배울 기회란 흔치 않아요."

그러나 브리쇼는 스완이 먼저 그 정의를 내리길 기다리고 있었다. 스완은 대답하지 않고 몸을 피하면서, 베르뒤랭 부인이 포르슈빌에게 시켜서 즐기려던 화려한 입씨름을 망쳤다.

"물론 저와도 이 모양이죠." 오데트가 뾰로통한 얼굴로 말했다. "저분이 자기보다 수준 낮다고 생각하는 사람이 나 혼자만은 아닌 듯해서 별로 화나진 않지만요."

"베르뒤랭 부인께서는 라 트레모유네 사람들을 그다지 존경할 만한 인물들이 못 된다고 말씀하셨는데요." 브리쇼는 힘주어 똑똑히 발음하며 물었다. "그분들은 마음씨 고운 속물인 세비녜 후작부인이 자기 소작인들을 생각하면 벗이 되는 게 행복하다고 말한 그 집안의 자손들이 아닌지요? 실은 세비녜 후작부인에게는 또 다른 이유가 있었지요. 그리고 후작부인으로서는 이 점이 더 중요했을 겁니다. 후작부인은 본디 문학자여서 무엇보다 문서의 사본을 중요하게 생각했거든요. 후작부인이 꼬박꼬박 딸에게 보낸 일기에 의하면, 수많은 훌륭한 인척 관계 덕분에 충분한 자료를 받아온 라 트레모유 부인이야말로 외교를 다루어 부린 본인이었던 것입니다."

"천만에, 나는 같은 집안이라고 생각하지 않아요." 베르뒤랭 부인이 무턱대고 말했다.

사니에트는 아직 가득 찬 접시를 부랴사랴 집사에게 돌려주고 나서 다시 명상을 하는 듯한 침묵에 잠겨 있다가, 드디어 침묵에서 빠져나와서는 자기

---

* 캉브레(프랑스 북부의 도시)의 대주교이자 문필가(1651~1715). 주요 저서로는 《텔레마크의 모험》, 《왕자들의 대화》, 《우화》, 《성자들의 격언》 등이 있음.

가 라 트레모유 공작과 더불어 했던 저녁 식사에 대해 웃으면서 말했다. 그 저녁 식사 자리에서 공작은 조르주 상드라는 이름이 여자의 필명인 것을 모르더라고. 사니에트에게 호의를 품고 있던 스완은 공작의 교양에 관해서 공작이 절대 그토록 무식할 리가 없음을 증명하는 자세한 사실들을 그에게 말해줘야겠다고 생각했다. 그러나 그는 갑자기 말을 멈추었다. 그는 사니에트가 그런 증거를 필요로 하지 않으며, 그 자신도 그 이야기가 거짓임을 알고 있다는 사실을 깨달았다. 왜냐하면 그것은 사니에트가 방금 지어낸 거짓말이었으니까. 이 훌륭한 인물은 베르뒤랭 부부에게 진저리나는 인간으로 보이는 게 참을 수 없었던 것이다. 게다가 오늘 저녁 식사에서 자기가 여느 때보다 더욱 광채 없던 것을 알았기 때문에, 자리에 모인 이들을 재미나게 하지 않고서는 저녁 식사를 끝내고 싶지 않았던 것이다. 그는 금세 스완에게 항복하고, 기대하던 효과가 일어나지 않는 것을 보고는 몹시 낙담했다. 그리고 스완이 더 이상 진지하게 반박할 마음조차 들지 않을 만큼 맥없는 목소리로 대꾸했다. "그렇군요, 그렇군요, 아무튼 내가 틀렸다 해도, 그건 죄가 안 되죠, 안 그렇습니까." 그래서 스완도, 그 이야기는 정말이고 또 재미나다고 말해줄 수 있다면 오죽이나 좋으랴 생각하였다.

한편 이야기에 귀를 기울이고 있던 의사는 지금이야말로 세 농 에 베로(Se non è vero)*를 말할 때라고 생각했으나, 그 말이 확실하다는 충분한 근거도 없었고 또한 어중간한 결과가 나올까 봐 겁이 났다.

식사 뒤 포르슈빌은 의사에게 다가갔다.

"옛날에는 꽤 미인이셨을 테지요, 베르뒤랭 부인은. 그리고 또 말상대로서도 모자람이 없는 여인이고요. 내 마음에 꼭 듭니다. 하지만 말입니다, 분명히 저분은 좀 나이가 있지요. 한데 크레시 부인을 보십시오. 영리해 보이고 귀여운 여인이죠, 암! 정말이지 한눈에 미국 사람의 눈을 하고 있는 걸 알 수 있죠, 저 여인 말입니다! 아, 지금 우리는 크레시 부인에 대해 이야기하고 있습니다." 그는 입에 짧은 담뱃대를 물고 가까이 온 베르뒤랭 씨에게 말했다. "내 생각에는 여인의 몸으로서……."

---

* '정말이 아니더라도'라는 뜻의 이탈리아어.

"저분을 천둥보다 금침 속으로 맞이하고 싶군요" 하고 코타르가 서둘러 말했다. 코타르는 이 옛 농담을 꺼내보려고, 혹시나 화제가 바뀌는 날엔 다시 적당한 때를 얻기 힘들까 봐 전전긍긍하면서 아까부터 포르슈빌이 숨 돌리는 틈을 노리고 있었던 것이다. 그는 외운 것을 말할 때 불가피한 냉정과 불안을 감추기 위해 애쓰며, 농담이 저절로 입에서 튀어나왔다는 듯이 최대한 침착한 척하면서 말했다. 포르슈빌은 이 농담을 알아듣고는 재미있어했다. 베르뒤랭 씨도 쾌활한 웃음을 아끼지 않았다. 그도 그럴 것이 그는 즐거움의 표시로서 그의 아내가 쓰는 것과는 다른, 그러나 똑같이 단순하고도 뚜렷한 표현을 최근에 찾아냈기 때문이다. 곧 웃음을 터뜨리는 사람이 하듯 머리와 어깨를 흔들어대기 시작하자마자, 너무 웃어서 마치 담배 연기를 삼키기라도 한 듯이 쿨럭쿨럭 기침까지 하는 것이었다. 그는 여전히 담뱃대를 입 한구석에 물고서는 숨이 막힐 듯 떠들썩하게 웃어대는 흉내를 한없이 냈다. 이렇게 해서 그와, 또 그 맞은편에서 화가의 수다를 들으면서 눈을 감더니 재빨리 손안에 얼굴을 파묻고 만 베르뒤랭 부인은, 즐거움을 다른 모양으로 나타내고 있는 연극의 두 가면같이 보였다.

베르뒤랭 씨가 담뱃대를 입에서 떼지 않았던 것은 슬기로운 행동이었다. 이유인즉 잠시 자리를 떠나게 된 코타르가 요즘 배운 농담, 즉 예의 정해진 장소에 가야 할 때마다 되풀이하던 농담을 낮은 목소리로 말했기 때문이다. "나는 잠시 도말 공작과 이야기하러 갔다 와야겠습니다(entretenir le duc d'Aumale)."* 그래서 또 베르뒤랭 씨의 심한 기침이 시작됐다.

"이봐요, 입에서 담뱃대를 걷어치워요. 그 모양으로 웃음을 참다가는 숨 막힐 게 뻔하잖아요." 리큐어 술을 치우러 온 베르뒤랭 부인이 남편에게 말했다.

"댁의 남편분은 참으로 유쾌하시군요. 네 사람 몫의 재주를 갖고 계십니다." 포르슈빌이 코타르 부인에게 말했다. "아니, 이거 고맙습니다, 부인. 나 같은 노병은 한 방울 술도 마다하지 않습니다."

"포르슈빌 씨가 오데트를 무척 매력적인 여인으로 생각하나 봐." 베르뒤랭 씨는 아내에게 말했다.

* 화장실에 다녀온다는 뜻.

"마침 오데트도 당신과 함께 점심 식사를 하고 싶어하더군요. 우리가 자리를 마련해보죠. 그러나 스완 모르게 해야 해요. 당신도 아시다시피 그 사람은 찬물을 끼얹으니까요. 그렇다고 해서 저녁 식사에 오시지 말라는 건 아닙니다. 물론 자주 와주시길 바라요. 이제부터 좋은 계절이 오니, 여럿이 자주 야외에 나가 식사합시다. 불로뉴 숲에서 가벼운 저녁 식사를 하는 게 싫진 않으시겠죠? 어머, 그렇군요. 정말 기뻐요. 자, 그런데 일은 안 하시나요? 아니, 당신 말이에요!" 그녀는 이렇게 젊은 피아니스트에게 소리 질렀다. 포르슈빌과 같은 소중한 신입 앞에서, 자기 재주와 더불어 신자들에 대한 포악한 군주와도 같은 권력을 과시하려고 했던 것이다.

"포르슈빌 씨가 내게 당신에 대해 악담을 하시던 참이었어요." 코타르 부인은 남편이 손님방으로 돌아왔을 때 그에게 말했다.

그런데 코타르는 저녁 식사 시작부터 그의 마음을 차지하고 있던 포르슈빌의 고귀한 신분에 대한 생각을 좇고 있어서, 부인의 말엔 아랑곳하지 않고 포르슈빌에게 말했다.

"나는 요새 어떤 남작부인을 치료하고 있습니다. 퓌트뷔스 남작부인이라는 분인데요. 퓌트뷔스 가문으로 말할 것 같으면 십자군에 참전한 집안이죠, 안 그렇습니까? 그 가문은 포메라니아 지방에 콩코르드 광장의 열 배나 되는 호수를 가지고 있습니다. 나는 남작부인의 관절염을 치료하고 있습니다만, 아름다운 여인이죠. 게다가 내 생각에 그분은 베르뒤랭 부인과도 아는 사이인가 봐요."

이 이야기 때문에 포르슈빌은 잠시 뒤 코타르 부인과 단둘이 있게 되었을 때 지금까지 그녀의 남편에게 보냈던 찬사를 더욱 보탤 수 있었다.

"바깥양반은 재미있는 분이군요. 바깥양반이 사교계 인사들과 친하다는 것을 금세 알 수 있겠어요. 그렇고말고요. 모든 걸 다 아시죠, 의사라는 분들은!"

"스완 씨를 위한 소나타 악절을 연주하겠습니다." 피아니스트가 말했다.

"허! 저런! 설마하니 세르팡 타 소나트(Serpent à Sonates)*는 아니겠죠?" 포르슈빌이 반응을 노리면서 물었다.

* 프루스트 시대에 뛰어난 피아니스트이자 독설가였던 한 부인에게 붙은 별명. '소나타 뱀'이란 뜻.

그런데 여태껏 이 재담을 들은 일이 없던 코타르 의사는 그것이 무슨 말인지 몰라서 포르슈빌이 잘못 말한 걸로 생각했다. 그는 그 실수를 바로잡아주려고 씩씩하게 나섰다.

"천만에요, 세르팡 타 소나트가 아닙니다. 방울뱀은 세르팡 타 소네트(serpent à sonnettes)라고 합니다." 그는 열띠고 성급하며 의기양양한 투로 말했다.

포르슈빌은 코타르에게 재담의 뜻을 설명했다. 의사는 얼굴을 붉혔다.

"재미있지 않습니까, 선생님?"

"이런! 그거라면 나도 오래전부터 알고 있었는데." 의사가 대답했다.

그러나 그들은 침묵했다. 두 옥타브에 걸쳐 살랑거리는 가락이 계속될 때 예의 소악절을 지키고 있는 바이올린 트레몰로의 법석거림 밑에서—마치 어느 산악 지방의 현기증이 날 만큼 높은 곳에서부터 사납게 떨어지면서도 보기에 움직이지 않는 것 같은 폭포의 뒤쪽, 200걸음이나 낮은 곳에 산책하는 여인의 가냘픈 모습이 보이듯—그 소악절이 투명하고도 끊임없는 소리의 장막의 호위를 받으면서, 멀리서, 우아하게, 그 모습을 나타내기 시작했다. 그리고 스완은 마음속으로 이 소악절에게 말을 건넸다. 마치 사랑의 속내 이야기를 들어주는 여인을 대하듯, 또 포르슈빌 따위는 걱정하지 말라고 다정스럽게 충고해주는 오데트의 여자친구를 대하듯.

"어쩌면! 늦게 오셨네." 베르뒤랭 부인은 '이쑤시개의 시간'* 말고는 초대하지 않는 한 신자에게 말했다. "오늘 이 자리에서 브리쇼 씨가 비길 데 없는 웅변을 하셨는데 말이죠. 그런데 벌써 가시고 안 계세요. 안 그런가요, 스완 씨? 그분과 만난 게 이번이 처음이시죠." 부인은 스완이 브리쇼를 알게 된 것이 자기 덕분인 줄 알도록 말했다.

"멋진 분이시지요, 우리 브리쇼 씨는!"

스완은 공손히 머리를 숙였다.

"안 그래요? 그분이 재미있지 않았나요?" 베르뒤랭 부인은 쌀쌀하게 물었다.

"별말씀을, 부인. 매우 재미있는 분이셨습니다. 내 취미에 비해 그분은 좀 지나치게 패기가 많고 쾌활한 듯하지만요. 나는 그분에게 좀더 망설이는 빛

* 식사가 끝난 시간.

과 부드러움이 있으면 합니다만, 그래도 아는 것도 많고 아주 훌륭한 사람처럼 보이더군요."

사람들은 꽤 늦게들 물러갔다. 코타르가 아내에게 한 첫마디는 이러했다.

"나는 오늘 밤처럼 활기 띤 베르뒤랭 부인의 모습은 좀처럼 보지 못했는걸."

포르슈빌은 같이 돌아가자고 제안한 화가에게 물었다. "베르뒤랭 부인의 정체는 뭔가요, 놀아먹던 여잔가요?"

오데트는 포르슈빌이 멀어져가는 모습을 섭섭한 마음으로 바라보았는데, 스완과 함께 돌아가지 않겠다고는 감히 말도 꺼내지 못했다. 그러나 마차 안에서 그녀는 내내 불쾌한 기색이었고, 스완이 그녀의 집에 들러도 좋겠느냐고 묻자 짜증스럽게 어깨를 으쓱하며 "좋으실 대로" 하고 말했다. 모든 손님이 가고 난 뒤 베르뒤랭 부인은 남편에게 말했다.

"당신, 눈치챘나요? 우리가 라 트레모유 부인에 대해서 말했을 때 스완이 바보같이 웃던 걸?"

부인은 라 트레모유라는 이름 앞에서 스완이나 포르슈빌이 귀족 성 앞에 붙이는 '드'를 여러 번 생략했다는 사실을 알고 있었다. 작위 따위는 신경 쓰지 않는다는 것을 보이기 위해서인 줄로 알았으므로 부인은 그들의 그런 자존심을 흉내내고 싶었지만, 그것이 어떠한 문법상의 형식으로 표현되는지 뚜렷이 파악할 수가 없었다. 그래서 부인의 엉터리 말투가 그녀의 굳센 공화주의 정신을 이겨서, 그녀는 여전히 드 라 트레모유(de La Trémoïlle)라고 말했다. 아니, 오히려 '드'를 희미하게 만드는, 음악다방에서 불리는 샹송 가사라든가 풍자만화 설명문에서 흔히 쓰이는 생략법에 따라 d'La Trémoïlle라고 말하곤 했는데 새삼 '라 트레모유 부인'이라고 고쳐 말한 것이었다. "스완처럼 간단히 말하자면 공작부인" 하고 그녀는 비꼬는 투로 덧붙였다. 그런 천진난만하고 우스꽝스러운 칭호를 인용하는 것뿐이며, 자기 스스로 택한 것이 아님을 나타내는 미소를 지으면서.

"여보, 나는 그 사람을 아주 바보로 생각했다우."

그러자 베르뒤랭 씨가 대답했다.

"그 사람은 솔직하지 않고 교활해. 늘 이럴까 저럴까 망설이는 사내지. 팔방미인이 되고 싶어하는 사내야. 포르슈빌과는 얼마나 다른지 몰라! 포르슈빌로 말할 것 같으면 적어도 제 생각을 버젓이 말하는 사내지. 그게 상대 마음에 들든 안 들든. 이도 저도 아닌 스완과는 달라. 게다가 오데트도 포르슈빌을 훨씬 더 좋아하고 있는 것 같아. 당연하지. 더구나 스완은 우리한테 사교계 인사인 체하고 여러 공작부인과 친한 체하지만, 적어도 포르슈빌은 어엿한 작위를 갖고 있거든. 그는 언제나 포르슈빌 백작이시란 말이야." 그는 이 백작 집안의 역사에 정통해 그 특별한 가치를 면밀하게 재기라도 하듯 야릇한 투로 덧붙였다.

"이봐요." 베르뒤랭 부인이 말했다. "스완은 브리쇼한테 아주 우습고도 독살스러운 빈정거림을 퍼부어야만 직성이 풀리겠다고 생각했나 봐요. 물론 스완은 브리쇼가 우리집에서 환영받고 있는 줄 아니까 그랬겠죠. 그건 결국 우리 얼굴에 먹칠하고 우리 만찬회를 흠잡으려는 거예요. 마치 사이좋게 지내다가 뒤돌아 떠나가면서 상대를 헐뜯는, 그런 친구의 냄새가 나네요."

"그러니까 내가 말했잖았소." 베르뒤랭 씨가 대답했다. "조금이라도 훌륭한 걸 보면 죄다 시기하는, 쩨쩨한 인생의 낙오자라고."

실은 스완보다 악의 없는 신자도 따로 없었다. 그러나 다른 신자들은 누군가를 헐뜯을 때면 거기에다 잘 알려진 농담으로, 또는 약간의 배려와 다정스러움으로 양념 치는 주의를 잊지 않았다. 반면에 스완이 감행한 어떠한 겸손에도, 이를테면 '욕을 하려는 건 아니지만' 따위의 입버릇으로 옷이 입혀져 있지 않았으므로—그는 결코 거기까지 굴러떨어지고 싶진 않았다—그것이 그들에게는 배신으로 보였던 것이다. 독창적인 작가들 가운데에는 먼저 대중 취미에 아부하지 않으며, 대중에게 익숙한 상투어를 쓰지 않으므로 좀 대담하게 군 것만으로 대중의 노여움을 사는 작가가 있는데, 스완이 베르뒤랭 씨를 노엽게 한 것도 이와 같은 식이었다. 스완도 그런 작가들과 마찬가지로 그 말의 신선함 때문에 남들에게 뱃속이 검은 놈으로 오해받은 것이다.

스완은 베르뒤랭네의 총애를 잃어가고 있는 사실을 아직 몰랐으며, 그의 연정을 통해서 그들의 우스꽝스러움을 계속 좋은 면으로 보고 있었다.

스완과 오데트의 만남은 거의 밤에만 이루어졌다. 그는 낮에도 그녀의 집에 가서 그녀를 귀찮게 하는 걸 두려워하면서도, 하다못해 그녀의 생각만이라도 자기 것으로 차지하고 싶어, 끊임없이 그녀 마음속에 들어갈 수 있는 기회를, 그것도 그녀의 마음에 드는 식으로 찾으려고 애썼다. 꽃집 또는 보석상의 진열창에서 작은 떨기나무나 보석을 보고 마음이 끌린다. 그러자 곧 오데트에게 보내고 싶어진다. 그러한 것이 그에게도 그녀에게도 느끼게 하는 기쁨, 그녀가 그에게 품고 있는 애정을 더욱 자라나게 할 그 기쁨을 떠올리면서. 그리고 그녀가 그의 선물을 받아줌으로써 어쩐지 그가 그녀 곁에 있다고 느끼는 순간이 오는 걸 늦추지 않으려고 당장 라 페루즈 거리로 그걸 배달시킨다. 그는 특히 그녀가 외출하기 전에 선물을 받길 바란다. 그렇게 되면 그녀가 느끼는 감사 덕분에 베르뒤랭네에서 만날 때 더욱 다정한 대접을 받을지도 모르니까. 또 상인만 서둘러준다면, 누가 알랴? 어쩌면 저녁 식사 전에 그녀의 감사 편지가 올지도 모르고, 또는 그녀가 감사하는 마음을 표시하려고 몸소 그의 집까지 찾아올지도 모르지 않는가. 그는 오래전 오데트의 성격을 알아보려고 화난 대꾸를 해 보였을 때처럼 이번에는 감사의 반응을 통해 여태껏 그에게 드러내 보이지 않았던 감정의 밑바닥을 그녀에게서 끌어내려 했다.

오데트는 돈이 모자라고 빚에 시달려 그에게 도움을 구하는 일이 자주 있었다. 그는 그것이 기뻤다. 그가 오데트에게 품고 있는 사랑, 또는 오직 그의 위력이나 그가 그녀에게 도움이 된다는 사실을 뚜렷이 깨닫게 하는 모든 것이 그를 기쁘게 한 것이다. 누군가 스완에게 처음에 자네가 '그녀의 마음에 든 것은 자네의 지위 때문이야'라고 말하고, 또 지금 '그녀가 자네를 사랑하는 건 자네의 재산 때문이야'라고 말하더라도 그는 곧이듣지 않았을 터이며, 그리고 속물근성 또는 돈 따위처럼 강한 그 무엇에 의해 그녀가 그에게 사로잡혀 있다고 사람들이 상상하더라도—그런 무엇에 의해 둘이 맺어졌다고 사람들이 느끼더라도—그다지 불만스러워하진 않았을 것이다. 그러나 혹시 그걸 사실이라고 생각했더라도, 아마도 스완은 그녀가 자기 속에서 발견할 수 있는 매력이나 여러 능력 말고 그녀의 애정 속에서 더 오래 계속될 받침대가 발견됐다고 해서 괴로워하지는 않았을 것이다. 그 받침대란 곧 이해관계를 따지는 걸 말하는데, 그것은 그녀가 그와 만나기를 단념하게 되는 날이 오지 못하게 영원히 막아줄 테니 말이다. 당장은 그녀에게 선물을 한껏 베풀고 여러모로 그녀를 돌보아주어서, 그 자신의 매력으로 그녀의 마음에 들려고 하는 벅찬 일을 자신의 인격과 지성 밖에 존재하는 외적인 우월성에 맡겨두는 것으로도 좋았던 것이다. 그리고 연정에 사로잡혀 있다는 기쁨, 사랑만으로 산다는 기쁨, 이따금 그에게도 그 현실성이 의심쩍은 기쁨, 그런 기쁨의 비물질적인 감동 때문에 결국 그걸 즐기는 자로서 그가 지불하고 있는 대가가 그로 하여금 그 기쁨의 값어치를 더하게 했던 것이다—바다 풍경과 파도 소리가 과연 그토록 멋진 것인지 의심스러워하는 이들이 그런 풍경을 즐기게 해주는 호텔방 하나를 하루에 100프랑 주고 빌림으로써, 풍경의 아름다움과 돈에 개의치 않는 자기 취미의 탁월함을 확신하는 일이 있듯이.

어느 날 그는 그런 생각들을 하다가 지난날의 추억에 다시 잠긴 일이 있었는데, 그때 누군가 오데트를 첩인 듯이 말했다. 그는 새삼 첩이라는 이 이해할 수 없는 인물—귀스타브 모로가 그린 환상의 여인처럼 값비싼 여러 가지 보석으로 얽은 악의 꽃을 몸에 달고, 뭔지 알 수 없는 악마 같은 수많은 요소가 하나로 녹아내려 온갖 빛깔로 아롱거리는 존재—과 다른 한 명의 오데트, 즉 그 옛날 그가 어머니나 친구들 얼굴에서 친히 보았던 불행에 대한 연민, 불의에 대한 노여움, 고마움에 대한 감사 등등의 감정과 똑같은 것을 얼굴에 나타내는 오데트를 서로 비교하고서는 재미있어했다. 그리고 그는 그 자신이 가장 잘 알고 있는 것, 그의 수집품, 그의 방, 그의 늙은 하인, 그가 증권을 맡기고 있는 은행가 따위에 자주 화제를 돌리는 오데트를 떠올렸다. 그러자 마지막으로 생각난 은행가 얼굴이 은행에서 돈을 좀 찾아야 한다는 것을 생각나게 했다. 그러고 보니 만약 5천 프랑을 그녀에게 준 지난달에 비해 이달에는 오데트의 물질적인 가난을 쉽게 도와주지 않거나, 또 그녀가 갖고 싶어하는 다이아몬드 목걸이를 사주지 않거나 한다면 그의 너그러움에 대한 그녀의 찬미와 감사, 그를 그토록 행복하게 한 이런 감정들을 그녀 안에서 새롭게 하기는 불가능할 터이며, 뿐만 아니라 사랑의 표시가 작아진 것을 보고 그녀는 자신에 대한 그의 애정 자체가 줄어든 줄로 여길 위험마저 있지 않을까.

그러자 돌연 돈을 보낸다는 것, 이것이 바로 그녀를 첩으로 '거느리는 것'이 아닌가(마치 실제로 거느린다는 개념을 신비하지도 사악하지도 않은 요소에서, 그 자신의 생활 밑바닥에 속해 있는 일상적이고 사적인 요소에서, 예컨대 조각조각 나서 붙인 천 프랑 지폐, 하인이 한 달 동안 계산할 것과 방세를 지불한 뒤 그의 오래된 책상 서랍에 넣어두었던 것을 스완이 다시 꺼내, 거기에다 4장을 보태서 오데트에게 보내준 그 천 프랑 지폐에서 찾아낼 수 있기나 한 것처럼), 스스로 물었다. 그리고 또 그녀를 잘 알게 되면서부터(왜냐하면 그녀가 그 전에 남의 돈을 받았으리라고는 꿈에도 생각지 않았으니까) 그녀와 같이 존재할 수 없는 것으로 믿어온 이 '첩'이라는 낱말이 역시 그녀에게 해당하지 않는가 스스로 물었다. 하지만 그는 이 생각을 깊게 할 수가 없었다. 그도 그럴 것이, 훗날 곳곳에 전등 설비가 되었을 때 사람들은 스위치 하나로 집 안의 전기를 단숨에 끊을 수 있게 되었는데, 마치 그 스위치처럼 순간적으로, 그가 타고난 간헐적이고도 숙명적인 정신의 게으름의 발작이 사고의 빛을 꺼버렸기 때문이다. 그의 사고력은 어둠 속에서 한순간 더듬는다. 그는 안경을 벗어 알을 닦고 두 눈을 손으로 비빈다. 한데 그가 희미하게 빛을 다시 본 것은 아주 다른 생각에 부딪치고 있는 걸 깨달았을 때였다. 즉 오데트가 깜짝 놀라기도 하고 기뻐하기도 할 것이라는 이유 때문에, 다음 달에는 힘써서 5천 프랑이 아니라 6천이나 7천 프랑을 보내야겠다는 생각에.

베르뒤랭네에서 오데트를 만날 시간, 아니 그보다 베르뒤랭네 사람들이 좋아하는 숲*이나 특히 생클루의 여름 식당에서 오데트를 만날 시간을 기다리면서 집에 있을 때를 제외하면, 그는 저녁이 되면 한때 정해두지 않고 드나들던 운치 있는 집들 가운데 한 곳에 저녁 식사를 하러 가곤 했다. 그는 언젠가 오데트에게 도움이 될지도 모르는 사람들과의 교제를 잃고 싶지 않았으며, 또 그동안 그들 덕분에 오데트를 기쁘게 하는 데 자주 성공했던 것이다. 게다가 그는 오랫동안 사교계와 사치에 젖어, 그것에 멸시를 느끼면서도 한편으로는 거기서 떠나지 못했다. 그래서 매우 수수한 오막살이와 제후의 궁전은 같은 집이라고 생각하면서도, 그는 어찌나 궁전에 익숙해져 있던지 초라한 집에 있으면 불쾌감을 느낄 정도였다. 그는 D계단의 6층, 왼쪽 층계참에 있는 조그만 방에 손님을 초대하여 춤추게 하는 소시민이나, 파리에서 제일가는 향연을 베푸는 파름(Parme) 대공부인이나 똑같다고 보았다—여느 사람으로선 꿈도 꾸지 못할 정도로 그는 두 사람을 같다고 생각했다. 그러나 어느 집의 부인 침실에 영감들과 같이 있다 보면 아무래도 무도

* 불로뉴 숲을 가리킴.

회에 와 있는 느낌이 들지 않았다. 그리고 수건으로 뒤덮인 세면대, 침대보 위에 외투와 모자가 수북이 쌓여 삽시간에 소매 없는 외투로 둔갑한 침대를 보면 스무 해 동안이나 전등에 익숙해온 인간이 검게 그을린 램프나 밤새도록 켜놓는 깜빡거리는 등의 냄새를 맡았을 때 느끼는 바와 똑같이 질식할 듯한 느낌이 들었다.

만찬회에 초대받아 가는 날, 그는 7시 반에 마차를 기다리게 한다. 그는 오로지 오데트만을 생각하며 옷을 갈아입기 때문에 혼자라는 느낌이 들지 않는다. 그도 그럴 것이 오데트에 대한 끊임없는 생각이 그녀가 멀리 있는 순간도 그녀가 곁에 있는 순간과 마찬가지로 특별한 매력이 있게 만들었기 때문이다. 그는 마차에 몸을 싣는다. 그러자 마음속의 그녀도 함께 마차 안에 뛰어드는 느낌이다. 그리고 어디든지 데리고 다녀서 식사 때에도 다른 손님들 몰래 데리고 있는 애견처럼, 그녀가 무릎 위에 자리잡는 것을 느낀다. 그는 그것을 애무한다. 그 따스함으로 몸을 데운다. 그리고 기운이 없어 늘쩍지근한 기분을 느끼면서 매발톱꽃을 단춧구멍에 꽂고는 이제껏 겪지 못한 목과 콧구멍을 보르르 울리는 가벼운 떨림에 몸을 맡긴다. 요전부터, 특히 오데트가 포르슈빌을 베르뒤랭네 사람들에게 소개한 뒤부터 마음이 편하지 않고 쓸쓸한 기분이 들어, 스완은 될 수 있으면 얼마간 시골에 가서 쉬고 싶었다. 그러나 오데트가 파리에 있는 동안 단 하루라도 파리를 떠날 만한 용기는 나지 않았다. 날씨는 무척 따뜻했다. 매우 화창한 봄날이었다. 그는 돌길을 가로질러 이름도 모르는 호텔에 틀어박혀봤지만 모두 헛일이었다. 끊임없이 눈앞에 아른거리는 것은 콩브레 근처에 있는 그의 정원이었다. 거기서는 4시쯤 되면 아스파라거스 모종을 키우는 자리에 닿기도 전 떨기나무 정자 밑에서, 메제글리즈 들판에서 불어오는 바람 덕분에 물망초와 글라디올러스에 둘러싸인 못가에 있을 때와 마찬가지로 시원함을 느낄 수 있었으며, 또 정원사가 얼기설기 얹은 까치밥나무 열매와 장미의 향내가 감도는 저녁 식탁도 있었다.

만찬회가 끝난 뒤 불로뉴 숲이나 생클루에서 이른 시간에 만나기로 했을 때—특히 이제라도 비가 올 듯하여 여느 때보다 일찍 '신자'들이 돌아갈 성싶을 때는—그는 식탁에서 물러나 서둘러 나갔으므로, 한번은 롬 대공부인이 이런 말을 했다(롬 대공부인 댁에서는 만찬회 시간이 늦어서, 스완은 불로뉴 숲의 섬에 있는 베르뒤랭네 사람들과 만나기 위해 커피가 나오기 전에 물러나왔다).

"정말이지, 만약에 스완이 서른 살이나 더 먹어 방광염이라도 걸렸다면, 이처럼 서둘러 가버리는 데 변명을 갖다붙일 수도 있겠죠. 아무튼 스완은 사교계 따위 아무래도 좋은가 봐요."

봄의 매력을 콩브레에 가서 맛보지 못할망정, 적어도 그것을 백조의 섬* 이나 생클루에서 찾을 수 있겠거니 하고 그는 생각했다. 그러나 그는 오데트밖에 생각할 수가 없어서, 자신이 나뭇잎 향기를 맡았는지 또 달빛이 환했는지 통 모르고 있었다. 식당 정원에 있는 피아노로 소악절이 연주되는 가운데 그는 접대받았다. 만약 정원에 피아노가 없을 때는, 베르뒤랭 부부는 방에서 또는 식당에서 피아노를 옮겨야 하므로 이만저만 애써야 하는 게 아니었다. 그러나 이는 스완이 그들의 총애를 다시 얻었기 때문이 아니다. 오히려 그 반대였다. 다만 상대가 싫어하는 사람이라도 누군가를 위해서 재치 있는 오락을 마련해놓자는 생각이, 그런 준비를 하고 있는 동안에 그들의 마음속에서 호감과 다정스러움의 일시적인 변덕을 키우고 있었을 뿐이다. 때때로 그는 또다시 새봄의 하룻밤이 지나가는구나 하는 무상을 느껴 억지로 수목과 하늘에 눈을 돌리고자 했다. 하지만 오데트가 있음으로 해서 그가 빠진 불안과 아까부터 조금도 내리지 않는 미열에 들뜬 듯한 가벼운 불쾌감은, 자연의 모습에 감동하기 위해선 꼭 필요한 고요와 안락을 그에게서 빼앗고 있었다.

어느 날 저녁 스완이 베르뒤랭네의 만찬 초대에 응하여 그곳에서 식사하는 도중, 내일은 옛 친구들의 연회에 참석하게 되었다고 말하자, 오데트는 식탁에 쩌렁쩌렁 울리는 목소리로 이미 신자가 된 포르슈빌, 화가, 코타르의 앞에서 이렇게 대답했다.

"그렇지, 당신의 연회가 있군요. 그럼 우리집에 오시기까지는 뵙지 못하겠네요. 그래도 너무 늦게 오시지는 마세요."

그때까지 스완은 신자 누구누구에 대한 오데트의 우정을 진정으로 시기한 일이 한 번도 없기는 했지만, 또한 이렇듯이 태연하고 뻔뻔스럽게 그녀의 입

* 불로뉴 숲의 호수에 있는 섬을 가리킴.

에서, 매일 밤 둘이 만나는 것, 그녀의 집에서 그가 차지하고 있는 특별한 위치, 거기에 포함된 그에 대한 그녀의 애정 따위가 모두 앞에 죄다 드러나는 것을 듣고 보니 과연 깊은 감미로움을 느꼈다. 물론 스완은 어디를 뜯어봐도 오데트는 이목을 끌 만한 여인이 아님을 여러 번 인식했고, 그래서 자기보다 못한 자의 마음을 이렇게 지배하고 있다는 사실이 '신자'들 앞에서 널리 알려지는 걸 보았다 해도 전혀 흡족하지 않았으련만, 그러나 오데트가 수많은 남성을 넋 잃게 하는 탐나는 여인으로 보이는 것을 깨닫고 나서는, 다른 남자들이 느끼는 그녀의 육체적 매력이 그녀를 마음 구석구석까지 완전히 지배하고 싶다는 괴로운 욕구를 그의 가슴속에 눈뜨게 했던 것이다. 그리고 그는 그녀를 무릎에 앉혀놓고 이것저것에 그녀의 생각을 이야기하게 하던 밤, 그리고 이제는 그가 이 세상에서 단 하나 집착하게 된 보배를 이리저리 둘러보던 밤, 그녀의 방에서 보낸 그 시간에 논할 수 없는 값어치를 붙이기 시작했다. 그러므로 이 만찬이 끝난 뒤 그는 그녀를 따로 데리고 가서 진심으로 사례를 하여 그가 표시하는 감사의 정도로써 그녀가 그에게 준 기쁨의 정도를 가르쳐주고자 했는데, 그 기쁨 중에서도 최고의 것은, 그의 사랑이 변함없이 계속돼 마음이 상처받기 쉬운 상태가 되어 있는 동안에 그를 질투의 타격으로부터 보호해준 것이었다.

다음 날 그가 연회에서 나왔을 때 비가 퍼붓듯 세차게 내렸는데, 공교롭게도 지붕 없는 사륜마차밖에 준비되어 있지 않았다. 한 친구가 타고 온 마차로 집까지 태워다주겠다고 말했다. 오데트가 스완에게 와달라고 청한 사실로 미루어보아 그녀가 다른 남자를 기다리지 않는다는 것은 확실했으므로, 이렇게 쏟아지는 빗속에 돌아다니는 것보다 집으로 곧장 돌아가 자는 편이 마음도 안정되고 편했을 것이다. 그러나 그가 늦은 밤을 그녀와 함께 보내고 싶어하지는 않는 모양이라고 여기기라도 한다면, 그녀는 그가 유달리 원하는 바로 그때 그를 위하여 시간을 남겨두는 일을 소홀히 할지도 모를 노릇이었다.

그는 11시가 넘어서 그녀의 집에 이르렀다. 그리고 좀더 빨리 오지 못해서 미안하다고 하니, 그녀는 정말 너무 늦었다고 종알거리고, 뇌우 때문에 기분이 좋지 않고 두통이 나서 30분 정도밖에 같이 못 있으니 자정에는 돌아가야 한다고 미리 말했다. 그리고 잠시 있다가 그녀는 너무 피곤하다며 자고 싶어했다.

"그럼, 카틀레야는 없는 거요? 오늘 밤은?" 그는 그녀에게 물었다. "난 작고 귀여운 카틀레야를 바라는데."

그러자 오데트는 좀 뾰로통하고도 신경질이 난 투로 대답했다.

"안 돼요, 오늘 밤은 카틀레야 없어요. 말했잖아요, 나 기분이 안 좋다고!"

"카틀레야로 좋아질지 누가 아나. 뭐, 아무튼 고집하지는 않겠어."

그녀는 스완에게 돌아가기 전에 불을 꺼달라고 부탁했다. 스완은 침대의 커튼을 손수 내리고 나서 돌아갔다. 그러나 집에 돌아가자마자 급작스럽게 어떤 생각이 떠올랐다. 틀림없이 오데트는 오늘 밤 어느 사내를 기다리고 있는 거다, 그녀는 단지 피곤한 체했을 뿐이다, 불을 꺼달라고 부탁한 것도 실은 곧바로 잘 거라고 나한테 믿게 하려고 한 것뿐이다, 내가 떠나자마자 그녀는 불을 다시 켜고, 그녀 곁에서 밤을 지내기로 되어 있는 사내를 불러들였을 것이다. 그는 시계를 보았다. 그녀 곁에서 떠난 지 한 시간 반쯤이 지났다. 그는 다시 밖으로 나와 마차를 잡아타고 그녀의 집 뒤쪽으로 난 거리, 그가 여러 번 침실 창문을 열게 창을 두드리러 가던 거리와 수직으로 만나는 골목길에 마차를 멈추고 내렸다. 사방은 적막하고 캄캄했다. 몇 걸음 걷지 않아서 그는 그녀의 집 앞에 이르렀다. 거리의 모든 창문이 불을 끈 지 오래인 어둠 속에서 단 하나의 창 덧문 사이로 금빛 신비로운 열매살을 짜내며 방 안 가득 찬 불빛이 넘쳐나와 있었다. 그 불빛은 기나긴 밤과 밤, 그의 눈에 띄기 훨씬 전부터 그를 기다리고 거리에 들어선 그를 기쁘게 하며, '그녀가 여기서 자네를 기다리네' 하고 알려준 것이었는데, 지금은 '그녀는 여기서 그녀가 기다리던 사내와 같이 있네' 하고 말해 그를 괴롭혔다. 그는 그 사내가 누군지 알고 싶었다. 벽을 따라서 창문까지 슬그머니 다가갔다. 그러나 덧문의 비스듬한 판 사이로는 아무것도 보이지 않았다. 단지 밤의 고요 속에 속삭이는 듯한 말소리가 들릴 뿐이었다. 분명히 그는 황금빛으로 물든 창틀 뒤에서 보이지 않는 미운 한 쌍이 움직이는 것을 보며 고통을 느꼈다. 자기가 떠난 뒤에 온 사내가 그곳에 있다는 것, 오데트의 거짓, 그녀가 그 사내와 한창 맛보고 있는 행복을 보여주는 속삭임을 듣고는 괴로워했다.

그렇지만 그는 오기를 잘했다고 생각했다. 그를 집 밖으로 나오게 했던 그 고뇌는 이제 그 어렴풋함을 잃으며 또한 그 격렬함도 잃었던 것이다. 조금 전에 그가 느닷없이 무력하게 의심하던 오데트의 또 하나의 생활이 지금은 눈앞의 방 안에서 등불에 황황히 밝혀져 아무것도 모르는 죄수 여인처럼 갇혀 있다. 그는 자신이 바랄 때 언제라도 들어가 현장을 붙잡을 수 있는 것이다. 그러나 그는 기습하기보다 차라리 늦게 왔을 때 자주 그랬듯이 덧문을 두드려보자고 마음먹었다. 그렇게 하면 오데트는 적어도 자기가 알고 있다는 것, 자기가 불빛을 보았으며 속삭임을 들었다는 것을 알리라. 그리고 조금 전까지 그는 오데트가 다른 사내와 함께 있으면서 착각에 빠진 자기를 비웃고 있으리라 상상했는데, 이제는 거꾸로 그들이야말로 먼 데서 태평하게 자고 있거니 여기던 자기에게, 게다가 이미 언제라도 덧문을 두드리러 갈 수 있는 자기에게 결국 속고 있는 줄도 모르고 저런 짓을 하고 있는 셈이었다. 또 이 순간에 그가 거의 즐겁다고까지 느끼고 있는 것은 아마도 의혹과 고통이 진정될 때에 느끼는 바와는 다른 기분, 곧 이지적인 기쁨이었다. 그가 연정에 사로잡힌 뒤부터 옛날처럼 여러 사물이 그에게 즐거운 흥미를 얼마간 되찾아주기는 했지만, 그것은 여러 사물이 오데트에 대한 추억으로 비춰진 경우에 한한 것이었다. 하지만 지금 그의 질투가 되살아난 것은 학구적인 젊은 시절에 그가 지녔던 또 다른 능력이었으니, 곧 진실에 대한 열정이었다. 그 자체 또한 그와 애인 사이에 위치해서 그녀로부터밖에 빛을 받지 못하는 진실로, 오데트의 행동, 그녀의 교제, 계획, 과거를 그 유일한 대상으로 삼는, 더구나 더할 나위 없이 값어치 있고 거의 제 욕심을 차리는 일과는 무관한 아름다움을 갖는 대상으로 삼는, 전적으로 개인적인 진실에 대한 열정이었다.

한때는 한 인간의 일상적인 보잘것없는 일과 행위 따위는 언제나 무가치하다고 생각했다. 그런 것에 대하여 수다 떠는 걸 들어도 의미 없다고만 여겼고, 또 귀담아들었다고 해도 그런 것에 흥미를 가졌던 것은 그의 가장 저속한 주의력이었기에 그때 그는 자신을 너무도 시시한 인간으로 생각하곤 했다. 그러나 연애하는 이 괴상야릇한 시기에는 개인적인 일이 참으로 뜻깊은 것이 되어 스완 또한 한 여인의 일상에 대해 호기심을 느꼈는데, 이는 지난날 그가 역사에 대하여 품었던 호기심과 같은 것이었다. 그리고 지금까지라면 부끄러워했을 온갖 것, 곧 창 앞에서 이처럼 동정을 살피는 것, 경우에 따라서는 이튿날 관계도 없는 제삼자에게 능숙하게 올가미를 씌워 이야기하게 하거나, 하인을 매수하거나, 문에서 엿듣거나 하는 것이 이제는 고문서 판독, 여러 가지 증언의 비교, 기념비 해석 따위와 마찬가지로 그야말로 지적인 가치를 지닌 과학적 조사 방법이자 진실 탐구에 가장 적절한 방법인 듯이 여겨졌다.

막상 덧문을 두드리려고 보니, 그는 자기가 오데트에게 의심을 품고 되돌아와 거리를 서성거리는 사실이 알려지는 것이 순간 부끄러워졌다. 오데트는 질투심이 강한 사내나 남의 비밀을 살피는 애인은 딱 질색이라고 그에게 늘 말해왔다. 자기가 지금 하려는 행동은 아주 졸렬한 짓이며, 그녀는 이후로 자기를 싫어하게 되리라. 그런데 지금은 아직, 그가 덧문을 두드리지 않는 한, 그녀는 자기를 속이면서도 그대로 사랑해줄지 모른다. 우리는 서둘러 눈앞의 욕망을 이루려다가 가능했을지도 모르는 미래의 행복을 얼마나 희생시키는지! 그런데 그는 진실을 알려는 욕망을 더 강하고 더 고귀하게 느꼈다. 그가 목숨을 내던지더라도 정확히 재구성하고 싶었던 이 상황의 현실을 마치 귀중한 고사본의 금빛 표지처럼—그 풍부한 예술미 자체도 물론 사본을 읽는 학자를 사로잡겠지만—빛살이 새어나오고 있는 이 창문 뒤에서 읽을 수 있는 것이다. 그는 이처럼 환하고 아름답게 빛을 지나가게 하는 투명한 사본, 금세 사라져버릴 소중한 일부분으로 구성된 사본 속에서 자기를 뜨겁게 흥분시키는 진실을 알게 되는 것에 즐거움을 느꼈다. 또한 스완이 안에 있는 그들에게 느낀 우월감은—무슨 일이 있더라도 느껴야 했던 우월감은—아마도 알고 있는 것 이상으로 알고 있다는 것을 보여줄 수 있다는 우월감인지도 몰랐다. 그는 발끝으로 섰다. 덧문을 두드렸다. 안에는 들리지 않았나 보다. 다시 더 세게 두드렸다. 말소리가 그쳤다. 사내의 목소리가 들렸다. 스완이 자기가 아는 오데트 친구들 가운데 누구의 목소리인지 알아내려고 애쓰고 있는데, 그 목소리가 물었다.

"누구요?"

누구의 목소리인지 확실하지 않았다. 또 한 번 두드렸다. 창이 열리고 나서 덧문이 열렸다. 이제는 물러설 수도 없었다. 어차피 그녀에게 다 알려지고 말 테니. 지나치게 볼꼴 사나운, 시기심 많고 캐기 좋아하는 모습으로 보이지 않게 그는 아무렇지 않은 듯 쾌활하게 소리치기로 했다.

"아니, 괜찮아요. 일부러 여기까지 나오지 않아도. 그저 이 앞을 지나가다가 불빛이 보여, 이제 기분이 좀 좋아졌는지 물어보려고 들렀소."

그는 바라보았다. 늙은 신사 두 명이 창가에 있었고, 그 가운데 한 명은 손에 램프를 들고 있었다. 그때 그는 방을 보았다. 본 적도 없는 방이었다. 밤늦게 오데트의 집에 올 때마다 모양이 똑같은 창문들 가운데에서 단 하나 밝은 것을 오데트 방의 창문으로 알아보는 것이 버릇이 되어, 그는 잘못 보고 하나 건너인 이웃집 창문을 두드렸던 것이다. 그는 사과하고서 그곳을 떠나 집으로 돌아갔다. 호기심을 만족시키면서도 오데트와의 사랑은 망가뜨리지 않았고, 또 오래전부터 오데트와 마주 대할 때에는 침착한 태도를 가장해 왔는데 이제 와서 자기가 지나치게 사랑하고 있다는 증거, 한 쌍의 연인 가운데 그것을 잡는 쪽이 그때부터는 언제까지나 죽자 사자 사랑하지 않아도 괜찮아지는 증거를 질투 때문에 그녀에게 주는 꼴이 되지 않았음을 기뻐하면서. 그는 이 재난을 오데트에게 말하지 않았으며 그 자신도 생각하려고 하지 않았다. 그러나 이따금 그의 사고는 문득 뜻하지 않았던 이 기억을 만나 부딪치고, 이것을 더 깊숙이 의식 속으로 몰고 들어가는 일이 있었는데, 그럴 때 스완은 느닷없는 심한 고통을 느꼈다. 그 고통은 마치 육신의 아픔과도 같아서 스완의 사고력은 그것을 줄일 수 없었다. 그러나 적어도 육신의 아픔이라면 그 아픔은 사고와는 별개이므로 사고력을 아픔에 집중시켜, 아픔이 줄었다, 잠시 멎었다고 생각할 수도 있을 것이다. 그런데 스완의 이 아픔은 그가 생각에 잠겨 단지 떠올리기만 하여도 다시 일어나곤 했다. 생각하지 않으려는 건 다시 생각하는 것이며, 다시 괴로워하는 것이었다. 또 스완이 친구들과 담소하면서 아픔을 잊고 있을 때에도 상대가 내뱉은 한마디가, 조심성 없는 서투른 손이 아픈 팔다리에 닿은 부상자처럼 단번에 그의 낯빛을 변하게 했다. 하지만 오데트와 작별할 때 그는 늘 행복하고 평온했다. 오데트가 아무개에 대해 이야기하면서 지었던 비웃는, 그러나 그에게는 다정스러웠던 미소를 떠올렸다. 그리고 그녀가 마차 안에서 처음 했던 것처럼 얼굴을 기울이면서 자신도 모르게 가슴이 뜨거워진 양 그의 입술 위에 떨어뜨리던 그녀 머리의 무게와, 갸우뚱한 고개를 어깨에 추워 타듯이 파묻으며 그의 품에 안겨 있는 동안 그에게 던졌던 죽을 듯한 눈길을 그는 떠올렸다.

그러나 금세 그의 질투는 마치 그의 사랑의 그림자인 양, 그날 밤 그녀가 그에게 던지던—하지만 지금은 거꾸로 스완을 비웃고, 다른 사내에 대한 사랑으로 가득 차 있는—미소와, 다른 사내의 입술 쪽으로 넘어져가는 그녀 머리의 기울음과, 또 그에게는 여태껏 한 번도 보이지 않았던 온갖 애정의 표시를 다른 사내에게 주는 모습과 하나로 범벅이 되었다. 그리고 그녀의 집에서 가져온 온갖 관능의 추억은 실내장식가가 내보이는 스케치나 '설계도'와 같은 것이어서, 그녀가 다른 사내들과 어울려 취할 수 있는 뜨거운 자태 또는 실신할 듯한 자세를 스완으로 하여금 어렴풋이 떠올리게 했다. 그래서 그녀 곁에서 맛보는 쾌락, 그가 생각해내고 경솔하게도 그 다사로움을 그녀에게 알리고 만 애무, 그가 그녀의 몸 가운데 찾아낸 아름다움 등 스완은 그 모든 것 하나하나를 뉘우쳐도 어찌할 수 없는 것으로 여기게 되었다. 왜냐하면 잠시 뒤 그런 것들이 새로운 고문 도구가 되어 그의 고통을 더해줄 것을 알고 있었기에.

이러한 고뇌는 며칠 전, 처음으로 스완이 오데트의 눈에서 발견한 눈길이 떠올랐을 때 더 잔혹한 것이 되었다. 그것은 베르뒤랭네에서 저녁 식사가 끝난 뒤에 있었던 일이다. 포르슈빌은 동서인 사니에트가 베르뒤랭네에서 환대받지 못하는 것을 알아채 그를 좌중의 웃음거리로 만들어 자기 자신을 빛내보려고 함에선지, 아니면 사니에트가 그에게 했던 한마디, 그것도 참석자들이 눈치채지 못하고 당사자도 악의 없이 말한 그 서투른 한마디가 그만 의도치 않은 불쾌한 빈정거림이 되어버린 것에 화가 나선지, 그도 아니면 자기를 너무나 구석구석 알고 있는 사람, 더구나 그 존재 자체가 이따금 거북살스럽게 느껴질 정도로 섬세한 사람인 사니에트를 이 집에서 내쫓을 기회를 전부터 노리고 와선지, 어쨌든 포르슈빌은 사니에트를 몹시 욕하거나 꾸짖기 시작하여 고래고래 고함지름에 따라 상대의 공포, 고통, 애원에 점점 더 대담해져서는 그 서투른 한마디에 어쩌나 상스럽게 대꾸했던지, 드디어 불쌍한 사니에트는 베르뒤랭 부인에게 남아 있어도 좋겠습니까 묻고, 대답이 없으니까 눈에 눈물을 글썽이며 뭔가 중얼거리면서 물러가버렸던 것이다. 오데트는 이런 장면을 낯빛 하나 바꾸지 않고 보고 있었는데, 사니에트의 뒤에서 문이 닫혔을 때, 포르슈빌과 다른 사람들의 비열함에 함께 몸을 둘 수 있도록 여느 때의 얼굴 표정을 몇 단계 낮추어 포르슈빌의 무지막지함을 칭찬하는 엉큼한 미소와 또 그 희생자에 대한 빈정거림으로 눈동자를 빛냈던 것이다. 그녀는 포르슈빌에게 나쁜 짓에 가담하는 눈길을 던졌는데, 그 눈길은 충분히 '저 사람은 이제 끝장났군요. 내기해도 좋아요. 어쩔 줄 모르는 꼴을 보셨나요? 울고 있었어요' 하고 말하고 있어서 포르슈빌은 그런 눈길에 눈이 부딪쳤을 때, 아직 하늘을 찌를 듯 솟은 노기 또는 그런 체하고 있던 노기가 한 번에 가셔 미소 지으며 대답했다.

"그 사람은 상냥하게 굴기만 하면 되는 거였어요. 그럼 지금도 이 자리에 있었을 것을. 진심에서 우러나온 징계란 어느 나이에도 유익하죠."

어느 날 스완은 방문할 곳이 있어 오후에 외출했는데, 만나려 했던 사람을 만나지 못한 김에 오데트의 집에 가보기로 했다. 이런 시각에 그녀의 집에 간 적은 한 번도 없었지만 지금쯤은 그녀가 집에서 낮잠을 자거나 차 마실 시간에 앞서 편지를 쓰거나 하는 것을 알고 있었으므로 잠깐 들러도 괜찮을 거라 생각했다. 문지기는 그녀가 안에 계시는 줄로 안다고 스완에게 말했다. 스완은 초인종을 울렸다. 인기척이 나고 발소리가 들린 듯한데 문은 열리지 않았다. 근심스러우면서도 화가 난 스완은 건물 뒤쪽에 있는 골목길로 돌아가 오데트 방 창문 앞에 섰다. 창문은 커튼에 가려 아무것도 보이지 않았다. 그는 힘을 주어 유리창을 두드리며 오데트를 불렀으나 아무도 창을 열지 않았다. 이웃 사람들이 자기를 바라보고 있는 것을 눈치챘다. 결국 그는 물러갔다. 발소리가 난 듯했지만 분명 잘못 들었던 거라고 생각하면서. 하지만 아무래도 신경 쓰여서 다른 생각을 통 할 수가 없었다. 한 시간 뒤에 다시 가보았다. 그녀가 집에 있었다. 스완에게 말하기를, 아까 초인종이 울렸을 때 자기는 집에 있었으나 잠들어 있었고, 초인종 소리에 잠이 깨어 스완인 줄 알고 달려나왔는데 이미 그는 떠나간 뒤였다고 했다. 물론 그녀는 유리창 두드리는 소리도 들었다고 한다. 스완은 이 말에 정확한 사실 한 조각이 들어 있는 것을 곧 알아보았다. 그것은 기습당한 거짓말쟁이가 꾸며낸 거짓의 구성 안에, 그 거짓과 한데 어울려 진실성을 나타내주리라 믿으며 스스로를 안심시킬 어떠한 보험으로 끼워넣는 사실 한 조각이었다.

확실히 오데트는 드러내고 싶지 않은 뭔가를 하고 나서는 그걸 곧잘 마음속에 감추었다. 그러나 속이고자 하는 사람 앞에 있기만 해도 곧 마음이 흔들려, 온갖 사념이 무너지고 날조와 추리의 힘이 마비돼 머릿속이 텅 비어버리기가 일쑤였다. 그래도 뭐라고 꾸며대야 했으므로 무턱대고 꾸며대는 것이 처음에 숨기려고 했던 바로 그 사실에 부딪치고 말았다. 그것은 진실이기 때문에 유일하게 엄연히 남아 있었다. 그녀는 그것이 결국 진실하고 꾸밈이 없으며 더욱이 미더운 부분이므로 거짓보다 덜 위험할 것이라고 여겨, 그러한 것을 말하는 편이 낫다고 스스로 타이르면서 그녀로서는 그다지 중요하지 않은 작은 부분을 정말 있던 사실에서 떼어온다. '적어도 이건 정말이니까' 하고 그녀는 스스로 타이른다. '아무튼 득이 되겠지. 캐어보라지. 정말인 것을 알 테니까. 이것은 반드시 나를 배신하지 않을 거야.' 이런 판단은 그녀의 잘못된 생각이었으니, 그녀를 배신한 게 바로 그 진실의 조각이기 때문이다. 이런 진실의 조각에는 울퉁불퉁한 모서리가 있다는 것, 이 모서리는 그녀가 멋대로 그 하나만을 떼어낸 본디 참 사실을 구성하는 여러 다른 조각의 연속 안에서만 딱 맞게 끼워진다는 것, 또 그녀가 어떻게 꾸며낸 거짓말 속에 끼워넣든지 간에 그 참 사실 한 조각의 모서리는 늘 넘치거나 모자란 부분을 이루므로, 그 조각이 날조된 사실에 속하는 조각이 아니라는 점을 드러낸다는 것을 그녀는 미처 이해하지 못했던 거다. '내가 초인종을 울리고, 다음에 유리창을 두드린 것을 들었다고 오데트는 실토하고 있다. 게다가 나인 줄 알았고, 나를 보고 싶었다고도 말하고 있다.' 스완은 이렇게 마음속으로 말했다. '그런데 이는 오데트가 문을 열어주지 않았던 사실과는 앞뒤가 맞지 않는다.'

그러나 그는 그녀에게 이러한 모순을 지적해주지 않았다. 이유인즉 그대로 내버려두면 분명 오데트가 사실의 아주 작은 실마리가 될 거짓말을 더욱 꾸며내리라고 생각했기 때문이다. 오데트는 마구 지껄였다. 스완은 말을 가로막지 않고 그녀가 그에게 하는 말, 마치 거룩한 장막처럼 현실의—3시에 그가 왔을 때 그녀가 하고 있던 일의—흔적을 어렴풋이 지니고, 한편 헤아릴 수 없이 소중하지만 슬프게도 간파할 수 없는 현실의 뚜렷하지 못한 윤곽을 그리는 걸로 느껴지는 말(그렇게 느껴지는 것도, 오데트가 계속 재잘대면서도 현실을 그 재잘거림 뒤에 감추고 있었기 때문인데), 그런 말을 스완은 갈망하는 동시에 가슴 아픈 경건한 마음으로 주워 모았다. 하지만 그는 그런 현실에 관해 여러 가지 지어낸 말, 읽기 어렵고도 묘한 발자취밖에 얻지 못할 것이다. 게다가 그런 현실은 이미 그 값어치도 모르고 바라보면서 그것을 결코 그에게 내주려고 하지 않은 오데트의 기억 속에 은밀하게 존재하고 있을 뿐이었다. 그야 물론 오데트의 여러 가지 행동 자체는 열정적인 흥미를 끌 만한 것이 아니고, 또 오데트가 다른 많은 사내와 맺고 있을지도 모르는 관계도 일반적으로 말해 이성 있는 인간이 자살충동을 일으킬 만큼 병적인 슬픔을 내뿜는 것이 아니라고 그는 이따금 생각했다. 그러면 이런 관심이나 슬픔은 어떤 병처럼 자기 몸속에만 있는 것으로, 그 병이 낫는 즉시 오데트의 여러 행동이나 그녀가 수많은 사내에게 줄지도 모르는 입맞춤도 다른 허다한 여인의 경우와 마찬가지로 그의 마음을 괴롭히지 않게 될 것이 아니겠는가. 그러나 지금 스완이 품고 있는 괴로운 호기심의 원인이 자기에게 있는 줄 알고도, 그것만으로 당장에 이 호기심을 묘하게 여기거나 그것을 만족시키는 데 전력을 다하는 것이 어리석은 짓이라고 생각하지는 않았다. 그것은 스완이 어느 나이에 이르러 있었기 때문인데, 그 나이에 이른 자의 철학은—같은 시대 사람들, 스완이 오랫동안 살아온 사회, 롬 대공부인의 동아리(이 동아리에서 스완은, 모든 걸 의심하면서 현실적이고도 이론의 여지가 없는 것은 각자의 취미뿐이라고 생각하는 사람이야말로 총명하다는 사실에 동의했다)에 의해 지지받았던 철학은—이미 젊은이의 철학이 아니라 실증적인 철학, 거의 의학적인 철학이자, 자신이 갈망하는 대상을 객관화하는 대신에 굳어버린 정열이나 습관의 찌꺼기를 이미 흘러가버린 세월에서 치우려고 시도하는 인간의 철학이자, 그런 정열이나 습관을 그 자신들의 성격과 마찬가지로 불변인 것으로 간주하며, 그 자신들의 생활 태도가 그런 것을 만족시킬 수 있도록 처음부터 일부러 주의하는 인간의 철학이었다. 스완은 마치 습한 날씨 때문에 습진이 재발하는 것을 셈속에 넣듯이, 오데트의 거동을 모르므로 느끼는 괴로움을 생활의 셈속에 넣어두는 것이 슬기롭다고 보았다. 또한 과거에 스완이 다른 취미를 위하여, 적어도 그가 이 연애를 하기 전에는 수집과 좋은 음식 따위를 언제라도 즐길 수 있게 예비해두었듯이 오데트가 어떤 나날을 보내고 있는지에 대한 정보(이것을 모르면 비참한 마음이 될 것임에 틀림없는 정보)를 손에 넣는 데 필요한 자금을 예산 안에 미리 마련해두는 편이 슬기롭다고 생각했다.

돌아가기 위해 오데트에게 작별인사를 건네자 그녀는 스완에게 더 있어 달라고 청했고, 스완이 나오려고 문을 여는 순간에는 심지어 강하게 팔을 붙잡으며 늘어지기까지 했다. 그러나 스완은 그것에 개의치 않았다. 그도 그럴 것이, 하나의 담소를 메우는 수많은 몸짓과 화제와 보잘것없는 사건 속에 우리의 주의를 환기시키는 것이 있는데도 우리는 그것을 주목하지 않고서, 우리의 의심이 무턱대고 찾아 헤매는 바로 그 진실을 감추고 있는 것의 곁을 그대로 지나치면서, 반대로 아무것도 없는 그 뒤쪽에서 걸음을 멈추기가 일쑤이기 때문이다. 오데트는 그에게 되뇌고 되뇌었다. "낮에는 좀처럼 오시지 않다가 오랜만에 오셨는데도 뵙지 못했다니, 얼마나 운이 나쁜지!" 모처럼 찾아온 그를 만나지 못했다고 해서 그녀가 그토록 애달프게 섭섭해할 만큼 자신이 사랑받고 있지 않다는 걸 스완은 잘 알고 있었다. 하지만 그녀는 본디 마음씨도 좋거니와 그를 기쁘게 해주려고 하며 또 그를 괴롭혔을 때에는 여러 번이나 슬픈 표정을 짓곤 했으므로, 오데트보다는 스완에게 훨씬 더 큰 기쁨이었을 한 시간을 그에게서 빼앗았다고 오데트가 이토록 슬퍼하는 것도 그에게는 아주 당연하게 느껴졌다. 그렇지만 그다지 대수롭지 않은 그런 일에 오데트가 자못 가슴 아픈 듯한 모습을 계속해 짓고 있는 것을 보자니, 스완도 결국 묘한 느낌이 들었다. 그런 그녀는 여느 때보다 〈프리마베라〉*의 화가가 그린 여인들 얼굴을 더욱 떠올리게 했던 것이다. 오데트는 이 순간에 보티첼리가 그린 여인들의 표정, 오직 아기 예수에게 석류를 갖고 놀게 하거나 또는 여물통에 물을 붓는 모세를 바라보고 있을 뿐인데도 그 얼굴은 지나치게 심한 고뇌의 무거움에 견딜 수 없는 듯이 보이는 여인들의 의기소침하고도 슬픔에 잠긴 표정을 하고 있었다.

그는 전에 그녀가 이런 슬픈 표정을 짓는 것을 본 적이 있었는데, 그게 어느 때였는지 생각나지 않았다. 그러다가 갑자기 머릿속에 떠올랐다. 그것은 오데트가 병에 걸렸다는 핑계로 실은 스완과 함께 있으면서 만찬회에 가지 않았던 그다음 날, 베르뒤랭 부인에게 변명하면서 거짓말했을 때의 일이었다. 하기야 오데트가 아무리 소심한 여인이었던들 그 정도의 죄 없는 거짓말이라면 그토록 양심의 가책을 느끼진 않았을 거다. 그런데 오데트가 언제나 거침없이 하는 거짓말이란 그 정도로 죄 없는 것이 아니라, 들켰다가는 여러 남자들과의 관계에서 그녀를 지독하게 난처한 상황에 몰아넣을 사실을 숨기

* '봄'. 보티첼리의 작품.

는 데 이바지하는 것이었다. 그러므로 그녀가 몸을 막는 데 충분한 무장을 하고 있지 않은 것을 느껴, 과연 성공할지 몰라 겁을 내면서 거짓말을 할 때에는, 잠자지 못한 어린애처럼 지쳐서 울고 싶어지는 것이었다. 게다가 그녀는 보통은 그 거짓말이 사내를 심하게 해치고, 또 서투르기라도 하면 틀림없이 그 사내에게 커다란 약점을 잡히게 되리라는 사실을 알고 있었다. 그러자 그녀는 그 사내 앞에서 자기를 보잘것없고 죄지은 몸처럼 느꼈다. 그리고 하찮은 사교적인 거짓말을 해야 할 때에도 거짓말에 따라오는 여러 감각과 기억이 합쳐져서, 그녀는 과로의 불쾌감과 나쁜 짓을 하고 있다는 후회를 느꼈던 것이다.

그녀가 마치 스스로에게 부과한 노력의 무게에 짓눌려서 기진맥진하며 동정을 구하고 있는 듯한 이 비통한 눈길, 애처로운 목소리로 봐서 도대체 오데트는 스완에게 얼마나 좌절할 만한 거짓말을 하려는 것인가? 그는 생각했다. 그녀가 숨기려 애태우고 있는 것은 그날 오후의 사건에 대한 진실만이 아니라 좀더 가까운 미래의 일, 아마도 아직 일어나지 않았지만 곧 일어나려고 하는 어떤 일이며 또 그것이 이 진실을 모조리 밝혀줄지도 모른다고. 그 순간 초인종 소리가 울렸다. 오데트는 그대로 지껄였는데, 그 지껄임은 이미 신음 소리에 지나지 않았다. 그날 오후에 스완을 만나지 못했다는 섭섭함, 그에게 문을 열어주지 못한 섭섭함이 진정한 절망으로 바뀌고 말았다.

현관문이 닫히는 소리가 들려오더니, 누군가가—틀림없이 스완이 만나서는 안 될 누군가가—오데트가 부재중이라는 말에 되돌아가는 듯 마차 소리가 들려왔다. 그래서 자신이 좀처럼 오지 않는 시간에 온 탓으로 오데트가 그에게 알려지기를 꺼리는 여러 가지 일들을 방해했구나 싶어, 그는 가슴이 미어질 듯한 실망을 맛보았다. 하지만 스완은 오데트를 사랑하고 있었고 온갖 사념을 그녀에게 돌리는 것이 습관이 되어 있어서, 마땅히 그 자신에게 일으켜야 했을 연민을 그녀에게 품고는 중얼거렸다. "가여워라!" 작별할 때 오데트는 탁자 위에 놓았던 편지 여러 통을 들어, 스완에게 우체통에 넣어줄 수 있겠느냐고 부탁했다. 그는 편지를 맡았는데, 집에 돌아와서야 그대로 가지고 온 것을 깨달았다. 그래서 우체통까지 되돌아가 주머니에서 편지를 꺼내 통 속에 넣기에 앞서 보내는 곳을 훑어보았다. 편지는 모두 오데트 집을 드나드는 상인에게 보내는 것이었는데, 한 통만이 포르슈빌 앞이었다. 그는 그걸 손에 꼭 쥔 채 우두커니 서 있었다. 그리고 속으로 말했다. '만약 내가 이 안에 쓰인 내용을 본다면 오데트가 그자를 뭐라고 부르고 있는지, 무슨 이야기를 하는지, 둘 사이에 어떤 일이 있는지 알 수 있을 것이다. 설사 보지 않는다고 해도 결국 오데트에게 무례한 짓을 범하는 데는 변함없다. 왜냐하면 보는 것만이 분명히 그녀에 대한 실없는 의심, 어쨌든 그녀를 괴롭히고 말 의심으로부터 나를 해방시키는 유일한 방법이기 때문이다. 이 편지를 넣고 나면 아무리 애써 본들 이 의심은 풀 길이 없을 거다.'

그는 우체통 앞을 떠나 집으로 돌아왔는데, 이 마지막 편지를 그대로 지니고 있었다. 그는 촛불을 켜고 감히 뜯지 못한 봉투를 불에 가까이했다. 처음에는 하나도 읽을 수 없었지만, 봉투가 얇아 안에 들어 있는 단단한 종이에 딱 붙이자 편지의 끝맺는 낱말들이 비쳐 보였다. 몹시 침착한 끄트머리의 관용어였다. 만약에 스완이 포르슈빌 앞으로 보내는 편지를 보는 것이 아니고, 포르슈빌이 스완 앞으로 보내는 편지를 읽었다면 훨씬 정감 어린 문구를 보았으리라! 스완은 좀더 커다란 봉투 안에 춤추고 있는 편지를 움직이지 않도록 누르고, 그 위로 엄지손가락을 천천히 미끄러뜨리면서 한 줄 한 줄 차례차례 봉투가 겹쳐 있지 않은 부분, 즉 비추어 읽을 수 있는 유일한 곳에 가져갔다.

그러나 그는 제대로 읽지 못했다. 하기야 읽지 못했어도 대수롭지 않았으니, 그것이 하나도 중대하지 않은, 바람 따위와는 아무런 관계도 없는 일이라는 게 충분히 확인되었기 때문이다. 그것은 오데트의 숙부에 관한 이야기였다. 스완은 줄 첫머리에서 똑똑하게 읽었다. '나로서는 당연했습니다.' 하지만 무엇이 당연했다는 것인지 이해되지 않았다. 그러다가 느닷없이 어떤 낱말이, 처음에는 헤아려 읽기 어렵던 낱말이 그 모습을 드러내자 한 구절 전체의 뜻이 환히 밝혀졌다. '나로서는 당연했습니다, 문을 연 것이. 나의 숙부가 오셨으니까요.' 문을 연 것이! 그럼 스완이 아까 초인종을 울렸을 때 거기에 있던 것은 포르슈빌이며, 오데트가 그자를 서둘러 돌려보낸 거다. 그래서 그처럼 인기척이 났던 거다.

그 뒤 그는 편지를 모조리 읽었다. 끄트머리에 가서 그녀는 포르슈빌에게 그처럼 실례되는 행동을 한 것을 사과하고, 또 그가 그녀의 집에 궐련을 놓고 간 사실을 적었다. 그것은 스완이 처음으로 그녀를 찾아갔을 무렵 스완에게 적어 보낸 것과 똑같은 문장이었다. 그러나 스완에게는 '왜 당신 마음도 놓고 가시지 않았는지요. 마음이라면 돌려드리지 않았을걸'이라는 글귀가 덧붙여져 있었다. 포르슈빌에게는 그런 글귀가 전혀 없고, 두 사람 사이의 비밀스런 관계를 추측하게 하는 암시라곤 아무것도 없다. 실상 오데트는 포르슈빌에게 편지를 써서 찾아온 손님이 숙부인 줄로 믿게 하려고 했으니까, 스완보다 포르슈빌이 더 속고 있는 셈이다. 요컨대 오데트가 소중히 생각하고 있던 사내는 바로 스완이며, 그를 위하여 다른 사내를 돌려보냈던 거다. 그렇지만 오데트와 포르슈빌 사이에 아무 일도 없었다면, 왜 곧바로 문을 열지 않았을까? 왜 '나로서는 당연했습니다, 문을 연 것이. 나의 숙부가 오셨으니까요'라고 적었을까? 만약 그 순간에 그녀가 아무런 수상한 행동도 하지 않았다면, 어째서 포르슈빌이 그녀에게 문을 열지 않을 수도 있었다고 따질 수 있겠는가? 스완은 오데트가 망설임 없이 그에게 맡겼던(그만큼 오데트는 그의 마음씨를 굳게 믿었던 것이다) 이 봉투를 앞에 놓고, 비탄에 잠겨 당황해 마지않으면서도 어쩐지 행복한 기분을 느끼면서 멍하니 있었다. 그러나 그 봉투의 투명한 유리창 너머로, 영영 알 수 없을 것으로 여기던 한 사건의 비밀과 함께 오데트의 생활이 어느 정도 그의 눈앞에 드러났다. 미지의 세계로 통하는 비좁은 환한 단면을 통해서처럼. 그러자 그의 질투심은, 마치 스스로 서서 자기만을 이기적으로 키우는, 몸에 영양을 주는 게 있다면 스완 자신을 희생해서라도 모조리 아귀아귀 먹어치우는 생활력을 갖고 있기나 하듯 드러난 비밀을 즐겼다. 지금 이 질투심은 양식을 얻었다. 스완은 이제 오데트가 5시쯤에 받았던 방문에 대해 날마다 불안을 느끼며, 이 시각에 과연 포르슈빌이 어디에 있는지 알고자 애를 태우게 되리라. 왜냐하면 오데트에 대한 스완의 애정은, 오데트가 어떤 나날을 보내는지 몰랐을 뿐만 아니라 그 무지를 상상으로 채우려고도 하지 않는 지적 게으름 탓에, 본디 처음부터 강하게 마음에 새겨진 그대로의 형태를 온전히 지니고 있었기 때문이다. 처음에는 스완도 오데트의 모든 생활을 질투하지 않았으며, 틀림없이 바르지 못한 판단에서, 오데트에게 속았다는 생각이 들 만한 상황에서만 질투했다. 그의 질투는 첫째, 둘째, 셋째 촉수를 뻗치는 낙지처럼 저녁 5시라는 이 시간에, 다음 다른 시간에, 그리고 또 다른 시간에 철썩 들러붙었다. 그러나 스완은 스스로 괴로움을 지어낼 줄 몰랐다. 그의 괴로움은 오로지 밖에서 온 괴로움의 회상 및 그것의 끊임없는 연속에 지나지 않았다.

그런데 밖에서는 모든 것이 그에게 괴로움을 가져다주었다. 그는 오데트를 포르슈빌한테서 멀리 떨어뜨리기 위해 며칠 동안 남부 지방으로 데리고 가려 했다. 그러나 그녀가 그곳 호텔에 묵고 있는 수많은 사내들의 욕망의 대상이 되고, 그녀 자신도 그들을 욕망해 마지않게 될 것이라고 그는 생각했다. 따라서 전에는 여행을 떠나면 처음 만나는 사람들이며 시끌벅적한 모임을 찾아다니던 스완이 이제는 완전히 사람 사귀기를 꺼리게 되어, 남자들과의 교제에서 무슨 나쁜 일이라도 당한 것처럼 그런 교제를 피했다. 하지만 사내라는 사내는 다 오데트의 애인이 될 것 같은 생각이 들 즈음, 어찌 사람을 싫어하게 되지 않을 수 있겠는가? 이리하여 그의 질투는, 처음에 그가 오데트를 좋아하면서 느꼈던 관능적이고 즐거운 기분보다도 더욱 스완의 성격을 달라지게 하고, 또 그 성격을 나타내는 표정이나 거동마저 남들의 눈에 완전히 달리 보이게 했다.

오데트가 포르슈빌 앞으로 보내는 편지를 읽은 지 한 달 뒤, 스완은 베르뒤랭 부부가 불로뉴 숲에서 베푼 만찬회에 나갔다. 모두가 돌아갈 채비를 하고 있을 때, 스완은 베르뒤랭 부인과 몇몇 손님들 사이에 오가는 속살거림에 귀가 쏠렸다. 아무래도 피아니스트에게 내일 샤투(Chatou)* 원유회에 꼭 나오라는 다짐을 주고 있는 듯싶었다. 그런데 스완은 초대를 받지 못했다.

베르뒤랭 부부는 나지막한 목소리로 애매한 표현을 써서 속살거렸는데, 화가는 아마도 방심하고 있었는지 큰 소리로 말했다.

"불은 다 꺼야죠. 온갖 것이 밝혀지는 걸 보기 위해 어둠 속에서 '월광'을 연주시킵시다."

베르뒤랭 부인은 스완이 바로 곁에 있는 것을 알아보자 묘한 표정을 지었다. 이를테면 지껄이는 이를 침묵시키고픈 기분과 듣는 이의 눈에는 태연한 모습으로 비치고픈 기분이 서로 섞여들어 시선이 매우 멍청해져버린 표정, 공범자끼리 몰래 통하는 신호가 순진한 미소 밑에 감추어진 표정, 마침내는 남의 실수를 알아챈 모든 사람과 같은 표정, 곧 실수를 저지른 장본인이 아

* 파리에서 15킬로미터 떨어져 있는 명승지.

니라 오히려 그 대상 되는 이에게 금세 그 실수를 알리는 표정이었다. 오데트는 갑자기 희망을 잃은 여인이 삶을 짓누르는 괴로움과 맞서 싸우기를 단념한 듯한 태도를 지었다. 한편 스완은 이제부터 이 식당을 떠난 뒤 오데트와 함께 돌아가는 동안 사정 설명을 청해보아서 내일 그녀가 샤투에 가지 않겠다는 약속이나 그를 그곳에 초대토록 하겠다는 약속을 받아, 그녀의 품속에서 지금 자신이 느끼고 있는 근심을 진정시키는 때가 오기까지 몇 분이나 남았는지 불안하게 세고 있었다. 드디어 마차가 왔다. 베르뒤랭 부인이 스완에게 말했다. "그럼 안녕. 다음에 또 봬요, 네?" 평소 같으면 "그럼 내일은 샤투에서, 모레는 우리집에서 봬요" 하고 말했을 텐데 그렇게 말하지 않은 것을 눈길에 담은 애교와 부자연스러운 미소로써 그가 눈치채지 못하게 하려고 애쓰면서.

베르뒤랭 부부는 포르슈빌을 자기네 마차에 태웠다. 스완의 마차는 그 뒷줄에 있었다. 그는 오데트를 자기 마차에 태우려고 앞줄 마차가 떠나길 기다리고 있었다.

"오데트, 우리가 바래다드리죠." 베르뒤랭 부인이 말했다. "자리를 비워두었어요, 포르슈빌 씨 옆에."

"그러세요. 고마워라." 오데트가 대답했다.

"아니! 내가 당신을 바래다드리려고 생각했는데." 스완은 필요한 말을 숨김없이 입 밖에 내며 크게 소리쳤다. 마차 문은 이미 열려 망설일 틈이 없었고, 더구나 이런 기분으로 그녀와 헤어져 집에 돌아갈 순 없었기에.

"하지만 베르뒤랭 부인의 말씀인데……."

"자, 그러지 마시고 혼자 돌아가셔도 괜찮잖아요. 우리가 여러 번 이분을 당신과 함께 가게 해드리지 않았습니까." 베르뒤랭 부인은 말했다.

"하지만 중요한 이야기를 해야 하는데……."

"그러세요! 그럼 편지로 하시면……."

"안녕." 오데트는 스완에게 손을 내밀었다.

그는 미소 지으려고 했으나, 쓰러질 듯한 기분은 숨기지 못했다.

"여보, 아까 스완이 우릴 대하던 그 버릇없는 꼴을 봤어요?" 베르뒤랭 부인은 집에 돌아가자마자 남편에게 말했다. "우리가 오데트를 바래다준다는 것뿐인데, 그렇게 우리를 잡아먹을 듯이 노려보다니. 정말이지 무슨 그런 실례가 있담! 차라리 그 자리에서 우리더러 뚜쟁이 노릇을 하고 있다고 말하는 편이 낫지, 원 보자 보자 하니까! 오데트가 어째서 그런 대접을 참고 있는지 모르겠어. 그 사람, 당신은 내 것이다, 하고 딱 잘라 말하는 태도이니 말이에요. 한번 오데트에게 내가 생각한 바를 말해봐야지. 알아주었으면 좋겠는데."

그러고 나서 잠시 뒤에 그녀는 분에 못 이겨 덧붙였다. "정말, 빌어먹을 놈 같으니!" 아마 그녀는 저도 모르게 이런 욕지거리를 뱉었을 것이다. 그것은 마치—콩브레에서 영계가 죽지 않으려고 기를 쓸 때의 프랑수아즈처럼—자신을 정당화하려는 막연한 소망에 따라, 무해한 생물의 목을 비틀고 있는 농부가 그 생물의 마지막 몸부림 앞에서 절로 내뱉는 욕지거리와도 같았다.

이리하여 베르뒤랭 부인의 마차가 떠나고 스완의 마차가 앞으로 나아가기 시작했을 때, 마부는 스완을 보고 몸이 편치 않으시냐, 무슨 언짢은 일이라도 있으시냐고 물었다.

스완은 마부를 돌려보냈다. 그는 걷고 싶었다. 그리고 걸어서 불로뉴 숲을 지나 집으로 돌아갔다. 그는 혼자 큰 소리로 지껄였다—이때까지 그가 '작은 핵심'의 매력을 자세히 이야기하거나 베르뒤랭네 사람들의 고결함을 칭찬하거나 했을 때와 같은 얼마간 꾸민 말투로. 그러나 오데트의 이야기, 미소, 입맞춤이 자기 말고 다른 사내들에게 보내진다면 그것이 여태껏 기쁘게 느껴온 만큼이나 밉살스럽게 변해버리는 것과 마찬가지로, 베르뒤랭네 살롱 또한—조금 전까지만 해도 그곳은 예술에 대한 참된 취미와 어떠한 정신적인 고귀함마저 갖춘 즐거운 곳으로 여겨졌는데, 거기서 오데트가 자기 아닌 다른 사내와 만나 자유롭게 연애하려 한다는 사실을 안 지금은—그 우스꽝스러움, 어리석음, 상스러움이 그의 눈에 보이기 시작했다.

내일 샤투에서 열릴 야회를 생각만 해도 구역질이 났다. "하필이면 샤투에 간다는 그 생각! 막 가게 문을 닫고 나온 잡화상같이! 정말이지 그 사람들은 부르주아 속물근성으로 똘똘 뭉친 인간들이다. 실제로 있다고는 믿어지지 않는 사람들이다. 라비슈(Labiche)*의 극에서 튀어나온 인간들임이 틀림없다!"

* 프랑스의 통속 희극 작가(1815~88).

분명 코타르 부부도, 아마 브리쇼도 갈 거다. "이 얼마나 괴상망측한 생활인가. 그들은 서로 기생충처럼 들러붙어 살면서, 내일은 모두 샤투에! 만약 거기서 만나지 못한다면 참말로 돌이킬 수 없는 일이라도 일어난 듯이 여기겠지." 아아! 거기에는 화가도, '중매하기' 좋아하는 화가도 틀림없이 갈 거다. 그리고 포르슈빌과 오데트를 자기 아틀리에에 초대할 거다. 스완은 이런 야유회를 위한 옷차림으로서는 지나치게 차려입은 오데트를 눈앞에 그려보았다. "아무렴, 속된 데다 불쌍할 정도로 어리석기 짝이 없는 그녀니까!"

그는 만찬이 끝난 뒤 베르뒤랭 부인이 하는 농담을 들었다. 그런 농담의 과녁이 되는 게 진저리나는 사람들 가운데 누구였던 간에 그 때문에 오데트가 웃고, 그와 함께 웃고, 거의 그와 하나가 되어 웃는 것을 보았기에 그는 늘 재미있어했던 것이다. 지금은 그들이 분명 그를 웃음거리로 삼아 오데트를 웃기고 있거니 생각했다. "얼마나 구린내 나는 웃음인지!" 그는 이렇게 내뱉으면서 혐오의 표시로 어찌나 심하게 입가를 비틀었는지, 와이셔츠 목깃 언저리를 스치며 목줄기의 근육마저 빳빳해지는 감촉을 느꼈다. "천주의 모습으로 만들어진 얼굴을 한 생물이 어떻게 그처럼 구역질 나는 농담에서 웃음거리를 찾아낸단 말이냐? 조금이라도 예민한 콧구멍을 갖고 있다면 이런 고약한 냄새는 도저히 못 참고 누구나 겁내어 고개를 돌릴 거다. 그나저나 정말 믿을 수 없는 노릇이구나. 성의를 담아 손을 내민 한 친구에게 충분한 대접 없이 미소만 보이는 인간이, 자기가 깊은 죄악의 구렁텅이로 점점 떨어져 결국 세상의 가장 커다란 선의가 담긴 손에 의해서도 다시는 그곳에서 빠져나올 수 없게 되는 것을 깨닫지 못하다니. 이 몸은 그런 더러운 수다의 물결이 찰랑찰랑 시끄럽게 지껄이는 구렁텅이에 비해 몇 천 미터나 높다란 곳에 살고 있으니까, 베르뒤랭 부인 따위의 농담에 좀처럼 몸 더럽히지 않노라." 스완은 머리를 쳐들고 몸을 자랑스럽게 뒤로 젖히면서 소리소리 질렀다. "내가 오데트를 그런 곳에서 구해내어, 보다 고귀하고 순결한 분위기 속으로 끌어올리려고 진지하게 생각했던 건 천주님이 증인이시다. 하지만 인간의 인내에는 한계가 있는 법, 나의 인내도 이젠 끝장이다." 이렇게 그는 자기에게 말했다. 마치 비웃음으로 가득 찬 세계에서 오데트를 빼내는 이 사명이 요 몇 분 사이가 아니라 더 오래전부터 존재하기나 한 듯이, 또 사람들의 비웃음이 분명 그 자신을 대상으로 삼아 오데트를 그에게서 떼어놓으려

한다는 사실을 깨달은 뒤에 비로소 이 소임이 자기에게 지워진 것이 아니라는 듯이.

그는 '월광'을 연주하려는 피아니스트와 베토벤 음악이 신경에 미치는 해로움을 겁내는 베르뒤랭 부인의 얼굴을 그려보았다. "멍청이 같으니, 거짓말쟁이 같으니라고!" 스완은 외쳤다. "그 꼴을 하고 예술을 좋아한다는 거냐!" 그 여자는 스완을 위해 몇 번이고 그랬듯이, 이번엔 포르슈빌에 대한 칭찬 몇 마디를 능숙하게 넌지시 던지고 나서 이렇게 말할 것이다. "당신 곁에 포르슈빌 씨의 자리를 좀 내시구려." "어둠 속에서 말이지! 포주 같으니! 뚜쟁이 할망구!" '뚜쟁이 할망구'란 이름을 그는 음악한테도 붙여주었다. 그 둘을 침묵시키며, 함께 꿈꾸게 하고, 서로 얼굴을 바라보게 하며, 손을 맞잡게 할 것이 틀림없는 그 음악한테. 스완은 예술에 대한 플라톤이나 보쉬에(Bossuet)*1의 준엄한 태도, 또 프랑스 옛 교육의 준엄한 방침에 과연 좋은 점이 있구나 생각했다.

한마디로 말해, 스완이 그토록 '참다운 생활'이라고 불러왔던 베르뒤랭네 사람들의 생활은 이제 아주 고약한 것으로 생각되고, 그들의 작은 핵심은 가장 상스러운 곳으로 보였다. "그렇다." 스완은 말했다. "그야말로 사회계급에서 가장 낮은 사람들이다. 단테의 지옥 최하층이다. 그 위대한 작품은 바로 베르뒤랭네 사람들을 묘사하고 있는 거다! 그야 사교계 사람들에게도 헐뜯을 점은 잔뜩 있으나, 결국은 그 깡패 무리와는 하늘과 땅만큼 엄청난 차이다. 그 무리와 벗이 되기를 딱 거절하고, 손가락 하나 더럽히지 않으려고 몸조심하는 거야말로 사교계 사람들의 속 깊은 슬기로움의 표시다! 포부르 생제르맹의 '나를 만지지 말라(Noli me tangere)'*2는 신조에 얼마나 마음으로 바라는 통찰이 존재하는가!' 그는 불로뉴 숲 가로수길에서 나온 지 오래되어 거의 집에까지 이르렀는데 아직도 고뇌와 변덕스러운 흥분에서 깨어나지 않아서, 꾸민 어조와 제 목소리의 부자연스러운 울림에 더욱더 도취되면서, 밤의 고요 속에서 소리 높여 한바탕 연설을 늘어놓고 있었다. "사교계 인간들은 누구보다도 내가 잘 아는 결점을 갖고 있다. 하지만 그들은 정말로 심한 행동은 결코 하지 못한다. 내가 아는 한 멋쟁이 여인만 하더라도 완벽

*1 설교자로서 유명한 프랑스의 주교(1627~1704).

*2 〈요한복음〉 20 : 17.

하지는 못하나, 그래도 그 여인에게는 속 깊은 섬세함이 있고, 태도에도 진심이 깃들어 있어, 어떠한 일이 있어도 남을 배반하는 일은 없었다. 이 점만 봐도 그런 여인과 베르뒤랭네 마누라 같은 영악한 여인 사이에는 깊은 구렁이 있다고 하겠다. 베르뒤랭, 무슨 놈의 이름이 이러냐! 흥! 이런 이름을 갖고서! 그 무리는 입을 모아 더할 나위 없이 완전하다, 아름답다, 어쩌고 저쩌고하겠지! 아주 신물이 난다, 지금이야말로 깨끗하게 그런 파렴치한 쓰레기들과 손을 끊어야 할 때다."

그러나 스완이 조금 전까지 베르뒤랭네 사람들에게 있다고 본 미덕도, 그것이 그들에게 실제로 있었던들 그들이 그의 사랑을 아껴주고 보호해주지 않았다면, 그들의 고결함에 감동하면서 그가 맛보았던 그 도취, 그것도 남을 통해 주어졌다 할지라도 결국 오데트에게서만 생겨날 수 있었던 그 도취를 스완의 마음속에 일으키기에는 충분하지 못했을 것이다. 그리고 마찬가지로 지금 그가 베르뒤랭네 사람들에게서 발견한 어그러진 도덕도, 그것이 진짜 일망정 그들이 그를 따돌리고 오데트를 포르슈빌과 함께 초대하지만 않았더라면 그의 노여움을 건드려 '그들의 파렴치'를 꾸짖을 정도의 힘은 없었을 것이다. 그러고 보면 틀림없이 스완의 목소리가 스완 자신보다 더 총명했다. 이때 그의 목소리는 베르뒤랭네에 대한 혐오와 그들과 절교하는 기쁨으로 가득 찬 그런 말을, 마치 그것이 그의 진심을 나타내기보다는 오히려 노기를 풀기 위하여 선택되었다는 듯 부자연스러운 말투로밖에 늘어놓지 않았으니까. 사실 스완의 사고는 그가 이러한 욕설에 골몰하고 있는 동안 틀림없이 스스로 깨닫지 못하고 전혀 다른 무언가를 골똘히 생각하고 있었던 모양이다. 왜냐하면 집에 이르러 정문이 닫히자마자 그는 갑자기 이마를 탁 치고 문을 다시 열게 하고는, 이번에는 자연스러운 목소리로 큰소리치면서 다시 외출했기 때문이다. "내일 샤투의 만찬에 초대받을 방법을 알아낸 것 같군!" 그러나 그 방법도 신통하지 못했던지 끝내 스완은 초대되지 않았다. 코타르 의사는 어떤 중환자 때문에 지방으로 불려가 며칠 동안 베르뒤랭네 사람들과 만나지 못하고 샤투에도 가지 못했는데, 샤투의 만찬 다음 날 베르뒤랭네 식사 자리에 참석해서 말했다.

"그런데 오늘 저녁에는 스완 씨가 보이지 않는 것 같군요? 그분은 그분이 개인적으로 친한 그……."

"더 말 마세요!" 베르뒤랭 부인이 소리쳤다. "그런 사람은 와주지 않는 편이 고마워요. 시시하고, 어리석고, 버릇없으니까."

이 말에 코타르는, 지금까지의 소신에 어긋나지만 맞서 대꾸할 수 없는 명백한 진리와 맞닥뜨린듯이 경악과 순종을 함께 나타냈다. 그리고 바짝 움츠러든 모양으로 자기 접시 위에다 코를 박고 겨우 이렇게 대답했다. "아! 하! 하! 하! 하!" 그는 목소리의 온 음역을 위에서 아래로 음계를 따라 차례차례 내리며 물러나다가 마침내 가장 낮은 바닥에까지 닿았다. 그 뒤로 베르뒤랭네에서 스완이 화제에 오르는 일은 다시는 없었다.

그 뒤부터 스완과 오데트를 맺어주었던 이 살롱은 두 사람의 밀회에 방해물이 되었다. 이제 그녀는 그들 사랑의 첫 무렵처럼 "아무튼 내일 저녁에 우리는 만날 수 있어요. 베르뒤랭네에서 저녁 식사를 하니까요" 하고 그에게 말하지 않고, 그 대신 "내일 저녁에 우리는 만날 수 없을 거예요. 베르뒤랭네에서 저녁 식사를 하니까요"라고 말하게 되었다. 또는 베르뒤랭 부부가 오데트를 오페라 코미크 극장에 〈클레오파트라의 하룻밤〉*을 보러 데리고 가기로 되어, 스완이 오데트의 눈 속에서 그가 가지 말라고 하지나 않을까 하는 두려움을 읽을 때도 있었다. 이럴 때 옛날의 스완이라면 사랑하는 여인의 얼굴을 입맞춤으로 덮어주지 않을 수 없었겠지만, 지금에 와서는 그 두려움이 그를 몹시 약 오르게 했다. 그는 자신에게 이렇게 타일렀다. '하지만 그런 똥 같은 음악 속에 구더기를 쪼아 먹으러 가고 싶어하는 여인을 보고 내가 느끼는 것은 결코 노여움이 아니다. 오히려 비애다. 그것도 나에 대한 것이 아니라 그녀에 대한 비애다. 반년도 넘게 날마다 나와 사귀어왔으니까 빅토르 마세 따위는 제쳐버리는 것이 당연하련만, 통 바뀌질 않고 있는 데 대한 비애란 말이다! 특히 조금이라도 섬세한 마음씨가 있는 사람이라면 부탁을 받았을 때는 자신의 즐거움을 싹 단념할 줄도 알아야 한다는 사실을 아직 이해 못하고 있는 데 대한 비애다. 그녀의 대답 한마디가 그 마음의 격을 영원히 정해버릴 테니까 인사말에 지나지 않더라도 '가지 않겠어요' 하고 말할 줄 알아야 하지 않겠느냐 말이다.' 그리고 오늘 저녁에 그녀가 오페라 코

---

* 프랑스의 희곡 작가 빅토르 마세의 작품.

미크 극장에 가지 않고 자기와 함께 있어주기를 바라는 것도, 실은 오데트의 정신적 값어치에 대해 되도록 온정 넘치는 판결을 내리고 싶기 때문이라는 엉터리 말을 스스로에게 이해시키면서 스완은 저 자신을 속이고 있는 것과 같은 정도로, 아니 더 심한 정도로 그녀를 속이며 이 엉터리 말을 그녀에게도 고집해 늘어놓았으니, 이때 그는 그녀의 자존심을 자극해 그녀를 붙잡아 두고 싶은 욕망에도 지고 있었기 때문이다.

"맹세코 말하지만." 그는 그녀가 극장으로 나가기 직전에 말했다. "당신에게 입으론 나가지 말라고 부탁하더라도 만약에 내가 참말로 이기주의자라면, 마음속으로는 당신에게 거절당하기를 바라 마지않았을 거요. 왜냐하면 오늘 저녁 내게는 할 일이 태산같으니까, 뜻밖에도 당신한테서 가지 않겠다는 대답이라도 듣는다면 제 꾀에 제가 넘어가서 매우 난처해졌을 테니까. 그러나 나 자신의 볼일이나 즐거움만이 전부는 아니지. 나는 당신을 생각해야만 하는 처지에 놓여 있거든. 언젠가 당신한테서 영영 떠나는 나를 보면서, 당신에게 그 어떤 사랑의 힘으로도 어쩔 수 없는 엄한 판결을 내려야겠다는 생각이 드는 결정적인 순간에 왜 미리 경고해주지 않았느냐고 당신이 나를 비난하는 날이 올 수도 있지. 뭐, 〈클레오파트라의 하룻밤〉(무슨 놈의 제목이 이렇담!)은 사실 아무래도 좋아요. 내가 알고 싶은 것은 자신의 즐거움을 단념할 수 없을 정도로 참말 당신의 정신도 매력도 그렇게 낮은가, 그만큼 당신이란 멸시받을 만한 인간인가 하는 점이오. 만약에 그렇다면 어찌 당신을 사랑할 수 있겠소? 그도 그럴 것이 당신은 인간 자격도 없는 셈이니. 한정되고 불완전하지만 그래도 완전에 가까워질 수 있는 그런 인간이 아닌 거니까. 당신은 형태 없는 물처럼 비탈에 놓으면 비탈을 따라 갈 뿐이지. 또는 기억력도 사고력도 없는 붕어처럼 수족관 속에 사는 동안 하루에 백 번이고 유리에 부딪칠 것이오. 물인 줄 알고 말이지. 이봐요, 당신. 대답에 따라 내가 당장 그대를 사랑하지 않게 된다는 것은 물론 아니야. 하지만 말이오, 당신이 인간답지 않고, 모든 것에 뒤떨어지고, 자신을 높이려는 마음이 하나도 없는 사람인 줄 알았을 때, 내 눈에 비치는 그대의 매력이 점점 사라져가지 않겠소? 물론 나는, 〈클레오파트라의 하룻밤〉을(이 괴상야릇한 제목으로 내 입술을 더럽히는 것도 당신이오) 단념해주길 뭐 중요한 일인 양 청하고 싶지는 않아. 가고 싶으면 가봐요. 하지만 나는 당신의 마음을 여러모로 생각도 해보고 당신의 대답에 따라 결론짓고도 싶어져서, 미리 경고해두는 게 성실한 행동이라고 생각한 거요."

오데트는 아까부터 동요와 망설임의 빛을 보이고 있었다. 이 이야기의 뜻을 잘 모르는 대신 오데트는 그것이 막연하나마 일반적인 '설교'에 속하며, 책망 또는 애원의 장면에 들어갈 수 있는 것이라고 이해하는 동시에, 사내들의 그런 태도를 여러 차례 겪은 바 있는 그녀인지라 말의 세밀한 부분에 구애됨이 없이, 사내란 반해 있지 않고서는 이런 말을 내뱉지 않는 법이며 여기서 내가 버티면 그는 오히려 정말로 홀딱 반하게 되니까, 반해오기 시작한 지금은 단번에 복종하는 게 손해라는 결론에 이르렀다. 따라서 시간이 흘러가고 스완이 조금만 더 말했다가는 자기가 약속에 늦을 판임을 깨닫지 않았더라면, 오데트는 다정스러우면서도 고집 센 난처해하는 미소를 지으며 "서곡을 놓치겠어요!" 하고 말하는 대신 더할 나위 없이 침착하게 스완의 이야기에 귀를 기울였을 거다.

또 한번은 스완이, 자기가 그녀를 사랑하지 않게 된다면 그것은 무엇보다 그녀가 거짓말을 그만두지 않으려 하기 때문이라고 그녀에게 말한 일이 있었다. "단순히 남자 마음을 끄는 문제만 놓고 보더라도" 하고 그는 말했다. "거짓말을 해서 스스로 품위를 낮추는 것만으로 얼마나 당신의 매력을 잃고 있는지 모르는가! 사실을 고백하면 그걸로 당신이 얼마나 많은 결점을 덮을 수 있는지 모르는가! 당신은 내 생각보다 정말로 머리가 둔하구려!" 그러나 스완이 오데트에게 거짓말을 하면 안 되는 까닭을 전부 설명해주어도 모든 게 헛일이었다. 오데트의 거짓말이 그녀 몸속에서 어떤 보편적인 체계를 갖추고 있었다면 그 체계를 무너뜨렸을지도 모른다. 하지만 오데트에게는 그런 체계가 없었다. 그녀는 다만 자신의 어떤 행동이 스완에게 알려지기를 원하지 않을 때마다, 그것을 스완에게 말하지 않았을 뿐이다. 그러므로 그녀로서는 거짓말도 그때그때의 특별한 술책이었으며, 그녀가 술책을 이용할 것인가 아니면 사실을 말할 것인가 결정짓는 유일한 근거 또한 그때그때의 특별한 이유였다. 즉 자신이 사실대로 말하지 않고 있다는 것을 스완에게 들킬 가능성이 높은가 낮은가의 문제였다.

육체적으로도 오데트는 고약스런 상황에 이르고 있었다. 살찌기 시작한 것이다. 지난날 그녀가 지닌 표정 많고도 수심에 잠긴 듯한 얼굴의 매력, 놀란 듯하고 꿈꾸는 듯한 눈길도 청춘 시대와 함께 사라져간 듯싶었다. 그러므로 그녀가 스완에게 더없이 소중한 사람이 된 것은, 말하자면 스완이 마침 그녀의 아름다움이 이전보다 많이 쇠퇴했다고 느끼기 시작한 무렵이었다. 지난날 그가 그녀의 몸 안에서 느꼈던 매력을 다시 한 번 잡으려고 그녀를 오랫동안 바라보았지만, 그는 두 번 다시 그 매력을 찾아내지 못했다. 그러나 이 새로운 번데기 밑에 살아남은 것은 여전히 오데트이며, 여전히 오데트의 변하기 쉽고 꼭 붙잡을 수 없고 앙큼스러운 의지(意志)임을 아는 것만으로도, 스완이 그녀의 마음을 잡는 데 그 같은 정열을 계속 기울이기에 충분했다. 뒤에 그는 이태 전에 찍은 사진을 보고 그녀가 얼마나 우아했던가를 떠올렸다. 그리고 이런 추억은 그가 그녀 때문에 받는 수많은 고통을 조금 위로해주었다.

베르뒤랭네 사람들이 그녀를 데리고 생제르맹에, 샤투에, 묄랑에 갔을 때, 날씨가 좋기라도 하면 그날은 거기서 묵고 다음 날 돌아가자는 제안이 그 자리에서 가끔 나왔다. 그러면 베르뒤랭 부인은 숙모를 파리에 두고 온 피아니스트의 근심을 열심히 달래주었다.

“숙모님은 오히려 거추장스런 자네가 하룻동안 없는 게 개운할걸요. 또 숙모님이 왜 걱정하시겠어요? 당신이 우리와 함께 있는 것을 아시는데. 혹시 무슨 일이 있어도 모든 책임은 내가 질 거예요.”

그래도 부인의 설득이 잘 통하지 않으면 이번엔 베르뒤랭 씨가 나선다. 그는 신자들 가운데 누구에게 소식을 알려줘야 할 이가 없는지 묻고 나서는, 전신국 또는 인편을 찾는다. 그런데 오데트는 베르뒤랭 씨가 물어봐도 괜찮다고 할 뿐, 전보를 칠 이가 없다고 대답했다. 단 한 번이라도 모든 이 앞에서 스완에게 알려주세요 하고 부탁한다면 그녀의 위신이 땅에 떨어질 거라고, 미리 스완에게 말해두었던 것이다. 때로는 오데트가 여러 날 집을 비우는 일도 있었다. 베르뒤랭네 사람들이 그녀를 데리고 드뢰(Dreux)의 무덤을 구경가거나, 화가의 권유로 숲에서 지는 저녁노을을 보러 콩피에뉴에 가거나 했기 때문인데, 그러할 때에는 피에르퐁 성관까지 나아가는 일도 있었다.

‘제기랄, 오데트는 나와 함께 진짜 훌륭한 곳이나 역사적인 유적을 구경할 수도 있을 텐데. 이 몸은 10년 동안이나 건축에 대한 연구를 했고 최고 명사들로부터 보베 또는 생루드노(Saint-Loup-de-Naud)의 안내를 자주 부탁받고 있지만 오데트를 위해서가 아니고서는 그런 일을 하지 않는단 말이다. 그런데 그녀는 그런 교양 없는 사람들과 어울려서, 루이 필립의 배설물 앞에서 비올레 르 뒤크의 배설물 앞으로 오락가락하며 연방 경탄하고 있으니 원! 이러니 예술이고 뭐고 필요 없지 뭐냐, 또 유별나게 예민한 후각이 없더라도 그 냄새를 맡을 수 있고서야 어떻게 고르고 골라 시골 똥구덩이까지 가겠는가.'

그러나 오데트가 드뢰 또는 피에르퐁으로 떠나버리면—무정하게도 그녀는 그가 우연인 듯이 그녀와 같은 장소에 가는 것도 "한심한 인상을 줄 거예요"라는 이유로 허락하지 않았다—그는 강하게 도취될 만한 연애소설을 탐독하거나 열차 시간표를 들여다보았다. 열차 시간표는 그에게 그녀를 뒤따라갈 방편을 가르쳐주었다. 오후에도, 저녁에도, 그날 아침에도! 방편을? 아니, 거의 그 이상으로 그럴 권리를. 왜냐하면 시간표도 열차도 개들을 위하여 만들어진 것은 아니므로, 아침 10시에 피에르퐁에 도착하는 열차는 8시에 출발한다고 인쇄물로 널리 알려져 있는 이상 피에르퐁에 가는 건 합법적인 행위이며, 따라서 오데트의 허락 따위야 필요하지 않았다. 또한 그것은 거기서 오데트와 만나려고 하는 욕망과는 아주 다른 동기에서도 할 수 있는 행위였다. 그도 그럴 것이 오데트와는 서로 만나본 일 없는 수많은 사람들이 그런 동기에서 날마다 열차에 타고, 그 때문에 많은 기관차들에 불이 지펴지고 있으니까.

요컨대 스완이 피에르퐁에 가고 싶으면 오데트는 그걸 못하게 할 수 없었다. 그런데 그는 바로 지금 피에르퐁에 가고 싶다고 생각하며, 또 오데트와 전혀 모르는 사이였다면 확실히 갔을 거라고 생각했다. 오래전부터 스완은 비올레 르 뒤크의 수복공사에 대한 의견을 더 정확히 하고 싶다고 생각해왔다. 또 날씨도 좋아서, 그는 콩피에뉴 숲을 산책하고픈 압도적인 욕망을 느끼기도 했다.

그의 마음을 끄는 유일한 장소에 가는 것을 하필 오늘 그녀가 못하게 하다니, 참으로 불운한 노릇이었다. 그것도 골라서 오늘! 만약 그가 그녀의 말에도 불구하고 간다면, 오늘 중에 그녀를 만날지도 모르는데! 하지만 만약에 그녀가 피에르퐁에서 다른 누군가와 만난다면 명랑하게 "어마, 이곳에 와 계셨군요!" 하고 말 건네고 그녀가 베르뒤랭네 사람들과 함께 묵고 있는 호텔에 놀러 오라고 청하겠지만, 반대로 스완과 만난다면 그녀는 뾰로통해져서 그가 자신을 뒤따라왔다고 투덜대고 또 그를 덜 사랑하게 될 것이다. 아니 어쩌면 그의 모습을 보자마자 곧이 나 등을 싹 돌릴지도 몰랐다. "그러니까 이젠 내게 여행할 권리도 없다는 거죠!" 파리로 돌아오는 길에 그녀가 이렇게 말할지도 몰랐다. 한마디로 말해 여행할 권리를 빼앗긴 사람은 오히려 스완인데!

스완의 머릿속에 어떤 생각이 퍼뜩 떠올랐다. 오데트를 만나러 간 것처럼 보이지 않으면서도 콩피에뉴와 피에르퐁에 갈 수 있도록, 그 부근에 별장을 가진 친구 포레스텔 후작에게 자기를 그곳에 데리고 가게 하자는 생각이. 이 후작에게 스완이 동기를 말하지 않고 그 계획을 입 밖에 내니까 후작은 너무나 기뻐했다. 그는 스완이 열다섯 해 만에 처음으로 자기 소유지를 구경하러 오기를 승낙하고, 오래 묵지 않겠다고 말하긴 했지만 적어도 며칠 동안 함께 산책도 하고 유람도 한다고 약속하자 크게 감격했다. 스완은 벌써 포레스텔 씨와 함께 그 고장에 가 있는 자기 모습을 그려보았다. 거기서 오데트를 만나기에 앞서, 아니 설령 만나지 못하더라도 지금 오데트가 정확히 어디 있는지 확실하지 않아 언제 어디서 그녀가 불쑥 나타날지 모른다는 생각에 곳곳에서 가슴 두근거릴 땅 위에 발을 딛다니 얼마나 행복하랴. 그녀를 보러 갔기에 더욱 아름답게 보이는 성관의 정원, 낭만적으로 보이는 동네의 모든 거리, 저녁때 그윽하고 부드럽게 저무는 해에 장밋빛으로 물든 숲 속의 오솔길—막연히 곳곳에 두루 펴져 있을 희망을 통해 그 행복하고도 들뜬 마음이 점점 커져, 잇달아 바뀌는 이런 수많은 은신처에 모두 함께 찾아간다. 스완은 포레스텔 씨에게 말할 것이다. "무엇보다 오데트와 베르뒤랭네 사람에게 걸리지 않도록 주의합시다. 그들이 바로 오늘 피에르퐁에 와 있다는군요. 파리에서 질리도록 만나는 사람들이니까, 모처럼 파리를 빠져나왔는데 한 걸음 걸을 때마다 그들과 부딪치고서야 그 보람이 없어지죠." 이 친구에겐 통 이해 가지 않겠지만, 스완은 그곳에 닿자마자 먼저 계획을 몇 번이고 바꿔 콩피에뉴의 여관이란 여관, 식당이란 식당은 전부 돌아다니고, 베르뒤랭네 사람들의 그림자도 보이지 않는 식당에는 잠시도 있으려 하지 않으며, 자기 입으로 피하고 싶다 말한 사람들을 찾아다니는 꼴을 보일 테고, 게다가 찾던 모습을 보자마자 금세 달아나버릴 것이다—이유인즉 작은 동아리를 만나기라도 하면, 스완은 자신이 오데트를 보고 그녀가 그를 본 데, 특히 그녀가 그녀를 개의치 않는 자기 모습을 본 데 만족하여 무관심한 척하면서 그곳을 떠날 테니 말이다.

하지만 천만의 말씀, 오데트는 그가 그녀 때문에 거기에 와 있는 줄 빤히 알 것이다. 그래서 막상 포레스텔 씨가 출발하자고 그를 찾았을 때 그는 말했다. "아쉽지만 오늘은 피에르퐁에 못 가겠는데요. 오데트가 바로 지금 거기에 있으니까요." 그리고 모든 인류 가운데 오직 자신한테만 오늘 피에르퐁에 갈 권리가 없는 것은 자기가 실제로 오데트에게 남들과는 다른 인간, 바로 그녀의 애인이기 때문이며, 또 누구나 다 자유롭게 여행할 권리를 갖고 있음에도 자신만 그 권리를 제한받는 것은 이 노예 상태, 자기로서는 참으로 귀중한 이 연애의 한 형태에 지나지 않는다고 느껴져 스완은 모든 걸 잊고 행복에 젖었다. 참말이지 그녀와 사이가 나빠지는 위험을 무릅쓰지 않고 참고 견디며 그녀가 돌아오기를 기다리는 편이 나았다. 스완은 마치 애정 나라의 지도이기나 한 것처럼 콩피에뉴 숲의 지도를 들여다보고, 피에르퐁 성의 여러 사진에 파묻혀 나날을 보냈다. 그리고 그녀가 돌아올 가능성이 있는 날이 오자 다시 시간표를 펼치고, 그녀가 어느 열차에 탔을까, 만약 늦는다면 아직 어떤 열차들이 남아 있을까 셈했다. 부재중 전보가 올까 봐 외출도 하지 않고, 막차로 돌아온 오데트가 한밤중에 와서 자기를 놀라게 해줄 경우를 생각해 잠도 자지 않았다. 바로 그때 초인종 울리는 소리가 들린다. 문 여는 것이 늦어지고 있는 성싶어 문지기를 깨울까 하는 생각마저 든다. 만약 오데트라면 이름을 부르려고 창문가로 간다. 몸소 열 번도 더 내려가서 일러두었는데도, 문지기가 부재중이라고 말할 가능성이 있으므로. 하지만 초인종을 누른 이는 나갔다가 돌아온 하인이었다. 스완은 마차가 몇 대나 끊임없이 달려가는 것에 귀를 기울인다. 전에는 한 번도 신경 쓴 적이 없었다. 마차 하나하나가 멀리에서 나타나, 가까이 오다가, 문 앞에 멈추지 않고 그대로 지나가, 그에게 보내진 것이 아닌 전언을 더 멀리 운반해가는 소리가 들려온다. 그는 이렇게 밤새 기다렸건만 어디까지나 쓸데없는 고생이었다. 그도 그럴 것이 베르뒤랭 부부가 집에 돌아오는 걸 서둘러 오데트는 이미 낮부터 파리에 돌아와 있었는데, 스완에게 소식을 전할 생각은 꿈에도 하지 않고 극장에서 혼자 밤을 지내다가, 집에 돌아가서 침대에 누워 깊은 잠에 든 지 이미 오래였으니까.

이는 그녀가 그를 생각조차 하지 않았기 때문이다. 또 그녀가 스완의 존재까지 잊어버리는 이와 같은 순간이야말로, 스완으로 하여금 어떠한 애교보다 그녀에게 애착하게 하는 데 큰 역할을 했다. 왜냐하면 그런 순간의 스완은, 지난날 그가 베르뒤랭네에서 오데트를 만나지 못하고 밤이 깊도록 그녀를 찾아다녔을 때 그의 연정을 꽃피게 할 만큼 맹렬했던 그 고통스러운 번민 속의 나날을 다시금 보내기 때문이었다. 게다가 스완에게는 마치 콩브레에서 보낸 나의 어린 시절처럼 밤에 또다시 생겨나는 고뇌를 깡그리 잊게 하는 행복한 낮이 없었다. 낮 동안 스완은 오데트 없이 지냈다. 그리고 때때로 그는, 그처럼 귀여운 여인을 홀로 파리에 나돌아다니게 내버려두다니, 그야말로 패물로 꽉 찬 보석 상자를 거리 한가운데 놓아두는 것 못지않게 경솔한 짓이라고 생각했다. 그러자 도둑에게 품는 듯한 노여움이 모든 통행인에게 일어났다. 그러나 그의 상상력으로는 잡히지 않는 집합적이고 일정한 모양이 없는 그들 얼굴은 그의 질투를 기르지 못했다. 다만 스완의 사고력이 그 때문에 지쳐, 스완은 눈을 비비면서 "주님의 뜻에 맡기겠다" 하고 외치는 것이었다. 마치 외계의 실재며 영혼 불멸 같은 문제의 규명에 열중한 끝에 신앙을 승인함으로써 지친 두뇌에 휴식을 주는 사람처럼. 하지만 스완은 생활의 가장 간단한 행동—낮에 식사하는 것, 우편물을 받는 것, 외출하는 것, 취침하는 것—을 그녀 없이 해야만 하는 슬픔으로 인해, 당장 옆에 없는 애인을 생각하는 마음이 그런 행동과 늘 풀리지 않게 섞였다. 이를테면 필리베르 르 보(Philibert le Beau)*를 너무나 애도한 나머지 마르그리트 도트리슈가 브루 성당 안 곳곳에 제 머리글자와 그의 머리글자를 합쳐 얽었던 모양으로. 때때로 그는 집에 가만히 있지 않고 아주 가까운 식당으로 점심 식사를 하러 갔다. 전에는 이곳의 맛있는 음식을 맛보러 갔지만, 지금 그가 이곳에 가는 이유는 신비하고도 우스꽝스러운 소설적인 이유, 곧 이 식당(아직 현존한다)이 오데트가 살고 있는 거리와 같은 라 페루즈라는 이름이기 때문이었다.

그녀가 짧은 여행을 하고서 파리에 돌아왔을 때, 때로는 돌아온 지 며칠이 지나서야 겨우 스완에게 알리려고 하는 일이 있었다. 그럴 때 그녀는 이전처럼 사실로부터 빌려온 사소한 단편으로 만약의 경우에 대비해 몸을 지키려

* 사부아 공작(1480~1504). 사냥을 하다가 횡사했음. 공비 마르그리트는 브루에 성당을 지어 그를 기렸음.

는 신중한 태도를 취하지 않고, 그저 아침 열차로 지금 막 돌아오는 길이라고 말할 뿐이었다. 이 말은 거짓이었다. 적어도 오데트로서는 이 말은 거짓이며 애매모호한 것으로, 그 말이 사실이었을 때처럼 그녀가 역에 도착했다는 기억 속에 확고한 거점을 갖고 있는 것이 아니었다. 뿐만 아니라 그녀는 그런 말을 지껄이고 있는 순간에 지껄이고 있는 바를 머릿속에 그려내지 못했는데, 이는 그녀가 열차에서 내렸다고 우기는 바로 그 순간에 아주 다른 행동을 하던 영상, 말과는 모순된 영상이 떠오르기 때문이었다. 그러나 반대로 스완의 머릿속에서는 그런 말이 아무런 장애에 부딪히지 않고서 박혀 들어와, 추호도 의심할 여지없는 확고한 진실성을 띠었다. 따라서 혹시 어느 친구가 자기도 그 열차로 왔는데 오데트를 보지 못했다고 말했다면, 그는 그 말이 오데트의 말과 꼭 들어맞지 않으므로 친구가 날짜 또는 시간을 잘못 알고 있는 것으로 믿어 마지않았으리라. 오데트의 이야기는 스완이 처음부터 그것을 의심했을 때만 그에게 거짓처럼 느껴졌다. 그녀가 거짓말을 하고 있는 줄로 여기려면, 반드시 그가 미리 의심해야만 했다. 게다가 그것은 반대의 경우에도 성립됐다. 그럴 때는 오데트가 말하는 모든 게 의심쩍었다. 그녀가 어떤 남자 이름을 입에 올리기라도 하면, 그 이름의 당사자는 확실하게 그녀의 애인 가운데 하나가 되었다. 한번 그런 추측이 일어나면 그는 몇 주일이나 비탄 속에 지냈다. 한번은 흥신소에 의뢰해서 모르는 사내의 주소와 일상생활을 알려고 한 일이 있었다. 그 사내가 여행이라도 떠나지 않고서는 스완은 숨도 제대로 못 쉴 지경이었는데, 결국 그 사내란 오데트의 숙부이며, 죽은 지 스무 해나 된다는 사실을 알았다.

그녀는 남들 입에 오르내릴지도 모른다면서 좀처럼 이목이 많은 곳에서는 그와 동석하려고 하지 않았는데, 그래도 그가 그녀와 마찬가지로 초대된 야회—포르슈빌네, 화가네, 또는 어느 장관 집에서 베푸는 자선 무도회—에는 자리를 같이했다. 그럴 때면 스완은 오데트의 모습을 지켜보았으나, 그녀가 다른 사내들과 어울려 즐기고 있는 것을 감시하는 인상을 주어 그녀를 성나게 할까 봐 감히 오래 있지 못하고 외로이 집에 돌아와 불안한 마음을 안고서 잠자리에 들었는데—마치 그로부터 몇 해 지나, 콩브레에서 스완이 식사를 하러 오는 저녁마다 내가 불안에 사로잡히게 되었듯이—그동안에는 오데트의 즐거움이 끝나는 것을 보지 않은 만큼 그것이 그에겐 한없는 것처럼 느껴졌다. 사실 그는 한두 번쯤 그런 저녁을 통해서 어떠한 기쁨을 경험했다. 그것은 고통의 진정으로 생겨나는 기쁨이라서 만일 돌연히 멈춘 불안이 다시 사납게 일지만 않는다면 잔잔한 기쁨이라고 이름 짓고 싶은 그런 것이었다.

스완이 화가네에서 열린 야회에 잠시 들렀다가 떠날 채비를 했을 때의 일이다. 그는 오데트를 수많은 사내들 한가운데에 남기고 홀로 돌아가는구나 생각하자, 갑자기 오데트가 찬란한 낯선 여인으로 달리 보이고, 스완에게 보내지 않는 그녀의 눈길과 명랑한 웃음은 주위의 사내들에게 어떤 관능의 즐거움에 대해서 이야기하는 듯했다. 그 관능적인 즐거움은 이곳 아니면 다른 곳(어쩌면 이 파티가 끝난 뒤에 그녀가 가지나 않을까 싶어 스완이 몸서리친 '엉망진창 무도회')에서 맛볼지도 모르는 것으로, 그것은 다른 사내와의 육체관계 이상으로 스완의 질투심을 일으켰으니, 그것이 보다 더 떠올리기 어렵기 때문이었다. 그는 이미 아틀리에의 문을 막 나오는 참이었다. 그때 다음과 같은 말로 그를 도로 부르는 소리가 들려왔다(그 말은 그가 두려워하던 연회의 마지막을 쓸데없는 걱정으로 끝내고, 연회를 처음부터 죄스럽지 않았던 것으로 여기게 하며, 오데트의 귀가를 의심스럽지 않은 것, 도리어 감미롭고 명백한 것, 그의 일상생활의 일부처럼 그와 함께 마차를 타고 나란히 있는 것으로 만들고, 더 나아가 오데트 자신에게서 너무도 화려하고 쾌활해 보이던 태도를 없애며, 그녀가 잠시 동안이나마 그런 태도를 지었던 것은 보기에만 그랬을 뿐 단연코 수상한 쾌락을 목적으로 한 게 아니라 본심은 자기에게 향해 있었던 것이고, 그녀도 이미 그런 태도를 짓는 데 질렸다는 표시를 하는 것이었다). 그녀는 이미 문턱을 넘으려는 그에게 다음과 같은 말을 던졌다. "조금만 기다려 주시지 않겠어요. 저도 갈 참이니까요. 함께 돌아가죠. 우리집까지 바래다주시겠어요?"

더구나 하루는 포르슈빌이 자기도 함께 태워달라고 부탁한 일이 있었는데, 오데트의 집 앞에 이르러 포르슈빌이 자기 또한 들렀다 가고 싶다고 청하자 오데트는 스완을 가리키며 이렇게 대답했다. "어쩌나! 그건 이분에게 달려 있어요. 이분에게 부탁해보시지 그래요? 아무튼 굳이 원하시면 잠시 들어가시죠. 그렇지만 오래는 안 됩니다. 이분은 저와 단둘이서 조용히 이야기하는 걸 좋아하시니까요. 게다가 이분은 자신이 와 계실 때 다른 손님이 있는 걸 좋아하시지 않는답니다. 아아! 만약에 내가 이분을 알고 있는 만큼 이분을 아신다면! 안 그래요, 내 사랑(my love)? 나처럼 당신을 아는 이가 또 누가 있겠어요?"

그런데 스완은 포르슈빌 앞에서의 이런 애정 어린 말이나 두둔하는 말뿐만 아니라, 그 위에 다음과 같은 꾸지람을 하는 그녀를 보고 어쩌면 더 감동했는지도 모른다. 그녀는 "다 알고 있어요, 일요일 저녁 식사에 초대해준 당신 친구 분에게 당신이 아직 대답하지 않은 것을. 당신이 가기 싫으면 거기에 가지 마시구려. 하지만 적어도 예의만은 지키셔야죠"라든가 "저술하신다는 그 베르메르에 관한 시론(試論)은 우리집에 오셔서 팽개치시는 건가요? 내일 하겠다는 핑계로? 게으름쟁이셔! 제가 당신을 마구 공부시켜드리죠!" 라고 꾸지람하였는데, 그러한 말은 사교계에서 스완이 받는 초대와 그의 예술에 관한 연구를 오데트가 잘 알고 있다는 것, 둘 사이에 둘만의 생활이 있다는 것을 증명해주었다. 오데트는 그런 말을 하면서 스완에게 미소 지었고, 그는 그녀가 완전히 자기 것임을 느꼈다.

그들이 오데트의 방에 들어가 앉고 오데트가 그들이 마실 오렌지 주스를 만들고 있을 때, 스완이 오데트에 대하여 품고 있는 전전긍긍한 생각은 마치 초점이 맞지 않는 반사경이 처음에는 벽 위에서 어떤 물체의 커다랗고 기묘한 그림자를 그 주위에 떠돌아다니게 하다가, 이윽고 그 그림자가 작아져 그 물체와 하나가 되어 없어지고 말듯이 단번에 사라져서 지금 스완 앞에 있는 이 매력적인 여인의 몸과 하나가 되어버렸다. 그리고 그의 머릿속에 여러 추측이 퍼뜩 떠올랐다. 오데트의 방, 램프 밑에서 보내는 이런 시간은 나를 위하여 연극의 소도구나 마분지로 만든 과일로 꾸며진 인공적인 시간이 아니라(즉 그가 끊임없이 생각하면서도 도통 뚜렷하게 떠올릴 수 없는 그 두렵고도 감미로운 것, 자기가 이곳에 있지 않을 때 오데트가 지내는 실제 생활의 시간을 숨기기 위한 거짓 시간이 아니라), 어쩌면 정말로 오데트 생활의 실제 시간이 아닐까. 만약 이곳에 자기가 없었더라도 그녀가 포르슈빌에게 같은 안락의자를 권하고, 내가 모르는 다른 음료 따위가 아니라 바로 이 오렌지 주스를 따랐을까? 오데트가 살고 있는 세계란, 밤낮 내가 상상 속에서 그녀를 살게 하고 있는 그 무시무시한 초자연의 별세계도 아니고, 유별난 슬픔도 발산하지 않으며, 또 거기는 내가 이제부터라도 글을 쓸 수 있는 이런 책상도, 이제 맛보려는 이런 음료도 있는 현실 세계가 아닐까? 이런 생각을 하면서 스완은 그 모든 물건을 감사하는 마음으로, 또 그에 못지않게 호기심 어린 눈으로 물끄러미 바라보았다. 왜냐하면 그런 물건들이 그에게서 몽상을 흡수하면서 그로 하여금 몽상에서 벗어나게 하는 동시에, 그 대신 그 물건들 자신이 몽상 때문에 부풀어오르기 시작하고 그 몽상을 손에 잡히는 현실로 바꿔 보여줘서, 그의 마음을 편안하게 하는 한편으로 그의 흥미를 일으키며 눈앞에 입체적으로 나타나 있었기 때문이다.

아아! 운명이 그로 하여금 오데트와 한집에서 살기를 허락해주어 그녀의 집에 있는 게 그의 집에 있는 것이 된다면, 하인에게 물어본 점심 식단이 모조리 오데트가 정한 메뉴라는 대답을 듣게 된다면, 아침에 오데트가 불로뉴 숲 거리를 산책하고 싶어할 때면 설령 외출하고 싶지 않아도 좋은 남편의 의무로 같이 가주고, 그녀가 더워할 때는 외투를 들어주며, 또 저녁에는 식사 뒤 혹시 그녀가 실내복을 입고서 집에 그냥 있고 싶어하면 그도 반드시 그녀 곁에 있어 그녀가 바라는 대로 해주게 된다면 스완이 지금 그토록 쓸쓸하게 여기는 생활의 온갖 하찮은 부분들도 오데트의 생활 일부가 됨으로써 도리어 친밀하게까지 바뀌어—이 램프, 이 오렌지 주스, 이 안락의자가 수많은 몽상을 품고 수많은 소망을 뚜렷하게 드러내고 있듯이—얼마나 넘쳐흐르는 다사로움을, 또 얼마나 신비스러운 충실감을 갖게 될 것인가.

그렇지만 스완은 잘 알고 있었다. 자신이 그토록 바라 마지않는 마음의 고요나 평화가 그의 사랑을 위해서는 바람직하지 못한 분위기일지도 모른다는 것을. 오데트가 더 이상 스완에게 늘 자리를 비우고 그를 안타깝게 하는 상상의 여인이 아니게 될 때, 그녀에 대하여 품는 감정이, 그 소나타의 악절이 그의 마음속에 불러일으키는 신비한 불안이 아니라 자애나 감사로 변할 때, 두 사람 사이에 그의 광기와 비탄을 없앨 바른 관계가 맺어질 때, 그때에 가서는 틀림없이 오데트 일상의 모든 행동도 그에게 흥미 없는 것으로 보이리라—벌써 몇 차례나, 예컨대 포르슈빌 앞으로 보내는 편지 봉투를 비추어 읽던 날 그렇지 않을까 의심했던 것처럼. 그는 연구를 위하여 제 몸에 세균을 접종하는 사람만큼이나 초연한 태도로 자기 아픔을 고찰하면서 자신에게 말했다. 나의 이러한 우울증이 낫게 된다면 오데트가 무엇을 하든 그건 내게 아무래도 좋은 일이 되리라고. 그러나 사실을 말하자면, 그는 이런 병적인 상태에 있으면서 사실상 현재의 모든 인격의 죽음인 그런 치유를 죽음만큼이나 두려워하고 있었다.

이런 평온한 밤이 지나면 스완의 의혹은 번번이 가라앉았다. 그는 오데트를 찬양해 마지않은 그다음 날, 아침 일찍부터 오데트에게 으리으리한 보석을 보냈다. 어젯밤 그녀의 친절이 그에게서 감사의 뜻과 더불어 그런 친절이 되풀이되는 것을 보고 싶은 욕망을 일으키고, 또는 연정을 절정에 이르게 하여 어떻게든 소비되게끔 했기 때문이다.

하지만 며칠이 지나자 그 고뇌는 그를 다시 사로잡아, 그는 상상했다. 오데트는 포르슈빌의 정부임에 틀림없다, 또 자기가 초대되지 않았던 샤투에서의 모임 전날 밤 불로뉴 숲에서, 자기 마부의 눈에마저 띌 만큼 절망한 태도로 그가 오데트에게 함께 돌아가자고 애원하던 게 헛일로 돌아가, 혼자서 무거운 걸음을 옮기고 있는 모습을 그들 두 사람이 베르뒤랭 부부의 사륜마차 안에서 보았을 때에, 오데트는 포르슈빌에게 자기를 가리키며 "저것 보세요, 저분이 화난 모습을!" 하고 말할 셈으로, 사니에트가 포르슈빌 때문에 베르뒤랭네에서 내쫓기던 날과 똑같이 번뜩이는 짓궂은 눈길, 내리깐 음험한 눈길을 보냈음에 틀림없을 것이라고.

그러자 스완은 그녀를 미워하게 된다. "나도 바보지." 그는 혼자 중얼거린다. "내 돈으로 남의 즐거움을 사주고 있다니. 오데트도 지갑을 너무 털어가지 않도록 주의하는 편이 좋을걸. 그렇지 않으면 다시는 아무것도 안 줄 테니까. 어쨌든 쓸데없는 친절을 베푸는 건 당분간 중지다! 어제만 해도 그렇지. 오데트가 이번 음악제에 참석하기 위해 바이로이트*에 가고 싶다고 말했을 때, 그 부근에 우리 둘을 위해 바이에른 왕의 아름다운 성관 가운데 하나를 빌려 들자고 제의한 나의 어리석음이라니. 더구나 오데트는 그 말에 그다지 기뻐해주지도 않았고, 아직 싫다, 좋다는 말조차 없으니, 이왕 이렇게 된 거 부디 거절해주기를 신령님께 비나이다! 물고기에게 사과를 주는 격이지, 바그너에 전혀 흥미 없는 그녀와 두 주일 동안이나 바그너의 음악을 듣다니, 과연 정말로 유쾌할 거야!" 그런데 그의 증오는 그의 연정과 똑같이 겉으로 드러나 시위운동을 하지 않고서는 못 배겨, 그는 이가 갈리는 상상을

* 독일 바이에른 지방의 도시. 바그너의 작품 상연을 위하여 바이에른 왕이 설립한 극장이 있음.

점점 더 멀리 밀고 나가는 데 기쁨을 느꼈다. 왜냐하면 그가 오데트에게 덮어씌운 배신 덕분에 더욱더 그녀가 미워지고, 그리고 만약—그가 떠올리고자 애쓴 대로—그 배신이 정말이라면 그가 상대를 벌하고 또 이제는 참을 수 없을 만큼 커진 분노를 냅다 퍼부어 속을 풀 기회가 올지도 몰랐기 때문이다. 그래서 그는 이렇게까지 상상해보았다. 그녀에게서 글이 온다, 뜯어보니 바이로이트 근처의 그 별장을 빌리겠으니 돈을 보내다오, 단 포르슈빌과 베르뒤랭 부부에게 초대하겠다고 약속했으니까 스완은 거기에 와서는 안 된다는 말이 적혀 있다. 아아! 오데트에게 그런 대담함이 있기를 얼마나 바랐던가! 그렇다면 얼마나 기쁘게 거절하고 앙갚음의 답장을 썼을까! 마치 실제로 그런 글이라도 받은 양 그는 답장에 쓸 말을 열심히 고르고 골라 소리 높여 낭독까지 하며 즐거워했다!

그런데 바로 그다음 날, 그런 일이 실제로 일어났다. 그녀는 그에게 편지로, 베르뒤랭 부부와 친구들이 바그너 음악제에 참석하고 싶다는 뜻을 나타냈는데, 이제까지 그분들에게 자주 대접받았으니 만약에 돈을 보내주신다면 이번에는 처음으로 자기가 그들을 초대하는 기쁨을 가질 수 있을 거라고 말했다. 그에 대해서는 한마디도 언급되지 않았다. 그들이 함께 가는 이상 스완은 당연히 일행에서 제외된다는 뜻이었다.

그래서 그는 당장 쓰게 되리라고는 생각도 못하고 어제 한 마디 한 마디를 골라 써놓은 답장을 그녀에게 보내는 기쁨을 갖게 되었다. 하지만 그녀라면 바흐와 클라피송(Clapisson)*조차 가리지 못하면서도 일단 하고 싶어진 바에야 그녀가 가지고 있는 돈으로, 또는 쉽사리 손에 들어오는 돈으로, 어떻게든 바이로이트에서 별장을 빌릴 거라는 사실을 그는 잘 알고 있었다. 그러나 그녀는 결국 빌려 든 별장에서 인색하게 지내야 할 것이다. 이번에도 그가 천 프랑짜리 지폐를 몇 장 보내준다면 또 모르겠지만, 아마 그녀는 별장에서 저녁마다 맛깔스러운 야식을 차리지는 못할 거다. 그런 야식 뒤 틀림없이 변덕스러운 기분에—여태까지는 한 번도 없었을 성싶지만—포르슈빌의 팔에 안길지도 모르지. 아무튼 이 끔찍한 여행의 비용을 댈 사람은 이 스완이 아니다! 아아, 만약에 그녀를 가지 못하게 할 수만 있다면! 떠나기 전에 발이

* 프랑스의 작곡자(1808~66).

라도 삐어주었으면! 돈은 얼마든지 내도 좋으니 그녀를 역까지 태워 가는 마부가 그녀를 어디론가 데려가서, 포르슈빌에게 보낸 한통속의 미소와 더불어 눈을 빛내는 그 불성실한 여인을 잠시 동안 감금해준다면 좋을 텐데! 실제로 48시간 전부터 스완은 오데트를 그런 여인으로 느꼈던 것이다.

그러나 오랫동안 오데트가 그런 여인으로 보인 것은 아니었다. 며칠이 지나자 그 교활하게 빛나는 눈은 광채와 간사함을 잃고, "저분이 화난 모습을!" 하고 포르슈빌에게 말하는 그 증오스러운 오데트의 모습이 희미해지기 시작하여 지워진다. 그러자 또 다른 오데트 얼굴이 천천히 뚜렷하게 나타나 그의 눈앞에 살그머니 환하게 떠오른다. 그런 오데트도 포르슈빌에게 미소를 보내지만, 그 미소는 스완에 대한 애정만을 품은 미소, 그녀가 포르슈빌에게 이렇게 말했을 때의 미소다. "오래는 안 됩니다. 이분은 자신이 와 계실 때 다른 손님이 있는 걸 좋아하시지 않는답니다. 아아! 만약에 내가 이분을 알고 있는 만큼 이분을 아신다면!" 또한 그것은 그녀가 스완의 다감함을 매우 귀중하다고 여겼을 때라든가, 기댈 곳이 스완밖에 없는 중대한 경우에 그녀가 스완에게 도움말을 구하고 그 도움말에 감사할 때 짓는 미소였다.

이럴 때 그는 스스로 물었다. 그런 오데트에게 틀림없이 그녀가 여태껏 꿈에도 생각지 못했을 그런 무례한 편지를, 또 그가 선의와 성실을 통해 그녀의 존경심 속에서 차지하고 있던 높고 독자적인 위치에서 굴러떨어졌을 것이 틀림없는 그런 편지를 어쩌자고 써 보낼 수 있었단 말이냐. 그녀는 나를 이전보다 덜 소중하게 생각하겠지. 그야 그녀가 나를 사랑한 건, 포르슈빌에게도 다른 아무에게도 없는 이 선의와 성실성이라는 장점이 나한테 있었기 때문이니까. 이 장점 덕분에 오데트가 그처럼 자주 상냥함을 보여준 게 아니더냐. 하기야 내가 질투심에 사로잡혀 있을 때에는 그런 상냥함도 하찮은 것으로 느껴졌지. 그건 욕망의 표현이 아니었고 오히려 연정보다 부드러운 정애의 증거였으니까. 하지만 예술에 관한 독서 또는 친구와의 담소가 가져다준 기분전환에 의해 그의 의혹은 저절로 풀리고, 그 결과 그의 연정에 상응하는 상대의 연정을 까다롭게 요구하지 않게 되어, 스완은 오데트의 그런 상냥함을 다시 중히 여기게 된 것이다.

이러한 마음의 동요를 겪고 난 끝에 스완의 질투 때문에 잠시 쫓겨난 오데트가 다시 제자리에, 스완에게 매력적으로 보이던 각도에 자연스럽게 돌아온 지금, 스완은 그녀를 애정으로 가득 찬 승낙의 눈길을 한 모습으로 상상하여, 그 모습이 어찌나 예쁜지 그녀가 그 자리에 있어 키스할 수 있기라도 한 것처럼 상상 속의 그녀 쪽으로 입술을 내밀 수밖에 없었다. 그리고 스완은 넋을 잃게 하는 이 상냥한 눈길에 대해 실제로 그런 눈길을 이제 막 받기라도 한 양, 또 그런 오데트가 그저 스완 자신의 욕망을 만족시키려고 그려낸 한갓 상상이 아니기라도 한 것처럼 강한 감사의 마음을 품었다.

그는 얼마나 오데트를 괴롭히고 말았는가! 물론 그가 오데트를 원망한 데에는 그럴 만한 이유가 있었다. 하지만 만약에 그가 그녀를 뜨겁게 사랑하고 있지 않았더라면 그런 이유만으로는 분한 생각을 품지 않았을 것이다. 다른 여인에게도 깊은 불만을 품은 일이 있지 않았는가? 그러면서도 그런 여인들은 지금도 기꺼이 도와주고 화조차 내지 않는 것은, 결국 이제 그녀들에게 애정을 느끼지 않기 때문이 아니었는가? 어느 날 오데트에 대해서도 이와 똑같은 무관심한 상태에 놓이게 된다면, 그때에는 그도 이해할 것이다. 본디 조금 어린애 같은 그녀의 생각과 타고난 섬세한 마음씨에서 일어난 자연스러운 희망, 즉 마침 좋은 기회여서 이번에 베르뒤랭 부부에게 보답하고 싶다, 한 집안의 여주인 노릇을 하고 싶다는 그 희망을 그가 뭔가 무섭고도 용서할 수 없는 것처럼 느낀 까닭은 오직 그의 질투심 때문이었음을.

그는 이 관점—사랑과 질투의 관점과는 서로 어긋나는 것으로 그가 이따금 이지적인 공정을 기하기 위해서, 또는 여러 가지 확률을 셈속에 넣기 위하여 섰던 관점—으로 돌아와서 오데트를 사랑하지 않았던 것처럼, 그로서는 그녀도 다른 여인과 마찬가지였던 것처럼, 자기가 오데트 곁을 떠나는 즉시 그녀의 생활이 달라지지 않았던 것처럼, 그녀가 몰래 자기를 거역하고 무언가 계획한 적이 없었던 것처럼 오데트를 판단해보려고 했다.

그녀가 그의 곁에서 누릴 수 없었던 종류의 쾌락을, 오직 그의 질투가 한껏 부풀려 만들어낸 것에 지나지 않는 황홀한 쾌락을 바이로이트에서 포르슈빌이나 다른 자들과 어울려 맛볼 거라고 어찌 믿겠는가? 바이로이트에서도 파리에서와 마찬가지로 포르슈빌이 스완이라는 존재를 생각해볼 경우, 그는 오데트의 생활 안에 중요한 위치를 차지하고 있는 인간으로, 그녀의 집에서 만났을 때 당장 자리를 양보해야만 하는 인간으로 생각하는 데는 변함없을 거다. 설령 포르슈빌과 그녀가 스완의 뜻을 거슬러 바이로이트로 가서 새로

이 결혼식을 올리더라도, 그녀를 가지 못하게 하려고 스완이 쓸데없는 노력을 했으므로 그렇게 된 거니 자업자득이다. 반면에 그가 그녀의 계획에 찬성이라도 한다면—하기야 애초에 그리 나쁜 계획은 아니다—그녀는 스완의 의견을 좇아갔노라는 얼굴을 할 테며, 그에게 배웅받기도 하고, 별장도 그가 빌려주었다고 느낄 것이며, 또 자신을 자주 초대해주는 사람을 접대하는 데서 그녀가 느낄 기쁨에서도 그녀는 다름 아닌 이 스완에게 감사할 것이다.

게다가—스완과의 사이가 틀어져 그를 만나지 않고 그녀가 떠나버리는 게 아니라—만약 그가 그 비용을 보내주고, 이번 여행을 꼭 하도록 권하며, 즐거운 여행이 되도록 돌봐준다면, 그녀는 기쁨에 가득 차 감사하는 마음에 서둘러 돌아올 것이다. 그리고 스완도 일주일 가깝도록 맛보지 못했던 그녀와 만나는 기쁨, 무엇에도 비길 수 없는 기쁨을 맛볼 수 있으리라. 그도 그럴 것이 스완이 그녀의 모습을 아무런 혐오감 없이 떠올릴 수 있게 되어 그 미소에서 다시 선량함을 발견하고, 또 그녀를 모든 남자에게서 떼어놓고자 하는 소망이 질투로 인해 연정에 덧붙여지는 일도 없어진다면, 이내 그 연정은 현실의 오데트로부터 주어지는 여러 감각을 좋아하게 되어버려, 눈길을 쳐드는 것, 미소를 짓는 것, 어떤 억양으로 목소리를 내는 것 따위를 마치 풍경 대하듯이 감탄하거나 신기한 현상 대하듯이 놀랍게 여기면서 기쁨을 얻게 되기 때문이었다. 그리고 다른 온갖 기쁨과 구별되는 이 기쁨은 그녀에 대한 다른 욕구, 그녀의 존재나 편지로써 오직 그녀만이 채워줄 수 있는 욕구를 끝내 그의 마음속에 만들어내고 말았는데, 그것은 스완의 생활에 있어 이 새로운 시기—그 이전 시기에 몇 년이고 계속됐던 메마르고 침울한 상태에 뒤이어 정신이 지나치게 충만해지고, 마치 몸 약한 사람이 어느 순간부터 갑자기 튼튼해지기 시작해 살이 올라서 잠시 동안 완쾌되어가는 것처럼 느껴지듯이, 스완 자신도 그 내적 생활의 뜻하지 않은 이런 풍요함이 어떤 까닭으로 실현됐는지 모르던 시기—를 특징짓고 있는 또 하나의 욕구와 거의 똑같이 이해관계를 떠나고 예술적이며 또한 바르지 못한 욕구였다. 여기서 또 하나의 욕구란 현실 세계 밖으로 전개되던 욕구인데, 그것은 음악을 듣고 음악을 알고 싶다는 욕구였다.

이와 같이 마음의 병이 일으키는 화학작용에 의하여, 그는 먼저 사랑에서 질투를 만들어내고 다시 오데트에 대한 애정과 연민을 만들어내기 시작했다. 그녀는 또 매력적이고도 마음씨 착한 오데트가 되어갔다. 그는 오데트에게 심하게 군 것을 뉘우쳤다. 그녀가 곁에 와주기를 바라 마지않았으며, 고마워하는 나머지 그녀 얼굴이 미소로 꽃피는 모양이 보고 싶어, 그녀가 기뻐할 것을 미리 마련해두고자 했다.

따라서 오데트는 며칠쯤 지나면 그가 찾아와 전처럼 다정하고 온순하게 굴며 화해를 청하리라는 사실을 굳게 믿고 있어, 이제는 그를 언짢게 하는 것도 화나게 하는 것도 두렵지 않아서 그녀의 형편에 따라 그에게는 무엇보다 소중한 사랑의 표시마저 주기를 거부하기에 이르렀다.

스완이 그녀에게 돈을 보낼 마음은 없으며 오히려 고생하는 모습을 보고 싶다고 써 보냈을 때, 아마도 그녀는 그런 불화 동안에 그녀에 대하여 그가 얼마나 성실하였던가를 몰랐을 것이다. 두 사람 관계의 미래를 생각하여 스완이 그녀 없이도 지낼 수 있다는 것, 언제라도 인연을 끊을 수 있다는 것을 오데트에게 보이려고 당분간 그녀의 집에 가지 말자고 결심한 경우에도, 설사 그녀에 대해서는 아니더라도 적어도 그 자신에 대하여 그가 얼마나 성실하였던가를, 아마도 그녀는 더욱 몰랐을 것이다.

때로는 그녀가 그에게 새로운 불안을 일으키지 않는 날이 며칠 동안 계속된다. 그러면 그는 이번 방문에서 아무런 기쁨도 얻지 못하려니와 도리어 지금 누리고 있는 안온한 상태에 마침표를 찍을 어떤 고통이 닥쳐올 듯한 느낌이 들어서, 몹시 바빠 약속한 날에 만나지 못할 것이라는 편지를 써 보냈다. 그런데 그의 편지와 엇갈려서 온 그녀의 편지에는 만나는 날을 연기해달라는 내용이 씌어 있다. 그는 생각에 잠긴다. 어째서일까? 그러자 의심이, 고통이 그를 다시 사로잡는다. 그는 새로운 불안에 빠져, 이때까지 비교적 안온한 상태 속에서 취해온 마음의 확고한 태도를 더 이상 지키지 못하게 된다. 그리하여 스완은 그녀 집으로 달려가, 이제부터는 날마다 만나자고 졸라대는 것이었다. 뿐만 아니라 그녀가 먼저 편지를 써 보내지 않았을 때에도, 잠시 동안의 이별을 원하는 그의 편지에 단지 동의한다는 회답이 돌아오기만 해도 그는 그녀를 보지 않고서는 못 배기게 되었다. 스완의 속셈과는 달리 오데트가 동의했다는 이 한 가지 사실이 그의 마음을 모조리 뒤바꿔버렸기 때문이다. 어느 한 가지 일에 집착하는 사람들이 다 그렇듯이, 잠시 동안 집착하는 것을 잊어버리면 어떤 결과가 나올지 알고 싶어서 스완은 그 한 가지를 제외한 나머지 전부를 이전 상태로 그냥 둔 채 그것만을 마음속에서 없애보았다. 그런데 한 가지의 제거란 그것만으로 끝나는 것이 아니다. 이는 단순한 부분의 결핍이 아니라 나머지 전체를 뒤죽박죽으로 만드는 것으로, 예측할 수 없는 새로운 상태를 초래하게 된다.

그러나 반대되는 다른 경우도 있다. 이를테면 마침 오데트가 여행 가려는 때라든가. 스완은 잠시 입씨름을 벌인 끝에 그것을 핑계 삼아 그녀가 돌아오기까지 편지도 하지 않으려니와 만나러 가지도 않겠다고 결심하고, 그렇게 함으로써 이번의 이별—그 이별 기간의 대부분은 그녀가 여행하는 데에 불가피한 것이었고, 그는 단지 그것을 조금 앞당겼을 뿐이지만—을 그녀가 파국과도 같은 크나큰 불화로 여기도록 꾸며 거기서 생기는 이득을 얻으려고 한다. 그러자 벌써 그는 그의 방문도 편지도 받지 못해 불안해하고 괴로워하는 오데트의 모습을 머리에 그린다. 그리고 그 모습이 그의 질투심을 가라앉혀 그녀를 만나는 습관을 버리기 쉽게 한다. 물론 그는 3주 동안의 이별을 받아들인 덕분에 그 결심으로써 그녀를 마음속에서 물리치고 있지만, 그렇게 생각하는 마음 한구석에서는 오데트가 돌아오면 다시 만날 거라는 즐거움을 곰곰이 생각하고 있는지도 모른다. 하지만 그녀를 미치도록 만나고 싶은 것도 아니라서, 그녀 없이도 지내기가 이처럼 쉬운 바에야 이 기간을 기꺼이 두 배로 늘려볼까 생각하기 시작한다. 그런데 실은 사흘밖에 지나지 않았고, 여태껏 그는 여러 번이나 오데트를 만나지 않고서, 그것도 이번처럼 미리 각오 없이 더 긴 시간을 지낸 적도 있는 것이다. 그렇지만 가벼운 불만 또는 생리적인 불쾌감이 생긴다. 그리고 이것이—그로 하여금 현재의 기간을 일반적인 규칙에서 벗어난 특별 기간으로 간주하게 하여, 때문에 현명한 일은 쾌락이 가져다주는 이런 감정의 진정을 맞이하는 일이며, 의지의 노력이 다시 필요해질 시기까지 의지를 쉬게 하는 일이라고 생각하게 하여—의지의 작용을 멈추게 하고 그 결과 의지도 억압작용을 중지한다. 또는 그렇지 않고, 예컨대 오데트가 마차에 다시 칠할 색을 정했는지, 투자 때문에 그녀가 사고 싶어하는 게 보통주인지 우선주인지 그녀에게 물어보는 것을 까맣게 잊고 있던 것이 머리에 떠오른다(그런 걸 묻지 않고서 그녀 없이도 생활해 나가는 모습을 보이는 것도 매우 유쾌하지만, 나중에 칠을 다시 해야 하거나 주권에 배당이 없기라도 하면 지나친 일이 되리라). 그러면 팽팽한 탄성고무를 손에서 놓아버리듯, 또는 배기종(排氣鐘)이 열릴 때 그 안에 공기가 들어가듯 그녀를 만나보자는 생각이 이제까지 매여 있던 먼 곳에서 당장에라도 실현 가능한 세계로 후닥닥 돌아왔다.

그 생각은 일단 돌아오면 더 이상 아무런 저항도 받지 않았다. 게다가 그것은 너무도 강력했으므로 스완은 그를 그녀에게로 데리고 갈 마차에 마부가 말을 다는 10분을 기다리는 것보다 오데트와 떨어져 있어야 하는 2주의 끝이 하루하루 가까워짐을 덜 고통스럽게 느꼈다. 왜냐하면 그런 10분이라는 시간은 그녀를 만난다는 생각이 멀리 갔거니 여기고 있는 순간에 느닷없이 돌아와서 그의 가장 가까운 의식 속에 끊임없이 나타났으므로, 그는 그녀에게 애정을 마구 쏟아내려고 초조와 기쁨에 어쩔 줄 몰라 하면서 지내야만 했으니까. 그런데 지금은 그녀를 만난다는 이 생각에 곧바로 맞서려 하는 그의 의지가 이미 사라져서, 그러한 욕망은 이미 스완의 마음속에도 더 이상 존재하지 않았다. 스완은 그녀를 만나지 않아도 자신에겐 아무 문제없다는 증거를 그 자신에게 보였으므로—적어도 그는 그렇게 믿어 의심치 않았다—이제는 지금 그가 바라기만 하면 즉시라도 실행에 옮길 수 있는 이별 계획을 다른 날로 늦추는 데 아무 지장도 느끼지 않았던 것이다. 또한 그 까닭은 그녀와 재회한다는 관념이 새로움과 매력으로 몸단장하고, 강렬함을 부여받고서 돌아왔기 때문이었다. 이런 새로움이나 매력이나 강렬함은 여태까지 그의 습관에 의해 무뎌졌다가 3일이 아닌 2주 동안(왜냐하면 금욕 기간은 정해진 여행의 마지막 날까지를 미리 며칠로 생각했는가에 따라 계산해야 하니까) 그 관념이 사라진 동안에 다시 기운을 얻어, 여태껏 대충 짐작되어서 잃어도 아까울 것 없다고 생각했던 즐거움을 마다할 수 없는 예상 밖의 행복으로 길러냈다. 마지막으로 또 하나의 이유는, 그에게서 살았는지 죽었는지 연락조차 오지 않는 것을 보고 오데트가 뭘 생각했으며 무슨 짓을 했는지 스완으로서는 알 도리가 없으므로, 결국 그녀와 다시 만나고 싶다는 생각이 곱게 미화되어 돌아와서 스완이 이제부터 발견하려는 것은 거의 미지의 여인이 된 오데트의 정열적인 계시와도 같은 참된 모습인 데 있었다.

그러나 그녀는 그가 돈을 보내지 않겠다고 말한 것을 단순한 겉치레에 지나지 않는다고 믿었던 바와 마찬가지로, 스완이 그녀에게 마차에 다시 칠할

색 또는 살 주식에 관해서 물어온 것도 단지 핑계로밖에 보지 않았다. 왜냐하면 그녀는 스완이 건너가고 있는 이러한 위기의 여러 형편을 나름대로 재구성하려 들지 않았고, 또 그런 생각이 들었을 때도 그 구조를 이해하려는 노력 없이 그녀가 전부터 알아온 것, 필연적이자 늘 그렇게 될 수밖에 없는 같은 결과밖에 믿지 않았기 때문이다. 스완의 상황에서 판단한다면 그것은 불완전한—그만큼 아마도 더 심각한—견해였다. 그는 오데트가 자신을 전혀 이해하지 못한다고 생각했을 것이다. 마치 모르핀 중독자가 그 고질적인 악습에서 벗어나려는 찰나 밖에서 어떤 사건이 일어나서, 또는 결핵 환자가 완쾌되려는 순간 우연히 몸이 조금 안 좋아져서 자신이 퇴원을 금지당하고 있다고 저마다 확신해, 의사가 이를 오해하고 있다고 생각하는 것과 마찬가지로. 그런데 의사는 환자보다 이와 같이 우연히 일어난 사고를 더 중요하게 생각하고 있다. 의사가 보기에 환자들은 마약 중독이나 병이 나을 거라고 꿈꾸고 있긴 하지만, 실제로 그런 우연한 사고는 환자들을 짓누르는 불치병이 되어 있는 악습이나 병태가 그 사실을 암시하면서 모양을 바꿔 겉으로 나타난 것에 지나지 않는다. 그리고 사실 스완의 사랑은 의사—질환(affection)* 에 따라서는 가장 대담한 외과 의사—조차도 그 악습을 없애거나 그 병을 없애는 일이 과연 합리적인지, 과연 가능한지 고민하게 할 만큼이나 악화되어 있었다.

물론 스완은 이 상사병의 범위를 똑바로 의식하지 못했다. 그가 연정을 저울질하려고 할 때 그것이 줄어들어, 거의 흔적조차 없어지는 듯한 생각이 자주 들었다. 이를테면 그는 오데트를 사랑하기에 앞서 그 표정이 풍부한 얼굴이나 어두운 낯빛에 대해 호감은커녕 혐오감을 느꼈는데, 그런 감정이 며칠 동안 다시 돌아오는 일이 있었다. '정말이지 나도 꽤나 변했는걸' 하고 그는 그녀와 함께 지낸 다음 날 생각했다. '정확히 생각해보건대, 어젯밤 동침에는 거의 아무런 쾌락도 없었거든. 그녀가 추하다고까지 생각했으니 이 아니 괴상한가.' 그리고 이런 생각은 확실히 진정에서 우러나온 것이었다. 그러나 그의 사랑은 이미 육체적인 욕망의 범위에서 멀리 벗어나 있었다. 이 사랑에서는 이제 오데트 본인조차 큰 자리를 차지하지 못했다. 그의 눈길이 탁상

* 애정이란 뜻도 있음.

위 오데트의 사진에 부딪쳤을 때라든가 그녀가 찾아왔을 때, 그는 육신을 지닌 모습 또는 인화지에 담긴 모습이 그의 마음속에 끊임없이 살고 있는 괴로운 혼란과 같은 성질의 것이라고는 생각하기 어려웠다. 그래서 그는 놀라움에 가까운 심정으로 스스로 물었다. '이게 그녀인가!' 마치 느닷없이 이게 당신의 병이라는 듯 우리 병이 뚜렷한 형태로 제시되더라도, 그것이 실제 자신이 괴로워하는 것과 조금도 비슷하지 않게 느껴지듯이. '그녀는 누구인가.' 그는 그 실체를 마음속으로 물어보았다. 그것은 막연하게 비슷한 관념이 아니라 오히려 사랑은 죽음과 비슷한 것, 그리하여 물음에 대답하지 않고 늘 되받아서 묻는 것이며, 그 모습이 잡히지 않을까 봐 우리로 하여금 더 깊이 캐보게 하는 그 사람 개인의 신비다. 그리고 스완의 상사병은 참으로 복잡하여서 스완의 온갖 습관에, 온갖 행위에, 사념에, 건강에, 수면에, 생활에, 그리고 그가 죽은 뒤 바라고 있는 것에까지 어찌나 밀접하게 섞여 그와 하나가 되어 있었던지, 거의 그 자체를 완전히 파괴하지 않고서는 그에게서 사랑을 떼어놓을 수 있을 성싶지가 않았다. 스완의 사랑은 외과 의사의 입버릇처럼 이미 수술이 불가능한 상태였다.

이 사랑 때문에 스완은 모든 이해관계와 손을 끊어버렸다. 그래서 우연히 사교계에 돌아가 사귀는 교제가 오데트 눈에 보석을 박은 아름다운 대좌처럼 (하기야 그녀는 이것도 정확하게 평가할 줄 몰랐으려니와) 얼마간 자기 자신을 돋보이게 할 것이라고 생각할 때도 있었다(그의 교제가 이 사랑 때문에 품위가 떨어지지 않았다면 아마 진짜로 그랬을지도 모르지만, 오데트로서는 바로 이 사랑 때문에, 그가 연애 지상을 선언하는 것처럼 보인다는 사실에 의해서 이 사랑에 비하면 모든 것의 가치가 감소되었던 것이다). 이럴 때 그는 그녀가 자신이 모르는 장소에서 모르는 사람들과 함께 있다는 슬픔과 유한계급의 놀이를 그린 소설이나 그림에서 얻는 듯한 초연한 즐거움을 함께 느꼈다. 예컨대 그가 자기 집에서 집안 살림이 돌아가는 형편, 자기 의복과 하인 제복의 멋, 자기가 한 투자의 적절함 따위를 즐겁게 생각하고 있을 때, 좋아하는 작가 가운데 하나인 생시몽의 서적을 펼쳐 궁정에서의 기계적인 일상생활, 맹트농(Maintenon)*1 부인의 식사 메뉴 또는 륄리(Lully)*2의 알뜰

*1 루이 14세의 첩(1635~1719). 서간집이 있음.

*2 루이 14세 시대의 음악가(1633~87).

한 인색함과 대단한 행세 같은 것을 읽을 때와 똑같은 즐거움이었다. 스완은 사교계를 거의 떠났지만 아직도 인연이 약간 남아 있었다. 그가 이를 통해 사교계에서 새로운 즐거움을 맛본 까닭은, 그의 사랑이나 고뇌와는 거의 관계없는 채로 남아 있는 그 자신 속의 매우 협소한 터전에 잠시 옮아가서 살 수 있었기 때문이었다. 이 점에 관해 '아들인 스완'으로서의 사교적인 인격, 나의 대고모가 그에게 할당한 그 인격과 샤를 스완으로서의 보다 개인적인 인격은 별개였다. 지금 그에게 가장 바람직한 것은 전자였다.

어느 날 스완은 파름 대공부인의 생일을 축하하기 위해(더구나 그녀는 오데트를 특별 공연이나 기념식 같은 데 참석할 수 있도록 주선해주어 간접적으로 오데트에게 도움이 되었으니까) 선물로 과일을 보낼 생각을 했는데, 어디에 어떻게 주문해야 하는지 잘 몰라서 어머니의 사촌자매 분에게 그 일을 맡겼다. 그랬더니 그녀는 그의 심부름을 하는 것이 기뻐서, 과일 전부를 한곳에서 사지 않고 포도는 전문점인 크라포트 상점에서, 딸기는 다른 상점에 없는 좋은 것이 있다기에 조레 상점에서, 배는 쉬베 상점에서 샀다고 편지로 자세히 설명하고는 '몸소 상점마다 가서 일일이 고른 과일'이라고 적어 보내왔다. 그리고 실제로도 대공부인의 사례 인사를 통해, 그 딸기의 풍미와 배의 아삭아삭함을 짐작할 수 있었다. 그런데 무엇보다도 '몸소 상점마다 가서 일일이 고른 과일'이라는 구절은 발길이 뜸했던 사회에 그의 의식을 데리고 감으로써, 그의 고뇌에 진정제 한 알을 주었다. 하기야 '좋은 상점'에 관한 지식이라든가 물건을 잘 주문하는 법을 대대로 이어받는 유복하고도 훌륭한 부르주아 가정의 후계자로서, 그는 본디 이 계급에 속해 있었지만.

그는 자기가 '아들인 스완'인 것을 너무나 오랫동안 잊고 지냈다. 그래서 잠시 '아들인 스완'으로 돌아왔을 때는 다른 때에 느끼던 기쁨, 환락에 싫증이 났을 때에 느끼는 여러 기쁨보다 더 신선한 기쁨을 느끼지 않을 수 없었다. 부르주아 계급—거기서 그는 언제나 '아들인 스완'으로 통하고 있었다—의 호의는 귀족의 호의만큼 화려하진 않았다(하지만 보다 상대를 기쁘게 하는 호의였으니, 이유인즉 적어도 그들 부르주아 사이에서는 아직 호의와 존경이 분리되어 있지 않았기 때문이다). 그러나 왕가에서 온 편지가 아무리 호사로운 즐거움을 스완에게 제공한들, 그것은 그의 부모님의 옛 친구 가정에서 올리는 결혼식에 증인이 되어달라든가 그저 참석해달라든가 하는 편지만큼 그를 유쾌하게 하지는 못했다. 이러한 옛 친구 가운데 몇몇은 그와 계속 교제를 해왔다—이를테면 나의 할아버지는 이 사건 전해에 그를 내 어머니의 결혼식에 초대했다—그리고 다른 몇몇 사람은 스완 자신과는 개인적으로 친하게 지내지 않았지만, 돌아가신 스완 씨의 아들인 이 훌륭한 후계자에게 예의를 지키는 것을 의무로 믿고들 있었다.

그러나 사교계 사람들도, 스완이 그들과 사귀어온 지 오랜 세월이 흘렀으니 어느 정도는 그의 집·가정·가족의 일부분이 되었다. 그는 자기의 빛나는 교제를 생각해볼 때 물려받은 훌륭한 소유지, 훌륭한 은그릇, 훌륭한 식탁보를 바라볼 때와 똑같이 외적인 든든한 도움과 위안을 느꼈다. 만약에 자기가 갑자기 집에서 병으로 쓰러지면 하인이 급히 부르러 갈 상대는 당연히 샤르트르 공작, 뢰스 대공, 뤽상부르 공작, 샤를뤼스 남작일 거라는 생각은 그에게 위로가 되었다. 마치 우리집의 늙은 하녀 프랑수아즈가 그녀의 소지품인 이름이 박힌 부드러운 깔개, 기운 자리가 없는(기운 곳이 있대도 어찌나 잘 꿰맸는지 기운 사람의 꼼꼼한 솜씨에 탄복하는 마음밖에 일어나지 않는) 이 깔개에 싸여 매장되리란 사실을 안다는 데에서 큰 위안을 얻었듯이. 프랑수아즈는 늘 머릿속에 그리는 그런 수의의 모습에서 나날의 안락에 대한 만족은 아닐망정 적어도 자존심에 대한 만족은 얻고 있었던 것이다. 하지만 스완은 입 밖에 내지는 않았지만 특히 오데트에 관련되는 온갖 사념과 행동에서 늘 어떤 감정에 지배받고 조종되었다—자기가 오데트의 눈에 다른 누구보다도, 예컨대 베르뒤랭네 신자들 가운데 가장 진저리나는 사람보다도 더욱 소외당하는 인간으로 보이진 않더라도 그다지 만나고 싶지 않은 인간으로 보이지 않을까 하고. 그런데 사교계—거기서 그는 취미가 세련된 멋있는 인간으로 통하여, 사람들이 그의 눈길을 끌기 위해서라면 온갖 수단을 다 썼으며 그를 만나지 못하면 슬퍼하기까지 하는 그 사교계—를 회고했을 때, 그는 한층 행복한 생활이 있음을 다시 믿기 시작하여 마치 여러 달 전부터 몸져누워 밥을 먹지 않고 지내온 병자가 신문에서 정부의 오찬회 메뉴 또는 시칠리아 관광 광고를 언뜻 보았을 때처럼, 그런 행복한 삶에 대해 욕망마저 느끼기 시작했다.

사교계 인사들에게는 방문하지 못한 사과 인사를 해야 했던 스완이지만,

오데트를 방문하는 데에는 돈까지 써가면서(월말이 되어 이달에는 그녀의 인내성을 조금 악용해 너무 자주 찾아간 듯하면 4천 프랑만 보내도 괜찮을까 걱정되었다), 또 찾아갈 때마다 선물을 가져왔다느니, 그녀가 물어본 것을 알았다느니, 길에서 만난 샤를뤼스 씨가 같이 오자고 해서 왔다느니 하며 반드시 핑계를 찾아내곤 했다. 핑계가 바닥나면 그는 샤를뤼스 씨를 설득해 그녀의 집으로 빨리 가게 했다. 그는 그곳에 가서 얘기 도중 자연스럽게, 스완에게 할 말이 생각났으니 인편을 보내서 그를 불러오도록 오데트가 수고해주지 않겠느냐고 그럴듯하게 말해달라고 샤를뤼스 씨에게 부탁했다. 그러나 보통 스완은 헛되이 기다리다가 저녁에 가서 샤를뤼스 씨에게 그 수가 실패했다는 소식을 들었다. 이와 같이 그녀가 파리를 자주 떠나게 된 지금에 와서는, 아니 파리에 머물러 있을 때 또한 그녀는 그를 거의 만나지 않게 되었다. 그를 사랑했을 무렵에는 '저는 언제나 한가해요'라든가 '남들이 보거나 말거나 상관없어요' 하고 말하던 그녀가 지금은 그가 만나고 싶다고 할 때마다 체면을 내세우거나 일을 핑계 삼았다. 그녀가 가기로 되어 있는 자선회에, 전람회 초대일에, 연극 첫날에 스완도 가겠다고 말을 꺼내기라도 하면 그녀는 말했다. 당신은 두 사람의 관계를 여봐란듯이 보이고 싶은 거냐고, 당신은 나를 길거리 계집애처럼 취급하고 싶은 거냐고. 그녀와 만날 장소를 모조리 빼앗길까 봐서 걱정이 된 스완이, 오데트가 그의 친구이자 나의 종조할아버지 아돌프를 알기도 하고 매우 좋아하기도 한다는 것을 생각해내고, 어느 날 벨르샤스 거리에 있는 종조할아버지의 작은 아파트를 찾아가서, 종조할아버지 영향력으로 오데트의 마음을 움직여달라고 부탁한 것은 그 무렵의 일이었다.

오데트는 스완에게 이 종조할아버지에 대해 말할 때면 늘 시라도 낭송하는 가락으로 "아아! 그분은 당신과 크게 다르죠. 그분이 내게 베푸는 우정이란 참으로 멋져요. 위대하고 아름다워요! 보는 눈이 많은 곳에서 나와 함께 있는 모습을 모두에게 보이고 싶어하는 그런 무례한 분이 아니란 말이에요"라고 말해왔으므로, 스완은 종조할아버지한테 그녀 얘기를 꺼내려면 어떤 말투가 가장 적당할지 몰라 당황했다. 먼저 그는 오데트가 선천적으로 뛰어난 여성이고 인간을 훨씬 뛰어넘는 천사 같은 깨끗함을 지니고 있으며, 인간의 두뇌로는 생각할 수도 없고 일일이 증명할 필요조차 없을 만큼 자명한 미덕을 지녔다는 말부터 꺼냈다. "실은 의논드릴 게 있습니다. 오데트가 다른 여인들보다 얼마나 뛰어나고 사랑스러우며 천사 같은지를 어르신은 아십니다. 하지만 파리 생활은 저 모양입니다. 누구나 다 어르신이나 제가 오데트를 아는 것처럼 그녀를 알고 있는 게 아닙니다. 그래서 제가 조금 어리석은 소임을 맡고 있는 줄로 아는 인간도 나오기 마련이죠. 오데트는 제가 밖에서, 이를테면 극장 같은 데서 그녀와 만나는 걸 허락하지 않습니다. 오데트는 어르신을 매우 믿고 있으니까 저를 위해서 그녀에게 몇 말씀 일러주실 순 없을까요? 밖에서 제가 그녀한테 인사만 해도 큰일 날 거라는 그녀의 생각은 좀 지나친 걱정이라고, 그녀에게 설명해줄 수는 없는지요?"

나의 종조할아버지는 스완에게 한동안 오데트와 만나지 않고 지내면 오히려 그녀가 그를 사랑하게 될 거라고 충고하고, 한편 오데트에게는 스완이 만나고 싶어하는 곳에서 만나주라고 충고했다. 며칠 뒤 오데트는 스완에게, 나의 종조할아버지도 수많은 사내들과 같다는 사실을 알게 되어 실망했다고 말했다. 종조할아버지가 그녀를 겁탈하려 들더라는 것이다. 처음에는 종조할아버지에게 결투를 신청하러 간다고 기세부리던 스완을 오데트가 말렸고, 그 뒤 스완은 종조할아버지를 만났을 때 악수를 거절했다. 하지만 스완은 나의 종조할아버지와 여러 번 만나 아주 친밀히 이야기할 수 있게 된다면 지난날 오데트가 니스에서 보낸 생활을 둘러싼 소문이 밝혀질 것이라 기대하고 있었으므로, 그만큼 종조할아버지 아돌프와의 불화를 더욱 유감스러워했다. 종조할아버지는 해마다 겨울을 니스에서 지내곤 했다. 그래서 스완은 종조할아버지가 처음으로 오데트와 알게 된 곳도 틀림없이 니스였을 거라고 생각했다. 그때까지 스완은 그의 앞에 있는 어떤 사람이, 오데트의 애인이었다고 짐작하는 사람에 관한 말을 조금이라도 입 밖에 내면 심하게 흔들리곤 했다. 그러나 진실을 알기 전까지는 귀로 듣는 게 무엇보다 두렵고 도저히 믿을 수 없는 거라고 생각하던 여러 가지도, 막상 알게 되니 그것들은 영영 그의 슬픔 속에 녹아버려 그는 그것들을 받아들이는 동시에, 그것들이 사실이 아니었다고는 결코 생각할 수 없게 되었다. 오직 그 사실 하나하나가 애인에 대해 쌓아 올렸던 그의 관념 위에 지울 수 없는 수정의 자국을 남겨놓았다.

한때 스완은, 꿈에도 생각지 않았던 오데트의 헤픈 몸가짐은 많은 사람들이 아는 사실이라는 것, 이전에 그녀가 바덴이나 니스에서 몇 달 동안 지냈을 때 파다하게 염문을 퍼뜨렸다는 것을 다 알아챘다고 믿었다. 그래서 여러 가지를 더듬어 묻기 위해 난봉꾼 무리에 접근하려 했다. 하지만 그들은 스완이 오데트와 깊은 사이라는 사실을 알고 있거니와, 스완도 그들이 오데트를 다시 생각하게 되어 그녀의 꽁무니를 따라다니지나 않을까 겁났다. 그러나 이제껏 바덴 또는 니스에서 보낸 코스모폴리트(cosmopolite)*1한 생활과 관련된 것만큼 시시한 일도 따로 없을 거라고 시종일관 생각해온 스완도, 오데트가 이전에 이 환락가에서 한바탕 잘 놀았다는 이야기를 듣고, 그것이 당시는 그가 아직 돌봐주지 않았을 때라 단지 금전상의 난처함을 채우기 위한 행동이었는지, 아니면 그때그때 다시 살아나는 뜬구름 같은 바람기를 만족시키기 위한 행동이었는지 영영 알 수도 없게 된 지금에 이르러서는 그는 무기력하게 앞이 보이지 않는 듯한, 어지러워서 쓰러질 듯한 번민에 사로잡혀 심연으로 빠져드는 것이었다. 그 심연 속에는 7년 정치(Septennat)*2의 첫 몇 해, 그들이 겨울에는 니스의 앙글레 산책로에서 지내고, 여름에는 바덴의 보리수 그늘에서 지냈던 몇 년이 가라앉아 있었다. 그리고 그에게는 그 몇 해가, 시인이 거기에 올린 시구처럼 침통하고도 장려한 깊이를 가지고 있는 듯 느껴졌다. 만약 그 무렵 코트다쥐르(Côte d'Azur)*3의 신문 기사가 오데트의 미소나 눈길 속에 있던 뭔가를—매우 성실하고 소박해 보이는 것이라 할지라도—이해하는 데 도움이 되어줄 수 있었다면, 스완은 보티첼리의 〈프리마베라〉, 〈벨라반나〉 또는 〈비너스의 탄생〉 같은 그림의 정수를 더 깊이 규명하려고 현존하는 15세기 피렌체의 기록을 조사하는 미학자보다도 더 열정적으로 그 신문 기사의 세세한 사실들을 정리하는 데 손을 댔을 것이다.

그는 곧잘 아무 말 없이 그녀를 바라보며 생각에 잠기곤 했다. 그러면 그녀는 말한다. "어마, 정말로 슬픈 표정이네!" 스완의 생각이, 오데트는 착한 여인이며 그가 알고 지낸 훌륭한 여인들과 비슷한 여인이라는 생각에서 첩 근성이 속속들이 밴 여인이라는 생각으로 옮아간 것은 그리 오래된 일이 아니었다. 그런데 그 뒤에 거꾸로, 방탕한 놈들이나 호색한들 사이에서는 잘 알려진 존재인 듯한 오데트 드 크레시라는 여인에게서 이따금 참으로 부드

*1 '세계주의의, 정처 없는'이란 뜻인데, 일부러 원문 그대로 둠.

*2 1873년부터 79년에 이르는 막마옹 원수의 독재 시대를 가리킴.

*3 '담청색 해안'이라는 뜻으로, 프랑스 남부 지중해의 리비에라 해안. 니스가 위치해 있음.

러운 표정을 짓는 그 얼굴을, 참으로 인정 깊은 성미를 다시 발견할 때도 있었다. 그는 스스로에게 말했다. '니스에서는 오데트 드 크레시라고 하면 어떤 여성인지 누구나 다 안다는 것은 도대체 뭘 뜻하는 거냐? 그런 소문은, 혹시 그게 사실이더라도 결국 남들이 지어낸 생각에 불과하다.' 그는 생각했다. 이 전설은—설령 사실이었을망정—오데트의 바깥에 있는 것이지, 뿌리 깊은 악인의 성격처럼 그녀 안에 있는 것이 아니다. 분명 좋지 않은 일을 했을지도 모르나, 그래도 그녀는 아름다운 눈을 한 여인이며, 마음은 괴로워하는 자를 불쌍히 여기는 정으로 넘치고, 육체는 온순하여 그가 두 팔로 받치고 껴안아 어루만져왔다. 만약에 그가 그녀에게 없어서는 안 되는 사람이 되기만 한다면, 언젠가는 모조리 가질 수 있는 여인이다.

그녀가 기운 없고 나른한 몸으로 그의 눈앞에 있는 일이 자주 있었는데, 그럴 때 그녀 얼굴은 스완을 번민하게 하는 미지에 대한 뜨겁고 들뜬 듯한 관심을 잠시 잃어버리고 있다. 그러다가 그녀는 손으로 머리털을 쓸어올린다. 이마, 얼굴이 평소보다 더 크게 보인다. 그러자 단번에 순수하게 인간다운 어떤 사변과 안식과 명상으로 그 자신을 잊을 때에 어느 누구의 마음속에나 있는 그 착한 감정이 그녀의 눈에서 금빛 광선처럼 분출된다. 금세 그 얼굴 전체는, 구름에 덮여 잿빛이 된 들판이 석양 무렵에 돌연 구름이 벗겨지며 변하듯 환해진다. 그런 순간에 스완은 오데트의 안에서 영위되는 삶이나 그녀가 꿈꾸듯 바라보고 있는가 싶은 미래마저 그녀와 함께 나눠 가질 수 있었는지도 모른다. 그런 삶에는 어떠한 고약한 불안도 찌꺼기를 남겨놓으리라고는 느껴지지 않는다. 그리고 아무리 드물어졌다 해도 그런 순간은 무익하지 않았다. 스완은 추억을 통해 그런 순간의 조각조각을 잇고, 그 사이사이의 틈을 없애며, 마치 녹인 금을 거푸집에 붓듯이 착하고 온순한 한 사람의 오데트를 만들어낸다. 그리고 그 오데트를 위해, 그는 먼 훗날에 가서(이 작품 제2편*에서 보는 바와 같이) 또 하나의 오데트에 대해서는 치를 수 없었던 여러 가지 희생을 치렀다. 그러나 그런 순간은 얼마나 드물어졌는가! 또한 그녀와 만나는 기회가 이제 얼마나 적어졌는가! 밤의 밀회마저 그녀는 마지막에 가서야 청한 바를 들어줄지 들어주지 않을지 말한다. 스완이 늘 한

* 〈꽃피는 아가씨들 그늘에〉를 가리킴.

가한 줄로 믿는 그녀는 그 말고는 아무도 찾아오는 이가 없음을 먼저 확인하고자 했기 때문이다. 자기에게 가장 소중한 이의 대답을 들어봐야 한다고 핑계를 댄다. 또 스완을 오게 한 뒤에도, 밤의 시간이 이제 막 시작되었는데도 친구에게서 극장에 와 있거나 야식을 들고 있으니 곧 와달라는 청을 들으면 오데트는 한껏 들떠 서둘러 옷을 갈아입기 시작한다. 그 몸단장이 나아감에 따라 보이는 동작 하나하나에서, 단숨에 가버릴 여인을 막을 길 없는 처절한 이별의 시각이 스완에게 다가온다. 몸단장이 끝나자 그녀는 신경 쓰느라고 긴장해서 반짝거리는 눈으로 다시 한 번 거울을 들여다보며, 입술에 루주를 살짝 고쳐 바르고 이마에 한 가닥 머리털을 붙인 다음, 금색 술이 달린 하늘색 야회용 외투를 가져오게 하는데, 그때 스완이 슬픈 표정을 짓고 있는 것을 보고는 그만 벌컥 신경질을 내며 말한다. “마지막 순간까지 당신을 모셨는데 그게 고마워하는 태도인가요? 난 정성껏 대접해드렸다고 생각해요. 잘 기억해두세요!”

가끔 그는 그녀를 화나게 할 위험을 무릅쓰고라도 도대체 그녀가 어디에 갔는지 알아보자고 결심하고, 어쩌면 정보를 제공해줄지도 모르는 포르슈빌과 동맹을 맺어볼까도 생각했다. 하기야 스완은 그녀가 누구와 함께 밤을 지냈는가를 알고 있을 때, 그녀와 함께 외출하던 사내를 최소한 간접적으로라도 알고 있어 쉽사리 정보를 제공할 수 있는 누군가를 친구들 가운데에서 찾지 못한 적은 거의 없었다. 그리고 그는 어느 친구에게 이러저러한 점을 조사해달라고 부탁하는 편지를 쓰고 있는 동안에, 자기 힘으로는 답이 나오지 않는 문제를 집어치우고 수고로운 조사를 남에게 떠맡겼다는 안도감을 느꼈다. 그러나 실은 어떤 정보를 얻었을 때도 그가 그만큼 앞으로 나간 것은 아니었다. 안다고 해서 그것을 늘 막을 수 있는 것은 아니니까. 하지만 우리는 아는 것들을 손안에 쥐고 있지 않더라도 적어도 머릿속에 간직하여 멋대로 배열할 수 있으므로, 아는 것들을 지배하는 어떤 힘을 얻은 듯한 착각을 일으키게 마련이다. 샤를뤼스 씨가 오데트와 함께 있을 때면 그는 언제나 마음이 편했다. 샤를뤼스 씨와 그녀 사이에서는 아무 탈도 일어날 수 없다는 사실을 알고 있었으니까. 샤를뤼스 씨가 그녀와 함께 외출하는 것은 스완에 대한 우정 때문이고, 또한 그라면 그녀의 행동을 무엇이나 망설임 없이 이야기해주리라는 것을 스완은 알고 있었다.

때로는 그녀가 스완에게 오늘 밤에는 만날 수 없다고 뚜렷이 이야기하고 또 그날 밤의 외출을 몹시 기다리는 눈치여서, 스완은 샤를뤼스 씨가 그녀와 함께하는 시간이 있다는 사실을 참으로 고맙게 생각했다. 그다음 날 스완은 샤를뤼스 씨에게 감히 여러 가지를 꼬치꼬치 묻지 못하고, 그 첫 대답을 알아듣지 못한 척하며 상대가 좀더 많은 것을 말할 수밖에 없게 만들고는, 그 대답 하나하나에 안도의 한숨을 내쉬었다. 그날 밤에 오데트가 아주 순수한 오락에 열중했음을 금세 알았으니까. "뭐라고, 이봐 메메(Mémé), *1 난 잘 모르겠는데…… 자네들은 오데트네에서 나와 곧바로 그레뱅 미술관*2에 가지 않았지. 그전에 다른 곳에 갔어, 틀려? 그거, 이상한데! 이야기가 좀 재미있게 흘러가는걸. 그러고 나서 검은 고양이*3에 갔다니, 오데트도 괴상한 생각을 해냈군. 오데트다운 생각이지만…… 틀려? 자네 생각이었다고? 놀랐는걸. 아무튼 나쁜 생각은 아니지. 거기 가면 오데트가 아는 사람이 많이 와 있었을 테니까. 아니라고? 오데트가 아무와도 말하지 않았다고? 이상한데. 그럼 자네들은 그런 모양으로 단둘이서 거기 있었다는 건가? 그 광경이 눈앞에 보이는 것 같군. 자네는 친절해, 메메, 고마워." 스완은 안도의 한숨을 내쉬었다. 지금까지 그가 그의 사랑에 대하여 아무것도 모르는 어느 친구와 이야기하면서 건성으로 듣고 있노라면 때로는 어떤 말(이를테면 '어제 크레시 부인을 보았는데 내가 모르는 사내와 함께 있더군' 따위의 말)이 들려오는 일이 있었는데, 그 말은 당장 스완의 마음속으로 들어가서 굳어지고, 마치 상감처럼 박혀서 그의 마음을 괴롭히며 다시는 마음 밖으로 나가지 않았다. 그런데 그와는 반대로 '그녀가 아는 사람이 하나도 없었다, 아무와도 말하지 않았다'는 이 말은 얼마나 듣기에 감미롭고, 얼마나 쉽사리 그의 몸속에서 순환되며 콸콸 흘러 그를 편안하게 해주었는지! 그렇지만 잠시 뒤 그는 생각했다. 자기를 상대하는 것보다 그런 장소에서 누리는 오락을 더 좋아하는 오데트라면 자기를 아주 지루한 인간으로 보는 게 아닐까 하고. 그런 오락은 하찮은 것이어서 안심되었으나, 그래도 어쩐지 배신같이 느껴져 그를 괴롭혔다.

*1 샤를뤼스의 세례명 가운데 하나인 팔라메드의 애칭.

*2 몽마르트르에 있는 미술관.

*3 몽마르트르에 있는 예술적인 카바레.

그녀가 어디에 갔는지 알 수 없을 때도, 그때에 느끼는 괴로움을 가라앉히는 유일한 특효약이란 오데트의 존재, 즉 그가 그녀 옆에 있는 아늑함이어서(이 특효약도 모든 약제처럼 장기적으로 볼 때는 병을 악화시키지만, 적어도 잠시 동안은 고통을 가라앉혔다), 오데트가 허락만 해준다면, 설사 그녀가 집을 비우더라도 그녀의 집에 그대로 눌러앉아 그녀가 돌아올 때까지 기다리는 데 만족했을 것이다. 그녀가 집을 비웠던 몇 시간, 그의 몸과 마음이 마술에 걸리고 저주에 걸린 시간이지 보통 시간이 아니었던 그 몇 시간도 이윽고 그녀가 돌아와서 가져다주는 평화 속으로 녹아 사라졌으리라. 그런데 그녀는 그러기를 원하지 않았다. 하는 수 없이 그는 자기 집으로 돌아갔다. 오는 도중 여러 가지 계획을 짜보았다. 다시는 오데트를 생각 말자고 스스로 다짐했다. 심지어 옷을 갈아입을 즈음에는 꽤 즐거운 사념이 머릿속에 이것저것 떠오르기 시작했다. 잠자리에 들어가 불을 껐을 즈음에는 내일은 걸작 미술품을 보러 가야겠다는 희망으로 가슴이 부풀었다. 그런데 잠들려고, 평소의 습관으로 무의식중에 억누르고 있었던 마음의 긴장을 늦추자마자 단숨에 오한이 나서 그는 와락 흐느껴 울기 시작했다. 그는 까닭을 알려고도 들지 않고, 눈물을 닦고 웃으며 혼잣말했다. '이거 참 우습군, 내가 신경쇠약이 됐나 봐.' 그러고 나서 그는, 내일도 오데트가 어떤 일을 저질렀는지 알아보기 위해 애써야겠구나, 그녀를 만나려면 힘이 되는 사람을 이리저리 움직여봐야 하겠구나 하는 생각에 크나큰 피로를 느꼈다. 휴식도 변화도, 또 성과도 없으면서 불가피한 이런 활동이 그를 어찌나 견딜 수 없게 하였던지, 어느 날 배에 부스럼이 난 것을 알아채고는 이건 결국 목숨을 앗아갈 종기다, 나는 다시는 그 무엇에도 시달리지 않게 되는 거다, 이 병이 다가올 마지막 날까지 이 몸을 지배하고 장난감으로 삼을 거다 생각하면서 그는 진심으로 기뻐했다. 사실 이 시기에 그가 입 밖에 내진 않았지만 자주 죽음을 바라게 된 것도, 말하자면 격심한 마음의 아픔에서 벗어나기 위해서라기보다 오히려 보람도 없이 계속되는 지겨운 노력에서 벗어나기 위해서였다.

그래도 그는 더 이상 그녀를 사랑하지 않게 될 때까지, 그녀가 그에게 거짓말할 까닭이 조금도 없게 될 때까지, 또 어느 날 오후에 그녀를 보러 가서 그녀가 포르슈빌과 잠자리를 같이 했는지 안 했는지를 그녀의 입에서 직접 듣게 될 때까지 살기를 바랐으리라. 가끔 며칠 동안은 그녀가 아주 다른 아무개를 사랑하고 있지 않나 하는 의혹에 포르슈빌에 관한 의혹을 품지 않게 되어, 그 문제에 거의 무관심해지는 일이 있었다. 마치 여전히 변함없는 병세가 겉으로만 새로운 징후를 보이는 바람에 잠시 이전 병의 상태에서 구출된 것처럼 보이듯이. 뿐만 아니라 때로는 전혀 의혹에 속 썩이지 않는 나날도 있었다. 그는 병이 완쾌된 줄로 믿는다. 그러나 다음 날 아침잠에서 깨자 같은 곳에 같은 아픔을 느낀다. 그것은 그가 전날 온종일 갖가지 인상의 분류(奔流) 속에서 그 아픔과 감각을 그저 엷어지게 했기 때문이다. 하지만 그 아픔은 있던 장소에서 한 걸음도 움직이지 않았다. 아니, 실은 스완의 잠을 깨웠던 것이 바로 그 아픔의 날카로움이었다.

날마다 이토록 그의 마음을 차지하고 있는 중대사에 관하여 오데트는 아무런 정보도 주지 않았으므로(하기야 쌓아 올린 경험으로 보아 그것이 쾌락 말고는 아무것도 아니라는 정도는 알고 있었지만), 그도 그러한 상상을 오랫동안 계속할 수는 없었다. 두뇌는 부질없이 움직였다. 그러자 그는 코안경의 알을 닦으려고 하듯 피곤한 눈꺼풀에 손가락을 가져가며, 생각하는 것을 아주 그만두었다. 그래도 역시 그 미지의 것에서는 어떤 의무가 떠올라, 오데트가 의리를 지켜야 한다고 입버릇처럼 말하고 있는 먼 친척이나 옛 친구에 막연히 이어져 때때로 그의 마음속에 나타나곤 했다. 이들은 그녀가 스완을 만나지 못한다고 말할 때에 핑계로 내세우는 유일한 사람들이었으므로, 스완은 그들이 오데트의 생활에 확고하고 필연적인 틀이 되어 있는 듯 느껴졌다. 그가 몸이 불편하여 '혹시 오데트가 고맙게도 찾아와주지 않을까' 하고 생각했을 때에도, 평소에 그녀가 곧잘 그에게 '내가 여자친구와 함께 경마장에 가는 날'이라고 딱 잘라 말했으므로, 오늘이 바로 그날이란 생각이 돌연히 머리에 떠올라서 그는 이렇게 혼잣말을 했다. '아아! 그렇지, 와달라고 해도 헛수고다. 진작 생각했어야 했지. 오늘은 그녀가 여자친구와 함께 경마장에 가는 날이지. 불가능한 일을 바라진 말자. 어차피 승낙될 리 없는, 처음부터 거절될 것을 바란댔자 소용없다.' 이처럼 경마장에 가야 하는 오데트의 의무, 스완을 굴복시킨 이 의무가 스완에게는 회피할 수 없는 것으로 보였을 뿐만 아니라, 그 의무 위에 새겨진 필연이라는 성격은 어떻게 관계 있는지를 가리지 않고 이 의무에 관련되는 모든 것을 그럴싸하고 정당한 것으로 만드는 성싶었다. 이를테면 오데트가 길거리에서 한 통행인의 인사를 받아 스완이 질투를 느꼈고, 그녀는 그 낯선 사람의 존재를 전에 말해둔 두 세 가지 크나큰 의무 가운데 하나와 관련지으면서 그의 물음에 대답하기를, 예를 들어 '나와 경마장에 같이 갔던 그 여자친구의 칸막이 좌석에 있던 분이죠'라고 하였다면, 그 설명으로 스완의 의심은 풀리고, 그는 실제로 그녀의 여자친구가 경마장 칸막이 좌석에 오데트 말고 다른 손님과 같이 있었대도 할 수 없는 일이 아니냐고 생각해버린다. 더구나 그는 그런 손님이 어떠한 사람들인지 떠올리려고도 하지 않았으며, 만약 떠올렸더라도 성공하지 못했을 거다. 아아! 그 여자친구를, 마음만 먹는다면 경마장에 갈 때 오데트와 함께 자기도 데리고 갈 수 있는 그 여자친구를 그는 얼마나 사귀고 싶었는지! 그런 여인을 위해서라면 기꺼이 다른 교제는 다 버렸을 테니, 그처럼 오데트와 자주 만나는 여인이라면 상대가 미조술사(美爪術師)건 여점원이건 개의치 않았을 거다! 그런 여인들을 위해서라면 여왕을 위해서 하는 수고보다 더 많은 수고를 마다하지 않았으리라. 그녀들이야말로 오데트의 생활에서 한 부분을 지니고 있으며, 그로부터 스완의 고통에 듣는 유일한 진통제를 줄 것이 아니겠는가? 오데트가 이해관계 때문인지 아니면 참으로 순수한 마음 때문인지 모르나 어쨌든 교제를 계속하고 있는 그런 하층계급 여인의 방에서 시간을 보내러 가는 것이라면, 그는 얼마나 기쁘게 달려갔을는지! 자기가 아무리 가고 싶어해도 오데트가 좀처럼 데려가주지 않는 어느 더러운 집의 6층에 얼마나 기꺼운 마음으로 영원히 머무를 것인가! 거기서 퇴직한 귀여운 여재봉공과 함께 살면서 거의 날마다 오데트의 방문을 받는다면 얼마나 기껍게 그 여인의 애인인 체했으랴! 거의 빈민굴 같은 거리에서, 아무리 수수하고 비열하더라도 안온과 행복으로 가득 찬 다사로운 생활을 끝없이 영위하기를 얼마나 기쁘게 승낙했으랴!

지금도 스완과 만나고 있을 때 그가 모르는 사내가 다가오는 것을 그녀가 알아보는 경우, 포르슈빌이 아직 거기 있는 동안에 그가 찾아갔던 날과 똑같은 침울한 낯빛이 그녀 얼굴에 떠오르는 것을 스완이 알아채는 일이 이따금 있었다. 하지만 그런 일은 드물었다. 왜냐하면 그녀가 해야 할 모든 걸 제쳐놓고서 체면에 얽매이지 않고 스완을 만나게 되는 나날에 그녀의 태도를 지배하고 있던 것은 이미 자신감이어서, 이 자신감은 그녀가 스완과 처음 사귈 무렵에 그의 곁에서 느꼈던 주눅 든 기분과는 크나큰 대조를 이루고, 틀림없이 그런 기분에 대한 무의식적인 앙갚음, 자연스러운 반동이었는지도 몰랐다.

그 무렵 그녀는 멀리 떨어져 있을 때에도 이런 말로 편지를 쓰기 시작했다. '나의 벗이여, 손이 어찌나 떨리는지 글씨가 잘 써지지 않는군요(그녀는 적어도 그렇다고 주장했다. 또 그녀가 이런 식으로 과장하려고 한 것을 본다면, 이 감동 가운데 조금은 정말이었음이 틀림없다).' 그즈음 스완은 그녀의 마음에 들었던 것이다. 그런 떨림은 자기 자신이나 사랑하는 이를 위해서가 아니면 결코 일어나지 않는다. 행복이 더 이상 애인의 손안에 있지 않고 보면, 누구든지 마음 놓고서 편하고 대담무쌍하게 애인 곁에서 행동한다! 스완과 얘기를 하거나 그에게 편지를 쓰거나, 그녀는 이제 그가 그녀의 것이라는 착각을 일으킬 만한 말은 하지 않게 되었다. 옛날에는 '나의', '나의 것'이라는 말을 자주 쓰면서 그에 관해서는 '당신은 저의 보배예요, 이것은 우리 우정의 향기예요, 이 몸은 두고두고 간직하겠어요'라고 말하며, 그들 두 사람만의 일인 듯이 미래와 죽음을 이야기하는 기회마저 애써 만들었는데. 그 무렵에는 스완이 말하는 모든 것에 그녀는 감동하여 대답했다. "참말이지 당신만한 분은 세상에 흔치 않아요." 그러고서 머리가 약간 벗겨진 긴 얼굴을, 스완의 성공을 알고 있는 사람이라면 그것을 보고 '이 사람은 잘생겼다고는 할 수 없지만 아무래도 멋지구나, 이 머리털, 이 외알안경, 이 미소가!'라고 생각하는 그 얼굴을 유심히 바라보았던 것이다. 그리고 그의 애인이 되고 싶은 것 이상으로 그의 사람됨을 알고 싶다는 듯이 "그 머릿속에 있는 것을 알 수만 있다면 얼마나 좋을까!" 하고 말했던 것이다.

그런데 이제 그녀는 스완의 어떠한 말에도, 어느 때는 성난 말투로, 어느 때는 무언가를 꾹 참는 말투로 대답했다. "흥! 그래서 당신은 결코 세상 사람들처럼 되지 못하는 거예요!" 그녀는 그의 얼굴을 가만히 바라보았다. 마음속의 괴로움으로 약간 더 늙었을 뿐인 그의 얼굴을(그러나 누구든지 단번에, 예컨대 프로그램을 읽기만 해도 교향곡 한 곡의 의도를 발견하게 하고, 혈족 관계를 알기만 해도 아이가 누굴 닮았는지 알아내게 하는 심리적 기능에 의하여 스완의 마음속 괴로움을 알아채고, 암시를 받은 각자의 상상력 속에서 겨우 몇 달 사이에 진정으로 사랑하던 애인의 얼굴로부터 가련하기 그지없는 오쟁이 진 서방의 얼굴을 구별하는 보이지 않는 경계선을 긋고선 생각하는 것이었다. '이 사람은 확실히 보기 흉하진 않지만, 참 멋이 없구나. 이 머리털, 이 외알안경, 이 미소가!') 바라보고 이렇게 말한다. "아아! 내가 그 머릿속에 있는 것을 바꿔서 좀더 분별 있게 만들 수 있다면 얼마나 좋을까!" 그런데 스완은 오데트의 행동이 조금이나마 원하는 대로 해석할 여지만 있다면 금세 그렇게 해버리는 터라, 이 말에 탐욕스럽게 덤벼들어 그녀에게 말하는 것이었다. "바꿀 수 있고말고. 당신이 그러려고만 든다면."

그리고 그는 그의 마음을 누그러뜨리거나 그를 부려 일하게 하는 것은 다른 여인들이 헌신적으로 하고 싶어할 만큼 고귀한 소임이지만, 정직하게 말해 다른 여인들의 손에 의하여 그렇게 된다면 그런 고귀한 소임도 그의 자유에 대한 무례하고도 참지 못할 침해로밖에 생각되지 않을 거라는 점을 그녀에게 설명하려고 애썼다. '만약에 그녀가 나를 조금이라도 사랑하지 않는다면, 나를 바꾸고 싶다고는 생각하지 않을 것이다.' 그는 이렇게 생각했다. '게다가 나를 바꾸려면, 오데트는 나와 더욱더 자주 만나야 할 테지.' 이처럼 그는 그녀가 퍼부은 비난에서 관심의 증거, 아마도 사랑의 증거인 듯한 것을 발견했다. 그리고 지금에 와서는 그녀가 그런 증거를 거의 보여주지 않아서, 그는 결국 그녀가 이것저것 금지하는 것을 관심이나 사랑의 증거처럼 간주할 수밖에 없었다. 어느 날 그녀는 스완의 마부가 마음에 들지 않는다, 그 마부가 분명 그를 충동질해 그녀를 배신하게 할 것이다, 아무튼 그 마부는 그녀가 바라는 바와 같이 그에게 충실하지도 공손하지도 않다고 스완에게 말했다. 그때 스완이 그녀의 입에서 "다음부터 우리집에 오실 때에는 그 사람을 부리지 마세요"라는 말이 나오기를, 마치 입맞춤을 바라 마지않듯이 듣고 싶어한다는 사실을 그녀는 눈치챘다. 마침 기분이 좋았으므로 그녀는 그에게 그렇게 말했다. 그러자 그는 크게 감동했다. 그날 저녁, 기쁘게도 그녀에 대해서 털어놓고 말할 수 있는 상대인 샤를뤼스 씨와 이야기하던 중에(그가 하는 말은 아무리 사소한 것이라도, 심지어 오데트를 모르는 사람들에게 이야기할 때조차 전부 어떤 형태로든 그녀와 관계되어 있었으므로) 스완이 말했다. "그녀는 역시 나를 사랑하고 있다고 생각해. 나에게 정말 상냥하게 굴거든. 확실히 내가 하는 일에 무관심하지 않단 말이야." 또한 그녀의 집으로 갈 때 도중에서 내릴 한 친구와 함께 마차를 타는 경우, 만약 그 친구가 그에게 "저런, 마부 자리에 있는 이가 로렌다노*가 아니군그래?"라고 말했다면, 스완은 우울한 척하면서도 속으로는 얼마나 기뻐하며 대답했을 것인가. "그렇다네! 나 원 참! 왜 그런고 하니, 라 페루즈 거리에 갈 때는 로렌다노를 못 부리거든. 내가 로렌다노를 부리는 것을 오데트가 싫어해. 나를 대하는 태도가 좋지 않다나. 그러니 어쩌겠어. 자네도 알다시피 여자란 원래 그런 게 아닌가! 레미를 데리고 갔다간 오데트가 몹시 싫어하겠지, 그렇고말고! 야단나네!"

오데트가 새로이 스완에게 취하게 된 이 데면데면하고 불성실하며 신경질적인 태도는 물론 스완을 괴롭혔다. 그러나 스완은 그 고통을 깨닫지 못했다. 오데트가 스완에게 냉담해진 것은 날을 거듭하며 점차 그렇게 된 것이므로, 처음 무렵의 그녀와 오늘의 그녀를 비교해보지 않고서는 지금 그녀가 얼마나 변하였는지 그로서는 헤아려볼 길이 없었으리라. 그런데 이 변화는 그의 몸속 깊이 숨은 상처가 되어 낮에도 밤에도 그를 아프게 했으므로, 스완은 자기 사념이 지나치게 상처에 가까워졌다고 느끼면 괴로워질까 두려워서 재빨리 사념을 딴 방향으로 돌렸다. 그는 자주 추상적인 혼잣말을 중얼거렸다. '오데트가 보다 더 나를 사랑해줄 때도 있었다.' 하지만 그는 그런 때를 결코 다시 보려 하지 않았다. 그의 서재에는, 그가 그곳에 드나들 때 애써 보지 않으려고 갑작스레 방향을 바꿔 피하는 서랍 달린 장롱이 있었다. 그가 그것을 피한 까닭은 그 서랍 속에 처음으로 그가 오데트를 배웅하던 날 밤 그녀가 준 국화와 그녀의 편지가 간직돼 있었기 때문인데, 그 편지에는 '왜 당신 마음도 놓고 가시지 않았는지요. 마음이라면 돌려드리지 않았을걸'이라든가 '저를 만나주시는 건 당신 형편이 좋은 대로 낮이건 밤이건 어느 때든 상관없어요. 알려만 주신다면 기꺼이 소망에 따르겠어요'라고 씌어 있었다. 그런 장롱과 마찬가지로 그 자신 속에도 절대 가까이하지 않는 장소가 하나 있었다. 그는 필요하다면 길디긴 억설이라도 붙여 돌음길로 가서, 정신이 그 앞을 지나지 않게 했다. 거기는 행복하던 나날의 추억이 살고 있는 곳이었다.

그러나 어느 날 밤 그가 사교계에 나갔을 때 이처럼 용의주도한 조심성도

---

* 스완이 마부 레미에게 붙인 별명.

좌절되고 말았다.

그것은 그해의 마지막 야회, 생퇴베르트 후작부인이 그 뒤 자선 음악회에 출연하기로 되어 있는 음악가들의 연주를 손님들에게 들려주는 야회에 참석하러 스완이 부인 댁에 갔을 때의 일이다. 그때까지 스완은 매번 이 야회에 가고 싶다고 생각하면서도 좀처럼 결심을 못하고 있었는데, 그날은 마침내 갈 마음을 먹고 외출할 채비를 하고 있었다. 그때 샤를뤼스 남작이 찾아와서, 자기가 같이 가서 조금이나마 심심풀이가 되고 쓸쓸함도 적어진다면, 후작부인 댁에 함께 가주마 하고 말을 꺼냈다. 그런데 스완은 이렇게 대답했다.

"그야 자네가 함께 있어 준다면 정말로 기쁘겠지. 그런데 말이야, 나를 좀 더 기쁘게 해주는 것은 오히려 자네가 오데트를 만나러 가주는 걸세. 자네도 알다시피 자네에게는 그녀를 움직일 만한 영향력이 있네. 오늘 저녁에 오데트는 여재봉공 노릇을 하던 여인의 집에 가기 전에는 외출하지 않을 테고, 내친김에 자네가 함께 그곳에 가주면 오데트는 틀림없이 기뻐할 거야. 어쨌든 그 전에 오데트 집에 가면 그녀를 만날 수 있겠지. 그러니 그녀를 좀 즐겁게 해주고, 또 그녀한테 이야기도 잘해주게. 내일을 위해서 약속이라도 잡아주지 않겠나. 뭔가 그녀를 기쁘게 하는, 우리 세 사람이 함께할 수 있는 일을…… 또 올여름 계획 같은 것도 대충 의논해 봐주게. 오데트는 뭘 하고 싶은지. 우리 세 사람이 함께 여행이라도 간다든가, 뭐든지 좋아. 오늘 밤 나는 그녀를 만날 셈은 없지만, 그래도 혹시 그녀가 만나고 싶어하거나 또는 좋은 핑계가 생길 것 같으면 자정까지는 생퇴베르트 부인 댁에, 그 뒤라면 우리집에 인편으로 한마디 일러주면 정말 고맙겠네. 심부름을 시키는 것 같아 미안하군. 자네에겐 진심으로 감사하고 있네."

남작은 생퇴베르트 저택의 어귀까지 스완을 바래다준 뒤 그가 바라는 대로 오데트를 방문하겠다고 약속했다. 스완은 샤를뤼스 씨가 라 페루즈 거리에서 이 밤을 보내줄 것이라는 생각에 안심하고 생퇴베르트 저택에 닿았는데, 오데트와 아무런 관계없는 모든 일, 특히 사교계에는 영 마음이 끌리지 않아서 우울하고도 서먹서먹한 기분이 들었다. 사교계가 갖는 매력이 이제는 선망의 과녁이 되지 못하고, 그 허식이 있는 그대로 눈에 비치는 상태였다. 마차에서 내리자마자 스완의 눈에 재미나게 비친 것은, 한 집안의 여주인이 이처럼 일부러 손님을 초대하는 날에 손님들에게 자기 집의 격식을 요약해 보이려고 꾸며, 자기 가정에서는 복장이나 꾸밈새의 전통적인 바른 예법을 존중하는 데 애쓰고 있다고 주장하고자 하는 그런 광경으로, 발자크가 묘사한 바 있는 '호랑이(tigre)'*의 후계자들, 산책하는 주인의 뒤를 늘 따라다니는 젊은 하인들의 모습이었다. 그들은 똑같은 모자를 쓰고 장화를 신은 채 저택 앞 큰길이나 마구간 앞에 마치 정원사들이 화단 들목에 늘어서 있듯이 서 있어서 스완의 흥미를 끌었다. 살아 있는 인간과 미술관에 있는 초상화 사이의 비슷함을 찾아내려는 그의 별난 버릇은 여기서도, 더더구나 보다 끈기 있고 광범위하게 작용하기 시작했다. 사교계에서 벗어난, 이제 와서는 사교 생활 전체가 마치 하나로 이어지는 유화처럼 그의 눈앞에 나타났던 것이다. 그가 사교인이었을 무렵 외투를 입고 들어갔다가 연미복 차림으로 나오던 현관, 그러나 거기에 있는 잠시 동안은 그가 이제 막 나온 연회나 이제부터 안내받게 될 연회를 생각하느라 눈앞에서 일어나고 있는 일을 잘 몰랐던 현관, 그 현관에서 그는 처음으로 이처럼 뜻밖에 늦게 온 손님의 도착 때문에 깨어난 덩치 크고 위풍당당한 하인들 무리를 주목했다. 그들은 화려한 복장 그대로 여기저기 의자나 상자 위에서 졸고 있다가, 그레이하운드처럼 날카롭고도 귀족적인 옆얼굴을 쳐들며 벌떡 일어나서 달려오더니 그의 둘레를 빙 둘러쌌다.

그들 가운데 특히 용모가 사나워서 르네상스 시대의 사형을 그린 그림 속 망나니를 꼭 닮은 하인 하나가 그의 휴대품을 맡으려고 어정어정 걸어나왔다. 그런데 그 강철 같은 눈초리의 냉혹함은 실장갑의 부드러움으로 상쇄되고 있어서, 스완의 곁에 왔을 때 그는 마치 스완이라는 인물에 대하여는 경멸을, 그 모자에 대하여는 경의를 표하고 있는 성싶었다. 그는 공손히 모자를 받았는데, 손에 꼭 맞는 장갑 때문인지 그런 공손함에는 어딘지 모르게 지나치게 꼼꼼한, 어떤 섬세함이 깃들어 있는 듯했다. 하기야 그 섬세함은 강력한 도구인 그 억센 손 때문에 사뭇 애처로워 보이기까지 했지만. 그 하인은 신출내기이자 소심한 조수 하나에게 모자를 넘겼는데, 이 신출내기는 독살스러운 눈길로 두리번거리면서 그가 느끼고 있는 공포심을 나타내고, 마치 이제 막 가축이 된 야생 동물처럼 불안한 흥분을 보이고 있었다.

---

* 발자크의 작품에 나오는 '토비'라는 사나이를 가리키는 말로서, 젊은 마부에 대한 속칭.

몇 걸음 떨어진 곳에서 하인 제복을 입은 몸집이 큰 사내가 조각처럼 꿈쩍도 않고 하는 일 없이 꿈을 꾸고 있었다. 그 모양은 만테냐(Mantegna)*1의 소란스러운 그림 속에서 전사들이 서로 달려들며 죽이고 있는데 그 옆에 순전히 장식으로 첨가된 전사 하나가 방패에 몸을 기댄 채 꿈꾸고 있는 모습과 비슷했다. 스완의 주위에 몰려든 동료 무리에서 홀로 떨어져 있는 하인이 바다 같은 청록색 잔인한 눈으로 멀거니 그 광경을 바라보고 있었으니, 그는 마치 '유아 학살' 또는 '성 야고보*2의 순교'를 목격하듯 그 장면에 무관심해지고자 하는 굳은 결심을 하고 있는 성싶었다. 그 하인은 이미 지상에서 사라진 그 종족에—혹시 살아 있다고 해도 틀림없이 산제노 성당 제단화나 에레미타니 성당 벽화에 겨우 모습을 남기고 있을 뿐이며, 지난날 스완이 찾아가서 구경한 그때 그대로 아직도 꿈꾸고 있을 그 종족에—, 다시 말해 만테냐 화백이 쓴 파도바(Padova)*3인 모델이나 알브레히트 뒤러*4가 쓴 색슨인 모델이 고대 조각을 수태시켜 탄생한 바로 그 종족에 속해 있는 것처럼 느껴졌다. 그리고 머릿기름을 바른 그의 타고난 고수머리는 만토바*5의 화백이 끊임없이 연구를 계속하던 그리스 조각의 머리카락처럼 헐렁하게 다듬어져 있었다. 만테냐가 연구한 그리스 조각은 그것이 인간만을 나타낼 목적으로 조각되었다 하더라도, 적어도 그 단순한 형태에서 참으로 변화무쌍한 풍요함, 살아 있는 온 자연에서 빌려온 듯한 풍요함을 꺼낼 수 있었으니, 머리털만 보아도 그 고수머리의 매끄러운 곡선 모양이나 뾰족한 끝 부분, 또는 세 가닥으로 땋아 꽃피는 꽃관처럼 감아올린 머리채는 해초 다발처럼 보이기도 하고, 한 둥지에서 와글거리는 새끼 비둘기처럼 보이기도 하며, 히아신스 다발처럼 보이기도 하고, 뱀들의 똬리처럼 보이기도 한다.

그 말고도 역시 건장한 하인들이 마치 기념비처럼 계단의 층계마다 서 있었다. 그들이 어찌나 장식물처럼 나란히 서서 대리석과 같이 꼼짝 않고 있던지, 그 계단을 베네치아에 있는 두칼레 궁전*6 계단처럼 '거인의 계단'이라고

*1 이탈리아의 화가(1431~1506).
*2 기원후 44년 예루살렘에서 순교. 만테냐의 작품에 그를 주제로 삼은 벽화가 있음.
*3 이탈리아 북부의 도시.
*4 독일의 화가(1471~1528).
*5 만테냐의 고향.
*6 기원후 800년 무렵에 건립. 거인의 계단에는 마르스와 넵투누스의 거상이 서 있음.

불러도 괜찮으리라고 생각했다. 스완은 이 계단을 밟으면서, 오데트가 한 번도 이곳을 오르지 못한 것이 생각나서 슬퍼졌다. 아아! 이 계단이 퇴직한 여재봉공이 사는 어둑하고도 악취 풍기는 위태위태한 계단이었다면 그는 얼마나 기쁘게 올랐으랴. 그 '6층' 방을 얻어 들어 거기서 오데트가 찾아오는 밤을 지낼 수 있다면, 또 오데트가 오지 않는 다른 날에도 그가 없는 곳에서 오데트가 늘 만나는 사람들—그 때문에 애인의 생활 가운데 자기가 알고 있는 무엇보다 더 현실적인, 더 접근하기 어려운, 더 신비로운 무엇인가를 숨기고 있는 듯이 보이는 사람들—과 함께 오데트에 관한 이야기를 할 수만 있다면 매주 오페라 극장의 무대 앞 칸막이 좌석을 빌리는 요금보다 더 비싼 대가라도 얼마나 기분 좋게 지불하였으랴.

퇴직한 여재봉공 거처의 계단, 냄새가 고약하지만 그래도 올라가고픈 그 계단에는 따로 뒷계단이 없었으므로 저녁 무렵이면 어느 집 문 앞에나 신발 닦이 깔개 위에 더러운 빈 우유통이 나와 있었는데, 그에 비해 스완이 지금 올라가고 있는 으리으리한 계단, 하지만 그로선 아무래도 좋은 이 계단 양쪽에는 수위실 창문과 홀의 방문이 여러 높이로 벽에 내고 있는 텅 빈 굴 앞에, 수위와 집사가(이 건실한 사람들은 다른 날에는 각자의 소유지에 있는 거처에서 얼마간 속박 없이 살며 구멍가게 주인처럼 자기 집에서 식사하고, 또 다음 날에는 의사나 실업가 같은 중산계급 가정에서도 근무해야 하는 신분이었다) 저마다 맡은 일에 어울리는 관록을 보이고 찾아온 손님에 대한 경의를 나타내며 서 있었다. 그들은 아주 가끔씩만 입어서 몹시 거북하게 보이는 눈부신 제복 차림으로, 미리 지시받은 분부에 어긋남이 없도록 긴장하면서, 정문 아케이드 밑에, 평민다운 온화한 표정으로 완화된 으리으리한 치장을 번쩍거리며 성자 조각상처럼 서 있었다. 그리고 또 건장한 수위가 성당 순시원 같은 복장을 하고, 도착한 손님이 지나갈 때마다 지팡이로 포석을 탁탁 두드리고 있었다. 고야가 그린 성당지기 또는 고전극에 나오는 대서인처럼 뒤통수에 리본으로 묶은 머리칼을 작은 꼬리처럼 늘어뜨리고 있는 창백한 얼굴의 하인을 따라 계단 꼭대기에 이른 스완이 큼직한 탁자 앞을 지나가자, 커다란 명부 앞에 공증인처럼 앉아 있던 하인들이 일어나 스완의 이름을 적어넣었다. 다음에 그가 작은 대기실—다른 장식품은 하나 없이 단 한 개의 미술품만을 위한 액자로 쓰여, 그 미술품에서 딴 이름으로 무엇무엇의 방이라고 불리게 된 곳—을 지나가려고 하자, 출입구에는 벤베누토 첼리니*1가 조각한 값진 나체상처럼 한 젊은 사내종이 앞쪽으로 가볍게 숙인 자세로, 붉은 목받이 위에 그보다 더 붉은 얼굴을 세우고, 거기에서 정열과 소심함과 열성의 불꽃을 튀기고 있었다. 이 사내종은 음악이 연주되고 있는 살롱 앞에 드리운 오뷔송(Aubusson)*2의 태피스트리를 그 뜨겁고 경계를 게을리하지 않는 필사적인 눈길로 꿰뚫으면서—마치 경계의 인간화, 대기의 화신, 전투 준비의 기념상같이—군대식의 무감동 아니면 초자연적인 신앙과 더불어, 성의 큰 탑 아니면 대성당의 첨탑에서, 적의 내습 아니면 '심판'의 시각을 엿보는, 파수꾼 아니면 천사와도 비슷한 꼴을 하고 있었다. 이제 스완은 연주실에 들어가는 일밖에 남지 않았다. 은사슬을 걸친 접대원이 고개를 수그리더니 마치 함락된 시가의 성문 열쇠를 내놓듯이 연주실 문을 열었다. 그런데 그는, 오데트만 허락해주었더라면 이 순간에 가 있을 집을 생각했다. 그 신발닦이 깔개 위에 놓인 빈 우유통을 흘끗 본 기억이 그의 가슴을 죄었다.

벽에 걸린 태피스트리를 지나 안쪽으로 들어서서, 수많은 하인을 구경해 온 눈을 초대객들에게 돌렸을 때, 스완은 금세 남성의 추함을 다시 느꼈다. 게다가 그가 그처럼 잘 알고 있는 사람들의 얼굴인데도 그 추함만이 새삼 뚜렷하게 보였다. 그러한 얼굴 생김새가—지금까지는 하나하나 상대를 구별하는 데 쓰이는 실용적인 표징으로서, 이를 통해 스완은 상대와 함께 즐길지, 귀찮은 일을 피해 달아날지, 아니면 예의를 지켜 그를 대할지 정하는 것이었는데—이제는 오직 미적인 관계만으로 조정되어, 스완은 다른 온갖 관계와는 동떨어진 얼굴의 선에만 눈이 갔던 것이다. 그리고 지금 스완을 둘러싼 이 사람들 사이에서는, 많은 사람이 걸치고 있는 외알안경마저(전 같으면 스완은 기껏해야 외알안경을 걸치고 있군 하고 생각하는 정도로 그쳤을 것을) 지금은 그것이 누구에게나 다 같은 단순한 습관으로 보이지 않고, 어디까지나 어떤 개성 있는 것으로 보였다. 출입구에서 담소하고 있는 프로베르빌 장군과 브레오테 후작은 오래전부터 스완을 자키 클럽에 소개도 해주고 그의 결투 참관인도 돼준 유익한 친구들인데, 지금은 그림 속의 두 인물로밖

*1 16세기 피렌체파의 조각가(1500~71).

*2 프랑스 중부의 도시. 보베와 같이 태피스트리로 유명함.

에 보이지 않아서인지, 장군의 외알안경은 키클롭스*의 외눈처럼, 상스럽고 흉터가 있는 의기양양한 얼굴의 눈꺼풀 사이에 파고든 포탄의 파편처럼 미간에 붙어 있어서 스완의 눈에는 무시무시한 상처처럼 보였다. 그야 물론 장군으로서는 그런 상처를 입은 것이 영광임에는 틀림없겠지만, 그렇게 과시하다니 단정하지 못하다는 생각이 들었다. 한편 브레오테 씨의 외알안경은 그가 연회의 표시로서 회백색 장갑, '오페라해트', 흰 넥타이 같은 것과 함께 몸에 걸치는 도구로, 그는 사교계에 나갈 때에만(스완 자신도 하듯이) 평소 쓰는 코안경 대신에 이것을 걸쳤는데, 그 외알안경은 애교라는 균이 우글우글하는 무한히 작은 눈을 현미경 아래 놓인 박물표본처럼 안경알 뒷면에 붙이고 있어, 이 눈은 천장 높이에, 연회의 훌륭함에, 프로그램의 재미에, 음료의 좋은 맛에 끊임없이 미소 짓고 있었다.

"여, 당신 이거 오래간만이구려." 스완에게 말을 건넨 장군은 그의 야윈 얼굴에 주목하고, 그가 그동안 사교계에 그림자도 얼씬하지 않았던 것이 틀림없이 어떤 중병 탓이었거니 지레짐작하고는 덧붙였다. "그래도 꽤 혈색이 좋으시군!" 한편 그 사이에 브레오테 씨는 한 소설가를 붙잡고 "아니, 여기 오시다니, 이런 곳에서 뭘 하시죠?" 하고 물었는데, 이 사교계 단골손님인 소설가는 그가 득의에 차서 하는 심리 탐구와 무자비한 분석의 유일한 도구인 외알안경을 이제 막 눈 한쪽에 끼웠을 뿐인데, 참으로 점잔을 빼며 의미심장하게 'r' 소리를 강하게 굴리면서 대답했다.

"관찰하고 있죠."

포레스텔 후작의 외알안경은 콩알만큼 작고 테가 전혀 없어서, 그의 눈에는 마치 어떻게 들러붙었는지 알 수 없는 이상한 재질의 연골이 하나 더 박혀 있는 것처럼 보였는데, 이 때문에 그의 눈은 끊임없이 괴로운 듯 경련할 수밖에 없었다. 그런데 그 덕분에 후작의 얼굴은 우수에 잠긴 우아함을 띠게 되어, 여인들의 눈에는 그가 사랑의 크나큰 고민에 잠긴 사람이라는 느낌을 주었다. 이에 반해 토성처럼 거대한 고리로 둘러싸인 생캉데 씨의 외알안경은 얼굴의 중심을 이루어 언제나 혼자서 얼굴을 지배하고, 움찔거리는 붉은 코와 비꼬기 잘하는 두꺼운 입술은 계속 오만상을 찌푸려가며 재기가 번쩍

* 그리스 신화에 나오는, 이마 한가운데에 외눈이 박힌 거인.

번쩍하는 외알안경까지 올라가려고 애썼는데, 이 모습이 또한 속물적이고 타락한 젊은 여인들에게는 세상에 어떤 아름다운 눈보다도 더 근사하게 보여서, 그녀들로 하여금 인공적인 매력과 세련된 즐거움을 꿈꾸게 했다. 한편 그 뒤쪽 팔랑시 씨는 외알안경 뒤에서 동그란 눈알을 굴리는 잉어와도 같이 커다란 머리를 들고, 천천히 연회장 한가운데를 여기저기로 헤엄치다가 이따금 방향을 찾으려는 듯 커다란 아래턱을 뻐끔뻐끔 벌리고 있었으니, 그 모습은 전에 그가 있던 수족관 유리벽에서 우연히 얻은, 아마도 순전히 상징적인 한 파편을 머리에 붙이고 돌아다니는 것으로밖에는 보이지 않았는데, 그 한 파편에서 수족관의 전경을 넉넉히 떠올릴 수 있어서, 그로 인해 파도바에 있는 조토의 그림 '미덕'과 '악덕'의 찬미자인 스완은 그 '부정(不正)'의 그림, 옆쪽에 그려진 잎이 우거진 작은 가지가 암시하는 숲 속에 그 은신처를 지닌 '부정'의 그림을 떠올렸다.

스완은 생퇴베르트 부인의 권유에 못 이기는 동시에 플루트 연주자가 부는 '오르페우스'의 아리아를 듣고자 앞으로 나가 한구석에 자리잡았는데, 공교롭게도 그 자리는 나란히 앉아 있는 두 부인, 이미 나이 지긋한 캉브르메르 후작부인과 프랑크토 자작부인에 의해 앞이 완전히 가려 있었다. 두 부인은 사촌자매여서 반드시 야회에 핸드백을 들고 딸들을 데리고 나와 마치 정거장에서처럼 서로 찾는 데 시간을 보내며, 게다가 나란히 있는 두 자리를 부채나 손수건을 놓아 잡아두지 않고서는 마음이 편하지 못했다. 캉브르메르 부인은 교제가 좁았으므로 그런 동반자가 있는 것이 마음 든든했고, 반대로 얼굴이 넓은 프랑크토 부인도 이름난 벗들 전부에게, 그들보다도 젊은 시절의 추억을 함께 간직한 무명의 부인을 더 소중히 여기고 있는 모습을 보이는 것이 뭔가 세련된 것, 독특한 것으로 느껴졌다. 스완은 심한 염증을 느끼면서 플루트의 아리아에 이어 피아노 간주곡(리스트의 〈새들에게 설교하는 성 프란체스코〉)을 듣고 있는 두 부인이 능숙한 피아니스트의 어지러운 손놀림을 눈으로 좇는 것을 냉소적으로 바라보고 있었다. 프랑크토 부인은 피아니스트의 손가락이 경쾌하게 달리는 건반이 공중그네로 보이기나 하듯, 80미터 높이에서 잘못 디뎌 떨어지지 않을까 조마조마한 양 두 눈을 크게 뜨고, 옆에 있는 캉브르메르 부인에게 이따금 '믿을 수 없는 일이야, 사람이 이렇게 할 수 있을 줄은 미처 몰랐어'라는 뜻이 나타난 경악과 부인의 눈길을 던지지 않고서는 못 배겼다. 그리고 캉브르메르 부인은 음악 교육을 충실하게 받은 부인답게 메트로놈의 추가 되어버린 머리로 박자를 맞추고 있었는데, 두 어깨 사이에서 흔들거리는 그 거리와 속도가 점점 더 커지고 빨라지다가 마침내는(스스로 고통을 억누를 길 없고 또 하려고도 하지 않게 된 사람이 '에라, 모르겠다!' 하고 내뱉는 때처럼 될 대로 되라는 멍한 눈길을 지으며) 끊임없이 다이아몬드 귀고리가 코르사주의 술 장식에 걸려서 그때마다 그녀는 머리털에 꽂은 검은 포도알 비녀를 다시 고치지 않을 수 없었는데, 고치는 동안에도 속도가 빨라지는 머리 박자 운동은 그치지 않았다.

프랑크토 부인의 맞은편 조금 앞쪽에는 갈라르동 후작부인이 있었는데, 그녀는 자신이 게르망트 가문과 먼 친척이 된다는 가장 좋아하는 생각에 골몰하고 있었다. 부인은 이 혈연을 사교계에 대한 그리고 자기 자신에 대한 크나큰 명예로 삼아왔지만, 약간의 굴욕은 면하지 못했다. 그것은 게르망트 가문 가운데 특히 빛나는 이들이 그녀가 진저리나선지, 또는 고약한 여인이어선지, 또는 지체가 낮아선지, 아니면 이렇다 할 까닭 없이 그러는지, 하여튼 그녀를 조금 멀리했기 때문이었다. 그녀는 지금 그녀 곁에 있는 프랑크토 부인처럼 그녀를 잘 모르는 이가 곁에 있을 때면, 비잔틴 성당의 모자이크에 그려진 어떤 성인상 옆에 있는 수직 문자 기둥에 그 성인께서 말씀한 것으로 여겨지는 말이 새겨져 있듯, 자기가 게르망트 가문과 친척이라는 내심의 자랑이 눈에 뵈는 글자가 되어 밖으로 나타나지 않음에 안타까워했다. 지금 그녀는 사촌누이뻘 되는 롬 대공부인이 결혼한 지 여섯 해가 지나도록 한 번도 자기를 초대하거나 방문하지 않았던 것을 생각하고 있었다. 이 생각은 그녀를 노여움으로도 또한 자랑스러움으로도 가득 차게 했다. 왜냐하면 그녀가 롬 대공부인 댁에서 눈에 띄지 않아 놀라워하는 사람들에게, 거기에 가면 마틸드 공주*를 만나게 될지도 모르기 때문이라고—과격 왕당파인 자기 가족이 이를 용서할 리 없다고—여러 차례 말해온 탓으로, 이제는 그녀도 그것이야말로 자신이 사촌누이네에 가지 않는 진짜 이유라고 믿게끔 되었기 때문이다. 그래도 여러 차례 롬 부인에게 어떻게 하면 만날 수 있는지 물어본

* 나폴레옹 1세의 아우 제롬 보나파르트의 딸.

일이 머리에 떠올랐다. 하지만 그것은 막연하게 떠올랐을 뿐이고, 게다가 그녀는 '어쨌든 먼저 수그리고 나올 사람은 내가 아니야. 내가 스무 살이나 위니까'라고 중얼거리면서, 그런 조금 창피한 추억을 아예 지워버렸다. 이러한 속내의 말에 힘입어 그녀는 다시금 두 어깨를 뒤로 자랑스럽게 폈다. 그리하여 마치 두 어깨가 상체에서 떨어져나간 듯이 보이고, 어깨 위에 거의 수평으로 놓인 머리는 주인이 깃 달린 채 통째로 식탁에 내놓는 저 자랑스러운 '사냥해온' 꿩의 머리를 떠올렸다. 이는 그녀가 딱 바라진 남자 같은 똥똥한 체격이라서 그런 게 아니라, 남들로부터 받는 모욕이 모르는 사이에—고약하게도 낭떠러지에 나는 바람에 균형을 잃지 않으려고 뒤쪽으로 뻗어나갈 수밖에 없는 수목처럼—그녀의 가슴을 뒤로 젖히게 했던 것이다. 다른 게르망트 가문의 사람들과 어깨를 나란히 하지 못하는 그녀 자신을 위로하기 위하여, 그들과 거의 교제가 없는 것은 그녀가 자기 신념에 충실하며 긍지를 지키려 하기 때문이라고 끊임없이 자신에게 이르지 않을 수 없어, 마침내는 그 생각이 그녀의 몸을 빚어서 한 자세를 만들어내고, 그녀 몸에 어떤 위엄을 빚어넣어서, 그 모양이 부르주아 여인들의 눈에는 혈통의 바른 표시로 보이고, 때로는 클럽의 여러 사내들에게 덧없는 욕망을 일으켜 그들의 피곤한 눈을 괴롭히기도 했다. 갈라르동 부인의 대화에서 쓰이는 말 하나하나의 빈도를 조사해서 암호 통신의 열쇠를 찾아내는 그 분석법을 응용한다면, 그 어떤 표현도, 평소에 우리가 아무리 자주 쓰는 구절이라도 '나의 게르망트 사촌네에서', '나의 게르망트 숙모 댁에서', '엘제아르 드 게르망트의 건강', '나의 게르망트 사촌누이의 1층 칸막이 좌석'이라고 하는 구절만큼 빈번하지는 않다는 걸 누구나 알아챘으리라. 아무개가 그녀에게 어느 저명인사에 대해 말하면, 그녀는 친히 알고 지내는 사이는 아니지만 그분을 여러 번이나 '나의 게르망트 숙모 댁에서' 만났다고 대답하기 일쑤였다. 그것도 너무 쌀쌀한 말투와 공허한 목소리로 대답했는데, 그녀가 그들과 친한 사이가 아니라는 사실이 뚜렷해질수록 마치 체조 선생이 학생의 가슴팍을 발달시키기 위해 늑목(肋木) 위에 학생의 몸을 빳빳이 붙이듯이, 그녀의 두 어깨를 확고하고도 뿌리 깊은 온갖 주의에 충실히 붙이고 있기 때문이었다.

그때 마침, 생퇴베르트 부인 댁에서 보리라고는 아무도 예상하지 않았던 롬 대공부인이 막 도착했다. 그녀는 오직 친교를 도모하려는 마음에서 이 살롱을 방문했을 뿐이며 뛰어난 가문에 걸맞은 존경을 받을 생각은 전혀 없음을 보이려고, 헤치며 걸어갈 정도로 많은 사람들도 없거니와 앞을 양보할 정도의 사람도 없는 장소인데도 양어깨를 오므리면서 들어오더니, 마치 남루한 옷을 입고 남몰래 극장에 온 국왕이 그 사실이 알려질 때까지 출입구에서 관객과 함께 줄지어 서 있듯, 이곳이 자기 자리라는 태도로 일부러 뒤쪽에서 있었다. 그리고 그 눈길을 오직—자기 존재를 남에게 알리거나 정중한 대접을 강요하는 겉모양을 짓지 않으려고—양탄자나 자기 치마에만 던져 그 무늬를 물끄러미 바라보며, 그녀에게 가장 겸허해 보이는 장소(생퇴베르트 부인이 알아채기라도 한다면 기쁜 나머지 비명을 지르면서 거기서 그녀를 끌어내어 신성한 자리로 모실 것을 잘 알고 있는 장소), 즉 안면이 없는 캉브르메르 부인 옆에 서 있었다. 롬 대공부인은 이 음악광의 몸짓을 유심히 바라보고 있었지만 흉내내지는 않았다. 그래도 처음으로 짧은 시간이지만 이렇게 생퇴베르트 부인 댁에 지내려고 온 이상, 롬 대공부인은 그곳을 방문함으로써 다한 예의를 이왕이면 곱절로 보이려고 되도록 상냥스럽게 굴고자 마음먹었다. 그러나 본디 그녀는 그녀 자신이 '과장'이라고 부르는 것은 딱 질색이라, 그녀가 늘 절친하게 지내는 동아리의 '취미'와 어울리지 않는 감정의 과시에 몸을 맡겨서는 '안 된다고' 생각한다는 것을 보이기 위해 애쓰고 있었다. 그렇지만 한편으로는—자기보다 지체가 낮은 사람들의 모임일망정—새로운 환경에 들어왔을 경우, 아무리 자신만만한 사람의 마음에도 파고 들어가는 그 소심함에 가까운 모방 정신 때문에, 캉브르메르 부인의 감정 표현이 역시 얼마간 그녀에게도 영향을 미쳤다.

롬 대공부인은 생각에 잠겼다. 이 몸짓이 지금까지 들어온 음악과는 종류가 다른 듯한 이 곡에 필요한 맞장구가 아닐까, 몸짓을 삼가는 것은 음악에 대한 몰이해의 증거이자 이 댁 마님에 대한 무례의 표시가 아닐까. 그래서 그녀는 어떤 '타협'을 하여, 모순된 자기감정을 나타내기 위해 감격하는 이웃을 차가운 호기심과 더불어 찬찬히 바라보면서, 어떤 때는 어깨의 가장자리 선을 두른 레이스를 추어올리기도 하고, 그 담백하고도 예쁜 머리 장식—다이아몬드가 빙화(氷花)처럼 덮인, 산호로도 장밋빛 칠보로도 보이는 작고 동그란 머리핀—을 금발에 고쳐 꽂은 것으로 만족해하기도 하며, 또 어떤 때는 부채로 잠시 박자를 맞추기도 했는데, 그것도 자기 독립성을 지키기 위하여 엉뚱한 때에 그랬다. 피아니스트가 리스트의 곡을 마치고 쇼팽의 전주곡을 시작하자, 캉브르메르 부인은 감상하는 이다운 만족과 추억에 젖은 기분을 나타내기 위해 프랑크토 부인에게 감동한 미소를 던졌다. 부인으로 말할 것 같으면 젊은 시절에 구불구불 엄청나게 기다란 목과도 같은 쇼팽의 곡을 애무하는 법을 배웠던 거다. 그처럼 자유로운, 그토록 유연한, 그만큼 감미로운 촉감의 곡, 그것은 처음 출발한 곳에서 완전히 떨어진 먼 곳, 사람들이 이 경쾌한 애무가 닿으리라 예상하는 지점에서도 아주 머나먼 곳에 마지막 땅을 찾으려고 날아가는데, 결국 이 머나먼 환상의 땅에서 노니는 것도 끝내는 지상에 돌아와—마치 처음부터 노리고 있다가 정확하게 크리스털 위에 돌아와 내려앉자, 그것이 맑게 울리는 소리가 저절로 듣는 이의 마음을 매혹해 감탄의 소리를 지르게 하듯이—듣는 이의 마음에 강한 인상을 주기 위한 것이었다.

교제가 좁은 시골 가정에서 자라나 무도회에 가는 일이 거의 없었던 캉브르메르 부인은 그 한적한 저택에서, 공상 속에서 한껏 생각해낼 수 있는 남녀 몇 쌍을 꽃다발처럼 따 모아, 느리게 또 빨리 춤추게 하면서 외로움을 달래기도 하고, 한때는 그 무도회에서 빠져나와 호숫가에 서서 전나무 숲을 지나는 바람 소리를 들으며, 현실의 애인이 환상의 애인과 다른 것보다 더 다른, 꿈에도 보지 못한 모습의 젊은이가, 날씬한 몸매에다 흰 장갑을 손에 끼고, 높고 이상하게 꾸민 목소리로 노래 부르며, 느닷없이 다가오는 모습을 떠올리고는 황홀해했다. 그러나 오늘날에 와서는 이 쇼팽 음악의 아름다움은 유행에 뒤진 것으로 신선미를 잃은 듯싶었다. 몇 해 전부터 정통한 음악 감상자들의 존경을 잃어버린 쇼팽의 음악은 명성과 매력을 잃어, 감상력이 모자란 사람들마저 하찮은, 변변치 못한 기쁨밖에 느끼지 않게 되었다. 캉브르메르 부인은 훔쳐보듯이 뒤쪽으로 눈길을 던졌다. 그녀는 함께 온 젊은 며느리(화성학과 그리스어 같은 전문 지식까지 공부한 그녀는 그런 지적인 분야에 관한 것만 빼놓고는 시집온 집에 대해 충분한 존경심을 품고 있는데)가 쇼팽을 멸시하며, 그 연주를 들을 때 불쾌해하는 사실을 알고 있었다. 하지만 이 바그너 찬미자는 같은 나이 또래의 젊은이 무리와 함께 멀리 떨어져 있었으므로, 캉브르메르 부인은 그녀의 감시에서 벗어나 감미로운 인상에 몸을 맡기고 있었다. 롬 대공부인도 그런 인상을 받고 있었다. 본디 음악적인 소질이 없기는 했어도, 그녀는 열다섯 해 전에 포부르 생제르맹에 사는 피아노 선생에게서 교습을 받은 일이 있었다. 이 뛰어난 재능을 지닌 늙은 여류 피아니스트는 만년에 가서 몹시 궁색하게 되어, 일흔이라는 노령에 옛 제자들의 딸이나 손녀들에게 다시 피아노를 가르치게 되었다. 이 늙은 여선생은 이미 고인이 되었다. 그러나 그 연주법과 고운 음색은 지금도 늙은 여선생의 옛 제자들의 손가락 밑에서, 다른 것은 모조리 잊어버리고 평범한 주부가 되고 말아 음악도 팽개쳐서 피아노 뚜껑조차 거의 열지 않는 부인들의 손가락 밑에서마저 이따금 되살아나곤 했다. 그러므로 롬 대공부인은, 그녀가 잘 기억하고 있는 이 전주곡을 연주하는 피아니스트의 수법을 바른 감상과 더불어 완전히 이해하면서 박자에 맞춰 머리를 흔들 수가 있었다. 어느새 그녀 자신의 입술에서 마지막에 가까운 곡조가 불려지고 있었다. 그리고 그녀는 "언제 들어도 매혹적(charmant)이구나" 하고 중얼대면서, 세련된 취미의 표시로서 이 매혹적이라는 낱말의 시작인 'ch'를 이중으로 정확하게 발음했는데, 그 때문에 그녀는 자기 입술이 예쁜 꽃처럼 낭만적으로 오므라지는 것을 느끼고, 그 순간 본능적으로 눈과 입술을 조화시켜 어떠한 감상과 아련한 꿈같은 분위기를 눈길에 담았다.

한편 갈라르동 부인은 롬 대공부인을 만날 기회가 좀처럼 없음을 유감으로 생각하고 있는 참이었다. 왜냐하면 그녀는 대공부인이 인사하더라도 응하지 않음으로써 상대의 버르장머리를 고쳐놓겠다고 별러왔기 때문이다. 그녀는 사촌누이뻘 되는 롬 대공부인이 이곳에 와 있는 줄 모르고 있었다. 그런데 프랑크토 부인의 머리가 잠깐 움직이는 순간에 그녀는 대공부인의 모습을 발견했다. 곧 그녀는 사람들을 헤치고 그쪽으로 부랴부랴 걸어갔다. 하지만 마틸드 공주와 관계가 있는 집과, '자기와 같은 세대'가 아니라서 가깝게 지내서는 체면이 손상될 성싶은 사람과는 교제를 맺고 싶어하지 않음을 드러내 보일 만한 거만하고도 냉담한 태도를 유지하고 싶었던 그녀는, 한편으로 그녀가 먼저 대공부인에게 불쑥 다가가는 명분을 세우면서 대공부인이 입을 열 수밖에 없는 어떤 얘기를 꺼내 그 거만하고도 무뚝뚝한 태도를 사라지게 하고 싶었다. 그래서 사촌누이뻘 되는 롬 대공부인 곁에 이르자 갈라르동 부인은 심각한 얼굴로, 무조건 정해진 카드를 뽑게 만드는 마술사처럼 손을 내밀고는, "바깥어른은 어떠시지?" 하고 롬 대공이 중태에 빠져 있기라도 하듯이 걱정스러워하는 목소리로 말했다. 대공부인은 까르르 웃음을 터뜨렸다. 누군가를 비웃고 있는 것을 나타내며 또한, 생기 있는 입과 반짝반짝하는 눈에 얼굴의 특징을 집중시켜서 평소보다 더 예뻐 보이게 하는, 누구도 흉내내지 못하는 웃음이었다. 그녀는 그렇게 웃어대며 대답했다.

"네, 아주 건강해요!"

그러고 나서도 계속 웃었다. 갈라르동 부인의 몸이 더욱 뒤로 젖혀지고 표정이 쌀쌀해졌으나, 그래도 여전히 대공의 용태가 걱정스럽다는 듯이 사촌누이에게 말했다.

"오리안*(하고 불린 롬 대공부인은 놀라움과 비웃음이 섞인 얼굴로 눈에 보이지 않는 제삼자를 쳐다보았는데, 마치 그녀가 갈라르동 부인에게 그녀를 세례명으로 부르는 것을 허락한 적이 없음을 제삼자에게 증명하고자 하는 듯했다), 잠시라도 좋으니 내일 우리집에 와서 모차르트의 클라리넷 오중주를 들어주면 어떻겠니. 그대의 감상을 듣고 싶은데."

그녀는 상대를 초대한다기보다는 오히려 뭔가를 부탁하고 있는 듯이, 모차르트의 오중주곡에 관한 대공부인의 의견을 구하고 있는 것처럼 보였다. 마치 그 오중주곡이 새로 고용한 요리사가 만든 것으로, 그 요리사의 솜씨에 대하여 미식가의 의견을 꼭 들어봐야 한다는 듯이.

"하지만 그 오중주곡이라면 잘 알고 있는걸요. 지금 당장 말씀드릴 수 있어요…… 전 정말 좋아한다고요!"

"저기, 실은 우리 바깥양반이 편찮으셔. 간장이 나쁜가 봐…… 혹시 그대를 보게 된다면 그이가 몹시 기뻐할 거야." 갈라르동 부인은 이제 그녀의 야회에 나타나는 것을 무슨 자선의 의무처럼 대공부인에게 강요했다.

대공부인은 남들에게 댁에 가고 싶지 않다고 말하기를 싫어했다. 날마다 그녀는—시어머니의 뜻하지 않은 방문으로, 시누이 남편의 초대로, 오페라 구경으로, 야유회로—유감스럽지만 당신의 야회에 참석하지 못한다는 편지를 써 보냈는데, 실은 애초부터 그런 야회에 갈 마음이 전혀 없었다. 이런 식으로 그녀는 수많은 사람에게, 대공부인은 우리와 친한 사이다, 그분은 우

* 롬 대공부인은 게르망트 공작부인과 같은 인물로, 시아버지가 죽기 전의 이름. 남편과는 사촌남매 사이. 오리안은 그녀의 세례명.

리집에 기꺼이 와줄 거다, 그분이 오지 못하는 것은 대공부인으로서 어떤 볼일이 있어 그럴 거다라는 따위로 믿게 되는 기쁨을 주어, 우리의 야회도 그런 볼일에 맞먹게 되었다는 자랑스러움을 주고 있었다. 게다가 흔히 쓰는 상투어와 평범한 감정을 홀가분하게 벗어버린—메리메에서 비롯하여 최근에는 메이약과 알레비의 희곡에서 표현된—그 빈틈없는 민첩한 정신이라는 것을 대대로 이어받은 게르망트 가문의 재치 있는 한 사람으로서, 그녀는 그 정신을 사교계에도 적용하여, 명확하고도 간결하게, 거짓 없는 진실에 접근하도록 애쓰고 있는 그녀의 예의범절에마저 그 정신을 옮겨놓고 있었다. 그녀는 그녀를 초대하는 집안의 안주인에게 그 야회에 정말로 가고 싶었다는 희망의 표현을 구구하게 늘어놓지 않았다. 가고 못 감을 결정하는 몇 가지 사소한 사실을 밝히는 편이 상대를 더욱 기쁘게 하는 줄 알고 있었다.

"내 말 좀 들어보세요." 그녀는 갈라르동 부인에게 말했다. "내일 저녁에는 오래전부터 틈을 내달라고 청해온 친구 집에 가야 해요. 그가 우리를 극장에 데리고 간다면, 아무리 서둘러도 댁에는 못 갈 거예요. 하지만 만약 그 집에 그대로 앉아 시간을 보낸다면, 아마 손님은 우리 부부 둘뿐일 테니까 빠져나올 수도 있겠죠."

"저런! 그런데 당신 친구 스완 씨가 와 있더군. 봤는지?"

"어머나, 내가 정말 좋아하는 분인데. 샤를이 이곳에 와 있는 줄 통 몰랐는걸요. 이쪽을 봐주었으면 좋겠는데."

"하지만 이상야릇한 일이지. 그분이 생퇴베르트 부인 댁에 오다니?" 갈라르동 부인이 말했다. "그야 그분이 총명한(intelligent) 것은 나 또한 잘 알지만" 하고, 자기 딴에는 내숭스러운(intrigant) 사람이라는 뜻을 담아서 덧붙였다. "아무리 총명해도 그렇지. 유대인인 스완이, 두 분 대주교의 친누이이자 시누이 집에 오다니!"

"저, 부끄러운 말인지도 모르지만, 난 그런 것은 조금도 신경 쓰지 않아요." 롬 대공부인이 말했다.

"그분이 개종한 건 나도 알아요. 그의 부모님과 조부모님도. 하지만 개종한 이는 전의 종교를 더욱더 그리워한다고들 말하죠, 안 그래요?"

"난 그런 문제에는 밝지 못해."

쇼팽 두 곡을 연주하기로 된 피아니스트는 전주곡을 끝내자마자 폴로네즈를 치고 있었다. 그러나 갈라르동 부인이 사촌누이에게 스완이 와 있는 걸 알려준 뒤론, 설사 쇼팽이 되살아나서 그 작품 전부를 몸소 연주하러 온들 롬 대공부인의 주의를 끌진 못했을 것이다. 인간을 크게 두 가지로 나누어 생각할 때, 하나는 모르는 사람에 대하여 호기심을 품는 부류, 그녀가 속하는 다른 하나는 그런 호기심 대신 아는 사람에 대하여 관심을 갖는 부류이다. 포부르 생제르맹에 사는 귀부인의 대부분이 그렇듯이 그녀도, 말할 게 아무것도 없더라도, 동아리의 아무개가 그녀가 있는 곳에 와 있을 때에는 오로지 그 사람에게만 주의가 쏠리어 다른 모든 것은 아랑곳하지 않는 성질이었다. 스완의 모습이 눈에 띈 뒤로는 스완이 그녀의 모습을 알아채주기를 바라는 희망밖에 없던 대공부인은, 쇼팽의 폴로네즈가 자아내는 감정과는 동떨어진, 절친한 사이에서 주고받는 여러 표시로 가득 찬 얼굴을, 누가 설탕 덩어리를 일단 코끝에 내밀었다가 도로 물렸을 때의 길이 든 흰쥐처럼, 오로지 스완이 있는 쪽으로만 향하고 있었다. 그리고 스완이 자리를 옮기면 자석처럼 그녀의 미소도 곧장 평행하여 움직였다.

"저기 오리안, 화내지는 말아." 뭔가 상대의 마음을 언짢게 하는 말을 하고픈 막연하고도 사사로운 눈앞의 기쁨 때문에, 언젠가 사교계를 깜짝 놀라게 하겠다는 커다란 사회적 야심을 희생하지 않을 수 없었던 갈라르동 부인은 다시 입을 열었다. "스완 씨라는 분은 집에 초대할 수 없는 사람이라고 하는 사람들이 많은 모양인데. 그게 정말일까?"

"글쎄요…… 그건 당신이야말로 잘 아시는 바가 아닐는지요." 롬 대공부인은 대답했다. "당신이 쉰 번이나 초대하셨는데 그분은 한 번도 오지 않았다고 하니 말이에요."

이런 말로 사촌언니를 모욕하면서 다시금 까르르 웃어댄 그녀의 목소리는 음악을 듣고 있는 사람들의 얼굴을 찡그리게 했는데, 그 때문에 그녀는 예의상 피아노 곁에 있던 생퇴베르트 부인의 주의를 끌었다. 부인은 이때 비로소 대공부인을 알아보았다. 롬 대공부인이 병중이신 시아버지의 간호를 위해 아직 게르망트에 가 있는 줄로 알고 있었던 만큼 생퇴베르트 부인은 대공부인을 보고 더욱 기뻐했다.

"세상에, 이게 어쩐 일이에요. 그런 곳에 와 계셨군요!"

"네, 구석에 있었지요. 덕분에 아름다운 곡을 들었어요."

"어머나, 그럼 오래전에 오셨군요!"

"네, 오래전에. 그렇지만 무척 짧게 느껴졌어요. 단지 댁을 좀처럼 뵙지 못해 길게 생각되기는 했으나."

생퇴베르트 부인이 자기 안락의자를 양보하려고 하자 대공부인은 대답했다.

"아니, 괜찮아요! 왜 그러세요? 나는 어디 앉아도 상관없어요!"

그러고서 명가의 부인다운 소박함을 보이려고 일부러 등 없는 작은 의자를 보면서 말했다.

"보세요, 이 의자, 이거면 됐어요. 바르게 앉을 수 있으니까요. 오! 어쩌죠, 나도 참, 또 소리를 내다니. 꾸지람 들을 짓만 하는군요."

그러는 동안에 피아니스트는 점점 더 빠르게 연주했고 음악의 감동은 극에 이르렀다. 그때 하인 하나가 음료를 쟁반에 받쳐 들고 손님들에게 나누어 주면서 숟가락을 댕그랑댕그랑 울려, 생퇴베르트 부인이 여느 때처럼 물러가 있으라고 손짓을 했는데도 그는 알아보지 못했다.

젊은 여인이란 지루해 보여선 안 된다고 배운 듯한 새댁 같은 한 여인이, 아까부터 즐거운 미소를 짓고 눈으로 끊임없이 이 댁 마님을 찾아다니면서, 이러한 즐거운 자리에 자기를 초대하려고 '생각해내어' 준 데 대한 감사를 눈으로 나타내려 하고 있었다. 그런데 프랑크토 부인보다는 침착하게 곡을 듣고 있었지만, 이 젊은 여인도 불안을 느끼지 않은 것은 아니다. 다만 그녀가 느낀 불안의 대상은 피아니스트가 아니라 피아노였다. 왜냐하면 피아노 위에 놓인 밀초가 포르티시모(fortissimo)* 때마다 튀어올라, 갓에 불이 붙을 정도는 아니지만 적어도 자단(紫檀) 위에 얼룩이 생길 것 같았기 때문이다. 드디어 더 이상 못 참게 된 그녀는 피아노가 있는 무대의 두 계단을 성큼 올라가 촛대를 부랴부랴 들어올리려고 했다. 그런데 그녀의 손이 촛대에 닿는 순간, 마지막 화음과 함께 곡이 끝나고 피아니스트는 일어섰다. 하지만 이 젊은 여인의 대담무쌍한 행동과, 그 결과로 인해서 여인과 피아니스트 사이에 생긴 순간적인 혼잡은 대체로 호감이 가는 인상을 자아내었다.

---

* '매우 힘차게'라는 뜻의 음악 용어. 이탈리아어.

"저 부인의 거동을 보셨습니까, 대공부인?" 롬 대공부인에게 인사하러 온 프로베르빌 장군은 생퇴베르트 부인이 잠시 자리를 뜬 사이에 말했다. "이상한데요. 저분도 음악가인가요?"

"아닙니다. 저분은 캉브르메르 댁의 새댁이죠." 얼떨결에 대답한 대공부인은 서둘러 덧붙였다. "실은 귀로 들은 것을 되풀이하여 말했을 뿐이에요. 저분이 어떤 분인지 나는 통 모르겠어요. 내 뒤에서 어느 분이 말한 바로는, 생퇴베르트 부인의 고향 근방 태생이라고 하지만요. 내 생각엔 아무도 잘 모르나 봐요. 틀림없이 '시골 사람'이겠지요! 게다가 나는 여러분같이 이곳처럼 으리으리한 사교장에서 발이 넓지 못해, 저 놀라운 분들의 성함은 짐작도 못하겠어요. 저분들 생퇴베르트 부인의 야회 밖에서는 어떠한 생활을 하실지. 상상이 가시나요? 아마 생퇴베르트 부인은 음악가들과 의자와 음료를 주문할 때 저분들도 함께 주문하셨을 거예요. 터놓고 말해 이 '벨루아르(Belloir)*의 손님들'은 참 훌륭하지 않나요? 정말 생퇴베르트 부인은 매주 저런 엑스트라를 고용하시는 걸까요? 설마!"

"허! 그러나 캉브르메르라면 유서 있는 옛 가문이죠." 장군은 말했다.

"옛 가문이라는 점은 문제가 아니에요." 대공부인은 퉁명스럽게 대답했다. "무엇보다도 그 이름의 음조가 좋지 않아요." 그녀는 '음조'라는 낱말을 인용부호 사이에 낀 것처럼 끊어서 발음하며 덧붙였다. 이것은 게르망트 가문 특유의 가볍게 멋 부리는 말투였다.

"그래도 저 부인은 그림으로 그리고 싶을 만큼 예쁘지 않습니까?" 캉브르메르 새댁을 눈으로 계속 뒤쫓으며 장군은 말했다. "그렇게 생각하시지 않습니까? 대공부인?"

"저분은 지나치게 나서는 것 같아요. 저렇게 젊은 여인의 경우에는 보기에 좋지 않죠. 저분이 나와 같은 세대라고는 생각되지 않는걸요." 롬 대공부인은 이렇게 대꾸했다(이런 표현은 갈라르동 가문과 게르망트 가문에 공통되었다).

그렇지만 프로베르빌 장군이 계속 캉브르메르 새댁을 바라보고 있는 것을 보자, 반은 캉브르메르 새댁에 대한 악의에서, 반은 장군에 대한 호의에서 대

---

* 별로 중요하지 않은 손님들.

공부인은 덧붙였다. “보기에 좋지 않죠…… 남편으로서는 말이에요. 그래도 저분과 아는 사이가 아니라서 유감인데요. 당신이 이토록 마음에 들어하시니. 아는 사이라면 소개해드렸을 텐데.” 대공부인은 이렇게 말했지만, 설령 그 새댁과 아는 사이였다 해도 틀림없이 그런 수고는 하지 않았을 것이다. “이제 나는 작별인사를 드려야겠어요. 친구 생일이라서 축하 인사를 하러 가야 하니까요.” 이렇게 그녀는 지금 가려고 하는 호화로운 사교 모임을, 지루하지만 의리에 못 이겨 하는 수 없이 가야만 하는 변변치 못한 의식으로 만들어버리면서 조심스럽고 천연덕스러운 투로 말했다. “게다가 거기서 바쟁*1과 만나기로 되어 있어요. 내가 이곳에 있는 동안 그분은 다른 친구를 보러 갔거든요. 그렇지, 장군도 아시는 분, 다리 이름과 똑같은 분, 이에나(Iéna) 댁.”

“그건 승리의 이름*2입니다. 대공부인.” 장군은 말했다. “나 같은 노병한테는 말입니다” 하고 덧붙이면서, 그가 마치 붕대라도 가는 듯 외알안경을 벗어 닦으려고 하자 대공부인은 본능적으로 다른 데로 눈길을 돌렸다. “지금 말씀하신 제정(帝政) 귀족은 물론 다르지만요. 그래도 결국 그들은 그들 나름대로 참 훌륭합니다. 요컨대 영웅답게 용감히 싸운 분들이죠.”

“어머, 나도 영웅에게는 충분한 경의를 표하고 있어요.” 가볍게 비꼬는 투로 대공부인은 말했다. “내가 바쟁과 함께 이에나 대공부인 댁에 가지 않는 것은 결코 그 때문이 아닙니다. 다만 내가 그분들과 아는 사이가 아니기 때문이죠. 바쟁은 그분들과 잘 아는 사이기도 하고 친하기도 해요. 어머나! 그렇게 생각하시면 곤란해요. 바람이라도 피우러 가는 게 아니랍니다. 찾아가지 말라고 내가 반대할 이유도 없죠! 게다가 반대해봤자 무슨 소용이 있겠어요!” 그녀는 우울한 목소리로 덧붙였다. 그도 그럴 것이 롬 대공이 아름다운 사촌누이와 결혼한 다음 날부터 줄곧 아내를 속이고 있다는 사실은 세상이 다 아는 바였기에. “어쨌든 이건 그런 게 아니에요. 그분들은 바쟁의 옛 벗이자, 바쟁이 그분들에게 많은 도움을 받고 있으니까요. 나도 괜찮다고 생각해요. 먼저 바쟁이 그 집에 대해 내게 말한 것만 말씀드려도…… 글쎄, 그 집의 세간이란 세간은 모조리 ‘제정 때’ 것이래요!”

---

*1 롬 대공.

*2 이에나는 1806년에 나폴레옹이 프러시아군을 무찌른 싸움터로서, 이를 기념하여 파리의 이에나 다리가 1813년에 준공되었음.

"그야 당연하죠, 대공부인. 조부모 대의 세간이니까요."

"그렇겠죠, 하지만 그렇다고 해서 세간이 덜 추하게 되는 건 아니죠. 누구나 다 예쁜 세간을 갖지 못하는 건 나도 잘 이해해요. 하지만 적어도 우스꽝스러운 것은 갖지 말아야지요. 그렇지 않나요? 목욕통처럼 백조의 머리가 붙어 있는 장롱, 그런 끔찍한 제정 시대 양식만큼 너절하고 저속한 부르주아적인 것은 없다고 보는데요."

"그렇지만 그 댁에도 확실히 좋은 것은 있다고 생각합니다. 그…… 무슨 조약에 도장을 찍을 때 썼던 유명한 모자이크 테이블이 있을 텐데요."

"아아, 그거요! 그야 역사적인 시선에서 본다면 흥미로운 게 여러 가지 있을 거예요. 하지만 그렇다고 해서 아름답다고는 할 수 없죠……. 무시무시한 것이니까요! 저 또한 바쟁이 몽테스키외 가문에서 상속받은 비슷한 것을 갖고 있어요. 하지만 게르망트의 창고에 넣어뒀을 뿐, 아무도 보지 않는걸요. 어쨌든 그런 건 문젯거리가 아니죠. 내가 그분들과 아는 사이라면, 바쟁과 함께 당장 그 댁에 가서 그 스핑크스며 번쩍번쩍하는 것들에 둘러싸여 그쪽 분들을 뵈었겠지만…… 그분들과 전혀 아는 사이가 아니라서! 어렸을 때 어른들한테 자주 말씀 들었거든요. 모르는 분들의 댁에 가는 건 실례라고요." 그녀는 어린애 같은 투로 말했다. "그래서 배운 대로 하고 있어요. 한번 생각해보세요, 나 같은 얼굴도 모르는 여인이 뛰어들어온다면 그분들이 과연 어떻게 하시겠어요? 틀림없이 푸대접을 하시겠죠!" 대공부인은 말했다.

그리고 교태를 부려 그녀는 장군을 물끄러미 바라보는 푸른 눈에 꿈꾸는 듯한 부드러운 표정을 지으면서, 이와 같은 어림짐작과 더불어 절로 떠오른 미소를 아름답게 장식했다.

"무슨 그런 말씀을! 모두들 무척 기뻐할 줄 아시면서도……."

"별말씀을 다 하시네, 왜요?" 그녀는 한편으로는 자신이 프랑스에서도 가장 고귀한 귀부인들 가운데 한 사람이기 때문이라는 사실을 알고 있다는 눈치를 보이지 않으려고, 또 한편으로는 그 점을 장군의 입으로 듣는 기쁨을 맛보려고 열심히 물었다. "왜요? 어째서 그렇게 생각하시죠? 오히려 더할 나위 없이 불쾌한 일인지도 모르잖아요. 잘은 몰라도 나 같은 경우에는 아는 사람들을 보는 것만으로도 벌써 진저리가 나니까, 전혀 모르는 사람들을 만나야 한다면 그들이 '영웅다운 분들'이라 할지라도 아마 미쳐버리고 말 거예요. 물론 본디부터 갖춰져 있는 당신과 같은 옛 친구 분들은 빼놓고 하는 말이지만, 영웅주의란 그렇게 사교계에 쉽게 들고 다니며 자랑할 수 있는 것은 아니지 않을까요? 나는 만찬회를 여는 것만으로도 이미 지긋지긋해요. 그런데 거기에다 또 스파르타쿠스*1 같은 분에게 팔을 내주고 식탁까지 안내해야 한다면…… 정말이지 식탁 자리의 열셋이라는 숫자를 피해 또 한 분이 필요하다고 해도 베르킨게토릭스*2 같은 분에게 오시라고는 하지 않을래요. 이와 같은 분이라면, 나는 따로 큰 잔치를 위해서 남겨두겠어요. 하지만 나는 좀처럼 그런 큰 잔치를 마련하지 않아서……."

"허 참, 대공부인, 부인께서는 영락없는 게르망트 가문의 한 분이십니다. 부인께는 게르망트 가문의 재치가 넘치고 있습니다."

"여러분은 늘 게르망트 가문의 재치라고 말씀하시지만, 나는 그 까닭을 이해 못하겠어요. 당신은 재치 있는 다른 집안 분들도 알고 계시잖아요." 그녀는 이렇게 말하더니 명랑한 웃음을 튀어오르는 물방울처럼 뿌렸다. 그녀는 확 밝아진 표정에 온 주의를 기울이면서, 그리고 그녀의 재치나 미모를 칭찬한 말만이—대공부인 자신의 입에서 나온 말이라 할지라도—그처럼 눈부시게 하는 밝고 기쁜 빛으로 눈을 빛내고 타오르게 하면서 말했다. "아, 저기 보세요, 스완이 당신의 캉브르메르에게 인사하는 모양이군요. 저기…… 생퇴베르트 부인 곁에서 말이에요. 안 보이시나요! 저분에게 부탁해서 캉브르메르를 소개받으시죠. 하지만 서두르셔야겠어요, 스완이 가버릴 것 같으니!"

"스완의 얼굴빛이 얼마나 안 좋은지 보셨습니까?" 장군이 말했다.

"나의 사랑하는 샤를! 아아, 드디어 이리로 오네요. 스완이 나를 보기 싫어하는 줄 알았는데!"

스완은 롬 대공부인을 매우 좋아했다. 게다가 부인을 보면 콩브레 근방에 있는 게르망트의 땅이, 그가 그토록 좋아하면서도 오데트의 곁을 떠날 수 없어 이제는 돌아가지 않는 그 고장이 머릿속에 떠올랐다. 이렇듯 옛 분위기 속에 잠시 잠겨 있을 때 아주 자연히 입에서 흘러나오는 반은 예술가다운,

*1 로마 시대 노예 반란의 지도자(B.C. ? ~71). 처음에는 승리했으나 나중에 패배하여 처형됨.

*2 로마군에 맞선 갈리아 아르베르니 족의 마지막 족장.

반은 멋쟁이다운 말투를 부리면서, 또 그렇게 하면 대공부인이 기뻐할 줄 뻔히 알면서—한편으로는 그 자신을 위해 전원을 그리는 마음을 나타내고 싶어서—스완은 마치 독백이라도 하듯이, 겉보기에 말상대로 보이는 생퇴베르트 부인과 진정한 말상대인 롬 대공부인에게 동시에 들리도록 말했다.

"아름다우신 대공부인께서 오셨군요! 보십쇼, 부인께서는 리스트의 〈아시시의 성 프란체스코〉를 듣고자 급히 게르망트에서 오시느라, 귀여운 박새처럼 들장미와 산사의 열매를 쪼러 가서 머리에 몇 알 장식할 틈밖에 없었군요. 몸에는 아직도 작은 이슬방울이 묻어 있습니다. 그리고 흰 서리도 조금. 그 때문에 게르망트 부인께서는 추워 떠시겠지요. 너무 아름다워라, 나의 소중한 부인은."

"뭐라고요, 대공부인께서 게르망트에서 급히 와주셨다구요? 어쩌면! 전혀 몰랐어요. 황송해서 어쩌나." 스완의 재치 있는 표현법에 익숙지 못한 생퇴베르트 부인이 곧이듣고 외쳤다. 그리고 대공부인의 머리 장식을 찬찬히 살펴보며 말했다. "어머나 정말, 너무 비슷해요…… 뭐라고 할까, 밤알도 아니고, 아니지! 정말 기가 막힌 착상이십니다! 그런데 대공부인께서는 우리집 연주회 목록을 어떻게 아셨을까요. 음악가들은 나한테도 알려주지 않았는데."

스완은 멋들어진 말로 공손히 응대하기로 마음먹은 여인의 곁에 있을 때는 사교계 사람들도 대체로 이해하기 힘든 미묘한 표현으로 말하는 습관이 있어서, 이때도 비유로 말하고 있다는 것을 굳이 생퇴베르트 부인에게 설명하지 않았다. 대공부인은 어떤가 하면, 스완의 재치 정도라면 그녀의 동아리에서 매우 존중되는 것이고, 또한 자기에게 보낸 찬사에서 무척 세련된 호의와 형용하기 어려운 익살을 아니 느낄 수 없어 까르르 웃기 시작했다.

"있잖아요, 난 정말 기뻐요, 샤를, 나의 산사 열매가 당신 마음에 들어서. 그런데 왜 캉브르메르에게 인사하셨죠? 당신도 저분의 시골 이웃인가요?"

생퇴베르트 부인은 스완과 즐겁게 이야기하는 대공부인의 모양을 보고 이미 자리를 뜬 뒤였다.

"그렇게 말씀하시는 부인 자신도 이웃입니다, 대공부인."

"내가요? 그럼 저분들은 여기저기에 시골을 갖고 있는 게로군요! 나도 그런 신분이 되고 싶어라!"

"아니, 캉브르메르 가문 사람들을 두고 하는 말이 아니라, 저분의 친부모님을 두고 하는 말입니다. 저분은 르그랑댕네 따님으로 콩브레에 자주 오셨습니다. 실례지만 부인께선 본인이 콩브레 백작부인이기도 하다는 점을 잊으신 건 아닌지요. 교회 참사회가 부인에게 매년 납부금을 내야 하지 않습니까?"

"교회 참사회가 내게 뭘 납부해야 하는지는 몰라도, 해마다 주임사제님에게 100프랑씩 또박또박 빼앗긴다는 건 알고 있지요. 실은 되도록 그런 일 없이 넘기고 싶어요. 그건 그렇고, 캉브르메르라니 참으로 놀라운 성함이네요. 아슬아슬한 곳에서 끝나지만, 그래도 끄트머리가 고약스러워요!"* 그녀는 웃으며 말했다.

"첫머리도 좋지 않습니다." 스완이 대답했다.

"정말이지 이 이중 생략 방식이란……!"

"첫마디를 끝까지 내뱉지 않다니, 심하게 골내면서도 심하게 예절 바른 사람인가 보죠."

"그러지 않고서는 뒷말을 시작할 수 없잖아요. 차라리 첫마디를 단숨에 끝까지 해버리는 편이 속시원하니 좋았을걸. 어마, 우리가 재치 있는 결말을 쓰고 있군요, 나의 샤를. 그런데 요즘 통 당신을 뵙지 못하니 얼마나 지루한지요." 부인은 아양 부리는 투로 덧붙였다. "난 당신과 이야기하는 게 참 좋아요. 캉브르메르라는 성함의 엉뚱함을 알아주지 못하는 저 프로베르빌의 어리석음을 생각해보세요. 정말이지 삶이란 지긋지긋한 건가 봐요. 내가 지루하지 않은 건 당신을 뵈었을 때뿐이랍니다."

물론 이는 사실이 아니었다. 그러나 스완과 대공부인은 세세한 일들을 같은 투로 판단하고 있어서 그 결과로—그것이 원인이 아니라면—표현 방법과 발음까지 매우 비슷했다. 이 비슷함은 그들 두 사람의 목소리가 워낙 달라서 눈에 띄지 않았다. 하지만 상상을 통해 스완의 이야기에서 그 말을 감싸는 목소리의 울림과, 그 말이 헤치고 나오는 수염을 없애기만 한다면, 그것은 같은 문구이고 같은 억양이며 게르망트 일족의 표현법인 것을 알아챌

* 캉브르메르(Cambremer)를 캉브론(Cambronne)과 메르드(merde)라는 두 낱말의 어미 onne와 de를 생략하고 한데 뭉친 낱말로 본 농담. 캉브론 장군(1770~1842)이 워털루 전투에서 적군에 포위되어 항복을 강요받았을 때 '메르드(merde, 똥)' 하고 소리쳤다는 일화에서 생긴 말로서, 프랑스인이 꺼리는 말임.

수 있었다. 그런데 중대사에 관해서는 그 둘의 의견이 조금도 같지 않았다. 그러나 스완은 오래전부터 깊은 슬픔에 잠겨 와락 울음이 나오기 직전의 몸서리 같은 것을 느끼고 있어서, 살인자가 저지른 죄를 말하고 싶어하듯이 자신의 슬픔을 하소연하고 싶은 상태에 있었다. 그래서 삶이란 지긋지긋한 거라는 대공부인의 말을 듣자, 스완은 부인이 오데트에 대해 말하기라도 한 것처럼 달콤한 위안을 느꼈다.

"그렇고말고요! 삶이란 지긋지긋한 거죠. 따라서 우리는 더 자주 만나야 합니다. 나의 소중한 벗이여. 부인의 좋은 점은 부인께서 그윽한 심정을 갖고 계신 데 있습니다. 언제 한번 함께 이야기를 나누며 하룻밤을 지낼 순 없을까요?"

"물론 좋지요. 왜 게르망트에 안 오시죠? 시어머님도 무척 기뻐하실 텐데. 흔히들 게르망트는 보잘것없는 곳이라고 하지만, 나는 그곳이 조금도 싫지 않아요. 오히려 '그림 같은' 고장이 몸서리나요."

"그렇습니다, 참으로 좋은 곳이죠." 스완은 대답했다. "도리어 지나치게 아름답고 생기 있는 곳이죠, 지금의 나에게는. 그곳은 행복에 잠기기 위한 고장입니다. 내가 거기서 살았기 때문에 그런지, 그곳의 경치는 나에게 참으로 온갖 이야기를 들려줍니다! 바람이 한바탕 일어 밀이 흔들리기 시작하면, 지금 누가 오는구나, 무슨 소식을 받겠구나 하는 느낌이 듭니다. 그리고 그 물가의 작은 집들…… 분명히 나는 퍽 슬퍼지겠지요."

"어마, 나의 샤를, 조심하세요. 지긋지긋한 랑피용 부인이 나를 본 모양이에요. 나를 숨겨줘요. 그런데 저분에게 무슨 일이 있었던가요? 영 헷갈리는데. 뭐더라, 딸을, 아니 애인을 결혼시켰던가. 아니지 아마 두 사람을…… 함께 맺어주었던가! ……아! 그런 게 아니라, 생각났어요. 저분은 남편인 대공에게 이혼당했어요…… 저 베레니스*가 나를 만찬에 초대하지 못하도록 나와 이야기하는 척해줘요. 그런데 실은 이제 가봐야 해요. 이봐요, 나의 샤를, 어때요? 만난 김에 나와 같이 나가 내 마차로 파름 대공부인 댁까지 가요. 대공부인도 틀림없이 기뻐하실 거예요. 또 거기서 만나기로 약속한 바쟁도. 만약 메메한테서 당신 소식을 듣지 못하게라도 된다면…… 생각해보세

* 라신 작 〈베레니스〉의 주인공. 유대 여왕. 로마 황제와의 사랑을 단념한 여인.

요, 이제 당신과 만날 기회가 없기라도 하면 어떡하죠!"

스완은 사양했다. 생퇴베르트 부인 댁에서 나오면 곧장 집으로 돌아가겠다고 샤를뤼스 씨에게 일러두어, 어쩌면 야회에 와 있는 동안 하인 편으로 전달되기를 마음속으로 바라 마지않던 샤를뤼스 씨의 전갈이 그의 집 문지기 방에 와 있을지도 몰랐으므로, 파름 대공부인 댁에 감으로써 일을 망치는 위험을 무릅쓰려 하지 않았기 때문이다. "불쌍한 스완." 그날 밤, 롬 대공부인은 남편에게 말했다. "언제 만나도 참 좋은 분인데, 요즘 몹시 괴로운가봐요. 여보, 당신도 알게 될 거예요. 조만간 만찬에 오시겠다고 약속했으니까. 솔직히 그처럼 영리한 분이 그런 여인 때문에 괴로워한다는 게 터무니없다고 생각해요. 별로 매력도 없는데 말이에요. 천치라는 소문이 자자한 여인이니까." 이처럼 부인은, 재치 있는 사내라면 수고할 값어치도 없는 여인 때문에 불행해져서는 안 된다는, 연정이 뭔지 모르는 인간의 총명함으로 이야기를 덧붙였다. 이는 인간이 콜레라균 같은 미생물의 장난 때문에 콜레라로 고생해야만 한다는 사실에 놀라는 것과 거의 비슷하다.

스완은 슬슬 집에 가고 싶었다. 하지만 막상 빠져나오려는 찰나 프로베르빌 장군이 캉브르메르 새댁을 소개해달라는 바람에, 그와 함께 다시 살롱으로 돌아가 부인을 찾아야만 했다.

"이봐요, 스완, 나는 야만인들에게 학살되기보다 저런 부인의 남편이 되고 싶은데, 당신 의견은 어떻습니까?"

이 '야만인들에게 학살되다'라는 말이 스완의 가슴을 아프게 찔렀다. 그러자 그 즉시 스완은 장군과 이야기를 계속하고 싶은 생각이 들었다.

"그렇죠! 그런 식으로 삶을 마친 훌륭한 사람도 많습니다……. 왜, 당신께서도 아시는…… 뒤몽 뒤르빌[*1]이 유골을 추려온 해양탐험가 라 페루즈[*2] 같은……(이때 스완은 오데트에 대해 말하고 있는 것처럼 이미 행복했다) 이분은 훌륭한 인물이죠. 라 페루즈는 나에게 크나큰 흥미를 줍니다." 그는 우울한 얼굴로 덧붙였다.

"그럼요, 그렇고말고요! 라 페루즈는" 하고 장군이 말했다. "유명한 이름이죠. 거리의 이름으로도 쓰이고."

---

*1 프랑스의 군인·탐험가(1790~1842).

*2 프랑스의 군인·해양탐험가(1741~88). 바니코로 섬에서 학살됨.

"라 페루즈 거리에 아시는 분이 있습니까?" 스완은 흥분한 투로 물었다.

"상리보 부인뿐이죠. 그 친절한 쇼스피에르의 누이 되시는. 요전에 그분이 재미나는 연극에 초대해주셨죠. 그분의 살롱은 오래지 않아 매우 멋있는 곳이 될 겁니다. 두고 보십쇼."

"그래요! 그분이 라 페루즈 거리에 사시는군요. 그거 좋네요. 그곳은 정말 멋진 거리죠. 참으로 아담하고 쓸쓸하니."

"천만에요. 가보신 지가 오래돼서 그러시는 거죠. 지금은 쓸쓸하지 않습니다. 그곳 여기저기마다 집을 짓기 시작해서요."

드디어 스완이 프로베르빌 씨를 캉브르메르 새댁에게 소개했을 때, 새댁은 이 장군의 이름을 듣는 게 처음이라서, 마치 집안사람들이 그녀 앞에서 늘 장군의 이름을 입에 올리기라도 한 것처럼 놀라움과 기쁨의 미소를 꾸몄다. 그녀는 아직 시댁의 벗을 잘 몰라서 누구를 소개받을 때마다 그 사람을 시댁의 벗들 가운데 한 사람으로 여겼기 때문이었다. 그래서 그녀는 시집온 뒤로 그 사람 이야기를 자주 들어온 척하는 것이 곧 재치의 증거가 되리라 생각하여, 이런 경우에 이겨내야 할 몸에 밴 조바심과, 그 조바심을 이겨낸 데서 오는 자연스러운 친밀감을 보여주는 주저주저하는 모양으로 손을 내밀었다. 이런 점 때문에 아직 그녀가 프랑스에서 가장 훌륭한 사람인 줄 믿고 있는 시부모는 그녀를 천사 같다고 칭찬했는데, 특히 그들은 막대한 재산보다 오히려 그 장점에 마음이 끌려 그녀를 며느리로 삼았다는 것을 드러내기 위해 한층 더 그 점을 강조했다.

"부인은 훌륭한 음악가의 정신을 갖고 계시군요." 장군은 무의식중에 촛대 일을 넌지시 비추며 말했다.

연주가 다시 시작되었다. 스완은 프로그램의 새 곡목이 끝나기 전까지 나갈 수 없음을 깨달았다. 이런 사람들 한가운데 갇혀 있는 것이 그에게는 고통스러웠다. 그들은 스완의 사랑을 모르고, 설사 안다고 한들 관심을 가질 수 없어, 어린애 장난 대하듯이 미소 짓든가 아니면 미친 짓 대하듯이 동정밖에는 아무것도 하지 못하는 사람들인 데다가, 늘 그의 사랑을 그에게만 존재하는 주관적인 상태, 외부의 그 무엇으로도 존재를 뚜렷하게 설명할 수 없는 상태처럼 보이게 했으므로, 그만큼 그들의 어리석음과 우스꽝스러움은 더욱 그의 마음을 아프게 했다. 더군다나 오데트가 결코 오지 않을 이 장소에, 아무도 아무것도 그녀를 알지 못하고, 그녀의 모습도 그림자도 하나 없는 이 장소에 계속 유배되어 있는 것이 지독히 고통스러워, 그는 악기 소리만 들어도 울음이 터질 듯한 심정이었다.

그런데 갑자기 그녀의 모습이 나타난 듯한 느낌이 들었다. 이 출현이 그의 마음에 어찌나 심한 아픔을 주었던지, 그는 저도 모르게 가슴에 손을 가져다 댔다. 바이올린이 높은 가락으로 올라가 마치 뭔가를 기다리는 듯 그곳에 머물러 있었던 것이며, 더욱이 기대의 대상이 다가오고 있음을 이미 알아챈 흥분 속에서, 그 대상이 자기 곁에 다가올 때까지 어떻게든 살고자 하여, 숨지기 전에 그 대상을 맞이하고자 하여, 놓으면 금세 닫히는 문을 꽉 붙들고 버티듯이, 마지막 힘을 짜내서 그 대상이 지나올 수 있게 잠시 동안 길을 열고 있고자 애쓰는 절망적인 노력으로 높은 가락을 계속 켜고 있었던 것이다. 그리고 스완이 이 곡을 알아채고 '이건 뱅퇴유 소나타의 소악절이다. 들으면 안 된다!'고 속으로 말할 틈도 없이 오데트가 그에게 반해 있던 시절의 추억, 오늘까지 그가 눈에 보이지 않도록 존재의 밑바닥에 짓눌러온 온갖 추억이, 마치 그 시절 사랑의 빛줄기가 느닷없이 비치고 사랑이 다시 찾아온 듯한 착각을 일으켜 눈을 뜨더니 날개를 치며 단숨에 날아올라, 지금의 불행 따위 아랑곳하지도 않고 잊어버린 행복의 노래 후렴을 열광적으로 불러주었다.

스완은 그때까지 '행복했던 시절', '사랑받던 시절'이라는 추상적인 표현을 자주 입 밖에 냈다. 그런데도 큰 고통이 따르지 않았던 까닭은, 그의 지성이 과거의 사랑에서 꺼내 그런 표현에 포함시킨 여러 가지 일이란, 다만 그의 머릿속에서 이루어진 바에 지나지 않아, 조금도 과거의 참된 정수가 아니었기 때문이다. 한데 이제 그는 그러한 표현이 아니라, 이 잃어버린 행복의 특수하고도 증발하기 쉬운 정수를 영원토록 고정시킨 모든 것을 다시 발견하고 말았다. 그는 모든 것을 떠올렸다. 돌아가려고 마차에 몸을 실은 그에게 그녀가 던졌던 국화꽃, 돌아가면서 내내 입술에 대고 있었던 눈같이 희고 곱슬곱슬한 국화 꽃잎, '손이 어찌나 떨리는지 글씨가 잘 써지지 않는군요'라는 글귀를 읽었던 편지 겉봉에 두드러지게 보이던 '메종 도레'의 주소, 그녀가 애원하는 모양으로 '너무 늦지 않게 불러주시겠지요?'라고 말했을 때 약간 찌푸린 눈썹. 그는 로렌다노가 그 귀여운 여공 아가씨를 데리러 간 사이 그의 '짧은 머리털'을 손질해주던 이발사의 인두 냄새를 맡았다. 그해 봄 자주 내린 소나기, 달밤에 지붕 없는 사륜마차를 타고 돌아가던 길의 얼어붙을 듯한 추위, 그리고 감정과 관련한 온갖 습관과 계절의 인상과 피부에 남은 촉감 같은 것이 한데 엉긴 그물코, 지난날 여러 주를 계속하여 한결같은 그물코를 펼쳐 그의 육체를 온통 사로잡았던 그 그물코를 그는 모조리 감지했다. 그 무렵 그는 사랑에 사는 인간의 쾌락을 알고 음탕한 호기심을 만족시켰던 것이다. 그것으로 끝이라 여겼고, 사랑의 괴로움을 알게 되리라고는 생각도 못했다. 그런데 지금은, 흐리멍덩한 빛의 무리처럼 오데트의 매력을 손이 미치지 않는 곳까지 퍼뜨려두고 있다는 이 어마어마한 공포, 언제나 그녀가 한 짓을 모르고, 언제 어디에서나 그녀를 차지하고 있을 수도 없다는 이 커다란 고민에 비한다면, 오데트의 매력 같은 건 아주 보잘것없는 것에 불과하다! 아아, 그는 떠올렸다. 그녀가 지난날 '전 언제라도 당신을 뵐 수 있어요. 전 언제나 한가해요!' 하고 외치듯이 말하던 투를. 그런데 지금 그녀에게는 한가한 시간 따윈 전혀 없는 것이다! 그는 그의 삶에 대해 그녀가 품었던 흥미와 호기심을, 그리고—그때는 오히려 그가 이것을 귀찮은 방해로 여겨 탐탁지 않아 했는데—그의 서재에 들어갈 특권을 그에게서 얻고자 했던 그녀의 욕망을 떠올렸다. 베르뒤랭 댁에 함께 가기 위해 그녀가 그에게 얼마나 여러 번 부탁해야 했던가, 또 겨우 한 달에 한 번씩 그녀를 집에 오게 하였을 때, 그가 받아들이기까지, 만약 매일 만나게 된다면 얼마나 즐거울지 그녀가 그에게 얼마만큼 입에 침이 마르도록 설명해야 했던가! 그녀가 날마다 만나는 일을 꿈꾸던 그 무렵에는 그것이 그에게 귀찮은 법석으로만 느껴졌던 것인데, 그 뒤에는 그녀 쪽에서 싫증을 느껴 결국 그 습관을 깨뜨리고 말았지만, 그러는 동안에 그것이 그에게는 도저히 물리칠 수 없는 안타까운 욕구의 대상이 되어 있었다.

세 번째로 만났을 때 그녀가 "어째서 더 자주 오게 해주시지 않나요?"라고 되풀이하여 묻자 그는 웃으면서 멋들어진 투로 "타격을 입을까 봐" 하고 말했는데, 그때 그 말이 이처럼 참인 줄은 그 자신도 미처 몰랐던 것이다. 그런데 지금은 어떤가. 아아! 요즘도 이따금 그녀가 그에게 식당이나 호텔에서 그 주소가 인쇄된 편지지에 편지를 써 보내는 일이 있었다. 그런데 그것은 그의 몸을 불사르는 불의 편지였다. '이건 부이용 호텔에서 써 보낸 거군. 도대체 뭐 하러 거기 갔을까? 누구와? 거기서 무슨 일이 있었나?' 그는 어슬렁거리는 그림자들 사이에서 온 희망을 잃어버린 채 떠돌다 우연히 그녀와 만났던 그날 밤, 이탈리안 큰 거리를 따라 차례차례 꺼져간 가스등을 떠올렸다. 그날 밤이 그에게는 거의 초자연적으로 느껴졌고, 또 사실 그것은—그 무렵 오데트로서는 그와 만나 함께 돌아가는 것 이상으로 큰 기쁨이 없다는 걸 그가 확신하고 있던 만큼, 그녀를 찾아내는 일 또한 그녀에게 폐가 아닐는지 걱정하지 않아도 괜찮던 밤이라서—일단 그 문이 다시 닫혀버리면 영영 돌아가지 못하는 신비스러운 별세계에 속해 있었다. 이 되살아난 행복 앞에 얼어붙은 채 선 스완은, 가득한 눈물을 남에게 보이지 않도록 눈을 내리깔아야만 할 만큼 그의 동정심을 일으킨 불행한 사나이, 금방은 누군지 알아보지 못한 사나이가 거기에 서 있는 것을 언뜻 보았다. 그것은 바로 그 자신이었다.

그가 누군지 알자, 스완은 연민의 정이 가시는 동시에 그녀에게 사랑받은 또 하나의 자신을 질투했다. 지금까지 그리 속태우고 괴로워하지 않고서 가끔 '그녀가 저 사람들을 사랑하는지도 모르지' 하고 속으로 입버릇처럼 말하던 그 사내들을 이제는 질투하고 있었다. 이제 스완은 속에 사랑이 들어 있지 않은 사랑한다는 막연한 관념을, 사랑으로 가득 찬 국화 꽃잎이나 '메종 도레의 이름이 박힌 편지지'로 바꿔버렸다. 그러자 질투로 인한 괴로움이 심해져서, 그는 이마에 손을 가져가 외알안경을 벗어 알을 닦았다. 이때 만약 스완에게 자기 모습이 보였다면 아마도 그는 아까 일일이 특징을 살펴보았던 손님들의 외알안경 컬렉션에, 마치 그가 귀찮게 구는 사념을 쫓듯이 벗어서 흐려진 알을 손수건으로 문질러 괴로움의 씨앗을 닦아내려고 한 그의 외알안경을 더했을 것이다.

바이올린의 가락에는—만약 악기를 보지 않고, 들리는 소리를 그 아름다운 울림을 꾸미는 모습으로 돌리지 않는다면—알토의 목소리와 매우 같은 억양이 있어, 그 연주에 여가수가 끼어 있는 듯한 착각이 일어난다. 눈을 들어본다. 그러나 중국의 함처럼 값진 악기 몸체가 보일 뿐이다. 그래도 가끔은 사람의 마음을 유혹하는 세이렌*의 노랫소리가 들리는 듯하다. 때로는

* 그리스 신화에 나오는 반인반조(半人半鳥)의 마녀들.

주문에 걸려, 흔들리는 교묘한 함 밑바닥 성수반의 악마처럼 사로잡혀 몸부림치는 혼의 신음 소리가 들리는 것 같다. 또한 때로는 이승의 것이 아닌 순수한 존재가 눈에 보이지 않는 전갈을 퍼뜨리면서 공중을 지나가는 성싶다.

마치 연주자들이, 그 소악절을 연주하고 있기보다 오히려 소악절의 강요에 의해서, 그 소악절이 모습을 나타내는 데 필요한 성례를 올리고 있는 듯이 보이고, 또 소악절을 불러내는 기적을 일으켜 잠시 그 기적을 길게 늘이는 데 요긴한 주문을 외우고 있는 것처럼 보여서, 그런 식으로 스완도—그는 그 소악절이 자외선이라도 되는 양 그것을 볼 수 없게 되기도 하고, 또 그것에 가까이 갔을 때 한동안 실명(失明)하기도 하면서 변신의 상쾌함 같은 것을 맛보고 있었는데—이제는 그 소악절이 그의 사랑에 대한 속내 이야기를 들어주는 사랑의 수호 여신처럼, 청중 앞에서 그의 곁에까지 이르러, 그를 외딴 곳으로 데려가서 이야기하려고 그런 울림의 모양으로 변장해 있는 느낌이 들었다. 그리고 그 소악절이 그에게 말해야 할 한마디 한마디를 하면서 가볍게 위로하듯이 향기를 풍기며 지나가는 동안, 그는 그 말들을 하나하나 곱씹으며 그것이 그처럼 빨리 지나쳐 날아가는 모습을 보고 섭섭해하면서, 덧없이 사라지는 그 아름다운 전체에 저도 모르게 입맞춤하는 시늉을 하였다. 이제 그는 홀몸으로 멀리 유배되어 있다고 느끼지 않았다. 그에게 말 건네고 있는 소악절이 낮은 목소리로 오데트 이야기를 하고 있었으므로. 전날처럼 오데트도, 자기도 소악절에게 알려져 있지 않다는 인상이 더 이상 없었기 때문이다. 그 악절은 그들이 서로 사랑하고 있는 기쁨을 그토록 자주 목격했던 거다! 그러고 보니 또한 그 악절은 그 기쁨이 얼마나 깨지기 쉬운지 그에게 자주 경고해왔다. 뿐만 아니라 그 무렵 스완은 소악절의 미소 안에서, 그 방황으로부터 벗어난 맑은 억양 속에서 고민의 그림자를 알아챘었는데, 지금은 오히려 그 안에서 거의 명랑한 체념의 아름다움을 찾아내었다.

지난날 소악절은 그에게 우수를 들려주었고, 그는 그런 우수에 끌려들어가지 않고 소악절이 미소 지으면서 그 구불구불한 길을 따라 재빨리 우수를 끌고 가는 모습을 구경했다. 그런데 지금에 와서는 그 우수가 그의 것이 돼버려, 한시도 거기서 벗어날 가망이 없다시피 되었다. 한데 소악절은 그 옛날 행복에 대하여 말했듯이 우수에 대해 그에게 이렇게 말하고 있는 것 같았다. "그 따위가 다 뭐냐? 그건 전부 하찮은 거다." 그리고 스완의 사념은 연민과 애정의 비약 가운데 처음으로 뱅퇴유 쪽으로, 스완과 마찬가지로 크게 괴로워했음에 틀림없는 미지의 숭고한 형제 쪽으로 향했다. 그의 삶은 어떠했을까? 어떤 고뇌의 밑바닥에서 그 신과 같은 힘, 그 한없는 창조력을 길어 올렸을까? 소악절이 우수의 공허함을 말해주는 가운데 스완은 이와 같은 분별에 쾌감을 느꼈다. 조금 전까지만 해도 그의 사랑을 긴치 않은 횡설수설로 간주하는 성싶은 무관심한 이들의 표정에서 이 분별을 읽어낸 느낌이 들었을 때는 참을 수 없는 기분이 들었는데, 말하자면 그들과는 달리 소악절은 오래가지 못하는 이러한 정신 상태에 대해 어떠한 의견을 품고 있든 간에, 사교계 사람들처럼 거기서 현실 생활보다 덜 진지한 뭔가를 발견하지 않고, 반대로 현실 생활보다 더욱 뛰어나서 표현할 만한 값어치가 충분히 있는 유일한 것을 찾아낸 것이다. 이와 같은 마음속 비애가 갖는 매력, 이것이야말로 소악절이 흉내내고 다시 창조하려고 한 대상이다. 게다가 소악절은 이 매력을 느껴보지 못한 인간이 보기엔 공감할 수 없는 아름다움이자 하찮은 아름다움에 지나지 않는 그 매력의 본질마저 용케 붙잡아 눈에 보이게 했던 것이다. 따라서 소악절은 이곳에 모인 모든 청중에게—그들이 조금이라도 음악을 이해하는 인간이라면—그런 매력의 가치를 인식시키고 그 성스러운 아름다움을 맛보게 하지만, 나중에 일상으로 돌아간 청중들은 그들 주위에 일어나는 하나하나가 특수한 사랑에 대해 그런 매력의 가치를 인정하지 않게 되어버린다. 그야 물론 소악절이 그런 매력을 짜낸 형식은 이치로 풀 수 있는 게 아니었다. 그러나 한 해 남짓, 음악에 대한 애정이 스완 자신에게 그의 영혼에 있는 많은 재산을 보여주면서 잠시일망정 그의 정신 속에 생긴 이래, 스완은 음악의 여러 모티프를 현실 세계와는 다른 세계, 다른 질서에 속하는 참된 사상이라고 여겨왔다. 그것은 어둠의 장막으로 덮인 미지의 사상, 지성으로는 뚫고 들어갈 수 없지만 그러면서도 제각기 완전하게 구별되고, 가치도 뜻도 같지 않은 여러 사상이었다. 그는 베르뒤랭네에서 야회가 끝난 다음, 그를 위해 연주되는 그 소악절을 들으면서 왜 소악절이 향기 모양으로, 애무 모양으로 그를 둘러싸고 감쌌는가를 밝히려고 했을 때에, 오한이 일어 몸을 죄는 듯한 쾌감이 일어나는 까닭은 바로 소악절을 이루고 있는 다섯 음의 아주 적은 차이와 그 사이의 두 음의 부단한 반복 때문임을 이해했었다. 하지만 사실 그는 알고 있었다. 그가 이와 같은 결론을 내린 까닭은 악절 그 자체를 바탕 삼은 게 아니라, 베르뒤랭 부부와 벗이 되기 전에 소나타를 처음으로 들었던 야회에서 그가 인식한 그 소나타의 신비로운 본질 대신에, 그의 지성이 이해하기에 알맞도록 마련된 몇몇 단순한 수치(數值)를 바탕 삼은 것이란 사실을. 또 그는 알았다. 피아노에 대한 기억 자체가 음악에 대해 품고 있는 견해를 망가뜨리고 있는 줄 알았고, 음악가에게 개방된 범위가 7음계의 건반이 아니라 거의 알려져 있지 않을 만큼이나 가없이 널따란 건반인 줄 알았다. 거기서 건반을 구성하고 있는 애정, 정열, 용기, 평정 같은 몇 백만의 건반 가운데 단지 몇 개가 이곳저곳에, 가본 적 없는 땅의 짙은 어둠에 의해 서로 떨어져 있다. 그 하나하나는 마치 하나의 우주가 또 하나의 우주와 다르듯이 그 밖의 건반과는 다르다. 그런 몇몇 건반들이 위대한 작곡가들 몇 사람에 의해 발견되었고, 그 사람들은 그들이 찾아낸 주제와 마주 대하는 것을 우리 마음속에서 일깨우면서, 우리가 공허나 허무로 여기는 자기 영혼의 이해할 수 없고도 절망적인 광대한 어둠 속에, 모르는 사이에 과연 어떤 재산과 어떤 변화가 숨어 있는가를 우리에게 보여주는 데 이바지하고 있는 것이다. 뱅퇴유는 그런 작곡가들 가운데 하나였다. 그의 소악절은 지성의 눈에는 아리송한 모양으로 보이지만, 그 안에서는 참으로 뚜렷한 내용이 느껴지고, 그 내용에 대하여 소악절은 아주 새롭고 독창적인 힘을 주고 있어서, 듣는 사람은 이 소악절을 지성의 여러 사상과 함께 그대로 마음속에 간직해버리는 거다.

스완은 사랑과 행복의 개념처럼 그 소악절을 떠올렸다. 그리고《클레브 공작부인》또는《르네》라는 소설 제목이 기억에 떠오를 때와 마찬가지로, 그 개념이 어떤 점에서 특별한지 금세 이해했다. 그가 소악절에 대한 생각을 하고 있지 않을 때마저 그것은 서로 같은 것이 없는 다른 어떤 개념, 이를테면 우리의 내적 영역을 가지각색으로 꾸미는 풍요한 재산인 빛, 소리, 기복, 육체적 쾌락 같은 개념과 같은 자격으로서 그의 정신 속에 숨어 있었던 것이다. 만약에 우리가 허무로 돌아가면 그런 개념들도 사라지리라, 아마 사라지리라. 그러나 우리가 살아 있는 한 그런 것들을 알지 못했다고는 할 수 없으니, 이는 현재 눈앞에 있는 어떤 물체를 부정할 수 없는 거나 마찬가지며, 등불이 켜져 이제까지의 어둠에 대한 기억이 남지 않을 만큼이나 방 안의 물건들이 싹 변한 모습으로 보였는데도 우리가 그 빛을 의심할 수는 없는 것과 마찬가지다. 그래서 뱅퇴유의 악절은 우리에게 감정적인 경험까지도 떠올리게 하는 주제, 예컨대 〈트리스탄과 이졸데〉의 어느 주제처럼 인간의 숙명적인 조건에 맞물려 우리 마음을 움직이는 인간적인 뭔가를 띠게 된 것이다. 악절의 운명은 우리 영혼의 장래와 그 현실에 연결되어, 우리 영혼의 가장 특수하고 가장 분명한 장식 가운데 하나가 되었다. 어쩌면 허무야말로 참이며, 우리의 온갖 꿈은 존재하지 않을지도 모른다. 그렇다면 이러한 음악의 악절도, 꿈에 관한 개념도 똑같이 아무것도 아닌 걸로 생각해야만 하리라. 우리는 언젠가 죽을 것이다. 하지만 우리가 인질로 잡은 이 성스러운 포로들도 우리와 운명을 함께하리라. 그들과 함께한다고 생각하면 죽음도 덜 괴로운, 덜 수치스러운, 아마도 덜 있을 법한 뭔가로 되리라.

그러므로 소나타의 이 악절이 실제로 있다고 믿은 스완에게는 잘못이 없었다. 그야 물론 위와 같은 상황에서 본다면 이 악절은 인간적이었는데, 한편으로는 초자연적인 존재의 세계에도 속해 있었다. 그런 초자연적인 존재는 보통 우리 눈에 절대 보이지 않는다. 하지만 그런데도 눈에 보이지 않는 것을 탐색하는 어떤 탐험가가 성스러운 세계에 접근해 그런 초자연적인 것 하나를 움켜쥐고 끌고 와 땅 위에 빛나게 하면, 처음으로 우리는 초자연적인 존재를 깨닫고 그에 마음을 빼앗기는 것이다. 뱅퇴유는 바로 그런 식으로 그 악절을 작곡했다. 이 작곡가는 오직 악기로써 소악절의 너울을 벗겨 눈에 보이게 하고, 그 윤곽을 부드럽고 조심스러우며 섬세하게 손으로 소중히 더듬는 데 기쁨을 느끼는 한편 그 손을 자신 있게도 놀렸는데, 그 때문에 소리는 끊임없이 변화를 되풀이하면서, 그림자를 가리키기 위해서는 가냘프게 느슨해지고, 더욱 대담한 윤곽을 좇아야만 할 때에는 다시 힘차게 되는 것을, 스완은 느꼈다. 그리고 이 악절을 현실적인 존재로 믿은 스완이 잘못 생각하지 않았다는 증거는, 만약 뱅퇴유가 그 악절의 형태를 찾아내어 표현할 때에 그 정도의 재능 없이, 올바른 표현 대신 제멋대로 만들어낸 표현을 여기저기에 붙여 자기 시각의 약함과 솜씨의 모자람을 감추려고 했다면, 그런 속임수는 조금 세련된 음악 애호가의 눈에 당장 간파되었으리라는 점이다.

소악절은 사라져버렸다. 스완은, 베르뒤랭 부인의 피아니스트가 늘 뛰어넘었던 긴 곡에 뒤따르는 마지막 악장 끄트머리에서 그것이 다시 나타나리라는 것을 알고 있었다. 거기에는 감탄할 만한 여러 사상, 스완이 처음 들었을 때에는 뚜렷하게 판별 못했으나 이제는—그것들이 스완의 기억 탈의실에 들어가서 새로움이라는 변장 제복을 벗어버린 듯이—똑똑히 알아들을 수 있는 사상이 있었다. 스완은 마치 삼단논법의 필연적 결론 속에 전제가 들어가 있듯이 악절의 구성에 들어가 있는 여기저기 흩어진 주제를 전부 듣고 있었다. 스완은 이제 악절의 탄생에 참여하고 있었던 것이다. '오, 이 대담성' 하고 그는 자신에게 일렀다. '라부아지에*[1]나 앙페르*[2]하고도 견줄 만한 비범한 대담성과 더불어 뱅퇴유는 실험을 하여 미지의 힘의 비밀스런 법칙을 발견하면서, 눈에 보이지 않는 마차, 그가 믿기는 하나 결코 그의 눈에 띄지 않는 마차를 몰아, 가능성 있는 유일한 목적지를 향해 한 번도 가본 적 없는 곳을 가로질러 가는구나!' 마지막 악장 첫머리에서 스완이 들은 피아노와 바이올린의 아름다운 대화! 인간 낱말의 제거는 환상을 멋대로 놀아나게 할 거라고들 생각하기 쉬운데, 이 아름다운 피아노와 바이올린의 대화에서는 거꾸로 낱말의 제거가 환상을 몰아내고 있었다. 인간이 말하는 언어에서는 이토록 엄격한 필연성이 여태껏 없었고, 이처럼 물음의 적절성과 대답의 명확성을 겪은 적도 없었다. 먼저 외로운 피아노가 배우자에게 버림받은 작은 새처럼 탄식하자, 이 소리를 들은 바이올린이 이웃 나무에서 말 건네듯이 그것에 응한다. 그것은 세계의 시초인 듯, 땅 위엔 아직 그 둘밖에 없는 성싶었다. 아니 차라리 한 창조자의 논리에 따라 지어져 다른 모든 것에 대해 닫힌 이 세계는 앞으로는 절대 이 둘밖에 들어가 있지 못할 것 같았다. 이것이 그 소나타의 세계였다. 그건 작은 새인가? 소악절의 아직 불완전한 넋인가? 요정인가? 눈에 보이지 않는 신음하는 존재, 그 탄식에 뒤이어 피아노가 부드럽게 되풀이해준 이 존재는? 피아노의 외침 소리가 어찌나 갑작스러웠던지, 바이올리니스트는 그걸 붙잡기 위해 잽싸게 활을 휘둘러야 했다. 훌륭한 작은 새! 바이올리니스트는 그 새를 마법으로 홀려 길들여 잡고 싶은 듯했다. 벌써 작은 새는 바이올리니스트의 넋 속에 날아들었고, 불러일으켜진 소악절은 영매(靈媒)의 몸을 마구 흔들어대듯 정말로 그 넋이 씐 바이올리니스트의 몸을 흔들어대고 있었다. 스완은 소악절이 다시 한 번 말을 건네오리

*1 프랑스의 화학자(1743~94).

*2 프랑스의 물리학자(1775~1836).

라는 것을 알고 있었다. 그리고 스완은 완전히 둘로 나누어져 있어서, 소악절과 다시 얼굴을 맞대려 하는 절박한 순간에 대한 기대에 돌연, 아름다운 시구나 슬픈 소식이 우리 마음속에 일으키는 그 흐느낌이 왈칵 치밀었다. 그것은 우리가 혼자 있다가 그와 같은 시구나 소식을 들었을 적에 나오는 흐느낌이 아니라, 그것을 친구들에게 알려줄 때 자기가 남이나 되듯이, 자신이 감동하고 있는 모습이 친구들에게서 어떤 감정을 불러일으키는 것을 알아보는 경우에 일어나는 그 흐느낌이었다.

소악절은 다시 나타났다. 하지만 이번에는 허공에 걸린 채 한순간 꼼짝하지 않고 장난하다가, 곧 사라질 성싶었다. 그래서 스완은 그것이 이어지고 있는 짧은 시간을 조금도 허비할 틈이 없었다. 그것은 둥둥 떠 있는 무지갯빛 비눗방울처럼 아직 공중에 있었다. 무지개, 그 광채가 엷어지고 낮아지다가 다시 올라가, 꺼지기 직전에 한순간 한결 강하게 빛나는 무지개처럼. 소악절은 그때까지 보이던 두 가지 색채에 알록달록한 다른 현(絃), 프리즘의 모든 현을 더하여 노래하게 했다. 스완은 손가락 하나 까딱하지 않았고, 또 다른 사람들도 그같이 정숙하게 있도록 해주고 싶었다. 아무리 작은 기척이라도, 사라지기 직전에 있는 이 초자연적이고 감미로우며 깨어지기 쉬운 곡조를 위협할 수 있기나 하듯. 그런데 실제로 어느 누구도 말하려 하지 않았다. 이곳에 없는 단 한 사람, 어쩌면 이승에 없는 사람(스완은 뱅퇴유가 아직 살아 있는지 죽었는지 몰랐다)의 더할 나위 없이 미묘한 말이 두 사제가 올리는 성례 위로 피어오르면서 3백 명 주의에 잔뜩 못박아놓고, 그럼으로써 한 영혼이 불려나온 이 무대를, 초자연적 의식에 어울리는 어떤 거룩한 제단으로 만들고 있었다. 따라서 이미 다음 모티프가 생겨, 소악절이 자기 자리를 차지한 모티프 안에서 조각조각 부서졌다가 마침내 풀어지고 말았을 때, 천진난만하기로 이름난 몽트리앙데르 백작부인이 아직 소나타도 끝나지 않았는데 자기가 느낀 바를 이야기하려 스완 쪽으로 몸을 돌리는 것을 보고, 그는 처음에는 잠시 화가 났으나 곧 미소를 금치 못했다. 그는 그녀가 한 말 속에서 그녀 자신도 깨닫지 못하는 숨은 뜻마저 느낄 수 있었다. 연주자들의 뛰어난 솜씨에 탄복한 백작부인은 스완에게 이렇게 외쳤다. "굉장해요. 아직 본 적이 없어요, 이처럼 멋진 것은……." 그러나 보다 정확하게 나타내고자 하는 세심함에서 단정적인 첫 말을 고치면서, 부인은 다음과 같이 조건을 덧붙였다. "이처럼 멋진 것은…… 회전 탁자*1 이후 처음예요!"

이 야회 뒤로 스완은, 오데트가 자기에게 품었던 정은 영영 되살아나지 않을 것이며 행복에 대한 자기 희망도 도저히 이뤄지지 않으리라는 걸 이해했다. 그리고 우연히 그녀가 또다시 상냥하고 다정하게 대해주는 날이 있어서 그에게 뭔가 친절을 베풀어주더라도, 스완에게 잠깐 돌아왔다는, 뻔한 그녀의 거짓 거동을 알아차리고서는, 감동하는 한편 계속 의심하면서 이미 희망이 사라진 기쁨을 느꼈다. 마치 마지막 날이 가까운 불치병 환자 친구를 간호하는 사람들이, 이런 배려 따위는 전혀 쓸모없다는 걸 알면서도 귀중한 사실이라도 자세히 이야기하듯 "어제 환자가 손수 출납부를 적었습니다. 그리고 우리가 한 계산이 잘못됐다는 것까지 지적했습니다. 오늘은 달걀을 꿀꺽 먹었습니다. 달걀이 잘 소화되면 내일은 갈비를 한 대 먹여봅시다"라고 말할 때처럼. 이를테면 지금 스완이 오데트의 곁을 떠나 먼 곳에 살고 있었다면, 그녀는 머지않아 반드시 그의 관심 밖에 놓이고 말아, 그녀가 영원히 파리를 떠난들 그는 슬퍼하지 않을 게 틀림없었다. 그러나 스완에게는 파리에 그대로 남아 있을 용기는 있으나 떠날 용기는 없었다.

하기야 떠나버리자고 가끔 생각하기는 했다. 베르메르에 관한 연구를 다시 시작한 지금, 다만 며칠만이라도 헤이그에, 드레스덴에, 브라운슈바이크에 다시 한 번 가보고 싶었다. 그는 니콜라스 마에스*2의 작품으로서 골드슈미트가 팔고 마우리츠하위스 미술관*3이 산 〈디아나의 화장〉은 사실 베르메르의 작품이라고 확신하고 있었다. 그래서 이 확신을 굳히기 위해 그곳에서 그 그림을 살펴볼 수 있기를 바랐다. 하지만 오데트를 파리에 남겨둔 채 떠난다는 것은, 설사 그녀가 파리에 없을 때라 하더라도—습관으로 감정이 둔해지지 않는 새 땅에서는 옛 괴로움이 다시 튼튼해지고 생기를 띠니까—그로서는 너무나 가혹한 계획이었으므로, 영영 행동에 옮길 결심이 서지 않을 것을 알기에 끊임없이 그런 생각을 품게 된다는 사실을 스스로도 알고 있었다. 그런데 잠자는 동안 여행하고 싶은 마음이—그 여행의 불가능성은 무시

*1 기도에 의해서 탁자를 움직이는 점술의 하나.

*2 네덜란드의 화가(1634~93).

*3 헤이그에 있는 미술관.

되고—그의 머릿속에 다시 떠올라, 꿈에서는 그것이 실현되기도 했다. 어느 날 그는 한 해 예정으로 떠나는 꿈을 꾸었다. 플랫폼에서 울며 작별인사를 하는 젊은이에게, 스완은 열차 승강구에서 몸을 기울인 채 함께 떠나자고 설득하고 있었다. 열차가 움직이기 시작하자 그는 불안에 잠이 깼다. 자신이 떠나지 않는다는 것, 오늘 밤도, 내일도, 그리고 거의 날마다 오데트를 만나리라는 것을 생각해냈다. 그러자 아직 꿈에 푹 빠져 있던 그는, 아무런 속박도 받지 않게 해주는 특별한 상태, 덕분에 오데트 곁에 머물 수 있는데다가 이따금 그녀를 만날 수도 있는 이 특별한 상태에 감사했다. 그리고 그의 온갖 유리한 조건을 꼽아보았다. 첫째로 그의 신분. 다음으로 그의 재산. 이 재산이 가끔 너무나 필요했기에 그녀는 파탄 직전에서 뒷걸음쳤던 것이다(들리는 소문으로는, 오데트는 그에게 결혼해달라고 할 속셈마저 있다고 한다). 다음으로 샤를뤼스 씨의 우정도 있다(사실 이 우정은 오데트의 사랑을 얻는 데 대수로운 도움이 되지 않았지만, 그녀가 매우 존경하는 그들 모두의 이 벗이 그녀에게 그에 대한 이야기를 사실보다 낫게 들려준다는 기쁨을 주었다). 마지막은 그의 지성이었다. 그는 날마다 지성을 총동원해서, 그의 존재가 그녀 처지에서 유쾌하진 않더라도 적어도 없어서는 안 될 사람이 되도록 새 줄거리를 꾸며냈다. 그는 만일 이 모든 것이 없었다면 어찌 되었을까 생각해보았다. 다른 많은 사람들처럼 그가 가난하며, 천하고, 헐벗으며, 어떠한 일이라도 해야 하고, 부모나 아내에게 매여 있다면 오데트와 헤어져야 할는지도 모른다, 지금 막 무서워하며 깨어난 꿈이 사실로 될는지도 모른다고 생각했다. 그리고 그는 혼잣말했다. "인간은 자신의 행복을 깨닫지 못한다. 아무도 스스로 여기고 있는 만큼 불행하지 않다." 그러나 그는 이런 생활이 이미 몇 해 동안 이어지고 있는 것을, 아무리 원한들 결국 이런 생활이 영원히 이어질 수밖에 없고, 아무런 행복도 가져다주지 않는 여인과의 만남을 날마다 기대하는 데에 그의 일, 향락, 친구, 마침내 온 생애마저 희생시킬지도 모른다는 것을 알아챘다. 그는 내가 잘못 생각하고 있는 게 아닐까, 오데트와의 사이를 편들고 파탄을 막았던 것이 내 삶을 완전히 망친 게 아닐까, 정말로 바람직한 사건은 꿈에서만 일어나 기뻐했던 그런 것, 즉 출발이 아니었을까 하고 의심한 끝에 혼잣말을 했다. 인간은 자신의 불행을 깨닫지 못한다, 아무도 스스로 여기고 있는 만큼 행복하지 않다고.

때때로 그는, 아침부터 밤까지 밖을 나돌아다니는 그녀가 시내나 길에서 뜻하지 않은 사고로 고통 없이 죽기를 원하기도 하였다. 그럴 때마다 그녀가 언제나 탈 없이 돌아왔으므로, 그는 인간의 몸이 보기에는 부드럽지만 강하고, 주위에 일어나는 온갖 위험(스완이 남 모르는 소망 때문에 계산해보니 위험은 헤아릴 수 없었는데)을 끊임없이 능숙하게 막고 미리 막을 수 있으며, 그 덕분에 인간이 날마다 거의 아무 탈 없이 남을 속여 넘기는 행위와 향락 추구에 골몰할 수 있다는 사실에 몹시 감탄해버렸다. 그리고 스완은 마호메트 2세, 벨리니가 그린 초상화를 좋아했는데, 이 인물의 마음을 절실히 이해했다. 이 사람은 자기가 부인들 가운데 하나를 미칠 듯이 사랑하게 된 사실을 깨닫자, 정신의 자유를 되찾기 위해(라고, 그의 전기 작가인 베네치아 사람은 솔직하게 말했다) 그녀를 단도로 찔러 죽였던 것이다. 그러고 나서 그는 자신이 이처럼 자기만을 생각하는 것에 화를 냈다. 그는 여태까지 겪었던 괴로움도, 그 자신이 오데트의 목숨을 이토록 얕보는 이상 조금도 동정받을 만한 가치가 없다고 생각했다.

영원히 그녀와 헤어질 수 없는 바에야, 적어도 짧은 이별을 되풀이하는 일 없이 늘 그녀를 만날 순 없을까. 그러면 그의 괴로움도 끝내는 가라앉았을 테고 그 연정도 틀림없이 식었으리라. 또 그녀에게 파리를 영영 떠날 마음이 없는 한, 스완으로선 차라리 그녀가 아예 파리를 떠나지 않기를 바랐을 것이다.

오데트가 해마다 유일하게 오랫동안 집을 비우는 때는 8월과 9월임을 스완은 알고 있어서, 그때까지 아직 몇 개월의 여유가 있으니 오데트의 부재라는 쓸개같이 쓴 생각을 앞으로 닥쳐올 길고 오랜 '시간' 속에 조금씩 녹여 없애버리자고 마음먹었다—앞으로 다가올 '시간'은 미리 그의 몸속에 깃들어 있고, 그가 지내는 현재의 나날과 같은 나날로 구성되어, 슬픔이 끊이지 않는 그의 정신 속에 투명하고 차갑게, 하지만 지나치게 신랄한 아픔을 일으키지 않을 정도로 흐르고 있었다. 그런데 느닷없이 오데트의 한마디가 스완의 마음속으로 들어와 이 내부의 미래, 이 빛깔 없고 자유로운 흐름에까지 이르러, 얼음 덩어리처럼 그 물을 꽉 막고 흐름을 굳혀 온통 얼리고 말았다. 그래서 스완은 갑자기 깨뜨릴 수 없는 거대한 덩어리 한 개가 몸속에 가득 차고, 그것이 그의 의식 안쪽 벽을 짓눌러 마침내 그를 깨뜨리고 갈라져 터지게 할 것만 같은 기분을 느꼈다. 즉 오데트가 생글생글 웃는 음험한 눈길로 그를 바라보며 이렇게 말했던 것이다. "포르슈빌이 성신강림절* 휴가 때 멋들어진 여행을 간다나요, 이집트로 간대요." 스완은 곧 그 말뜻을 이해했다. "난 강림절 휴가 때 포르슈빌과 함께 이집트에 가려고 해요." 과연 며칠 뒤 스완이 "저기, 그 여행 말이오. 당신이 포르슈빌하고 가겠다고 말한……" 하고 말을 꺼내자 그녀는 얼떨결에 대답하고 말았다. "그래요, 우리 19일에 떠나요. 피라미드 그림엽서를 보내드릴게요." 그러자 그는 오데트가 포르슈빌의 정부인지 그녀에게 직접 물어보고 싶어졌다. 그처럼 미신을 믿는 여인이니까, 맹세를 시키면 절대 거짓말을 할 리 없다는 사실을 알고 있었다. 게다가 스완에게는 오데트를 성나게 할까 봐, 그녀의 미움을 받을까 봐 여태껏 그런 질문을 하지 않도록 참게 한 두려움도, 언젠가 그녀의 사랑을 받을 거라는 희망도 전혀 남아 있지 않았다.

어느 날 그는 익명의 편지를 받았다. 거기에는 오데트가 수많은 사내의 정부이며(이름이 적혀 있는 몇몇 인물 중에는 포르슈빌도, 브레오테 씨도, 화가도 있었다) 여인들의 애인이었다는 것, 그녀가 매음굴에 아무 때나 거리낌 없이 드나들고 있다는 내용이 씌어 있었다. 그는 친구들 가운데 이런 편지를 보내는 따위의 인간이 있었는가 생각하고는 가슴 아팠다(왜냐하면 편지 내용의 어떤 부분으로 보건대, 이것을 쓴 인간은 스완의 사생활을 잘 알고 있는 게 분명했으므로). 누가 써 보냈을까 생각해보았다. 그러나 그는 확실히 그 사람이 했는지도 모르고 뚜렷한 근거도 없는데, 자기가 보지 못한 어떤 행위를 그 사람과 연관하여 의심해본 적이 한 번도 없었다. 그런데도 이런 비열한 행위가 샤를뤼스 씨나 롬 씨나 오르상 씨의 눈에 띄는 성격 밑에 숨어 있는 미지의 부분에서 비롯되었다고 생각해야 할까. 스완은 그것을 살펴보려 했으나, 이 사람들 모두 아무도 그의 앞에서 익명 편지 따윈 인정하지도 않았으며, 그들이 한 모든 말도 그런 행위를 비난하고 있어서, 그는 이 행위를 그들 가운데 한 사람의 성질과 연관시킬 만한 이유를 찾아내지 못했다. 샤를뤼스 씨의 성격은 조금 고르지 못한 점이 있기는 하나, 근본은 착하고 다정스러웠다. 롬 씨는 약간 무뚝뚝했으나 건전하고 고지식했다. 오르

* 부활절로부터 50일째 되는 날.

상 씨로 말하면, 아무리 괴로운 상황에서도 그처럼 충심에서 우러난 말과 조심스럽고도 바른 거동으로 남을 대하는 인물을 스완은 만난 일이 없었다. 따라서 스완은 오르상 씨가 어느 부유한 여인과의 관계에서 좋지 못한 역할을 맡고 있다는 사람들 사이의 소문을 이해할 수 없었고, 그의 인품을 생각할 때마다, 그 섬세한 인격을 나타내는 수많은 확고한 증거와 일치하지 않는 이런 악평을 물리칠 수밖에 없었다. 스완은 한순간 정신이 아리송해지는 것을 느껴 환한 빛을 다시 찾아내기 위해 잠시 다른 생각을 했다. 그러다가 다시 깊이 잘 생각할 용기가 생겼다. 그런데 이미 아무도 의심할 수 없던 뒤라서 아예 모든 인간을 의심해야 했다. 뭐니뭐니해도 샤를뤼스 씨는 스완을 좋아했고, 착한 사람이었다. 그러나 그는 신경병 환자였다. 그러니 내일은 스완이 앓는 줄 알고는 틀림없이 울겠지만, 오늘은 질투 때문에, 노기 때문에, 퍼뜩 어떤 생각에 사로잡혀 스완을 해치려고 할는지도 몰랐다. 요컨대 이런 사내들은 인간 가운데 가장 고약하다. 물론 롬 대공은 스완을 좋아하는 점에서는 샤를뤼스 씨를 따르지 못했다. 하지만 바로 그 때문에 스완의 움직임 하나하나에 샤를뤼스 씨만큼 예민하지 않았다. 게다가 그 성질은 틀림없이 냉담했는데, 용감한 행동을 못하는 만큼 비열한 짓도 못했다. 스완은 이제까지 살면서 이러한 인간하고밖에 사귀지 못했던 것을 뉘우쳤다. 그리고 인간이 이웃 사람을 해치지 못하게 하는 것은 선의이며, 인간은 결국 자기와 비슷한 성질의 사람밖에(이를테면 마음에 관해서는 샤를뤼스 씨가 그러했는데) 알 수 없다고 생각했다. 스완에게 이런 마음고생을 시킨다는 생각만으로도 샤를뤼스 씨는 격분했을 거다. 그러나 감각이 둔한 인간, 별종의 인간, 다시 말해 롬 대공과 같은 경우 다른 성질의 동기에서 어떤 행동이 나올지 어찌 예측할 수 있겠는가. 인간미, 그것이 전부다. 그리고 샤를뤼스 씨에게는 그것이 있었다. 오르상 씨에게도 그것이 있었고, 그와 스완의 교제는 친밀하지는 않아도 충분히 성실했으니, 그것은 본디 두 사람이 모든 점에 같은 생각을 품어 함께 이야기하면 즐겁다는 데서 비롯한 것인데, 열정적인 행동으로 나아가기 쉬운 샤를뤼스 씨의 격렬한 애정에 비한다면 훨씬 안정된 것이었다. 스완이 지금까지 누구한테서 이해되고 알뜰한 마음씨로 호의를 받았는가 하면, 그건 바로 오르상 씨한테서였다. 그런데 오르상 씨의 일상생활이 명예롭지 못한 것은 웬일인가. 스완은 그런 생활을 헤아리지 못한 점과,

그런 비루한 자들의 사회에 있을 때만큼 동감과 존경의 정을 생생하게 느껴 본 일이 없었다고 여러 차례 농담 삼아 뚜렷하게 말했던 걸 뉘우쳤다. 그는 이제야 혼잣말했다. 그럴 만한 이유가 있다고, 인간이 가까운 사람을 판단하는 데는 그 행동을 바탕 삼아야 한다고. 의미가 있는 건 행동뿐이다. 우리가 하는 말이나 생각은 의미가 없는 것이다. 샤를뤼스 씨와 롬은 이러저러한 결점을 갖고 있는지는 몰라도, 정직한 인간이다. 오르상 씨는 아마 결점이 없는지 몰라도, 정직한 인간이 못 된다. 그러므로 또 한 번 못된 짓을 했는지도 모른다.

다음으로 스완은 레미를 의심해보았다. 확실히 이 사내는 편지 쓸 생각을 할 수 있었을 거다. 아니, 스완에게는 이 짐작이 그럴듯하게 여겨졌다. 첫째로 로렌다노에게는 오데트를 원망할 여러 까닭이 있다. 게다가 하인들이란 주인보다 좋지 않은 형편으로 살면서 주인의 재산을 몇 배나 더 큰 재산으로 보고 결점을 마치 악덕처럼 상상하여 주인을 부러워하기도 하고 경멸하기도 한다. 그래서 그들은 숙명적으로 우리 사회의 인간과는 다르게 행동하게끔 되어 있는 것이다. 스완은 또한 나의 할아버지도 의심해보았다. 스완이 뭔가 부탁할 때마다 할아버지는 번번이 거절하지 않았던가? 그것도 할아버지의 부르주아다운 관념에서, 스완에게 도움이 되는 행동으로 믿고 그랬는지도 모른다. 더 나아가 스완은 베르고트, 화가, 베르뒤랭 부부를 의심해보다가, 이런 예술가 무리와 사귀려 하지 않는 사교계 사람들의 슬기로움에 다시 한 번 감탄했다. 그들 예술가 사이에서는 이런 일이 일어날 수도 있고, 심지어 유쾌한 농담으로 여기고 있으니 말이다. 그러나 스완은 그렇게 아무 거리낌 없이 생활하는 사람들의 정직함을 떠올렸다. 그리고 그것을, 돈의 부족함과 사치에 대한 욕망과 향락에서 오는 타락 때문에 흔히 귀족이 떨어지고야 마는 그럭저럭 둘러맞추는 생활, 사기에 가까운 생활과 비교해보았다. 요컨대 이 익명의 편지는, 악랄한 행위를 할 수 있는 인간과 스완이 아는 사이이며, 이런 악랄함이 냉담한 인간, 다정스러운 인간, 부르주아, 예술가, 하인, 귀족 중 대체 누구의 성격 깊숙한 곳에—남들 눈에 안 띄는 곳에—숨겨져 있는지 스완은 전혀 모른다는 사실을 증명하는 것이었다.

인간을 판단하는 데 어떤 기준을 선택해야 하는가? 곰곰이 생각해보면 스완이 알고 있는 사람치고 그런 비열한 짓을 할 성싶은 인간은 하나도 없었다. 그럼 그들 전부와 만나는 것을 그만둬야 하는가? 그의 정신은 장막이 덮인 것처럼 흐려졌다. 두세 번 손을 이마로 가져가 손수건으로 코안경 알을 닦았다. 그러고 나서 그는 결국 자기처럼 착한 사람들이 샤를뤼스 씨나 롬 대공이나 그 밖의 사람들과 자주 만나고 있는 것을 떠올리며, 이는 앞서 열거한 사람들이 절대 비열한 짓을 할 인간이 아니라는 사실을 뜻하진 않더라도, 적어도 때에 따라선 그런 짓을 할지도 모르는 인간들과 하는 수 없이 교제해야만 한다는 사실을 뜻하고 있는 것으로 생각했다. 그리하여 그는 의심해보았던 벗들과 여전히 손을 잡고 있게 되었다. 어쩌면 그 벗들이 그를 절망의 늪에 빠뜨리려고 했을지도 모른다는, 순전히 형식적인 신중성과 함께. 편지 내용 그 자체에 대해선 그다지 신경 쓰지 않았다. 오데트에 관한 비난 가운데 어느 하나 사실처럼 느껴지는 것이 없었기 때문이다. 스완은 많은 사람이 그렇듯이 나태한 정신의 소유자이며 창의력이 없었다. 그는 인간의 삶이 모순으로 가득 차 있다는 것을 보편적인 진실로 알고 있기는 했으나, 어느 개인에 대해서는 그 개인의 생활 가운데 모르고 있는 모든 부분을 알고 있는 부분과 똑같은 것으로 떠올렸다. 상대가 말한 것을 바탕으로 상대가 말하지 않는 생활을 떠올렸다. 오데트가 그의 곁에 있을 때 둘이서 함께 남이 저지른 야비한 행동, 또는 스완이나 오데트에 대하여 남이 품고 있는 상스러운 감정에 대해 얘기라도 하려고 하면 오데트는, 스완이 부모님에게 입버릇처럼 들어왔고 또 스완 자신도 충실하게 지켜온 도덕 원칙에 따라 그런 행동이나 감정을 비난하는 것이었다. 그러고 나서 그녀는 꽃을 돌보고, 홍차를 마시며, 스완의 연구를 걱정하곤 했다. 따라서 스완은 이러한 습관을 오데트의 생활 밖으로까지 넓혀, 그가 곁에 없을 때의 그녀 모습을 그려보려 할 때도 이런 행동거지를 거듭하여 생각했다. 만약 아무개가 그와 함께 있을 때의 그녀, 아니 오히려 오랫동안 그와 함께 있었을 때의 그녀와 똑같은 오데트의 모습을 묘사하고, 그녀가 다른 사내 곁에서도 그랬다고 말하면, 그는 분명 괴로웠으리라. 왜냐하면 그런 모습이 사실인 것처럼 보였을 테니까. 하지만 그녀가 매음굴에 가서 다른 여인들과 어울려 술을 마시며 수선을 떨었다든가, 천한 계집들이 하는 방탕한 생활을 했다든가 하는 말은 무슨 뚱딴지같은 횡설수설이란 말인가! 다행히 그녀의 국화꽃, 그녀가 날마다 마시는 홍차, 그녀의 도덕적인 분개를 떠올리기만 하면 그런 횡설수설이 차지할 자리는 하나도 없지만! 단지 어쩌다가 스완은, 그녀가 하는 행동 전부를 자기에게 악의에서 일러주는 사람이 있다는 사실을 오데트에게 비쳤다. 또 우연히 소문으로 들은, 그다지 깊은 뜻이 없으나 사실인 그녀의 생활 속내 일부를 시기적절하게 꺼내어, 마치 그것이 그가 남모르게 쥐고 있는 오데트 삶의 완전한 구조를 이루는 다른 수많은 사실 조각 사이에서 실수로 삐죽 나오고 만 작은 끄트머리인 것처럼 말하면서, 사실은 알지도 못하려니와 의심한 일조차 없는 어떤 것을 그가 세세히 알고 있기나 한 듯이 그녀를 속여 넘기려고 하였다. 그도 그럴 것이 그가 자주 오데트에게 사실을 왜곡하지 말길 간청했던 까닭은, 그가 그 사실을 알았든 몰랐든 간에 결국은 오데트가 하고 있는 행동을 모두 고백하게 만들려는 것에 지나지 않았기 때문이다. 물론 그는 오데트에게 자주 말했듯이 성실함을 좋아했다. 그러나 애인의 생활을 시시각각으로 알려주는, 말하자면 뚜쟁이 여인으로서의 성실함을 좋아한 것이다. 그러므로 그의 성실함에 대한 애호도 이해관계를 뛰어넘은 것이 못 되어, 그의 인품을 더 낫게 만들지는 못했다. 그는 진실을 사랑했다. 하지만 오데트가 그에게 말하는 진실을 사랑했을 뿐이다. 따라서 그는 이 진실을 얻기 위하여, 오데트에게 늘 인간이 타락하는 원인이라고 일러온 거짓말을 이용하는 데 주저하지 않았다. 요컨대 그는 오데트 못지않게 거짓말을 했으니, 오데트보다 더 불행했던 그는 또 그녀에 못지않게 이기주의자였기 때문이다. 한편 오데트는 그녀가 행한 것들을 스완이 그런 모양으로 자신에게 이야기하는 것을 들으면서, 그를 의심스런 눈길로 바라보며, 그 행동을 창피하게 여기거나 낯을 붉히거나 하는 기색을 보이지 않으려고 무턱대고 골난 표정을 지었다.

그가 심한 질투에 사로잡히는 일 없이 가장 오랫동안 이어진 평온한 시기의 어느 날, 그는 저녁때 롬 대공부인과 함께 극장에 가기로 했다. 상연 중이 작품이 무엇인지 찾아보려고 신문을 펼치자 눈에 띈 건 테오도르 바리에르의 〈대리석의 아가씨들〉이어서, 어찌나 잔인하게 충격을 받았던지 그는 저도 모르게 비틀거리며 고개를 딴 데로 돌렸다. 이제까지는 굳이 신경 쓰려하지 않았을 만큼이나 눈에 익었던 그 '대리석'이라는 낱말이, 주목받은 양 환히 빛나 인쇄되어 있는 새 장소에서 느닷없이 뚜렷이 보여, 금세 스완으로 하여금 오데트가 전에 들려준 이야기를 떠올리게 하였다. 베르뒤랭 부인과 함께 산업관의 미술전을 보러 간 오데트에게 부인은 이렇게 말했다고 한다. "조심해요, 당신을 흐물흐물하게 녹여버릴 수도 있으니까. 당신은 대리석처럼 차가운 여자가 아니잖아요." 오데트는 그건 농담에 지나지 않는다고 단언했고, 그도 그것을 조금도 대수롭게 보지 않았다. 그러나 그 무렵 그는 오늘날보다 훨씬 오데트를 믿고 있었다. 그 익명의 편지는 바로 이런 종류의 연애를 말하고 있었다. 그는 더 이상 '대리석의 아가씨들'이라는 낱말을 보지 않으려고 신문 쪽으로는 감히 눈도 돌리지 못하고, 한 장을 넘겨서 기계적으로 지방 뉴스를 읽기 시작했다. 영국 해협에 폭풍우가 일어나 디에프·카부르·뵈즈발 같은 지역이 입은 피해를 알리고 있었다. 그러자 그는 또다시 비틀거리며 몸을 뒤로 뺐다.

뵈즈발이라는 지명이 이 지방의 또 다른 뵈즈빌을 떠올리게 했던 것이다. 뵈즈빌에는 이음표(—)로 브레오테라는 별명이 붙어 있다. 이것은 그가 지도에서 몇 번이나 봤던 지명인데, 그것이 그 익명의 편지에서 오데트의 샛서방이라고 지목된 그의 친구 브레오테 씨의 이름과 같다는 사실을 지금 처음으로 깨달은 것이었다. 결국 브레오테 씨가 오데트의 샛서방이라는 이야기는 거짓 같지는 않았으나, 베르뒤랭 부인에 관한 한 그것은 불가능한 일이었다. 이따금 거짓말을 한다고 해서 오데트가 전혀 사실을 말한 적이 없다고 할 수는 없으며, 그녀가 미술전에서 베르뒤랭 부인과 나누었다며 그에게 직접 들려준 대화 속에서, 스완은 어느 여인들이—그런 대화가 드러내듯 순진한, 예컨대 오데트가 그렇듯, 다른 여인에 대하여 열광된 애정을 느끼는 어떤 여인과는 거리가 아주 먼 여인들이—인생 경험이 모자라고 악덕해도 무지해서 입 밖에 내는 부질없고 위험한 농담을 알아보았던 것이다. 한편 그와는 반대로, 오데트가 이야기하는 동안 본의 아니게 잠시 스완의 마음속에 의혹을 일으켰을 때 그것을 싹 쓸어버리려고 벌컥 화를 내는 것은, 스완이 애인의 취미나 성미에 대해 알고 있는 모든 것과 맥을 같이하는 것이었다. 그러나 그 순간, 아직 하나의 운(韻)밖에 얻지 못한 시인이나 아직 한 번밖에 관찰하지 못한 학자에게, 그들의 온갖 능력을 드러낼 생각이나 법칙을 가져다주는 영감과 비슷한, 질투하는 자가 갖는 어떠한 영감으로 스완은 무려 이태 전에 오데트가 그에게 하던 말을 처음으로 떠올렸다. "아이 참, 베르뒤랭 부인이 요새는 나 없이 못 살겠다고 하지 뭐예요. 나를 애지중지하고 입까지 맞추는 거예요. 그리고 함께 다니고 싶다느니, 존대는 말아달라느니 하지 뭐예요." 그때는 이 말 속에서, 오데트가 나쁜 짓을 감추려는 속셈에서 말한 맹랑한 이야기의 뒤에 있는 뭔가를 알아듣기는커녕, 그는 이 말을 뜨거운 우정의 표시로 받아들였다. 그런데 이제는 베르뒤랭 부인의 이 애정에 대한 회상이 그녀의 괴상망측한 대화의 추억과 돌연히 이어지고 말았다. 그는 이제 이 두 가지를 마음속에서 분리할 수 없게 되었으며 또한 현실에서도 이 둘을 혼동하여, 부인의 애정이 그 농담에 뭔가 진지하고도 중요한 뜻을 주고, 반대로 농담은 애정으로 하여금 순수성을 잃게 하는 것을 보았다. 그는 오데트의 집에 갔다. 일부러 그녀 곁에서 멀리 떨어져 앉았다. 입맞출 용기도 나지 않았다. 입맞춤이 오데트의 마음과 그의 마음에 눈뜨게 하는 것이 애정일지 노여움일지 몰랐으니까. 그는 잠자코 그들의 사랑이 죽어가는 걸 바라보고 있었다. 돌연 그는 결심했다.

"이봐, 오데트, 내가 밉살스러워 뵈리라는 건 나도 잘 알지만 말이야, 그래도 몇 가지 물어봐야겠는데. 혹시 당신과 베르뒤랭 부인에 관해 전에 내가 어떻게 생각했는지 당신 기억나오? 말해 봐요, 그건 정말이었소? 그 부인하고든, 아니면 다른 여인하고든."

그녀는 입을 삐쭉거리면서 머리를 좌우로 흔들었다. 그것은 '행렬이 지나가는데 구경 가지 않으려오, 열병식에 가보지 않으려오?'라고 묻는 이에게 안 가련다, 시시하다고 대꾸할 때 곧잘 쓰는 표시였다. 그러나 이와 같은 대꾸는 보통 이처럼 앞으로 일어날 일을 부인하는 데에 쓰이므로, 과거를 부인하는 데에 쓰이면 그 부인 속에 어떤 불확실성이 섞인다. 뿐만 아니라 그것은 비난이나 도덕적으로 절대 그럴 수 없다는 심정보다 오히려 개인적인 편의상의 이유를 나타낼 뿐이다. 그래서 오데트가 그런 표시를 하여 그의 말을 부인하는 모습을 보고, 스완은 그것이 분명 사실일 거라고 생각했다.

"그건 전에도 말했잖아요, 다 알면서 그러시네." 그녀는 성난 듯하고도 슬퍼하는 모양으로 덧붙였다.

"그래, 알기는 알지. 하지만 그게 확실하오? '다 알면서 그러시네' 하지 말고, '나는 어떤 여인과도 그런 짓을 하지 않았습니다' 하고 말해 봐요."

그녀는 교과서를 암송하듯이 비꼬는 말투로, 마치 귀찮게 구는 그를 떨쳐버리고 싶은 듯이 되뇌었다.

"나는 어떤 여인과도 그런 짓을 하지 않았습니다."

"라게의 노트르담 메달을 걸고 맹세할 수 있소?"

스완은 오데트가 이 메달을 걸고서는 거짓 맹세를 못하리라는 사실을 알고 있었다.

"어머나! 어쩌면 이렇게 나를 괴롭히실까." 그녀는 집요한 질문의 압박에서 홱 빠져나가며 외쳤다. "적당히 하시지 그래요? 오늘따라 대체 왜 이래요? 기어이 내가 당신을 싫어하길 바라나요? 나한테 미움받고 싶어요? 난 전처럼 당신과 함께 좋은 때를 즐기고 싶었다고요. 그런데 이게 당신의 사례인가요!"

하지만 마치 환자의 경련으로 멈춰진 수술을 단념하지 않고서 경련이 끝나기를 기다리는 외과 의사처럼, 스완은 추궁의 고삐를 늦추지 않았다.

"착각은 하지 마오, 오데트. 나도 당신한테 서운한 게 있다고." 그는 상대를 설득하려고 부드러운 목소리를 꾸며 그녀에게 말했다. "나는 내가 알고 있는 것만 당신에게 말하고, 그리고 늘 당신에게 말하는 것 이상으로 알고 있소. 그러나 남들이 이러쿵저러쿵하는 말을 듣고 내가 당신을 미워하게 되더라도, 당신이 그것을 직접 고백만 해준다면 내 괴로움은 가벼워지리다. 이건 당신만이 할 수 있는 거요. 난 당신의 행동에 대해서 화내는 게 아니오. 나는 모든 걸 용서하오, 당신을 사랑하니까. 하지만 문제는 당신의 거짓말이야. 내가 아는 바를 끝끝내 부인하려고 하는 당신의 터무니없는 거짓 때문에 화내는 거요. 내가 확실히 거짓으로 알고 있는 것을 당신이 진짜라고 우기며 맹세하는 걸 보면서, 어떻게 당신을 계속 사랑할 수 있겠소? 오데트, 우리 두 사람 모두에게 괴롭기 짝이 없는 이런 순간을 더 길게 하지 맙시다. 당신만 그러기를 바란다면, 이런 건 순식간에 끝나고, 당신도 영원히 해방되리다. 자, 어서, 당신의 메달을 걸고, 그런 일을 했는지 말해보오."

"내가 알 게 뭐예요!" 그녀는 정말로 화가 나 소리 질렀다. "어쩌면 오래전에, 뭘 하는지도 모르고 얼떨결에 두세 번 했을지도 모르지만."

스완은 이미 온갖 가능성을 살펴보았다. 이렇게 되고 보니 현실이란 가능성과는 아무 관계도 없는 무엇이다. 마치 우리가 가슴에 받는 칼부림이 머리 위 가벼운 구름의 움직임과 관계없듯이. 왜냐하면 '두세 번'이라는 이 말이 그의 심장에 어떠한 십자가를 깊이 내었으므로. 참으로 이상한 일이었다. 이 '두세 번'이라는 말, 단지 말에 지나지 않으며, 그의 몸에서 떨어진 공중에서 발음된 이 말이 실제로 그의 심장에 닿기라도 한 것처럼 심장을 찢고, 독이라도 삼킨 것처럼 그를 병나게 할 수 있다니. 무의식중에 스완은 생퇴베르트 부인의 집에서 들었던 그 말을 떠올렸다. '회전 탁자 이후 이처럼 멋진 것은 본 적이 없어.' 그가 지금 느끼고 있는 고뇌는 상상하던 바와는 조금도 비슷하지 않았다. 그도 그럴 것이 가장 심하게 의심했을 때에도 이처럼 지독한 불행을 상상한 적은 없었을 뿐만 아니라, 설사 이런 불행을 상상했더라도 그 상상은 언제나 막연하고 확실하지 않아서, 거기에는 '두세 번'이라는 말에서 오는 유별나고 오싹한 무시무시함이 없었으니, 마치 처음 걸린 병처럼 지금까지 알았던 어떠한 것과도 다른 이 말의 특수한 잔인성이 없었기 때문이다. 그렇다고 해서 이러한 괴로움을 고루고루 맛보게 한 오데트가 그에게 덜 소중해진 것은 아니었다. 그렇기는커녕 반대로, 고뇌가 커지면 커질수록 이 여인만이 갖고 있는 진통제, 해독제의 값어치도 커지는 것처럼, 그녀는 더욱더 소중해졌다. 그는 더 악화된 것을 돌연 발견한 질병을 대하듯, 그녀를 더욱 돌봐주고 싶었다. 그녀가 '두세 번' 했다고 말한 무시무시한 일이 다시 일어나지 않도록 해주고 싶었다. 그러려면 오데트를 감시해야만 했다.

친구에게 그 애인의 못된 소행을 알려주면, 상대는 그 말을 곧이듣지 않았으므로 결과적으로 더욱더 그를 애인에게 접근시킬 따름이라고 흔히 말한다. 그러나 만일 상대가 그 고자질을 믿는다면, 그보다도 더 상대를 애인에게 접근시키는 결과가 된다! 스완은 어떻게 하면 오데트를 잘 보호할 수 있을까 생각해보았다. 오데트를 어느 한 여인에게서 막을 수 있을지는 모르나, 그 밖에도 여인은 수없이 있지 않은가. 이런 생각에 그는, 베르뒤랭네 집에서 오데트를 만나지 못했던 저녁, 누군가를 소유하고자 하는 절대로 이뤄지지 않을 욕망이 생기기 시작했던 그때 과연 어떠한 광기가 자기 마음을 지나갔던 것인지 이해했다. 스완을 위해 다행스럽게도, 침입자 무리처럼 이제 막 그의 영혼 속에 들어온 새로운 고뇌 밑에는 더 오래되고 조용한 본성이 존재하여, 마치 침해된 조직을 곧바로 회복시키려는 상처 입은 기관의 세포처럼, 또 그 운동을 되찾으려 하는 마비된 팔다리의 근육처럼 묵묵히 활동하고 있었다. 그의 영혼에 사는 더 오래된 이 본토박이들은 잠시 동안 스완의 온 힘을, 회복기 환자나 수술받은 환자에게 안식의 환각을 일으켜주는 그 은밀한 회복작용에 썼다. 이때 온 힘을 다 쓰고서 축 늘어진 것은 여느 때처럼 스완의 머리가 아니라, 오히려 그의 마음이었다. 그런데 삶의 모든 일이란 한번 존재하면 곧잘 되살아나는 경향이 있어, 죽어가는 동물이 다 죽었겠거니 할 때 다시 경련을 일으키듯이, 한순간 아픔이 덜해졌던 스완의 심장에 전과 똑같은 고뇌가 와서 같은 십자가를 그 위에 새겼다. 그러자 달 밝은 밤마다 그가 라 페루즈 거리로 자신을 싣고 가는 지붕 없는 사륜마차 속에서 몸을 길게 뻗고, 기쁨에 취하면서, 사랑에 빠진 사내의 감동—그런 감동에는 으레 독이 든 열매가 열리는 줄도 모르고—에 젖어 있던 일이 생각났다. 그러나 이러한 생각은 모두, 그가 가슴에 손을 가져가 한숨 돌리고는 고통을 감추려고 억지 미소를 띠기까지의 아주 짧은 시간밖에 이어지지 않았다. 벌써 그는 그녀에게 다시 물으려고 했다. 왜냐하면 그의 질투는 지금껏 그 어느 때보다 수고하여 그에게 그처럼 심한 타격을 가해 그가 아는 한 가장 잔혹한 고통을 맛보게 하고서도, 그걸로는 모자랐는지 그에게 더더욱 깊은 상처를 입히려고 했기 때문이다. 마치 사악한 신처럼 질투는 스완을 부추겨 파멸에까지 밀고 나갔다. 처음에 그의 고통이 그리 고통스럽지 않았던 것은 오로지 오데트의 탓이지, 그의 탓이 아니었다.

"여보." 그는 오데트에게 말했다. "마지막으로 묻겠는데, 상대는 내가 아는 여인이었소?"

"아니라니까요, 맹세해요. 더구나 그건 좀 부풀려서 말한 거예요. 나, 그 지경에까지는 이르지 않았어요."

그는 미소 짓고 말을 이었다.

"뭐, 그런 건 대수로운 게 아냐. 하지만 당신이 그 이름을 내게 말해주지 못하는 게 유감이군. 정확하게 누군지 알고 나면, 더 이상 누굴까 생각하지 않아도 괜찮거든. 당신을 위해서 하는 말이야. 더는 당신을 귀찮게 굴기 싫으니까. 모든 게 머릿속에 환히 나타난다는 건 정말이지 마음을 가라앉혀주지! 지긋지긋한 건 똑똑하게 떠올릴 수 없는 것들이야. 그러나 당신이 아주 상냥하게 대해주었으니, 더 이상 끈질기게 묻진 않겠소. 내게 베풀어준 당신의 친절에 진심으로 감사하오. 이걸로 끝. 단지 한마디만 더. 얼마 전의 일이지, 그건?"

"오! 샤를, 당신이 나를 얼마나 못살게 굴고 있는지 깨닫지 못하시나요! 다 멀고 먼 옛일이에요. 난 완전히 잊어버리고 있었다고요. 그런데 당신은 굳이 생각나게 하고 싶으신가 보군요. 그래서야 역효과가 나지 않겠어요?" 그녀는 자신의 어리석음을 의식도 못한 채 일부러 짓궂은 투로 말했다.

"아니 뭐! 나는 말이야, 단지 그게 내가 당신을 안 뒤의 일인지 알고 싶을 뿐이야. 이 정도야 당연한 궁금증이지. 이 방에서 일어난 일이었소? 어느 밤이라고 말하지 말고, 그날 밤 내가 무엇을 하고 있었는지 생각나게 해 달라는 거야. 이봐요, 누구와 함께였는지 당신이 기억 못할 리가 없잖아. 오데트, 부탁이야."

"그래도 모르는 걸 어떡해요. 아마 불로뉴 숲이었나 봐요. 당신이 불로뉴 숲에 있는 섬으로 우리를 만나러 오시던 밤이었나 봐요. 그렇지, 당신이 거기 오시기 전에 롬 대공부인 댁에서 저녁 식사를 하셨던 날이에요." 그녀는 자기 이야기가 진실이라는 걸 보여주는 뚜렷하고 세세한 사실을 밝히는 게 자못 기쁜 듯이 말했다. "이웃 테이블에 아주 오랫동안 만나지 않았던 한 여인이 있었어요. 그분이 나보고 말하지 뭐예요. '잠깐 작은 바위 뒤로 구경하러 갑시다. 달빛이 물 위에 곱게 비치고 있으니.' 나는 하품하고 나서 대답했어요. '난 됐어요, 피곤하니까. 여기가 더 좋아요.' 그런데 그분은 한 번도 이렇게 아름다운 달빛을 본 적이 없다고 말했어요. 내가 그분에게 말했지요. '잘도 허풍 치시네!'라고요. 그분이 뭘 하려고 하는지 난 잘 알고 있었거든요."

오데트는 이 이야기를, 그것이 그녀에게는 매우 자연스럽게 보여선지, 아니면 내용의 중대함을 그런 투로 가볍게 하려는 속셈에선지, 또는 창피해하는 꼴을 보이기 싫어선지, 거의 웃기까지 하면서 말했다. 그러다가 스완의 얼굴을 보고는 말투를 바꾸었다.

"당신도 참 딱하셔라. 나를 괴롭히고, 나에게 거짓말을 시키고 기뻐하시다니. 나, 당신이 나를 편하게 내버려뒀으면 해서 이런 거짓말을 하는 거예요."

스완을 때린 이 두 번째 타격은 첫 번째 타격보다 더 맹렬했다. 그 일이 알지 못하는 과거사가 아니라 그처럼 뚜렷하게 생각나는 저녁에, 그가 오데트와 함께 보내고 무엇이든 잘 알고 있는 줄 믿어왔던 그 저녁에, 그의 눈에 띄지 않게 몰래 숨어서 그처럼 최근에 한 일이라고는 꿈에도 생각해본 적이 없었다. 그런데 이제 와서 돌이켜보니 그 저녁이 왠지 수상쩍고도 무시무시해 보였다. 그런 수많은 저녁의 한가운데에 갑자기 널따랗게 구멍이 파였다. 그것은 바로 불로뉴 숲 섬에서의 그 순간이었다. 오데트는 총명한 여인은 아니었지만, 자연 그대로의 매력을 갖고 있었다. 그녀는 그때의 광경을 매우 솔직하게 흉내내며 이야기해서, 스완은 헐떡거리며 모든 걸 눈앞에 보았다. 오데트의 하품을, 작은 바위를. 그녀가 '잘도 허풍 치시네!' 하고 대답하는 것도—더구나 쾌활하게! —들었다. 그녀는 오늘 저녁 더 이상 말하지 않으려니와, 말하는 순간을 기다려본댔자 새로운 사실을 알아내진 못하리라 생각되어, 그는 오데트에게 말했다. "나의 불쌍한 오데트, 용서하오. 당신을 괴롭히고 있다는 걸 나도 안다오. 이걸로 끝, 더 이상 이런 것은 생각하지 않겠소."

그러나 그녀는 스완의 눈이 그가 모르고 지내온 것들과, 그들 두 사람의 사랑의 과거를 계속 뚫어져라 쳐다보고 있음을 눈치챘다—그 과거는 막연했으므로 그의 기억에서는 단조롭고도 감미로웠으나, 이제 와서는 롬 대공부인 집의 만찬회를 끝낸 뒤 달 밝은 불로뉴 숲의 섬에서 지낸 그 순간에 의해 생생한 칼자국처럼 찢기고 말았다. 하지만 스완은 삶을 흥미진진한 것으로 보는 습관—인생에서 뜻하지 않게 찾아내는 진귀한 발견에 탄복해 마지않는 습관—이 있어서, 오래 견딜 수 없을 거라 여길 만큼 괴로워하면서도 스스로에게 타일렀다. '삶이란 참으로 놀랍다. 상상도 못한 아름다운 것들의 창고다. 요컨대 악덕만 해도 우리가 생각하는 바와는 달리 훨씬 널리 퍼져 있는 것이다. 여기에 내가 믿어 마지않던 한 여인이 있다. 보기에 매우 단순하고 성실해 보인다. 설령 경박한 여자라 해도, 어쨌든 최소한 정상적이고 건전한 취미를 가진 듯이 보였다. 그런데 도저히 사실 같지 않은 남의 고자질을 듣고, 나는 그녀에게 따져 물었다. 그러자 그녀가 한 고백이 내가 의심할 수 있었던 것보다 더 엄청난 사실을 드러내는구나.' 그러나 그는 아무리 해도 이런 기운 없는 생각으로 그칠 수 없었다. 그녀는 이제까지 그런 짓을 자주 한 거다. 그녀가 앞으로도 그런 짓을 되풀이할 거라는 단정을 내려야 할지 알기 위해, 그는 그녀가 한 이야기의 가치를 정확하게 평가하려고 했다. '그분이 뭘 하려고 하는지 난 잘 알고 있었거든요', '두세 번', '잘도 허풍 치시네!'라고 그녀가 한 말을 스완은 마음속으로 되풀이했다. 그런데 이런 말은 스완의 기억 속에 무장하지 않은 차림으로 나타나는 게 아니라, 말마다 칼을 들고 있어서 그에게 또다시 일격을 가했다. 마치 아무리 아파도 끊임없이 몸을 움직이려 하는 병자처럼 그는 오랫동안 '여기가 더 좋아요', '잘도 허풍 치시네!'라는 말을 되뇌었다. 하지만 어찌나 고통이 심한지 결국 멈추지 않을 수 없었다. 늘 가볍고 태평하게 판단해오던 행동이 이제 와서 치명적인 질병처럼 중대해져버린 데에 그는 놀랐다. 그는 오데트의 감시를 부탁할 만한 여인을 몇몇 알고는 있었다. 그러나 그녀들이 지금의 그와 똑같은 관점에 서주기를 어찌 기대하겠는가. 그녀들은 오랫동안 스완의 것이었으며 끊임없이 그의 향락 생활을 지도해왔던 관점에 머무른 채 그를 보고 웃으면서 '고약스런 질투쟁이시네, 남의 즐거움을 금하려고 하다니'라고 말하지나 않을까. 대체 어떤 함정이 느닷없이 열려 그가(전에는 오데트에 대한 연정에서 세련된 쾌락밖에 느끼지 않았던 그가) 갑자기 이런 새 지옥에 떨어지고 말았는가? 그는 어떡해야 이곳을 빠져나갈 수 있을지 감도 안 잡혔다.

불쌍한 오데트! 스완은 그녀를 원망하지 않았다. 그녀에게는 죄가 반밖에 없었으니까. 니스에 사는 어느 영국인 부호에게 아직 어린 그녀를 내준 것이 그녀의 생모였다고 말들 하지 않았던가? 그나저나 전에는 무심하게 읽었던 알프레드 드 비니의 《어느 시인의 일기》의 그 문장, '한 여인에게 사랑을 느꼈을 때 생각할지니, 그 여인의 주변 사람은 어떤가? 그 여인의 생활은 어떠했는가? 삶의 모든 행복은 거기에 달려 있다'는 그 문장이 지금은 그에게 얼마나 뼈아픈 진리가 되었는지. 스완은 '잘도 허풍 치시네!', '그분이 뭘 하려는지 난 잘 알고 있었거든요' 하는 단순한 문구를 머릿속으로 뇌어보았을 때, 그 문구에 그토록 그를 몹시 아프게 하는 힘이 있다는 사실에 놀랐다. 하지만 사실 그는 이해하고 있었다. 그가 단순한 문구로 여기고 있는 것은 전체의 뼈대를 구성하는 낱낱의 부품이며, 오데트가 이야기하는 동안에 겪었던 고뇌가 그 부품 사이에 걸려 있다가 언제라도 그에게 돌아올 수 있다는 것을. 왜냐하면 이제 새로 느낀 고뇌가 확실히 그것과 똑같은 고뇌였기 때문에. 이제 와서 안들—또 세월이 흘러감에 따라 조금 잊어버리거나 용서한들—무슨 소용이 있으랴. 그 말들을 되뇌는 순간 번번이 옛 고뇌가, 아직 오데트가 그 이야기를 털어놓지 않았던 이전의 상태, 아무것도 모르고 오데트를 믿어 마지않았던 상태로 다시 그를 끌고 가버리니, 그의 잔혹한 질투는 오데트의 고백으로 그에게 타격을 가하기 위해, 또 한 번 그를 아직 진실을 모르는 상태에 데려다놓는 것이었다. 그리하여 몇 개월 뒤에도 이 오래된 이야기는 마치 뜻밖의 새 사실처럼 그의 심기를 뒤엎어놓았다. 그는 기억의 무서운 재현 능력에 탄복해 마지않았다. 고통의 진정을 기대하려면, 이 뿌리가 쇠약해져서 나이와 함께 번식력이 감소되기만을 기다릴 수밖에 없다. 그런데 오데트가 한 말 가운데 어느 하나가 그를 아프게 하는 힘이 조금 약해진 듯 보일 때에도, 그때까지 스완이 그다지 마음 쓰지 않았던 다른 새로운 말이 금세 그 자리를 메워 신선한 힘으로 그를 냅다 후려쳤다. 롬 대공부인 댁에서 저녁 식사를 한 날 밤의 기억은 그에게 고통스러운 것이었으나, 그것은 그의 아픔의 중심에 지나지 않았다. 고통은 이 중심을 둘러싼 주위의 나날에 그 빛을 희미하게 퍼뜨리고 있었다. 그리고 그가 이 기억의 어떤 점에 손댈지라도, 베르뒤랭네 사람들이 그처럼 자주 불로뉴 숲의 섬에서 저녁 식사를 하던 계절 전체가 그를 아프게 했다. 너무나 고통스러운 나머지 질투에서 일어난 호기심도, 그 호기심을 채우려면 새로운 고통을 짊어지게 되리라는 두려움 탓에 천천히 엷어져갔다. 그와 만나기 전에 오데트가 지내온 삶, 한 번도 상상해보려 한 적 없던 그 삶은 그가 막연히 생각하고 있듯이 추상적인 시간의 연속이 아니라, 일 년 일 년 고유한 세월로 이루어졌으며 또한 구체적인 사건으로 가득 차 있다는 사실을 그는 깨달았다. 그러나 그 세월을 알기라도 하면, 빛깔 없이 흐르는 물과도 같은 그럭저럭 참을 만한 과거가 곧바로 뚜렷한 모양을 지닌 더러운 고체로 변해, 개성적이고 악마 같은 낯짝을 지니게 되지 않을는지, 그는 겁이 났다. 그래서 그는 여전히 그녀의 과거를 그려보려고 하지 않았는데, 이는 생각하기 귀찮아서가 아니라 괴로워하는 데 겁이 나서였다. 그는 언젠가 불로뉴 숲의 섬이라든가 롬 대공부인이라는 이름을 이전처럼 가슴 찢기는 고통 없이 듣게 될 날이 오길 기대했다. 그리고 겨우 고통이 가라앉았을 때 또다시 오데트에게 도전하여, 또 다른 모양으로 고통이 살아나게 하는 처음 듣는 이야기, 장소의 이름, 가지가지 사정 따위를 얘기시키는 건 신중하지 않은 행동이라고 생각하게 되었다.

그런데 그가 모르고 있는 것, 이제는 알기를 꺼리고 있는 것을 자주 그에게 말하고 있는 줄도 모르고 제 스스로 누설하는 게 바로 오데트 자신이었다. 사실 오데트의 실제 생활과, 스완이 믿어왔으며 아직도 되풀이하여 믿고 있는 오데트의 비교적 순수한 생활이 그녀의 악덕 때문에 얼마나 멀리 떨어져 있는지를 오데트 자신은 통 모르고 있었다. 행실이 바르지 못하나 남들 앞에서는 늘 변함없이 정숙한 체하면서 제 악덕이 들키지 않기를 바라는 인간은, 그 악덕이 모르는 사이에 자꾸만 늘어남에 따라, 얼마나 자기를 바른 생활 태도에서 멀리 떼어놓는지 인식할 능력을 잃어버리는 법이다. 스완에게 숨기고 있는 여러 행실의 기억과 그런 악덕이 오데트의 정신 속에 함께 사는 가운데 오데트의 다른 행실도 점점 그 영향을 받아 악덕에 물들어갔는데, 그녀는 그런 영향을 조금도 이상하게 생각하지 않았거니와, 그런 행실 또한 그녀가 그것을 기르고 있는 마음속 특별한 곳에 있으면서 어떠한 이상도 일으키지 않았다. 하지만 그녀가 감추고 있는 행실을 스완에게 이야기할 때, 그는 그런 행실이 드러내는 분위기에 소름이 오싹 끼치고 말았다. 어느 날 그는 오데트의 마음을 언짢게 하지 않으려고 주의하면서 뚜쟁이 여인의 신세를 진 일이 있는지 알아보려고 애썼다. 사실 그는 그럴 리가 없다고 굳게 믿고 있었다. 물론 익명의 편지를 읽음으로써 그런 가정이 생기긴 했지만, 그건 기계적인 것에 지나지 않았다. 그는 그 가정을 믿을 바 못 된다고 단번에 물리쳤다. 그러나 그것은 머릿속에 남아 있었다. 그래서 스완은 순전히 물질적이며 거추장스러운 이런 의혹을 없애려면 오데트 자신이 풀어줘야만 한다고 생각했다. "어마! 천만에! 하기야 그 때문에 시달리지 않은 것도 아니지만요." 그녀는 엷은 미소를 지으며 덧붙였다. 그녀의 행동이 스완의 눈에 바르게 보일 리가 없다는 사실은 까맣게 모르고서. "어제도 나를 두 시간 이상이나 기다린 여인이 있었어요. 그 사람이 글쎄, 어떤 값이라도 상관없다고 말하지 뭐예요. 어느 나라 대사가 그 여인에게 '당신이 그녀를 내게로 데리고 와주지 않는다면 자살하고 말 테다'라고 말하며 부탁했나 봐요. 우리집 하인이 그 여인보고 내가 외출 중이라고 말했어요. 하지만 결국 내가 나가서 돌아가라고 말했죠. 내가 그 여인을 어떤 모양으로 응대했는지 당신에게 보이고 싶을 정도예요. 옆방에서 내 말을 듣고 있던 하녀가 나중에 한 말로는, 내가 목청껏 외쳤대요. "아니, 내가 싫다고 말하고 있잖아요! 별수 없어요, 싫으니까. 내가 마음 내키는 일을 하는 건 내 자유라고 생각해요! 돈이 필요한 신세라면 또 몰라도……." 난 문지기한테 다시는 그런 여인을 들여보내지 말라고 일러놓았어요. 다시 오더라도 문지기는 내가 시골에 갔다고 말할 거예요. 아아! 참말이지 당신이 어느 한구석에 숨어 계셨으면 했어요. 분명 만족하셨을 텐데. 여보, 당신의 귀여운 오데트에게 꽤 좋은 점이 있지요, 안 그래요? 남들 눈에는 그렇게 돼먹지 않아 보이지만."

게다가 스완에게 탄로난 게 아닌가 하는 추측에서 오데트가 제 잘못을 털어놓으면, 스완으로서는 그 고백 자체가 오래된 의심에 마침표를 찍는 게 아니라 도리어 새 의혹의 출발점이 되었다. 그녀의 새로운 고백은 그의 의심에 들어맞지 않았기 때문이다. 오데트가 그 고백에서 가장 중요한 부분을 모두 덮어두려고 한 것은 헛일이었다. 부차적인 곳에 스완이 미처 떠올리지 못했던 그 무엇이 남아 있어, 그것이 그를 압박하고 질투의 문제를 더욱 길게 만드는 것이었다. 게다가 이런 고백을 그는 다시는 잊어버리지 못했다. 그의 영혼은 이런 고백을 물에 뜬 시체처럼 흐름에 띄우고, 그대로 내버려두고, 물결대로 가만가만 흔들었다. 그러면서 영혼은 스스로 그 독기에 중독되어 가고 말았다.

한번은 오데트가 스완에게, 파리 뮈르시아의 무도회 날에 포르슈빌이 그녀를 찾아왔던 걸 이야기했다. "뭐요? 그렇게 오래전부터 그 사람과 아는 사이였나? 아아! 그래, 그랬지." 그는 말했다. 몰랐던 겉모양을 보이지 않으려고 고쳐 말하면서. 갑자기 그의 몸이 떨리기 시작했다. 그처럼 소중히 간직해온 그녀의 편지, 그것을 받았던 그 파리 뮈르시아의 무도회 날에 어쩌면 그녀가 메종 도르(Maison d'Or)*에서 포르슈빌과 함께 점심을 들었을지도 모른다는 생각에. 오데트는 그에게 그렇지 않다고 맹세했다. "그러고 보니 메종 도르라고 하니까 생각나는데, 거기서 좀 이상한 소릴 들었던 것 같은데." 그는 허를 찌르는 셈치고 그녀에게 말했다. "응, 그거요. 당신이 프레보까지 나를 찾으러 갔던 밤에 나하고 만났을 때, 내가 당신보고 메종 도르에서 막 나오는 길이라고 말했잖아요. 그런데 사실 그날 밤 나는 거기 가지 않았더란 얘기 말이죠?" 그녀는(그의 태도로 보아 알고 있구나 생각하며) 대답했다. 그 대답에는 파렴치함이라기보다 오히려 겁이 더 많이 섞인 결단과, 스완의 마음에 거슬리지 않을까 하는 근심—자존심에서 숨기려고 했던 근심—과, 그녀도 솔직하게 털어놓을 줄 안다는 것을 보이고 싶은 희

* 메롱 도레와 같은 곳.

망이 뒤섞여 있었다. 이렇게 그녀는 망나니와도 같이 단호하고도 기세 사납게 그를 뱄는데, 그 손은 전혀 잔인하지 않았다. 그도 그럴 것이 오데트는 스완에게 끼치고 있는 고통을 전혀 의식하지 못했으므로. 의식하기는커녕 그녀는 까르르 웃기 시작했다. 아마도 창피스러워하며 당황해하는 모양을 보이고 싶지 않았기 때문이었으리라. "정말은 나 그때 메종 도르에 가지 않았어요. 포르슈빌의 집에서 나오는 길이었죠. 물론 그 전에 프레보에 가 있던 것은 정말이에요. 그것만은 거짓말이 아니에요. 포르슈빌 씨하고 거기서 만났는데, 그분이 나보고 집에 가서 판화를 구경하지 않겠느냐고 청했어요. 그러나 거기에는 손님이 와 계셨어요. 당신에게 메종 도르에서 막 오는 길이라고 말한 건 당신의 마음을 언짢게 할까 봐 그런 거예요. 어떻게 생각하세요, 내가 얼마나 당신을 생각했는지 아시겠죠? 그야 틀린 말을 한 것은 내 잘못일지도 모르지만, 이제 이렇게 전부 이야기하고 있잖아요. 파리 뮈르시아의 무도회 날 그분과 점심을 들었느니 하는 것도, 설사 그것이 사실이었던들 그 사실을 당신에게 숨겨서 무슨 득이 있겠어요. 게다가 그 무렵에는 우리 둘이 그렇게 친한 사이가 아니었으니까 더군다나 그렇지요, 안 그래요, 여보?" 그는 짓누르는 듯한 이런 말에 압도되어 기력을 잃고 비굴한 미소를 띠었다. 너무나 행복했기에 한 번도 곰곰이 생각해보려 하지 않았던 그 몇 개월, 그녀가 그를 그토록 사랑해주었던 그 몇 개월 동안에도 그녀는 이미 그처럼 그를 속이고 있었던 거다! 메종 도레에서 오는 길이라 말했던 그때 (그들이 처음으로 '카틀레야를 하던' 그 밤) 이미 그랬듯이, 그동안에 스완이 꿈에도 의심하지 않았던 거짓말이 얼마나 많이 감춰져 있겠는가?

그는 어느 날 그녀가 한 말을 생각해냈다. '베르뒤랭 부인에게는 옷이 미처 마련되지 않았다든가, 이륜마차가 늦게 왔다든가 말하면 그만이죠. 언제든지 적당히 꾸며댈 수가 있는 법이에요.' 이와 마찬가지로 그녀가 늦은 걸 둘러대거나 밀회 시간을 바꾼 것을 설명하는 말을 속삭였을 때, 그 말 속에는 그녀가 '스완에게는 옷이 미처 마련되지 않았다든가, 이륜마차가 늦게 왔다든가 말하면 그만이죠. 언제든지 적당히 꾸며댈 수가 있는 법이에요' 하고 말하면서 딴 사내와 어울려 하였을 무엇인가가, 그때 그는 감히 떠올리지도 못했던 무엇인가가 숨어 있었음에 틀림없다. 스완의 가장 감미로운 온갖 추억의 뒤, 지난날 오데트가 말하고 그가 복음서의 말처럼 믿어 마지않았던 가장 단순한 말의 뒤, 그녀가 그에게 이야기한 나날의 행동 뒤, 그리고 그녀가 자주 드나드는 장소, 예컨대 그 여재봉공의 집이나 불로뉴 숲 큰길이나 경마장 뒤에 그 여분의 시간(하루하루를 무엇을 하고 보냈는지 아무리 세밀하게 따진다 해도 거기에 여전히 어긋남과 빈틈이 남도록 하여, 어떤 행동에 은신처를 제공해주는 여분의 시간)을 이용함으로써 겉에 나타나지 않는 여러 거짓말이 살그머니 존재하고 있는 것을 그는 알게 되었다. 그런 거짓말은 그에게 남아 있던 가장 귀중한 모든 것을(가장 행복했던 밤들, 그에게 오라고 알려준 시간 말고는 늘 오데트가 자리를 뜨고 없었을 라 페루즈 거리의 집 그 자체마저) 전부 더러운 것으로 만들어버렸다. 그리고 그녀는 메종 도레에 관한 고백을 듣고서 그가 느꼈던 그 시커먼 공포를 조금씩 곳곳에 퍼뜨리면서, 황폐의 도시 니네베(Nineveh)를 쏘다니는 추악한 짐승처럼, 그가 마음속에 아름답게 쌓아올린 과거의 모든 건물의 돌을 하나하나 흔들어 떨어뜨리고 말았다. 이제 와서는 기억이 메종 도레라는 잔혹한 이름을 일러줄 때마다 그는 마음을 딴 곳으로 돌렸는데, 그것은 최근 생퇴베르트 부인의 야회 때처럼 그 이름이 이미 오래전에 잃고 만 행복을 떠올리게 했기 때문이 아니라, 이제 막 알게 된 불행을 떠올리게 했기 때문이었다. 이윽고 메종 도레라는 이름은 불로뉴 숲의 섬이라는 이름과 마찬가지로 스완을 점점 덜 괴롭게 했다. 우리가 사랑이나 질투라고 여기는 것은, 절대로 나눌 수 없이 이어지거나 단일한 감정이 아니기 때문이다. 사랑이나 질투는 가없이 뒤를 잇는 사랑, 끝없이 다른 질투로 구성되며, 그 하나하나는 저마다 순간적인 감정이지만 잇따라 나타나므로 이어지고 있는 인상, 단일하다는 착각을 일으킨다. 스완의 살아 있는 사랑, 변함없는 질투의 충실함은 사실 죽음과 배신으로 구성돼 있으며 끝없는 욕망, 끝없는 의심으로 만들어진 것인데, 그 대상은 모두 오데트였다. 그러니까 만일 스완이 오랫동안 그녀를 보지 않았더라면, 그동안에 욕망도 의심도 죽어버리고 그 빈자리를 다른 것이 차지하지도 못했으리라. 그런데 눈앞에 있는 오데트의 존재는 스완의 마음에 어떤 때는 애정의, 어떤 때는 의혹의 씨앗을 번갈아 뿌렸다.

가끔 어떤 밤에는 오데트가 느닷없이 그에게 귀엽게 구는 일이 있었다. 이런 때 스완이 당장 맞장구치지 않기라도 하면, 앞으로 몇 해 동안 다시는 이런 기회를 못 만날 줄 알라고 그녀는 냉혹하게 경고했다. 그래서 그는 '카틀레야를 하러' 그녀의 집으로 곧바로 되돌아가야만 했다. 그런데 그녀가 그에게 품었다고 하는 이런 욕망이 너무나 갑작스럽고도 이상하며 일방적이고, 이어 그녀가 그에게 퍼붓는 애무가 지나치게 꾸민 듯 보이고 또한 상식을 벗어난 것이어서, 그 난폭하고도 부자연스러운 애정은 기만과 고약스런 짓 못지않게 스완의 마음을 아프게 하였다. 어느 날 밤, 그가 그녀의 명령대로 함께 그녀의 집에 돌아가서, 그녀가 입맞춤 사이사이에 여느 때의 쌀쌀함과는 정반대로 열정이 깃들인 말을 섞고 있을 때, 그는 갑자기 인기척을 느꼈다. 그는 벌떡 몸을 일으켜 곳곳을 살폈는데 그곳에는 아무도 없었다. 하지만 그녀 곁으로 다시 갈 마음이 들지 않았다. 그러자 그녀는 화가 발끈 나서 꽃병을 홱 집어 던져 깨뜨리며 스완에게 대들었다. "당신과는 아무것도 할 수 없어요!" 그리고 그는, 오데트가 아무개를 방 안에 숨겨두고, 그 사내를 질투로 괴롭혀 관능에 불을 붙일 셈이었는지 끝끝내 알 수 없었다.

이따금 그는 오데트에 관한 정보를 얻을 수 있을까 하는 기대에서 뚜쟁이 여인의 집을 찾아갔는데, 차마 오데트의 이름을 댈 용기는 없었다. "당신 마음에 들 귀여운 아가씨가 있답니다." 뚜쟁이 아낙네가 말한다. 그리고 그는, 그가 아무 짓도 하지 않는 데 놀라워하는 가련한 아가씨를 상대 삼아 음울하게 이야기하면서 한 시간을 보내곤 했다. 하루는 아직 어리고 아름다운 창부가 그에게 말했다. "내 소원은 말이에요, 좋은 남자친구를 얻는 거예요. 그러면 그는 날 믿어주기만 하면 돼요. 다른 사내는 거들떠보지도 않을 테니까." "정말인가, 여인이 한 사내에게 사랑받는 것에 감동하여 그를 배신하지 않으리란 것이?" 스완은 근심스레 물었다. "물론이죠! 하기야 저마다의 성격에 달렸지만!" 스완은 롬 대공부인도 기뻐할 만한 말을 이런 창부들에게도 하지 않고는 못 배겼다. 좋은 남자친구를 찾고 있다는 아가씨에게 스완은 웃으며 말했다. "멋진데, 당신은 허리띠 색깔과 똑같은 푸른빛 눈을 가졌군 그래." "당신도 그래요. 푸른 소맷부리와 똑같은 눈을 가지셨네요." "우리도 참, 이런 곳에서 이 얼마나 아름다운 이야기를 하고 있는지! 내 이야기가 싫증나지 않아? 할 일이 있지는 않고?" "아뇨, 한가해요. 당신 이야기에 싫증났다면 벌써 말했을 거예요. 하지만 그 반대예요, 나 당신 이야기를 듣는 게 썩 좋아요." "과찬인걸. 어떻소, 우리 얌전히 이야기하고 있지?" 스완은 막 방에 들어온 뚜쟁이 아낙네에게 말했다. "그렇고말고요, 저도 그렇게 생각하던 참이에요. 어쩌면 이렇게 얌전하실까, 손님들께서! 아무렴요, 요즘은 손님들이 이야기를 하러 우리집에 오시죠. 요전 날 대공님께서 말씀하셨어요. 여편네 살롱에 있느니보다 이곳에 있는 게 더 좋다고요. 요즘 사교계에서는 부인네들이 그쪽에 가서 붙어 있나 봐요. 참으로 어이없는 일이지요! 하여튼 재미 많이 보세요, 눈치 있게 이만 빠져드릴게요." 뚜쟁이 아낙네는 이렇게 말하고선 푸른 눈의 창부와 스완을 남겨놓고 나가버렸다. 그러나 곧 스완은 몸을 일으키고 아가씨에게 작별인사를 했다. 그녀는 그와 인연이 없었다. 오데트와 아는 사이가 아니라서.

화가가 병이 나자 코타르는 그에게 한동안 배로 여행하면서 쉬기를 권했다. 많은 신자가 그와 함께하겠다고 말했다. 베르뒤랭 부부는 둘이서 파리에 남아 있을 결심이 서지 않아 요트 한 척을 빌렸는데, 결국에는 그 요트를 사버리고 말았다. 그리하여 오데트는 자주 유람을 떠나게 되었다. 그리고 매번 오데트가 떠난 뒤 며칠쯤 지나면 스완은 그녀에게서 벗어난 느낌이 들기 시작했는데, 마치 이 정신적 거리가 물질적 거리에 비례하기라도 하듯, 오데트가 파리에 돌아와 있다는 것을 알자마자 그는 또 그녀를 만나지 않고는 못 배기는 것이었다.

한번은 기껏해야 한 달 동안이라는 예정으로 떠났는데, 도중에 다들 다른 마음이 들어선지, 아니면 베르뒤랭 씨가 부인을 기쁘게 하려고 미리 몰래 짜놓은 계획을 신자들에게 그때그때 알려주지 않아선지, 그들은 알제리에서 튀니스로 가고, 다음에 이탈리아로, 다음에 그리스, 콘스탄티노플, 소아시아에까지 가고 말았다. 이 여행은 거의 1년이나 이어지고 있었다. 스완은 완전한 평온과 행복에 가까운 기분을 느끼고 있었다. 베르뒤랭 부인은 피아니스트와 코타르 의사에게, 피아니스트의 숙모도 코타르의 단골 환자들도 두 사람을 전혀 필요로 하지 않거니와, 어쨌든 베르뒤랭 씨가 혁명 중이라고 단언하고 있는 파리에 코타르 부인을 돌아가게 하는 것은 무모한 짓이라는 사실을 이해시키려고 애썼음에도, 결국 콘스탄티노플에서 이 사람들에게만은 자유를 돌려줘야만 했다. 그리고 화가도 그들과 함께 파리로 떠났다.

이 네 여행자*가 파리로 돌아온 지 얼마 되지 않은 어느 날, 스완은 뤽상

---

* 원문에는 세 사람으로 되어 있는데, 옮긴이의 판단으론 네 사람이라고 보아야 옳을 것 같다. 파리로 가겠다고 한 사람은 피아니스트와 코타르 부부이며, 그들과 함께 화가도 갔기 때문임.

부르 공원행 승합마차가 지나가는 것을 보고 그쪽에 볼일이 있어 마차에 뛰어올랐다. 그런데 우연히 코타르 부인의 앞에 앉게 되었다. 코타르 부인은 훌륭하게 차려입고 있었다. 그날을 '방문일'로 정한 사람들의 집들을 순례하고 있어서, 모자에 꽂는 깃, 비단 드레스, 토시, 양산 겸 우산, 명함집, 새하얗게 빤 장갑, 이런 상류 부인의 표시를 몸에 잔뜩 걸치고 있었다. 날씨가 좋은 날이면 그녀는 같은 지역의 집들을 한 집 한 집 걸어서 방문했는데, 그러고 나서 다른 곳으로 갈 때는 보통 바꿔 탈 수 있는 승합마차를 이용했다. 타고난 여인다운 부드러움이 이 프티부르주아 여인의 딱딱함을 뚫고 나타나기까지, 그녀는 스완에게 베르뒤랭네 사람들에 대한 이야기를 해야 할지 말아야 할지 알 수 없었다. 그래서 그녀는 이따금 승합마차의 덜컹거리는 소리에 아주 사라지고 말 듯한 느릿느릿하고도 어색하며 조용한 목소리로, 그날 하루 동안 그녀가 층계를 밟아온 스물다섯 가옥에서 들었던 이야기들 가운데 화제를 골라, 매우 자연스럽게 말을 건넸다.

"스완 씨처럼 활동적인 분에게 이런 것을 물어보기는 뭐하지만, 온 파리에 소문이 자자하게 난 미를리통(Mirliton)*1의 마샤르*2 초상화를 보셨습니까? 그 그림을 어떻게 생각하시죠? 칭찬하시는가요, 아니면 비난하시는가요? 어느 살롱에서나 마샤르의 초상화만이 화제에 오르고 있답니다. 마샤르의 초상화에 대해 의견을 내놓지 않으면, 멋도 없고 불순하며 유행에 뒤진 사람 취급받고 만답니다."

스완이 그 초상화를 아직 구경하지 못했다고 대답하자, 코타르 부인은 그가 자기 때문에 그런 말을 하게 되어서 감정이 상하지나 않았을까 걱정했다.

"어마! 그러세요, 매우 좋아요. 적어도 솔직하게 말씀하셨으니까. 마샤르의 초상화를 아직 구경하지 않았다고 해서 절대 수치스럽게 생각하지는 마세요. 저는 스완 씨의 그런 점을 아주 훌륭하다고 생각한답니다. 그런데 저는 구경했거든요. 의견도 가지가지여서, 조금 지나치게 공들였다느니 거품이 인 크림처럼 알맹이가 없다느니 하시는 분도 있지만, 저는 나무랄 데가 없다고 생각해요. 하기야 그 그림 속 부인은 우리 친구인 비슈 화백이 그린 푸르고 누런 부인들과 닮지는 않았지만요. 한데 솔직하게 말씀드리지만, 스

---

*1 1887년 이래 해마다 2월에 개최되었던 미술 전람회.

*2 프랑스의 화가(1839~1900).

완 씨는 저 따위를 그다지 세기말(fin de siècle)*[1]로 보시지 않을 테죠. 그러나 생각한 대로 말씀드리자면, 저는 비슈 화백의 그림을 이해하지 못하겠어요. 아, 물론 전번에 그분이 그려주신 우리집 바깥양반 초상화의 좋은 점은 알겠지만. 그 그림은 그분이 늘 그리는 그림만큼 기묘하지는 않으니까요. 그래도 우리집 바깥양반 얼굴에 푸른 수염이 나게 했으니, 원. 그에 비해 마샤르는 어떤지! 글쎄, 들어보세요. 제가 이제 방문할 친구의 바깥양반 되시는 분이 말입니다(이 방문 때문에 댁과 승합마차에 함께 타는 기쁨을 얻은 거죠), 그분이 만약 아카데미 회원에 뽑히면(그분은 우리 선생님처럼 의사회의 일원이지만요) 마샤르에게 자신의 초상을 그리게 하겠다고 약속했대요. 정말 아름다운 꿈이 아니겠어요! 또 다른 친구 하나는 를루아르(Leloir)*[2]가 더 좋다고 우기죠. 저야 보잘것없는 문외한에 지나지 않지만, 그래도 기교로 보아 를루아르가 마샤르보다 한 수 위라고 생각해요. 하지만 초상화에서 가장 중요한 점은, 더구나 값이 1만 프랑이나 나갈 때는 역시 본인과 닮는 것, 그것도 보기 좋게 닮는 것이라고 봐요."

빳빳이 선 모자의 깃, 명함집에 쓰인 이니셜, 양쪽 장갑 안쪽에 세탁업자가 잉크로 쓴 작은 번호, 그리고 베르뒤랭네 사람들에 대한 말을 하기가 난처하다는 점, 이러한 이유 때문에 그림 같은 화제로만 수다 떨다가 힐끗 주위를 바라본 코타르 부인은, 마부가 그녀를 내려줄 보나파르트 거리 모퉁이까지 가려면 아직 멀었다는 것을 알아보아, 이번에는 제 가슴이 무슨 말을 하는지 귀 기울여보았다. 그러자 가슴은 그녀에게 다른 이야기를 권하고 있는 성싶었다.

"우리가 베르뒤랭 부인과 함께 여행하는 동안에 귀가 퍽 간지러우셨겠어요, 스완 씨." 그녀가 말했다. "우리는 내내 댁에 대한 이야기만 했으니까요."

스완은 깜짝 놀랐다. 베르뒤랭 부부 앞에서 그의 이름이 입에 오를 리 없다고 짐작했었기에.

"게다가" 하고 코타르 부인은 덧붙였다. "크레시 부인도 우리와 함께하셨어요. 이것으로 다 이해되시죠? 오데트는 말입니다, 글쎄 어디에 가나 스완

---

*1 '새로움을 좋아하는 사람'이라는 뜻.

*2 프랑스의 화가(1843~84).

씨 이야기를 하지 않고서는 못 배기거든요. 그야 아시겠지만 험담이 아니고요. 어마! 의심하시나요?" 부인은 스완의 의심쩍어하는 몸짓을 보며 말했다. 그리고 진심으로 그렇게 믿고 있던 그녀는 말 속에 아무런 악의도 섞지 않고서, 어떠한 뜻이든 오직 친구 사이의 애정을 위하여 이렇게 말했다.

"그녀는 당신을 뜨겁게 사랑해요! 정말로! 그녀 앞에서 당신을 나쁘게 말했다가는 큰일 난답니다! 곧바로 그녀한테 혼나니까요! 툭하면, 예를 들어 그림을 볼 때도 그녀는 말한답니다. '아아, 스완 씨가 여기 계셨다면 이것이 진짜인지 아닌지 가르쳐주실 텐데. 이 방면에는 그분만한 사람이 없어요'라고. 그리고 늘 말했어요. '지금쯤 그분이 뭘 하고 계실까? 좀더 열심히 연구해주셨으면 좋겠는데! 그만큼이나 똑똑하신 데도 그처럼 게으르시다니 애석해요! (용서하세요, 이런 말을 해서) 지금도 그분이 뭘 하시는지 눈앞에 보이는 것 같아요. 우리를 생각하면서, 우리가 어디쯤 있을까 홀로 묻고 답하고 계시겠죠.' 또 내가 아주 멋지다고 생각하는 말도 했답니다. 베르뒤랭 씨가 오데트보고, '아니 8천 리나 떨어져 있는데, 지금 그분이 뭘 하고 있는지 어떻게 눈앞에 보인다는 거죠?'라고 물으니까, 오데트는 이렇게 대답하지 뭐겠어요. '여자친구 눈에는 불가능한 게 하나도 없답니다.' 아무렴요, 정말이고말고요, 아첨으로 하는 말이 아니랍니다. 그러니까 스완 씨는 그리 흔치 않은 진정한 벗을 갖고 계셔요. 이 점을 모르시다니, 그런 사람은 스완 씨 혼자뿐이에요. 제가 그분들과 헤어지는 마지막 날에 베르뒤랭 부인께서 나보고 또다시 이런 말씀을 하셨어요(아시다시피 작별 전날 밤에는 이야기가 술술 나오니까요). '오데트가 우리를 좋아하지 않는다는 말은 아니지만, 다만 우리가 오데트에게 하는 말은 스완 씨가 오데트에게 하는 말에 비하면 어림없이 가벼운가 봐' 하고요. 어머나! 마부가 절 내려주려나 봐요. 댁과 수다 떨다가 하마터면 보나파르트 거리를 지나칠 뻔했군요…… 저기 죄송하지만, 제 모자 깃이 똑바로 섰는지 좀 봐주시겠어요?"

이렇게 말한 코타르 부인은 흰 장갑 낀 손을 토시에서 빼내어 스완에게 내밀었다. 그 손에서는 갈아타는 표와 함께 세탁소 냄새에 섞인 상류 생활의 환영이 나타나, 곧 승합마차 속에 가득 찼다. 그러자 스완은 코타르 부인에게도 베르뒤랭 부인에게도 넘쳐흐르는 정을 느꼈다(또 오데트에게도 똑같은 정을 느꼈는데, 그도 그럴 것이 오데트에 대한 그의 감정은 이미 괴로움에서 벗어나 거의 연정이 아니었기 때문이다). 그리고 그는 마차 출입구에 서서, 감동 어린 눈으로 그녀의 뒷모습을 물끄러미 따라갔다. 코타르 부인은 모자 깃을 높이 세우고 한 손으로 치마 자락을 쳐들면서, 또 한 손에는 양산 겸 우산과 이니셜이 환히 보이는 명함집을 쥐고, 토시를 가슴 근처에 흔들거리면서 기운차게 보나파르트 거리로 들어가고 있었다.

스완이 오데트에게 품고 있는 병적인 감정에 맞서기 위하여, 남편보다도 뛰어난 의사이던 코타르 부인은 그런 감정 곁에 다른 감정을 접붙였던 것이다. 다른 감정이란 바로 감사와 우의의 바른 정, 오래지 않아 스완이 오데트를 인간다운 존재로 여기게 하며(다른 여인도 스완에게 그런 정을 품을 수 있으므로, 그런 여인들과 비슷한 존재로 여기게 하며), 또 그녀의 결정적인 변화가 빨리 이루어지도록 하여 스완이 따뜻한 호의로써 사랑하는 오데트, 이를테면 어느 날 밤 화가의 집에서 열린 향연 뒤에 그를 포르슈빌과 함께 집에 데리고 가서 오렌지 주스를 대접하던 오데트, 스완에게 이 사람 곁에서라면 행복하게 살 수 있겠다는 희망을 주었던 오데트로 변하게 하는 정이었다.

이전에 그는 언젠가 오데트를 열렬히 사랑하지 않게 되는 날이 올까 봐 자주 두려워하고 조심하며, 주의를 게을리하지 말아야겠다는 결심을 굳히고서, 그녀에 대한 사랑이 떠나간다 싶으면 바로 매달려 사랑을 붙잡으려고 했다. 하지만 이제는 악착같이 사랑하고 싶다는 욕망도 약해지고, 동시에 이 약해짐은 연정이 줄어드는 것과도 꼭 들어맞고 있었다. 그도 그럴 것이 인간은 이미 옛날의 그가 아닌데 옛 감정만 계속 따르면서 완전히 변한다는 것, 말하자면 아주 다른 사람이 돼버리는 것은 불가능하기 때문이다.

이따금 그는 오데트의 샛서방일지도 모른다고 추측했던 사내 가운데 하나가 신문에 실린 것을 보고 또다시 질투에 빠지기도 했다. 그러나 그 질투는 아주 가벼웠다. 그리고 이 질투는 그가 그토록 괴로워하던 때—또한 그처럼 관능적으로 느끼는 법을 배웠던 때—에서 아직 완전히 빠져나오지 못하고 있다는 사실을, 또 그 과정의 여러 우연한 일에 따라서 그가 그때의 아름다움들을 멀리서 슬그머니 알아챌 수도 있으리라는 사실을 증명해줬으므로, 이 질투는 오히려 그의 마음속에 즐거운 흥분을 일으켰다. 마치 베네치아를 떠나 다시 프랑스로 돌아가는 파리 시민의 서글픈 심정에 늦여름 모기 한 마리가 나타나 이탈리아와 여름이 아직 멀리 있지 않다는 걸 보여주듯. 하지만 그가 지금 빠져나오려 하는 특별한 삶의 시기, 이제는 거기에 머물러 있고자 노력하지 않더라도, 적어도 가능한 동안에 그런 시기의 뚜렷한 모습만큼은 갖고자 노력했을 때, 대개 그는 이미 그것이 불가능하다는 사실을 깨달았다. 가능하면 사라져가는 풍경처럼 그가 막 떠나온 사랑을 언뜻 바라보고 싶었다. 그러나 완전한 이중인격이 되어서, 일단 잃어버리고 만 감정의 진짜 모습을 마음속에 다시 나타내기란 매우 어려운 노릇이니, 이윽고 뇌리에 어둠이 깔려 이제는 무엇 하나 보이지 않게 되었으므로 그는 바라보기를 단념하고 코안경을 벗어 알을 닦는 것이었다. 그리고 잠시 쉬는 게 좋겠다, 조금 있다가 곰곰이 생각해도 괜찮겠지 하고 혼잣말을 했다. 그리고 마지막 작별인사를 하지 않고서는 정든 산천을 떠나지 않겠다고 굳게 결심했을 만큼이나 오래 살아온 고장을 뒤로하고 달리는 기차 안에서, 점점 더 빨리 그곳에서 멀어져감을 어렴풋이 느끼면서, 졸음이 밀려와 모자를 얼굴까지 내리고 잠들어버리는 나그네와도 같이, 스완은 관심을 잃고 무감각한 상태에 빠져버렸다. 또한 기차가 프랑스에 들어서자 이 나그네가 겨우 깨어나듯, 스완은 포르슈빌이 오데트의 샛서방이었다는 증거를 우연히 가까이서 발견했을 때, 자신이 아무런 고통도 느끼지 않으며 이제 사랑이 멀리 가버리고 말았다는 사실을 깨닫고, 사랑과 영영 작별하는 순간이 미리 알려지지 않았던 것을 섭섭해했다. 그리고 그가 처음으로 오데트와 입맞춤하기에 앞서 그토록 친숙한 그녀 얼굴을—이 입맞춤을 하고 난 뒤에 돌이켜 생각했을 때에는 이미 변해 있을 그 얼굴을—기억 속에 뚜렷하게 새겨넣으려 애썼던 경우와 마찬가지로, 그에게 연정과 질투를 일으키던 오데트, 그에게 수많은 괴로움을 주던 오데트, 그리고 이제 다시는 영영 만나지 못할 그 오데트가 아직 존재하고 있었을 때, 하다못해 마음속으로나마 그녀에게 작별인사를 할 수 있었더라면 하고 생각했다.

스완은 잘못 생각했다. 몇 주일 뒤 그는 다시 한 번 그녀를 만나게 되었다. 그것은 잠자던 중, 꿈의 황혼 속이었다. 그는 베르뒤랭 부인, 코타르 의사, 누군지 확실히 알아볼 수 없는 터키모자를 쓴 젊은이, 화가, 오데트, 나폴레옹 3세, 그리고 나의 할아버지와 함께 바닷가를 따라 솟은 벼랑 위의 길을 산책하고 있었다. 그 길은 어떤 때는 높은 곳에서 아래를 내려보는가 싶더니 어떤 때는 수면에서 겨우 몇 미터 올라와 있을 뿐이라서, 일행은 끊임없이 올라갔다 내려갔다 하였다. 함께 산책하는 사람 가운데 이미 내리막길로 접어들고 있는 이는, 아직 올라가고 있는 이의 눈에 띄지 않았다. 조금 남아 있던 햇빛도 어스레해지기 시작해 곧 캄캄한 밤이 펼쳐질 성싶었다. 이따금 물결이 바닷가 낭떠러지에까지 부딪쳐 스완은 얼음처럼 차가운 바닷물이 뺨에 흩뿌려지는 걸 느낄 수 있었다. 오데트가 그에게 물방울을 닦으라고 일렀는데 그는 아무리 해도 그럴 수가 없었다. 그래서 그녀와 얼굴을 마주대고 있기가 창피했고, 또 잠옷 바람으로 있는 것도 낭패스러웠다. 스완은 어둠 때문에 남들이 제 꼴을 알아채지 못하길 바랐지만, 베르뒤랭 부인이 놀란 눈으로 그를 뚫어지게 바라봤다. 그러는 동안에 부인의 코가 길어지고 더부룩한 수염이 났다. 고개를 돌려 오데트를 바라보니, 두 볼은 해쓱하며 붉고 작은 반점이 군데군데 돋아 있고 눈언저리에 그늘이 져 있었는데, 그래도 그를 바라보는 그 눈은 애정으로 가득 차, 마치 눈물처럼 당장에 그의 몸 위로 흘러 떨어질 것만 같았다. 그리고 그는 금세 데려가고 싶을 만큼 그녀를 사랑하고 있는 자신을 느꼈다. 갑자기 오데트가 조그만 손목시계를 보더니 "나는 가봐야겠어요" 하고 말했다. 그녀는 같은 말로 모두에게 작별인사를 했는데, 스완을 따로 부르지도 않고, 또 그날 밤이나 아니면 다른 날에 다시 만날 장소도 알리지 않았다. 그는 감히 물어볼 용기가 없었다. 그 뒤를 따라가고 싶었으나, 그녀 쪽은 보지도 못하고 베르뒤랭 부인의 질문에 미소 지으면서 대답해야만 했다. 그러나 그의 심장은 무서우리만큼 두근거리고, 오데트에게 증오를 느꼈다. 방금 전에 그처럼 사랑하던 눈을 후벼내고 싱싱함이 없는 그 두 볼을 뭉개주고 싶었다. 그는 베르뒤랭 부인과 함께 계속 올라갔다. 다시 말해 반대쪽으로 내려가던 오데트에게서 한 걸음 한 걸음 멀리 떨어져간 셈이었다. 1초밖에 지나지 않았는데, 이미 오데트가 떠나간 지 몇 시간이 흘렀다. 화가는 오데트가 돌아가자마자 나폴레옹 3세가 자취를 감춘 것을 스완에게 알렸다. "분명히 둘이서 짰어. 둘이 벼랑 아래에서 만나기로 했던 거야. 그래도 우리에게 실례가 되니까, 둘이 함께 작별인사를 하지는 않은 거지. 오데트는 그 사람의 정부야." 낯선 젊은이가 울음을 터뜨렸다. 스완은 그를 위로해주려고 했다. "오데트 처지에서 보면 이건 당연한 일이야." 스완은 젊은이의 눈물을 닦아주고 보다 편한 마음이 들게 터키모자까지 벗겨주며 말했다. "나는 오데트에게 저이를 열 번이나 권했다네. 왜 이런 일로 슬퍼하나? 그 남자야말로 그녀를 이해할 수 있는 사내인데." 이렇듯 스완은 스스로에게 말했다. 그도 그럴 것이, 처음에는 누군지 알아볼 수 없었던 젊은이 또한 스완이었으니까. 어느 소설가처럼 그는 제 인격을 둘로 나누었던 거다—꿈을 꾸는 인물과 그가 눈앞에 보고 있는 터키모자를 쓴 젊은이로.

나폴레옹 3세는 바로 포르슈빌이다. 어떤 어렴풋한 떠오름과, 이 남작*의 평소 용모에 가한 얼마간의 고침과, 끝으로 그의 목에 늘어진 레지옹도뇌르 훈장 때문에 스완이 남작에게 붙였던 별명이다. 실상 꿈에 나온 이 인물이 스완에게 보여주고 생각나게 한 모든 것으로 미루어봐도, 그 사람은 확실히 포르슈빌이었다. 말하자면 잠자는 스완은 어느 하등 생물처럼 간단한 분열을 통해 스스로 증식할 수 있는 따위의 거대한 창조력을 한순간 발휘해, 불완전하고 시시각각으로 변하는 심상에서 틀린 판단을 꺼내고 있었기 때문이다. 그는 제 손바닥의 열을 느끼자 그것으로 남의 손바닥 형상을 만들어내어 그것과 악수하는 줄 여기기도 하고, 아직 뚜렷이 의식하지 못한 막연한 감정이나 인상에서도 극적인 사건을 만들어냈으니, 그런 사건들의 논리적인 연결이 때마침 스완의 잠 속에 필요한 인물을 데려와서 그의 사랑을 받게도 하고, 그의 잠을 깨우게도 하는 것이었다. 단번에 어두운 밤이 되었다. 다급한 종소리가 울렸다. 불에 싸인 집집에서 마을 사람들이 뛰쳐나와 후다닥 달려 지나갔다. 스완은 쏴아아 밀려왔다가 부서지는 물결 소리와 함께 가슴속 심장이 불안에 휩싸여서 그와 똑같이 기세 사납게 쿵쿵거리는 고동 소리를 들었다. 돌연 심장의 고동이 빨라졌다. 그는 형용할 길 없는 괴로움과 구역질을 느꼈다. 온몸이 까맣게 탄 농부 하나가 곁을 지나치며 냅다 소리 질렀다. "오데트가 놈하고 어디로 밤새우러 갔는지, 샤를뤼스한테 물으러 가자. 전에는 샤를뤼스가 오데트와 곧잘 함께 지냈고, 오데트도 샤를뤼스한테는 뭐든지 말했으니까. 그 연놈이 불을 지른 거다." 이때 하인이 스완을 깨우러 와서 이렇게 말하고 있었다.

"주인님, 8시입니다. 이발사가 왔는데, 한 시간 뒤에 다시 오라고 일러놨습니다."

---

* 백작이 옳음.

그런데 이런 말은 스완이 잠겨 있는 잠의 물결 속에 들어와도, 한 줄기 빛이 수면 바닥에 비칠 때 이를 햇빛처럼 보이게 하는 굴절 작용을 받지 않고서는 그의 의식까지 이르지 못했다. 그리고 그와 마찬가지로 조금 전에 울린 초인종 소리가, 이 잠의 심연에서 다급한 종소리의 울림이 되어 화재 사건을 만들어냈던 것이다. 이럭저럭하는 동안에 그가 눈앞에 보고 있던 광경은 먼지처럼 날아갔다. 그는 눈을 떴다. 멀어져가는 바다의 마지막 물결 소리를 들었다. 뺨을 만져보았다. 젖어 있지 않았다. 그렇지만 그는 찬물의 감각과 소금의 맛을 떠올렸다. 몸을 일으키고 옷을 입었다. 이발사를 아침 일찍 부른 까닭은 캉브르메르 부인—전에는 르그랑댕 아가씨—이 앞으로 콩브레에 가서 며칠 동안 머물 거라는 소식을 듣고, 그 전날 나의 할아버지에게 이날 오후 안으로 자기도 콩브레에 가겠다고 편지를 써 보냈기 때문이다. 그의 회상 속에서, 이 젊은 부인의 얼굴 매력에 오랫동안 가지 않았던 시골의 매력이 합해져 한 덩어리가 되어서는, 드디어 그가 며칠 동안 파리를 떠날 결심을 할 만큼 매력을 발휘했던 것이다. 우리를 어떤 사람들과 마주치게 하는 여러 우연한 사건들은 우리가 그 인물을 사랑하는 시기와는 일치하지 않고, 그 시기를 벗어나서 사랑이 시작되기 전에 일어나거나 사랑이 끝난 뒤에 되풀이되거나 한다. 그러므로 나중에 가서 우리 마음에 들 운명을 타고난 사람의 첫 출현은, 시간이 지나서 생각해보면 우리 눈에 어떠한 예고 또는 조짐으로서의 값어치를 띠고 나타나게 된다. 이런 식으로 스완은 극장에서 처음 만난 오데트—그날 밤에는 다시 만나리라고 꿈에도 생각지 않았던 그녀—의 모습을 자주 떠올렸으며, 또 지금 그가 프로베르빌 장군을 캉브르메르 부인에게 소개했던 생퇴베르트 부인의 야회를 떠올리는 것이었다. 우리 생활의 관심사는 참으로 다양해서, 아직 존재하지 않는 행복의 이정표가 현재 우리를 괴롭히는 심각한 고뇌와 함께 같은 상황 속에 나란히 있는 일도 드물지 않다. 그리고 그런 일은 생퇴베르트 부인 댁이 아니라 다른 곳에서도 일어날 수 있었을지 모른다. 그날 밤 그가 다른 곳에 있었다 해도 또 다른 행복, 또 다른 고뇌가 그에게 찾아오고, 또 그것이 나중에 가서는 피할 수 없는 것처럼 여겨졌을지도 모를 일이다. 하지만 그가 피할 수 없다고 생각한 일은 결국 실제로 일어난 일이다. 그리고 그는 생퇴베르트 부인의 야회에 갈 결심을 했다는 사실 속에서 뭔가 신의 섭리와도 같은 것을 느꼈다. 왜냐하면 삶의 풍요한 창작물을 찬미하고자 하는 그의 정신, 그러면서도 그가 가장 바라 마지않았던 것이 무엇인가 하는 따위의 어려운 문제에는 오랫동안 파고들 수 없는 그의 정신은, 그날 밤에 겪은 고뇌와, 이미 싹트고 있었지만 그때는 아직 깨닫지 못하던 기쁨 사이에—그 가치 두 가지를 정확히 저울질하기는 아주 어려웠는데—어떤 필연적인 연결이 있다고 생각했기 때문이다.

그러나 깨어난 지 한 시간 뒤, 열차 안에서 머리털이 흐트러지지 않게 해달라고 이발사에게 지시하는 동안 스완은 또다시 꿈을 생각했다. 마치 바로 가까이에 있는 것처럼 오데트의 파리한 얼굴빛, 지나치게 야윈 두 볼, 초췌한 얼굴, 피곤한 눈 등등, 처음으로 그들이 관계를 맺은 뒤부터—오데트에 대한 연정이 잇달아 생겨나서, 그녀에 대한 그의 사랑이 계속 이어지며 그녀의 첫인상을 오래도록 지워주던 동안에—주의해 보지 않았던 모든 것을 그는 다시금 눈앞에 보았다. 아마도 그가 잠든 사이에 그의 기억이 처음으로 오데트와 관계를 맺을 무렵까지 거슬러 올라가서 그런 온갖 것의 정확한 감각을 구하려고 했던 모양이다. 그리고 스완은 이제 슬픔이 사라지며 또한 윤리 의식 수준도 낮아지자, 다시금 그에게 나타난 그 상스러움과 더불어 마음속으로 외쳤다. '그런 것 때문에 소중한 내 몇 해를 망쳤다니, 죽고 싶어했다니, 그런 여자에게 가장 큰 사랑을 바쳤다니. 마음에 들지도 않고, 취미에도 맞지 않던 한 여인 때문에!'

제3부

고장의 이름—이름

잠 못 이루는 밤에 내가 자주 떠올린 방들 가운데 발베크 바닷가의 그랑 호텔만큼, 가루라도 뿌린 듯이 가슬가슬하고 꽃가루로 가득 찬 공기, 먹음직스러우면서도 경건한 공기로 뒤덮인 콩브레의 방과 닮지 않은 방도 따로 없었는데, 이 리폴린(ripolin)*1을 칠한 그랑 호텔 방의 벽은 파란 물로 채워진 풀장의 반들반들한 안쪽 벽처럼 소금기 있는 하늘색의 맑은 공기로 채워져 있었다. 바이에른 태생의 실내장식업자는 호텔 방마다 그 장식 모양을 달리했는데, 우연히 내가 묵게 된 방에는 삼면의 벽을 따라 유리문이 끼워진 얕은 책꽂이가 줄지어 있었다. 그런데 장식업자가 의도한 바는 아니겠지만 그 유리문 위에는 책장 위치에 따라 끊임없이 변하는 바다의 갖가지 부분이 비쳐서 밝은 바다 풍경화의 프리즈(frieze)*2를 펼쳤는데, 그것은 오직 마호가니 판을 끼운 곳에서만 끊어져 있었다. 그 때문에 방 전체가 현대식 가구 전시회에 진열된 전형적인 침실—거기서 사는 사람의 눈을 기쁘게 하며, 주택이 세워진 곳 경치에 알맞은 소재의 미술품으로 꾸며져 있는 침실—모형같이 보였다.

그러나 바람이 심하게 부는 날 프랑수아즈가 나를 샹젤리제로 데리고 가는 길에, 머리 위에 기와가 떨어지기라도 하면 큰일이니 건물에 가까이 붙어 걸어가지 말라며 나를 말리고, 신문에 보도된 큰 재변이나 풍파로 부서진 배에 대해 탄식하며 이야기하는 폭풍우 치는 날에 내가 자주 꿈속에 생각하던 그 발베크만큼 실지 발베크와 다른 것도 없었다. 나는 바다에서 날뛰는 폭풍우를 웅대한 광경이 아닌 자연의 실제 생명이 숨김없이 드러난 순간으로 구경하는 것보다 더 큰 소망은 없었다. 아니 오히려 나에게는 기쁨을 자아내기

*1 에나멜의 일종.

*2 건축용어. 벽에 붙인 띠 모양의 장식.

위하여 인공적으로 꾸며진 게 아니라 필연적인 것, 바꿀 수 없는 것인 줄 내가 알고 있는 것—풍경의 아름다움이나 위대한 예술의 아름다움—말고는 웅대한 광경이 없었던 거다. 나는 나 자신보다 더욱 참되다고 믿는 것, 위대한 천재의 사상이라든가 또는 자연이 인간의 간섭 없이 오로지 자신만의 힘을 보이고 있을 때의 그 강력함과 우아함 따위, 내게 이런 것들의 일부를 보여주는 것에 대해서만 알고 싶었으며, 또한 다른 것들은 알려고 마음먹지도 않았다. 돌아가신 어머니의 어여쁜 목소리가 축음기에서 들려온다 해도 그것이 어머니를 여읜 우리 슬픔을 달래주지 못하듯, 기계 장치가 흉내낸 폭풍우 또한 전람회에 있는 조명 분수와 마찬가지로 내 관심을 끌지 못했을 거다. 뿐만 아니라 나는 폭풍우가 완전히 사실처럼 보였으면 싶어서, 바닷가가 최근 그 고장의 행정 기관이 만든 방파제가 아니고 자연 그대로의 바닷가이기를 바라 마지않았다. 애초에 자연이란 그것이 내 마음속에 일으킨 여러 감정으로 미루어보아 인간의 기계적 산물과는 정반대인 것으로 여겨졌다. 인공의 자국이 적으면 적을수록 자연은 내 진심을 죄다 드러내 말하는 데에 보다 넓은 장소를 제공했다. 그런데 나는 르그랑댕이 우리한테 말했던 발베크라는 이름을 '풍파에 부서진 배가 많기로 유명하며, 한 해의 절반은 안개의 수의(壽衣)와 성난 파도의 거품으로 감싸인 무시무시한 바닷가'에 아주 가까운 해안의 이름으로 기억해왔다.

"거기서는 아직도 발밑에 당장 느낀다네." 르그랑댕은 말했다. "거기서는 피니스테르(Finistère)*에서보다 훨씬 강하게(하기야 지금은 거기에 여러 호텔이 서 있지만, 그래도 그 토지의 가장 오래된 골격은 바꾸지 못하는 법이니까), 프랑스, 유럽, 아니 옛 땅의 진짜 끝에 서 있음을 느끼지. 그리고 그곳은 어부들의 마지막 야영지이며, 또 그 어부들이라는 게 세계의 처음부터 바다 안개와 망령들의 왕국, 영원한 황천을 앞에 두고 살아온 모든 어부들과 똑같다네."

어느 날 콩브레에서, 발베크가 가장 기세 사나운 폭풍우를 구경하기에 적당한 곳인지 알아보려고 내가 스완 씨 앞에서 발베크 이야기를 하자 스완은 대답했다. "발베크에 관해선 잘 안다고 자부하네! 발베크의 성당, 그건

* 브르타뉴의 마을 이름. 대서양에 면한 프랑스의 최서단. 피니스 테레(finis terrae). 곧 '땅끝'이라는 의미.

12~13세기에 세워져 아직도 절반은 로마네스크식 자취를 간직한 건물이지. 아마 노르망디 고딕 건축의 가장 진귀한 전형일 거야. 페르시아 예술이라고 할 만큼 특이하다네." 그래서 내가 이 말을 듣기 전까지만 해도 지질학상 대변동이 있었을 때 모습 그대로 오늘날에 이른 태곳적 자연으로만 생각했던 이런 고장, 게다가 그 고장이 거기에 사는 미개한 어부들—고래와 마찬가지로 그들에겐 중세기라는 게 존재하지 않았던 어부들—과 함께 '대양'이나 '북두칠성'과 마찬가지로 인간 역사의 테두리 밖에 있는 줄로만 여겼던 이런 고장, 이런 어부들이 단번에 로마네스크 시대를 경험하고 여러 세기의 계열 속에 들어가는 광경을 보는 것, 또 고딕 건축의 클로버 무늬가 봄이 되면 극지방 눈밭 여기저기에 마치 별 무늬를 수놓듯이 자라나는 나약하지만 생기 있는 화초처럼 일정한 시기에 나타나서 그 자연의 암석에 새겨졌다는 사실을 아는 것, 이런 것들이 나로서는 크나큰 매력이었다. 그리고 만약에 고딕 건축이 그런 고장과 주민에게 여태껏 채워지지 않았던 시대적 관념을 가져다주었다고 하면, 그 대가로서 고장과 주민 쪽에서도 고딕 건축에 하나의 한계를 주었으리라. 그 어부들이 어떠한 생활을 지냈는가를, 다시 말해서 중세기 동안 이 '지옥' 해안의 한 지점, 죽음의 절벽 밑에 모인 그들이 기도했던 사회관계의 소심하고도 상상을 뛰어넘는 시도를 나는 머릿속에 그려보았다. 그러자 고딕 건축은 이제까지 내가 늘 그곳에 있을 거라 상상하던 여러 도시에서 떨어져나와, 그것이 특별한 경우엔 아직 개척되지 않은 땅 암석 위에도 싹터서 아름다운 종탑으로 꽃피었던 것을 안 지금, 내게 더욱 생생한 건축같이 느껴졌다. 집안사람들은 곱슬곱슬한 머리칼에 코가 납작한 사도들, 성당 출입구 성모상과 같은 발베크의 가장 유명한 조각상 복제를 보여주기 위해 나를 성당으로 데리고 갔다. 그때 나는 그런 조각상이 짭짤한 안개를 영원한 배경으로 삼아 두드러지게 떠오르는 걸 볼 수 있겠구나 하는 생각에, 기쁜 나머지 숨이 가슴속에서 탁 막혔다. 그 뒤 폭풍우가 몰려올 듯한 2월의 기분 좋은 밤마다, 바람이 방의 연통을 흔들어대는 것만큼이나 강하게 내 마음을 흔들어대며 발베크 여행 계획을 불어넣고, 고딕 건축에 대한 동경과 바다 위 폭풍우에 대한 동경을 내 몸속에서 뒤섞었다.

빨리 내일이 되어 보기에도 미끈하고 쾌적한 1시 22분발 열차에 탔으면 얼마나 좋을까 싶었다. 철도 회사의 광고나 유람 여행사의 안내에 실린 이 열차의 발차 시간을 읽을 때면 언제나 가슴이 두근거렸다. 그것은 그날 오후 명확한 시점에 몹시 매혹적인 금, 신비한 표를 새기는 것처럼 여겨졌다. 그리고 시간은 이 1시 22분이라는 시점에서 빗나가, 그야 물론 현실에서는 그 저녁 또는 그다음 날 아침으로 가지만, 공상 속에서 보는 그 저녁이나 아침은 파리의 아침저녁이 아니라 열차가 지나가는 시가 가운데 우리가 열차 덕분에 고를 수 있는 어느 시가의 저녁이며 아침일 거다. 그도 그럴 것이 열차는 바이외, 쿠탕스, 비트레, 케스탕베르, 퐁토르송, 발베크, 라니용, 랑발, 브노데, 퐁타방, 캥페를레에 정차하면서 나에게 선사할 여러 이름들을 가득 싣고 당당하게 전진했기 때문이다. 그리고 나로서는 그 시가들 가운데 어느 하나도 버릴 수 없었으므로, 결국 어느 것을 택해야 할지 모르게 되고 만다. 하지만 만약에 부모님만 허락해준다면 이 열차를 기다릴 것도 없이 얼른 옷을 입고 그날 저녁에 떠나, 사납게 날뛰는 바다 위로 먼동이 틀 무렵에는 발베크에 닿을 수 있을 테고, 거친 파도를 피해 페르시아풍 성당으로 몸을 숨길 수도 있으리라. 그런데 부활제 휴일이 다가오고 이번 휴가에는 한번 이탈리아 북부로 보내주마고 부모님이 약속한다면, 이제까지 내가 꾸었던 꿈—절벽처럼 치솟은 꺼칠꺼칠한 성당, 그 종탑에 앉은 바닷새들의 울음소리도 요란한 성당 근처 황량한 바닷가에 서서, 사방팔방에서 몰려와서는 시시각각으로 높아져가는 성난 파도가 보고 싶어서 내가 품어온 폭풍우에 대한 꿈—은 단번에 사라지고 그것들의 모든 매력도 사그라질 뿐만 아니라 그런 경치가 이탈리아 북부에 어긋나며, 남국의 느낌을 약하게 할지도 몰라 배척될 것이다. 그리고 나는 그것과는 정반대로 빛깔이 알록달록한 봄, 아직도 얼음꽃 바늘이 피부를 따갑게 찌르는 콩브레의 봄이 아니라 이미 백합과 아네모네가 활짝 핀 피에졸 들판의 봄, 안젤리코의 그림처럼 금빛 배경이 피렌체를 눈부시게 꾸며주는 봄의 꿈을 마음속으로 그렸다. 그때부터는 오직 햇살이, 향기가, 색깔만이 소중하게 여겨졌다. 왜냐하면 벌써 내 마음속에서 심상의 바뀜이 욕망의 방향을 또한 바꾸게 하고, 또—음악에서 이따금 일어나듯 돌연히—내 감수성 안에서 가락의 전적인 변화를 일으켰기 때문이다. 그 다음부터는 단순한 대기의 변화만으로도 계절의 바뀜을 기다릴 필요 없이 내 안에서 그런 변화를 충분히 일으킬 수 있게 되었다. 말하자면 어느 계절 안에 곧잘 다른 계절의 하루가 길 잃고 들어오는 적이 있는데, 그런 날은 우리에게 곧바로 그 계절에 있는 느낌을 주어 계절 특유의 기쁨을 열망하게 하면서 우리가 한창 잠기어 있던 몽상을 멈추게 한다. 이를테면 행복의 날을 써넣은 일력 안에 다른 부분에서 떼어낸 한 장을 그 행복의 날이 돌아오는 것보다 더 이른 곳에 또는 늦은 곳에 끼워넣는 것과 마찬가지다. 그러나 현재 우리의 안락한 생활 설비나 건강은 자연현상에서 우연하고 매우 사소한 이익밖에 얻어내지 못하지만, 언젠가는 과학이 자연현상을 정복하여 우연이라는 것의 보호도 승낙도 없이 인간이 쉽게 그것을 일으킬 수 있는 날이 올지도 모른다. 이와 마찬가지로 내 대서양 꿈과 이탈리아 꿈도 드디어는 계절과 때의 변화에만 좌우되지 않게 되었다. 그런 꿈을 다시 살아나게 만들려면 오로지 그 지명을 발음하는 것만으로 충분했다. 발베크, 베네치아, 피렌체, 이런 식으로. 그것은 이런 지명들이 말하는 곳에서 내가 품게 되는 동경이, 모르는 사이에 그 이름들의 내부에 쌓아 모아졌기 때문이다. 예를 들어 봄날에도 책 속에 발베크의 이름이 나오면 그것으로 내 마음속에 폭풍우와 노르망디식 고딕 건축에 대한 동경을 눈뜨게 하기에 충분했으며, 또 폭풍우가 이는 날에도 피렌체나 베네치아라는 이름은 태양, 백합, 총독의 궁전과 산타 마리아 델 피오레 성당*1에 대한 동경을 품게 하기에 충분했다.

그러나 이런 이름들은 내가 품어온 시가들의 심상을 영원히 받아들였지만, 그러는 과정에서 그 심상을 변화시켰고 또 내 마음속에 그 심상을 되살아나게 할 때에도 그 이름들의 각각 고유한 법칙에 따라 되살아났다. 따라서 이런 이름은 노르망디나 토스카나*2 같은 시가를 실제보다 더 아름답게, 그리고 실제와는 다르게 만들어 내 상상력의 자유로운 기쁨을 부풀게 함으로써, 다가올 여행에 대한 실망을 더 크게 만들었다. 그런 고장의 이름은 내가 여러 곳에 대해 품고 있는 관념을 보다 특수한, 따라서 보다 현실적인 것으로 만듦으로써 더욱 입맛이 당기게 했다. 그 무렵에 나는 시가와 풍경과 사적을 같은 재질의 일부를 떼어 만든 옥석혼효의 우화 몇 장처럼 떠올린 게 아니라, 하나하나마다 본질적으로 다른 것, 내 영혼에 갈망하는 대상, 알면 반드시 이익이 되는 미지의 것으로 떠올렸던 것이다. 그런 시가와 풍경과 사적이 인명과 마찬가지로 그것만이 갖는 이름에 의해 개성적인 뭔가를 얼마

*1 '꽃의 성모 마리아'란 뜻을 지닌 성당으로 이탈리아 피렌체에 있음.

*2 이탈리아 피렌체에 있는 도시. 르네상스의 중심지였음.

나 더 많이 지니게 되었는지! 낱말이란 그것이 가리키는 사물의 뚜렷하고도 흔히 있는 보잘것없는 영상을 우리에게 제공한다. 예컨대 작업대, 새, 개미탑이 어떤 건지 아이들에게 보이기 위해 교실 벽에 걸어놓는 그림, 같은 종류의 모든 것이 다 비슷비슷하다는 생각으로 그린 그림처럼. 하지만 이름이란 사람이나 시가의—시가도 그 이름으로 불리므로 우리에게 늘 인물과 마찬가지로 개성적이며 유일한 것으로 느껴지므로—어떤 어렴풋한 영상을 제공한다. 이 영상은 이름과 그 이름의 맑거나 침울한 울림으로 하나의 색깔을 자아낸다. 영상은 이 색깔에 의해 마치 전체가 온통 푸른색이나 붉은색으로 그려진 포스터처럼, 그것도 쓸 수 있는 방법이 제한되어 있어서, 또는 디자이너의 변덕 때문에 하늘과 바다뿐만 아니라 쪽배도, 성당도, 통행인도 전부 푸른색이나 붉은색으로 되어 있는 포스터처럼 한결같이 칠해져 있다.

《파르마의 수도원》을 읽은 뒤부터 내가 가장 가보고 싶은 시가 가운데 하나가 된 파르마라는 이름이 내게는 조밀하고 반들반들한 연보라색 보드라운 것으로 느껴져서, 언젠가 내가 묵게 될지도 모르는 파르마의 어느 집에 대한 이야기가 나오기라도 하면, 나는 조밀하고 반들반들한 연보라색 보드라운 거처에 묵게 되리라는 기쁨을 느꼈다. 그런데 그런 거처는 이탈리아의 어느 시가에 있는 거처와도 비슷한 점이 없었으니, 아무런 억양도 없는 파르마라는 이름의 묵직한 철자의 도움과 스탕달풍의 감미로움과 오랑캐꽃잎의 윤기로 말미암아 파르마라는 이름에 내가 포함시켰던 온갖 심상의 도움을 받아, 내가 비로소 그 거처를 떠올렸기 때문이다. 또 피렌체를 머릿속에 떠올릴 때면 그것은 신기한 냄새를 풍기는 시가, 꽃관과 비슷한 시가가 되었으니 이는 우리가 피렌체를 백합꽃의 도시라 부르고 그 대성당을 꽃의 성모 마리아라 부르기 때문이었다.

발베크는 어떤가 하면 그런 이름 속에 마치 노르망디의 옛 도자기가 그곳 땅의 색깔을 지니고 있듯, 이제는 폐지된 습관, 봉건적인 권리, 고장의 옛 모습, 쓰이지 않게 된 기괴한 철자의 독특한 발음법 같은 표지가 아직 보이는 이름 가운데 하나라고 여겨졌다. 그리고 나는 쓰이지 않게 된 이 발음법을, 훗날 내가 발베크에 가서 성당 앞 소용돌이치는 바다가 보이는 곳에 안내되었을 때 거기서 밀크 커피를 차려 내는 여인숙 주인, 우화시에 나오는 인물같이 입씨름하기 좋아하고 점잖으며 중세 사람다운 풍모가 느껴지는 여인숙 주인의 말투에서 발견하리라고 믿어 의심치 않았다.

만약 내 몸이 튼튼해져서 발베크에 가서 머물지 않더라도 적어도 한번 노르망디나 브르타뉴의 건축과 풍경을 알아보기 위해, 그처럼 상상 속에서 여러 차례 올라탄 그 1시 22분발 기차를 타는 것을 부모님이 허락해준다면, 나는 특히 가장 아름다운 시가에 가보고 싶었다. 하지만 막상 그 시가들을 비교하는 마당에서는 비교할 수 없게 되었으니, 서로 바꿀 수 없는 독특한 개성을 지닌 사람들 가운데 누구 하나를 고르기도 어려운 판에 어떻게 이 시가들 사이에서 더 아름다운 시가를 고르겠는가. 예컨대 불그스름하고 우아한 레이스를 두른 채 그처럼 높다랗게, 그 꼭대기가 마지막 철자의 옛 황금에 비쳐 번쩍거리는 바이외의 시가. 양음부호(′)가 검은 나무틀이 되어 예스런 유리창을 마름모꼴로 나누고 있는 비트레(Vitré) 시가. 달걀 껍데기의 노란색에서 진주의 연회색에 이르기까지 희끄무레한 색을 띤 부드러운 랑발의 거리. 쿠탕스 시가, 그 기름지고도 노르스름한 끝의 이중모음이 버터의 탑을 높이 세우는 노르망디 대성당. 한적한 마을의 고요 속에 파리가 윙윙거리며 따르는 역마차의 잡음을 내는 라니용. 흰 깃털과 노란 부리가 그 시적인 물의 마을로 난 길가에 흩어져 있는, 익살스럽고도 소박한 케스탕베르와 퐁토르송의 시가. 개천이 마름 한가운데로 끌고 들어가려는 듯이 보이는데 가까스로 냇가에 매여 있는 이름인 브노데 시가. 운하의 초록빛 수면에 파르르 떨면서 비치다가 흰빛으로 또 장밋빛으로 훨훨 날아가버리는 경쾌한 부인 모자 날개의 그림자인 퐁타방 시가. 그리고 캥페를레의 시가는, 중세기 이래 많은 시내에다가 그 뿌리를 깊숙하게 내리고 끊임없이 함께 재잘거리면서 진주와 같은 구슬을 이루며, 희뿌연 은빛의 무딘 끝으로 변하기라도 한 듯한 햇살이 그림 유리창에 붙어 있는 거미줄을 통해서 그려내는 바와 똑같은 그리자유(grisaille)*를 그려낸다.

이런 심상은 또 하나의 이유로 보아도 바르지 않은 것이었다. 왜냐하면 심상이 하는 수 없이 매우 단순화되었으므로, 말하자면 내 상상력이 갈망한 것, 그리고 내 감각이 현재라는 시간 속에서 그저 불완전하게 기쁨도 없이

* 회색만으로 엷은 돋을새김처럼 그리는 장식화.

감지한 것을, 내가 틀림없이 이름이라는 은신처에 가둬두었기 때문이다. 그 은신처에 내가 꿈을 쌓아놓았으므로, 그 이름들이 지금도 나의 소망을 자석처럼 끌어당기고 있는 게 틀림없다. 그러나 이름들 자체는 그다지 넓지 않다. 기껏해야 그 안에 시가의 주요한 두세 가지 '명승고적'을 넣을 수 있을 뿐이다. 게다가 그런 명승고적은 심지어 서로 겹쳐져 있다. 발베크라는 이름 안에, 마치 해수욕장에서 파는 펜대에 장치한 돋보기 너머로 보듯, 페르시아 양식의 성당 둘레에 높이 이는 파도가 보였다. 아마 이런 심상의 단순화도, 나에게 심상이 위력을 보인 이유 가운데 하나였으리라.

어느 해 부활절 휴가에 아버지가 우리 식구 모두 피렌체와 베네치아에 가기로 정했을 때, 피렌체라는 지명 안에 보통 이런 시가들을 이루는 요소를 넣을 여지가 없어서, 나는 하는 수 없이 조토*1의 진수라고 믿어왔던 것을 봄의 향기로 수태시켜서 초자연적인 한 도시를 만들어내야만 했다. 결국 나는—한 이름 안에 공간적인 것보다 시간적인 것을 더 많이 포함시킬 수 없어서—이를테면 조토의 그림에서도 같은 인물의 동작을 다른 두 시각으로 나누어 그려서, 한쪽에는 잠자리에 누워 있는 장면, 또 한쪽에는 말을 타는 장면을 나타내고 있듯이 피렌체라는 이름도 두 구획으로 나누어서 그리는 게 고작이었다. 그 가운데 한쪽에서는 건물의 둥근 천장 아래, 먼지를 거쳐서 반짝반짝, 비스듬히, 천천히 비쳐 들어온 아침 해가 이루는 빛의 커튼이 화면 한 부분에 드리워 있는 벽화가 보인다. 다른 한쪽에서는(왜냐하면 고장의 이름을 가까이 갈 수 없는 이상(理想)처럼 생각지 않고, 내가 그 안에 잠기려는 현실적인 환경인 양 생각함으로써 아직 살아보지 못한 삶, 내가 고장의 이름 안에 가두어놓은 완전하고도 순수한 삶이, 한없이 물질적인 기쁨과 매우 단순한 감흥과 경치에 르네상스 전기 미술가들의 작품이 지닌 매력을 주고 있었으므로), 나는 서둘러—과일과 시에나산(産) 포도*2를 차려놓고 나를 기다리는 아침 식탁 앞에 빨리 앉고자—노랑나팔수선화와 아네모네 꽃이 활짝 핀 베키오 다리를 건너가는 것이다. 이러한 것이(몸은 파리에 있으면서) 내가 본 것이며 또한 내 주위에 없는 사물들이었다. 하지만 현실주의의 단순한 관점에서도, 스스로 동경해 마지않는 지방들은 우리 실생활 속

*1 이탈리아의 화가(1266? ~1337).

*2 이탈리아 토스카나 주 키안티 산맥에서 나는 붉은 포도주.

에서 현재 살고 있는 지방보다 훨씬 더 넓은 장소를 차지한다.

그 무렵 내가 '피렌체에 간다, 파르마에, 피사에, 베네치아에 간다'는 말을 입 밖에 내었을 때 상념 속에 무엇이 도사리고 있었는지 좀더 주의를 했더라면, 아마도 내가 보고 있는 것이 한 시가가 아니고 내가 아는 모든 것과는 아주 다르며 몹시 아름다운 그 무엇, 이를테면 한평생 겨울의 저녁놀 속에서만 살아가고 있는 사람들이 화창한 봄날을 듣도 보도 못한 경탄할 만한 것으로 여기면서 그릴 때와도 같은 그 무엇을 깨달았으리라. 이러한 비현실적이며 변하지 않는 비슷비슷한 심상은 늘 나의 밤낮을 가득 채우고, 그 시기의 내 삶을 이전의 삶과 구별지었다(하기야 이 두 개의 삶은, 사물을 겉으로밖에 보지 않는, 다시 말해서 아무것도 보지 못하는 관찰자의 눈을 가지고서는 구별하기 어려웠으리라). 마치 오페라에서 어느 선율의 모티프가 각본만 읽은 사람에게는 짐작되지 않는, 더구나 단지 극장 바깥에 서서 시간을 보내기만 한 사람에게는 전혀 짐작되지 않는 어떤 새로운 분위기를 자아내듯이. 게다가 우리 삶의 나날은 단순한 형태의 관점으로 보아도 늘 똑같지는 않다. 나같이 얼마간 신경질적인 사람들은 나날을 통과하는 데 자동차처럼 변속 '기어'를 가지고 있다. 기어오르는 데 한없이 시간이 걸리는 험하고 어려운 나날도 있고, 콧노래 부르면서 전속력으로 내려갈 수 있는 평탄한 언덕 같은 나날도 있다. 그런데 한 달 동안—언제 들어도 물리지 않는 멜로디처럼 피렌체의, 베네치아의, 피사의 심상을 되풀이해 떠올리면서, 한편으로는 내 안에 그런 심상이 일으킨 열망이 마치 사랑, 어떤 사람에 대한 사랑이기나 한 것처럼 몹시 개성적인 어떤 것을 지니고 있었던 그 한 달 동안—나는 이런 심상이 나와 관계없는 어떤 현실에 서로 응하고 있다고 계속 믿어왔다. 또 막 천국에 들어가려는 초기 기독교도의 마음에 생길 법한 아름다운 희망을 겪어왔다. 그리하여 몽상을 통해선 빈틈없이 이루어지나 감각기관을 통해서는 지각되지 않았던 것—때문에 감각기관으로서는 더욱 매혹적이며 신선한 것—을 새삼스럽게 감각기관으로 바라보고 만지고 싶어하는 모순 따위에 신경 쓸 틈도 없이, 이런 심상의 본체인 현실을 떠올리면 그 즉시 내 욕망은 더욱 활활 타오르는 것이었다. 왜냐하면 그것이 소망을 채우는 약속이기도 했기 때문이다. 그리고 내 흥분의 동기는 예술작품을 즐기려는 소망에 있기도 했지만, 이런 소망을 더 크게 길러낸 것은 미술 서적보다도 명소 안내서이고, 명소 안내서보다는 열차 시간표였다. 내 마음을 움직이고 있던 것은, 내가 상상 속에서 가까이 보면서도 다가갈 수 없었던 피렌체에—설령 머릿속에서는 나와 피렌체를 갈라놓고 있는 길이 통과할 수 없는 곳이라 해도—'육로'로 돌아서 간다면 닿을 수 있겠거니 하는 바로 이 생각이었다. 물론 이처럼 구경하러 가려는 것에 어떤 커다란 가치를 부여하면서, 베네치아는 '조르조네* 화파의 고장, 티치아노가 살던 곳, 중세기 주택 건축의 완벽한 미술관'이라고 입속으로 되풀이했을 때 나는 행복한 느낌이 들었다. 그렇지만 그보다 더욱 행복한 느낌이 들었던 것은 내가 거리에 나가, 철 이른 봄 날씨가 며칠 동안 이어진 뒤에(콩브레에서 부활제를 전후해 늘 겪듯) 또다시 겨울철로 되돌아간 날씨 때문에 걸음을 빨리하는 한편 큰길의 마로니에를 구경하면서—그 마로니에는 물처럼 차갑게 흐르는 대기 속에 잠겨 있어도 계절을 어기지 않는 봄의 초대 손님으로서 이미 몸단장하기 시작했으며, 또 생명을 시들게 하는 추위의 방해를 받으면서도 억누를 길 없이 차츰차츰 싹터 나오는 힘을 가진 억센 잎눈을 그 언 마디마디에 펼치며 아로새기는 기운을 잃지 않고 있었는데—이미 베키오 다리가 히아신스와 아네모네로 수북이 덮이고 있을 터이며, 봄 태양이 벌써 대운하의 물결을, 티치아노의 그림 밑에 몰려와 부서지면서 그 그림과 풍요한 빛깔을 다툴 만큼이나 아름다운 짙은 하늘빛과 고상한 에메랄드 빛깔로 물들이고 있거니 생각하고 있을 때였다.

특히 아버지가 청우계를 자주 바라보고는 추위에 탄식하며 어떤 열차가 가장 좋을까 고르기 시작했을 때, 그리고 내가 점심 식사 뒤 그 석탄 실험실에—주위의 경치를 전부 바꿔버리는 장치가 있는 마법의 방에—들어갔다가, 다음 날에는 이미 '푸른빛의 고운 옥의 벽이 아름답게 둘리고 에메랄드의 포석(鋪石)이 깔린' 대리석과 황금의 도시에서 깨어날 것임을 깨달았을 때 나는 기쁨을 누를 길이 없었다. 이리하여 대리석 그리고 황금의 도시와 백합꽃의 도시는 누가 맘 내키는 대로 떠올려 지어낸 가공의 풍경이 아니라, 파리에서 어떤 거리만큼 떨어진 지점에 있어서 만약 찾아가고 싶으면 반드시 그 거리를 뚫고 지나가야 하는 도시, 또 어느 일정한 지점에 존재하여 그

* 이탈리아의 화가(1477~1510). 티치아노와 같은 시대에 활약했음.

밖에 다른 어디에도 없는 도시, 한마디로 말해 실제로 있는 도시가 되었다. 그리고 이런 도시들이 나에게 더욱더 현실적인 존재가 된 것은 아버지가 이렇게 말했을 때였다. "요컨대 모두 4월 20일부터 29일까지 베네치아에 있다가 부활절 아침에는 피렌체에 도착하겠지." 이 말로써 아버지는 두 도시를 단지 추상적인 '공간'뿐만이 아니라 상상 속 '시간'에서도 떼어놓았다. 그런 상상 속 '시간'에서는 한 번에 하나의 여행만 하는 게 아니라 또 다른 여행도 함께할 수 있지만, 그런 여행은 한갓 가능성에 지나지 않으므로 별 감동을 자아내지 못하며, 또 이 '시간'은 얼마든지 다시 만들 수 있으므로 한 도시에서 지낸 시간을 다른 도시에서도 보낼 수 있는 것이다. 또한 아버지는 그 두 도시의 참된 모습을 보여줄 만한 특별한 일정을 정해주었다. 실제로 베네치아에서 피렌체로 여행한다면 이런 특별한 날들은 다시는 돌아오지 않을 테고, 이곳에서 지낸 나날을 저곳에서는 지낼 수가 없기 때문이다.

나로 말하면, 가장 감동적인 기하학을 써서 내 삶의 설계도 안에 그 도시의 둥근 지붕과 탑을 그려넣으려는 '여왕' 같은 두 도시, 베네치아와 피렌체가 아직 비현실적인 존재로밖에 여겨지지 않던 관념의 때에서 벗어나, 세탁소 아주머니가 내 잉크투성이 흰 조끼를 가져다주는 그 월요일에서 시작될 현실의 주간 쪽으로 다가오다가 이윽고 거기에 흡수되고 마는 것을 감지했다. 그러나 나는 아직도 기쁨의 절정에 이르는 계단을 오르는 중이었다. 그러던 것이 아버지가 나보고 "대운하 근처는 아직도 추울 테니까, 만약을 대비해 네 겨울 외투와 두꺼운 웃옷을 가방에 넣는 게 좋겠다" 하고 말하는 것을 들었을 때, 마침내 내 기쁨은 절정에 이르렀다(다음 주 부활제 전날, 물결이 찰랑거리는 거리, 조르조네 벽화의 반사로 붉게 물든 그 베네치아의 거리를 산책하고 있는 이는 내가 멋대로 떠올렸던 '핏빛 망토의 주름 밑에 번쩍거리는 청동 갑옷을 입은, 바다처럼 위엄 있고 무시무시한' 사람들이 아니라 분명 나 자신일 거라는 사실을 나는 그제야 깨달았다. 지난날 누가 나에게 보여준 산마르코 성당의 커다란 사진 안에, 중산모를 쓰고 그 현관 앞에서서 찍힌 사람이 아주 작게 보였는데, 이제 나도 그런 인물이 되어 베네치아에 가 있을 거라는 생각이 처음으로 떠올랐다). 아버지의 말에 나는 황홀상태에 이르렀다. 그때까지 불가능하다고 믿어오던 일이 이제는 말 그대로 저 '인도양의 암초와도 같은 자수정 바위들' 사이에 말려 들어감을 느꼈다.

내 힘을 훨씬 뛰어넘는 어떠한 운동으로써, 나는 내 몸을 둘러싸고 있던 방안 공기를 빈 껍질처럼 벗어버리고 그곳을 베네치아의 공기로 채웠다—베네치아라는 지명 속에 내 상상력이 가둬오던 꿈의 공기처럼 뭐라고 형용하기 어려운 특별한 바다의 공기로. 그러자 나는 신기하게도 몸이 조각조각 떨어져나가는 느낌이 들었다. 그 즉시, 심한 목앓이에 걸린 뒤 느끼는 구토증이 어렴풋이 겹쳤다. 열이 나기 시작한 나는 침대로 옮겨졌는데, 열이 어찌나 높았는지 의사는 당분간 베네치아와 피렌체로 떠나는 걸 단념해야 할 뿐만 아니라, 완쾌되더라도 적어도 1년 동안은 여행 계획이나 흥분이 될 만한 일은 모두 피해야 한다고 내게 선고했다.

게다가 슬프게도 의사는 단호하게, 내가 라 베르마의 무대를 보러 극장에 가는 것도 금지했다. 베르고트가 천재라고 말한 그 뛰어난 여배우라면 똑같이 중요하고 아름다운 뭔가를 나에게 선사하여, 내가 피렌체와 베네치아에 또 발베크에 가지 못하는 걸 틀림없이 위로해주었으련만. 집안 어른들은 나를 날마다 샹젤리제에 보내는 걸로 만족시키려 했다. 그들은 내가 피곤해하지 않게끔 감시하는 사람을 딸려 보냈는데, 그 감시인이란 레오니 고모가 돌아가신 뒤 우리집에 하녀로 들어온 프랑수아즈였다. 샹젤리제에 가는 것이 내게는 견디기 힘든 일이었다. 혹시 베르고트가 저서 가운데 한 권에다가 샹젤리제에 대해 묘사해두었다면, 틀림없이 나도 샹젤리제를 알고 싶었으리라. 이제까지 상상 속에서 '사본'을 떠놓았던 모든 곳과 마찬가지로. 그럴 때 내 상상력은 그곳들에 활기를 주고 생기를 부여하며 하나하나에 인격도 주어서, 나는 그런 모든 곳을 현실에서 다시 발견하고 싶어진다. 그런데 이 공원에는 무엇 하나 내 몽상에 이어지는 게 없었다.

어느 날, 목마 곁의 익숙한 장소에서 내가 너무나 지루해하자 보다 못한 프랑수아즈가 나를 데리고—사탕 장수들의 가게가 같은 간격으로 늘어서서 작은 요새처럼 지키고 있는 국경을 넘어—원정에 올랐다. 그곳은 이웃 고장이라고 하지만 아는 얼굴 하나 없는 낯선 곳으로, 내 옆으로 염소 수레가 몇 대나 지나갔다. 다음에 프랑수아즈는 소지품을 가지러 월계수 숲을 등지고 있는 의자로 되돌아갔다. 그녀가 돌아오기를 기다리면서, 나는 햇볕에 시들어 말라 키가 짧고 누런 잔디가 저쪽 조각상이 서 있는 못가에까지 뻗어 있는 널따란 잔디밭을 이리저리 밟으며 걷고 있었다. 그때 수반(水盤) 앞에서 배드민턴을 치고 있는 붉은 머리 소녀를 향해, 작은 길 위 또 다른 소녀가 어깨에 망토를 걸치고 라켓을 주머니에 넣으면서 통명스러운 목소리로 외쳤다. "안녕, 질베르트. 나 갈게. 오늘 저녁 식사가 끝나면 우리가 너희 집에 가는 걸 잊지 마." 질베르트라는 이름은 내 곁을 지나갔다. 그 자리에 없는 사람에 대해 말할 때처럼 오로지 이름만 부른 게 아니라, 직접 그 사람을 향해 소리쳐 말을 건넸으므로, 그 이름은 그만큼 당사자의 존재를 강하게 환기시키며 내 곁을 지나갔다. 말하자면 약동하면서, 던져진 대로 곡선을 그리며 과녁에 가까워짐에 따라 힘이 늘어나면서 지나갔다—그 이름이 이르는 비탈에(내게는 그렇게 느껴졌다), 불린 상대에 대하여, 내가 아니라 그 이름을 부른 소녀가 가지고 있는 지식이라든지 관념을 옮기면서. 예컨대 그 소녀가 질베르트라는 이름을 발음하면서, 두 소녀 사이의 일상적인 친밀한 교제라든가, 두 소녀가 서로 하는 방문이라든가, 내게는 알 수 없는 질베르트의 생활이라든가(그것은 그 이름을 외마디 소리로 공중에 던져 올린 이 행복한 소녀에게는 매우 친근한 만큼이나, 거기에 뚫고 들어가지 못한 채 그저 스칠 뿐인 나에게는 거꾸로 그만큼 가까이할 수 없는 아름다운 생활이었는데) 등등에 대하여, 그 소녀가 새삼 눈앞에 환히 보이지 않더라도 적어도 기억 속에 담고 있는 온갖 것을 옮기면서. 불린 이름은 눈에 보이지 않는 스완 아가씨 생활의 어떤 부분이나, 저녁 식사 뒤(오늘 저녁이 그럴 터인데) 그녀의 집에서 시작되는 저녁 한때 같은 것과 하나가 되어 이미 향기로운 냄새를 공기 속에 퍼뜨리고 있었다. 그 이름은 하늘에서 내려와 잠시 어린이들과 하녀들 사이에 섞이면서 멋진 빛깔의 작은 구름을 형성했으니, 그것은 마치 푸생*이 그린 아름다운 정원 위에 부풀어오른 구름과 같았고, 오페라 무대의 구름처럼 수많은 군마와 전차를 거느린 신들의 생활을 보여주는 그 무엇을 상세하게 나타내고 있었다. 그리고 마지막으로 그 이름은 시든 잔디의 일부이며, 금발 소녀가 배드민턴을 치던 오후의 한때를 이루는 장소에(모자에 푸른 깃털을 단 여자 가정교사가 부를 때까지 소녀는 배드민턴 놀이를 그치지 않았다), 비할 데 없이 아름다운 헬리오트로프 빛깔의 반사처럼 어루만질 수 없는 귀여운 빛의 띠를 융단처럼 부드럽게 던졌는데, 나는 망설이는

* 프랑스의 화가(1594~1655).

걸음걸이, 향수병에 걸린 이교도와 같은 걸음걸이로 그 위를 걸었으며 또한 아무리 걸어도 물리지 않았다. 그런데 그때 프랑수아즈가 소리쳤다. "자, 어서 외투 단추를 바로 끼우세요. 빨리 갑시다." 이때 비로소 나는 프랑수아즈의 말씨가 속되며, 또 슬프게도 그 모자에 푸른 깃털이 없다는 사실을 깨닫고 화를 내었다.

그녀가 샹젤리제에 다시 와줄까? 다음 날 그녀는 거기에 없었다. 그러나 그다음 날부터 계속, 거기서 그녀를 보았다. 나는 언제나 그녀가 친구들과 놀고 있는 곳 주위를 맴돌았다. 그래서 드디어 한 번, 술래잡기의 머릿수가 모자랐을 때 그녀는 친구인 한 소녀를 시켜 나에게 그녀 편에 들어오겠느냐고 묻게 됐다. 그 뒤로 나는 그녀가 거기 있을 때면 매번 그녀와 함께 놀았다. 하지만 날마다 그렇지는 않았다. 이따금 개인 지도, 교리 문답, 다과회 같은 것들 때문에, 이를테면 생활과 전혀 동떨어진 모든 생활, 질베르트라는 이름 속에 엉기고 줄어들어 콩브레의 언덕길과 샹젤리제의 잔디밭 위에서 두 번이나 그처럼 안타깝게 내 곁을 지나갔던 그 모든 생활 때문에 그녀가 샹젤리제에 오지 못하는 날이 있었던 것이다. 그런 날이면 그녀는 미리 오지 못한다고 알려주었다. 만약에 그것이 공부 때문이라면 그녀는 이렇게 말했다. "아이, 속상해요. 내일 못 올 거예요. 나 없이 다들 재미있게 놀겠군요." 그녀의 서운해하는 기색은 얼마쯤 나를 위로해주었다. 그러나 그 대신에 오후 모임에 초대받았을 때는, 그런 줄 모르고 내가 내일도 놀러 오겠는지 물으면 이렇게 대답했다. "글쎄요! 엄마한테 친구 집에 가게 해달라고 할 거거든요." 어쨌든 그런 날, 나는 최소한 그녀를 만나지 못할 것을 알고 있었다. 그런데 그 밖에 예고 없이 그녀의 어머니가 그녀를 나들이에 데리고 가는 일이 있었는데, 그러면 그녀는 다음 날 이렇게 말했다. "네, 맞아요! 나 엄마와 같이 외출했어요." 마치 당연한 일처럼, 아무에게도 폐를 끼치고 있지 않은 것처럼. 또 날씨가 나쁜 날에는 비를 두려워하는 그녀의 가정교사가 질베르트를 샹젤리제에 데리고 오려 하지 않았다.

따라서 하늘이 수상하면, 나는 아침부터 하늘을 살피면서 온갖 낌새를 빠짐없이 헤아렸다. 만약에 창문 너머로 맞은편 집의 부인이 모자를 쓰고 있는 모습이 보이면 나는 속으로 말했다. '부인이 이제부터 외출하신다. 그러니까 외출할 수 있는 날씨다. 질베르트가 저 부인처럼 외출하지 않을 까닭이 있겠는가?' 그러나 하늘은 점점 어두워지고 어머니는 말했다. 날이 다시 갤지도 모르지만 그러려면 좀더 햇빛이 나야겠는데, 아무래도 비가 오기 십상이겠다고. 비가 오기라도 하면 샹젤리제에 가본들 무슨 소용이 있겠는가. 그래서 아침 식사를 하고 나서부터는 불안해하는 내 눈이 구름 낀 하늘에서 떨어질 줄 몰랐다. 하늘은 언제까지나 그대로 흐려 있다. 창 앞 발코니는 회색이었다. 갑자기 나는 그 침침한 돌 위에, 지금보다 밝은 빛깔을 본 건 아니지만 밝은 빛깔이 되려는 안간힘처럼 스스로 빛을 내려 하는 조심스런 빛줄기 하나가 고동치고 있는 것을 느꼈다. 잠시 뒤 발코니는 창백해져서 새벽빛이 비친 물처럼 희미한 빛을 반사하고, 난간 쇠붙이의 수많은 그림자가 어느새 그 위에 앉으러 와 있었다. 한바탕 바람이 일어 난간 그림자를 흩뜨리고 돌 위는 다시금 어두워졌는데, 그래도 길들여진 것처럼 난간 그림자는 다시 다가오곤 하였다. 돌은 또다시 눈에 보이지 않을 만큼 희어지기 시작하며, 이를테면 음악에서 서곡 끄트머리 어느 한 음을 모든 중간 음을 거쳐 몹시 급하게 포르티시모에까지 이끄는 크레센도* 모양으로, 그 돌이 크레센도를 통해 맑은 날의 변하지 않는 금빛에 이르는 것을 나는 보았다. 그리고 그 금빛 위에는 세밀하게 만든 난간 기둥의 들쭉날쭉한 그림자가 멋대로 자란 식물처럼 검게 드러나, 화가의 열정과 만족을 나타내고 있는 성싶은 모습으로 매우 세세한 윤곽까지 섬세하게 그려냈고, 또한 그 어두컴컴하고도 아늑한 그늘 덩어리가 편히 쉬는 돋을새김인 양, 비로드인 양 뚜렷하게 드러나 있었다. 그 모습을 보니 이 빛의 호수 위에 쉬고 있는 널따란 수풀 같은 그림자는, 그 자신이 고요와 행복의 담보임을 알고 있는 성싶었다.

순식간에 사라지는 송악이여, 돌 위에 태어난 덧없는 식물이여! 벽에 덩굴을 뻗고 창을 꾸미는 송악 가운데 가장 줏대 없고 가장 빛깔 없으며 가장 보잘것없는 것. 하지만 나에게는 그것이 발코니에 나타난 날부터 가장 소중한 것, 샹젤리제에 이미 가 있을지도 모르는 질베르트 존재의 그림자와 같은 것, 나를 보자마자 "어서 술래잡기를 시작하자, 너는 내 편이야" 하고 말할 질베르트의 그림자와도 같은 것. 산들바람에도 휩쓸려가는 가냘픈 식물, 그러나 한편으로 계절에 얽매여 살지 않고 시간에 사는 식물. 가까운 행복의

* '점점 세게'라는 이탈리아어.

약속, 날에 따라 거절되기도 하고 이루어지기도 하는, 그만큼 더욱더 절박한 사랑의 행복에 대한 약속. 돌 위에 있으며, 이끼의 보드라움보다도 더 보드랍고 따스한 식물, 한겨울에도 한 줄기 햇살에 넉넉히 움트며 기쁨의 꽃을 피우는 강인한 식물.

그리고 다른 식물이 다 자취를 감추고, 늙은 나무들의 줄기를 둘러싸는 초록빛 고운 거죽도 눈 밑에 묻히는 날이 온다. 눈이 그쳐도 구름이 여전히 두꺼워서 질베르트의 외출을 바라지 못하는 나날이다. 그런 날 갑자기 나타난 태양은 어머니로 하여금 “어머, 저것 보렴, 날씨가 좋아졌네. 혹시 모르니 샹젤리제에 가보려무나” 말하게 하면서, 발코니를 덮고 있는 눈의 망토 위에 어느새 금실을 맞대어 얽고 검은 그림자를 수놓는다. 이런 날에는 아무도 오지 않거나 소녀 하나가 와 있거나 했는데, 그 소녀도 막 돌아가려 하면서 질베르트는 오지 않을 거라고 딱 잘라 말한다. 늘어서 있는 의자는, 위엄 있으면서도 추위 타는 여자 가정교사들에게 버림받아 텅 비어 있다. 단 한 사람, 잔디밭 가까이 나이 든 부인이 앉아 있다. 이 부인은 어떤 날씨에도 빠지지 않고 오는 분인데, 한결같이 훌륭하고 수수한 옷차림이다. 이 부인과 벗이 되기 위해서라면, 만약에 바꿀 수만 있으면 나는 앞으로의 삶에서 가장 큰 이익일지라도 아낌없이 내던졌으리라. 왜냐하면 질베르트가 언제나 이 부인에게 인사하러 갔기 때문이다. 노부인은 그때마다 ‘질베르트의 사랑하는 어머니’는 안녕하신지 묻곤 하였다. 그래서 나는 이 노부인과 아는 사이가 된다면, 나 자신이 질베르트에게 지금과는 아주 다른 인간, 질베르트 부모님과 친한 분의 벗이 될 거라고 생각했다. 손자들이 멀리서 놀고 있는 동안 노부인은 늘 ‘나의 옛 친구인 데바’라고 부르던 〈데바〉 신문을 읽고 있었다. 그리고 순경이나 의자 빌려주는 여인에 대한 말을 할 때는 참으로 귀족다운 말투로 ‘나의 옛 친구인 순경’, ‘나의 옛 친구인 의자 빌려주는 이’라고 말했다.

프랑수아즈는 몹시 추위를 타서 한군데에 가만히 있지 못하므로, 우리는 콩코르드 광장의 다리까지 얼어붙은 센 강을 구경하러 간다. 사람들 모두가, 애들까지도 겁 없이 강에 다가간다. 마치 해변에 끌어올려져서 맞설 힘을 모조리 잃고 드러누워, 이제는 잘게 잘려나갈 일만 기다리는 거대한 고래 같은 강에. 우리는 샹젤리제로 돌아간다. 꼼짝하지 않는 회전목마와, 눈이 치워진 작은 길들의 검은 그물 안에 사로잡힌 하얀 잔디밭 사이에서 나는 지독한 슬픔을 느낀다. 잔디밭을 내려다보는 조각상의 손에 고드름이 달려 있는 게, 마치 그 손짓을 설명하고 있는 듯이 보인다. 이제 노부인도 〈데바〉 신문을 접고 나서, 지나가던 아이 보는 하녀에게 시간을 묻고 "참으로 친절하시네!" 하며 감사 인사를 했다. 다음으로 도로 청소부에게, 추우니까 손자들한테 돌아오도록 일러달라고 부탁하고 나서, 덧붙여 "부디 잘 부탁드려요. 황송한 마음을 금치 못해요!" 하고 말했다. 그때 갑자기 공기가 갈라졌다. 인형극장과 곡예장 사이, 밝아진 지평선에 흘끗 보인 파란 하늘을 배경 삼아, 옛이야기에 나오는 신비한 표시처럼 '아가씨'가 쓴 모자의 푸른 깃털 장식이 언뜻 보였다. 그러자 벌써 질베르트가 있는 힘껏 내 쪽으로 달려왔다. 네모진 모피 모자 밑 얼굴은 추위와 지각과 놀고 싶은 기분으로 빨갛게 상기되어 반짝였다. 내 바로 앞까지 질베르트는 얼음 위를 미끄럼 타며 다가왔다. 몸 균형을 바로잡기 위해선지, 아니면 그렇게 하는 편이 더욱 귀엽게 보일 거라고 생각해선지, 또는 스케이팅 흉내를 내려고 해선지, 나를 껴안아 맞이하고 싶기나 한 것처럼 팔을 벌리고 웃으면서 미끄럼 타며 다가왔다. "잘하네요! 잘해! 정말 훌륭하군요. 멋지다고 말하고 싶을 정도예요. 당신들 말마따나, 내가 구세대 사람이 아니라면 말이죠." 노부인은 질베르트가 날씨를 겁내지 않고 온 것을 칭찬하려고 묵묵한 샹젤리제를 대신해 소리 질렀다. "그대도 나처럼 옛 친구인 샹젤리제에게 충실하군요. 우리 두 사람 다 용감해요. 그런데 이런 날에도 내가 샹젤리제를 좋아한다고 말하면 아가씨는 어떻게 생각할지. 이렇게 말하면 아가씨가 웃을지 모르겠지만, 이 눈이 나에게는 흰담비의 모피처럼 느껴진다니까요!" 그러고 나서 노부인은 웃음을 터뜨렸다.

눈 내린 이런 첫날—눈, 나를 질베르트와 만나지 못하게 하는 힘의 상징이 된 눈은 함께할 수 없는 날의 슬픔을 자아내고, 기나긴 이별의 모습까지 자아내었으니, 눈이 우리가 유일하게 자주 찾는 곳의 모습까지 바꿔버려서 그곳이 온통 흰 보자기로 덮여 거의 머물 수 없게 되었기 때문인데—은 한편으로 나의 사랑을 한 걸음 나아가게 했으니, 그녀와 내가 함께 그 슬픔을 나누었던 첫날이기도 했기 때문이다. 놀이 친구는 우리 둘뿐이었다. 그리고 이렇게 나 혼자서 질베르트와 함께 있다는 것, 그것은 오직 친밀한 사이의 시작이 되는 것뿐만 아니라, 또한 그녀가—이런 날씨인데도 오로지 나를 위해 와주기라도 한 듯—오후 모임에 초대받았으면서 그쪽을 단념하고 나를 만나기 위해 샹젤리제에 와주기라도 한 듯이 나에게는 가슴 벅찬 일이었다. 겨울잠 자는 사물이 둘러싸고 있는 한가운데, 고요와 쓸쓸함의 한가운데에서 끈질기게 살아남은 우리의 우애, 그 우애의 생명력과 미래에 나는 더 큰 믿음을 품었다. 그리고 그녀가 내 목덜미 속에 눈뭉치를 집어넣는 동안에도 그것이 내게는 어느 사이에, 그녀가 나를 이 겨울의 새 고장을 여행하는 동반자로 인정함으로써 나타내 보이는 애정이며 또한 불행한 가운데서 내게 변함없이 바치고 있는 진심같이 느껴져, 나는 기뻐서 가슴을 두근거리며 웃어대었다. 이윽고 하나 또 하나, 소심한 참새처럼 그녀의 친구인 소녀들이 눈 위에 까맣게 모여들었다. 우리는 놀이를 시작했다. 그리고 처음에는 그처럼 슬펐던 이날이 실은 기쁨 속에 끝나도록 되어 있었던지, 내가 술래잡기에 앞서 그 첫날 무뚝뚝한 목소리로 질베르트의 이름을 소리쳐 부르던 소녀에게 가까이 가자 그 소녀는 나보고 말했다. “아뇨, 아뇨. 당신이 질베르트 편에 들고 싶어하는 건 다 알고 있어요. 게다가 저것 봐요, 질베르트도 손짓하고 있잖아요.” 정말로 질베르트는 눈 덮인 잔디 위에서 그녀의 편으로 오라며 나를 부르고 있었다. 그리고 태양이 그 잔디밭에 장밋빛 반짝임과 금박 넣은 옛 비단의 낡은 금속빛을 내리비춰, 그야말로 ‘금란(金襴)의 진영(陣營)’*을 방불케 하였다.

그토록 걱정했던 이날은 도리어 그다지 불행하지 않은 날, 그리 많지 않던 그러한 날들 가운데 하루가 되었다.

왜냐하면 질베르트를 보지 않고서는 하루도 못 배길 만큼이나 그녀를 생각하게 되어버린 나였지만(한번은 할머니가 저녁 식사 시간에 돌아오지 않자, 거의 무의식적으로 할머니가 마차에 치였기라도 하면 당분간 샹젤리제에 못 가겠구나 하고 생각해버렸다. 이처럼 사람은 사랑을 하게 되면 다른 누구도 사랑하지 않게 되는 법이다), 그런데도 그녀 곁에 있는 시간, 전날 밤부터 그처럼 몹시 애타게 기다리던 시간, 그 생각에 가슴 설레던 시간, 다른 것은 전부 희생해도 좋다고까지 생각했던 시간이 조금도 행복하지 않았기 때문이다. 나는 이 사실을 잘 알고 있었다. 그것은 내가 뜨겁고도 세심한

* 1520년 프랑수아 1세와 헨리 8세가 회견한 호화로운 진영.

주의를 집중시킨 내 삶의 유일한 시간이었는데도, 내 주의력은 그 안에서 한 조각의 기쁨도 발견하지 못했기 때문이다.

질베르트에게서 멀리 떨어져 있으면 밤낮을 가리지 않고서 그녀가 보고 싶었다. 그럴 때마다 끊임없이 그녀의 모습을 눈앞에 그려보려 애쓰면서도 끝내 성공하지 못해, 내 연정이 무엇에 마주하고 있는지 정확히 알 수 없게 되었기 때문이다. 게다가 그녀는 아직 한 번도 나를 좋아한다고 말해주지 않았다. 반대로 그녀는 여러 차례 우겨대기를, 나보다 더 좋아하는 남자친구가 몇 명이나 있다든가, 내가 좀 둔해서 놀이에는 맞지 않으나 그래도 괜찮은 놀이 친구라든가 했다. 더구나 그녀는 나에게 눈에 띄는 냉담한 태도, 만약에 질베르트가 나에게 연정을 품어 내가 다른 사람과는 달리 그녀에게 특별한 확신이 들었더라면 분명 맥을 못 추고 무너졌을 눈에 띄는 냉담한 태도를 자주 보였다. 그러나 사실 그 확신은 거꾸로 그녀에 대한 나 자신의 연정에서 비롯했으므로 그 저항력은 훨씬 강했다. 말하자면 내 확신은 내적인 필연성에 따라 아무래도 질베르트를 사모할 수밖에 없다는 나 자신의 태도로 든든하게 뒷받침되고 있었던 것이다. 하지만 나 자신도 그녀에게 품고 있는 여러 감정을 아직 뚜렷하게 드러내지 않고 있었다. 물론 노트의 모든 페이지에다 그녀의 이름과 주소를 수없이 적었지만, 그렇게 막연한 문자를 적어놓는다고 해서 그녀가 더욱 나를 생각해 줄 리도 없고, 또 그런 문자는 오로지 눈에 드러나는 모양으로 그녀를 내 몸 주위에 있게 할 뿐 실제로 그녀를 내 삶에 결부하고 있지는 않았다. 그 문자를 보면 나는 맥이 풀렸는데, 그러한 문자가 어차피 그것을 볼 리도 없는 질베르트에 대해서가 아니라 나 자신의 소망을 내게 말해주어, 그런 소망이 순전히 개인적인, 비현실적인, 싱거운, 무력한 것으로 보였기 때문이다.

당장 이뤄져야 할 일은 질베르트와 내가 서로 연정을 고백하는 일이었다. 말하자면 그때까지는 사랑이 시작되지 않은 거나 마찬가지다. 물론 내가 그처럼 참을성 없이 그녀를 만나고 싶어하게 된 여러 이유도, 어른이라면 그토록 절실한 건 아니었으리라. 우리도 뒤에 나이가 들어 쾌락 수업을 계속 받아 솜씨를 쌓게 되면, 내가 질베르트를 생각했듯이 한 여인을 생각한다는 쾌락만으로 만족하게 되어, 마음속 여인의 모습이 실물과 일치하는가를 알고자 애태우진 않게 될 것이다. 또한 여인에게 사랑받고 있는지 확인할 필요도 없이 그저 여인을 사랑하는 기쁨만으로 만족하리라. 또는 여인이 품은 정을 더욱 뿌리 깊게 하고자, 이를테면 한 송이 더 고운 꽃을 위해 다른 여러 꽃봉오리를 떨쳐내는 일본의 원예가처럼 마음 기울이고 있는 여인에게 자신의 사랑을 고백하는 기쁨을 포기할 수도 있으리라. 그러나 내가 질베르트를 사랑할 무렵에는, 나는 아직 '사랑'이 우리 밖에 실제로 존재한다고 믿고 있었다. 우리는 기껏해야 장애물을 치울 수 있을 뿐, 사랑이 인간의 힘으로는 무엇 하나 바꾸지 못하는 예정된 질서에 따라 저마다의 행복을 나눠주고 있다고 믿었다. 그래서 일부러 달콤한 고백을 피하고 무관심한 체한다면, 내가 자주 꿈꾸었던 기쁨 가운데 한 가지를 잃게 될 뿐더러, 부자연스럽고 값어치 없으며, 참사랑과는 전혀 통하지 않는 사랑을 내 멋대로 꾸며내게 될 테고, 그 결과 참사랑의 신비롭고도 예정된 길을 따라가는 일을 단념해야만 할 거라고 생각했다.

하지만 샹젤리제에 이르러—나는 먼저 내 사랑을 고쳐보려고 그 사랑을, 그것의 원인인 나와는 관계없는 다른 사람과 맞대보려 노력했는데—문제의 질베르트 스완 앞에 서는 순간, 내 피로한 기억력이 이미 잃어버리고 만 모습을 다시 또렷하게 만들어줄 그녀, 어제도 같이 놀던 그녀, 이를테면 우리가 의식할 겨를 없이 양발을 내디디며 걷는 것처럼 무의식적인 본능에 따라서 내가 이제 막 알아보고 인사한 이 질베르트 스완과, 내 꿈의 대상이었던 소녀는 다른 두 존재처럼 느껴지는 것이었다. 예를 들어 내가 전날 밤부터 둥글둥글하고 빛나는 볼과 불타는 두 눈을 기억 속에 지니고 있었더라도, 막상 마주하고 보면 질베르트의 얼굴은 내가 떠올리지 못했던 그 무엇, 뾰족한 코끝을 일부러 강하게 내 눈에 들이밀어 보였다. 그러자 그 코는 금세 다른 특징들과 더해져, 박물학이 종족을 정의할 때의 여러 성격들과 마찬가지로 중요성을 띠어, 그녀를 뾰족한 코의 소녀라는 종류로 바꿔버렸다. 나는 기다려 마지않던 이 순간을 이용하여, 미리 준비해왔으나 이미 머릿속에 떠오르지 않는 질베르트의 모습에다가 초점을 맞추려고 하였다. 그렇게 함으로써 내가 혼자 있는 기나긴 시간에 생각하고 있는 게 바로 그녀이며, 내가 어떤 작품이라도 만들어가듯이 점점 더 키우고 있는 게 바로 내 사랑이라는 확신을 얻고자 했다. 하지만 내가 그런 초점을 맞추려고 하자 그녀가 나에게 공을 던져 보냈다. 지성으로는 외계를 믿지 않으나 그 육신은 외계를 헤아리는 관념론자처럼, 내 경우에도 아까 그녀임에 틀림없다고 확인하기에 앞서 나로 하여금 그녀에게 인사하게 한 나의 자아가, 그녀가 던지는 공을 망설임 없이 받게 했다(마치 나는 질베르트와 같이 놀려고 왔으며, 그녀는 단순한 놀이 친구지 내가 마음을 통하러 온 영혼의 반쪽은 아니라는 듯이). 그리고 나의 자아는 그녀가 가버릴 때까지 상냥하나 하찮은 말을 계속하면서 그녀에게 예절을 지키게 했는데, 이 때문에 나는 잃어버린 소중한 모습을 재빨리 되찾을 수 있게 잠시 침묵을 지킬 수도, 우리 사랑을 크게 나아가게 했을지도 모를 말을 할 수도 없었다. 그래서 그때마다 나는 다음 날 오후에 기대를 걸 수밖에 없었다.

그렇다고 우리 사랑에 전혀 발전이 없었던 건 아니다. 어느 날 우리가 질베르트와 함께, 우리에게 유달리 상냥한 아주머니의 구멍가게에 갔을 때—이유인즉 스완 씨가 이 가게로 생강빵을 자주 사러 보냈기 때문이다. 그는 건강을 생각해 이 빵을 잘 먹었다. 유대인 특유의 습진과 선조인 예언자에게서 이어받은 변비[*1]에 시달렸기 때문이다—질베르트가 웃으면서 나에게 어린이 그림책에 나오는 꼬마 화가, 꼬마 박물학자와도 같은 두 소년을 손짓으로 가리켰다. 그도 그럴 것이 한 꼬마는 보라색이 더 좋다고 붉은 사탕을 마다하고, 또 한 꼬마는 눈에 눈물을 글썽거리며 하녀가 사주려는 자두를 막무가내로 받지 않다가 열띤 목소리로 "난 다른 자두가 좋아. 이건 벌레 먹었잖아!" 하고 말했기 때문이었다. 나는 1수(sou)짜리 구슬을 두 개 샀다. 그러고서는 포로들처럼 따로 나무 그릇에 옹기종기 담겨서 반짝거리는 마노(瑪瑙)[*2]를 홀린 듯이 보고 있었다. 그것은 소녀처럼 금빛 미소를 짓고 있었으며, 또 한 알에 50상팀(centime)[*3]이나 나가서 무척 귀해 보였다. 나보다 용돈을 훨씬 많이 받는 질베르트가 나보고 어느 것이 가장 예쁘냐고 물었다. 마노 구슬은 저마다 투명하고 부드러운 생명을 지니고 있었다. 나는 그 가운데 어느 것도 그녀에게서 버림받게 하고 싶지 않았다. 그녀가 그걸 몽땅 사서 석방해주었으면 했다. 그래도 나는 그중에서 그녀의 눈과 같은 빛깔의 한

＊1 습진과 변비는 유대인에게 많음.

＊2 석영, 단백석, 옥수의 혼합물. 아름다운 것은 보석이나 장식품으로 쓰고 나머지는 세공품과 조각의 재료로 씀.

＊3 1상팀은 100분의 1프랑.

알을 가리켰다. 질베르트는 그걸 손에 들고 그 금빛 반짝임을 살피더니 살짝 쓰다듬고 몸값을 치렀다. 그러고서 곧 그 포로를 나에게 넘겨주며 말했다. "자, 이건 당신 거예요. 줄 테니 기념으로 간직해요."

또 한번은, 늘 고전극에 출연하는 '라 베르마'를 보고 싶어하던 내가 질베르트에게 혹시 베르고트가 라신에 대해 쓴 책으로 지금은 절판이 된 가철본을 가지고 있는지 물어본 일이 있었다. 그녀는 나보고 정확한 제목을 가르쳐 달라고 부탁했다. 그래서 나는 그날 저녁 속달을 보낼 때, 그처럼 여러 번 노트에 적어내린 질베르트 스완의 이름을 겉봉투에 썼다. 이튿날 그녀는 누군가를 통해 찾아낸 가철본을, 연보라색 가느다란 비단 리본으로 매고 흰 초로 봉인한 꾸러미 속에 넣어서 나에게 가져다주었다. "이게 아마 당신이 부탁한 책일 거예요." 그녀는 내가 보낸 속달을 토시에서 꺼내며 말했다. 그런데 이 속달우편—어제는 아직 아무런 뜻도 갖지 않고 오로지 내가 쓴 속달에 지나지 않던 것이 배달부의 손을 통해 질베르트의 문지기에게 인도되고, 다음에 하인의 손으로 그녀 방까지 전달되자, 그때부터 매우 귀중한 것, 그날 그녀가 받았던 속달 가운데 하나가 된 이 편지—의 주소 기입란을 보고도 나는 내 글씨로 쓰인 그 공허하고 고독한 글자를 거의 알아보지 못했으니, 그 위에 우체국에서 찍은 동그란 소인이 있고 또 어느 배달부가 연필로 덧붙여 적은 글자가 있어, 이러한 소인이나 글자의 자국, 이 편지가 실제로 현실화되었다는 표시, 외부 세계의 도장, 인생을 상징하는 보랏빛 글자의 띠 따위가 처음으로 내 꿈과 맺어져서, 그 꿈이 유지되고 활기를 띠며 즐겁게 되었기 때문이다.

또 어느 날 그녀는 나에게 말했다. "이봐요, 나를 그냥 질베르트라고 불러요. 나도 당신을 세례명으로 부를 테니까. 성을 부르는 건 거북살스럽잖아요." 그렇게 말했으나 그녀는 그 뒤 잠시 동안 계속해서 내 성을 불렀다. 내가 그 점을 지적하자 그녀는 미소 짓더니, 마치 외국어 문법 시간에 오로지 새로운 말을 쓸 목적으로 짓거나 꾸미거나 할 것 같은 문장을 만들어내고는, 그 끄트머리를 내 세례명으로 끝맺었다. 이때 느낀 점을 나중에 회상해보면서 나는 다음과 같은 인상을 알아차렸다. 그것은 그녀의 다른 친구들에게도, 또 그녀가 내 성을 말할 때는 그 순간 나의 부모님 또한 사회적인 신분이 모두 사라져서, 완전히 발가벗겨진 나 자신이 그녀의 입속에 넣어지기라도 한 듯한 인상이었다. 그리고 그때 그녀 입술은—스완 씨와 조금 닮아, 강조하려는 낱말을 한 음절 한 음절 똑똑히 발음하면서—열매살밖에 못 먹는 과일의 껍질을 벗기듯이 내 사회적 신분을 벗겨서 나를 드러내게 하는 성싶었다. 그러는 동안 그녀의 눈길은 그 말투와 같은 정도로 새로운 친근한 빛을 띠면서, 그 위에 말보다 더 직접적인 마음이나 기쁨뿐만 아니라 감사의 뜻까지 나타내며 미소와 함께 나에게 쏟아졌다.

그러나 그 무렵의 나는 그런 새 기쁨의 가치를 평가할 수 없었다. 그런 기쁨은 내가 사랑하는 소녀에게서 그 소녀를 사랑하는 나에게 주어진 게 아니라 다른 소녀에게서, 곧 내가 함께 놀던 소녀에게서 다른 나, 질베르트의 기억도 확고한 심정도 갖고 있지 않은 나에게 보내진 것이었으니까—이 확고한 심정만이 그 행복의 값어치를 알 수 있었을 터인데, 왜냐하면 바로 그런 심정만이 행복을 바라기 때문이다. 집에 돌아온 뒤에도 나는 그런 새 기쁨을 음미해보지 않았다. 그도 그럴 것이, 내일이야말로 질베르트를 정확하고 침착하고 즐겁게 바라볼 것이며, 내일이야말로 마침내 그녀가 나에게 사랑을 고백하고 왜 여태까지 그 사랑을 숨겨왔는가를 설명할 거라는 기대를 나에게 품게 하던 필연적인 욕구, 이 같은 욕구가 날마다 나로 하여금 과거를 무시하게 만들고 언제나 앞만 바라보게 하여, 모처럼 그녀가 나에게 주었던 몇몇 자질구레한 기쁨을 그 자체로서 충분한 게 아니라 계단의 층계로, 말하자면 한 층 한 층 그 위를 밟고 올라가면 마지막에는 여태껏 겪지 못한 행복에 이르게 될 새로운 계단으로만 여기게 했기 때문이다.

이따금 그녀는 이런 우정의 표시를 보여주었지만, 또한 나를 만나도 기쁘지 않은 표정을 지어 나를 괴롭히기도 했다. 게다가 그런 일은 내가 오늘이야말로 품어온 희망이 실현되리라 기대하던 바로 그날에 유달리 자주 일어났다. 이를테면 오늘 나에겐 질베르트가 틀림없이 샹젤리제에 오리라는 확신이 있었다. 그리하여 내 마음은 설레었다. 그것은 크나큰 행복의 어렴풋한 징조로밖에 느껴지지 않았다—그런 아침, 나는 일찍 살롱에 들어간다. 외출 준비를 다 끝낸 엄마에게, 검은 머리칼 탑이 높다랗게 솟아 있고 포동포동한 하얀 손에서 아직 비누 냄새가 나는 엄마에게 입맞춘다—피아노 바로 위에 먼지 기둥이 서 있는 것을 보며, 창 밑에서 손풍금이 〈열병식의 귀로〉를 연주하는 소리를 들으며, 나는 오늘 이 겨울의 저녁까지, 봄날의 예기치 않은 반가운 방문을 받게 되리란 것을 안다. 우리가 점심 식사를 하고 있을 때 앞집 부인이 창문을 여는 바람에 순간 우리집 식당은 완전히 그늘이 지면서 내 의자 옆에서 막 낮잠을 자려던 빛살을 삽시간에 물리치고 말았는데, 그 빛살은 잠시 뒤 벌써 돌아와 다시 낮잠을 자고 있었다.

다음은 학교, 1시부터 시작된 수업 동안 태양은 나를 연회에 초대하려는 듯이 내 책상 위에까지 환한 금빛을 끌어와서 초조와 권태로 나를 지치게 한다. 3시 전까지는 그 연회에 갈 수 없는데, 3시가 되자 프랑수아즈가 나를 데려가려고 교문에 와 있었다. 거기서 우리는 사방이 전부 빛으로 꾸며지고, 군중이 들끓으며, 발코니가 태양에 의해 가옥에서 분리되어 그 앞에 금빛 구름처럼 뭉게뭉게 피어올라 떠도는 거리거리를 지나 샹젤리제로 걸어가는 것이다. 그렇건만, 아아! 샹젤리제에는 질베르트의 그림자조차 없었다. 아직 오지 않았던 것이다. 눈에 보이지 않는 햇빛으로 자라는 잔디 위에 꼼짝도 않고 서서 뚫어지게 지평선을 바라보았다. 그 보이지 않는 햇살은 잔디밭 여기저기에서 풀잎 끝을 불길처럼 타오르게 하고, 그 위에 내려앉은 비둘기들은 정원사의 곡괭이가 존귀한 땅 위로 파낸 옛 조각과도 같았다. 나는 질베르트의 모습이 여자 가정교사를 따라 조각상 뒤쪽에 나타나는 걸 보기 위해 줄곧 기다리고 있었는데, 그 조각상은 팔에 안은 어린애를 태양의 축복 아래 내밀고 있는 듯이 보이고, 그 어린아이에게선 빛이 철철 흘러넘치고 있었다. 〈데바〉지 애독자인 노부인이 늘 같은 장소인 안락의자에 앉아 있었는데, 정답게 손을 흔들며 관리인에게 큰 소리로 말을 건네고 있었다. "얼마나 화창한 날씨입니까!" 그리고 의자 빌려주는 여인이 안락의자 요금을 받으러 가까이 오자, 노부인은 갖가지 애교를 부리며 10상팀짜리 표를 장갑 틈 사이에 끼웠다. 마치 그것이 꽃다발이기라도 해서, 그것을 준 사람에게 호감을 보이려고 되도록 그 사람 마음에 들 장소에 그 꽃을 꽂는 것처럼. 그러한 장소를 찾아낸 노부인은 목을 한 번 휘 돌리고 나서 모피 목도리를 고치고는, 손목에 비죽 나와 있는 노란 표 끄트머리를 보이며 의자 빌려주는 여인의 얼굴에 아름다운 미소를 심었다. 그것은 여인이 젊은 사내에게 코르사주에 꽂은 꽃을 가리켜 보이면서, "당신이 준 장미를 알아보시겠어요?" 하고 말할 때에 짓는 미소였다.

나는 프랑수아즈를 데리고 질베르트를 맞이하러 개선문까지 갔으나 만나지 못했다. 이제는 오지 않을 거라고 여겨 잔디밭으로 다시 돌아왔다. 그때 회전목마 앞에서 말투가 무뚝뚝한 그 소녀가 이쪽으로 달려왔다. "빨리요, 빨리. 질베르트가 온 지 벌써 15분이나 됐어요. 금방 돌아갈 거래요. 술래잡기하려고 다들 당신을 기다리고 있어요." 내가 샹젤리제 가로수길을 걷고 있는 동안에 질베르트는 부아시 당글라 거리를 거쳐온 것이었다. 날씨가 좋으니 아가씨는 자기 볼일로 여기저기 돌아다녔으리라. 더구나 이제 곧 스완 씨가 딸을 데리러 올 거라고 했다. 결국 그것은 내 잘못이었다. 잔디밭을 떠나지 말았어야 옳았다. 왜냐하면 질베르트가 어느 방향에서 올지, 더 빨리 또는 더 늦게 올지 정해져 있지 않았으니까. 그렇기 때문에 이처럼 기다리고만 있는 나에게는 샹젤리제의 온 지역과 오후의 모든 시간이 내 마음을 뒤흔들고 말았다. 질베르트의 모습이 샹젤리제의 어느 곳에도, 또 오후의 어느 순간에도 나타날 수 있기에 나에게는 그것이 넓게 펼쳐진 공간과 시간으로 보였기 때문이다. 뿐만 아니라 질베르트의 모습 자체마저 나에겐 심란한 존재가 되었다. 그녀의 모습 뒤에는, 놀이용 베레모 대신에 방문용 모자를 쓰고, 2시 30분 대신에 4시에, 두 곳의 인형극장 사이가 아니라 '앙바사되르'* 앞에 있는 그녀의 또 다른 모습이 어째서 내 가슴 한복판을 쏘았는지, 그 이유가 숨어 있는 것처럼 느껴졌기 때문이다. 또한 나는 질베르트와 함께할 수 없는 볼일, 그녀를 외출시키거나 집에 그대로 남아 있게 하는 볼일 가운데 그 어떤 것을 알아채고는 아직 모르는 그녀 생활의 비밀과 맞닿은 것이었다.

말투가 무뚝뚝한 소녀의 말을 듣고 곧 술래잡기를 시작하러 달려갔을 때, 우리와 있으면 그처럼 쾌활하고도 활발한 질베르트가 〈데바〉 애독자인 노부인 앞에서 공손히 인사하고 수줍은 미소와 함께 긴장한 태도로 말하는 모습을 보았는데(부인은 질베르트한테 "얼마나 아름다운 태양인지, 꼭 불꽃 같군요" 하고 말하고 있었다), 그때 내 마음을 뒤흔든 것 또한 이 비밀이었다. 이런 긴장한 태도는 다른 소녀를 떠올리게 했다. 아마도 그녀는 부모 곁에 있을 때, 부모의 친구 분 곁에 있을 때, 남의 집을 방문했을 때 등등 내가 알지 못하는 여러 다른 생활 속에 있을 때 이처럼 다른 모습임에 틀림없었

* 샹젤리제 공원에 있는 극장과 식당 이름.

다. 한데 이런 생활에 관하여 스완 씨만큼 강한 인상을 준 사람은 따로 없었는데 그 스완 씨가 잠시 뒤 딸을 데리러 왔다. 스완과 그 부인은—질베르트는 이 두 사람과 함께 살고 있으며, 질베르트의 공부·놀이·교제는 다 이 부모의 권한 밑에 있으므로—나로서는 질베르트와 마찬가지로, 아니 도리어 딸을 뜻대로 다룰 수 있는 전능한 신과 같다는 점에서는 아마도 질베르트 이상으로 풀기 어려운 수수께끼와 나를 괴롭히는 매력(하기야 그 원천은 질베르트였을 테지만)을 지닌 대상이었다. 스완 부부에 관한 모든 것이 늘 나의 관심거리였다. 그래서 이날처럼 스완 씨가 샹젤리제에 질베르트를 데리러 오는 날은(지난날 그가 우리집 어른들과 우정을 맺고 있었을 때는 그처럼 자주 만났어도 내 호기심을 끌지 않았는데), 그 회색 모자와 두건 달린 망토의 모습은, 내 가슴에 일어난 심장의 고동을 먼저 가라앉힌 다음에 그 모습을 다시 보아도 여전히 나에게 강한 인상을 주었다. 어떤 역사상 인물에 관한 저술 몇 권을 읽고 나서도 아주 보잘것없는 특징이 우리를 감격시키듯이. 파리 백작과 스완 씨의 교제만 해도 콩브레에서 들었을 때는 무가치한 일처럼 느껴졌는데, 지금의 나로서는 마치 스완 씨 혼자만 오를레앙 가문과 벗이기라도 한 듯 어쩐지 대단한 것으로 여겨졌다. 스완 씨의 그러한 교제는 샹젤리제 공원 작은 길에 들끓고 있는 여러 계층의 저속한 산책자들을 배경으로 스완 씨를 뚜렷하게 부각시켜, 그런 이들 한가운데서 스완 씨가 그들에게 그다지 특별한 존경을 요구하지도 않을 뿐더러, 물론 아무도 그에게 경의를 표할 생각도 않는 이런 곳에 용케도 나타나 그 신분을 감추었구나 하고 나는 탄복해 마지않았다.

그는 질베르트의 친구들 인사에도, 나의 인사에도 공손히 답례했다. 우리 가족과는 사이가 틀어졌지만 나를 알아보지 못하는 모양이었다(그래도 나는 이 인사를 통해 시골에서 그와 여러 번 만난 일을 떠올렸는데, 그것은 추억으로 남아 있기는 했어도 어둠에 묻혀 있었다. 왜냐하면 질베르트를 다시 만난 뒤부터 뭐니뭐니해도 내게 스완 씨는 질베르트의 아버지였지 콩브레의 스완은 아니었으므로. 과거에 그의 이름을 둘러싸고 있던 관념은 내가 지금 그의 이름을 이어놓고 있는 관념과는 별개이며, 이제 나는 그를 생각할 때 옛 관념을 떠올리지 않았으므로 그는 새로운 인물이 되고 말았다. 그래도 나는 이 새로운 스완 씨 옆에 일부러 또 다른 선 하나를 가로로 그어서, 그를 우리집 옛 손님인 스완에게 연결했다. 그런데 지금의 나로서는 내 사랑에 도움이 되지 않는 것은 전부 값어치 없는 것이었으므로, 이렇게 과거를 떠올릴 때면 나는 그것을 지우지 못해 부끄러움과 후회를 느꼈다—샹젤리제에서 지금 내 앞에 있는 이 스완 씨, 다행스럽게도 질베르트가 끝내 내 이름을 알리지 않은 듯한 이 스완 씨 앞에서, 나는 몇 년 전 저녁에 스완과 나의 아버지와 할아버지 할머니와 함께 뜰의 탁자에 둘러앉아 커피를 마시고 있는 어머니에게, 잘 자라는 밤 인사를 하러 내 방에 와달라고 하녀를 심부름 보내 참으로 볼썽사나운 내 모습을 보였던 것이다). 그는 질베르트에게 놀이를 한 번 더 해도 괜찮다, 15분가량 기다려주마 말하고는 다른 사람과 마찬가지로 철제 의자에 앉으며, 필립 7세와 자주 정답게 악수한 손으로 푯값을 치렀다. 한편 우리는 잔디 위에서 놀이를 시작했다. 그 때문에 쫓겨난 비둘기들은, 새의 세계의 라일락꽃이라 부르고 싶을 만큼이나 고운 무지갯빛 하트형 몸을 피난처에 숨기기라도 하려는 듯이 도망쳐 날아갔는데, 어떤 것은 커다란 돌 수반에 내려앉아 부리를 수반 언저리에 감추면서 그 안에서 열매나 씨앗을 쪼아먹고 있는 것처럼 보여, 마치 수반이 열매나 씨앗을 수북하게 담아 바치는 듯, 또한 그 바치는 곳을 수반에게 알려주고 있는 듯이 여겨졌다. 또 어떤 것은 석상 머리 위에 내려앉아, 알록달록한 빛깔로 석재의 단조로움을 없애고 있는 고대 조각상의 칠보 장식 또는 상징적인 장식이 그 머리 위에 있는 듯 보였다. 그런 상징적인 장식물은 여신에게 고유의 특징을 주어서, 마치 인간에게 저마다 다른 세례명이 주어지는 것처럼 여신에게 새로운 신성을 부여했다.

이렇게 날씨가 화창하던 어느 날, 희망이 좀처럼 이루어지지 않아서 마침내 나는 질베르트에 대해 실망을 감출 길이 없었다.

"저기, 실은 여러 가지 묻고 싶은 게 있소." 나는 질베르트에게 말했다. "우리 우정에서 오늘이 매우 중요한 날이 될 거라고 생각했지. 그런데 오자마자 가버린다고 하니! 내일은 더 일찍 오도록 힘써 봐요, 내가 다 말할 수 있게."

그녀의 얼굴이 빛나더니 기쁨에 껑충 뛰면서 대꾸했다.

"내일이라고, 뭐 마음대로 해요. 하지만 난 못 와요! 중요한 다과회에 초대받았으니까. 모레도 못 올 텐데, 친구 집 창문에서 테오도시우스 왕이 도착하는 모습*1을 보려고 하니까. 분명 으리으리할 테죠. 그런 다음은 〈미셸 스트로고프〉*2를 구경하고, 또 금세 크리스마스, 정월 휴가가 있으니까. 분명 부모님이 나를 남부 지방에 데리고 갈 거예요. 멋지죠! 크리스마스트리가 없어 쓸쓸하겠지만. 혹시 파리에 그대로 남아 있어도 어차피 이곳엔 못 올 거예요. 엄마와 여러 곳을 방문할 테니까. 안녕, 아빠가 부르고 계세요."

나는 프랑수아즈와 함께 집으로 돌아갔다. 거리마다 끝나버린 축제의 저녁처럼 아직 햇살의 깃발이 꾸며져 있었다. 나는 다리를 질질 끌며 걸을 기운조차 없었다.

"무리도 아냐." 프랑수아즈가 말했다. "제철 날씨가 아냐, 너무 더워요. 나 원 참! 곳곳에서 불쌍한 병자가 줄줄이 생겨나겠죠. 아마 하늘도 머리가 돈 모양인데."

나는 흐느낌을 억누르면서 질베르트가 오랫동안 샹젤리제에 오지 않는 기쁨을 주워섬긴 말을 되풀이해 입안에서 말해보았다. 그런데 그녀를 생각하자마자, 오직 그것만으로 그녀의 매력이 내 마음을 꽉 채우고, 또 나는 마음의 습관적인 구속에 따라 불가피하게 질베르트에 대하여—아무리 비통하더라도—취하지 않을 수 없는 특별하고도 유일한 처지에 놓이게 되었다. 그리하여 나는 어느새 그녀가 나타낸 냉정한 태도에마저 뭔가 낭만적인 추측을 덧붙이기 시작해, 눈물을 머금고 있는 사이에 남몰래 해본 입맞춤의 그림에 지나지 않는 미소가 저절로 머금어졌다. 그리고 집배원이 오는 시간이 되자 여느 때처럼 그날 저녁도 혼잣말을 했다. "질베르트의 편지를 받을 거다. 드디어 그녀가 나를 언제나 사랑하고 있었다고 말해올 거다. 그리고 여태껏 어쩔 수 없이 연정을 감춰야 했던 숨은 까닭, 나를 만나지 않고서도 행복할 수 있다는 태도를 취해야만 했던 숨은 까닭, 단순한 놀이 친구처럼 굴었던 까닭을 설명할 것이다."

저녁마다 나는 그런 편지를 즐겁게 떠올리며, 그것을 읽는 듯한 마음이 들어 구절을 하나하나 암송하곤 하였다. 그러다 화들짝 놀라서 뚝 그치곤 했

---

*1 러시아의 마지막 황제인 니콜라이 2세(1868~1918)의 프랑스 방문(1896. 10.)을 암시하는 듯함.

*2 쥘 베른(1828~1905)의 멜로드라마. 1883년 초연.

다. 설혹 질베르트의 편지를 받더라도 결코 그런 내용일 리 없다는 사실을 알아챘으니, 그 구절은 이제 막 내가 생각한 것이었기 때문이다. 그리고 이때부터 나의 사념을 그녀가 써 보내주기를 바라던 말에서 딴 데로 돌리고자 애썼다. 그런 말을 스스로 입 밖에 냄으로써, 오히려 실현 가능한 범위에서 그런 것—가장 그립고 가장 그녀에게서 듣고 싶은 말—을 쫓아낼까 봐 겁이 났기 때문이다. 설령 있음직하지 않은 우연으로 내가 지어낸 편지와 질베르트가 보내올지도 모르는 편지가 일치하더라도, 나는 거기서 내가 쓴 글을 당장 알아보아, 나 자신한테서 생기지 않은 현실의 새로운 무언가를 받았다는 기분도 못 느낄 뿐더러, 내 정신의 바깥에 있으며 내 의사와는 무관한 행복, 사랑에 의해 실제로 주어지는 행복을 얻었다는 생각도 들지 않을 것이다.

급한 대로 나는 질베르트가 써 보낸 글은 아니지만, 적어도 그녀가 나에게 보낸 글을 되풀이해 읽었다—라신에게 영감을 불어넣은 옛 신화의 아름다움에 관해 베르고트가 쓴 글인데, 나는 이것을 마노 구슬과 함께 늘 곁에 두고 있었다. 나는 그것을 찾아 보내주었던 이 벗의 친절에 감동했다. 그런데 누구나 제 애욕에 그럴싸한 까닭을 붙이고 싶어하므로, 글이나 대화 가운데 연정을 일으킬 만한 장점이라고 배운 것들을 사랑하는 상대에게서 알아보고는 기뻐하며, 또한 자연스러운 연정이 추구하는 자질과 설령 그 자질이 정반대라 해도 그것을 흉내냄으로써 그 장점과 닮게 되어, 결국 제 연정에 새로운 까닭을 붙이기에 이르고 만다—마치 지난날 스완이 오데트의 심미학적 특징을 추구한 바와 마찬가지로. 이런 이유로 난 처음 콩브레에서부터 질베르트의 삶이 미지의 세계였기에 그녀를 사모하기 시작했고, 이제 내게는 아무런 값어치도 없게 된 내 삶을 내던져버려 그 미지의 세계 안에 뛰어들어가 어우러지고 싶었는데, 지금은 측정할 수 없는 행운을 생각하듯이 어느 날 질베르트가 너무나 알려지고 멸시받는 내 삶의 겸허한 종이 되어, 순하고도 편리한 협력자가 되어 밤에 내 일을 돕고 나를 위해 여러 가철본을 조사해주게 될는지도 모른다고 생각하는 것이었다.

베르고트는 어떤가 하면, 이 사람에 의해서 나는 질베르트를 만나기 전부터 사모하게 되었는데, 지금도 이 한없이 총명하고 거의 신 같은 늙은 작가를 좋아하며, 그것은 특히 질베르트 때문이었다. 베르고트가 라신에 관해서 저술한 글을 보는 기쁨과 같은 마음으로 나는 질베르트가 이 가철본을 싸온

포장지를 바라보았다. 흰 초로 커다랗게 봉인되고 연보라색 리본이 물결 모양으로 묶인 포장지를. 그리고 나는 마노 구슬에 입을 맞추었다. 내 벗의 가장 뜨거운 진심의 부분이자 변함없고 성실한 마음의 부분, 질베르트 삶의 신비로운 매력으로 꾸며져 있지만 내 곁에 머무르고, 내 방에 묵으며, 내 침대에 눕는 그것에. 이 돌의 아름다움과 베르고트 글의 아름다움은 질베르트에 대한 내 연정이 이제는 허무로밖에 보이지 않는 순간에도 이 연정에 현실성을 주고 있는 듯하여, 나는 이것들을 질베르트에 대한 내 연정에 연관시켜 기뻐했다. 그러나 오래지 않아서 나는 이런 아름다움이 내 연정보다 이전의 것이며 이 연정과 조금도 닮지 않았다는 사실, 이런 아름다움의 요소란 질베르트가 나를 알기 이전에 하나는 재능 있는 작가에 의해, 또 하나는 광물학의 법칙에 의해 이미 정해진 것으로서, 설령 질베르트가 나를 사랑해주지 않았더라도 이 책과 돌은 전혀 변함이 없어, 따라서 이런 것 안에서는 행복의 전갈을 조금도 읽지 못 한다는 사실을 알아챘다.

그런데 질베르트의 사랑 고백을 끊임없이 내일 또 내일로 기대하면서 내 사랑이 나날의 헛된 일들을 깨뜨리고 풀어 없애는 동안, 나 자신의 그늘 안에 낯선 직녀가 하나 있어 뜯어낸 실을 쓰레기로 버리지 않고 다시 쓸 수 있게 챙겨놓고 있었다. 그녀는 나를 기쁘게 한다든가 내 행복을 위해 일한다든가 하는 생각 없이, 평소 일할 때와 똑같은 태도로 자신의 질서에 따라 그 실을 다르게 배치했다. 나의 사랑에 특별한 관심을 품지도, 내가 사랑받고 있다는 전제에서 시작하지도 않고, 그 직녀는 나에게 수수께끼로밖에 느껴지지 않는 질베르트의 행동과 내가 용서해버린 그녀의 과오를 주워 모았다. 그러자 그 하나하나에 뜻이 생겨나기 시작했다. 이렇게 생겨난 새로운 사고방식은, 질베르트가 샹젤리제에 오지 않고서 오후 모임에 나가거나 가정교사와 함께 볼일을 보러 가거나 정월 휴가 여행을 준비하거나 하는 모습을 보며, '그건 그녀가 변덕스럽거나 부모에게 순종하기 때문이다' 하고 내가 생각한 것이 틀렸다고 말하는 성싶었다. 만약에 그녀가 정말 나를 사랑하고 있다면 그 변덕이나 순종을 당장 멈췄을 터이며, 또 그녀가 마지못해 집안 어른들의 분부에 따르고 있었다면 내가 그녀를 만나지 못한 날에 맛보았던 절망을 느끼면서 따랐을 게 틀림없기 때문이다. 또 이 새로운 사고방식은 질베르트를 사랑하는 이상, 사랑한다는 게 어떤 것인지 조금은 알아야 한다고 속삭였다. 그것은 내가 질베르트 앞에서 멋있어 보이려고 끊임없이 안달했던 점을 지적했다—그 때문에 나는 어머니에게 프랑수아즈에게 고무 레인코트와 푸른 깃털 장식이 달린 모자를 사달라고, 아니 심지어 내 얼굴이 뜨거워지는 이런 하녀를 샹젤리제에 딸려 보내지 말아달라고 우겨댔던 것이다(이 말에 어머니는 대답하기를, 너는 프랑수아즈를 잘못 보고 있다, 프랑수아즈는 우리 식구를 위해 물불을 가리지 않는 충직한 여인이라고 하였다). 또한 그것은 질베르트를 만나고 싶어하는 나의 유일한 욕구도 지적했다. 그 욕구 때문에 나는 질베르트가 언제 파리를 떠나 어디로 갈 것인지 몇 달 전부터 알아내려 전전긍긍하고, 그녀가 없는 곳이라면 아무리 쾌적한 곳이라도 유형지처럼 여겨져, 샹젤리제에서 그녀를 만날 수 있는 동안은 늘 파리에 그대로 있고 싶어했다. 그리고 새로운 사고방식은 질베르트의 행동에는 그런 안달하는 마음도 욕구도 없다는 사실을 어렵지 않게 나에게 일깨워주었다.

반대로 질베르트는 그 여자 가정교사를 눈에 띄게 존경하여 이 선생에 대해 내가 어떻게 생각하든 아랑곳하지 않았다. 그 아가씨와 함께 물건을 사러 가기 위해서라면 샹젤리제에 오지 않는 것도 당연한 일로 여겼으며, 또한 어머니와 함께 나들이하는 편을 샹젤리제에 오는 것보다 훨씬 더 즐겁게 생각했다. 따라서 내가 그녀와 같은 곳에서 휴가를 보낼 수 있도록 그녀가 혹시 허락해준다 하더라도, 막상 장소를 고를 때에 그녀는 자기 부모님의 희망이나 남들이 말해준 그곳의 재미만을 참고할 뿐, 그곳이 우리집 어른이 나를 보내기로 작정한 곳인지 아닌지는 조금도 염두에 두지 않았으리라. 그녀는 이따금 다른 친구들보다도 나를 덜 좋아하고 있다고, 내가 멍청하게 굴어서 그녀 편이 졌기 때문에 어제보다 나를 덜 좋아하게 됐다고 딱 잘라 말했다. 그러면 나는 용서를 구하며 그녀가 다른 친구들만큼 나를 다시 한 번 좋아해주고, 또 다른 친구들보다 더욱 나를 좋아하게 되려면 내가 어떻게 해야 좋은지 물어보곤 했다. 나는 그녀가 '이미 그렇게 됐어요' 하고 말해주기를 바라 마지않았다. 그것만이 소원이었다—마치 나의 좋고 나쁜 행실에 따라 그녀가 하는 말만이 그녀의 마음대로, 또 내 마음대로 나에 대한 그녀의 애정을 변화시켜서 나를 기쁘게 할 수 있기나 한 것처럼. 그렇다면 과연 나는 그녀에 대하여 내가 느끼고 있던 감정이 그녀의 행동에도, 나의 의사에도 달려 있지 않은 사실을 몰랐단 말인가?

눈에 보이지 않는 직녀의 손이 그려낸 새로운 사고방식을 통해, 끝으로 나는 다음과 같은 것을 배웠다. 곧 우리는 여태껏 우리를 괴롭히던 한 여성의 행동이 본심에서 나오진 않았을 거라고 희망을 가질 순 있지만, 사실 그 행동 뒤에는 한 줄기 빛이 분명히 뒤따르고 있으니 우리의 희망 따위 이러한 빛 앞에선 무력하며, 우리는 희망보다도 오히려 이 빛에게 내일은 그 여성이 어떻게 행동할지 물어봐야 한다고.

나의 연정은 그러한 새로운 충고를 귀담아들었다. 그런 충고는 내 연정을 알아듣게 타일렀다. 곧 내일도 흘러가버린 다른 나날과 다르지 않으리란 사실, 새로 변하기에는 너무나 옛것이 된 나에 대한 질베르트의 감정은 결국 무관심에 지나지 않다는 사실, 질베르트와 나의 우정에서 상대를 사랑하고 있는 건 나 혼자만이라는 사실을. "과연 그렇다." 나의 연정은 대답했다. "이 우정은 이제 어쩔 도리가 없다. 이건 변하지 않을 거다." 그러므로 내일부터라도(아니면 만약 가까운 날 가운데에 있다면, 명절을, 생일을, 또는 정월 초하룻날을, 말하자면 다른 날과는 닮지 않은 특별한 하루, 시간이 과거의 슬픔을 유산으로 받지 않고 다시 새롭게 시작되는 하루를 기다려) 나는 서로의 옛 우정을 내던지고 새로운 우정을 쌓자고 질베르트에게 청하려 했다.

나는 파리 지도를 늘 가까이 두고 있었다. 지도를 보면 스완 부부가 살고 있는 거리를 알아볼 수 있어, 내게는 그것이 마치 보물 지도처럼 느껴졌다. 그리고 남모르는 기쁨에서, 또한 기사도 비슷한 충성심에서 말끝마다 이 거리의 이름이 내 입에 올라, 어머니나 할머니와는 달리 나의 연정을 전혀 모르던 아버지가 나에게 물었다.

"그런데 너는 왜 밤낮 그 거리를 말하니? 조금도 유별난 곳이 아닌데. 그야 불로뉴 숲에서 가까우니까 살기엔 쾌적한 곳이지. 하지만 그런 거리라면 다른 곳에도 많아."

나는 어떻게든 부모님이 스완이란 이름을 발음하게 만들려고 애썼다. 물론 나는 마음속으로 끊임없이 그 이름을 되뇌었지만 그것만으로는 만족할 수 없어서 그 이름의 감미로운 울림을 듣고 싶었다. 소리 없이 읽는 것만으로는 불충분한 이 음악을 남이 연주해주었으면 했다. 게다가 사실 오래전부터 알아왔던 스완이라는 이름은, 이를테면 어떤 실어증 환자가 가장 흔히 쓰이는 낱말에 새로움을 느끼듯, 지금 나로서는 아주 새로운 이름이었다. 그것은 늘 나의 상념에 존재했지만 상념은 그것에 익숙해질 수가 없었다. 나는 그 이름을 나눠 헤쳐 한 자 한 자 떼어 읽는다. 그 철자 또한 나에게는 놀라움이었다. 그리고 이렇게 친밀감이 없어지는 사이에 그것은 듣거나 말할 수 없는 것으로 느껴졌다. 나는 내가 그 이름을 들을 때 느끼는 기쁨을 죄스러운 것으로 여기게 되었다. 내가 그 이름 쪽으로 대화를 이끌려 하면 누군가 내 속을 알아채고 대화를 딴 데로 돌리고 마는 듯한 생각이 들 만큼. 그러면 나는 질베르트와 관련된 화제로 이야기를 돌리려고 자꾸만 같은 말을 되풀이했는데, 그것이 단순한 말에 지나지 않음을—그녀와 멀리 떨어진 데서 발음되어 그녀에게는 들리지 않는 말, 있는 사실을 되풀이할 뿐 아무것도 바꾸지 못하는 무력한 말에 지나지 않음을—알아도 소용없었다. 그래도 이처럼 질베르트를 둘러싼 모든 것을 마구 다루어보고 휘저어봄으로써 무엇인가 행복한 것을 찾아낼 수 있을 성싶었다. 나는 부모님에게 질베르트가 그 여자 가정교사를 매우 좋아하고 있다고 되풀이해서 말하곤 했다. 백 번째로 나온 그 구절이, 언제까지나 우리와 함께 살자면서 찾아온 질베르트를 돌연 우리 집에 들어오게 하는 효과를 갖고 있기라도 하듯이. 나는 〈데바〉지를 읽고 있던 노부인을 또다시 칭찬하고(그분이 대사부인 아니면 왕족의 부인인지도 모른다고 부모님에게 넌지시 말해두었다), 그녀의 아름다움, 화려함, 고귀함을 입에 침이 마르도록 찬양했는데, 어느 날 그만 질베르트 얘기로는 노부인의 이름이 블라탱인 듯하다는 사실을 말하고 말았다.

"세상에! 그분이었어." 어머니가 소리 질렀다. 나는 부끄러움에 얼굴이 화끈 달아오는 것을 느꼈다. "조심! 또 조심! 할아버지라면 그렇게 말씀하실걸. 게다가 그 사람이 아름답다니! 그럴 리가, 무서운 분이야. 집달관의 과부이셔. 왜, 기억 안 나니? 네가 어렸을 때 체조 시간에 그분을 피하느라고 내가 얼마나 고생했는지 모른단다. 그때 그분이 나와는 생면부지인데도 너를 보고 '아드님이라기엔 너무 곱다'는 핑계를 붙여 내게 말을 건네려고 하지 않겠니. 그분은 늘 미친 듯이 다른 사람들과 사귀고 싶어했으니까. 만약에 정말로 스완 부인과 아는 사이라면, 내가 늘 생각했던 것처럼 교제 미치광이인 게지. 왜냐하면 말이다, 그분은 매우 낮은 계급의 부인이었지만, 내가 아는 한 별다르게 이렇다 할 흠은 없었으니까. 그런데도 그분은 교제

범위를 계속 늘리지 않고서는 못 배기나 봐. 무섭고, 놀랄 만큼 저속하고, 게다가 허풍선이지."

스완에 관해서는, 나는 그의 버릇을 흉내내려고 식탁 앞에서 끊임없이 코끝을 잡아당기거나 눈을 비비곤 했다. 보다 못해 아버지가 말했다. "이 애는 백치야, 이러다 지독한 몰골이 될 걸." 특히 나는 스완처럼 대머리가 되고 싶었다. 내게는 스완이 어찌나 신비로운 인간으로 보였던지, 내가 자주 만나는 벗이 그와 아는 사이이거나 어느 날 우연히 아무개가 바깥에서 그와 마주치거나 하는 일이 놀랍게만 느껴졌다. 그런데 한번은 어머니가 저녁 식사 때 평소처럼 그날 오후에 물건 사러 다닌 일을 이야기하는 가운데에 "아 참, 트루아 카르티에 백화점 우산 가게에서 내가 누굴 만났는지 아시겠어요? 스완을 만났어요" 하고 말함으로써 내게는 아주 무미건조하던 어머니 이야기 한 가운데에 신비스러운 한 송이 꽃을 피웠다. 얼마나 우울한 기쁨이었던가, 그날 오후 스완이 군중 속에 초자연적인 모습을 나타내어 우산을 샀다고 들은 것이! 나날의 온갖 크고 작은 사건, 그러나 한결같이 무미건조한 사건 가운데에서, 이 일만이 질베르트에 대한 연정을 끊임없이 움직이던 그 특수한 떨림을 내 몸속에 일으켰던 것이다. 그 무렵 모두들 동맹자라고 하던 테오도시우스 왕이 국빈으로 프랑스를 방문한 일이 가져다주는 정치적인 영향에 대해 이야기하고 있을 때 내가 귀담아듣지 않자, 아버지는 나보고 무엇에나 무관심하다고 말했다. 그런데 나는 이때 스완이 두건 달린 망토를 입고 있었는지가 얼마나 궁금하던지!

"어머니는 스완 씨와 인사하셨나요?" 나는 물어보았다.

"물론이지." 어머니는 대답했지만, 그렇게 말하는 어머니 표정에는 스완과의 사이가 냉랭해진 것을 공공연히 말하기라도 하면, 원치도 않는 화해를 시켜보겠다는 사람이 나올까 봐 겁내는 빛이 역력했다. 어머니는 스완 부인과 아는 사이가 되고 싶지 않았던 것이다. "그분이 먼저 나한테 인사를 건넸으니까. 나는 그분을 보지 못했는데."

"그럼, 사이가 나빠진 게 아니군요?"

"사이가 나빠졌다니? 왜 우리 사이가 나빠졌다고 말하는 거니?" 어머니는 스완과의 그 허울 좋은 관계에 내가 일격을 가해 둘을 '화해'시키려 한 것처럼, 날카롭게 대답했다.

"그야 이제는 스완 씨를 초대하지 않으니까, 그분이 어머니를 원망할지도 모르죠."

"누구나 다 초대해야만 한다는 법은 없어. 애초에 스완 씨가 나를 초대하던? 나는 그분의 부인도 모르는걸."

"하지만 콩브레에서는 그분이 자주 오셨잖아요."

"그건 그래! 콩브레에서는 자주 오셨지. 그렇지만 파리에서는 다른 볼일이 많으시니까. 나도 마찬가지야. 그렇다고 해서 우리가 사이 나쁜 사람들처럼 군 적은 한 번도 없어. 우리는 한동안 함께 있었어. 점원이 그분이 산 물건 꾸러미를 좀처럼 가져다주지 않았거든. 네 소식을 물어보시면서, 그분의 따님과 네가 자주 놀더라고 말씀하시더라." 어머니는 이렇게 덧붙여서 내가 스완의 마음속에 존재하고 있다는 기적으로, 아니 더 나아가 거의 완전한 모습으로 존재하고 있다는 기적으로 나를 황홀경에 빠뜨렸다—즉 내가 샹젤리제에 있던 그의 앞에서 연정에 몸을 떨고 있을 때 그는 내 이름도, 누가 내 어머니인지도 알고, 딸의 놀이 친구라는 내 신분 둘레에 나의 할아버지 할머니, 가족, 우리가 살고 있는 곳, 지난날 우리 집안 생활의 몇몇 특징, 그것도 어쩌면 나조차 모르는 어떤 특징 따위의 지식을 한데 섞었을지도 모른다! 그런데 트루아 카르티에 백화점 판매장에서 어머니가 스완의 눈에 띈 순간, 스완은 어머니가 누구인지 금세 알아보고 두 사람이 함께 지닌 기억 때문에 어머니 곁으로 가서 인사할 정도였는데, 어머니는 이런 사건이 일어난 그 판매장에 별다른 매력을 느끼지 않는 듯했다.

뿐만 아니라 어머니와 아버지는 질베르트의 조부모에 대해서나 증권 거래소의 명예 중개인 칭호에 대해서 이야기할 때 한없는 즐거움을 느끼는 것처럼 보이지도 않았다. 내 상상력은 파리의 사회생활 속에서 한 가정을 외따로 떼어놓아 신성시하고 있었다. 또한 나는 건축물의 도시 파리에서 특히 한 저택의 대문을 멋들어지게 조각하고, 그곳 창문들을 아름답고 귀중하게 꾸며냈다. 그러나 이런 장식은 내 눈에만 보였다. 아버지나 어머니는 스완이 살고 있는 집을 그 무렵 불로뉴 숲 근처에 세워진 다른 집들과 똑같이 여기고 있었는데, 마찬가지로 부모님에게는 스완의 가정도 여느 증권 거래소 중개인의 가정과 똑같이 느껴졌던 것이다. 그리고 부모님은 스완의 가정이 세상의 다른 가정과 같은 장점을 얼마나 나눠 가지고 있는가에 따라 그 집안을 좋게 혹은 나쁘게 판단했을 뿐, 그 가정의 독특한 점을 조금도 인정하지 않았다. 그와 반대로 스완의 가정에서 좋다고 판단한 점을 다른 가정에서도 같은 정도로, 또는 그 이상으로 인정하고 있었다. 따라서 스완의 집이 좋은 위치에 있다고 인정하더라도 그들은 곧 더 좋은 위치에 있는, 그러나 질베르트와는 아무런 관계가 없는 다른 집이나, 그녀의 할아버지보다 더 대단한 금융업자에 대해 이야기했다. 설령 부모님이 잠시 나와 똑같은 의견인 듯 보일 때가 있어도, 그것은 금세 사라지고 마는 오해 때문이었다. 그도 그럴 것이 질베르트를 둘러싸고 있는 모든 것이 감정 세계에서, 말하자면 색채 세계의 적외선이라고도 할 미지의 특질을 지니고 있는 것을 느끼려면 내가 연정 때문에 일시적으로 가질 수 있었던 보충적 감각이 꼭 필요했는데, 부모님에게는 그것이 전혀 없었던 것이다.

질베르트가 나에게 샹젤리제에 못 올 거라고 미리 말한 뒤로는 나는 날마다 조금이라도 그녀에게 가까이 가는 산책을 하려고 애썼다. 때로는 프랑수아즈를 데리고 스완의 식구들이 살고 있는 집 앞까지 갔다. 프랑수아즈가 여자 가정교사의 입을 통해서 스완 부인에 관해 들었던 이야기를 한없이 프랑수아즈에게 되풀이시켰다. "스완 부인은 성스런 메달을 퍽 믿으시나 봐요. 또 올빼미 소리를 듣거나, 벽에서 큰 시계가 똑딱거리는 기척이 들리거나, 오밤중에 고양이를 보거나, 원목 가구의 어느 부분이 삐꺽거리거나 하면 절대로 여행가시지 않는답니다. 정말이지! 그분은 매우 신앙심이 깊으신 분이죠!" 나는 어찌나 질베르트를 사모했던지, 거리에서 스완 댁의 늙은 집사가 개를 데리고 산책하는 모습을 언뜻 보면, 벅찬 감동으로 걸음을 멈칫할 수밖에 없었다. 그러고는 그 늙은이의 흰 구레나룻에 열정이 가득 찬 눈길을 쏟았다. 그러면 프랑수아즈는 나에게 물었다.

"왜 그러죠?"

우리는 스완 씨의 대문 앞까지 걸음을 계속했다. 거기에 세상의 어떤 문지기와도 다른 문지기 하나가, 질베르트의 이름 속에서 내가 느꼈던 바와 똑같은 안타까운 매력이 제복의 금줄 속에까지 스며들어 있는 문지기가 하나 있어, 그가 지키고 있는 이 신비로운 생활 안에 애초에 나 따위는 자격 미달이라 아무리 용을 써보았자 들어가지 못할 인간이라고 꿰뚫어보고 있는 듯했다. 2층으로 오르는 층계참 창문 좌우로 모슬린 커튼이 품위 있게 늘어져 있었는데, 그건 창문답다고 하기보다는 질베르트의 눈길과 더욱더 닮아서, 자신이 신비로운 생활을 덮고 있다는 걸 느끼고 있는 성싶었다. 또 어떤 때는 큰길을 걸어가다가 뒤포 거리 어귀에서 걸음을 멈추고 기다리기도 했다. 거기서 치과 의사한테 가는 스완의 모습이 자주 눈에 띈다는 말을 들었기 때문이다. 내 상상력은 질베르트의 아버지를 그 밖의 인간과 어찌나 구별해왔던지, 지금 이 세상 가운데 나타나는 그 모습이 몹시 놀랄 만한 매력을 자아낼 정도였기 때문에, 마들렌 광장에 닿기 전부터 나는 돌연 초자연적인 모습이 나타날지도 모르는 거리에 다가간다는 생각에 감격했다.

그러나 대부분—질베르트를 못 만날 걸 알고 나서—나는 스완 부인이 거의 날마다 '아카시아' 가로수길이나 커다란 호수 주위나 '렌 마르그리트'의 작은 길을 산책한다고 들었으므로, 프랑수아즈를 불로뉴 숲 쪽으로 이끌어 갔다. 나에게 이 숲은 갖가지 식물군과 대조적인 풍경을 한자리에 모아놓은 동물원 같은 곳이었다—그곳에는 언덕 하나 뒤에 동굴, 작은 초원, 바위산, 냇가, 구덩이, 다른 언덕, 늪이 있고, 게다가 그런 것이 하마, 얼룩말, 악어, 러시아 토끼, 곰, 왜가리 같은 동물들이 마음대로 뛰노는 데 알맞은 장소나 그림 같은 풍경을 제공하기 위해 그저 그곳에 놓여 있었다. 뿐만 아니라 숲 자체는 작은 울타리를 둘러친 여러 가지 작은 세계를 한데 모으고 있어—버지니아의 개간지처럼 단풍나무와 아메리카 떡갈나무가 심어져 있는 농원이 호숫가의 전나무숲에 잇닿거나, 또는 부드러운 모피로 몸을 감싼 산책하는 여성이 야수 같은 아름다운 눈을 하고 느닷없이 빠른 걸음으로 나타나는 나무숲에 잇닿거나 하여—그야말로 '여인의 정원'이었다.

그리고—〈아에네이스〉*의 '도금양나무 길'처럼—여인들을 위해 아카시아만 심은 가로수길엔 이름난 '미녀'들의 발길이 잦았다. 마치 저 멀리 바위 꼭대기만 보여도 벌써 물로 뛰어드는 물개 구경을 간다는 것을 아는 아이들이 기뻐 날뛰듯이, 아카시아는 내가 그 길에 닿기 훨씬 전부터 사방에 향기를 풍기면서, 그 강하고도 부드러운 개성의 독특한 식물에 다가가고 있음을 멀리서부터 느끼게 했다. 처음에는 그 향기가, 다음에는 내가 다가가면 보이는 정다운 우아함, 아리따운 윤곽, 섬세함 따위를 지니고 왠지 잘난 체하면

* 베르길리우스의 서사시.

서 하늘거리는 빽빽한 잎들, 그 위에 헤아릴 수 없는 꽃이 날개를 떠는 진기한 기생충들의 무리처럼 뒤덮여 있는 그 잎들의 꼭대기가, 그리고 마지막으로 어쩐지 놀러다니는 걸 일삼는 어느 여유로운 부인의 감미로운 매력이 떠오르는 그 아카시아라는 이름까지가 전부 내 가슴을 두근거리게 했다. 게다가 이제는 무도회 출입구에서 안내원이 알리는 아름다운 여자 손님의 이름밖에 생각나지 않는 왈츠처럼, 그것들은 사교적인 욕망으로 내 마음을 들뜨게 했다. 이 길에 가면 어떤 멋진 여인들을 구경할 거라는 이야기는 들은 지 이미 오래였다. 그 여인들 모두가 결혼한 몸은 아닐지라도, 스완 부인에 대해서 말하는 데 곧잘 인용되었다. 하기야 그런 경우 보통은 전에 쓰던 가명으로 인용됐지만. 그녀들을 새 이름으로 부르기라도 하면 귀에 익지 않아서 익명으로밖에 느껴지지 않아, 그녀들에 대해 말하는 사람은 이 이야기가 누구를 두고 하는 말인지 상대가 알아듣도록 새 이름을 버려야 했다.

나는 '아름다움'이란—여인의 멋의 세계에서는—숨겨진 법칙에 지배되고, 이런 여인들은 그것을 알아차림으로써 깊은 멋의 뜻을 터득했으며, 따라서 멋의 미를 이룰 수 있다고 생각했다. 그래서 나는 먼저 하나의 계시로써 그녀들의 몸단장, 마차의 모양, 그 밖의 수많은 세부를 눈여겨보고선 마음속에 담아두고, 그 안에 일시적이고도 흔들리기 쉬운 여러 멋 전체를 한 걸작으로까지 끌어모으는 내적인 영혼과 너무 비슷한 나의 믿음을 결부했다. 그러나 내가 보고 싶어한 사람은 바로 스완 부인이며, 부인이 질베르트이기나 한 것처럼 나는 떨리는 가슴을 안고 그녀가 지나가길 기다렸다. 질베르트를 둘러싸고 있는 모든 것이 그렇듯 질베르트의 부모님에게도 그녀의 매력이 스며들어 있어, 그들은 내 마음에 질베르트에 대한 연정과 똑같은 연정이나 심지어 더 심하게 안타까운 혼란을 일으키고(왜냐하면 질베르트와 그 부모님의 접점이야말로 내가 엿볼 수 없는 그녀의 생활 속 깊숙한 부분이어서), 드디어는 (그도 그럴 것이, 나중에 알게 되지만 내가 질베르트와 노는 것을 그들이 달갑지 않게 생각한다는 사실을 이윽고 깨닫게 돼서) 우리를 마음대로 해칠 수 있는 인간에게 반드시 바치게 되는 존경심까지 내 마음속에 일으켰다.

모직 폴로네즈(polonaise)*1를 입고서 무지개꿩 깃 하나를 꾸민 토케(toquet)*2

---

*1 가장자리 장식이 있는 부인용 긴 외투.

*2 챙 없는 부인용 모자.

를 머리에 얹고, 가슴에는 오랑캐꽃 다발을 꽂은 스완 부인이 걷는 모습을 언뜻 보았을 때, 나는 심미적 가치와 사교적 존엄의 세계에서는 간소함이 첫째라고 정하고 말았는데, 그런 차림새의 그녀는 이 길이 자기 집으로 돌아가는 가장 가까운 길이기나 한 것처럼 아카시아 길을 빠르게 걸어가면서, 그녀의 모습을 멀리서 알아보고는 그녀에게 인사하고 또 그녀만큼 멋있는 여인은 없다고 말하는 마차 안의 신사들에게 눈인사로 응하고 있었다. 그런데 나는 간소함 대신에 호화로움을 최고로 여길 때도 있었다. 그것은 더 이상 못 걷겠다느니 다리가 '몸 안에 틀어박혔다'느니 말하는 프랑수아즈를 억지로 한 시간 동안 이리저리 끌고 다니다가, 마침내 다음과 같은 광경을 목격했을 때였다. 나는 도핀 문에서 막 나와 숲으로 이어진 길에 접어드는 호화로운 사륜마차를 보았다. 그 뒤 그 어떤 진짜 여왕도 그만큼 강한 인상을 주지 못했을 정도로, 으리으리한 왕실의 위엄과 권위 혹은 호화찬란한 여왕의 도착을 알리는 모습이었으니, 왜냐하면 그런 위력에 관한 내 관념이 점점 뚜렷해지고 경험적인 것이 됐기 때문이다. 콩스탕탱 기(Constantin Guys)*[1] 그림에 나올 법한 날씬하고 윤곽이 뚜렷하며 억세고 날랜 말 두 필이 끄는, '고(故) 보드노르*[2]의 호랑이'를 떠올리게 하는 키 작은 젊은 하인 곁에, 코사크 병사처럼 모피로 몸을 감싼 덩치 큰 마부를 태운 으리으리한 그 지붕 없는 사륜마차를 보았을 때—아니 오히려, 그 형태가 고칠 수 없는 상처로 똑똑하게 내 마음속에 새겨진 것을 느꼈을 때—그 마차가 일부러 조금 높게 만들어져서 그 '최신식'의 사치스러운 모양으로 구형 마차를 은근히 비웃고 있는 것을, 그 안에 스완 부인이 편히 앉아 있는 것을, 지금은 흰머리 몇 가닥이 섞인 금발 머리 주위에 꽃—대부분은 오랑캐꽃—으로 꾸며진 가느다란 리본을 두르고, 거기서부터 기다란 너울을 늘어뜨리고 손에는 연보라색 파라솔을 들고 입가에는 애매한 미소를 지어, 내게는 여왕이 나타내는 호의로밖에 보이지 않는 그 미소 속에 특히 고급 창부의 도발을 담으면서, 그녀가 인사해오는 사람들에게 조용히 미소를 던지는 모습을 나는 보았다. 사실 이 미소는 누군가에게 이렇게 말하고 있었다. '나도 아주 잘 기억해요, 참으로 근사했지요!' 또 어느 사람에게는 '정말 아쉬울 뿐이에요. 운이 나빴어요!', 또

---

*1 프랑스의 풍속화가(1802~92).

*2 발자크 소설에 나오는 인물.

다른 사람에게는 '물론 당신이 원하신다면! 잠시 더 줄지어 가도 좋아요, 하지만 줄에서 나서자마자 금세 앞지를 거예요!' 낯모르는 사내들이 지나갈 때도 그녀는 여전히 벗을 기다리거나 그 벗을 떠올리는 듯한 미소, 그리고 '얼마나 아름다운 여인이냐!'라는 감탄을 자아내는 유유자적한 부인다운 미소를 입가에 남기고 있었다. 오직 몇몇 사내에게만은 가시 있고 거북살스러운, 겁내면서도 한편으론 차가운 미소, '흥, 파렴치한 녀석 같으니, 나도 안다. 네놈이 잠시도 쉬지 않고 음험한 독설을 쏟는다는걸! 하지만 네놈 따위한테 신경 쓸 줄 아니?'라는 뜻이 숨어 있는 미소를 띠었다.

코클랭*[1]이 귀담아듣고 있는 친구들 한가운데서 뭔가 지껄이며 마차를 탄 사람들에게, 극장 무대에서 하는 그 과장된 손짓으로 인사를 보내면서 지나가고 있었다. 그러나 나는 스완 부인밖에 관심이 없었고, 또한 아직 그녀를 못 본 체하고 있었다. '티르 오 피종(Tir aux pigeons)'*[2]까지 가면 그녀가 마부에게 죽 늘어선 줄에서 떨어져 마차를 세우라고 이르고, 거기서부터는 걸어서 가로수길로 다시 내려올 걸 알고 있었기에. 그래서 나는 그녀 곁을 지나갈 용기가 나는 날이면 늘 프랑수아즈를 끌고 그 쪽으로 갔다. 아니나 다를까, 한번은 보행자 전용 도로에서 우리를 향해 걸어오는 스완 부인의 모습을 보았다. 부인은 연보라색 드레스 자락을 길게 끌면서, 다른 여인들은 몸에 걸치지 못할 천과 값나가는 차림으로 사람들 눈에 여왕으로 보일 만큼 치장하고서, 이따금 파라솔 손잡이로 눈길을 내려뜨리며 지나가는 사람들을 거들떠보지 않는 체하고 있었다. 마치 그녀가 남들 눈에 띄고 있다든가 얼굴이란 얼굴이 다 그녀 쪽을 향하고 있다는 건 생각지 않고서, 오로지 운동을 하는 데 그녀의 크나큰 볼일과 목적이 있기나 한 것처럼. 그래도 때때로 그녀는 데리고 온 그레이하운드를 부르려고 뒤돌아보며 눈에 띄지 않게 주위에 눈길을 던지곤 했다.

스완 부인이 누군지 모르는 사람들 또한, 뭔가 기이하고도 극단적인 어떤 것에 의하여—아니 그보다는 아마도, 예컨대 라 베르마의 연기가 더할 수 없는 경지에 다다르는 순간 무지한 관중 속에서도 열렬한 갈채를 터지게 하는 그 텔레파시 비슷한 것에 의하여—이 여인이 틀림없이 어느 이름난 부인

---

*1 프랑스의 배우(1841~1909).

*2 불로뉴 숲에 있는 사교적인 스포츠클럽. '비둘기 사격장'이라는 뜻.

일 거라고 짐작했다. 그들은 저마다 '누굴까!' 하고 생각했다. 때로는 지나가는 사람에게 물어보기도 한다. 또는 그 방면에 환한 친구에게 자세한 설명을 듣기 위해 그녀의 몸단장을 기억해두려고 했다. 또 어떤 이들은 걸음을 반쯤 멈추면서 말하기도 했다.

"저 여자 누군지 아나? 스완 부인이야! 이 이름으로는 모르겠나? 그럼, 오데트 드 크레시는?"

"오데트 드 크레시? 그렇지, 나도 그렇게 생각했네. 저 슬퍼 보이는 눈…… 하지만 말일세, 그녀도 이제는 그다지 젊지 않을걸! 지금도 기억에 선하네. 막마옹 대통령이 사직하던 날 그녀와 잠자리를 함께한 일이."

"그런 기억은 그녀한텐 불러일으키지 않는 편이 좋아. 지금은 어엿한 스완 부인, 자키 클럽 회원이자 웨일스 왕자의 친구인 스완 씨의 안사람이니까. 그나저나 그녀는 여전히 근사하군."

"응. 하지만 만약 자네가 그 무렵 저 여인을 알았더라면. 그때의 아름다움이야말로 굉장했거든! 중국풍 살림살이를 늘어놓은 아주 괴상한 작은 집에 살고 있었지. 아 그래, 신문팔이의 목소리가 들려와 우리가 난처해한 일이 생각나는군. 결국 저 여인이 나를 일어나게 하고 말았다네."

이런 노골적인 이야기는 귀담아듣지 않고서, 나는 그저 그녀에 대하여 쑥덕거리고 있는, 잘 들리지 않는 속삭임에 귀를 기울이고 있었다. 그런 이들은 모두 모르는 사람들이었는데, 그 가운데 언제나 나를 업신여기는 듯한 흑백 혼혈의 은행가가 없는 것을 알자, 분풀이가 하고 싶었던 나는 낙심했으나, 그래도 이런 모든 사람 앞에서 그들이 전혀 거들떠보지도 않고 있는 낯선 젊은이인 내가, 미모와 단정치 못한 행실과 멋으로 사람들 사이에 평판이 자자한 이 부인에게 인사하게 되는 것이다(정직하게 말해 나는 그녀와 아는 사이가 아니지만, 부모님이 그녀의 남편과 아는 사이이고, 나도 그 딸의 친구인 이상 인사할 권리가 있다고 여겼다). 그들에게 그런 광경을 보여주기까지 아직 시간이 조금 남았다고 생각하자 내 심장은 초조함에 두근거렸다. 하지만 벌써 나는 스완 부인 바로 옆까지 와 있었다. 나는 그녀에게 모자를 벗고 넙죽 절을 하였는데, 그 인사가 너무나 과장되고 길게 끄는 것이어서 그녀는 미소를 금치 못했다. 주위 사람들도 웃음을 터뜨렸다. 그녀로 말하자면 내가 질베르트와 함께 노는 모습을 한 번도 본 일이 없었을 뿐더러 내 이름조차 몰랐다. 그녀에게 나라는 존재는—숲의 감시원 가운데 하나, 또는 뱃사공, 아니면 그녀가 빵 부스러기를 던져주는 호수의 오리처럼—그녀의 숲 산책에 등장하는 부차적이고 평범한 이름 없는 인물, '연극의 단역'처럼 개성 없는 인물 가운데 하나에 지나지 않았던 것이다. 아카시아 가로수길에서 그녀를 보지 못하는 어느 날, 내가 그녀를 렌 마르그리트의 길에서 만나는 일이 있었다. 이 길은 혼자 있고 싶어하는 여인들이나 고독을 좋아하는 체하는 여인들이 가는 곳이었다. 하지만 스완 부인은 그런 고독한 모습을 오래 간직하지 못했으니, 오래지 않아 어떤 벗, 보통은 회색 실크해트를 쓴 내가 모르는 사내와 만났다. 그 사내는 그녀와 길게 이야기를 나누었으며, 그 동안 둘의 마차는 그 뒤를 따라가고 있었다.

나는 올 11월 초의 어느 날 아침 트리아농으로 가는 길에 숲을 지나다가 불로뉴 숲의 복잡성, 이 숲을 인공적인 장소로 만드는 동시에 동물원이며 신화 속 낙원이기도 하다는 의미에선 '정원'으로 만드는 불로뉴 숲의 복잡성을 다시 한 번 느꼈다. 이 무렵 나는 파리 집에 틀어박혀 손에 잡힐 듯한 가을 경치를 즐기지 못한 채, 그 경치를 구경도 못하는 사이 어느덧 나뭇잎이 시들어 떨어질 기색을 보여, 낙엽에 대한 그리움과 강한 애착으로 밤에 잠마저 이루지 못했다. 문 닫힌 내 방 안에서도 낙엽은 그걸 보고 싶어하는 나의 욕망을 불러일으켜서, 한 달 전부터 내가 어떤 것에 골몰하든 내 사고와 그 대상 사이로 들어와, 아무리 눈을 똑바로 뜨고 바라보아도 눈앞에 춤추는 그 노란 반점과도 같이 맴돌고 있었다. 더구나 이날 아침에는 전날까지 이어지던 빗소리도 들리지 않았고, 화창한 날씨가 은밀한 행복을 누설하는 다문 입술처럼 닫힌 커튼 구석에서 미소 짓고 있어, 그 광경을 본 나는 단풍 든 저 나뭇잎들이 햇살에 투명하게 비치는 모습은 얼마나 아름다운 경치일까 하고 생각했다. 그러자 전에 내 방 굴뚝 안으로 바람이 몹시 불어 들어왔을 때 바닷가로 떠나고 싶어하던 그 이상으로 나무들을 보러 가고 싶은 마음을 참을 길 없어, 드디어 나는 불로뉴 숲을 지나 트리아농에 가게 되었다. 이는 불로뉴 숲의 빛깔이 가장 잘게 나뉘어져 있을 뿐만 아니라 그 모양 하나하나 달라서, 아마도 그 숲이 가장 다양하게 보이는 시각이자 계절이었기 때문이다. 저 멀리 보이는 잎이 다 진 나무들이나 아직 여름의 잎을 달고 있는 나무들의 거무죽죽한 덩어리, 그 덩어리 맞은편에 여기저기 평지가 드러난 부분에 마저, 마로니에 두 줄이 오렌지빛으로 물들어, 마치 그것만이 화가가 막 그리기 시작한 유화 가운데 채색되어 있는 듯 보이고, 남은 부분은 아직 채색되지 않고서 나중에 산책하는 사람들 모습이 더해질 것 같은 가로수길 홀로 찬란한 햇빛 속에서 마로니에를 통해 쭉 그려져 있는 듯했다.

그 건너편, 아직 푸른 잎이 수북하게 나무를 덮고 있는 곳에서는 작고 땅딸막한 단 한 그루, 꼭대기가 잘린 고집 센 나무가 바람에 보기 흉한 붉은 머리칼을 휘날리고 있었다. 또 다른 곳에서는 5월 신록의 첫 깨어남이 있었고, 또 겨울의 장밋빛 산사꽃처럼 멋지고 밝은 미소를 짓고 있는 머루의 잎들은 이른 아침부터 활짝 꽃피어 있었다. 그리고 숲은 아직 다른 곳에 옮겨지지 않고 그대로 있는 흔한 나무들 사이에, 식물학적 흥미에서건 어떤 축제를 준비해서건 진귀한 두세 종류, 둘레에 공간을 확보해 공기를 통하게 하고 빛을 만들어내는 듯이 보이는, 기이한 잎이 달린 식물 두세 종류를 막 섞어 심은 묘목원 또는 공원의 일시적이며 인공적인 모습을 띠고 있었다. 그처럼 바로 이때는 불로뉴 숲이 한데 모여 짜 맞춰지기 시작하면서 가장 다양한 특성을 드러내고, 또한 뚜렷한 부분을 가장 많이 보여주는 계절이었다. 시간도 그러했다. 나무들은 아직 잎이 달려 있는 곳에 아침 햇살이 거의 수평으로 닿아 있었는데, 그 부분에서 시작해 점점 변해가는 성싶었다. 이 햇살은 몇 시간 뒤 땅거미가 지기 시작하면 다시 수평이 되고, 해는 램프처럼 붉게 타올라 먼 거리에서 조명과도 같은 타는 저녁놀을 무성한 이파리 위에 던지며, 그 꼭대기가 불에 타더라도 아래는 타지 않는 가지 달린 큰 촛대처럼 그을린 색깔 그대로 남는 나무의 꼭대기 잎을 이글이글 불태우는 것이었다. 여기에서 햇살은 벽돌처럼 두꺼워, 마치 푸른 무늬가 그려진 황색 페르시아 벽처럼 마로니에 잎을 거칠게 시멘트로 하늘에 붙여놓고, 또 거기에서 햇살은 반대로 하늘을 향해 금빛 손가락을 딱딱하게 쳐들고 있는 그 잎들을 하늘에서부터 떼고 있었다. 햇살이 덩굴에 감싸인 어느 나무 중간쯤에 꽃다발을 접붙이고 있는 듯 보여, 눈부셔서 똑똑하게 구별할 순 없으나 마치 카네이션의 변종처럼 보이는 붉은 꽃다발을 꽃피우고 있었다.

여름에는 푸른 잎의 무성함과 단조로움 속에 쉽사리 녹아들었던 숲의 여러 다른 부분이 지금은 하나하나 뚜렷하게 보였다. 더욱 밝게 빛나는 빛깔의 조화 사이가 숲의 모든 부분으로 통하는 출입구를 전부 드러내 보이거나, 호화로운 단풍이 옛 프랑스 국왕기 모양으로 그 출입구를 가리키고 있었다. 마치 색채로 구별한 지도를 펴서 보듯이 아르므농빌, 르 프레 카틀랑, 마드리드, 경마장, 호숫가*가 일목요연하게 보였다. 이따금 쓸데없는 건물, 인공 동굴이나 풍차 따위가 나타나곤 했는데, 나무가 비켜서면서 그것들에게 장소를 내주거나 또는 잔디가 그 푹신푹신한 표면 위에 올려놓고 있거나 했다. 사람들은 불로뉴 숲이 단지 숲이 아니라 그 나무의 삶과 관계없는 어떤 목적 때문에 존재하고 있는 듯이 느낀다. 그리고 내가 느끼고 있는 감격도 오직 가을 경치의 아름다움에서가 아니라 보다 깊은 욕망에서 우러난 것이었다.

욕망, 그것은 기쁨의 위대한 원천이다. 하지만 영혼은 먼저 기쁨을 느끼면서도 그 유래를 깨닫지 못하고, 영혼 외부의 어떤 것도 그런 기쁨을 일으킬 순 없다는 사실을 이해하지 못한다. 그리하여 나는 채워지지 않는 그리움과 더불어 나무를 바라보았으며, 어느새 이 그리움은 나무를 넘어 나무가 날마다 몇 시간 동안 틀에 넣는, 미녀 산책길이라고도 할 만한 명화 쪽으로 걸음을 옮겼다. 나는 아카시아 가로수길로 걸어갔다. 높다란 아름드리나무 숲을 몇인가 가로질렀다. 아침 햇살이 숲에 새로운 선을 그으면서 나무들의 가지를 쳐내고, 가지각색의 줄기를 한 다발로 묶어 수많은 꽃다발을 꾸미고 있었다. 아침 햇살이 나무 두 그루를 자기 쪽으로 솜씨 좋게 끌어당기고 있었다. 빛과 그늘의 힘찬 끌을 쓰면서 햇살은 나무마다 줄기와 가지를 반으로 쪼개 떼어버리고 남은 두 개의 반 동강이를 한데 엮으면서, 어떤 때는 주위의 반짝이는 빛과 뚜렷이 구분되는 그림자 기둥 하나를 만들기도 하고, 또 어떤 때는 검은 그늘의 그물에 붙잡혀 부자연스럽게 흔들리는 윤곽을 지닌 빛의 환영 하나를 만들기도 했다. 한 줄기 햇살이 가장 높다란 가지가지마다 금빛으로 물들이기 시작했을 때는, 마치 숲 전체를 바닷속에 담그고 있기라도 한 듯 에메랄드 빛깔의 흐르는 공기 속에서 그 가지들이 반짝반짝 물에 젖어 솟아오르는 것처럼 보였다. 왜냐하면 나무는 계속 그 자체의 생명력으로 살고 있어, 이미 잎이 떨어지고 없어도 그 생명력은 줄기를 싸고 있는 초록빛 벨벳 나무껍질 위나 또는 포플러 꼭대기에 흩어져 있는 겨우살이의—미켈란젤

* 이상의 지명은 다 불로뉴 숲에 있는 곳.

로의 〈천지창조〉 속의 빛나는 해와 달처럼 동그란 겨우살이의—흰 에나멜 마디 속에서, 오히려 잎이 있을 때보다 더 잘 빛나고 있었으므로. 하지만 오랜 세월 동안 접붙임을 거쳐 여성과 함께 살아야만 했던 이 나무들은 나에게 으리으리한 몸단장을 하고서 빠른 걸음걸이로 지나가는, 사교 생활을 좋아하는 저 나무의 요정 같은 미녀를 떠올리게 했다. 그녀가 지나갈 때면 나무들은 가지를 펼쳐 그녀를 숨기고, 그리하여 나무들과 마찬가지로 그녀에게도 계절의 힘을 느끼게 했다. 이런 나무들은 아직 믿음을 잃지 않았던 내 젊은 시절의 행복한 한때를 떠오르게 했는데, 그 무렵 나는 무의식중에 공범이 된 잎사귀들 사이로 이제라도 잠시 멋쟁이 여성의 명화가 나타날 듯한 장소에 두근거리며 다가갔다. 그런데 내가 이제부터 찾아가려는 트리아농의 마로니에와 라일락보다, 그 점에서는 내 마음을 더 흔들어놓는 불로뉴 숲의 전나무와 아카시아가 나로 하여금 갈망하게 하는 아름다움으로 말할 것 같으면, 그것은 내 바깥에 있지 않았다. 즉 역사상 어느 한 시대에 대한 회상이나, 예술품 속에나, 문 밑에 황금으로 물든 손바닥 모양 잎들이 쌓여 있는 사랑의 신을 모신 작은 전당 안과 같은 데에 고정되어 있지 않았다.

나는 다시 호숫가로 나와서 티르 오 피종까지 걸어갔다. 내가 완벽성에 대해 품은 관념은, 지난날 지붕 없는 사륜마차의 오만한 높이, 디오메데스* 왕의 사나운 말처럼 핏발 선 눈으로 벌처럼 날뛰는 말들의 그 날씬한 몸에 대한 관념이었는데, 이제 또 그때 내가 좋아하던 것을 다시 보고픈 욕망, 몇 해 전에 나를 이 길로 가게 했던 그 격렬한 욕망에 사로잡혀서, 나는 한 번 더 그것들을 눈앞에서 보고 싶었다—그것도 스완 부인의 우람한 마부가 주먹처럼 똥똥하고 그림 속 성 게오르기우스처럼 앳된 키 작은 하인의 감시 밑에, 놀라서 사납게 날갯짓하는 말의 강철 날개를 진정시키려 하던 때의 그 마차와 말들을. 아! 그러나 거기에는 이제 키 큰 사내종들을 데리고 나온, 콧수염 기른 운전사들이 모는 자동차들밖에 없었다. 머리에 얹은 소박한 관처럼 보이는 얕고 앙증스러운 부인 모자가, 내 기억의 눈에 비치는 부인 모자처럼 예쁘게 보이는지 어떤지 알 수 있도록, 나는 그것을 내 눈앞에 붙잡아두고 싶었다. 그런데 이제는 모든 모자가 크고 넓어서, 나무 열매며 꽃들

* 〈일리아드〉에 나오는 영웅.

이며 갖가지 깃털로 덮여 있었다. 스완 부인이 걸치고 여왕처럼 걷던 그 아름다운 온갖 드레스 대신, 그리스-색슨(Greece-Saxon)풍의 튜닉(tunic)*1이 타나그라(Tanagra)*2 인형 같은 주름과 함께 유행하기 시작했다. 그리고 간혹 디렉투아르(Directoire)*3 양식에다 마치 색지와 같은 꽃무늬를 뿌린 시폰 리버티(chiffon liberty)*4가 눈에 띄었다. 그 무렵 렌 마르그리트 가로수길을 스완 부인과 더불어 산책했을지도 모르는 신사들의 머리 위에도 이제는 그때의 회색 실크해트가 보이지 않을 뿐더러, 아예 다른 어떤 모자도 보이지 않았다. 그들은 모자 없이 밖을 돌아다녔다. 그리고 이런 새로운 광경의 어느 부분을 보아도 나는 이제 그것에 밀도나 통일성이나 존재감을 줄 만한 믿음을 가지고 있지 않았다. 그런 것들은 내 앞을 어수선하고 헛된 모양으로 아무렇게나 지나가곤 했다. 그런 것들 안에는, 내 눈이 지난날 모양으로 만들려고 시도할 수 있었던 아름다움은 조금도 들어 있지 않았다. 여인들은 특징이 없었고, 나는 그녀들의 멋이라는 것에 아무런 믿음도 없었으며, 그 몸단장도 아무 값어치가 없어 보였다. 그러나 믿음이 사라져도 그 뒤에 살아남는 게 있다—그것은 새로운 현상에 현실성을 부여한다는, 이미 우리가 잃어버리고만 힘의 결핍을 감추기 위해 점점 더 뿌리 깊게 살아가는 것이다—그것은 지난날의 믿음이 불러일으키던 옛 사물에 대한 물신숭배적인 애착이다. 마치 신이 우리 마음속이 아니라 그런 옛 사물 안에 존재하기라도 한 것처럼, 또 현재 우리가 겪는 신뢰의 잃음이 무슨 우연 때문에, 즉 신의 죽음 때문에 일어나기라도 한 것처럼.

얼마나 무서운 일이냐! 나는 홀로 중얼거렸다. 옛 마차에 비하면 누가 이런 자동차를 멋지다고 생각하겠는가? 진정 나는 너무 늙었나 보다. 아니, 그래도 나는 부인들 몸이 천으로 지은 것 같지도 않은 옷에 묶여 있는 세상의 인간으로 태어나진 않았다. 지난날 이 미묘하게 단풍이 드는 잎들 밑에 모였던 것들이 이제는 아무것도 남아 있지 않다면, 지난날 이 잎들을 틀로 삼았던 그 아름다운 그림이 비속과 광기로 바뀌었다면, 새삼 이 나무 밑을

---

*1 부인용 웃옷의 하나.

*2 그리스 고대 도시 유적. 여기서 출토되는 테라코타 인형으로 유명함.

*3 5인 집정관 시대. 프랑스 혁명 뒤의 정부(1795~99)를 말함.

*4 옷 이름. 직역하면 '자유로운 누더기'.

찾은들 무슨 소용이랴? 얼마나 소름 끼치는 일이냐! 멋을 잃어버린 오늘날 내 위안이라고는, 과거에 알고 지낸 여인들을 생각하는 일뿐이라니. 그러니 큰 새장이나 화원 같은 것들로 덮인 모자를 쓴 끔찍한 여인들을 바라보는 현대 사람들이, 단순한 연보랏빛 카포트(capote)*가 아니면 한 송이 흰 붓꽃이 똑바로 비죽 나온 조그마한 모자를 쓴 스완 부인을 본다 해도, 그 모습에 담겨 있는 아름다움을 어찌 내가 느꼈던 바와 마찬가지로 느낄 수 있겠는가? 겨울 아침 마차에서 내려 걸어가는 스완 부인의 모습을 보았을 때 내가 느꼈던 감동을, 과연 그들에게 이해시킬 수 있겠는가? 그때 그녀는 수달피 외투를 입고, 두 자루 칼이 비죽 나온 듯이 두 자고새 깃털이 달린 단순한 베레모를 썼는데, 가슴팍에 납작하게 되어 있는 오랑캐꽃 다발만으로도 부인의 둘레에 그 거실의 꾸민 듯한 따스함이 떠오르며, 회색 하늘의 얼어붙은 대기와 헐벗은 나무 앞에 생생하게 피어난 푸른 오랑캐꽃은, 그녀의 살롱에 놓인 꽃병과 화분 받침틀 속에서, 활활 타는 불가 혹은 비단 소파 앞에서 닫힌 창 너머로 눈 내리는 모양을 바라보고 있는 꽃들과 똑같은 매력, 계절과 날씨를 액자로 삼고 있을 뿐 스스로는 이 여성의 분위기 안에서 살아 있는 매력을 지니고 있었던 것이다. 하기야 복장만이 옛날 그대로였대도 내가 거기에 만족했을 리 없다.

어떤 추억의 전체를 이루는 여러 부분 사이에 존재하는 연대 관계, 어느 하나라도 떼어내거나 넣지 않거나 할 수 없는 균형 잡힌 조립 속에서 우리 기억력이 보존하는 연대 관계에 말려들어가, 나는 그 시대의 여성들 가운데 한 분의 집에 하루를 마치러 갈 수 있었으면 했다. 차 한 잔을 앞에 놓고 컴컴한 색을 칠한 벽의 거실 안(이를테면 스완 부인의 거실이 이 이야기의 제1부가 끝나는 해의 다음 해까진 아직 그랬는데), 그리고 그 벽에 11월의 저녁놀 속에서 오렌지색 등불이, 붉게 타는 난로가, 장미색과 흰색 불꽃으로 변한 국화꽃이 빛나고 있는 거실 안에서 내가 바라 마지않는 쾌락을 아직 발견할 수 없었던 무렵의(나중에 쓰겠지만) 하루들과 비슷한 시간을 보내기 위해. 그러나 지금, 그런 시간이 나를 아무것에도 이끌어가지 않더라도, 그 자체만으로 충분한 매력을 가졌던 것처럼 느껴졌다. 나는 내가 떠올리는 모

* 부인용 테 없는 모자.

양 그대로의 시간을 다시 찾아내고 싶었다. 아아! 하지만 이제는 루이 16세풍으로 새하얗게 칠하고 그저 푸른 수국꽃으로 장식한 거실밖에 없다. 게다가 사람들은 더 나중에 가서야 파리에 돌아오게끔 되었다. 설사 머나먼 해에, 나로선 거슬러 올라갈 수 없었던 옛 시대에 이어져 있는 듯한 그 추억의 온갖 요소나, 지난날 내 욕망이 헛되게 추구하던 쾌락은커녕 그 자체마저 가까이 갈 수 없는 것이 되고 만 그 욕망의 모든 요소를 나를 위해 되살려달라고 스완 부인에게 부탁하더라도, 그녀는 어딘가의 성에서 이런 답장을 보내리라. 국화꽃 필 무렵이 훨씬 지난 뒤, 2월쯤에나 파리에 돌아갈 거라고.

내가 구하는 여성들은, 아직 내가 믿음을 잃어버리지 않았던 시절에 내 상상력이 그녀들에게 개성을 부여하면서 그 한 사람 한 사람에 대한 전설 같은 이야기를 만들어냈으므로, 그 멋들어진 몸단장이 내 관심을 끌었던 그 시대 여인들과 똑같은 여성이라야 했을 것이다. 그런데 유감스럽게도 나는 아카시아 길—도금양나무 길—에서 그중 몇몇 여인, 이제는 나이 들어 옛 그녀들의 비참한 망령에 지나지 않는 모습으로 베르길리우스가 노래한 숲 속을 헤매며 죽을힘을 다해 뭔가를 찾고 있는 몇몇 여인을 다시 보고 말았다. 그녀들이 가버린 지 한참 뒤에도, 나는 그대로 인기척 없는 길에 헛되이 물으며 서 있었다. 해는 이미 모습을 감추고 있었다. 자연이 다시 숲을 다스리기 시작했다. 숲이 '여인의 낙원'이었다는 관념도 이미 날아가버렸다. 풍차 위에 드리운 하늘은 회색이었다. 바람이 '커다란 호수'에 잔물결을 일으키고 있었다. 평범한 자연의 '호수'처럼. 커다란 새들이 빠르게 숲을 날아다녔다. 평범한 자연의 '숲'처럼. 그러다가 날카로운 소리를 지르면서 한 마리 한 마리 큰 떡갈나무 위에 앉았다. 그 떡갈나무는 드루이드교 사제의 관을 쓰고 도도나(Dodona)*의 위엄을 보이며, 처음 목적과 역할을 잃어버리고 하찮은 존재로 변한 이 숲의 인기척 없는 공허를 알리는 듯싶어, 현실 세계에서 기억 속의 풍경을 구하는 건 모순이라는 점을 더 똑똑하게 이해시켜주었다. 왜냐하면 그런 풍경에는 인간이 감각을 통해 느끼지 못하는 매력, 기억 자체에서 오는 매력이 늘 결여되어 있으니까. 내가 전에 느끼던 현실은 이제 존재하지 않았다. 스완 부인이 같은 몸단장으로 같은 시간에 오지 않는 것만으로

* 고대 그리스 서북부의 도시. 현재 알바니아의 도시인데 제우스 신전으로 유명함.

도 아카시아 길의 모습이 달라지기에 충분했다. 우리가 안 지 오래된 곳들은 공간의 세계에만 속하는 게 아니다. 오직 우리가 편의상 공간의 세계에 그것들을 배치할 따름이다. 그런 곳들은 그때 우리 삶을 이루던 잇따른 인상 한 가운데의 얇은 한 조각에 지나지 않았던 것이다. 어떤 심상에 대한 추억이란, 어떤 한 순간에 대한 그리움에 지나지 않는다. 가옥들도, 길도, 큰 거리도, 달음질쳐 사라져버린다. 아아! 세월처럼.

제2편

꽃피는 아가씨들 그늘에

À l'Ombre des jeunes filles en fleurs

제1부
스완 부인을 둘러싸고

인물 성격에 일어나는 갑작스러운 변화/노르푸아 후작/베르고트/
내가 한때 질베르트와 만나지 않기로 한 과정, 이별이 일으키는 슬픔과
망각의 고르지 못한 진행에 대한 간단한 스케치

노르푸아 씨를 처음으로 저녁 식사에 초대하게 되었을 때, 어머니는 "하필 코타르 선생이 여행 중이고, 또 스완과는 어머니 쪽에서 교제를 아주 끊고 말았으나, 이 두 사람이라면 틀림없이 전직 대사인 노르푸아 씨의 흥미를 끌었을 텐데" 하고 유감스러워 했다. 아버지는 코타르처럼 더할 나위 없는 손님이자 이름난 학자라면 저녁 식사 자리에서 절대 예의에 벗어나는 짓을 할 리 없지만, 스완으로 말하자면 남 보란 듯이 자기의 시답잖은 교제마저 일일이 떠들어대는 버릇이 있으니까, 노르푸아 후작은 그런 허풍 떠는 속물을, 그의 표현을 빌리자면 '역겹다'고 생각할 게 틀림없다고 대답했다. 그런데 아버지의 이러한 대답은 약간의 설명을 덧붙일 필요가 있다. 아마 독자들 가운데에는 사교에 관한 한 코타르가 매우 평범한 데 비해, 스완은 더할 수 없을 정도로 섬세한 배려와 겸손과 조심성을 갖춘 것을 기억하는 분도 있을 테니까. 그러나 스완과 얽힌 다음과 같은 일도 있었다.

내 부모님의 옛 친구 분인 '아들 스완'은 자키 클럽 회원 스완에다, 또 하나의 새로운 인격(단 이것이 그의 마지막이 될 리가 없는 인격), 곧 오데트의 남편이라는 인격을 덧붙이고 있었던 것이다. 그는 늘 지녀온 본능이나 욕망, 재주를 이 여인의 보잘것없는 야심에 맞추면서 전의 지위보다 훨씬 밑에 새로운 한 자리, 아내가 자신과 함께 살아가게 될 하나의 지위를 쌓아올리고자 애써왔다. 그래서 그 새로운 지위에서 그의 모습은 아주 생판 다른 사람처럼 보였다. 그가 낯선 사람들 속에서 아내와 함께 시작한 생활이 이전과는 다른 삶이었으므로(하기야 그는 자기 친구들과 여전히 교제를 계속하면서, 친구 쪽에서 스스로 나서서 오데트를 만나고 싶어하지 않는 한 억지로 오데

트를 그들에게 소개하려 하지 않았다) 이런 새 벗의 지위를 가늠하기 위하여, 따라서 그들을 초대함으로써 느낄 수 있는 자존심의 만족도를 재기 위하여 결혼 전 자기가 교제해오던 가장 빛나는 사람들이 아니라 이전에 오데트가 교제해오던 사람들을 비교의 잣대로 택한 것은 그래도 이해할 만하다. 하지만 그가 친분을 맺으려는 상대는 촌스러운 관리들이고 무도회의 벽을 장식하는 한물간 부인들임을 알았을 때에도, 전에는 물론 지금에 와서도 트위크넘 또는 버킹엄 궁전으로부터의 초대를 그토록 품위 있게 숨기고 있는 그 스완이, 스완 부인의 방문에 대한 답례로 어느 차관 부인이 찾아온 일을 목청껏 자랑 삼아 지껄이는 걸 듣자니 사람들은 어리둥절할 수밖에 없었다. 이런 모습은 사교적 우아함을 갖춘 스완도 실은 허영심의 더욱 세련된 형태에 지나지 않았구나 하는 생각으로 설명될지도 모른다. 또 일부 이스라엘 사람들과 마찬가지로 내 아버지의 옛 친구 스완도 가장 순진한 속물근성과 가장 천박하고 상스러운 언행에서 출발하여 가장 세련된 예의를 갖추기까지, 그의 종족이 차례차례 통과해온 여러 단계를 보여주었다고 할 수도 있다. 그러나 중요한 이유, 그리고 아마 모든 사람에게도 적용될 수 있는 이유는 본디 우리가 갖는 덕성(德性) 그 자체가 어떤 자유스러운 것도, 언제든지 마음대로 움직일 수 있는 것도 아니라는 거였다. 결국 덕성은 언젠가 우리 정신 안에서 여러 행위와 긴밀하게 결부되어버리므로, 우리는 그러한 행위를 통해 덕성을 발휘하는 게 의무라 생각했으므로 만약 다른 종류의 행동에 부딪치면 당황하여, 그것이 동일한 덕성을 이룬 걸지도 모른다고 생각할 여유조차 잃어버린다. 이러한 새 지인과의 교제에 열중하며 그들의 이름을 자랑스럽게 하나씩 들어 말하는 스완은 마치 마음씨가 너그럽고 겸손한 예술가와 같아서, 그런 예술가들은 늘그막에 요리를 만들거나 정원 가꾸는 일에 열중하기 시작하여 자기가 만든 요리나 정원에 쏟아진 찬사에 기분 좋은 만족감을 보여주는 한편, 자신의 예술적인 걸작품에 대해서라면 쉽게 받아들일 수 있는 비평도 요리나 정원에 대해서는 절대로 받아들이지 않는다. 또 그런 예술가들은 자신의 유화 한 점 정도는 거저 주면서도 도미노 놀이에서 40수만 잃어도 기분이 언짢아 어쩔 줄 몰라 한다.

코타르 교수로 말할 것 같으면, 이야기가 더 진전된 뒤 '후원자'인 베르뒤랭 부인이 머물던 집, 곧 그녀의 시골 별장 '라 라스플리에르'에서 천천히 다시 만나게 될 것이다. 그에 관해서는 지금은 다음과 같이 관찰하는 것만으로 충분하다.

첫째, 스완의 경우는 엄밀히 말하자면 그 변화가 너무나 갑작스러워 놀라는 것도 무리가 아니었다. 실은 내가 샹젤리제 공원에서 질베르트의 아버지를 만났을 때 이미 그는 싹 변해 있었다. 다만 내가 전혀 알아채지 못했을 뿐이었다. 하기야 그는 내게 말도 건네지 않아, 내 앞에서 정치상의 자기 교우 관계를 자랑 삼아 늘어놓을 수 없었던 것이다(물론 그가 그런 과시를 했다 하더라도 아마 나는 그의 허영심을 금세 알아차리지는 못했으리라. 어떤 사람에 대해서 오랫동안 품어온 관념은 우리의 눈과 귀를 막아버리기 때문이다. 내 어머니도 3년 동안이나 어머니의 조카뻘 되는 한 여인이 입술에 칠한 연지가, 마치 투명한 액체 속에 녹아서 보이지 않게 된 것처럼 전혀 눈치채지 못했을 정도다. 그러다가 어느 날 약간 과하게 발랐거나 또는 어떤 다른 원인 때문이었던지 과포화라는 현상이 일어났다. 그 순간 그때까지 알아채지 못했던 모든 연지가 한데 모여 덩어리라도 된 것처럼, 어머니는 갑자기 나타난 색채의 음란한 흐름을 앞에 두고, 콩브레 사람이 다 그렇듯이 수치스러운 일이라고 여겨 그 조카와는 거의 관계를 끊어버렸다). 그러나 스완과는 반대로 코타르는, 스완이 처음으로 베르뒤랭네 집을 방문한 자리에 함께 참석했던 그의 모습을 본 건 이미 오래전 일이었다. 그런데 명예나 칭호는 어느 정도 연륜을 쌓아야 따라오는 법이다.

둘째, 교양 없이 어리석은 소리만 해도, 이를테면 대전략가나 위대한 임상의(臨床醫)의 재능처럼 아무리 박식한 교양을 갖고서도 대신할 수 없는 특수한 재능을 가질 수 있다. 그렇다고 해서 그의 동료들이 코타르를 두고 보잘것없는 임상의가 어느새 유럽의 명사가 되었다고 생각한 것은 절대 아니다. 젊은 의사들 가운데 총명한 이들마저 만약 자기가 병에 걸린다면 코타르야말로 안심하고 목숨을 맡길 만한 유일한 명의라고 단언했다—적어도 몇 해 동안은. 왜냐하면 유행이란 변화가 필요해서 생겨나므로 변하는 것이 당연하니까. 모르긴 해도 그들은 교제 상대라면 문학과 예술을 더욱 이해하고, 함께 니체나 바그너에 대해 이야기할 수 있는 대가를 택했으리라. 코타르 부인 집에서 음악회가 열릴 때나, 언젠가는 남편을 의학부장으로 만들려는 속셈으로 그녀가 남편의 동료들과 학생들을 초대하는 저녁에 그는 음악을 듣는 대신 응접실에서 트럼프 놀이를 하는 편을 좋아했기 때문이다. 하지만 역시 신속, 투철, 명확한 그의 서슴없는 진단은 더할 나위 없는 칭찬의 대상이었다.

셋째, 코타르 교수가 나의 아버지 같은 사람에게 나타내는 태도 가운데 우리 삶이 중반 즈음 넘어가서 발휘되는 성격은 최초 성격의 발전 또는 쇠퇴, 확대 또는 축소인 경우가 많기는 하지만 반드시 그런 건 아니라는 사실이다. 때로는 말 그대로 뒤집힌 옷처럼 정말 정반대의 성격이 있다. 베르뒤랭 부부는 코타르에게 마음을 빼앗겼지만, 그 살롱을 제외하고 코타르의 우유부단한 태도, 소심함, 지나친 공손함 따위는 젊은 시절 그에게 자주 조롱거리가 될 만한 점이었다. 그러던 것이 도대체 어느 친절한 친구가 그를 이렇게 얼음장처럼 냉랭한 태도로 만들었을까? 게다가 그가 놓인 상황의 중대함 탓에 그러한 태도를 취하는 게 더욱 쉬웠으리라. 그가 어느새 자기 자신으로 돌아가는 베르뒤랭 저택을 제외하고, 그는 다른 곳에서 차가워지고, 부러 침묵을 지키며, 대꾸해야만 할 때는 단정적인 투로 남이 듣기 싫어하는 말을 하는 걸 잊지 않았다. 그는 환자들 앞에서도 이 새로운 태도를 시도했다. 그 환자들은 그를 처음 보는 것이라 지난날과 비교할 수 없었으므로 그가 본디 이처럼 가혹한 사람이 아니었다는 사실을 알면 매우 놀랄 것이다. 특히 그가 애쓰고 있는 점은 어떤 일에도 흔들리지 않는 모습을 보여주는 것으로, 병원 근무 시간 중 원장부터 신참 조수에 이르기까지 모두 폭소를 터뜨리는 재미있는 이야기를 늘어놓을 때조차 얼굴 근육 하나 움직이지 않고 꾹 참아냈는데, 턱수염과 콧수염을 깎은 뒤로 몰라보게 변해버렸다.

끝으로 노르푸아 후작은 어떤 사람인지 살펴보자. 그는 전쟁* 전에는 전권공사, '5월 16일 사건' 때는 대사였다. 그런데도 많은 이들의 놀라움을 뒤로한 채, 그 뒤 급진당 내각에 의해 여러 차례 프랑스를 대표하는 특사에 임명되었고, 차관급 검사관으로서 이집트에도 파견되어 그곳에서 재정적인 수완을 발휘해 국가에 중요한 공헌을 했다. 물론 단순한 반동적인 부르주아였다면 이러한 급진당 내각에 이바지하는 일은 벌써 거절했을 테고, 한편 급진당 내각으로서도 노르푸아 씨의 경력·인맥·의견 따위를 고려해본다면 수상

* 프로이센-프랑스 전쟁.

쩍게 생각할 수밖에 없었으리라. 그러나 진보적인 장관들은 프랑스의 이익을 높이는 일에는 이러한 인재의 임명을 통해서 그들의 너그러운 마음을 나타내 보였고, 그리하여 〈데바〉지로부터도 나라의 위정자라 불릴 만한 뛰어난 정치가가 되어, 노르푸아라는 귀족 이름에 붙어다니는 권위와 연극의 클라이맥스처럼 뜻밖의 선출이 일으키는 흥미에서 오는 혜택을 입을 수도 있었으므로 그들은 그 모두를 다 계산하고 있었던 듯싶다. 또한 그들은 노르푸아 씨에게 협력을 구했을 때 정치적인 배신을 우려하지 않고 그러한 이익을 거둘 수 있다는 사실도 알고 있었다. 후작이라는 가문은 그러한 경계심을 덜어 없애줄 뿐만 아니라, 도리어 안도감을 주는 것이었다. 이 점에서 공화국 정부의 짐작은 과연 빗나가지 않았다. 왜냐하면 첫째로 어떤 귀족들은 어린 시절부터 제 이름에 타고난 특권, 어떤 것도 그 특권을 빼앗지 못한다고 여기도록 키워져(하기야 이 귀족에 한하지 않고, 그와 같은 신분 또는 더 높은 신분의 사람들도 이 특권의 값어치를 충분히 알고 있다) 수많은 부르주아가 아무리 해본들 결국은 무난한 의견밖에 주장하지 않으며, 무난한 사상의 소유자들과 교제하는 게 고작일뿐, 눈에 띌 만한 결과도 없이 끝나고 마는 노력은 결국 자기 위치를 높이지 않는 것이니 할 필요가 없다고 생각하기 때문이다. 그 대신 이러한 귀족은 자신의 바로 윗자리에 있는 왕족과 공작 집안 사람들의 눈에 자기 가치가 크게 보이도록 애쓰면서, 그러기 위해서는 제 이름에 아직껏 담겨 있지 않은 것, 비슷한 이름보다 자기를 더욱 뛰어나게 하는 것, 곧 정치적인 영향력이라든가 문학적 또는 예술적인 명성, 막대한 재산 같은 것을 덧붙이는 길밖에 없음을 알고 있다. 그리고 부르주아가 뒤쫓아다니는 쓸모없는 시골 귀족과 우정을 맺어본들 윗자리에 앉아 있는 귀족들의 관심을 끄는 게 아니어서, 그런 시골 귀족에게 돈을 쓰는 대신 설사 프리메이슨 단원이더라도 자기를 대사로 만들어주거나 선거 때 후원해주는 정치가, 자신이 군림하고 있는 부문에서 든든한 후원자가 되어 뒤를 밀어줄 듯한 예술가나 학자, 마침내 위엄이나 권위를 붙여주거나 재산도 넉넉하고 세력 있는 이의 딸을 중매해주는 모든 사람에게 아낌없이 그 비용을 뿌린다.

노르푸아 씨에 관해 특별히 해야 할 이야기는 오랜 외교관 생활 동안 부정적, 인습적, 보수적인 이른바 '관료 기질'이 몸에 배어 있다는 점이다. 하기야 이것은 실상 모든 정부의 정신이기는 하지만, 특히 모든 정부 밑 대사관의 정신이기도 하다. 그는 직업 탓으로, 야당의 수법이 언제나 그렇듯이, 얼마간 혁신적인 방법이나 적어도 잘못된 것이 확실한 방법에 대해 싫다고 할 정도로 혐오·두려움·멸시를 느꼈다. 인간의 다름을 이해 못하는 무지한 자들은 신분의 높고 낮음을 가리지 않는다. 이것과 관계없는 이야기지만, 사람을 서로 가깝게 만드는 것은 의견의 공통성이 아니라 정신의 교류이다. 르구베 같은 아카데미 회원은 고전파 지지자일지도 모르지만, 클로델에 의한 부알로의 찬사보다, 막심 뒤 캉과 메지에르에 의한 빅토르 위고 예찬에 갈채를 보냈으리라. 바레스의 선거인 가운데 그와 조르주 베리 사이에 커다란 차이를 두지 않는 사람들의 경우는 같은 국가주의라는 것만으로 자기가 바레스에게 접근한다고 생각할 수도 있겠지만, 아카데미의 동료로 바레스와 정치적 견해가 같으면서 다른 정신을 갖고 있는 사람들의 경우는 그렇지 않다. 그들은 오히려 바레스보다 리보 씨나 데샤넬 씨 같은 바레스의 적수를 좋아할 것이다. 그래서 이번에는 충실한 왕정주의자들이 모라스나 레옹 도데 같은 왕정 복구를 열망하는 자들보다 리보 씨나 데사넬 씨 쪽을 훨씬 더 가깝게 여기기도 한다.

노르푸아 씨는 말을 아끼는 사람이지만 그것은 단순히 신중하고 조심스러운 직업적인 습성 때문만은 아니다. 동시에 10년 동안이나 두 나라를 가깝게 하는 임무에 종사한 사람들에게는 그 노력이 연설이나 의정서(議定書) 가운데 한낱 하나의 형용사, 얼핏 보기에는 평범하지만 그 사람들로서는 의미심장한 하나의 형용사로 간추려져 번역되는 결과, 언어가 훨씬 더 가치 있고 훨씬 더 미묘한 차이를 드러내기 때문이었다. 그 때문에 노르푸아 씨는 위원회에서 매우 쌀쌀한 사람으로 통했다. 그는 위원회 석상에서 내 아버지 옆에 앉아 있었는데, 이 전직 대사가 아버지에게 우정을 표시하는 걸 본 사람들은 저마다 아버지를 축복했을 정도였다. 그러나 노르푸아 씨의 우정에 누구보다 놀란 사람은 아버지였다. 그도 그럴 것이 아버지는 평소에 무뚝뚝하여 아주 가까운 사이가 아니면 초대받는 일이 없었고, 아버지 자신도 솔직하게 그 이야기를 털어놓았기 때문이다.

아버지는 외교관이 그러한 초대를 제안할 때는 그것이 아주 개인적인 관점의 결과임을 알고 있었다. 아무리 지적인 장점과 감수성을 지니고 있는 사람이라도 우리에게 지루함을 주거나 불쾌함을 일으키는 경우가 있고, 오히려 무능하고 경솔하며 바보로 보이는 사람의 밝은 성격과 솔직함이 훨씬 사람의 마음을 끄는 경우도 있는 것이다. "노르푸아 후작이 저녁 식사에 와달라고 또 초대했구려, 모를 일이야. 위원회에서는 모두 놀라더군. 그분은 그들과는 전혀 친밀하지 않거든. 아마 70년전쟁에 대해서 흥미진진한 이야기를 들려주겠지." 황제에게 프러시아의 세력 확장과 호전성을 경고한 사람은 아마 노르푸아 씨뿐이며, 또한 비스마르크가 노르푸아 씨의 총명성을 높게 평가하고 있는 것을 아버지는 알고 있었다. 최근에도 신문은 국빈(國賓) 테오도시우스 왕을 환영하기 위해 특별히 개최된 오페라에서, 왕이 노르푸아 씨와 긴 시간 즐겁게 이야기 나눈 사실을 말한 바 있었다. "왕의 이번 방문이 참으로 중대한 일인지 알아내고 말 테다." 외교 문제에 지대한 흥미를 느끼고 있던 아버지는 우리에게 말했다. "노르푸아 씨가 가슴 단추를 꼭 채우고 있다는 건 알지만, 그래도 나하고 있으면 친절하게 풀어놓거든."

어머니의 처지에서 보면, 아마도 대사는 어머니의 마음을 강하게 끄는 지적 매력이 있는 사람은 아닐 터이다. 그리고 빼놓지 않고 말해둬야 할 것은, 노르푸아 씨의 대화는 하나의 직업, 계급, 시대—그러나 그 직업이나 계급이 아직은 아주 폐지되지는 않은 시대—특유의 예스러운 표현의 완전한 목록이었으므로, 나는 내 귀로 들은 그분의 말투를 그대로 적어두지 않았던 일을 이따금 뉘우칠 정도이다. 만약 그걸 적어두었더라면, 나는 팔레 루아얄 극장의 배우가 그런 요상한 모자를 어디서 구했느냐는 질문을 받자, "내 모자는 구한 게 아니오. 본디 있던 거요"라고 대답한 것처럼 손쉽게 유행에 뒤진 느낌을 낼 수 있었으리라. 한마디로 어머니는 노르푸아 씨를 조금 '구식' 인물로 여겼다고 생각한다. 그 구식은 행동거지에서만 본다면 어머니를 불쾌하게 만들지는 않았지만, 어머니가 그다지 좋아하지 않았던 점은 사상이라기보다—왜냐하면 노르푸아 씨의 사상은 매우 근대적이었으니까—오히려 표현법이었다. 다만 어머니는 희한하게도 남편을 그처럼 두둔하는 외교관에 대해 존경을 담아 이야기하면, 그것이 왠지 모르게 남편을 기쁘게 하는 일이 된다고 느끼고 있었다. 어머니는 아버지가 노르푸아 씨에 대해 품고 있는 호감을 널리 키우는 동시에 거기에서 아버지 스스로 자신에 대한 호감을 가질 수 있도록 아버지를 이끌면서, 그렇게 함으로써 남편의 삶을 즐겁게 해주어야 하는 자신의 의무를 다하고 있다고 생각했다. 그것은 마치 정성 들여 만든 요리가 접시에 잘 나눠지고 있는지 세심하게 지켜보고 있을 때의 마음과 비슷했다. 어머니는 아버지에게 거짓말을 할 수 없었으므로, 마음으로부터 대사를 칭찬할 수 있도록 언제나 대사를 존경하려고 애썼다. 하기야 어머니는 노르푸아 씨의 친절한 태도와 조금 시대에 뒤처진 예의범절에는 자연히 호감이 갔다(그 예의란 참으로 형식적이고 딱딱한 것으로, 그 큰 키를 꼿꼿이 세우고 걸어가다가 마차를 타고 지나가는 어머니를 알아보기라도 하면, 그는 모자를 벗어 인사하기 전에 먼저 방금 피워 문 여송연부터 얼른 멀리 내던져버렸다).

자신에 대한 것은 될 수 있는 대로 말하지 않고 상대가 좋아할 듯한 화제를 끊임없이 고려하는 그 조심성 있는 대화라든가, 받은 편지에 꼭 답장을 보내는 그 놀라운 꼼꼼함도 호감이 갈 수밖에 없었다. 그런데 그 답장의 신속함으로 말할 것 같으면 아버지가 노르푸아 씨에게 편지를 보낸 지 얼마 되지 않아서 받은 겉봉투 위에서 그의 필적을 알아보고, 처음에는 공교롭게 서로 편지가 엇갈렸구나 하고 여겼을 정도였다. 어찌나 빠른지 마치 우체국에는 노르푸아 씨를 위해 특별집배제도가 생긴 듯싶었다. 어머니는 그가 그렇게 바쁜데도 참으로 꼼꼼하고, 사교계에 널리 드나들지만 참으로 붙임성 있는 데 경탄해 마지않았으나, 그 '하지만(quoique)'이 늘 '그것 때문에(parce que)'로 오해되는 것이라고는 알아차리지 못했으며, 또 (노인이 나이에 비해 놀랄 정도로 정정하거나, 왕이 아주 소탈하거나, 시골 사람이 모든 것에 정통한 것과 마찬가지로) 노르푸아 씨가 많은 볼일을 처리하면서 그토록 정확하게 답장을 쓰고, 사교계에 나가 사람들을 즐겁게 해주면서 우리에게도 싹싹하게 구는 까닭은 다른 사람들 앞에서와 똑같은 습관 때문이란 것에도 미처 생각이 미치지 못했다. 뿐만 아니라 어머니의 잘못된 생각은 지나치게 겸손한 사람들이 그렇듯 자기를 남들보다 낮게, 따라서 그것을 테두리 밖에 두는 데서 생긴 것이었다. 노르푸아 씨는 하루에도 수많은 편지를 써야 하는 관계로 아버지에게도 답장이 빨리 왔을 뿐인데 어머니는 그것을 아주 대단한 친절인 줄 생각하고, 평범한 편지 한 통에 지나지 않는 이 답장을 특별히 취급했다. 그와 마찬가지로 우리집에 와서 하는 저녁 식사도 노르푸아 씨에게는 사교 생활의 수많은 일 가운데 하나라는 사실을 생각하지 않았다. 대사는 외교관 시절에 초대를 받아 식사하는 것이 자기 직무의 일부라고 여기는 데 익숙했고, 그런 장소에서는 어김없이 사람들에게 호의를 베푸는 것이 습관이었으므로, 우리집에 저녁 식사를 하러 올 때만은 특별히 그럴 필요 없다고 말한들 그것은 무리한 부탁이라는 사실을 어머니는 꿈에도 생각지 못했다.

노르푸아 씨가 처음으로 우리집에 와서 저녁 식사 하던 날은 내가 아직 샹젤리제 공원에서 놀던 해였는데, 그때 일은 지금도 내 기억에 또렷하게 남아 있다. 그도 그럴 것이 그날 오후 〈페드르〉의 낮공연이 있어 드디어 내가 라 베르마를 보러 갔기 때문이고, 또 집으로 돌아와 노르푸아 씨와 함께 이야기하는 도중 갑자기 질베르트 스완과 그녀의 부모에 관한 모든 것이 내 마음속에 일으킨 감정이, 그들이 나 말고 다른 누구에게나 느끼게 하는 감정과 얼마나 다른가를 새로운 형태로 알아차렸기 때문이다.

질베르트 본인이 미리 말한 대로 새해 휴가 동안은 그녀와 만나지 못하게 되어서 새해 휴가가 가까워지자 나는 점점 의기소침해졌는데, 아마도 어머니는 그것을 눈치챘으리라. 어느 날 어머니는 내 기분을 바꿔주려고 다음과 같이 말했다. “네가 아직도 라 베르마를 보고 싶어한다면, 아마 아버지도 다녀오라고 허락하실 거다. 할머니가 데려가주시겠지.”

그러나 실은 내가 라 베르마를 보는 걸 허락해줘야 한다고 노르푸아 씨가 이야기했고, 또 그러한 연극 구경은 젊은이들에게 잊지 못할 좋은 추억이라고 아버지에게 말해주었으므로, 아버지도 그때까지 연극 구경은 쓸데없는 짓이라고 하여 할머니의 기분을 몹시 언짢게 하고, 그런 일 때문에 병에 걸리는 위험을 무릅쓰면서까지 내가 시간을 허비하러 가는 것은 절대로 반대라고 말해왔던 태도를 바꿔, 대사가 권하는 이러한 오락도 언젠가 빛나는 출세를 위한 귀중한 수단 가운데 하나라고 막연히 생각하게 되었던 것이다. 할머니는 내가 라 베르마를 보면 많은 도움을 받으리라 생각했는데, 오로지 내 건강 때문에 연극 관람을 포기하는 희생을 치러오다가 노르푸아 씨의 단 한 마디로 이제껏 건강에 대한 배려는 당장 아무것도 아닌 일이 되어버린 걸 보고 아연실색했다. 나는 신선한 공기를 마시고 밤에는 일찍 자라는 처방을 받았는데, 할머니는 이 건강법에 대해 합리주의자다운 불굴의 희망을 안고 있어서 내가 그것을 어기려는 걸 마치 엄청난 일처럼 분하게 여겨 길게 탄식하면서, 몹시 상심한 듯한 투로 아버지에게 말했다. “정말이지 아범은 경솔하구나.” 그러자 아버지는 화를 내며 대답했다. “뭐라고요! 이번에는 어머니께서 보내고 싶지 않으십니까! 너무하시는군요. 그 애에게 유익하다고 그처럼 바득바득 우긴 분이 누군데.”

하지만 노르푸아 씨는 내게 그것보다 훨씬 더 중요한 문제에 관해 아버지의 생각을 바꿔버렸다. 아버지는 늘 내가 외교관이 되기를 바라고 있었는데, 나는 설령 잠시 동안은 외무부 안에서 근무할 수 있다 해도 결국은 질베르트가 살지 않는 다른 나라의 수도에 대사로 파견될지 모른다는 생각에 견딜 수가 없었다. 나는 오히려 전에 게르망트 쪽으로 산책하다가 이리저리 생각하고서는 내버려둔 그 문학의 계획으로 되돌아가고 싶었다. 그러나 아버지는 문학자를 외교관보다 훨씬 낮게 평가하고, 그런 일은 직업이라고 부를 가치도 없다고 말하며 내가 문학의 길에 들어서는 것에 끊임없이 반대해왔는데 드디어 어느 날, 젊은 세대의 외교관들을 그다지 탐탁치 않아하는 노르푸아 씨가 아버지한테 말하길 작가도 대사 못지않은 존경을 얻을 수 있고, 그와 비슷한 활동도 할 수 있으며, 게다가 대사로 있는 것보다 더 많은 자유를 누릴 수도 있다고 장담했다.

“음! 뜻밖이야, 노르푸아 씨가 네가 문학을 하겠다는 생각에 전혀 반대하지 않다니.” 그렇게 말한 아버지는 아버지 자신도 웬만큼 세력이 있었으므로 그 방면의 유력자들과 이야기하면 타협되지 않거나 바람직하게 해결되지 않을 일이 없다고 믿고 있었다. “가까운 시일 안에 위원회에서 돌아오는 길에 그분을 저녁 식사에 초대하마. 너는 그분과 몇 마디 나누면서 네 실력을 보여주려무나. 좋은 글을 써서 그분에게 보이는 게 좋겠지. 그분은 〈양세계 평론〉의 편집장과 매우 각별한 사이니까 그곳에 너를 넣어주실 거다. 잘 주선해주실 거야, 능구렁이니까. 사실 아무래도 그분 또한 요즘 외교에 대해 일가견을 갖고 있는 모양이지만……!”

질베르트의 곁을 떠나지 않고 살 수 있다면 얼마나 행복할까. 그렇게 생각할 적마다 나는 노르푸아 씨에게 보여드릴 만한 좋은 글을 쓰고 싶어서 조바심이 났지만, 막상 쓰려고 보니 조금도 마음먹은 만큼 써지지 않았다. 글머리 몇 장을 써보지만 이내 권태로움에 펜을 내려놓고, 나는 재능과 타고난 소질이 전혀 없어서 노르푸아 씨의 이번 방문으로 언제까지나 파리에서 생활할 수 있는 좋은 기회를 놓치고 말겠구나 하는 생각에 안타까움만 더해갔다. 다만 라 베르마를 보게 되었다는 생각만이 나를 고민에서 구해주었다.

그러나 폭풍우를 보고 싶다면 그것이 가장 거칠게 불어제치는 바닷가라야 하는 것과 마찬가지로, 이 위대한 여배우를 보는 일도 그녀의 연기가 신기(神技)에 가깝다고 스완이 말했던 그 고전극의 배역을 연기하는 모습만을 보고 싶었다. 왜냐하면 우리가 자연이나 예술에 감동하여 어떤 귀중한 것을 발견하고 싶을 때는 그것 대신 자연의 영혼이 아름다움의 참된 가치를 제대로 못 보게 하는 열등한 인상을 받아버리지는 않을까 하고 조금 걱정되기 때문이다. 〈앙드로마크〉나 〈마리안의 변덕〉이나, 〈페드르〉에서의 라 베르마, 그것이야말로 내 상상력이 이제껏 마음 깊이 동경해오던 것이었다. 만약 라 베르마가 시를 낭송하는 것을 들을 수 있다면, 나는 곤돌라를 타고 프라리 성당에 있는 티치아노의 그림이나 산 조르조 델리 스키아보니(San Giorgio degli Schiavoni) 성당에 있는 카르파초의 그림 밑에 가는 날과 똑같은 도취를 맛보리라. 즉,

On dit qu'un prompt départ vous éloigne de nous, Seigneur, etc.
날 버리고 가시려 하나요, 약속한 님이여…….

나는 이제까지 인쇄된 책자의 페이지에 오직 깨알 같은 글자를 통해서 이 시를 알고 있었는데, 이제야 그 시가 황금의 목소리가 자아내는 분위기 속에서 쏟아지는 햇볕을 쬐듯이 환하게 비쳐지는 것을 눈앞에 보게 된다고 생각하자, 마치 여행 계획이 실현될 때처럼 가슴이 마구 뛰었다. 베네치아의 카르파초, 〈페드르〉를 연기하는 라 베르마, 이와 같은 그림 또는 무대 예술의 걸작에 숨쉬고 있는 매력은 너무나 또렷하게 내 마음속에 약동하고 있어서, 다시 말해 이 그림이나 여배우를 그 장소와 작품에서 떼어놓을 수 없으므로, 만약 루브르 미술관에서 카르파초의 그림을 보거나 들어본 적도 없는 희곡에서 라 베르마를 보게 된다면, 나는 몇 천 번 꿈꾸어왔던 상상조차 못할 유일한 대상 앞에서 가까스로 눈을 뜨고 그것을 바라볼 수 있다는 그 감미로운 경이 또한 조금도 느끼지 못하리라. 그리고 라 베르마의 연기에서 고귀한 고뇌가 담긴 어떤 계시를 기대하며, 내게는 그 연기 가운데 있는 위대하고 현실적인 것도 결국 이 여배우가 평범하고도 비속한 바탕 위에 진실과 아름다움을 수놓는 게 아니라, 그 연기를 진실로 값어치 있는 어느 작품과 꼭 맞춘

다면 더욱 위대하고 현실적인 것이 되리라 여겼다.

또 만약 라 베르마가 신작 희곡을 연기하는 것을 보러 간다면, 내가 미리 알던 내용이 아닌 희곡의 대본과 그녀가 하는 대사의 억양이나 몸짓이 더해져서 한 덩어리가 되어 보이므로 라 베르마의 예술이나 그 대사를 판단하기도 쉽지 않으리라. 그런데 이와는 반대로 내가 암기하고 있는 옛 작품은 나를 위해 남겨둔, 철저히 준비된 널따란 공간처럼 느껴져, 라 베르마가 그녀의 창의력을 다하여 마치 프레스코 벽화를 그려나가듯, 나는 끊임없이 그녀의 영감이 발견해내는 것으로 공간을 채워가는 모습을 마음껏 감상할 수 있으리라고 생각했다. 그녀는 큰 무대를 떠나 불바르(boulevard) 어느 극장의 스타가 되어 그곳에서 흥행에 성공한 뒤로는, 유감스럽게도 몇 해 동안 다시는 고전극을 연기하지 않았다. 그래서 내가 간판을 볼 때마다 걸려 있던 포스터는 그녀를 위해 유행 작가가 특별히 제작한 최신작 예고뿐이었다. 그런데 어느 날 아침, 연극 광고탑에서 신년 흥행 주간 낮공연의 제목을 살펴보다가 비로소 나는 보았다—내가 전혀 모르는 줄거리가 아주 상세하게 포함되어 있는, 그 제목으로 보건대 몹시 불투명해 보이는, 틀림없이 하찮은 극을 하나 상연한 뒤에 마지막으로—베르마 부인의 〈페드르〉가 2막 상연되는 것을, 그리고 그다음 날과 그 다음다음 날의 낮공연은 〈드미 몽드(Demi-monde)〉와 〈마리안의 변덕〉이었는데, 이것은 모두 〈페드르〉와 마찬가지로 내게는 투명한, 구석구석까지 찬란하게 빛나는(그처럼 알고 있는 작품이었다) 예술의 미소로 밑바닥까지 환히 비치는 제목이었다. 더구나 신문에는 이러한 프로그램에 이어 그녀가 지난날 무대에 선보인 배역 몇 가지를 다시 상연하여 대중에게 보이겠다는 결심을 그녀 자신이 했다는 설명이 있고, 나는 이러한 제목이 베르마 부인에게 기품을 덧붙인다고 짐작했다. 생각해보면 이 예술가는 어떤 배역에는 등장의 신선함 또는 재연의 성공 같은 것보다도 더 오래 남는 흥미를 주는 게 있음을 알고 있었고, 또 그녀 자신이 연기한 배역을 미술관에 진열된 여러 걸작품처럼 여기며, 그러한 배역에 갈채를 보내주던 사람들 또는 자기를 본 적 없는 새로운 사람들 앞에 다시금 그 배역을 내놓는 것은 그들에게 유익한 일이라고 믿었던 것이다. 오직 하룻밤 시간을 때우는 일 말곤 목적이 없는 각본 속에 다른 작품들보다 길지 않고 또 특별한 활자로 인쇄된 것도 아닌데 〈페드르〉라는 제목을 내걸게 한 그녀는,

속 깊은 여주인의 말없는 암시 같은 것을 풍기고 있었다—이를테면 식탁에 자리잡기 전에 오신 손님들 모두에게 누군가를 소개할 때, 평범한 손님에 지나지 않는 이름을 하나씩 들어 말하다가 다른 사람의 이름을 대는 것과 똑같은 투로 "아나톨 프랑스 님입니다" 하고, 언어 말고도 담긴 뜻을 알리는 여주인처럼.

나를 진찰했던 의사—여행을 일절 금하라던 인물—는 부모님에게 나를 극장에 보내지 말라고 충고했다. 그 때문에 병이 도져서 오랫동안 몸져눕게 될지도 모르고, 결국 득보다 실이 더 많을 거라는 이유 때문이었다. 내가 이처럼 상연을 몹시 애타게 기다린 것이 결국 그것을 본 다음에 일어나는 고통을 없애줄 수 있는 여느 즐거움에 지나지 않았더라면, 의사의 권고대로 나를 말릴 수 있었을지도 몰랐다. 그러나—내가 그토록 소원하던 발베크 여행이나 베네치아 여행과 마찬가지로—내가 이 낮공연에서 찾는 바는 여느 즐거움과는 전혀 다른 것이었다. 내가 구하는 것은 내가 살고 있는 세계보다 더욱 현실적인 세계에 속하는 진리이며, 일단 그것을 구하면 무의미한 일상생활에서 오는 잡다한 일에 의해서도—비록 육체적 고통을 불러오더라도—내게서 앗아가지 못할 그런 것이었다. 관람 중에 얻은 기쁨은 기껏해야 이러한 진리를 깨닫기 위해 필요한 형식이었을 뿐이다. 그리고 상연 도중 내 기쁨이 병 때문에 헛일이 되거나 훼손되지 않도록, 예고된 병이 공연이 끝난 뒤에 시작되기를 간절히 바랐다. 나는 의사가 다녀간 뒤로 〈페드르〉의 관람을 허락하지 않는 부모님에게 간청했다. 나는 끊임없이

날 버리고 가시려 하나요, 약속한 님이여…….

라는 대사를 마음속으로 읊조리며, 라 베르마의 억양이 얼마나 생각지 못한 것인지 확인하기 위해 생각할 수 있는 한 모든 억양을 이 대사에 맞춰보았다. 그녀의 모습은 드리워진 막으로 가려져 있지만, 그 막 뒤에 나는, 마음속에 떠오르는 베르고트의 말—질베르트가 찾아준 소책자의 말—에 따라, 즉 '숭고한 조형미, 그리스도교도적인 고행, 장세니스트*의 창백함, 트레젠

* 네덜란드 신학자 얀세니우스가 주창한 교파를 따르는 사제 및 신자들로, 인간의 자유의지보다 하느님의 은혜를 중시함.

대공부인과 클레브 대공부인, 미케네의 비극, 델포이의 신탁(神託), 태양신화'가 나타내는 온갖 광경에 따라 시시각각으로 계속해서 새로운 모습을 떠올려보았다. 그 막 뒤에서 라 베르마의 연기가 무르익어갈 때, 내 눈앞에 나타날 성스러운 미의 여신상은 밤이나 낮이나 늘 등불이 켜져 있는 제단 위에서 내 마음속 깊이 자리하고 있었다. 과연 라 베르마를 보고 나서도, 가림막이 사라진 여신의 완벽한 상이 눈에 보이지 않는 상으로 서 있는 지금의 장소와 똑같은 곳에, 그리고 영원토록 자리매김할지 결정하는 것은 내 마음이 아니라 엄격하고도 변덕스러운 부모님이었던 것이다. 그 뒤로 나는 그 모호한 조각상에 눈을 고정시키고는 가족들의 반대에 맞서 아침부터 저녁까지 저항과 투쟁을 계속했다. 그러나 그러한 저항이 사라졌을 때, 어머니가—이 낮공연이 있는 날은 위원회 회의가 끝난 뒤 아버지가 노르푸아 씨를 저녁 식사에 모셔오기로 되어 있던 바로 그날이었는데도—"아버지나 나나 너를 마음 아프게 하고 싶지 않아. 정말 즐거운 공연이 될 거라고 생각한다면 가보려무나" 하고 허락했을 때, 지금까지 금지되었던 일이 이제는 내 뜻대로 되었을 때, 그때 비로소 공연에 가려고 노력할 필요도 없게 된 지금, 과연 공연 관람이 그렇게 바람직한 걸까, 혹시 부모님이 금지하지 않더라도 다른 이유를 들어 단념해야 옳았을까 하는 의심이 들었다. 처음에는 부모님의 엄격함을 원망했는데 허락을 받고 보니 그 깊은 정이 느껴지고, 부모님을 마음 아프게 해드리는구나 하는 생각에 새삼 가슴이 아팠다. 이 아픔을 통해서 생각건대, 이제는 삶이란 진리가 아니라 사랑을 목적 삼는 것으로 생각되어, 삶은 오로지 부모가 행복한지 불행한지에 따라 좋은 인생일 수도 나쁜 인생일 수도 있다는 생각이 들었다.

"아버지나 어머니를 걱정시킬 바에는 가지 않는 편이 좋겠어요." 나는 어머니에게 말했다. 반대로 어머니는 내가 슬퍼할지도 모른다는 속마음을 감추면서, 그러한 걱정은 내가 〈페드르〉를 보면서 받을 즐거움을 반으로 줄게 할 테고, 내가 행복하기를 바라는 마음에서 어머니도 아버지도 허락을 한 거라고 말했다. 그런데 나는 즐거움을 느껴야 한다는 의무감이 생긴 게 오히려 짐처럼 느껴졌다. 그리고 또 극장에서 돌아와 병이 도지기라도 하면, 휴가가 끝난 질베르트가 돌아오자마자 곧바로 샹젤리제로 갈 수 있을 만큼 빨리 회복될까? 나는 수많은 것 가운데 어느 것이 더 무게가 나가는지를 결정짓기 위하여, 이러한 이유 하나하나를 뒤에 가려 보이지 않는 라 베르마가 주는 완전미의 관념과 저울질해보았다. 저울 한쪽에 '어머니의 슬픔, 샹젤리제에 가지 못할 위험성'을, 다른 한쪽에는 '장세니스트의 창백함, 태양신화'를 놓았다. 그러나 이러한 말들은 내 정신이 점차로 모호해져 아무것도 말해주지 않은 채, 무게를 전부 잃어버리고 말았다. 더구나 내 망설임은 점점 더 심한 고통이 되어, 만약 지금 관람을 택한다 하더라도 그것은 이미 이 망설임을 물리치고 거기에서 철저히 벗어나기 위한 것에 지나지 않았다. 내가 슬기로운 여신도 아니고, 그 너울 밑에서 그녀와 서로 맞서서 버티는 얼굴도 이름도 없는 냉혹한 신 쪽으로 슬그머니 끌려가는 까닭은, 마음의 양식을 구하거나 완전미의 매력에 굴복해서가 아니라 고뇌를 줄이기 위함이었다. 하지만 갑자기 사태가 변했다. 라 베르마를 보러 가고 싶은 내 희망은 새롭게 기운을 찾았고, 그 때문에 나는 초조와 기쁨 가운데 이 낮공연을 기다리게 되었다. 극장 광고탑 앞을 날마다 서성거리던 나는—실은 이 외출도 며칠 전부터는 기둥 위의 수행자 같은 고행이 되었지만—어느 날 비로소 바른 지 얼마 안 된 축축한 〈페드르〉의 자세한 포스터를 보게 되었다(솔직히 말해 이 포스터에 적힌 다른 배역은 보고 싶게 만드는 신선한 매력이 조금도 없었다). 그러나 포스터는 결단을 내리지 못한 채 몇몇 목표 사이에서 오락가락하고 있던 나에게, 내 목표 가운데 한 가지에 가장 구체적인 형태를—왜냐하면 포스터에는 그것을 읽은 날이 아니라, 상연되는 날과 개막 시간까지 적혀 있었기 때문이다—더구나 이미 실제로 나타나 있고, 거의 눈앞에 닥쳐 있는 형태를 주었다. 따라서 그날, 정확하게 말해 그 시간에 내 자리에 앉아 막 라 베르마를 볼 준비를 하고 있다고 생각하자 나는 기쁜 나머지 광고탑 앞에서 펄쩍 뛰었다. 그리고 부모님이 할머니와 내가 앉을 좋은 두 자리를 잡을 시간이 없지는 않을까 걱정하면서, 머릿속은 '장세니스트의 창백함'과 '태양신화'를 대신하는 다음과 같은 마법의 말에 쫓기어 집으로 돌아왔다—'여성 관객은 모자 쓴 채로 아래층 앞자리에 착석 금지. 2시 이후 입장 불가.'

아아! 최초의 이 낮공연은 크나큰 실망이었다. 아버지가 위원회에 가는 길에 할머니와 나를 극장 앞에서 내려주기로 했다. 출발하기 전에 아버지는 어머니에게 말했다. "근사한 음식을 차려놓구려. 노르푸아 후작을 모시고 올 거야." 어머니는 잊지 않았다. 그리고 프랑수아즈는 어제부터 아무에게도 뒤지지 않을 만큼 확실한 솜씨를 갖고 있는 조리법에 몰두하는 기쁨에 빠져, 게다가 새 손님이 오신다는 데 자극되어, 그리고 그녀만이 알고 있는 비법에 따라 쇠고기에 젤리를 얹은 요리를 만들어야겠다고 마음먹으며 창조의 기쁨에 가슴이 벅차 있었다. 그녀는 작품 재료의 질에 가장 큰 중점을 두고 있었기 때문에, 직접 중앙시장에 나가 엉덩잇살, 뒷다릿살, 송아지 다리 같은 가장 좋은 고깃덩어리를 구했다. 마치 미켈란젤로가 율리우스 2세의 기념비를 위하여 카라라의 산중에 들어가 8개월 동안이나 가장 완벽한 대리석을 고른 것과 마찬가지로. 프랑수아즈가 이렇게 시장을 왔다 갔다 하는 일에 어찌나 열의를 불태웠던지, 그녀의 붉어진 얼굴을 본 어머니는 당신의 나이 든 하녀가 마치 피에트라산타 채석장의 메디치 가문 분묘 제작자처럼 과로로 병에 걸리지나 않을까 걱정할 정도였다. 그리고 프랑수아즈는 그 전날부터 네브요크(Nev'York) 햄이라고 부르는 것을, 마치 장미색 대리석처럼 빵 속에 말아 빵집 가마에 구우러 보냈다. 말이란 실제보다 풍부하지 않을 뿐만 아니라, 그다지 자신의 귀를 믿지도 않는 그녀는 아마도 요크 햄이라는 말을 처음 들었을 때—요크(York)와 뉴욕(New-York)이 함께 존재할 수 있다는 사실은 믿을 수 없을 정도의 어휘의 낭비라 생각했으리라—자기가 잘못 들은 것이고, 자기가 이미 알고 있는 뉴욕을 그렇게 말했을 거라고 믿었다. 그래서 그 뒤 요크라는 낱말을 광고 같은 데서 읽거나 들으면 그녀는 언제나 요크 앞에 뉴(New)를 붙이고 네브(Nev)라고 발음했다. 그녀가 부엌 하녀에게 진지한 말투로 이렇게 말했다. "올리다의 가게에서 햄을 사와요. 마님이 네브요크 햄이 좋다고 내게 신신당부하셨으니."

이날, 프랑수아즈가 위대한 창조자의 불타는 듯한 신념을 품었던 데 반해 나의 숙명은 진리 탐구자의 참혹한 불안이었다. 물론 라 베르마를 직접 보기 전에는 매우 즐거웠다. 극장 소광장에서도 그것을 느꼈다. 두 시간만 지나면 가스등이 마로니에 나뭇가지 구석구석까지 환히 밝혀지며, 그 벌거벗은 가지들이 빛을 받아 금속처럼 빛날 것이다. 표 받는 직원들 앞에서도 마찬가지였다. 그런데 표를 받는 직원들로 말할 것 같으면 그들의 채용, 승진, 운명이 모두 이 극장의 위대한 여배우 손에 달려 있어서—그녀가 이 극장 경영의 모든 권한을 쥐고 있으며, 그 그늘에서 이름뿐인 지배인이 쉴 새 없이 바뀐다—베르마 부인의 명령이 신출내기 종업원들에게까지 잘 전달되어 있는

지, 돈 받고 손뼉을 치는 바람잡이들은 라 베르마에게만은 결코 그리해선 안 되고, 그녀가 무대에 등장하지 않을 때는 반드시 창문을 열어두어야 하며, 그녀가 무대에 나타나면 창문을 모조리 닫고, 더운물 그릇을 그녀 가까이에 놓아 무대의 먼지를 가라앉혀야 한다는 사실을 신출내기들이 다 잘 알고 있는지에만 신경 쓰면서 우리 얼굴은 보지도 않고 표를 받고 있었다. 그리고 과연, 곧 긴 갈기가 달린 말 두 필이 끄는 그녀의 마차가 극장 앞에 멈추려 하고 있었다. 그녀는 모피에 싸여 마차에서 내려오리라. 그리고 사람들 인사에 퉁명스럽게 답하면서 수행원 하나를 보내 친구들을 위해 남겨놓으라고 명한 아래층 앞자리가 어떻게 되었는지, 극장 안의 온도는 어떠한지, 칸막이 좌석에 와 있는 인사들은 누구인지, 안내원의 옷차림은 어떠한지 등을 알아보게 하리라. 그녀에게는 극장과 관객도 겹쳐 입는 외투에 지나지 않았으며, 극장 안 분위기도 그녀의 재능이 누비고 지나가야 할 곳에 지나지 않았다.

실제로 극장으로 들어간 뒤에도 나는 행복했다. 그리고—나의 어린애 같은 상상력이 그처럼 오랫동안 내게 그려 보이던 바와는 반대로—모든 관중을 위해 무대는 단 하나밖에 없음을 알고 나서 생각했다. 이러고 보니 나는 군중 한가운데 있는 것과 마찬가지로 다른 관객 때문에 무대가 잘 보이지 않을 거라 생각했는데 사실은 그와 정반대였다—아니, 모든 관중의 지각을 배려한 좌석 배치 덕분으로 저마다 자기가 극장의 중앙에 있는 것처럼 느낀다는 사실을 이해했기 때문이다. 그래서 나는 비로소 알았다. 전에 통속극을 구경하러 프랑수아즈를 4층 입석으로 보냈을 때 돌아온 그녀가 말하길, 앉은 자리가 그 안에서 제일 좋은 일등석이고, 무대가 멀기는커녕 장막이 눈앞에 훤히 보여 마치 살아 있는 물체 같아 겁이 나더라고 단언하던 걸 이제야 이해한 것이었다.

내가 더욱 즐거워진 것은, 마치 병아리가 껍데기를 까고 나오려고 할 때, 달걀 껍데기 속에서 들리는 것같이 내려진 장막 뒤에서 어렴풋한 소란이 들려오기 시작했을 때였다. 이윽고 그 소란이 갑자기 커지더니, 돌연 관객의 눈에는 보이지 않으나 상대방은 우리가 잘 보이는 세계로부터, 마치 화성에서 오는 감동적이고 해독하기 어려운 신호처럼 우리에게 또렷하게 말을 건넸다. 마침내 문제의 막이 오르고 무대 위에 책상과 벽난로, 그 밖에 흔히 있는 물건들이, 그래도 이제부터 등장하게 될 인물들은 언젠가 연회에서 본 적 있던 낭독하러 나온 배우들이 아니라 그저 자기 집에서처럼 하루를 보내는 인물들이며, 자기는 그 사람들 몰래 그러한 생활 속에 엿보러 들어갈 수 있음을 뜻하고 있는 동안은 내 기쁨이 계속되었다. 그러나 그것은 잠깐의 불안으로 깨지고 말았다. 극이 막 시작되어 내가 귀를 기울였을 때 두 남자가 성큼성큼 무대로 나왔기 때문이다. 둘 다 화가 난 듯 큰 소리로 떠들어서 천 명 이상의 관객이 들어 찬 극장인데도, 그들의 한 마디 한 마디가 다 들렸다. 이곳이 작은 카페라면 두 사람이 왜 싸우는지 웨이터에게 꼭 물어보겠지만, 오래지 않아 이 침묵 위에 여기저기서 웃음소리가 출렁거리기 시작하자, 관객이 잠자코 있는 데 적잖이 놀란 나는 이 무례하기 짝이 없는 두 남자는 배우이며 단지 이것은 '개막'이라고 일컫는 촌극이었음을 알았다. 그 뒤에 막간이 있었는데, 그 막간이 너무 길어지자 관객들은 참지 못해 발을 굴렀다. 나는 흠칫 놀랐다. 왜냐하면 소송의 판결문 같은 데서 고결한 마음씨의 소유자가 자기 이익을 잊고 잘못이 없는 죄인을 위하여 증언하는 줄거리를 읽었을 때, 나는 사람들이 그에게 충분한 친절을 베풀지, 충분히 감사의 정을 나타낼지, 충분히 보답하지 않을지 늘 걱정되고, 또 그 증인이 진저리가 나서 악인 쪽에 가담하지나 않을까 걱정되는 것과 마찬가지로, 지금, 배우의 천재성을 남자의 미덕과 같다고 보면서 라 베르마가 이처럼 교양 없는 관객의 행동에 화가 나서 연기에 몰입하지 못하고 관객에게 불만과 멸시를 나타내지나 않을까 걱정되었기 때문이다—반대로 라 베르마가 관객 사이에서 이러한 생각을 하고 있는 몇몇 명사의 모습을 만족스럽게 알아보면 얼마나 기쁠까. 그래서 나는 이렇듯 발을 구르면서 내가 구하러 온 여리디 여린 소중한 인상을 홧김에 깨뜨리려 하는 난폭한 사람들을 애원하는 얼굴로 바라보았다.

마침내 〈페드르〉의 무대가 열리고 기쁨의 순간이 왔다. 주인공 페드르는 제2막의 처음 몇 장면에는 좀체 나타나지 않았다. 그렇지만 막이 오르고 두 번째 막, 이것은 스타가 등장하는 장면에서 언제나 무대 한가운데에 드리워지는 붉은 벨벳 장막인데, 그 장막이 둘로 갈라지더니 한 여배우가 안쪽에서 나왔다. 그녀는 내가 말로만 듣던 라 베르마와 똑같은 얼굴과 목소리를 갖고 있었다. 배역이 바뀐 게 틀림없다. 내가 테세우스 아내 역의 연구에 들인 시간이 헛수고가 된 것이다. 그러나 또 다른 여배우 한 명이 첫 번째 여배우에게 말을 건넸다. 첫 번째 여배우를 라 베르마라고 생각한 것은 착각이었다.

왜냐하면 두 번째 여배우가 더욱 라 베르마를 닮았고, 더구나 첫 번째 여배우보다 훨씬 더 라 베르마의 말투에 가깝기 때문이었다. 게다가 두 여인 모두 맡은 역에 고상한 몸짓을 덧붙이고 있었으며—나는 그녀들이 아름답게 차려 입은 옷을 펄럭이면서 하는 몸짓을 분명하게 가려내고 그것과 원문과의 관계를 이해했다—두 여배우의 교묘한 억양, 즉 어떤 때는 정열적이고 어떤 때는 비꼬는 듯 울리는 억양은 내가 깊은 뜻도 모르고 겉핥기로만 읽었던 시의 참뜻을 알게 해주었다.

갑자기 무대 안쪽 붉은 막이 둘로 갈라지더니 마치 액자 속에 들어 있는 것처럼 한 여자가 나타났다. 그 즉시 나는 누가 창을 열기라도 해서 라 베르마를 방해하지는 않을까, 프로그램 팸플릿을 부스럭거려 그녀의 음빛깔을 조금이라도 해치지나 않을까, 다른 배우에게는 박수를 보내면서 그녀에게는 충분히 환호하지 않아서 그녀가 불만을 품게 하지나 않을까 하는 두려움에 라 베르마 자신보다 더욱 강하게 사로잡히면서—그리고 이 순간부터 극장 안도 관객도 배우도 각본도, 아울러 나 자신의 몸마저도 라 베르마의 목소리를 전하는 데 적합한 것으로밖에는 중요하게 여기지 않아 그저 소리와 울림을 전하는 그 무엇으로 보는(라 베르마가 가지고 있는 것보다 더한) 나의 절대적인 생각에 따르면서 나는 몇 분 전부터 감탄해온 두 여배우가 내가 보러 온 여배우와 하나도 닮지 않았음을 깨달았다. 그러나 그와 동시에 내 모든 기쁨은 사라지고 말았다. 나는 눈, 귀, 정신을 라 베르마 쪽으로 향하게 하고서 내게 감탄을 줄 만한 요소를 하나도 놓치지 않으려고 애를 써보았으나 모든 게 헛일이었다. 그러한 요소를 단 한 가지도 찾을 수 없었다. 그녀의 동료들처럼, 그 대사와 연기에서 교묘하게 계산된 억양이나 아름다운 몸짓을 판단하여 구별할 수조차 없었다. 나는 라 베르마의 목소리에 귀를 기울였지만, 마치 나 자신이 〈페드르〉를 읽는 것처럼 들렸다. 또는 페드르 자신이 마치 그때 한 말을 내게 들려주고 있는 것만 같고, 라 베르마의 재능은 그러한 말에 아무것도 덧붙이고 있지 않은 성싶었다. 나는 이 예술가의 입에서 흘러나오는 악센트 하나하나를, 그녀의 얼굴 표정 하나하나를—그것을 깊이 연구하고, 그것에서 그녀가 지닌 아름다운 것을 발견할 수 있게—내 앞에 오랫동안 멈추게 해 움직이지 못하게 하고 싶었다. 아니면 적어도 집중된 주의력의 초점을 듣고자 하는 시 앞에 바로 놓고, 대사 한마디, 동작 하나하나의 지속 시간이 1초일망정 정신의 민첩한 힘으로 미리 대비하여 잃지 않도록 노력하면서 강한 나의 주의력 덕분으로 마치 내게 오랜 시간이 주어져 있는 때처럼 한껏 깊게 그 밑바닥을 자세히 캐고 따져 사실 안에 들어가려고 애썼다. 그러나 붙잡을 수 있는 시간은 얼마나 짧던지! 하나의 음이 들리자마자 바로 다른 음으로 바뀌고 있었다. 라 베르마가 바다를 나타낸 배경 앞에서 조명 때문에 초록빛을 뒤집어쓰고 얼굴 높이까지 한쪽 팔을 올리며 잠시 꼼짝하지 않고 서 있는 장면에서 극장 안은 박수갈채로 요란했다. 하지만 이미 여배우는 자리를 바꿔, 내가 연구하고 싶었던 장면은 이미 존재하지 않았다. 할머니에게 잘 보이지 않는다고 말하자 할머니는 오페라글라스를 건네주었다.

오직 우리가 사물의 존재를 믿을 때, 인공적인 수단을 써서 그것을 눈앞에 나타나게 하는 것과 그 사물 가까이 있다고 느끼는 것은 전혀 똑같지 않다. 나는 이 확대경으로 보고 있는 여인은 이미 라 베르마가 아니고, 그 심상에 지나지 않는다고 생각했다. 나는 오페라글라스를 무릎에 놓았다. 그러나 내가 본 그녀는 거리 때문에 약해져서 아마도 정확한 것은 아닌 듯싶다. 그럼 이 두 사람의 라 베르마 중 어느 쪽이 진짜였나? 왕자 이폴리트에게 사랑을 고백하는 장면에 나는 많은 기대를 걸고 있었다. 그도 그럴 것이 아름답지 않은 다른 배우들의 대사에서마저, 라 베르마의 동료들이 교묘하게도 끊임없이 내게 보여준 뛰어난 뜻으로 미루어보아 틀림없이 이 고백 장면에서 내가 집에서 읽으며 상상하려고 애쓰던 이상으로 그녀가 더 놀라운 억양을 보여주겠지 생각했지만, 그녀는 그 점에서 조연 여배우들이 맡은 외논(Oenone)이나 아리스(Arice)만도 못했다. 그녀는 여러 대립이 함께 뒤섞여 있으면서도 그 하나하나가 뚜렷하여 이해력이 모자란 비극 여배우라 할지라도, 혹은 중학생이라 할지라도 그 효과를 소홀히하지 않았을 대사를 그저 똑같은 가락 낭송법의 대패로 밀고, 게다가 어찌나 빠르게 말하는지 그녀가 첫 시에 놓았던 고의적인 단조로움을 겨우 알아차렸을 때는 낭독이 이미 마지막 시에 이르고 있을 때였다.

마침내 처음으로 내 마음에 감탄이 넘쳐흘렀다. 이 감탄은 관객의 열광적인 박수에 의해 일어난 것이었다. 나는 박수에 어우러져 그것을 더 길게 늘리려 애쓰면서, 라 베르마가 감사하는 마음에서 평소보다 더 훌륭한 연기력을 발휘하면 최고의 연기를 펼친 라 베르마를 보았다는 확신을 가질 수 있으리라 여겼다. 게다가 나중에 안 일이지만 신기하게도 관중이 이와 같은 감격을 터뜨리는 순간이야말로, 라 베르마가 자신의 가장 아름다운 보석 가운데 하나를 꺼내놓는 순간이었다. 생각해보건대, 그러한 보석이 빚어내는 어떤 초월적인 실체가 붙어다녀 군중의 감동을 자극하는 어떤 빛을 내뿜는 성싶다. 이렇게 한 사건이 일어났을 때, 이를테면 군대가 국경에서 위험한 처지에 빠졌다거나, 패하거나 또는 이겼다거나 했을 때 매우 애매한 보도가 발표된다 해도 교양 있는 사람들은, 그 보도에서 대단한 결론을 짓지 못하는데도, 군중 사이에선 그러한 보도가 교양 있는 사람들을 놀라게 할 정도로 들썩거리게 하는 일이며, 먼저 전문가가 군중에게 군대의 실제 상황을 알린 뒤에는 그들의 감동이라는 것이 이른바 대사건을 둘러싸고 있어서 수백 킬로 밖에서도 보인다는 그 '아우라(aura)'라는 빛의 깨달음이었음을 인정한다.

사람들이 승리를 아는 건 싸움이 끝난 뒤거나 또는 바로 지금이라도 먼저 집의 문지기가 기뻐 날뛴 뒤이다. 사람들이 라 베르마 연기의 천재성을 발견하는 것도 라 베르마를 보고 나서 일주일 뒤 사람들의 평에 의해서거나, 또는 당장에라도 아래층 뒷자리 관객의 갈채에 의해서이다. 그러나 이러한 관중의 재빠른 인식이 다른 수많은 잘못된 인식과 섞여들어, 보통 박수도 잘못 보내지곤 하였다. 예컨대 폭풍이 일어나 바다가 거칠게 요동치자 바람이 더 일지 않더라도 파도가 계속해 높아가듯이, 그 전에 친 박수의 남은 영향을 받아 기계적으로 일어났다는 것 또한 새삼 말할 필요도 없다. 어쨌든 나는 내가 박수를 침에 따라 라 베르마의 연기가 더욱더 훌륭해지는 듯싶었다. 내 곁에 있던 아주 평범한 여인이 중얼거렸다. "저렇게 힘을 빼고, 기분이 나빠질 만큼 가슴팍을 두드리고 뛰어다니니 저거야말로 진짜 연기지." 이처럼 라 베르마의 연기가 탁월한 까닭을 여러 가지로 발견하는 데 만족하면서, 나는 이러한 이유로 라 베르마의 탁월함이 설명된 것은 마치 레오나르도 다 빈치의 〈모나리자〉 또는 벤베누토의 〈페르세우스〉의 탁월함이 어떤 시골 사람의 "과연 좋군! 모조리 순수한 순금인걸, 훌륭해, 대단해!"라는 감탄사로 설명된 것이나 마찬가지 아닌가 의심하면서도 서민들의 감격의 술잔에 코를 박고 그들과 함께 취했다. 그래도 나는 막이 내린 뒤에 그처럼 바라던 기쁨이 그다지 크지 않았던 것에 낙담했지만, 그 기쁨을 늘이고 싶은 욕구, 몇 시간 동안이나마 내 것이었던 이 극장의 삶을, 극장을 떠나면서 영원토록 이곳에 머물고 싶다는 욕구를 느꼈다. 그래서 만일 오늘 저녁 식탁에서 라 베르마의 찬미자인 노르푸아 씨, 내가 〈페드르〉를 구경하게 힘써준 은인인 노르푸아 씨한테서 라 베르마에 관한 이야기를 듣겠거니 하는 희망이 없었다면, 집으로 곧장 돌아가려고 할 때 마치 망명지로 떠나가는 양 마음이 무거웠으리라.

저녁 식사에 앞서 아버지는 나를 일부러 서재로 불러 노르푸아 씨에게 소개했다. 내가 들어가자 대사는 몸을 일으켜 손을 내밀고, 큰 키를 낮추고 푸른 눈으로 주의 깊게 나를 바라보았다. 그가 프랑스를 대표하던 대사 시절, 부임지에서 소개받는 새 손님의 명단은 많건 적건—이름난 가수들까지—어쨌든 저명인사였으며, 또한 그는 이러한 명사와 만날 때마다 훗날 파리나 페테르부르크에서 그들의 이름이 다른 사람의 입에 오르는 경우 금세 자기가 뮌헨이나 소피아에서 그들과 함께 보낸 밤이 또렷하게 떠오른다는 말을 꺼낼 수 있다는 생각을 하고 있었으므로 그들과 알게 된 자신의 기쁨을 상대방에게 보여주려는 습관이 있었다. 뿐만 아니라 그는 여러 수도에서 생활을 하면 그 도시에 살고 있는 흥미진진한 인물들과 직접 만날 수 있으며 또한 그곳에 거주하는 사람들의 풍습도 접할 수 있어서 역사나 지리, 여러 나라의 풍속, 유럽의 정신적인 모습 같은 것에 관해 책에서 배우지 못하는 깊은 지식을 얻을 수 있다고 믿었으므로, 새로운 손님마다 그 위에 예민한 관찰 능력을 더하여 자신이 지금 어떠한 사람과 만나려 하고 있는가를 금세 알려고 하였다. 이미 오래전부터 정부는 그에게 외국에 파견되어 머무는 일을 맡기지 않았는데, 그는 아직도 누군가와 처음 인사를 나눌 때면 마치 휴직 통고를 받지 않았던 예전처럼 여전히 관찰을 하는 게 보통이어서, 관찰하는 동안 온갖 태도로 처음 만나는 사람의 이름이 초면이 아님을 보이려고 애썼다. 그러므로 그는 있는 친절을 다하면서도 자기의 넓은 경험을 의식하는 사람 특유의 거만한 투로 내게 말하며 예민한 호기심을 갖고서, 그리고 자기 이익을 위하여 마치 내가 어떤 이국의 풍습, 유익한 기념물 또는 유랑 극단의 스타가 되기라도 한 것처럼 나를 뚫어지게 바라보았다. 이렇듯 그는 내게 멘토르* 현자의 위

* 오디세우스와 페넬로페의 아들인 텔레마코스의 스승이자 조언자.

엄 있는 자애와 젊은 아나카르시스*의 왕성한 호기심을 함께 나타내 보였다.

노르푸아 씨는 내게 〈양세계 평론〉으로 들어가는 길을 열어주지 않았으나, 지금까지의 내 생활이나 공부, 취미 등 이것저것에 대해 물었다. 자기 취미에 따르는 것이 옳은 일이라는 말을 들은 건 이때가 처음이었다. 그때까지는 자기가 좋아하는 길을 막는 것이 의무라 믿어왔다. 내 취미라는 게 문학에 있었으므로 그는 이 취미를 고치려고 하지 않았다. 오히려 그는 문학의 고귀함에 대해, 마치 지금은 불가피한 사정 때문에 애석하게도 거의 만나지 못하나 로마 또는 드레스덴에서의 상류 사회를 더할 나위 없이 아름답게 떠오르게 하는 존경할 만하고도 사랑스런 여인에 대해서 말하는 것처럼 공손하게 말했다. 그는 거의 무람없을 정도로 미소 지으면서, 문학이 나를 자기보다 더욱 행복하게, 보다 자유로운 삶을 누리게 해줄 즐거운 시간을 부러워하는 듯했다. 하지만 그의 말은 내가 콩브레에서 마음속으로 그리던 문학의 모습과는 너무나 거리가 멀었으므로, 나는 내가 문학을 단념한 것이 옳았음을 거듭 깨달았다. 이때까지는 내게 타고난 글 쓰는 재능이 없는 사실만을 알고 있었을 뿐이었는데, 지금 노르푸아 씨는 내게서 쓰고 싶다는 욕구마저 없애고 말았다. 나는 꿈꾸던 것을 그에게 설명하고 싶었다. 그러나 감동에 떨면서, 나는 여태껏 오로지 마음속으로만 느꼈을 뿐 한 번도 표현하려고 시도하지 않았던 것을 입 밖으로 내면 흡족할 만큼 충실한 말이 되어주지 않을 성싶은 기분이 들었을 뿐이다. 곧 내가 입 밖에 내는 말이 조금도 적절하지 않을 것 같았다. 아마 직업적인 습관 탓인지, 또는 모든 사람으로부터 의견을 간청받는 유력자, 대화의 지배권을 손안에 쥐고 있음을 의식하고 상대방을 마음대로 흥분시키고, 조바심 나게 하며, 마음을 괴롭히는 인물이 갖추는 참을성 탓인지, 또는 그 풍모에(텁수룩한 구레나룻에도 불구하고, 당사자의 말로는 그리스적인) 한층 더 품위를 더하기 위해서인지는 몰라도, 노르푸아 씨는 상대가 뭔가 설명하는 동안 자신의 얼굴을 완전히 고정한 채 미동도 하지 않아서, 마치 어느 조각 미술관에 있는 옛—그리고 귀먹은—흉상 앞에서 지껄이고 있는 듯한 느낌이 들 정도였다. 그러다가 갑자기 경매사의 나무망치처럼 또는 델포이의 신탁처럼 떨어지는 대사의 목소리는, 그 얼굴을 구

---

* 솔론(B.C. 640? ~560?) 시대의 그리스 철학자.

석구석 살펴봐도 상대에게서 받은 인상이나 드러내려는 의견을 종잡을 수 없어서 더욱 깊은 인상을 주었다.

"마침" 하고 그는 마치 소송에 판결이 내려진 것처럼, 그리고 잠시도 내게서 떠날 줄 모르는 그 고정된 시선 앞에서 나를 어찌할 바 모르게 하다가 갑자기 말했다. "내 친구의 자제로, '필요한 수정을 가하면(mutatis mutandis)' 당신과 똑같소(라고 말하고 나서, 그 친구의 아들과 나에게 있는 공통된 소질에 대해 말했는데, 그것이 마치 문학이 아니라 류머티즘에 걸리기 쉬운 소질, 그런 것으로는 죽지 않는다는 걸 내게 설명하고 싶을 때처럼 안심시키려는 말투였다). 그래서 그는 아버지가 출세의 길을 닦아놓았는데도 케 도르세(Quai d'Orsay)*를 그만두고, 남이 뭐라고 해도 아랑곳없이 창작을 시작했네. 하기야 후회할 이유도 없지. 그는 2년 전에 책 한 권을 출판했는데—물론 당신보다는 나이가 위라네—그 저서란 다름이 아니라 빅토리아 니안자 호수 서쪽 강가에서 느낀 가없는 마음에 관한 것일세. 올해도 또 소책자 한 권을 냈지. 이 책은 전에 비해 그다지 대수롭지 않지만 경쾌한 필치로 씌어 있는 데다 곳곳에 신랄한 부분마저 있소. 불가리아 군대의 연발총을 다룬 책이고, 그 때문에 단연 두각을 나타내게 되었지. 이미 출세의 길에 나아간 셈인데 도중에서 멈추는 그런 사람이 아니오. 후보자로서 문제가 되지 않는데도, 정신과학 아카데미에서 그의 이름이 두 번인가 세 번, 더구나 조금도 비방하지 않는 식으로 이야기되었다고 하네. 요컨대 아직 그의 명성이 절정에 이르렀다고 말할 수는 없지만 맨몸으로 아주 훌륭한 지위와 성공을 얻은 걸세. 성공이란 언제나 허풍선이라고 딱지 붙은 선동가, 말썽꾼, 난동가들만을 찾는 것도 아니라오. 성공이 그 노력에 보답한 셈이지."

아버지는 몇 년 뒤 학사원 회원 속 나의 모습을 그려보면서 만족스러워했지만, 그 흐뭇함이 절정까지 달했던 것은 노르푸아 씨가 자신의 행동이 빚은 결과를 재보는 성싶은 잠시의 망설임 끝에 내게 명함을 건네며 다음과 같이 말했을 때였다. "내가 소개했다고 말하고 그분을 찾아가보게. 틀림없이 유익한 의견을 말해줄 테니까." 이러한 말은 내일 수습 선원으로서 범선(帆船)에 태워준다는 통지를 받은 것만큼이나 괴로운 설렘을 일으켰다.

---

* 파리의 센 강가, 케 도르세로(路)에 있는 프랑스 외무부.

레오니 고모는 내게 매우 거추장스러운 살림살이와 함께 정리된 재산의 거의 전액을 유산으로 물려주었다. 살아 있는 동안에는 꿈에도 생각지 못했던 애정을 이처럼 죽은 뒤에 드러낸 것이다. 아버지는 내가 성년이 될 때까지 이 재산을 관리해야 해서, 투자할 만한 자리를 노르푸아 씨에게 몇 군데 의논했다. 노르푸아 씨는 특히 확실하다고 믿는 저금리의 공채(公債), 그중에서도 영국정리공채(英國整理公債)와 러시아의 사분리(四分利) 공채를 권했다. "이러한 일류 공채라면," 노르푸아 씨는 말했다. "연수입은 그다지 많지 않으나 적어도 원금을 없앨 걱정이 없는 점만은 확실하죠." 그 밖에 아버지는 이미 산 것을 대충 그에게 이야기했다. 노르푸아 씨는 축하의 뜻이 담긴 어렴풋한 미소를 지었다. 자본가가 다 그렇듯이 그도 재산을 부러워할 만한 것으로 여기긴 했지만, 남이 지닌 재산에 대해서는 단지 눈에 보일까 말까 동감하는 표정으로 칭찬하는 편이 보다 우아하다고 생각했다. 한편 그 자신이 매우 부유하므로, 자신보다 적은 남의 연수입을 꽤 큰 금액이라 생각하는 모습을 하는 게 세련된 취미라고 여겼지만, 마음속으로는 훨씬 많은 자신의 재산을 새삼 돌이켜보고 기쁨과 든든함을 느끼는 것이었다. 그 대신 그는 조금의 망설임도 없이 아버지 증권의 '배합'은 '실로 확실하고 세련되며 또한 섬세한 취미'라고 말하며 칭찬했다. 마치 그것은 여러 증권간의 관계에, 뿐만 아니라 증권 자체에까지 뭔가 심미적인 가치를 부여하려는 것과도 같았다.

아버지가 얼마 전 발행되어 일반에게 잘 알려지지 않은 어느 증권에 대해 말하자, 노르푸아 씨는 상대가 자기만 알고 있는 줄 여기며 화제로 삼은 책을 이쪽도 이미 알고 있다는 말투로 "아니, 나 또한 얼마간 시세표에서 그 동향을 재미있게 주시했답니다. 매우 흥미롭더군요" 하고 이번 달 잡지의 소설란을 띄엄띄엄 읽은 구독자가 지을 법한 회상 섞인 미소와 더불어 말했다. "이번에 발행되는 것에 응모하셔도 나는 반대하지 않겠습니다. 입맛이 당기는 증권이죠, 마음 끌리는 값으로 파는 거니까요." 반대로 옛 증권이 화제에 오르자, 아버지는 이름이 정확하게 생각나지 않아 비슷한 것과 쉽게 착각했으므로 서랍을 열고 대사에게 증권을 보였다. 그 구경은 내 마음을 퍽 이끌었다. 그것들은 내가 지난 어린 시절에 페이지를 뒤적이던 낭만파의 옛 서적처럼 대성당의 종루와 우화적인 형상으로 꾸며져 있었다. 같은 시대의 것은 모두가 비슷비슷하다. 어느 시대의 시집에 삽화를 그리던 화가는 당시

금융 회사의 부탁을 받아 의장(意匠)의 붓을 들던 화가와 같은 사람들이다. 이전에 콩브레의 식료 잡화점 진열장에 걸려 있던 것과 같은《노트르담 드 파리》나 제라드 드 네르발 저작의 상·하권을 가장 잘 떠올리게 하는 것으로는, 꽃이 감겨 있는 직사각형 테두리의 네 귀를 하천의 신들이 떠받치고 있는 의장으로 된 수도 회사의 이름이 적혀 있는 증권만한 게 없다.

아버지는 내 지능을 경멸했으나, 그것이 애정으로 바뀌어 결국 내가 행하는 모든 것에 맹목적인 너그러움을 보이게 되었다. 따라서 아버지는 조금의 망설임도 없이 내가 지난날 콩브레에서 산책하고 돌아오는 길에 지은 짧은 산문시를 방에 가서 가져오게 했다. 그 산문시는 감격에 휩싸여 썼던 것이어서 나는 그 감격이 읽는 사람의 마음에도 반드시 통하리라 여기고 있었다. 그러나 그 감격은 노르푸아 씨의 마음을 사로잡지 못한 듯싶었으니, 그 증거로 그는 말 한마디 없이 내게 산문시 노트를 돌려주었다.

어머니는 아버지가 하는 일을 존경했는데, 이때 방에 들어와 머뭇거리며 식사를 차려놓게 해도 좋은지 물었다. 자기가 끼어들어선 안 되는 담소를 방해했다고 여긴 것이다. 또 사실, 아버지는 위원회의 다음 회의에 제출하기로 정한 일에 대한 방책을 끊임없이 후작에게 되뇌고 있었다. 게다가 아버지는 그것을 이야기하는데, 환경이 다른—그러나 중학 동창이라는 점에서는 같은—두 동료가 남들이 접근하지 못하는 절친한 사이가 아니고서야 결코 돌이켜 생각할 수 없는 공통된 추억을 직업적인 습관으로 떠올리면서, 자리를 같이할 때의 그 독특한 투로 말하고 있었다.

하지만 노르푸아 씨의 안면 근육은 온전히 초연한 고립 경지에 이르러 있어, 듣고 있지 않는 척하면서도 듣고 있는 표정을 하고 있었다. 드디어 아버지는 불안감이 들어 "나는 위원회에 의견을 물으려고 생각했는데, 그 위원회……" 하고, 첫머리를 늘이며 노르푸아 씨에게 말했다. 그러자 그때까지 아직 자기 파트를 연주할 시간이 돌아오지 않은 연주자처럼 가만히 있던 이 귀족의 명수(名手) 얼굴에서, 한결같은 말투로, 예리한 가락으로, 그리고 오직 아버지가 연주한 악절의 마침표를 찍는 듯 보이면서도 다시 다른 음향에 맞춰나가는 다음과 같은 구절이 튀어나왔다. "그럼 물론 망설이지 마시고 회의를 소집하시는 게 좋지 않겠습니까. 현재라면 그 위원들이 개인적으로 당신을 알고 있을 뿐만 아니라, 또 그 위원들이 언제 탈퇴할지도 모르는 일이니 더욱더 그렇지 않겠습니까." 분명히 그다지 뛰어난 피날레는 아니었다. 그러나 그 이전부터 있어온 무거운 고요 때문에, 모차르트의 협주곡에서 청중이 이제 막 귀를 기울이기 시작한 첼로에 그때까지 조용하던 피아노가 이때를 놓칠세라 쾅 하고 튀어오르는 악절의 맑디맑은 선명함과 거의 깜짝 놀랄 기습과 더불어 뚜렷이 떠오르는 것이었다.

"어떻든, 낮공연이 만족스럽더냐?" 아버지는 모두가 식당으로 걸음을 옮기는 사이에 내게 물었다. 이는 나를 돋보이게 하려는 속셈으로, 라 베르마에 대한 나의 열광이 노르푸아 씨로 하여금 나를 좋게 판단토록 할 거라는 생각에서였다. "이 애는 낮에 라 베르마를 보고 왔답니다. 전에 우리가 라 베르마에 대해서 이야기한 일을 기억하시는지요." 아버지는 외교관 쪽으로 고개를 돌리며, 마치 위원회 회의에 관한 일이 화제에 오르기나 한 것처럼 과거를 돌아보면서 기술적이고 의미심장한 암시를 하는 투로 말했다.

"아주 만족했을 줄로 아오, 더구나 처음으로 라 베르마를 들었다고 하니. 아버님께서는 이 사소한 구경이 나중에 가서 자네의 건강 상태에 미칠지도 모르는 영향을 걱정하십디다. 자네 체질이 조금 약한 편이라 하시면서. 그러나 나는 아버님을 안심시켜드렸소. 요즘 극장은 20년 전과는 아주 딴판이지. 좌석도 넓어져 앉기 편하고 환기장치도 개선되었으니까. 하기야 독일이나 영국을 따르려면 아직 멀었지만. 이 두 나라는 이 점에서도 다른 점에서와 마찬가지로 우리나라를 앞지르고 있거든. 나는 〈페드르〉에 나오는 베르마 부인을 본 일이 없지만 소문에 의하면 감탄할 만하다고 하던데. 어떻소, 황홀했겠지, 물론?"

나보다 천 배나 명석한 노르푸아 씨는 내가 라 베르마의 연기에서 발견할 수 없었던 그 숨은 진리를 꿰뚫고 있는 게 틀림없다, 그것을 내게 밝혀줄 것이다. 그의 질문에 대답하면서 그 진리가 어디에 있는가를 이야기해달라고 부탁해 보자. 그러면 그는 라 베르마를 보고 싶어하던 나의 바람이 옳았음을 증명해줄 것이다. 내게는 지금이 기회였다. 나는 이 짧은 시간을 이용해 내 질문을 요점에 맞혀야만 했다. 그런데 그 요점은 무엇일까? 모든 주의력을 모아, 그것을 매우 복잡한 내 인상 위에 고정시키면서, 그리고 노르푸아 씨를 탄복케 하려는 엉뚱한 생각이란 꿈에도 품지 않으면서 오로지 알고 싶은 진리만을 그를 통해 터득하려고 한 나는 부족하기 그지없는 내 낱말을 기존의 완성된 어구로 바꿔보려는 노력은 아예 하지 않았다. 더듬더듬 말하다가, 결국 나는 그에게 라 베르마의 감탄할 점을 직접 듣고자 고육지책으로 내가 실망한 사실을 그에게 드러냈다.

"그건 또 왜?" 하고, 아버지는 이해 못했다는 내 고백이 노르푸아 씨에게 불쾌한 인상을 줄지도 모른다는 데에 화가 나 소리쳤다. "어째서 즐겁지 않았다는 거냐? 할머니의 말씀으로는, 넌 라 베르마의 말 한마디라도 놓칠세라 귀담아듣고, 눈알이 튀어나올 만큼 뚫어지게 보아서 그런 모양새는 극장 안에 너밖에 없더라고 하시던데."

"그건 그래요, 라 베르마가 그토록 놀라운 호평을 받고 있는 까닭을 알고 싶어서 열심히 귀를 기울였지요. 틀림없이 그녀는 근사하지만……."

"그만하면 됐지, 더 이상 뭐가 필요하다는 거냐?"

"베르마 부인의 성공을 확실히 돕고 있다고 여겨지는 것 가운데 한 가지는 말입니다" 하고 노르푸아 씨는 어머니를 담소에서 소외시키지 않으려고, 또한 한 가정주부에 대한 자신의 예의를 충실히 다하려고, 공손히 어머니 쪽으로 몸을 돌리며 말했다. "그 배역의 선택을 더할 나위 없이 뛰어난 취미에 일치시키는 데 있습니다. 그래서 언제나 자연스럽게 어엿한 성공을 거두죠. 그녀는 하찮은 작품에 좀처럼 출연하지 않습니다. 그러므로 보시다시피 〈페드르〉의 배역에 도전했죠. 뿐만 아니라 그 뛰어난 취미를 의상과 연기에도 이용합니다. 이미 여러 차례 영국과 미국에 건너가 많은 결실을 거두었지만 속됨—나는 존 불(John Bull)*1을 지적해 말하는 게 아닙니다. 적어도 빅토리아 시대의 영국에 대해 속되다는 표현은 옳지 않을 겁니다. 따라서 샘(Sam) 아저씨*2를 지적하는 게 되지만—에도 물들지 않았습니다. 눈에 띄는 요란한 빛깔도 과장된 외침도 결코 아닙니다. 그러면서도 그처럼 그녀를 빛내주는 놀라운 목소리, 한번 발음하면 사람의 영혼을 빼앗고 마는 목소리는 위대한 성악가라고 말하고 싶을 정도입니다!"

라 베르마의 연기에 대한 나의 흥미는 막이 내리고부터 더욱더 커갔으니, 그도 그럴 것이 이제는 현실의 압박이나 제한을 받지 않게 되었기 때문이었다. 그러나 나는, 이 흥미에 대한 이유를 설명해보고 싶은 욕구를 느꼈다.

---

*1 영국인의 별명.

*2 미국인의 별명.

게다가 라 베르마가 연기하는 동안은 나의 흥미도, 혼연일체의 불가분한 생명이라는 형태로 그녀가 내 눈에 보이게 하고 귀에 들려준 모든 것에 한결같은 강도로 이끌리고 있어서 특히 눈에 띈 것을 분리하거나 구별하거나 하지 못했었다. 그러므로 라 베르마의 청아함에, 뛰어난 취미에 바쳐진 이러한 찬사 가운데서 내 흥미를 끌 타당한 원인을 발견하고 몹시 기뻤다. 동시에 흥미의 원인을 찾아 마지않던 내 마음은 흡수력을 발휘해, 마치 술 취한 사람이 이웃의 행위에 동감을 느낀 나머지 기분이 좋아져서 껴안듯이 찬사를 끌어당겼다. '그렇고말고.' 나는 생각했다. '얼마나 고운 목소리냐, 얼마나 부드러운 억양이냐, 얼마나 단아한 의상이냐. 〈페드르〉를 택한 것이 얼마나 현명하냐! 아니다. 나는 결코 실망했던 게 아니다'라고.

차가운 소고기에 당근을 곁들인 요리가 나왔는데, 우리집 부엌에 있는 미켈란젤로의 손에 들려 투명한 수정 덩어리와 비슷한 커다란 젤리의 결정체 위에 눕혀져 있었다.

"댁에 일류 요리사를 두셨군요, 부인" 하고, 노르푸아 씨는 말했다. "이것은 결코 쉬운 일이 아니죠. 외국에 나가 있던 몸이라서, 나는 살림에도 상당한 품격을 유지해야만 했기 때문에 잘 알고 있습니다만, 으뜸가는 요리사를 구하기가 여간 힘든 일이 아니죠. 훌륭한 향연에 초대돼 이루 말할 수 없이 영광스럽군요."

사실 프랑수아즈는 이름난 손님을 위하여 그녀의 손을 빌리지 않고는 해결하기 어려운, 곤란하기 이를 데 없는 만찬을 해보겠다는 야심에서, 집안 식구들끼리 먹는 식사 때엔 하지 않는 수고를 아낌없이 다하는 그 비할 바 없는 콩브레 시대의 방식을 선보이고 있었다.

"이거야말로 어떤 일류 카바레*[1]에서도 결코 맛볼 수 없는 거죠. 이 와인으로 익힌 고깃점만 해도 그렇고, 끈적끈적하지 않은 젤리며 당근 향이 배어 있는 고기라니, 참으로 일품입니다!" 또 그는 젤리 맛에 감탄하며 다음과 같이 덧붙였다. "이번엔 아주 다른 요리로 댁의 바텔*[2] 솜씨를 음미하고 싶군요. 스트로가노프*[3]에서 그 진가를 찾아내고 싶습니다."

---

*1 무도장을 갖춘 서양식 고급 술집.

*2 루이 10세 시대의 유명한 요리사.

*3 얇게 저민 소고기를 양파, 버섯 따위와 함께 크림소스로 조린 음식.

노르푸아 씨는 저녁 식사 자리를 즐겁게 하는 데 기여하고 싶어서, 그가 동료들을 기쁘게 하는 여러 이야기를 계속 우리에게 해주어, 고상한 외교관의 간결한 언어를 이용하거나 또는 어떤 정치가의 입에서 나온 익살스러운 한마디를 이용하여 이야기에 지루한 영상을 길고도 가득하게 채우곤 했다. 그러나 실은 그가 이런 문구를 가려내는 기준은, 내가 문학에 적용하는 기준과는 전혀 닮지 않았다. 나는 여러 어감을 이해할 수 없었다. 그가 너털웃음을 터뜨리게 하는 재치 있는 말도 그가 진정 훌륭하다고 생각하고 있는 말과 별반 다르지 않다고 느꼈다. 그는 내가 즐겨 읽는 작품에 대해서 다음과 같이 지껄이는 부류의 사람이었다. "아니 그걸 이해하시나? 터놓고 말해 나는 도대체 이해가 가지 않네. 나는 문외한이거든." 나는 이와 똑같은 말로 그에게 응수할 수도 있을 것이다. 나는 그가 대꾸나 연설 가운데 집어넣는 기지와 어리석음, 웅변과 과장을 종잡을 수 없었기 때문이다. 그리고 어째서 이것이 좋고 저것이 나쁜지 지각할 수 있는 뚜렷한 이유가 전혀 없다는 사실이 나로 하여금 이런 문학을 다른 문학보다 더욱 신비하고 아리송하게 여기게 하였다. 다만 나는 세상이 다 생각하고 있는 바를 거듭 말한다는 것이 정치에서는 열등한 게 아니라 우수함의 증거라는 사실을 알았다. 노르푸아 씨가 신문에 널려 있는 어떤 표현을 써서 그것에 유달리 힘을 주어 발음했을 때, 듣는 사람은 단지 그가 그 표현을 썼다는 사실만으로—그것도 수많은 논평을 야기할—공문서가 되었다고 느끼는 것이었다.

어머니는 파인애플과 송로버섯을 섞은 샐러드에 더없이 큰 기대를 걸고 있었다. 그러나 대사는 관찰자의 날카로운 눈길을 음식 위에 흘낏 던진 뒤, 외교관다운 조심성을 계속 지켜가며 그것을 먹을 뿐 감상을 밝히진 않았다. 어머니는 그 음식을 더 들길 권하고 노르푸아 씨는 그것을 받았지만 어머니가 기대하던 찬사 대신 다음과 같은 말을 했을 뿐이었다. "따르겠습니다, 부인. 내가 보기에 여기서 부인의 말씀은 황제의 칙명과도 같으니까요."

"신문에서 읽었습니다만, 테오도시우스 왕과 오랜 시간 담소하셨다고요?" 아버지가 물었다.

"사실 왕께서는 얼굴을 기억하는 데 놀라운 능력을 가지셨어요. 아래층 앞자리에 있는 나를 알아보시고, 바바리아(Bavaria) 궁전에서 내가 며칠 동안 배알한 영광을 가졌던 일을 떠올리셨습니다. 그때 왕께서는 이웃 국가의 왕위에 등극하리라고는 꿈에도 짐작 못하셨죠(아시다시피 왕께서는 유럽 회의에서 왕위에 오르셨는데, 처음에는 그분의 족보로 보아 유럽에서 가장 고귀한 가문에 얼마간 적합하지 않다고 생각하여 승낙을 주저하셨죠). 시종무관이 내게 와서 폐하께 인사드리라고 하기에, 물론 나는 그 분부에 서둘러 따랐습니다."

"폐하께서 머물러 가신 결과에 만족하시나요?"

"매우 만족합니다! 아직 너무 젊은 군주라 이 난국을, 더구나 이처럼 미묘한 상황에서 어떤 식으로 잘 처리해 나갈 수 있을는지 얼마간 의심을 품은 사람이 있다는 건 무리도 아니죠. 나로 말할 것 같으면, 폐하의 정치적 신념을 전폭적으로 믿어왔습니다. 그런데 솔직히, 내 기대 이상이었죠. 확실한 소식통에 의하면 엘리제 궁에서 폐하께서 하신 건배의 축사는 처음부터 끝까지 폐하께서 손수 작성한 것인데, 그 글이 곳곳에 일으킨 흥미에 딱 어울리는 일입니다. 한마디로 말해 그것은 진정한 명수의 솜씨입니다. 약간 대담하지만 이 대담함도 결국 이번 사건에 의해 모두 정당화되고 있는 거죠. 전통적인 외교도 확실히 좋기는 합니다.

그러나 현재 그것은 폐하의 나라와 우리나라를 질식할 수밖에 없는 꽉 막힌 분위기 속에 몰아넣는 게 고작입니다. 그렇죠! 하긴 공공연히 내세울 수는 없지만 공기를 새롭게 하는 방법 가운데 한 가지는 테오도시우스 왕께서도 승인하실 거라고 믿는 방법, 바로 답답한 유리창을 깨뜨려버리는 일이죠. 또 폐하께서 연설하실 때 용안이 어찌나 쾌청하시던지 모든 사람의 마음을 빼앗을 정도였고, 또한 그 말씨의 정확성은 어머니로부터 이어받은 교양 높은 왕족의 혈통을 금세 알아차리게 했습니다. 왕께서 당신 나라와 프랑스를 잇고 있는 '친화력'에 대해 언급하셨을 때, 아무리 이러한 표현이 관청 안에서 쓰이지 않는 말이라 할지라도, 신기하게도 상황에 딱 들어맞는 표현이었습니다. 문학이 외교나 왕위에 해로움을 끼치지 않는다는 걸 자네도 알겠지." 그는 내게 말을 건네면서 덧붙였다. "오래전부터 이렇게 되리라고 확인되어온 거죠. 이는 의심할 여지가 없어요. 그리고 두 왕국 사이의 우의는 깊어만 갔죠. 그래도 말로 표현하는 게 필요했던 겁니다. 낱말이 기대되었던 거죠. 그 낱말이 놀라울 만큼 완벽하게 선택된 겁니다. 그것이 초래한 효과는 당신도 알고 있는 바입니다. 내가 열렬한 갈채를 보낼 정도죠."

"여러 해 전부터 친구 되시는 보구베르 후작께서 두 나라의 우호 관계에 노력해오셨으니, 매우 만족하셨겠습니다.”

“그런 수를 잘 부리시는 왕께서 그를 앞질러 놀라게 하시려는 생각이었으니까 더욱 그럴 테죠. 하기야 이건 누구에게나 다 뜻밖의 기습이라, 들리는 소문에 의하면 처음에는 외무 장관도 그다지 달가워하지 않았답니다. 이 이야기에 대해 그에게 물어보기라도 하면, 주위 사람들에게 들릴 정도의 큰 목소리로 단호하게 ‘나는 의논에도 관계하지 않았고 짐작도 못했다’고 이번 일에 조금도 책임 없음을 분명히 밝혔으리라 봅니다. 사실 이번 일은 확실히 엄청난 소란을 일으켰죠. 그런데.” 그는 장난기 어린 미소를 띠며 말했다.

“내 동료 중에서도 최고의 법규는 무사히 지내려는 마음이라고 여기는 이들이 이 사건 때문에 흔들리지 않고 그대로 평온을 유지했는가는 감히 단언하기 어렵습니다. 보구베르로 말할 것 같으면, 아시다시피 프랑스와의 우호 정책 때문에 몹시 공격받아왔는데, 감수성이 강하고 섬세한 사람인지라 아마 그 때문에 가슴 아파했을 겁니다. 나는 이 점을 증명할 수 있는데, 그 사람은 나보다 나이가 한참 아래지만 나와 자주 오가는 오래 사귄 벗이어서 그 사람됨을 잘 알고 있기 때문입니다. 하기야 그를 모르는 사람이 어디에 있겠습니까? 그는 수정처럼 투명한 영혼을 지닌 인물이죠. 그를 비난할 수 있다면 이것이 단 하나의 결점이기도 합니다. 바로 외교관의 마음이 그처럼 투명해야 할 필요는 없다는 뜻이죠. 그렇다고 해서 그를 로마로 파견하는 데 이 결점이 방해가 되는 건 아닙니다. 로마로 파견되는 건 좋은 기회이기는 하나 힘든 자리입니다. 우리끼리 이야기지만 보구베르가 아무리 야심이 없더라도 이 자리를 몹시 기뻐할 게 물론이려니와, 이 성찬(聖餐)의 잔을 다른 데로 돌리지는 않을 거라고 생각해요. 그는 아마 그곳에 가서 훌륭한 일을 할 겁니다. 그는 콩술타*1의 유력한 후보자이고, 또 예술적 감각을 갖고 있으니까요. 파르네제*2 궁이나 카라치 화랑을 배경 삼아 만족스레 앉아 있는 모습도 또렷이 눈앞에 떠오르는군요. 적어도 누구 한 사람 그를 미워하지는 못할 거라고 생각합니다. 그러나 테오도시우스 왕의 측근에는 유력한 독일파 도당이 있어, 그들이 크건 작건 빌헬름슈트라세*3에게 충성을 바치고 있으므로

*1 이탈리아 외무부.

*2 이탈리아에 있는 프랑스 대사관 소재지.

*3 독일 외무부.

순순히 그 지령에 따라 수단을 가리지 않고 보구베르를 궁지에 몰아넣으려고 했던 겁니다. 보구베르는 이런 복도에서 꾀하는 음모에 맞닥뜨렸을 뿐만 아니라, 돈 받고 양심을 판 신문쟁이의 부당한 욕설에도 부딪쳐야 했죠. 이들은 매수당한 기자가 다 그렇듯 비열한 놈들이어서 나중에 누구보다 먼저 '아만(aman)'*[1]을 부르짖었지만, 그전까지는 우리나라를 대표하는 이 사람을 적대시하여 터무니없게도 어리석은 중상모략에 앞장섰죠. 보구베르의 적수들은 한 달이 넘도록 그를 둘러싸고 스칼프(scalp)*[2]의 춤을 추었던 겁니다." 노르푸아 씨는 이 마지막 말에 힘주어 말했다. "그러나 준비된 자, 두 배의 가치가 있다는 말처럼, 그는 그런 욕설을 물리쳐버렸죠." 그는 더욱 힘차게 그리고 사나운 눈초리를 지으며 덧붙여서, 우리가 무심코 식사를 멈출 정도였다. "아랍 속담에도 있지 않습니까, '개들이 짖어대도 대상(隊商)은 앞으로 나아간다.'"

이 인용을 한 뒤 노르푸아 씨는 입을 다물고 우리 쪽을 바라보며 그 효과를 알려고 했다. 효과는 컸다. 모두가 알고 있던 속담이기 때문이다. 사실 이 속담은 그해의 유행으로, 그 때문에 지체 높은 사람들 사이에서 '바람을 뿌리는 자, 폭풍우를 거둔다'라는 속담과 맞서고 있었다. 그리고 나중 속담은 '프러시아 왕을 위해 일한다'*[3]만큼 끈기 있고 뿌리 깊은 게 아니었으므로, 잠시 쉬게 할 필요가 있었다. 왜냐하면 이러한 지체 높은 분들의 교양(culture)은 돌려짓기와 같은 것으로, 더구나 보통 3년 교대로 심어지기 때문이었다. 확실히 노르푸아 씨는 〈양세계 평론〉 원고를 이러한 인용으로 장식하는 데 뛰어난 솜씨가 있었으나, 그러한 인용은 결코 원고 자체를 견실하고 조리 있는 것으로 보이게 하지는 않았다. 이러한 인용구로 화려하게 꾸미지 않아도 노르푸아 씨는 시기적절하게 다음과 같이 충실히 쓸 수 있었다—또 그렇게 틀림없이 쓰곤 했다—'세인트 제임스 궁의 내각*[4]도 재빨리 위험을 감지했다', '퐁토샹트르(Le Pont-aux-Chantres)*[5]에서는 인심의 동요가 심해 사람들은

*1 아랍인이나 회교도가 전투 때 목숨을 살려달라고 부르짖는 소리.

*2 아메리카 인디언이 전리품 삼아 적한테서 벗기는 머릿가죽.

*3 보람 없는 일이라는 뜻.

*4 영국 내각.

*5 제정 러시아의 외무부.

저마다 쌍두(雙頭) 군주제의 이기적이면서도 교묘한 정책의 앞날을 불안한 눈으로 바라보고 있었다', '위급을 알리는 아우성이 몬테키토리오*3에서 나왔다', 또는 '발플라츠*4식의 늘 겉과 속이 다른 행동.' 이와 같은 표현을 읽고, 문외한의 독자는 저자가 곧 직업적인 외교관인 줄 알아보고 존경했었다.

그러나 남에게 그를 그 이상으로 여기게 하여 탁월한 교양의 소유자로 말하게 했던 것은 계산된 그의 인용구 때문이었는데, 그중에서도 대표적인 본보기라 할 만한 것으로 '루이 남작이 늘 말했듯이, 내게 좋은 정책을 행하라, 그럼 그대에게 좋은 재정(財政)을 행하겠다'라는 말이 있었다('승리는 적보다 15분 더 견디는 쪽에 돌아간다'는 말이 동양에서 아직 전해지지 않았으므로). 이러한 문학적인 재능에 대한 명성은 무관심을 가장한 가면 밑에 숨은 뛰어난 천재적 재능과 힘을 합쳐, 노르푸아 씨를 학사원의 정신과학회 회원으로 가입케 하였다. 그리고 노르푸아 씨야말로 정신과학 아카데미에 적당한 인물이라고 여기는 사람조차 있었다. 왜냐하면 노르푸아 씨는 우리 국민이 영국과의 협조에 도달할 수 있는 데는 러시아와의 동맹을 긴밀하게 하는 길밖에 없음을 지적하려고 망설임 없이 썼던 것이다. '케 도르세는 명확히 이를 알아야 한다. 오늘날의 지리 교과서는 본문제에 대해서 불충분한 게 분명하며 앞으로는 모두 다음과 같이 가르쳐야 한다. 대학입시 자격시험에서 이를 모르는 모든 수험생은 가차 없이 낙제시켜야 한다. 곧 모든 길은 로마로 통한다지만, 파리에서 런던으로 가는 길은 반대로 페테르부르크를 거쳐야만 한다는 것을.'

"요컨대." 노르푸아 씨는 아버지에게 고개를 돌리며 계속해서 말했다. "보구베르는 이 사건으로 커다란 성공을 거두었습니다. 그것도 당사자가 기대하던 것 이상으로. 사실 그는 예절 바른 건배의 축사를 기대했을 뿐(요즘의 형세에 비하면 그것만으로도 대단한 성공이니까요), 더 이상 바라지 않았습니다. 참석한 몇몇 사람이 내게 단언한 바에 의하면, 그 건배의 축사는 뒤에 읽어도 그것이 일으킨 효과를 이해할 수 없는 것으로, 그만큼 화술의 명수이신 왕은 인사 도중에 과도하거나 미묘한 의미를 남김없이 강조하면서 하나하나 말로 살리셨다고 합니다. 이에 관해서 내가 참으로 재미나게 들은 유쾌

*3 이탈리아 의회.

*4 옛날 오스트리아 헝가리의 외무부.

한 일화는, 테오도시우스 왕의, 그 여러 사람의 마음을 사로잡는 젊은이다운 풍부한 매력을 다시 한 번 드러내주는 것입니다. 내게 말해준 사람이 확언한 바에 의하면, 바로 그 '친화력'이라는 말은 연설의 놀라운 개혁이며, 당분간 외무부 내의 논의를 돋울 테지만, 폐하께서는 대사의 기쁨을 미리 짐작하시어(대사로 말할 것 같으면, 이 말씀 가운데서 자기의 수고, 자기 꿈의 달성에 대한 화관이라고 할까, 다시 말해 원수(元帥)의 지팡이를 발견하려고 했으니까) 이 보구베르 쪽으로 몸을 반쯤 돌리시고, 외팅겐 가문 특유의 눈길을 그에게 보내시며 그토록 잘 선택한 그 '친화력'이라는 낱말을, 참으로 뜻밖에 발견한 그 낱말을, 그것도 의식적으로, 그리고 사정을 알고 난 다음에 그것이 쓰이고 있는 줄을 모두에게 알게 하시는 투로 말씀하신 겁니다. 보구베르는 감동을 억누르지 못하고 있는 듯이 보이더랍니다. 솔직히 나도 어느 정도 이해가 갑니다. 믿을 만한 어떤 사람이 내게 이렇게까지 밝혀 주었지만, 왕께서 만찬 뒤 여러 사람에게 둘러싸여 계실 때 보구베르 쪽으로 다가가시어 작은 목소리로 '후작, 그대의 생도에 만족하십니까?'라고 하시더랍니다. 확실히" 하고 노르푸아 씨는 결론지었다. "이와 같은 건배 축사는, 테오도시우스 2세의 화려한 표현을 빌리자면 두 나라 사이의 '친화력'을 더 강화하기 위해 20년이라는 시간이 이룰 수 있는 것보다 더 많은 활동을 하였습니다. 그것은 한갓 낱말에 지나지 않습니다. 그러나 보십시오. 그것이 얼마나 많은 사람의 입에 올랐는가를, 유럽의 신문 잡지가 그것을 얼마나 되풀이하고 있는가를, 얼마나 많은 관심을 일으켰는가를, 얼마나 새로운 반향을 일으켰는가를. 게다가 그것은 왕자의 품위를 엿보게 해줍니다. 그렇다고 해서 나는 왕께서 그처럼 순 금강석을 날마다 발견하신다고까지 말하려는 건 아닙니다. 그러나 초고를 준비한 연설에서는, 더구나 즉석에서 단정을 내려야 하는 회담에서는 그 날카롭고 매서운 낱말로써 생기 있는 특징(signalement)을 보이시지 않는 때가—아니, 그 서명(signature)을 넣지 않는 때가—매우 드뭅니다. 이런 문제에 관해서 내가 너무나 편파적이라는 의심을 받지는 않는다고 믿어요. 나는 이러한 혁신을 모두 적대시하니까. 틀림없이 혁신이란 위험천만한 일이거든요."

"그러실 테죠, 독일 황제의 최근 전보가 당신의 뜻과 맞지 않을 거라고 생각했습니다." 아버지가 말했다.

노르푸아 씨는 아! 그거! 하고 말하듯 눈길을 천장으로 옮겼다. "첫째로, 그것은 배은망덕한 짓입니다. 범죄 이상입니다. 과실입니다. 그것도 피라미드를 쌓아올린 만큼 크나큰, 어리석기 짝이 없는 과실입니다. 어쨌든 누군가 막지 않으면 비스마르크를 실각시켰던 그 인물은 차츰차츰 비스마르크 정책을 아주 없애버리는 방향으로 나아가겠지요. 그런 곳에 한번 뛰어들면 앞이 캄캄할 뿐이죠."

"남편에게 들었습니다만, 이번 여름 남편과 에스파냐에 가신다고요. 저 사람을 위해서도 퍽 좋은 일이라고 생각해요."

"그렇습니다, 이 계획에 아주 마음이 끌려 기쁨으로 삼고 있습니다. 이 여행을 댁과 함께한다면 더할 나위 없이 좋겠습니다. 그런데 부인은 이번 휴가를 어떻게 보내시기로 하셨나요?"

"아마 아들과 발베크로 가겠지만, 아직은 모르겠어요."

"아아! 발베크는 좋은 곳이죠. 나도 몇 해 전에 들른 일이 있는데, 매우 세련되고 아담한 별장들을 짓기 시작하더군요. 그곳이라면 마음에 드실 겁니다. 그런데 실례되는 말씀입니다만, 누가 발베크를 추천하셨나요?"

"아들이 시골 성당, 특히 발베크의 성당을 몹시 구경하고 싶어해요. 저는 아들의 건강을 생각하면 여행길의 피로나 머무는 데 오는 피곤이 조금 걱정되지만, 그래도 최근 훌륭한 호텔이 들어섰다는군요. 그런 호텔이라면 소홀함이 없을 테니 아이도 안락하게 지낼 수 있으리라 생각해요."

"아아 그래요! 그럼 나도 어느 부인에게 이 사실을 알려 드려야겠는데요. 그 점을 중요하게 생각했으니까."

"발베크의 성당은 훌륭하죠?" 나는 발베크의 매력 가운데 한 가지가 멋들어진 별장에 있다고 들은 슬픔을 억누르며 물었다.

"그럼, 나쁘지 않고말고. 하지만 아무래도 비교될 수는 없네. 금은 세공 그대로의 랭스나 샤르트르의 대성당이, 내 취향대로라면 그중에서도 진수라고 할 만한 파리의 생트샤펠 같은 곳에 비하면."

"하지만 발베크의 성당은 일부가 로마네스크 아닙니까?"

"그렇죠, 로마네스크 양식이죠. 하지만 그 양식 자체가 이미 차가워져 석재를 레이스처럼 세공하는 후대 고딕 건축가의 우아함이나 공상력을 엿보게 하는 게 하나도 없어요. 그래도 발베크의 성당은 한번 방문할 만한 값어치가 있죠. 꽤 독특한 곳이니까. 비오는 날 할 일 없을 때, 성당에 들어가도 좋죠. 투르빌(Tourville)*의 묘가 보일 겁니다."

"어제저녁 외무부 연회에 참석하셨습니까? 나는 못 갔지만." 아버지가 물었다.

"못 갔습니다." 노르푸아 씨는 미소 지으며 대답했다. "실은 아주 색다른 모임에 참석하느라고 그만 가지 못했습니다. 아마 소문 들으셨겠지만, 나를 만찬에 초대하신 분은 아름다운 스완 부인입니다."

어머니는 몸서리를 참았다. 왜냐하면 어머니는 아버지보다 직감이 빨라 곧 아버지를 당황케 할지도 모르는 것을 미리부터 걱정하곤 했기 때문이다. 국내에 있는 우리보다 도리어 나라 밖 사람들이 프랑스에 관한 불미스러운 사건을 먼저 알듯이 아버지에게 닥쳐오는 불쾌함은 먼저 어머니에 의해 감지되었던 것이다. 그러나 과연 스완 부부가 어떠한 사람들을 초대했는가 알고 싶어서, 어머니는 노르푸아 씨한테 거기서 만난 사람들에 대해서 물었다.

"글쎄…… 뭐라고 할까, 그 집은 특히 남자분들이 더 많이 오는 곳인가 보더군요. 결혼을 한 남자도 몇몇 있었는데, 그 부인들은 그날 저녁 몸이 불편하다고 참석하지 않았어요." 대사는 순박함 뒤에 비웃음을 숨기고 주위를 둘러보며 말했는데, 그 눈길의 온화함과 조심성이 그의 심술을 누그러뜨리는 듯 보이면서 그것을 교묘하게 과장하고 있었다.

"아주 분명히 말해둬야 할 점은, 그 집에 부인들도 오기는 옵니다. 그러나 그것은…… 오히려…… 뭐라고 할까, 스완(노르푸아 씨는 스반이라고 발음했다)과 친하다기보다는 공화국에 속하는 여성들이었습니다. 하지만 누가 압니까? 그곳이 언젠가는 정치나 문학 살롱이 될는지. 그래도 그런대로 다들 매우 만족해하는 것 같더군요. 내가 보기에 스완은 그 만족감을 좀 지나치게 떠벌리는 성싶어요. 그는 다음 주에 자기 부부를 초대해준 사람들의 이름을 늘어놓았는데, 친하다고 해도 자랑할 만한 사람들이 아닌 데다 또 겸손도 기품도 없이 거의 눈치없게 지껄이는 모습을 보며 적잖이 놀랐습니다. 그는 되풀이해서 '우리에게는 한가한 저녁이 없답니다'라고, 마치 그것이 무슨 명예나 되는 것처럼, 그리고 틀림없는 벼락부자처럼 말하더군요. 벼락부자

* 프랑스의 제독(1642~1701).

가 아닌데도 말이죠. 왜냐하면 스완에게는 친구들이 많았고, 부인의 친구들도 만만치 않았으니까 이렇게 말해도 조금도 지나치거나 실없는 말은 아닐 겁니다. 그래서 나는 그 여자친구들 모두는 아닐지라도, 한 걸음 더 양보하여 적어도 그중 한 사람과 꽤 지체 높은 귀부인 한 사람쯤은 스완 부인과의 교제를 찬성하진 않을까, 그리고 그런 경우에는 한두 마리가 아닌 파뉘르주*1의 양들이 그 뒤를 따를 수 있지 않을까 생각했습니다. 하지만 스완은 그런 일에 대해서는 도무지 흥미가 없는 것 같더군요. 아니, 또 네셀로드 푸딩을 주십니까! 이와 같은 루쿨루스*2의 향연에 참석하고 나서는 카알즈배드 온천에 위장을 고치러 가지 않을 수 없겠는데요…….

아마 스완은 정복하기엔 너무나 많은 장애를 느꼈나 봅니다. 확실히 사람들이 그 결혼을 좋아하진 않았습니다. 스완 부인의 재산에 눈독을 들이고 지껄여대는 이도 있기는 하나, 그건 새빨간 거짓말이죠. 그나저나 그 결혼은 항간에 좋은 인상을 주지 못했습니다. 게다가 스완에게는 매우 부유하며 인망이 두터운 숙모가 한 분 계시는데, 그 남편은 재정계에서 절대적인 힘이 있는 사람입니다. 이분은 스완 부인을 접대하기를 거절했을 뿐만 아니라, 친구나 벗들이 같은 행동을 취하게끔 사교계 법칙에 어긋나지 않는 선동을 했습니다. 그렇다고 해서 훌륭한 사교계에 드나드는 파리 상류 사회 남성이 스완 부인에게 실례되는 행동을 한다는 뜻은 아닙니다…… 아니고말고요! 단연코 아니죠! 게다가 남편 스완은 조금이라도 비위가 상하면 당장에 결투를 걸 인물이니까요. 하여간 이상한 점은 저렇게 많은 사람, 더구나 바르고 착한 사람들을 알고 있는 스완이 기껏해야 매우 잡다한 인간의 화합이라고밖에 말 못할 사람들에게 그처럼 집착하는 걸 목격한 일입니다. 지난날의 그를 알고 있는 나로서, 그처럼 좋은 교육을 받으며 자라고, 그처럼 추리고 추린 무리 가운데 총아였던 사내가 체신부의 일개 국장 내방에 넘치는 감사의 말을 바치면서 스완 부인이 그 부인을 찾아가 만나는 것을 '허락해주겠느냐'고 묻는 걸 보니 놀랍고 이상한 기분이 들었습니다. 그렇지만 스완의 처지를 짐작하건대 아마 낯선 타향에 있는 심정이겠죠, 분명히 이전과는 딴 세계이니까. 그러나 나는

---

*1 라블레의 《가르강튀아와 팡타그뤼엘》에 나오는 인물. 파뉘르주의 양(mouton de Panurge)은 '부화뇌동하는 사람'이라는 뜻.

*2 로마의 장군(B.C. 117~56). 부귀와 사치로 유명함.

스완이 불행하다고는 생각지 않습니다. 결혼 전 몇 해 동안, 스완 부인은 공갈 비슷한 비열한 수단을 부려 스완이 부인에게 무엇인가 거절할 때마다 두 사람 사이에서 태어난 딸을 빼앗고 말겠다고 한 건 사실입니다. 가엾게도 스완은 세련되기도 하지만 또 성품이 좋기도 해서, 그런 일이 생길 때마다 딸이 사라진 걸 우연으로 여기고 진실을 알려 하지 않았던 겁니다. 게다가 그녀는 줄곧 그에게 바가지를 긁으며 대들었으므로 그녀의 소원대로 결혼하게 되었을 때, 그녀를 누를 것은 아무것도 없어서 틀림없이 두 사람의 결혼 생활은 지옥이 될 거라고 모두들 생각했습니다. 그런데 말입니다. 결과는 정반대였습니다. 지금은 스완이 부인에 대해 말할 때의 모습을 농담 삼아 많이들 말하죠. 공공연하게 비웃기까지 하고요. 그야 물론 남들은 예상 못한 일이죠, 자기가 좀 그것……(아시죠, 몰리에르의 말)*인 줄을 스스로 알면서도 그걸 온 세상에 떠벌리고 다닐 줄은. 게다가 자기 마누라를 훌륭한 아내니 뭐니 하고 다니면, 아무래도 그 말이 허풍으로 들리거든요. 그런데 또 그 말이 남들이 생각하는 것만큼 거짓은 아니죠. 그녀는 보통 남편 같으면 누구나 사양하고 싶은 그녀 식으로—그러나 요컨대, 우리끼리 이야기입니다만, 스완은 훨씬 전부터 그녀의 사람됨을 알아왔고, 바보 천치는커녕 정반대의 남자였으니까 어떻게 해야 할지 몰랐다고는 생각하지 않으나—그에게 애정을 품고 있는 건 부정할 수 없습니다. 항간의 입바른 사람들이 신나게 떠들어대서 아실 테지만, 그 소문을 믿는다면 나도 그녀가 변덕스런 여인이 아니라거나, 또 스완 자신도 그녀 못지않은 변덕쟁이가 아니라고 하는 말은 아닙니다. 하지만 그녀는 스완이 자기에게 해준 일에 대해 감사해하고, 사람들이 하는 걱정과는 달리 천사처럼 정숙한 부인으로 보이기도 합니다."

어쩌면 이 변화는 노르푸아 씨가 생각한 만큼 엄청난 일이 아닐지도 모른다. 오데트는 스완이 자기와 결혼해주리라고는 믿지 않았다. 요사이에 어느 어엿한 사내가 정부와 결혼했다는 이야기를 꺼낼 때마다 그녀는 그가 차가운 침묵을 지키는 걸 보거나, 기껏해야 그에게 노골적인 말로 "여보, 멋진 일이라고 생각하지 않나요? 자기 때문에 젊음을 바친 여인을 위해서 그 사

* 자기 아내가 다른 남자와 간통함. 곧 코퀴(cocu).

내가 한 행동이 아름답다고 생각하지 않아요?"라고 물었을 때, "그걸 나쁘다고는 말하지 않아. 사람은 저마다 방식이 있으니까"라고 퉁명스럽게 대답을 듣는 게 고작이었다. 뿐만 아니라 그녀는 홧김에 그가 한 말을 진심으로 받아들이고 스완이 자기를 영영 버릴지도 모른다고까지 여겼던 것이다. 그도 그럴 것이, 며칠 전 어느 여류 조각가로부터 "사내들이 하는 짓이란 다 그렇고 그래, 하나같이 비열한 놈들이거든" 하는 말을 들었기 때문이다. 그리고 이 비관적인 격언의 깊은 뜻에 충격을 받아, 이를 제 신세에 적용시켜 걸핏하면 그런 말을, '결국 그렇게 될 수밖에 없을 거야, 그것도 내 팔자니까' 라고 낙심한 태도로 말했었다. 따라서 지금까지 오데트의 생활을 이끌어 온 '자기에게 반한 사내는 무엇을 하든 상관하지 않는다, 사내들이란 바보니까'라는 낙천적인 격언, 이를테면 '걱정 마라, 저 분은 아무것도 부수지 않을 테니까'라는 말뜻을 담은 눈길로 얼굴에 드러나곤 하던, 그 낙천적인 격언으로부터 오는 효력이 모조리 빠지고 말았다. 어쨌든 오데트는 자기가 스완과 함께 그늘에서 살아온 세월보다 짧게 상대 남성과 살다가 결혼하고, 그 남성과의 사이에 아직 애가 없으며, 지금은 상당한 존경을 받으면서 엘리제궁 무도회에도 초대받는 신분이 된 자기 친구 가운데 한 여인이 스완의 행동에 대해 어떻게 생각하고 있을까 고민했다. 진단가 노르푸아 씨보다 더욱 해박한 인사였다면, 모르면 몰라도 오데트의 신경을 날카롭게 한 것은 굴욕감과 수치심이었다는 사실, 그녀가 드러내던 감당하기 어려운 성격은 그녀 본질이 그런 것도, 고칠 수 없는 난치병도 아니었다는 사실을 진단할 수 있었을 터이며, 또 그 뒤에 실현된 것, 곧 새로운 생활의 원칙, 올바른 부부생활의 원칙만 적용하면, 날마다 일어나면서도 조금도 체계가 서지 않는 그런 뜻하지 않은 괴로운 일들이 거의 마술같이 신속하게 사라지리라는 사실을 쉽사리 예언했으리라.

거의 모든 이가 이 결혼에 놀랐다. 그러나 이 놀라움 자체가 놀라운 일이다. 아마 대부분은 이성 사이의 사랑이 순전히 주관적인 성질이라는 것을 이해하지 못한다. 사랑이 창조하는 다른 새로운 인격을 이해하지 못한다. 그러므로 몇몇 사람들 말고는 사람들 사이에서 통하는 이름 그 자체의 당사자와는 아주 딴 존재의, 게다가 우리 자신의 순전한 주관으로부터 나온 부수적인 인격을, 눈에 보이는 모습과는 전혀 다른 한 인간이 우리 마음속에 차지하는 커다란 크기를 자연스러운 것으로 느낄 수가 없다. 그렇지만 오데트에 관한 한 다음과 같은 사실은 누구나 다 이해했을 거라 생각한다. 곧, 설사 그녀가 스완의 지성을 완전하게 이해하지 못했을망정 적어도 베르메르라는 그녀 양재사의 이름과 비슷하게 친숙해질 정도로 그가 연구하는 제목과 내용을 상세히 알고 있었을 거라고.

그녀는 스완의 성격에 대해 속속들이 알고 있었다. 그것은 남들이 모르거나 또는 우스꽝스러운 것으로 여기는 점이지만, 정부(情婦)나 누이만은 그것과 비슷한 모습을 마음속에 지니며 사랑한다. 다시 말해 우리는 설사 아무리 그것을 고치려 해도 그러한 성격의 여러 특색에는 강하게 마음 끄는 데가 있어서, 여성이 그런 것에 익숙해지고 말아, 우리가 집안 식구끼리나 가까운 친척 사이에서 그러하듯 너그럽게 가벼이 놀릴 수 있는 것도 결국은 오랜 사귐이 가정적인 애정에서 나오는 다사로움이나 강함을 만들어내고 있기 때문이다. 유대는 상대가 우리의 결함을 판단하는 데 있어 우리와 같은 관점에 서게 되면 마치 신성화된 것처럼 느껴진다. 그런데 스완의 여러 특색 가운데 스완의 성격이면서 동시에 그의 지성에 속하는 것이 있다. 그런데도 그 뿌리는 성격 가운데 있었으므로 오데트는 그의 여러 특색을 판별하기가 그다지 힘들지 않았다.

그녀는 스완이 글을 써서 연구 결과를 발표할 때, 그러한 여러 특색이 그의 편지나 대화 속에 있는 것만큼 풍요하게 보이지 않는 것을 아쉬워했다. 그녀는 되도록 스완에게 특색을 더 많이 보이라고 권했다. 그녀가 그러기를 바란 이유는 가장 좋아하는 스완의 모습이 바로 그런 점이기 때문이며, 또 실제로 가장 스완다운 점이기 때문이다. 그녀가 그 특색을 좋아한 이상, 그가 쓴 글에서 그러한 모습을 발견하고 싶었던 게 그녀의 잘못은 아니다. 아마 그녀는 이렇게 생각했는지도 모른다. 작품이 보다 살아 있는 듯 실감 나면 마침내 스완도 성공을 하여, 베르뒤랭네에서 최상으로 귀중한 거라 가르친 살롱이라는 것을 자기도 열 수 있을지 모른다고.

이런 결혼을 어리석은 짓으로 비웃는 이들도 막상 자신의 일이 되면, '내가 몽모랑시 아가씨와 결혼한다면 게르망트 씨는 어떻게 생각하고, 브레오테는 뭐라고 할까' 하고 생각할 테고, 20년 전이라면 스완도 그 자신을 놓고 그려보았을 것이다. 그 무렵, 자키 클럽 회원에 뽑히고자 많은 애를 썼던 그는 빛나는 결혼으로 자기 지위를 반석 위에 올려놓고 파리의 가장 유명한 인사들 가운데 하나가 되겠다는 생각을 품고 있었다. 단지 그 같은 결혼에 대해 본인이 그리는 영상이 온갖 영상이 그러하듯 흐려지다가 아주 사라져버리는 일이 없으려면, 밖으로부터 오는 양식이 있어야 한다.

자신의 가장 열렬한 꿈이 자기에게 굴욕을 준 사나이를 모욕하는 데 있다고 하자. 그러나 상대가 다른 나라로 이주해버려 이제 그에 대한 소문을 듣지 못한다면, 그 적은 자기에게 조금도 중요하지 않게 되어버린다. 만약 자기가 어떤 사람들 때문에 자키 클럽이나 학사원에 들어가고 싶었는데 그 사람들 가운데 한 사람도 만나지 못한 채 20년이 지나버린다면, 둘 가운데 그 어느 한 곳의 회원이 되리라는 전망도 없을 뿐더러 조금도 자기 마음을 끌지 않았으리라. 그런데 은퇴나 병환, 개종 따위와 마찬가지로 오래된 연인과의 관계 또한 옛 영상이 새 영상으로 바뀐다. 스완의 경우 그가 사교적인 야심을 포기한 것은 오데트와 결혼하고 나서가 아니었다. 실은 오래전부터, 오데트가 그를 이런 야심으로부터, 그 낱말의 정신적 뜻에서 '떼어놓고' 있었다. 하기야 그가 이 사교적인 야심에서 떨어져 있지만 않았더라도 그것은 그의 가치를 높였을 것이다. 일반적으로 불명예스런 결혼이 온갖 결혼 중에서 가장 높은 가치를 받는 까닭은 순전히 집안끼리의 행복에 만족하므로 얼마간 마음 끌리는 공적 지위를 희생시키지 않을 수 없다는 데 있다(불명예스런 결혼은 사실 금전적인 결혼이라는 의미는 아니어서 아내 또는 남편이 돈으로 매수되어 한 쌍이 된 부부도 결국 사교계에 받아들여지지 않은 예가 이제껏 없다. 설사 그것이 허다한 선례를 기준으로 하고 인습에 따르는 것에 지나지 않거나, 또 공평함을 잃지 않기 위한 것에 지나지 않았더라도).

아마 한편으로는 타락자로서가 아니더라도 예술가로서, 스완은 멘델 학파가 행하는 바와 같은, 또는 신화에서 이야기하는 바와 같은 이러저러한 교배의 예를 몸소 실행하여 혈통이 전혀 다른 오스트리아 공주나 매춘부 따위를 저 자신과 짝지우는 데, 다시 말해 왕가 또는 지체 낮은 여인과 결혼하는 데에 나름대로 어떤 기쁨을 느꼈을지도 모른다. 오데트와 결혼할지도 모른다고 생각했을 때마다 그의 마음에 걸리는 단 한 사람이 있었다. 바로 게르망트 공작부인이었는데, 속물근성은 아니었다. 반대로 오데트는 이분에 대해서 조금도 개의치 않았다. 그녀의 머릿속에 자리잡고 있는 것은 그처럼 뜬구를 잡는 동떨어진 계급 사람들이라기보다는 오히려 바로 그녀 자신 위에 자리잡고 있는 사람들뿐이었다. 그러나 스완은 이따금 생각에 잠겨 있다가 자기 아내가 되어 있는 오데트를 보거나 할 때, 자기가 아내를, 특히 딸을 데리고 롬 대공부인—부인은 오래지 않아 시아버지의 죽음으로 게르망트 공작부인이 된다—댁으로 가는 순간을 떠올리곤 하였다. 하지만 공작부인이 오데트에게 자기에 대한 이야기를 하고 또 오데트가 게르망트 부인에게 할 여러 이야기, 부인이 딸을 아끼며, 이러한 딸을 가진 자기에게 자부심을 불어넣으면서 질베르트에게 나타내 보일 애정, 그러한 것들을 입속말로 중얼중얼하면서 생각해낼 때 가슴이 뜨거워지는 것이었다. 그는 먼저 김칫국부터 마시면서 복권에 당첨되면 무엇에 쓸까 세세하게 생각하는 사람들처럼 소개 장면을 뚜렷하게 떠올리면서 눈앞에 그려보곤 하였다. 우리가 어떤 결단을 내릴 때, 그에 따른 영상이 그 결단의 동기로 간주할 수 있는 한도 내에서 다음과 같이 말할 수 있다—스완이 오데트와 결혼한 까닭은, 아무도 없는 곳에서, 필요하다면 누구에게도 절대로 알리지 않고 오데트와 질베르트를 게르망트 공작부인에게 소개시키기 위함이었다. 그러나 아내와 딸을 위해 스완이 바라 마지않던 이 유일한 사교적인 야심도 그에게 금지된 채 실현되지 않고 끝나고 말았는지, 더구나 그 금지가, 이 모녀가 결코 공작부인에게 알려지는 일이 없을 줄로 굳게 믿으면서 스완이 죽어갔을 정도로 절대적인 거부권 때문인 것이 나중에 밝혀지리라. 반대로 게르망트 공작부인이 스완이 죽은 뒤에 오데트와 질베르트하고 친분을 맺은 일도 나중에 밝혀지리라. 따라서—그가 그런 보잘것없는 일을 중요시했다면—그것에 관한 미래를 그리 어둡게 가지지 말고, 숙원하던 만남을 그런 걱정 없이 즐길 때에 실현될 거라고 생각하는 편이 현명했을 것이다.

인과 관계의 작용이란 가능한 거의 모든 결과를 오래지 않아 빚어내는 법이라 생각지 않던 결과를 내는데, 그 작용은 흔히 느릿느릿하여 그것을 재촉하려는 우리 욕망—그 때문에 도리어 그걸 망치는—때문에 더욱 느려져, 결국 우리가 욕망하기를 그만두었을 때에 가서야, 경우에 따라선 살기를 그만두었을 때에 가서야 실현되기도 한다. 스완은 그 자신의 경험으로 그 점을 몰랐던가? 그리고 그가 지극히 사랑했던—설령 처음 보았을 적에 그의 마음에 들지 않았더라도—그 오데트를 이미 사랑하지 않고 나서 말이다. 다시 말해 그토록 오데트와 평생 함께 살기를 갈망하지만 이뤄지지 않아 절망하던 한 인간이 죽고 나서, 그가 함께 살게 된 오데트와의 결혼, 그 결혼이야말로 이미 삶에서—이를테면 그가 죽은 다음에 일어나게 되어 있는 것의 전조로써—어떠한 죽음 뒤에 오는 행복 같은 게 아니었을까?

나는 파리 백작에 관한 말을 꺼내 그분이 스완의 친구가 아니었는지 물어보았다. 이것도 화제가 스완에게서 딴 데로 넘어갈까 봐 걱정했기 때문이다. "암, 그렇지." 노르푸아 씨는 내 쪽으로 몸을 돌리면서, 또 그 위대한 수완과 동화의 재능이 활기에 넘치고 있는 푸른 눈을 변변치 못한 나에게 고정시키면서 대답했다. 그리고 "아니 저" 하고, 다시 아버지 쪽으로 눈길을 돌리며 덧붙였다. "이 자리에서 당신에게 꽤 재미있는 일을 말씀드렸다고 해서 대공*에게 바치는 존경의 마음에 벗어난다고는 여기지 않지만(이라고 하나, 아무리 비공식적일지라도 내 처지를 곤란하게 만들 개인적인 관계를 그분과 맺고 있는 것도 아니지만요), 실은 아직 4년도 채 안 되는 일인데, 동유럽의 어느 작은 역에서 그분이 어쩌다가 스완 부인과 마주친 적이 있어요. 그야 물론 측근에 있던 누구 하나 각하가 어떻게 생각하셨는가를 물어보지 않았습니다. 실례되는 일이니까. 그런데 우연히 오가는 말끝에 그녀의 이름이 나왔을 때, 그분은 눈에 띄지 않을 정도라고나 할까, 그래도 뚜렷한 표정으로 그녀의 인상이 호감가지 않는 것과는 거리가 멀다는 기분을 기꺼이 보이시려고 하는 성싶었죠."

"그러나 파리 백작에게 스완 부인을 소개할 수는 없었겠지요?" 아버지가 물었다.

"글쎄요! 모르겠군요. 왕족들이란 종잡을 수가 없으니까요." 노르푸아 씨는 대답했다. "충분히 존경받는 지체 높은 분들 가운데에는 세상이 정한 그러한 규정 따위에 조금도 구애되지 않는 분들이 많습니다. 비록 그런 규정이 더할 나위 없이 정당하다 할지라도 문제가 조금이나마 자기 이해에 관련되는 것이라면 아랑곳하지 않아요. 그런데 파리 백작도 스완의 충성심을 늘 지대한 호의로 받아들이는 건 확실해요. 이 점을 보아도 스완은 역시 뛰어난 재사(才士)입니다."

* 오를레앙 대공, 곧 파리 백작을 말함.

"그건 그렇다 치고, 대사님이 받은 인상은 어떠했죠?" 어머니는 예의와 호기심에서 물었다.

담화의 자유자재한 조절을 통해 흘러나오는, 훤히 꿰뚫고 있는 그의 정력과 더불어 "매우 훌륭했습니다" 하고 노르푸아 씨는 대답했다.

그리고 어느 부인에게서 받은 강렬한 인상을 여러 사람 앞에서 털어놓는 건, 그것을 쾌활하게 하기만 하면 재치 있는 대화로 평가될 수 있음을 알고 그는 작은 목소리로 웃었다. 이 웃음이 몇 초 동안 계속되어 늙은 외교관의 푸른 눈엔 눈물이 글썽거렸으며, 붉고 가느다란 실핏줄이 쳐진 콧방울은 연방 벌름거렸다.

"스완 부인은 아주 매력적인 분입니다!"

"베르고트라는 이름의 작가가 그 만찬 자리에 계셨는지요?" 나는 화제가 스완에게 머물도록 애쓰면서 조심스레 물었다.

"응, 베르고트도 있었네." 노르푸아 씨는 마치 내 아버지에게 상냥히 굴려는 마음에서 아버지에게 관련되는 모든 일을, 그것이 노르푸아 씨와 같은 인사로부터 그처럼 예의받는 것에 익숙하지 않은 나 같은 어린아이에게마저 진심으로 소중히 여기는 듯이 정중하게 내게로 고개를 돌리며 대답했다. 그리고 그는 "그분을 아시나?" 하고 비스마르크가 그 통찰력을 칭찬한 날카로운 눈매로 나를 물끄러미 바라보며 덧붙였다.

"이 애는 그분과 만난 적도 없지만 그분을 이만저만 존경하고 있는 게 아니랍니다." 어머니가 대답했다.

"저런." 노르푸아 씨는 말했다(이 감탄사로 나 자신보다 몇천 배 뛰어난 것, 세계에서 가장 훌륭하다고 여겼던 것이 노르푸아 씨에게는 감탄할 만한 게 아니었음을 알아챘을 때, 그것은 늘 나를 괴롭혀온 여러 의혹보다 더 심각하게 내 총명에 대한 의혹을 품게 했다), "나는 그렇게 보는 눈에 찬성할 수 없죠. 베르고트라는 작가는 내가 피리쟁이라고 별명 붙인 인간입니다. 하기야 기교나 겉멋을 부리기는 하지만 그가 시원스레 연주한다는 것만은 인정해야죠. 그러나 요컨대 그뿐이지, 별로 대수롭지 않습니다. 그의 작품에는 근육도 또 골격이라고 부르는 것도 없죠. 줄거리도 없고—있대도 아주 약간—더구나 특히 폭이 없습니다. 그의 책은 바닥이 흔들려요. 아니, 바닥이 없다고 해도 지나친 말이 아니죠. 요즘 같은 시대에는 삶이 복잡해지는 형편이라 책 읽을 시간도 없으며, 유럽의 지도 또한 그 뿌리부터 수정이 가해지고 있고, 더구나 그것이 앞으로 틀림없이 더욱더 커질 경향이 있으며, 험악한 문제가 새로이 곳곳에서 일어나고 있으므로 우리는 작가에게 한갓 문인재사(文人才士)만이 아닌 다른 것이 되어주기를 요구할 권리가 있다고 보는데, 아마 자네도 나와 동감할 테지.

문인재사로 말하자면 순수한 형식 가치에 관한 부질없고 하찮은 논쟁으로 우리에게 잊혀지고 있는데, 우리는 안전함과 위태함에서 몰려오는 야만인의 두 성난 파도 때문에 어느 때 휩쓸려갈지 모르는 처지일세. 이러한 말은 그 신사분들이 예술을 위한 예술이라 일컫고 있는 극히 신성한 유파에 대한 모독이라는 걸 나도 잘 알지만, 현대에는 조화롭게 낱말을 정돈하는 것보다 더 긴요한 일이 있네. 베르고트의 수법도 때로는 고혹적이지, 나는 그 점을 부정하지 않아. 하지만 결국 그건 부자연스럽게 꾸며 있어 매우 얄팍하고 남성적 기백이 통 없는 것이라네. 베르고트에 대한 자네의 과장된 감탄으로 미루어보아 조금 전 보여준 문장이 이제야 이해가 가네만, 그 문장을 너그러운 눈으로 봐주지 않는다면 그건 내 잘못이지. 자네 자신도 솔직하게 어릴 적의 심심풀이라고 말했으니까(나는 그렇게 말했다. 그러나 마음속으로는 조금도 그렇게 생각하지 않고서). 용서되지 않는 실수란 없다네. 특히 젊음의 잘못은 요컨대 자네뿐만 아니라 다른 사람들도 똑같이 과오를 범하고 있고, 또 자네 혼자만이 스스로 당대의 시인인 줄 믿고 있는 것도 아니지. 하지만 자네가 보여준 문장 속에는 베르고트의 고약한 영향이 보이더군. 물론 내가 그에게 좋은 점이 하나도 없다고 말해도 자네가 깜짝 놀라지 않을 줄로 아네. 왜냐하면 베르고트는 어떤 독특한 문체를 만들어내는 기교, 그나마 표면적인 것에 지나지 않지만 그런 기교의 대가로서 알려져 왔는데 자네 나이로는 아직 그러한 문체의 아주 초보적인 것조차 얻을 수 없기 때문이지. 그러나 이미 비슷한 결점이 있으니, 먼저 어감 좋은 말을 찾고 그 다음에 뜻을 따지는 모순된 수법이라네. 이는 소 앞에 쟁기를 매는 일이나 마찬가지일세. 베르고트의 책 속에도 그런 것이 있는데 그런 형식상의 까다로운 규칙들, 퇴폐파 문학가의 정밀한 묘사 따위는 내게 모조리 헛된 것으로 보여 어떤 작가가 좀 화려한 불꽃을 쏘아올리면, 독자는 즉시 걸작이라고 외치지. 걸작이란 그처럼 잇따라 나오는 게 아닌데도! 베르고트는 조금이라도 더 높게 비약하고

자 하는 그 소산물로서 서가의 특별한 구석에 놓일 만한 책을—아니, 그 보따리 속에라고 할까—한 권도 갖고 있지 않아. 나는 그의 작품 속에서 그런 것을 한 편도 못 보았소. 그래도 그의 작품이 작가 자신보다는 훨씬 낫지. 정말이지 베르고트야말로 바로 저술을 통해서만 작가를 알아야 한다고 주장하는 현자의 설을 정당화하는 작가일세. 그 사람보다 못난 인간이나 건방지고 점잔 빼는 옹졸한 인간을 보기란 불가능하지. 때로는 야비하고, 때로는 사전처럼 박식한 척하는 말씨로 지껄이는, 그것도 그 자신의 책처럼 지껄이는 게 아니라 적어도 제 것이 아닌, 지루한 연설처럼 지껄이는 자가 바로 베르고트일세. 그의 정신은 뒤죽박죽이고 지나치게 기교를 부리지. 그는 우리 조상들이 허풍쟁이라고 부르던 사람으로서 자기가 하는 말은 그 말투에 의해 더욱 불쾌한 것으로 만들어버리는 인간이라네. 로메니인지 생트 뵈브인지 잊었지만, 비니도 같은 이유에서 사람들의 반감을 샀다는군. 그러나 베르고트는 《생마르(Cinq-Mars)》나 《붉은 봉인》*같이 그 몇 페이지가 선집에 실릴 만한 값어치 있는 작품은 한 번도 쓰지 못했소."

그가 지금 막 내가 보인 단편에 대해 한 말에 마음이 상한 나는, 한편으로 수필을 쓰려고 하거나 또는 단지 진지하게 생각에 잠기려고 하거나 할 때에 느끼던 어려움을 떠올리면서 다시 한 번 지적 무능력을 실감하고 문학을 위해 태어나지 않았다는 걸 느꼈다. 지난날 콩브레에서 어떤 시시한 인상, 때로는 베르고트의 소설 같은 것이 나로 하여금 어떤 몽상에 빠지게 하여, 내게는 그것이 무엇인가 커다란 가치가 있는 것처럼 느껴졌다. 게다가 이런 상태가 나의 산문시에 드러났다. 아마 노르푸아 씨는 내가 허무맹랑한 신기루에 속아서, 오직 그것만 가지고 자신의 시에서 이유 없이 아름답게 느꼈던 것을 금세 간파했을 게 틀림없었다. 대사는 그것에 조금도 속지 않았기 때문이다. 뿐만 아니라 반대로, 그는 지금 막(더없이 큰 호의를 갖고서 임하는, 매우 총명하게 감정하는 이에 의해서, 내가 외부로부터 객관적으로 판단되었을 때) 내가 얼마나 부족한가를 가르쳐주었다. 나는 깜짝 놀라 뒤로 나가떨어진 느낌이 들었다. 그러나 내 정신은 마련된 그릇의 크기만큼 퍼지는 액체처럼, 지난날 천재의 거대한 용량을 채우려고 팽창하던 것과 같은 이치로,

* 둘 다 비니의 작품.

지금은 수축하여, 비좁은 마음속에 갑자기 노르푸아 씨의 손에 의해 가두어져 아주 납작해지고 말았다.

"우리의 첫 대면, 베르고트와 나의 첫 만남은" 하고 노르푸아 씨는 아버지 쪽으로 고개를 돌리며 덧붙였다. "요컨대 매우 까다로운 것이었습니다(결국 그래서 한결 재미난다는 뜻이리라). 몇 해 전에 베르고트가 비엔나에 여행한 일이 있었어요. 내가 그곳에 대사로 있을 때 일이죠. 그는 메테르니히 대공부인의 소개로 나를 찾아와 방명록에 이름을 적었는데, 아마 나에게 초대받고 싶었던 모양입니다. 그런데 나는 프랑스를 대표해서 외국에 와 있는 몸이고, 그도 요컨대 저서에서도 엿볼 수 있다시피 사절에 대하여 어느 정도의, 그나마 정확하게 말하면 매우 가벼운 것이지만 존경을 표하고 있으므로 그의 사생활에 대해 내가 품고 있는 바람직하지 못한 생각은 될 수 있는 대로 피하려 했습니다. 그러나 그는 혼자 여행하고 있었던 게 아니며, 또 동행한 부인과 함께가 아니면 초대받고 싶지 않다고 우겨댔습니다. 나는 남들보다 융통성 없는 사람이 아니라고 스스로 믿고 있으며, 또 홀몸인지라 결혼해서 한 가정의 아버지가 되어 있는 경우보다 조금 폭넓게 대사관 문을 열 수 있는 처지였습니다. 하지만 터놓고 말해 그는 도저히 참을 수 없는 파렴치한이었던 겁니다. 그리고 더욱 구역질나게 하는 점은 베르고트가 저서 안에서 쓰는 유난히 도덕적인, 정확히 말해 교훈적인 말투인데, 평소에는 지독한 상스러움과 몰지각함을 드러내면서 그 저서 안에 보이는 거라곤 비통한 근심, 병적인 회한, 조그만 허물에 대하여 장황하게 늘어놓는 사설(이것은 실제로 당해본 독자가 아는 바이지만) 따위의 끝이 안 나는 것뿐이죠. 게다가 우리끼리 이야기지만, 얼마간 볼품없는 분석뿐입니다. 한마디로 나는 대답을 회피했습니다. 대공부인이 거듭 부탁했으나 결과는 마찬가지죠. 그래서 나는 그 인물한테 호감을 사고 있으리라고는 여기지 않으며, 또 나와 함께 그를 초대한 스완의 친절을 그가 어느 정도 고마워했는지 모르겠군요. 하기야 본인 스스로가 초대를 청했다면 이야기가 다르지만. 누가 압니까, 그 인간은 요컨대 병자이니까요. 또한 그것이 그의 유일한 핑계이기도 하고요."

"스완 부인의 따님도 그 만찬 자리에 나와 있었나요?" 나는 모두 손님방으로 옮겨가는 틈을 타서 노르푸아 씨에게 물었다. 나는 이런 틈을 이용하는 편이 꼼짝하지 않고 환한 등불을 받으며 식탁 앞에 있을 때보다 훨씬 더 수월하게 감정을 감출 수 있었다.

노르푸아 씨는 잠시 생각해내려고 애쓰는 듯했다.

"그렇지 그래, 열넷인가 열다섯 살 정도 되는 아가씨 말이군? 그렇군, 생각이 나는군, 만찬에 앞서 주인의 따님이라고 소개받았소. 잠시 보였을 뿐, 일찍 쉬러 가더군. 아니 친구 집에 갔던가, 잘 기억나지 않는데. 그런데 자네 스완 댁을 잘 아나 보군."

"스완 아가씨와는 샹젤리제에서 놀곤 해요. 아주 상냥한 아가씨죠."

"아무렴! 그렇고말고! 사실 내게도 매력적으로 보였다네. 그렇지만 솔직하게 말해 도저히 어머니처럼 아름다워질 것 같진 않더군. 이런 말을 해서 자네 예민한 감정이 상하지나 않을까 염려되지만."

"저는 스완 아가씨의 얼굴을 좋아해요. 그러나 그 어머님 쪽도 대단하시지요. 저는 오직 그분이 지나가는 걸 보고 싶은 마음에 불로뉴 숲 공원에 산책하러 가죠."

"그래! 그럼 이 사실을 두 분에게 전해드리지, 매우 기뻐할걸."

이런 말을 하고 있는 동안, 그리고 말하고 나서도 잠깐 노르푸아 씨는 모든 사람이 다 그렇듯 같은 상황에 놓여 있었다. 내가 스완을 총명한 분으로, 그의 부모를 존경할 만한 주식 중개인으로, 그의 집을 아름다운 집으로 말하는 것을 들으면서, 또한 내가 기꺼이 스완 말고 다른 사람도 총명하다고, 다른 주식 중개인도 존경할 만하다고, 여느 집도 훌륭하다고 말하겠지 하고 생각한다. 이는 미친 사람과 지껄이는 건강한 정신을 지닌 이가 아직 상대방이 미친 사람인 줄 알아채지 못하는 바로 그 순간이다. 노르푸아 씨는 어여쁜 여인을 바라보는 기쁨을 자연스럽게 여겼으며, 어떤 사람이 그런 여인 중 한 여인에 대해 열심히 말할 때에는 그 사람이 사랑하고 있다는 걸 믿어주는 체하거나, 농담을 하거나, 그 계획을 도와주거나 하는 것이 예의인 줄 알고 있었다. 그러나 질베르트와 그 어머니에게 내가 말한 것을 이야기해주마 했을 때(그렇게만 해준다면 나는 바람으로 변한 올림포스의 여신처럼, 또는 오히려 미네르바가 그 모습을 빌린 그 노인처럼 눈에 보이지 않게 슬그머니 스완 부인의 손님방에 들어가, 그녀의 관심을 끌고, 그녀의 사념을 독차지하며, 그녀의 눈에 명사의 벗으로 비치고, 마침내는 그녀에게 초대받을 만한 가치가 있는 인간으로 보여, 그녀 가정의 친밀한 생활 속에 들어가게 되리라),

이때 중요 인물인 노르푸아 씨는, 그가 스완 부인을 현혹할 것이 틀림없는 크나큰 위력을 나를 위해 행사해주려 하고 있었으므로 나는 갑자기 매우 커다란 애정이 솟아나는 것을 느껴 그의 희고 주름진 손, 너무나 오랫동안 물속에 담가둔 듯한 그 손에 입맞추고 싶은 충동을 억누르기가 어려웠다. 나는 무의식중에 그러한 충동을 조금 몸짓으로 나타냈는데, 나 말고는 다른 누구도 그 몸짓을 깨닫지 못했을 거라 믿었다.

사실 자기의 말 또는 동작이 어느 정도까지 남에게 인식되는가를 정확히 계산하는 일은 누구에게나 어렵다. 자기 영향력을 남에게 과시하기를 두려워하거나, 남이 자기 평생 추억을 터무니없이 전개시키고 있는 마음속 범위를 너무 넓게 보기 때문에, 우리는 우리말이나 태도에 따르는 부분들은 거의 상대방 의식에 뚫고 들어가지 않을 것이고, 그러므로 기억에 남지 않으리라고 상상한다. 그리고 또, 범인이 자기가 한 말을 뒤에 가서 바꿀 때, 바꾼 그 흔적은 현재의 어떠한 증언에 비추어보아도 전혀 알지 못할 거라고 여기는 이유는 이와 같은 상상에 따르기 때문이다. 그러나 천 년에 걸친 인류 생활에서도, 모든 것은 잊게 마련이라고 주장하는 신문소설가의 철학이 그 반대를 예언하는 철학보다 진실이 아닐 수도 있는 것이다. 사설란에 평론가가 어떤 사건의 어떤 걸작에 대해서, 더구나 '명성을 떨치던 시절'이 있는 가수라면 더더욱 '10년이 지난 뒤에, 누가 이를 기억하랴?' 하고 쓴 평론가의 글이 실려 있는, 같은 신문의 제3면에서 학사원의 고고학회 보고가 고대 이집트 시대까지 거슬러 올라가지만 그 자체로서는 시시한 사실이나 하찮은 시인데도 지금껏 알려져 있는 것에 대하여 언급하지 않을 때가 있을까? 이는 인간의 짧은 일생에서도 똑같다고는 말할 수 없다. 그렇지만 몇 해 뒤 마침 어느 집에 노르푸아 씨가 와 있었을 때인데, 이 노르푸아 씨로 말하면 내 아버지의 친구이자, 너그럽고, 우리 식구에게 호의를 품고 있는 편이며, 게다가 직업과 가문상 조심성을 지키는 습관에 젖어 있는 분이므로, 그 집에서 내가 만난 사람 가운데 내게 가장 강력한 지지자가 되어줄 성싶었는데, 먼저 대사가 그 집에서 떠나자, 그 집 사람은 내게 다음과 같은 사실을 이야기했다. 노르푸아 씨가 '당신이 그의 손에 입맞추려는 순간을 보았던' 옛 어느 만찬회 이야기를 슬며시 내비치더라고. 나는 귀까지 붉어졌지만, 노르푸아 씨가 나에 대해서 이야기한 투와 그의 추억 내용이 내가 생각했던 바와는 너무나 다르다는 것을 알고 어안이 벙벙해지고 말았다. 이 '험담'은 인간 정신을 형성하는 방심과 주의, 기억과 망각이 의외로 넓다는 사실을 깨닫게 해주었다. 그리고 마스페로*의 저서에서 기원전 10세기, 아시리아의 왕 아슈르바니팔이 늘 수렵에 초대한 사냥꾼의 명부가 정확하게 알려져 있다는 사실을 읽은 날처럼 나는 이상한 놀라움을 느꼈다.

노르푸아 씨가 질베르트와 그 어머니에 대해 내가 품고 있는 흠모를 그녀들에게 전해주마 하고 말했을 때, 나는 "정말입니까!" 하고 그에게 말했다. "그렇게만 해주신다면, 저에 관한 것을 스완 부인에게 말씀해주신다면 한평생을 두고도 고마운 마음을 이루 다 나타내지 못할 겁니다. 이 한평생을 당신에게 바치겠습니다! 그런데 한 말씀 여쭙고 싶은 것은, 저는 스완 부인과 아는 사이가 아니고 또 아직 소개받은 일도 없어요."

나는 조심성에서, 또 맺고 있지 않은 친분을 자랑하는 것처럼 보이지 않으려고 이러한 말을 덧붙였다. 그런데 이 말을 입 밖에 내면서 나는 그것이 소용없는 말이 되어버렸음을 느꼈다. 감사의 말을 하기 시작할 때부터, 나는 흥이 깨져버리는 것을 느끼며, 대사 얼굴에 망설임과 불만의 빛이 스치고, 그의 두 눈 속에(원근법으로 그려진 입체도에서, 멀어지는 한 표면의 선처럼) 일직선의, 좁고, 비스듬한 눈길이 지나가는 것을 보았기 때문이다. 그것은 그 사람이 자기 자신 가운데 가지고 있는, 눈에 보이지 않는 말상대에게, 또 하나의 상대, 곧 그 사람이 지금까지 말을 주고받던 인간—이 경우에, 나—에게는 들리지 않는 무엇인가를 말할 때에 던지는 눈길이었다. 나는 즉시 내가 입 밖에 낸 이러한 말, 이 몸에 넘칠 듯한 감사의 마음에 비한다면 아직도 표현이 약한 이러한 말, 노르푸아 씨를 감동시켜, 그로서는 실로 작은 수고이나 내게는 큰 기쁨을 줄 그 역할을 그가 틀림없이 결심했으리라 여겨지는 이러한 말이 아마도(나를 괴롭히려 드는 사람들에 의하여 악마적인 의도로 선택된 모든 말 중에서) 그를 단념하게 만들 유일한 말이 되리라는 사실을 깨달았다. 사실 이러한 말을 들으면서, 흡사 우리가 보지도 알지도 못한 사람과 이야기를 하여, 곁에 지나가는 통행인의 인상을 말하다가, 그것이 서로 비슷한 인상인 줄 여기는 데서 유쾌하게 말이 오가는 가운데 그 통

* 프랑스의 이집트 학자(1846~1916).

행인이 속되다고 생각하는 점에 의견이 일치했을 때, 처음 보는 그 사람이 주머니를 뒤지며 대수롭지 않게 "공교롭게 권총을 갖고 나오지 않았는걸, 만약 갖고 왔더라면 한 놈도 그냥 두지 않았을 텐데" 하고 덧붙임으로써, 그 사람과 우리 사이를 떼어놓는 병리학적인 심연이 갑자기 드러나는 순간과 마찬가지로, 노르푸아 씨는 스완 부인에게 소개되어 그녀의 집에 초대받는 것만큼 하찮은 일도 없다는 사실을, 반대로 그것이 내게는 참으로 가치 있고, 따라서 매우 어렵다는 사실을 알아채고 생각하기를, 내가 뚜렷이 밝힌, 겉으로 보기에 예사로운 희망도, 어떤 다른 생각, 어떤 수상한 목적, 전날의 어떤 실수를 숨기고 있는 게 틀림없다. 그 때문에 스완 부인의 마음을 언짢게 해줄 것이 뻔해, 이제껏 누구나 내 부탁을 전하는 소임을 맡길 꺼려왔다고 여겼다. 그래서 나는 그가 절대 이 말을 전하지 않을 것이며, 그는 몇 해 동안 날마다 스완 부인을 만나겠지만 나에 대한 말은 한 번도 꺼내지 않으리라는 것을 이내 깨달았다. 그런데도 노르푸아 씨는 며칠 뒤, 내가 알고 싶어하던 것을 그녀에게 물어, 그 결과를 내게 전하도록 아버지에게 부탁했다. 그러나 그는 누구의 부탁으로 묻는다는 걸 그녀에게 말할 필요도 없다고 여겼다. 따라서 스완 부인은 내가 노르푸아 씨를 알고 있다는 사실도 그만큼 그녀의 집을 몹시 방문하고 싶어하는 사실도 몰랐을 것이다. 그것은 어쩌면 내가 생각한 만큼 불행한 일은 아니었을지도 모른다. 왜냐하면 스완 부인이 내가 그녀의 집을 방문하고 싶어한다는 사실을 알았다고 해도 아마도 노르푸아 씨와 친분이 있다는 효과에—이 또한 믿을 게 못 되지만—그다지 도움이 되지는 않았을 테니까.

스완 부인의 마음속에서는 그녀 자신의 생활이나 집이 신비한 놀라움을 전혀 일으키지 않았으니 그녀와 벗 사이로서 그녀를 방문하는 이도 별로 전설적인 존재로 보이지 않았다. 그런데 나는 만약 돌에다 내가 노르푸아 씨와 아는 사이라고 쓸 수만 있었다면, 그 돌을 스완네 집 창문 안으로 던졌으리라. 이런 식의 통고는 비록 이와 같이 난폭한 방법으로 전해질망정, 이 집의 부인이 내게 악감정을 품게 하는 것보다 훨씬 더 매혹적인 인상을 주리라고 믿어 의심치 않았던 것이다. 하지만 설사 노르푸아 씨가 완수하지 않았던 사명이 아무런 효과도 없을 뿐 아니라, 오히려 스완네 집 사람들 사이에서 내 명예를 손상시키리라는 것을 알 수 있었다고 해도, 대사가 동의해준다면, 그가 맡은 바 의무를 취소할 용기가 내게 없었을 터이며, 또 내 이름과 몸이 그처럼 한순간 질베르트의 곁에, 아직 알려지지 않은 그녀의 집과 생활 안에 가 있다는 기쁨을, 혹 그 결과가 아무리 불행하더라도 단념할 용기 또한 없었으리라.

노르푸아 씨가 떠나자 아버지는 석간신문을 대충 훑어보았다. 나는 다시 라 베르마에 대해 생각하고 있었다. 라 베르마를 보았을 때의 기쁨은 내가 기대하던 기쁨에 미치지 못했던 만큼 더욱 뭔가로 채울 필요가 있었다. 그러므로 그 기쁨을 기름지게 할 수 있는 것이라면 무엇이나 금세 소화되어, 이를테면 노르푸아 씨가 라 베르마에 대해 인정한 그 공식 같은 것은 몹시 가문 초원에 물을 뿌리듯 단번에 내 정신이 삼키고 말았다. 그때 아버지가 내게 신문을 건네며 손가락으로 어떤 기사를 가리켰는데, 그 기사는 바로 다음과 같다. "열광한 관객들 앞에서 〈페드르〉가 상연되었는데, 그 자리에는 예술계와 비평계의 저명인사들도 보였다. 페드르 역을 맡은 베르마 부인으로서는 명성 높은 무대 경력 가운데 드물게 빛나는 성공이었다. 이 공연은 연극계의 엄청난 사건으로 길이길이 기록되리라. 여기서는 단지 가장 권위 있는 감상가들이 이구동성으로 진술한 바를 적기만 하면 충분하리라고 믿는다. 그들이 말하기를, 베르마 부인이 보여준 해석은 라신의 가장 아름답고 뛰어난 발굴 가운데 한 인물인 페드르 역에 아주 새로운 빛을 던진 것이며, 현대에 우리가 볼 수 있는 극예술의 가장 순수하고 숭고한 연출을 구성한 것이었다고." 내 정신이 '가장 순수하고 숭고한 연출'이라는 새로운 사념을 품자마자 이 관념은 내가 극장에서 느꼈던 완전하지 못한 기쁨에 다가와서, 이 기쁨에 모자랐던 것을 얼마간 보충해주어, 이 두 가지의 결합이 뭔가 끓어오르는 설렘을 자아내 나도 모르게 고함을 질렀다. "얼마나 위대한 여배우인가!" 여러분은 어쩌면 내가 매우 성실하지 못했다고 생각할는지도 모르겠다. 그러나 오히려 수많은 작가를 떠올려보시라. 그들은 그들 자신이 이제 막 쓴 문장에 불만을 느끼면서 샤토브리앙의 천재에 대한 찬사를 읽거나, 어깨를 나란히 하고 싶어하는 어느 유명한 작가를 생각하거나, 또는 베토벤의 어느 곡을 입속으로 흥얼거리면서 자기가 산문에 나타내고 싶었던 비애에 그 곡의 슬픔을 비교해보거나 하면 보통은 이 천재의 생각으로 가득 차버려,

다시 자기 작품으로 되돌아왔을 때에도 그것에 이 천재의 사상을 덧붙이고 말아, 이제는 작품을 본디 모습대로 보지 않는다. 그리고 자기 작품의 가치에 대하여 무심코 그 훌륭함을 스스로 인정하면서 '뭐니뭐니해도!' 하고 생각한다. 그러고서 그들은 만족 속에 샤토브리앙의 뛰어난 문장 몇 페이지에 대한 기억을 끌어들였던 걸 깨닫지 못한다. 사실 그들은 그러한 몇 페이지를 자기 문장에 흡수시켰을 뿐, 그건 결코 그들이 쓴 게 아니었던 것이다.

또 떠올려보시라. 배신만 당하면서도 애인의 애정을 굳게 믿고 있는 많은 남자들을, 또는 다음과 같은 사람들을, 곧 아내를 여의고 나서 마음에 위안을 받지 못하는 남편이 아직도 사랑하는 죽은 아내에 대해 생각하고, 또 예술가로서 자기가 받을지도 모르는 미래의 영광을 생각할 때, 금세 어떤 짐작 못할 사후의 삶에 희망을 걸면서도, 반대로 자기가 저지르게 될 죄를 죽은 뒤에 갚아야 한다는 생각을 하자 도리어 완전한 허무로 돌아가고 싶어하는 온갖 사람들을, 또는 그날그날의 여행에는 권태밖에 느끼지 않았지만 여행 전체를 통틀어 생각할 때 그 아름다움에 넋을 잃게 될 여행자를 생각해보시라. 또한 묻고 싶다. 우리가 품는 여러 사상은 우리 정신 속에서 더불어 살아가고 있으므로 서로 힘을 빌리지 않고서는 이루어질 수 없는 것인데, 우리를 가장 행복하게 해주는 사상 가운데 처음에는 글자 그대로 기생충처럼 자기에게 모자란 근본적인 힘을 자기 아닌 이웃의 사상에서 구하지 않은 사상이 과연 하나라도 있는가를.

어머니는, 이제 아버지가 나를 위하여 '외교관이란 직업'에 대해 생각하지 않는 것을 그다지 달갑게 여기지 않는 성싶었다. 어머니는 무엇보다 일상생활의 바른 규칙이 내 변덕스런 성질을 바로잡는 걸 바라고 있었으므로 외교관을 단념한 것보다도 문학에 전념하는 것이 섭섭한 듯하다. "내버려두구려." 아버지는 소리쳤다. "뭐니뭐니해도 자기가 하는 일이 즐거워야 하는 법이요. 저 애는 이제 어린애가 아니야. 이제는 자기가 뭘 좋아하는지 알고 있소. 아마 변하지 않을걸. 또 자기를 행복하게 해주는 생활이 뭔지 알 수 있거든." 이러한 말이 내게 준 자유 덕분에, 삶에서 행복해지거나 불행해지는 문제보다 앞서, 어쨌든 그날 밤 아버지의 말씀은 내게 심한 괴로움을 안겨줬다. 뜻밖에 아버지의 다정한 마음씨가 불쑥 나타나곤 할 때, 언제나 나는 아버지의 수염 난 혈색 좋은 뺨에 입맞추고 싶었는데, 내가 감히 그 행동을 하지 못했던 것은 오로지 아버지의 마음을 언짢게 하는 걸 두려워했기 때문이다. 오늘날 어느 작가가 저 자신과 그다지 구별되지 않는, 또 큰 값어치가 없는 것으로 여겨지는 자기 고유의 몽상으로 꾸민 작품을, 출판사가 내용에 어울리지 않는 종이를 선택하고, 멋을 부린 활자를 쓰는 것을 보고 겁을 내듯, 나는 내가 글을 쓰고 싶어하는 욕망이 과연 그 때문에 아버지가 이처럼 더없이 큰 호의를 베풀게 할 만큼 중요한 걸까 자문했다. 더욱이 아버지는 내 취미는 변하지 않을 거라고, 나의 삶을 행복하게 해주는 것에 대해 말하면서 내 마음에 두 가지 무서운 의문을 불어넣었다. 첫 번째는(나는 날마다 나 자신을 아직 발을 들여놓지 않은 삶, 내일 아침이라야 시작될 삶의 문턱에 서 있는 것으로 간주해왔는데), 내 삶은 이미 시작된 게 아닐까, 뿐만 아니라 뒤이어 오려고 하는 게 앞서 온 것과 별로 다른 게 아니지 않을까 하는 의문이었다. 두 번째는 사실 첫 번째 의문의 다른 형태에 지나지 않지만, 곧 나는 시간의 바깥에 놓여 있는 게 아니라, 소설 속 인물들과 똑같이 시간의 법칙에 따르고 있는 게 아닐까 하는 의문이었다. 그러한 소설의 인물들은 내가 콩브레에서 차양 달린 등나무 의자에 깊숙이 앉아 그들의 생애를 읽었을 때 이러한 이유 때문에 나를 방금과 같은 비애에 잠기게 했다.

사람들은 이론적으로 지구가 돈다는 사실을 알지만, 현실에서는 느끼지 못한다. 인간이 걷는 대지는 움직이지 않는 듯이 보이고, 인간은 멈춘 채 살아간다. 일생에서 시간도 이와 마찬가지다. 따라서 그 도주의 시간을 느끼게 하려고, 소설가는 하는 수 없이 시곗바늘의 움직임을 마구 빨리 하며, 독자로 하여금 2초 동안 10, 20, 30년을 뛰어넘게 해야만 한다. 어느 페이지 첫머리에서 우리는 희망에 찬 한 여인과 이별한다. 다음 페이지 끝에서 우리가 다시 만나는 그 여인은 여든 살이 되어 있으며, 양로원 안뜰에서 가까스로 하루의 산책을 마치고, 자기에게 건네는 말에 거의 대꾸조차 하지 못하며, 과거를 잊어가고 있다. 나에 대해 '저 애는 이제 어린애가 아니야, 저 애의 취미는 변하지 않을걸……' 하고 말함으로써 아버지는 나 자신이 시간의 흐름 속에 있는 것을 한순간 깨닫게 하여, 아직 양로원의 늙은이 정도는 아니더라도 작가가 소설의 결말에서 무엇보다 잔인하고 무관심한 투로 '그는 점점 시골에 파묻히게 되었다. 그는 결국 그곳에 묻히고 말았다……' 하고 이야기하는 소설의 주인공 신세 같은 비애를 내 마음에 안겨주었다.

그런데 아버지는 그날 밤 우리가 손님에 대해 할지도 모르는 비평을 앞질러 어머니에게 말했다.

"아무래도 노르푸아 씨는 당신이 말한 것처럼 좀 '진부'하던걸. 파리 백작에게 여쭈어보는 게 '실례되는 일'이었을 거라고 그분이 말했을 때 당신이 폭소를 터뜨리지나 않을까 조마조마하더군."

"천만에요." 어머니가 대답했다. "그만한 신분에 그만큼 나이 드신 분이 그처럼 순진하시다니 퍽 마음에 들어요. 예절과 교양이 깊다는 증거거든요."

"그건 그래! 그분이 세련되고 머리 좋은 분임에는 틀림없지. 그분의 사람됨을 잘 알지만, 위원회에서는 우리집에 있을 때와는 아주 딴 사람이 되거든." 아버지는 큰 소리로 말했다. 어머니가 노르푸아 씨를 존경하는 걸 보고 만족하면서, 어머니가 믿고 있는 것보다 그가 더욱 뛰어난 사람이라는 사실을 이해시키려고 했던 것이다. 왜냐하면 솔직한 사람은, 짓궂게 남을 안주 삼아 맛보는 것과 똑같은 기쁨을 가지고 남을 과대평가하니까. "그런데 어째서 그분은 말했을까……. '왕족들이란 종잡을 수가 없다……'고."

"맞아요, 그런 말씀을 하시더군요. 저도 주의해 들었어요, 매우 뜻깊은 말이죠. 과연 인생 경험이 풍부한 분이에요."

"그래도 뜻밖이야. 그분이 스완네 집에서 저녁 식사를 하셨다니, 게다가 자격을 갖춘 사람들, 공무원들을 그 집에서 만났다니…… 스완 부인은 어디서 그런 사람들을 불러들였을까?"

"그분이 '그 집은 특히 남자분들이 더 많이 가는 곳'이라고 말할 때 얼마나 비꼬는 투였는지 주목하셨나요?"

그리고 둘 다 노르푸아 씨가 이 말을 했을 때의 모습을 그대로 흉내내려고 애썼다. 마치 〈요부(aventurière)〉* 또는 〈푸아리에 씨의 사위〉에서 연기하는 브레상이나 티롱의 어떤 말투를 흉내내보려고 애쓰듯이. 그러나 노르푸아 씨의 말을 누구보다 잘 음미했던 사람은 바로 프랑수아즈로, 그녀는 그로부터 몇 년이 지난 뒤에도 대사한테서 '일류 요리사'로 대우받았던 일을 누군가에게 들을 때마다 근엄한 표정을 허물어뜨리지 않을 수 없었다. 어머니가 그 말을 마치 열병식이 끝난 뒤 행사에 참석한 국왕의 황송하고 감격스러

---

* 직역하면 험한 여인.

운 고마움을 널리 말하는 육군 대신처럼 프랑수아즈에게 전달하러 갔다. 나는 나대로 다른 까닭이 있어서 먼저 부엌에 가 있었다. 평화주의자이지만 잔혹한 프랑수아즈로부터 토끼를 죽이는 데 너무 고통을 주지 않겠다는 약속을 받아놓았었는데, 그 토끼에 대해 아무런 보고도 없었기 때문이다. 프랑수아즈는 토끼의 죽음이 더할 나위 없이 온건하고 신속하게 지나갔다고 단언했다. "도련님, 그런 짐승은 난생처음 봤어요. 끽소리도 없이 죽었지 뭐유, 마치 벙어리 같았죠." 짐승의 언어를 모르던 나는 아마 토끼는 병아리같이 울지 못하는 짐승일지도 모른다고 우겨댔다. "두고 보시구려." 내 무식함에 화가 나서 프랑수아즈가 말했다. "토끼가 병아리같이 소리를 지르는지 못 지르는지! 토끼의 목소리가 얼마나 우렁차다고요." 노르푸아 씨의 칭찬에 프랑수아즈는 마치 예술가가 자기 예술에 대해 남들이 말하는 걸 들었을 때처럼 소박한 자랑으로 여기고, 즐겁고—순간이나마—총명한 눈길로 그 칭찬을 받아들였다.

어머니는 전에 프랑수아즈를 두서너 군데의 식당에 보내 조리법을 견학시킨 일이 있었다. 그날 밤 나는 프랑수아즈가 이름난 요릿집을 한갓 싸구려 식당으로 깎아내리는 걸 듣고, 마치 전에 어느 배우에 대해서 그 연기력이 명성만 못한 것을 알았을 때와 똑같은 기쁨을 느꼈다. '대사님은' 하고 어머니는 프랑수아즈에게 말했다. "댁의 차가운 고기와 수플레*만한 것은 어딜 가도 먹지 못할 거라고 말씀하셨다오." 프랑수아즈는 겸손하게 진실을 존중하는 태도로 그것을 인정했다. 하지만 대사라는 칭호에는 별로 감동하지 않았다. 프랑수아즈는 노르푸아 씨에 대해 자기를 '요리사'라고 생각해준 사람에 대한 호의에서 말했다. "좋은 분이죠, 나처럼." 프랑수아즈는 노르푸아 씨가 도착했을 때, 어떻게 해서든지 그 모습을 보려고 애썼으나 어머니가 문 뒤나 창가에서 보는 것을 싫어하는 줄 알고 있었고, 어차피 다른 하인들이나 문지기의 입을 통해 알려지리라고 생각하여(왜냐하면 프랑수아즈는, 여기저기에서 '시기'와 '험담'밖에 못 보았기에, 이런 선입관이 그녀의 상상 속에서 겉으로만 진실한 체하는 사람이나 유대인의 음모가 세상 사람들에게 끼치는 것과 같은, 영원히 불길한 역할을 맡아했다), 결국 프랑수아즈는 '마님과의

* 거품을 낸 달걀흰자에 치즈와 감자 따위를 넣어서 구운 요리.

사이가 틀어지지 않도록' 멀리 부엌의 창 너머로 바라보기만 했다. 그리고 노르푸아 씨의 외모를 흘깃 보고는, 그 늠름한 태도 때문에 '르그랑댕 씨로 여기고' 말았다. 이 두 사람 사이에 비슷한 점이 전혀 없었는데도.

"그건 그렇고." 어머니는 프랑수아즈에게 물었다. "어째서 프랑수아즈처럼 누구나 좋아하는 젤리를 못 만들까(프랑수아즈가 잘 만들려고 마음먹을 때에 한하지만)?"—"글쎄요, 어째서 그렇게 되는지 모르겠군요." 프랑수아즈는 대답했다(프랑수아즈는 되다(devenir)라는 동사가 적어도 어떤 뜻으로 쓰일 경우에, 생기다(venir)라는 동사 사이를 뚜렷하게 구분짓지 않았다). 하기야 프랑수아즈가 말한 것은 부분적으로는 옳았다. 마치 아주 맵시 있는 여인의 화장, 또는 뛰어난 가수가 그 노래의 비결을 질문받았을 때와 거의 마찬가지로 프랑수아즈는 그녀의 젤리 또는 크림이 뛰어난 까닭의 비밀을 밝힐 수가 없었다. 아니 그보다는 차라리 밝히고 싶지 않았던 것이었다. 그것은 일류 사교 부인들의 화장 비밀이나 일류 오페라 가수의 노래 비밀과 다르지 않다. 그들은 설명을 해준다 해도 정작 중요한 것은 말해주지 않는다. 우리집 요리사의 조리법도 그와 마찬가지였다. '너무 서둘러 익히니까 그렇죠' 하고, 고급 식당 주인들에 대해 말하면서 프랑수아즈는 대답했다. '그러니까 고루고루 익지 않는 거죠. 소고기는 해면같이 흐물흐물하게 익혀야, 고기 국물 한 방울 남기지 않고 빨아들이거든요. 그래도 몇 군데 조금 요리할 줄 아는 음식점이 있더군요. 내가 만든 젤리만큼은 못하지만, 그래도 그런대로 시간을 들여 만들고, 수플레에 크림이 듬뿍 들어 있었어요."—"앙리 말인가?" 뒤쫓아 이곳에 와 있던 아버지가 물었다. 아버지는 정해진 날에 클럽 회원들과 식사하는 가이옹 광장의 이 식당을 높이 평가하고 있었다. "아뇨." 다정스러운 말투에 심한 모멸감을 감추면서 프랑수아즈가 덧붙였다.

"저는 작은 요릿집을 두고 말한 겁니다. 그 앙리 식당도 사실 매우 좋기는 합니다만 거기는 식당이 아니라, 뭐라고 할까, 오히려…… 수프 요릿집이죠."—"그럼, 베베르 말인가?"—"아뇨, 주인어른. 저는 좋은 요릿집을 말하고 있어요. 베베르는 루아얄 거리에 있지만, 거긴 요릿집이 아니라 맥주를 파는 술집입니다. 음식을 식탁에 차려놓는 꼴이란 말도 안 되고요, 식탁보도 없고요, 또 음식을 식탁에 조심성 없이 덜컥 놓고 가버리죠."—"그럼 시르로 말인가?" 프랑수아즈는 미소 짓고 "흥! 거기요, 고작 사교계 여인들이 즐기는 명물 요리죠(프랑수아즈에게는 사교계란 화류계를 뜻한다). 아무렴요, 젊은이에게는 그게 필요하니까요."
우리는 알아차렸다. 아무렇지 않은 태도를 짓고 있지만, 프랑수아즈에게 유명한 요릿집들은, 시기심과 자존심이 가장 강한 여배우라도 동료에 대해 그처럼 대하지 못할 만큼이나 가공할 영업상의 적수였음을. 그렇지만 우리는 프랑수아즈가 자기 기술에 대한 정당한 감정, 전통에 대한 존경심을 가지고 있음을 느꼈다. 왜냐하면 프랑수아즈가 다음과 같이 덧붙여 말했기 때문이다. "아니죠, 내가 말하고자 한 요릿집은 아담하고 좋은 가정에 알맞은 식사를 할 수 있는 곳입니다. 그런 집은 장사가 잘되어 매우 번창하더군요. 참말이지 푼돈을 그러모으더군요(아껴 쓰는 프랑수아즈는 이와 같이 푼돈이란 표현을 썼으며, 노름판에서 돈을 몽땅 따먹는 사람들처럼 목돈으로 표현하지 않았다). 마님께서도 잘 아시겠지만, 큰길 오른쪽으로 좀 들어간 곳에……." 프랑수아즈가 긍지와 사람 좋게 공평한 태도로 말한 식당, 그곳은 어처구니없게도…… 카페 앙글레였다.

새해가 되자, 먼저 나는 어머니와 함께 친척 집을 방문했다. 어머니는 내가 피로하지 않도록, 미리(아버지가 그려준 이정표의 도움을 빌려) 가깝고 멀고 한 친척 관계보다 오히려 동네별로 방문할 집을 분류했다. 그런데 촌수가 꽤 먼 친척이지만 그 집이 우리집과 멀지 않다는 이유로 가장 먼저 사촌형제 집의 손님방에 들어서자마자, 어머니는 손에 마롱글라세인지 그 비슷한 마른과자 상자를 든 채 거기 있는 손님을 보고 흠칫 놀랐다. 그 손님은 우리 아저씨들 가운데서도 가장 감정을 잘 드러내는 아저씨의 친구였기 때문이다. 이분은 우리가 아저씨 댁부터 들르지 않았던 것을 고자질할 게 뻔했다. 아저씨는 분명히 언짢게 여기리라. 아저씨는 우리가 라 마들렌에서 나온 뒤 먼저 아저씨가 살고 있는 식물원까지 가서, 거기서 생토귀스탱에 들러, 메드신 학교 거리로 되돌아가는 게 순서라고 생각할 게 틀림없었다.
방문이 끝나자(그날 저녁 할머니 집에서 저녁 식사를 하기로 되어 있어서 할머니는 집에 들르지 않아도 된다고 하셨다), 나는 편지를 갖고 샹젤리제에 있는 사탕 가게 아주머니에게 달려갔다. 이 가게로 한 주일 사이에 여러 차례나 양념 넣은 빵을 사러 오는 스완네 집 심부름꾼 손에 편지를 전해달라고 가게 아주머니에게 부탁하기 위해서였다. 실은 이 편지는 나의 벗인 질베르트가 내게 심한 고통을 준 그날부터 새해가 되면 그녀에게 보내기로 결심해왔던 것이었다. 그 편지에서 나는 그녀에게 말했다. 두 사람의 지난 우정은 묵은해가 끝남에 따라 사라져갔다. 나는 비탄도 실망도 전부 잊어버렸다. 새해부터 우리 둘이 세우려고 하는 것은 아주 새로운 우정이며, 무엇으로도 깨뜨려지지 않을 만큼 탄탄한 우정이다. 질베르트도 수고를 아끼지 않고 우리 두 사람 사이의 아름다움을 유지해 나가도록 힘쓰기를, 또 나 자신이 그렇게 하기를 맹세하고 있듯이 그녀 또한 조금이라도 우리 우정에 금이 가게 할 위험이 생겼을 경우에는 지체 없이 그 사실을 내게 알려주기를 바란다고.

돌아오는 길에 프랑수아즈는 루아얄 거리 모퉁이에 있는 가게 앞에 나를 세우고, 새해 선물로 교황 피오 9세와 라스파유(Raspail)*의 사진을 골랐다. 나도 거기에서 라 베르마의 사진을 한 장 샀다. 사실 이 여배우는 수많은 사람의 찬사를 받았지만, 그 찬사에 답하기에 이 사진의 유일한 얼굴은 어쩐지 좀 빈약한 느낌을 주었다. 그것은 갈아입을 옷이 없는 사람의 단벌처럼 변함없이 덧없는 얼굴이며, 그 둘레 안에 그녀가 자랑 삼아 보일 수 있는 것은 여전히 윗입술 위에 난 잔주름이나 위쪽으로 올라간 눈썹, 그 밖에 한결같은 얼굴의 여러 특징뿐, 결국 화상이나 상처가 생기는 것들뿐이었다. 이 얼굴은 오직 얼굴만으로는 아름답게 보이지 않았지만, 그것이 이제껏 받았을 온갖 입맞춤, 요염하고도 부드러운 눈길과 교묘하게 꾸며낸 앳된 미소로 아직도 이 카비네판 사진 속에서 호소하는 듯한 입맞춤 때문에, 그 얼굴에 입맞추고 싶은 생각, 따라서 입맞추고 싶어 견딜 수 없는 소망을 품게 했다. 확실히 라 베르마 자신은 페드르라는 인물의 가면 뒤에 숨어서 고백한 욕망을 수많은 젊은이에게 실제로 느끼고 있었던 게 틀림없다. 또 모든 게, 이를테면 그녀의 아름다움을 더하게 하며 젊음을 오래도록 지니게 하는 그녀의 마력조차, 그녀의 욕망을 매우 쉬이 채워줄 게 틀림없다. 땅거미가 지고 있었다. 나는 극장 광고 기둥 앞에 걸음을 멈추었다. 기둥에 라 베르마가 나오는, 정월 초하루에 상연하는 극의 광고가 붙어 있었다. 습기를 머금은 부드러운 바람이 불고 있었다. 초하루란 이미 내가 잘 알고 있는 날이었다. 나는 이날이

---

* 자연과학자이자 정치가(1794~1878).

다른 날과 다르지 않으며 새로운 세계의 시작도 아니라는 예감이 들었다. 그전 같으면 이러한 새로운 세계가 시작될 때에는, 창세기에서처럼 아직 과거가 존재하지 않듯, 그리고 이따금 질베르트가 내게 느끼게 한 실망도 앞으로 거기서 내 손으로 끄집어낼 징후 덕분으로 없애버리고 만 듯, 아직 열리지 않은 운수와 더불어 질베르트와의 교제를 새로 시작할 수 있는 걸로 믿어, 그 새로운 세계에는 옛 세계로부터 존재하는 거라고는…… 단 한 가지, 질베르트가 나를 사랑하기를 바라는 희망밖에 없다고 믿었으리라.

나는 이해했다. 만일 내 마음이, 마음에 만족감도 가져다주지 않고 공연히 마음 둘레를 둘러싸고 있는 세계에 대해 그러한 뜯어고침을 바람직하게 여겼다면 내 마음 자체는 변하지 않았을 거라고. 그래서 나는 질베르트의 마음도 이 정도 이상의 변화가 일어났을 리 없다고 나 자신에게 타일렀다. 나는 느꼈다. 이 새로운 우정도, 결국 전과 마찬가지이다. 새해가 하나의 도랑에 의해 묵은해와 나눠지지 못하듯. 새해처럼 느끼는 것도 우리의 소망이 그러한 새해를 붙잡거나 바꿀 수 없으므로, 그것에 멋대로 다른 이름을 씌우는 거라고. 나는 새해를 질베르트에게 바쳐도 모든 게 헛수고였다. 그리고 마치 어느 종교를 자연의 눈먼 법칙 위에 바탕을 둔 사람처럼 나는 새해 초하룻날에 품고 있는 독특한 관념을 초하루에 찍으려고 해보았으나 헛일이었다. 초하루는 자신이 초하루라고 일컬어진다는 사실도 모른 채, 또 이날은 내게 새로운 게 아닌 듯 황혼 속에 지나가고 마는 것처럼 느껴졌다. 광고 기둥 언저리를 지나가는 바람 속에서 나는 영원하면서도 보편적인 물질, 친숙한 축축함, 옛 시절의 무심한 흐름이 다시 나타남을 알아보고 느꼈다.

나는 집에 돌아왔다. 그리고 늙은이처럼 초하루를 보냈다. 초하룻날에 노인이 젊은이와 구별되는 까닭은, 이제는 그들이 세뱃돈을 받지 않아서가 아니라 새해에 대한 믿음을 갖고 있지 않기 때문이다. 세뱃돈이라는 말이 나왔으니 말이지만, 나는 그걸 받기는 받았으나 나를 기쁘게 하는 단 하나의 선물, 질베르트로부터의 편지는 받지 못했다. 그렇지만 뭐니뭐니해도 나는 아직 젊었다. 그 증거로, 나는 질베르트에게 편지를 쓸 수 있었고, 편지를 통해 내 애정의 외로운 꿈을 말하면서, 그녀의 마음 가운데 그와 같은 감정을 불러일으키려 했다. 늙은이들의 슬픔은, 그 효험 없음을 알고서 이와 같은 편지를 쓰려는 생각조차 하지 않는 데 있다.

잠자리에 들어도 명절 저녁의 소음은 밤새도록 이어져, 나는 쉽게 잠들 수 없었다. 나는 기쁨 가운데 밤을 지새우는 여러 사람들을 그려보았다. 오늘 저녁 상연한 극이 끝난 뒤에, 라 베르마를 찾아갔을 게 틀림없는 라 베르마의 애인이나 난봉꾼들 무리를 생각해보았다. 이러한 상상이 잠 못 이루는 밤, 내 마음속에 일으킨 동요를 가라앉히기 위하여 라 베르마는 틀림없이 사랑 따위는 생각지 않을 거라고 스스로 타이를 수는, 물론 없었다. 그도 그럴 것이 그녀가 낭송하며 오랜 세월을 두고 파고든 시구는 사랑이 감미로운 것임을 경험한 그대로, 처음부터 끝까지 그녀에게 떠올렸을 테니까. 하기야 그녀는 그러한 사랑의 참된 맛을 깊이 알고 있었기에, 그녀는 사랑의 고뇌를, 누구나 다 잘 알고 있는—그러면서도 새로운 세찬 기세와 뜻하지 않은 달콤함이 있는—그 기분을 감탄하는 관객에게 나타내 보였다. 그렇지만 그 관객 또한 저마다 그런 고뇌를 맛보았던 일이 있는 것이다. 나는 다시 한 번 그녀 얼굴을 보려고 꺼진 촛불을 켰다. 이 얼굴은 지금 틀림없이 사내들에게 애무되고 있으리라. 나는 그 사내들과 라 베르마 사이에 주고받는 초인간적이면서 덧없는 환락을 방해할 수 없구나 생각하자, 관능적이라기보다 오히려 잔혹한 감동을 느꼈다. 그것은 사순절 제3주의 목요일 밤이나 다른 명절날 밤 흔히 들리는 뿔피리 소리, 그런 때 소리에는 시가 없으므로, 선술집에서 들려오는 '저녁 숲 속에서'보다 더욱 구슬픈 뿔피리 소리에 더해가는 향수였다. 이런 순간에 필요한 것은 질베르트의 편지도 아니었으리라. 우리의 욕망은 서로 부대끼며 나아가는데, 이러한 삶의 혼란 속에서는 행복을 갈구하는 한 욕망 위에 바로 놓이는 일이 드물다.

날씨가 좋아 이전처럼 샹젤리제에 갔다. 수채화 전시회가 매우 유행하던 시절이라 지나는 거리거리의 우아한 장밋빛 집들은 자유로이 움직이는 가벼운 공기 속에 잠겨 있었다. 그때 나에게는 가브리엘*[1]이 지은 여러 건물이 그것들과 나란히 서 있는 건물들보다 아름답게 보였다고 하면 거짓말이 되리라. 또한 다른 시대의 것으로도 보이지 않았다. 도리어 나는 앵뒤스트리 궁전에서는 아닐지라도, 적어도 트로카데로 궁전*[2]에서 한층 더 시대적인 품

*1 콩코르드 광장에 있는 현재 해군성 건물과 크리용 호텔 그리고 프티 트리아농을 지은 건축가(1698~1782).

*2 전자는 19세기 중엽, 후자는 1870년에 건축되었음. 현재는 둘 다 남아 있지 않음.

격을 발견하고, 아마 더욱 아담한 풍치를 느꼈는지도 모른다. 불안한 꿈길을 걸어가던 나의 청춘 시절은, 꿈을 꾸며 거리를 산책하면서, 그 온 거리를 꿈으로 감싸, 루아얄 거리에 18세기의 건물이 있으리라고는 꿈에도 생각지 않았다. 마찬가지로 내가 만일 루이 14세 시대의 걸작, 생마르탱 문이나 생드니 문이 그 근방 누추한 구(區)에 서 있는 가장 최근 가옥들과 동시대의 것이 아닌 걸 알았다면 매우 놀랐으리라. 꼭 한 번, 가브리엘이 건축한 궁전 중 하나가 내 걸음을 오랫동안 멈추게 한 일이 있었다. 그것은 밤이 와서, 여러 둥근 기둥이 달빛에 현실성을 잃어버려 마치 마분지에서 오려낸 것처럼 보이고, 오페레타 〈지옥의 오르페우스〉* 무대를 떠오르게 하면서, 처음으로 나에게 아름다운 인상을 주었기 때문이다.

그렇지만 질베르트는 여전히 샹젤리제에 오지 않았다. 그런데도 나는 기어코 그녀와 만날 필요가 있었다. 그녀 얼굴조차 떠오르지 않았으니 말이다. 우리가 사랑하는 이를 바라보는 때의 탐구적인, 근심스러운, 요구 많은 태도, 내일의 만남에 거는 희망을 채워줄는지 또는 물리칠는지 그 고비가 되는 말에 대한 기대, 또 그 말이 나올 때까지 함께 행해지는 것은 아니더라도 번갈아 일어나는 기쁨과 실망의 상상, 이러한 모든 것은 사랑하는 이 앞에서 우리 주의력을 너무나 흩트려 놓으므로 우리 주의력은 그 사람의 뚜렷한 모습을 잡을 수 없다. 눈에 보이는 모습만 가지고 있는, 그 뒤에 숨어 있어 보이지 않는 것마저 알려고 드는, 그런 감각기능의 동시적인 활동은, 지금 눈앞에서 활발히 움직이는 사람의 온갖 모양, 갖가지 행동거지에 대해서는 너무도 너그러워서, 우리는 흔히 그 사람을 사랑하지 않게 될 때 비로소 그 사람을 움직이지 않는 것으로 바라보게 되리라. 이와 반대로 사랑받는 모델은 움직인다. 따라서 사진은 언제나 실패할 수밖에 없다. 나는 이미 그녀 얼굴 모습이 어떠했는지, 그녀가 그것을 내 눈앞에 실제로 보여주는 신성한 순간밖에 뚜렷이 알지 못했다. 나는 다만 그녀의 미소밖에 떠오르지 않았다. 기억해내려고 아무리 애써도 그 그리운 얼굴은 다시 볼 수 없었고, 결정적인 정확성으로 내 기억에 새겨져 있는 회전목마 아저씨나 사탕 가게 아주머니의 반갑지도 않은 얼굴만 떠올라 약오르곤 했다. 그러므로 사랑하는 사람을

* 오펜바흐(Offenbach, 1819~80) 작곡. 1858년 초연.

잃은 사람들도 마찬가지로 꿈속에서도 그 사람과 만나지 못하는데, 대신 평상시에 아는 것만으로도 지긋지긋한 사람들과 꿈속에서 끊임없이 만나고서는 화를 낸다. 슬픔의 대상을 떠올릴 수 없는 그들은 괴로움이 없는 자신을 비난하게 된다. 나도 질베르트의 얼굴을 떠올릴 수 없어서, 그녀를 잊어버려, 이미 그녀를 사랑하지 않는 거라고 어느 정도 여기게끔 되었다.

드디어 질베르트는 다시 날마다 놀러 왔다. 꼭 그녀에게 바라고 싶은, 꼭 그녀에게 부탁하고 싶은 새로운 것들을 내일의 기쁨으로 내 앞에 두고 가면서, 그리고 그런 뜻에서 거의 날마다 내 애정을 새로운 애정으로 길러가면서. 그런데 이렇게 매일 오후 2시경에 문제가 되던 나의 사랑은 어떤 사건으로 다시 갑작스레 그 모양을 바꾸고 말았다. 스완 씨가 딸에게 보낸 내 편지를 읽은 걸까? 아니면 질베르트가 그 뒤부터 나를 조심성 있게 만들려고, 이미 정해진 사태를 한참 뒤에 털어놓으려고 애쓴 걸까? 내가 그녀의 부모에게 얼마나 깊이 감탄하고 있는지 이야기하자, 질베르트는 그녀의 일과, 곧 산책이라든가 방문 따위에 대해서 남에게 질문받았을 때처럼 뜨악한, 말수가 적은, 무엇인가 비밀이 있는 듯한 표정을 지으며, 톡 쏘아붙이고 말았다.

"우리 부모님은 당신을 좋아하지 않아!" 그러곤 내 곁을 물의 요정처럼—그녀는 그런 식이었다—스르르 지나치며 까르르 웃어댔다. 그녀는 가끔 그 말에 어울리지 않게 웃었는데, 음악처럼, 눈에 보이지 않는 한 장면을 다른 차원의 세계에서 그려내는 성싶었다. 스완 부부는 질베르트에게 나와 어울리지 말라고는 하지 않았지만, 될 수 있으면 그런 교제는 하지 않는 편이 좋다는 의사로 질베르트는 느꼈던 것이다. 스완 부부는 나와 그녀의 교제를 좋은 눈으로 보지 않았으며, 나를 품행이 바른 인간으로 생각하지 않은 채, 딸에게 나쁜 영향밖에 주지 않는다고 생각하고 있었다. 스완이 나와 비슷하다고 생각하고 있을 게 틀림없는 그런 가벼운 젊은이들, 나는 그러한 젊은이들을 마음속으로 그려보았다. 이를테면 그들이 사랑하는 아가씨의 부모를 몹시 싫어하며, 부모 앞에서는 아첨 떨면서도, 아가씨와 단둘이 있을 때에는 부모를 비웃고, 부모를 따르지 말도록 아가씨를 부추기며, 그러고서 아가씨를 한 번 손안에 넣자 아가씨를 부모와 만나지 못하게 하는 작자들. 이 따위 녀석들의 특징(비천한 불량배는 결코 자신이 이런 특징을 가지고 있다고는 생각지 않겠지만)을 향해, 기세 사납게 내 마음이 대립시켰던 것은, 스완에 대해 내 마음을 타오르게 하고 있는 여러 감정이었다. 그런데 그 감정이 어찌나 치열했던지, 만약 스완이 그것을 의심하기라도 한다면 그는 나에 대한 판단을 마치 재판상의 과실처럼 뉘우칠 거라고 내가 조금도 의심하지 않을 정도였다! 스완에 대해 느끼고 있는 온갖 생각을 나는 감히 긴 편지로 써서, 그것을 그에게 전해주기를 질베르트에게 부탁했다. 질베르트는 기꺼이 응했다. 한데 아아! 그래도 그는, 내가 생각도 못 한 크나큰 협잡꾼을 내 속에서 보았다니. 그토록 진심으로, 열여섯 장에 걸쳐 썼던 온갖 감정마저 그가 의심했다니! 그에게 보낸 편지, 노르푸아 씨에게 했던 이야기만큼이나 뜨겁고 진지한 편지 또한 성공하지 못했다. 그다음 날 질베르트는 월계수 덤불 뒤로 나를 따로 데리고 가서, 그 밑 작은 길에 있는 의자에 제각기 앉은 뒤 내게 이야기했다. 아버지는 그 편지를 읽으면서(그녀는 내게 다시 돌려주려고 갖고 왔는데), 어깨를 으쓱이며 "이런 글 따위는 아무런 뜻도 없지 않느냐. 내가 얼마나 옳은가를 증명할 뿐이다"라고 말했다. 내 의도의 순수함과 영혼의 선량함을 알고 있는 나는, 내 말이 스완의 바보스런 오해를 건드리지조차 못한 것에 분개했다. 그도 그럴 것이 그때의 나는 그것은 명백한 오해라고 굳게 믿었기 때문이다. 내가 나 자신의 고결한 정신 특징의 어느 부분을 그토록 정확하게 써서 표현했으므로, 만일 스완이 그러한 특징에 의하여 바로 나의 정신을 다시 나타나게 하지 못했다고 하면, 만일 내게 용서를 구하러 와서 그가 잘못한 것을 털어놓지 않았다고 하면, 그가 아직 이런 고귀한 감정을 느껴본 일이 없는 게 틀림없다고 생각했다.

그런데 틀림없이 스완은 고결함이 아직 이름 붙여지고 분류되기 전에는 그저 이기적인 감정이 보이는 내면의 모습에 지나지 않는다는 사실을 알고 있었을 것이다. 분명 스완은 내가 그에게 표시한 호의 속에서 질베르트에 대한 내 사랑의 열렬한 확증을 알아보았으리라. 이 사랑에 의해서—그에 대한 나의 숭배라는 2차적인 것에 의해서가 아니라—숙명적으로 이끌려가는 것이다. 나는 그의 억측을 받아들일 수 없었다. 그도 그럴 것이 나는, 나 자신에게서 내 사랑을 따로 떼어 추상적으로 보거나, 내 사랑을 다른 일반적인 사랑과 견주어보거나, 또 그 실험적인 결과를 견딜 수 있거나 하는 데 성공하지 못했으니까. 다시 말해 나는 절망에 빠지고 있었다. 마침 프랑수아즈가 나를 불렀으므로 나는 잠시 질베르트의 곁을 떠나야 했다. 나는 프랑수아즈의 뒤를 따라 초록색 격자를 친 작은 정자에 가게 되었는데, 지금은 쓰이지 않는 옛 파리의 입시세(入市稅)* 납입소와 닮았다. 그리고 그 정자 안에는 영국에서 프랑스식으로 라바보(lavabo)라 불리고, 프랑스에서는 겉핥기 영국 심취자가 워터 클로짓(water-closet)이라 부르는 것이 최근 설치되어 있었다.

내가 꼼짝하지 않고 서서 프랑수아즈를 기다리고 있는 출입구의 축축한 낡은 벽은 코를 찌르는 곰팡이 냄새를 풍기고 있었는데, 그 냄새는 질베르트가 전한 스완의 말로 인해 이제 막 내 마음에 생긴 근심을 이내 가볍게 해주면서 내 가슴을 기쁨으로 가득 채워주었다. 그것은 다른 기쁨처럼 우리를 더욱 불안정하게 만들면서, 우리가 붙잡으려는, 차지하려는 노력의 보람도 없이 달아나버리는 다른 기쁨과 달리, 내 몸이 기댈 수 있을 만한 확실한 기쁨, 그윽한 평온한 기쁨, 진정으로 이어지는 풍요한 기쁨, 형용할 수 없고도 확실한 기쁨이었다. 나는 될 수 있는 한 지난날 게르망트 쪽으로의 산책에서처럼 나를 사로잡은 그 인상의 매력을 세세히 밝히고 싶었다. 그리고 단지 덤에 지나지 않는 기쁨을 즐기느니보다, 내게 드러난 현실 속에 내려가기를 권하고 있는 그 케케묵은 방사물의 모습을 꼬치꼬치 캐보려고 옴짝달싹하지 않고 서 있고 싶었다. 그러나 이 건물의 경영자, 뺨에 분을 더덕더덕 칠하고 붉은 가발을 쓴 나이 든 여인이 내게 말을 건네왔다. 프랑수아즈는 이 여인을 '팔자 좋은 여자'라고 믿고 있었다. 이 여인의 딸은, 프랑수아즈가 이른바 '양가의 젊은이'라고 말하는, 따라서 생시몽이 어느 공작을 '미천한 서민 출신'과 다르다고 한 이상으로 노동자와 다르다고 여기던 어느 사내와 결혼했다. 이 건물의 여주인은 지금의 경영자가 되기까지 여러 역경을 겪었을 것이다. 하지만 프랑수아즈는 그녀가 후작부인으로 생페레올 집안이라고 단언했다. 이 후작부인이 나에게 찬바람을 쐬지 말라고 권하며, 화장실 문을 열어주기까지 하면서 "들어가지 않으려우? 보시구려, 이곳은 아주 깨끗하죠, 당신에겐 거저 빌려드리죠" 하고 말했다. 우리가 구아쉬 상점에 주문하러 갈 때, 상점 아가씨들이 카운터 위에 종처럼 생긴 유리그릇으로 덮어놓은 사탕 한 개를 집어서—아아, 어머니는 그것을 받으면 안 된다고 말렸지만—내게 주려는 고운 마음씨와 같이, 아마 이 후작부인은 단지 그렇게 했을 것

* 영주가 시(市)를 출입하는 사람들에 한해 일정 기간 동안 받던 세금.

이다.

그리고 틀림없이, 어머니가 꽃상자에 꽃을 담게 하는 꽃 파는 할머니가 부드러운 눈을 두리번거리면서 장미꽃 한 송이를 내게 주었던 그 마음씨보다 더욱 솔직한 것이었으리라. 어쨌든, 만약에 이 후작부인이 사내아이를 좋아하더라도, 인간이 스핑크스같이 웅크리는 이 정육면체 석조 지하실 문을 열어주었다면, 그것은 그녀가 사내아이를 구슬려 타락시키려는 욕망보다 오히려 사람들이 애인 앞에서 공연히 도량 넓은 태도를 보이는 데에서 느끼는 기쁨 같은 것에 끌려서 베푼 후한 인심이었음이 틀림없다. 왜냐하면 공원의 늙은 감시원 말고는 다른 남자가 그녀를 찾아오는 걸 한 번도 본 일이 없었기 때문이다.

잠시 뒤 나는 후작부인께 작별인사를 하고 나서 프랑수아즈 뒤를 따라갔는데, 질베르트에게로 다시 가기 위해 프랑수아즈의 곁도 떠났다. 나는 월계수 덤불 뒤 의자에 앉아 있는 질베르트를 금세 찾아냈다. 그녀는 친구들의 눈에 띄지 않으려고 숨어 있었다. 그녀들은 숨바꼭질을 하고 있었던 것이다. 나는 그녀 곁에 가서 앉았다. 그녀의 눈언저리까지 내려온 납작한 챙 없는 모자 때문에, 내가 콩브레에서 처음으로 그녀에게서 보았던 것과 똑같이 내리감은, 꿈꾸는 듯 약삭빠른 눈초리를 하고 있었다. 나는 그녀에게, 그녀의 아버지와 직접 만나 양해를 구할 길이 없겠는가 물었다. 질베르트는 아버지에게 그런 뜻을 말해보았으나, 아버지는 소용없는 노릇으로 판단하더라고 대답했다. "저어." 그녀가 덧붙여 말했다. "내게 당신 편지를 그냥 두고 가지 마요, 애들이 나를 찾지 못하면 애들 쪽으로 가봐야 하니까."

내가 진정으로 쓴 것을 알아채지 못하다니 스완도 알아서 깨달을 줄 모르는 인간이구나, 하고 내가 느꼈던 그 편지를 도로 거둬들이기 전에 스완이 이곳에 와 있었다면, 옳았던 쪽은 그 자신이었음을 틀림없이 알아봤으리라. 그도 그럴 것이 의자에 반듯이 걸터앉아 편지를 받으라 말하면서도 내주지 않으려 하는 질베르트 쪽으로 가까이 간 나는, 그녀의 육체에 끌리는 나 자신을 느껴 이렇게 말했기 때문이다.

"자아, 편지를 빼앗지 못하게 해봐. 누가 기운 센지 내기합시다."

그녀는 편지를 등 쪽으로 감추었다. 나는 그녀의 목 뒤로 손을 돌려 어깨에 늘어뜨리고 있는 땋아 늘인 머리채를 추어올렸다. 아직 그녀 나이에 알맞은 건지, 아니면 어머니가 자신을 더 젊게 보이게 하고 딸은 언제라도 아이처럼 보고 싶은 건지 그녀는 머리채를 땋아 늘이고 있었다. 우리는 엉켜 싸우며 버텼다. 나는 그녀를 끌어안으려고 했고, 그녀는 반항했다. 기운을 썼으므로 달아오른 그녀의 두 볼은 체리처럼 붉고 동그스름했다. 그녀는 내가 간질이기라도 한 것처럼 웃어댔다. 나는 작은 떨기나무를 기어올라가려고 하듯 그녀를 두 정강이 사이에 넣고 죄었다. 그리고 내가 체조하는 중에 근육 운동과 놀이에 집중한 나머지 숨이 막히는 찰나 흘러내리는 땀방울처럼 쾌락이 흘러나오는 걸 느꼈지만, 그것을 천천히 음미할 틈조차 없었다. 곧 나는 편지를 빼앗았다. 그러자 질베르트는 상냥하게 말했다.

"괜찮다면 좀더 싸워도 좋아요."

아마 그녀는 내가 말한 유희에 목적이 있는 걸 어렴풋이 느꼈을지도 모르나, 내가 그 목적에 이른 것은 알지 못했으리라. 그리고 그녀가 알아차릴까 봐 두려워하던 나는(잠시 뒤 그녀가 부끄러운 듯이 몸을 긴장한 채 뒤로 물러났으므로 나는 내 두려움이 들키지 않았음을 확인할 수 있었다) 그녀 곁에서 목적을 이룬 직후의 휴식을 조용히 취하고 싶었지만, 그녀가 그런 목적이 본디 목적인 줄로 여길까 봐 조금 더 싸움을 계속하기로 했다.

돌아가는 길에 이제까지 숨어 있던 영상이 갑작스레 머리에 떠오르며 나는 언뜻 깨달았다. 조금 전, 격자 친 정자의 그을음 냄새와 비슷한 냉랭한 공기는 나를 거기까지 다가가게 하면서도, 그것을 내게 떠올리게 하지도 깨닫게 하지도 않았다. 그것은 콩브레에 있는 아돌프 종조할아버지 작은 방의 모습으로, 그 방도 사실 정자와 똑같은 습기의 냄새를 풍기고 있었다. 그러나 나는 그처럼 대수로운 뜻도 없는 영상을 떠올리는 것이 어째서 내게 그와 같은 기쁨을 주었는지 이해가지 않았고, 또 그 까닭을 캐보는 일을 뒤로 미루었다. 그런 것보다 지금은, 내가 정말로 노르푸아 씨의 멸시를 받을 만한 존재인 듯싶었다. 나는 오늘날까지 노르푸아 씨가 한갓 '피리쟁이'로 부르는 작가를 누구보다 좋아했다. 그리고 마음에서 우러나는 환희는 어떤 중대한 관념에 의해서가 아니라, 곰팡이 냄새에 의해 전달되어왔다.

이전부터 어느 가정에서는 만일 어떤 방문객이 샹젤리제의 이름을 입 밖에 내기라도 하면 악의에 차는 안주인이 있었다. 평판 높은 의사들이 갖가지

오진을 범하는 걸 목격해, 이제는 티끌만큼의 믿음도 줄 수 없다는 듯이. 이 공원에 갔으므로 애들이 목이 아프고, 홍역에 걸렸으며, 열이 났나는 둥 핑곗거리를 들추어낸다면 한이 없는 법이다. 내 어머니의 친구들 가운데에는 나를 여전히 그곳에 놀도록 보내는 엄마의 애정을 터놓고 의심하지는 않지만, 적어도 엄마의 지각없음에 머리를 가로젓는 이가 있었다.

'자기 자신에게 귀를 기울여라'*라는 문구가 있는데, 아마 신경병 환자는 이것을 가장 적게 행했으리라. 그들은 자기 속에서 실로 수많은 목소리를 듣지만, 그런 것에 겁먹었던 게 잘못이었음을 금세 알아차리는 경우가 많으므로, 나중에는 그런 것에 조금도 개의치 않게 되고 만다. 그들의 신경통은 마치 중병에 걸린 듯이 자주 '도와줘!' 하고 외친다. 하지만 그것이 단지 눈이 내릴 듯한 날씨나, 또는 이사하는 보잘것없는 일에 지나지 않아, 그들은 이미 그런 위험신호에 신경 쓰지 않는 습관이 들고 만다. 며칠 더 건강한 사람의 생활을 보낼 수 있을 만큼이나 활동에 열중한 나머지 거의 위험신호를 알아차리지 못하는 모양으로.

어느 날 아침 내 몸속에 고질병의 고통을 느꼈는데, 그런 고통이 줄곧 내 몸 안을 돌아다니며 여기저기 아프게 하는 사실을, 나는 혈액순환을 대하듯 언제나 내 정신으로 하여금 못 본 체하도록 했다. 나는 이미 부모님이 식탁 앞에 자리잡고 있는 식당으로 가볍게 달려갔다. 그리고—오한을 느끼는 건 몸을 데워야 한다는 뜻이 아니라, 이를테면 꾸중을 들었기 때문이고, 식욕부진은 비가 올 듯한 날씨를 뜻하는 것이지 식사하면 안 된다는 뜻은 아닐 거라고, 여느 때처럼 자기에게 타이르면서—식탁 앞에 앉았다. 그때, 맛있게 보이는 갈빗살을 한 입 삼키자마자 구역질과 현기증이 일어나 식사를 멈춰야 했다. 이는 시작된 병이 열을 일으킨 것으로, 내 무관심으로 병의 징후를 감추고 더디게 만들었지만, 병은 내가 섭취할 수 없게끔 한사코 음식을 거절했다. 그때, 병이 식구들에게 알려지면 외출을 못하게 하리라는 생각에, 마치 생존 본능이 솟아난 부상자처럼 기를 쓰고 내 방까지 몸을 끌고 갈 기운이 생겼다. 나는 열이 40도쯤 되리라 짐작했지만 계속해서 샹젤리제로 갈 채비를 할 만큼의 힘이 있었다. 내 마음을 감싸고 있는 육체는 초췌하고 상

* '자기 건강에 신경을 쓴다'라는 뜻.

하기 쉬워서, 생글생글 미소 짓는 사념은 질베르트와 더불어 하는 술래잡기의 한없이 감미로운 쾌락에 들떠 있었다. 그리고 한 시간 뒤에는 서 있기도 불안한 상태인데도, 그녀 곁에 있는 것만으로 기쁨에 가득 차서, 나는 아직 그 쾌락을 맛볼 만큼의 기력을 갖고 있었다.

집에 돌아오자 프랑수아즈는 내가 '몸이 편치 않게' 되었다고, '오한'이 난 게 틀림없다고 말했다. 곧 불려온 의사는 '악성'이거나 '잠복성'이 아니라, 폐충혈을 동반하며 '짚에 불붙듯이' 삽시간에 일어나는 '일시적인' 발열의 '급격'한 '중독 증상'이고, 차라리 '이 편이 불행 중 다행이다'라고 말했다. 나는 오래전부터 호흡곤란이 있었는데 할머니는 알코올중독으로 죽어가는 내 모습을 상상하여 반대하는데도, 주치의는 호흡을 편하게 하기 위하여 처방해놓은 카페인 말고도 발작이 일어날 것 같으면 맥주라든가 샴페인이라든가 코냑을 마시라고 권했다. 알코올에 의해서 생기는 '쾌감' 때문에 발작이 없어질 거라고 그는 말했다. 할머니한테서 알코올을 내게 주어도 좋다는 허락을 얻으려고, 나는 호흡곤란을 할머니에게 감추기는커녕 오히려 할머니에게 더욱더 드러내 보여야만 했다. 게다가 호흡이 힘들어짐을 느끼면, 나는 번번이 호흡곤란의 정도를 정확하게 종잡지 못해 나 자신의 고통보다도 할머니의 슬픔 쪽이 더욱 두려워 불안해지곤 했다. 하지만 내 몸은 고통을 남몰래 비밀로 감추어두기에는 너무나 허약해서, 아니면 절박한 병을 모르는 식구들로부터 무리하고 위험한 노력을 강요받을까 봐서 내 병세를 할머니에게 낱낱이 알리게 했는데, 드디어는 이 습관이 어떠한 생리학적인 꼼꼼한 성질을 띠기에 이르렀다. 아직 어떤 증세라고 판별되지 않았으나, 몸 안에 불쾌한 징후를 느끼자, 내 몸은 그 증세를 할머니에게 전달하지 않고는 못 배기게 했다. 할머니가 내 병에 아무런 주의도 기울이고 있지 않으면 내 몸은 걷잡을 수 없을 만큼 병이 심해진다. 이따금 나는 지나치게 굴기도 한다. 그러면 이미 옛날처럼 감동을 마음대로 다룰 힘을 잃어버린 사랑하는 할머니 얼굴은 연민의 표정으로 일그러진다. 그때에 내 가슴은 할머니가 겪고 있는 고통을 보고서 안타까워지는 것이었다. 나는 마치 내 입맞춤으로 할머니의 고통을 씻어주기라도 하는 듯, 내 애정이 내 행복만큼이나 할머니에게 기쁨을 주기라도 하는 듯 할머니 품에 몸을 내던진다.

한편 내 생리학적인 꼼꼼한 성질은 내가 느낀 병상을 할머니가 알아주었다는 확신으로 위로되어 할머니를 안심시켜드리는 일을 반대하지 않는다. 나는 할머니에게 우겨대는 것이다. 이 병은 전혀 고통스럽지 않아요, 조금도 원통하지 않아요, 내가 행복한 걸 믿어주세요 하고. 내 몸은 마땅히 받을 만한 연민의 정을 정확하게 받기를 원하고 있었던 것이다. 따라서 오른쪽 옆구리가 아픈 걸 알아주기만 하면, 이 고통이 대수로운 병도 행복에 대한 장애도 아니라고 단언하기에 나는 불편함이 없었다. 내 육체는 철학을 따지려고 들지 않았다. 철학은 내 육체의 관할이 아니니까. 회복기 동안 거의 날마다 이러한 발작이 일어났다. 어느 날 저녁, 내 몸 상태가 꽤 좋아진 걸 보고 나간 할머니가 밤늦게 내 방에 다시 들어와서 제대로 숨쉬지 못하고 있는 나를 알아보고는 "오오! 이를 어쩌나, 얼마나 괴로우냐" 하고 얼굴빛이 변해 소리쳤다. 할머니는 바로 내 옆을 떠났고 정문이 열리는 소리가 들리더니, 잠시 뒤 코냑 병을 들고 들어왔다. 집에 코냑이 없었으므로 일부러 사 가지고 온 것이었다. 오래지 않아 나는 몸이 진정되는 걸 느끼기 시작했다. 할머니는 조금 상기되어 당황한 얼굴을 하고 있었는데, 눈에는 피로와 맥 풀린 기색이 감돌고 있었다.

"할머니는 간다. 병세가 좀 좋아진 것 같으니 조리를 잘해야 한다." 급히 내 곁을 떠나면서 할머니가 말했다. 나는 그대로 나가려는 할머니를 껴안고 입맞추었다. 그리고 그 차가운 뺨 위에서, 이제 막 지나온 축축한 밤공기 탓인지 무엇인가 축축한 것을 느꼈다. 그다음 날 할머니는 저녁때까지 내 방에 오지 않았다. 외출할 일이 있었기 때문이라고 할머니가 둘러댔다. 이는 확실히 나에 대한 무관심이라고 생각했다. 그러나 그 때문에 할머니를 원망하지 않았다.

내 호흡곤란은 충혈이 가신 뒤에도 오랫동안 끌어, 이제는 그 원인을 알 수 없어서 부모님은 코타르 교수에게 왕진을 청했다. 이러한 병 때문에 불려오는 의사는 오직 학식이 있는 것만으로는 충분하지 않다. 보기에 서로 비슷비슷한데도 다른 서너 가지 병일 수 있음을 감안해 틀림없이 어떤 병인가를 결정내리는 것은, 결국 그 통찰력이다. 이런 타고난 재능이 있다고 한들, 지능의 다른 부문에서도 뛰어나다는 뜻을 포함하지 않는다. 따라서 가장 변변치 않은 그림, 가장 너절한 음악을 좋아하며 정신적인 호기심이 전혀 없는 야비한 인간이라도 이런 타고난 재능을 완벽하게 지닐 수 있다. 육체적 관점에서 말하면 내 질병은 신경성 경련, 초기 결핵증, 천식, 신부전에 따르는 중독성 호흡곤란, 만성기관지염, 이런 여러 요소가 한데 섞여 복잡한 상태 같은, 그 어느 것에 의해서도 일어날 수 있는 것이다. 그런데 신경성 경련은 그것을 무시함으로써 치료해야 하지만, 결핵은 세심한 주의와 영양 요법으로 치료해야 한다. 하기야 영양 요법은 천식 같은 관절염이 있는 병에는 금물이며, 중독성 호흡곤란에는 더욱 위험하기까지 하다. 이 중독성 호흡곤란은 오히려 결핵 환자에게 좋지 않은 소식(小食)을 강요한다.

코타르의 주저는 짧고, 처방은 단호했다. '강력한 설사약, 당분간은 우유, 오로지 우유만. 육식은 금지, 알코올도 금지'에 어머니는 놀라, 무엇보다 먼저 이 애는 몸을 회복해야 한다, 신경도 이미 꽤 약해져 있다, 말에나 쓸 그런 설사약과 소식 요법은 아이의 건강을 더욱 해칠 거라고 중얼거렸다. 나는 기차를 놓치지나 않을까 하는 근심 어린 기색을 띠고 있는 코타르의 눈에서, 그가 타고난 부드러운 마음씨를 표정에 나타내지 않았나 스스로 묻고 답하는 것을 알아보았다. 그는 쌀쌀맞은 가면을 쓰는 걸 잊어버리지 않았는지 생각해내려고 애쓰고 있었다. 마치 타이 매는 걸 잊어버리지 않았는지 보기 위해 거울을 찾는 것처럼 생각이 나지 않는 김에, 어찌 되든 간에 가면의 보상을 하려고 그는 무뚝뚝하게 대답했다. "나는 처방을 두 번 되풀이하는 버릇은 없습니다. 펜을 빌려주시죠. 뭐라 해도 우유입니다. 나중에 발작과 불면증이 괜찮아지면, 수프 다음에 야채죽을 먹이시도록. 그러나 늘 au lait, au lait(우유, 우유)입니다. 이건 재미난 사실이죠. 요즘 유행은 에스파냐풍으로 하는데, 올레! 올레! (ollé! ollé!)*죠(그는 병원에서 심장병 또는 간장병 환자에게 우유 요법을 취하게 할 적마다, 그가 하는 이 시시한 농담을 잘 알고 있었다). 그러고 나서 차차 평상시의 생활로 돌아오도록. 그러나 기침이나 질식이 재발한다면, 설사약으로 관장하고 안정을 취하고 다시 우유." 그는 쌀쌀한 태도로 어머니의 최후 반박을 대답 없이 한 귀로 듣고 한 귀로 흘려버렸다. 그리고 그는 이 소식 요법의 이유를 설명조차 하지 않고 물러갔으므로 부모님은 이 요법을 내 병과는 관계없는 것으로 여기고 공연히 쇠약해질 우려만 있어 내게 시험해보지 않았다. 물론 부모님은 교수에게 이 위반을

* 프랑스어의 우유와 발음이 같은 에스파냐어. 투우장 같은 데서 외치는 함성.

숨기려고 애썼으며, 더욱 확실하게 성공하고자 그와 만날 우려가 있는 집에는 절대로 가지 않았다. 하지만 내 상태가 악화되자 부모님은 코타르의 처방을 그대로 따르기로 했다. 따른 지 3일째 되는 날부터 나는 헐떡임도 기침도 나지 않고, 순조롭게 숨을 쉬었다. 그래서 우리는 깨달았는데, 코타르는 훗날 그가 말한 바와 같이 내가 명백히 천식이며, 특히 '머리가 돈' 사실을 알아내고, 그 무렵 나를 지배하고 있던 병은 중독이라는 것, 그리고 간장과 신장을 씻으면 기관지의 충혈을 없애 호흡, 수면, 기력이 회복되리라는 걸 간파하고 있었다. 우리는 이 얼뜨기가 뛰어난 의사임을 이해했다.

나는 마침내 침상에서 일어날 수 있었다. 그러나 집안사람들은 나를 다시는 샹젤리제에 보내지 않기로 미리 이야기하고 있었다. 그곳 공기가 나쁘기 때문이라고 했다. 나는 식구들이 그 핑계를 이용해서 다시는 스완 아가씨와 만나지 못하게 하는 것으로 생각하여, 틈만 있으면 질베르트의 이름을 말하려고 애썼다. 마치 정복당한 민족이 다시 못 볼 그들의 조국을 잊지 않으려고 애써 지켜나가는 모국어처럼 억지로 되풀이했다. 때때로 어머니는 내 이마에 손을 대면서 말했다.

"요즘 애들은 엄마에게 자기 슬픔이 뭔지 이야기하지 않는구나?"

프랑수아즈는 날마다 내 곁에 와서 말하곤 했다. "아이고, 도련님 얼굴빛 좀 봐! 도련님은 자기 얼굴을 못 보겠지만, 마치 죽은 사람 같아요!" 물론, 내가 대단하지 않은 감기가 들었더라도 프랑수아즈는 이와 똑같은 슬픈 표정을 지었으리라. 이런 한탄은 내 건강 상태보다 프랑수아즈의 계급과 관련이 있었다. 그때 나는 프랑수아즈에게 이 염세주의가 비애에서 비롯되는 것인지 만족에서 비롯되는 것인지 가려낼 수가 없었다. 나는 임시로, 이는 사회와 직업에서 오는 결과라고 결론을 내렸다.

어느 날, 우편물이 오는 시각에 어머니가 내 침대 위에 편지 한 통을 올려놓았다. 나는 별다른 생각 없이 편지를 열었다. 그도 그럴 것이 샹젤리제 아니고서는 아무런 교제가 없어서, 그런 것에 나를 행복하게 해주는 유일한 서명, 질베르트의 서명이 있으리라고 꿈에도 생각하지 않았기 때문이다. 그런데 투구를 쓴 기사와 그것을 밑에서 반원형으로 두르고 있는 'Per viam rectam(바른 길을 통해서)'라는 은색 금언 문장이 찍힌 종이 아래쪽, 커다란 글씨로 쓴 서면의 아래쪽에 어느 t자의 가로획이 모두 그 글자에 걸쳐서 그어져 있지 않고 그 꼭대기에 그어져 있었으므로 그 글자와 마주 대하는 윗줄의 글자 밑에 선이 쳐지게 되어, 거의 모든 어귀에 밑줄을 친 것처럼 보이는 서면 아래쪽에서 내가 본 것은 바로 질베르트의 서명이었다. 그러나 내게 오는 편지 안에 이 서명이 있을 리 없다는 걸 알고 있었으므로, 실제로 눈앞에 보고서도 믿을 수 없어 아무런 기쁨도 일어나지 않았다. 한순간 이 서명은 나를 둘러싸고 있는 온갖 사물과 현상에 비현실적인 인상을 주었을 뿐이었다. 사실 같지 않은 이 서명은 눈앞이 깜깜해질 속도로 내 침대, 난로, 벽으로 장난치며 뛰어다녔다. 말에서 떨어진 사람처럼 모든 게 아물아물하게 보여, 나는 마음속으로 물었다. 내가 알고 있는 생활과는 전혀 달랐다. 그것과는 모순된 생활, 하지만 진실일지도 모르는 생활, 그런 생활이 있는 게 아닌가 하고. 게다가 그 생활은 갑작스레 내 눈앞에 나타나면서, 최후 심판을 새긴 조각가가 사후세계 문턱에 있는 깨어난 망자들에게 나눠준 그 당혹감으로 나를 가득 채웠다. '나의 친애하는 벗이여' 하고 편지는 말하고 있었다. "소문에 들으니, 당신은 매우 심한 병을 앓고 있어 이제는 샹젤리제에 못 오신다고요. 나도 그곳에 병자가 많아서 이제는 가지 않아요. 그 대신, 모두들 월요일과 금요일에 빼놓지 않고 우리집에 차를 마시러 옵니다. 엄마가 당신에게 전하라는 말인데, 다름이 아니라…… 완쾌하는 대로 당신도 와주면 우리는 몹시 기뻐할 겁니다. 그러면 샹젤리제에서 나누던 즐거운 이야기를 다시 할 수 있겠지요. 안녕, 나의 친애하는 벗. 나는 당신의 부모님께서 당신이 우리집에 자주 차를 마시러 오는 것을 허락하시기를 빌어 마지않아요. 내 우정을 당신에게 전부 바치면서, 질베르트 드림."

내가 이 글을 읽고 있는 동안, 내 신경계는 놀랄 만한 속도로 내게 크나큰 행복이 찾아왔다는 소식을 전해받고 있었다. 그러나 내 영혼, 요컨대 당사자인 나는 아직 이 소식을 모르고 있었다. 행복, 질베르트를 통해서 온 행복이야말로 내가 늘 생각하던 바이며, 생각의 전부이고, 레오나르도가 회화에 대해 말했듯이 cosa mentale(정신적인 것)이었다. 글자로 덮인 종이 한 장, 내 마음은 곧바로 그것을 소화하지 못했다. 그러나 편지를 다 읽자마자 나는 이 편지를 생각하고, 편지가 몽상의 대상이 되었다. 이것이 또한 cosa mentale이 되고, 그리고 나는 이것을 이미 사랑하고 있었으므로 5분마다 다시 읽어 이것에 입맞출 수밖에 없었다. 그러고 나서야 비로소 나는 내 행복을 알아차렸다.

인생에는, 사랑하는 이들이 언제나 바라고 있는 기적이 곳곳에 뿌려져 있다. 이런 기적이 내 어머니의 손을 통해 인위적으로 만들어진 것일 수도 있다. 어머니는 며칠 전부터 내가 사는 흥미를 모조리 잃고 있는 걸 보고, 아마 질베르트에게 편지를 쓰도록 부탁했는지도 몰랐다. 내가 처음으로 해수욕할 때, 숨이 막혀 잠수를 싫어하던 나에게 어머니는 재미를 붙여주려고, 몰래 내 수영 선생에게 조가비로 만든 으리으리한 상자와 산호가지를 주어, 그것을 나 스스로 수면 아래에서 발견한 것처럼 여기게 했던 일과 마찬가지로. 하기야 삶의 다양한 모습에서 이성과의 사랑과 관계 있는 온갖 사건에 대한 가장 바람직한 태도는 이해하려 들지 않는 것이다. 왜냐하면 그러한 사건은 뜻밖에 가혹한 것이거나 전부 합리적인 법칙이라고 하기보다 오히려 마법에 지배되는 듯이 보이기 때문이다. 억만장자에다 잘생긴 사내가 함께 살던 가난하고도 애교 없는 여인한테서 거절당하고 절망한 끝에, 돈의 위력과 땅 위의 온갖 세력을 부려보아도 이전 상태로 되돌아가지 않을 때, 여자의 꺾을 수 없는 고집 앞에서 논리적인 설명을 하려고 드느니보다 도리어 '운명'이 자기를 짓눌러 마음의 병으로 죽이려는가 보다 하고 생각하는 편이 훨씬 더 낫다. 사랑을 하는 남성들이 싸워야 하는 그러한 장애물, 고뇌 때문에 극도로 흥분한 상상력이 판별하려고 애쓰는 장애물은 그들이 그들 품 안으로 다시 불러들일 수 없는 여인의 성격의 독특함 속에, 그녀의 어리석음 속에, 그들이 얼굴조차 모르는 사람들이 그녀에게 끼친 영향과 그녀에게 안겨준 공포 속에, 그녀가 한동안 삶에서 얻고 싶은 쾌락, 그들의 사랑도 부귀도 그녀에게 줄 수 없는 쾌락 속에 흔히 있다. 어쨌든 사랑에 빠진 남성은 여인의 농간이 감추는—게다가 연정에 눈먼 그 자신의 판단력 때문에 정확히 가려내지 못하는—장애물의 성질을 알기엔 매우 난감한 처지에 놓여 있다. 그러한 장애물은 의사가 원인을 모르면서 무턱대고 고치는 종양과 비슷하다. 마찬가지로 이러한 장애물도 불가사의한 것이기는 하나, 결국 짧은 한때의 것이다. 다만 이것은 보통 남녀 간의 사랑보다 오래 이어진다. 또 남녀 간의 사랑은 이해타산이 없는 정열이 아니므로, 사랑에 빠진 남자도 애정이 사라지면, 그가 예전에 사랑하던 가난하고 변덕스러운 여인이 어째서 자신의 돌봄을 여러 해 동안 완고하게 거절해왔는가를 알려고 들지 않는다.

그런데 연애의 경우, 파국을 불러온 원인을 볼 수 없는 것도 적지 않지만, 그것과 마찬가지로 갑작스러운 행복한 결말도 그 안에 숨기는 일이 있다(이를테면 질베르트의 편지에서 가져다준 것과 같은). 행복한 결말이라고 하기보다 행복하게 보이는 결말, 왜냐하면 일반적으로 온갖 감정상의 만족이란 고뇌를 옮겨놓는 것에 지나지 않는데, 이러한 뜻으로서의 감정에 관한 한 참으로 행복한 결말은 이승에 별로 없기 때문이다. 그렇지만 이따금 한숨 돌릴 수 있고, 또 얼마 동안 쾌유된 듯한 환상에 사로잡힌다.

편지 아래쪽에 적힌 질베르트의 이름은 장식풍으로 적힌 G가 점 없는 i자 위에 기대어 A자같이 보이는 한편, 마지막 철자가 꼬불꼬불 한없이 길게 뻗어 있었기 때문에, 프랑수아즈는 고집스럽게 이것을 인정하길 거부했다. 만약 우리가 그녀가 표현한 돌변, 그리고 나를 기쁘게 해준 돌변의 합리적인 설명을 굳이 찾아본다면, 반대로 나를 영원토록 스완네 사람들의 마음으로부터 망각시키는 것으로 여겼던 어느 사건에 나 자신이 어느 정도 덕을 보았다고 생각해도 좋을 성싶다. 얼마 전 블로크가 나를 찾아왔을 때, 그 요법에 따르게 되면서부터 다시 부모님에게 초대된 코타르 교수가 마침 내 방에 와 있었다. 진찰이 끝나고 나서 부모님이 그를 저녁 식사에 붙들어놓아 그는 오직 손님 자격으로 그대로 남아 있었는데, 그때 마침 블로크가 들어왔다. 우리가 시끌벅적 이야기하는 도중에, 블로크가 어젯밤 만찬을 같이한 부인은 스완 부인과 절친한 사이인데, 스완 부인이 나를 몹시 좋아하고 있더라는 이야기를 들었다고 말해서, 나는 블로크에게 그건 분명 잘못 들은 거라고 대답하려 했다. 그리고 지난날 노르푸아 씨에게 사실을 밝히려고 하던 때와 같은 결백에서, 또 스완 부인이 나를 거짓말쟁이로 여길까 봐 나는 스완 부인을 알지도 못하며 이야기해본 일도 없다는 사실을 밝혀두고 싶었다. 그러나 내게는 블로크의 잘못된 생각을 고쳐줄 만한 용기가 없었다. 그도 그럴 것이, 이 잘못된 생각이 고의적인 것임을 나는 잘 알았고, 또 설사 블로크가 스완 부인이 실제로 말하지 않았던 그 무엇을 지어내서 말한 거라면, 결국 그것은 블로크가 스완 부인의 여자친구들 가운데 어느 분과 어깨를 나란히 하며 저녁 식사한 사실을 알리기 위해서이며, 날조된 말이지, 사실이 아님을 나는 잘 알고 있었기 때문이다. 그런데 노르푸아 씨는 내가 스완 부인을 모르지만 얼마나 친하고 싶어하는지 알아차리면서도 스완 부인에게 나에 대한 이야기를 조금도 입 밖에 내지 않았던 데 비해, 그녀의 주치의인 코타르는 다음에 스완 부인을 만났을 때 블로크에게서 스완 부인이 나를 매우 잘 알고 있으며 존중하고 있다는 이야기를 들은 것에 덧붙여 나를 자기와 친하게 지내는 귀여운 소년이라고 말하면, 나를 위해선 아무런 이로움도 안 될지 모르나, 자기를 높이기 위해선 좋은 아첨이 될 거라 생각했다. 이와 같은 두 가지 이유가 코타르로 하여금 기회가 오는 대로 오데트에게 나에 대한 이야기를 하리라는 결심을 하게 했으리라.

이렇게 나는 스완 부인이 쓰는 향수 냄새가 계단 언저리까지 풍기고 있을 뿐만 아니라, 질베르트의 생활에서 괴로울 정도로 감미로운 매력을 향기롭게 풍기는 그 방을 알았다. 인정사정없는 문지기도 친절한 에우메니데스*로 둔갑하여, 내가 계단을 올라가도 괜찮으냐 물을 때마다 복된 손으로 모자를 벗어 올리면서 내 부탁을 들어준 뜻을 표하게 되었다. 이 집의 창문은, 바깥에서 바라보면 나와 나를 기다리고 있지 않았던 여러 보배 사이에, 눈부신, 서먹한 그리고 어딘지 모르게 피상적인 눈길, 내게는 스완네 사람들의 눈길 그 자체처럼 보이지만, 아름다운 계절 무렵, 땅거미가 질 때까지 질베르트와 함께 그녀의 방에서 보낼 때에는 좀 공기를 통하게 하기 위해 내가 이 창문을 여는 일도 있었고, 또한 그날이 마침 그녀 어머니가 손님을 초대한 날이면 그들이 도착하는 걸 구경하기 위해 그녀와 나란히 창에 기대는 일까지 있어, 그런 때는 손님이 마차에서 내려 얼굴을 들면 나를 이 집 마님의 조카인 줄 잘못 알고 손을 흔들어 내게 인사했다. 그 순간 질베르트의 땋은 머리가 내 뺨에 닿았다. 내게 그 머리는 현실의 것인 동시에 또한 꿈속의 것처럼 느껴지는 그 부드러운 성질과 건축의 덩굴무늬에서 볼 수 있는 그 힘차게 짜인 소용돌이 장식에서, 천국의 잔디가 그대로 쓰인 다시없는 예술품처럼 여겨졌다. 그 조그만 한 오라기일지라도, 그것을 간직할 성궤로서 천상의 어떠한 마른풀 창고인들 내주지 않을 수 있었으랴? 그러나 나는 눈앞에 보는 그 머리카락 한 오라기도 감히 바라지 않았으니, 오직 그 사진만 얻을 수 있다면, 다빈치가 그린 조그만 꽃 사진보다도 얼마나 더 소중하게 여겼을까! 그 사

---

* '착한 자'라는 뜻이지만, 실은 복수의 여신.

진을 한 장이라도 얻으려고, 나는 스완네와 친한 사람들이나 사진사에게까지 온갖 비굴한 모습을 보였는데, 그런 행동은 내가 바라는 것을 가져다주기는커녕 아주 진저리나는 사람들과 오래도록 어울리게 만들 뿐이었다.

내가 질베르트와 만나는 것을 그처럼 오랫동안 방해해오던 그녀의 부모였지만, 이제—옛날 베르사유 궁에서 국왕의 거동이 사람들에게 몹시 기다려지기도 하고 두렵기도 하던 그 이상의 기분으로, 내가 스완 부부와 부딪칠 가능성에 끊임없이 배회하고 있는 어두컴컴한 응접실에 들어가, 거기서, 성서에 적혀 있는 촛대처럼 일곱 개 가지가 있는 커다란 외투걸이에 부딪치고 난 뒤, 어둠 속에서 긴 회색 옷자락으로 발을 가리는 자세로 나무 상자 위에 앉은 하인을 스완 부인으로 잘못 보고 당황하여 인사하곤 했는데, 이 응접실에 들어갈 때—질베르트의 부모는 만일 두 분 가운데 한 분이 마침 내가 도착한 순간에 지나가기라도 하면, 화내는 기색을 짓기는커녕 미소 지으며 내 손을 잡고 말했다.

"Comment allez-vous? *1 (그들은 모두 t의 연음을 생략하고, 코망 알레부라고 발음했다. 그리고 독자도 상상하시겠지만, 나는 먼저 내 집에 들어서자마자 똑같이 붙여 읽지 않는 즐거운 연습에 끊임없이 몰두했다) 질베르트는 당신이 여기 온 걸 아나요? 그래요, 그럼, 실례해요."

게다가 질베르트가 친구들에게 대접하는 차, 그 자체도 이제까지 오랫동안 그녀와 나 사이에 쌓아올려진 가장 뛰어넘기 힘겨운 장벽처럼 여겨지는데도, 지금은 그것이 우리 사이를 맺는 기회가 되어, 그때마다 그녀는 매번 다른 편지지에 한 자 적어(그도 그럴 것이 교제한 날이 꽤 짧았으니까) 알리곤 했다. 편지지는 어떤 때 느낌표가 따르는 재미나는 영어 글에 걸터앉은 돋을새김 도안으로 푸른 삽살개 장식이 되어 있었고, 어떤 때는 닻이 그려져 있었으며, 또는 편지지 머리 쪽을 차지한 직사각형 공백에 엄청나게 길게 뻗은 성명 첫 글자를 합친 글자 G.S.가 적혀 있거나, Gilberte 이름이 종이 한구석, 검게 인쇄된 펼친 우산 아래쪽에, 내 벗의 서명을 모방한 흘려 쓴 금색 활자로 비뚜름하게 그려져 있기도 하고, 또한 모두 대문자인 그 철자가, 단 한 글자도 헤아려 읽을 수 없도록 중국 모자처럼 만든 모노그램*2 속에 갇혀 있기도 했

*1 '안녕하십니까'라는 뜻의 프랑스어. 원 발음은 코망 탈레부.

*2 성명의 첫 글자를 합쳐서 만든 도안.

다. 질베르트가 가진 편지지가 아무리 풍부한들 끝이 없는 건 아니어서, 드디어 몇 주일 만에 그녀가 처음으로 내게 보냈던 편지와 같은 것으로, 은빛 메달 안에 투구 쓴 기사가 새겨져 있는 아래쪽에 'per viam rectam(바른 길을 통해서)'이라는 표어가 들어간 편지지가 다시 나타났다. 그때 나는 그 편지지 한 장 한 장은 날에 따라 어느 마음에 의하여 선택되었다고 여겼는데, 지금 생각하니 틀림없이 질베르트는, 적어도 자기 쪽에서 아쉬워서 써 보내는 편지를 받을 상대방에게는 기간을 최대한 길게 두지 않고서는 같은 편지지를 거듭 보내지 않도록, 자기가 한 번 쓴 것을 애써 기억해두고 있었나 보다.

가정교사가 오는 시간이 달라 질베르트가 다과 모임에 초대한 친구 몇몇은 다른 친구들이 막 이르렀을 때 돌아가야 했으므로 내가 계단에 이르자마자 응접실에서 새어나오는 낮은 이야기 소리가 들려왔는데, 그 목소리는 이제부터 내가 엄숙한 의식에 참석한다는 감동을 불러내, 미처 층계참에 이르기도 전에 나를 이곳에 오기 전까지의 생활과 연결하고 있던 유대를 탁 끊어버려, 너무 더워지면 머플러를 벗으려고 한 것도, 집에 돌아가는 시간이 너무 늦어지지 않도록 시계를 보려고 한 것도 전부 잊게 하였다. 게다가 이 계단은 오랜 세월 동안 오데트가 이상으로 여겨온 앙리 2세 양식, 그리고 그녀가 결국 흥미를 잃어버리게 될 이 양식을 모방한 고급임대주택 가운데 그때가끔 만들어진 모든 나무 계단에, 우리집에서 볼 수 없는 딱지가 붙어 있었는데, 또 그 위에 '내려올 때는 승강기 사용 금지'라는 말이 적혀 있어, 뭔가 이상한 매력을 갖고 있는 듯한 느낌을 주어, 내가 부모님에게 그건 스완 씨가 어딘가 먼 곳에서 가져온 옛 계단이라고 이야기할 정도였다. 진실을 사랑하는 마음이 어찌나 컸던지, 설사 그것이 사실과 전혀 다른 일이었대도 부모님께 이 정보를 망설임 없이 알렸으리라. 왜냐하면 이런 정보만이 스완네 집 계단의 위엄에 대하여 부모님으로 하여금 나와 같은 존경심을 품게 할 수 있었기 때문이다. 그것과 마찬가지로 한 명의(名醫)의 재능이 어느 점에 있는지 이해할 수 없는 무식한 자 앞에서 그 명의가 코감기를 고칠 줄 모르더라고 사실 그대로 고하지 않는 편이 잘한 노릇인 것도 이 때문이다. 그러나 나는 관찰력을 갖추고 있지 않아서 대체로 눈앞에 보이는 사물의 이름도 성질도 모르는 게 많아, 오직 사물이 스완네 사람들 곁에 가까이 있는 그 사실만 가지고 그것들을 모두 희귀하다고 느껴, 그 계단의 예술적인 가치와 먼 곳에서 가져온 것이라는 유래를 부모님에게 알림으로써 내가 거짓을 행하고 있다고는 믿지 않았다. 확실히 그렇게 생각하지 않았다. 하지만 아마 그렇게 생각했는지도 모르는 것이, 아버지가 내 말을 가로막으며 다음과 같이 말했을 때 나는 얼굴이 화끈거리는 걸 느꼈으니 말이다.

"나도 그런 집을 알지. 한번 본 적이 있는데, 어느 곳이나 비슷비슷해. 단지 스완은 여러 층을 빌리고 있다는 게 다를 뿐이야. 그걸 만든 이는 건축가 베를리에야." 아버지는 덧붙여 말하기를, 자기도 그런 집을 빌리려고 생각해 본 일이 있지만 살기에 편하지 않을 성싶고, 또 출입구가 어두워서 그만두었다고 했다. 그러나 나는 본능적으로 스완네의 위신과 내 행복을 위하여 필요한 희생을 치러야 한다고 느껴, 아버지로부터 이제 막 이야기를 들었는데도 마음의 명령에 냅다 휘둘러대어, 스완네 아파트가 우리네도 살 수 있는 평범한 아파트라는 위험한 사상을, 비유하건대 독실한 가톨릭 신자가 르낭의 《예수의 생애》를 물리치듯이 영원히 나에게서 떨쳐버렸다.

그런데 그처럼 차를 나누는 날에는, 한 걸음 한 걸음 계단을 올라갈 때부터 이미 내 사고와 기억을 웃음처럼 벗어버리면서, 완전히 비루한 반사작용의 꼭두각시가 되고 만 나는 스완 부인의 향수 냄새가 감도는 곳에 다다른다. 그러자 벌써, 비스킷을 담은 접시와 얌전하게 놓여 있는 스완네의 독특한 회색 마(麻) 무늬가 찍힌 작은 냅킨에 빙 둘러싸인 초콜릿 케이크를 눈앞에 보는 듯한 느낌이 들었다. 하지만 바꿀 수 없는 체계를 갖춘 이 테이블 위의 어울림도, 칸트의 필연의 우주처럼 자유의지의 한 최고 행위에 매달려 있는 성싶었다. 왜냐하면 우리가 한 명도 빠짐없이 질베르트의 조그마한 손님방에 모이자 갑자기 그녀는 시계를 바라보며 이렇게 말했기 때문이다.

"저어, 점심 먹은 지는 오래되었고, 저녁 식사는 8시라야 하니, 뭔가 좀 먹고 싶군요. 여러분은 어떤지?"

그러고 나서 질베르트는 우리를 데리고, 렘브란트가 그린 아시아식의 사원의 내부처럼 어두컴컴한 식당으로 갔다. 거기에는 위엄 있으면서도 순하디 순하고 무람없는 과자 건물이, 질베르트가 그 초콜릿의 총안 흉벽(銃眼胸壁)에서 왕위를 빼앗고 싶어하거나, 다리우스* 왕 궁성의 요새 모양으로,

* 페르시아 왕(B.C. 521~486?).

화덕에서 구워낸 황갈색 가파른 경사가 진 그 성벽을 부수고 싶어하는 변덕이 일어나는 경우를 위하여 높다랗게 서 있는 성실었다. 뿐만 아니라 고대 도시 니네베라고도 할 만한 이 케이크의 파괴를 행하는 데 있어, 질베르트는 단지 자신의 배고픔에 좌우되는 게 아니라 또한 나의 배고픔에도 함께하였다. 그러는 동시에 와르르 무너진 건물에서 빨간 과일로 칸막이 되고 번드르르 윤나는 동양풍의 흉벽 한 곳을, 나를 위하여 고스란히 떼어주었다. 질베르트는 나의 부모님이 저녁 식사 하는 시간을 묻기까지 하였다. 내가 아직 그걸 기억하고 있기나 한 것처럼, 나를 지배하고 있는 흥분이 내 빈 기억력과 마비된 위장 속에 식욕부진 또는 허기, 저녁 식사의 관념 또는 가족이라는 영상을 그냥 두고 있기나 한 것처럼. 불행하게도 마비 상태는 잠시 동안에 지나지 않았다. 무의식중에 주섬주섬 집어 먹은 케이크를 소화시켜야 할 순간이 올 거다. 그러나 그건 아직 머나먼 앞일이었다. 그동안 질베르트는 '내 홍차'를 만들어주었다. 나는 그 홍차를 거푸거푸 마셨다. 사실 한 잔만 마셔도 하루나 잘 수 없는데. 그래서 어머니는 입버릇처럼 말하곤 했다. "딱도 해라, 이 애는 스완네 집에 가기만 하면 몸을 해치고 돌아오니." 한데 나는 스완네 집에 있었을 때 내가 마시고 있는 것이 홍차라는 사실, 그것만이라도 알고 있었는가? 설령 알고 있었던들, 나는 분명 마셨을 것이다. 한순간 현재를 구별하는 힘을 회복했던들 그건 과거를 떠올리거나 미래를 미리 헤아려 짐작하는 능력을 그다지 돌려주지는 못했을 테니까. 내 상상력은 취침과 수면의 필요성에 대한 생각을 가질 만큼 앞선 시간까지 치달릴 수 없었던 것이다.

질베르트의 여자친구들은 어떤 결단도 내리지 못할 도취 상태에 빠져 있는 것만도 아니었다. 그중에는 차를 거절하는 이도 몇몇 있었다! 그러자 질베르트는 그때 매우 유행하던 말을 했다. "정말 내 차는 안 팔리는군!" 그리고 의식적인 관념을 없애려고, 식탁 주위에 바르고 가지런하게 늘어놓은 의자를 뒤섞으면서 말했다. "마치 결혼식 같군. 정말 바보 같은 하인들이지 뭐니, 이처럼 의자를 가지런히 놓다니."

질베르트는 식탁 쪽으로 비뚜로 놓인 X자형 다리 달린 의자 위에 비스듬히 앉아 과자를 먹고 있었다. 그녀는 어머니의 허락을 구하지 않고서도 얼마든지 마음대로 비스킷을 먹을 수 있는 성싶었다. 스완 부인이—부인의 '모임'은 보통 질베르트의 다과회와 겹쳐 있었다—어느 방문객을 현관까지 배웅하고 금세 총총걸음으로 돌아와서, 때로는 푸른 벨벳 옷을 입고 있는 일도 있었지만 흔히 흰 레이스로 꾸며진 검은 양단 옷을 입고 그 모습을 나타낼 때, 부인은 깜짝 놀란 듯이 말했다.

"어머나, 여러분이 드시고 있는 게 맛있어 보이네요. 여러분이 케이크를 드시는 걸 보니 배가 고파 오네요."

"좋아요, 엄마도 우리와 함께해요." 질베르트가 대답했다.

"고마워라, 그래도 말이다. 손님들이 뭐라고 하실까. 아직 트롱베르 부인과 코타르 부인, 그리고 봉탕 부인도 계시니 말이다. 너도 알지 않니, 봉탕 부인이 자리에 오래 계시지 않는 분이라는 걸. 그리고 그분은 이제 막 오신 참이란다. 내가 손님방으로 돌아가지 않으면, 그분들이 뭐라고들 하실까? 그분들이 다 가시고 아무도 오시지 않으면 그때 바로 와서 여러분과 이야기(이 편이 얼마나 더 재미있을까)합시다. 난 좀 쉬어야겠어. 지금까지 손님이 마흔다섯 분이나 계셨고, 또 그 마흔다섯 분 가운데 마흔두 분이 제롬*의 그림에 대해 말씀들 하시지 뭐냐! 그건 그렇고, 가까운 날 한번 오세요" 하고 부인은 내게 말을 건넸다. "질베르트와 함께 당신에게 차를 대접하고 싶으니. 당신의 입맛에 맞도록, 당신의 작은 '스튜디오'에서 드실 수 있도록 질베르트가 차를 만들 테니까요." 부인은 자기 손님들 쪽으로 부랴부랴 돌아가면서 덧붙였다. 마치 내가 이 신비한 세계에 구하러 온 것이 나 자신의 습관과 마찬가지로 뭔가 내가 잘 알고 있는 말투로(차를 마시는 습관이라면 몰라도 '스튜디오'로 말하자면 세상에 태어난 이래 그런 걸 하나라도 가져본 적이 있는지 없는지 나로서도 모르는 일이었다) "언제 와주시죠? 내일? 콜롱뱅 제과점 못지않게 맛있는 토스트를 만들어드리죠. 싫으세요? 나쁜 분이군요" 하고 부인은 말했다. 그도 그럴 것이 살롱을 가지게 된 뒤로는 부인 또한 베르뒤랭 부인의 짐짓 도도한 태도, 아양 삼아 하는 거만한 말투를 지니게 되었기 때문이다. 더구나 토스트도 콜롱 뱅도 알지 못했으므로, 마지막으로 부인이 말한 약속은 조금도 내 입맛을 당기지 못했다. 가장 이상하게 생각한 점은—왜냐하면 지금에 와서는 다들 이 낱말을 쓰고, 아마 콩브레에

* 프랑스 화가이자 조각가(1824~1904).

서는 지금도 널리 쓰이고 있으므로—스완 부인이 나를 보고 우리의 늙은 너스(nurse)*에게 찬사를 보내는 걸 들었을 때였다. 나는 처음에 부인이 누구를 두고 하는 말인지 종잡을 수 없었다. 영어를 몰랐기 때문인데, 이 단어가 프랑수아즈를 가리키고 있다는 사실을 겨우 이해했다. 샹젤리제에서 프랑수아즈가 보였으리라고 생각하는 좋지 않은 인상을 몹시 걱정하던 내가, 스완 부인과 그 남편으로 하여금 내게 호감을 품게 한 것이 질베르트가 나의 '너스'에 대해 자기 어머니에게 한 이야기란 사실을 부인의 입을 통해서 알았다. "당신에게 충실하고, 아주 좋은 분이라는 걸 느낄 수 있어요."(금세 나는 프랑수아즈에 대한 의견을 바꿨다. 더 나아가서는 몸에 방수 외투를 걸치고, 모자에 새털을 단 질베르트의 여선생 같은 분을 가정교사로 모시는 것도, 이제 내게는 그다지 필요하지 않게 여겨졌다) 끝으로 스완 부인의 입에서 새어나온 블라탱 부인에 관해 몇 마디로, 스완 부인은 이 부인의 착한 마음씨를 알고 있지만 이 부인의 방문을 몹시 꺼리고 있어, 이 부인과의 개인적인 교제가 생각만큼 내게 귀중한 게 아니었으며, 스완네에서 내 상황을 유리하게 하는 데에 조금도 도움이 되지 않았다는 것을 알아챘다.

지금까지 그 길이 막혔던 요정의 나라, 그것이 온갖 예상과는 달리 내 앞에 열려서 존경과 환희에 몸을 떨며 이미 그 나라의 탐험을 시작했다. 그렇지만 그것은 오직 질베르트 벗으로서의 범위 안에서였다. 사실 나를 초대한 왕국 그 자체가, 스완 부부가 초자연의 생활을 영위하고 있는 보다 신비로운 왕국 가운데 포함되어 있다. 스완 부부가 나와 같이 응접실을, 단지 반대쪽으로 지나갈 때 악수를 하고 그들이 향한 곳은 바로 그 왕국이었다. 그러나 이윽고 나는 성역의 중심부로 뚫고 들어갔다. 이를테면 질베르트가 없고, 스완 부부가 집에 있는 때가 있었다. 그들은 찾아온 사람이 누구인가를 하인에게 묻고서, 그것이 나인 줄 알자 잠시 자기 방에 들러주기를 인편에 알리고, 그러고 나서 어떤 일에 대하여 딸에게 미치는 내 감화력을 이러이러한 방향으로 돌려주기를 희망했다. 나는 퍼뜩 그 편지, 스완에게 최근 써 보내고 그가 대답조차 주지 않았던 만큼 완벽하고도 설득력 있는 편지가 머릿속에 떠

* '유모' '보모'를 뜻하는 영어.

올랐다. 정신이나 이성, 심정은 아주 무력해서 남에게 조금의 심적 변화도 주지 못하고, 또 어떻게 처리되는지도 잘 알 수 없지만, 시간이 흐르면 손쉽게 풀릴 여러 어려움을 당장 단 하나도 해결하지 못한다는 사실에 나는 놀랐다. 질베르트에 대한 탁월한 감화력을 타고난 벗으로서의 내 새로운 처지는, 예를 들면 자신이 늘 첫째가는 성적으로 뽑히는 학교에서 왕자를 친구로 가졌다면 그 우연으로 말미암아 비공식으로 궁중에 입궐하는 허락을, 특히 왕을 배알하는 덕을 입을 수도 있는 것과 마찬가지로, 이제는 내게 특권을 내렸다. 스완은 한없는 호의와 더불어 영광스러운 일로 바쁜 몸이 아닌 것처럼 나를 자기 서재로 데리고 가서는, 감동 때문에 내가 한마디도 이해하지 못하는 화제에 대하여, 짧고도 멈추기 쉬운 용기와 비약으로 가끔 깨뜨려지는 소심한 침묵과 입속말로 한 시간 동안 나에게 답변을 시켰던 것이다. 스완은 내 흥미를 끌 거라 판단한 미술품과 서적을 보여주었는데, 나는 그런 것이 루브르 미술관이나 국립도서관이 소장하고 있는 것들보다 아름다움에 있어 훨씬 뛰어나다는 사실을 보기도 전에 티끌만큼도 의심하지 않았으나, 그것을 똑바로 바라볼 수조차 없었다. 이러한 순간, 스완네 집사가 내 회중시계, 넥타이핀, 목이 조금 긴 구두를 달라고 조르거나 그를 나의 유산 상속인으로 인정하는 증서에 서명하라고 조르거나 했다면 나는 틀림없이 기뻐했으리라. 민간의 멋들어진 어구를 빌려 말한다면—민간의 멋들어진 어구는 가장 이름난 서사시처럼 작자 미상이지만, 서사시의 경우처럼 볼프(Wolf)*의 학설과는 반대로 명백히 어느 작가(좀처럼 세상에 나타나지 않을 만큼 뛰어난 천재는 아니지만 '얼굴을 판다'는 따위의 명언을 발견했으면서도, 자기 이름을 사람들 사이에 팔고 싶어하지 않는 독창적이고 겸허한 어느 작가)가 만든 게 틀림없는데, 그런 멋진 표현을 흉내낸다면—내 마음은 '시끌벅적'해서 아무것도 몰랐다. 기껏해야 방문이 길어졌을 때, 이 마술의 집에서 지낸 몇 시간이 결국 아무것도 이뤄낸 게 없으며 어떤 행복한 결말도 불러오지 않았다는 걸 알고는 놀라는 정도였다. 그러나 내가 실망한 까닭은, 보여준 걸작이 모자라서도, 내 산만한 눈길을 그 위에 멈추게 할 수 없어서도 아니었다. 그도 그럴 것이 스완의 서재에 있다는 사실이 내게 기적같이 느껴졌던 것은 그런

---

* 독일의 언어학자(1759~1824).

사물 속에 있는 아름다움이 아니라, 그의 서재에 있으리라고 오래전부터 살펴 알아내온, 그리고 현재 거기에 스며들고 있는 뭔가 특수한, 구슬픈, 관능의 느낌, 그러한 느낌이 그 사물에—실제는 더할 나위 없이 추한 것이었을지도 모르는 사물에—밀착하고 있었기 때문이었다. 마찬가지로 거울이라든가, 은으로 만든 빗이라든가, 스완 부인의 벗들인 가장 뛰어난 예술가들의 손으로 조각되고 그려진 파도바의 안토니오 성자 성당의 제단 같은 여러 가지도, 스완 부인이 나를 그녀의 방에서 잠시 동안 접대해주었을 때 내 마음에 불어넣은 그녀의 드높은 친절과 나의 미천한 감정에 비하면 아무것도 아니었다.

부인 방에는 아름답고 위엄 있는 몸종 세 명이 미소 지으며 부인을 위해 신기한 화장 준비를 하고 있었다. 마님께서 도련님께 한마디 여쭙고 싶어하신다는 짧은 바지를 입은 하인의 전갈에 따라, 쉴 새 없이 화장실로부터 내뿜어오는 고귀한 향수가 멀리까지 풍기는 좁은 복도를 통해 나는 그 방 쪽으로 가곤 했다.

스완 부인이 그녀의 방문객 쪽으로 돌아간 뒤에도, 그녀가 떠들고 웃는 목소리만은 우리가 있는 곳까지 들려왔다. 오직 두 손님 앞에서도 '벗' 전부에 맞서기라도 하듯, 그 무렵 '작은 동아리'에서 베르뒤랭 부인이 '좌담을 이끌고' 있을 때 '어른스러움'을 보이며 내뱉는 말투를 흉내내 목소리를 높이곤 했기 때문이었다. 근래에 남들한테서 빌려 쓰는 말투란 적어도 당분간 유행하는 법인데, 스완 부인은 남편에게 부탁해 소개받았던 저명인사들로부터 들은 말투(사람 이름을 꾸미는 형용사 앞에 관사 또는 지시 대명사를 생략하는 아니꼽고 얄미운 말씨는 그녀가 알고 있는 그러한 인사들한테 비롯된 것이었다)를 택하고, 어떤 때는 비속어(이를테면 그녀의 여자친구들 가운데 한 명의 입버릇인 '껄렁한 거야!' 따위)를 택해 그것을 '작은 동아리' 안에서 형성된 습관에 따라 그녀가 즐겨 하는 온갖 이야기 속에 끼워넣으려고 애썼다. 그래서 다음과 같은 말이 저절로 나오게 되었다. 곧 '아주 좋아요, 그런 이야기', '어머! 정말 멋들어진 이야기야!' 이러한 말들은 그녀와 안면이 없는 게르망트네 사람들의 입에서 나와, 남편을 통해 그녀에게 전해진 것이었다.

식당에서부터 스완 부인의 모습이 보이지 않았지만, 대신에 이번에는 마침 집에 돌아온 스완 씨가 우리 앞에 모습을 나타냈다—"어머니 혼자 계시냐, 질베르트?"—"아뇨, 아직 손님하고 계셔요, 아빠."—"뭐 아직도? 7시인데! 못 살겠군! 불쌍하게도 네 엄마는 지치겠다. 지겨워라(우리집에서는 지겨워라, 라는 말에서 반드시 지를 길게 발음하는 것을 들었는데, 스완 부부는 그걸 짧게 발음했다), 생각해보렴, 오후 2시부터니 말이다!" 그는 내 쪽으로 고개를 돌리며 계속해 말했다. "카미유의 말로는, 4시부터 5시까지 사이에 열두 분이나 오셨다는구나. 지금 내가 열두 분이라고 말했던가, 열네 분이라고 들은 것 같기도 하군. 아냐, 열두 분이었어, 통 기억이 안 나는걸. 집에 돌아왔을 때 오늘이 모임인 걸 깜박 잊어버리고, 문 앞에 늘어선 마차를 보고서는 집에 결혼식이 있나 했지. 게다가 내가 서재 안에 들어가 쉴 사이도 없이 초인종이 계속해 울리지 뭐냐, 정말 머리가 아프구나. 그런데 아직도 손님이 많으시냐?"—"아니, 두 분뿐이에요."—"누구시지?"—"코타르 부인과 봉탕 부인."—"아아! 건설부 장관의 비서실장 부인이시구먼."—"난 그분의 남편이 어느 관청의 공무원인지는 알지만 뭘 하는 분인지 똑똑히 모르겠어요." 질베르트는 어린애처럼 말했다.

"뭐라고, 이 바보야, 마치 두 살짜리 아기처럼 말하는구나. 뭐라고 했지, 어느 관청의 공무원이라고? 천만의 말씀. 그분은 비서실장이시고, 모든 사무의 우두머리셔. 아, 나도 머리가 어떻게 되나 보다. 질베르트 못지않게 멍해졌나 보군. 그분은 비서실장이 아니라 국장님이셔."

"모르겠어요, 난. 그럼 국장님이란 대단한 거예요?" 질베르트는 부모의 허영심을 채워주는 온갖 것에 대한 자기 무관심을 나타내는 좋은 기회랍시고 대답했다(하기야 지나친 존경심을 보이지 않음으로써, 그처럼 눈부신 교제를 하고 있는 자기들을 더욱 빛나게 하는 줄로 생각하고 있는지도 몰랐다).

"아무렴, 대단하고말고!" 스완은 큰 소리로 외쳤다. 그는 나를 의심쩍게 할지도 모르는 겸허한 태도보다 또렷한 단언 쪽을 택했다. "뭐니뭐니해도 장관 다음이니까! 오히려 장관 이상이지, 실제로 모든 걸 도맡아하는 분이니까. 게다가 그분은 보기에 수완 있고, 일류급 인사인 데다, 모르는 사람이 없을 만큼 저명한 분이셔. 레지옹도뇌르 훈장도 받았지. 게다가 인상도 좋고 매우 잘생긴 분이셔."

하기야 이 장관의 아내도, 그가 '잘생긴 사내'였으므로 모든 사람의 반대를 무릅쓰고 그와 결혼했다. 용모 전체를 보기 드문 우아함으로 만드는 데 충분한 것, 비단 같은 금빛 수염, 아름다운 얼굴 윤곽, 코먹은 소리, 냄새나는 입김, 의안(義眼)까지도 이 사나이는 갖고 있었다.

"이렇게 말하기는 뭣하지만." 스완은 내게 말을 계속 건넸다. "나는 이런 분들을 현 정부에서 볼 수 있어 매우 유쾌하게 생각한다네. 왜냐하면 이분들이, 편협한 사상을 가진 반동적이고 교권을 옹호하는 부르주아의 전형이라고 할 봉탕 쉬뉘 가문의 혈통인 봉탕 집안사람들이기 때문이지. 돌아가신 자네 할아버님은 쉬뉘 영감을 잘 아셨을 걸세. 적어도 소문을 듣기도 하고 얼굴을 보기도 하셨을 테니. 쉬뉘 영감은 당대의 제일가는 부자이면서도 마부에게 술값으로 동전 한 푼밖에 내주지 않는 분이었지. 그리고 자네 할아버님께서는 브레오 쉬뉘 남작도 아셨을 걸세. 그는 위니옹 제네랄 은행 파산 때 전 재산을 잃고 말았지. 자네는 젊으니 이런 일을 모르는 게 당연해. 그러나 이 집안은 힘써 재산을 회복시켰다네."

"그 사람은 내가 듣는 강의에 나오는 애의 아저씨예요. 나보다 학년이 낮은데, 유명한 '알베르틴'이라는 아이죠. 그 애는 틀림없이 '바람둥이'가 될 거예요, 벌써부터 야릇한 차림을 하고 다니거든요."

"정말 놀라운걸. 누구나 다 알고 있으니 말이야."

"나는 그 애를 아는 게 아니에요. 단지 그 애가 지나가는 걸 보았을 뿐이죠. 이쪽저쪽에서 알베르틴이라고 부르는 걸 들었을 뿐이에요. 봉탕 부인이라면 나도 알지만, 그분 또한 내 마음에 안 드는 분이죠."

"그건 너의 큰 잘못이다. 그분은 매력 있고 미모를 갖춘 총명한 사람이야. 게다가 재치도 있고. 그분에게 인사하러 가서 여쭤봐야겠다. 그 바깥양반이 전쟁이 터질 걸로 생각하고 있는지. 테오도시우스 왕께 기대를 걸 만하다고 생각하고 있는지 어떤지도. 분명히 알고 있을 거야. 안 그래? 신들의 비밀을 알고 계시는 분이니까."

지난날 스완은 이런 투로 말하지 않았다. 그러나 매우 단순한 왕녀가 시녀와 함께 도피한 지 10년이라는 세월이 흘러간 뒤, 사교계 사람들과 다시 만나고 싶고, 누구 한 사람 자기를 기꺼이 찾아주지 않는 것을 느꼈을 때, 자기도 모르는 사이에 진저리나는 여인들이 쓰는 푸념 섞인 말투가 배어버리고, 또 사교계의 스타로 드날리고 있는 어느 공작부인의 이름을 누가 끄집어낼 때 '그분은 어제 우리집에 오셨답니다', 또는 '난 세상과는 떨어져서 살고 있답니다'라고 말하는 부인을 우리는 본 적이 없었는가? 따라서 일부러 풍속이나 관습 따위를 관찰해도 헛일이다. 왜냐하면 그런 건 심리학적인 법칙에서 끌어낼 수 있으니까.

스완네 사람들은 거의 손님이 없는 가정이 물들기 쉬운 악습을 갖고 있었다. 조금이라도 저명한 인사들의 방문이나 초대, 상냥한 대화는 그들에겐 한 사람이라도 더 많은 사람의 귀에 들려주고 싶은 사건인 것이다. 오데트가 꽤 호화로운 만찬회를 열었을 때 공교롭게 베르뒤랭네 부부가 런던에 가 있거나 하면, 스완네 부부는 두 집안과 다 친한 어떤 친구에게 부탁해서, 영불해협 건너쪽에 해저 전선을 통해 전보를 치도록 부탁했다. 스완네 사람들은 오데트 앞으로 온 찬사로 가득 찬 편지나 전보까지도 그대로 넣어둘 수가 없었다. 그것을 친구들에게 말하기도 하고, 손에서 손으로 돌려보기도 했다. 이렇듯 스완네 살롱은 전보를 붙여놓는 온천 거리의 호텔과 비슷했다.

게다가 내가 그러했듯이, 옛날의 스완을 사교계가 아닌 다른 곳에서 알고 있을 뿐만 아니라 사교계에서 그를 알고 있던 사람들, 왕비나 공작부인 말고는 재치와 매력이 까다롭게 요구되고, 진저리나는 속물로 느껴지는 인간은 그 아무리 저명한 인사라 할지라도 제명 선고를 당했던 게르망트네 사교장 안에서의 스완을 알고 있는 사람들은 그 스완이 오늘날에 와서 자기 교우 관계를 말할 때 은근히 점잔을 빼지 않을 뿐더러, 친구를 선택하는 데 까다롭게 굴지 않는 것을 알았다면 퍽 놀랐으리라. 그처럼 비속하고 심술궂은 봉탕 부인이 어떻게 그의 비위에 거슬리지 않았겠는가? 그 부인을 가리켜 상냥한 분이라고 어찌 말할 수 있었겠는가? 게르망트네 살롱에 대한 추억만 가지고서도 차마 그렇게는 못할 성싶었다. 한데 사실을 말하면 오히려 그러한 추억이 스완이 그렇게 하는 걸 돕고 있었다. 게르망트네 사람들은 대부분의 사교계와는 달리 세련된 취미가 있었으나, 또한 속물근성도 함께 가지고 있어, 그것이 세련된 취미의 행함을 한때나마 멈추게 하는 일이 있었다. 만약 게르망트 동아리에서 꼭 필요하다고 할 수 없는 사람, 외무장관이라든가 조금 거드름 피우는 공화당원이라든가, 수다스러운 한림원 회원의 경우 세련된 취미는 상대방에게 철저히 행사되어, 스완은 게르망트 부인이 대사관 같은 곳의 만찬회에서 그러한 사람들과 이웃하여 앉는 것을 딱하게 여겼다. 스완은 그들보다 세련된 맛이 나는 사람, 다시 말해 게르망트네 집을 둘러싼 세계에 속하는 사람, 아무런 도움도 되지 않지만 게르망트네의 재치를 지닌 사람,

같은 세계에 속하는 사람 아무개 쪽을 천 배나 더 좋아했다. 그렇지만 어느 공작부인, 공주 같은 분들이 자주 게르망트 부인의 만찬회에 초대되는 일이 있었는데, 이분들은 이 동아리에 낄 만한 아무런 권리도 없이 이 세계에 들어와 있었다. 그러나 게르망트네 사람들은 이런 분을 일단 받아들인 이상, 사교인다운 소박함으로 뜻에 맞는 점을 찾아내려 마음 쓰는 것이었다. 그도 그럴 것이 처음부터 그분을 뜻에 맞는 사람이라고 생각했기에 초대했다는 것은 있을 수 없는 일이니까. 게르망트 부인을 도우려고 온 스완은 왕비가 물러가자 부인에게 말했다. "참 좋은 분이군요. 약간 유머도 아시는, 그야 물론 《순수이성 비판》을 깊이 연구하셨다고는 여겨지진 않지만 불쾌한 분은 아니시군요."

"나도 그렇게 생각해요." 공작부인은 대답했다. "아직은 조금 겁을 내셨지만. 두고 보세요, 얼마나 애교 있는 분인가."—"X부인(수다스러운 한림원 회원의 부인으로, 주목할 만큼 얼굴이 알려진 여인)처럼 귀찮게 구는 분이 아니던데요, 그 부인으로 말하면 번거로운 인용으로 남을 괴롭히거든요."—"그야 처음부터 비교가 안 되죠." 이런 따위를 말하는, 그것도 본심을 드러내는 재주를 스완은 이 공작부인 댁에서 배워 몸에 지니고 있었던 것이다. 이제 스완은 그 재주를 자기가 초대하는 사람들에게 발휘하고 있었다. 미리 편견을 가지고 보거나 까다로운 혐오의 잣대로 관찰하지 않는다면 어떠한 사람들에게서도 장점이 보이겠지만, 스완은 자기네 손님들에게서 발견한 장점을 인정하고, 그것을 받아들이려 애쓰고 있었다. 지난날 파름 대공부인의 장점을 칭찬했듯이, 지금은 봉탕 부인의 장점을 강조했다. 하기야 파름 대공부인인들, 만약 게르망트네 집에 왕비를 위한 특별 입장 제도가 없고, 또 그런 여성들의 경우라 할지라도 실제로 문제되는 것이 재치와 어떤 매력뿐이었다면 아마 그녀는 게르망트네 살롱에서 제명되었으리라. 게다가 이미 봐왔듯이, 지난날 스완은 사교계에서의 자기 지위를 자기 뜻에 더욱 유리한 지위와 바꾸는 취미를 갖고 있었다(지금 그는 그 취미를 행하고 있지만, 단지 꾸준히 하고 있을 뿐이다). 이 상황을 인물과 한 몸인 걸로 믿는 사람은, 첫눈에 나눌 수 없는 것으로 보이는 사물을 지각하는 데 있어 분석하는 재능이 없는 사람들에 한한다. 같은 인물의 일생을 여러 시점에서 하나하나 비추어본다면, 그가 사회계급의 다른 단계에서, 반드시 그 단계보다는 세련되지 않은 환경 속에 잠겨 있음을 알게 되리라. 그리고 생애의 어떤 시기에서, 우리가 어떤 환경과 새로이 유대를 맺고, 그 환경에서 존중받는 걸 스스로 느낄 적마다 우리는 거기에 뿌리내려 매우 자연스럽게 자기 자신을 정착시키게 되리라.

봉탕 부인에 관해 말할 때에 그토록 강조하던 스완이고 보니, 그녀가 그의 아내를 가끔 방문한다는 사실을 내 부모님이 알겠거니 하는 생각이 들었을 때에도 그는 별로 언짢은 생각이 들지 않았을 줄로 나는 믿는다. 사실 우리 집에서는, 그의 아내가 순조롭게 조금씩 친해져가는 사람들의 이름이 우리의 감탄을 일으키기보다 오히려 호기심을 자극했다. 트롱베르 부인의 이름을 듣자, 어머니가 말했다.

"저런! 신입이 한 사람 늘었네. 다른 사람들도 끌고 들어갈걸."

이렇게 말하는 어머니는, 스완 부인이 교우 관계를 차례차례 정복해갈 때의 대범함, 신속함, 격렬함을 식민지 전쟁에 비교라도 하는 듯 덧붙여 말했다.

"드디어 트롱베르족(族)이 졌구나, 인근 부족들도 곧 항복할 거야."

길에서 스완 부인과 스쳐 지나온 날, 집에 돌아오자 어머니는 우리에게 말했다.

"용기백배한 스완 부인을 보았는데, 분명 마세쉬토족이나 실론족, 또는 트롱베르족을 공격하려고 원정에 나섰나 봐요."

그리고 상당한 수고 끝에 다양한 세계에서 데려온 여인들로 이루어진, 그러한 혼성적이고 인위적인 무리 가운데에서 새로운 얼굴을 보았다고 내가 말할 때마다 어머니는 금세 그 사람들의 출신을 알아맞히고, 그것이 마치 비싼 희생을 치러 빼앗은 전리품인 양 말했다.

"아무개 집안에 원정을 갔다 온 거야."

아버지는 코타르 부인에 관해서, 스완 부인이 이 촌스런 부르주아 여인을 끌어당겨 어떤 이익을 얻을 셈인지 궁금해하며 말했다. "대학교수지만, 이것만은 모르겠다고 고백할 수밖에 없는걸." 어머니는 이와는 반대로 잘 이해하고 있었다.

어머니는, 전에 살아온 세계와는 다른 세계에 깊이 꿰뚫고 들어가는 데에서 여인이 얻는 기쁨이란, 그 여인이 바꾼 비교적 빛나는 이번 세계의 소식을 전 세계 사람들에게 널리 퍼뜨릴 수 없기라도 하면, 거기에서 발견한 대부분의 쾌락을 잃고 만다는 점을 알고 있었던 것이다. 때문에, 마치 들뜬 곤충이 윙윙대며 꽃을 찾아가듯 새롭고 매혹적인 세계 속으로 들어가서, 그때부터 들리는 집집마다의 소문, 선망과 감탄의 은밀한 씨앗을 퍼뜨려주는 목격자 한 사람이 필요하게 된다. 이 소임을 완수하기 위해 찾아낸 코타르 부인은, 외할아버지 기질을 얼마쯤 이어받은 어머니가, '이방인이여, 가서 스파르타 사람에게 이야기하라!'의 부류로 부르던 그 초대객의 특별한 둘레에 속하는 인종이었다. 게다가―몇 해 뒤에 비로소 알게 된 또 다른 이유 말고도―스완 부인은 이 친절한, 겸손하고도 수수한 벗을 '모임'에 초대함으로써, 자기네 집에 배반자나 경쟁자를 들이는 데 두려워할 필요가 없게 되었다. 그녀는 이 부지런한 일벌이 깃털 장식과 명함집으로 무장을 갖추자, 단 하룻낮에 매우 놀랄 만큼 수많은 부르주아의 꽃에서 꽃으로 찾아갈 수 있음을 알게 되었다. 스완 부인은 이 일벌의 선전 능력을 알고 있어서 확률 계산법에 의해 다음과 같이 생각했다. 아닌 게 아니라 베르뒤랭네 단골손님 가운데 모모는, 파리 위수(衛戍) 사령관이 방문의 표시로 스완네 집에 명함을 놓고 간 사실을 3일 안에 소문으로 들을 테고, 또는 베르뒤랭 씨 자신마저 마사회장(馬事會長) 르 오 드 프레사니 씨가 스완 부부를 테오도시우스 왕의 대연회에 데리고 간 것을 들을 거라고. 스완 부인은 그녀의 자존심을 만족시키는 이 두 사건만이 베르뒤랭네 사람들에게 알려지는 경우를 떠올려본 것에 지나지 않았는데, 왜냐하면 우리는 구체화한 명성을 머릿속으로 그려보거나 추구하는 데 있어, 명성이 온갖 형식을 동시에 갖춰 나타나 주었으면 하는 우리의 희망에도 불구하고, 그 형식을 한 번에 전부 떠올릴 수 없는 우리 정신의 결함 탓으로 그 구현화의 수가 매우 적기 때문이다.

또, 스완 부인은 이른바 '관계(官界)' 방면에서밖에 결실을 얻지 못했다. 교양 있는 여인들은 그녀의 집에 가지 않았다. 공화당 명사들의 존재가 그녀들을 멀리하게 한 건 아니었다. 내가 어렸을 적에는, 보수당에 속하는 모든 것이 마음대로 사교계에 세력을 부려 소문난 살롱은 절대 공화당원을 받아들일 수 없었다. 이러한 환경에 살고 있던 사람들은 기회주의자를, 더구나 위험한 급진주의자를 초대하는 일이 영영 불가능하며, 이 상태가 석유램프나 승합마차와 마찬가지로 영원히 이어질 줄로 상상했다. 그러나 때때로 돌아가는 만화경처럼 사회도 인간이 여태껏 움직이지 않을 줄 믿어왔던 모든 요소를 차례차례 다른 모양으로 앉히며 색다른 모습을 꾸며낸다.

내가 아직 첫 영성체(領聖體)를 받지 못했을 무렵, 정통파 귀부인들이 방문한 집에서 맵시 있는 유대계 여인을 만나기라도 하면 너무 놀라 얼굴이 하얗게 질리는 일까지 있었다. 만화경의 이러한 새 배열은 철학자라면 비판 기준의 변화라고 일컬을 것에 의해서 생긴다. 드레퓌스 사건은 내가 스완 부인네에 드나들던 때보다 조금 뒤에 새로운 변화를 가져왔으며, 만화경은 다시 한 번 색칠된 작은 마름모꼴들을 뒤집어놓았다. 유대인에 관련된 모든 것은 설령 그게 우아한 귀부인일지라도 아래로 떨어지고, 미덥지 않은 민족주의자들이 올라가 그 자리를 차지했다.

파리에서 가장 화려하게 꽃을 피운 살롱은 오스트리아인으로 급진 가톨릭 신자인 어느 대공의 살롱이었다. 만일 드레퓌스 사건 대신에 독일과의 전쟁이 일어났다면, 만화경은 반대 방향으로 돌았으리라. 유대인들은 일반 시민의 놀라움에도 아랑곳없이 애국자인 증거를 보여 그 지위를 지켰을 테고, 아무도 오스트리아 대공의 살롱 같은 곳에 가려고 하지 않았을 것이며, 간 일이 있어도 그 이야기가 밖으로 새어나가지 못하게 했으리라. 그런데도 사회가 잠시 멈출 때마다 거기에 사는 사람들은 이젠 어떠한 변화도 일어나지 않을 거라고 상상한다. 마치 새로 설치한 전화를 눈앞에 보면서도, 비행기의 출현은 여전히 믿지 않으려고 했듯이. 그런데 언론 활동을 하는 철학자들은 전 시대를 헐뜯는다. 그들은 부패의 극으로 생각하던 당시 사람들이 탐닉한 쾌락의 생활양식을 헐뜯을 뿐만 아니라, 그때 예술가나 철학자들의 작품이 마치 시대 흐름을 좇는 경솔한 형태와 풀리지 않게 매여 있기나 한 것처럼 무가치한 것으로 보아 그것마저 헐뜯는다. 변치 않는 단 한 가지는 그때마다 '프랑스에 어떤 변동'이 있는 듯 보인다는 점이다.

내가 스완 부인네에 드나들 무렵에는 아직 드레퓌스 사건이 터지지 않아, 유력한 몇몇 유대인이 절대적인 권력을 가지고 있었다. 그중에서도 뤼퓌스 이스라엘 경이 으뜸갔는데, 그 아내 레디 이스라엘은 바로 스완의 숙모였다. 그녀가 친하게 지내는 사람 가운데 그 조카만큼 멋있는 이는 단 한 사람도 없었다. 한편 조카라고 하나 그녀를 그다지 좋아하지 않았던 스완은 분명 그녀의 유산 상속자가 될 거라는 소문은 많았지만, 결코 그녀를 자주 찾지 않았다. 그러나 그녀는 스완의 사교계 지위를 알고 있는 단 하나의 친척으로, 다른 사람들은 이 점에 관하여 우리집 식구들이 오랫동안 그랬듯이 늘 무심했다. 어느 가문의 일원이 상류 사회에 나아갈 때—이것은 그 사람에게 독특한 현상으로 보이는 일이나, 10년이라는 세월이 흘러가고 보면 이 일이 그와 함께 소년 시절을 보내던 여러 사람들에 의해 다른 이유와 방식으로 성취된 것을 인정하게 된다—그 사람은 자기 주위에 그늘진 곳, 곧 terra incognita(알려지지 않은 땅)를 그리는데, 이것은 거기서 그와 함께 사는 모든 사람에게는 그 보잘것없는 빛과 어둠까지 환히 보이지만, 거기에 깊숙이 들어가지 않고, 더구나 그런 것이 자기들 가까이 있다고는 꿈에도 생각지 않고서 그 가장자리를 따라가는 사람들에게는 어둠이며 순수한 허무에 지나지 않는다.

아바스 통신사도 스완의 사촌누이들에게 그가 교제하는 사람들의 정보를 전할 까닭이 없어서, 그녀들은 가족끼리의 만찬 자리에서 '사촌오빠 샤를'을 찾아가 '유쾌하게' 휴일을 보냈다고 너그러운 미소를 짓고 서로 이야기했는데(물론 스완의 가공할 결혼이 있기 전의 일), 그녀들은 이 샤를을 자기들의 행복을 얼마쯤 부러워하는 구차스러운 친척으로 여겨 발자크의 소설 제목 《사촌누이 베트(*La Cousine Bette*)》를 본떠서 'Le Cousin Bête(바보 사촌오빠)'라고 재치 있는 별명으로 불렀다.

레디 뤼퓌스 이스라엘은 샘이 날 만큼 스완에게 우정을 마구 주는 사람들이 어떠한 이들인지 잘 알고 있었다. 로스차일드 가문과 거의 맞먹는 그녀 남편의 가문은 여러 대에 걸쳐 오를레앙 공가(公家)의 재정을 관리해왔다. 레디 이스라엘은 엄청난 부자로 크나큰 세력을 부렸는데, 그 세력을 이용해 자기가 아는 사람들이 아무도 오데트를 받아들이지 않게 하였다. 그런데 한 여인만이 몰래 이 지령을 따르지 않았다. 바로 마르상트 백작부인이었다. 그런데 공교롭게도 오데트가 마르상트 부인을 방문했을 때, 레디 이스라엘이 거의 동시에 들어온 것이다. 마르상트 부인은 바늘방석에 앉은 기분이었다. 그리고 부인은 이기적인 사람들에게 흔히 있는 비겁함으로 오데트에게 아무런 말도 건네지 않았으므로, 풀이 죽은 오데트는 이제 받아들여진대도 반갑지 않은 세계에 더 깊이 들어설 마음이 들지 않았다. 이와 같이 포부르 생제르맹의 귀족 동네와는 완전히 발을 끊은 오데트는, 족보의 매우 사소한 곳까지 따지는 부유한 부르주아 계급, 옛 문서나 기록을 뒤져서 귀족과의 인연에 대한 갈망을 달래는 저 부유한 부르주아 계급을 도저히 따를 수가 없는 교양 없는 고급 창부 퇴물로서의 자신에 만족할 수밖에 없었다.

스완으로 말하면, 한편으로는 여전히 옛 정부였던 여자를 귀엽게 여기고 적어도 밉게 생각지 않는, 그런 애인으로 생활을 계속하고 있었음에 틀림없다. 왜냐하면 나는 그의 아내가 사교계에 대한 상식 밖의 이야기를 지껄이는 걸 자주 들었는데도(아주 적은 애정에서인지, 사교계에 대한 존경이 모자라서인지, 아니면 그녀를 바꾸는 데에 애를 먹어서인지), 그는 그러한 잘못을 고쳐주려고도 하지 않았기 때문이다. 콩브레에서 그토록 오랫동안 우리를 오해에 빠뜨렸던 이유도, 그리고 이제 적어도 자기 자신을 위해서는 여전히 명사들과 친교를 맺고 싶어하는 그였건만, 자기 아내의 살롱에서 이야기를 나누다가 그러한 저명인사의 어떤 장점을 높이 평가하는 우리의 태도를 그전처럼 좋아하지 않게 된 까닭도, 단순해지고 만 이 심정이 겉으로 드러났기 때문이리라. 게다가 또 스완의 생활 중심이 자리를 옮겼으므로, 그에게는 그러한 저명인사들도 전만큼 대수롭지 않았던 것이다. 하여간 사교계에 관한 오데트의 무지는 게르망트 대공부인의 이름이 그 사촌동서 자매되는 게르망트 공작부인의 이름에 뒤이어 나왔을 때 "어머나, 그분이 대공이신가요, 그럼 작위가 오르셨군요"라고 말할 정도였다. 혹시 어떤 사람이 샤르트르 공작을 '왕자'라고 말하면 그녀는 이렇게 고쳐 얘기했다. "공작입니다, 샤르트르 공작이에요, 왕자가 아닙니다." 파리 백작의 자제 오를레앙 공작에 대하여는 "이상하고도 야릇하지 뭐예요, 아드님이 아버지보다 작위가 높으니 말이에요" 하고 나서, 영국 심취자가 된 것처럼 덧붙였다. "이 'Royalties(왕족)' 사이에 내분이 있다는군요." 그리고 게르망트 가문의 출신지를 묻는 사람에게 "엔(Aisne) 지방이죠" 하고 대답했다.

스완은 오데트에 관한 한, 단지 그녀가 교양이 없다는 것만 아니라 그녀의 부족한 지성에도 눈뜬 소경이었다. 더구나 오데트가 어리석기 짝이 없는 이야기를 할 때마다 스완은 얼굴 가득 기쁜 빛을 드러내며 쾌활하게, 전날 그녀에게 느낀 애정을 거기에 넣었을지도 모르는 감탄의 기색까지 나타내며 아내의 이야기를 귀담아들었다. 그 같은 담소 가운데 스완 자신이 입 밖에 내는 미묘하고도 함축성마저 있는 말은 오데트의 귀에 들어가자마자 번번이 흥미 없이, 참을성 없이 한쪽 귀로 흘러버리거나, 때로는 엄하게 반박되기도 했다. 따라서 반대로 신분 높은 여인들이 그녀들의 고상한 담소의 무자비한 비평가인 상스러운 사내들에 홀려, 그 더할 나위 없이 싱거운 익살 앞에 연정에서 우러나오는 한없는 너그러움과 더불어 황홀해지는 그런 경우가 있음을 생각해본다면, 이와 같은 속됨에 대한 엘리트의 굴복이란 오히려 허다하다고 결론지어야겠다.

이 시대에 오데트가 포부르 생제르맹에 들어가는 걸 방해한 여러 이유에 대해 화제를 돌리면, 사교계라는 만화경의 최근 회전이 어떠한 추문에서 시작되었다는 점을 지적할 필요가 있다. 사람들이 전적으로 믿고 방문했던 여인들이 창부이거나 또는 영국의 스파이인 것이 드러났다. 당분간 사람들은 무엇보다 아주 침착하기를, 아주 건실하기를 바라게 되고, 적어도 그럴 줄 믿고 있었다. 오데트로 말할 것 같으면 사교계와 친교가 끊어진 사실을 그대로 보여주었다. 곧 다시 친교가 맺어졌지만(왜냐하면 인간은 하루 만에 달라지는 게 아니라, 새로운 제도 안에서 옛 제도를 이어가므로), 그것이 이미 변하기 이전의 사교계가 아니라고 믿게 하고, 속게 하는 다른 형태 밑에서 상대방을 보기 때문이다.

그런데 오데트는 그런 사교계에서 한번 '정체를 폭로당한' 여인들과 너무도 비슷했다. 사교계 사람들은 지나치게 근시안들이다. 알고 지내던 이스라엘 여인들과 모조리 교제를 끊고 나서 그 빈자리를 어떻게 메워야 하는가 궁리하고 있는 바로 그 순간에 그들은, 칠흑 같은 밤의 어둠을 틈타 거기에 나타난 듯한 새로운 한 여인, 마찬가지로 이스라엘 인종인 오데트의 모습을 언뜻 본 것이다. 그러나 오데트는 그 새로움 덕분에 그들의 마음속에서 이전의 여인들—그들이 몹시 싫어해야만 한다고 스스로 믿고 있는 것—과 관련되지 않는다. 오데트는 남들에게 자신이 믿는 '신'을 존경하라고 요구하지 않았다. 그래서 남들이 오데트를 택한 것이다. 내가 오데트의 집에 드나들기 시작할 무렵, 유대인 배척은 문제되지 않았다. 하지만 그녀는 사람들이 잠시 동안 멀리하고자 하던 인종임이 틀림없었다.

스완은 옛날의 교제인들, 따라서 최고 사회에 속하는 사람들 가운데 몇몇을 자주 방문했다. 그가 최근 만난 사람들에 대해 말하는 것을 들으면서 알아챘지만, 옛 벗이었던 사람들 가운데 몇몇을 고르는 그의 선택이 수집가로서의 그를 형성하고 있는, 반은 예술적이고 반은 역사적인 취미에 의해 조종되고 있었다. 그리고 평판이 좋지 못한 모모 귀부인들이 그의 흥미를 끄는 까닭은, 그 귀부인이 작곡가인 리스트의 정부였거나 또는 그 귀부인의 할머니에게 발자크의 어떤 소설이 받쳐졌거나(마찬가지로 샤토브리앙이 저서 안에서 어느 그림에 관해 언급한 구절을 읽기라도 하면, 그는 그 그림을 샀다) 하기 때문임을 알자 나는 의심스러워졌다. 이전 콩브레에서 스완을 사교계에 드나들지 않는 평범한 부르주아로 여기던 생각을 지우고 파리의 가장 멋있는 사람들 가운데 하나라고 생각을 바꾼 것은, 옛날의 그릇된 생각 대신 새 그릇된 생각을 품었던 게 아니었는지. 파리 백작의 벗이라는 사실은 아무런 뜻도 없다. 드나들기 조금 까다로운 살롱에 참석하지 못하는 '왕족의 친우'들이 주위에 얼마나 많은가? 왕족들은 자신이 왕족인 줄 스스로 알 뿐만 아니라, 속물도 아니고 게다가 왕족의 피를 받지 못한 사람들 위에 있다고 믿고 있다. 그리고 그들 발밑에 귀족과 부르주아가 거의 대등하게 서 있는 것이 보인다.

게다가 스완은, 과거부터 사교계에 이름이 알려지고 또 아직도 이름이 사라지지 않은 사람들에게 집착하면서, 현실의 사교계에서는 단순한 문학자나 미학자의 쾌락을 구하는 것만으로 만족하지 않았다. 그는 독특한 이들을 한데 모아, 여기저기서 주운 인물들을 다발로 묶으며 사회적인 꽃다발 같은 걸 만드는 저속한 재미를 붙이고 있었다. 이 재미나는 사회학(아니면 스완이 그렇게 생각하는 사회학) 실험은 그의 아내 여자친구들 전부에 대하여—적어도 변함없이—똑같은 반응을 갖지 못했다. "코타르 부부와 방돔 공작부인을 함께 초대할 작정입니다." 그는 웃으면서 봉탕 부인에게 말했다. 소스 안에 정향나무 꽃봉오리 대신 카이엔산(産) 후추를 넣어볼까 하는 생각이 들어 그렇게 시험해보고 싶어하는 미식가가 입맛을 다시는 투로. 그런데 코타르 부부에겐 재미있게(이 말의 옛 뜻으로서) 느껴졌을 이 계획은 봉탕 부인을 몹시 골나게 하는 힘을 갖고 있었다. 실은 최근에 봉탕 부인은 스완 부부를 통해 방돔 공작부인에게 소개되어 기쁘게 생각했고, 또한 소개된 것을 당연한 일로 여겼다. 그리고 그 이야기를 코타르 부부에게 자랑하는 게 그녀의 기쁨이었다. 그러나 새로운 수훈자가 일단 훈장을 받고 나면 그 즉시 공로의 길이 막혀버리길 바라듯이, 봉탕 부인도 자신이 소개된 뒤로는 되도록 자기 주위 사람들이 아무도 이 공작부인에게 소개되지 않기를 바랐던 것이다. 봉탕 부인은 방돔 공작부인에 대한 이야기를 코타르 부부에게 함으로써 몸에 지니게 된 둥글게 빛나는 빛으로 그들의 눈을 부시게 했는데, 너절한 심미학상의 괴이한 버릇을 이루기 위하여 단숨에 그 벗을 버린 스완의 악취미를 마음속으로 저주했다. 자기만이 누리고 있다고 남편에게 자랑하던 그 기쁨을 이번에는 코타르 교수와 그 부인이 함께 나누어 갖게 되었다고 어떻게 남편에게 알리겠는가? 더군다나 코타르 부부가 그들이 좋은 의사로 초대되는 게 아니라 재미 삼아 초대되고 있다는 사실을 눈치챈다면 어찌될 것인가! 실은 봉탕 부부 또한 같은 이유로 초대되었던 것인데, 스완은 별로 마음에 들지 않는 두 여인을 농락해 진정으로 사랑하는 사람은 그대만이라고 모두 믿게 하는 그 구원의 바람기를 귀족 사회에서 배웠으므로, 봉탕 부인에게 방돔 공작부인만이 그녀와 만찬을 함께하기로 정한 사람인 것처럼 말했다. "그래요, 공작부인을 코타르 부부와 함께 초대할 작정이에요." 몇 주 뒤 스완 부인이 말했다. "우리 바깥분은 이 두 짝이 퍽 재미나는 일을 만들어낼 거라고 생각해요." 그녀는 모든 신자의 귀에 들릴 만큼 커다란 목소리로 말하는 베르뒤랭 부인의 소중한 습관을 베르뒤랭네의 '작은 동아리'에서 배웠는가 하면, 한편 게르망트네 동아리의 소중한 표현 몇 가지—이를테면 '짝지음' 같은 말—도 썼기 때문이다. 이처럼 스완 부인은—마치 바다가 달에 대하여 그렇듯—멀리서, 또 자신도 모르는 사이에 게르망트네의 인력에 끌리고 있었다. 하기야 눈에 보일 만큼 그 곁에 가까이 있지는 못했으나. "그렇죠, 코타르 부부와 방돔 공작부인이라, 재미있을 거라 생각하시지 않습니까?" 스완이 물었다. "그건 잘되지 못할 거예요. 곤란한 일만 일어나겠죠. 위험한 불장난은 삼가야죠." 화가 난 봉탕 부인은 대꾸했다. 더구나 그녀와 남편도 아그리장트 공작과 같이 이 만찬에 초대되었는데, 봉탕 부인과 코타르는 물어오는 사람에 따라 이 만찬의 자리를 두 가지 모양으로 이야기했다. 만찬에 다른 사람이 참석했느냐고 물으면 봉탕 부인은 봉탕 부인대로, 코타르는 코타르대로 대수롭지 않게 말했다. "아그리장트 공작밖에 없었습니다. 아주 친밀한 사이뿐이었으니까요." 그러나 더 꼬치꼬치 물어보는 사람들도 있었다(한번은 아무개가 코타르에게 말했다. "하지만 봉탕 부부도 거기에 참석하지 않았나요?"—"아아 그렇지, 깜빡 잊었군요." 코타르는 얼굴이 붉어지며 이 눈치 없는 사내에게 대답했는데, 곧바로 그를 입이 험한 무리 속에 넣었다). 그런 사람들의 질문을 받았을 때 봉탕 부부와 코타르 부부는 미리 짜기라도 한 듯, 틀은 같으나 오직 그들 각자 이름만 바꿔넣어진 설명서를 택했다. 코타르는 말했다.

"글쎄요. 그 자리에 참석한 분들은 그 댁 주인 내외분, 방돔 공작 부부(거만하게 미소 지으며), 우리 부부, 그리고 정말이지 어떻게 된 일인지 모르겠지만 수프에 떨어진 머리칼처럼 와 있던 것이 봉탕 부부였습니다." 봉탕 부인 또한 한 자도 틀리지 않고 정확하게 그대로 낭송했는데, 단지 다른 것은 방돔 공작부인과 아그리장트 공작과의 사이에 만족스러운 듯 힘을 주어 말한 이름이 자기네 봉탕 부부였고, 초대되지 않았는데도 와서 오점을 남겼다고 비난한 보잘것없는 손님이 코타르 부부였다는 점이다.

스완은 방문할 곳이 있어 나가면 흔히 저녁 식사 시간 직전에 집에 돌아오곤 했다. 전에 오후 6시면 그는 그토록 저 자신을 비참하게 느꼈었는데, 이제는 오데트가 무엇을 하고 있는 중인가를 생각해보지도 않았으며, 오데트가 집에서 손님을 대접하고 있건 말건, 외출하고 있건 말건 거의 마음 쓰지 않게 되었다. 몇 년이 흐른 어느 날에는 오데트가 포르슈빌에게 보내는 편지를 겉봉투 너머로 읽어보려 한 일을 이따금 떠올렸다. 그러나 이 추억은 그에게 즐거운 것이 못 되어 부끄러운 생각을 깊이 하기보다는 오히려 입가를 찌푸리고, 그래도 모자랄 때에는 '그게 나와 무슨 관계가 있다는 거냐?'는 뜻으로 머리를 흔들곤 하였다.

물론 이제 스완은 믿고 있었다. 이전에 그가 몇 번이나 그 앞에서 발걸음을 멈추게 한 가정(假定), 실제로는 결백한 오데트의 생활을 헐뜯던 질투심의 가정(그것은 상사병이 계속되는 동안에 고뇌를 공상으로 보이게 해 그 고뇌를 덜어주었으므로 결국 고마운 것이지만), 그런 가정은 진실이 아니었으며, 올바른 눈을 갖고 있던 것은 질투심이었고, 또 그가 믿고 있던 이상으로 오데트가 그를 사랑했더라도, 그 이상으로 그를 속였다는 사실을. 스완이 그처럼 심하게 괴로워하던 시절에 그는 스스로 단언했다. 자기가 오데트를 사랑하지 않게 되어, 오데트의 비위를 상하게 하거나 그녀를 지나치게 사랑하고 있는 줄로 여기게 하거나 하는 것을 겁내지 않게 된다면, 자기가 초인종을 울리고, 열어주지 않는 창문을 두드리고, 그러고 나서 그녀가 포르슈빌에게 찾아온 사람은 숙부였다고 편지를 쓰던 그날에 과연 포르슈빌이 그녀와 잠자리를 같이했는지를, 오직 진실을 밝히고 싶은 마음에서 역사의 한 점을 밝혀내듯 그녀의 만족을 얻을 수 있을 거라고. 그러나 그처럼 흥미진진한 문제도 그 사실을 밝히기 위해선 질투심만 사라지면 그만이었는데, 스완이 질투심을 느끼지 않게 된 바로 그 순간, 이제 그의 눈에는 그러한 흥미진진한 문제가 아무런 흥미도 없는 일로 비쳤던 것이다. 그렇지만 바로 그렇게 된 건 아니다. 오데트에게 이미 질투를 느끼지 않게 되고 나서도, 라 페루즈 거리 작은 저택의 문을 공허하게 두드리던 그날 오후의 추억만은 계속해서 질투를 일으키곤 하였다. 그런 아무 이유 없는 미움은 얼마간 질병 같은 것으로, 그러한 병의 상처나 전염의 이유는 인간보다도 오히려 어떤 장소, 어떤 가옥 안에 있는 듯 보이는데, 마찬가지로 이 미움은 오데트 자신을 대상으로 하기보다는 오히려 그가 오데트 저택의 문이란 문을 헛되이 두드리던 잃어버린 과거의 그날, 그 시간을 대상으로 하고 있었다. 마치 그날 그 시각만이 지난날 스완이 품고 있던 연정의 마지막 조각을 붙들어놓아서, 그것 말고는 다시는 그러한 조각을 만나지 못하고 있는 듯했다. 스완은 이미 오래전부터 오데트가 그를 속였는지, 아직도 속이고 있는지 아랑곳하지 않게 되었다. 그런데도 그는 몇 해 동안 계속해서 오데트가 부리던 옛 하녀들을 찾았는데, 그만큼 그의 마음속에 이젠 옛일이 되어버린 그날 6시, 과연 오데트가 포르슈빌과 동침했는지 알고 싶은 애달픈 호기심이 뿌리 깊게 남아 있었다. 그러다가 결국 그런 호기심마저 없어지고 말았는데, 그래도 하녀들을 수소문하는 일은 그치지 않았다. 이미 흥미를 잃어버린 이유를 알려고 계속 애썼던 까닭은 극도로 노쇠한 옛 자아가 아직 기계적으로 움직였기 때문이며, 스완이 전날의 고민을 다시 떠올릴 수 없을 만큼이나 희미해진 근심의 습관 때문이었다. 한때는 그 고민이 어찌나 심했던지, 영영 거기서 구출되지 못할 거라고 떠올려, 사랑하는 여인의 죽음만이(이 이야기 앞부분에서 잔혹한 증거로 보여지듯이, 죽음은 질투의 고뇌를 조금도 감소시키지 못하지만) 그의 꽉 막힌 삶에 길을 터줄 수 있는 것처럼 느껴졌다.

그러나 그의 고뇌의 모태이던 오데트의 생활에 대한 여러 가지 사실을 밝혀내는 것만이 스완의 유일한 숙원은 아니었다. 오데트를 사랑하지 않게 되어 더 이상 그녀를 두려워하지 않게 된다면, 그때야말로 그런 고뇌의 복수를 하고 싶었다. 그런데 마침 그 두 번째 숙원이 이루어질 기회가 왔다. 그도 그럴 것이 스완이 다른 여인을 좋아하게 되었기 때문이다. 그 여인은 스완에게 미움을 살 이유가 없었음에도 미움을 샀는데, 이제는 스완이 사랑하는 방식을 새로 바꿀 수 없어 그 여인을 사랑하는 방식이 오데트와 같았기 때문이다. 스완의 미움이 다시 일어나려면, 예를 들어 야회에 나와 그녀가 스완 곁에 있지 않거나, 거기서 흥겨워하거나 하는 하찮은 이유만으로 충분했다. 그것은 그의 마음속에, 사랑의 혹이라 부르는 애달프고도 모순 덩어리인 옛 고뇌를 깨어나게 하는 데 충분했다. 그리고 그 고뇌가 스완을 그녀의 생활과 멀리 떨어뜨려놓고, 또 스완으로서는 그렇게 있는 게 그녀의 의심스러운(이 젊은 여인이 스완에게 품고 있는 실제 감정, 그 남모르는 욕망, 그 마음의 비밀) 점을 밝혀낼 수 있는 데 필요한 것처럼 느껴지기도 했다. 그도 그럴 것이, 스완과 그 여인과의 고뇌가 오데트 또는 오데트보다 앞서 사귀었던 다른 여인에게서 비롯된 옛 의혹의 녹지 않는 덩어리를 놓고 있으며, 또한 '그의 질투를 부추기던 여인'의 낡은 환영 덩어리를 통하지 않고서는 현재 새 애인의 모습을 볼 수 없게 해서, 스완은 제멋대로 그 새로운 사랑을 이 환영에 집어넣었다. 그래도 자주 이 미움이 상상에 지나지 않는 배신을 사실로 믿게 하여, 그때마다 그는 그런 생각을 물리치곤 했다. 하지만 그런 순간 그의 머릿속에 퍼뜩 떠오른 건 그가 같은 생각으로 오데트를 잘못 알고 용서해 주었다는 추억이었다. 그러므로 그는 그가 사랑하는 젊은 여인이, 그가 그녀와 함께 있지 않을 때에 하는 온갖 행동이 정숙하게 느껴지지 않았다. 그러나 이전에는 언젠가 그의 아내가 될 여인이라고는 꿈에도 생각 못한 채, 오데트를 사랑하지 않는 때가 오면 오랫동안 상처받은 자존심의 복수를 하기 위하여, 그의 무관심을, 그때야말로 거짓 없는 무관심을 가차 없이 오데트에게 보여주리라고 일찍이 마음속으로 맹세했으나, 이제 그는 아무런 위험 없이 행동에 옮길 수 있는 그런 앙갚음에(그도 그럴 것이 전에는 그토록 필요했던 오데트와의 단둘의 만남이 그 때문에 금지되거나, 그가 하는 말을 곧이듣거나 해도, 이제 그는 조금도 두렵지 않아서 마음내키는 대로 할 수 있었으므로) 관심이 없었다. 애정이 사라지면서, 그가 이미 사랑을 품고 있지 않다는 모습을 보이고 싶은 소망도 사라졌다. 그리고 오데트 때문에 괴로워할 무렵, 언젠가는 다른 여인에게 반해버린 것을 오데트에게 보여주리라고 바라 마지않던 그였지만, 막상 그렇게 할 수 있게 되니 그는 아내가 이 새 사랑을 눈치챌까 봐서 이만저만 조심을 기울이지 않았다.

전에는 다과회 날이 되면 질베르트가 여느 때보다 이르게 나와 헤어져 돌아가는 모습을 슬프게 바라보았는데, 요즘에 와서는 나도 그 다과회에 끼게 되었을 뿐만 아니라, 이전이라면 질베르트가 그 어머니와 함께 산책 또는 낮 공연에 가거나 할 때, 그 때문에 질베르트가 샹젤리제에 못 와서 그녀를 빼앗긴 그런 날, 나는 잔디밭 근처나 목마 앞에 혼자 쓸쓸히 서 있곤 했는데, 요즘에 와서는 스완 부부가 이런 외출에 함께 가는 걸 허락해주어, 포장 달린 사륜마차에 내 자리를 잡아주었다. 뿐만 아니라 그 뒤, 극장에 가는 게 좋으냐, 질베르트 친구 집으로 춤 연습을 구경가는 게 좋으냐, 스완 부부의 여자친구 집 사교 모임(오데트가 '조촐한 미팅(un petit meeting)'이라고 일컫던 것)에 가는 게 좋으냐, 또는 생드니의 묘에 추모하러 가는 게 좋으냐 하는 질문을 받게 되었다.

내가 스완네 사람들과 함께 외출하기로 되어 있는 날에는 스완 부인이 런치(lunch)라고 부르는 점심시간을 위해 먼저 그 집에 간다. 초대받은 점심 시간이 12시 30분으로 정해져 있고, 또 그 무렵 나의 부모님은 11시 15분에 점심을 먹는 습관이 있었으므로, 부모님이 식탁에서 물러난 뒤에야 나는 이 고급 주택가로 간다. 이 거리는 늘 고요한 곳인데 특히 다들 집에 들어가 있는 이 시각에는 인적이 드물었다. 겨울, 얼음이 얼었지만 날씨만 좋으면, 샤르베 상점에서 산 화려한 타이를 몇 번이고 고쳐 매고, 에나멜 목구두가 더러워지지 않을까 걱정하면서 12시 27분까지 끊임없이 땅에 눈길을 떨어뜨린 채 큰길을 왔다 갔다 산책한다. 태양이 스완네 작은 뜰에서 벌거벗은 나무들을 눈꽃 모양으로 반짝거리게 하고 있는 것이 멀리 눈에 띈다. 하기는 이 작은 뜰에 나무라야 두 그루밖에 없었다. 여느 때와 다른 시간이 주위 경치를 새롭게 만든다. 자연이 가져다주는 그런 기쁨(습관의 멈춤과 빈속을 건드리는 기쁨)에 스완 부인 곁에서 점심 식사를 한다는 가슴 설레는 기대감이 섞이고, 그 기대는 자연이 주는 기쁨을 줄이기는커녕 그것을 지배하고 따르게 하여 사교생활의 장식품으로 삼았다. 그래서 여느 때에는 그런 것을 느끼지 못하던 이 시각에 화창한 날씨, 추위, 겨울 햇살을 발견한 듯한 느낌이 들었다면, 그것은 바로 크림을 얹은 달걀에 대한 어떠한 예고로서이며, 또 그 속에, 반대로 따뜻함과 향기와 꽃들이 있는 스완 부인 거처에 자리잡은 신비로운 예배실 바깥의 산뜻하게 밝은 장미색 칠과 거기에 나 있는 녹 때문이었다.

12시 30분이 되자 드디어 나는 이 집에 들어갈 결심을 하는데, 그것은 마치 성탄절의 커다란 구두처럼 반드시 나에게 초자연적인 기쁨을 가져다줄 집은 아니라 여겨졌다(그런데 스완 부인이나 질베르트는 노엘(Noël)*[1]이라는 이름을 알지 못해서 대신 그녀들은 크리스마스라는 영어 이름을 썼다. 그녀들의 화제는 크리스마스 푸딩이나 그녀들이 받은 크리스마스 선물과 크리스마스를 지내러 가는—이는 나를 미칠 것 같이 슬프게 했는데—여행에 대한 것이었다. 나는 집에 돌아와서도 노엘이라고 말하는 게 창피해서 크리스마스라고밖에 말하지 않았는데, 이 때문에 아버지한테 심한 놀림을 받았다).

내가 제일 먼저 만난 사람은 시중을 드는 하인으로 그는 여러 개의 커다란 손님방을 지나 아주 작은, 텅 빈 창문을 통해 흘러들어오는 오후의 푸른 햇살을 받으며 이미 졸기 시작한 손님방 안에 나를 들이민다. 나 혼자 난초와 장미와 제비꽃을 동무 삼아 멍하니 기다린다. 우리 곁에서 누군가를 기다리는 낯선 사람들과도 너무 닮은 그 꽃들은, 침묵을 지키면서 생물로서의 개성을 더욱 인상 깊은 것으로 만들고, 이글이글 타오르는 숯의 열기를 추운 듯이 쬐고 있었는데, 그 숯불은 수정유리로 덮인 흰 대리석 화로 안에 소중히 놓여, 이따금 불꽃이 터지며 위험한 홍옥(紅玉)의 눈사태를 일으키고 있었다.

앉아 있던 나는 문이 열리는 소리를 듣고 허둥지둥 일어선다. 그것은 두 번째 하인이 문 여는 소리였고, 다음에는 세 번째 하인이 들어왔는데, 그들이 들락날락거리며 쓸데없이 내 가슴을 뛰게 만들면서 한 보잘것없는 일이란, 숯 몇 덩어리를 불 속에 넣거나 꽃병에 물을 붓거나 하는 따위였다. 그들이 물러가서 문이 닫히면 나는 다시 혼자가 된다. 오래지 않아서 그 문을 스완 부인이 열어주겠지. 활활 이는 불이 클링조르*[2]의 실험실처럼, 연금술의 비법을 찾고 있는 것처럼 느껴지는 이런 작은 손님방에 있느니보다 차라리 마법 동굴 속에 있는 편이 덜 거북했으리라. 또다시 발소리가 울려온다. 나는 일어서지 않는다. 또 하인이겠지. 그러나 그 발소리는 바로 스완 씨의 것이었다. "저런? 혼자인가? 안사람이 시간을 지킬 줄 모르니 별수 없지. 1시 10분 전이군. 날이 갈수록 더 늦어지는군. 이따가 보시게. 안사람이 아직 이르다고 여기면서 느릿느릿 돌아올 테니." 이렇게 말하는 스완은 신경성

---

*1 성탄절.

*2 바그너의 〈파르시팔〉에 나오는 마술사.

관절염이 낫지 않고 있는데다가 약간 어리석어져서, 시간을 지킬 줄 모르고 이렇게 늦게 돌아오는 아내, 양장점에서 정신이 팔려 결코 시간에 맞춘 적이 없는 아내를 갖는다는 건 위장에 좋지 않다고 걱정하기는 했으나 그의 자존심에서 보면 오히려 흡족해했다.

그는 나에게 새로 수집한 물건들을 보이며 흥미롭게 설명해주었다. 그렇지만 나는 이 시각까지 아직 아무것도 먹지 않고 있다는 사실과 또한 그것이 내 정신을 마구 흔들어 텅 비게 했으므로, 말할 수는 있었지만 귀담아들을 수가 없었다. 게다가 스완이 간직한 작품만 해도, 나로서는 그것들이 그의 집에 놓여 있고, 점심을 앞둔 감미로운 시각의 부분을 이루고 있는 것만으로 충분했다. 설령 여기에 '모나리자'가 있더라도 결코 스완 부인의 실내복이나 각성제가 든 작은 병만큼의 기쁨을 주지는 못했으리라.

나는 계속 기다린다. 혼자서 또는 스완과 함께 또 질베르트가 자리를 같이 하러 들어올 때도 있었다. 그처럼 장엄한 등장으로 준비된 스완 부인의 도착은 뭔가 굉장한 일인 듯한 인상을 주었다. 기척이 날 때마다 나는 몰래 엿보곤 하였다. 하지만 대성당, 폭풍 속 성난 파도, 무용가의 도약 따위는 바라던 만큼 높게 보이지 않았다. 무대에 줄지어 등장하여 왕비의 마지막 출현을 준비하는 동시에 그 출현의 인상을 약하게 만들기도 하는 조역들 같은 제복을 입은 하인들이 들어온 뒤, 작은 수달피 외투를 몸에 걸치고, 모자에 달린 베일을 추위에 불그레한 코 위까지 늘어뜨린 스완 부인이 성큼 들어와서, 기다리는 동안 내 상상 속에서 그녀가 아낌없이 해준 여러 가지 약속을 저버리는 것이었다.

그러나 스완 부인이 아침나절에 집에 그대로 있다가 손님방으로 나왔을 때는 밝은 빛깔의 크레프드신 실내복을 입고 있어, 나에게 그것은 어떤 드레스보다도 우아하게 보였다.

가끔 스완네 사람들은 오후 내내 외출하지 않을 때도 있었다. 보통 날과 다른 특별한 날이라 여겼는데도, 점심 식사가 너무 늦어서 이내 그날의 태양이 작은 뜰 담 위로 기울고 있는 것을 보았다. 그러자 하인들은 갖가지 크기와 모양의 등잔을 가져와서, 어느 먼 나라의 알려지지 않은 예배식을 올리기라도 하듯 그것들이 호화로운 캐비닛식 상자, 둥근 테이블, 세모꼴 선반, 또는 작은 탁상의 제단 위에서 빛을 내고 있지만 대화에서는 무엇 하나 신기한 것이 태어나지 않고, 어린 시절부터 성탄절의 자정 미사 뒤에 흔히 그러하듯이 나는 실망하여 집에 돌아가곤 했다.

하지만 이 실망은 오직 정신적인 것에 지나지 않았다. 내 얼굴은 이 집에서 기쁨으로 빛났고, 질베르트가 아직 우리와 함께하고 있지 않더라도 오래지 않아 들어올 터이며, 그녀는 몇 시간 동안 그녀의 말과, 콩브레에서 처음으로 보았던 주의 깊고도 생글생글한 눈길을 나한테 기울일 것이다. 나는 그녀가 실내 계단으로 통하는 여러 개의 방 안으로 자주 사라지는 모습을 보고 기껏해야 가벼운 질투를 느꼈다. 여배우의 애인이 아래층 앞자리밖에 자리를 얻지 못해 무대 뒤와 분장실 안에서 일어나는 일에 대한 상상으로 불안해하듯이, 손님방에 그대로 있어야만 했던 나는 스완네 집에 관하여 교묘하게 너울을 쓴 질문을 스완에게 했는데, 그것은 마치 어떤 불안을 떨쳐버리지 못한 말투였다. 그는 질베르트가 들어가곤 하는 방이 속옷들을 두는 방이라고 설명하고 나서 보여주겠다 말하고, 또 질베르트가 거기에 들어갈 때마다 반드시 나를 데리고 가도록 일러두겠다고 약속했다. 이 마지막 말과 그것이 나에게 준 안도감으로써, 사랑하는 여인이 저쪽 끝에 있어 우리에게서 아주 멀리 떨어져 있는 것처럼 느껴지는 아득한 내적 거리를 스완은 나를 위해 단번에 없애주었다. 이런 순간에 나는 질베르트에 대한 애정보다 훨씬 더 깊은 애정을 그에게 느꼈다. 왜냐하면 그는 딸을 나에게 주고 있는데도, 딸은 때때로 나의 뜻을 거부하여, 직접 지배하지 못하고 스완을 통해서 간접으로 지배하는 수밖에 없었기 때문이다. 요컨대 나는 그녀를 사랑하고 있었다. 그 결과로, 사랑하는 이의 곁에 있으면서 그 사람을 사랑한다는 느낌을 어지럽히는 그 불안, 뭔가를 더 바라는 갈망 없이는 그녀를 바라볼 수가 없었다.

우리는 집에 머물러 있지 않고 자주 산책하러 나갔다. 옷을 갈아입으러 가기에 앞서 스완 부인이 피아노 앞에 앉는 날도 있었다. 크레프드신 실내복의 장밋빛 또는 흰빛, 보통은 매우 화려한 색깔의 소맷부리에서 그녀의 고운 손이 나와, 마음속에는 없는 우수를 눈으로 풍기면서 피아노 위에 그 손가락을 펴고 있었다. 그녀가 나를 위하여 스완이 좋아하던 소악절이 있는 뱅퇴유의 소나타를 연주해준 것도 그러한 어느 날의 일이었다. 그러나 처음으로 조금 복잡한 곡을 들을 때 우리 귀에는 아무것도 들리지 않는 수가 있다. 하지만 그 뒤에 이 소나타를 두세 번 연주하는 걸 듣고, 나는 이제 그것을 완전히 알게 되었다. 그러므로 '처음으로 듣는다'는 말은 틀린 게 아니다. 우리가 곧잘 그렇게 여기듯이 처음 들었을 때에 아무런 인상도 받지 못했다면 두 번째, 세 번째 모두 첫 번째와 같을 테고, 열 번째에 와서도 무엇인가를 더 이해하게 될 까닭이 없는 것이다. 아마도 첫 번째에 없었던 것은 이해가 아니라, 기억이리라. 왜냐하면 우리 기억은 귀를 기울이고 있는 동안에 마주 대해야 하는 복잡한 여러 인상에 비해 너무나 부족하므로, 자면서 생각한 수많은 것을 바로 잊어버리는 사람의 기억과 같이, 또는 이제 막 들은 것을 금세 떠올리지 못하는 어린애로 되돌아간 노인의 기억과 같이 짧은 것이기 때문이다. 기억은 그런 다양한 인상의 회상을 곧바로 우리에게 줄 수 없다. 하지만 회상은 기억 속에서 조금씩 이뤄지므로, 두세 번 들었던 작품에 관하여, 우리는 아직 모르는 느낌이 들어서 잠들기 전에 몇 번이고 되풀이해서 밤새워 읽은 중학생이 아침에는 전부 암송하는 것과 같다. 단지 나는 그날까지 이 소나타의 어느 부분도 들은 적이 없었다. 그래서 스완과 그의 아내는 이 소나타에서 분명한 어떤 악절을 알아보지만, 나에게 그 악절은 예컨대 생각해내려고 애쓰지만 허무함밖에 찾아내지 못하는 어느 이름, 그런데도 한 시간 뒤 그것을 생각하고 있지 않을 때, 처음에는 그토록 찾아내기 힘들던 철자가 스스로 대번에 떠오르는 것처럼 뚜렷하게 느낄 수 있었다. 너무나 귀에 익지 않은 희귀한 작품을 들었을 때 그 즉시 기억 못할 뿐만 아니라, 내가 뱅퇴유의 소나타에 그랬듯이 그런 작품의 부분에서 우리가 먼저 느끼는 것은 그다지 귀중한 부분이 아니다. 그래서 스완 부인이 가장 이름난 악절을 연주해주던 순간부터, 이 작품에는 인상에 남을 만한 게 하나도 없다는 식으로(그 때문에 나는 오랫동안 이 소나타를 다시 듣고 싶은 마음 없이 지냈다) 잘못 생각하게 되었다(이 점에서 나는, 베네치아의 산마르코 성당 앞에 섰을 때 둥근 지붕의 모양을 사진으로 보았다고 해서 별로 경이로움을 느끼지 않으려 하는 사람들처럼 어리석었다).

게다가 그것만이 아니다. 그 이상으로 소나타를 처음부터 끝까지 들었을 때조차, 예컨대 거리가 멀고 짙은 안개로 희미하게 볼 수밖에 없는 기념비적인 이 소나타의 모습은 거의 보이지가 않았다. 한참을 두었다가 이뤄지는 것에 대한 인식과 마찬가지로, 그런 작품에 대한 인식에 얽힌 우수는 거기에서 생겨난다. 뱅퇴유의 소나타 속에 가장 깊이 숨겨진 아름다움이 나에게 밝혀지자, 내가 처음에 느끼고 즐기던 아름다움은 습관의 손에 끌려 내 감수성의 범위 밖으로 나가 나를 떠나 달아나기 시작했다. 나는 시간이 거듭해감에 따라 이 소나타가 가져다주는 온갖 것을 좋아할 수밖에 없어서 한 번도 소나타를 내 것으로 만들지 못했다. 이 소나타는 삶과 비슷했다. 이런 위대한 걸작은 처음부터 그것이 가진 최상의 것을 주지는 않지만, 삶처럼 환멸을 가져다주지도 않는다. 뱅퇴유의 소나타 가운데에서 가장 빨리 찾게 되는 아름다움은 가장 빨리 싫증나는 아름다움이며, 그런 아름다움이 이미 세상에 알려져 있는 아름다움과 별로 다르지 않은 까닭도 빨리 발견되는 아름다움이기 때문이다. 그러나 막상 그런 아름다움이 우리 마음에서 떠났을 때 우리가 좋아하게 되는 것은, 하도 신기하여 처음에는 우리 정신에 혼란밖에 주지 못해 식별할 수 없게 되고, 손대지 못한 채 간직해온 악절이다. 우리가 날마다 알아보지 못하고 그 앞을 그대로 지나쳐, 뒤로 물러나 기다려오던 악절, 그 유일한 아름다움의 힘 때문에 눈에 보이지 않게 되어 알려지지 않은 채로 있던 그 악절이, 마지막에 우리에게로 온다. 그 대신 우리가 이 악절을 버리는 것도 가장 마지막이다. 우리는 그것을 다른 것들보다 더 오래 좋아할 것이다. 우리가 그것을 좋아하게끔 되는 데 다른 것들보다 더 오랜 시간이 걸렸으므로. 그런데 좀 심오한 작품을 살피는 데 개인에게 필요한 시간이란—이 소나타에 대하여 내게 필요했던 시간처럼—청중이 참으로 새로운 걸작을 사랑하고 즐길 수 있을 때까지 흘러가는 세월, 때로는 몇 세기의 축소된 상징이다. 그러므로 천재는 대중이 인정해주지 않아도 초연히 이렇게 혼잣말할 것이다. "동시대의 인간에게는 필요한 감상 거리가 모자라다. 어떤 그림은 너무 가까이 가면 감상을 그르치듯이, 후세를 위하여 쓴 작품은 후세에 의해서만 읽힐 것이다." 그러나 현실에서 틀린 비평을 모면하려는 지나친 조심성은 다 쓸데없는 짓이며, 이런 평가를 피할 수는 없다. 천재의 작품이 금세 찬탄받기 어려운 까닭은 그것을 쓴 천재 자신은 비범하지만 모든 사람이 그와 비슷하지는 않기 때문이다. 오히려 그의 작품 자체가 작품을 이해할 줄 아는 뛰어난 정신의 소유자를 만들어내어, 그것을 길러내고 부풀린다. 50년의 세월을 걸쳐 베토벤의 사중주곡(제12·13·14·15번)을 이해하는 대중을 낳고 기른 것은 베토벤의 사중주곡 자체이며, 그것은 모든 걸작과 마찬가지로 예술가의 가치, 아니 적어도 지식인 사회에 진보를 불러일으킨다. 또한 그것은 걸작이 맨 처음 세상에 발표되었을 때에는 존재하지 않았고, 오늘날 그것을 애호하는 사람들에 의해서 널리 구성되어 있다.

사람들이 일컫는 후세란 작품의 후세를 말하는 것이다. 그래서 작품 자체가(이야기를 간략히 하기 위해, 몇몇의 천재가 동시대에 배출되어, 함께 미래를 위해 보다 나은 대중을 마련하고, 그리고 그러한 대중으로부터 다시 다른 천재들이 혜택을 입게 되는 경우는 잠시 제쳐놓고서) 그 후세를 창조해야만 한다. 따라서 작품이 서랍 속에만 있다가 후세에 이르러 처음으로 햇빛을 보게 된 것에 지나지 않는다면, 그 후세는 그 작품에 대한 후세가 아니라, 단순히 반세기 뒤에 호흡을 같이하는 동시대인의 모임에 지나지 않을 것이다. 그러므로 예술가는—그것이야말로 뱅퇴유가 했던 일이지만—자기 작품으로 하여금 제 길을 가게 하려면 그 작품을 꽤 깊은 곳, 저 멀리 넓은 바다와 같은 머나먼 미래로 던져야 한다. 그런데도 진정하게 걸작을 평가할 미래를 헤아리지 않는 것이 바르지 못한 비판자가 범하는 잘못이라고 한다면, 때로는 헤아리는 것이 바른 비판자의 위험한 배려가 될 수도 있다. 틀림없이, 지평선 위의 온갖 물체를 같은 거리로 보는 것과 비슷한 착각을 일으켜 다음과 같이 떠올리기 쉽다. 곧 이제까지 그림이나 음악에 일어난 모든 혁명은, 그래도 어떤 예술적 법칙만은 존중해왔다. 그런데 현재 우리 눈앞에 있는 것, 인상파, 불협화음의 탐구, 중국풍 음계를 한쪽으로만 쏠려 쓴 것, 입체파, 미래파 따위는 지금까지의 예술과 지나치게 다르다. 이는 과거에 발생한 유파를 하나로 간주하고, 오랜 세월이 여러 유파의 경계를 허물어 서로 닮게 하여, 변화는 있을망정 전체로 보면 모두 같게 보이는 것(거기서는 위고와 몰리에르가 이웃하고 있다)으로 바꿔버렸다는 사실을 참고하지 않기 때문이다. 미래와 미래가 가져다주는 변화를 참고하지 않겠다면, 어린 시절에 별자리로 점친 성년의 운명이 훗날 얼마나 불쾌한 차이를 나타내는지 생각해보라. 별점은 다 맞는 것이 아니다. 그러므로 예술작품의 가치를 따져가며 관람할 경우에 그 아름다움에 시간을 들이지 않으면, 우리 판단에 온갖 예언과 같이 어떤 우연한 것, 따라서 진정 흥미가 없는 것을 끌어들이게 된다. 예언이 실현되지 않는다고 해서 그것이 예언자의 변변치 못한 정신을 뜻하는 건 아니다. 그것은 가능성이 현실이 되거나, 가능성이 배제되거나 하는 것은 반드시 천재의 권한에 속하지 않기 때문이다. 천재이면서도 철도나 비행기의 출현을 믿지 않은 사람도 있었을 테고, 위대한 심리학자이면서도 평범한 사람들마저 알고 있던 그의 애인이나 친구의 배신을 알아채지 못한 사람도 있었을 것이다.

소나타를 이해하지 못했지만, 나는 스완 부인의 연주를 듣고 황홀해졌다. 그녀의 연주는 그녀의 실내복, 계단의 향기, 외투, 국화와 마찬가지로 이성으로 재능을 분석할 수 있는 세계보다도 한없이 뛰어난 세계 안에서, 개성적이며 신비로운 어느 전체의 일부를 이루고 있다는 생각이 들었다. "이 뱅퇴유의 소나타가 아름답지, 안 그런가?" 스완이 말했다. "나무 밑에 어둠이 깃들고, 바이올린의 아르페지오가 서늘한 기운을 일게 하는 시각, 어떻소, 참으로 곱지 않은가. 거기에 달빛이 머물러 앉아 있는데, 그거야말로 진짜 달빛이지. 이것으로 미루어보아, 안사람이 받고 있는 빛줄기 치료가 근육에 도움이 된다는 건 조금도 이상하지 않네. 달빛이 나뭇잎의 하늘거림을 멈추게 할 정도니까. 이 소악절에 교묘하게 그려져 있는 것은 그렇지, 온통 황홀한 실신에 빠져 있는 듯한 불로뉴 숲일세. 바닷가라면 인상이 더 강렬하겠지. 다른 모든 것이 움직이지 않게 된 이상, 자연히 달에 대답하는 물결의 가냘프고 연약한 소리가 더 잘 들릴 테니까. 파리에서는 그와 반대라네. 기껏해야 유서 깊은 건물 위에 비치는 기묘하고 희미한 빛, 색채도 위험도 없는 큰 불로 인해 환해진 듯한 하늘, 상상 가능한 그 거대한 3면에 실을 기삿거리에 주목하는 게 고작이지. 그러나 뱅퇴유의 소악절, 아니 소나타 전곡을 통하여 묘사된 건 그런 게 아니라, 숲의 풍경일세. 그루페토(gruppetto)*가 연주될 때, 분명하게 '거의 신문을 읽을 수 있을 만큼 밝구나' 하고 말하는 소리가 들린다네."

스완의 이런 말은 훗날 이 소나타에 대한 이해를 그르쳤을지도 모른다. 왜냐하면 음악이란 다른 사람들이 우리한테 넌지시 일러주는 바를 단호히 뿌리치기에는 너무나 포괄적이므로. 그러나 그의 다른 말로 미루어보아, 그가 말하는 야경의 나뭇잎이란 파리 주변의 무성한 나무 그늘 아래 수많은 식당, 그가 저녁이면 여러 번 이 소악절을 들었던 그곳의 나뭇잎에 지나지 않았다.

---

* 회음(回音), 돈꾸밈음. 일종의 장식음.

그처럼 스완이 소악절에서 여러 번 구하던 깊은 뜻 대신 지금 그것이 스완에게 상기시키고 있는 것은, 소악절 주위에 나란히 둘러서서 빽빽하게 그려져 있는 나뭇잎이며(그리고 소악절은 그에게 그런 나뭇잎을 다시 한 번 보고픈 욕망을 품게 했다. 왜냐하면 소악절이 그에게는 마치 영혼처럼 나뭇잎 속에 숨어 있는 자아인 듯 느껴졌기 때문이다), 또 하나는 그 당시 들뜬 열로 심신이 괴로웠으므로 즐길 수 없었던 것, 그리고(가족이 병자를 위하여 병자는 먹을 수 없는 음식을 남겨놓듯이) 소악절이 그를 위하여 간직해주었던 것, 그 봄철의 전부였다. 숲에서 보낸 어떤 밤들이 그에게 느끼게 했으며, 이제 뱅퇴유의 소나타가 떠올리게 하는 그 매력에 대하여, 소악절과 마찬가지로 그 무렵 그의 동반자였던 오데트에게 질문할 수는 없으리라.

그즈음 오데트는(뱅퇴유 음악의 주제처럼 그의 내부에 있었던 건 아니다) 오로지 그의 곁에 있었을 뿐이니까, 따라서—설령 오데트가 천 배나 더 이해력이 풍부하대도—누구나(적어도 이 법칙은 예외를 허락지 않는다고 나는 오랫동안 믿어왔다) 자아를 형상화할 수밖에 없는 것을 오데트는 전혀 내다볼 수 없었던 것이다. "아무튼 아름다운 곡이지?" 스완이 말했다. "이 음색은 물이나 거울처럼 비춰낼 수 있네. 그리고 이상한 건, 뱅퇴유의 소악절이 내게 나타내는 것은 그 무렵 내가 마음에 두지 않았던 것이라는 점일세. 그때의 여러 근심과 애정이 조금도 떠오르지 않아. 소악절이 마음을 바꿔버렸나 봐."—"샤를, 당신이 말씀하시는 이야기가 어쩐지 나한테 친절하게 들리지 않는군요."—"친절하지 않다고! 그야 여인네들은 대단들 하시지! 단지 나는 이 젊은이에게, 음악이 보이는 것—적어도 나에게 보이는 것—을 말하려고 한 거요. '의지 그 자체'나 '무한감의 종합' 따위가 아니라, 이를테면 아클리마타시옹 공원*1의 종려나무 온실 안에서 프록코트를 걸친 베르뒤랭 영감의 모습 같은 것이지. 이 손님방에서 한 발자국도 나가지 않았는데, 소악절은 몇 번이고 나를 아르므농빌*2에 데리고 가서 저녁 식사를 함께 해주는 거요. 캉브르메르 부인과 함께 가는 것보다 이편이 얼마나 덜 지루한지 모르지." 스완 부인은 웃기 시작했다. "샤를에게 홀딱 반했다는 소문이 자자한 부인이랍니다." 그녀가 조금 전 베르메르 폰 델프트에 대하여 이야기했을

*1 불로뉴 숲에 있는 열대 동식물원.

*2 불로뉴 숲에 있는 고급 식당.

때와 똑같은 투로 설명했다. 나는 스완 부인이 이 화가를 알고 있음에 놀랐는데, 그녀는 나에게 대답했다. "샤를이 내게 구애하려고 애쓸 무렵, 이 화가 연구에 몰두하고 있었기 때문이지요, 안 그래요, 나의 샤를?"—"캉브르메르 부인에 대해서 그렇게 함부로 말하는 게 아니오." 스완이 이렇게 말했는데, 내심 기뻐하는 투였다. "뭐 나는 남들이 말한 걸 그대로 옮겼을 뿐이에요. 게다가 매우 총명한 분인가 보죠, 만나본 일은 없지만. 그분 매우 'pushing(억지가 센)'해 보여요. 지성 있는 분으로서는 좀 이상해요. 그러나 다들 말해요, 당신에게 홀딱 반했다고요. 이런 말 했다고 화내지는 마세요." 스완은 못 들은 척 침묵을 지켰다. 그것은 긍정의 표시인 동시에 거드름의 표시이기도 했다.

"내가 치는 피아노 소리가 당신에게 아클리마타시옹 공원을 떠올리게 하다니." 스완 부인은 농담으로 약이 오른 척하며 이어 말했다. "곧 거기로 산책하러 갑시다. 이 젊은 분이 그것을 재미있어한다면. 요즘 그곳은 매우 아름다울 테니까, 당신에게 그리운 얼굴이 다시 떠오를 테지요. 아클리마타시옹 공원 이야기가 났으니 말이지만, 여보, 아니 글쎄, 이 젊은 분은 내가 언제나 될 수 있는 한 '꼬리를 자를' 그분, 블라탱 부인과 우리가 좋아 지내는 줄 아나 봐요! 그런 분이 우리 친구로 통하다니 굉장한 수치라고 생각해요. 글쎄 생각해봐요, 남을 나쁘게 말하는 법이 없는 코타르 선생마저 그분을 역한 냄새가 나는 분이라고 똑똑히 말했으니 말이에요."—"소름끼치는 부인이지! 사보나롤라*1의 얼굴과 비슷한 것만이 볼 만하지, 프라 바르톨로메오*2가 그린 사보나롤라의 초상과 닮았거든."

그림에서 닮은 점을 찾곤 하는 스완의 이런 괴이한 버릇은 변호할 수 없는 건 아니었다. 왜냐하면 우리가 개성적인 표정이라고 일컫는 바도—우리가 이성을 사랑해서 애인의 독특한 실제를 믿고 싶어할 때에 한없는 슬픔과 더불어 깨닫듯이—뭔가 일반성을 지니는 것이고, 다른 여러 시대에 있었던 것이기 때문이다. 그러나 스완의 말을 곧이듣고 보면, 베노초 고촐리가 동방박사들의 행렬에 메디치 가문 사람들을 넣은 것만으로도 이미 시대착오적이며, 게다가 고촐리 동시대의 사람들이 아니라 스완과 동시대의 사람들, 예수

*1 이탈리아의 종교 개혁자(1452~98). 교황이 화형에 처함.

*2 이탈리아의 화가(1472~1517).

가 탄생한 지 15세기 뒤가 아니라 화가보다 4세기나 뒷사람들의 초상을 포함하고 있는 이상, 이 행렬은 더욱더 그 시대와 맞지 않다. 스완의 의견에 따르면 이 행렬에는 파리의 저명인사가 한 사람도 빠짐없이 그려져 있다는 것이다. 마치 사르두*의 희곡 무대에서 저자와 주연 여배우에 대한 우정 때문에, 또한 유행에 따라 파리의 온갖 명사, 이름난 의사와 정치가, 심지어 변호사까지 하룻저녁씩 재미 삼아 단역을 맡은 것처럼. "그런데 그 여인이 아클리마타시옹 공원과 어떤 관계가 있지?"—"있고말고요!"—"흥, 그 여자의 어디가 원숭이 엉덩이처럼 저녁놀 같다는 거요?"—"샤를, 당신은 예의가 없어요! 그런 게 아니라, 지금 나는 실론 사람이 그분에게 쏘아붙인 말을 생각하고 있는 거예요. 이분에게 그 이야기를 들려드려요, 정말 명언이니까."—"어리석은 얘기지. 알다시피 블라탱 부인은 자기로서는 상냥하게 구는 셈이지만 어딘지 모르게 보호자 같은 태도로 이 사람 저 사람 상관없이 말 건네기를 좋아하지."—"이웃 나라 템스 강변 사람들이 'Patronizing(은인인 체하는)'이라고 일컫는 그 태도죠" 하고 오데트가 끼어들었다—"최근 그 여인이 아클리마타시옹 공원에 갔는데, 거기에 흑인들이 있었네. 안사람이 실론 사람일 거라고 말하더군. 민족학에 나보다 더 조예가 깊으니까."—"어서 얘기나 하세요. 놀리지 말고."—"놀리는 말이 아니라니까. 그런데 그 여인이 흑인 한 사람에게 말을 건넸지 뭔가, '안녕하세요, négro(깜둥이)' 하고."—"좀 듣기 거북한 인사말이죠!"—"어쨌든 이 인사가 마음에 들지 않아 화가 난 흑인이 '나 깜둥이' 하고 블라탱 부인에게 말했지, '그런데 당신, 낙타!'라고 말일세."—"아이 익살맞아, 이 얘기 참 재미나요. '명언'이지 뭐예요! 블라탱 부인이 눈앞에 보이는 것 같아요, '나 깜둥이, 당신 낙타!'"

나는 블라탱 부인을 낙타라고 불렀던 실론인과 그 일행을 만나고 싶다고 말했다. 그들이 내 흥미를 끈 건 전혀 아니었다. 그저 나는, 우리가 아클리마타시옹 공원에 갔다 오려면, 전에 여러 번 거기 서서 그토록 스완 부인을 우러러보던 아카시아 가로수길을 지나가리라, 그렇게 되면, 스완 부인에게 절하는 모습을 보이고 싶으면서도 그러지 못했던 코클랭과 친한 흑인 혼혈의 은행가한테, 지붕 없는 사륜마차 속에 그녀와 나란히 앉아 있는 내 모습

* 프랑스의 극작가(1831~1908).

을 보여주리라 생각했다.

질베르트가 준비하러 가서 살롱에 없는 동안, 스완 부부는 딸의 고운 마음씨를 나에게 자랑하고 싶어했다. 또 내가 관찰한 여러 가지도 스완 부부의 말을 증명하는 듯싶었다. 과연 그녀의 어머니가 나에게 들려주던 것처럼 친구들뿐만 아니라 하인들이나 가난한 사람들에게도 사려 깊은 배려, 기쁘게 해주고 싶어하는 소망, 불평을 품게 하지나 않을까 하는 두려움을 갖고 있는 그녀의 마음씨는 보잘것없는 행동에서도 엿볼 수 있어, 그것 때문에 그녀가 몹시 애쓰고 있음을 나도 느꼈다. 질베르트가 샹젤리제의 사탕 가게 아주머니를 위해 뜨개질한 것을 하루라도 빨리 손수 전해주려고 찬 눈발을 무릅쓰고 나간 일도 있었다. "당신은 아마 저 애의 마음씨를 상상도 못할 걸세, 겉으로 드러내지 않으니까." 질베르트의 아버지는 말했다. 어린데도, 질베르트 쪽이 부모보다 더 철이 들어 있는 성싶었다. 스완이 아내가 교제하고 있는 상류 인사들에 대해 얘기할 때마다 질베르트는 얼굴을 돌리고 묵묵히 있었는데, 비난의 기색을 털끝만큼도 보이지 않은 건, 제 아버지를 비난하거나 아주 가벼운 비평의 대상으로 삼을 수 없었기 때문이다. 어느 날 내가 뱅퇴유 아가씨에 대한 얘기를 하자 그녀는 말했다.

"난 절대로 그분과 친해지고 싶지 않아요. 이유는 하나뿐, 그분은 자기 아버님께 상냥하지 않았어요. 들리는 말로는 아버지에게 많은 근심을 끼쳤다고 해요. 나뿐 아니라 당신도 그분의 마음씨를 이해 못할 거예요. 안 그래요, 나나 당신이나 아버지가 돌아가시면 단 하루라도 살고 싶은 마음이 들지 않을 테니까. 그리고 이건 당연한 일이죠. 영원토록 소중한 분을 어떻게 잠시라도 잊고 지낼 수 있겠어요?"

또 한번은 질베르트가 스완한테 유달리 아양 부리고 있어서, 스완이 나간 틈을 타 그것을 그녀에게 지적하자, "그래요, 아버지가 너무 가엾어요. 곧 할아버지의 기일이거든요. 우리 아버지의 심정이 어떨는지 당신도 아실 거예요. 당신이나 나나 그런 점에 있어 느끼는 게 같으니까. 그래서 난 여느 때보다 심술을 덜 부리려고 애써요."—"그러나 아버님께서는 당신을 심술궂다고 생각하시기는커녕 착한 따님으로 여기시던데요."—"가엾은 아빠, 그건 아빠가 너무나 좋으신 분이라서 그런 거예요."

그 질베르트는, 그녀를 만나기 전에는 일 드 프랑스의 풍경화 속 성당 앞에 서 있는 모습을 내 마음속에 떠오르게 하고, 그 다음에는 이미 몽상이 아니라 추억을 불러일으키면서, 내가 메제글리즈 쪽으로 산책하러 갈 때에 지나간 가파른 비탈길의 장밋빛 산사나무 울타리 앞에 서 있는 모습을 떠오르게 하던 그 질베르트였는데, 그녀의 부모는 질베르트의 미덕을 칭찬하는 것만으로는 만족하지 않았다. 그리고 어느 날 내가 스완 부인한테, 딸과 절친한 벗에게 호기심을 갖는 데 지나지 않은, 가족의 친구와도 같은 무심한 말투를 쓰려고 애쓰면서 질베르트가 친구들 가운데 누굴 가장 좋아하느냐고 묻자 스완 부인이 대답했다.

"당신이 나보다 훨씬 더 그 애의 신뢰를 받고 있는걸요. 그 애가 가장 좋아하고, 영국인들이 말하는 'crack(최고품)'은 바로 당신이에요."

이런 경우처럼 우리가 오랫동안 꿈꾸던 것에 현실이 겹쳐 완전한 일치가 이루어지면, 현실은 겹쳐진 똑같은 두 도형이 꼭 일치하듯이 빈틈없이 꿈을 가리고, 그것과 하나로 합쳐진다. 그러자 우리 욕망의 대상이 온갖 것에 손이 닿는 순간, 우리 기쁨에 완전한 의미를 주려고—그리고 손에 쥐고 있는 게 틀림없이 그것임을 다짐하려고—도리어 그런 대상에 대하여 아직 손이 닿지 않는다는 매력을 그냥 두고 싶어지는 것이다.

우리의 사고력은 새로운 상태와 비교해보기 위해 다시금 옛 상태로 구성하는 일조차 할 수 없다. 왜냐하면 사고력이 이미 자유스러운 활동의 공간을 잃고 말았으니까. 우리가 알게 된 사람, 기대도 하지 않던 그 사람을 처음 만나던 순간에 대한 회상, 귀로 들었던 이야기 등등은 우리 의식의 문을 막고, 상상력의 출구보다 기억력의 출구를 더 지배하고 있다. 그것들은 아직 짜이지 않은 우리 미래의 모습보다도 오히려 우리 과거 쪽에 더 강하게 작용하므로, 우리는 이제 그것들을 고려하지 않고서는 마음대로 과거를 돌이켜볼 수 없다.

여러 해 동안 나는 스완 부인 댁을 방문하는 일을 허황된 공상으로, 영영 이루지 못할 것으로 믿어왔다. 그러던 게 이제 그녀의 집에서 15분 남짓하게 지내자, 허황된 몽상처럼 되어버리고 만 것은 반대로 아직 그녀와 아는 사이가 아닐 무렵이었다. 하나의 가능성이 실현됨으로써 사라진 또 하나의 가능성처럼. 내가 이제 막 먹은 아메리카풍의 바닷가재 요리가, 그 뒤쪽으로 끝없는 빛줄기, 나의 가장 오랜 과거 속까지 비추고 있는 빛줄기에 부딪치고서야 처음으로 내 정신을 활발하게 움직일 수 있는 지금, 어찌 이 집의 식당을 쳐다도 못 볼 나무처럼 여전히 동경만 할 수 있겠는가? 스완 또한 그 자신에 관해 비슷한 현상이 일어나는 걸 보고 있었으리라. 그도 그럴 것이, 그가 나를 접대하고 있는 이 거처로 말하자면 내 상상력이 낳은 이상의 거처일 뿐만 아니라 또 하나의 거처, 곧 나 못지않게 상상력 풍부한 스완의 질투심 강한 애정과 자주 그에게 그려 보였던 거처가 하나로 더해진 곳이라 느껴졌기 때문이다. 지난날 오데트가 스완과 포르슈빌을 함께 데리고 가서 그녀의 거처에서 오렌지 주스를 대접하던 저녁엔 도저히 가까이 갈 수 없는 곳으로 여겨지던 오데트와 그의 처소, 그리고 우리가 점심을 먹은 식당 앞쪽으론 그가 감히 엄두도 못 낸 낙원이 있었다. 지난날 그는 그런 낙원 안에서, '마님께 식사 준비가 다 됐다고 여쭈었나?'라는 말을 과연 '그들 두 사람의' 집사에게 말할 처지가 될 수 있을는지 불안감 없이는 떠올릴 수 없었던 것인데, 이제 와서는 그 같은 말이 자존심을 채워주는 만족감 섞인 가벼운 초조와 더불어 그의 입에서 나왔다. 스완과 마찬가지로 나 또한 행복을 자각할 수 없었다. 그래서 질베르트 자신도 큰 소리로 말했다. "이야기를 나눈 일도 없으며 당신이 바라보던 술래잡기 하는 소녀와 절친한 사이가 되어, 찾아가고 싶은 날이면 언제라도 가게 되었다니, 정말 누가 알았을까?" 그때 그녀는 하나의 변화에 대해서 말한 셈이었다. 나는 이 변화를 오직 밖에서 확인할 수밖에 없었으며, 안에서는 파악하지 않았다. 왜냐하면 이 변화는 두 가지 상태로 이뤄져 있고, 그 두 가지의 구별이 불가능하게 되지 않으면 그것을 함께 생각할 수가 없었던 것이다.

그런데도 이 방은 나에게 모든 신비감을 잃은 건 아니었으며, 거기에서 판단해도 스완의 의욕이 그처럼 열렬히 갈구했던 것인 만큼, 아마 아직은 그에게 얼마간의 매력이 남아 있었으리라. 사실 나는 스완네 생활에 배어 있으리라 오랫동안 상상했던 그 독특한 매력을 스완네에 들어서면서부터 죄다 씻어버린 건 아니었다. 다만 그 매력이 이제까지 나를 지배해온, 말하자면 내가 스완네에서는 이방인이며 따돌림받는 몸이라는 생각을 버렸을 뿐이어서, 내 속에 있는 이러한 이방인, 따돌림을 받는 자에게 스완 부인은 이제 감미로운, 부끄러운 듯한, 겸연쩍은 듯한 안락의자를 공손히 권하는 것이었다. 어쨌든 지금도 여전히 내 회상 속과 주위에서 그 매력이 느껴진다. 스완 부부가 점심 식사에 나를 초대하고, 식사 뒤에 스완 부부와 질베르트와 함께 외출하기로 한 날—나 혼자 손님방에서 기다리는 동안—저건 스완 부인이, 저건 스완 씨가, 저건 질베르트가 들어오는 거라고 마음속에 새긴 사념을, 양탄자, 안락의자, 캐비닛식 상자, 병풍, 그림 위에 일일이 눈길을 주었기 때문일까? 아니면 그런 사물이 내 기억 속에서 스완네 사람들과 함께 살아오다가 마침내 사물 자체의 인격을 취하고 만 탓일까? 게다가 스완네 사람들이 그런 가구에 둘러싸여 생활하고 있는 걸 아는 내가, 그러한 모든 것으로부터, 이를테면 스완네의 생활과 습관의 상징—내가 너무나 오랫동안 따돌림을 당했으므로 거기에 참석하는 은혜를 받았을 때도 계속해서 그 살림살이가 내게 낯설게 비친 그들의 생활과 습관의 상징—따위를 만들어 낸 탓일까? 어쨌든 내가 이 손님방을 떠올릴 때마다—하기야 스완은(아내의 취미에 조금도 반대할 생각은 없었지만) 이 손님방의 조화에 흠이 있다고 생각하고 있었다.

왜냐하면 그가 오데트를 알던 그 방과 마찬가지로, 반은 온실 반은 아틀리에 모양으로 꾸며놓았는데, 오데트 쪽에서는 좁게 늘어놓은 중국풍 세간들을 약간 '하찮고 뒤죽박죽'인 것으로 생각하여, 루이 16세 시대의 옛 비단을 씌운 수많은 예쁜 의자나 가구를 갈아 치우기 시작했기 때문이다(그 밖에도 스완이 오를레앙 강둑의 저택에서 옮겨온 미술 걸작품이 있었지만 그건 제외하고서). 어쨌든 이 손님방은 생각할 때마다 회상 속에서 반대로 하나의 조화를, 통일을, 개인적인 매력을 띄는데, 그것은 과거가 그대로 남겨준 가장 온전한 세간의 조화에도, 한 개인의 생활 흔적이 가장 또렷하여 세간 전체에도 전혀 찾아볼 수 없다. 사물이 그 자체의 살림을 꾸려나간다는 신념으로 말미암아, 우리만이 우리가 보는 어떤 사물에 생명을 불어넣어줄 수 있어서, 그런 다음으로는 사물이 생명을 지니고 우리 내부에서 커 나가기 때문이다. 스완네 사람들의 일상생활로서는 영혼에 대한 육신이라고 할 이 거처, 그 독특한 일상생활이 벌어지는 이 거처에서 그들이 다른 사람들과는 매우 다른 시간을 보내는 그 시간에 대하여 내가 이제껏 만들어낸 온갖 사념은, 살림살이의 배치라든가, 양탄자의 두께라든가, 창문의 방향이라든가, 하인들의 시중 따위를 몸소 접하게 되자—곳곳에서 한결같이 나를 혼란시키며 어리둥절하게 만들지 않으면서—다시 배열되고 혼합되었다.

점심 식사 뒤 커피를 마시러 손님방 큰 창문가의 양지바른 곳으로 자리를 옮겨, 거기서 스완 부인이 나에게 커피에 각설탕을 몇 개 넣어드릴까요, 하고 물었을 때 지난날—처음에는 장밋빛 산사나무 밑에서, 다음에는 월계수가 우거진 곳에서—질베르트라는 이름 속에 내가 느꼈던 그 참을 수 없는 매력과 그 부모가 나에게 표시해오던 적의를 아직도 드러내고 있는 것은 오직 스완 부인이 내 쪽으로 밀어 보내고 있는 비단 씌운 발결이만이 아니었다. 어쨌든 이 작은 가구마저 전에 스완네 사람들이 나에게 나타내던 적의를 전부 드러내고 있는 것처럼 느껴져, 내가 그 자리에 앉을 만한 값어치가 없는 듯하여, 나를 밀어낼 리 없는 그 방석에 발을 털컥 얹는 것이 좀 비겁하게 느껴졌다. 인격을 가진 하나의 넋이, 이 방석을 어떠한 햇살과도 다른 오후 2시의 햇살에 비밀스러이 이어 붙이고 있었다. 햇살이 물굽이 모양으로 곳곳에 들어와 우리 발밑에 금빛 물결을 일게 하고, 그 사이에 푸르스름한 소파와 어렴풋이 보이는 장식 융단이 마법의 섬들처럼 솟아나 있었다. 벽난로 위에 걸려 있는 루벤스의 그림마저, 스완 씨가 신은 반장화와 모자 달린 외투와 거의 똑같은 강렬한 매력을 갖고 있었다. 나는 그와 똑같은 외투를 입어보고 싶었는데, 이제는 내가 그들과 함께 외출할 때, 오데트가 남편한테 좀더 품위 있어 보이도록 다른 옷과 바꿔 입어달라고 부탁하는 것이었다. 그녀 또한 갈아입으러 간다. 어떠한 '나들이' 드레스라도 부인께서 입고 계신 그 실내복과는 비교도 안 될 거라는 내 만류에도 불구하고. 스완 부인이 식사 동안 입었던 그 실내복으로 말하면, 크레프드신 혹은 비단으로, 짙은 장미색, 버찌색, 담홍색, 흰색, 연보라색, 초록색, 붉은색, 노랑색의 무늬 없는, 또는 무늬 있는 멋진 옷들이었다. 내가 그런 옷차림 그대로 외출하는 편이 좋을 거라고 말했을 때, 스완 부인은 내 무식을 냉소함에선지 또는 나의 찬사를 기뻐함에선지 소리내어 웃었다. 입고 있으면서 몸이 편한 건 실내복뿐이기 때문이라는 변명을 하고 나서, 스완 부인은 우리를 그 자리에 남겨두고 온갖 사람이 우러러보지 않고는 못 배길 여왕과도 같은 몸단장을 하기 위해 자기 방으로 가곤 했다. 그리고 때로는 내가 불려가서 내 손으로 직접 그녀가 입을 옷을 고르게 하는 날도 있었다.

아클리마타시옹 공원에서는, 마차에서 내린 뒤 스완 부인의 곁에 나란히 걷는 게 얼마나 자랑스러웠는지! 스완 부인이 망토 자락을 살랑거리며 느릿느릿한 걸음걸이로 걷는 동안에, 나는 그 모습에 감탄하는 눈길을 던졌으며 스완 부인은 이 눈길에 요염한 미소로 응하곤 했다. 지금은 멀찌감치 우리 일행을 보고 인사하는 질베르트의 친구를 만나더라도, 질베르트의 가족과 아는 사이로 질베르트가 샹젤리제에서 보내는 생활의 다른 부분에 관계하고 있는 그들을 부러워하던 내가, 이번에는 그런 부러움을 받는 친구의 한 사람으로서 그들의 눈길을 받는 셈이 되었다.

불로뉴 숲 또는 아클리마타시옹 공원의 작은 길을 산책하는 동안 스완의 친구인 귀부인 몇몇에게 인사를 받곤 하였다. 그러던 중 어쩌다가 스완이 그 인사를 눈치채지 못하면 아내가 그에게 주의를 준다. "샤를, 당신 몽모랑시 부인이 안 보여요?" 그러자 스완은 오랜 사귐에서 우러나온 다정한 미소를 띠고, 그녀를 향해 특유의 우아한 몸짓으로 모자를 벗어 든다. 때로는 그 귀부인이 걸음을 멈추고 기쁜 듯이 인사를 하는 일도 있었는데, 그 인사는 중대한 것이 아니고, 또 스완 부인도 상대방 여자가 그것을 기회 삼아 앞으로 어떤 이득을 얻으려는 속셈이 없다는 걸 알 만큼, 스완은 아내에게 신중한 태도를 취하는 습관을 길러주고 있었다. 그래도 스완 부인은 남부럽지 않게 상류 사회의 모든 예의범절을 지니고 있어서 우리가 엇갈리는 귀부인이 아무리 우아한 풍모, 아무리 기품 있는 풍채이건, 스완 부인도 그 점에서 언제나 뒤떨어지지 않았다. 남편과 아는 사이인 귀부인을 만나면 스완 부인은 그 곁에 잠시 멈추고 무척 능란하게 질베르트와 나를 소개했는데, 그 말투나 태도가 어찌나 막힘없고 얌전한지, 언뜻 보기에 스완 부인과 이 산책하는 귀족 부인 가운데 어느 쪽이 명문의 마님인지 쉽게 가릴 수 없을 정도였다.

실론인을 보러 가던 날, 돌아오는 길에 우리는, 같은 방향에서 수행원인 듯싶은 두 여자를 거느리고, 나이는 들어 보이나 아직도 아름다운, 수수한 빛깔의 외투를 입고, 목 아래에 양쪽 끈을 맨 작은 모자를 쓴 한 귀부인이 오는 모습을 언뜻 보았다. "허어! 당신의 관심을 끌 분이 저기 오시는군." 스완이 나에게 말했다. 바로 옆까지 다가온 노부인은 우리에게 따뜻하고 다정한 미소를 띠었다.

스완은 모자를 벗고, 스완 부인은 공손히 머리를 숙여 빈터할터(Winter-halter)*가 그린 초상화의 귀부인과도 같은 그 노부인의 손에 입맞추려고

* 독일의 화가(1805~73).

했는데, 그 노부인은 스완 부인의 숙인 몸을 일으키고 그녀를 안았다. "자아, 어서 모자를 쓰시죠, 당신도." 노부인은 스완에게 조금 무뚝뚝한 굵은 목소리로 오랜 친구에게 하듯이 말했다. "좀 있다가 공주 전하께 소개해드리죠." 스완 부인이 나에게 말했다. 스완이 나를 잠시 한구석으로 끌고 가 있는 동안, 스완 부인은 공주 전하와 함께 좋은 날씨와 아클리마시옹 공원에 새로 온 동물에 대하여 담소하고 있었다. "저분이 마틸드 공주라오." 스완이 나에게 말했다. "알겠지만, 플로베르, 생트뵈브, 뒤마의 벗이시네. 바로 저 분이 나폴레옹 1세의 조카따님 되는 분일세. 나폴레옹 3세와 러시아 황제로부터 청혼을 받았네. 흥미 있겠지? 말을 좀 건네보게나. 하지만 공주 전하께서 우리를 한 시간 이상이나 서 있게 하지는 말기를." 그러고 나서 스완은 공주 전하에게, "요전날 이폴리트 텐*1을 만났는데, 그 사람이 뭔가 전하의 기분을 언짢게 해드린 것 같다고 말하더군요" 하고 말했다. "그 사람의 행동은 마치 돼지 같더군요."*2 공주 전하는 거친 목소리로, 이 돼지라는 단어를 마치 잔 다르크와 동시대의 주교*3 이름이기나 한 것처럼 발음하면서 말했다. "그 사람이 나폴레옹 3세에 관한 논문을 쓴 뒤, 나는 그에게 P.P.C.('절교'라는 뜻)라고 쓴 명함을 놓고 왔어요."

나는 팔라틴 공주로 태어난 오를레앙 공작부인*4의 편지가 공개되었을 때와 같은 경악을 느꼈다. 실상 마틸드 공주는 프랑스 특유의 감정을 드러내기는 하여도, 틀림없이 그 뷔르템베르크(Württemberg)*5 태생의 모계로부터 받은 영향으로 옛날 독일 사람처럼 질박하고 거칠게 감정을 드러내고 말았다. 얼마간 험악한 남성 같은 그 솔직함은, 그래도 미소가 입가에 떠오르자마자 이탈리아 사람 특유의 부드러운 표정으로 누그러졌다. 그리고 공주 전하의 의상은 전형적인 제2제정기풍의 옷차림이었는데, 그녀로서는 젊은 시절에 좋아하던 유행에 대한 애착에서 그런 차림을 하는 데 지나지 않았으나, 자못 될 수 있는 한 역사적인 색감을 빠뜨리지 않으려는 속셈, 그녀의 모습

---

*1 프랑스의 철학자이자 평론가(1829~93). 저서 《영문학사》《현대 프랑스의 기원》 등이 있음.

*2 원문은 cauchon으로 cochon의 유음화(類音化).

*3 피에르 코숑(Piere Cauchon, 1371~1442)을 말함.

*4 루이 14세의 동생인 필립 오를레앙이 독일로부터 맞이한 두 번째 아내.

*5 독일 지명.

에서 지나간 시대를 떠올리려는 이들의 기대에 어긋나지 않으려는 속셈도 가진 듯 보였다. 나는 스완에게, 공주 전하가 위세를 아는지 물어봐 달라고 속삭였다. "뭐, 별로, 스완 님." 공주 전하는 마치 화가 난 듯한 모습으로 대꾸했다. 친하게 지내는 스완에게 '님'이라고 부른 건 농담에서였다. "내가 한번 그분을 만찬에 초대한 일이 있어요. 7시에 오라고 했는데, 7시 반이 되어도 오지 않는 거예요. 우리는 자리에 앉아버렸어요. 그분은 8시가 되어서야 겨우 오더니, 나한테 고개만 끄떡하고 자리에 앉아선, 말 한마디 없이 식사가 끝나자마자 나가버렸지요. 나는 끝내 그분의 목소리를 못 듣고 말았어요. 곤드레만드레였나 봐요. 그래서 그분을 다시 초대하고 싶은 마음이 좀처럼 나지 않더군요." 스완과 나는 조금 떨어진 곳에 있었다. "이 얘기가 더 길어지지 않았으면 좋겠는데." 스완이 나에게 말했다. "발바닥이 저려오는걸. 밑도 끝도 없이 지껄이는 안사람의 심사를 통 알 수 없네. 나중에 가서 지쳤다고 불평하는 건 결국 안사람이지만, 나 또한 이렇게 서 있는 건 이제 견딜 수 없어." 봉탕 부인에게 정보를 얻은 스완 부인은 공주 전하에게, 마침내 정부가 그 무례한 짓을 깨닫고서 이틀 뒤 러시아 황제 니콜라이가 앵발리드(Invalides)*에 행차할 때에 특별석에 참석하는 초대장을 공주 전하께 보내기로 결정한 이야기를 하는 중이었다. 그런데 공주 전하는 그 겉모습과는 달리, 또 그 측근이 특히 예술가와 문필가들로 이루어져 있는데도 마음속에서는 여전히 나폴레옹의 조카딸이었고, 행동해야 할 때마다 언제나 그렇게 행동했다. "그래요, 초대장은 오늘 아침에 받았지만 장관에게 도로 돌려보내 지금쯤 장관 책상 위에 있을걸요. 내가 앵발리드에 가는 데 초대장 따위가 무슨 필요가 있느냐고 써 보냈어요. 만약 정부에서 나한테 와주기를 바란다면, 그건 특별석이 아니라 황제 무덤이 있는 우리 가문의 묘지일 거예요. 거기에 들어가는 데 내게 초대장이 무슨 필요가 있담, 열쇠를 갖고 있는데. 언제라도 마음대로 들어가죠. 정부는 나한테 와주기 바라는 걸 알리는 것만으로 충분해요. 그러나 내가 거기에 간다면, 그 묘소에 가거나 아니면 그 어디에도 안 갈 겁니다." 이 순간 스완 부인과 나는 한 젊은이로부터 인사를 받았다. 젊은이는 걸음을 멈추지 않고 스완 부인에게 인사만 했는데, 스완

* 1670년에 루이 14세가 건립한 상이군인 병원. 현재는 군사박물관.

부인이 젊은이와 아는 사이라는 건 내가 미처 모르는 사실이다. 바로 블로크였다. 내가 미심쩍어 물으니 스완 부인이 말하기를, 봉탕 부인을 통해 소개된 일이 있었으며 장관 비서실에 근무하는 분이라고 설명했지만, 블로크가 그런 근무처를 갖고 있으리라고는 전혀 몰랐다. 하기야 스완 부인이 여러 번 블로크를 만난 건 아니었으리라—만났더라도, 블로크라는 이름이 아마 그다지 강한 인상을 주지 않아 여태껏 입 밖에 내지 않았을 것이다—왜냐하면 이름이 모뢸이라는 분이라고 스완 부인이 나한테 말했으니까. 나는 스완 부인에게 착각하셨나 보다, 저 사람의 이름은 블로크라고 딱 잘라 말했다.

공주 전하는 뒤로 길게 늘어진 옷자락을 걷어올렸는데, 스완 부인이 그 모습에 감동하며 바라보고 있었다. "이게 바로 러시아 황제께서 보내주신 모피랍니다." 공주 전하가 말했다. "조금 전에 황제를 뵈러 갔는데, 실은 외투로 만든 모습을 보여드리려고 이걸 입고 간 거죠."—"루이 공*1께서 러시아 육군에 입대하셨다고요. 슬하에 안 계시게 되었으니 공주 전하께서도 퍽 쓸쓸하시겠어요." 스완 부인은 남편이 초조해하는 몸짓을 보지 못하고 말했다. "꼭 그래야만 하죠! '옛날 우리 집안에 군인이 있었으니까, 여러 말 할 것 없어' 하고 내가 그에게 말했듯이." 공주 전하는 대답했다. 퉁명스럽지만 솔직하게 말함으로써 나폴레옹 1세를 넌지시 깨우치면서. 스완은 더는 그대로 있을 수가 없었다. "공주 전하, 안사람이 병을 앓은 끝이라 더 이상 서 있는 게 몸에 해로울 테니 저희가 물러가는 것을 허락해주시기 바랍니다." 스완 부인은 다시 공손히 절하고, 공주 전하는 우리 모두에게 존엄한 미소를 보냈는데, 그 미소가 지나간 과거에서, 그녀의 처녀 시절의 우아한 세계에서, 콩피에뉴 성관의 야연 분위기에서 되살아온 듯싶어, 조금 전까지 불만스러웠던 얼굴 위에 옛 모습이 부드럽게 흘렀다. 그러고는 두 시녀를 데리고 멀어져갔다. 시녀들은 마치 통역자나 어린애 돌보는 하녀 또는 간호사나 되는 듯이 우리 대화에 뜻 모를 말귀와 쓸데없는 설명으로 강조만 할 뿐이었다. "이번 주 중에라도 저분 댁에 가서 당신 이름을 써놓고 오세요." 스완 부인이 나에게 충고했다. "영국 사람의 말로 '왕족(royautés)'이라고 하는 저런 분한테는 명함의 귀를 접어놓는 것*2이 아니라, 당신 이름을 명부에 적어놓기만

*1 마틸드 공주의 아들.

*2 몸소 인사하러 왔다는 표시를 말함.

하면 초대받게 되는 거죠."

때로는 그런 늦겨울의 나날에, 우리는 산책하기에 앞서 그 무렵 열리고 있는 작은 전람회 가운데 한 군데에 들어가는 일이 있었다. 이름난 수집가인 스완이 그 안에 들어서면 그 장소의 주최자인 미술상으로부터 유달리 정중한 인사를 받았다. 아직 늦추위가 계속되는 계절이지만, 프랑스 남부 지방이나 베네치아로 가고 싶어하는 나의 옛 소망이 그런 회장에서 다시 깨어났다. 이미 깊어진 봄과 강한 태양이 장밋빛 알피유 산줄기 봉오리들을 보랏빛으로 눈부시게 하며, 그랑 카날(Grand Canal)*의 수면을 짙은 투명한 에메랄드 빛깔로 물들이고 있었다. 날씨가 나쁜 날에는 음악회나 극장에 가든가, 그 뒤에는 '티룸 Thé'에 홍차를 마시러 가든가 했다. 스완 부인은 옆 테이블 사람들이나 시중들고 있는 사환들한테도 들리지 않도록 뭔가를 말하려고 할 때는, 마치 우리만 알고 있는 언어이기라도 한 것처럼 영어로 나에게 말했다. 그런데 다들 영어를 알고 있는지는 몰라도, 나 혼자만이 아직 영어를 배우지 않고 있어서, 하는 수 없이 나는 그 점을 스완 부인에게 말하여 차 마시는 사람들 또는 차 나르는 사람들에 대하여, 뭔지는 모르나 한마디라도 빼놓지 않고 들으려 하는 그들 비위에 거슬리는 말을 거침없이 하는 걸 그만두게 해야만 했다.

한번은 연극 낮 공연 일로 질베르트가 나를 놀라게 한 적이 있다. 바로 그녀가 전부터 말해온, 그녀 할아버지의 기일이 되는 날이었다. 질베르트와 나는 그녀의 가정교사와 함께 오페라를 들으러 가기로 되어 있었는데, 내 마음에 드는 것, 부모님을 기쁘게 하는 것이라면 뭐든지 상관없다고 말하면서, 우리가 하려는 일에 대해 언제나 그 무관심한 겉모습을 드러내면서, 그녀는 이 연주회에 가려는 속셈으로 한껏 모양을 내고 있었다. 그러나 점심 식사 전에 그녀의 어머니는 우리를 따로 불러, 오늘 셋이서 연주회에 가는 걸 알고 아버지가 마음 상하셨다고 말했다. 나는 너무나 당연하다고 생각했다. 질베르트는 잠시 태연하더니, 숨길 수 없는 분노로 이내 얼굴빛이 새하얘지고 한마디도 하지 않았다. 스완 씨가 다시 들어왔을 때, 그의 아내는 손님방 한 구석으로 그를 데리고 가서 귀에 속삭였다. 스완은 질베르트를 불러 옆방으

* 대운하(大運河)의 이름.

로 데려갔다. 심하게 다투는 소리가 들려왔다. 그렇지만 이런 날, 그처럼 대수롭지 않은 일 때문에 그토록 고분고분하고 슬기로운 질베르트가 아버지의 분부에 거역하려 들다니, 나는 도저히 믿을 수 없었다. 드디어 스완이 딸에게 다음과 같이 말하면서 방에서 나왔다.

"내 말 알아들었겠지. 이젠 네 마음대로 하려무나."

질베르트의 얼굴은 점심 식사를 하는 동안에도 굳어 있었다. 식사 뒤 우리는 그녀의 방으로 갔다. 그러나 별안간, 아무런 망설임 없이, 마치 어떠한 때라도 망설인 적이 없었기라도 한 듯이 "2시다!" 하고 그녀가 소리 질렀다. "큰일이군. 음악회는 2시 반에 시작하니까." 그러고 나서 가정교사에게 서두르라고 말했다.

"하지만." 나는 그녀에게 말했다. "아버님 마음을 언짢게 해드리지 않을지?

"아무려면 어때요."

"그래도, 기일이라 이상하게 보이지 않을까 걱정하셨는데."

"다른 사람 생각 따위가 내게 어쨌다는 거죠? 감정 문제로 남들 눈을 신경 쓰다니 괴상하다고 생각해요. 사람은 자신을 위해서 느끼지 남들을 위해서 느끼는 게 아니라구요. 우리 선생님은 심심풀이가 적어서 이번 음악회에 가는 걸 크나큰 기쁨으로 삼아오셨어요. 남들을 기쁘게 해주려고 그분의 즐거움을 빼앗지는 못하겠어요."

그러고 나서 그녀는 모자를 들었다.

"하지만 질베르트." 나는 그녀의 팔을 잡으며 말했다. "남들을 기쁘게 해주기 위한 일이 아니에요. 아버님을 기쁘게 해드리기 위한 일이죠."

"참견 말아요." 그녀는 팔을 홱 뿌리치면서 거친 목소리로 냅다 소리쳤다.

아클리마타시옹 공원이나 음악회에 함께 데리고 가주는 것보다 더 귀중한 호의는 스완 부부가 베르고트와의 친교에서도 나를 제외하지 않았던 일인데, 이 베르코트와의 친교야말로 아직 질베르트를 알기 전부터 내가 스완네 사람들에 대하여 느끼던 매력의 원천이었다. 그때 나는 그녀에게 멸시받고 있다고 생각해, 언젠가는 그녀가 베르고트와 함께 이 문학가가 좋아하는 거리거리를 방문할 때 나도 데려가줄 거라고는 생각할 수 없었지만, 만약 그러한 소망을 방해하지만 않았다면, 이 숭고한 노인과의 친교야말로 그녀를 나의 가장 사랑하는 벗으로 삼는 이유라고 생각했었으리라. 그런데 어느 날, 스완 부인은 나를 큰 오찬회에 초대했다. 나는 초대객들이 어떤 인사들인지 모르고 있었다. 스완네 집 현관에 이르러서야 여느 때와 다른 모양새에 당황스럽고 겁이 났다.

스완 부인은, 한 계절 동안은 새로운 유행으로서 인정받지만 이윽고 버려지고 마는 사교계 관습을 거의 빼놓지 않고 따르곤 했다(이를테면 몇 년이나 전의 일이지만, '핸섬 캡(hansom cab)'*이라는 자가용 마차를 가졌고, 요즘에도 오찬 초대장에 사람들에게 얼마간 알려진 모 씨와 만나기 위해 'to meet'라고 영어로 인쇄되어 있었다). 이런 관습은 보통 신비로운 뜻이 하나도 없고, 또 특별한 조예도 필요하지 않다. 그래서 그때의 보잘것없는, 더구나 영국에서 새로 유행하는 것을 들여와, 오데트는 남편에게 샤를 스완이라는 이름 앞에 'Mr'라고 인쇄한 명함을 만들게 했었다. 내가 처음으로 스완네 집을 방문한 지 며칠 뒤, 스완 부인이 우리집에 답례차 와서 그녀가 'carton(두꺼운 종이)'이라고 부르는 명함의 한쪽 귀를 꺾어놓고 갔다. 그때까지 누구도 나에게 명함을 놓고 간 적이 없어서, 나는 어찌나 자랑스럽고 감동적이며 감사했는지, 가지고 있던 돈을 전부 모아 가장 좋은 동백꽃 한 바구니를 주문해 스완 부인에게 보낼 정도였다. 나는 아버지한테 그녀의 집에 명함을 놓으러 가달라고 애원했다. 게다가 먼저 아버지 이름이 'Mr'로 시작되는 명함을 빨리 만들라고 졸라대었다. 아버지는 이 두 가지 청을 하나도 들어주지 않아, 며칠 동안 나는 너무나 실망해 아버지의 분별없음을 이상하게 여겼다.

이 'Mr'의 사용은 설사 필요 없는 것일는지도 모르나 뜻은 매우 정확했다. 이 오찬의 날, 나에게 드러난 것 또한 그런 관습이었는데, 그 뜻이 정확하지 않았다. 응접실에서 손님방으로 가려고 할 때, 집사가 내 이름이 쓰인 얇고 기다란 봉투를 나에게 주었다. 얼떨결에 고마움을 표시했으나 그러는 동안에도 나의 눈길은 봉투에 쏠리고 있었다. 외국 사람이 중국의 향연장에서 곁에 내놓는 자질구레한 도구를 어떻게 써야 할지 모르는 것처럼, 나도 이 봉투를 어떻게 해야 좋을지 몰랐다. 봉투가 봉해져 있는 걸 보았으나 당장에

* 마부 자리가 뒤에 있는 2인승 단두 이륜마차.

열어보는 게 무례하지는 않을까 걱정이 된 나는, 알았다는 태도로 그걸 주머니에 넣었다. 스완 부인은 며칠 전에 '절친한 벗들의 모임'인 오찬회에 와달라고 나한테 편지를 보냈다. 그런데 거기에는 열여섯 명이나 왔고, 그 가운데에 베르고트가 있으리라고는 꿈에도 생각지 못했다. 여러 손님에게 하는 내 소개, 그녀의 말마따나 내 '이름을 알리고' 난 스완 부인이, 갑자기 내 이름을 말한 투와 똑같이(마치 우리 두 사람은 오직 상대를 알아보는 것만으로 제각기 만족해버리는 초대객에 지나지 않는 듯) 그 백발의 부드러운 '시인'의 이름을 밝혔다. 이 베르고트라는 이름은 나에게 발사된 권총 소리처럼 나를 소스라치게 했는데, 그래도 본능적으로 태연한 듯이 인사했다. 그런데 내 앞에서, 비둘기 한 마리가 날아가버린 한 발의 연기 속에 여전히 프록코트 차림으로 서 있는 요술쟁이처럼 내 인사에 답례하고 있던 사람은, 달팽이 껍데기처럼 생긴 붉은 코에 검은 턱수염을 기른, 부드러운 맛이 없는, 키 작고 억세며 근시안인, 아직 젊은 축에 드는 남자였다. 나는 죽을 지경으로 슬펐졌으니, 한순간에 재가 되어버린 것은, 오로지 우수에 시든 늙은 문학가의 모습만이 아니라(그런 모습은 이제 조금도 남아 있지 않았다), 특히 내가 사원처럼 건축한, 약하지만 성스러운 건물 안에 내가 안치할 수 있었던 거대한 작품의 그 아름다움 또한 흔적 없이 사라졌기 때문이다. 게다가 내 앞에 있는, 코가 납작한, 검은 턱수염을 한 키 작은 남자의 혈관과 배와 관절투성이인 땅딸막한 몸속에는 그처럼 아름다운 작품을 담아둘 자리가 전혀 남아 있지 않았다. 두고두고 섬세하게, 이를테면 종유석처럼 한 방울 한 방울씩, 그의 저서의 투명한 아름다움을 갖고서 내가 정성껏 지어낸 그 베르고트의 모든 것은, 지금 그 속에 달팽이와도 같은 코를 담그고, 검은 턱수염을 이용해야 하는 순간부터 단번에 아무짝에도 쓰지 못하는 것이 되어버렸다. 주어진 수를 잘 읽지도 않은 채, 총계가 일정한 숫자가 돼야 하는 걸 고려치 않고 풀어낸 문제의 답이 결국 아무짝에도 쓸데없이 말이다. 코와 턱수염은 내가 베르고트라는 인물을 하나에서 열까지 재건축하게 하면서, 그래도 여전히 활기 있고도 자부하는 어떠한 재치를 끊임없이 품으며, 생산하여 분비하고 있는 듯이 보일 만큼 회피할 수 없는, 그리고 그만큼 더 골치 아픈 요소였는데, 그것은 공정하지 못했으니, 왜냐하면 그 재치는 그처럼 내가 잘 아는 서적, 부드럽고도 숭고한 슬기가 스며 있는 그 서적 속에 널리 펴져 있는 지성과는 다른 종류였기 때문이다. 만약 내가 그의 책에서 출발했더라면 결코 이와 같은 달팽이 코에 이르지는 않았으리라. 그런데 아무런 거리낌 없이 혼자 판을 치면서, 얼굴에 기괴한 '운치'를 더해주는 이 코에서 출발했으므로 나는 베르고트의 작품과는 정반대 방향으로 나아가고 말았으니, 그대로 나아가다간 결국 분주한 기술자 같은 심정이 들 것만 같았다. 말하자면, 남에게 인사를 받을 때 상대가 근황을 묻기보다 '고마워요, 당신은?' 하고 말해야 옳은 줄 여기고 있는 사람, 또 전번에 만나 뵈어 매우 반가웠다고 말해오기라도 하면 형식적인 인사치레로, 귀중한 시간을 낭비하는 걸 피한답시고 더 효과적이고 현명한 줄로 생각하는 약어, '저 역시'로 대답하는 사람처럼 틀림없이, 이름이란 변덕스러운 도안가다. 인간이나 고장의 모습과는 조금도 닮지 않은 스케치를 우리에게 남겨서, 상상한 세상 대신 눈앞에 보이는 세상을 대했을 때 우리는 흔히 망연자실에 빠진다(하기야 눈에 보이는 세계도 사실의 세상은 아니다. 우리 감각은 결코 상상력을 뛰어넘을 정도의 모사능력을 갖고 있지 않아, 요컨대 현실에서 얻을 수 있는 근사한 소묘도, 적어도 상상한 세계와 같은 정도로 눈에 보이는 세계와 다르다). 그러나 베르고트의 경우, 나의 선입관이던 그의 이름이 나를 난처하게 만든 것은, 내가 알고 있는 작품이 나를 난처하게 한 정도에 비하면 아무것도 아니었다. 나는 금방 그 작품에다, 이를테면 기구(氣球)에 매다는 것처럼, 더구나 그 무게를 이겨낼 만큼 위로 올라갈 수 있는지도 알지 못하고 그 턱수염 난 남자를 잡아매야 했다. 그렇기는 하나, 내가 그토록 좋아하던 그 책을 쓴 이는 확실히 이 남자임에 틀림없다고 생각했으니, 왜냐하면 그의 작품 가운데 한 가지에 대한 나의 애호를 그에게 일러줘야 한다고 여기던 스완 부인이 그 점을 말했을 때, 그는 이 자리에 참여한 다른 이들에게 가야 할 몫을 자기가 받았다는 놀라움을 전혀 나타내지 않았으며, 사람이 틀린 기색을 조금도 보이지 않았기 때문이다. 그러기는커녕 머지않아 들어올 오찬의 식욕을 몹시 기다리는 몸으로 그가 입고 있는 프록코트를 이 자리에 모인 손님들에 대한 경의로 가득 채우면서, 한편 그의 주의력을 다른 중요한 현실적인 고찰에 빼앗기면서, 그가 그 생각을 자기 책을 참조하면서 미소 지은 것은, 마치 그것이 그의 이전 생활에서 겪은 에피소드를 떠올린 것으로밖에 여겨지지 않고, 또 어느 해인가 가장무도회에서 분장한 듯싶은 기즈 공작의 옷차림을 암시하거나 하는 태도였다. 그러자 내게는 금세 그 책의 가치가 떨어져서(그 하락 속에 아름다움과 우주 그리고 삶의 온 값어치가 떨어지면서), 마침내는 그것이 턱수염 난 남자의 어떤 심심풀이에 지나지 않았다는 정도가 되고 말았다. 그가 저술에 온 힘을 기울이지 않았을 거라고 생각한 건 아니지만, 한편으로는 만약에 그가 진주 굴의 암초로 둘러싸인 섬에 살았다면 진주 장사에 온 힘을 기울여 크게 성공했을 거라고도 생각했다. 그의 작품이 이제는 그토록 없어서는 안 될 만큼 귀중한 게 아니라는 생각이 들기 시작했다. 그때 나는 생각했다. 사실 위대한 작가는 신과도 같아, 참된 독창성이란 저마다 자기만의 영토를 다스린다는 증거가 아니냐 또는 거기에는 모든 게 티끌만한 꾸밈도 없는 게 아니냐, 작품들 사이의 다름이란 여러 인격 사이에 있는 근본적이고도 본질적인 다름의 표현이라기보다 오히려 일의 결과 자체에 지나지 않을까 하고.

그러는 사이 사람들은 식탁에 가 앉았다. 내 접시 옆에 줄기가 은박지로 싸인 카네이션 한 송이가 놓여 있는 게 눈에 들어왔다. 그 카네이션은 응접실에서 받고 나서 아주 잊어버린 봉투를 받았을 때와 같은 정도는 아니더라도 조금 나를 얼떨떨하게 했다. 남자 손님들이 하나같이 식기 옆에 놓여 있는 비슷한 카네이션을 집어 그 프록코트의 단춧구멍에 은박지째 끼우는 걸 보았을 때, 그 꽃의 용도는 봉투보다도 알기 쉬운 듯 느껴졌다. 나는 아무렇지 않은 척 그들의 흉내를 냈다. 마치 성당 안에 들어선 자유사상가가 미사의 순서를 몰라 참례자들이 일어서면 일어서고, 무릎을 꿇으면 또 무릎을 꿇는 식으로. 내가 모르는 또 하나의 관습, 더 극성스러운 관습이 나를 불쾌하게 했다. 내 접시 맞은편에 그보다 작은 접시 하나에 뭔가 거무스름한 것이 가득 들어 있었는데, 그것이 철갑상어 알인 줄은 미처 알지 못했다. 나는 그걸 어떻게 하면 좋을지 몰랐지만, 이내 먹지 말아야겠다고 결심했다.

베르고트는 의외로 가까운 자리에 앉아 있어서, 그가 하는 말이 전부 들렸다. 그때 나는 노르푸아 씨로부터 받은 인상을 이해할 수 있었다. 그는 과연 괴상한 목청을 갖고 있었다. 사상을 품고 말하는 것보다 목소리 그 자체의 특징을 좌우하는 건 없다. 이중 모음의 울림, 입술의 떨림에 많은 영향을 받는다. 말하는 투도 마찬가지다. 그의 이야기는 글 쓰는 투와는 아주 다르고, 또 그가 말하고 있는 것들도 그 작품을 가득 채우고 있는 것들과는 딴판인 듯싶었다. 목소리란 가면 밑에서 나오는 것이어서, 우리가 문체 안에서 환히 본 얼굴이라도, 목소리는 이 가면 밑에서 그것을 곧바로 알아보지 못하게 한다. 나는 노르푸아 씨도 느꼈던 바와 같이 부자연스럽게 꾸민, 못마땅한 투의 베르고트 말투가, 그 구절과 문체가 매우 시적이며 음악적으로 되어 있는 그의 저술 한 부분과 정확하게 대응하는 걸 발견하는 데 오랜 시간이 걸렸다. 그는 자기가 말하고 있는 것 속에 문장의 뜻과는 독립된 조형적인 아름다움을 인정했다. 게다가 인간의 말이란 영혼과 관계 있는 것인데도 문체처럼 영혼을 표현하는 일이 없어서, 베르고트는 몇 마디를 단조롭게 읊조려, 그 몇 마디 밑에서 단 한 가지의 심상을 추구하는지는 모르지만, 마치 같은 소리처럼 사이도 두지 않고, 진력나도록 단조롭게 실 잣듯이 뽑아내어, 거의 반대의 뜻을 말하는 것처럼 보였다. 이를테면 아니꼽고 부풀려진 단조로운 말투는, 그가 쓰는 말의 심미적인 특성의 표시이기도 하며, 그의 저술 안에 형상과 조화의 연속을 만들어낸 그 능력 자체가 대화 속에 나타난 결과이기도 했다. 처음에 이 점을 깨닫기가 그처럼 힘들었던 까닭은, 그가 그때 실제로 말하고 있던 담화가 오히려 그답지 않았기 때문이었다. 그 담화는 수많은 신문기자가 자기 것으로 만들던 그 '베르고트식' 안에 들어 있지 않은 사상, 명확히 그만이 가진 사상의 풍부한 수확물이었다. 이런 차이는—혼탁한 유리 너머로 하나의 모습이 보이듯이 대화를 통해 흐릿하게 보이는—아마도, 베르고트의 문장을 읽을 때 신문이나 책에서 수두룩한 '베르고트풍' 이미지나 사상으로 자기 문장을 꾸미는 사람이 있는데, 베르고트의 글이 그런 평범한 모방자들이 쓴 것과는 전혀 다르다는 느낌을 준다는, 또 하나의 면을 나타냈던 것이다. 이러한 문체 안의 차이는, '베르고트풍'이 뭐니뭐니해도 사물 가운데 숨어 있는 소중하고도 참된 어떤 요소를 이 대작가의 천재력으로 퍼올린 거라는 사실에서 비롯한 것이니, 이 발굴은 온화한 '시인'의 목적이었을망정, 베르고트풍을 만들어낼 목적은 아니었던 것이다. 사실 그가 베르고트이니까, 그리고 이 뜻에서 그 작품 하나하나가 새로운 아름다움이 사물 속에 묻혀 있는 베르고트 자체의, 그의 손에 의한 약간의 발굴이었으므로 무의식중에 베르고트풍을 이루고 있는 것이었다. 그러나 그 결과로, 그런 아름다움 하나하나가 인척 관계를 맺고, 다른 아름다움 가운데에서 알아볼 수 있다고 해도 어쨌든 그 아름다움은 그의 손에 의해서 햇볕을 받았던 거니까,

그의 발견은 끝까지 특수한 것이며 따라서 베르고트식이라고 불리고 있는 바와는 달랐다. 이른바 베르고트식이란, 이미 존재하는 베르고트의 여러 작품의 막연한 종합이어서 재능 없는 인간은 이제까지 그의 것에서 베르고트가 이후 다른 방면에서 발견할지도 모르는 것을 추측할 수 없었던 것이다. 위대한 작가라 손꼽는 그들 문장의 아름다움은 우리가 아직 안면 없는 여인의 아름다움처럼 미리 알 수 없다. 그 아름다움은 그들이 생각하는 대상—언어 자체나 언어의 아름다움이 아니라—외계의 대상, 아직 표현하지 않은 외계의 대상에 붙어 있기 때문에 창조이다.

오늘날 회상록의 저술가로 아무렇지 않게 생시몽 티를 내려는 이가 있어, 빌라르(Villars)*의 인물 묘사 첫 줄을 마지못해 생시몽처럼, '그는 꽤 키가 큰, 갈색 머리칼을 한 남자로…… 생기 있고, 허심탄회하며, 활달한 용모를 하고서'라고 쓰는 경우가 있더라도, 어떤 결정론이 그로 하여금 다음과 같은 글 '그리고 그것은 정말로 조금 지나친 감이 있었다'라고 시작하는 생시몽의 두 번째 줄을 찾아내게 할 것인가? 문제의 참된 다양성이란, 실제의, 그러면서도 뜻밖의 여러 요소의 그 충만함 속에 있는 법이어서, 예컨대 이미 꽃으로 가득 찬 듯이 보였던 봄의 산울타리에서 아주 뜻밖에 솟아나온 푸른 꽃들을 지닌 작은 가지 안에 있다. 반면에, 오로지 형식적으로 다양성을 모방하는 것은(다양성만이 아니라 문체의 다른 모든 성질에 대해서도 똑같은 이치를 따질 수 있으리라) 가치 없는 천편일률에 지나지 않는다. 거기에 다양성이 있는 듯한 착각을 하거나, 그것을 떠올리게 하는 건 오로지 거장들의 작품 속 참다운 다양성을 이해하지 못한 모방자들뿐이리라.

마찬가지로—베르고트의 말투가 귀로 얼른 알아들을 수 없는 생명적인 유대로 활동하고 작용하면서 베르고트의 사고에 연관된 게 아니라, 그 자신이 베르고트의 모방을 이야기하는 흉내쟁이에 지나지 않았다면, 틀림없이 도리어 그의 말투가 매혹적이었을지도 모르듯—그의 입에서 '아름다움의 끝없는 분류'라든가 '아름다움의 신비로운 전율'이라든가 하는 말만이 나오길 기대하고 있는 사람들을 실망시키는, 뭔가 실증적인, 뭔가 지나치게 자양이 되는 것을, 그의 표현 형식이 갖고 있던 까닭은 베르고트가 그 사색을 제 마음에

* 프랑스의 군인(1653~1734). 생시몽의 《회상록》에 나오는 인물.

드는 현실에 대상을 두고 있었기 때문이었다. 요컨대 그가 쓰고 있는 참신한 특성은, 이미 아는 상황을 모조리 버려두면서, 한 문제에 접근한다는 매우 교묘한 방법을 통해 그 대화 속에 표현되어서, 문제의 작은 일면밖에 파악하지 못하고 있다. 따라서 착오한 채로 역설하고 있다고 느껴져 그의 사상은 흔히 어렴풋한 것으로 보였다. 그도 그럴 것이, 저마다 저 자신의 사상과 같은 정도로 모호한 사상을 뚜렷한 사상이라 일컫고 있기 때문이다. 하기야 온갖 새로움이란, 우리가 익숙해져서 현실처럼 생각하고 있는 평범함을 먼저 없애야 하므로, 온갖 새로운 대화도, 독창적인 모든 그림이나 음악과 마찬가지로 늘 지나치게 기교를 부린 지루한 것으로 보이리라. 그런 대화는 우리가 익숙해 있지 않은 형상 위에 이루어져, 이야기하는 사람이 비유만을 써서 말하는 듯 보이고, 그 비유가 우리를 지치게 하며 진실성이 없다는 인상을 준다(본디 예스런 말도 듣는 이가 그 언어가 묘사하는 세계를 아직 몰랐던 이전에는, 이해하기 어려운 형상이었다. 그러던 게 오래전부터 사람들은 그것이 실제 세계였다고 생각하고, 그 세계에 안주하게 된 것이다). 그러므로 베르고트가, 하기야 그것이 오늘날에 와서는 아주 단순한 말투로 느껴지지만, 코타르에 대해서 균형 잡으려고 올라갔다 내려갔다 하는 뤼디옹(ludion)*1이라 말하고, 브리쇼에 대해 "그 사람은 스완 부인보다 더 심하게 머리단장에 신경 쓰죠. 그도 그럴 것이 자신의 옆얼굴과 명성이라는 두 가지 면에 늘 마음 쓰고 있으니까요. 언제나 그 머리털 모양이 사자 같으면서도 철학자답게 보여야 하거든요" 하고 말할 때, 듣는 이들은 금세 싫증을 느끼고, 보다 구체적인—한층 더 보편적이라는 뜻으로서의 보다 구체적인—어떤 것의 위에 발붙이고 싶었으리라. 내가 눈앞에 보고 있는 가면에서 나온 아리송한 말씨, 하지만 그것을 감탄하고 있는 작가의 것으로 돌려야 하는 그 말씨는 직소 퍼즐(Jigsaw puzzle)*2의 한쪽을 다른 한쪽 사이에 끼우는 식으로 그의 저술 속에 도저히 집어넣지 못했을 것이다. 그래서 그 말씨는 또 하나의 다른 면 속으로 들어가, 어쩔 수 없이 옮겨지고 있었다. 그러나 그 옮겨놓음에 의하여 훗날 내가 베르고트의 입을 통해 직접 들었던 이러한 구절을 되뇌어보았을 때, 그가 쓴 문체의 모든 뼈대를 거기서 찾아냈다. 그리고 내가 그처럼 별나

*1 물리학 실험에 쓰는 잠수 인형.

*2 조각 그림을 맞추는 놀이.

게 생각한 그 담화 안에서 그의 문체의 갖가지 요소를 알아볼 수도, 지적할 수도 있었다.

가장 부수적인 관점에서 말하면, 그의 대화에서 자주 되풀이되어 어떤 종류의 강조 없이는 입 밖에 나오지 못하던 몇몇 낱말, 형용사, 게다가 그 음절 하나하나를 뚜렷이 드러나게 하면서 마지막 음절에 가서는 억양을 붙이는(이를테면 그가 늘 'figure(얼굴)' 대신에 쓰던 'visage(얼굴)'라는 낱말처럼 수많은 v, s, g를 덧붙여, 그것이 전부, 그 순간에 크게 벌려지고 있는 그의 손에서 폭발하는 듯했는데) 몇몇 낱말을 발음했을 때의 유별난, 얼마쯤 지나치게 세심한, 말하자면 강렬한 투는 그가 좋아하는 그런 낱말을 그 산문 속에 빛내고 있는 아름다운 위치에 정확하게 일치하며, 그런 낱말에는 어떠한 여백 뒤에 구절이 글 전체의 조화에 꼭 들어맞게 맞춰져, 리듬을 혼란스럽게 하지 않는다면, 그 낱말 하나하나가 저마다 그 '음절의 장단'을 발휘하고 있음을 알아차릴 수밖에 없도록 이루어져 있었다. 그렇지만 베르고트가 말하는 언어에는, 다른 어느 작가들의 서적에도 있고 그의 서적에도 있는 조명, 적혀진 구절 안에서 가끔 낱말의 겉모양을 꾸미는 어떤 조명 같은 것이 없었다. 이는 분명 그런 조명이 매우 깊은 곳에서 나오므로, 우리가 대화를 통해 남들에게 열려 있으나 우리 자신이 닫혀 있는 시간에서는, 우리가 쓰는 말에까지 그 빛이 닿을 수 없기 때문이리라. 그 점에서 그의 서적 안 이야기 속에는 보다 많은 억양과 가락이 있었는데 문체의 아름다움과는 관계없는 가락이어서, 저자 자신도 아마 깨닫지 못했을 것이다. 그것은 그의 가장 내밀한 개성과 떼어놓을 수 없는 것이기 때문이다. 이 가락이야말로 베르고트가 그 저서 안에서 고스란히 자연스러운 순간에, 그가 쓰고 있는 심히 무의미한 낱말을 이따금 율동적으로 만드는 바로 그것이다. 그런 가락은 원문에 적혀 있지 않고, 아무것도 가리키지 않지만, 스스로 각 구절에 덧붙여 있고, 그렇게밖에 낭독할 수 없으며, 가장 덧없는 것이면서 작가에게 가장 오묘한 것이고, 그것이야말로 작가가 표현하는 게 아무리 가혹한 말이라도 그는 부드러운 사람이며, 아무리 육감적인 쾌락을 표현해도 순진하게 들리는 작가의 본성을 증언하는 것이다.

베르고트의 대화 가운데 희미하게 인상에 남는 말투의 특징 가운데 몇몇은 그 고유의 특성만이 아니었다. 나중에 내가 그의 남매들과 알게 되었을 때, 오히려 그들에게서 그런 특징을 더 강하게 발견했다. 그 말투에는 쾌활한 구절의 마지막 낱말에 뭔가 거칠게 들리는 목쉰 소리가 있고, 구슬픈 구절 끝에 뭔가 꺼질 듯하고도 숨이 죽어가는 것이 있었다. 이 거장의 어린 시절을 알고 있던 스완은 내게 말했다. 격렬하고도 쾌활한 부르짖음과 느리고도 음울한 중얼거림이 번갈아 섞이는, 그 집안의 억양이 남매들과 똑같이 그의 입에서 나오는 걸 들을 수 있었고, 또 그들이 함께 놀고 있는 방에서 잇따라 일어나는 귀청을 찢는 듯한 고성과 기력 없는 낮은 목소리의 합주 속에, 다른 누구보다도 잘 어울리는 그의 목소리가 들렸다고. 아무리 독특하더라도 인간의 입에서 나오는 그런 음성은 덧없어, 그 목소리의 주인보다 더 오래 남지 않는다. 그런데 베르고트 집안의 발음은 달랐다.

왜냐하면 작곡가가 새들의 지저귐을 듣고 어떻게 음악을 꾸며내는지는 쉽게 이해할 수 없었지만, 어쨌든 베르고트는 환희의 아우성이 되어 되풀이되거나 또는 슬픈 한숨이 되어 한두 방울 똑똑 떨어지는 그 낱말에다 음조를 끌고 가는 방법을 이미 그 산문 속에 옮겨 자리잡아 두고 있었기 때문이다. 그의 저서 안에는, 예컨대 오페라의 서곡이 좀처럼 끝나지 않고, 오케스트라 지휘자가 지휘봉을 놓을 때까지 몇 번이고 그 마지막 카덴차*를 되풀이하는 악절 끝머리의 화음처럼, 낭랑한 울림이 겹쳐 늘어가는 문장의 종결이 있어, 뒤에 나는 그런 문장에서 베르고트 집안의 금관악기적인 발음법의 음악적 가치와 같은 그 무엇을 발견했다. 하지만 그는 그런 발음법을 자신의 서적에 옮기게 된 뒤로 담화 속에 그것을 쓰는 걸 저도 모르게 그만두었다. 그가 글을 쓰기 시작한 날부터, 따라서 그 뒤에 내가 그를 처음으로 알게 되었을 때는, 그의 목소리는 이미 영영 오케스트라에서 벗어나 있었다.

그와 같은 베르고트네의 젊은이들은—미래의 작가와 그의 형제자매들은—다른 젊은이들에 비해 뛰어나지 않았다. 특히 베르고트네 젊은이들은 매우 소란스러울 뿐만 아니라 조금 속물적이라고 여기는 이들, 잘난 체하지만 실은 어리석은 '가풍'의 특징을 잘 나타내는 그들의 농담을 참을 수 없이 불쾌하게 생각하는 이들, 보다 고상하고 재치 있는 젊은이들에 비하면 틀림없이 뛰어나지는 않았다. 그러나 천재는, 아니 재능이 많은 자도, 남들보다 뛰

---

* 기교를 과시하기 위하여 악곡이 끝나기 바로 전에 끼워넣은 화려하고 장식적인 부분.

어난 지적 요소나 사회적 세련미로 나타나기보다는, 오히려 그런 것을 바꾸어 옮겨놓는 능력에서 나타나는 편이 많다. 전구를 가지고서 액체를 데우려면 가능한 한 강한 전구를 쓰는 게 문제가 아니라, 그 전구가 빛을 내는 걸 그치고, 방향을 바꿔 빛이 아닌 열을 주도록 이끄는 것이 문제다. 하늘을 날려면 반드시 가장 강력한 차가 필요한 게 아니라, 언제까지나 지면을 달리지 않고, 처음에 따라 가던 지평선을 수직으로 끊으면서, 그 속력을 전부 상승력으로 바꿀 수 있는 차가 필요하다. 마찬가지로 천재적인 작품을 만들어내는 사람들은 가장 세련된 환경에 살고 가장 으리으리한 화술, 가장 폭넓은 교양을 갖고 있는 사람들이 아니라, 그들 자신만을 위한 삶을 급작스럽게 멈추면서, 그들의 개성을 거울과도 같게 하는 능력을 갖고 있는 이들이니, 그렇게 해서 그들의 삶이 설사 사교적으로, 아니 어떤 뜻에서는 지적으로 아무리 보잘것없는 것이라 할지라도 그것을 그 거울에 반사시킨다. 천재란 사물을 반사하는 능력에 있는 것이지, 반사된 구경거리의 질에 있는 게 아니다. 젊은 베르고트가 그 독자의 세계에, 그가 어린 시절을 지낸 좋지 못한 가정이나, 또 거기서 형제들과 나누던 그다지 익살스럽지 않은 잡담을 나타낼 수 있었던 몹시 재치 있고도 뛰어난 날, 그가 그의 벗들보다 더 높이 올라간 것이다. 그 벗들은 베르고트네 사람들의 속됨에 얼마쯤 멸시를 나타내면서 그 훌륭한 자가용 롤스로이스를 타고 자기 집으로 돌아갈지도 모르지만, 그는 드디어 '이륙'한 그의 변변찮은 기계로 그들 위를 날고 있는 것이다.

그의 말투에 나타나는 다른 특징은, 이제 그의 가족들이 아니라 같은 시대의 몇몇 작가들과 같은 것이었다. 그를 모른다고 말하고, 그와 아무런 지적 관계가 없다고 우기고 있는 젊은이들조차 그가 끊임없이 되풀이하는 부사와 전치사를 쓰면서, 그와 비슷한 방법으로 구절을 꾸미면서, 전 세대의 훌륭한 말솜씨와 손쉬운 언어에 대한 반동으로 조용하고도 느릿한 그의 어조와 같은 가락으로 말하면서, 무의식중에 그와의 혈연을 표시하고 있었다. 그런 젊은이들은—우리는 그런 상태에 있는 그들 중 어떤 사람을 보리라—개인적으로 베르고트를 알지는 못한다. 그러나 그들에게 심어진 베르고트의 사고방식은, 지적인 독창성과 나뉠 수 없는 관계의 구문법(構文法) 그리고 어조의 여러 변화를 그들 작품 속에 전개하고 있었다. 하기야 관계라는 것은 반드시 어떤 형태로든 해석된다. 그러므로 베르고트도 글 쓰는 투에서는 아무의 도움도 입지 않았을는지 모르나, 그 말투는 그의 옛 친구 가운데 이야기를 썩 잘하는 한 사람을 닮아, 그 사람의 영향을 받고, 대화에서 무의식중에 그 사람의 흉내를 내고 있었는데, 그 사람은 오로지 베르고트보다 타고난 재능이 없어 아직 뛰어난 책을 쓰지 못했던 것이다. 그래서 엄밀히 독창성이라는 점에 그치고 더 이상 이러니저러니 하지 않았다면, 베르고트도 제자니, 삼류 작가니 하는 딱지가 붙었을 터인데, 담화에서는 그 친구에게 영향을 받고 있으면서도, 작가로서는 독창적이자 창조적이었던 것이다. 게다가 확실히 추상적인 표현, 과장된 상투어를 지나치게 즐겨 쓰는 전 세대와 구별되려고, 베르고트가 어떤 책을 좋게 말할 때 그가 칭찬하는 것, 그가 인용하는 것은 늘 풍부한 영상을 지어내는 어떤 장면, 또는 논리적인 뜻이 없는 어떤 풍경이었다. "응, 그렇소!" 그는 말했다. "참으로 좋아요! 거기에는 오렌지빛깔의 숄을 두른 소녀가 있습니다. 아! 참으로 좋아요!" 또는 "정말이지 거기에는 시가를 행진하는 군대가 그대로 들어 있는 느낌의 구절이 있습니다. 정말 훌륭하죠!"

문체로 말하자면 그는 전혀 현대적이 아니었다(게다가 극심하게 배타적인 국수주의여서 톨스토이, 조지 엘리엇, 입센과 도스토예프스키를 혐오했다). 왜냐하면 어떤 문체를 칭찬할 때에 늘 그의 입에 오르는 것은 'doux(부드러운)'라는 말이기 때문이다. "그래요, 나 또한 《아탈라》의 샤토브리앙이 《랑세 전기》의 샤토브리앙보다도 좋아요. 《아탈라》가 더 부드러운 감이 듭니다." 마치 환자한테서 우유가 위에 나쁘다는 것을 확실히 알았다는 말을 들은 의사가 "그래도 그것은 매우 부드러운데요"라고 대답하도록 말하는 게 그의 입버릇이었다. 사실 베르고트의 문체에는 어떤 조화, 옛 사람들이 칭찬을 아끼지 않았던 몇몇 웅변가가 지닌 조화, 우리가 현대어에 익숙해져서 그런 효과를 찾지 못하고, 또한 우리가 그들 칭찬의 본질이 어떠한 것이었는지 쉽사리 이해 못하는 그런 조화와 비슷한 것이 있었다.

그는 찬사를 듣고 있는 자기 자신의 작품에 대해 소심한 미소를 지으며 말했다. "매우 진실되고, 대체로 정확하다고 생각하긴 하는데, 그런 것이 조금 가치 있다고는 할 수 있겠죠." 그것도 솔직하게, 이를테면 옷이나 딸에 대해 남의 칭찬을 받고서, "이 옷은 입기 편해요"라든가 "성격이 온순한 애랍니다"라고 대답하는 여인처럼 겸손해서 하는 말이었다. 그러나 베르고트에게 구성의 본능은 너무도 깊은 것이었으므로 진실에 따라 유익하게 구성했다는 유일한 증거는 작품이 먼저 그에게 주고, 다음에 남들에게 주는 기쁨 속에 있다는 사실을 너무도 잘 알고 있었다. 다만 여러 해 뒤에 재능도 잃고 스스로도 만족하지 못하는 글을 쓸 때마다, 그것을 마땅히 지우지 못한 채, 발표하려고, 이전의 말을 이번에는 저 자신에게 되풀이했다. "어쨌든 상당히 정확하고, 내 나라에 아무런 도움도 되지 않을 것이다"라고. 그래서 전에 자기에게 감탄하던 이들 앞에서 겸손하게 보이려는 속셈으로 중얼대던 구절을 마침내는 그의 자부심에 대한 불안 때문에 그의 마음속 밀실 안에서 중얼거리게 되었다. 베르고트의 초기 작품의 가치에 대한 쓸데없는 변명으로 쓰였던 말이 후기 작품의 평범함에 대한 그의 효력 없는 위안이 되고 말았던 것이다.

그가 지니고 있는 취미에 대한 엄격함, '부드럽다'고 말할 수 있는 것들만 쓰겠다는 의지, 그것은 오랫동안 그를 쓸모없고, 거슬리며, 하찮은 것을 끊임없이 고쳐 만드는 예술가로 보이게 했는데, 실은 반대로 그것이야말로 그가 지닌 능력의 비밀이었다. 왜냐하면 습관이 인간의 성격을 만들어내듯 작가의 문체를 만들어내기 때문이고, 자신의 사고를 표현할 때 어느 정도까지 사람을 기쁘게 하는 데 이른 것만으로 몇 번이나 만족한 작가는, 그와 같이 영원히 자기 재능에 한계를 두기 때문이다. 마치 쾌락이라든가 나태라든가 고뇌에 빠지는 공포의 힘에 여러 번 눌려서 이미 고칠 수 없게 된 성격 위에 그 악덕과 덕행의 한계를 스스로 그리는 이처럼.

나중에 내가 작가와 그 인간 사이에 수많은 일치점을 발견했는데도, 처음으로 스완 부인네 집에서 베르고트를 만나게 되었을 때, 내 앞에 있는 이가 베르고트이며 그처럼 수많은 숭고한 책을 써낸 작가라는 사실을 믿지 않았던 건 전혀 내 잘못이 아니었다. 그도 그럴 것이 베르고트 자신 또한 그런 점을 (말뜻 그대로) '믿고' 있지 않았기 때문이다. 그가 그런 점을 믿고 있지 않은 증거로, 그가 그보다 훨씬 못한, 그 자리에 있던 사교계 인사들에게 (하기야 그는 속물이 아니었지만), 문학가들에게, 언론인들에게 매우 정중한 태도를 보였기 때문이다. 물론 그는 자기가 사회적인 신분이나 공적인 지위와 비교되지 않는 재능을 갖고 있다는 사실을 이미 남들의 찬성투표를 통해 알고 있었다. 그는 자기가 재능 있는 걸 알고 있었으나, 그것을 믿지 않았다. 왜냐하면 머지않아 아카데미 회원이 되기 위해 평범한 작가들에 대하여 계속해서 짐짓 공손한 체하고 있었기 때문이다. 그런데 아카데미나 포부르 생제르맹의 귀족 사회로 말할 것 같으면, 인과 법칙이나 신의 관념과 아무 관계도 없는 듯이, 베르고트의 여러 책을 지어낸 그 영원의 정신이 한 역할과도 아무런 관계가 없다. 훔치는 것이 나쁜 줄 알면서도 버릇처럼 손을 대듯이 그런 점 또한 그는 잘 알고 있었다. 그래서 턱수염에 달팽이 코를 한 이 어른은 포크를 슬쩍하는 도둑 신사의 교활함처럼 바라 마지않는 아카데미의 의자에 다가가기 위해, 아카데미 회원 선거에서 여러 표를 마음대로 좌우하는 아무개 공작부인에게 다가가기 위해 애쓰고 있었다. 그것도 그와 같은 목적을 좇는 걸 악덕으로 여기는 사람의 눈에 그 술책이 보이지 않게 애쓰는 접근이었다. 그러나 그는 반밖에 성공하지 못했다. 자기 자신의 가치를 높이려고, 유력한 귀족이나 부유한 사람들을 화제로 삼는 일밖에 생각하지 않는 이기주의자, 야심가 베르고트의 담화가 본디 베르고트의 담화와 번갈아 입 밖에 나오는 것을 남들이 들었기 때문이었는데, 그러한 그가 그의 저술 안에서 참으로 자기 자신에게 진실했을 때는, 골짜기에 솟는 맑은 물처럼 순수하게 가난한 사람들의 아름다움을 썩 잘 표현했던 것이다.

노르푸아 씨가 언젠가 넌지시 내비쳤던 다른 악덕, 상스러운 돈 문제도 엉켜 더욱 복잡하다는 평이 자자한, 거의 근친상간 같은 것으로 말하면, 설사 그런 악덕이 베르고트의 최근 소설의 경향, 선(善)에 대한 참으로 세심하고도 비통한 근심으로 가득 차 그 주인공들의 매우 보잘것없는 기쁨도 해로운 것으로 볼 정도이다. 독자로 하여금 더할 나위 없이 고요한 생활마저 견디기 힘든 것으로 여기게 하여 뭔가 안타까운 느낌으로 말미암아 읽던 소설책을 덮어버리게 할 만큼 준엄한 작품과는 정반대인 그런 악덕으로 말하면, 이를테면 그것을 그대로 베르고트에게 뒤집어씌운다고 하더라도, 그의 문학이 허위이며, 그의 풍부한 감수성이 연극에 지나지 않는다는 사실을 입증하지는 못했다. 병리학에서 겉으로 비슷한 어떤 증상도, 그 하나는 과도한 긴장이나 분비작용에 원인이 있고, 또 하나는 부족한 긴장이나 분비작용에 있는 것과 마찬가지로, 지나친 감수성에 근거한 악덕이 있으면 모자란 감수성에 근거한 악덕도 있다. 도덕 문제가 모든 우려와 더불어 제기되는 것은 실제로 올바르지 못한 삶을 보낸 사람들의 마음속에서다. 그리고 그 문제에 예술가가 해답을 내리는 것은 그 개인 생활의 차원에서가 아니라, 그로서는 진정한 생활의 둘레 안에서 하나의 해답을 준다. 즉 보편적이고 문학적인 해결을 주는 것이다. 로마 가톨릭 교회의 위대한 교부들이 착한 마음을 가지면서도 모든 인간이 저지른 죄악을 겪는 일로 시작하여 거기서 그 성스러운 인격을 끌어냈듯이, 위대한 예술가도 흔히 타락 상태에 있으면서 그 악덕을 써서 모든 이의 도덕률을 생각해내게 된다. 작가들이 흔히 그 혹평으로 치명상을 입게 되는 것은 그들이 살고 있는 환경의 악덕(또는 약점과 어리석음), 지각없는 담화, 그 딸의 경박하고도 눈에 거슬리는 생활, 아내의 배신이나 그들 자신의 결점 따위이다. 그렇다고 해서 그들이 그 생활 상태라든가 가정에 걷잡을 수 없이 퍼지는 악습을 갈아치우려고 하는 것도 아니다. 그러나 이전에는 이런 대조도 베르고트의 시대만큼 뚜렷하지 않았다. 한편으로는 사회가 부패해감에 따라 도덕관념이 점점 더 단순해지기 때문이고, 또 한편으로는 일반 대중이 그전보다 작가들의 사생활에 밝았기 때문이다.

어느 날 저녁 극장에서, 콩브레 시대에 내가 그렇듯 탄복해 마지않던 이 작가가, 그 좌석 주위만 보아도 최근 저작에서 그가 주장한 문제에 대한 참으로 익살맞은 신랄한 설명이 되고 뻔뻔스런 부정이 될, 그런 칸막이 좌석에 앉아 있는 모습을 볼 수 있었을 것이다. 하지만 베르고트의 착함이나 악함에 대하여 내가 많이 알게 된 건 이 사람 저 사람이 말해준 그런 소문에서가 아니다. 그와 가까운 친척 가운데 한 사람이 그 냉혹함의 증거를 여러 가지 알려주었고, 잘 알지도 못 하는 사람이 그 깊은 감수성의 한 가지 예(그것을 언제까지 비밀로 해두려 한 것이 뚜렷해 사람의 마음을 감동시키는)를 인용하기도 했다. 그는 아내에게 모질게 행동했다. 그러나 그가 하룻밤 묵으려고 잡아든 어느 마을의 여인숙에서, 강물에 투신하려 했던 불쌍한 여인을 돌봐주기 위해 그대로 계속 묵다가, 드디어 떠나야만 하게 되었을 때, 그 불쌍한 여인을 쫓아내지 않도록 또 친절히 돌봐주도록 여인숙 주인에게 많은 돈을 쥐여주었다고 한다. 아마도 턱수염을 기른 어른이라는 겉모습이야 어찌 되었든 간에, 베르고트 몸 안에 대작가로서의 영역이 넓어지면 넓어질수록 그의 개인 생활은 그가 상상하는 온갖 생활의 홍수 속에 빠져, 이제 그로서는 실제적인 의무도 없어진 듯 보이고, 대신 여러 다른 생활을 떠올린다는 의무로 바뀌었으므로 그것을 지킬 필요가 없다고 생각했던 것이다. 뿐만 아니라 그는 남의 감정을 자기 감정이나 되는 것처럼 잘도 떠올려서, 불행한 사람에게 말을 건네야 할 경우 그 자신의 개인적인 관점에서가 아니라 괴로워하고 있는 바로 그 사람의 처지에 서서 말했는데, 그런 상황에서 보면 남의 고통 앞에서 보잘것없는 자기 자신의 이해관계를 생각하는 인간의 언어야말로 그를 소름끼치게 했으리라. 그래서 그는 주위 사람들에게 당연한 원망과 잊히지 않는 감사를 품게 했다.

그는 결국 마음속으로는 어떤 이미지만 좋아하고, 또 (작은 상자 속에 있는 세밀화같이) 그런 이미지를 낱말로 구성하며 그리는 것밖에 좋아하지 않는 인간이었다. 남이 보내온 하찮은 것이라도 그 하찮은 것이 그의 마음에 드는 몇몇 심상을 만드는 실마리가 된다면 고맙다는 말을 아끼지 않았는데, 반면 값진 선물에는 아무런 감사의 뜻도 나타내지 않을 때가 있었다. 만약 재판관 앞에서 자기를 변호해야 할 경우가 있었다면, 입 밖에 내는 말이 재판관에 미치는 결과에 아랑곳없이 재판관이 확실히 알아차리지 못할 말을 택했을 것이다.

질베르트의 부모님 댁에서 그를 처음 본 날, 나는 베르고트에게 최근에 라 베르마의 〈페드르〉를 들었다고 이야기했다. 그는 나에게 말하기를, 라 베르마가 두 팔을 어깨높이까지 올린 채로 있는 장면에서—그토록 갈채받았던 바로 그 장면—그녀가 어쩌면 아직 본 적이 없을 고대 걸작, 예컨대 올림피아의 한 메토프(metope)*[1]에 같은 자세로 새겨져 있는 헤스페로스의 네 딸*[2] 조각상 가운데 하나, 또한 에레크테이온*[3] 옛 회랑의 아름다운 처녀들 모습을 그녀는 매우 고상한 재주로 떠올리게 할 수 있었다고 했다.

"그런 것을 신기(神技)라고 해야겠지요. 그렇지만 그녀도 여러 박물관에 드나들고 있다고 생각하는데요. 그 '소재를 확인한다'는 것도 재미있을 겁니다."(소재를 확인한다는 말은 베르고트가 곧잘 쓰는 표현 가운데 하나인데, 아직 한 번도 베르고트를 만난 적 없는 어떤 젊은이들이 그에게서 이 표현을 빌려다가 거리가 멀다는 암시로 그와 똑같이 쓰고 있었다)

"그 카리아티드(caryatid)*[4]를 생각하고 계신 모양이군요?" 스완이 물었다.

---

*1 도리아식 건축에서 두 개의 트리글리프(처마 밑 장식) 사이에 있는 사각 벽면.

*2 그리스 신화에 나오는 여신 헤스페리데스(Hesperides).

*3 아테네와 아크로폴리스 언덕에 있는 이오니아식 신전.

*4 그리스 건축의 여인상으로 된 기둥.

"아닙니다." 베르고트가 말했다. "에논*1에게 격심한 가슴속 애욕을 고백하는 장면, 그리고 케라미쿠스(Ceramicus)*2 묘비에 새겨져 있는 여인 헤게소(Hegeso)처럼 손짓을 하는 장면은 빼놓고, 라 베르마가 다시 살아나게 하는 것은 더 오랜 예술입니다. 내가 말하려는 것은 고대 에레크테이온의 소녀상들(Koraï)*3인데, 물론 그만큼 라신의 예술에서 멀리 올라가는 것도 따로 없을 겁니다. 그런데 그녀의 〈페드르〉에는 이미 그런 것들이 많습니다…… 게다가 또 한 가지…… 그리고 또, 그렇죠, 그 6세기의 가련한 페드르는 참으로 아름답죠. 팔의 수직선, '대리석'으로 된 고수머리, 그렇죠, 어쨌든 그녀가 그런 모든 것을 발견했다는 사실은 참으로 대단하죠. 거기에는, 올해 들어 '고대풍'이라고 일컬어지는 여러 서적들보다 훨씬 더 많은 것이 들어 있습니다."

베르고트가 이미 그 저서 중 하나에서 고대 조각상에 유명한 기도를 바치고 있어서, 나는 그가 이 자리에서 입 밖에 내고 있는 말을 아주 쉽게 알아들었으며, 라 베르마의 연기에 새삼 관심이 갔다. 나는 한쪽 팔을 어깨높이까지 올렸던 것으로 기억하는 그 장면의 라 베르마를, 그때 그 모양대로 추억해보려고 애썼다. 그리고 마음속으로 말했다. '이것은 올림피아 헤스페로스의 네 딸이다. 이것은 아크로폴리스에 있는 그 감탄스런 기도하는 자세로 앉은 처녀상의 누이동생이다. 그것이야말로 고상한 예술이다.' 그러나 내가 이런 생각으로 라 베르마의 몸짓을 미화할 수 있으려면, 상연에 앞서 베르고트로부터 그런 말을 들어둘 필요가 있었으리라. 그러면 그 여배우의 팔 올린 모습이 실제로 내 앞에 존재하고 있는 동안, 그리고 일어나는 사물이 아직 현실의 완전성을 지니는 순간에 고대 조각의 사상을 끌어낼 수도 있으리라. 그런데 그 장면 속 라 베르마에게 내가 기억하는 점이라곤 이미 바꿀 수 없는 추억, 얄팍한 영상 같은 추억에 지나지 않았다. 그것은 또 얼마든지 깊이 파고들어 새로운 뭔가를 사실대로 꺼낼 수 있는 현실의 깊은 밑바닥이 없어진 이미지였다. 이전으로 거슬러 올라가 해석하려고 하나, 그것의 해석이 객관적인 검증과 승인 가능성을 갖지 못했을 테니까.

---

*1 라신의 〈페드르〉에 등장하는 인물. 페드르의 유모이자 의논 상대.

*2 아테네의 성벽 안팎에 있는 두 구역의 이름.

*3 젊은 여성의 조각상, 곧 코레(kore)의 복수형.

대화에 끼어들기 위해 스완 부인은 나에게, 베르고트가 〈페드르〉에 대해 쓴 책을 질베르트가 나한테 전하는 걸 잊지 않았느냐고 물었다. "애가 아주 덜렁이라서." 스완 부인이 덧붙였다. 베르고트는 겸손한 미소를 잠시 보이고, 단연 변변치 못한 책이라 말했다. "천만에요. 그 소책자의 작은 '트랙트(tract)'*1는 넋을 잃게 해요." 스완 부인은 좋은 가정주부로 보이고 싶은 데다 그 소책자를 읽은 것으로 믿게 하려고 말했는데, 또한 베르고트를 칭찬하는 걸 좋아할 뿐만 아니라, 그가 쓴 작품들 가운데서 한 가지를 골라잡아 그를 그쪽으로 이끌어가려 했기 때문이었다. 사실 스완 부인은 그에게 영감을 주었고, 게다가 스완 부인의 생각과는 다른, 요컨대 스완 부인 살롱의 우아함과 베르고트 작품 사이에는 유사점이 있어, 각기 오늘날 노인들에게 서로 좋은 주석이 될 수 있다.

나는 심취한 내 인상을 이야기해나갔다. 베르고트는 몇 번이나 그것을 옳지 않게 생각했으나, 내가 이야기하는 대로 내버려두었다. 나는 페드르가 한쪽 팔을 올리는 순간에 비치는 그 초록빛 조명이 좋았다고 말했다. "그렇습니까! 무대장치가가 들으면 몹시 기뻐하겠는데요. 그 사람은 훌륭한 예술가죠. 그 사람에게 꼭 전하겠습니다. 그 조명을 매우 자랑하고 있으니까. 나는 그걸 아주 좋아한다고는 할 수 없어요. 어쩐지 청록색 도구 속에 모든 게 잠긴 듯싶어서, 그 안에 서 있는 가련한 페드르가 지나치게 수족관 밑바닥의 산호가지와 비슷해서, 당신은 그것이 특히 그 극의 우주적인 면을 드러나게 한다고 말하고 싶겠죠. 그건 그래요. 물론 그것이 바다의 신인 넵투누스의 나라에서 일어나는 극이라면 그런대로 좋겠죠, 거기에 넵투누스의 복수가 담겨 있다는 건 나도 잘 압니다. 아니 뭐, 포르루아얄(Port-Royal)*2만 생각하라는 건 아닙니다. 그러나, 어쨌든 라신이 이야기한 것은 성게나 해삼의 사랑이 아니니까요. 그렇다고 해도 그 무대장치는 내 친구가 생각한 것이고, 매우 훌륭하며 썩 아름답습니다. 그렇습니다, 그러니까 당신 마음에 든 거죠. 잘 이해하신 거죠. 안 그렇습니까? 실은 우리도 그것에 동감해요. 단지 그 사람이 한 일이 좀 무모하다고 생각하지만요. 요컨대 그 사람은 아주 머리가 영리합니다." 이런 투로 베르고트의 의견은 나와 반대였으나, 노르푸아

---

*1 팸플릿.

*2 베네딕트파의 수도원. 라신이 이곳에 거주한 일이 있음.

씨의 의견처럼 조금도 나를 침묵시키거나, 두말 못하게 하지는 않았다. 그렇다고 해서 베르고트의 의견이 대사의 그것보다 가치가 없기 때문은 아니다. 오히려 반대이다.

억지 사상은 반대하는 자에게도 조금의 힘을 전한다. 사상은 정신의 보편적 가치에 참여하므로, 반박하는 사람의 정신 속에 들어가고, 접붙여지며, 이웃한 사상 한가운데 있게 되어, 옆에 닿아 있는 그런 사상의 도움으로 얼마간 우월성을 되찾으면서, 반박하는 사람으로 하여금 받은 사상을 보태고 고치게 한다. 따라서 마지막 결론은 이를테면 입씨름한 두 사람이 만든 게 되고 만다. 반대하는 자가 순 허론(虛論)과 시비하여 대답할 줄 모른다는 것은, 정확히 말하자면 사상 아닌 사상에 대해서이며, 아무것과 관계되지 않고, 반대하는 자의 정신 속에서 아무런 근거지도, 아무런 혈연도 발견하지 못하는 그런 사상에 대해서다. 노르푸아 씨의 (예술에 관한) 논법은 현실성이 없는 것이므로 반박할 수 없다.

베르고트가 내 반론을 물리치지 않아서, 전에 나의 반대 의견이 멸시받았던 일을 그에게 털어놓았다. "그분은 아무것도 모르는 늙은 카나리아(serin)*예요." 그가 대답했다. "그 부리로 당신을 꾹꾹 찌른 거죠. 언제나 자기 앞에 과자나 오징어가 있는 줄 아니까."—"뭐요! 노르푸아와 아는 사이오?" 스완이 나에게 물었다. "진절머리날 정도로 지루해요"라고, 베르고트의 판단에 큰 믿음을 갖고, 또 노르푸아 씨가 자기를 안 좋게 말하지나 않았는지 걱정이 되어 그 아내가 말참견을 했다. "만찬 뒤에 그분과 이야기하려 했던 적이 있었죠. 나이 탓인지 소화 탓인지 모르겠지만, 그분 머리가 멍한 걸 알아차렸어요. 그분에게 경마용 흥분제라도 줄 필요가 있을 듯싶었죠!"—"옳은 말씀." 베르고트가 말했다. "셔츠의 가슴 장식에 풀을 빳빳이 먹이고, 흰 조끼를 껴입고 있는 어리석음 단지라서 야회가 끝나기 전에 바닥나지 않게 자주 입마개를 틀어막아야죠."—"베르고트 씨나 당신이나 너무 가혹한데." 가정에서 양식 있는 어른의 '소임'을 맡고 있던 스완이 말했다. "노르푸아가 그다지 당신들의 흥미를 끌지 못하는 건 인정하지만, 다른 관점에서는(왜냐하면 스완은 '삶'에서 아름다움을 수집하기를 좋아했으므로) 그 또한 꽤 재미있는, 다시 말해 '애

* '바보'라는 뜻도 됨.

인'으로서는 꽤 별난 인간입니다. 그가 로마에서 대사관 서기관으로 있을 때 일인데" 하고 그는, 질베르트가 듣지 못하는 것을 확인하고 나서 덧붙였다. "파리에 있는 정부에게 홀딱 빠져 매주 두 번 두 시간 동안 일부러 여행하는 방법을 찾아내곤 했습니다. 게다가 그 정부라는 사람이 그 무렵에 매우 지성적인, 넋을 잃게 하는 여인이었어요. 지금은 막대한 유산을 누리는 과부가 되었지만. 그런 사이에도, 그는 다른 정부가 여럿 있었죠. 나 같으면, 내가 사랑하는 여인이 파리에 살고 있는데 내 몸은 억지로 로마에 있어야 한다면 미치고 말았을 겁니다. 신경질적인 인간은 물질적인 문제로 사랑하는 여인을 마음대로 주무를 수 있게, 언제나 상대가 서민들이 말하듯 '자기보다 아랫것'이라야 하죠." 이 순간에 스완은 내가 그와 오데트에게 이런 격언을 끼워 맞출 수도 있다는 사실을 알아챘다. 그리고 뛰어난 인간이라도 상대와 함께 삶의 높은 하늘을 나란히 날고 있는 듯할 때, 자존심만은 그대로 살아 있었으므로, 스완은 나한테 꽤 언짢은 기분을 느꼈다. 그런 기색은 그의 시선에 불안한 빛으로 나타났다. 그 순간 그는 나에게 아무 말도 하지 않았다. 그렇다고 너무 놀랄 필요까지는 없다. 라신이 루이 14세 앞에서 스카롱*을 암시했을 때,—하기야 이는 꾸며낸 이야기지만, 이런 사건은 날마다 파리 생활에서 되풀이된다—이 세계에서 가장 강한 왕도 그날 저녁은 시인에게 아무 말도 하지 않았다. 라신이 총애를 잃은 것은 그다음 날이다.

그러나 한 가지 이론은 남김없이 설명되어야 하므로, 스완도 그 순간 화가 났으나 잠시 뒤 외눈 안경의 알을 닦고 다음과 같은 말로—그 뜻을 짐작하지 못했으나 그 뒤에 내 기억 속에서 예언적인 충고라고도 할 만한 값어치를 갖게 된 말로—그의 사념을 보탰다.

"그렇지만 그런 정사에는 위험이 있어요. 여인의 복종은 한순간 사내의 질투를 가라앉히기는 하지만 동시에 질투를 한층 까다로운 것으로 만듭니다. 그래서 마침내는 경계를 엄중히 하려고 낮이나 밤이나 등불이 환한 감방에 처넣은 죄수들과 같은 생활을 그 정부에게 강요하게 됩니다. 그리고 그것은 보통 비극으로 끝나죠."

나는 다시 이야기를 노르푸아 씨의 일로 돌렸다. "조심하세요, 그분 입버

* 프랑스의 시인이자 작가(1610~60).

릇이 고약하니까요." 스완 부인이 입 밖에 낸 말투는, 스완이 꾸지람하는 듯한 얼굴로 아내를 바라보고 더 이상 말하지 못하도록 하는 것처럼 보여, 노르푸아 씨가 스완 부인을 나쁘게 말한 사실을 나타내는 성싶었다.

그러는 동안, 외출 준비를 하러 가라고 벌써 두 번이나 재촉받았던 질베르트는 거기에 남아, 부모 사이에 끼어, 우리 이야기를 들으며, 아버지 어깨에 어리광 부리는 자세로 기대어 있었다. 다갈색 머리칼에 금빛 피부를 한 이 소녀만큼 갈색 머리칼인 스완 부인과 대조적인 것은 없는 듯이 보였다. 그러나 금세 질베르트의 모습에서 그 어머니의 얼굴—이를테면 몇 대의 자손을 위해 조심조심 끌질하던 눈에 보이지 않는 조각가가 갑자기 틀림없다는 결단력으로 일손을 멈춘 듯한 코—표정, 거동을 알아볼 수 있었다. 다른 예술에서 비교를 들어본다면, 질베르트가, 화가가 색채의 급격한 변화를 내려고, 베네치아 여인의 몸차림으로 '가장' 모임에 나갈 채비를 한, 반은 짐짓 꾸민 듯 자세를 취하게 한 스완 부인과 그다지 비슷하지 않은 초상화인 듯했다. 게다가 스완 부인은 금발 머리 가발뿐만 아니라, 암갈색 베일을 벗으면 그 피부가 더욱 매력적으로 보였기에 어두운 입자는 완전히 그녀의 살빛에서 추방되어 마치 피부 밑에서 내비치는 햇빛으로 덮여 있는 것 같았으니, 분장은 인공적인 게 아니라 살아 움직이는 듯이 보였다.

한편 질베르트는 뭔가 가공의 동물을 본뜬, 또는 신화 속 인물로 꾸민 듯이 보였다. 그 다갈색 살갗은, 질베르트가 만들어졌을 때 자연이 재료로 스완 씨의 살갗밖에 갖지 못해, 어떻게든 조금씩 스완 부인을 다시 만들어내려 했을 거라 생각되리만큼 아버지의 살갗 그대로였다. 하지만 자연은 스완 씨의 살갗을 조금도 빈틈없이 전부 활용했다. 마치 나무의 결과 마디를 그대로 살리고 싶어하는 빵 반죽통의 장인처럼. 질베르트 얼굴에는, 완전히 다시 나타난 오데트의 콧방울 한구석에, 살갗이 도도록하게 올라 스완 씨의 검은 사마귀가 두 개가 똑같이 나 있었다. 보랏빛 라일락 곁에 자란 흰 라일락처럼, 스완 부인과 나란히 서서 얻게 된 것은 바로 새로운 종류의 스완 부인이었다. 그렇지만 이 두 유사물 사이의 경계선이 뚜렷하다고 상상하기는 어려웠다. 이따금 질베르트가 웃을 때, 어머니 얼굴 안에서 아버지의 둥근 볼이 갈라져나왔다. 마치 두 개의 얼굴을 섞으면 어떻게 되는지 보려고 일부로 한 듯이. 이 타원형은, 태아가 모양을 갖춰가듯이 또렷하게 되어, 비스듬히 뻗어나가 부푼다고 생각하는 순간에, 이미 사라져버렸다. 질베르트의 눈 속에는 그 아버지의 선량하고도 솔직한 눈길이 있었다. 그것은 질베르트가 언젠가 마노 구슬을 내게 주면서, 나한테 "이것을 우리의 정표로 간직해요"라고 말했을 때에 짓던 그 눈매였다. 그러나 그녀가 행한 일에 대해 어떤 질문을 했을 때, 그 같은 눈 속에 당황과 주저와 거짓의 슬픔이 보였다. 그것은 전에 스완이 오데트한테 어디 갔다 왔느냐고 물었을 때, 오데트가 거짓 대답을 하며 보였던 그 눈매였다. 그 대답은 애인 스완을 절망하게 했는데, 이제 와서는 별로 개의치 않았으며 신중한 태도를 취하고 있는 남편에게 갑자기 화제를 바꾸게 했다. 가끔 나는 샹젤리제에서 질베르트의 그런 눈길과 마주치고는 불안해했다. 하지만 보통 내 착각이었다. 왜냐하면 그녀에게는, 그 어머니가 남긴 순 육체적인 이 눈길이—적어도 이것만은—이제는 아무것도 들어맞지 않았으므로. 오래전 오데트가 낮에 그 애인 가운데 하나를 불러들였던 일 또는 아무개와의 밀회에 나가기를 서둘렀던 일이 들킬까 봐 그 눈 속에 나타낸 동요의 빛이 질베르트의 동공에 똑같이 떠오른 것은, 그녀가 학교 수업에 갈 때나 복습하려고 돌아가야 할 때였다. 그와 같이 스완 부부의 두 성질이 이 멜뤼진*의 육체 속에 파도처럼 드나들면서, 번갈아서 가라앉는 모습을 볼 수 있었다.

물론, 아이가 부모의 성질을 이어받는다는 건 누구나 아는 사실이다. 그래도 아이가 이어받은 장점과 단점은 사실 기묘하게 나뉘어져, 한쪽 부모의 성질에서 떼어낼 수 없는 것처럼 보이던 두 장점이 아이에겐 하나밖에 없기도 하고, 또 그 하나가, 그것과는 도저히 함께 있을 수 없다고 생각했던 한쪽 부모의 단점 가운데 한 가지에 섞이기도 한다. 뿐만 아니라 어떤 정신적인 장점이 그것과 어울리지 않는 육체적인 단점으로 나타나는 것은 아이가 부모를 닮는 법칙 가운데 하나이다. 두 자매 가운데 하나는 그 아버지의 고결한 생김새와 더불어 어머니의 궁색한 정신을 갖는 일도 있으리라. 또 하나는 아버지의 지성으로 가득 차 있으면서, 그 지성을 겉으로 드러내는 것은 어머니가 지닌 모습이고, 볼품없는 코, 비쩍 마른 몸, 또 목소리마저, 보통은 훌륭한 겉모습 밑에 있는 것으로 알고 있는 타고난 재능의 겉옷이 되고 만 일

* 중세의 기사 이야기에 나오는 용의 꼬리가 달린 나체의 여신.

도 있으리라. 그래서 두 자매가 저마다 부모의 어느 쪽과 더 닮은 사람은 자기라고 우기는 것도 그럴 만한 이유가 있다.

질베르트는 외동딸이었지만, 적어도 두 질베르트가 있었다. 그 부모의 두 성질은 오로지 그녀의 몸 안에 섞여 있는 게 아니었다. 두 성질은 서로 다투어 그녀를 빼앗고 있었다. 그것만으론 정확한 설명이 아닌 것이, 그러는 동안에 제삼의 질베르트가 다른 둘의 희생물이 되어 괴로워하지 않았나 헤아려봐야 한다. 그런데 질베르트는 번갈아가며 이쪽과 저쪽에 섰다. 그리고 어느 순간에는 반드시 둘 가운데 하나에 지나지 않았다. 다시 말해서 그 성질이 좋지 않을 때에도 그녀는 그것에 조금도 괴로워할 수가 없어, 그때에는 가장 좋은 질베르트가 순간 존재하지 않으므로 그 좋은 성질의 상실을 확인할 수가 없었던 것이다. 그러므로 두 질베르트 가운데 나쁜 쪽의 그것은 그다지 고상하지 않은 기쁨을 마음껏 즐길 수 있다. 또 한쪽의 그것이 아버지의 마음을 갖고서 말했을 때, 그녀는 넓은 견해를 가져, 우리는 뭔가 나쁘면서도 유익한 계획을 그녀와 함께 행하고 싶은 마음이 들어 그것을 그녀에게 말한다. 그런데 막상 결정하려는 순간에 그 어머니 마음 쪽이 벌써 자기 차례가 되어 나타나, 이번엔 그것이 대답한다. 그때에 우리는 그녀의 쩨쩨한 생각, 간사하고 사악한 냉소에—인물이 바꿔치기를 당한 듯이 그 앞에서 얼떨떨해—실망하는 동시에 화가 나곤 했는데, 질베르트는 자기 태도에 만족스러워했으니, 그때의 그녀 태도가 또 하나의 그녀 자체에서 나왔기 때문이다. 이따금 두 질베르트 사이의 그런 차이가 어찌나 엄청났던지, 그녀가 너무나 달라진 걸 알아채고, 도대체 우리가 그녀에게 뭘 어떻게 대했는지 스스로 물어보는 일이 있는데 도무지 해답이 나오지 않았다. 그녀가 말한 약속 장소에도 오지 않으면서 나중에 해명을 할 리도 없다. 그녀의 결심을 바꾸는 게 어떠한 힘이었건, 나중의 태도가 전과는 너무도 달라서, 만약에 그녀가 시무룩한 태도로 잘못을 깨닫고도 해명을 회피하려는 속셈을 드러내지 않을 경우에, 이쪽에서는 〈메나에크무스 형제〉*의 내용을 이루는 똑 닮은 얼굴에 속아 그토록 상냥하게 만나고자 청한 그 사람 앞에 있는 게 아니라는 생각이 들 것이다.

---

* 로마의 희극 작가 플라우투스(B.C. 254? ~184?)의 작품으로 쌍둥이가 빚어내는 희극.

"어서 옷을 갈아입으러 가렴, 또 기다리게 하겠구나." 그녀의 어머니가 말했다.

"아빠 곁에 있는 게 너무 좋은걸, 좀더 있고 싶어요." 질베르트가 얼굴을 아버지의 팔 밑에 숨기면서 대답하자, 아버지는 부드럽게 손가락으로 그녀의 금빛 머리칼을 휘감았다.

스완은, 오랫동안 사랑의 환상 속에 살아온 뒤에, 수많은 여인에게 안락한 삶을 주어, 그 때문에 여인들의 행복이 더해가는 것을 보았건만, 어떤 감사도 애정의 표시도 받지 못하고, 오직 자식의 이름 속에 나타나서 죽은 뒤에도 자기를 이승에 남길 한 가닥 애정을 느끼려는 사내들 가운데 하나였다. 이미 샤를 스완이 이승에서 없어져도, 여전히 스완 아가씨 또는 스완 가문 출신인 아무개 부인이 있어 죽은 아버지를 계속 사랑할 것이다. 스완은 그네들이 분명 계속해서 몹시 사랑할 거라고 생각하고 있음에 틀림없으니, 그가 질베르트에게 다음과 같이 대답했기 때문이다. "착한 아이야." 이때 그의 말투는, 우리가 간 뒤에 살아남는 인간이 나타내는 너무나도 열렬한 애정 때문에, 뭔가 미래에 대한 불안감이 들어 측은한 마음을 금치 못했으므로 생긴 말투이다. 그 감동을 감추려고, 그는 라 베르마에 관한 우리 대화에 끼어들었다. 그는 나에게 이 여배우가 외논에게 하는 대사, '당신은 그것을 알고 있었는데!'*가 얼마나 영리하고, 얼마나 뜻하지 않은 정확함을 지니고 있는가를 지적해주었는데, 그 말투는 마치 그가 자기 자신이 말하고 있는 사물의 바깥에 머무르고 싶어하는 듯한, 답답한 투였다. 그러나 그의 의견은 옳았다. 이 대사의 억양은 적어도 참으로 뚜렷한 가치를 갖고 있었다. 따라서 라 베르마를 감탄할 때 반박할 여지가 없는 이유를 얻고 싶어하는 내 욕구를 그것으로 채울 수 있었으리라. 그런데 이것은 오히려 그 명료성 자체 때문에 내 욕구를 조금도 만족시키지 못한 것이다.

그 대사의 억양은 참으로 교묘하고, 정말로 명확한 의도와 뜻을 갖고 있어서, 마치 그것만으로 존재하고 있는 듯싶어, 따라서 영리한 여배우라면 누구나 다 그것을 손에 넣을 수 있었으리라. 그것은 훌륭한 생각이었다. 그러나 그것을 그만큼 충분히 이해하는 사람이라면 누구라도 똑같이 차지할 수 있

* 제4막 6장에서 페드르가 외논에게 말하는 대사.

었을 것이다. 그래도 여전히 이 억양을 찾은 사람은 라 베르마이다. 하지만 받아들여지고 보면 별것이 아닌 게 되고 마는 것, 다음에 금세 남이 다시 살려 쓸 수 있으므로 본질적으로 자기 것이라고는 느껴지지 않는 것, 그런 어떤 것을 찾아냈을 때 과연 이 '찾아내다'라는 낱말을 쓸 수 있겠는가?

"어쨌든 당신이 있어서 '대화의 수준'이 높아지는데!" 마치 베르고트를 향해 변명하려는 듯이 스완이 나에게 말했다. 그는 게르망트 가문을 둘러싼 세계 속에서, 대예술가들을 좋은 친구로서 대접하여 오직 그들에게 좋아하는 음식을 먹게 하고, 놀게 하며, 시골에서라면 그들이 기뻐하는 운동에 몰두하게 하려고만 하는 습관을 배웠다. "우리는 지금 '예술'에 대해 말하고 있는 듯한데" 하고 그는 덧붙였다. "좋지 뭐예요, 난 이런 이야기가 참 좋아요." 스완 부인은 나에 대한 감사의 눈길을 던지며 말했는데, 그것은 호의에서 나온 말이면서 이전부터 그녀가 가진 고상한 대화에 대한 동경 때문이기도 하였다. 그러고 나서 베르고트는 다른 사람, 특히 질베르트에게 말을 걸었다. 나는 베르고트에게 내가 느끼고 있는 바를 전부 말했는데, 스스로 놀랄 만큼 말이 술술 나왔던 것은 몇 해 전부터 그에 대하여(그 오랜 고독과 독서로 보낸 시간 동안, 그는 나 자신의 주된 부분이었다) 성실, 솔직, 신뢰의 습관을 지녔기 때문이며, 그것이 내가 그와 처음으로 얼굴을 마주할 때에 오는 두려움을 덜어주었던 것이다.

그렇지만 바로 그 때문에, 내가 그에게 주었던 인상이 오늘에 시작된 게 아니라, 콩브레의 정원에서 그의 책을 읽기 시작했던 옛 시절부터 그가 나의 사념에 대해 품었으리라고 가정한 경멸이 매우 불만스러웠다. 아마도 나는 마음속으로 다음과 같이 외쳤으리라. 한편으로는 베르고트의 작품에 공감을 가지고, 또 한편으로는 극장에서 까닭 모를 실망을 느꼈지만, 양쪽 모두 진지하게 마음껏 생각하고 난 결과였으므로, 나를 이끌었던 그런 본능적인 두 감정은 서로 아주 다른 것일 리가 없고, 같은 법칙에 따르고 있는 게 틀림없다. 또 내가 그 책 속에서 좋아하던 베르고트의 정신은, 나의 환멸과 그 환멸을 표현하지 못하는 내 무능력과는 전혀 관계가 없으며, 이에 반대되는 게 아닐 것이다. 왜냐하면 내 이성은 하나일 테니까. 그리고 분명 이승에는 단 하나의 지혜밖에 존재하지 않으며, 누구나 다 그것을 부릴 수 있고, 예를 들어 극장에서 관객이 저마다 제 자리를 가지고 있어도 무대는 하나밖에 없듯이, 그 하나의 지성을 향해 사람마다 제각기 눈길을 던지고 있을 테니까. 그야 물론 내가 밝혀보려 하는 수많은 사상은 베르고트가 흔히 그의 책 안에서 깊이 캐려고 하는 것과 다른 것이다. 그러나 만약 그와 나의, 저마다 마음대로 쓰이는 지성이 같은 것이라면, 내가 그런 사상을 자세하게 말하는 걸 들은 그는, 그가 책 안에서 오려낸 것으로 전하고 또 내가 그 오려낸 것에 의하여 그의 정신적인 온 우주를 상상했던 지성의 일부분, 그런 지성의 일부분과는 다른 한 부분을 틀림없이, 내가 가정하고 있는 바와는 달리, 그의 마음속에 간직하면서도 또한 내가 나타내고 있는 그런 사상도 생각해내고, 그것을 아끼며, 그것에 미소 지어야 했으리라. 더할 나위 없이 크나큰 마음의 수련을 쌓은 신부가 몸소 범한 일이 없는 죄를 가장 잘 용서할 수 있듯이, 이를 데 없는 크나큰 지혜의 수련을 쌓은 천재는 자기 작품의 사상에 정반대되는 사상을 가장 잘 이해할 수 있다. 이와 같은 점을 모두 마음속으로 말해야만 했으리라. 하기야 그렇게 했더라도 과히 달갑지는 않았을 것이다. 높은 재능을 지닌 자들의 친절에는 반드시 평범하고 변변치 못한 자들에 대한 몰이해와 적의가 스며들어 있기 때문이다. 그런데 우리가 그 저서 안에서 샅샅이 찾는 대작가의 호의 따위는 화합 때문에 택한 게 아니라 어쩔 수 없이 사랑할 수밖에 없어 택한 여인이 내뿜는 적의에 괴로워하는 경우보다 더욱 달갑지 않다. 이런 점을 모조리 마음속으로 말해야 하리라. 그러나 나는 말하지 않았다. 질베르트가 내 귀에다 다음과 같이 속삭였을 때, 내가 이때까지 베르고트에게 바보로 보였다는 사실을 확실히 알았으므로.

“이만저만 기쁘지 않아요. 당신이 드디어 내 위대한 친구 베르고트를 정복했으니까. 그분이 어머니한테 말했어요, 당신이 매우 총명한 걸 알아보았다고요.”

“우리 어디로 가죠?” 나는 물었다.

“어디로든지 좋으실 대로. 어디든지 좋아요…….”

하지만 그녀의 할아버지 기일에 일어난 사건이래 나는 자신에게 물었다. 질베르트의 성격은 내가 생각하고 있는 바와는 다른 게 아닌지, 남이 하는 일에 대한 그 무관심, 그 슬기로움, 그 침착함, 변함없는 그 온순함은 오히려 그녀가 자존심에서 억지로 보이지 않고 있는 매우 뜨거운 욕망을 숨기고 있어, 그 욕망이 어쩌다가 방해 당했을 때는 갑작스런 저항으로 그 욕망을 드러내지 않는 게 아닐까 하고.

베르고트가 나의 부모님과 같은 거리에 살고 있어서 우리는 함께 스완의 집을 나왔다. 마차 안에서 그는 내 건강에 대해 물었다. "친구들의 얘기로는, 당신 건강이 좋지 않다고요. 안됐습니다. 그렇지만 안됐다고만 할 수도 없는 것이, 당신에게 지성의 기쁨이 있는 걸 내가 잘 아니까. 또 그것은 당신에게 무엇보다 소중하겠죠, 그 기쁨을 아는 이면 다 그렇듯이."

아아! 아무리 높다란 이성도 마음을 따뜻하게 해주지 못하고, 몸이 편하고 기분이 가뿐해 그저 한가로이 노는 때만 행복한 나에게 그의 그런 말이 얼마나 당치 않게 느껴졌는지, 내가 삶에서 바라 마지않는 게 얼마나 형이하학적인 것에 지나지 않았는가를, 또 이것 없이도 얼마나 편히 지냈는가를, 나는 느꼈다. 쾌락의 원천이 깊든 얕든, 오래 이어지든 아니든 그것만이 다른 원천에서 나와 그 특수한 쾌락을 가리지 못했던 나는, 그에게 대답하려는 순간에 어떤 생각이 떠올랐는데, 내가 바라는 것은 게르망트 공작부인과 친하게 지낼 수 있는 생활, 옛 시(市) 출입세 납입소와 비슷한 샹젤리제의 작은 정자 안에서처럼 나에게 콩브레를 떠올리게 하는 상쾌한 냄새를 자주 맡는 생활이었다. 그런데 감히 털어놓고 말하지 못한 그런 생활의 이상에서 지성의 쾌락은 아무런 자리도 차지하지 못했다.

"아닙니다. 지성의 쾌락은 내게 대수롭지 않습니다. 내가 구하는 바는 그것이 아닙니다, 지금까지 지성의 쾌락을 맛본 적이 있었는지조차 모를 정도니까요."

"정말 그렇게 생각하시나요?" 그는 대답했다. "아니, 아무래도 당신이 가장 좋아하는 건 지금 내가 말한 게 틀림없어요, 나는 그렇게 생각합니다. 그렇게밖에 생각할 수 없어요."

그가 나를 이해시킬 리 없다. 그렇지만 나는 더 상쾌하고 자유로워진 기분이 들었다. 전에 노르푸아 씨의 말을 듣고 난 뒤로 나는 몽상, 열광, 자부심 따위에 자신을 믿는 순간을 순전히 주관적이며 진실이 모자란 것으로 생각해왔다. 그런데 내 사정을 꿰뚫고 있는 베르고트의 생각에 의하면 무시해야 하는 증상은 오히려 그와 반대로 자기 회의이며 자기혐오인 성싶었다. 특히 그가 노르푸아 씨에 대해서 한 말은 내가 손쓸 도리가 없는 줄로 여기던 그 노르푸아 씨에게 받은 유죄판결과 같은 선고의 압력을 많이 덜어주었다.

"치료는 잘 받고 있습니까?" 베르고트가 물었다. "주치의가 누굽니까?" 나는 그에게, 코타르가 주치의이며 앞으로도 그러할 거라고 말했다. "그건 당신에게 적당하지 않은 것 같은데!" 그가 대꾸했다. "난 의사로서는 그분을 잘 모릅니다. 하지만 스완 부인 댁에서 그를 본 적이 있죠. 어리석은 인간, 그런 사람도 의사가 될 수 있다니. 난 믿기 어렵군요. 그렇다 치더라도 예술가에게 어울리는 명의, 지적인 사람에게 어울리는 명의가 되기 어렵죠. 당신과 같은 분들에겐 어울리는 의사가 필요해요. 또한 특별한 식이요법과 조제약이 필요하다고 말하고 싶군요. 코타르는 당신을 지루하게 할 테고, 이 지루함만으로도 치료의 효과가 좀더 늦게 나타나겠죠. 그리고 또 이 치료만 해도, 당신은 다른 평범한 사람의 경우와 같을 수가 없어요. 지적인 사람들의 4분의 3은 그 지성에서 병이 생기죠. 지성인에겐 적어도 이 병을 이해하는 의사가 필요합니다. 코타르 따위가 어찌 당신의 건강을 돌볼 수 있겠습니까? 그 사람은 소화 장애나 위의 소화불량을 미리 알아냈죠, 하지만 셰익스피어를 읽는 것은 미리 알아내지 못했죠. 따라서 당신의 경우엔 그의 계산이 틀리고 말아요. 균형이 깨져 번번이 떠오르는 물리학 실험용 잠수 인형같이 말이죠. 그가 당신 몸에서 위가 커진 증상쯤은 찾아낼 겁니다. 당신 몸을 진찰할 필요도 없어요, 처음부터 그의 눈에 보이니까. 당신도 그걸 볼 수 있어요, 위가 커진 모양이 그의 코안경에 비치고 있는 거예요." 이런 대화는 나를 몹시 지치게 하여, 상식이 갖는 어리석음을 느끼고 나는 속으로 말했다. '코타르 교수의 코안경에 커다래진 위가 비친다느니, 노르푸아 씨의 흰 조끼 속에 어리석음이 감춰져 있다느니 하는 그런 뚱딴지같은 소리가 있을까 보냐' 하고. 베르고트가 말을 이었다. "저는 불르봉 의사를 권하고 싶군요, 아주 지적인 분입니다."—"선생님 작품의 열렬한 애독자이시죠." 나는 그에게 대답했지만, 실은 베르고트도 그 사실을 알고 있음을 알아챘다. 형제 같은 정신은 재빨리 서로 만나며, 진짜 친구들끼리 모르고 지내는 일이란 거의 없다는 결론을 내렸다. 베르고트가 코타르에 대해서 한 말은 이제껏 내가 생각해왔던 바와는 반대였지만, 그래도 나에게 강한 인상을 주었다. 내 주치의가 진저리나는 사람이라도 나는 조금도 개의치 않았다. 내가 그에게 기대한 바는, 몸속을 진찰하고 나서, 내가 모르는 그만의 기술을 써서 내 건강에 대해 명쾌한 신탁(神託)을 내려주는 일이었다. 나 또한 한몫 낄 수 있을 듯한 지성을 갖고서 그가 내 지성을 이해하려 애써주길 간절히 바란 게 아니었다. 나는 내 지성을 외계의 진리에 닿으려고 애쓰는—그 자체로 변변치 못한—방편으로밖에 상상하지 않았다. 지성인들이라고 해서 어리석은 자들과는 다른 위생법이 필요하다는 건 도저히 이해되지 않는 말이었다. 나는 언제라도 어리석은 자들의 위생법에 따를 각오가 되어 있었다.

"명의가 필요한 이가 있다면 그건 우리 친구 스완입니다." 베르고트가 말했다. 그리고 내가 그분이 아프시냐고 묻자, "음, 그분이야말로 창녀와 결혼한 사내의 본보기입니다. 그의 부인을 손님으로 받아들이고 싶어하지 않는 부인들, 또는 그녀와 동침한 사내들이 날마다 그에게 독사 오십 마리씩 먹이고 있으니까. 그 독사들이 꿈틀거려 그의 입마저 음흉하게 보입니다. 어느 날 유심히 보시죠, 그가 집에 돌아왔을 때 손님을 보고는 그의 눈썹이 여덟 팔자로 찌푸려지는 표정을." 그가 모르는 사람에게 자신을 오래전부터 환대해주는 벗들을 이렇게 헐뜯는 것은, 스완네 집에서 스완네 사람들에게 끊임없이 말을 건넬 때에 짓는 애정이 넘치는 그의 말과 마찬가지로, 나에게는 새로운 발견이었다. 예컨대 나의 왕고모 같은 분은 베르고트가 스완에게 아낌없이 퍼붓고 있는 비위 좋은 말과 행동을, 우리 가운데 누구에게도 나타낼 수 없었다. 왕고모는 좋아하는 사람들에게마저 불쾌한 말을 던졌다. 그러나 그들이 없는 자리에서는, 설사 그들의 귀에 들리지 않더라도 험담 한마디 하지 않았다. 콩브레의 우리집 교제 범위만큼 사교계답지 않은 것도 달리 없었다. 하지만 스완네의 교제 범위는 이미 사교계로, 변하기 쉬운 바다로 나아가고 있었다. 아직 난 바다에 나가지 않았으나, 이미 개펄에 나와 있었다.

"지금 한 말은 우리끼리만의 이야기입니다." 우리집 앞에서 헤어지면서 베르고트가 나에게 다짐했다. 몇 해 전이라면 나는 그 말에 다음과 같이 대꾸했으리라. "절대 남에게 누설하지 않겠습니다"라고. 이것은 사교인의 의례적인 말로, 험담한 사람은 그때마다 이 말로 거짓 안심을 할 수 있었다. 나만 해도 이미 사교인이었다면, 그날 베르고트에게 그런 의례적인 말을 건넸을지도 모른다. 우리는 입 밖에 내는 말을 전부 하나하나 생각해내지 않을 뿐만 아니라, 사교인답게 행동하는 순간에는 더욱 그러하니까. 그러나 나는 아직 그렇게 비위 맞추는 말을 할 줄 몰랐다. 한편 그런 경우에 나의 왕고모가 내뱉는 말은, "남들이 들을 게 걱정된다면 어째서 그런 말을 내게 하시는 거죠?"였다. 이는 융통성 없고 머리 나쁜 이들의 대꾸다. 난 그런 사람은 아니었다. 그래서 말없이 고개를 끄덕였다.

내 눈에 훌륭한 명사로 보이던 문학자들조차 베르고트와 친분을 맺어, 그의 서재에서 나오지 않는, 어디까지나 은밀한 문학적인 교제를 허락받기까지 여러 해 동안 갖은 어려움을 무릅썼는데, 내 경우는 단번에 쉽게 이 거장의 친구들 사이에 끼어들 수 있었다. 마치 대중과 함께 장사진을 치고 나서도 겨우 나쁜 자리를 얻는 게 아니라, 남들이 들어가지 못하는 복도를 통해 거뜬히 최고의 자리를 얻는 사람처럼. 스완이 이처럼 나를 그들 무리에 끼어들게 해준 까닭은, 틀림없이 왕이 어린 왕자의 친구를 극장의 왕실 자리나 왕실용 요트에 초대하는 걸 당연한 일로 생각하듯, 질베르트의 부모도 그들이 지닌 귀중한 물건들, 그것을 둘러싸고 있는 단란한 분위기 한가운데 딸의 벗들을 받아들였기 때문이었으리라. 그러나 그때 나는, 그러한 스완의 호의가 완곡하게 나의 부모님을 향해 베풀어지는 것은 으레 있을 법한 일로 생각했다. 일찍이 콩브레에서 스완이 베르고트에게 빠져든 내 마음을 알아차리고서 나를 자기 집 만찬에 데려가겠다고 부모님에게 제의하자, 그는 내가 너무 어리고, '나들이 나가기'에는 너무 감수성이 예민하다고 말하면서 거절했다고 했다. 그러고 보니 나의 부모님은 틀림없이 어떤 종류의 사람들, 바로 내가 가장 훌륭하다고 생각하는 사람들과는 아주 다르게 보였나 보다. 그래서 전에 아버지가 장미색 옷을 입은 부인*[1]에게 그토록 칭찬받으면서 그것에 어울리지 않는 태도를 나타냈을 때처럼, 나는 내가 얼마나 귀중한 선물을 지금 막 받아왔는가를 부모님이 잘 이해하고, 그런 선물을 나에게, 또는 부모님에게 보내준 너그럽고도 예절 바른 스완에게 감사의 마음을 표해주길 바라 마지않았다. 일찍이 스완과 빈틈없이 닮았다고 생각한 루이니(Luini)의 벽화*[2] 속 그 매부리코에 금빛 머리칼을 한 아름다운 동방 박사와 마찬가지로 스완은 그런 선물의 값어치를 깨닫지 못하는 듯싶었다.

스완이 나에게 베풀어준 호의가 부모님의 마음에도 나와 같은 감동을 불러일으켜서, 그들이 스완한테 뭔가 크고도 근사한 '사례'를 할 결심을 했으면 좋겠다는 기대를 하면서, 나는 집에 돌아가자 외투도 벗기 전에 부모님에

*1 스완의 아내. 오데트의 전신.

*2 이탈리아의 화가(1475~1533). 벽화는 사로노 성당에 있는 동방 박사 예배도를 말함.

게 이 일을 알렸지만, 불행하게도 이 호의는 그다지 높이 평가되지 않았다. "스완이 너를 베르고트에게 소개했다고? 뛰어난 벗과 즐거운 교제로군!" 아버지가 비꼬며 외쳤다. "그렇지 않다면 불공평해!" 아아, 내가 베르고트는 노르푸아 씨를 깎아내리더라고 덧붙이자, "당연하지" 하고 아버지는 대꾸했다. "그게 바로 그 사람이 바르지 못한 자이며 악의에 찬 자라는 사실을 잘 증명하지. 얘야, 너는 아직 그다지 상식이 풍부하지가 않단 말이다. 그런 네가 너를 망쳐놓고 말 환경 속에 떨어졌다고 생각하니 유감이구나."

내가 이따금 스완네 집에 드나드는 일 또한 부모님은 조금도 기뻐하지 않았다. 그런데 설상가상으로 베르고트에게 소개된 것이 애당초 실수, 할아버지라면 '감독의 부족'이라고 이름 지었을 이제껏 해온 훈육의 실수, 불길한, 그러나 당연한 결과로 나타났다. 부모님의 기분을 더욱 불쾌하게 하려면, 노르푸아 씨를 높이 평가하지 않은 그 심술궂은 사내가 나를 매우 총명하다 했다고 말하는 걸로 충분할 성싶었다. 사실 아버지로 말하자면 아무개가, 이를테면 내 학우 가운데 하나가—마치 이 순간의 나처럼—잘못된 길에 들어서고 있는 것을 발견했을 때, 만약에 내 학우가 아버지가 존경하지 않는 어떤 사람의 편을 들기라도 한다면, 아버지는 그런 편들기에서 더욱더 불쾌함을 느꼈으리라. 또한 그 고약함이 아버지에게 더 크게 보였으리라.

나는 벌써 아버지가 "당연히 그래야 앞뒤가 맞지!"라고 외치는 느낌이었다. 이 말은 이토록 안온한 내 생활에 절박한 개혁이 닥쳐오리라는 알림처럼 느껴져 그 개혁의 정확하지 않음과 광대함으로 나를 소름끼치게 했다. 하지만 설혹 베르고트가 나에 대해 말했던 것을 부모님에게 이야기하지 않았어도, 부모님이 그전부터 느꼈던 인상을 없애지 못하기에, 그 인상이 지금에 와서 좀더 나빠졌다고 해도 별로 대수로운 건 아니었다. 게다가 부모님이 너무나도 공평하지 못하며 그릇된 생각을 품고 있는 듯하여, 부모님을 공평한 견해로 되돌릴 수 있다고도 생각지 않았으며, 또 바라지도 않았다. 그렇지만 말이 입술 밖으로 나오려는 순간, 총명한 이들을 바보로 여기는 사람, 정직한 이들을 멸시의 대상으로 보고 있는 사람, 그러면서도 그 사람한테 칭찬받기를 바라고 있어서 나를 바르지 못한 방향으로 부추기는 사람을 내가 좋아하고 있다는 생각에, 부모님의 걱정이 하늘을 찌를 듯한 느낌이 들어, 이야기를 끝마치면서 나는 목소리를 낮추고, 조금 낯간지러운 표정을 지으며 마지막 말을 던졌다. "그래도 그분은 스완네 사람들에게 내가 매우 총명한 걸 알아보았다고 말했대요." 독을 삼킨 개가 바로 그 해독에 듣는 풀인 줄 모르고 그 위에 뒹굴어 넘어지듯이, 나는 이제 막 베르고트에 대한 그 편견, 내가 그럴싸한 이치를 따지고 온갖 칭찬을 했어도 헛수고였을 그 편견을 부모님의 머릿속에서 없앨 수 있는 유일한 말을, 그런 줄도 모르고 입 밖에 내었던 것이다. 이 순간에, 상황은 바뀌었다.

"어머나! ……그분이 네가 총명한 걸 알아보았다고 말씀했다는 거냐?" 어머니가 말했다. "기쁘구나, 재능 있는 분의 말씀이니까."

"그래! 그분이 그런 말을 했냐?" 아버지도 말을 이었다. "내가 뭐, 다들 감탄하는 문학가로서의 그분, 그 가치를 부정하는 건 아니다. 다만 노르푸아 씨가 완곡하게 말했듯이, 명예롭지 못한 생활을 한다는 게 유감스러울 뿐이다" 하고 아버지는 덧붙였다. 내가 이제 막 입 밖에 낸 마법의 효력 앞에서는, 베르고트의 타락한 생활은 그가 내린 판단의 부당과 함께 거의 문젯거리가 되지 않는다는 걸 깨닫지 못한 채.

"아니 여보." 어머니가 말을 가로막았다. "그게 사실이라는 증거도 없잖아요. 사람들은 이러쿵저러쿵 지껄이기를 좋아하죠. 게다가 노르푸아 씨는 더할 나위 없이 좋은 분이긴 하지만, 늘 친절하지만은 않아요. 특히 자기와 생각이 다른 사람들에겐."

"그렇지, 나도 그 점은 알아차렸지." 아버지가 대답했다.

"아무튼 우리 애가 영리한 걸 알아보셨으니 베르고트를 너그러운 눈으로 봐야죠." 어머니는 손가락으로 내 머리칼을 쓰다듬고, 꿈꾸는 듯한 눈길로 나를 물끄러미 바라보며 덧붙였다.

하기야 어머니는 베르고트의 그런 판단을 기다리지 않고서도 벗들이 올 때는 질베르트를 간식 시간에 초대해도 좋다고 내게 말했으리라. 하지만 나는 두 가지 이유로 그녀를 초대하지 않았다. 첫째, 질베르트의 집에서는 홍차 말고는 다른 것을 대접하지 않았기 때문이다. 그런데 나의 어머니는 자주 홍차와 함께 코코아를 내놓았다. 나는 질베르트가 그것을 속되게 생각하지나 않을까, 우리집 사람들에게 크나큰 실망을 품지나 않을까 걱정했던 것이다. 둘째, 내 힘으로는 감당하지 못할 예절의 어려움이었다. 내가 스완 부인의 집에 이르면, 스완 부인은 이렇게 묻는다.

"어머님께선 안녕하세요?"

나는 그와 똑같이 질베르트가 왔을 때 어머니가 그 질문을 할 것인지 궁금하여 어머니께 여러 번 여쭈어보았는데, 나에게는 그 점이 루이 14세의 궁정에서 쓰는 '전하'라는 호칭보다 중요했다. 그러나 엄마는 전혀 들어주려 하지 않았다.

"천만에, 나는 스완 부인을 잘 모르니까."

"그분도 어머니를 모르긴 마찬가지인데."

"그야 그렇지. 하지만 우리가 모든 걸 똑같이 흉내낼 필요는 없어. 엄마는 말이다. 스완 부인이 네게 베풀어주는 것과는 다른 방식으로 질베르트를 대접할 참이란다."

그러나 나는 이해가 되지 않아 차라리 질베르트를 초대하지 않는 게 낫다고 생각했다.

부모님 곁을 벗어나 옷을 갈아입으러 갔다. 주머니에 들어 있는 것을 꺼내다가, 언뜻 그 손님방에 안내되기 전에 스완네 사환이 준 봉투를 발견했다. 지금 나는 혼자였다. 나는 그것을 뜯어보았다. 안에 카드 한 장이 있고, 거기에는 내가 팔을 내밀어 식탁으로 모시고 가야 할 상대 여인의 이름이 적혀 있었다.

바로 이 무렵이었다. 블로크는, 내가 메제글리즈 쪽을 산책하던 시절에 생각하던 것과는 반대로, 여자들에게는 남자와 사랑하는 것이 가장 큰 로망이라고 내게 단정 짓듯 말하면서, 이성에 대한 내 개념을 뒤집어놓고, 나에게 행복에 이르는 새로운 가능성을 열어주었다(하지만 오래지 않아서 고뇌에 이르는 가능성으로 변하고 말 테지만). 뿐만 아니라 그는 이 이바지를 온전하게 갖추려고 더 뒤에 가서 그 고마움을 알게 된 또 하나의 도움을 주었다. 나를 매춘부 집에 처음으로 안내한 사람이 그였다. 거기에는 예쁜 여인이 수두룩하고 그녀들을 제 것으로 취할 수 있다고 그는 곧잘 말해왔다. 그러나 나는 그런 여인들의 모습을 어렴풋한 이미지로 머릿속에 그려왔을 뿐이었는데, 실제로 매춘부 집에 가서 그러한 모습을 확실히 떠오르게 만들었다.

따라서 블로크에 대하여, 행복이나 미의 소유는 가까이 갈 수 없는 게 아니며 그런 것을 포기한다는 건 쓸데없는 짓이라는 '복음'을 가져다준 점을—

이승에서 오래 살고 싶다는 희망을 가져다준 의학자나, 저승으로 가도 이승과 마찬가지라는 희망을 심어주는 낙관주의 철학자에 대해서처럼—감사해야 한다면, 한편 그 몇 해 뒤에 내가 드나든 매음굴이야말로 행복의 여러 본보기를 보여줌으로써 여성의 아름다움에 또 다른 요소를 덧붙이게 해준 것이리라—그 요소를 인간이 마음대로 만들어낼 수 있다면, 아름다움의 요약만으로는 해석하지 못하는 요소, 참으로 숭고한 선물, 자신으로부터는 받을 수 없는 유일한 선물, 그 앞에서는 우리 지성의 온갖 논리적 창조물이 사라지고 마는 것, 오로지 현실에서밖에 요구할 수 없는 선물, 곧 여성의 매력을 덧붙여줌으로써, 효용은 비슷하지만 비교적 최근에 나타난 다른 은혜물과 함께(만테냐도 바그너도 시에나도, 그것들의 매력을, 다른 화가, 다른 음악가, 다른 도시로 떠올려도 도무지 관심이 없었지만), 삽화를 곁들인 회화사(繪畫史)의 출판물, 교향곡의 연주, '예술 도시'에 관한 연구 서적과 함께 그 값어치를 훌륭하게 인정해주어야만 했다. 그러나 블로크가 나를 데리고 간 집은, 하기야 그 자신도 오래전부터 발길을 끊었던 곳인데, 지나치게 하류에 속해 인물도 보잘것없었고, 얼굴들이 너무나 진부하여 오래된 호기심을 만족시키지도 새로운 자극을 주지도 못했다. 이 집의 여주인은 이쪽이 어떤 여인을 요구하는지 조금도 알아채지 못했으며, 언제나 원하지 않을 여자만 권하는 것이었다. 특히 그녀는 한 여인을 자랑하며, 그 여인을 보증한다는 뜻의 미소를 가득 지으면서(진기한 잔치를 베풀어주기라도 하듯이) 말했다. "유대인이라우! 흥미 없으시우?"(그녀가 그 여인을 라셸*이라 불렀던 건 아마 이 때문이었으리라) 그리고 속이 빤히 들여다보이는 호들갑스런 수선으로 그 관심을 이쪽에 옮기려다가, 마침내는 거의 게걸스런 쾌감으로 헐떡이기까지 했다. "어때요, 응, 유대 여인이라우, 황홀하시겠네! 아유……." 그 라셸의 눈에 띄지 않게 나는 그녀를 흘끗 보았다. 거무스름한 살갗, 아름답다고는 할 수 없으나 지적인 외모, 그리고 그녀와 얼굴을 마주 대하고 있는 손님인, 나에게까지 들리는 목소리로 수작 붙이는 사내들을 얕보듯 코웃음 치고 있었는데, 그때마다 혀끝으로 입술을 핥았다. 그 작고 갸름한 얼굴은 곱슬곱슬한 검은 머리칼에 둘러싸이고, 덥수룩한 머리칼은 마치 담채화의

* 프로망탈 알레비(Fromental Halévy, 1799~1862)의 가극 《유대 여인(La juive)》의 주인공 이름.

그림자가 될 부분을 나타내기 위해 검정색으로 그린 사선 같았다. 그 집에서 나올 때마다 그녀의 뛰어난 지성과 교양을 칭찬하면서 집요하게 그녀를 추천하는 여주인에게, 나는 '라셸 캉 뒤 세뇌르(Rachel quand du Seigneur)'*1 라는 별명을 내가 직접 붙여준 이 라셸과 몸소 살을 나누는 사이가 되기 위해 언젠가 찾아오겠다고 약속했다. 그러나 처음으로 찾아간 날 저녁, 그녀가 돌아가는 순간에 여주인에게 다음과 같이 말하는 것을 나는 듣고 말았다.

"내일은 한가하니까 손님이 있으면 불러주세요, 잊지 마시고."

그리고 이 말이 그녀를 한 인간으로 보는 걸 막았다. 왜냐하면 이 말은, 한두 루이(louis)*2를 벌려고 저녁에 이 집에 오는 습관을 가진 모든 여인의 일반적인 범주 속에 곧바로 그녀를 포함했으니까. 그녀는 '내가 필요하시면' 또는 '누가 필요하시면'같이 말함으로써, 그 말의 형태만을 바꿀 뿐이었다.

여주인은 알레비의 오페라를 알지 못했으므로, 내가 왜 '라셸 캉 뒤 세뇌르'라 부르는 버릇이 들었는지 이해할 수 없었다. 하지만 그 뜻을 모른다고 해도 이 농담이 재미있어서, 그녀는 언제나 배꼽이 빠지도록 웃으며 다음과 같이 말했던 것이다.

"그럼, 내가 당신을 '라셸 캉 뒤 세뇌르'에게 붙이는 게 오늘 저녁이 아니군요? 어째서 그렇게 말씀하시죠, '라셸 캉 뒤 세뇌르'라고! 어쩌면! 썩 잘 생각해내셨어요. 당신을 약혼자로 삼겠어요. 틀림없이 뉘우치지 않을 거예요."

하마터면 한번은 그녀를 품는 일을 결심할 뻔했다. 그런데 그녀가 '접객 중'이었고, 또 한번은 '미용사'의 품에 있었다. '미용사'란 노신사로, 여인들의 머리를 풀어 기름을 바르거나 빗질해주는 것밖엔 아무것도 하지 않는 사람을 가리키는 이름이었다. 그래서 나는 기다리게 되었다.

자기 얘기로는 여점원이라고 하나 보기에 다른 직장을 갖고 있지 않은 듯한 몹시 수수한 몇몇 단골 여인들이 내게 차를 따라주러 와서는 나와 함께 기나긴 잡담을 했지만, 나는 기다리는 데 지치고 말았다. 그 잡담이 진지한 것이었는데도 상대 여인들의 수다는 아주 노골적이어서 솔직히 재미있었다. 그러나 나는 이 집에 발길을 끊었다. 그 일은 이 집 여주인이 세간을 매우

---

*1 《유대 여인》의 제4막 중 아리아. '라셸, 주께서 너를 나에게 주셨을 때'의 대사.

*2 20프랑짜리 금화.

필요로 해서, 그녀에게 호의를 보이고 싶었던 내가 레오니 고모한테서 물려받은 유품 몇 점—특히 커다란 소파 하나—을 그녀에게 주었던 일에서 비롯된다. 그런 가구는 부모님이 집 안에 놓는 걸 허락하지 않아 마땅히 둘 곳이 없어서 헛간에 쌓아두었으므로, 한 번도 눈에 띄지 않았다. 그런데 장소를 옮겨 이런 곳에서 이런 여인들에게 쓰이는 모습을 보자마자, 콩브레의 고모 방 안에서 숨쉬고 있던 온갖 미덕이 눈앞에 떠올랐다. 무자비하게 내던져진 세간들이 겪어야 하는 가혹한 접촉 때문에 거의 죽어가는 미덕의 모습! 내가 송장에게 욕을 보였던들 이보다는 덜 괴로웠으리라. 나는 다시는 창부 집으로 발길을 돌리지 않았다. 왜냐하면 내게는 그 세간들이 살아 있는 것처럼 보이며 또한 그곳에서의 자유를 애원하는 것처럼 느껴졌기 때문이었다. 마치 페르시아의 옛이야기에 나오는, 겉으로는 생명 없는 물건으로 보이나 그 안에는 수교자의 영혼이 스며 있어 해방을 애원하는 물건같이. 하기야 우리 기억은, 여느 때는 그 회상을 지나온 시대의 순서에 따라서가 아니라 마치 부분적인 순서가 거꾸로 비치는 거울처럼 재현해주는 법이어서, 더 오랜 뒤에 가서 내가 추억한 것이라고는 아주 오래전에 내가 어린 사촌누이 가운데 하나와 짝꿍이 되어, 그녀와 함께 어디에 몸을 숨겨야 좋을지 몰랐는데, 그녀가 레오니 고모의 방에 숨자고 위엄 있는 태도로 나한테 말해서, 처음으로 내가 사랑의 쾌락을 알게 된 것은 바로 이 소파 위였다는 사실뿐이었다.

레오니 고모가 남긴 세간 전부, 특히 옛것인 으리으리한 은그릇은 부모님이 반대하는데도 좀더 마음대로 쓸 돈을 모으기 위해서 또 스완 부인에게 더 많은 꽃을 보내려고 팔아버렸다. 스완 부인은 커다란 난초꽃 바구니를 받을 때마다 나에게 말했다. "내가 당신의 아버지였더라면, 후견인을 두었을 텐데." 언젠가는 이 은그릇을 처분한 일이 후회스러워지고, 그것이 질베르트의 부모께 예의를 지킨다는, 틀림없이 헛일이 될지도 모르는 기쁨보다도 더 높은 위치에 있는 기쁨을 맛보게 하리란 걸 그때의 내가 어찌 상상했으랴. 그때 외교관이 되지 않겠다고 결심했던 것도 질베르트 때문이며, 그녀 곁을 떠나는 게 싫었기 때문이다. 우리가 돌이킬 수 없는 결심을 하는 것은 보통 그때의 일시적인 마음 상태에서 비롯되는 것에 지나지 않는다. 질베르트의 몸속에 깃든 그 빛을 그녀의 부모님이나 그녀의 집안에 바퀴살 모양으로 내뻗치면서, 나로 하여금 다른 모든 것에 무관심하게 만드는 그 야릇한 실체가, 오래지 않아 그녀의 몸에서 빠져나와 다른 몸에 옮아가리라고는 나는 상상조차 못했다. 사실 그것은 같은 실체이다. 그러나 나에게 전혀 다른 작용을 미친다. 왜냐하면 같은 병이라도 다양하게 바뀌고, 몸에 감미로운 독물도, 해를 거듭하여 심장의 저항력을 떨어뜨려서 전처럼 힘을 쓰지 못하게 하기 때문이다.

그래도 부모님은 베르고트에게 인정받은 나의 지성이 뭔가 주목할 만한 일로 발휘되길 바랐으리라. 스완 부부와 알고 지내는 사이가 아니었을 무렵에는 질베르트를 자유롭게 만나지 못해 마음이 흔들려, 그것이 공부를 방해하는 줄로 여겼다. 그런데 그들의 집을 자유로이 드나들 수 있게 된 지금에 와서도 공부방 책상머리에 앉자마자 금세 후닥닥 일어나 그들의 집으로 달려간다. 그들의 곁을 떠나 집에 돌아와서도 혼자 밤에 머무는 건 잠시뿐이고, 내 사념은 무의식의 깊은 터널로 들어가 몇 시간이고 그들과의 대화에서 헤어나지 못한다. 홀로 스완네 사람들을 즐겁게 할 수 있을 성싶은 화제를 계속 짜내기도 하고, 그런 놀이에 흥을 더하려고 있지도 않은 놀이의 짝으로 끼어들기도 하며, 나의 기막힌 표현이 그들 마음에 드는 순식간의 대꾸에 쓰이도록 골라잡은 허구의 질문을 나 자신에게 하기도 했다. 말은 하지 않아도 이 훈련 또한 명상이 아닌 하나의 대화이며, 내 고독도 사교 생활에 지나지 않고, 거기서 나의 말을 지배하는 것은 내 인격이 아니라 가공의 말상대이며, 거기서 나는 내가 참이라고 여기는 사상 대신에 수없이 나오는 사상, 바깥에서 안쪽으로 거슬러 올라가는 일 없이 나오는 사상으로 이루어져 있음을 느낀다. 그것은 잔뜩 배부른 자가 기분 좋게 늘어져 있을 때에 맛보는 완전히 의존적인 즐거움이었다.

결정적으로 공부를 시작하려는 결심이 좀더 약했더라면 오히려 나는 공부하기 위해 바로 노력했을지 모른다. 그러나 내 결심은 굳었으므로, 시작하는 날을 내 마음대로 택했다가 공교롭게도 그 뒤에 오는 날들이 더 불리해지는 지경에 빠지지 않게 하려는 속셈이 있었다. 왜냐하면 오늘 저녁부터 예상하여 24시간이 지나지 않은 내일이라는 하루의 빈 액자 속, 거기에는 아직 내가 없는 만큼 모든 것이 아주 질서 정연해서, 나의 기특한 결의는 모두 수월하게 실현될 성싶었기 때문이다. 내게도 일리는 있었다. 몇 해씩이나 기다린 사람이 2~3일 늦어지는 것을 못 참는다는 건 어른스럽지 못한 노릇이다. 모레가 되면 이미 원고 몇 페이지가 완성될 거라는 확신을 한 나는, 부모님에게 내 결심을 전하지 않았다. 그보다는 몇 시간쯤 열심히 쓴 뒤 진행 중인 그 작품을, 어르고 달래서 겨우 이해시킨 할머니께 보여드리러 가는 편이 나으리라. 그런데 열에 들떠 고대한 이튿날은 불행하게도 저 바깥 세계에 속하는 아득히 먼 하루가 아니었다. 그날이 다 갔을 때에는 나의 게으름과, 내적인 장애에 대한 나의 고투가 24시간 더 늘어났을 뿐이었다. 이리하여 며칠이 지나도 내 계획은 완성되지도 실제 이루어지지도 않아서, 나는 이제 곧 이루어질 거라는 희망조차 없었고, 따라서 이와 같은 이룸에 모든 것을 딸려 붙일 만한 용기도 잃었다. 나는 다시 뜬눈으로 밤을 새웠다. 밤에는 일찍 자야 한다고 아무리 생각해도, 내일 아침에는 작품의 첫머리를 볼 수 있다는 가망이 없는 이상엔, 기운을 내려면 며칠 동안 한가로이 시간을 보내야만 했다. 그리고 단 한 번, 할머니가 부드럽지만 실망 섞인 목소리로, "그래, 그 일에 대해 이제는 말도 하지 않기냐?" 하고 비난의 말을 과감하게 입 밖에 냈을 때, 나는 그런 할머니가 원망스러웠다. 바꿀 수 없는 결심을 이해할 수 없던 할머니는 비난 섞인 말투로 나를 안절부절못하게 했다. 이런 초조한 상태로는 결심의 실행이 더 늦춰지고, 어쩌면 먼 훗날로 미루어져, 그런 상태에서는 작품을 쓰기 시작할 마음이 영영 나지 않을 거라고 굳게 믿고서, 할머니는 그 물음이 내 의지를 무척 상하게 했음을 느꼈다. 할머니는 나에게 입맞추며 사과했다. "용서해라, 다시는 아무 말도 하지 않을 테니." 그리고 내가 낙심하지 않도록 건강이 좋아지는 날, 일은 저절로 잘될 거라고 나를 안심시켰다.

나는 이렇게 생각해보았다. 스완네 집에서 나날을 보냄으로써 나는 베르고트와 똑같은 행동을 하는 게 아닐까 하고. 설사 게으르더라도 대작가와 같은 살롱에서 지내니, 아마 부모님도 내가 재능을 기르는 데 안성맞춤인 생활을 하는 셈이라고 생각하는지도 몰랐다. 그렇지만 자신의 내부에서 스스로 재능을 만들어내는 게 아니라, 남에게 받는다는 건 불가능한 얘기다. 초대받은 자리에서 의사와 자주 만찬을 같이한 것만으로(모든 위생법에 어긋나며 최악의 몸조리를 하면서도) 건강을 얻을 수 있다고 생각하는 것만큼이나 터무니없다. 그런데 나나 부모님이 속고 있는 환영에 완전히 속고 있는 또 다른 분은 바로 스완 부인이었다. 내가 올 수 없다든가 집에 남아 공부해야 한다든가 하고 말했을 때 스완 부인은 번번이, 내가 몹시 거드름 부리고 있는 줄 알고, 내 말 가운데 뭔가 어리석은 건방짐이 있다는 듯한 태도를 보였다.

"그래도 베르고트 씨가 일부러 오시는데, 그 베르고트가 말이에요. 그분이 쓴 글이 좋지 않으신가 봐요? 앞으로 더 좋아지겠죠." 그녀는 덧붙였다. "그분이 좀 장황하게 늘어놓는 글이 많지만, 최근 신문에서는 아주 예리하고 바짝 졸인 글을 쓰니까요. 다음에 〈피가로〉지에 'leader article(사설)'을 쓰시겠다는 약속을 얻었어요. 그야말로 'the right man in the right place(적재적소)'일 거예요." 그녀는 또 덧붙였다.

"오세요, 앞으로 어떻게 해야 하는지 당신에게 누구보다도 잘 말씀해주실 테니까요."

그녀가 나한테 틀림없이 내일 베르고트와 함께 그녀의 집에 오라고 다짐한 것은 지원병을 연대장과 함께 초대하는 격이고, 내 앞길에 도움을 주려는 격이며, 걸작이라는 게 '연줄'로 되는 격이었다.

이처럼 나의 부모님도 스완네도, 다시 말해 저마다 다른 시간에, 이제껏 나의 길에 틀림없이 장애물을 놓았을 거라고 생각하는 사람들도 이제는 이 한가로운 생활에 아무런 방해도 하지 않게 되어, 나는 언제라도 마음 내킬 때 황홀한 기쁨과 더불어 질베르트를 만날 수 있었다. 사랑을 하는 중에 침착할 수 없는 이유는, 겨우 손안에 넣은 게 더 이상의 것을 바라기 위한 새로운 출발점밖에 되지 않기 때문이다. 아직 질베르트의 집에 갈 수 없던 나는 가까이할 수 없는 행복 쪽으로 시선을 고정시킨 채, 거기서 나를 기다리는 새 고통거리는 상상조차 못했다. 먼저 그녀 부모의 저항이 깨지고, 이윽고 문제가 해결되니까, 또다시 새로운 문제가 다른 형태로 나타났다. 그리하여 하루하루가 새로운 우정의 시작이었다. 매일 저녁 집에 돌아올 때마다, 나는 질베르트에게 두 사람의 우정을 좌우하는 중대사를 말해야 한다고 생각했지만, 그 말해야만 하는 내용은 결코 같을 리가 없다. 그러나 나는 행복했고, 이제는 내 행복이 깨어질 불길한 징조도 일어나지 않았다. 그러하건만, 아아, 내가 이제까지 아무런 위험도 느끼지 않던 곳에서, 곧 질베르트와 나 자신의 방향에서 그 불길한 징조가 나타나려는 조짐이 보였다. 그렇지만 나를 안심시키는 것, 내가 행복이라고 여기는 것으로 인하여 고통받는 것은 당연하다. 우리는 사랑을 하면 상식에서 벗어나게 되어, 그런 상태에 있으면, 늘 일어나서 보기에 가장 단순한 사건에도 곧바로 당치 않은 중대성을 부여하기 쉬운데, 그 평범한 사건 자체는 중대성을 포함하지 않는다. 우리를 아주 행복하게 하는 것, 그것은 마음속에 있는 어떤 안정되지 않은 존재인데, 우리는 그것을 계속 지켜나가기 위해 끊임없이 조정한다. 게다가 그런 것이 있는 줄 깨닫는 건 그것이 마음속에서 이미 떠나가버린 뒤다. 사실 남녀 간의 사랑에는 끊임없는 고뇌가 있다. 오로지 기쁨이 그것을 중화시키고 잠재우며, 뒤로 미룰 따름이어서, 우리가 바라 마지않는 것을 얻지 못하기라도 하면 그것은 금세 본디 모습, 곧 잔인함을 드러낸다.

나는 질베르트가 내 방문을 피하고 싶어하는 걸 여러 번 눈치챘다. 질베르트가 무척 보고 싶을 때면, 그녀의 부모가 나를 초대하도록 하면 그만이다. 그들은 내가 질베르트에게 미치는 훌륭한 영향력에 차츰차츰 수긍했기 때문이다. 그들 덕분에 내 사랑에는 아무런 위험도 없다. 그들이 내 편인 동안엔 안심할 수 있다. 그들은 질베르트에 대한 모든 권리를 쥐고 있으니까. 이를테면 그녀의 아버지가 그녀의 뜻에 아랑곳없이 나를 오게 했을 때, 내가 온 걸 알아차리지 못한 채 나타나는 그녀의 안절부절못하던 표정을 보고, 나는 내 행복의 수호신으로 여기던 것이 도리어 그 행복을 지속시키지 못할 숨겨진 이유가 아닐까 하고 생각했다.

마지막으로 질베르트를 보러 갔을 때는 비가 내리고 있었다. 그녀는 춤 연습에 초대받았었는데, 초대한 사람들과 그다지 친한 사이가 아니어서 나를 데리고 갈 수 없었다. 나는 습기 때문에 여느 때보다 더 많은 카페인을 복용했다. 나쁜 날씨 탓인지, 아니면 그 낮 모임이 열리는 집에 대한 어떤 선입견을 품고 있어선지 모른다. 스완 부인은 딸이 나가려는 순간 몹시 날카로운 목소리로 "질베르트!" 하고 불러들여, 내가 와 있으니 집에 남아 있어야 한다는 뜻을 나타내려고 내 쪽을 가리켰다. '질베르트'라고 말한 것은 아니, 오히려 외친 것은 나에 대한 호의였는데, 외출용 물건을 던지면서 어깨를 으쓱 올린 질베르트의 몸짓에, 점점 나한테서 내 여자친구를 떼어놓는 사태, 그때라면 말릴 수 있었던 그 사태를 그녀의 어머니가 본의 아니게 재촉하고 말았음을 나는 알아챘다.

"날마다 춤추러 갈 필요는 없어." 오데트는, 일찍이 스완에게 배웠을 분별심으로 딸에게 말했다. 그러고 나서 옛 오데트로 되돌아간 스완 부인은 딸에게 영어로 말하기 시작했다. 그러자마자 질베르트의 생활 한 부분이 벽으로 가려지고, 고약한 요정이 내 여자친구를 멀리 데려간 듯한 생각이 들었다.

아는 언어라면 투명하지 못한 발음을 들어도 쉽게 이해한다. 그러나 모르는 언어는 닫힌 궁전으로, 그 안에서 우리가 사랑하는 여인이 우리를 속여도, 바깥에 그대로 남아, 제 무능함에 실망하여 안달하지만 결국 아무것도 알아낼 수 없고 무엇 하나 막지 못한다. 그렇듯이 한 달 전이라면 미소 띠며 한 귀로 듣고 한 귀로 흘려버렸을지도 모르는 영어가, 지금에 와서는 그 대화에 섞는 몇 마디 프랑스어 고유명사로 나의 불안을 더하게 했으며, 내 두 걸음 앞에서 꼼짝하지 않고 서 있는 두 인물은 나에게, 잔인하게 유괴당한 느낌, 버림받은 기분, 외로움을 안겨주었다. 마침내 스완 부인은 우리 둘을 남기고 자리를 떠났다. 이날, 뜻밖에도 그녀가 놀러 가지 못하게 된 원인이 나 때문인지, 아니면 그녀가 화난 것을 알아챈 내가 여느 때보다 더 침착해서인지, 질베르트 얼굴엔 미소가 사라지고, 삭막하게 거칠어져, 나 때문에 파드카트르(pas-de-quatre)*를 추지 못해서 오후 내내 우울한 얼굴 위로 유감의 뜻을 비치고 있었다. 그녀의 마음은 보스턴 왈츠에 기울이는 미묘한 이유를 나는 물론 아무도 이해 못할 거라고 깔보는 듯했다. 질베르트는 이따금 나와 날씨에 관한 것, 비가 다시 심해진 것, 괘종시계 추의 속도에 대하여 몇 마디 나누었을 뿐, 대화는 침묵의 연속이었다. 그때 나 자신도 희망을 잃고 홧김에 고집을 부려, 우정과 행복을 나눌 수도 있었을 시간을 망치고 있었다. 그리고 우리 둘의 이야기는 역설적이고 뜻없는 말로 어떤 험악함을 풍겼다. 그러나 그것이 오히려 나를 위로했는데, 그 때문에 질베르트가 숙고하여 냉담하게 내뱉은 말에 내가 속지 않았기 때문이다.

"요전 날에는 괘종의 추가 어쩐지 느린 감이 들었는데" 하고 내가 말해도 헛일, 그녀는 그 말을 '당신은 심술궂다!'라는 뜻으로 바꿔버리고 있었다. 비 내리는 이날 종일토록, 이런 우울한 말을 고집스레 해도 보람이 없었다. 나의 냉담함이 내가 꾸미는 만큼 완고한 게 아니라는 것을, 또 '날이 점점 저물어가는군요'를 벌써 세 번이나 질베르트에게 말한 다음, 네 번째로 되풀이한다면, 그때에는 와락 울음을 터뜨리고 말 것을 질베르트는 이미 잘 알고 있다고 생각했다. 질베르트 얼굴에 미소가 없고 환한 모습이 아니었을 때, 얼마나 슬프고 서러운 단조로움이 그녀의 침울한 눈과 퉁명스러운 얼굴에

* 4명이 짝을 지어 추는 춤의 일종.

나타났는지 도저히 말로는 나타내기 어려웠다. 거의 흉하기까지 한 그녀 얼굴은, 아주 멀찌감치 물이 빠져나간 바닷가, 수평선을 둘러싼 늘 한결같은 눈부심으로 우리를 심심하게 하는 그 권태로운 바닷가와 비슷했다. 결국, 몇 시간이나 상황이 좋아지길 바랐지만 그 일이 질베르트 쪽에서는 일어나지 않을 걸 알아챈 나는, 그녀에게, 당신은 상냥하지 않다고 말했다.

"상냥하지 않은 건 당신이에요." 그녀가 대꾸했다. "그런 적 없소!" 나는 내가 무슨 짓을 했는지 생각해보았지만, 잘못한 일을 찾지 못해 그녀에게 물었다. "물론 당신은 자기가 상냥하다고 생각하시겠죠." 그녀는 이렇게 말하면서 오랫동안 웃었다. 그때 나는 그 웃음이 그려내는, 가장 포착할 수 없는 그녀의 사고 영역의 또 다른 면에 도달할 수 없다는 안타까움을 느꼈다. 그 웃음은 '아니에요, 아니에요, 나는 당신이 무슨 말을 한들 아랑곳하는 게 아니에요. 당신이 나에게 빠져 있는 건 알지만, 난 차지도 뜨겁지도 않아요. 그도 그럴 것이, 당신을 대수롭게 여기지 않으니까'라는 뜻을 풍기고 있는 듯 느껴졌다. 그러나 나는, 결국 웃음은 뜻이 확실한 언어가 아니므로, 이 웃음의 의미를 이해했다고는 생각할 수 없었다. 그리고 질베르트의 말에는 다정스러움이 있었다. "아니, 어째서 내가 상냥하지 않나요?" 그녀에게 물었다. "말해 봐요, 당신 뜻대로 무엇이고 다 할 테니."—"아니에요, 소용없어요, 설명할 수 없는걸요." 한순간, 내가 그녀를 사랑하지 않는 줄로 여긴 게 아닐까 걱정되었다. 그것은 나에게 또 다른 괴로움이었다. 그다지 날카롭지 않으나 여태껏과는 다른 문답이 요구되는 괴로움이 되었다.

"당신이 나에게 어떤 슬픔을 주고 있는지 아신다면, 말해주실 텐데." 그 슬픔은, 그녀가 내 사랑을 의심했다면 그녀를 기쁘게 해주었겠지만, 오히려 역효과를 내어 그녀를 화나게 했다. 그래서 나는 내 잘못된 생각을 깨닫고, 다시는 그녀의 말에 신경 쓰지 않겠다고 결심했다. 그녀로 하여금, 그다지 확신 없이, "나 정말 당신을 좋아했어요, 언젠가는 알아주시겠지만" 하고 말하게 내버려두고서(이 언제란 날은 죄인들의 결백이 인정되거나 확신하는 날, 또 이상하게도, 죄인이 심문받는 날이 아닌 날), 다시는 그녀를 만나지 않겠다고 별안간 남자답게 결심을 굳혔으나, 아직 그녀에게 알리지 않았다. 말한들 곧이듣지 않을 테니까.

사랑하는 이 때문에 생긴 고통은 쓰라리기 그지없다. 설령 고통이 상대방에게 직접 관계없는 걱정, 일, 기쁨 가운데 끼어 있을 때 또한, 그리고 자신의 주의력이 이따금 그런 걱정, 일, 기쁨에서 방향을 바꿔 고통으로 되돌아가는 데 지나지 않을 때도 마찬가지로. 하지만 상대를 만나는 즐거움이 우리 몸을 가득 채우고 있는 순간에, 그런 슬픔—마치 지금 나의 경우처럼—이 생기자, 그때까지 화창하던 날씨에 잔잔하던 영혼 속에서 갑작스러운 저기압이 일어나, 마지막까지 맞서 싸워나갈 수 있을는지도 모를 만큼 맹렬한 폭풍우가 일게 된다. 내 마음 위에 몰아치는 폭풍우가 어찌나 거센지, 오던 길로 되돌아가, 어떤 핑계를 꾸며 질베르트 곁에 돌아가지 않고서는 숨이 끊어질 듯한 느낌을 받으면서도, 시달려 상처투성이인 채로 집에 돌아왔을 정도였다. 그러나 그녀 곁으로 돌아간다면 그녀는 이렇게 생각하리라. '또 저분이네! 단호하게 무슨 짓이든 할 수 있어. 비참한 꼴로 밀어내면 밀어낼수록, 저분이 더욱더 온순하게 되어 내 곁으로 돌아올 테니까.' 하지만 내 생각은 억눌려지지 않고 그녀 쪽으로 끌려가고 있었다. 이런 엇갈리는 방향, 마음속 나침반의 거친 흔들림은 내가 집에 이르기까지 이어져, 질베르트 앞으로 써 보내는 모순투성이 편지에도 나타났다.

인생에는, 보통 사람이 몇 번이나 맞닥뜨리게 될 고비가 있고, 우리의 성격, 천성—사랑과 사랑하는 여인과, 그 여인의 결점마저 멋대로 창조하는 우리의 천성—이야 변하지는 않아서, 그때마다 우리 삶은 나뉘어, 이를테면 각각의 천칭 접시에 고스란히 놓인다. 한쪽에는, 우리가 아직 이해하지 못하면서도, 자신이 사랑하는 사람을 언짢게 하지 않으려고, 비굴하게 보이지 않으려는 소망이 있어서, 우리는 그 상대를 얼마쯤 아랑곳하지 않는 편이 현명하다고 생각한다. 그러려면 상대도, 자신을 없어선 안 될 존재라고 느껴 우리에게 싫증날 일은 없을 것이다. 다른 한쪽에는 괴로움이 있다. 그것은—어느 한 부분에만 한정되어 있는 괴로움이 아니라—그 여인 없이 견딜 수 있다는 점을 그 여인이 믿게 만들려고, 또는 그 마음에 들기를 단념한 지 오래면서도, 아무래도 여인의 얼굴을 다시 보러 가지 않고서는 앞선 경우와 반대로 가라앉지 않을 듯한 괴로움이다. 그런데 자만심이 놓인 쪽의 저울판에서, 나이와 더불어 심약한 탓으로 소모되는 대로 내버려둔 의지의 남은 적은 양을 덜고, 슬픔이 놓인 저울판에 점차 무거워진 육체적인 고통을 더할 것 같으면 스무 살 무렵에 보았던 씩씩한 해결 대신에 천칭 추의 무게로 내려가 우리를 쉰 살 난 사람으로 만들어버리는 다른 결과가 생긴다. 그만큼 경우는 되풀이되는 동안에 변해가는 것이어서, 인생의 중간 또는 마지막에 이르자, 여러 의무에 억눌리거나 몸이 여의치 못해서 젊었을 적에는 몰랐던 습관이 나타나, 그것이 일방적으로 연애를 복잡하게 만들어내고 비밀스러운 어두운 자기만족을 하는 기회가 허다한 법이다.

나는 질베르트 앞으로 보내는 편지를 쓰기 시작했다. 먼저 펜이 달리는 대로 기운차게 노여움을 표현해보았다. 그렇지만 아무렇게나 쓴 낱말 몇몇을 구명부표로 던져놓고, 질베르트가 그것에 도움을 받아 화해에 이를 수 있도록 하지 않은 건 아니었다. 그러나 곧 바람의 방향을 바꾸어 '결코 두 번 다시'와 같은 비관적인 표현을 부드럽게 만들어서 다정한 글귀로 그녀에게 호소했다. 하지만 그 표현은 쓰는 이에겐 무척 가슴에 와닿지만, 그것을 읽는 상대방에겐 아주 정떨어지는 말이다. 설령 그 여자가 '결코 두 번 다시'를 '좋으시다면 오늘 저녁에라도'로 해석하거나, 또는 곧이곧대로, 진심으로 사랑하지 않는 경우라면 전혀 아무렇지도 않은, 깨끗한 절교 통고로 믿는다 해도. 그러나 우리가 사랑하고 있는 동안에, 머잖아 곧 우리 마음에 생겨날 사랑을 느끼지 않을 내일의 자신을 미리 알아채고 선각자다운 행동을 하기가 불가능한 바에야, 어찌 사랑하는 여인이 지금 무얼 생각하고 있는지 전부 떠올릴 수 있겠는가? 자기가 그녀의 관심 밖에 있는 줄 알면서도, 아름다운 꿈을 즐기려고 또는 슬픔과 탄식을 달래려고, 그녀가 자기를 사랑한다면 아마도 입 밖에 냈을 여러 이야기를, 몽상 속에서 끊임없이 그녀와 나누어온 동안에 어찌 냉정하게 여인의 생각을 구석구석까지 떠올릴 수 있겠는가? 사랑하는 여인의 여러 생각이나 행동 앞에서는, 먼 옛날 물리학자(과학이 미지의 세계에 조금씩 환한 빛을 던지게 되기 이전의)가 천지의 현상 앞에서 어찌할 바를 몰랐던 것처럼 당황한다. 뿐만 아니라 더 나쁘게는, 거의 원인과 결과가 전혀 염두에 없어, 어느 현상과 또 하나의 현상 사이의 연관 관계를 이루지 못해, 그 눈에는 세계의 광경이 마치 꿈처럼 흐릿하게 보이는 사람의 정신과 닮았다. 그야 물론 나는 그 긴 터널에서 빠져나와 원인을 찾아내려고 노력했다. '객관적'이 되려고까지 애써, 그 때문에 질베르트가 나에게 얼마나 소중한가, 내가 질베르트에게 얼마나 소중한가, 뿐만 아니라 나

말고 다른 사람들에게 질베르트가 얼마나 소중한가를 각각 비교하여 그 사이에 존재하는 부조화를 알려고 애썼다. 만약 이 부조화를 생략하면, 내 여자친구의 단순한 우정을 사랑의 고백으로 오해하고, 나 자신의 괴상하고도 추한 행동을 아름다운 쪽으로 이끌리는 때의 산뜻하고 우아한 동작으로 착각할지도 모르기 때문이다.

그러나 나는 또한 반대의 끄트머리에 빠지는 일도 두려워했다. 거기에 빠지면, 질베르트가 나와 만날 약속 시간에 늦게 오거나, 불쾌감이나 어쩔 수 없는 악의로 볼지도 모른다. 이 두 경우의, 똑같이 사물의 모습을 왜곡하는 렌즈 사이에서, 사물을 본디 모습대로 보여주는 제삼의 렌즈를 찾아내려고 애썼다. 그 때문에 여러 가지로 머리를 굴리는 동안 내 괴로움은 조금 떨어져나갔다. 나온 해답에 따르려 해서인지, 아니면 바라는 답이 나오도록 계산해서인지, 아무튼 나는 밝은 마음으로 다음 날 스완네 집에 가기로 결정했다. 그것은 하기 싫은 여행 때문에 오랫동안 걱정해온 사람이 역까지 나가서야 겨우 가지 않기로 결심이 서서 집으로 돌아와 짐을 푸는 것과 같다. 또 아직 망설이는 동안에, 차차 결심이 서겠지 생각하자(결코 결심하지 않기로 결정하면서 그런 생각을 김빠지게 만들지 않는 한) 우리 가슴에는, 막상 실행에 옮기면 생겨날 갖가지 감정이 세세하게 떠올라 뿌려진 씨앗처럼 자라나므로, 나는 마음속으로 생각했다. 다시는 질베르트를 만나지 않겠다고 계획해봤을 뿐인데 마치 그 계획을 실행해야 하는 것처럼 가슴 아파하다니 참으로 어리석었구나, 결국은 그녀의 집으로 돌아가고 있으니까.

그러나 이 교우 관계의 회복은 겨우 스완네 집에 닿은 그 순간까지였다. 그 까닭은 나를 아주 좋아하는 집사가 나에게, 질베르트 아가씨는 외출하셨다고 말했기 때문이 아니라(사실 그날 밤에 그녀를 만난 사람이 있어, 그것이 사실인지 알았다), 말하는 투에 있었다. "도련님, 아가씨께서는 외출하셨습니다. 결코 거짓말이 아닙니다. 도련님께서 알아보시겠다면 하녀를 불러드리죠. 아시다시피 저는 도련님을 기쁘게 해드리기 위해선 할 수 있는 데까지 다하겠으며, 아가씨만 안에 계시다면 당장 도련님을 그 곁으로 모시겠습니다." 이런 중대한 말이야말로, 일부러 꾸민 연설이 숨기고 있는 뚜렷한 사실의 요점을 뢴트겐 사진으로 보여주는 것으로써, 내가 질베르트를 방문하고 귀찮게 군다는 인상을 그녀의 주위 사람들마저 품고 있다는 증거였다.

그래서 집사가 그런 말을 입 밖에 내자마자 금세 내 몸 안에는 증오의 불길이 활활 타올랐는데, 그 증오의 대상을 질베르트가 아니라 하인으로 골랐다. 그는 내가 질베르트에게 품을 수 있는 모든 분노의 감정을 한몸에 집중시켰다. 그런 말을 입 밖에 낸 탓으로 분노를 몽땅 그쪽으로 떨쳐버려 질베르트에 대한 연정만이 남았다.

하지만 그 하인의 말은 당분간 내가 질베르트를 만나려고 해서는 안 된다는 점을 가리키고 있었다. 그녀는 확실히 나에게 편지를 써 보내 사과하려고 할 것이다. 그렇더라도, 그녀 없이 살아갈 수 있다는 점을 증명하기 위해, 당장엔 만나지 않겠다고 결심했다. 게다가 그녀의 답장을 받으면, 그녀 집에 자주 드나들지 않는 것도 한동안은 이제껏보다 수월한 일이 되리라. 그도 그럴 것이 원하기만 하면 언제라도 다시 만날 테니까. 일부러 하는 이별을 될 수 있는 데까지 덜 비참하게 견디려면 어떻게 하면 좋을까. 그것은 우리 둘 사이가 영원히 틀어지지나 않을까 하는 불안, 그녀가 아무개의 약혼녀가 되어, 파리를 떠나 어디론가 사라지지나 않을까 하는 불안의 무시무시한 무거운 짐을 내 마음에서 떨쳐버린 걸 느끼기만 하면 충분하다. 그다음 날부터의 하루하루는, 전에 질베르트 없이 지내야 하던 그 새해의 방학 주일과 닮았다. 그러나 그때는 새 주일만 되면 질베르트가 샹젤리제에 다시 올 것이고 전처럼 만날 수 있을 거라 굳게 믿고 있었다. 또한 방학이 계속되는 한 샹젤리제에 가도 헛걸음만 칠뿐임을 확실히 알고 있었다. 그래서 이미 오래된 일이지만, 그 쓸쓸한 주일 동안 나는 슬픔을 차분히 견뎌냈었다. 왜냐하면 그 슬픔에는 두려움도 희망도 섞여 있지 않았기 때문이다. 지금은 반대로, 이 희망이 거의 두려움과 마찬가지로 내 고통을 견딜 수 없게 만들었다.

그날 저녁까지 질베르트한테서 편지가 오지 않아, 그녀가 깜박했거나, 아니면 무슨 일이 있었다고 생각한 나는, 다음 날 아침 우편물 속에 그녀의 편지가 있을 것을 의심하지 않았다. 아침마다 나는 가슴을 두근거리며 목을 길게 빼고 간절히 기다리다가, 질베르트가 아닌 다른 사람들 편지밖에 오지 않아 낙심하곤 했다. 편지가 한 통도 오지 않는 날이 있었는데, 오히려 오지 않는 편이 덜 마음 상했다. 다른 누군가의 우정의 표시는 질베르트의 무관심을 더욱 잔혹하게 드러냈기 때문이다. 마음을 가라앉히고 오후 우편물에 기대를 건다. 우편물이 오는 시간 사이에도 그녀가 인편으로 편지를 보내올지 몰라 나는 감히 외출도 못했다. 그러다가 결국 우편배달부도 스완네의 하인도 오지 않자, 안심할 수 있다는 희망을 또다시 다음 날 아침으로 미뤄야 했다. 그렇듯, 나의 고통이 오래 계속되지 않으리라 믿었으므로 말하자면 내 괴로움을 나날이 새롭게 해야 했다. 아마 슬픔은 같은 것일지 몰라도, 지금에 와서는 전날처럼 처음의 슬픔을 한결같이 늘리는 대신 하루에 몇 번이고 새로운 감동을 품고서 다시 일었는데, 이 슬픔—일시적인, 온전히 육체적인 상태—이 어찌나 자주 되풀이되었던지 마침내 굳어지고 말았다. 그 결과 편지에 대한 기대로 일어나는 불안이 진정될 새도 없이 기대에 대한 새로운 동요가 일어나므로, 단 1분도 불안에서 벗어날 수 없었다. 게다가 이 불안을 한 시간도 견뎌내기 힘들었다. 이처럼 내 고통은 지난 설날보다 더 잔혹한 것이었다. 그도 그럴 것이 지금 내 마음속에선 이 고통을 무조건 받아들이는 게 아니라, 이 괴로움이 그치기를 줄곧 바라고 있었기에.

그렇지만 나는 결국 고통에 몸을 맡기고 말았다. 그때에 나는 마지막에 가선 그렇게 되고야 말 거라고 깨닫고는, 나의 사랑 그 자체를 위하여, 그리고 질베르트가 나를 경멸할지도 모르는 추억을 가슴에 간직하지 않길 무엇보다 바랐기 때문에, 그녀를 영영 단념했다. 그 뒤부터 그녀로 하여금 내가 실연의 앙심을 품고 있지나 않은지 어림잡지 못하게, 그녀가 만남을 청해오면 대부분 들어주고, 그날이 다가오면 만나고 싶지 않은 사람에게 말하듯 무척 유감이지만, 하고 가지 못하겠다는 편지를 써 보냈다. 아무래도 관심 없는 상대방에게 흔히 쓰는 이런 유감의 표현은, 사랑하는 이에게 꾸미는 무관심한 어조보다 내 무관심을 더 잘 이해시킬 거라고 나는 생각했다. 한없이 되풀이되는 행동으로, 말보다 더 두드러지게 내가 그녀를 만나고 싶지 않음을 증명할 수 있을 때, 아마도 그녀는 다시 나를 만나고 싶어하리라. 아니! 헛일일 거다. 그녀를 만나지 않으면서 그녀 마음속에 나를 만나고 싶어하는 뜻을 일게 함은 곧 그녀를 영원히 잃고 마는 일이다. 왜냐하면 나를 만나고 싶어하는 뜻이 그녀의 마음에 다시 생겨나기 시작했을 때, 그 뜻을 오래 지속시키려면, 나는 곧바로 그것에 굴해선 안 되니까. 그러고 나서 그때 가서는 가장 괴로운 시기가 이미 지나가버렸을 테니까. 그녀가 내게 없어선 안 될 존재임은 바로 지금이다.

그래서 나는 할 수만 있다면 그녀에게 다음과 같이 알려주고 싶은 것이다. 오래지 않아 질베르트가 나를 만나 내 괴로움을 위로해준들, 그때에는 이 순간의 괴로움도 이미 없어졌을 것이며, 따라서 이 괴로움을 없애려는 타협, 화해와 만남도 끝났을 거라고. 게다가 나중에 나에 대한 질베르트의 사랑이 다시 회복되어, 그녀에 대한 내 사랑을 아무런 저항감 없이 털어놓을 수 있는 시기가 오더라도, 그녀에 대한 나의 사랑은 그처럼 오랫동안 떨어져 있는 것에 견디지 못해 없어졌을 테니, 질베르트는 이제 아무래도 좋을 거라고. 나는 이런 점을 알고는 있었으나 그녀에게 말할 수 없었다. 너무 오랫동안 만나지 않으면 그녀에 대한 사랑도 사라질 거라고 내가 우기기라도 하면, 분명 그녀 쪽에서는 빨리 그녀의 곁에 와달라는 대답을 받고 싶어 그러는 거라고 믿을 테니까. 그런 동안에도, 이런 이별의 선고를 더욱 쉽게 한 것은(아무리 부정해도 그녀를 만나러 가지 않는 건 내 의지이며, 다른 장애 또는 내 건강 상태 때문도 아니라는 사실을 그녀가 똑똑히 알아차리게) 질베르트가 여자친구와 바깥에 나가 식사 시간에 돌아오지 않을 걸 미리 알게 될 때마다 스완 부인을 만나러 간 덕분이다(그런 나에게 스완 부인은, 내가 그 딸을 만나기가 그처럼 어려웠던 시기, 그 딸이 샹젤리제에 오지 않던 나날에 내가 아카시아 가로수길에 산책하러 가던 그 시기의 스완 부인 모습으로 되돌아가 있었다). 그렇게 하면 나는 질베르트에 대한 이야기를 들을 수 있고, 질베르트도 다음에 가서 나에 대한 이야기를, 더구나 내가 그녀에게 집착하고 있지 않음을 증명하는 이야기를 듣게 될 거라고 확신했다. 괴로워하는 사람들이 모두 그렇듯이, 나의 고약한 처지가 더욱 한심스러워질지도 모른다고 생각했다. 그도 그럴 것이 나는 질베르트네 집에 자유롭게 드나들 수 있었고 그 특권을 함부로 행사하지 않을 결심이지만, 고통이 참기 힘들 정도로 심해졌을 때엔 이 특권을 버리기만 하면 그만이라고 늘 마음속으로 되뇌곤 했기 때문이다.

나의 불행은 그날뿐이었다. 아니, 이는 너무 지나친 말이다. 질베르트가 언젠가 나에게 보낼 편지, 아니면 직접 가져올지도 모르는 편지를(더구나 그녀와의 불화 직후의 몇 주간, 스완네 집에 다시 찾아가기 전에 내 가슴을 조였던 그 불안한 기대가 이미 없어진 지금) 나는 한 시간에 몇 번이나 입속으로 중얼대었는가! 이런 공상으로 얼룩진 행복이 나를 도와 실제 행복의 붕괴를 견디도록 만들었다. 우리가 사랑하지 않는 여인이 '행방불명'인 사람처럼 아무런 희망이 없다고 해서, 계속 기대를 거는 일이 장애가 되는 건 아니다. 우리는 불침번을 서고 귀를 기울이며 나날을 보낸다. 아들을 위험한 항해의 탐험길에 보낸 어머니는 아들이 죽었다는 확증을 얻었음에도 잠시도 빼놓지 않고, 어쩌면 기적적으로 구조되어 건강한 모습으로 방 안에 들어오지 않을까 상상한다. 이 기대 심리는 기억력과 여러 신체 장기의 저항에 따라, 여러 해에 걸쳐 아들의 죽음을 견디게, 점점 망각시켜 살아나갈 수 있게도 하고, 그렇지 않은 경우 그 생명을 잃게 한다. 다른 한편으로 나의 슬픔은 그것이 오히려 내 사랑에 이롭다는 생각에 조금 위로되었다. 질베르트를 만나지 않고 스완 부인을 찾아가는 일은 가슴 쓰렸지만, 방문할 때마다 그만큼 나에 대한 질베르트의 마음을 점점 나아지게 한다고 느꼈기 때문이다.

하기야 스완 부인네 집에 가기 전, 내가 늘 그 딸이 집에 없는지를 확인하려고 한 까닭은, 그녀와의 사이를 틀어버리겠다는 결심에서 나온 것인지도 모르지만, 그녀와 절교하려는 내 의지가 너무나 냉혹하여 그것을 숨기고 대신 화해하려는 마음이 희망으로 나온 것인지도 몰랐다(절대적인 힘이 끊임없이 인간의 영혼 속에 작용한다는 것은 거의 없는 일로써, 인간 영혼의 유력한 법칙 가운데 하나는 다른 여러 회상의 예기치 못한 몰려듦을 통해서도 알아차리듯, 바로 간헐성이다). 화해에 대한 희망, 그것이 꿈 같은 이야기란 것은 나도 잘 알고 있었다. 나는 어느 생면부지의 노인이 전 재산을 자기에게 남겨줄지도 모른다고 생각하자, 말라빠진 빵만 있는 식탁에서 금세 비탄의 눈물을 거두는 가난뱅이와도 같았다. 현실을 견디려면, 우리는 누구나 마음속에서 뭔가 싹틔워내야만 한다. 그런데 내 희망은, 만약에 내가 질베르트를 만나지 않으면—이별이 더 잘 이뤄지는 동시에—더 완전하게 그대로 남는다. 만일 그녀의 집에서 그녀와 얼굴을 맞댔다면, 우리 둘은 어쩌면 다시 돌이킬 수 없는 말을 나눴을지도 모르며, 그 말이 우리 둘의 불화에 못을 박고, 내 희망을 죽이고, 한편으로는 새로운 불안을 만들어내면서, 애정을 불러일으켜, 단념을 더욱 어렵게 했을는지도 모른다.

아직 질베르트와의 사이가 틀어지기 전에 스완 부인이 내게 말했다. "질베르트를 만나러 오는 건 매우 기쁘지만, 이따금 '나'를 위해 와주면 더욱 기쁘겠어요. 나의 슈플뢰리(Choufleury)*1에는 손님이 많아 지루할 테니 다른 날에 말이에요. 조금 늦은 시간이라면 늘 집에 있어요." 따라서 스완 부인을 만나러 간 나는, 오래전에 와달라고 그녀가 드러냈던 희망에 이제야 응하는 것으로 보였다. 그리고 아주 느지막하게, 이미 어둠이 깔리고, 부모님이 저녁상 앞에 앉는 그 시각에 스완 부인을 만나러 나갔는데, 질베르트를 못 만날 것을 알지만 가는 도중 그녀만 생각했다. 그때 파리는 지금보다 어두워서, 중심부 큰길에 가로등이 없었으며, 전등을 켜고 사는 집도 드물던 이 후미진 마을에서는, 1층 또는 낮은 중2층(中二層)에 설치된 살롱(예컨대 스완 부인이 항상 손님을 접대하는 살롱)에 켜져 있는 전등이 길을 밝히고, 지나가는 이들의 눈길을 끌었다. 이들은 그 빛을, 문 앞에 나란히 있는 멋들어진 쿠페(coupé)*2가 서 있는 이유를, 바로 눈에 띄지만 속이 가려진 그 빛을 바라보는 것이었다. 길을 걷던 이는 쿠페 한 대가 움직이기 시작하자, 그 비밀스런 원인에 어떤 뜻밖의 변화가 일어난 줄 알고 얼마쯤 감동이 일었다. 그러나 그것은 마부가 말이 감기에 걸릴까 봐 때때로 말을 왔다 갔다 하게 했던 것인데, 고무바퀴가 말의 걸음걸이 때문에 고요함에 깃들이고, 그 위에 말굽소리가 보다 분명하게, 보다 또렷하게 드러났던 만큼 더욱 인상적이었다.

그 무렵 아파트가 인도에서 그다지 높게 있지만 않으면 어느 거리에 가도 흔히 보이던 '실내 화단'은, 이제 와서는 새해 선물용 책으로 사는 스탈(P.J. Stahl)*3의 사진판 삽화에서밖에 눈에 띄지 않는다. 거기에 보이듯, 그때 '실내 화단'으로 말할 것 같으면, 오늘날 루이 16세풍 살롱에도 드물게 보는 꽃꽂이—목 긴 크리스털 꽃병에 꽂는 한 송이 장미나 일본 창포—와는 모난 대조를 이루어, 수북하게 식물을 모아놓은 데다가 자리에 놓아둔 모습이 몹시 어지러워 집 안을 꾸미는 데 대한 주부의 무관심, 더 나아가서는 식물학에 대한 주부의 한심한 애정에 따르는 성싶었다. 이 실내 화단은 그때 저택에서 켜놓은 전등—어린이들이 날이 새기를 초조하게 기다려서—밑에, 새해 아침 선물 가운데 놓여 있는 가지고 다니기 간편한 작은 온실, 다른 선물

*1 알레비의 희극 〈슈플뢰리께서는 댁에 계십니까〉에서 나온 결말. '기대에 어긋나는 초대일'이란 뜻임.

*2 2인승 사륜마차.

*3 프랑스의 아동문학가·출판인(1814~86) 피에르 쥘 에첼(Pierre-Jules Hetzel)의 필명.

보다 아름답고 거기에 심어져 있는 식물을 가꾸는 재미로, 벌거숭이 겨울로부터 어린이의 마음을 달래주는 온실을 더욱 큰 것으로 떠오르게 했다. 아니, 이 실내 화단과 가장 닮은 점은, 이런 작은 온실 바로 옆에서 찾은 또 다른 새해 선물인 온실, 아름다운 책에 실물처럼 그려진 온실 삽화였다. 그 온실 삽화는 어린이들이 아니라 그 책의 여주인공인 릴리 아가씨에게 주어진 것인데, 그것이 어린이들 마음을 어찌나 황홀케 하였던지, 지금은 늙어버린 그들도 그지없이 행복했던 세월 가운데 겨울이 가장 아름다운 계절이 아니었던가 하는 생각마저 들게 한다. 그리고 화분에 심은 잡다한 교목 너머로—이 교목들은 거리 쪽에서 보면 불빛이 환한 유리창을, 앞서 말한 그림에 그려진 또는 실물인 어린이 온실을 방불케 했다—이 실내 화단 안쪽에서 발끝을 치켜들고 흘끔 넘어다보는 길 가는 이들 대부분은 연미복 차림의 사내 하나를 볼 수 있었는데, 가슴 단춧구멍에 치자꽃이나 카네이션을 꽂은 그 사내는 앉은 여인 앞에 서 있었으며, 이 두 사람은 마치 황옥(黃玉)에 새긴 두 오목새김처럼, 그때 외국에서 막 들어온 사모바르(samovar)*에서 흘러나온 김이 실내를 덮어 호박빛으로 물든 살롱의 분위기가 더욱 흐리멍덩해 보였다. 그 김은 오늘날도 사모바르에서 뭉글뭉글 피어나겠지만, 이제는 모두들 익숙해져서 그 누구의 눈에도 띄지 않게 되었다.

스완 부인은 이 '차'를 매우 중요하게 생각했다. "늦은 저녁이면 언제라도 찾아오세요, 차 드시러." 이렇게 말하면서 그녀는 그것으로 자신의 독창적인 매력을 내뿜고 있는 줄로 여겼다. 그래서 그 순간에 슬쩍 영어의 억양을 풍기며 발음하는 이 말에 감미로운 미소를 곁들였는데, 듣는 상대방은 엄숙한 자세로 인사하면서, 마치 그 말이 존경심과 주의력을 요구하는 특별한 어떤 중대사나 되기라도 하듯 귀를 기울였다. 거기에는 위에서 말한 이유 말고 또 하나의 이유가 있었는데, 이 이유 때문에 스완 부인의 손님방에서 꽃들이 한갓 장식적인 성질만을 띠고 있는 게 아니고, 또 시대와 관계없이, 어느 정도까지, 이를테면 오데트가 보냈던 옛 생활과 관계가 있었다. 전의 스완 부인처럼 고급 창부이고 보면, 많은 시간을 정부들을 위해 살고 곧 살림을 차리므로 그 생활을 그녀 마음대로 관리할 수 있다. 어엿한 여염집에서 눈에 띄

* 러시아 전래의 물주전자.

는 것, 어엿한 여인도 중요하다고 생각하는 것, 그것이 고급 창부에게는 무엇보다 소중한 것이다. 그녀의 하루가 정점을 이루는 순간은 사교계에 나가려고 몸단장할 때가 아니라, 한 사내를 위하여 옷을 벗는 순간이다. 그녀에게는 나들이옷과 마찬가지로 실내복, 잠옷도 멋있어야 한다. 다른 여인이 보석을 보란 듯이 빛내고 있으면, 그녀는 그녀대로 진주를 몸에서 떼는 일이 없다. 이런 생활이 의무처럼 되어, 드디어는 은밀한 사치를 취미로 기르고 만다. 곧 이해관계를 떠난 게 되고 만다.

스완 부인은 꽃에도 그 사치스러운 취미를 부리고 있었다. 그녀의 안락의자 근처에는 떨어진 파르마(Parme)*의 오랑캐꽃 또는 마거리트 꽃잎이 수면에 떠 있는 커다란 크리스털 수반이 늘 있었는데, 이것은 방문한 손님의 눈에, 그녀가 좋아하는 어떤 일, 예컨대 그때까지 혼자 마시던 홍차처럼 느닷없이 즐거움을 빼앗는 듯 보였다. 아니, 더 친밀하고 불가사의한 즐거움을 방해한 것 같아, 손님은 거기에 흩어져 있는 꽃잎을 보면서, 마치 독서의 내용을, 따라서 지금 오데트가 무얼 생각하는지 보여주듯 열려 있는, 막 읽고 난 책의 제목을 예의 없이 보고 만 경우처럼 어쩐지 사과의 말을 하고 싶어지는 것이었다. 게다가 꽃은 책 이상으로 살아 있는 존재였다. 스완 부인을 방문하러 들어가서, 손님방에 그녀가 혼자 있지 않거나, 또는 그녀가 누군가와 함께 들어와서 손님방이 비지 않은 것을 언뜻 깨닫고 거북살스러워지곤 했는데, 그만큼 꽃이 손님방에서 수수께끼 같은 자리를 차지하고, 엿볼 수 없는 주부의 시간에 관계되고 있어서, 오데트의 방문객을 위하여 마련된 게 아니라 지금 막 그녀로부터 잊힌 듯한 이 꽃들은, 지금까지 그녀와 뭔가 특별난 이야기를 하고 있었거나 앞으로 하려던 것을 방해하지나 않았을까 걱정하게 만들어, 그 비밀을 풀려고, 물에 녹아들어 빛깔이 연해진 파르마 오랑캐꽃의 연보라색을 똑바로 바라보지만, 그런 시도는 헛일로 돌아가곤 했다.

10월 말부터 오데트는 five O'clock tea(5시의 차)라고 불리는 차 시간에 맞추듯이, 되도록 정확하게 집에 돌아왔다. 베르뒤랭 부인이 살롱을 연 것도 그 시각에만 방문하면 부인을 만날 가능성이 확실했기 때문이라는 이야기를 소문으로 들어서였다(또 오데트는 이 말을 즐겨 되풀이했다). 오데트는 보

* 이탈리아의 도시.

다 자유로운 살롱을 가진 자신을 떠올렸다. 이것은 'senza rigore(엄하지 않은)'하다고 그녀가 즐겨하는 말이었다. 따라서 그녀는 이를테면 자신을 레스피나스(Lespinasse)*[1]라고 여기고, 작은 무리의 데팡(Deffand) 부인*[2] 동아리로부터 가장 마음에 드는 사내들, 특히 스완을 빼냄으로써, 그것에 대적하는 살롱을 이룬 줄로 믿고 있었다. 떠도는 소문으로는 스완이 오데트의 뒤를 따라 베르뒤랭 부인의 살롱에서 탈퇴하여 물러났다고 했는데, 새로 사귄 이들이어서 지난날을 모르는 사람들이라 오데트가 그렇게 퍼뜨리기에 쉬웠는지 몰라도, 그녀 자신에게 그렇게 이해시키지는 못했으리라. 더구나 마음에 드는 배역을 골라 남들 앞에서 보이고 혼자서도 끊임없이 되풀이하므로, 사건에 대해 이야기할 때 거의 잊어버린 현실에 비춰보는 것보다는, 있음직한 지어낸 증거에 비춰보는 쪽이 훨씬 쉽기 마련이다. 스완 부인이 바깥으로 나가지 않는 날에는 첫눈같이 흰 크레프드신 실내복, 때로는 긴 실크 모슬린 튀요타주(tuyautage)*[3] 차림으로 집에 있어, 그것은 마치 축제에 장밋빛 또는 흰 꽃잎을 뿌린 듯이 보였는데, 요즘에 와서는 겨울에 맞지 않은, 마치 계절감이 없는 것으로 보이리라. 그러나 그 얇은 천에 부드러운 색깔은—그 시대의 소설가들이 가장 멋있다고 말하던 것이 '포근한 쿠션'이던 그때 살롱의, 무거운 커튼을 드리우고 문이란 문은 다 닫아 숨막힐 듯한 온기 속에서는—아직 겨울인데도 이미 봄처럼 그 알몸을 담홍색으로 물들여, 여인 옆에 놓여 있는 장미꽃과 마찬가지로 똑같이 추운 모습을 드러냈다. 양탄자 때문에 소리가 나지 않고, 또 안쪽에 들어앉아 있으므로, 주부는 지금처럼 손님이 들어오는 것을 알아차리지 못한 채, 벌써 손님이 그녀 바로 앞에 와 있는데도 계속 독서에 여념이 없고, 그런 일이, 그 무렵에도 이미 유행에 뒤진 옷들에 대한 추억 속에서 오늘날 우리가 다시 발견하는 소설적인 인상, 들켜버린 비밀스러운 일의 매력을 더하게 했다.

스완 부인은 아마도 아직까지 그런 옷을 버리지 않았던 유일한 여인이었으리라. 그 옷을 입은 여인이 소설 여주인공의 모습과 비슷하다는 느낌을 주

---

*1 18세기 프랑스의 서간문학가이자 살롱의 재원(1732~76).

*2 교양이 풍부하고 재치가 뛰어난 당시 프랑스 사교계의 명성(1697~1780). 여기서는 베르뒤랭 부인의 작은 동아리를 가리킴.

*3 둥근 주름을 잡은 옷.

고, 대부분이 그런 옷을 앙리 그레빌*의 몇몇 소설 속에서밖에 볼 수 없기 때문이다. 오데트는 겨울이 오면 손님방에 커다랗고 색깔이 다양한 국화를 들여놓았는데 전에 스완이 라 페루즈 거리에 있던 그녀의 옛 집에서는 볼 수 없었던 꽃이었다. 내가 스완 부인을 찾았을 때—그다음 날이면 그녀가 질베르트에게 "네 친구가 나를 찾아왔더라"고 말하리라 여기고, 나는 내 슬픈 마음을 통해, 질베르트 어머니로서의 모든 신비로운 시를 그녀에게서 찾았지만—그 국화를 보며 감탄했던 건, 스완 부인의 안락의자가 루이 15세풍 비단처럼 희미한 장밋빛을 띤 그녀의 크레프드신 실내복처럼, 눈처럼 하얀 사모바르의 금속 같은 붉은 빛깔을 한 국화들이 손님방의 장식 위에, 매한가지로 풍요하고 풍치 있는, 게다가 살아 있는, 하지만 며칠밖에 살지 못하는 듯 보이는 현란한 색채의 장식을 겹쳐놓고 있음을 봤을 때부터였다.

그러나 내가 감동한 것은 그 국화들이 11월 어느 오후의 안개 속에서 석양이 그토록 찬란하게 끓어오르게 하는, 같은 장밋빛 또는 구릿빛만큼 덧없지 않고 비교적 오래 가며, 스완 부인네 집에 들어가기 전에 언뜻 바라보았던 저녁놀이 잠시 꽃 속에서 불타올라 팔레트같이 길게 늘어져 있는 것을 방 안에서 다시 바라봤기 때문이다. 인간의 보금자리를 꾸미기 위해 채색에 능란한 어느 화가의 손으로, 변하기 쉬운 대기와 태양빛에서 떼어낸 듯한 불꽃 같은 그 국화들은, 나의 심한 슬픔에도 불구하고, 이 차 시간 동안, 내 가까이 꽃과 석양이 자아내는 친밀하고도 신비로운 빛깔에 번득이는 11월 한순간의 쾌락을 탐욕스럽게 맛보도록 나를 꾀어내었던 것이다. 유감스럽게도 내 귀에 들어오는 대화 속에서는, 그 아름다운 빛깔의 뒤를 쫓아가는 게 불가능했다. 오가는 이야기는 저녁놀이나 꽃의 아름다움과 조금도 비슷하지 않았기 때문이다. 스완 부인은 꽤 늦은 시간이었는데도 코타르 부인한테 "그러지 마세요, 늦지 않아요. 시계를 보지 마세요, 맞지 않으니까, 안 간답니다, 이렇게 서두르시니 볼일이라도 있으세요?" 하고 상냥한 투로 말하고는, 명함집을 들고 있는 교수 부인에게 차 한 잔을 또 권했다.

"이 댁에서는 물러가기가 힘들어요." 봉탕 부인이 스완 부인에게 말하자, 코타르 부인은 자신의 생각이 뜻밖에도 남의 입을 통해 나오자 깜짝 놀라 크

* 프랑스의 여류 통속 소설가(1842~1902).

게 소리쳤다. "그래요, 내 보잘것없는 판단에서 보더라도, 늘 마음속으로 말하려는 것도 바로 그거예요!" 이 말투는 자키 클럽 사내들의 갈채를 받은 것으로 스완 부인이 이 애교 없는 프티부르주아 여인에게 그들을 소개했을 때, 그들은 크나큰 영광에 황송해 마지않는 듯이 여인에게 한껏 인사말을 베풀었는데, 이 여인은 오데트의 빛나는 벗들 앞에서 그녀가 '방어'라고 일컫는 자세—왜냐하면 아주 보잘것없는 일에도 늘 고상한 말을 쓰므로—는 짓지 않았더라도 겸손한 태도만은 지켰다. "이번으로 세 번이나 수요일에 우리집에 오시지 않았으니 정말 너무하세요." 스완 부인은 코타르 부인에게 말했다. "정말 그렇군요, 오데트, 만나 뵙지 못한 지 오랜 세월이 지났군요. 내 죄는 인정해요. 하지만 꼭 말해야 할 것은 다름이 아니고." 코타르 부인은 몹시 수줍어하는 애매모호한 투로 덧붙였다(그도 그럴 것이 의사의 아내지만, 류머티즘이나 신장염에 걸린 사실을 대담하게 말하지 못했을 테니까). "사소한 사건이 잇달아 일어났답니다. 누구에게나 다 있는 일이죠. 내 경우엔 별안간 남자 하인 쪽에서 큰 탈이 일어났지 뭡니까. 나야 뭐 다른 분 이상으로 심하게 주인 행세하는 편은 아니지만 아니 글쎄, 우리집 바텔이 더 벌이 좋은 자리를 찾는 눈치가 보여, 본보기를 보여줄 겸 내쫓아버릴 수밖에 없었거든요. 그런데 그 하인을 내보냈다가 하마터면 우리집 하인들이 전부 관둘 뻔했어요. 내 몸종마저 쉬고 싶다는, 호메로스*풍의 장면이 벌어졌지 뭐예요. 어쨌든 나는 노(櫓)를 꽉 쥐었지만 앞으로 절대 잊지 못할 좋은 교훈을 얻었답니다. 하인들의 이야기를 해서 지루하실 테지만, 그래도 하인을 다시 뽑으려면 얼마나 두통거리인지 마찬가지로 잘 아시겠지요. 그런데 댁의 귀여운 따님이 안 보이는데요?" 코타르 부인이 물었다. "공교롭게도 귀여운 그 애가 친구 집의 만찬에 가서요." 이렇게 대답하고 나서 스완 부인은 내 쪽으로 "내일 당신한테 찾아와달라고 그 애가 편지를 써 보냈을걸요" 덧붙이고는, "그런데 댁의 자녀들은?" 하고 다시 교수의 아내에게 물었다.

나는 한숨 돌렸다. 내가 바랄 때는 언제라도 질베르트를 만날 수 있음을 증명하는 스완 부인의 이 말은 위로를 주었지만, 마치 그 위로야말로 내가 바란 듯했으며, 그 무렵 스완 부인을 방문하는 것이 나에게 아주 필요한 일

---

* 유럽 문학 최고 최대의 서사시 《일리아스》와 《오디세이아》의 작가(B.C. 800? ~750).

이었다. "아뇨, 못 받았습니다. 오늘 저녁 내가 한마디 써 보내죠. 게다가 질베르트와 나는 서로 만나지 못하게 됐는걸요." 우리의 헤어짐을 뭔가 알 수 없는 원인에 돌리면서 나는 덧붙였다. 이런 원인 덕분으로 나는 여태까지 사랑의 환상, 내가 질베르트에 대해서 말하고 질베르트가 나에 대해서 말하는 다정함이 담긴 사랑의 환상을 품을 수 있었다. "아시겠지만 질베르트는 당신을 무척 좋아해요." 스완 부인이 내게 말했다. "정말 내일 오시는 게 싫은 건 아니죠?" 듣자마자 가슴에 희열이 일었다. 막 마음속으로 말했던 거다. '그래도 오기 힘든 일은 아닐 거야. 나한테 오라고 말하는 분이 질베르트의 어머니이니까.' 그러나 나는 금세 다시 슬픔에 빠졌다. 질베르트가 나를 보면 최근에 쌀쌀함이 거짓이었다고 생각할까 봐 겁나서, 또 그렇게 될 바에야 헤어져 있는 기간이 더 길어지는 게 차라리 마음 편했다. 이렇게 우리 둘이서 속삭이는 동안, 봉탕 부인은 정치가 아내들의 견딜 수 없는 지긋지긋함에 대해 불평을 늘어놓고 있었다. 봉탕 부인은 모든 인간을 진저리나는 가소로운 존재로 여기는 체하며, 또 남편의 지위를 대단히 유감으로 여기는 척하는 게 버릇이었기 때문이다.

"그럼 당신은 계속해서 쉰 명이나 되는 의사 부인들을 접대할 수 있단 말이군요." 봉탕 부인은, 그녀와는 반대로 누구에게나 상냥하며, 모든 의무를 충실히 다하는 코타르 부인에게 말했다. "참으로 훌륭하시군요! 나도 물론 관청엔 감사해요. 그런데 말이에요! 나로선 참기 어려워요. 너무해요, 공무원의 아내들이란 혀를 내두르지 않고는 못 배길 정도예요. 우리집 조카딸인 알베르틴이 나와 같답니다. 그 애가 얼마나 뻔뻔스러운지 모르실 거예요. 지난 주 우리집에서 손님을 맞는 날에 재무부 차관 부인이 오셨는데, 그분이 자기는 요리에 대해 잘 알지 못하다고 말했답니다. 그러자 알베르틴이 생글생글 미소 지으며 대꾸하는 말이, '그렇지만 부인, 부인은 요리에 대해 잘 아실 텐데요, 부인의 아버님께서 설거지꾼이셨으니까요'라지 뭐예요."

"어머, 그 이야기 마음에 들어요, 걸작이에요." 스완 부인이 말했다. "그래도 의사 선생님의 진찰일에는 사랑스럽고 가족적인 분위기를 내야 합니다. 꽃이라든가, 책이라든가, 좋아하시는 물건들을 장식하고서요." 그녀는 코타르 부인에게 권했다.

"얼굴에 한 대 철썩, 또 한 대 철썩, 그 애는 정면으로 차관 부인을 혼내

주었어요. 그러면서도 내겐 아무것도 미리 알리지 않았거든요. 깜찍한 애랍니다, 원숭이처럼 꾀바르고요. 댁에서는 마음속으로 생각하는 바를 꾹 참을 수 있다니 다행입니다. 나는 자신의 생각을 숨길 줄 아는 분들이 부러워요."

"그러나 나는 숨길 필요가 없답니다. 숨기고 어쩌고 할 만큼 까다로운 성미가 아니라서요." 코타르 부인이 부드럽게 대답했다. "첫째로 내게는 댁처럼 깐깐하게 굴 권리조차 없어요." 그녀는 조금 목소리를 높여 강조했다. 대화 속에 저 자신도 감동받으며 또한 남편의 출세에도 도움 될 듯한 예민한 호의와, 재치 있는 아첨을 슬그머니 넣을 때마다 그녀는 그런 숨은 뜻에 힘을 실어 발음하고자 살짝 목소리를 높이곤 했다. "게다가 나는 교수에게 도움 되는 일이라면 무엇이나 다 기쁘게 한답니다."

"그래도, 부인이 능하시니까 그래요. 아마 신경이 예민하지 않으신가 봐. 난 육군 장관 부인이 얼굴을 찌푸리는 걸 보면, 금세 그 흉내를 내지요. 이런 성격을 갖다니 정말 싫어요."

"아아, 그렇지." 코타르 부인이 말했다. "나도 들은 일이 있어요, 그분 얼굴에 심한 경련이 일어난다는 얘기를. 누군가 아주 지위 높은 분으로 그와 똑같은 분을 바깥사람이 아는데, 당연한가 보죠, 그런 높은 이들이 서로 이야기할 때는……."

"이봐요, 또 있어요. 그 외무부 의전과장, 곱사등이가 우리집에 온 지 5분도 되지 않아서, 나는 번번이 그 등의 혹을 철썩 갈기고 싶어진답니다. 바깥양반 말로는 그런 짓을 하면 자기가 파면당한다고 합니다만. 빌어먹을 관청이 뭐람! 제길, 관청이 다 뭐냐! 나는 내 편지지에 이런 표어를 인쇄하고 싶었답니다. 이런 말을 해서 아마 댁은 한심하다고 생각했을 거예요, 댁의 인품이 온순하니까. 그래도 터놓고 말하지만 남을 욕하는 것만큼 재미나는 일도 따로 없잖아요. 이것 없이는 인생이 정말 따분하잖아요."

그러고 나서 그녀는 계속해서 관청에 대해 말했다. 마치 관청이 올림포스 산인 듯. 대화를 다른 쪽으로 돌리려고, 스완 부인이 코타르 부인 쪽을 보며 말했다.

"오늘 아주 아름다워 보이네요. 레드펀 제품(Redfern fecit)인가요?"

"아니에요, 나는 라우디니츠(Raudnitz) 제품의 열렬한 애호가랍니다. 게다가 이건 모양을 고친 거예요."

"어마, 그래요? 멋있는데요!"

"얼마나 줬을 것 같아요? ……아니죠, 첫 숫자를 바꾸세요."

"뭐라구요? 거저나 다름없군요. 공짜예요. 그 값의 세 배로 들었는데."

"역사란 그렇게 해서 씌어지죠." 의사의 아내는 결론지었다. 그리고 스완 부인이 선물로 보낸 목걸이를 스완 부인에게 보이며 말했다.

"보세요, 오데트, 알아보시겠어요?"

방긋이 열린 휘장 사이로 한 얼굴이, 자리를 어수선하게 하는 걸 겁내는 모양을 짐짓 장난삼아 꾸미며 공손하게 나타났다. 스완이었다. "오데트, 내 서재에 함께 있는 아그리장트 대공이 당신에게 경의를 표하러 가도 좋으냐고 묻는데, 뭐라고 전해야 좋을까?"—"어서 오시라고 하세요." 오데트는 의기양양하게 대답했지만 침착함을 잃지는 않았다. 이는 창부로서 멋있는 사내들을 응대해왔던 만큼 몸에 깊이 배어 있던 바로 그 침착함이었다. 스완은 그 허락을 전하러 나갔다. 그리고 그 사이에 베르뒤랭 부인이 손님방에 없을 때만 대공을 데리고 아내 곁으로 돌아오는 것이었다. 그는 오데트와 결혼했을 때 다시는 베르뒤랭 부인의 작은 모임에 드나들지 않기를 그녀에게 부탁했다(그에게는 그렇게 요구하는 많은 이유가 있었지만, 이유가 없었더라도, 예외를 허용하지 않으며, 따라서 중개자들이 선견지명이 있는지 또는 공정하고 욕심이 없는지를 뚜렷이 드러나게 하는 배은망덕의 법칙에 따름으로써 그 목적은 이뤄졌을 것이다). 그는 오데트가 베르뒤랭 부인과 한 해에 서로 한 번씩 찾아가는 두 차례 방문만 허락했는데, 이런 행동은 그토록 여러 해 동안 오데트를, 또 스완마저 친자식처럼 대접했던 마님에 대한 모욕에 분개한 베르뒤랭네의 신도 몇몇에겐 그 또한 못 본 체하고 그대로 넘길 수 없는 행동으로 보였다. 그도 그럴 것이 이 작은 모임 가운데에는 오데트의 초대에 응하려고 이따금 아무 말 없이 야회에서 빠져나오고, 그게 들키는 경우엔 베르고트를 만나고 싶은 마음에서 그랬노라고 변명을 늘어놓을 배신자도 있었지만(하기야 마님은, 베르고트는 스완네 집에 드나들지 않는다, 그를 재능 없는 사람이라고 우겼지만, 그녀의 입버릇을 빌려 말한다면 그를 끌어당기려고 무척 애쓰고 있었다), 다른 한편에 같은 수의 '과격파' 무리도 있었기 때문이다. 아무개를 난처하게 만들고자 반대파에게 과격한 태도를 취하고 싶지만, 특수한 예의가 흔히 그 무리의 생각을 돌리는데, 이 '과격파'들은 그런 예의를 몰라, 베르뒤랭 부인이 오데트와 딱 잘라 절교하길 원하며, 오데트가 생글생글 웃으면서 "우린 갈라진 이후 좀처럼 마님 댁에 못 가요. 그래도 결혼 전에는 가능했는데, 살림을 차리고 보니 그리 수월하지 않군요……. 우리집 스완은 사실 베르뒤랭 아주머니를 좋아하지 않고, 또 내가 줄곧 드나드는 것도 탐탁찮아 하거든요. 때문에 정숙한 아내로서 나 또한……"이라고 말하는 의기양양한 낯가죽을 벗기고 싶어했지만, 뜻대로 되지 않고 말았다. 스완은 베르뒤랭네 야회에는 아내와 함께 갔으나 베르뒤랭 부인이 오데트 쪽으로 방문했을 때는 자리를 피하곤 했다. 따라서 베르뒤랭 부인이 손님방에 있는 경우 아그리장트 대공은 혼자 들어갔다. 게다가 오데트를 통해 베르뒤랭 부인에게 소개된 사람도 아그리장트 대공뿐이었다. 그 까닭은, 오데트는 신분 낮은 손님의 이름이 베르뒤랭 부인의 귀에 들리지 않게 하고, 낯선 얼굴들이 수두룩하게 보여도 자기가 여러 귀족 명사에 둘러싸여 있는 줄로 믿게 하는 데 있었다. 그 속셈이 바로 맞아, 그날 저녁 베르뒤랭 부인은 불쾌하다는 듯이 남편에게 말했다. "호감 가는 주위 사람들! 반동파의 알짜가 다 모였나 봐요!"

오데트는 베르뒤랭 부인에 관해서 사실과는 반대의 환상을 그리며 살고 있었다. 그 무렵 베르뒤랭 부인의 살롱으로 말하면, 우리가 훗날에 보게 되는 진전의 징조라곤 하나도 보이지 않았다. 오합지졸이 너무나 많아서 최근에 얻은 현란한 분자 소수가 눈에 띄지 않을 성싶은 큰 파티를 아예 당분간 늦추고, 그러고서 끌어당기는 데 성공한 명사 열 명이 바탕이 되어 훌륭한 분자가 칠십 배로 늘어나기까지 기다리는 편이 낫다고 생각하는 그 부화기, 베르뒤랭 부인은 아직 그런 시기에도 이르지 못하고 있었다. 오데트가 계획을 착착 진행하는 동안, 베르뒤랭 부인 쪽도 '사교계'를 궁극의 목표로 삼고 있었지만, 그 공격 지대가 아직 한정되어 있는데다가, 오데트가 조금의 호기를 얻어 같은 결과를 노리면서 이미 돌파하는 데 성공한 지대부터는 거리가 멀어서, 오데트 쪽은 베르뒤랭 부인이 고심 속에 짜고 있는 작전 계획을 까맣게 모르는 채 지냈다. 그러니까 베르뒤랭 부인이 속물이라는 소문을 듣자, 오데트는 그럴 리가 없다는 굳은 확신에서 웃음을 터뜨렸다. "농담이겠죠. 그분에게는 속물이 될 소양이 없어요. 그분에겐 친한 사람이 하나도 없어요. 게다가 그것이 그분에겐 속 편해요. 아니, 그분이 좋아하는 건 수요일 모임과 뜻에 맞는 수다스러운 사람들이죠." 또 오데트는 남몰래 베르뒤랭 부인을 부러워하고 있었다(그녀도 훌륭한 학교에 있었던 이상, 자신도 배웠다고 생각하고 있겠지만). 더구나 베르뒤랭 부인이 중요하게 생각했던 그 기교, 오로지 존재하지 않음에 색을 입히고, 공허를 조각하는 것에 지나지 않는, 말 그대로 '허무의 기교'는(한 가정의 주부라면) '손님을 모으는' '수를 아는' '손님을 모아 떼로 만드는' 방법에 정통한, '추어올리는' '표면에 나서지 않는' '중개'의 소임을 맡은 따위의 기교였다.

아무튼 스완 부인네 살롱에 와 있는 여인네들은, 부인이 혼자 온 걸 보면서 놀란다. 평소 자기 살롱에서 떼어놓을 수 없는 틀처럼 작은 모임의 손님 전부에게 둘러싸여 있는 것만을 보아온 마님의 모습이, 스완 부인네 살롱에 손님으로 나타난 것을 보고 강한 인상을 받았다. 더군다나 오직 안락의자가 하나 주어진 데 지나지 않는데, 그 주위에 작은 모임의 분위기를 불러일으키고, 요약하며, 압축하면서, 이 살롱에 깔려 있는 흰 모피와 마찬가지로 보송보송한 논병아리의 털이 달린 외투에 포근하게 싸인 그 모습이, 마님의 관록을 조금도 떨어뜨리지 않고, 이 살롱 한가운데 또 하나의 살롱을 두드러지게 나타내고 있는 베르뒤랭 부인을 보며 사람들은 감탄해 마지않을 뿐이었다. 몹시 소심한 여인네들은 조심성 있게 물러갈 생각으로, 병석에서 처음으로 일어난 회복기 병자를 너무 피곤케 하지 않는 게 현명하다고 다른 사람들에게 이해시키려 할 때처럼 복수 인칭을 쓰면서 말했다. "오데트, 우리 가보겠어요." 코타르 부인은 마님한테서 세례명으로 불리어 모두가 부러워하고 있었다. "당신을 유괴해가도 좋겠지요?" 베르뒤랭 부인은 추종자 하나가 자기를 따라나오지 않고 그곳에 그대로 남는 것을 생각하자 참을 수 없어 그렇게 말한다. "그런데 이 댁에서 친절하시게도 데려다주신다고 했으니까." 코타르 부인이 대답했다. 더 유명한 여인에게 아첨하기 위하여, 봉탕 부인이 모자에 휘장 단 마부가 모는 자가용 마차로 데려다주겠다고 한 제의를 승낙했던 것을 잊어버렸다는 태도를 보이고 싶지 않았기 때문이다.

"정말이지 자가용 마차에 태워주시겠다는 친구분들의 호의가 정말로 고마워요. 마부가 없는 나로서는 정말로 송구하죠."—"더군다나" 하고 베르뒤랭 부인은(봉탕 부인을 조금 알고 있으며, 이제 막 수요일에 부인을 초대한 참이라 지나친 말을 하지 않으려고) 대답했다. "크레시 부인 댁이 당신네 집 근처가 아니니까, 어머? 난, 언제 스완 부인이라고 부르게 될는지.” 스완 부인이라고 익숙하게 부르지 못하는 척하는 게, 작은 모임에서 그다지 재치 없는 이들 사이의 놀림거리가 되고 있었다. “나는 크레시 부인이라고 부르는 게 입버릇이 되어놔서요, 하마터면 또 틀릴 뻔했어요.” 다만 베르뒤랭 부인만은 오데트에게 말을 건넬 때, 실수는커녕 일부러 틀리는 것이었다. “오데트, 이런 외진 곳에 살면 무섭지 않아요? 나 같으면 저녁때 돌아오는 게 섬뜩할 것 같아요. 게다가 습기가 많기도 해라. 바깥양반의 습진에 좋지 않을 거예요. 쥐야 나오지 않겠죠?”—“안 나와요! 별말씀을 다 하시네요!”—“천만다행이에요, 그런 소문을 들어서요. 사실이 아니라서 안심이에요. 쥐를 무지하게 싫어하기도 하고, 사실이라면 댁에 두 번 다시 못 왔을 테니까. 또 만나요, 가까운 날에. 당신을 뵙는 게 참으로 기쁘니까, 어쩌면, 국화를, 바르게 꽂을 줄 모르시나 봐.” 스완 부인이 배웅하러 몸을 일으키는 동안에 그녀가 물러가면서 말했다. “이건 일본 꽃이랍니다, 그러니 일본풍으로 꽂아야 해요.”—“나는 베르뒤랭 부인의 의견에 따르지 않겠어요. 모든 것에 있어서 그분이 나의 법칙이자 예언자이지만 당신밖에 없어요, 오데트. 이처럼 훌륭한 국화를, Chrysanthèmes Si belles(그처럼 아름다운 국화)를 여성명사로 부르고 싶겠지만 아니 Chrysanthèmes Si beaux라고 남성명사로 불러보세요. 이 명사는 남성으로 부르는 것이 더 현대적이니까요(아름다운 꽃은 대개 여성명사이지만 국화는 남성다운 미를 지니고 있기에 남성명사라는 뜻).” 코타르 부인은 베르뒤랭 부인이 문을 닫자마자 편들어 말했다. “베르뒤랭 부인께서는 남의 꽃에 대해 가혹하기까지 하니까요.” 스완 부인이 조용히 대꾸했다. “단골집이 어디죠, 오데트?” 코타르 부인은 베르뒤랭 부인에 대한 이야기를 더 하지 못하게 하려고 물었다.

“르메트르 상점인가요? 요전날 르메트르 상점 앞에서 장미 빛깔의 탐스러운 작은 떨기나무에 홀렸답니다.” 그러나 수줍음에서 그녀는 그 나무 값에 대해 자세하게 말하는 것을 삼가고, 다만 ‘좀처럼 잔소리하지 않는’ 교수가 뜻밖에도 심하게 돈 가치를 모른다며 그녀를 꾸짖었다는 말밖에 하지 않았다. “아뇨, 내가 가는 꽃집은 드바크뿐이랍니다.”—“어머, 나도.” 코타르 부인이 맞장구쳤다. “하지만 터놓고 말해 라숌에 끌려 드바크를 배신한답니다.”—“어머나! 라숌 가게로 가시다니, 드바크에 일러바치겠어요.” 오데트는 작은 모임에 섞여 있을 때보다 더 홀가분한 느낌이 드는 자기 집에서 재치 있게 대화를 이끌려 애쓰며 대답했다. "게다가 요즘 라숌 가게는 가격이 정말 올랐어요. 지나친 가격이에요, 내 신분으로는 적당하지 않은 가격이거든요!" 그녀는 웃으면서 덧붙였다.

한편 봉탕 부인은, 베르뒤랭네 집에는 가고 싶지 않다고 여태껏 수없이 말해왔지만, 수요일 모임에 초대받은 것이 뛸 듯이 기뻐서, 어떻게 하면 초대받는 날이 더 많아질까 계산하던 중이었다. 그녀는 드나드는 손님이 한 번도 빠지지 않고 와주기를 바라는 베르뒤랭 부인의 속마음을 모르고 있었다. 사실 그녀는 거의 인기 없는 사람들 축에 속했다. 이런 사람들은 어느 집의 여주인으로부터 '정기적인 초대일'에 초대되었을 때, 이를테면 그 시각에 틈이 나고, 외출도 하고 싶고, 찾아가면 언제나 반겨주는 방문객이 아니라, 예컨대 자기가 첫 번째 야회와 세 번째 야회를 빠진 사실에 다들 주목할 것으로 상상하여 스스로 야회에 가는 걸 포기하고 두 번째와 네 번째까지 기다리거나 또는 정확한 소식통으로부터 세 번째 야회가 특히 화려할 거라는 이야기라도 들으면 "공교롭게 지난주는 틈이 없어서요"라고 순서를 바꾸는 것이다. 이런 사람이라 봉탕 부인은 부활절까지 수요일이 몇 번 있고, 어떻게 하면 한 번 더, 더군다나 떠밀려온 것처럼 보일까 계산하고 있었다. 그녀는 같이 돌아갈 코타르 부인에게 기대를 걸고, 어떤 정보를 얻어내려 했다. "아니, 봉탕 부인, 벌써 일어나시네요. 그렇게 달아나듯 가시면 안 됩니다. 지난주 목요일에는 오시지 않았잖아요……. 어서 다시 앉으세요, 잠시 저녁 식사 때까지. 어차피 다른 방문이 없지 않으세요? 정말 부인은 요지부동이셔." 스완 부인은 과자 접시를 내밀면서 덧붙였다. "어떠세요, 보기보다 맛은 나쁘지 않답니다. 볼품은 없지만 드셔보세요, 어떤가."—"웬걸요, 맛있어 보이네요." 코타르 부인이 대답했다. "오데트 댁엔 맛있는 음식이 떨어지는 적이 없군요. 가게 이름을 물어볼 필요도 없겠지요. 전부 르바테 상점에서 시켜오는 줄 아니까. 솔직히 말해 나는 여기저기를 다닌답니다. 프티 푸르(petit four)*[1]라든가, 여러 가지 설탕과자는 곧잘 부르본에 주문하죠. 그러나 아이스크림같이 찬 것은 거기 건 못써요. 찬 거라면 바바루아즈(bavaroise)*[2]나

---

*1 비스킷의 하나.

*2 설탕과 우유를 넣은 차.

소르베(sorber)* 또는 르바테 상점이 탁월하죠. 우리집 바깥양반의 말마따나 'nec plus ultra(최고다)'죠."—"하지만 이건 집에서 간단히 만든 거랍니다. 정말 안 드시겠어요?"—"저녁 식사를 못할 것 같아서요." 봉탕 부인이 대답했다. "잠시 동안 앉아는 있겠어요. 당신처럼 총명한 분과 이야기하는 걸 아주 좋아하니까요."—"나를 실없는 사람으로 생각하실는지 모르지만, 오데트. 트롱베르 부인이 쓴 모자를 어떻게 생각하는지 말해주지 않겠어요? 물론 커다란 모자가 유행인 줄 잘 알지만요. 그래도 그건 좀 지나치지 않을까요? 요전날 우리집에 왔을 때 쓴 것에 비하면, 아까 것은 새 발의 피지만요."—"천만에요, 제가 총명하다니 별말씀을 다 하시네요" 하고 오데트는 그 말이 좋은 인상을 줄 거라 여기며 말했다. "나는 정말 미련퉁이예요. 남의 말을 곧이듣고 하찮은 일에 끙끙 앓는." 이렇게 말하면서, 그녀는 자기 멋대로 생활하여 자기를 속이고 있는 스완 같은 사내와 결혼한 것을 요즘 처음으로 무척이나 괴로워했다는 뜻을 풍겼다.

한편 아그리장트 대공은 '제가 총명하다니 별말씀을 다 하시네요'라는 말을 듣고서, 그 말에 항의하는 게 의무라 생각하면서도 날렵하게 대꾸할 말재주가 없었다. "저런 저런" 하고 봉탕 부인이 소리 질렀다. "당신이 총명하지 않으시다고요!"—"사실 나도 내 귀를 의심했습니다." 대공은 얼씨구 맞장구치는 기분으로 말했다. "내가 잘못 듣지 않았나 하고 말입니다."—"아니에요, 다짐하지만 나는 정말 변변치 못한 프티부르주아에 지나지 않아요. 편견투성이고, 우물 안의 개구리고, 무엇보다 아주 무식하고요." 그리고 샤를뤼스 남작의 근황을 물어보려고, "그 남작을 만나보셨나요?" 하고 대공에게 말했다—"당신이 무식하다고요!" 봉탕 부인이 소리쳤다. "그럼 말이에요, 공무원들의 모습을 보신다면 뭐라고 말하실까. 누더기 같은 옷에만 집착하는 그 각하들의 아내들을……! 이보세요 부인, 아직 여드레도 안 되지만 문교장관 부인에게 '로엔그린'을 여쭤보았어요. 그랬더니 이렇게 대답하지 않겠습니까. '로엔그린? 아아! 그래그래, 폴리 베르제르 극장의 요번 레뷔 말이군요, 익살스러워 배꼽이 빠지는 줄 알았죠.' 글쎄 부인, 그런 말을 듣고 속이 부글부글 끓어오르는 걸 어떻게 참겠어요. 따귀를 한 대 갈기고 싶어지더

* 과일즙으로 만든 아이스크림.

군요. 붉으락푸르락한 성미가 내게 좀 있으니까요. 그런데, 어떻게 생각하죠?" 그녀는 내 쪽으로 몸을 돌리면서 물었다. "내가 옳지 못한가요?"—"내 말 좀 들어보세요." 코타르 부인이 말했다. "그럴 만해요, 그처럼 다짜고짜로 불쑥 질문받으면 누구나 조금쯤 뚱딴지같은 대답을 하는 법이에요. 나도 그런 경험이 있거든요. 베르뒤랭 부인이 그 모양으로 생각 없이 바로 물어와서 우리를 당황케 하는 버릇이 있으니까요."—"베르뒤랭 부인에 관해 말인데." 봉탕 부인이 코타르 부인에게 물었다. "수요일 그분 댁에 어떤 분이 오시는지 아나요?……아! 이제야 생각나네요, 돌아오는 수요일에 우리가 초대받은 것이. 다음 주 수요일에 우리집에서 저녁 식사 하시지 않겠습니까? 그러고 나서 함께 베르뒤랭 댁으로 갔으면 해요. 혼자 들어가는 게 어색해서요. 이유도 없이 그 당당한 부인만 보면 늘 긴장하거든요."—"그건 말이에요." 코타르 부인이 대답했다. "베르뒤랭 부인 앞에서 긴장하는 건 그 목소리 탓이에요, 안 그래요? 그야 스완 부인만큼 예쁜 목소리는 아무도 못 가졌지만 말이에요. 그래도 베르뒤랭 부인의 말마따나, 한번 말이 입 밖에 나오면, 얼음 녹듯 녹아버리죠. 마음이 매우 상냥한 분이라서요. 그러나 나는 댁의 마음을 잘 이해해요. 모르는 곳에 처음으로 발을 들여놓는 게 결코 유쾌하지 않으니까요."—"댁도 우리집에서 함께 저녁 식사 해주세요." 봉탕 부인이 스완 부인에게 말했다. "식사하고서 모두 함께 베르뒤랭 댁으로 가서 베르뒤랭식으로 하면 어때요? 그 때문에 마님이 나한테 눈을 부라리고 다시는 초대하지 않게 되더라도 상관없어요. 먼저 그분 댁에 들어가고 나서는 우리 셋이서만 이야기합시다. 그러는 게 가장 재미있을 것 같아요." 하지만 이 말은 본심이 아니었다. 봉탕 부인이 다음과 같이 물었기 때문이다. "다음 주 수요일 그 댁에 어느 분이 오시리라 생각하죠? 무슨 일이 일어나죠? 설마 손님이 너무 많은 건 아니겠죠?"—"나는 말이에요, 분명히 못 갈 거예요." 오데트가 말했다. "우리는 마지막 수요일에나 잠깐 얼굴을 비칠 거예요. 그때까지 기다리셔도 좋다면야……." 그러나 봉탕 부인은 이 제안이 달갑지 않은 듯했다.

일반적으로 한 살롱의 정신적 가치와 그 품위는 정비례는커녕 반비례하는데, 스완이 봉탕 부인에게 호감을 품고 있는 이상 다음의 사실을 믿어야 한다. 곧 온갖 망신을 당해도 먼저 많은 사람에게 받아들여지면, 당사자도 마음이 홀가분해져서 상대와 달게 즐기게 되고, 상대의 재치에 관해서도 까다롭지 않게 된다는 사실을. 만약 그렇다면, 인간은 하나의 민족과 마찬가지로 독립을 잃는 동시에 그 문화나 언어마저 잃게 된다. 이런 방임의 결과 가운데 하나는 다음과 같은 경향을 더 심하게 띤다. 곧 우리가 어떤 나이를 지나자, 우리의 독특한 기질이나 버릇을 칭찬하는 말이라든가, 그런 경지에 들어간 우리의 자유자재를 북돋는 말을 기분 좋게 느끼는 경향을 더 심하게 한다. 이 나이는 위대한 예술가가 독창적인 천재들의 사회보다 자기에게 아첨하며 자기 말에 귀를 기울이는 제자들의 사회, 공통점이라고는 겨우 자기 가르침밖에 없는 제자들의 사회를 더 좋아하게 되는 나이이다. 사랑에 목숨을 건 주목할 만한 남성 또는 여성이 어떤 모임 자리에서 틀림없이 눈에 띄는 존재는 아니지만, 그 말투가 여색에 몸을 바친 생활이 어떤 것인가를 이해하고 또 그것을 칭찬하는 것처럼 보여, 그래서 사랑을 하는 남성 또는 여성인 그들의 관능적인 경향을 기분 좋게 간질여주는 경우, 그 사람을 모임 자리에서 가장 재치 있는 인간으로 여기게 되는 나이이다. 그런 나이에 접어든 스완 또한 오데트의 남편이 되어버린 이상, 봉탕 부인의 입으로부터, 공작부인들밖에 초대하지 않다니 우스워요 따위의 말을 듣는 것을 좋아하게 되고(그런 말에서, 지난날 베르뒤랭네 시절과는 반대로, 봉탕 부인을 착하고 매우 멋이 있으며 속물이 아닌 여인으로 결론지으면서), 그녀가 알지 못하면서도 그것을 당장 '파악하여' 짜맞추기를 재미있어해서, 그녀를 '자지러지게 웃게' 하는 이야기를 들려주는 걸 좋아하게 되었다.

"의사 선생님은 당신처럼 꽃을 좋아하시나요?" 스완 부인이 코타르 부인에게 물었다. "그럼요! 아시다시피 우리집 바깥분은 학자이니까, 모든 일에 절제가 있어요. 그렇고말고요. 그런데 딱 한 가지 열정을 갖고 있는 게 있지요." 악의에 찬 즐거움과 호기심으로 눈을 반짝이며 "뭐죠, 그게?" 하고 봉탕 부인이 물었다. 그러자 코타르 부인은 서슴없이 대답했다. "독서." "어머, 남편으로서는 너무 소소한 정열이군요!" 봉탕 부인은 악마 같은 웃음을 참으며 외쳤다. "우리집 바깥분이 책을 읽고 있을 적엔 정말!" "그런데, 부인, 그것 때문에 속상한 일이 없으세요?"—"있고말고요! 시력 때문에요. 이제는 우리집 바깥양반이 집에 돌아왔는지 보러 가야겠어요. 오데트, 가까운 날 댁 문을 두드리러 다시 오겠어요. 아아참, 눈에 관한 것 말인데, 베르뒤랭 부인이 얼마 전 사들인 전기를 이용한 전등을 달 거란 말씀을 드렸던가요? 이 이야기는 내 사립 탐정으로부터 손에 넣은 게 아니라 다른 데서 나온 거예요. '밀데'라고 하는 전기업자한테서 직접 들은 소식이랍니다. 나는 얘기해준 사람의 이름을 밝히죠! 침실까지 전등이 있어서, 갓을 통해 불빛을 부드럽게 새어들도록 하죠. 물론 매력 있는 호사지 뭡니까. 그리고 현대 사람들은 절대적으로 새로운 것, 설령 그것이 세상에 하나밖에 없는 것이라도 아무튼 새로운 거라면 전부 좋아하나 봐요. 나의 벗들 가운데 한 분의 시누이뻘 되는 분도 집에 전화를 설치했거든요! 집에서 나오지 않고서도 단골 상인에게 물건을 주문할 수 있다고 해요! 솔직히 말해 나는 언젠가 그 기계를 사용해도 좋다는 허락을 얻으려고 싱겁게 음모를 꾸몄어요. 전화 앞에서 무척 말하고 싶어서요. 그러나 내 집에 있지 않고 남의 집에 있으니까 더 그런가 보죠. 나는 내 집에 전화를 갖고 싶지는 않더군요. 처음에야 재미있겠지만 나중에는 골칫거리가 될 거예요. 그럼, 오데트, 물러가겠어요. 이제 더 이상 봉탕 부인을 붙잡지 마세요, 나를 맡아주셨으니까. 아무래도 떠나야겠어요, 별로 좋지 못한 일이 생길지도 모르니까. 우리집 바깥분보다 늦게 집에 도착할 것 같거든요!"

나 또한 국화 속에 눈부시게 싸여 있는 듯한 느낌이 들었던 그 겨울의 즐거움을 다 맛보지 못한 채 돌아가야만 했다. 그러한 즐거움이 아직 와주지 않았는데도, 스완 부인도 이제 기다리는 성싶지 않았다. 그녀는 '폐회'를 알리기라도 하듯이 하인들이 찻그릇을 치우도록 내버려두었다. 그리고 드디어 나에게 말했다. "그럼 정말 가시겠어요? 그러면, good bye!" 그대로 머물러 있더라도 그 미지의 즐거움을 만나지 못할 것이며, 또 내 슬픔만 해도 오직 그런 즐거움이 모자라서만은 아니라는 느낌이 들었다. 그런 즐거움은 언제나 재빨리 처음 출발점으로 사람을 데리고 돌아오는 듯한, 정해진 시간의 과정 위에 놓여 있지 않고, 오히려 내가 몰랐던 어떤 지름길, 그곳을 통해 갈라져야만 했을 어떤 지름길 위에 놓여 있지 않았을까? 그나저나 나의 방문 목적은 이루어졌다. 질베르트가 집에 없을 때 그 부모 집에 찾아와서, 더군다나 코타르 부인이 끊임없이 되풀이했듯이 내가 '단김에, 처음부터, 베르뒤랭 부인을 정복했다'는 사실을 알리라. 왜냐하면 여태껏 '그만큼 남을 환대하는' 베르뒤랭 부인을 본 적이 없던 의사의 아내가 덧붙여 말했던 것이다. "두 분

(베르뒤랭 부인과 나)은 다같이 갈고리 모양의 원자*를 갖고 계시군요." 또한 질베르트는 내가 다정하고 적당하게 그녀에 대해 말한 것을 알 터이며, 그녀를 만나지 않고서는 살아가지 못하는 나의 심약함, 최근 내 곁에서 그녀가 드러내던 권태의 바탕으로 여기던 무능이 나에게 없는 것을 알리라. 나는 스완 부인에게 다시는 질베르트와 만날 수 없다고 말해버렸다. 영영 다시 만나지 않겠다는 결심이라도 하고 있는 말투로 말하고 말았다. 그러니 질베르트에게 보내겠다고 한 편지도 그와 같은 뜻으로 이해될 것이다. 오로지 나 자신에게 용기를 주려고 며칠 동안 마지막으로 짧은 노력을 한 데 지나지 않았다. 나는 중얼거렸다. "그녀와 만나는 약속을 거절한 걸 이번을 마지막으로 하고, 다음번은 승낙하자." 이별을 보다 쉽게 하려고, 그것을 결정적인 것으로서 상상하기를 삼갔던 것이다. 그러나 그것이 결정적인 게 되리라는 사실은 잘 알고 있었다.

그해의 설날은 유달리 괴로웠다. 불행할 때 해가 바뀌거나 기념일이 오거나 하면 모두 그렇다. 하지만 만약에 그 불행이 친한 사람을 잃었다는 데서 오는 거라면, 쓰라림은 오로지 과거와 현재의 대조가 날카로움을 더하는 데 그친다. 나의 경우에는 거기에 희망, 이를테면 질베르트는 화해의 첫걸음을 내가 앞장서주길 바라고 있었는데 그것이 이뤄지지 않자, 새해라는 핑계로, '아니 왜 그러시죠? 나는 당신에게 빠졌어요. 둘이서 속속들이 털어놓고 말하게 와주세요. 당신을 보지 않고서는 못 살겠어요'라고 나에게 편지를 써 보낼 수밖에 없게 되어 있다는 허망한 희망이 숨어 있었다. 연말이 가까워옴에 따라 그런 편지가 내 앞에 올 성싶었다. 아마도 편지가 오지 않을지도 모르지만, 그것이 오리라 생각한다면, 그 편지를 바라고 필요로 하는 것만으로도 충분하다. 병사는 전사하기까지 끝없는 유예 기간이 주어져 있는 줄로 믿는다. 도둑은 잡히기까지, 또 일반 사람은 죽기까지 말이다. 이거야말로 개인을—때로는 대중을—위험에서가 아니라 위험에 대한 공포로부터, 실제로 위험한 신념에서 벗어나게 해주는 부적인데 그것은 경우에 따라 용감하지 않고서도 위험을 무릅쓰게 한다. 이런 근거 없는 믿음이 화해나 편지를 기대하는 애인을 돕는다. 내가 화해나 편지를 학수고대하지 않으려면, 그런 것을

* atomes crochus. 옛말로 두 사람 사이의 공감.

바라지 말아야 했다. 자기가 사랑하는 상대에게 얼마나 심한 냉대를 받는지 알아도, 상대로 하여금 어떤 생각을—그게 무관심일지라도—자기에게 기울이게 하며, 그런 마음을 겉으로 나타내려는 뜻을 품게 하고, 분명 자기가 반감의 대상일지 모르나 또한 끊임없는 배려의 대상일지도 모르는 내적 생활의 착잡함을 기인케 하고 있는 줄 생각하게 마련이다. 반대로, 지금 질베르트의 마음속에 일어나고 있는 것을 떠올리려면, 몇 년 뒤 초하루에 내가 어떤 심정일까를 이번 새해부터 미리 알 수만 있다면 좋았으리라. 몇 년 뒤 새해에는 질베르트의 배려도, 침묵도, 애정도 또는 냉담도 거의 내 눈에 띄지 않은 채 지나가버려, 어떠한 문제도 해결하려 하지 않고, 또 할 수도 없으리라. 그러나 사람이 사랑을 할 때는, 그것이 그 사람의 마음속에 전부 담기기엔 너무나 크다. 사랑은 사랑하는 상대 쪽으로 널리 퍼져 상대의 한 표면에 부딪히고 막혀, 본디 출발점으로 퉁겨져 돌아온다. 우리는 그처럼 우리 자신의 애정이 퉁겨져 돌아오는 반동이야말로 상대방의 감정이라고 일컫는데, 되돌아온 이것이 우리를 더 매혹하는 까닭은, 전달한 것이 우리 자신에게서 나온 것임을 잊어버리기 때문이다.

새해 첫날은 저물었지만, 질베르트의 편지는 오지 않았다. 1월 3일, 4일에도 늦게 온 연하장을 몇 장 받기도 하고, 우편물의 혼잡 때문에 늦게 배달되기도 하여, 여전히 희망을 걸어오다가, 마침내 구름 사라지듯 사라졌다. 그러고 난 다음 날, 나는 울고 또 울었다. 물론 내가 질베르트를 단념했을 때는 진정이 아니었으니, 새해에 그녀한테서 편지를 받을 거라는 희망을 아직도 간직하고 있었기 때문이다. 그리고 그 희망이 다른 새 희망이 싹트기도 전에 말라 없어진 것을 보고, 나는 마치 다음 모르핀 약병을 손에 넣기도 전에 모르핀을 모두 써버린 병자처럼 괴로워하기도 했다. 그러나 아마도 내 마음속에—이러한 두 가지 설명이 서로 모순되지 않는 것이, 유일한 감정도 때로는 반대되는 것으로 이루어지는 법이니까—오래지 않아 편지를 받으리라는 희망이 또다시 질베르트의 모습을 떠올려, 그녀 곁에 내가 있다는 기대, 그녀를 눈앞에 보는 것, 나와 같이 있을 때에 짓는 그녀의 태도 같은 것이 지난날 내 마음속에 일으킨 감동을 다시 만들어내는지도 몰랐다. 곧 화해할 수 있다는 생각 때문에 누구나 처음에는 그토록 엄청나게 중대한 일일 줄은 미처 몰랐던 것, 곧 체념을 가로막고 있었던 것이다. 신경쇠약 환자에게 침대에 누워 편지도 받지 않고, 신문도 읽지 않으면 점점 신경이 진정될 거라고 타일러도 곧이들으려 하지 않는다. 그런 요법은 오히려 신경을 악화시킬 뿐이라고 생각한다. 그와 마찬가지로, 사랑을 하는 사람들도 그런 경험이 처음이라 반대 상태에서 생각하므로, 단념의 유익한 효능을 믿지 못한다.

심장 두근거림이 심할 때 먹는 카페인의 분량을 줄이자 고동이 멈추었다. 그러자 나는 생각했다. 질베르트와 사이가 틀어지게 되었을 적에 느꼈던 불안, 또 그 뒤에 그런 불안이 되살아날 때마다 다시는 여자친구를 만나지 못한다는 그 심술궂은 기분에 시달릴 뿐이라고 근심에 빠져 그것을 걱정 탓으로 돌리던 불안은 어느 정도 카페인 때문이 아니었을까 하고. 하지만 처음에 내가 상상한 판단이 틀렸고, 이 약이 그 불안의 원인이었더라도(이는 하나도 이상하지 않으리라. 사랑을 하는 남성에게 가장 심한 정신적인 고통이, 같이 사는 여성의 육체적인 부분인 예가 흔히 있으니까), 불안은 그것을 마시고 나서 오랫동안 트리스탄과 이졸데를 한데 엮은 그 미약(媚藥)과 같은 것이었다. 카페인을 줄이고 나니 곧바로 몸은 좋아졌는데, 슬픔은 멈추지 않고 계속 되었다. 이 독물은 분명 슬픔을 만들지는 않더라도 적어도 그것을 더 심하게 할 수 있었기 때문이리라.

그런데 1월 중순이 가까워지고, 새해 첫 편지에 대한 기대도 실망으로 끝나, 그것에 따른 고통도 가라앉아버리자 또다시 시작된 건 바로 '부활절'에 앞선 슬픔이었다. 아마도 그 슬픔 가운데에서 가장 잔혹했던 것은, 그 슬픔을 의식적으로, 무자비하고 끈기 있게 이끈 장본인이 바로 나 자신이었다는 점이다. 질베르트와의 이별이 계속 이어짐에 따라, 상대의 냉담성이 아니라 나의 그것(그렇다고 해도 이는 결국 마찬가지이지만), 나만의 냉담성을 점점 더 만들어내면서, 내가 고집한 유일한 일, 나와 질베르트의 교제를 불가능하게 만들려고 애쓰는 것은 바로 나 자신이었다. 내가 지금 하고 있는 일뿐만 아니라, 그것에 따르는 미래의 결과를 뚜렷하게 살펴가면서 계속 열중하고 있는 것은, 나 자신의 마음속에서 질베르트를 사랑하고 있는 자아의 길고도 잔혹한 자살이었다.

나는 알고 있었다. 가까운 시일 안에 내가 이미 질베르트를 사랑하지 않게 될 거라는 추측만이 아니라, 질베르트 자신도 뉘우치리란 사실을. 그리고 그때에 그녀가 나를 만나려고 해도, 그 시도는 오늘날과 마찬가지로 헛일로 끝날 거다. 그도 그럴 것이 나는 이미 질베르트를 사랑하지 않을 테고, 꼭 다른 여인을 사랑할 것이며, 그 여인에게 마음 끌리고 있을 터이므로 아무런 매력도 느끼지 않게 될 질베르트를 위해선 1초를 나누는 것조차 아까울 시간을, 그 여인을 위해선 몇 시간도 애틋한 마음으로 학수고대하리란 사실을. 틀림없이 같은 그 순간에(그녀 쪽에서 화해의 요청 또는 사랑의 결정적인 고백을 하지 않는다면, 이 두 가지 전부 이뤄질 것 같지 않은 상태지만, 나는 다신 그녀를 만나지 않겠다고 결심했으므로) 이미 질베르트를 잃었는데도 그녀에 대한 사랑은 점점 커지므로(내가 바라는 대로 그녀와 함께 오후를 보내면서, 어떤 것도 우리 둘의 우정을 위태롭게 하지 못한다고 믿었던 지난해보다 그녀가 내게 어떤 존재인지 더욱 뼈에 사무치도록 느껴지는), 바로 이 순간에, 이와 똑같은 감정을 어느 날 다른 여인을 위하여 품을 거라는 생각은 불쾌하기 짝이 없었다. 그런 생각은 내게서 내 사랑과 번민을 지우고, 질베르트를 빼앗으므로. 나의 사랑과 번민, 그 안에서 울며불며 질베르트를 붙잡으려는 지금의 내가, 머잖아 곧 그런 연정과 번민이 특별히 그녀에게만 속하는 게 아니라, 조만간에 누군가 다른 여인의 운명이 될 수 있음을 알아야만 했던 것이다. 그래서—적어도 이것이 그때의 내 사고방식이었다—우리는 확연히 인간들에게서 분리되어 있었다. 즉 사랑에 빠졌을 때, 그 사랑이 그들 둘의 이름을 갖고 있지 않음을 느껴, 그 사랑이 지금의 여인이 아니고, 다른 여인에 대하여 미래에 생길 수도 있으며, 과거에 생겨났는지도 모른다고 느낀다. 또 한 여인을 사랑하지 않을 때에 사랑 속에 있는 그 모순을 철학적인 사고로 운명이라 여기고 체념한다면, 그때에 그 사람은 하고픈 대로 이야기하는 그와 같은 사랑을 경험하지 못한 탓이고, 따라서 사랑을 모르게 된다. 그러한 감각에 관한 인식은 간헐적이어서 정상적인 현실의 감정을 되찾았을 때에는 이미 사라지고 없다. 질베르트 자신이 이대로 나를 도우러 오지 않고, 성장해가는 내 무관심의 싹을 더 자라기 전에 싹둑 잘라버리지 않는다면, 내가 이미 질베르트를 사랑하지 않게 되는 미래, 아직 뚜렷이 떠올리지 못하나 현재의 번민으로 대강 짐작할 수 있는 그 미래의 모양새가 점점 잡혀나가는 것, 그것의 다가옴이 절박하진 않더라도 적어도 피할 수 없음을 미리 질베르트에게 알릴 시간적 여유는 아직 있기는 했다. 나는 몇 번이나 질베르트에게 편지를 쓰려 했는지, 또 몇 번이나 질베르트에게 말하러 가려 했는지 모른다. '조심하십쇼, 난 결심했습니다. 이번이 마지막입니다. 오래지 않아 당신을 사랑하지 않게 될 겁니다'라고 쓰려 했는가. 그러나 무슨 소용이 있단 말인가? 잘못이 내게 있음을 미처 생각지 못하고, 그녀의 모든 것에 드러내고 있는 무관심을, 무슨 권리가 있어서 질베르트를 책망하겠다는 거냐? 마지막! 나는 그것이 뭔가 터무니없는 것으로 느껴졌다. 왜냐하면 질베르트를 사랑하고 있으므로. 그녀에게 그 마지막은, 예컨대, 망명하기에 앞서 작별인사하러 방문하겠으니 허락해달라는 편지를 친구한테서 받았는데, 눈앞에 즐거움이 기다리고 있는 참인지라, 나에게 마음을 주지만 흥미없는 여인에게 하듯, 그 방문을 거절해야 할 때와 너무 비슷한 그런 인상을 주었을 게 틀림없었다. 우리가 날마다 자유롭게 갖는 시간은 신축성이 풍부하다. 우리가 정열을 느낄 때 그것은 부풀고, 남에게 불어넣으려고 하면 줄어들며, 그것을 메우는 것은 습관이다.

하기야 내가 질베르트에게 말한들 전부 헛일이었으리라. 내 말에 귀를 기울이지 않을 테니까. 우리는 말할 때 언제나 자신의 귀, 자신의 정신이 듣고 있다고 상상한다. 내가 입 밖에 낸 말은, 질베르트에게 닿기 전에 소란스레 떨어지는 폭포 줄기를 꿰뚫고 가지 않으면 휘어져버려서 도저히 알아들을 수 없는 괴상한 소리로 변해, 아무 뜻도 없이 질베르트의 귀에 다다르는 데 지나지 않으리라. 낱말 속에 담긴 진리로 곧장 자기 길을 개척할 수 있는 것도, 있다 없다 뚜렷이 밝힐 수 있는 것도 아니다. 그것과 같은 진리가 말 속에 형성되기까지는 웬만큼 시간이 흘러야 한다. 그러므로 사리와 증거를 통틀어 무시하고, 자신과 의견이 반대인 정당 사람 하나를 국가의 반역자로 마구 몰아가는 정객은, 그 자신으로 말하자면 남들이 널리 퍼뜨리는 데 실패한 뒤에 거들떠보지 않게 된 막돼먹은 신념을 나팔 부는 것이다. 따라서 큰 목소리로 읽어대는 찬미자로서는 그 안에 뛰어난 증거가 있다고 여기는 작품이지만, 듣고 있는 사람들에게는 진부하고도 평범한 인상밖에 주지 못한 걸작이 너무나 때늦은 무렵에 가서야 그들로부터 걸작이라고 일컬어지기도 하는 거다. 마찬가지로 사랑에서도, 상대를 가로막은 장벽에 절망한 사내가 밖에서 아무리 기를 써도 그 장벽을 부술 수 없었는데, 실망 끝에 그 장벽에 무관심하게 될 즈음, 다른 쪽에서 온 노력, 전에 사내를 사랑하지 않았던 여인의 마음속에 변화가 일어나, 전에 공격했으나 성공하지 못하던 장벽이 돌연

함락되는 일이 있으나, 그때는 이미 소 잃고 외양간 고치기다. 앞으로 올 나의 무관심과 그걸 미리 막는 방법을 질베르트에게 알려주러 가기라도 했다면, 그녀는 이 행동에서 나의 사랑과 내가 그녀를 필요로 하는 마음이 생각보다 더 큰 것을 짐작하고, 나를 만나는 게 더욱 싫어졌으리라. 하기야, 이 사랑 때문에 줄곧 정신이 복잡했기에 내가 그녀보다 사랑의 결말을 더 잘 예측할 수 있었던 건 사실이다. 그렇지만 설령 질베르트에게 편지를 하거나 직접 말함으로써 그런 경고를 전한다 해도 그것은 웬만큼 시일이 지나고 나서, 그녀가 나에게 잊힌 존재가 되고, 또한 현실에서도 그렇다는 증거를 그녀에게 보일 수 있을 즈음에 이르러서야 가능할 것이다.

공교롭게도 선의인지 또는 악의인지, 몇몇 사람들이 내게 부탁을 받은 양 그녀에게 나에 대해 말했다. 이런 식으로 해서 코타르, 어머니 자신, 노르푸아 씨까지 인정 없는 말을 입 밖에 내어, 내가 막 성취한 희생을 몽땅 헛수고로 만들고, 사실과는 다른 인상을 주어서, 내가 신중하게 처리한 일이 물거품으로 돌아간 사실을 알 때마다, 나는 두 배로 짜증이 나곤 했다. 무엇보다도 그런 귀찮은 사람들이 나도 모르는 사이에 참견해서 헛일이 돼버린, 그 수고스러운, 그러나 이로운 자제를 그날부터 다시 시작할 수밖에 없어서였다. 게다가 이제는 내가 깨끗하게 단념하는 인간이 아니라, 그녀가 수치스럽게 여기는 만남을 뒷구멍으로 몰래 꾸며 행하는 줄로 여기는 질베르트를 만난댔자 조금도 기쁘지 않았으리라. 나는 그런 사람들의 쓸데없는 수다를 저주했다. 그들은 흔히, 해치겠다거나 이바지하겠다는 의향조차 아무런 의미 없이 그저 마구 지껄이고, 그것이 때론 우리 쪽이 그들 앞에서 지껄이지 않을 수 없거나, 그들이 (우리처럼) 입이 가볍기 때문인데, 그러한 그들이 때맞게 우리에게 큰 해를 입힌다. 사랑의 치명적인 파괴 작업에서 그들이 맡은 역할은 뜻밖에 작아, 이를테면 한 사람은 지나친 친절 때문에 또 한 사람은 비뚤어진 심사 때문에, 모든 게 순조롭게 되어나가는 찰나에 전부 망가뜨리는 버릇을 가진 두 인물에 비하면 아무것도 아닌 건 사실이다. 하지만 이 두 인물을 눈치 없는 코타르 부부에 대해서처럼 원망하지 못할 것이다. 이 두 인물 가운데 악의를 가진 사람은 내가 사랑하는 사람이고, 선의를 가진 사람은 나 자신이므로.

그러는 동안에도 스완 부인을 만나러 갈 때마다, 스완 부인은 나에게 딸의 차 시간에 오라고 권하고, 직접 딸에게 대답하라고 일러주기도 하여, 나는 여러 번 질베르트에게 편지를 써야 할 지경이었다. 그리고 그 편지에서, 그녀를 설득하려는 느낌이 드는 글귀를 삼가고, 주로 철철 흐르는 내 눈물을 흘려보낼 수 있는 상쾌한 말들로 메우려고 애썼다. 왜냐하면 뉘우침은 욕망과 마찬가지로 자신을 분석하기보다는 만족하기를 원하기 때문이다. 따라서 누군가 사랑하기 시작한 사람은, 그 사랑이 뭔지 알려고 시간을 보내는 게 아니라, 다음 날의 밀회를 준비하는 데 시간을 보낸다. 또한 단념한 사람은 그 비애를 알려고 하는 게 아니라, 그 비애를 느끼게 한 여인에게 가장 다정스러운 말을 보내려고 애쓴다. 말할 필요를 느끼는 것, 상대에게는 통하지 않을 것을 말한다. 이를테면 자기 자신에게 말하는 것에 지나지 않는 것이다. 나는 이렇게 썼다. '이런 일이 일어나지 않을 거라고 나는 믿습니다. 그런데 아아, 이제 와서는 그것이 그리 어려운 일은 아니라는 것을 알았습니다.' 그리고 '아마 두 번 다시 당신을 뵙지 못할 겁니다'라고 짐짓 꾸민 냉정함으로 보이지 않도록 거듭 조심하면서 말했다. 그러나 그런 말은 쓰고 있는 동안 나는 눈물이 났다. 그것이 내가 믿고 싶었던 사실을 나타내지 않고, 실제로 일어나려고 하는 일을 나타내고 있다는 느낌이 들었기 때문이다. 왜냐하면 다음에 그녀가 만나자고 할 때, 역시 이번처럼 굽히지 않고, 용기를 내어 거절을 거듭한 결과, 그녀를 만나고 싶지 않을 시기에 다다를는지도 몰랐기 때문이다. 나는 흐느껴 울었다. 하지만 언젠가는 그녀의 뜻에 맞는 인품으로 보일지도 모른다는 가능성 때문에, 그녀 곁에 있다는 행복을 지금 희생시킬 용기를 되찾아, 그 감미로움을 맛보았다. 그런데 그 언젠가 그녀의 뜻에 맞는 인품으로 보이는 날이란, 내가 그녀에게 무관심하게 되는 바로 그날이 아닐까! 마지막 방문 동안, 질베르트가 마음속으로 그럴 셈이었듯이 지금도 그녀는 나를 사랑하고 있을지도 모르고, 싫증난 어떤 사람 곁에 있어야 할 때에 느끼는 갑갑증으로 내가 간주한 것은, 지나치게 예민한 질투심 또는 지금 내가 취하고 있는 바와 비슷한 짐짓 꾸민 무관심에 의한 것에 지나지 않을지도 모른다. 그러나 그러한 가설 자체가—거의 사실이 아닌 가설이지만—내 결심의 쓰라림을 덜어주는 유일한 것이었다. 그때 나에게는, 몇 년이 지나 우리가 서로를 잊었을 때, 내가 과거를 떠올려 지금 쓰고 있는 이 편지가 조금도 진심이 아니었다고 그녀에게 말할 기회가 온다면, 그때에 그녀는 '뭐라고요, 당신이, 당신이 저를 사랑해주셨다고요? 얼마나 제가 그 편지를 손꼽아 기다렸는지, 얼마나 만나고 싶었는지, 얼마나 그 편지가 나를 울렸는지, 당신이 알아주셨다면!' 하고 대답하리라고. 질베르트의 어머니를 만나고 돌아오자마자, 곧바로 그런 편지를 쓰면서 머리에 떠오르는 생각, 나는 이번에야말로 그런 오해를 풀어주려 하고 있다는 비장하기 그지없는 생각에, 또 아직 질베르트의 사랑을 받고 있다고 상상하는 기쁨에 계속 편지를 쓸 수 있었다.

차 마시는 시간이 끝나 스완 부인과 헤어질 때, 나는 그 딸에게 뭐라고 편지를 써야 하나 생각했고, 코타르 부인은 물러가면서 아주 다른 성질의 생각을 품고 있었다. 이른바 '시찰'이라는, 그녀는 새 가구, 살롱에 장식한 최근 '사들인 물건'에 관하여 스완 부인에게 잊지 않고 칭찬했다. 그리고 그 수가 매우 적었다고는 해도 오데트가 지난날 라 페루즈 거리의 집에서 지녔던 몇 가지 물건, 특히 값진 귀금속으로 만든 동물과 마스코트를, 코타르 부인은 거기서 다시 발견할 수 있었다.

그러나 스완 부인은 존경하는 어느 남자친구한테서 '토카르(tocard)'*라는 말을 배워서—이 말이 그녀에게 새 시야를 열어주어, 왜냐하면 이 낱말은 그녀가 몇 해 전에 '멋스럽다'고 생각했던 바로 그 물건들을 지목해 말한 것이어서—그런 물건들은 전부 국화를 받치는 데 쓰이는 금빛 칠한 철망, 지루 상점의 수북한 사탕과자 상자와 왕관이 인쇄된 편지지의 뒤를 이어 차례차례로 물러나버렸다(벽난로 위에 뿌려진 두꺼운 종이로 만든 금화는 말할 것도 없다. 이것은 스완을 알기 훨씬 전에 어느 수집가의 충고로 없어졌으니까). 더욱이, 스완 부인이 얼마 안 가서 갖게 될 새하얀 살롱과는 딴판으로, 아직 벽에 우중충한 빛깔을 칠한 방의, 예술가풍 무질서, 아틀리에와 같은 난잡함 속에서, 극동 지방이 루이 18세의 침략으로 차츰차츰 퇴각하는 중이었다. 내가 좀더 '편안'하도록 스완 부인이 내 등 뒤에 받치던 쿠션은, 루이 15세식 꽃다발을 수놓은 것이지 옛날처럼 중국의 용을 수놓은 게 아니었다. 스완 부인은 가장 오래 머무는 방에서 그 방을 "그래요, 퍽 마음에 들어요. 대부분 여기 있어요, 그런 밉살스럽고도 시대에 뒤진 것들과 함께 있으면 숨이 탁탁 막히니까요. 여기서 일하기로 정했거든요"라고 말했다(하기야 일이

* 속어로 '낡아빠진' '보기 흉한' '쓸모없는' 등등의 뜻으로, 명사일 때는 '바보'라는 뜻.

라는 게 그림을 그리는 것인지 독서인지는 명확하게 말하지 못하지만, 어쨌든 뭔가 하고픈, 또 허무한 나날을 보내고 싶지 않은 여인들 사이에 그림과 책에 대하여 글 쓰는 취미가 일기 시작하고 있었다). 그렇게 말하고 있는 방에서 그녀는 작센 자기에 둘러싸여 있었고(이 종류의 자기를 매우 좋아하는 그녀는, 그 이름을 영국 악센트로 발음하고, 툭하면 "예뻐라, 색슨 자기의 꽃 같아요"라고 말할 정도였다), 그런 줄 모르고서 하인들이 그것에 손대는 것을 그녀가 얼마나 두려워 하냐면, 그 정도가 전에 갖고 있던 동양의 사기 인형이나 꽃병보다 더 심해, 하인들이 그녀에게 두려움을 안겨다준 뒤에는 언제나 심한 꾸지람을 받곤 했다. 하지만 그녀의 말씨가 공손하고 온화한 탓에, 스완은 그런 장면을 봐도 별로 언짢아하지 않았다. 어떤 단점을 발견하여도 애정을 잃기는커녕, 오히려 단점을 매력 있게 생각했다.

이제는 오데트가 친밀한 사람들을 접대할 때에 일본식 실내복 차림을 하고 있는 일은 드물었으며, 오히려 거품이 흘러넘치는 듯한 밝은 바토풍 비단 실내복을 걸치고 있어, 그 꽃처럼 피어나는 거품을 양 젖가슴 위에서 애무하고 있는 듯이 보이는, 또 그 거품의 물결에 잠기어 몸을 늘씬하게 뻗고, 기분 좋게 살갗에 닿는 시원함을, 심호흡을 즐기고 있는 듯이 보이는 그녀의 움직임은, 그 실내복을 액자처럼 장식으로 여기지 않고, 까다로운 미용과 위생을 만족시키기 위하여 '터브(tub)'*[1]나 '푸팅(footing)'*[2]처럼 필요한 것으로 생각하고 있는 듯싶었다. 그녀는 입버릇처럼, 예술이 없거나 깨끗함이 없거나 하면 빵 없이 사는 것보다 더 어려울 테고, 만약 '모나리자'가 탄다면 그녀가 알고 있는 이들이 '잔뜩' 타 죽는 모습을 보는 것보다 더 슬플 거라고 말했다. 이 이론은 여자친구들에게는 역설처럼 비춰졌지만, 그래도 그녀들과 비교해 오데트를 고상한 여인으로 만드는 데 도움이 되어, 일주일에 한 번 벨기에 공사의 방문을 받게끔 만들었다. 그래서 다른 곳, 이를테면 베르뒤랭네 같은 곳에서는 그녀가 천치로 통하고 있다는 사실이, 그녀가 태양인 양 뻐기고 있는 이 작은 세상에 알려졌다면 다들 깜짝 놀랐으리라. 이런 활발한 기질이 스완 부인으로 하여금 여성보다 남성과의 교제를 더 좋아하게 했다. 그러나 여성들을 비평할 때가 되면, 그녀는 번번이 고급 창녀다운 관

---

*1 욕조에 들어가서 하는 목욕.

*2 걷기나 건강을 위해 하는 산책.

점으로 돌아가, 남성의 흥겨움을 깨뜨릴지도 모르는 여성의 결점, 예컨대 굵은 손목과 발목, 맑지 않은 얼굴빛, 오자투성이, 털 많은 정강이, 역한 냄새, 가짜 눈썹 따위를 지적했다. 반대로 전에 자기에게 너그럽게 호의를 베풀어준 여인에게는 매우 다정했는데, 그 여인이 불행해지면 더욱 그러했다. 오데트는 재치 있게 그 여인을 감싸주며, "사람들이 그분에게 너무 심해요. 그분은 참 좋은 분이거든요, 장담해요"라고 말했다.

오직 살롱의 가구 배치가 바뀐 것만은 아니다. 오데트 자신도 변했다. 크레시 부인으로 통하던 시절에 그녀와 교제했던 사람들, 코타르 부인을 시작으로 모두가 오랫동안 지금의 오데트를 만나지 않아왔다면 몰라 봤을 것이다. 그녀는 이전보다 더 젊어 보였다! 틀림없이 그것은 그녀가 살이 오르고, 건강해지고, 어딘지 모르게 침착한, 신선한, 안정된 모습을 지니게 됐기 때문이며, 한편으로는 윤기가 반드르르한 머리칼의 새로운 트레머리*가, 장미색 연지가 생기를 주고 있는 얼굴에 더욱 팽창감을 주어, 전에는 지나치게 눈에 띄던 눈 가장자리로부터 옆얼굴 선이 지금은 알맞게 흡수된 듯이 보였기 때문이기도 했다. 하지만 이 변화의 또 다른 이유는 다음과 같다. 즉 중년에 이른 오데트가, 그녀 고유의 인상, 변함없는 '성격', 하나의 '아름다운 생김새'를 마침내 자기에게서 찾아냈다. 아니, 그보다는 만들어냈다는 점에 있었다. 오데트는 이 고정된 유형을—여태껏 오랫동안, 몸을 우연한 뜬구름 같은 심정에 힘없이 내맡기면서, 잠깐 작은 피로에도 몇 살이나 더 늙어 보이는 일시적인 노화 현상에 걸려, 좋거나 나쁘거나 그때의 기분과 낯빛에 따라, 그날그날의, 일정한 모양이 없는, 이상하게 남의 마음을 끄는, 어수선하고도 지리멸렬한 표정을 지어온 그녀의 얼굴 위에—마치 불멸의 젊음처럼 박아넣었던 것이다.

스완은, 최근 사진에는 오데트가 아무리 별난 옷이나 모자를 걸치더라도 그 뚜렷하게 의기양양한 표정을 지녔으므로, 그 이전의 아주 수수한 옛 사진으로, 오데트가 지금 같은 젊음과 아름다움을 아직 찾아내지 못한 사진을 그의 방에 장식하고 있었다. 그러나 아마 스완은 별난 생각에 충실해선지, 어쨌든 근심스러운 눈에, 피곤한 모습에다, 걷는지 서는지 분간 못할 불안정한

* 가르마를 타지 않고 뒤통수 복판에 틀어 붙인 여자의 머리.

자세를 취하는 호리호리한 젊은 여인 속에서 보티첼리풍 우아함을 더 감상하고 있었는지 몰랐다. 지금도 아내 속에서 보티첼리의 여인을 보는 게 좋았던 것이다. 오데트는 반대로, 그녀 자신 속에 있는, 그녀의 마음에 들지 않는 것, 예술가로 그녀의 '성격'이 어울릴지 모르나, 여성으로서는 결점이라고 생각하고 있는 것을 뚜렷이 눈에 띄게 하지 않고, 고치거나 숨기려고 애쓰면서, 그런 화가에 대한 이야기를 들으려 하지 않았다. 스완은 푸른색과 장미꽃이 섞인 듯한 동양풍 스카프를 가지고 있었는데, 그것은 〈성모찬송〉*1의 성모가 걸치고 있는 스카프와 똑같아서 산 것이었다. 그렇지만 스완 부인은 그것을 두르려고 하지 않았다. 오직 한 번, 〈봄〉*2 속 봄의 요정이 입고 있는 것을 본떠서, 데이지와 수레국화, 물망초, 초롱꽃 따위를 가득 수놓은 옷을 남편이 주문하는 걸 그대로 내버려둔 일이 있었다. 때로는 저녁 무렵, 오데트가 피곤할 때, 이미 '찬송'이라는 글자가 적혀 있는 성서 위에 뭔가 쓰기 직전, 천사가 바치는 잉크 그릇에 펜을 담그고 있는 성모의 약간 굽힌, 어딘지 모르게 근심스러운 동작이 생각에 잠긴 듯한 오데트의 손끝에 무의식적으로 나와 있는 것을, 스완이 낮은 목소리로 나한테 일러주는 때가 있었다. 그러나 "안사람에게는 절대로 말하지 말게, 알면 금세 모양을 달리할 테니까"라고, 그는 덧붙였다.

이런 식으로 오데트의 몸이 무의식중에 굽힌 자세를 짓고 있으면, 스완은 거기서 보티첼리풍의 우울한 색조를 발견하려고 했는데, 그러한 때를 빼면 지금에 와서 오데트의 몸은 단 하나의 '선'으로 완전히 둘러싸인 실루엣으로 뚜렷하게 윤곽이 드러나 있었다. 이 새로운 선은 여인의 윤곽을 따라가면서 기복이 심한 길, 인공적인 오목함과 볼록함, 망과 같은 복잡한 교차, 어지러운 혼란을 깨끗이 지워버리고 말았다. 또한, 전에 해부학적인 정확성을 기울여, 윤곽의 여기저기에 쓸데없이 멀찍한 선을 그으면서 이상적인 선에서 벗어났던 곳을, 이번 새로운 선은 대담한 필치로 자연과의 어긋남을 바로잡고, 필치가 지나가는 모든 부분, 육체와 옷의 결점을 모두 채우고 있었다.

'스트라퐁탱(strapontin)'*3처럼, 엉덩이 위로 쑥 나온 어마어마한 치마의

*1 보티첼리의 그림.
*2 보티첼리의 그림.
*3 차 안에 있는 접이의자. 극장의 보조 의자.

'허리받이'는 코르사주 아 바스크(corsage à basque)*[1]와 함께 이미 자취를 감춰버렸다. 치마를 삐죽 나오게 하면서 견고한 고래수염이 뻗치고 있던 이 코르사주는 퍽 오랫동안 오데트의 허리에 인공적인 부품을 덧붙여, 개성적인 연결이 조금도 없어서 마치 어울리지 않는 토막으로 이뤄진 것처럼 보였다. 마침내 몸이 하나의 살아 있는 유기체로서, 물러간 유행의 기나긴 혼돈과 성운의 포위로부터 벗어난 지금에 와서 늘어뜨린 '술'의 수직선과 주름 장식의 곡선 대신에, 몸의 굴절이 물결을 타고 쏘다니는 인어처럼 비단결을 파닥거리게 하며, 페르칼린(percaline)*[2]에까지 인간적인 표정을 주고 있었다. 그렇지만 스완 부인은 새로운 유행 가운데 물러간 어떤 유행의 발자취를 간직하길 바랐으며 또 실제로 간직하고 있었다. 내가 공부할 마음이 나지 않는 저녁, 질베르트가 여자친구들과 함께 극장에 간 것이 확실하여 불시에 그녀의 부모님 집을 방문해보면, 어딘지 모르게 우아한 평상복을 입고 있는 스완 부인의 모습을 여러 번 볼 수 있었다. 짙은 빨간빛이나 오렌지빛의 조금 탁하지만 아름다운 치마는 이미 유행이 지나서 특별한 의미라도 있는 성싶었으나, 그 치마에는 옛날 유행 장식을 떠올리게 하는, 바탕천이 비쳐 보이는 폭넓은 검은 레이스가 비스듬히 걸려 있었다. 그 딸과 사이가 틀어지기 전, 봄이라지만 아직 쌀쌀한 어느 날, 그녀는 나를 아클리마타시옹 공원에 데리고 간 일이 있었다. 그런데 걷느라고 몸이 더워지자 조금 벌어진 그녀의 윗도리 밑에 슈미제트(chemisette)*[3]의 톱니 모양을 한 연결선이 보이고, 마치 수년 전에 그녀가 입고 있던 조끼의 안깃이 살짝 보이는 듯한 느낌이 들었는데, 그 단 또한 가벼운 천 조각이 달려 있었다. 그리고 그녀의 타이는—변함없이 '스코틀랜드풍'으로 일관했는데, 색조는 한 단계 누그러진(붉은 색깔이 장밋빛으로, 푸른 색깔이 엷은 자줏빛으로) 최신 유행의 천으로, 비둘기 목처럼 보기에 따라 색깔이 변하는 호박단의 하나 같았는데—어디에 비끄러매어 있는지 보이지 않게 턱 아래에 묶여 있어서, 이제는 달지 않는 모자의 '끈'을 떠올릴 수밖에 없었다. 그녀가 좀더 얼마 동안 그런 차림을 '지속'했다면 젊은이들 또한 그녀의 복장을 이해하려고 하면서 "스완 부인이야말로

*1 깃이 늘어진 코르사주.

*2 안감으로 쓰는 윤이 나는 면직물의 하나.

*3 레이스 장식의 여성용 속옷.

한 시대를 나타내는 사람이지 않은가?"라고 말하리라. 아름다운 문체 속에 다양한 형식이 겹치고 숨은 전통이 뿌리 깊게 박혀 있듯, 스완 부인의 복장에서는 조끼 또는 버클에 대한 막연한 추억들, 때로는 금세 시들고만 '소 탕 바르크(saute en barque)'*1의 유행, 또 '쉬베 무아 죄 놈(suivez-moi jeune homme)'*2에로의 아련히 먼 암시에 이르기까지 구체적인 형태로 나타나, 이제는 재봉사나 모자 가게에 부탁해도 과연 만들어질는지는 모르겠지만, 끊임없이 우리 마음속에 남아 있는, 가장 오랜 옛날의 다른 여러 비슷한 의상을 떠올려, 스완 부인을 뭔가 고상하게 감싸고 있었는데—그런 분위기를 감돌게 한 까닭은 틀림없이 지금에 와서는 무용지물이 된 그런 의상이 실용 이상의 어떤 목적에 쓰이는 것으로 보였기 때문이며, 분명 지나간 몇 해 동안 보존한 잔향(殘香), 또는 이 여인의 참으로 다양한 옷차림에 한결같은 가정적인 분위기를 주는 독특한 개성 때문이기도 했으리라—그녀가 편리함이나 몸치장만을 위하여 옷을 입고 있지 않음을 알아차릴 수 있었다. 그녀는 문명정신을 빨아들인 미묘한 장치에 둘러싸여 있는 듯 그 의상에 몸을 감싸고 있었다.

보통 질베르트는 어머니가 손님을 접대하는 날에 다과회를 열었는데, 공교롭게 그날 외출하게 되어, 나는 그때 그 어머니의 '슈플뢰리'에 가게 되었다. 내가 만나는 스완 부인은 언제나 아름다운 드레스를 입고 있었는데, 어떤 때는 호박단, 어떤 때는 결이 굵은 비단, 어떤 때는 벨벳, 또는 크레프드신, 견수자, 명주 등으로 만들어진 드레스며, 그 입고 있는 품도 여느 때 집에서 입고 있는 평상복처럼 헐렁하지 않고 외출복 모양으로 꽉 조여 있어서, 그것이 그런 오후, 한가로워 보이는 그녀 집에 뭔가 활기 있고도 활동적인 느낌을 주었다. 확실히 그 옷은 단순한 형태로 재단되어 있었는데, 그것이 아마도 시원스러운 그녀의 허리와 동작에 잘 어울리고 또한 그 소매는 날에 따라 변하는 색깔을 지닌 듯싶었다. 그래서 푸른 벨벳에는 갑작스런 결심이, 하얀 호박단에는 너그러운 기분이 숨겨져 있는 듯했고, 팔을 앞으로 내미는 기품에 가득 찬 최상의 신중함은, 처음 보이는 모습처럼 검은색 크레프드신을 몸에 걸치

*1 조정복(漕艇服)처럼 생긴 짧은 윗도리.
*2 그대로 옮기면 '젊은 양반, 저를 따라오세요'라는 뜻인데, 여기서는 드레스 뒤쪽에 다는 리본 장식을 말함.

고서 크나큰 희생을 치르는 이의 미소로 빛나고 있는 듯했다. 그러나 그처럼 살아 있는 듯한 옷에, 실용성 없고 눈에 거슬리는 '노리개'가 뭔가 초연한 듯 또는 생각에 잠긴 듯한 비밀스러운 요소를 덧붙여, 그런 요소가 언제나, 적어도 눈언저리와 손가락에 감도는 스완 부인의 우수와 잘 어우러졌다. 사파이어 마스코트, 칠보 네잎 클로버, 은메달, 금 메다이용(médaillon),*1 터키옥 부적, 가느다란 루비 사슬, 황옥 밤톨 따위를 잔뜩 옷에 달고, 옷은 옷대로 거기에, 지난날의 생활을 떠올리게 하는 천을 살려 물들인 무늬와, 채우고 벗기는 데에 쓰이지 않는 공단으로 감싼 단추들, 꼼꼼하고 자그마해서 정묘함이 엿보여 보는 이의 눈을 즐겁게 해주는 노리개 끈 따위가 있었다. 그것들은 옷에 단 노리개와 마찬가지로—그렇지 않으면 명분이 서지 않아—어떤 의도를 드러내거나, 애정의 표시이거나, 속내를 간직하거나, 어느 미신에 의해서거나, 건강 회복의 기원, 사랑, 또는 필리핀 놀이*2의 추억을 간직한 듯이 보였다. 때로는 코르사주의 푸른 벨벳에서 앙리 2세풍 '크르베(crevé)'*3 김새가 나고, 검은 공단 드레스에서 소매나 어깨 가장자리의 부풀어오른 1830년형 '지고(gigot)'*4가 생각나고, 반대로 치마 안쪽의 가벼운 부풂에서 루이 15세풍 '파니에(panier)'*5가 연상되어, 그것들이 그녀의 옷에 가장복 같은 느낌을 감돌게 하면서, 현재의 생활에 과거의 어렴풋한 추억 같은 것을 암시하여, 스완 부인의 풍채에 어떤 역사나 소설 속 여주인공 같은 매력을 섞고 있었다. 그것을 내가 그녀에게 전하면, "나는 여러 친구분들처럼 골프를 치지 않으니까요" 하고 그녀는 말했다. "그분들처럼 스웨터를 입으려 해도 그 핑곗거리가 없거든요."

혼잡한 살롱 안에서, 스완 부인은 누군가 방문객을 배웅하고 돌아오거나, 다른 손님에게 권하려고 과자 접시를 들고 가면서, 내 곁을 지나치며, 나를 따로 구석으로 부를 때가 있었다. "질베르트가 특별히 청했는데, 다름이 아니라, 모레 점심에 당신을 초대해달라는 거예요. 오늘 당신이 오실는지 확실

---

*1 작은 성상이나 사진을 넣은 커다란 메달.

*2 알맹이가 두 개 있는 호두 같은 것을 둘이서 나누고, 다시 만났을 때 먼저 'Bonjour Philippine' 이라고 말한 쪽이 상대방에게서 선물을 받는 놀이.

*3 옷소매 안쪽이 보이게 만든 틈새.

*4 소매나 어깨를 양의 다리 모양으로 부풀게 한 것.

*5 고래뼈 따위로 만든, 숙녀복의 허리를 넓히는 테.

하지 않아서, 내가 편지를 보내려고 했지요." 나는 계속 견디었다. 그리고 이 저항이 점점 부담이 되지 않았다. 그도 그럴 것이 몸을 해치는 음식을 아무리 좋아한들, 어떤 필요 때문에 이미 얼마 동안 먹지 않았으면, 여태껏 몰랐던 안정을, 동요나 고뇌가 없는 생활을 소중히 여길 수밖에 없기 때문이다.

자신이 사랑하는 여인을 다시 만나고 싶지 않다고 말하면서도 마음속은 그렇지 않다면, 다시 만나고 싶다고 말할 때 또한 속마음과 다를 것이다. 왜냐하면 물론 사랑하는 사람과 짧은 시일만 헤어져 있게 되고, 다시 만나는 날을 생각하며, 떨어져 사는 걸 겨우 견딜 수 있기는 하나, 한편으로는 차츰 가까워지면서도 끊임없이 멀어져가는 만남을 멍하니 바라보는 편이, 나중에 시새움이 따를지도 모르는 실제 만남보다 덜 괴롭지 않을까 여기므로, 사랑하는 여인을 다시 만나게 될 거라는 소식이 그다지 달갑지 않은 충격으로 다가오는 것이다. 그렇게 되고 보면 나날이 미루는 건, 떨어져 있으므로 생기는 견디지 못할 불안이 아니라, 돌파구 없는 동요의 무시무시한 되풀이다. 현실에서 사랑해주지 않는 여인이, 반대로 몽상 속에서는 우리가 홀로 있을 때 사랑을 속삭여주는, 몽상에서 뜻대로 갖추어가는 다루기 쉬운 상상 쪽이 실제 만남보다 얼마나 더 좋은가! 우리가 원하는 대로 말을 시키지 못하게 된 여인, 쌀쌀함과 억지를 우리에게 퍼부을지도 모르는 여인과 나눌 대화보다, 수많은 소망을 조금씩 섞어가면서 바라는 대로 아기자기하게 만들 수 있는 상상 쪽이 얼마나 더 좋은가! 사랑이 끝나면 망각과 어렴풋한 추억이, 불행한 사랑에 열중하고 있을 때만큼 심한 고통을 일으키지 않음을 우리는 다 안다. 내가 그런 줄 모르고서 미리 선택한 것이 그런 망각의 잔잔한 안정이었다.

게다가 이러한 마음의 이탈과 독립이라는 치료법이 주는 괴로움은 또 하나의 이유가 붙어 차차 사라져간다. 그런 요법은, 그 괴로움이 사라질 때까지 사랑이라는 고정관념을 약화시키기 때문이다. 내 사랑은 질베르트의 눈앞에서 나의 위신을 전부 되찾고 싶어할 만큼 아직도 매우 강했다. 그 위신은 내가 일부러 그녀에게서 떨어져 있으므로 천천히 더 커져가는 듯이 느껴졌다. 따라서(귀찮은 인간이 참견만 하지 않는다면) 다음에서 다음으로, 멈추지 않고서, 시효도 없이 계속되는 나날, 그녀를 만나지 않는 고즈넉한 나날은 헛된 게 아니라 소득이 있는 날들이었다. 결국 얻었다 하더라도 쓸모없을지 모른다. 왜냐하면 오래지 않아 나는 치유됐다는 선언을 받을 테니까. 습관의 하나인 단념은 어떤 종류의 힘을 가없이 증가시킨다. 질베르트와의 사이가 틀어진 첫날 저녁 비애를 견디려고 했던 빈약한 나의 힘은, 그 뒤 한없는 기운을 갖게 되었다. 단지 언제나 길게 뻗어나갈 듯한 것도 때때로 갑작스러운 충격에 끊어지는 수가 있는데, 우리는 며칠 동안 몇 달 동안 참아왔는가를, 앞으로도 참을 수 있는가를, 알고 있으면 있을수록 자신의 불성실을 부끄러워 않고, 이 일시적 충격에 굴복한다. 또 흔히, 절약해 모은 돈으로 지갑이 불룩해져갈 때, 단번에 죄다 탕진해버린다. 또 어떤 마법에 익숙해졌을 때, 그 치료의 결과도 기다리지 않고 멈춰버린다. 어느 날 스완 부인이 입버릇처럼, "질베르트가 당신을 만나면 얼마나 기뻐할까"라는 말을 나에게 되풀이하면서, 이미 오래전부터 내가 포기해온 행복, 내 손이 미치는 곳에 놓인 그 행복을 맛보는 게 아직 가능함을 알고 깜짝 놀랐다. 내일이 몹시 기다려졌다. 저녁 식사 전에 질베르트를 느닷없이 찾아가자고 나는 금세 결심했다.

다음 날 하루를 참아낼 수 있었던 것은 내가 세운 계획 때문이었다. 모든 걸 잊고 질베르트와 화해하게 된다면 그녀를 애인으로 만들리라. 그녀는 날마다 이 세상에서 가장 아름다운 꽃을 받게 되리라. 또 스완 부인이 지나치게 엄한 어머니가 될 자격은 없지만 내가 날마다 꽃을 보내는 걸 허락하지 않는다면, 보다 값진 선물을 가끔씩 보내자. 나의 부모님은 값진 물건을 살 수 없었다. 나는 레오니 고모로부터 물려받은 고대 중국의 커다란 꽃병이 생각났다. 어머니께서 날마다 말하기를, 어느 때이고 프랑수아즈가 달려와서 "마침내 사라지고 말았습니다" 하고 말하여, 간 곳을 알 수 없게 될 거라고 말해온 그 꽃병이었다. 그렇다면 차라리 팔아버려, 질베르트를 될 수 있는 데까지 기쁘게 해주는 편이 슬기롭지 않겠는가? 천 프랑은 받을 거라고 생각했다. 나는 그것을 쌌다. 습관 때문에 여태껏 그것을 유심히 본 일이 없었는데, 그것을 내놓은 마당에는 적어도 그 값어치를 알게 된다는 이익이 있었다. 스완네 집으로 가기 전에 그 꽃병을 들고 나와, 마부에게 스완네 집에 가자고 이르면서, 샹젤리제를 거쳐 가라고 일렀다. 그 모퉁이에 아버지가 단골로 드나드는 중국 골동품상이 있었다. 매우 놀랍게도 골동품상은 즉석에서 꽃병 값으로 천 프랑이 아니라 만 프랑을 주었다. 나는 어쩔 줄 몰라하며 그 지폐를 움켜쥐었다. 1년 동안 매일 질베르트에게 장미와 라일락을 선물할 수 있겠구나. 상점에서 나와 마차에 다시 올라타자, 스완네 가족은 불로뉴 숲 근처에 살고 있으므로, 마부는 여느 때의 길로 가는 대신에 아주 자연스럽게 샹젤리제의 큰길을 내려갔다. 이미 베리 거리 모퉁이를 지나쳤을 때, 스완네 집 근처에서 집과는 반대 방향으로 멀어지면서, 질베르트가 느리지만 침착한 걸음걸이로, 어느 젊은이와 나란히, 그 젊은이 얼굴은 분간 못했지만 함께 이야기하면서 걸어가는 모습을 황혼 속에 언뜻 본 듯싶었다. 나는 마차를 멈추게 하려고 몸을 일으켰지만, 망설여졌다. 이미 두 사람은 멀어져, 그 느릿느릿한 부드러운 평행선 두 줄은, 점점 엘리젠(élyséene)* 희미한 어둠 속으로 녹아들고 있었다. 이윽고 나는 질베르트의 집앞에 이르렀다. 스완 부인이 나를 맞았다. "어쩌나! 질베르트가 섭섭해하겠네." 부인은 나에게 말했다. "집에 있지 않고 왜 나갔는지 모르겠네. 아까 돌아오더니 학교 강의실이 아주 더웠다고 말하면서, 여자친구와 같이 바람 좀 쐬고 오겠다고 말하더군요."—"샹젤리제 큰길에서 언뜻 본 것 같은데요."—"그 애가 아닐 거예요. 어쨌든 애 아버지한테는 비밀로 하세요. 이런 시간에 그 애가 외출하는 걸 좋아하지 않으니까. 그럼 Good evening." 나는 나와서, 마부에게 오던 길을 되돌아가자고 일렀다. 그러나 산책하는 두 사람의 모습은 보이지 않았다. 그들은 어디에 갔을까? 저녁에, 그토록 정겨운 모습으로, 도대체 뭘 소곤대고 있었을까?

나는 실망한 채 만 프랑을 안고서 집에 돌아왔다. 뜻밖의 큰돈으로 질베르트를 아기자기하게 기쁘게 해줄 수 있으려니 생각했는데, 이제는 그녀를 두 번 다시 만나지 않겠다고 결심했다. 그야 물론 중국 골동품상에 들렀을 때는, 앞으로 그녀가 나에게 만족하고 감사해하며 만나줄 거라는 희망으로 가득했었다. 그런데 만약 내가 거기를 들르지 않고 또 마차가 샹젤리제 큰길로 가지 않았다면, 질베르트와 그 젊은이를 만날 일도 없었을 것이다. 이처럼 같은 사실에서 반대쪽으로 가지가 뻗어나가 불행이 생기고 그때까지의 행복을 없애버리는 일이 있다. 나에게는 세상의 행복과는 정반대의 일이 일어났다. 흔한 예로, 사람은 기쁨을 간절히 바라지만, 그것을 손안에 넣으려면 물

* 그리스 신화에 나오는 '극락세계의'라는 형용사. 샹젤리제 큰길을 신화화한 것.

질적 조건이 턱없이 모자란다. "막대한 재산도 없이 사랑을 한다는 건 괴로운 일이다"라고 라브뤼예르도 말했다. 오로지 이 기쁨에 대한 욕망을 조금씩 사라지게 하는 수밖에 없다. 나는 반대로, 물질적인 조건을 획득했으나, 동시에 논리적 결과까지는 아니지만, 적어도 그 우연한 결과 때문에 기쁨이 달아나고 말았던 것이다. 기쁨은 언제나 우리에게서 달아난다. 기쁨을 누릴 수 있는 것은 그걸 얻은 첫날밤뿐이며, 얼마 동안은 계속 노력하고 희망을 걸어야만 한다. 그러나 행복은 결코 이뤄지지 않는다. 여러 상황을 겨우 이겨내도, 싸움은 자연스럽게 바깥에서 안으로 옮겨져 점점 우리 마음을 변하게 만들어, 이제 막 얻으려는 것과는 다른 것을 탐하게 한다. 또 사태가 너무나 급하게 바뀌어 우리 심정이 변할 틈이 없더라도 자연은 그 점에 단념하지 않고, 여전히 보다 교묘하고 유효한 방법으로 우리를 정복하려 든다. 그러한 마지막 순간에 우리에게서 행복의 소유권을 채간다. 아니, 오히려 자연의 악마적인 속임수에 의해서 이 행복의 소유 그 자체로 행복을 파괴한다. 삶의 모든 영역에 걸친 좌절을 가져다준 끝에 자연이 만들어내는 것은, 행복의 결정적인 불가능성, 행복의 심리적인 불가능성이다. 행복이라는 현상은 일어나지 않거나, 아니면 더 가혹한 반동을 끌어 일으키거나 한다.

나는 만 프랑을 손에 쥐었다. 하지만 이제는 아무런 도움도 되지 않는 돈이다. 게다가 나는 날마다 질베르트에게 꽃을 보내는 것보다 더 빨리 그 돈을 써 버렸는데, 저녁이 되면 집에 그대로 있을 수 없을 만큼 비참한 생각이 들어, 좋아하지도 않는 여인들의 품에 안겨 눈물을 흘렸기 때문이다. 어떻게 해서든지 질베르트를 즐겁게 하려는 내 바람이 사라졌기에 이제와 질베르트의 집에 다시 간다는 것도 스스로 괴롭히는 노릇밖에 되지 않으리라. 어제만 해도 질베르트를 만나는 것조차 참으로 즐거운 일이었으나, 이제는 만나는 것만으론 만족스럽지 않았다. 온 시간을 그녀 곁에 있지 않고서는 불안할 테니까. 한 여인이 아주 새로운 고뇌를 남성에게 줌으로써, 남성을 지배하고, 또한 여인에 대한 강한 욕망을 남성의 마음에 심는다. 이런 해악을 우리에게 입힘으로써, 여인은 남성을 더욱더 농락하고, 더 강하게 속박하며, 여태껏 졸라매놓은 것으로도 안도감을 못 느껴 모든 쇠사슬을 두 겹 세 겹으로 칭칭 졸라매게 된다. 어제만 해도, 질베르트를 귀찮게 하는 줄 여겼다면 드물게 만나기를 청하는 것으로 나는 만족했으리라. 그러나 이제 와서는 그 정도로 만족하지 못한 채 다른 조건을 내세웠을 것이다. 이런 점에서 사랑은 전쟁과 다른데, 싸움이 일어난 뒤에, 상황이 더 싸움을 계속할 수밖에 없는 경우엔, 지면 질수록 뒤의 싸움은 더 격렬해지고 악화되기 때문이다.

하지만 질베르트에 관한 나의 경우는 그렇지 않았다. 따라서 나는 먼저 그녀의 어머니 집에 다시 가지 않는 편이 낫다고 생각했다. 물론 나는 계속 생각하고는 있었다. 질베르트가 나를 사랑하지 않고, 만나고 싶어하지 않는다면 세월이 흘러감에 따라 그녀를 잊을 수 있다고. 그러나 이런 생각은, 어느 요법이 어떤 전환에 효력을 나타내지 못하듯이, 샹젤리제 큰길을 산책하며 천천히 멀어져가는 질베르트와 젊은이의 평행선 두 줄에 대해선 아무런 효능도 없어서, 몇 번이고 눈앞에 떠오르곤 했다. 이 새로운 고통 또한 나날이 약해지리라. 이를테면 하나의 새로운 심상으로, 언젠가는 그것이 품고 있는 해로운 모든 요소가 말끔히 사라져서 내 정신에 나타날 것이다. 위험 없이 다루는 맹독이나, 폭발 걱정 없이 담배에 불붙일 수 있는 조금의 다이너마이트 앞에서처럼. 그때가 올 때까지, 그 황혼 속 질베르트의 산책을 여실히 떠올리는 위험한 힘에 맞서, 내 안에는 또 하나의 힘이 전력을 다해 싸우고 있었다. 다시 말해, 내 되풀이된 기억이란 습격을 무찌르려고, 상상이 반대 방향으로 유효하게 작용하고 있었던 것이다. 이 두 가지 힘 가운데 첫 번째 힘, 기억은 여전히 샹젤리제 큰길의 그 두 사람 모습을 계속 내 머리에 떠오르게 하면서, 과거로부터 꺼내온 불쾌한 다른 영상, 예컨대 질베르트가 그 어머니에게서 나와 함께 집에 남아 있으라고 부탁받았을 적에 어깨를 씩씩거리던 모습 따위를 떠올리게 했다. 그러나 두 번째 힘, 상상력은 내 희망의 화폭 위에 작용하면서, 그 빈약한 과거—결국은 아주 한정된 과거—에 비해 훨씬 즐거운 미래를 그려내고 있었다. 기억 속에서 질베르트의 그 뾰로통한 얼굴을 떠올리는 순간에 비하여, 그녀가 먼저 우리 두 사람의 화해, 분명 결혼까지 맺으려 할지도 모른다고 궁리하는 시간이 얼마나 더 많았는가! 상상이 미래 쪽으로 향하고 있는 이 힘도, 상상이 과거 안에서 퍼내고 있는 것이다. 질베르트의 씩씩거리던 어깨로부터 오는 내 슬픔이 사라짐에 따라, 그녀의 매력에 대한 추억, 그녀를 내 쪽으로 다시 오게 하고 싶어한 추억도 엷어지리라.

하지만 그런 과거의 죽음을 만나려면, 아직도 멀었다. 나는 미워해야 할 여자를 여전히 사랑하고 있었다. 내 머리 모양이 매우 좋다든가, 얼굴빛이 좋다고 사람들에게 들을 때마다, 나는 그녀가 그 자리에 있었으면 했다. 그 무렵에 여러 사람들이 나를 초대하고 싶다는 뜻을 표해왔지만, 나는 오히려 성가셔서 초대한 집에 가기를 거절했다. 봉탕 부부가 그 무렵 아직 어린 소녀에 지나지 않던 조카딸과 함께 참석하기로 되어 있는 공식 연회에, 내가 아버지를 따라가지 않았으므로, 집에서 한바탕 실랑이가 벌어지기도 했다. 인생의 갖가지 시기는 그처럼 서로 중복된다. 오늘은 누구인들 상관없지만 내일 사랑하게 될 여인과의 만남을, 현재 사랑하고 있지만 앞으로 언젠가는 누구인들 상관없게 될 여인 때문에 건방지게 거절한다. 그때 만나는 것을 승낙했다면, 좀더 빨리 나중 여인을 사랑하게 되었을지도 모른다. 따라서 다른 괴로움이 그 대신 들어설 게 뻔하나 적어도 당장의 괴로움은 줄어들었으리라.

내 괴로움은 점점 변화하면서 줄어들어갔다. 나 자신의 마음 저 밑바닥에서, 어느 날은 어느 감정, 다음 날에는 다른 감정을 알아차리고 깜짝 놀랐다. 그것은 보통, 질베르트에 관한 어떤 기대감 또는 어떤 두려움에 의해 느껴지는 감정이었다. 내 몸 가운데 내가 지니고 있는 질베르트에 관한 것이었다. 나는 다음과 같이 생각해야 했을지도 모른다, 즉, 또 다른 현실의 질베르트는 아마도 이런 질베르트하고는 전혀 다른 것이다. 내가 자기에게 두고 있는 미련을 전혀 모를 것이다. 내 생각을 한다 해도, 내가 자기를 생각하는 정도와는 비교도 안 될 만큼 적을 뿐만 아니라, 내가 스스로 만들어낸 가공의 질베르트와 마주 대하여 오직 혼자서 나에 대한 그녀의 참뜻은 무엇일까 궁리하다가, 결국 줄곧 내 쪽으로만 관심을 기울이는 그녀를 떠올리면서, 그런 그녀에게 나를 생각하게 하는, 그 정도에 비하여 현실의 그녀는 거의 나를 생각하고 있지 않을 거라고.

슬픔이 약해지면서 질질 끄는 이런 시기에는 상대방을 끊임없이 생각하므로 생기는 슬픔이나 어떤 추억, 예컨대 여인이 우연하게 입 밖에 낸 심술궂은 말이라든가, 편지에 써 보내온 구절이 떠올리게 하는 슬픔을 구별할 필요가 있다. 슬픔의 다양한 형태에 대해서는 뒤에 일어나는 사랑의 기회에 묘사하기로 하고, 먼저 이 두 가지의 슬픔 가운데에서 첫 번째 것이 두 번째 것보다 훨씬 덜 잔혹하다고만 말하겠다. 우리 마음 안에 늘 살고 있는 여인에 대한 관념이, 우리가 지체 없이 여인에게 씌우는 후광으로 아름다워지면서 마음속에 자주 즐거운 희망을 일으키지는 않는다 하더라도, 최소한 오래도록 잔잔한 슬픔의 자국을 새기기 때문이다(게다가 주목할 점은, 어떤 질병에서 그 원인이 계속되는 열이나 회복의 더딤에 있듯이, 우리를 괴롭히는 여인의 심상이 사랑의 슬픔을 더하게 하며, 질질 끌어 낫지 못하게 하는 여러 현상과 거의 관계없다는 사실이다).

그러나 우리가 사랑하는 여인에 대한 관념이 이런 식으로 보통 낙관적인 지성이 비춰지는 일은 있어도, 그 심술궂은 말이나 적의를 담은 편지(질베르트한테서 단 한 번 그런 편지를 받았다) 같은 특별한 추억일 경우엔 다르다. 오히려 상대방 자신이 매우 한정된 그런 특수한 추억의 단편 속에, 더구나 우리가 여자의 보편적 관념을 만들어내는 경우보다 월등한 힘을 가지고 존재한다고 할 수 있다. 편지일 경우, 우리는 이것을 사랑하는 사람의 영상을 볼 때처럼 그리움을 안고서, 조용하고 차분하게 바라볼 수는 없기 때문이다. 뜻하지 않은 불행의 예감이 무서운 불안이 되어 가슴을 죄는 가운데, 우리는 편지를 열중하여 읽는다. 이런 고통은 다른 형태로 만들어진다. 그것은 외부로부터 우리에게 오고, 가장 잔혹한 괴로움의 길을 통해 우리 마음속에 이른다. 우리가 예전 그대로의 모습인 줄 여기는 여인의 영상도 실제로는 우리가 몇 번이고 다시 만들어낸 것에 지나지 않는다. 잔혹한 추억 쪽은, 다시 만들어낸 영상과 같은 시대가 아니라 다른 시대에 속하며, 잔혹한 과거의 한 때를 속속들이 아는 드문 목격자들 가운데 하나이다.

하지만 그런 과거는—과거를 많은 사람이 화해하는 낙원, 으리으리한 황금시대로 바꾸고 싶은 경우를 빼놓고—계속 존재하므로 앞서 말한 그 특별한 추억이나 편지 따위는 우리를 현실로 돌아오게 하고, 그것에 따르는 갑작스러운 고통을 통해, 날마다 당치 않은 기대 속에 살아가는 동안 우리가 얼마나 현실에서 멀어졌는가를 느끼게 할 것이다. 그렇다고 해서, 그런 현실이 언제까지나 같은 모양으로 머물러 있는 건 아니다. 하기야 이따금 그런 일이 일어나지만. 삶에는 우리가 다시 만나려고 애쓴 적이 없으며 상대방 또한 조금도 고의가 아닌 우리의 침묵에, 같은 침묵으로 아주 자연스럽게 응하는 여인들이 많다. 단지, 우리는 그런 여인들을 사랑하지 않았으므로 그녀들과 만나지 않고 지낸 세월을 셈속에 넣지 않았을 따름이다. 이 보기는 앞서 말한 뜻을 약하게 할지도 모르지만, 우리가 고독의 효력에 관해 따질 때 흔히 무시하기 쉬운 것과 마찬가지로, 예감을 믿는 사람이 예감이 맞지 않는 경우를 전부 무시하는 것과 같다.

그러나, 결국은 멀리 떨어져 있다는 것도 효력을 볼 수 있다. 다시 만나고 싶은 소망, 욕망이 현재 우리를 잘못 생각하는 상대방의 마음속에 생기고 만다. 오로지 시간이 필요하다. 그런데 시간에 관한 우리의 요구는, 변화를 요구하는 마음의 요구와 마찬가지로 터무니없다. 시일을 기다린다는 게 쉬운 노릇이 아니므로 괴로움이 심해서 서둘러 끝장내려 하기 때문이다. 뿐만 아니라 상대방의 마음이 변하기 위해 필요로 하는 시간은, 우리 마음 또한 변하기에 그것이 필요하다. 따라서 우리가 세운 목적이 쉽사리 이루어질 수 있을 때에, 그것이 이미 우리의 목적이 아닐 경우가 있다. 목적을 쉽게 이룰 수 있을 듯하나, 이루어도 그것이 자기에게 행복을 가져다주는 게 아닐 때엔 행복이 아니라는 생각은, 일부의, 오직 일부만의 진리를 포함한다. 행복은 우리가 그것에 무관심하게 되었을 때에 온다. 하지만 바로 그 무관심 때문에 우리의 요구가 줄고, 만일 이 행복이 그것이 매우 부족하다고 느끼던 시기에 와주었다면 얼마나 좋았으랴 하고 돌이켜보며 그렇게 여기게 한다. 인간이란 자기가 조금도 걱정하지 않는 것엔 별로 까다롭지 않으며, 그다지 좋은 판단도 내릴 수 없다. 이미 사랑하지 않는 여인의 친절은, 그것이 우리 무관심에 비해 과분할망정, 우리의 애정을 일으키기엔 어림도 없으리라. 다정한 말, 밀회 요청, 뿐더러 그 뒤에 즉시 보여주길 바랐던 모든 것, 바라 마지않는 갈망 때문에 방해되어 생기지 않았던 것인지도 모르는 모든 게, 이전에 이뤄졌더라면 얼마나 기뻤을까. 따라서 우리가 그걸 즐길 수 없고 사랑하지 않게 되었을 때에 오는 뒤늦은 행복은 전에 그것이 없어서 그토록 참혹하던 그 행복과 똑같은 건지 확실하지 않다. 단 한 사람이 그 행복이 같은 건지 결정할 수 있는데, 그것은 그때 자신이 지닌 자아이다. 그런데 그 자아는 우리와 함께가 아닌 지 오래다. 그리고 예전과 같은 것이든 아니든, 이런 행복이 사라지기 위해선, 이 자아가 다시 나타나기만 하면 충분하리라.

뒤늦게 올, 그리고 내가 그다지 흥미를 느끼지 않게 될 꿈의 실현을 미래에 두고, 한편 내가 질베르트를 거의 몰랐던 시절처럼, 그녀가 내게 용서를 빌고, 나밖에 사랑하지 않았노라 고백하며, 결혼해달라고 청하는 말과 편지를 보내는 힘으로, 끊임없이 다시 만들어지는 하나의 감미로운 심상이, 이젠 아무런 생기도 없게 된 그 질베르트와 젊은이의 환상을 물리치고 내 마음속에 큰 자리를 차지하게 되었다. 이대로 갔다면 아마 나는 스완 부인한테로 돌아갔을 것이다. 그런데 나는 어떤 꿈을 꾸었다. 그것은 내 친구 가운데 하나, 그렇지만 잘 모르는 상대가 나를 크게 오해한 데다가, 내가 그를 불성실하다고 믿는 꿈이었다. 이 악몽이 일으킨 고통 때문에 갑작스럽게 깨어난 나는, 계속되는 고통 속에서 꿈을 다시 되새기며, 꿈속에서 본 친구가 누구였는지 생각해내려고 애써보았으나, 그 에스파냐풍의 이름이 분명치가 않았다. 요셉 같기도 하고 파라오 같기도 했는데, 드디어 나는 꿈을 풀어보기 시작했다. 꿈을 판단하는 데 보통은 꿈속 인물의 겉모습에 집착하지 말아야 한다는 걸 나는 알고 있었다. 무식한 고고학자가 어떤 성인의 몸 위에 다른 성인의 머리를 올려놓거나, 그 고유성과 이름을 혼동하듯이 그들의 얼굴도 바꿀지 모른다. 따라서 꿈속 인물의 고유성과 이름이 우리를 속일지도 모른다. 우리가 사랑하는 여인도 꿈에서는 오직 몸에 느껴지는 고통의 힘으로 알아차리게 될 것이다. 그러나 내가 기억하는 고통에 의하면 자고 있는 동안에 젊은 남자로 나타난 인물, 그가 저지른 불성실함이 지금까지 나를 괴롭히고 있는 인물은 다름 아닌 질베르트라는 사실을 알았다. 그녀를 만난 마지막 날, 그 어머니가 댄스파티에 못 가게 했을 때에, 진심 또는 고의로, 야릇한 모습으로 웃으면서, 그녀에게 지닌 선의의 믿음을 거부했던 일을 생각해냈다.

연상에 의해, 이 추억은 내 기억 속에 또 하나의 추억을 가져왔다. 오래전, 나의 성실함도, 내가 질베르트의 좋은 벗인 것도 믿지 않으려 했던 이는 바로 스완이었다. 보람 없이 그에게 편지를 써 보내고, 질베르트가 내 편지를 가져와서 똑같은 그 뜻 모를 웃음과 더불어 나의 손에 돌려주었다. 허나 그녀는 그것을 곧바로 돌려주지 않았다. 그 월계수 덤불 위의 풍경이 환하게 머릿속에 떠올랐다. 사람은 불행해지면 도덕적이 된다. 지금 질베르트가 나에게 품은 반감은, 그날 내가 그런 짓을 했으므로 이제 와서 삶이 내린 벌처럼 생각되었다. 사람들은 길을 건널 때 마차에 주의하거나 위험물을 피하거나 함으로써 그 벌에서 벗어난 줄로 안다. 그러나 내부에서 오는 벌이 있다. 사고는 뜻하지 않았던 쪽에서, 내부에서, 마음속에서 오는 것이다. "괜찮다면 좀더 싸워도 좋아"라고 질베르트가 한 말은 나를 소름끼치게 했다. 샹젤리제 큰길에서 함께 가는 걸 목격했던 그 젊은이와 아마도 그녀 집의, 속옷 따위를 두는 방에서, 그런 짓을 하고 있을 그녀를 떠올렸다.

그러므로 (얼마 동안) 내가 행복 속에 편안히 있었다고 생각한 것도 미련스러웠으며, 마찬가지로 행복하게 되기를 단념한 지금, 자신은 적어도 마음이 편해졌고, 앞으로도 계속 편할 거라고 확신하려 애쓰는 것도 어리석은 짓이었다. 왜냐하면 우리 마음에 영원토록 누군가의 영상을 넣어두고 있는 한 끊임없이 깨어질지도 모르는 것은 오로지 우리 행복뿐만 아니라, 그 행복이 사라지고, 고통을 겪고 나서, 그 고통을 겨우 잠재울 때, 행복과 마찬가지로 우리를 속이고 덧없이 사라지는 것은, 그 안정이다. 나는 마침내 안정을 되찾았다. 그도 그럴 것이, 우리의 정신 상태나 욕망의 모양을 바꿔가면서, 꿈을 기회로 우리 마음에 들어온 것 또한 점점 확대되기 때문이다. 오래 계속됨이 보증되는 건 하나도 없다. 고통조차 마찬가지이다. 그리고 사랑 때문에 괴로워하는 자, 어떤 병자에 대해 흔히 말하듯, 그들 자신이 자기 병을 고치는 의사이다. 위안은 고통의 원인이 된 연인으로부터 오며, 그 고통은 그 사람이 내뿜은 것이어서, 치료법을 찾아내는 곳은 고통 속이다. 어느 시기가 오면 고통 스스로가 혼자서 위안을 발견한다. 그도 그럴 것이, 사랑에 고민하는 이가 마음속으로 갖가지 고통을 겪음에 따라, 고통이 그에게 그리워하는 여인의 다른 모습을 보여주기 때문인데, 어떤 때는 어찌나 미운지 그녀와 함께 즐기기 전에 먼저 괴롭혀줘야겠다고 생각해서 만나지 않기도 하고, 어떤 때는 어찌나 그리운지 그 그리움이 더해가서 자신이 외곬으로 그녀를 원하는 게 당연하다고 생각하기도 한다. 그러나 내 마음속에 되살아난 고통이 결국 가라앉는다 해도 득이 될 게 없었다.

이제는 스완 부인네 집에 자주 가지 않겠다고 마음먹었다. 왜냐하면 사랑하는 사람에게서 버림받은 사람은, 끊임없이 뭔가를 기다리면서 살아가는 기대감이—스스로 깨닫지 못해도—스스로 변해, 보기에 똑같지만, 첫 번째 상태에 뒤이어 그와 정 반대인 두 번째 상태를 나타내는 일이 있기 때문이다. 첫 번째 상태는 우리 마음을 뒤흔들어놓은 비통한 사건의 결과이며 반영이다. 그때에 사랑하는 여인한테서 아무런 소식도 오지 않으면, 이쪽 자신이 나서고 싶어지며, 또 첫 시행이 한 번 잘못되면 다른 것도 시작하지 못할 것 같고, 첫 시행도 어느 정도 성공할는지 잘 모르므로, 뭔가 일어날지 모른다는 기대감에는 그만큼 두려움이 섞인다. 하지만 오래지 않아, 알아차리지 못하는 사이에 바라던 기대감은 앞서 말한 바와 같이 우리가 겪어온 과거의 추억에 의해서가 아니라, 상상하는 미래에 대한 희망에 의해서 결정된다. 그때부터 기대는 매우 즐거운 것이 된다. 그러고 나서 첫 상태가 계속되며 우리를 기대감 속에 사는 데 익숙하게 한다. 마지막 만남에 느꼈던 쓰디쓴 괴로움이 아직 우리 마음에 남아 있으나, 이미 그건 졸음처럼 무뎌진다. 지금 우리가 뭘 구하는지 잘 안 보이는 만큼, 괴로움을 깨우려고 서두르지 않는다. 사랑하는 여인을 좀더 많이 소유하고픈 욕심은, 우리가 갖지 못하는 부분을 더 채우려 할 뿐이고, 우리의 욕구는 만족을 바라는 데서 생기는 이상, 그런 부분은 기어코, 원래 상태로 되돌아가지 않으리라.

그 뒤 마침내 마지막 이유가 덧붙여져, 나는 스완 부인 댁을 완전히 방문하지 않게 되었다. 뒤늦게 온 그 이유란, 내가 질베르트를 완전히 잊어버렸다는 게 아니라, 질베르트를 더 빨리 잊고자 애썼다는 것이었다. 물론 내 극심한 괴로움이 끝나고 나서부터, 스완 부인네 집을 찾아가는 게 내 마음에 남은 슬픔을 위로할 진통제도 되고 기분전환도 되었다. 또 처음에는 이 두 가지 작용이 내게 매우 귀중한 것이었다. 그러나 전자에 효과가 있는 이유는 후자에 지장을 주었다. 곧 그 방문에 질베르트의 추억이 촘촘히 섞여 있었다. 기분전환이라 하지만 현실 속 질베르트의 모습에 이젠 생기를 돋우지 못하는 감정, 질베르트와 아무 관계없는 생각, 관심, 열정과 싸우는 기분전환이 아니었다면 효과가 없었을 것이다. 사랑하는 여인과 관계없는 의식이 그런 방식으로 들어와서 한 자리를 차지하고, 처음에 아무리 작은 자리일망정, 그때까지 영혼 전체를 차지해온 연정에서 그만큼 자리를 빼앗은 셈이 된다. 그러한 사고를 기르고 자라도록 애써야 한다. 한편 그동안에, 이제 감정이 추억에 지나지 않게 되어서 사그라진다. 이렇게 해서 새로운 여러 요소가 정신 속에 들어와서 그 감정과 싸워, 점점 더 영혼의 자리를 빼앗아, 드디어 모든 자리를 차지하게 된다. 나는 이거야말로 연정을 죽이는 유일한 방법이구나 생각했다. 그리고 그것을 피할 만한, 또 아무리 시간이 걸려도 성공하고 말겠다는 확신에서 생기는 거라면 가장 가혹한 고통마저 감당할 젊음과 용기가 아직 내게 있었다. 지금 질베르트에게 써 보내는 편지에서 내가 그녀를 만나고 싶지 않은 이유로 삼은 건 그녀와 나 사이에 뭔가 수수께끼 같은 오해를 전부 꾸며내, 그걸 암시하는 따위였다. 동시에 질베르트 쪽이 먼저 그것에 대한 설명을 청해오기를 기대하고 있었다. 그러나 실상은 가장 하찮은 서신의 오감에서마저, 상대방이 항의하도록 일부러 흐리멍덩한, 거짓의 비난 비슷한 글귀가 씌어 있음을 알고 나서, 자기 쪽이 거래의 선수를 잡았노라—쥐었노라—기꺼워하는 수신자가 설명을 애원해오는 일이란 매우 드문 법. 하물며, 사랑이 지극히 말솜씨 좋고, 냉정하게 꼬치꼬치 캐지 않는 가장 다정한 서신의 오감에서야 당치도 않다.

질베르트는 꾸며낸 오해를 의심하려고도, 알려고 애쓰지도 않았다. 그러다가 그것이 나에겐 살이 붙은 실물이 되어 편지를 쓸 적마다 그것을 언급했다. 잘못 취한 이런 처지나, 꾸민 쌀쌀한 태도에는 그것을 고집부리게 하는 마력이 있다. 질베르트한테서 '그럴 리 없어요, 둘이서 잘 얘기해봅시다' 하는 대답을 받으려고, '우리 마음이 맞지 않은 뒤부터는'이라는 글귀를 너무나 쓴맛으로, 드디어 나는 우리 둘의 마음이 정말 맞지 않는다고 굳게 믿기에 이르렀다. '아니에요, 하나도 변하지 않았어요, 이 감정은 전보다 더 강해졌어요'라고 그녀가 말하는 걸 끝내 듣고 싶은 마음에, '삶은 변했는지 모르나, 우리 둘이 품은 마음만은 지우지 못할 겁니다'라고 늘 되풀이한 탓으로, 삶이 실제로 변해버려, 우리 둘은 이미 사라진 추억만을 간직하게 될 거라는 관념과 더불어 살게 되었다. 마치 신경질적인 자가 아픈 체하다가 정말 아프게 되었듯이. 이제는 질베르트에게 편지를 쓸 때마다, 공상으로 꾸며낸 이 변화를 생각했다. 질베르트는 답장에서 이 변화 문제에 대해 줄곧 침묵하고 있어서, 차후로 그것이 암암리에 인정돼, 두 사람 사이에 계속 존재할 성싶었다. 그러다가 질베르트 또한 알고도 넘어가려고 고집하지 않았다. 그녀 자신도 내 견해를 받아들였다. 그리고 공식 연회의 축사에서 초청한 국가원수가 막 쓴 어구를, 초청된 국가원수가 그대로 조금씩 빌려 말하듯, 내가 질베르트에게 '삶은 우리 둘 사이를 떼어놓았는지는 모르나, 우리 둘의 마음이 서로 통하던 시절의 추억은 남을 것입니다'라고 써 보낼 때마다 그녀는 또박또박, '삶은 우리 둘 사이를 떼어놓았는지는 모르나, 우리 두 사람에게 영원토록 그리울 좋은 시절을 잊게 하지는 못하겠지요'(왜 '삶'이 우리 두 사람을 떼어놓았는지, 어떤 변화가 일어났는지 말하라고 하면 둘 다 당황했으리라)라고 대답했다. 나는 이제 그다지 괴로워하지도 않았다. 그렇지만 어느 날 그녀에게 보내는 편지에 샹젤리제의 사탕과자 장수 아주머니의 죽음을 알았노라고 말하면서, '당신도 가슴 아파했을 겁니다. 나는 이 소식에 온갖 추억이 떠올랐습니다'라는 말을 막 쓰고 난 나는, 살아 있는 것으로, 적어도 되살아날 수 있는 것으로 마지못해 계속 생각해온 그 사랑을, 마치 이미 잊어버린 죽음에 관한 일처럼 과거형으로 말하고 있음을 깨닫고선 넘치는 눈물로 목이 메었다. 다시 만날 생각이 없는 친구 사이의 편지만큼 가슴 먹먹한 게 따로 없다. 질베르트의 편지는, 내가 무관심하게 된 이들에게 쓰는 편지와 같은 섬세함이 있는 동시에, 비슷한 가식적 애정 표시를 보였는데, 그녀한테서 그런 것을 받는 게 나로선 감미로운 선물이었다.

게다가, 그녀와의 만남을 거절하는 것도 점점 덜 고통스러워졌다. 그리고 그녀가 점점 덜 그리워짐에 따라, 내가 안고 있는 고통스러운 추억도, 피렌체와 베네치아를 생각할 때에 느끼는 기쁨을 깨뜨릴 만큼의 힘은 아니게 되었다. 그렇게 되자 나는 이렇듯 만나려고도 하지 않으며, 벌써 거의 잊다시피한 소녀 곁에서, 전에 떠나기 싫어서 외교관이 되기를 단념하고 집 안에만 있었던 것을 뉘우쳤다. 우리는 한 여자를 위해서 자신의 생활을 꾸민다. 그리고 마침내 그곳에 그 여자를 맞아들일 수 있게 되었는데 그 여자는 오지 않는다. 그러면 그 여자는 죽은 사람이 되고, 그 여자를 위해서 마련했던 것 속에 자신이 갇혀 살게 된다. 베네치아가 내게는 너무 멀어서 열이 나게 한다고 부모님이 생각했다면, 적어도 발베크라면, 지치지 않고 쉽게 여행할 수 있었다. 그러나 그 때문에 파리를 떠나면 그 방문을 단념해야 한다. 아무리 드물게밖에 못 갔을망정, 이따금 스완 부인에게서 그 딸의 이야기를 들어왔다. 게다가 지금은, 질베르트와는 상관없는 까닭 모를 기쁨을 발견하고 있었다.

봄이 다가오는데, 얼음의 여러 성인 축일*과 부활제 전 주의, 진눈깨비 계절에 추위가 되돌아왔을 때, 스완 부인이 집 안에 있어도 몸이 얼 것 같다고 말하며, 모피를 두른 채, 흰 담비로 만든 넓적하고도 큰 목도리와 망토의 희고도 눈부신 옷감 밑에 추위 타는 손과 어깨를 감춘 채로 손님을 응접하는 모습을 자주 보았다. 외출하고 돌아와서도 그 흰 망토와 목도리를 벗지 않아서, 불의 온기나 계절의 바뀜에도 녹지 않았던 그 어느 것보다 더 단단한 마

---

* 4월 23·24·25일의 성인 축일을 말함.

지막 겨울눈 덩어리처럼 보였다. 얼음같이 차디차나 벌써 꽃피고 있는 그런 때의 온 진실을, 머잖아 내가 가지 않게 될 이 살롱 안에서, 보다 황홀한 흰빛으로 내게 암시해주던 게 따로 또 있었다. 이를테면 '까마귀밥나무(boule de neige)'*1 꽃의 흰빛이 바로 그것이니, 잘게 가지런히 핀 꽃의 둥근 모양은 성모의 잉태를 알리는 천사처럼 희고, 레몬과 같은 향기에 둘러싸여 라파엘전파*2 그림의 쭉 뻗은 떨기나무처럼, 높다랗고 잎이 없는 줄기 꼭대기에 한창이었다. 그도 그럴 것이 탕송빌 성관의 안주인 스완 부인은 아무리 쌀쌀해도 4월에 꽃이 피지 않는 일은 매우 드물다는 사실을 잘 알고 있었고, 첫 봄기운이 들기까지는, 세상에는 비에 갇힌, 초목 없는 집들만 있는 줄 아는 도시 사람과는 달리, 그런 엄밀한 칸막이로 겨울, 봄, 여름이 구분되어 있지는 않다는 사실도 잘 알고 있었기 때문이다. 나는 스완 부인이 콩브레 별장의 정원사가 보내오는 꽃만으로 만족했다거나, '단골 가게' 꽃장수의 주선으로 지중해 연안의 철 이르게 피는 꽃을 사들여 계절에서 오는 허전함을 메우지 않았다고 주장할 의사가 전혀 없으며, 그때 난 그런 건 아랑곳하지도 않았다. 그저 스완 부인이 손에 낀 만년설과 같은 목도리와 나란히 있는 까마귀밥나무 꽃이 활짝 핀 모습만으로 전원의 향수를 자아내는 데 충분했다(안주인은 아마도 베르고트의 충고에 따라, 살롱 가구와 그녀의 복장과 함께 '백색의 장조 교향곡(Symphonie en Blanc Majeur)'*3을 만들어내는 것이 목적이라고밖에 생각하지 않았겠지만). 나에게, 그 '성스러운 금요일의 마법'*4은 인간이 보다 현명하면 해마다 볼 수 있을 자연계의 기적을 상징한다는 생각을 불러일으키고, 또 이름도 모르는 다른 초목들의 꽃관들이 이전 콩브레의 산책에서 그토록 여러 번 내 발걸음을 멈추게 했던 달콤하고도 마음 홀리는 향기를 풍기면서, 스완 부인의 손님방을 탕송빌의 작고 가파른 비탈 못지않게 순결하게 보이게 하며, 순박하게 잎사귀 없이 꽃피우고, 본디 그대로의 방향(芳香)을 넘쳐흐르게 하고 있었다.

그러나 내가 그 작은 언덕길을 떠올린 것은 쓸데없는 일이었다. 그 추억은

*1 직역하면 '눈뭉치' 불두화.
*2 19세기 중엽 영국에서 일어난 예술 운동. 라파엘로 이전의 소박하고 사실적인 화풍 지향.
*3 테오필 고티에의 시편 제목.
*4 바그너의 〈파르지팔(Parsifal)〉에 있는 악장.

나를 이끌어 남아 있을까 말까 한 질베르트에 대한 연정을 더하게 할 위험이 있었다. 따라서 지금은 아무리 스완 부인을 방문한들 괴로운 생각이 없었는데도, 더 간격을 두고서 방문해, 될 수 있는 한 만나지 않으려고 애썼다. 아직 내가 파리를 떠나지 않고 있는지라, 이따금 그녀와 함께 산책하는 걸 승낙하는 게 고작이었다. 드디어 날씨도 좋아지고 따뜻한 계절이 돌아왔다. 스완 부인이 점심 전 한 시간 남짓 외출하여, 에투아르 근처, 시장 상인들이 이름만 알고 있는 부자들을 구경하러 모여들므로 그때 사람들이 '한 푼 없는 집회소'라고 일컫던 장소에 가까운, 불로뉴 숲의 큰길을 산책하는 걸 아는지라, 나는 부모님에게 허락을 얻어 일요일에는—다른 날에는 그 시각에 한가하지 못하여—부모님보다 퍽 늦게 1시 15분에 점심을 먹기도 하고, 그 전에 한 바퀴 돌고 오기도 했다. 질베르트가 시골 친구 집에 가 있어서 나는 그 5월 동안 하루도 빼놓지 않고 일요일을 이용했다. 나는 정오 무렵에 개선문에 닿는다. 큰길 어귀에서 목을 지키고 있다. 불과 몇 미터밖에 안 되는 곳에 살고 있는 스완 부인이 지나가는 길이기 때문이다. 벌써 산책하는 이들 대부분이 점심을 먹으러 돌아가는 시각이라, 남은 이들은 적고, 보통은 멋쟁이 사교인들뿐이다.

갑자기, 작은 길 모래 위에, 낮에만 피는 더할 나위 없이 아름다운 꽃처럼, 늦었는데도 여전히 느긋한 걸음걸이로, 화려하게 몸단장한 스완 부인이 그녀 둘레에 언제나 다른 옷들로 꽃피우면서—특히 생각나는 것은 연보랏빛 옷인데—등장했다. 다음에 그녀를 둘러싼 아름다운 빛이 가장 완전한 순간에, 그녀는 드레스의 꽃잎이 우수수 지는 것과 잘 어울리게 넓은 비단 양산을 펼친다. 수행자들이 그녀를 둘러싼다. 스완, 그리고 동아리 회원 네댓 명. 그들은 그녀를 만나러 왔거나 또는 길에서 만난 사람들이다. 검은색이나 회색 복장을 한 온순한 무리는, 거의 기계적인 움직임으로 오데트의 둘레에 빛깔이 없는 틀을 만들어내, 홀로 눈을 크게 뜨고 있는 이 여인에게, 마치 창가로 다가가서 밖을 내다보듯이, 그 남자들 사이에서 앞쪽만 바라보는 듯한 인상을 주는 동시에 인종이 다른 미지의 민족으로, 게다가 거의 전사(戰士)와 같은 힘찬 인간이 나타난 듯이, 그녀를 그 부드러운 색채 속에 드러내면서, 연약하면서도 씩씩한 모습으로 솟아나게 하고 있었다. 그 전사와 같은 힘 덕분에 그녀는 수많은 수행자를 혼자서 상대하고 있었다. 좋은 날씨와,

따갑지 않는 태양으로 자못 상쾌한 듯이 미소 지으면서, 제작자가 작품을 완성시켜 남은 걱정이 없게 된 것처럼 침착함과 자신감을 나타내면서, 확실히 자기 몸차림이—설령 저속한 통행인들에게 평가되지 않더라도—더할 나위 없이 우아하다고 믿은 그녀는, 먼저 자기 자신을 위하여 다음으로 벗들을 위하여 아주 자연스럽게, 과장된 몸짓으로 주의를 끌지도 않으며 또한 뚜렷이 드러나 보이지도 않게 그 몸차림을 하고 있었다. 그리고 코르사주와 치마에 맨 작은 리본이, 그녀 자신도 미처 알지 못하는 생물이기라도 한 듯, 또 그녀의 걸음에 따라오는 동안은 그 특유의 리듬에 따라 멋대로 춤추게 내버려 두겠다는 듯이, 그녀 앞쪽에 가볍게 나풀거리는 것을 그냥 둔다. 뿐만 아니라 내 앞에 왔을 때도, 펴지 않은 채 손에 들고 있을 때가 더 많은 연보라 양산 위에 이따금 만족스러운 눈길을 마치 파름한 제비꽃 다발을 보듯이 떨어뜨렸는데, 그 눈길이 어찌나 다정한지, 이미 벗들이 아니라 무생물을 보고 있었는데도 아직 미소가 활짝 피고 있는 듯했다. 그처럼 그녀는 멋의 음정 같은 것을 가지고 있어서, 그걸로 몸차림 전체를 감싸고 있었다.

스완 부인이 매우 친근하게 말을 건네는 사내들은, 하기야 문외한의 머리로 탄복하며 그들의 무지를 드러내는 면도 없지 않았으나, 그 음정의 간격과 필연성을 존중하여, 병자에게 특별한 몸조리를 시켜야만 하는 경우나, 어머니가 아들의 교육에 임하는 경우의 지배 같은 권한을, 그녀가 그 몸차림에 미치고 있다는 사실을 인정하고 있었다. 다른 행인들도 눈에 보이지 않는 성싶은 그녀를 둘러싼 그 사내들의 아첨 때문에, 또한 그녀가 나타나는 시간이 늦으므로 스완 부인의 모습은, 그녀가 그처럼 느릿느릿 오전을 지내고 나서 곧 점심에 돌아가야 할 거실을 떠올리게 했다. 자기 집 뜰 안을 한가로운 걸음으로 걷는 때와도 같은 그 안정된 걸음걸이에 그녀의 거실이 가깝다는 게 알려지는 듯싶었다. 마치 그 거실 안의 선선한 그림자를 아직 그녀 몸 둘레에 지니고 있는 듯했다. 그러나 그 때문에 오히려 내게는 그녀의 모습에서 바깥공기와 그 따스함만이 두드러지게 느껴졌다. 왜냐하면 스완 부인이 성당의 의식과 의례에 깊이 정통해, 자연히 그 몸차림도 독특하고 계절과 시간에 필연적으로 일치하고 있다고 믿는 것만으로 그 나긋나긋한 밀짚모자의 꽃이나 드레스의 작은 리본이 정원의 꽃보다 더욱 자연스럽게, 그대로 5월의 품안에 피어난 듯이 보였기 때문이었다. 그리고 나는 계절의 새로운 변화를 알아보기 위해서, 그녀가 펼친 양산—마치 실제의 하늘보다 가깝고, 둥글며, 온화하고, 빙글빙글 움직이는 푸른 또 하나의 하늘 같은—까지밖에 눈을 쳐들지 않았다. 왜냐하면 성당의 예식이, 설령 최고 예식이라도 겸손하게 아침·봄·태양에 순종하는 걸 영광으로 삼듯, 스완 부인도 그렇게 함을 영광으로 삼고 있었기 때문이다. 이렇듯 멋있는 부인이 아침·봄·태양의 변화를 따르기 위해 일부러 더 밝고 가벼운 천의 드레스를 택하고, 깃과 소매를 너부죽하게 넓혀, 목과 손목의 축축함을 떠올리게 하는 정도이며, 또 누구나 다, 아무리 천한 사람들이라도 평범한 사람들을 만나러 즐거이 자신을 낮춰 시골로 내려가는 고귀한 부인이, 그때 또한 그날에 어울리는 시골풍의 몸단장을 하는 걸 잊지 않는 그 노력을 스완 부인이 아끼지 않았음에도, 아침이나 봄이나 태양은 그걸 별로 흡족하게 여기지 않는 것 같았다.

그녀가 나타나면 나는 바로 인사한다. 그녀는 나를 멈추게 하고 미소 지으며 'Good morning' 하고 말한다. 우리는 잠시 나란히 걷는다. 그녀가 마치 슬기롭고 탁월한 대주교처럼 그 성전에 순종하듯이 성전에 따라 옷을 입는 것은, 실은 그녀 자신을 위해서라는 점을 나는 그때에 알게 되었다. 왜냐하면 너무 더워 가슴을 터놓거나 아주 벗어서, 처음에는 앞을 꼭 여미고 있으리라 마음먹었던 웃옷을 나에게 맡길 때, 청중의 귀에는 도저히 들릴 리가 없다 해도 작곡가가 모든 정성을 다 기울인 관현악의 한 부분처럼 보통의 경우 눈에 띄지 않는 무수한 기교가 가해져 있다는 사실을, 나는 그 슈미제트 속에서 발견하기 때문이다. 또 어떤 때는 내가 기쁘게 또는 정답게 오랫동안 바라본 것은, 내 팔에 걸친 그녀의 웃옷 소매 안으로 보이는 우아한 세공, 말할 수 없이 고운 색깔의 끈, 연보랏빛 양단으로, 평소에는 남들 눈에 띄지 않는데도 겉으로 보이는 부분과 똑같이 섬세하게 가공되어 있었다. 여태껏 아무도 본 적이 없다가, 한 예술가가 여행 중 우연하게, 두 개의 탑 사이에서 온 시가를 굽어보려고, 허락받아 대성당의 고층을 어슬렁어슬렁 올라가다가 처음으로 발견한 고딕 조각, 높이가 80피트나 되는 난간 뒷면에 감추어져 있으나 커다란 정문의 돋을새김과 똑같이 완벽한 기교가 가공되어 있는, 그 고딕 조각과 너무 비슷했다.

스완 부인이 불로뉴 숲의 큰길을 마치 자택 정원의 작은 길을 걷듯 산책하고 있는 모습은—그녀의 '푸팅(footing : 발길 들이기)' 습관을 모르는 사람들로서는

—그녀가 마차도 타지 않고 걸어서 왔다는 사실로 그 인상이 더욱 강렬해졌다. 길 가는 이들은 5월이 되자, 그녀가 파리에서 가장 단정한 제복에다, 가장 공들인 말의 장식품을 단, 용수철이 여덟 개나 있는 널찍한 지붕 없는 사륜마차의 따뜻한 공기 속에 마치 여신인 양 엄숙하게 앉아 지나가는 모습을 눈에 익도록 보아왔던 것이다. 게다가 스완 부인이 더위에 느릿느릿 걷자, 뭔가 호기심에 끌려서 규칙에 멋들어진 위반을 범하고 있는 듯한 느낌을 주었다. 마치 군주가 누구와도 한마디 의논 없이, 대연회가 벌어지는 도중 감히 뭐라고 비난할 수 없는 수행원이 약간 얼굴을 찡그리거나 말거나, 그 자리에서 나와 얼마 동안 다른 관객과 섞이면서 휴게실을 찾아가듯. 그런 식으로 군중은 스완 부인과 자신들 사이에 뛰어넘기 어려운 부의 장벽을 느꼈다. 포부르 생제르맹의 귀족 사회에도 그런 장벽이 있었는데, '빈털터리'인 사람들 눈이나 상상보다는 덜 인상적이다. 돈 한 푼 없는 이들은, 보다 수수하고, 프티부르주아의 여인과 혼동하기 쉬우며, 일반 서민에 가까운 귀부인 앞에선, 스완 부인과 같은 여인 앞에서 느끼는 불평등과 뒤떨어진다는 느낌을 받지 않으리라. 스완 부인과 같은 여인들은 한 푼 없는 이들처럼 자기가 걸치고 있는 호화로운 차림에 현혹되지 않을 터이며, 신경조차 쓰지 않을 것이다. 그러나 그것에 습관이 들어버렸기 때문에, 다시 말해 당연히 필요한 것으로 여기게 되어, 사치를 부리는 정도의 차이에 따라 남을 판단하기에 이른다. 따라서 (그녀들이 스스로 눈부시게 차리며 또한 다른 여인들의 몸에서도 발견하는 위대함은 전적으로 물질적이어서, 남의 눈에 띄기 쉬우나, 얻기에 오래 걸리고, 보상하기도 어려운 것이기 때문에) 만일 그녀들이 한 통행인을 가장 낮은 계급에 넣는다면 같은 식으로 상대의 눈엔 그녀들이 가장 높은 계급으로 보인다.

곧, 두말할 나위 없이 첫눈에 당장 그렇게 보인다. 그때에 이 특별한 사회적 계급에는 귀족계급의 여인들에게 섞인 레디 이스라엘이라든가, 뒤에 귀족 사회에 드나들게 된 스완 부인이 모두 포함되어 있었다. 그런 여인들을 손꼽는 특별한 사회계급, 포부르 생제르맹 귀족에 알랑거리는 이상 이 귀족의 계급보다 낮으나, 포부르 생제르맹에 속하지 않은 것보다는 높은 이 중간 계급, 이미 부자들의 사회에서 벗어났으나 여전히 부자이며, 게다가 융통성이 있어 뭔가 어떤 목적, 예술 사상에 따르면서, 돈을 잘 활용하고 시적으로 아로새긴 특성이 있는, 미소 지을 줄 아는 계급, 아마 그런 계급에는 이제 적어도 이 무렵과 똑같은 성질과 매력은 존재하지 않으리라. 더구나 이 계급에 속하던 여인들도 대부분 나이와 함께 아름다움을 잃었으므로, 그녀들이 화려하게 군림하던 세계의 첫 조건이었던 것을 오늘날엔 지니고 있지 못할 것이다. 그런데 스완 부인이 엄숙하게, 생글생글, 상냥하게 불로뉴 숲의 큰 길을 걸어가면서, 그 느릿느릿한 걸음걸이 밑에 사회가 이리저리 떠도는 걸 히파티아(Hypatia)*[1]인 양 굽어본 자리는, 그녀가 고귀한 부귀의 정상에 있으며, 무르익고도 아직 아담한 정취가 남아 있는 여름의 영광스러운 절정에서 있기 때문이었다. 지나가는 젊은이들은 불안하게 그녀를 바라보았다. 그들과 스완 부인의 관계가 애매해서(스완에게 꼭 한 번 소개되었던 정도여서, 알아보지 못할까 봐 두려워했던 만큼) 과연 부인에게 인사를 해도 좋을지 망설였다. 막상 인사하려고 결심해도, 겁도 없이 집적거려 불경스러운 행동을 일으켜 침범할 수 없는 계급의 우월감을 침해함으로써, 화를 초래하거나, 또는 신이 내리는 벌을 받게 되지나 않을까 걱정이 되어서 그 다가올 결과 앞에 전전긍긍했다. 그들의 모처럼의 인사도, 스완을 비롯하여 오데트의 추종자에 불과한, 절하는 인형들로 하여금 그 태엽을 감았다가 풀어주었을 때와 같은 동작을 시켰을 뿐이었다. 스완은 포부르 생제르맹에서 배운 우아한 애교를 보이면서, 초록빛 가죽으로 테를 두른 실크해트를 쳐들었는데 그 태도에는 예전과 같은 무관심이 섞여 있지 않았다. 그 대신에 지금은(그가 어느 정도까지 오데트의 편견에 젖어버리고 만 듯이) 그다지 옷차림이 좋지 못한 사람에게 인사해야만 하는 귀찮음과, 그의 아내가 그토록 많은 사람을 알고 있다는 만족이 뒤섞여 있어, 이 혼합된 감정을 수행하는 멋쟁이들에게 다음과 같은 말로 해명했다. "또 있군! 정말이지, 오데트가 어디서 저런 사람을 찾아냈는지 모르겠는걸!"

한편 스완 부인은 이미 눈앞에서 멀리 있지만 그대로 가슴을 두근대고 있는 겁먹은 젊은이에게 고개를 까딱거려 답례하고 나서, 나를 돌아보며 "그럼" 하고 말했다. "이젠, 질베르트를 만나러 안 오시겠네? 내가 예외라니 고마워요, 나까지 '멀리하(dropiez)'*[2]면 서글프니까. 나는 당신을 만나고 싶

*1 고대 이집트의 여류 철학자(370? ~415).

*2 영어 drop에다 프랑스어 동사 반과거 어미 변화형을 붙여 만든 조어.

어요. 당신이 딸에게 미친 영향력도 고마웠어요. 그 애도 아주 섭섭해하겠지요. 그래도 당신을 폭군이라고 책망하지는 않겠어요, 이번에는 나까지 만나고 싶지 않다고 하실는지 모르니까!"—"오데트, 사강이 당신에게 인사하오." 스완이 아내에게 주의를 주었다. 실제로 사강 대공이 연극과 서커스의 끝판이나 옛 그림에서 보는 것처럼, 말머리를 정면으로 돌리면서 오데트에게 과장된 큰절을 보내왔다. '여성'이라면, 설사 그의 어머니나 누이가 교제할 수 없는 여인일망정, 그 이름 앞에 고개를 수그리는 대귀족의 기사도적인 예절이 모조리 과장되어 나타난, 이를테면 우의적(寓意的)인 절이었다.

게다가 양산이 지어내는, 투명한 액체 같기도 하고 빛나는 유약 같기도 한 그림자 속에서 그녀의 얼굴을 알아차리고 늦게 온 마지막 기사들이 스완 부인에게 절했다. 그들이 큰길의 흰 양지 위에 말을 달려오는 장면은 마치 영화 같았는데, 그들은 명문 사교 모임의 남성들로, 그 쟁쟁한 이름들—앙투안 드 카스텔란, 아달베르 드 몽모랑시, 그 밖에 여러 명—은 스완 부인의 절친한 벗들의 이름이었다. 시적 감상이 담긴 추억은 괴로웠던 추억보다 훨씬 긴 생명의 지속성—상대적인 수명—을 지녀서, 질베르트 때문에 생긴 슬픔이 사라지고 나서도 오랫동안, 5월이 되어 낮 12시 15분부터 1시까지의 시각을 어느 해시계의 바늘에서 읽으려고 할 때마다, 등나무 시렁의 꽃그늘처럼, 그녀의 양산 그늘에, 이처럼 스완 부인과 이야기를 주고받고 있는 내 모습을 떠올리는 기쁨이 나에게는 슬픔보다는 더 오래 남게 되었다.

제2부

고장의 이름—고장

(발베크의 첫 체류, 바닷가 아가씨들)

샤를뤼스 씨와 로베르 드 생루에 대한 첫 스케치/블로크네 집에서의
저녁 식사/리브벨에서의 저녁 식사/알베르틴의 등장

그리고 나서 2년이 지나 할머니와 함께 발베크로 출발했을 때, 나는 이미 질베르트에게 거의 무관심하게 된 뒤였다. 새 얼굴을 보고 그 매력에 끌릴 때나, 또 다른 아가씨를 보자 갑자기 고딕풍의 대성당, 이탈리아 궁전과 정원을 알고 싶어졌을 때, 내가 마음속으로 쓸쓸하게 생각한 것은 다름이 아니라, 우리의 사랑이 어떤 인간에 대한 사랑인 이상, 그것은 참으로 현실적인 그 무엇은 아닐 거라는 생각이었다. 왜냐하면 우리가 떠올리는 즐거운 꿈이나 괴로운 꿈의 결합이, 그러한 연정을 얼마 동안 어떤 여인에게 쏟으며 그 사랑이 필연적으로 그녀에 의해서 북돋아졌다고 느끼더라도, 그 대신에 고의에서건 무의식에서건 그런 꿈과 몽상에서 벗어나기라도 하면, 이번에는 반대로 그 연정이 오직 우리 자신에게서만 비롯한 듯이 전의 여인과는 관계없이 되고 다른 여인에 대한 연정으로 싹트기 때문이다. 그렇지만 발베크로 출발할 무렵이나 거기서 처음 머물 무렵에는, 자주 (우리 일생은 연대순으로 되어 있는 일이 적고, 세월의 흐름에는 시대착오가 매우 많이 끼어 있어서) 나는 어제나 그저께보다 더 먼 나날, 내가 아직 질베르트를 사랑하고 있던 나날에 살고 있는 때가 있었다. 그런 때에는 그녀를 다시는 만나지 못한다는 사실에 그때와 똑같은 고통에 휩싸이게 된다. 그녀를 사랑했었던 자아가 이미 다른 자아로 바뀌었음에도 다시 나타나곤 했는데, 그것도 대수로운 일을 통해서보다 하찮은 일을 통해 더 자주 나타났다. 이를테면 노르망디에서 머물 때 일어났던 이야기를 앞질러 하는 셈이 되지만, 나는 발베크의 방파제에서 엇갈린 모르는 사람이 '체신부 장관의 가문'이라고 한 말을 들었

다. 그런데 (이 가문이 내 삶에 어떤 영향을 갖게 되는지 그때에는 모르고 있어서) 이 말은 나와 관련 없는 말로 들었어야 마땅하건만, 갑자기 심한 고통을 일으켰다. 그것은 이전의 자아, 거의 없어진 옛 자아가 그때 질베르트와 이별하면서 느끼던 고통이었다. 그때까지 나는 단 한 번도 질베르트가 내 앞에서 그 아버지에게 '체신부 장관의 가문'에 관해 뭔가 이야기하던 모습을 떠올린 적이 없었다. 그런데 사랑의 추억이라는 것도 기억의 일반 법칙에서 벗어나지 않아 이 법칙 자체가 습관보다 보편적인 법칙에 지배되고 있다. 습관은 모든 걸 약하게 하므로, 우리가 잊어버렸던 바로 그것이야말로 어떤 존재를 가장 잘 생각나게 한다(그도 그럴 것이, 잊어버렸던 것은 하찮은 것이었으며, 또 그 때문에 우리는 그런 것을 본디의 힘 그대로 내버려두므로). 따라서 우리 기억의 가장 좋은 부분은 우리의 바깥에 있고, 다시 말해 비를 몰고 오는 바람, 방의 습한 곰팡이 냄새 또는 불붙기 시작한 축축한 장작의 불꽃 속에 있다. 이를테면 우리 지성이 그 용도를 몰라 무시해버린 것, 과거의 마지막 저장물, 가장 좋은 저장품, 우리 눈물이 말라버린 듯해도 다시 눈물나게 하는 것, 그러한 것은 우리가 우연히 다시 발견할 수 있는 곳곳에 존재한다. 우리 바깥에? 아니, 오히려 우리 안에라고 말하는 게 옳다. 더구나 우리 자신의 시선을 피하여, 조금 동떨어진 망각 속에 있다. 오로지 이 망각 덕분에, 때때로 우리가 전에 있던 자기 존재를 다시 찾아내고, 이전의 자기가 접한 그대로의 사물에 다시금 괴로워할 수 있다. 그런 때 우리는 이미 우리가 아니라 과거의 나이며, 그러한 나는 지금의 우리와 관계없는 사랑을 했던 것이다. 대낮처럼 밝은 습관적 기억에, 과거의 수많은 심상들은 점점 빛깔이 연해지다가 사라져간다. 흔적조차 남지 않아 우리는 그 모습을 다신 보지 못하리라. 아니, 오히려, 만약에 몇 마디 말('체신부 장관'이라는 말과 같은)이 망각 속에 소중히 담겨 있지 않았다면, 우리는 다신 그 과거를 보지 못하리라. 마치 국립도서관에 책 한 권을 기증하는 일과 마찬가지로, 그렇지 않고서는 그 책을 다시 찾아볼 수 없게 되듯이.

그러나 질베르트에 대한 번민과 이 연정의 샘물은 꿈속에서 느끼는 그런 감정보다 더 오래 가지 않았다. 또한 이번은 여느 때와 달리 장소가 발베크이므로 그런 감정을 오래 지속시키는 옛 '습관'이 이미 없었다. '습관'의 결과가 그처럼 모순되게 보인다면, 그것은 습관이 다양한 법칙에 따르기 때문이다. 파리에서, 나는 이 습관 덕분에 차츰 질베르트에 대한 관심을 잃어 갔다. 습관의 변화, 다시 말해 한동안 멈춘 습관은 내가 발베크로 떠났을 때 끝이 났다. 이 변화는 그 힘을 약하게 하지만 안정시키고, 나눠 헤쳐가며 한없이 지속시킨다. 몇 해 전부터 나는 좋거나 나쁘거나 그 전날의 정신 상태를 다음 날에도 계속 되풀이해왔다. 그런데 발베크에서는 침대도 다르고, 파리에서와는 다른 아침 식사를 가져온다. 그래서 이 새로운 침대는 질베르트에 대한 연정을 더 이상 지탱할 수가 없다. 집에만 틀어박혀 있으면, 세월은 멈춰버려, 시간을 버는 가장 좋은 방법이 장소를 옮기는 데 있는 경우(매우 드물지만)도 있다. 발베크로 가는 나의 여행은 회복기 환자의 첫 외출 같은 것으로, 그 환자는 자신이 나았다는 사실을 스스로 느끼기 위해 오로지 외출만을 손꼽아 기다렸던 것이다.

이 여행은 지금이라면 자동차로 하는 편이 더 쾌적하게 생각되어 틀림없이 그렇게 여행할 것이다. 그렇게 하는 편이 한층 더 진정한 여행임을 알기 때문이다. 왜냐하면 땅 표면의 가지각색 기복을 보다 가깝게, 보다 친근하게 따라갈 것이기에. 그러나 여행 특유의 즐거움은 도중에 내리거나 피곤할 때 쉬는 데 있지 않고, 그처럼 출발과 도착 사이에 생기는 차이를 알아채지 못하는 것보다 도리어 그 차이를 될 수 있는 한 깊이 느낄 수 있게 하는 데 있다. 말하자면 상상이 껑충 뛰어 우리가 살고 있는 장소에서 가고픈 장소로 데려다줄 때처럼, 두 장소가 주는 거리의 차이를, 사념 속에 있던 전체 그대로 고스란히 다시 한 번 느끼는 데 있다. 그 비약이 기적처럼 보이는 까닭은, 비약에 의하여 어떤 거리를 뛰어넘어서라기보다 너무나 다른 두 고장의 개성을 하나로 이었기 때문이고, 우리를 하나의 이름에서 또 하나의 이름이 있는 곳으로 데려다주었기 때문이다. 그리고 정거장이라는 특별한 장소에서 이루어지는 신비한 작용으로(바라는 곳에서 멈추기 때문에 일정한 정거장을 갖지 못하는 자동차 여행보다 더 잘) 거리가 도식화되기도 한다. 정거장은 대부분 시가의 일부분을 이루는 게 아니라, 역 표시판에 그 시가의 이름을 걸고 있듯이 그 시가의 개성의 본질을 품고 있는 것이다.

하지만 모든 영역에 있어서, 현대는 사물을 그 본질이 아니라 그것을 둘러싸고 있는 현실로 나타내려는 기묘한 경향이 있으며, 따라서 사물의 본질적인 것을 없애려 하고, 사물을 그 주위의 여러 대수롭지 않은 물건으로부터 외따로 떼어놓은 정신 활동을 보려고 하지 않는다. 오늘날 우리는 어느 그림을, 그것이 그려진 같은 시대의 가구, 골동품, 벽걸이에 '진열'한다. 그런 것들은 참으로 싱거운 겉치레로, 어제만 해도 무식하기 짝이 없다가 갑자기 옛 기록문서나 서적을 찾는 데 날을 보내게 된 마님이 현대식 저택 안에 모셔놓고 뻐기는 정도에 지나지 않는다. 그런 겉치레 가운데서는 걸작도 식사하면서 구경해야 하므로, 미술관에서 처음으로 만끽하는 그 황홀한 기쁨을 주지 못한다. 미술관이야말로 쓸데없는 겉치레가 없어서, 예술가가 창작하면서 스스로 몰두한 내면세계를 가장 잘 상징한다.

정거장이라는 이 희한한 장소도, 불행히도 거기서 멀리 떨어진 목적지를 향해 떠날 경우에는 비극의 장소가 된다. 왜냐하면 거기서 기적이 일어나고, 그 덕분에 우리 사념 속에만 존재하던 장소가 이제부터 우리가 사는 고장이 되는 그런 즐거움이 있는 한편, 바로 그 출발 때문에 우리는 조금 전까지 살던 정든 방으로 돌아가기 위해 대합실을 빠져나가야만 한다. 일단 신비에 이르려고, 예컨대 생라자르 역처럼 거대한 유리를 끼운 공장을 떠올리게 하는 역한 냄새를 풍기는 동굴 안에 들어가려는 결심을 하면 집에 돌아가 잠잔다는 소망 따위는 전부 버려야 한다. 발베크행 기차를 타려면 그 생라자르 역에 가야 하는데, 그 역은 도시의 배를 가른 그 동굴 위에, 자주 일어나는 참사의 불길한 징조로 험악한 널따란 하늘을 펼치고, 거의 근대 파리의 하늘을 그린 듯싶은 만테냐 또는 베로네세*의 그림 속 하늘을 떠올리며, 그런 하늘 아래의 동굴 안에서, 열차의 출발 또는 '십자가'를 세우는 일 같은 엄청나고도 장엄한 일밖에는 일어나지 않을 듯한 느낌이 든다.

파리의 내 침대 속에서 폭풍우 이는 바다의 물보라에 둘러싸인 발베크의 페르시아풍 성당을 떠올리는 것만으로 만족했던 이상, 이 여행에 대해 내 육체는 아무런 이의도 제기하지 않았다. 처음으로 이의가 나오기 시작한 건 머잖아 곧 출발하리라는 걸, 거기에 닿는 저녁 내가 낯선 '나의' 방에 안내되리라는 걸 육체가 알았을 때였다. 육체의 반발은 출발하기로 한 전날 밤에, 어머니가 동행하지 않음을 알았을 때 더욱 심각해졌다. 노르푸아 씨와 함께 에스파냐로 출발하게 되어 있는 아버지가 그 출발까지 밀린 임무에 붙잡혀,

---

* 이탈리아의 화가(1528~88).

차라리 파리 근교에 집 한 채를 빌리는 편이 좋다고 해서 어머니가 나를 따라오지 못하게 되었던 것이다. 물론 육체적 고통이 따르기에 발베크를 보러 가는 일을 덜 바람직스럽게 느낀 것은 아니고, 도리어 고통은 내가 찾고자 하는 인상의 진실성을 상징하고 보장하는 성싶었다. 내가 찾는 인상은, 금세 집으로 돌아가서 나의 침대에 들어갈 수 있을 만큼 멀리 있는 '파노라마'나, 이른바 실물과 가치가 같다고 일컫는 구경거리 따위로 바뀔 수 있는 것은 아니었다. 사랑에 빠진 인간과 기쁨을 느끼는 인간이 같을 수 없다는 사실을 알게 된 게 이번이 처음은 아니었다. 발베크로 출발하려는 아침, 나를 돌봐주는 의사가 내 시무룩한 얼굴을 보고 놀라면서, "내가 일주일 여가를 받을 수 있다면 남이 권하지 않아도 당장 뛰어가서 시원한 바닷바람을 쏘이겠소. 가보시오. 경마, 요트 경주도 있고, 재미날 거요" 말했는데, 나도 그와 마찬가지로 발베크에 몹시 가보고 싶은 마음이 들기 시작했다. 내가 좋아하는 것이 무엇이든 간에, 고되게 쫓아가지 않고서는 얻을 수 없는 것으로, 그 과정은 기쁨을 구하는 게 아니라 그 더할 수 없이 높은 선을 위하여 먼저 기쁨을 희생시켜야 함을, 라 베르마를 들으러 가기 전부터 나는 이미 알고 있었다.

할머니는 우리의 출발에 대해 조금 다른 의견을 갖고 있었다. 이전처럼 내게 주는 선물에는 변함없이 예술적인 성질이 가미되어 있기를 바라는 할머니는, 이번 여행에도 얼마큼 예스러운 '시험'을 나에게 해보려고 생각했다. 세비녜 부인이 파리에서 '로리앙'으로 갔을 때에, 쇼온과 '토드메르 다리'를 통과한 여행길*을 절반은 기차로, 절반은 마차로 다시 더듬어가자는 것이었다. 그러나 지적 호기심을 채우려는 목적으로, 할머니가 여행 계획을 짤 때 얼마나 기차를 놓치며, 짐을 분실하며, 목이 아프며, 요금 위반을 할지 예상하고서 행동해야 한다는 사실을 잘 아는 아버지의 반대에 부딪쳐, 할머니는 이 계획을 단념할 수밖에 없었다. 그래도 할머니는 발베크에 가서 바닷가로 나가려고 할 때, 할머니가 신주 모시듯 하는 세비녜 부인이 못마땅한 사륜마차 족속들이라고 부르는 귀찮은 무리의 방해를 받을 염려가 절대로 없을 거라고 기뻐했다. 르그랑댕이 이 고장에 사는 그 누이에게 보내는 소개장을 우리에게 주지 않아서, 우리는 발베크에 아는 사람이 없었기 때문이다(이 소

* 17세기 서간문학가인 세비녜 부인이 딸에게 써 보낸 편지에 적은 1689년 4월부터 5월에 걸친 여행을 말함.

개장의 회피가, 할머니와는 달리 할머니의 자매인 셀린과 빅투아르에게는 달갑지 않았다. 그녀들은 르그랑댕의 누이와 소녀 때부터 아는 사이여서, 예전의 친밀한 관계를 나타내려고 르그랑댕의 누이를 오로지 '르네 드 캉브르메르'라고 불러왔으며, 그녀한테서 받은 선물을 아직도 간직하고 있어, 시대에 뒤떨어진 것이었지만 그래도 방에 장식하거나 화제로 꺼내거나 했는데, 그 뒤로는 그녀의 어머니 되는 르그랑댕 부인네 집에 가더라도 그 딸의 이름을 입 밖에 내지 않음으로써 우리에게 가한 모욕의 복수를 하는 셈으로 여겼다. 그리고 그 앙갚음이 성공하여, 르그랑댕 부인의 방에서 나오자마자 다음과 같이 말하면서 서로 위로해 마지않았던 것이다. "난 당사자에게 그런 기색을 조금도 보이지 않았지만, '남들'은 그걸 알아차렸을 거야").

따라서 할머니와 나는 1시 22분발 기차로 단출하게 파리를 떠나게 되었다. 나는 이 열차를 오랫동안 천천히 즐기며 철도 여행 안내 시간표에서 찾아내곤 했는데, 매번 감동이 일어 벌써 출발한 듯한 즐거운 환상에 잠겨, 그 열차에 친근한 느낌이 들었다. 상상 안에서 행복의 모습을 결정하는 것은, 그것에 관한 정보의 정확성보다도, 오히려 그것이 늘 똑같은 욕망을 불러일으켜서, 나는 벌써 그것을 속속들이 알고 있는 듯한 생각이 들었던 것이다. 또 나는 열차 안에서, 해가 기울어 선선해지기 시작할 때 특별한 기쁨을 느낄 것이며, 어떤 정거장이 가까워지면 어느 색다른 풍경을 감상하리란 걸 조금도 의심하지 않았다. 그래서 이 열차는, 그것이 달려가는 오후 햇살 속에 내가 에워싸고 있는 마을들의 형상을 끊임없이 내 마음속에 일깨우면서, 다른 모든 열차와는 아주 다른 듯했다. 그리고 아직 한 번도 만나본 적이 없으나, 그 우정을 지닌 걸로 상상하여 기뻐하는 미지의 벗에 대하여 흔히 그렇듯이, 이 블론드의 예술 방랑자라고도 할 만한 열차에 특별하고도 변함없는 용모를 주게끔 되고, 이 방랑자는 나를 도중까지 안내할 터이며, 석양 쪽으로 멀리 사라져가기에 앞서 생로 대성당 밑에서 나는 작별인사를 할 거라고 생각했다.

할머니는 '별난 일' 없이는 발베크에 갈 마음이 들지 않아, 여자친구 집에서 하루 동안 머물기로 하고, 나는 방해가 되지 않게 그분 댁에서 저녁에 다시 출발해 다음 날 오후 동안 발베크 성당을 구경하기로 했다. 성당은 듣던 대로 발베크 해안과 꽤 멀리 떨어져 있어서 해수욕 요양을 시작한 다음에는 당분간 가지 못할 성싶다. 그곳에 머무는 걸 마지못해 허락할 새 숙소에서 잔혹한 첫 밤을 지내기 전에, 이 여행이 지닌 멋진 목적을 실감하는 편이 더 홀가분하게 느껴졌기 때문이다. 그러나 무엇보다 먼저 지금의 거처를 떠나야만 했다. 어머니는 그날 바로 생클루로 옮겨갈 준비를 하고 있었으며, 우리를 역에서 배웅하고 나서 곧바로 생클루로 갈 작정이었다. 아니, 짐짓 그런 체해 보였다. 집에 되돌아가지 않는다는 사실을 확실히 해두지 않으면, 내가 발베크로 떠나기 싫어 어머니와 함께 집에 돌아갈까 봐 걱정되었기 때문이다. 뿐만 아니라 비운 지 얼마 안 되는 생클루의 집에 할 일이 많아 시간이 없다는 핑계마저 꾸며, 실은 내가 작별의 아쉬움을 맛보지 않게, 어머니는 열차 출발 시간까지 우리와 함께 남아 있지 않겠다고 결심했다. 작별이란 오락가락 바삐 서두르지만, 요컨대 아무것도 아닌 채비 속에 미리 숨어 있다가, 기차가 출발하려고 할 때 갑자기 나타난다. 무력하나 또렷한 부분에 집중되어, 다시는 피할 수 없는 순간에, 돌연 고통과 함께.

어머니가 나 없이도 살 수 있음을, 어머니가 나를 위해서가 아닌 다른 생활도 할 수 있음을 처음으로 알게 되었다. 이제 어머니는 아버지와 함께 살려는 거다. 어쩌면 나의 병이나 신경질이 아버지의 생활을 조금 어지럽히고 우울하게 만든다고 생각하는지도 몰랐다. 이 이별이 나를 더욱 슬프게 만든 것은 다음과 같은 생각이 들었기 때문이다. 곧, 이때까지 어머니는 나에게 내비치지 않았지만 잇단 실망 끝에, 이러다간 함께 휴가를 보내기가 어렵다고 알아차린 것이다. 틀림없이 이 이별이 어머니로서는 그런 실망스런 생활의 마침표이자, 어쩌면 어머니가 미래를 단념하고 살려는 첫 시도일지도 모른다. 어머니에게도 아버지에게도 세월이 흘러감에 따라 또 하나의 생활이 다가오고 있는 것이다. 그런 생활에서는 나와 어머니가 만나는 일도 적을 뿐만 아니라, 악몽에서마저 여태껏 본 적이 없던 현상, 어머니는 이미 나에게 얼마쯤 타인처럼 어떤 부인이 되고, 내가 없는 집에 혼자 돌아와서 문지기에게 내게서 온 편지가 없는지 물어보게 되리라.

여행용 가방을 가져다주려고 하는 고용인에게 나는 대답조차 제대로 할 수 없었다. 어머니는 나를 위로하려고, 가장 효과 있다고 생각하는 것을 이것저것 시험해보았다. 나의 슬픈 표정을 그냥 지나치지 않고 어머니는 상냥하게 농담 삼아 말했다.

"글쎄, 그렇게 슬픈 얼굴을 하고 만나러 가려는 걸 안다면, 발베크의 성당이 뭐라고 말할까? 러스킨이 말하는 그 기쁨에 넘쳐 황홀한 나그네란 그런 표정을 짓는 사람을 두고 한 말일까? 그리고 말이다. 너에게 이 경우를 이겨나갈 힘이 있을지 안다면, 나는 멀리 떨어져 있어도 나의 작은 이리와 함께 있는 셈이 된단다. 내일 엄마가 편지를 보낼 테니까."

할머니가 어머니에게 말했다. "나는 어쩐지 네가 눈앞에 지도를 펴놓고 한시도 우리에게서 눈을 떼지 않는 세비녜 부인 같구나."

다음에 어머니는 내 마음을 딴 데로 돌리려고 저녁 식사로 뭘 주문할 거냐고 묻기도 하고, 프랑수아즈를 칭찬하기도 하며, 그 모자와 외투가 꼭 어울린다고 치켜세우기도 했다. 그녀가 걸친 것은 할머니의 자매 것인데, 전에 할머니의 자매가 입고 있는 모습을 보았을 땐 커다란 새가 올라앉아 있는 그 모자, 흑옥 장식이 달린 무시무시한 모양의 외투에 소름이 쫙 끼쳤는데 프랑수아즈가 입으니 알아볼 수 없을 만큼 새롭게 보인다고도 했다. 그러나 외투는 못 쓰게 된 거라서, 프랑수아즈가 그 안을 뒤집어 곱다란 빛깔의 무지 안감이 밖으로 보였다. 한편 새장식은 망가져서 버린 지 오래였다. 그래서, 문위 꼭 알맞은 곳에 흰빛 또는 노란 황금빛의 장미꽃 한 떨기를 피게 하는 농가의 정면, 혹은 민요 속에서, 꿋꿋한 심지를 가진 예술가들이 애쓴 정묘함을 만나 놀라는 일이 이따금 있듯, 프랑수아즈는 샤르댕 또는 휘슬러의 초상화 속에 황홀하게 있어도 나무랄 데 없는 벨벳 리본의 매듭을, 착실하고도 간소하게 그 모자 위에 달아 몰라볼 정도로 예쁘게 되었던 것이다.

더 옛 시대로 거슬러 올라갈 수도 있다. 비슷한 예를 찾아본다면, 우리의 늙은 하녀 얼굴에 자주 고귀함을 띠는 겸손과 성실은 그 옷에서도 엿보여, '신분을 지키고 지위를 유지'할 줄 아는 조심성 있는, 하지만 상스러움이 보이지 않는 여성답게, 여행 가서도 남들에게 보이려는 태도 없이, 오직 우리 동반자로서 남의 눈에 부끄럽지 않은 옷차림을 했으므로, 프랑수아즈가 색바랜 버찌색 외투 천과 모피 깃의 보송한 털에 싸여 있는 폼은 마치 늙은 거장이 기도서(祈禱書) 속에 그린 안 드 브르타뉴 왕비의 초상화를 연상시켰다. 그런 그림 속에서는 모든 게 교묘하게 배치되어 전체의 조화로운 느낌이 어찌나 고루고루 퍼져 있는지, 으리으리하지만 낡아빠진 독특한 의상도, 눈이나 입술, 손과 마찬가지로 경건한 엄숙성을 나타낸다.

프랑수아즈에 관하여 그 사상을 입에 올려도 쓸데없으리라. 프랑수아즈는 그런 것을 하나도 모르려니와, 마음속에 와 닿는 희귀한 진실을 빼놓고, 무지는 몰이해와 대등하다는 말처럼 완전히 아무것도 몰랐다. 그녀에겐 광대한 관념의 세계는 존재하지 않았다. 그러나 프랑수아즈 눈의 광채 앞에서, 그 코와 입술의 섬세한 선 앞에서, 교양 있는 수많은 사람들에겐 없는, 만약에 있다면 탁월한 품위와 엘리트 정신의 고귀함을 뜻하는 여러 특징 앞에서, 우리는 인간의 온갖 개념과는 관계없다는 것을 아는 영리하고도 착한 개의 눈앞에서처럼 얼떨떨해져 다음과 같이 반문할지 모른다. 곧 이처럼 다른 사회의 순수한 동포, 농부 가운데, 정신은 소박하나 상류 사회의 뛰어난 인재들과 똑같은 인간이 있는 게 아닐까, 아니 오히려 어떤 부당한 운명에 의하여 단순한 사람들 사이에서 살게 되어, 빛은 빼앗겼지만, 교육을 받은 사람들 대부분보다 더 자연스럽게, 보다 본질적으로 엘리트의 천성에 어울리는, 이를테면 분산된, 길 잃은, 이성을 빼앗긴 성가정(聖家庭)*1의 일원, 가장 높은 지성을 갖추고 있으면서 유년 시절에 그대로 머물러 있는 한 가문의 인간이 있는 게 아닐까, 게다가—그들 눈의, 어디에 집중한다는 목표를 갖지 않은 그 빛, 그렇지만 흔들림 없는 그 빛 속에 환히 나타나 있듯이—그들이 재능을 갖기에는 단 하나, 지식만이 결핍되어 있는 게 아닐까 하고.

어머니는 내가 눈물을 참기 힘들어하는 걸 보고, 나에게 말했다. "레굴루스*2는 중대한 시기에 임해서는 반드시…… 어떻게 하였더라. 그리고 그런 얼굴을 보이면 내 마음이 언짢지 않겠니. 할머니같이 세비녜 부인을 인용해 보자꾸나. '나는 네 속에 있는 용기를 모조리 북돋워주지 않으면 안 되겠구나.'" 이렇게 말하고 나서, 남에 대한 칭찬으로 이기적인 슬픔을 다른 데로 돌리려 애쓰며, 생클루의 여정은 무사할 것 같다고, 마부도 친절한 사람이며, 약속해놓은 마차도 만족스럽고, 타기도 편안한 듯싶어 안심이라고 말하며 나를 기쁘게 하려고 애썼다. 나는 그런 자세한 설명에 미소 지으려고 노력하면서, 동의와 만족의 표시로 고개를 끄덕여 보였다. 그러나 그 설명은, 사실 엄마의 출발을 더욱 또렷이 그려내게 하여 나는 쓰라린 가슴을 안고서, 어머니가 벌써 나에게서 떠나버리기라도 한 듯이, 어머니가 시골 가는 데 쓰려고 산 그 동그란 밀짚모자를 쓰고, 한창 더울 때에 긴 여행을 위해서 입은

---

*1 아기 예수, 성모 마리아, 성요셉으로 이루어진 가정.

*2 로마의 집정관(B.C. ? ~250?).

얇은 옷차림의 모습을 멀거니 바라보았는데 그런 차림은 어머니를 마치 남처럼 보이게 하고, 내가 만나러 가지 못할 생클루의 '몽트르투' 별장 사람으로 만들어버린 듯이 느껴졌다.

여행지 때문에 일어나는 호흡 곤란의 발작을 피하기 위하여, 의사가 나한테 출발할 때 맥주나 코냑을 좀 많이 들라고 권했다. 그렇게 하면 의사가 '도취감'이라고 일컫는 상태가 되어, 신경계통이 일시적으로 과민해지지 않기 때문이다. 아직 그 실행을 망설이고 있었지만, 적어도 그 실행을 한다면 그것을 결정하는 권리와 지혜가 나에게 있다는 사실만은 할머니가 인정해주기를 원했다. 그러므로 나의 망설임이 오로지 알코올을 마실 장소에 달려 있는 듯한 말투로, 역 구내식당이 좋을까 열차 식당의 바가 좋을까 하고 말머리를 꺼냈다. 그러자 즉시 할머니 얼굴에 비난의 기색이 어려, 그런 생각일랑 아예 하지도 말라는 그 표정을 보자마자, "뭐라고요!" 하고 외치고, 돌연 맥주를 마시러 가겠다고 결심했다. 이를 행동으로 옮기는 게 나의 자유를 증명하는 요긴한 일이 되었다. 왜냐하면 입으로 선언했던 말 가운데 반대 없이 통과한 적은 일찍이 없었기 때문이다. "뭐라고요! 내 병이 어떤지 아시죠, 의사가 나한테 뭐라고 당부한지 아실 테죠. 그런데도 말릴 작정이십니까!"

내 몸상태가 좋지 않은 것을 할머니에게 설명하자 할머니는 금세 몹시 가슴 아픈 양 매우 부드러운 모습으로, "그럼 어서 맥주나 리큐어를 마시고 오렴. 그걸로 네 기분이 좋아진다면" 하고 말해서 나는 할머니를 껴안고 입맞춤을 퍼부었다. 그렇지만 내가 열차 식당의 바에 가서 지나치게 많이 마신 건, 그렇지 않고서는 심한 발작이 일어날 거라고 느꼈기 때문이려니와 한편으로는 할머니의 마음을 더 아프게 하기 위해서였다. 첫 정거장에 닿았을 때 나는 객차로 돌아와, 할머니한테 내가 발베크에 가는 게 얼마나 행복한지 모르겠다, 모든 게 잘 풀릴 거라는 느낌이 든다, 어머니로부터 멀리 떨어져 있는 것에도 이내 익숙해질 것이다, 바의 사내들이나 승무원들이 마음에 들어 이런 사람들을 다시 볼 수 있다면 몇 번이고 이 여정을 되풀이하고 싶다는 따위를 말했다. 그렇지만 할머니는 내 눈을 피하면서 대답했다. "잠 좀 자야 되지 않겠니." 그리고 눈을 창 쪽으로 돌렸는데, 창에는 커튼이 드리워져 있고, 그 커튼이 유리창 틀에 꼭 맞지 않아서, 햇살이 차내 출입문의 왁스로 닦은 떡갈나무와 의자의 천 위에 슬그머니 들어와(철도 회사의 배려로, 차

내 높은 곳에다 지명을 읽을 수는 없지만 여기저기 경치를 나타내는 포스터를 붙여놓았는데, 그런 것보다는 자연과 어울려 지내는 생활에 대한 보다 설득력 있는 광고이기나 하다는 듯이), 숲 속 빈터에서 낮잠이 들게 하는, 따스해서 졸음이 오는 그러한 빛을 살갗에 던지고 있었다.

그러나 할머니는 내가 눈을 감고 있다고 여긴 듯하다. 그때 슬쩍 할머니를 훔쳐보니까, 할머니는 힘든 훈련에 익숙해지고자 애쓰는 사람처럼, 이따금 커다란 완두콩 같은 구슬을 드리운 베일 너머로 나를 흘끗 보고는 눈을 돌리고, 그러고 나서는 또다시 그렇게 하였다.

나는 할머니에게 말을 건네보았으나, 그것이 할머니에게 달갑지 않은 듯했다. 그래도 내게는 내 목소리가 감미로웠다. 마치 내 육신의 가장 내적이면서 이해하기 곤란한 운동을 지속시키려고 애쓰며, 억양 하나하나, 눈길 하나하나, 그 주시하는 곳에 기분 좋아지게, 여느 때보다 더 오래 머물게 하였다. “어서 자거라.” 할머니가 말했다 “잠이 안 오면 이것 좀 읽어보련.” 그러고 나서 할머니는 나에게 세비녜 부인의 저서 한 권을 내주었다. 내가 그것을 펼치는 동안에 할머니는 세르장 부인의 회상록*에 몰두하고 있었다. 할머니는 여행할 때, 이 두 부인의 저서 한 권씩을 꼭 지니고 갔다. 이 두 부인은 할머니가 특히 좋아하는 저자였다. 이때에 나는 머리도 움직이지 않은 채, 한 번 취한 자세 그대로 있는 게 훨씬 기분 좋아, 세비녜 부인의 책은 펴지 않고 그 위로 눈길도 주지 않았다. 내 눈앞에는 오로지 창의 푸른 커튼뿐이었다. 하지만 내게는 이 커튼을 물끄러미 바라보는 게 감탄할 만한 일처럼 느껴져서, 나의 주의를 딴 데로 돌리려고 하는 사람이 있어도 대꾸조차 하지 않았을 것이다. 커튼의 푸른 빛깔은 그 아름다움에서가 아니라, 마지막에 가서는 그 강렬함에 이끌리게 된다. 이 커튼의 푸른 빛깔에 비하면, 내가 태어난 날부터 아까 마신 술의 취기가 오르기 시작한 순간까지, 내 눈앞에 있던 온갖 빛깔을 말끔히 지워버린 것처럼 여겨져, 예컨대 천성적으로 눈이 보이지 않는 사람이 나중에 수술을 받고 마침내 빛깔을 보게 되었을 때, 과거를 떠올리면 암흑 세계가 그렇듯 이제까지의 온갖 빛깔은 컴컴하고도 무가치한 것으로 느껴졌다.

---

* 가공의 책 제목.

늙수그레한 승무원이 차표를 검사하러 왔다. 제복에 달린 금속제 단추의 은빛 반사 또한 나를 매혹했다. 그에게 우리 옆자리에 앉아달라고 청하고 싶었다. 그러나 그는 다른 찻간으로 가버리고, 나는 언제나 기차에서 지내며 이 늙수그레한 승무원을 날마다 보는 철도원들의 생활을 부러운 듯 상상해 보았다. 푸른 커튼을 바라보거나 내 입이 반쯤 벌어져 있는 데서 알 수 있는 이 기쁨도 마침내 줄어들기 시작했다. 움직이지 않았던 자세가 흔들렸다. 나는 약간 몸을 움직였다. 할머니가 준 책을 펴고, 페이지를 골라 집중할 수 있었다. 책을 읽어감에 따라 세비녜 부인에 대해 감탄하게 되었다.

시대나 살롱 생활과 관계되는 순전히 형식적인 특수한 관용어에 속아서는 안 된다. '알려다오, 내 귀여운 아이야'라든가, '이 백작님은 매우 재치 있는 분으로 보였어요'라든가, '꼴을 말리는 게 세상에서 가장 재미나는 일이랍니다'라고 말하는 걸로, 세비녜 부인을 흉내내는 줄 여기는 이들이 있는 건 형식에 속고 있기 때문이다. 일찍이 시미안 부인*1마저 다음과 같이 씀으로써, 자기가 그 할머니인 세비녜 부인과 닮은 줄로 여겼다. '라 불리 씨는 지극히 건강하십니다, 그것도, 자신의 사망 소식을 들을 수 있을 정도로요', 또는 '오오! 그리운 후작님, 당신의 편지가 저를 얼마나 기쁘게 했는지! 답장을 하지 않을 수 없군요', 또는 '제 생각으론, 당신은 저에게 답장을, 저는 당신에게 베르가모트*2 향이 든 코담배를 보내기로 한 것 같군요. 먼저 코담배를 여덟 갑 보내는 것으로 책임을 실천하겠어요, 나중 것도 곧 갈 겁니다……. 역사상 이처럼 많이 보낸 적은 없습니다. 이는 분명히 당신을 기쁘게 해드리기 위해서입니다.' 시미안 부인은 이런 문장으로 사혈이나 레몬 따위에 관한 이야기를 편지에 쓰고, 그것이 세비녜 부인의 편지인 줄 착각한다.

그런데 나의 할머니는, 내면으로부터, 곧 가족과 자연에 대한 사랑으로부터 세비녜 부인에게 이르렀으므로, 남들의 해석과는 전혀 다른 아름다움, 부인이 쓴 서간집의 참된 아름다움을 사랑하는 일을 나에게 가르쳤던 것이다. 게다가 세비녜 부인은, 오래지 않아 내가 곧 발베크에서 만날 화가, 나의 사물을 보는 눈에 깊은 영향을 주는 엘스티르와 같은 위대한 예술가인 만큼 나중에 내게 더 강한 인상을 줄 것이다. 세비녜 부인이 엘스티르처럼 사물을

---

*1 세비녜 부인의 손녀(1674~1737).

*2 오렌지처럼 달콤한 맛과 향기를 지닌 열매.

그 원인부터 설명하는 게 아니라, 우리가 지각하는 순서에 따라 나타낸다는 걸 나는 발베크에서 이해했다. 그러나 이미 이날 오후 찻간에서도, 달빛의 묘사가 나오는 글귀, '나는 유혹에 견뎌내지 못했단다. 불필요한 모자와 카자크(casaque)*[1]를 걸치고, 공기가 내 방의 그것처럼 쾌적한 산책길을 걸어간다. 나는 무수한 도깨비를 발견한다. 흰 옷과 검은 옷의 수도사들, 회색과 백색의 많은 수녀들, 땅 위 여기저기에 던져진 흰 헝겊 조각들, 수목에 기대어 똑바로 선 채로 묻힌 듯한 인간들…….'*[2] 이런 편지를 다시 읽으면서, 좀 더 뒤라면 내가 '세비녜 부인의 편지'의 도스토예프스키적인 면이라고 불렀을 것에 넋을 잃었다(세비녜 부인은 도스토예프스키가 인간 성격을 묘사하는 방식으로 풍경을 묘사한 게 아닐까?).

할머니를 그 친구 집에 모시고 가, 거기서 몇 시간 머물다가 혼자 저녁 기차를 다시 탔을 때, 나에게 찾아온 밤을 조금도 고통스럽게 생각하지는 않았다. 졸음이 오는 밤 분위기가 오히려 나를 깨어 있는 채로 만드는 감옥 같은 내 방에서 밤을 지새우지 않아도 되었기 때문이다. 나는, 활발한, 그러면서도 마음을 가라앉히는 열차의 움직임에 몸을 맡기고 그것이 나의 동행이 되고, 잠 못 이루면 함께 말 걸어주며, 그 동요로 나를 가만가만 흔들어주어서, 나는 그 소리를 콩브레의 종소리처럼, 어떤 때는 하나의 리듬에, 어떤 때는 또 다른 리듬에 짝짓곤 하였다(환상이 달리는 대로 먼저 한결같은 넷의 16분음표를 듣고, 다음에 하나의 4분음표에 기세 사납게 부딪치는 하나의 16분음표를 듣는 식으로). 기차의 울림은 사방팔방에서 압력을 더해 주위에 퍼지려는 불면의 원심력을 약화시키고, 그 압력이 우리의 균형을 지켜주어, 움직이지 않는 나도, 졸음도, 이 압력에 두둥실 떠간다. 그때 느낀 부드러운 인상은, 만일 내가 한순간이라도 조류와 물결이 흐르는 대로 졸음 속에 이리저리 떠돌다가 바닷속에 잠드는 물고기, 또는 날개를 태풍에 의지하여 하늘에 펼치는 수리처럼, 나 자신이 잠시 변신하기라도 한 것 같은, 뭔가 힘찬 힘에 수호되어 자연과 삶의 가슴에 쉬고 있는 안도감이었다.

해돋이는 삶은 달걀, 그림 섞인 신문, 트럼프 놀이, 힘들여 노 젓는 쪽배

---

*1 소매가 넓은 여성용 웃옷.

*2 세비녜 부인이 딸에게 보낸 1680년 6월 12일 날짜의 편지.

들이 좀처럼 앞으로 나가지 않는 강들의 경치처럼 오랜 기차 여행의 길동무이다. 지금까지 잠자고 있었는지 살펴보고 있을 때(그리고 나에게 그런 의문을 일으키게 한 모호함이 잠잤다는 긍정의 대답을 주려고 했을 때), 창유리 안에서 검고 작은 숲의 하늘 위로 언뜻 구름이 보였다. 그 부드러운 솜털 같은 장밋빛 구름은, 움직임 없이 죽은 듯, 또 거기서 나온 날개털과 똑같은 빛깔은 화가가 멋대로 칠한 파스텔 그림의 색채처럼 변함없을 성싶었다. 하지만 자세히 보니 그것은 변덕스러우며 생기 없는 색채가 아니라, 반대로 살아 있는 것, 살 필요가 있는 것이었다. 오래지 않아 이 색채 뒤로 빛이 포개졌다. 색채가 또렷해지고, 하늘은 장밋빛으로 물들었다. 나는 눈을 유리에 붙이면서 더 잘 보려고 애썼다. 이 변화가 자연의 심원한 존재와 관계있음을 느꼈기 때문이다. 하지만 선로가 방향을 바꿔, 열차가 돌고, 아침 경치는 창틀 안에서, 아직 모든 별이 뿌려진 하늘 아래, 달빛에 지붕이 푸른빛을 띠고, 밤의 불투명한 흰색 진주 장막으로 덮인 공동 세탁장이 있는 어느 마을로 변했다. 장밋빛 하늘의 띠를 잃어버린 걸 슬퍼하고 있으려니까 맞은편 창에 그것이 다시, 하지만 이번에는 또렷한 붉은 띠로 나타났는데, 그것도 두 번째 선로 굽이에서 다시 사라졌다. 그래서 나는, 간헐적이고도 번갈아 반대쪽에 나타나는, 변덕스러운 빨강, 이 아름다운 아침의 단편을 한데 모아, 화폭을 갈아내어, 전체의 광경, 연속된 화폭을 만들어내려고, 한쪽 창에서 또 다른 창으로 달리며 시간을 보냈다.

풍경의 변화가 심해지고, 험해지더니, 열차는 두 산 사이 작은 정거장에 멈추었다. 협곡 아래 급류에서 떨어진, 창에 닿을 듯 말 듯 흐르는 물속에 가라앉은 것처럼 산지기 집 한 채가 보일 뿐이었다. 지난날 메제글리즈 쪽이나, 루생빌의 숲 속을 혼자 떠돌아다녔을 적에 돌연 나타나주기를 그토록 갈망하던 농가의 아가씨보다 더욱, 어느 고장에 태어난 인간에게서 그 고장 특유의 매력을 느낄 수 있다면, 이때 이 집에서 나와, 떠오르는 해가 비스듬히 비치는 오솔길을 따라 우유 항아리를 들고 정거장 쪽으로 오는 키 큰 아가씨야말로 내가 바라는 바로 그런 사람이었으리라. 높다란 산들이 다른 세계를 가리고 있는 골짜기에서, 잠깐만 멈추는 열차의 승객 말고는 아무도 만날 수 없었다. 그녀는 열차 옆을 따라가면서, 깨어난 몇몇 승객에게 밀크 커피를 내밀었다. 떠오르는 햇빛에 반사되어 다홍색으로 물든 그 얼굴은 하늘보다 더 선명한 장밋빛이었다. 나는 그녀 앞에서, 아름다움과 행복에 대한 의식을 새롭게 할 때마다 마음속에 되살아나는 살고 싶다는 욕망을 다시 느꼈다.

우리는 아름다움과 행복이 자기만의 것임을 언제나 잊고 있다. 그리고 우리 마음에 들었던 얼굴이나, 우리가 겪은 갖가지 기쁨을 한데 섞어, 거기서 어떤 평균을 뽑아내는 하나의 인습적인 표준형을 만들어서 아름다움이나 행복으로 바꾸기에, 우리는 무기력하고도 김빠진 추상적인 심상밖에 갖지 못한다. 그런 심상에는 우리가 알았던 것과는 다른 새로운 성격, 아름다움과 행복에 있는 그 고유한 성격이 빠져 있기 때문이다. 이런 까닭에 우리는 삶에 대하여 염세적인 판단을 내리며, 그것을 옳다고 가정하는데, 왜냐하면 아름다움과 행복을 빠뜨리고, 그것이 하나도 들어 있지 않은 합성물로 바꾸어 놓고서, 아름다움과 행복을 계산에 넣은 줄로 여기고 있기 때문이다. 따라서 새로운 명작이라고 소문이 나면 어떤 문학가는 읽기도 전에 권태로워 하품을 한다. 지금까지 읽어온 명작이 한 군데에 섞인 합성물로 상상하기 때문이다. 하지만 참된 명작이란 특수하고도 미리 알 수 없는 것, 그 이전 걸작의 조화로 이루어지는 게 아니라 완전히 자신만의 것, 아직 발견하기에는 충분치 못한 어떤 것으로 이루어진다. 왜냐하면 참된 명작이란 바로 이 조화 밖에 있기 때문이다. 이런 새로운 작품을 인식하자, 조금 전까지 싫증내던 문학가도 거기에 그려져 있는 현실에 흥미를 느낀다. 이와 같이 내가 혼자 있을 때 사념이 그리는 아름다움의 모델과는 딴판인 이 아름다운 아가씨는, 즉시 나에게 어떤 행복(우리가 행복을 맛볼 수 있는 유일한 형식은 늘 특수한 형식이다), 그녀 곁에서 살면 이루어질 듯한 행복을 주었던 것이다. 그러나 여기에도 '습관'이 한동안 멈춰 있었다. 그녀 얼굴에 있던 게 생생한 즐거움을 맛볼 능력이 있는, 완전한 상태에 있던 나라는 존재였으므로, 그런 때 나타난 우유 파는 아가씨가 덕을 본 것이다.

평상시 우리는 자기 존재를 최소한으로 축소해 살아왔다. 우리 대부분의 능력은 잠들어 있다. 그 능력은 습관에 의지하고 있고, 습관은 그래야만 하는 걸 알고 있으며, 다른 능력을 필요로 하지 않기 때문이다. 그런데 이 여행길의 아침은 언제나 틀에 박힌 생활이 멈춰지고, 장소와 시간의 변화 같은 것이, 다른 능력의 도움을 불필요하게 만들었다. 외출하기 싫어하고 아침 일찍 일어난 적이 없는 나의 흠집 많은 습관은, 그 흠을 메우기 위해 내가 지닌 모든 능력이 달려와 서로 안간힘을 쓰고 경쟁하여—모두가 물결같이 고르게 평상시보다 수준을 높여—가장 저급한 것에서 가장 고상한 것으로, 다시 말해 호흡·식욕·혈액순환에서, 감수성·상상력으로 높아진 것이었다. 나로 하여금 이 아가씨가 다른 여인들과 비슷하지 않다고 믿게 함으로써, 이 고장의 야생적 매력이 아가씨의 매력에 운치를 덧붙이고 있는지 모르나, 아무튼 그녀가 이 고장에 매력을 덧붙이고 있음은 사실이었다. 오직 이 아가씨와 함께 계속하여 시간을 보내고 시냇가까지, 젖소 있는 곳까지, 열차 있는 곳까지 함께 가고, 줄곧 그녀 곁에 있으며, 나에 관해 알게 되고, 그녀 마음속에 자리를 차지할 수 있다면 삶이 얼마나 즐거운 것으로 보이랴. 그녀가 농촌 생활의 매력과 이른 아침의 상쾌함을 나에게 가르쳐주리라. 나는 그녀에게 카페오레를 가져오라는 손짓을 했다. 그녀에게 내 존재를 인정받고 싶었다. 그녀는 나를 보고 있지 않았다. 그래서 불렀다. 큰 몸집 위의 그 얼굴이 어찌나 금빛 나는 장밋빛이었는지 눈부신 그림 유리창을 통해 보는 듯싶었다. 그녀는 이쪽으로 되돌아왔다. 나는 점점 다가올수록 커지는 그녀 얼굴에서 눈을 뗄 수 없었다. 그것은 아주 가까이 눈앞에 보이고, 금빛과 붉은빛이 눈부시나 뚫어지게 볼 수 있는 태양과 같은 것이었다. 아가씨는 내 몸에 강렬한 눈길을 던졌는데, 그때 승무원이 출입문을 닫고, 열차가 움직이기 시작했다. 나는 아가씨가 역을 떠나 다시 오솔길로 접어드는 모습을 보았다.

이제는 환하게 밝은 아침이었다. 나는 여명에서 점점 멀어져가고 있었다. 나의 감격이 이 아가씨에 의해 일어났는지, 아니면 그 반대로 이 아가씨를 가까이에서 봤을 때 기쁨이 일어났는지, 어찌 되었든 간에 아가씨는 내 기쁨과 뒤엉켜버려, 그녀를 다시 보고픈 내 욕망은, 무엇보다 먼저 이 감격의 기쁨을 없애 버리고 싶지 않다는, 이 감격에 저도 모르게 그녀와 영영 작별하고 싶지 않다는 정신적인 욕망이 되었다. 그것은 그저 이 상태가 쾌적한 것이었기 때문만은 아니다. 그것은(현을 더 강하게 팽팽히 당기고, 신경을 더 빠르게 흥분시킬 때 다른 음색, 다른 안색이 생기듯) 이 상태가 내가 보고 있는 것에 다른 색조를 주고, 배우처럼 나를 한없이 즐거운 미지의 세계로 끌고 갔기 때문이다. 열차가 속도를 내기 시작하는 동안에도 이 아름다운 아가씨를 눈길로 좇고 있었는데, 그 모습은, 내가 알고 있는 삶과는 뭔가 다른 분리된 삶의 일부분 같아, 거기서는 대상이 불러일으키는 감각도 이제는 여느 감각이 아니고, 지금 거기서 나와 이전 삶으로 돌아가는 일이 자살처럼 느껴졌다. 적어도 이 새로운 삶과 연결되어 있다고 느끼는 감미로움을 계속해 갖고자 한다면, 아침마다 이 시골 아가씨한테서 카페오레를 살 정도로 작은 정거장 근방에 살기만 하면 충분했으리라.

그러나 어쩌랴! 내가 지금 점점 더 빨리 달려가는 쪽의 삶에는 아가씨가 영영 없을 것이다. 그러므로 반드시 언젠가는 이 열차에 다시 타고 지금의 정거장에 멈추는 계획을 궁리해내지 않고서는, 나는 체념 없이 앞으로의 삶을 받아들일 마음이 없었다. 이 계획은 계산적인, 적극적인, 실제적인, 기계적인, 나태한, 중심에서 멀어진, 우리의 치우친 정신에 힘을 돋우는 데 얼마간 도움이 되기는 하였다. 우리의 정신은 금세 노력을 회피하여, 즐거운 인상을 갖고 있어도, 그것을 보편적인 공평한 방법으로 자기 마음속에 점점 깊어지게 하려 들지 않는다. 한편 우리는 그런 인상을 언제까지나 계속해서 생각하고 싶어하므로 정신은 그런 인상을 미래의 것으로 상상하며, 그것을 소생시킬 수 있을 환경을 능란하게 준비하는 쪽을 택한다. 하지만 그때에 가서는 이미 인상의 본질에 대하여 무엇 하나 배우는 게 아니라, 정신은 오직 우리 안에서 인상을 다시 만들어내는 수고를 덜어주고, 밖에서 새로 그것을 받아들이고자 하는 희망을 줄 뿐이다.

어떤 시가, 베즐레·샤르트르·브뤼주·보베라는 이름은 오직 그것만으로 그 시가의 중심이 되는 성당을 일컫는 데 쓰인다. 그렇게 자주 부분적인 뜻으로 쓰이지만, 아직 가보지 못한 고장에 관한 경우, 나중에는 그 이름 전체를 한 틀에 넣어버리게 된다. 그러고 나서는 그 이름에 시가의—아직 가보지 못한 시가의—관념을 넣으려 해도, 그 이름은 거푸집처럼 한결같은 조각물을 찍어내게 되며, 똑같은 양식인 대성당을 시가의 이름에서 만들어내게 될 것이다. 그런데 내가 발베크라는, 거의 페르시아풍의 이름을 읽은 것은 어떤 철도역, 구내식당 위, 푸른 표지판에 쓰인 흰 글자에 의해서였다.

나는 발걸음도 가볍게 역을 지나 거기에 이르는 큰길을 건너, 오직 성당과 바다를 보고 싶어서 모래밭이 어딘지 물었다. 상대는 내가 말하는 뜻을 이해 못하는 모양이었다. 발베크 르 비외,*1 곧 발베크 앙 테르*2에는 해변도 항

---

*1 옛 발베크.

*2 뭍의 발베크.

구도 없었다. 물론 전설에도 있듯이 어부들이 기적의 그리스도를 발견한 것은 바다 안에서였다. 그 발견은, 내가 있는 곳에서 몇십 미터 되는 성당의 그림 유리창 한 장에 이야기되고 있는 그대로였다. 본당과 탑의 석재는 물론 파도치는 절벽에서 가져온 것이다. 그 때문에 나는 그림 유리창 밑으로 밀려왔다가 거품이 되어 사라지는 물결을 상상해왔는데, 그 바다는 50리 이상 떨어진 발베크 플라주*에 있었다. 그리고 그 둥근 지붕과 나란히 있는 종탑은, 마치 그 자체가 노르망디의 험한 절벽으로, 그 밑에 넘실거리는 물결의 거품으로 젖어 있고, 새들이 빙빙 돈다고 어디선가 읽은 적이 있어서, 나는 언제나 그 종탑이 두 전차 선로가 갈라지기 시작한 광장에 서 있으며, 그 맞은편에는 카페가 있고, 거기에 금빛 글자로 '당구(撞球)'라는 간판이 걸려 있다고 생각했다. 종탑은 가옥들을 배경 삼아 뚜렷이 솟아 있는데, 그 가옥들의 지붕 사이에는 돛대 하나 섞여 있지 않았다. 그리고 성당은—카페와, 내가 길을 물어볼 수밖에 없었던 통행인과, 다시 돌아가려는 정거장과 더불어 내 시야 안에 들어오면서—그 밖의 모든 것과 하나가 되어, 이 늦은 오후에 일어난 우발적인 사건에 지나지 않는 듯 생각하게 하고, 이 시각 하늘로 부풀어오른 부드러운 그 둥근 지붕은, 집집의 굴뚝에 잠기는 그 같은 빛에, 껍질이 장밋빛과 금빛으로 녹을 듯이 무르익고 있는 한 알의 과일과도 같았다.

그러나 나는 사도들이 그 조각상을 알아챘을 때, 오로지 조각이 지니는 영원의 뜻만 생각하고 싶었다. 사도들은 전에 파리의 트로카데로 미술관에서 그 쇠를 녹여 만든 상을 본 일이 있었는데, 성당 정면의 깊숙이 들어간 출입구 앞에, 성모상 양쪽에서, 나에게 경의를 표하고 기다리고 있었다. 친절해 보이는, 코가 납작하고, 온화한 얼굴의 사도들은 허리를 굽히며, 마치 화창한 날 알렐루야를 노래하면서 환영하는 듯한 몸짓으로 앞으로 나오는 것만 같았다. 하지만 자세히 보니 그들의 표정은 죽은 사람처럼 조금도 움직이지 않은 채, 내가 그 둘레를 돌지 않으면 변하지 않았다. 나는 속으로 생각했다. 여기다, 이게 발베크 성당이다. 그 영광을 자랑하고 있는 듯이 보이는 이 광장은 발베크 성당을 가진 세계에서 단 하나의 장소이다. 이제껏 내가

* 발베크 해안.

본 것은 이 성당의 사진뿐이었다. 그리고 이 성당 현관의 사도들이나 성모상은 그저 복제품을 봤을 뿐이다. 지금 여기에 있는 건 성당 자체이며 조각상 자체이다. 이것이야말로 더할 나위 없이 소중한 것이다. 아니 그 이상이다.

어쩌면 그 이하일지도 모른다. 예컨대 한 젊은이가, 시험이나 결투가 있는 날, 제시된 문제나 발사된 탄알이, 자기가 실력을 뽐내고 싶었던 학식이나 용기를 생각할 때 하찮은 것으로 느껴지듯이, 이 성당 현관의 성모상을 전에 보았던 복제품 따위와 견주지 않고, 복제품이 당할지도 모르는 재앙에서 격리시켜, 설령 복제품이 없어지더라도 이것만은 보편적인 가치를 가진 완전히 이상적인 것으로 생각해온 나의 정신은, 여태껏 정신의 내부에서 여러 번 조각한 바 있는 이 성모상이 지금 뚜렷하게 본디의 돌로 바뀌어버려 몹시 맥이 빠졌다.

내 팔이 닿는 곳에 한 자리를 차지하고, 선거 포스터와 내 지팡이 끝과 경쟁하면서, 광장과 연결되고, 거기서 뻗어나간 큰길과 이어지며, 카페와 합승마차 사무소에 있는 사람들의 눈길을 피할 수 없어서, 그 얼굴에 석양빛의 절반을—이윽고 몇 시간 뒤에는 가로등 빛의 절반을—받고, 나머지 절반은 어음할인 출장소에 맡기고, 이 은행 지점과 함께 과자 제조업자의 부엌에서 나는 냄새가 배어 있는 것을 보고 적이 놀랐다. 실물인 조각상은 끝끝내 '개체'로서의 속박에서 벗어나지 못하여, 이를테면 내가 그 돌 위에다 이름을 낙서하고 싶어했다면, 이웃집들과 똑같은 매연으로 그을은 그 몸 위에, 그것을 씻어낼 힘도 없이, 내가 쓴 분필 자국과 내 이름을 구경하러 오는 모든 찬미자에게 보이게 되는 것은, 이 유명한 성모 자체이며, 여태껏 내가 보편적 존재로, 신성하여 함부로 침범할 수 없는 아름다움을 지닌 존재로 깊이 존경하고 사모해온 유일(다시 말해 유감스럽게도, 단 하나밖에 없다는 뜻인데)한 발베크의 성모 그 자체였다. 내가 그 키를 재고 주름살도 셀 수 있는 돌로 된 작은 노파, 성당과 함께 변해버린 모습을 지금 내 눈앞에 드러내고 있는 이 석상은, 그토록 오랫동안 보고 싶었던 불멸의 예술작품인 바로 그 성모상이었다.

시간이 지나 역으로 되돌아가야 했다. 거기서 할머니와 프랑수아즈를 기다리다가 함께 발베크 해안에 가야 한다. 나는 발베크에 관해서 읽었던 것과, 스완이 한 말 "정말 좋지요, 시에나 못지않게 아름답지요"를 떠올려보았다. 그리고 이 실망을 이때의 고약한 몸 상태, 피로, 주의 산만, 유연성의 탓으로 돌리면서, 아직 구경하지 않은 마을이 얼마든지 있고, 머지않아 마침내 진주의 부연 빗속을 걷듯, 캥페를레 시가를 적시는 시원하고 왁자한 물방울 속에 들어갈 수도 있을 테고*[1] 또 퐁타방 시가가 잠겨 있는 초록빛 도는 장미색 물그림자를 건너갈 거라고*[2] 생각하면서 스스로 위안 삼으려고 애썼다. 그러나 발베크로 말하면, 한번 거기에 발을 들이자마자, 엄밀히 봉해놔야 했던 이름과 그때까지 그 속에 살고 있던 심상을 모조리 내쫓아버리는 출구를 조심성 없이 열어놓아, 이 틈을 타서 전차, 카페, 광장을 걸어가는 이들, 어음할인 출장소 같은 심상이 외부의 압박과 공기의 압력에 어쩔 도리 없이 밀려, 저마다 철자 안으로 몰려들어와서, 철자는 그 심상들로 인하여 다시 막혀, 지금은 그것을 페르시아풍 성당 현관의 틀로 삼아, 이후 그것들이 그 내용에서 없어질 것 같지 않았다.

발베크 해안으로 향하는 작은 철도 열차에서 나는 할머니와 다시 만났는데, 그녀는 혼자였다—할머니는 여행 준비가 모두 끝나자 프랑수아즈를 먼저 떠나게 했는데, 그만 방향을 잘못 일러주어 지금쯤 프랑수아즈는 그런 줄도 모르고 낭트 방향으로 전속력으로 달려, 결국에는 보르도 근방에 가서야 잠에서 깨어날지도 모르게 되었다. 사라져가는 저녁놀과 끈덕진 오후의 더위로 가득한 차 안에 내가 앉자마자(아아! 오후의 더위가 얼마나 할머니를 피로케 하였는지, 그 얼굴에 훤히 쓰여 있었다) 할머니는 바로 "어때, 발베크는?" 하고 말을 꺼냈는데, 그 얼굴에 띤 미소는 크나큰 기쁨의 기대로 어찌나 환한지, 나는 감히 단번에 실망을 털어놓을 수 없었다. 게다가 내 정신이 추구하던 인상은 나의 육체가 친숙해져야 할 곳으로 가까워짐에 따라, 점점 내게서 멀어져갔다. 이 여로의 끝, 아직 한 시간 이상 걸리는 그 끝에, 나는 발베크의 호텔 지배인을 상상하려고 애썼다. 그는 지금 나에게 아직 존재하지 않는 인간이었다. 될 수만 있다면 내 할머니 같은, 틀림없이 숙박료를 할인하자고 요구할 쩨쩨한 동반자가 아니라, 보다 위엄 있는 사람과 함께 지배인 앞에 나서고 싶었다. 지배인은 확실히 거만한 풍모를 갖추고 있을 성

---

*1 캥페를레(Quimperlé)라는 고장의 이름에는 '진주로 꾸민(emperlé)'이라는 뜻이 담겨 있음.

*2 퐁타방(Pont-Aven)이라는 고장의 이름에는 '다리(pont)'라는 뜻이 담겨져 있으므로 이런 비유를 쓰고 있음.

싶었지만, 그 윤곽은 아주 희미했다.

작은 철도 열차는 발베크 해안 역에 닿을 때까지 끊임없이 멈추곤 했는데 그 정거장 이름 하나하나가(앵카르빌, 마르쿠빌, 도빌, 퐁타 쿨뢰브르, 아랑부빌, 생마르 르 비외, 에르몽빌, 멘빌) 나에게는 아주 낯설었다. 만약 어떤 책에서 읽었다면, 이러한 이름도 콩브레 근방 어느 고장의 이름과 관계가 있는 듯이 보였으리라. 그러나 음악가의 귀에는 같은 여러 가락으로 구성된 두 개의 주제도, 하모니와 관현악 작곡법과의 특색이 다르면 어떤 유사함도 나타나지 않는 일이 있다. 이와 마찬가지로 모래, 매우 바람이 잘 통하는 텅 빈 공간, 소금으로 이루어진 이 한적한 고장 이름은 '비둘기가 날았다(pigeon-vole)'*1 놀이에서 되풀이되는 나는 것의 이름처럼 빌(ville)*2이라는 낱말이 튀어나왔는데, 루생빌 또는 마르탱빌*3 같은 이름이 떠오르지 않는 까닭은, 콩브레의 '식당'에서 식사 중 할머니의 자매가 이런 고장의 이름을 자주 말하는 걸 들었으므로, 벌써 어떤 우중충한 매력을 얻은 지 오래여서, 아마도 그 매력 속에 잼의 맛, 장작불 냄새, 베르고트 서적의 종이 냄새, 건너편 집 사암(砂岩) 색깔 같은 깨끗한 순수함이 섞여 있기 때문이다. 오늘에 와서도 그런 이름은, 내 기억의 밑바닥에서 가능성의 거품이 솟아오를 때 표면에 이르기에 앞서, 여러 겹으로 쌓인 환경의 단층을 뚫고 넘어야 하는데, 아직도 그 특수한 힘을 간직하고 있다.

이 근방은 모래언덕에서 멀찌감치 바다를 굽어보는, 혹은 이제 막 도착한 호텔방의 소파처럼 섬세한 형태를 가진 짙은 초록빛의 작은 언덕 기슭에서 이미 어둠에 순응하고 있는, 혹은 테니스장을 따라 있거나, 간혹 서늘한 바람에 깃발이 공허한 소리를 내고 있는 텅 빈 카지노에 붙어 있거나 한 몇몇 별장으로 이루어진 곳으로, 지나온 정거장들이 처음으로 나에게 그곳의 손님들을 보여주었는데—물론 아직 바깥에서 그들을 보기만 할 뿐이지만—테니스를 치는 사람들은 흰 모자를 쓰고, 거기에 사는 역장은 위성류(渭城柳)와 장미를 심고, '밀짚모자'를 쓴 부인은, 나로서는 전혀 알 길이 없는 생활

*1 "……가 날았다"고 나는 것의 이름을 대면 손을 들고, 날지 않는 것의 이름을 부르면 손을 들어서는 안 되는 놀이.

*2 '도시'라는 뜻.

*3 콩브레 근방의 고장 이름.

의 자국을 그리면서, 꾸물대는 그레이하운드를 부르며, 이미 등불이 켜져 있는 목조로 된 별장으로 돌아간다. 그 해수욕장은 평소에 허물없이 보아왔지만, 새삼 건방진 낯선 나의 마음을 무참히 상하게 하는 곳이었다. 그러나 발베크 해안의 그랑 호텔에 이르러 그 홀에 들어서서, 인조 대리석으로 만들어져 그 모습도 당당한 중앙 계단 앞에 섰을 때, 나의 시름이 얼마나 더해졌는지 몰랐다.

그러는 동안 할머니는, 우리가 이제부터 한지붕 밑에서 살려고 하는 남들의 멸시가 더해지건 말건 상관없이, 지배인과 '계약'에 관해 흥정하고 있었다. 이 지배인은 오뚝이처럼 땅딸막한 몸집의 사내로, 얼굴도 목소리도 상처투성이며(얼굴에는 수많은 여드름 자국, 목소리에는 먼 이국 태생과 여러 나라를 방랑한 어린 시절의 흔적이 밴 여러 사투리가 섞여 있었다), 유행하는 턱시도를 입고 '합승마차'가 도착할 때마다, 보통 대귀족들을 인색한 사람으로 간주하고, 호텔에 침입하는 도둑들을 귀하게 대하는 심리학자 같은 눈길을 하고 있었다! 그 자신의 월급이 500프랑도 못 되는 신분임을 잊고 있는지 500프랑, 아니 그의 말로는 '25루이' 정도의 액수를 '상당한 금액'으로 여기는 인간에겐 깊은 경멸감을 품고, 그런 천박한 인간은 그랑 호텔에 숙박할 신분이 아닌 파리아(paria)*[1]족에 속하는 것으로 생각하고 있었다. 하기야 사실 이 으리으리한 호텔 안에서도 그다지 비싼 값을 치르지 않고도 지배인의 존경을 받고 있는 사람들이 있는데, 그것은 이 지배인에게 가난해서가 아니라 인색해서 낭비에 주의하고 있다는 믿음을 줄 경우였다. 사실 인색이란 위신을 조금도 깎아내리지 않는 것일는지도 모른다. 그건 단지 버릇이며, 사회엔 온갖 신분의 인간이 있으니까. 사회적 지위야말로 지배인이 주목하는 유일한 것이었다. 사회적 지위라고 하기보다 신분이 높은 증거가 포함하고 있는 듯 보이는 표시가 문제인 것이다. 예컨대 정면 홀에 들어서면서 모자를 벗지 않는다든가, 반바지에다 몸에 꼭 끼는 팔르토(paletot)*[2]를 입고 있다든가, 얇은 모로코 가죽 케이스에서 자줏빛과 금빛의 띠를 두른 여송연을 꺼낸다든가(아아! 그것들은 전부 내게 없는 특권이었는데) 하는 것들만 지배인의 눈길을 끌었다. 그는 영업상의 이야기를 일부러 추린 말로 기름칠

*1 인도 남부의 최하층 천민.

*2 남성용 짤막한 외투.

했는데, 그 뜻은 딱 오해받기 좋았다.

할머니는 지배인이 모자를 쓴 채 가느다랗게 휘파람까지 불면서 듣고 있는 것에 별로 역정내지 않으며 짐짓 꾸민 투로, "그럼 얼마나…… 값은? ……어머나! 내 예산과는 너무 차이나네." 입씨름을 하고 있는 것을 들으면서, 한편으로, 등받이 없는 의자에 앉은 채, 나는 나 자신의 보다 깊은 곳에 도피하여 영원한 사색의 세계로 옮겨가, 나라는 것, 살아 있다는 표적이 되는 것을 조금도 내 몸의 겉에 나타나지 않게 하려고—해를 입히려 할 때 죽은 시늉을 하는 동물의 무감각과도 같은 상태를 띠면서—낯선 곳에서 너무 괴로워하지 않으려고 애쓰고 있었다. 내가 이곳에 전혀 익숙하지 않다는 어색함은, 이를테면 지배인이 경의를 나타내며 끌고 가는 강아지까지 친숙한 인사를 받는 멋쟁이 부인, 깃 달린 모자를 쓰고, 밖에서 돌아오면서 "편지 왔소?" 묻는 젊은 멋쟁이, 인조 대리석 계단을 제 집에 들어가듯 올라가는 사람들, 이들의 익숙한 태도로 말미암아 더욱 뼈저리게 느껴져 견딜 수 없었다. 또 '접대'의 예법에 그다지 정통하지 않을 듯한 '접대 위원장'의 감투를 쓰고 있는 신사들로부터는, 지옥의 세 심판관인 미노스, 아이아코스, 라다만토스의 눈길(나는 그런 눈길 속에, 마치 아무런 보호도 해주지 않는 알지 못하는 사람의 손에 갓난애를 던지듯이, 내 영혼을 벗은 채로 던졌는데)과 같은 엄한 눈초리를 받았다. 그리고 좀더 떨어진 닫힌 유리문 너머에는 몇몇 사람이 독서실에 앉아 책을 읽고 있었는데, 만약에 이 독서실을 묘사하려면, 조용히 거기서 독서할 권리를 가진 선택된 사람들의 행복을 생각하거나, 아니면 내가 느끼고 있는 이런 종류의 인상은 아랑곳하지 않는 할머니가 나한테 거기 들어가서 책을 읽으라고 명령할 경우의 공포를 생각하거나, 이 두 감정에 따라 단테의 작품에서, 그가 천국과 지옥에 준 색채를 번갈아 빌려와야만 했을 것이다.

나의 고독감은 그 직후에 더욱 깊어졌다. 할머니에게 몸이 불편하다, 우리는 파리로 돌아가야 할 것 같은 느낌이 든다고 말하자, 할머니는 반대하지 않고, 떠나거나 남아 있거나, 어쨌든 필요한 물건을 사러 가겠다고 말했다(그 물건이 다 나를 위한 것인 줄은 뒤에 프랑수아즈가 내 옷가지를 들고 가서 알았다). 할머니를 기다리는 동안, 나는 인파로 혼잡한 거리를 백 걸음 남짓 걸었는데, 거리는 방 안처럼 더웠다. 이발소와 과자 가게가 아직 열려 있어, 과자 가게 안에는 단골들이, 뒤게 트루앵(Duguay-Trouin)*[1]의 동상 앞에서 아이스크림을 먹고 있었다. 이런 인파를 보고 있으려니까, 외과병원에서 진료 차례를 기다리며 어떤 잡지를 뒤적이는 병자가 그 안에서 언뜻 인파의 사진을 보고 느낄지도 모르는 정도의 기쁨을 느꼈다. 지배인이 기분전환이 된다고 이런 시가의 산책을 나에게 권하고, 또 마치 고문실 같은 이런 새 거처가 호텔 안내서의 말마따나 어떤 사람들에게는 '더할 나위 없이 즐거운 체류'로 느껴지는 걸 보면, 이 세상에는 나와 매우 다른 사람들도 있구나 하고 새삼 놀라웠다. 그야 물론 안내서에 과장이 있을 수 있지만, 그래도 그걸로 모든 손님에게 알리고, 그 흥미에 돈을 벌고 있는 것이다. 발베크의 그랑 호텔에 손님을 끌려고, '진미의 요리' '카지노의 정원을 한눈에 굽어보는 아름다운 곳' 같은 선전문만이 아니라, '유행의 여왕이 내린 판정, 이에 반대하는 자 당장에 어리석은 자라는 누명을 받을지니, 교양 있는 사람만이 위험에서 빗겨가리라'라는 문구까지 생각해내고 있었다.

할머니가 빨리 돌아와주기를 바라는 욕구는, 할머니를 실망시킨 게 아닐까 하는 근심으로 더욱더 커졌다. 할머니는 내가 이 정도의 피로에도 견디지 못하는 이상, 어떠한 여행도 내 몸에 이로울 가망이 없음을 알고 실망했을 게 틀림없었다. 나는 방으로 돌아가서 기다리기로 결심했다. 지배인이 몸소 나와 단추를 눌러주었다. 그러자 아직 알지 못했던 '리프트(lift)'*[2]라고 불리는 인물이(노르망디 성당의 천창(天窓)과 비슷한 호텔 꼭대기에, 마치 암실 뒤에 숨은 사진사, 또는 연주실에 올라가 있는 파이프오르간 연주자처럼 대기하고 있다가), 우리에 가둬서 잘 길들인, 날렵한 다람쥐처럼 잽싸게 나에게로 내려왔다. 그러고 나서 기둥을 따라 다시 미끄러지듯 올라가면서, 성당이 아닌 영업용 본당의 둥근 지붕 쪽으로 나를 끌고 갔다. 층층마다 연락용 작은 계단 양쪽에는 컴컴한 복도가 부채꼴로 펼쳐져 있고, 기다란 베개를 든 하녀 하나가 그 복도를 지나가고 있었다. 땅거미 지는 어둠으로 분명하지 않은 그 얼굴에, 나는 보다 정열적인 꿈속의 얼굴을 조화시켜보았는데, 이쪽으로 돌린 그 눈길 속에는 마치 존재하지 않는 듯한 나에 대한 공포감만 떠올랐다. 한편 끊임없이 올라가는 동안에, 각 층마다 하나뿐인 화장실의 불 켜

---

*1 프랑스의 해적 선장(1673~1736).

*2 엘리베이터 보이.

진 유리창이 수직으로 줄을 잇고 있어 민숭민숭한 명암의 신비 속을 묵묵히 통과하는 데서 느껴지는 죽을 듯한 불안을 없애려고, 나는 젊은 파이프오르간 연주자, 끊임없이 그 악기의 멈춤 장치를 잡아당기고, 관(管)을 누르곤 하는, 내 여행의 기술자, 내 감금의 동거인인 사내에게 말을 건넸다. 내가 그만큼 자리를 차지한 것을, 매우 수고를 끼치는 것을 미안하다고 사과하고, 운전에 방해가 되지 않느냐고 묻고 나서, 이 명수에게 아첨하려고, 나는 호기심을 과하게 드러낼 뿐만 아니라 그에 대한 나의 편애를 털어놓고 말했다. 그러나 상대는 내 말에 깜짝 놀라선지, 일에 집중하고 있어선지, 예의범절을 지키려고 해선지, 귀가 멀어 들리지 않아선지, 장소를 가려선지, 위험을 두려워해선지, 머리가 둔해선지 또는 지배인의 금지 명령을 받아선지 아주 짧은 대답조차 없었다.

하찮은 인물이라도 그 사람을 알기 전과 알고 난 뒤에는 상황이 완전히 바뀌는데, 그 변화 이상으로 현실적인 인상—우리 외부에 존재하는—을 주는 것도 없으리라. 나는 이날 오후 끝머리에 발베크행 작은 열차를 탄 인물과 같은 사람이며, 내 속에 같은 영혼을 갖고 있었다. 그런데 그 영혼 속의—6시에는 아직 지배인도, 으리으리한 호텔도, 종업원들도 상상할 수가 없어서, 앞으로 도착할 시각에 대한 막연하고도 불안한 기대만이 남아 있었는데, 그런 영혼 속의—같은 장소에, 지금은 세계주의적인 지배인 얼굴에 있는 그 수많은 여드름 자국(세계주의적이라고 해도, 알고 보면 지배인은 귀화한 모나코인이었는데, 틀린 말인 줄도 모르고 자기 딴에는 품위 있는 표현인 줄 알고 늘 쓰는 그 독특한 말씨를 빌리자면, '루마니아의 originlalité'*), 또 그가 엘리베이터의 단추를 누르는 몸짓, 엘리베이터 그 자체, 말하자면 그랑 호텔이라는 판도라 상자에서 나온, 이젠 부정할 수도 파기할 수도 없는 현실화된 모든 것이 그렇듯이 메마른 꼭두각시들이 기둥머리의 조각돌처럼 나란히 자리잡고 있었다. 그러나 내가 관여하지 않았던 이 변화는 적어도 어떤 일이—설령 그 자체가 흥미 없는 것이라도—나의 밖에서 일어났다는 사실을 증명해주었는데, 이 점에서, 나는 해를 정면으로 보며 떠나기 시작하여 해가 뒤쪽에 왔을 때 시간의 흐름을 확인하는 나그네와도 같았다.

* '기발, 창의' 따위의 뜻을 가진 명사. 여기서는 origine(태생)이라야 옳은 말.

나는 피로에 녹초가 되어 열까지 나고 있었다. 누우면 좋겠지만 누울 만한 게 아무것도 없었다. 잠깐만이라도 침대 위에 벌렁 눕고 싶었지만, 그렇게 할 수 없는 것이, 육체뿐 아니라 의식 그리고 그 감각의 모든 실체를 도저히 쉬게 할 수 없을 듯했고, 또 지금 이 실체를 둘러싸고 있는 낯선 물건들이, 주의를 게을리 말고 방어 태세를 취하도록 지각에 강요하는 나의 시각, 청각, 그 밖의 온 감각을, 서지도 앉지도 못하는 감옥보다 좁은 우리에 갇힌 라 발뤼(La Balue) 추기경*처럼 옹색하고도 불편한 자세(설령 다리를 뻗고 있더라도) 그대로 있게 했을 테니까. 물건들이 방 안에 있다는 건 우리의 주의가 그것들에 쏠리고 있다는 증거이며, 그것들이 방 안에서 물러나고, 우리가 거기에 자리를 차지하는 건 습관이 작용하고 나서이다. 발베크의 내 방(내 방이라고 하지만 이름뿐인)에는 그런 자리가 없었다. 따라서 거기에 있는 것은, 내가 던진 경계하는 눈길에 그것과 똑같은 눈길을 돌려보내는 물건들뿐인데, 그것들이 나의 존재 따위는 고려하지 않고, 도리어 내가 그것들의 일상생활을 어수선하게 만들기나 한 듯한 표정을 짓고 있었다. 괘종만 해도—집에서는 한 주에 몇 초 동안, 내가 깊은 명상에서 나올 때밖에 그 소리를 듣지 못했는데—여기서는 한 순간도 쉬지 않고 뭔지 모를 언어로 계속 재잘거리고 있었는데, 더구나 그게 나에 대한 험담이 틀림없는 게, 보랏빛 커다란 커튼은 그것을 잠자코 들으며, 제삼자가 있는 게 눈엣가시라는 듯 어깨를 으쓱 치켜세우는 사람과 비슷한 태도를 보이고 있었다. 그 커튼은 천장이 높다란 이 방에 거의 역사적이라 해도 좋을 만한 성격을 주고, 이곳을 귀즈 공의 암살, 나중에 쿠크 회사의 여행 안내자에게 인솔되는 관광객의 구경 같은 것에 어울리는 방으로 만들 수 있을는지는 모르겠으나, 나의 수면엔 조금도 마땅치 않았다.

벽에 따라 늘어서 있는 유리창 달린 작은 서가 때문에 고민했는데, 특히 방 한구석을 가로로 막아 멈춰서, 이것이 사라지지 않는 한 팔다리를 쭉 뻗고 쉴 수 없을 것같이 느껴지는 다리 달린 커다란 거울이 내 마음을 답답하게 하였다. 나는 줄곧 눈길을 천장으로 추어올려야 했다—파리의 내 방 물건들은 나 자신의 눈동자가 나에게 거북하지 않듯이 내 눈에 거북살스러운

* 루이 11세의 대신.

적이 없었다. 그 물건들은 이미 내 기관의 부속물, 나 자신의 연장에 지나지 않았으므로. 그런데 여기서는, 할머니가 나를 위해 선택한 이 호텔 꼭대기의 망루 같은 방은 지나치게 높아 줄곧 천장 쪽으로 눈길을 추어올려야 했다. 게다가 방충제 냄새는 우리가 보거나 듣거나 하는 영역보다 훨씬 은밀한 영역, 그 냄새가 좋은지 나쁜지 느낄 수 있는 내 최후 방어선까지 공격해 거의 내 자아에 침입해왔다. 이 공격에 맞서, 나는 겁을 먹고 코를 킁킁거리며 냄새를 맡아보면서, 쉴 새 없이 효과 없는 반격을 하다가 지쳐버렸다. 포위한 적에게 위협받아, 뼛속까지 더위에 침입당했을 뿐 이제 우주도, 방도, 육체도 없는 나는 오로지 혼자이며, 차라리 죽고 싶은 심정이었다. 그때 할머니가 들어왔다. 위축되었던 내 마음이 열려 한없이 부풀었다.

할머니는 페르칼(percale)* 실내복을 입고 있었다. 이 옷은 우리 식구 가운데 누군가가 병이 날 때마다 할머니가 집에서 입는 옷으로(그 옷을 입으면 몸이 편하기 때문이라고 할머니는 말하곤 했는데, 자기가 그처럼 하는 것은 자기를 위해서라 말했다) 이를테면 우리를 돌보거나, 우리를 밤새워 간호하기 위한, 할머니의 하녀복·간호복·수녀복이었다. 그러나 하녀나 간호사나 수녀들이 해주는 돌봄, 그 친절, 그 믿음직스러운 솜씨, 그녀들에 대한 감사는, 오히려, 자신의 명상이나, 살려고 하는 자신의 욕망을 가슴에 담고 있어서, 자신이 그녀들과는 생판 남일 뿐만 아니라 혼자라는 느낌을 더욱 강하게 하는 데 비해, 할머니가 나와 함께 있어줄 때에는, 아무리 큰 슬픔이 내 마음속에 있더라도, 그 슬픔은 보다 넓은 자비로움 속에 안기리라는 걸 나는 알고 있었다. 또 근심이건 욕망이건 내가 가진 모든 것이 할머니 마음속에서는 내 생명을 소중히 보호해 튼튼히 키우고 싶다는 소망, 나 자신이 갖는 욕망과는 다른 뜻으로 매우 강한 소망에 의지되고 있음을 알고 있어서 내 생각은 빗나가지 않고 할머니 마음속에 뻗어나가, 내 정신이 할머니의 정신으로 옮겨져도 환경이나 인격의 변화가 전혀 없었다. 그리고—거울 앞에서 타이를 맬 때에, 눈에 들어오는 한 끝이 손을 움직이는 쪽과는 반대편에 비치고 있는 것을 깨닫지 못하는 사람처럼, 또는 날아다니는 나비의 그림자를 보고 땅 위에서 짖는 개처럼—육체의 겉모습에 속은 나는, 영혼을 직접

* 올이 곱고 섬세하여 질이 좋은 무명.

깨닫지 못하는 세계에서 우리가 자주 속듯이, 할머니의 품 안에 몸을 던져, 그렇게 함으로써 할머니가 열어주는 그 넓은 마음에 감싸기라도 하듯이, 그 얼굴에 입술을 눌렀다. 그렇게 할머니의 뺨과 이마에 입술을 꼭 붙였을 때, 나는 거기에서 풍부한 영양을 흡수하고 있었던 것이니, 마치 탐욕스레 젖을 빠는 갓난애의 평온하면서도 진지한 그 행위를 계속했다.

그러고 나서 나는, 붉고도 고요한 저녁놀이 든 아름다운 구름, 그 너머에는 아직도 애정이 빛나고 있는 붉게 물든 구름처럼 윤곽이 뚜렷한 할머니의 커다란 얼굴을 지칠 줄 모르고 바라보았다. 아무리 약하더라도 아직 할머니의 감각에서부터 은은한 빛을 받고 있는 것, 그런 모양으로 여태껏 할머니와 관련된다고 말할 수 있는 것이라면 무엇이라도 금세 신성하게 느껴져, 나는 할머니의 반백이 다 된 고운 머리칼을, 마치 할머니의 자애를 애무하듯이, 존경심과 조심성을 담은 다정한 손길로 쓰다듬었다. 할머니는 내가 한 가지 수고라도 덜하도록 애쓰는 것에 크나큰 기쁨을 느껴왔으므로, 내가 피곤한 몸을 가누지 못하고 잠자코 있는 순간에 뭔가 더할 나위 없는 즐거움을 느꼈다. 나는 그 기미를 눈치채고, 나를 도와 침대에 눕히고 신발을 벗겨주려는 것을 못 하게 하고는 나 혼자 옷을 벗는 시늉을 했을 때, 할머니는 애원하는 듯한 눈길을 던지면서, 웃옷과 반장화의 첫 단추를 풀려는 내 손을 막았다.

"부탁이니 내가 하게 해다오." 할머니는 말했다. "나에게는 그게 아주 기쁘단다. 또 오늘 밤 뭔가 필요한 게 있다면 잊지 말고 벽을 살짝 두드리렴. 내 침대는 네 침대와 등을 맞대고 있고, 칸막이벽은 아주 얇으니까. 지금 곧 침대에 누우면 시험해보렴, 신호가 잘 들리는지."

사실 그날 밤, 나는 세 번 두드렸다. 그 뒤 일주일이 지나, 내가 병으로 괴로워했을 때, 며칠 동안 아침마다 이 노크를 되풀이했다. 할머니가 아침 일찍 나에게 우유를 먹이려 했기 때문이다. 나는 그럴 때, 할머니가 깨어난 기척을 듣자마자—내 신호가 언제 올까 이제나저제나 기다리지 않고, 금세 일어나 내 시중을 끝내고 나서 될 수 있는 한 빨리 다시 주무시도록—용기를 내어 조마조마한 마음으로 약하게 세 번, 그렇지만 분명하게 두드렸다. 약하지만 분명하게 두드린 까닭은, 만약 내가 잘못 생각해서 할머니가 잠들어 있다면 너무 세게 두드려 잠을 방해할지도 모른다는 두려움이 있기 때문이며, 또 정말 깨어 있는 경우라면 처음부터 똑똑하게 분간해주는 편이 좋았고, 감히 다시 두드리지 못할 것 같은 신호에 계속해 귀를 기울이게 하고 싶지 않았기 때문이었다. 내가 그렇게 두드리자마자, 그것에 응해, 소리가 다른, 온화한 권위가 있는, 다른 노크 소리 세 번이, 분명하게 하려고 두 번 되풀이되어, 마치 "흥분하지 말아라, 들었으니, 당장 네가 있는 곳으로 가겠다"라고 말하는 듯이 내 귀에 들려왔다. 그리고 바로 할머니가 들어왔다. 내가 할머니에게 못 들으시지 않았을까, 다른 방 사람의 노크로 여기시지 않았을까 걱정했다고 말하자, 할머니는 웃으며, "우리 귀여운 이리의 노크를 남들 것과 헷갈리다니, 천만의 말씀. 할머니는 천 가지 노크 가운데에서도 네 것을 알아내지! 이 할미를 깨우지 않을까, 알아듣지 못하지 않을까 하는 걱정으로 그처럼 정확하게 둘로 나눠진, 그처럼 바보 같은, 그처럼 열에 들뜬 듯한 노크가 이 세상에 있을 것 같으냐? 아무리 작게 바스락거려도 금세 생쥐의 기척이라는 걸 알아차리지. 더구나 이 할미의 귀여운 생쥐같이 단 하나밖에 없는 가여운 생쥐라면 더더욱 그렇지. 할머니는, 침대 속에서 망설이며 꼼지락꼼지락 여러 궁리를 하고 있는 네 기척이 그 전에 벌써 들려온단다."

할머니는 덧문을 반쯤 열었다. 불쑥 앞으로 도드라져 나온 호텔 별관의 지붕 위에 벌써 햇살이 자리잡고 있었다. 그 햇살은 일찍이 일을 시작해, 아직 잠들어 있는 시가를 깨우지 않도록 조용조용 일을 끝내는 아침의 지붕 없는 일꾼처럼 움직이지 않는 시가에 그 모습이 한결 더 민첩하게 보이는 일꾼같이 보였다. 할머니는 나한테 몇 시인지, 오늘 날씨가 어떨지를 일러주었고, 내가 일부러 창가까지 올 필요가 없다는 것, 바다에 안개가 끼어 있다는 것, 빵집이 벌써 열었다는 것, 들리는 마차 소리는 어떤 마차라는 것 따위를 말해주었다. 그런 뜻없는 하루의 시작, 참례자 없는 평일 미사의 처음, 우리 둘만의 사소한 생활 한 토막을 나는 낮에 다시 떠올리면서, 프랑수아즈 또는 다른 사람들 앞에서, 오늘 아침 6시 무렵에 안개는 우물처럼 깊었다고 말하고, 얻은 지식을 과시하는 게 아니라 나만이 받은 사랑을 자랑하리라. 감미로운 아침의 한때, 그것은 교향곡처럼 내가 세 번 두드린 노크의 율동적인 대화로 열리고, 애정과 환희에 젖은 칸막이벽은, 듣기에 조화로운 비물질적인 것으로 바뀌어, 천사처럼 노래하면서, 기다렸다는 듯이 두 번 되풀이되는 세 번의 다른 노크로 대답하며, 할머니의 영혼과 할머니가 와준다는 약속을,

성모영보(聖母領報)*[1]의 환희와 음악의 정확성과 더불어 전달할 줄 알았다. 그러나 도착한 첫날밤은, 할머니가 내 방을 나가자마자, 파리에서 집을 떠나는 순간에 괴로워했듯이 나는 다시금 괴로움에 빠졌다. 이때 내가 품은—사람들 대부분이 그렇듯이—낯선 방에서 잔다는 공포, 아마도 그 공포는 우리의 현재 생활에서 가장 좋은 부분을 구성하고 있는 여러 요소들이 존재하지 않는 미래의 공식을 정신이 억지로 받아들이려고 할 때에, 기를 쓰고 반발해 오는 그 절망적인 거절의, 보다 수수한, 보다 어렴풋한, 보다 유기적인, 거의 무의식적인 형태에 지나지 않는 게 틀림없다. 그 거절은 요컨대, 부모님이 언젠가는 돌아가시리라, 피치 못할 사정으로 질베르트에게서 멀리 떨어져 살게 되리라, 혹은 두 번 다시 벗들을 만나지 못할 나라에 자리잡게 되리라는 생각이 자주 나를 엄습하던 그 공포의 밑바닥에 있었다. 그 거절은, 나 자신의 죽음, 또는 베르고트가 그의 저서에서 사람들에게 약속하고 있는 사후의 생존 따위를 생각할 때 내가 느끼는 괴로움 가운데 하나이기도 했다. 나의 추억, 결점, 성격은 사후 세계에까지 가져갈 수 없을 것 같았는데도, 이 모두는 소멸의 관념을 감수하려 하지 않고, 자기들을 받아들이지 않을 허무나, 자기들이 남아 있지 못할 영원을 인정하려 들지 않았다.

어느 날 파리에서, 특히 기분이 나빴던 날, 스완이 이렇게 말한 일이 있다. "그 즐거운 오세아니아*[2] 섬에 한번 가보게, 그러면 다시는 이곳에 돌아오고 싶지 않을 테니." 그때 나는, "그러면 댁의 따님을 못 만나게 될 텐데요, 따님이 이제까지 한 번도 본 적 없는 사물과 사람들 사이에서 살게 될 텐데요" 대답하고 싶었다. 그렇지만 나의 이성은 이렇게 말했다. "그게 어쨌다는 거냐, 네가 애통해할 일이 아니잖느냐? 스완 씨가 너에게 이곳에 돌아오지 않을 것이라 말한 건, 네가 돌아오고 싶어하지 않을 거라는 뜻이다. 돌아오고 싶어하지 않는 이상, 너는 거기서 행복하게 된다." 그도 그럴 것이, 나의 이성은 습관이라는 게 무엇인지 알고 있었으며, 습관은—앞으로 이 낯선 방이 나에게 익숙해지고, 거울의 위치와 커튼의 색을 변하게 하며, 괘종을 멈추게 하는 계획을 도맡으려는 습관은—처음에 마음에 들지 않던

*1 성모 마리아가 구세주의 어머니가 되리라는 것을 대천사 가브리엘로부터 계시받은 일.
*2 대양주(大洋洲).

친구들을 친한 사이로 만들고, 그들의 얼굴을 변화시키며, 목소리에 호감을 느끼게 하고, 마음의 성향을 변하게 한다는 소임을 맡는다. 물론 장소나 인간에 대한 새로운 애착은 빛바랜 애착에 대한 망각 위에 씨〔緯〕를 먹임으로써 짜인다. 그러나 그것이야말로 이성이, 그리운 사람으로부터 영영 떠나 그 사람의 추억마저 잃어버리게 하는 새 삶에, 내가 두려움도 없이 맞닥뜨릴 수 있다고 생각하게 한 것이며, 또 이걸로 위안 삼으라고 하듯이 내 마음에 망각의 약속을 내밀어준 것이다. 그 약속은 오히려 나의 절망을 부채질한 데에 지나지 않았다. 이별이 지나가면 우리의 마음 또한 습관이 가져다주는 진통을 겪을 게 틀림없지만, 그렇게 되기까지 마음은 계속 괴로우리라. 어쨌든, 지금 우리를 사랑해주는 이들과 만나거나 이야기하거나 해서, 가장 소중한 기쁨을 주지만, 이 기회마저 빼앗기고 마는 미래를 생각하는 근심, 그런 근심은 없어지기는커녕, 만약에 만남이나 이야기하는 기회를 빼앗기는 고통 위에 당장 더욱 심한 고통인 듯싶은 것, 곧 만남이나 이야기할 기회를 빼앗기는 걸 고통으로 느끼지 않게 되고, 그것에 무관심하게 되지나 않을까 하는 상상이 덧붙기라도 하면, 그것은 점점 더 심해지기만 한다. 무관심하게 되어버리면 우리의 자아가 변할 테니까. 그 경우, 이제 우리 둘레에서 그저 부모님이나 애인, 친구들의 매력이 없어지는 것만은 아니다. 지금 우리 마음 대부분을 차지하고 있는 그들을 향한 우리의 애정도 뿌리째 뽑히고 말 것이다. 그 결과, 지금 이별하면 어쩌나 하고 두려워하는 생각도 없어지고 오히려 그들과의 헤어짐을 기쁘게 여길 수도 있으리라. 그거야말로 우리 자아의 죽음이다. 하기야 부활이 뒤따르는 죽음일지 모르나, 새로운 삶이 나타나는 건 다른 자아에서고, 죽음을 선고받은 옛 자아의 부분은 다른 자아의 사랑 속에 함께 떠오를 수 없다. 이 옛 자아의 각 부분이야말로 —방의 크기나 분위기에 대한 어렴풋한 애착처럼 매우 빈약한 것조차—처음으로 대하는 새것에 깜짝 놀라고, 거절하며, 반항하는 것인데, 거기에 죽음에 대한 저항, 기나긴, 날마다의, 필사적인 저항의, 비밀스러운, 일부분의, 빨리 나아갈 수 있는, 참다운 한 형태를 봐야 한다. 천천히 시작되는 단편적인 죽음은, 끊임없이 우리에게서 자아의 세부를 저며내어, 우리 일생의 모든 지속 속으로 비집고 들어오는데, 그럼으로써 괴사한 자아 위에 새 세포가 번식해나간다.

나같이 신경이 예민한 성미로서(다시 말해 중계자인 신경이 그 기능을 완수하지 못하고, 사라져가는 자아에서 나오는 아주 작은 비명을 의식에 이르기 전에 막지 못하며, 거꾸로 비명 하나하나를 분명하게, 숨이 막힐 만큼 고통스럽게 의식에 다다르게 하는 성질의 인간으로서) 지나치게 높아 낯설기까지 한 천장 아래에서 느끼는 불안은, 내 몸속에 남아 있는 익숙한 낮은 천장에 대한 애착이 시위하는 반항에 지나지 않았다. 이 애착도 다른 애착으로 바뀌어 사라져갈 것이다(그때에는 죽음이, 다음에 새 삶이 '습관'의 이름으로 이중작업을 마쳤을 것이다). 그러나 그 몸이 완전히 사라지기까지, 이 애착은 매일 저녁 괴로워하리라. 특히 처음 맞는 저녁, 이미 그 몸이 앉아 있을 자리가 없을 만큼 미래의 실현에 자리를 빼앗기고 만 애착은, 이 신참 앞에서 반항하며, 나의 눈길이, 상처를 받은 상태 그대로, 도저히 닿을 수 없이 높다란 천장에 놓일 때마다, 구슬픈 비명을 질러내 가슴을 후벼팠다.

다음 날 아침은 어땠을까! ―보이가 나를 깨우러 와서 더운물을 가져다줘 세수를 하고, 내가 손수 몸차림을 하기 위해 짐 가방 속에서 필요한 옷가지를 찾아내려고 뒤졌으나 눈에 띄지 않아 잡동사니만 잔뜩 끌어낸다 해도, 얼마나 즐거울까! 벌써 점심 식사와 산책의 즐거움을 생각한 나는, 갑자기 선실 창문에서 보듯이, 방의 유리창과 서재의 유리창 가득히, 그늘 없는 적나라한 바다, 그렇지만 그 넓이의 절반에는 가늘게 움직이는 선 한 가닥으로 그어진 어두운 빛깔의 바다를 보고, 높이 뛰어오르기 위해 발판에 올라선 이들처럼 잇따라 밀려왔다가 다시 돌아서는 파도를 눈으로 뒤좇을 때의 그 기쁨이라니! 풀을 세게 먹여 물기를 잘 흡수하지 못하는 호텔 이름이 박힌 수건을 손에 쥔 채, 그걸로 얼굴을 닦으려고 쓸데없는 노력을 하면서, 나는 여러 번 창가로 되돌아가서 물결치는 산처럼 눈부시게 펼쳐진 이 곡마장, 여기저기 투명한 에메랄드빛 물결이 빛나는 눈 덮인 산꼭대기에 눈길을 던졌다. 그 물결을 평온으로 감싼 세찬 기세와 험악한 사자의 얼굴처럼 치솟았다가 흘러내리면서 움직이는 그 비탈에 태양이 서먹한 미소를 짓고 있었다. 잠들었던 여행자가 구경하고 싶은 산맥이 밤 사이에 가까워졌는지 아니면 지나가버렸는지 보려고 아침 승합마차의 창문에서 내다보듯, 매일 아침 나는 이 창에 몸을 기댄다―이 창에서 보면 바다의 첩첩 언덕은 춤추면서 이쪽으로 되돌아오기 전에 뒤로 멀리 물러가, 내가 멀찌감치 언뜻 보는 첫 파동이 토스카나의 프리미티프(primitif)* 그림 배경에서 볼 수 있는 빙하처럼 투명하지만 부연듯 푸르스름한 원경 속에 있어, 그것이 마치 모래의 긴 평원 끝머리에 지나지 않는 듯이 느껴질 때가 있다. 어떤 때는 내 곁에 다가온 태양이 부드러운 초록빛 물결 위에서 미소 짓기도 하였다. 그럴 때의 초록빛은 어찌나 부드러운지, 알프스의 목장에서(그곳에서는 태양이 거인처럼 여기저기에 누웠다가, 이윽고 몸을 일으켜 신나게 껑충껑충 뛰면서, 쾌활하게 비탈을 내려오는 듯이 보였는데) 물을 머금은 흙보다도, 오히려 물처럼 움직이는 빛이 간직한 그 초록빛보다도 더 감미로웠다.

아무튼 바닷가와 물이 이처럼 세계의 다른 곳에서 이곳으로 빛을 들여다가, 그 빛을 잔뜩 모으고자, 지구 한복판 이 폭발구 속에서, 빛이야말로 그것이 오는 방향과 우리 눈이 그것을 좇는 방향에 따라서, 바다의 흐름을 바꾸거나 정한다. 조명의 변화 또한 실제로 긴 여행에서 걸어가는 거리가 주는 것과 마찬가지로, 어느 장소의 방향을 바꾸기도 하고, 우리 눈앞에 빨리 다다르고 싶은 새 목표를 세우기도 한다. 아침, 태양이 호텔 등 뒤로 솟아올라 내 앞에 모래밭이 그 모습을 드러내면서 바다의 첫 줄기까지 확실히 비출 때, 내 눈에는 바다의 다른 비탈도 나타나 있는 듯하여, 빛살이 일렁이는 꼬불꼬불한 길을 걸어가면서 시간의 기복이 심한 풍경 가운데 가장 아름다운 경치를 가로질러가는 변화무쌍한, 그러나 눈으로만 바라보는 부동의 나그넷길로 접어든 듯한 기분이 들었다. 그리고 이 첫 아침부터, 태양은 생글생글 미소 짓는 손가락으로, 어떤 지도에도 이름이 실려 있지 않은 바다의 그 푸른 봉우리들을 나에게 가리켰지만, 그 꼭대기와 눈사태의 우렁차고도 혼돈된 표면의 숭고한 편력에 지치자, 태양은 내 방에 바람을 피해와서, 헝클어진 침대 위에서 쉬면서 물기 있는 세숫대야나 열린 짐 가방 속에 보석을 뿌리며, 장소를 가리지 않는 그 호사와 찬란으로, 더욱 난잡하다는 인상을 짙게 했다.

하지만 유감스럽게도, 그로부터 한 시간 뒤 대식당에서—마침 점심시간으로, 가죽 씌운 물통 같은 레몬, 잠시 뒤엔 우리 접시에 뼈로 남을 꼬꼬마를 남기고, 그 꼬꼬마가 구부러진 깃털같이 휘어, 고대의 하프처럼 울릴 가자미

* 르네상스파 직전의 미술가들을 말함.

두 마리 혀에 금빛 과즙 몇 방울을 떨어뜨리는 동안—투명하지만 꽉 닫힌 유리창 때문에 그 시원한 바닷바람을 못 느끼는 할머니는 얼마나 속이 상했을까. 그 유리창은 진열창처럼 훤히 내다보이는 바닷가와 우리를 떼어놓고, 그 안에 하늘이 다 들어오리만큼 넓지만 그 하늘의 푸른빛은 유리창 자체의 빛깔로, 흰구름은 유리의 흠집처럼 보였다. 보들레르의 말마따나 내가 '방파제에 앉아'*[1] 있는 듯, 또는 '규방(閨房)'*[2] 속에 있는 것같이도 느껴져서, 그가 그리워한 '바다에 빛나는 태양'*[3]이란—파르르 떠는 황금빛 화살처럼 단조롭고도 피상적인 저녁의 빛살과는 아주 다른—, 순간이 바다를 토파즈처럼 이글이글 태우고 있는 이런 태양이 아니었을까 하고 생각했지만, 그토록 태양은 바다를 포도주처럼 발효시키고, 맥주처럼 황금 빛깔과 젖빛으로 만들며, 우유처럼 거품 일게 하고, 한편 해수면 여기저기에 이따금 커다란 푸른 그림자가 떠돌아다녀, 어느 신령이 하늘에서 거울을 움직여가며 그림자를 옮기는 데 재미있어하는 듯했다.

식당에서 몇 미터 되는 곳에, 높다랗게 차오른 수면과 한낮의 빛이, 천상의 도시처럼 에메랄드와 황금의 단단하지만 자유로이 움직이는 성벽을 세우고 있는데, 식당 자체는 속이 환히 들여다보이고, 수영장 물처럼 푸른 햇살로 가득했다. 그런 발베크의 식당이 근처 이웃집들과 맞은편에 서 있는 콩브레 시골집의 '식당'과 다른 점은 단지 그 겉모양만이 아니었다. 콩브레에서는, 누구나 우리를 알고 있어서 나는 아무도 꺼리지 않았다. 하지만 해수욕장에서는 모르는 사람들뿐이었다. 나는 아직 나이가 어려서인지 예민해서 남들의 마음에 들고 싶다거나, 남들을 내 편으로 삼고 싶다는 욕망을 버릴 수 없었다. 또 나는 식당에서 점심을 먹고 있는 사람들이나 방파제 위를 지나가는 젊은 남녀에게, 사교계 인사라면 느낄 듯한 고상한 무관심을 갖지 못했다. 그런 젊은 남녀들과 어울려 소풍 가지 못할 거라는 생각에 괴로웠지만, 한편으론 사교적인 모임을 제쳐두고 내 건강에만 온 힘을 기울이고 있는 할머니가 그들에게 산책 동반자로 나를 기껍게 받아달라고, 나로선 굴욕적인 부탁을 하는 일에 비하면 참을 만한 것이었다. 그들이 어떤 별장 쪽으로

---

*1 산문시 〈항구〉의 한 구절.

*2 보들레르의 〈가을의 노래〉 가운데에서 인용한 것임.

*3 마찬가지로 〈가을의 노래〉 가운데 한 구절.

돌아가려는 건지, 아니면 그 별장에서 나와 라켓을 들고 테니스장에라도 가려는 건지, 아니면 말에 올라타 그 굽으로 내 마음을 짓밟기라도 하려는 건지, 나는 사회적 균형을 깨는 바닷가의 눈부신 햇빛 속에, 강한 호기심과 함께 그들의 모든 동작을 물끄러미 바라보며, 넘치는 빛이 들어오는 유리 낀 큰 창들의 투명함 너머로 뒤따랐다. 그러나 투명한 유리창은 바람을 가로막고 있는데, 할머니 의견에 따르면 그것이 하나의 결점이어서, 내가 한 시간 동안이나 바깥공기의 혜택을 입지 못한다는 생각에 참을 수 없던 할머니가 슬그머니 유리창 하나를 열자마자, 메뉴판, 신문, 식사하고 있는 모든 사람의 모자며 베일 할 것 없이 단번에 날아가버렸다. 천국의 숨결을 마신 듯한 할머니는 성녀 블랑딘처럼 사람들의 욕설 속에 태연자약하게 미소 짓고 있어, 주위의 욕설은 나의 고독감과 비애감을 커지게 하며, 머리털을 흐트러뜨리고 노발대발하는 진노한 유람객을 더욱더 우리와 떨어뜨려놓았다.

그들은 어느 정도—발베크에서, 사치스러운 호텔의 고객(보통 평범한 부자들과 정처 없는 사람들로 구성된)에, 꽤 눈에 띄는 지방적 성격을 더하는 요소로서—중요한 행정 구역의 높은 분들로 구성되어 있어, 예컨대 캉 지방 재판소장, 세르부르 지방 변호사 회장, 르 망 지방의 저명한 공증인 같은 사람들도 있었는데, 이들은 한 해 동안 저격병 또는 장기판의 졸처럼 흩어져 있다가, 휴가철이 되면 이 호텔로 몰려들었다. 그들은 해마다 같은 방을 예약하고, 귀족인 체하는 그 아내들과 함께 작은 동아리를 만들었으며, 거기엔 파리의 이름난 변호사나 의사 같은 사람들이 함께하고 있었다. 파리에서 온 사람들은 호텔을 떠나는 날 그들에게 말했다.

"아아, 그렇군. 당신들은 우리와 같은 열차에 안 타시지. 당신들은 특별한 분들이라 점심 식사 전에 댁에들 돌아가 계실 테니."

"뭐라고요, 특별한 사람들이라고요? 당신들이야말로 수도 파리라는 대도시에 살고 계시지만, 우리가 살고 있는 곳은 인구가 불과 10만인 도청 소재지에 지나지 않아요. 최근 조사로는 12만이라지만, 당신네들 쪽의 250만에 비하면 계산에나 들어갈는지, 게다가 잘 닦인 아스팔트와 파리 사교계의 화려한 분위기 속으로 돌아가는 게 아니오?"

그들은 시골 특유의 발음인 r을 울리면서 그렇게 말했지만, 거기에는 불만이 담겨 있지 않았다. 왜냐하면 그들은 그 지방의 명사여서 마음만 먹으면 남들처럼 파리에 나갈 수도 있었는데—캉 지방 재판소장은 파리 대심원 한 자리에 여러 차례 추천되었다—그 시가를 좋아해선지, 또는 지방에 숨어 살고 싶어서인지, 또는 명예를 지키려고, 아니면 보수주의자들이므로, 혹은 성관의 귀족들과의 교제가 즐거워선지 지금 지위에 그대로 남아 있는 쪽을 택했기 때문이다. 그래도 그들 대부분은 곧바로 그 지방의 도시에 돌아가지는 않는다.

왜냐하면—발베크 만(灣)은 커다란 세계 안의 독립된 작은 별세계로, 여러 계절을 담은 바구니처럼, 변화가 풍부한 나날과 자꾸만 변하는 달들을 둥그렇게 모아놓고 있어서, 이를테면 소낙비가 올 것 같으면 발베크는 칠흑같이 캄캄하지만, 리브벨 쪽은 멀리 가옥들 위로 해가 비치고 있는 게 뚜렷이 보일 때도 있을 뿐만 아니라 발베크에는 벌써 냉기가 돌고 있는데, 그 언덕 너머에는 늦더위가 2～3개월 더 계속되므로—그랑 호텔의 단골들, 휴가가 늦게 시작되거나 오래 이어지는, 이 사람들은 가을이 가까워 비와 안개의 계절이 되자, 짐 가방을 작은 배에 싣고, 다시 늦여름을 만나러 리브벨이나 코트도르로 건너가기 때문이다. 발베크 호텔의 이 작은 동아리는, 새로운 손님이 올 때마다 그 사람을 경계하는 눈초리로 바라보며, 마치 흥미가 없는 듯이, 그 새로운 손님에 대해 그들의 심복인 호텔 우두머리 사환에게 모두 물었다. 해마다 여름철을 위해 돌아와서 그들의 식탁을 잡아주곤 하는 이가 우두머리 사환인 에메였기 때문이었다. 그들의 아내들은 에메 안사람이 곧 출산할 것을 알고서, 식사 뒤 제각기 배내옷을 깁고 있었는데, 그 손을 멈추고 손안경으로 할머니와 나를 훑어보았다. 우리가 샐러드에 섞은 삶은 달걀을 먹고 있었기 때문인데, 이를 알랑송의 상류 사회에서는 천박한 짓으로 여겨 하지 않았다. 그들은 '폐하'라고 불리는 프랑스인에 대하여 비꼬듯 멸시하는 태도를 보이고 있었다. 사실 이 사람을 왕이라고 가리켜 불렀는데, 오직 야만인 몇몇이 사는 오세아니아 작은 섬의 왕이라는 것이다. 그가 미모의 정부와 함께 호텔에 숙박하고, 그 정부가 해수욕하러 갈 때에는 통로에서 아이들이 "여왕님 만세!"라고 소리친다. 50상팀의 은화를 비처럼 뿌리기 때문이다. 재판소장과 변호사 회장은 이 여인을 거들떠보지도 않고, 친구 하나가 이 여인을 바라보기라도 하면, 저 사람은 보잘것없는 부인복점의 여공이라고 알려주는 것을 의무로 여기고 있었다.

"그래도 저 두 사람이 오스탕드*1의 해수욕장에서 왕실용 탈의실을 썼다는 말이 있던데요."

"그야 물론! 20프랑만 주면 빌려주니까. 당신도 그러고 싶으면 빌려 쓸 수 있죠. 매우 타당하다고 생각하지만, 저이가 벨기에 국왕께 알현을 요청하니까 국왕께서 하시는 말씀이, 짐은 꼭두각시 군주와는 만나고 싶지 않노라 하셨답니다."

"허어! 정말 재미나는 이야기인데요! 하여간에 인간은 가지각색이로군!"

아마도 그런 일은 다 사실일 것이다. 그러나 공증인, 재판소장, 변호사 회장이 그들의 입으로 사육제라고 일컫는 게 지나갈 때 몹시 기분이 언짢아 큰 소리로 분개하는 까닭은, 그들이 많은 사람들에게 돈을 마구 뿌리는 그 왕이나 여왕과 벗이 못 되는 보통 부르주아로밖에 보이지 않는 데서 오는 짜증 때문이기도 했다. 이 사정을 잘 알고 있는 그들의 심복인 우두머리 사환은, 정말 왕이건 아니건 후한 군주에게 상냥한 얼굴을 지어야 하는 점을 잘 알고 있으며, 또 옛 단골손님들의 주문에도 응하면서 멀리서 그들에게 의미심장한 눈짓을 보내는 것이다. 어쩌면 그들은 다시 짜증이 났을 법도 한데 왜냐하면 그들이 남자로 오해받고 있기 때문이다. 그들이 보기와는 달리 훨씬 '우아'하고, 실상은 참으로 '호남아'라는 사실을 남들에게 설명할 수 없는 게 답답한 것이다. 그런데 이 '호남아'라는 칭호는 그들이 어느 젊은 멋쟁이에게 준 것으로, 그 젊은이는 대기업가의 놀고 먹는 아들이자 폐병 환자이며, 날마다 새 정장을 입고, 단춧구멍에 난초꽃을 꽂으며, 샹파뉴를 곁들인 점심을 들고, 감동이 없는 창백한 얼굴로 냉랭한 미소를 지으며, 카지노의 바카라(baccara)*2 테이블에 어마어마한 돈을 던지러 가는데, 그 짓을 "버릴 방도가 없는 돈이라서" 하고 공증인이 의기양양한 얼굴로 재판소장에게 말하고, 그 소장의 아내는 '확실한 소식통한테 들었는데' 이 향락에 젖은 젊은이가 그 부모님을 화병으로 죽게 했다고 말하는 것이다.

한편 변호사 회장과 그 친구들은 작위 있는 어떤 부유한 노부인에 관해서도 비웃었는데, 이 부인은 그 집의 하인들을 거느리지 않고서는 조금도 움직이지 않았기 때문이다. 공증인 부인과 재판소장 부인은 식사 때 식당에서 이

---

*1 벨기에에 있는 항구 도시.

*2 트럼프 놀이의 일종.

노부인을 볼 때마다 저마다 손안경을 들고, 거만하게, 조목조목 의심쩍게 검사하여, 마치 이 부인을 사람이 아닌 어떤 음식으로 대하듯, 화려한 이름이 붙어 있으나 겉으로 보기에 괴이쩍고 학문적으로 관찰한 결과가 좋지 못하여, 쌀쌀맞은 몸짓으로 혐오스럽게 얼굴을 찡그리면서 그 음식을 멀리하는 장면처럼 보였다.

아마도 그렇게 함으로써 그녀들은, 그녀들 자신에게 무언가가 결핍되어 있을지라도—이 경우, 노부인이 가진 어떤 특권이 결핍되어 있거나 그녀와 교제하지 않더라도—그것은 그녀들이 가질 수 없기 때문이 아니라 가지려고 하지 않기 때문이라는 점을 보이고 싶을 뿐이었다. 하지만 그녀들도 현실 앞에서는 굴복할 수밖에 없었다. 욕망이나 경험해보지 못한 생활 방식에 대한 호기심, 새로운 사람들의 마음에 들어야겠다는 희망 따위를 모조리 버리고, 그 대신에 그런 경우의 여인들에게 가장된 경멸과 희열로 바꿔놓게 된 것인데, 그것도 만족스러운 체 꾸미는 예의범절 뒤에 불쾌감을 숨기거나, 끊임없이 자기 자신을 속이거나 하는 그녀들을 불행하게 하는 이 두 조건에 구속받고 있기 때문이다. 그러나 이 호텔에서 다들 그 형식은 달라도 그녀들과 비슷비슷하게 행동하고 있어서, 설사 자존심 때문이 아니더라도, 적어도 어떤 교육 원리나 지적 습관 때문에 미지의 생활에 참여한다는 감미로운 불안을 희생시키고 있었다. 그 노부인이 외따로 나온 소우주가, 공증인 부인과 재판소장 부인이 심한 조소를 하고 있는 곳처럼 신맛의 악취를 풍기고 있지 않은 건 틀림없었다. 그러기는커녕 고상한 예스러운 향기, 하지만 그다지 자연스럽지 않은 향기를 풍기고 있었다. 왜냐하면 아마 이 노부인도 결국 새로운 유형의 인간에게 불가사의한 공감이 가서, 그걸 유인하는 데 어떤 매력을 느껴(그 때문에 그녀 자신이 젊어지려고 애쓰면서) 이에 집착했을 테니까. 이 노부인으로서는, 자기 사회의 사람들하고만 교제하거나, 그 사회야말로 이 세상에서 최고인 이상, 남들의 천박한 멸시 따위는 무시해야 한다고 고쳐 생각하는 만족감에 대해서는 이미 매력을 잃었던 것이다.

아마 그녀는 깨달았으리라. 만약 자신이 이름도 모르는 자로 발베크의 그랑 호텔에 도착했다면, 검은 모직 드레스에다 구닥다리 보닛을 쓴 자기 행색은, 그곳에서 이름을 날리던 건달의 비웃음을 샀으리라는 사실을. 상대는 '흔들의자'에서 돌아보며 중얼거렸을 것이다. "궁상맞기도 해라!" 특히 상대방이 재판소장 같은, 그녀가 좋아하는, 그윽한 빛을 담은 눈과 혈색 좋은 얼굴이 반백의 구레나룻에 싸인, 중요한 지위에 있는 사나이라면 부부가 같이 쓰는 손안경을 얼른 들고, 촌닭 같은 그녀의 출현을 그 돋보기로 크게 비춰 보았으리라는 사실을. 아마 이 부인에게 무의식중에 그런 염려가 있었을 것이다. 처음으로 남들 앞에 나설 순간이 짧더라도 어쩐지 겁이 나서—수영에서 처음으로 물속에 머리를 넣을 때처럼—잔뜩 긴장하여, 미리 보낸 하인에게 자기 신분과 습관을 호텔에 알려두고도, 막상 도착하자 지배인의 인사도 그만두게 하고 거만하기보다는 소심함이 엿보이는 불안한 태도로 방에 들어갔다. 그 방에서는 창문의 커튼을 자기 취미에 맞는 것으로 바꾸고, 병풍이며 사진을 잘 배치하여, 그렇게 하지 않고선 익숙해지기까지 고생해야 하는 외부 세계와 자기 사이에 교묘하게 습관의 칸막이를 쳤으므로, 오히려 그녀는 여행을 왔다기보다도 집에 남은 채, 그 집이 그대로 여행하고 있는 듯한 느낌이 들었다.

그때부터, 그녀 편과 호텔의 손님 및 상인들 사이에 그녀의 하인들을 세워, 자기 대신에 이 새로운 사람들과 만나게 하고, 그들의 주인마님 주위에 자택과 변함없는 익숙한 분위기를 유지시키는 동시에, 그녀와 해수욕을 즐기러 온 사람들 사이에 편견의 도랑을 깊이 파놓으면서, 여느 때 같으면 그녀의 친구들이 상대하지 않을 이들의 마음에 들지 않아도 태연자약하게, 계속해 그녀만의 세계에서 친구들의 서신, 추억, 지위, 고상한 태도, 예절을 의식하면서 자기 세계에 갇혀 나날을 보내는 것이다. 그리고 날마다 사륜마차로 산책하기 위해 방에서 내려올 때, 그녀의 짐을 들고 뒤따르는 몸종과 그녀 앞에 서서 인도하는 사내종은, 자기 나라의 깃발로 장식된 대사관의 문 앞에서, 타국 땅 한가운데 치외법권을 확보하고 있는 파수병과도 같았다.

우리가 도착한 날에는 그 노부인이 오후 늦게까지 방에서 나오지 않아, 우리는 식당에서 아직 그분을 보지 못했다. 우리는 그 식당이 처음이어서 점심시간에 지배인의 안내를 받아 들어갔는데, 우리를 돌봐주며 안내하는 지배인의 모습은 마치 군복을 입히려고 신병을 데리고 가는 위병 같았다. 그 자리의 주인은 브르타뉴의 매우 오래된 가문, 즉 스테르마리아 씨와 그 따님이었다. 저녁때까지 그들이 돌아오지 않을 걸로 여겨, 우리가 그 식탁을 쓰게 되었다. 이 두 사람은, 시골에서 이웃으로 친하게 지내는 별장의 주인들을 만나고자 발베크에 왔을 뿐이므로, 받은 초대와 약속한 방문 사이에 비어 있는 날에만 어쩔 수 없이 호텔 식당을 이용하고 있었다. 주위에 앉은 모르는 사람들에 대한 인간다운 감정, 흥미 따위를 전혀 나타내지 않는 것은 그들의 교만함 때문이었다. 특히 스테르마리아 씨는 차갑고, 성급하며, 새침하고, 고집 세며, 까다롭고, 심술 사나운 태도를 지켜 마치 철도역의 구내식당에서 전에 만난 적도 없거니와 앞으로도 다시 만나지 않을 여행객들 한가운데서, 병아리구이와 열차의 좌석을 빼앗기지 않으려고 마음속으로 다투는 정도의 관계밖에 없는 그런 사람으로 보였다. 우리가 점심을 할 즈음 사환이 와서 스테르마리아 씨의 명령이니 일어나달라고 했다. 스테르마리아 씨는 들어오자마자 우리에게 양해를 구하는 몸짓도 보내지 않고, 큰 소리로 지배인한테 이와 같은 잘못을 되풀이하지 않도록 주의하라고 일렀다. '모르는 사람들'이 자기 식탁을 차지하다니 불쾌하다는 말이었다.

그야 물론, 호텔 손님들 가운데서도 한 여배우(더구나 그녀는 오데옹 극장에서 맡은 몇몇 배역보다 오히려 그 맵시, 재기, 독일 자기의 훌륭한 수집품 때문에 더욱 유명했다)와, 그녀가 덕분에 많은 교양을 쌓았다고 하는 그 여배우의 애인이자 매우 부유한 젊은이와 귀족 취미가 물씬 풍기는 두 사내, 이렇게 네 사람이 짝을 지어 남은 전혀 받아들이지 않으면서, 여행을 갈 때에도 반드시 넷이 함께 가며, 발베크에서 하는 점심 식사도 남들이 다 끝났을 즈음 아주 늦게 하고, 낮에는 자기들 거실에서 트럼프 놀이를 했는데, 그들이 그렇게 행동한 데에는 어떠한 악의도 없었으며, 그저 그들은 재치 있는 대화라든가 세련되고 미식가다운 까다로운 취미를 갖고 있을 뿐이고, 그런 취미를 지닌 이들과 함께 생활하고 식사하는 데 즐거움을 느끼는 동시에, 그들의 심오한 취미와 통하지 않는 사람들과 더불어 생활하는 것을 견디지 못했을 뿐이었다. 이 네 사람은 음식을 차려놓은 식탁이나 트럼프 테이블 앞에서도, 맞은편에 앉아 있는 사람의 마음속에서, 파리의 수많은 거처에 진짜 '중세' 또는 '르네상스'처럼 꾸며져 있는 조악한 모조품을 구별해낼 만한 감식력과, 특히 그들이 같이 지니고 있는 선악을 판별하기 위한 여러 기준이 멍하니 무료하게 놓여져 있다는 사실을 알아야만 마음이 놓였다. 어쩌면 그런 순간에 잠자코 식사를 하거나 트럼프를 하면서 어쩌다가 던지는 희한하고도 익살스러운 감탄사나, 또는 젊은 여배우가 점심을 먹거나 포커를 치기 위해서 입고 나온 멋진 새 드레스만으로 자기들 네 사람의 특수한 생활이 돋보여서 즐거웠으므로, 어딜 가나 그런 분위기에 그대로 잠기고 싶어했는지도 몰랐다. 게다가 그처럼 그들이 속속들이 알고 있는 습관에 감싸여 있으면 주위 생활로부터 충분히 몸을 보호할 수 있었다.

낮 동안, 바다는 오로지 부유한 독신자의 방에 걸려 있는 아름다운 색채의 유화처럼 종일토록 그들 앞에 드리워져 있는 데에 지나지 않았다. 그쪽으로 하릴없이 눈을 치켜뜨는 것은 노름을 쉬는 그들 가운데 하나로, 언뜻 거기서 날씨나 시간을 알아채어, 다른 세 사람에게 간식 시간이 되었음을 알렸다. 그들은 저녁에 호텔에서 식사하지 않았는데, 이 호텔로 말할 것 같으면 대식당 안에 전등빛의 샘을 물결쳐 솟아나게 하여, 식당은 마치 넓고 으리으리한 수족관이 되어버려, 그 유리벽 앞에 어둠에 가려 보이지 않는 발베크의 노동자, 어부 또는 소시민의 가족들이 몰려, 가난한 사람들로서는 금빛 소용돌이 속에 느릿느릿 좌우로 흔들리는 안쪽 사람들의 사치스러운 생활이 기묘한 물고기나 연체동물의 생활 못지않게 이상하여, 유리에 코를 납작하게 붙이고 그 안을 들여다보고 있었다(유리벽이 괴상한 생물들의 잔치를 영원히 보호할는지, 또 어둠 속에서 탐욕스럽게 구경하는 천한 사람들이 어느 날 갑자기 수족관 안으로 들어가 이 괴상한 생물들을 잡아먹지나 않을는지를 안다는 건 커다란 사회문제이다). 화제를 돌려서, 어둠 속에 뒤섞여 멈춰 있는 군중 안에, 어쩌면 작가나 인간 어류학(人間魚類學)의 애호가가 있어서, 늙은 암컷 괴물들의 턱이 먹이를 한 조각 꿀떡 삼키고 다시 닫히는 꼴을 구경하면서, 그런 괴물들을 종족이나 선천적인 성질, 후천적인 성질로 분류해 즐거워하는지도 모른다—이 후천적인 성질 때문에 바다의 큰 물고기처럼 입이 튀어나온 세르비아 태생의 어느 노부인은 어린 시절부터 포부르 생제르맹 귀족 사회의 민물에서 자라나서 라 로슈푸코 가문의 마님처럼 샐러드를 먹게 된 것이다.

이런 시각에, 턱시도 차림을 한 그 세 사내가 늦게 오는 여배우를 기다리는 모습이 보였는데, 오래지 않아 거의 매일 저녁 새 드레스와 그 애인의 특별한 취미에 따라 고른 스카프를 몸에 걸친 여배우가, 제 방이 있는 층에서 벨을 눌러 엘리베이터 보이를 부른 뒤에, 마치 장난감 상자에서 나오듯 엘리베이터에서 모습을 드러내었다. 그들 네 사람은, 많은 사람들이 모인 으리으리한 호텔이 발베크에 옮겨 심어져 사치의 꽃을 피우게 했지만 맛 좋은 음식은 먹지 못하게 되었다며, 휩쓸려 가듯 마차에 올라타고, 거기서 5리 남짓한 거리에 있는 작지만 평판 높은 요릿집으로 저녁 식사를 하러 가서 요리의 가짓수와 조리법에 관해 요리사와 오래도록 상의한다. 발베크를 출발해 가는 도중 사과나무가 쭉 줄지어 서 있는 길의 모습도 그들로서는 그저 이 멋들어진 작은 요릿집에 닿기까지 견뎌내야 하는 거리에 지나지 않았다—어둠 속의 그 길은, 파리에 있는 그들의 거처에서 카페 앙글레, 또는 투르 다르장까지의 거리와 별 차이가 없었다. 그곳에 이르자, 부유한 젊은이가 다른 두 친구한테 그처럼 멋쟁이 애인을 가진 데 부러움을 사고 있는 동안 애인의 스카프는, 이 작은 무리 앞에 향기롭고도 야들야들한 장막을 드리운 듯이 이들을 딴 세계로 밀어놓았다.

내 마음의 평온에 대해 말하자면 불행하게도 이 사람들의 발끝에도 미치지 못했다. 나는 주위에 있는 대부분의 사람들이 걱정되었다. 그 가운데서도 넓적한 이마에, 오로지 편견과 교양의 눈가리개 사이에 숨어버린 채 눈길도 주지 않는 사내에게 나라는 존재가 알려졌으면 싶었다. 그는 이 지방의 대귀족으로 바로 르그랑댕의 매부뻘 되는 사람이었다. 그는 이따금 발베크에 찾아왔는데, 매주 일요일이 되면 아내와 함께 정원 파티를 개최하고는 호텔의 단골손님 대부분을 몰아갔다. 호텔 손님 가운데 한두 사람만이 이 파티에 초대되기 때문에, 다른 손님들은 초대받지 못한 모습을 보이기 싫어서 일부러 이날을 골라 멀리 소풍을 가버렸다. 하기야 그가 처음 이 호텔에 나타나던 날, 최근에 코트다쥐르 지방에서 온 고용인들이 그의 신분을 몰라 그는 몹시 푸대접을 받았다. 흰 플란넬 옷을 입지 않았기 때문만은 아니다. 이런 호화로운 호텔의 생활을 모르는 그는 옛 프랑스식으로, 부인네들이 있는 출입구 홀에 들어서면서 문가에서부터 벌써 모자를 벗어버렸다. 그 모습을 본 지배인은 그가 아주 이름없는 가문의 아무개일 거라고 생각하여, 이른바 촌뜨기(sortant de l'ordinaire)로 보여 인사에 응할 때 자기 모자에 손도 대지 않았을 정도였다. 단 한 사람, 공증인의 아내만은 양가의 수양을 받은 사내들의, 그 거북스런 점잔 속에 속됨을 풍기고 있는 이 새내기에게 마음이 끌렸다. 그녀는 르 망 시가의 상류 사교계라면 모르는 게 없는 여인으로서의 정확한 감식력과 확고한 권위의 신용과 더불어 단언하기를, 저분을 보건대 더할 나위 없이 훌륭한 교양을 지닌 신분 높은 사람인 듯한 느낌이 들고, 발베크에서 만난 어느 사람보다도 빼어나다, 또 자기가 교제하고 있지 않은 이상 쉽사리 교제할 수 없는 분으로 생각한다고 했다. 르그랑댕의 매부에게 내린 이 호의적인 판단은, 분명 남을 겁나게 하는 점이 조금도 없는 남자의 개성 없는 외모에서 왔을 터이며, 틀림없이 성당지기와도 같은 행동을 하는 지주 귀족 안에서 그녀 자신이 성직자를 으뜸으로 삼는 데 그 은근한 기표를 알아본 탓인지도 몰랐다.

매일 말을 타고 호텔 앞을 지나가는 젊은이들이 어느 유행복 상점을 경영하는 품행이 바르지 않은 상인의 아들들로, 나의 아버지라면 그들과 교제하기를 막무가내로 말렸을는지 몰라도 소용없는 게, '해수욕장'에서 그들의 모습은 내 눈에 반신(半神)의 기마상(騎馬像)인 양 우뚝 서서, 나의 최대 소망이, 호텔 식당에서 나와 기껏해야 모래 위에 앉으러 가는 나라는 가련한 어린애 위에 그들의 눈길이 떨어지지 않기를 바라는 것이었기 때문이다. 이런 나는 오세아니아 무인도의 왕이었다는 모험가에게 또 어떤 결핵 환자에게 조금이나마 나에 대한 친화력을 불어넣고 싶었다. 그 결핵 환자는, 그 위대한 겉모습 속에 겁 많은 온순한 영혼이 숨어 있고, 나에게만 애정의 보물을 아낌없이 주지 않을까 상상했다. 그리고(여행길에 알게 된 사이라고 흔히 말들 하는 것과는 반대로) 몇 번이나 가게 되는 바닷가에서 어떤 사람들과 얼굴을 익혀두는 게, 참된 사교 생활에서 비할 바 없는 가치를 덧붙일 수가 있으므로, 해수욕장에서 사귄 우애처럼, 그 장소에 끝나지 않고, 파리 생활에서도 소중히 길러지는 게 달리 없다. 잠깐 명사이건 시골의 명사이건 아무튼 명사라는 딱지가 붙은 사람들이 나라는 인간에 대해 어떻게 생각하는지 몹시 신경 쓰였다. 기꺼이 남의 처지에 서서 그들의 심정을 재현해보려고 하는 나머지, 나는 그런 명사들을, 그들의 실제 신분, 예컨대 그들이 파리에서 차지하고 있을 성싶은 극히 낮은 신분에 고정시키지 않고 그들 스스로 여기고 있는 신분에 그대로 맞춰서 생각하는 것이었다. 사실 발베크에서 그들의 신분이었으니, 거기에는 같은 척도라는 게 없으므로, 일종의 상대적인 우위와 독특한 흥미가 생겼다. 그런데 그런 명사 가운데 스테르마리아 씨의 냉대만큼 괴로운 일은 없었다.

까닭인즉, 나는 그분의 딸이 들어올 때부터 눈여겨보아, 창백하여 거의 푸르스름한 그 예쁜 얼굴, 쭉 뻗은 늘씬한 몸매와 걸음걸이에서 느껴지는 독특한 자태를 주목했기 때문인데, 그것은 나의 머리에, 그녀가 부모님께 물려받은 모습과 귀족적인 교육을 옳게, 더구나 내가 그 가문의 이름을 알고 있는 만큼 더욱 뚜렷이 떠오르게 하였다—마치 오페라의 각본을 대강 훑어보아서 내용을 미리 짐작하고 있는 청중에게, 불꽃의 섬광, 강의 살랑거림과 전원의 평화를 찬란하게 묘사해 보이는, 천재 음악가가 작곡한 표현이 풍부한 주제처럼. 게다가 스테르마리아 아가씨의 매력에 덧붙이자면, 그녀의 '혈통'이 매력의 근원을 떠오르게 하고, 그 매력을 더 이해하기 쉽게, 더 완전하게 하였다. 값이 비싸면 마음에 든 물건의 가치가 더 높아지듯, 그녀의 매력도 좀체 가까이하지 못할 것인 줄 예상하자 더욱 탐이 났다. 예부터 튼실한 나무줄기와 같은 그녀의 혈통은, 골라 뽑은 수액으로 이뤄진 듯한 그녀의 얼굴빛에, 어떤 이국적인 과일이나 이름난 산물의 풍미를 주고 있었다.

그런데 호텔의 모든 손님 앞에서 우연치 않게, 나의 할머니와 내 위엄을 즉각 드러내주는 사건이 돌연 우리 손 안에 굴러들어왔다. 실은 이 또한 첫날 그 노부인이 자기 방에서 아래층으로 내려와, 앞세운 사내종과 잊고 나왔던 책 한 권과 무릎 덮개를 안고 뒤따르던 몸종 덕분에 자리에 있던 사람들의 마음에 호기심과 존경심을 일으키고, 남달리 스테르마리아 씨에게 그런 생각을 눈에 띄도록 부채질했을 때, 지배인이 할머니 쪽으로 몸을 굽히며, 애교 삼아(보아하니 페르시아 왕이나 라나발로나(Ranavaloana)* 같은 이런 강력한 군주와는 아무 관계도 없음이 뚜렷하고, 오로지 몇 걸음 안 되는 거리에서 그 모습을 구경하는 데에 흥미를 느낀 신분 모를 구경꾼에게 가리키듯) 할머니의 귀에 '빌파리지 후작부인' 하고 속삭였다. 그 순간 노부인이 나의 할머니를 얼른 알아채고는 기쁨과 놀라움의 눈길을 금치 못했다.

아는 사람이 아무도 없는 고장에서 스테르마리아 아가씨에게 접근하는 데 도움이 될 만한 게 전혀 없던 나였기에, 이 일이 가장 강한 마법을 부리는 선녀가 작은 몸집의 할머니 모습으로 갑자기 나타난 것보다 더 큰 기쁨을 안겨다주었음을 누구나 짐작하리라. 아는 사람이 아무도 없다는 말은 실제적

---

* 마다가스카르의 왕비.

인 관심에서 한 말이다. 미학적으로 말하면, 인간의 유형은 아주 한정된 수이니까, 스완이 하듯이 그것을 옛 거장들 화폭에서 찾을 것까지도 없고, 어느 곳에서나 아는 사람들을 다시 만나는 기쁨을 자주 갖게 된다. 따라서 발베크에 머물던 첫날부터 나는 르그랑댕, 스완네 문지기, 스완 부인 그 자신과 우연히 다시 마주쳤다고도 말할 수 있는데, 이를테면 르그랑댕은 카페 사환으로, 스완네 문지기는 내가 이곳에서 딱 한 번 만난 어느 외국 여행자로, 그리고 스완 부인은 수영 감독으로 둔갑해 있었다. 자기 혼자만의 힘이, 용모나 정신의 어떤 특징을 분리할 수 없게 서로 끌어당기며 붙잡아서, 자연히 어떤 인물을 새롭고 신선한 육체 안에 넣을 때에도 그 인물을 별로 훼손하지 않는다. 카페 사환으로 둔갑한 르그랑댕은 그 키와 옆에서 본 코 모양, 턱의 일부를 그대로 간직하고 있었다. 남성 수영 감독으로 둔갑한 스완 부인은 그 인상이 평소의 그녀와 비슷할 뿐만 아니라 말버릇까지 그대로였다. 다만 붉은 허리띠를 두르고, 넘실거리는 파도가 조금만 높아도 수영 금지의 깃발을 올리는 그녀는(해수욕장의 감독들은 겁이 많아 좀처럼 수영은 하지 않고) 전에 스완이 이드로의 딸 얼굴 속에서 사랑하는 오데트의 모습을 알아본 그 벽화 〈모세의 생애〉에 그려져 있는 것과 마찬가지로 아무런 도움도 되지 않았다. 한편 이 빌파리지 부인은 정말로 실제 인물이어서, 단 한 번도 그 마법을 빼앗겨버린 꼴사나운 모습인 적 없이, 도리어 백 곱절 늘려 쓸 수 있는 마법의 힘을 나에게 마음대로 줄 수 있으므로, 그 덕택에 마치 전설 속에 나오는 새를 타고 가듯이—적어도 발베크에선—나와 스테르마리아 아가씨 사이에 있는, 너르고 커서 끝이 없는 사회적 거리를 순식간에 뛰어넘을 수 있게 해줄 거라는 생각이 들었다.

딱하게도, 누구보다 자신의 세계 안에 들어박혀 사는 이가 있다면 그것은 바로 나의 할머니였다. 할머니가 거들떠보지도 않는 이들, 발베크를 떠날 때까지 그 이름조차 생각지 않았던 이들, 내가 그런 이들의 개인적인 형편에 흥미를 가지고, 그런 이들의 의견을 중요하게 생각하는 것을 할머니가 알았다면, 나를 멸시하지는 않았겠지만 그런 내 생각을 이해하지는 못했으리라. 빌파리지 후작부인이 호텔에서 위세를 떨치고 있으므로, 우리가 그분과 친하다는 사실이 스테르마리아 씨의 눈에 우리를 돋보이게 하리라 느끼면서도, 빌파리지 부인과 할머니가 담소하는 경우, 나는 내가 호텔 사람들에게 느낄지 모르는 커다란 기쁨을 감히 할머니에게 털어놓고 말할 만한 용기가 없었다. 그렇다고 해서 할머니의 벗인 이 노부인이 유달리 귀족계급의 여인으로 비춰지는 건 아니었다. 그 노부인의 이름은, 내 정신이 그분 자체를 인식하기 이전부터, 이미 어렸을 때부터 집안에서 입에 오르내리는 것을 들어 내 귀에 쉬이 들릴 만큼이나 익숙해져서, 그 귀족 칭호도 그다지 쓰지 않는 세례명처럼 기묘한 특수성이 덧붙어 있는 정도로밖에 느껴지지 않았다. 예컨대 거리 이름에서, 로드바이롱(Lord-Byron) 거리라든가, 서민적이고도 비속한 로슈슈아르(Roche-Chouart) 거리라든가, 또는 그라몽(Gramont)*[1] 거리도, 거기에 레옹스레이노(Léonce-Reynaud) 거리나 이폴리트르바(Hippolyte-Lebas) 거리 이상으로 훨씬 고귀한 점이 눈에 띄지 않는 것이나 마찬가지였다. 나는 빌파리지 부인을 그 사촌뻘 되는 막마옹*[2] 이상으로 더 특별한 사회의 여인으로 생각하지는 않았다. 나는 이 막마옹을 공화국 대통령인 카르노 씨와 구별하지 못했고, 또 프랑수아즈가 교황 피오 9세의 사진과 함께 가져왔던 라스파유(Raspail)와도 구별 못했다.

할머니의 원칙은, 여행지에서는 남과 교제를 피해라, 사람들을 만나려고 바닷가에 가면 안 된다, 그런 여가라면 파리에 얼마든지 있다, 잘못 교제를 맺기라도 하면 넓은 대기 속 넘실거리는 파도 앞에서 보내야 하는 귀중한 시간들을 예의나 차리며 하찮은 일에 헛되이 쓰고 만다는 것이다. 모두들 이런 의견에 동의하고 있으므로, 우연히 같은 호텔에서 얼굴을 마주치게 된 옛 친구와 서로 짐짓 모르는 체해도 괜찮다는 사고방식을 갖는 게 가장 편리하다고 여겨, 할머니는 지배인이 입 밖에 낸 이름을 듣고서도 단지 눈을 돌리는 것만으로 빌파리지 부인을 못 본 체했다. 한편 빌파리지 부인도, 상대를 아는 체하고 싶어하지 않는 할머니의 태도를 알아채고는 눈길을 다른 쪽으로 돌렸다. 부인은 멀어져가고, 나는 가까이 오는 듯하더니 멈추지 않고 그대로 사라져가는 구조선을 멍하니 바라보는 조난자처럼 고립 속에 남았다.

부인 또한 식당에서 식사를 했지만 자리는 반대편 가장자리였다. 부인은 호텔에 묵고 있는 사람들이나 호텔에 방문하는 사람들 가운데 그 누구와도 아는 사이가 아니었으며, 캉브르메르 씨조차 몰랐다. 사실 캉브르메르 씨가

---

*1 이상의 세 거리 이름은 모두 귀족의 이름을 딴 것임.

*2 프랑스 대통령이었던 인물(Mac-Mahon).

아내와 함께 변호사 회장의 오찬에 초대받아 오던 날, 그가 빌파리지 부인에게 인사하지 않는 모습을 봤는데, 이날 변호사 회장은 귀족인 캉브르메르 씨를 자기 식탁에 맞는 명예에 취해, 여느 날의 친구들을 멀리하고, 떨어져 앉은 그들에게 이 역사적 사건을 암시하려고 눈을 깜박이는 정도로 그치고 있었는데, 그 눈 깜박임을 이쪽으로 오라는 뜻으로 잘못 해석하지 않게 꽤 신중을 기하고 있었다.

"댁의 옷차림이 잘 어울려서, 아주 멋스러우시네요." 그날 저녁 재판소장 부인이 그에게 말했다.

"멋스럽다고요? 어째서요?" 과장된 놀라움 밑에 기쁨을 감추면서 변호사 회장이 물었다. 그리고 더 이상 모르는 척할 수 없다고 느껴선지 이렇게 덧붙였다. "내가 초대한 손님 때문인가요? 하지만 점심 식사에 친구를 초대하는 일이 어째서 멋스럽죠? 어차피 어떤 곳에서든 점심 식사를 해야 하지 않습니까?"

"그렇지 않아요, 진정으로 멋스러워요! '드(de)' 캉브르메르 부부였죠, 안 그래요? 알아 모셨답니다. 그분이 후작부인이시고, 게다가 외가 혈통이 아닌 확실한."

"네, 참으로 성품이 시원시원한 부인이시죠, 매력적이고. 댁이 오실 줄 알았습니다. 오시라고 눈짓했는데…… 만약 오셨다면 댁을 그분에게 소개해드렸을 텐데!" 그는 아하수에로 왕이 에스더에게 '짐이 그대에게 나라의 절반을 주어야 할지라도 시행하겠노라'*1라고 말할 때처럼 그 제안의 중대성을 가벼운 비꼼으로 느슨하게 하면서 말했다.

"천만에, 천만에, 우리는 얌전한 제비꽃처럼 그대로 숨어 있겠습니다."

"그건 잘못된 생각이라고 되풀이해서 말씀드리겠습니다." 변호사 회장은 이제 위험이 지나갔다는 데 대담해져 대답했다. "그분들이 댁을 잡아먹지는 않을 거예요. 자아, 우리 재미나는 베지그(bésigue)*2나 하실까요?"

"아무렴요, 감히 댁한테 뭐라고 반대할 수 있겠어요. 이제는 후작부인을 상대하시는데!"

"아니, 그리 대단한 분들이 아니랍니다. 그렇지, 내일 저녁 그분과 저녁

*1 라신의 〈에스더〉 제2막 7장. 구약성서 〈에스더〉 제5장 6절에서 7절 참조.

*2 트럼프 놀이의 일종.

식사를 하기로 되어 있는데, 저 대신 안 가시겠습니까? 진심입니다. 솔직히 말해, 이곳에 남고 싶습니다."

"싫어요, 싫어……. 그런 짓을 하다가 반동분자로 몰려 내 목이 잘리게?" 재판소장은 자기 농담에 눈물이 나도록 웃으면서 외쳤다. 그러다 공증인 쪽을 보면서 덧붙였다. "그런데 당신도 페테른*에 초대되어 가시죠?"

"가기는 가죠. 보통 일요일에, 앞문으로 들어갔다가 다른 문으로 나오죠. 그러나 그분들은 변호사 회장님 댁에는 오셔도 내 집에는 식사하러 오시지 않습니다."

그날 스테르마리아 씨는 발베크에 없었다. 변호사 회장은 매우 유감스럽게 생각했지만, 용의주도하게 우두머리 사환에게 말했다.

"에메, 자네가 스테르마리아 씨한테 말해주게. 이 식당에서 당신 혼자만 귀족인 건 아니라고 말이야. 자네도 오늘 나와 여기서 점심 식사 하신 신사를 보았지? 안 그래? 조그마한 콧수염을 하고, 군인 같은? 응, 그분이 바로 캉브르메르 후작님이시네."

"허어, 정말이세요? 어쩐지 그런 생각이 들더라니!"

"그 모습을 그 사람에게 일러주면, 그 사람만이 귀족이 아니라는 걸 알게 될 거야. 꼴좋게 말이야! 그런 귀족의 콧대를 꺾어놓는 일도 나쁘진 않지. 그런데 에메, 하고 싶지 않으면 말하지 않아도 좋아. 내가 하는 말은 나를 위해서 하는 말이 아니니까. 게다가 그 사람 자신이 그 점을 잘 알고 있으니까."

다음 날, 스테르마리아 씨는 예전에 변호사 회장이 친구의 소송 사건을 변호해주었던 사실을 알고서 스스로 자기소개를 하였다.

"우리의 친구 캉브르메르 부부께서, 마침 우리와 함께 모임에 참여하려던 참이었지만 날이 어긋나서, 그만" 하고 변호사 회장은 말했는데, 거짓말하는 사람의 대부분이 그렇듯이 아무도 자세한 점을 따지지 않을 거라고 생각하고 하는 말이었다. 그렇지만(하찮은 사실에서 우연히 상대방 말의 모순이 드러나) 그것만으로도 그 사람의 성격이 충분히 폭로되어 영원히 불신을 가져올 만했다.

---

* 캉브르메르의 영지.

여느 때처럼 나는 스테르마리아 아가씨를 바라보았는데, 그녀의 아버지가 변호사 회장과 이야기하려고 자리에서 멀리 있을 때는 더 마음 편하게 볼 수 있었다. 대담하고도 변치 않을 아름다움을 지닌 그녀의 독특한 자세, 예컨대 두 팔꿈치를 탁자에 놓고, 컵을 양 팔뚝 위로 높이 쳐들 때의 자세도 독특하려니와 금세 메마르는 그 물기 없는 시선, 스스로 억양을 조절하지 않아 목소리 바탕에서 느껴지는 타고난 기계적인—나의 할머니를 불쾌하게 만든—냉혹성, 또는 한번 던지는 눈길이나 목소리의 억양 속에 자기 생각을 나타내기가 무섭게 당장 그녀를 뒤로 끌어당기는 그 유전적인 멈춤, 그러한 것을 보고 있노라면 인간적인 동정심의 부족, 감수성의 결함, 풍부한 자질의 결여 같은 것을 그녀에게 물려준 혈통에 대한 생각이 저절로 떠올랐다. 그렇지만 그처럼 금세 황량해지는 그녀의 눈동자 속에 잠시 물기가 돌게 하는 어떤 순간적인 눈길, 거만하게도 관능의 쾌락을 무엇보다 좋아하는 여인은, 아무리 지체 높다 한들, 그 쾌락을 느끼게 하는 남자라면 희극 배우이건 어릿광대이건 구애받지 않고 그 매력에 끌리고 말아, 틀림없이 어느 날 남편을 버릴 것이다. 그 강한 욕망에 사로잡히고 말 때의 거의 비굴에 가까운 다정스러움이 언뜻 느껴지는 순간적인 눈길을 보았을 때, 또 비본 냇가의 흰 수련꽃 중심을 엷은 선홍빛으로 물들이는 그 빛깔과도 같이, 육감적이고 싱싱한 장밋빛이 그녀의 새하얀 방에 꽃피고 있는 것을 보았을 때, 그녀가 브르타뉴에서 보내는 시적인 생활, 그 생활이 너무나 몸에 배어선지, 타고난 품위에선지, 가난한 사람에 대한 혐오 또는 그 집안의 인색함 때문인지, 그녀가 그 생활에서 대단한 값어치를 찾아내지 못하고 있는 성싶지만, 그녀 육체 속에 가두고 있는 그 시적인 생활에 관한 재미나는 탐구를 나에게 쉽사리 허락해주지 않을까 하는 느낌이 들었다. 부모님에게 물려받은 굳세지 못한 의지는 그녀의 표정에 뭔가 빈틈을 만들고 있었는데, 그 정도의 약한 의지로는 유혹에 저항하려고 해도 그럴 만한 힘은 없었으리라. 그녀는 식사 때마다 약간 유행에 뒤떨어진 멋부린 깃털 장식이 달린 회색 펠트 모자를 쓰고 있었는데, 나에게는 그 모자가 그녀를 더욱 상냥하게 보이게 했다. 그 모자가 그녀의 은빛 또는 장밋빛 얼굴색과 잘 조화되었기 때문이 아니라, 그것을 쓴 모습이 어쩐지 초라하게 보여 다가가기 쉽게 느껴졌기 때문이다. 자기 아버지 앞에서는 인습에 젖은 태도를 취할 수밖에 없으나 자기 앞에 있는 사람들에 대한 앎과 분류에는 이미 아버지와는 다른 원칙을 갖고 있는 그녀는, 틀림없이 내게서 하찮은 사회적 지위를 보는 게 아니라, 이성(異性)과 나이를 보고 있었나 보다.

만약에 어느 날 스테르마리아 씨가 딸을 데려가지 않고 외출한다면, 특히 빌파리지 부인이 우리 식탁에 앉으러 와서 내가 그녀한테 대담하게 접근할 만한 좋은 인상을 그녀가 받을 수 있게 해주었다면, 분명 우리 둘은 몇 마디를 나누며 만날 약속을 하고, 더 깊은 관계를 맺을 수 있었으리라. 그리고 그녀가 부모님과 떨어져 그 소설 같은 별장에 혼자 남아 있을 1개월 동안, 결국 우리 둘은 장밋빛 히스꽃이 어두컴컴한 물 위에 더욱 보드랗게 빛나는 땅거미 속, 술렁이듯 물결치는 떡갈나무 아래를 단둘이서 산책할 수 있었으리라. 오래도록 스테르마리아 아가씨의 일상생활을 가둬왔으며 또 그 기억의 눈 속에 머물러 왔기 때문에 나에게 퍽 매력 있던 그 섬을 둘이서 돌아다녔으리라. 그도 그럴 것이, 수많은 추억으로 그녀를 둘러싸는 여러 고장을 두루 다니고 나서야 비로소 그녀를 정말 소유할 거라는 생각이 들었기 때문인데—그런 고장이야말로 내 욕망이 잡아 벗기고픈 베일이자, 자연이 여인과 몇몇 사내들 사이에 쳐놓는 장막이고(자연은 인간에 대해선 그들과 강렬한 쾌락 사이에 생식 행위를 두고, 곤충에 대해선 그들이 가져갈 꽃가루를 꿀 바로 앞에 놓고 있는데, 이러한 자연의 방법도 같은 의도에 의한 것이다)—그 때문에 사내들은 그렇게 하면 더욱 완전히 여인을 소유한다는 착각에 빠져 여인이 살고 있는 풍경을 먼저 독점하지 않고서는 못 배기는데, 하기야 그런 풍경이란 사내들의 상상을 만족시키는 데 관능적인 쾌락보다 더욱 효과가 있으나, 이 쾌락 없이는 그 어떤 풍경도 사내들의 마음을 이끄는 데 충분하지 못할 것이다.

그러나 나는 스테르마리아 아가씨한테서 눈길을 돌릴 수밖에 없었다. 그녀의 아버지가 분명, 중요 인사와 벗이 되는 것은 아무리 짧아도 그것만으로 충분히 신기한 행위이며, 거기에 포함되어 있는 모든 이익을 거두어들이는 데는 잠시의 대화도 나중의 만남도 약속하지 않는, 오직 악수와 인상에 남는 눈빛만으로 충분하다고 생각해선지, 부랴부랴 변호사 회장의 곁을 떠나, 귀중한 것이라도 손에 넣은 사람처럼 두 손을 비비면서 딸 앞에 앉으러 돌아왔기 때문이다. 변호사 회장은 이 회견의 첫 감동이 지나가자, 여느 날같이 우두머리 사환에게 말을 건넸는데 이따금 다음과 같은 말이 들렸다.

"내가 뭐 왕인가. 에메, 섬의 왕한테 가게나……. 이봐요, 소장. 저건 아주 맛있게 보이는데요, 저 작은 무지개송어가. 우리도 에메에게 부탁합시다. 에메, 저건 꽤 먹음직스러워 보이는데, 저기 저 작은 생선 말이야. 우리한테도 갖다주게, 에메, 마음대로."

그는 내내 에메라는 이름을 되풀이해서, 누군가를 식사에 초대했을 때 초대받은 손님이 그에게, "보아하니 자택에 맘 편히 계시는 분 같군요" 말할 정도이고, 또 그 손님 자신도 함께 있는 이들의 말씨를 흉내내는 것이 재치있고도 고상한 행동인 줄로 여기는 그 소심함과 세속의 어리석음이 한데 섞인 따라하는 성미로 인해 끊임없이 '에메'라고 불러야 할 정도였다. 변호사 회장이 끊임없이, 하지만 미소와 더불어 '에메'를 되풀이한 까닭은 우두머리 사환과 사이가 좋은 것을, 또한 우두머리 사환보다 자기가 우위에 있음을 과시하기 위해서였다. 한편 우두머리 사환도 자기 이름이 불릴 때마다, 자못 감동하고 자랑스러운 모양으로 미소 지으며, 영광을 느끼는 동시에 농담을 이해하고 있다는 시늉을 보였다.

나는 그랑 호텔의, 늘 꽉 들어찬 이 넓은 식당에서 하는 식사가 언제나 두려웠지만, 그것이 더 두려워진 이유는 이 호텔의 경영자가 며칠 묵으러 오기 때문이다(라고 하기보다는 한데 합친 회사이기 때문에, 총지배인일지도 모른다). 그는 이 화려한 호텔만이 아니라, 프랑스 이곳저곳에 으리으리한 건물을 일고여덟 개 경영하고, 그 사이를 줄곧 오가며, 이따금 한 곳에 일주일쯤 묵으러 왔다. 그런 때는 보통 저녁 식사가 시작될 무렵마다 식당 출입구에 작은 키, 흰 머리칼에 붉은 코, 태연자약하고도 지나칠 만큼 예의 바른 사내가 나타나곤 했는데, 그는 유럽 일류 호텔의 경영자 가운데 한 사람으로, 몬테카를로나 런던에서도 알려진 사람이란 소문이었다.

한번은 내가 저녁 식사 시작 때, 잠시 외출했다가 돌아오는 길에 그의 앞을 지나치자 그가 나에게 인사했는데, 어쩐지 쌀쌀한 인사여서 그것이 늘 자기 지위를 생각하는 인간의 조심성에서 비롯한 것인지, 아니면 중요하지 않은 손님에 대한 멸시에서 비롯한 것인지 분별할 수 없었다. 반대로 매우 중요한 손님 앞에서도 쌀쌀해 보이는 인사를 했는데, 허나 그 경우에는 허리를 더 낮게 굽히고, 얌전한 경의로 두 눈꺼풀을 떨구며, 마치 장례식에서 죽은 여인의 아버지나 성체 앞에 서 있는 듯했다. 그런 쌀쌀한 드문 인사를 빼놓고 그는 꼼짝도 않고, 얼굴에서 튀어나올 듯한 번쩍번쩍하는 두 눈으로 모든 것을 보며, 정리하고, '그랑 호텔 만찬회'의 어느 세밀한 부분에도 더할 바 없이 빈틈없음은 물론이려니와 전체의 조화가 바르게 잡혀 있는지 살피고 있는 듯싶었다. 무대감독보다도, 오케스트라의 지휘자보다도 더 진정한 총수라고 스스로 명백히 느끼고 있는 듯했다. 모든 게 준비되어, 어떠한 과실도 이 만찬을 혼란에 빠뜨리지 못한다는 확신을 갖고, 모든 결말을 자신이 책임진다는 결심을 하려면 세밀하게 한데 집중하여 자신을 긴장시켜야만 한다고 판단한 그는, 그 어떤 몸짓도 삼갈 뿐만 아니라 눈도 깜박거리지 않는다. 그 눈은 마치 주의력 때문에 화석으로 변한 듯이, 행동 전부를 통제하고 있었다. 마치 내 숟가락질마저 그의 눈길을 피할 수 없는 느낌이었다. 그래서 수프가 나온 뒤 금세 그가 자취를 감춰도, 검열의 눈길은 저녁 식사 내내 나를 지배하여 식욕을 온통 그르쳤다. 그의 식욕은 아주 좋아서, 이 식당에서 다른 손님들과 같은 시각에, 단순히 한 개인으로서 점심을 들 적에 그 왕성함을 엿볼 수 있었다. 그의 식탁이 특별한 까닭은, 이 호텔에 머물고 있는 또 다른 지배인이 그가 식사하는 동안 그 옆에 서서 쉴 새 없이 뭔가 이야기하고 있다는 점이다. 지배인은 총지배인의 부하이므로 그만큼 그를 크게 두려워하여 아첨하려고 애쓰고 있었다. 그에 비하면 점심 식사 동안의 내 두려움은 그다지 크지 않았다. 총지배인이 점심 식사 동안 손님들 속에 끼어들어, 마치 장군이 병사들이 모여 있는 식당에 함께 앉아 그들을 걱정하는 모습을 보이지 않으려는 듯한 조심성을 취하고 있었기 때문이었다. 그런데도 접수계 주임이 그 '안내인'들에게 둘러싸여, "총지배인님은 내일 아침 디나르로 떠나십니다. 거기서 비아리츠로 가셔서, 그 뒤에 칸나로 이동하십니다" 하고 나에게 알렸을 때, 나는 그제야 마음 놓고 숨을 돌렸다.

내 호텔 생활은 아는 사람 하나 없었으므로 쓸쓸했을 뿐만 아니라, 프랑수아즈가 수많은 사람과 교제를 시작했으므로 귀찮기 그지없게 되었다. 수많은 사람과 교제를 시작했다면 오히려 우리에게 편의를 주지 않았겠느냐고 생각할지도 모른다. 그런데 사정은 정반대였다. 서민계급들이 프랑수아즈와 지인이 되려면 여간 힘들지 않아, 그녀한테 아주 공손히 대하지 않고서는 그 조건에 맞을 수 없었는데, 반대로 일단 성공하면 그 서민계급만이 그녀의 신용을 받는 중요한 사람이 되었다. 그녀가 예전부터 믿고 받드는 법전에 의하면 그녀 자신은 주인의 친구들에게 아무런 의무감도 없으며, 급한 일이 있을 때는 할머니를 만나러 온 부인을 쫓아버려도 상관없었다. 그러나 프랑수아즈 자신의 벗, 다시 말해 그녀의 까다로운 교제권 내에 들도록 허용된 소수의 서민계급에 대해서는 참으로 섬세하고 절대적인 의례가 정해져 있어, 프랑수아즈는 그것에 준하여 행동했다. 그러므로 프랑수아즈가 카페 주인과 벗이 되고 나서는, 점심 식사 뒤에 할머니의 옷가지를 준비하러 바로 올라오지 않고 한 시간 늦게야 겨우 모습을 나타냈는데, 이유인즉 카페 주인이 가게에서 프랑수아즈에게 커피나 허브차를 대접하고 싶어했기 때문이거나, 또는 몸종이 프랑수아즈에게 잠시 바느질을 보러 와달라고 부탁했기 때문이고, 그것을 거절한다는 건 불가능한 일, 도저히 거절 못하는 일이었기 때문이라는 것이었다. 게다가 이 어린 몸종에게는 특별한 배려를 하고 있었는데, 그 몸종이 고아이며 외국사람 집에서 자랐고, 지금도 이따금 그 집에 가서 며칠씩 지내고 오기 때문이었다.

그런 신세가 프랑수아즈에게 연민의 정을 일으키며 또한 멸시 섞인 친절을 북돋우었다. 프랑수아즈에게는 가족들이 있고, 부모에게서 물려받은 조그마한 집도 있으며, 거기서 남동생이 젖소 몇 마리를 키우고 있어서 근본 없는 그 어린 몸종을 자기와 동등하게 볼 수 없었다. 그래서 이 어린 몸종이 8월 15일 성모승천일에 은인들을 보러 가고 싶다고 말했을 때, 프랑수아즈는 다음과 같이 되풀이할 수밖에 없었다. "그 애, 정말 웃겨서. 이러지 뭐예요? 8월 15일에는 고향에 가고 싶다고요. '고향에'라고 하더라니까요! 집도 절도 없는 걸 거두어 길러준 사람들인데, 마치 정말 자기 집처럼 우리집, 우리집 하고 말한답니다. 불쌍한 계집애! 제 집이 있는 게 뭔지 모르다니 얼마나 가련한 계집애입니까."

그러나 프랑수아즈가 손님들이 데리고 온 몸종들하고밖에 사귀지 않았다면—그 몸종들은 프랑수아즈와 함께 '쿠리에(courriers)'*에서 식사하며 프랑수아즈의 고운 레이스 모자와 단정한 옆얼굴을 보고서, 어떤 사정이 있어 몰

* 손님들이 데리고 온 하인들이 식사하는 호텔 방.

락했거나, 아니면 개인적인 애착 때문에 나의 할머니를 상대하게 된 귀부인처럼 프랑수아즈를 보았을는지도 모른다—요컨대 프랑수아즈가 호텔의 고용인 말고 다른 사람들하고만 사귀었다면, 그다지 곤란하지 않았으리라. 왜냐하면 고용인 말고 다른 사람에게는 어떠한 경우에도, 비록 프랑수아즈의 벗이 아닌 사람일지라도, 우리의 시중을 들게 해서는 안 된다는 이유만으로, 호텔의 고용인들이 우리를 위하여 들어주는 시중까지도 프랑수아즈가 막을 수는 없었을 테니까 말이다. 그런데 프랑수아즈는 호텔의 소믈리에하고도, 요리사하고도, 우리 방이 있는 층의 우두머리 하녀하고도 친해지고 말았다. 그 결과 우리 호텔 생활이 어떻게 되었냐 하면, 프랑수아즈가 도착한 날, 프랑수아즈가 아직 어느 누구하고도 아는 사이가 아니었을 때, 할머니나 내가 시간상 감히 시키지 못하는 보잘것없는 일로 마구 초인종을 울려서, 우리가 그 점에 대해 나무라자 대답하기를 "하지만 그 때문에 비싼 값을 치르잖아요"라고, 마치 그녀 자신이 값을 치르듯이 말했는데, 취사장의 어떤 사람과 친구가 되고 나서는—그것이 우리의 편의상 좋은 징조로 보였는데—할머니나 내가 발이 시려 들어와도 프랑수아즈는, 그때가 저녁 시간에서 많이 지난 것도 아닌데 초인종을 울리려고 하지 않았다. 이런 시간에 물을 끓여달라고 하면 화덕에 불을 다시 지펴야 하고 또는 하인들의 저녁 식사를 방해해서 그들의 불만을 사므로 우리를 좋지 않게 여길 거라고 했다. 그리고 애매한 말투지만, 말하려는 뜻이 뚜렷해, 우리 쪽의 잘못을 똑똑하게 깨닫게 하는 '실은……'이 입버릇처럼 되고 말았다. 우리는 더 중대한 '뭐라고 할까요……!'란 말이 나올까 겁이 나서 가만히 있었다. 결국 우리는, 프랑수아즈가 물을 끓여주는 사람과 친구가 되었으므로 더운물을 얻어 쓸 수 없게 되고 말았다.

드디어 우리도, 할머니의 뜻에는 반하지만, 할머니를 통해서 교제를 맺게 되었다. 어느 날 아침 할머니와 빌파리지 부인이 문가에서 맞닥뜨리고 말아 먼저 놀람과 주저의 몸짓을 나누고, 뒤우침과 망설임, 드디어는 예의와 기쁨의 표정을 나타내면서 서로 가까이 가지 않을 수 없게 되었는데, 마치 몰리에르의 극 몇 장면에서, 서로 몇 걸음 떨어진 두 배우가 저마다 오랫동안 독백을 하다가, 아직 서로를 보지 않았다고 생각했는데, 돌연 서로 언뜻 보고 자신의 눈을 의심해 그 독백을 멈췄지만, 결국 둘이 함께 말하고, 한쪽 합창대가 이 대화를 이어가는 중에, 두 배우가 서로 상대의 품에 몸을 던지는 장면과 닮았다. 빌파리지 부인은 조심성에서 잠시 뒤 할머니의 곁을 떠나려고 했는데, 할머니 쪽은 반대로 점심때까지 부인을 붙잡아놓고, 부인이 어떻게 우리들보다 빨리 우편물을 받으며, 또 어떻게 맛난 불고기(왜냐하면 빌파리지 부인이 뛰어난 미식가여서 호텔 요리를 그다지 즐기지 않았기 때문인데, 할머니도 버릇대로 세비녜 부인의 글을 인용하여 호텔에서 나오는 식사를 '배고파 죽을 만큼 산해진미의' 음식이라고 비꼬아 말했다)를 얻는지 묻고 싶어했다.

그 뒤 후작부인은, 날마다 식당에서 식사가 나올 때까지 우리 쪽으로 와서 그대로 앉아 계시라고 말하며 잠깐 우리 옆에 앉았다. 점심 식사가 끝난 뒤에도, 식탁보 위의 헝클어진 냅킨과 나이프가 어수선하게 놓여 있는 시각인데도, 우리는 후작부인과 길게 담소를 나누었다. 나로 말하면 발베크를 좋아하기 위해선, 내가 대륙의 끝머리에 와 있다는 생각을 간직해야 한다고 여겨, 멀리 바다 쪽만 바라보려고 애쓰며, 거기서 보들레르가 묘사한 효과를 찾으려고 하였는데, 그런 내가 식탁 위에 눈길을 떨어뜨리는 건 거기에 뭔가 커다란 생선요리, 나이프나 포크와 같은 시대의 것이 아니라, 키메르인의 시대, 곧 대양에 생명력이 넘치기 시작한 원시시대 무렵에 서식했던 바다의 괴물, 무수한 등뼈가 있고, 푸르고 붉은 신경이 있는 그 몸뚱이가, 바다의 다채로운 대성당처럼, 자연에 의해, 그리고 어떤 건축학적 설계에 따라서 구성된 바다의 괴물, 커다란 생선이 식탁에 나오는 날뿐이었다.

이를테면 이발소에서 늘 특별 우대하는 단골 장교와 이제 막 들어온 다른 손님이 서로를 알아보고, 두 사람이 잡담을 시작하는 모습에, 이발사가 그들이 같은 사회의 사람인 줄 깨닫고는 기쁜 얼굴로 비누 그릇을 가지러 가면서 미소를 금치 못하는 일이 있다. 그도 그럴 것이 그 일터에서 이발업이라는 천한 작업 위에 사교계의 즐거움, 말하자면 귀족 사회의 즐거움이 더해지는 걸 이발사가 알기 때문이다. 우두머리 사환인 에메도 마찬가지로 빌파리지 부인이 우리한테서 옛 우정을 다시 찾은 걸 목격하자, 때를 보아 적당히 물러갈 줄 아는 가정주부와도 같은 자랑스러운 겸손과 현명한 조심성이 엿보이는 미소를 띠면서 입가심하는 물그릇을 가지러 가는 것이었다. 또 그것은 자기가 함께한 식탁에서 서로 맺어진 약혼자들의 행복을 방해하지 않고 지켜보는, 행복에 겨워 감동받은 아버지와 같다고 해도 무방했다. 게다가 에메를 행복하게 만들려면, 프랑수아즈와는 반대로 그의 앞에서 귀족 칭호가 있는 사람의 이름을 입 밖에 내는 걸로 충분했다. 프랑수아즈 앞에서 '아무개 백작'이라고 입 밖에 낼 것 같으면 금세 그 얼굴빛이 흐려지고, 말에 날이 서며, 퉁명스럽게 되고 마는데 그러나 그건 프랑수아즈가 에메보다 귀족을 소홀히 한다는 뜻이 아니라, 오히려 귀족을 소중히 여기고 있다는 증거다. 또한 프랑수아즈는 독특한 성질을 지니고 있었는데, 늘 남들한테서 큰 결점을 찾아냈다. 다시 말해 그녀는 거만했다. 그녀는 에메와 달리 사귀기 쉬운 부드러운 사람이 아니었다. 에메와 같은 이들은, 항간에 알려지지 않고 신문에도 나지 않는 이야기를 들었을 때 강한 기쁨을 느껴 그 표정이 금세 얼굴에 드러난다. 반면 프랑수아즈는 놀라워하는 기색을 나타내지 않으려고 한다. 그녀는 오스트리아의 루돌프 왕자 같은 존재를 한 번도 생각해본 적은 없지만, 그 사람이 죽었다는 소문*은 확실한 게 아니라, 아직 살아 있다고 프랑수아즈 앞에서 말했던들 프랑수아즈는 그저 "그렇고말고요" 하고 마치 오래전부터 알고 있는 일인 듯이 대답했으리라. 더구나 프랑수아즈가 그토록 겸손하게 주인님이라고 부르고 있는 우리, 거의 완전히 프랑수아즈를 길들인 우리의 입에서조차 귀족의 이름을 들어도 화를 누르지 못하는 걸 보면, 프랑수아즈의 생가가 마을에서도 살기 풍족하고, 독립된 지위를 차지하며, 마을 사람들에게 많은 존경을 받아왔는데 그 지위가 같은 귀족들에 의해 농락되어 왔기 때문은 아닐까 하는 생각이 들었다. 그와는 반대로 에메 같은 사람은, 자비로 귀족들에게 길러졌다면 어릴 적부터 그들의 집에서 하인으로 일했을 것이다. 따라서 빌파리지 후작부인은 프랑수아즈한테 자기가 귀족인 걸 용서받아야만 했다. 하지만 적어도 프랑스의 대귀족이나 귀부인들의 솜씨가 더 능란했다. 프랑수아즈는 주인과 다른 이들의 교제에 관해 끊임없이 단편적인 관찰을 수집하고, 거기에서 이따금 틀린 추론을 꺼냈는데—인간이 동물의 생활에 관해서 하듯이—그녀는 줄곧 다른 이들이 우리를 '저버렸다'고 여겼다. 그런 결론에 쉽사리 끌렸던 까닭도 우리에 대한 과도한 애정 때문이며, 또한 우리를 불쾌하게 만드는 걸 재미있어하기 때문이기도 했다. 그러나 빌파리지 부인이 여러 친절한 행동으로, 그녀가 우리와 프랑수아즈 자신을 따

* 1809년 1월 30일, 사냥터 오두막에서 애인과 함께 시체로 발견되었음.

뜻하게 감싸주는 것을 오해 없이 확인하게 된 프랑수아즈는, 부인이 후작부인인 것을 용서하고, 부인도 그 용서에 만족했으므로 프랑수아즈는 그 누구보다 부인을 좋아하게 되었다. 사실 그토록 시종 상냥하게 굴려고 애쓰는 사람도 없었다. 할머니가 빌파리지 부인이 읽고 있는 책에 관심을 두거나 또는 부인이 친구한테서 받은 과일을 참 먹음직스러워 보인다고 말하거나 하면, 한 시간 뒤에는 반드시 시중꾼이 우리 방에 올라와서 책이나 과일을 놓고 갔다. 그래서 뒤에 부인을 만나 고맙다는 인사말을 하면, 이렇다 할 것이 못 되는 선물에 대한 변명이라도 늘어놓는 말투로 다음과 같이 간단하게 대답했다. "대단한 건 아니지만요, 신문이 이렇게 늦고 뭔가 읽을 게 없어서." 또는 "바닷가에서는 늘 과일이 떨어지지 않게 하는 편이 안심이 돼서."

"그런데 아직 굴을 안 잡숴보신 모양인데요." 빌파리지 부인이 우리에게 말했다(발베크의 바닷가를 더럽히는 끈적끈적한 해파리 이상으로 굴의 생살을 싫어했는데, 이 말은 이제까지 굴에 품어온 혐오감을 증가시켰다). "이 연안의 굴은 진미랍니다! 그렇지! 내 몸종에게 일러서 당신에게 온 편지를 내 것과 함께 가져오도록 하겠어요. 저어, 따님께서는 '날마다' 당신한테 편지를 써 보낸다고요? 서로 할 말이 많기도 하셔라!"

할머니는 입을 꾹 다물었는데, 멸시에서 그런가 싶었다. 할머니는 어머니에게 보내는 편지에 세비녜 부인의 다음과 같은 말을 되풀이했기 때문이다. "편지 한 통을 받자마자 금세 또 다른 편지가 받고 싶구나. 편지를 받는 것밖에 바라지 않아. 이 기분을 이해해줄 만한 이는 그리 많지 않단다." 나는 할머니가 빌파리지 부인에게 "오직 그런 사람 몇몇을 원하고, 다른 이들을 멀리한단다"라는 세비녜의 결론을 적용하지나 않을까 근심스러웠다. 그러자 할머니는 그 전날 빌파리지 부인이 우리에게 보내준 과일에 대한 칭찬으로 화제를 돌렸다. 사실 그 과일이 먹음직스러웠으므로 식탁에 나온 그릇이 천대받는 데 대한 질투에도 불구하고 지배인이 나에게 이렇게 말했을 정도였다. "나도 당신과 마찬가지예요. 다른 어떤 후식보다 과일을 더 좋아하죠." 할머니는 벗에게, 호텔에서 차려내는 과일이 대부분 맛없었던 만큼, 지금 먹고 있는 과일이 훨씬 더 맛있다고 말했다. 덧붙여 할머니는 "이 호텔에선 세비녜 부인의 말이 통하지 않는군요. '변덕쟁이처럼 맛없는 과일을 구하고 싶으면 파리에서 보내오도록 해야 할 것입니다'라는 글 말이에요."—"아아, 그렇지, 당신은 세비녜 부인의 애독자시죠. 당신을 만난 첫날부터 당신이 그 《서간집》을 가지고 계시는 걸 보았거든요(그 문가에서 할머니와 맞닥뜨리기 전까지 호텔에서 할머니를 못 본 것으로 해두고 있음을 완전히 잊었다). 딸을 그토록 걱정하다니 좀 지나치다고 생각하진 않으시는지. 너무 부풀려서 말하면 오히려 진정한 마음이 우러나오지 않거든요. 자연스러움이 없으니까요." 할머니는 따져봤자 쓸데없다고 생각하고서, 이해도 잘 못하는 사람 앞에서 자기가 좋아하는 것들을 떠벌려봐야 궁지에 빠질 우려가 있어 《보세르장 부인의 회상록》을 핸드백 밑에 감추었다.

빌파리지 부인은, 아름다운 헝겊 모자를 쓴 프랑수아즈가 모든 이의 존경어린 시선을 받으며 '쿠리에로 식사하러' 내려갈 때(그녀가 이른바 '정오'라고 일컫는 시각에) 자주 마주치곤 했는데, 그럴 때 부인은 프랑수아즈를 붙잡고 우리 안부를 물었다. 프랑수아즈는 우리에게 후작부인의 말을 전하면서, "부인께서 말씀하시기를 저보고 안부를 전해달라 하셨어요" 하고 빌파리지 부인의 목소리를 흉내내어 그 말을 그대로 인용하려 했는데, 실은 플라톤이 소크라테스의 말을, 사도 요한이 예수의 말을 왜곡하지 않고 그대로 전하려 한 것에 못지않게 그 전갈을 그대로 인용했다. 프랑수아즈는 물론 부인의 그와 같은 마음씀씀이에 매우 감동했다. 다만 할머니가 전에는 빌파리지 부인이 넋을 잃을 만큼 미인이었다고 했을 때, 프랑수아즈는 그 말을 믿지 않고, 돈 많은 사람들은 서로 두둔하는 법이니까 할머니도 계급의 이해관계상 거짓말을 하고 있다고 생각했다. 망가진 지난날의 아름다움이 너무나 미약한 흔적밖에 남아 있지 않아 프랑수아즈보다 뛰어난 예술가가 아니면 다시 살려내기 어려웠을 게 사실이다. 왜냐하면 나이 든 부인이 지난날 얼마나 예뻤던가를 이해하려면 그 얼굴을 구경하는 것만으로는 모자라며 그 특징 하나하나를 설명해야 하기 때문이다.

"한번 물어봐야겠다, 그분이 게르망트 가문과 친척이 아닌지. 내가 잘못 생각한 건지도 모르니까"라고 할머니가 말했을 때, 나는 완전히 화가 났다. 그 두 이름, 하나는 경험이라고는 없는 수치스러운 문으로 통하고, 또 하나는 상상이라는 황금의 문에서 내 속으로 들어온 그 두 이름 사이에 같은 혈통이 있다니 내가 어떻게 그것을 믿을 수 있겠는가?

며칠 전부터 호화롭게 차린 마차를 타고, 키가 큰, 붉은 머리칼에 코가 약간 오똑한, 아름다운 뤽상부르 공주가 지나가는 모습이 자주 눈에 띄었다. 이 고장에 몇 주일 동안 휴가를 보내러 온 것이다. 그 사륜마차가 호텔 앞에 멈추고, 사내종이 지배인한테 와서 뭔가를 말한 다음 마차로 되돌아가, 이번에는 경탄할 만한 과일(이곳의 바다와 만처럼, 그 과일은 한 바구니에 여러 계절을 담아내고 있었다)을 날라왔는데, 거기엔 '뤽상부르 공주'라는 명함이 끼워져 있었고, 명함에는 연필로 몇 자 씌어 있었다. 바로 그 시각에, 둥그스름하게 부풀어오르고 있는 바다처럼 청록색의 윤나는 동글동글한 서양자두, 쾌청한 가을날처럼 말라 시든 가지에 아직도 매달려 있는 투명한 포도, 군청빛 하늘을 떠올리게 하는 배, 그런 과일은 이곳에 신분을 숨기고 묵고 있는 어느 고귀한 손님에게 보내지는 걸까? 왜 그렇게 생각했는가 하면 그 때 공주가 방문하고자 한 상대방이 설마하니 할머니의 벗일 줄이야 꿈에도 몰랐기 때문이다. 다음 날 저녁 빌파리지 부인이 싱싱한 금빛 포도송이와 서양자두와 배를 우리에게 보내 왔는데, 서양자두는 우리 저녁 식사 시간의 바다처럼 연보랏빛으로 변하고, 배의 군청빛에는 뭔가 장밋빛 구름 모양 같은 게 감돌고 있었지만 우리는 이내 전날 본 그 과일인 줄 알아챘다. 며칠 뒤, 아침 바닷가에서 열리는 교향곡 연주회에서 나온 우리는 뜻밖에 빌파리지 부인을 만났다. 거기서 들은 작품 〈로엔그린〉 전주곡, 〈탄호이저〉 서곡이 가장 드높은 진리를 표현한다고 믿은 나는, 그 진리에 닿기 위해 될 수 있는 한 나 자신을 높이고자 애쓰며, 그 진리를 이해하려고, 그때 마음속에 숨기고 있던 가장 좋은 것, 가장 속 깊은 것을 전부 꺼내 그것을 진리 속에 넣으려고 하였다.

그런데 연주회에서 나와 호텔 쪽 길로 접어들면서, 할머니와 내가 둑 위에 잠시 멈추고 빌파리지 부인과 몇 마디를 나눈 끝에, 부인이 우리를 위해 호텔에 크로크므시외(croque-monsieur)*와 크림으로 조린 달걀을 주문해놓았다고 알려주었을 때, 나는 멀리서 우리 쪽을 향해 뤽상부르 공주가 오는 걸 보았다. 양산에 반쯤 기대듯이, 그 날씬하고 당당한 몸을 약간 기울여, 그 몸에 덩굴무늬 같은 선을 그리게 하면서 걸어오는 사람이 과연 미모를 날렸던 부인다운 모습이어서, 어깨를 늘어뜨리고, 등을 둥글게 세우며, 허리를

* 치즈와 햄을 넣은 따뜻한 샌드위치.

잘록하게 조르고, 무릎을 곧게 펴서, 몸의 중심을 꿰뚫고 있는가 싶은, 강인하고 비스듬한, 보이지 않는 한 뼈대 둘레에, 그 몸을 비단 머플러처럼 부드럽게 흔들 줄 알고 있었다. 그녀는 매일 아침, 남들이 해수욕을 마치고 점심을 먹으러 돌아갈 무렵에 바닷가를 한 바퀴 돌려고 나왔는데, 그녀의 점심시간은 오후 1시 30분인 듯 해수욕객들이 물러간 쓸쓸한 둑에 남아 주위가 타는 듯이 뜨거워지고 나서야 성관으로 돌아가곤 했다. 빌파리지 부인은 먼저 할머니를 소개한 다음에 나를 소개하려 했는데, 내게 이름을 물어봐야 했다. 이름이 생각나지 않았던 것이다. 부인은 아마 할머니가 누구에게 딸을 시집보냈는가를 오래전에 잊은지도 몰랐다. 그러나 내 이름이 빌파리지 부인에게 강한 인상을 준 듯했다. 그러는 동안에 뤽상부르 공주는 우리에게 손을 내밀고 나서, 후작부인과 대화를 나누면서도 이따금 할머니와 내 쪽으로 고개를 돌려 부드러운 눈길을 주었는데, 그 눈길엔 유모의 품에 안긴 젖먹이에게 짓는 미소와 함께 입맞춤의 싹 같은 부드러움이 들어 있었다. 또 우리보다 더 높은 계층에 위치해 있다는 티를 보이지 않으려는 마음에서, 공주는 자신과 우리 사이에 있는 거리를 잘못 어림한 모양이었다. 왜냐하면 잘못 가늠한 탓에 그 눈길은 엄청난 선의에서 우러난 것이니, 마치 우리가 아클리마타시옹 공원에서 쇠창살 사이로 머리를 내민 사람을 잘 따르는 짐승 두 마리이기나 한 듯이, 그녀가 우리를 쓰다듬으려 하는 순간이 다가오는 걸 보았기 때문이다. 게다가 동물과 불로뉴 숲의 연상은 금세 내 마음속에 굳어버렸다. 마침 행상들이 둑에 오락가락하면서 케이크, 봉봉, 작은 빵 따위를 팔러 가는 때였다. 호의를 표하려면 어떻게 해야 할지 몰라, 공주는 지나가는 첫 번째 행상인을 불러 세웠다. 그 행상인에겐 오리한테나 던져줄 만한 호밀빵 한 개밖에 없었다. 공주는 그것을 집어들고 나에게 말했다. "이거 당신 할머니께 드려요." 더구나 아름다운 미소를 지으며 나에게 빵을 내밀었다. "당신이 직접 할머니께 이걸 드리세요." 그렇게 해서 공주는, 나와 동물들 사이에 중개자가 끼어들기보다 이편이 더 기쁠 거라고 생각했던 것이다. 그때 다른 행상인들이 가까이 왔다. 공주는 그 행상인들이 가지고 있는 플레지르(plaisir)*[1]니, 바바(baba)*[2]니, 눈깔사탕을 노끈으로 묶은 꾸러미째로 내 주

*1 뿔 모양으로 만든 양과자의 하나.

*2 럼주에 담근 건포도를 넣고 구운 카스텔라.

머니에 쑤셔넣었다. "나중에 먹어요. 할머니께도 드리고요." 그러고서 붉은 공단 옷을 입은 흑인 소년을 시켜 행상인들에게 값을 치르게 했다. 그 흑인 소년은 늘 공주의 뒤를 따라다녀서 이 바닷가의 명물이 되어 있었다. 좀 있다가 공주는 빌파리지 부인에게 작별인사를 하고 우리한테 손을 내밀었는데, 벗인 빌파리지 부인과 마찬가지로 우리를 친밀한 사이로 대하고, 우리의 손이 미치는 곳에 몸을 두고 싶은 마음에서였다. 그런데 이번에는, 우리를 조금 높은 생물 등급에 놓은 듯싶었다. "그럼 또 봐요" 하고 마치 어른이 어린애한테 인사할 때의 그 상냥하고도 자애로운 미소로, 공주가 할머니에게 신분의 평등함을 나타냈기 때문이다. 신기한 진화 과정을 통해, 할머니는 이제 오리도 산양도 아니고, 스완 부인이 일컫는 '베이비'가 되어 있었다. 드디어 공주는 우리 세 사람 곁을 떠나 양지바른 둑 위를 다시금 산책하기 시작했다. 푸른 날염 무늬가 찍힌 양산을 접은 채로 손에 들고서 그 당당한 몸을 안쪽으로 약간 굽혀 양산을 얼싸안고 있는 모습이 마치 막대기에 몸을 감은 뱀 같았다. 내가 알게 된 최초의 왕족이었다. 최초라고 말하는 이유는, 전에 만난 마틸드 공주는 그 모양새에서 왕족다운 기품이 없었기 때문이다. 나중에 알겠지만, 훗날 마틸드 공주는 그 친절한 호의로 나를 놀래주게 될 것이다.

왕족과 부르주아 사이의 기특한 중개자인 대귀족이 베푸는 호의의 한 형식을, 이튿날 빌파리지 부인이 나에게 다음과 같이 말했을 때 배웠다. "그분이 당신을 퍽 호감 가는 이라 말씀하셨답니다. 판단력 있고 마음이 너그러운 분이죠. 왕족은 많지만 그분은 그들과 달라요. 진정한 가치를 지닌 분이랍니다." 그러고 나서 빌파리지 부인은 확신하는 태도로, 또 그 말을 우리에게 할 수 있는 기쁨에 넋을 잃으며 덧붙였다. "두 분을 다시 뵈면 그분은 기뻐서 어쩔 줄 몰라할 거라고 생각해요."

그러나 그날 아침 뤽상부르 공주와 헤어진 뒤, 빌파리지 부인은 친절의 범위에서 벗어난 말을 입에 담아 나를 더욱 놀라게 했다.

"당신은 내각 국장의 자제군요?" 부인이 나에게 물었다. "옳아! 아버님께서는 참으로 훌륭하신 분인가 봐요. 지금쯤 재미난 여행을 하고 계시겠죠."

며칠 전 나는 어머니의 편지를 통해, 아버지와 그 동행인 노르푸아 씨가 손짐을 잃어버린 사실을 알고 있었다.

"짐을 찾으셨다나 봐요. 실은 잃어버린 게 아니었는데, 그게 어떻게 되었느냐면요." 빌파리지 부인이 설명했는데, 웬일인지 이 여행에 대해 우리보다 더 자세히 알고 있는 듯했다. "댁의 아버님께서는 귀가를 다음 주로 앞당기실 거예요. 아마 틀림없이 알제시라스행을 멈추실 테니까. 그래도 톨레도에서 하루를 보내고 싶으신가 봐요. 이름이 생각나지 않지만, 거기서밖에 구경 못하는 티치아노의 제자를 찬미하시니까."

빌파리지 부인은 멀리서 망원경으로 흐리멍덩하고도 미세한 움직임을 바라보는데, 그 먼산바라기 망원경 속에, 그녀가 나의 아버지를 바라보는 그곳에 독특한 확대경 한 조각이 끼어든 것은 우연의 작용일까. 그 렌즈 덕분에 아버지가 재미있어하는 것, 아버지로 하여금 그 일정을 앞당겨 돌아오게 하는 우연한 일, 아버지와 세관 사이의 시비, 그레코에 대한 아버지의 애호 같은 것이 그처럼 두드러지게, 그토록 세밀하게 드러나 보이고, 그녀를 위하여 시력의 도수를 바꿔가면서, 마치 귀스타브 모로가 그린 주피터가 연약한 여성의 곁에 초인적인 키를 지니고 있듯이, 어째서 그처럼 크게 보이고 있는지를 나는 이상하게 여겼다.

유리창 너머로 점심 준비가 다 됐음을 알리는 신호를 기다리는 동안, 우리는 호텔 앞에 좀더 남아 바깥공기를 마실 수 있어서, 할머니는 빌파리지 부인에게 작별인사를 했다. 그때 소란스러운 소리가 들려왔다. 야만인 같은 왕의 젊은 정부가 방금 해수욕을 끝내고 점심을 먹으러 돌아오는 길이었다.

"정말 한심한데, 프랑스를 떠나고 싶은걸!" 이때 지나가던 변호사 회장이 성이 나 소리 질렀다.

한편 공증인의 아내는 크게 뜬 눈으로 이 가짜 여왕을 눈여겨보고 있었다.

"블랑데 부인이 저런 얼굴로 저것들을 바라보다니 화가 치밀어올라서 견딜 수가 없군요." 변호사 회장이 재판소장에게 말했다. "뺨을 한 대 갈기고 싶군요. 저러니까 저 천한 계집을 거만하게 만들어요. 물론 바로 저 계집이 노리는 게 바로 그 점이죠. 제 몸에 남들의 눈길을 끄는 것밖에 생각하지 않거든요. 저래서는 꼴사납다고 아내에게 주의시키라는 말씀을 바깥양반에게 해주시죠. 나는 말입니다, 저런 가짜들에게 넋을 잃을 것 같으면 앞으로 저 부부와는 외출하지 않겠습니다."

뤽상부르 공주가 호텔 앞에 마차를 세우고 과일을 가져왔던 날, 공증인, 변호사 회장, 재판소장 아내들의 눈을 피할 수 없었다. 그녀들은 얼마 전부터 이미 그토록 공경받는 빌파리지 부인이 정말 후작부인인지, 아니면 사기꾼인지 캐내고 싶어 좀이 쑤셔서, 부인이 그런 존경을 받을 만한 자격이 없다는 증거를 잡기 위해 몸이 달아 있었다. 빌파리지 부인이 홀을 건너갈 때 여기저기서 이상한 낌새를 맡아내는 재판소장의 아내가 손에 든 뜨개질감 위에서 획 얼굴을 쳐들고, 다른 두 부인은 우스워 죽겠다고 까르르 웃어대는 투로 빌파리지 부인을 바라보았다.

"나는 말이에요, 아시다시피." 재판소장의 아내가 자랑스럽게 말했다. "처음에는 언제나 나쁜 쪽을 생각해요. 어떤 여인이 정말로 결혼했는지는, 출생증명서와 공정증서를 보고 나서야 비로소 인정해요. 조금도 걱정들 마시라고요, 곧 조사를 시작할 테니까요."

그래서 이 세 부인은 날마다 모여 앉아서는 시시덕거렸다.

"어때요, 새로 들은 이야기는 없나요?"

그런데 뤽상부르 공주가 방문한 날 저녁, 재판소장 부인은 입에 손가락을 댔다.

"재미난 이야기가 있어요."

"어머! 신통하셔라, 퐁생 부인은! 나는 아무것도 눈치채지 못했는데…… 말씀해보세요, 뭐죠?"

"다름이 아니라 머리칼이 노란, 얼굴에는 연지를 덕지덕지 바른 여인이 10리 밖에서부터 너저분한 냄새를 무럭무럭 피우는 마차를 타고 왔어요. 귀하신 창녀들밖에 타지 않는 마차랍니다. 오늘 오후에 그 자칭 후작부인을 만나러 왔지 뭐예요."

"에구머니, 그래요! 설마했는데 역시 그랬군요! 그 여인이라면 우리도 보았거든요. 생각나세요, 변호사 회장님? 신분이 천한 여인인 줄은 알아챘지만 후작부인을 만나러 온 줄은 미처 몰랐군요. 흑인을 데리고 온 여인이죠, 안 그래요?"

"맞아요. 그 여자예요."

"역시! 그렇군요. 그 여인의 이름은 아시나요?"

"알고말고요. 내가 일부러 속은 척하고 명함을 들어보았더니 뤽상부르 공주라는 가명을 쓰고 있지 뭡니까! 의심스럽더니 역시! 이런 곳에서 그런 앙주(Ange) 남작부인*1과 섞이는 것도 재미나지 뭡니까."

변호사 회장은 재판소장에게 마튀랭 레니에*2의 마세트(Macette)를 예로 들었다.

그러나 이 오해를, 통속 희극이라면 제2막에 일어났다가 마지막에 가서 해소되듯이 일시적인 것이라 생각해서는 안 된다. 영국 왕과 오스트리아 황제의 조카딸뻘 되는 뤽상부르 공주가 마차로 산책하고자 빌파리지 부인을 찾아왔을 때, 번번이 두 부인은 공주를 온천장 같은 데서 쉽게 볼 수 있는 난잡한 여자로 보았던 것이다.

포부르 생제르맹 귀족 사회 남성의 대부분은, 부르주아 계급의 눈에 대개 방탕하게 낭비하는 사람으로 보인다(뿐만 아니라 사람에 따라서는 사실 그런 사람들도 많다). 따라서 아무도 그런 사람을 초대하지 않는다. 부르주아들은 그 점에서 지나치게 강직하다. 그도 그럴 것이 포부르 생제르맹 사람들은 약간의 결점이 있더라도, 그 결점이 최대의 호의와 더불어 그가 받아들여지는 데 아무 지장도 주지 않지만 부르주아 계급에서는 그렇지 않으니까. 또 포부르 생제르맹 사람들은, 부르주아들이 자기들에 관한 걸 다 알고 있거니 상상해서 짐짓 솔직한 척하고 자기 친구, 특히 '바닷가에서의' 친구를 헐뜯기까지 하는데, 이것이 오해를 사게 하는 이유이다. 만약 상류 사교계의 어떤 귀족이 매우 부유하고, 재계의 요직을 맡은 관계상 부르주아와 교제가 있다고 하면, 요컨대 귀족도 훌륭한 부르주아가 될 자격이 있다는 점을 그 부르주아가 깨닫는 셈인데, 대신 그 부르주아는 그 귀족이 도박으로 파산한 후작 따위와는 사귀지 않을 거라고 생각하고, 그 후작이 상냥한 사람이면 사람일수록 더 소외될 거라고 믿을 것이다. 반면 그 부르주아는 어떤 왕이 자신의 아들을 공화국의 현 대통령이 아니라 폐위당한 왕의 딸과 혼인시키듯이, 대기업 회장인 공작이 도박으로 파산했을망정 프랑스의 가장 오래된 후작 가문의 딸을 그 며느리로 택하는 걸 볼 때 놀라서 입이 다물어지지 않으리라. 다시 말해 이 두 세계는 서로 상대편을 상상 어린 시각으로 보고 있는데, 발베크 만의 한쪽 끝에 위치한 바닷가 주민들이 다른 한쪽 끝에 위치한

*1 소(小)뒤마의 《화류계》에 나오는 고급 창부.

*2 프랑스의 시인. 마세트는 그의 《풍자 시집》에 나오는 위선적인 노파(1573~1613).

바닷가를 흘깃흘깃 바라보며 공상을 품는 것과 마찬가지다. 리브벨 쪽에서는 마르쿠빌 로르괴외즈 쪽이 조금 보이는데, 그것은 사람을 오해하게 만든다. 왜냐하면 이쪽이 보고 있는 것은 일부에 지나지 않아서 저쪽 마르쿠빌 쪽에서 보면 리브벨의 번화한 곳은 대부분 가려져 보이지 않기 때문이다.

내가 갑자기 열이 나서 불러온 발베크의 의사는, 심한 더위에 뙤약볕을 쬐가면서 온종일 바닷가에 나가 있으면 좋지 않다고 말한 뒤에, 몇 가지 처방약을 써줬는데, 할머니는 그것을 받아 들었지만 그 얼굴을 보니 어떤 처방약도 쓰지 않겠다는 굳은 결의가 느껴졌다. 그러나 위생에 관한 충고는 받아들이기로 하고, 마차로 우리를 산책에 데리고 가겠노라는 빌파리지 부인의 제의를 수락했다. 그래서 나는 점심 시간까지 내 방과 할머니 방을 들락거렸다. 할머니 방은 내 방과 달라서 곧바로 바다를 향하지 않고 다른 세 군데, 곧 둑의 한 모퉁이, 안마당과 들판으로 창이 나 있었는데, 꾸며놓은 장식도 내 방과는 달라 금속 줄을 두르고 장미꽃 무늬를 수놓은 안락의자가 서너 개 있어, 방 안에 들어서면 그 꽃무늬에서 기분 좋고도 싱그러운 냄새가 풍기는 듯했다. 어느 때고 상관없이 하루의 갖가지 시각에서 모여온 것처럼 여러 방향에서 들어오는 그 다양한 햇살은, 벽의 모서리를 없애고, 찬장 유리문에 비치는 바닷물의 반사와 나란히, 옷장 위에, 들길에 핀 화초처럼 알록달록한 르포주아르(reposoir)*를 설치하고, 다시 날아가려는 빛의, 바르르 떠는, 포갠, 따스한 날개를 안벽에 늘어뜨리며, 태양이 담쟁이덩굴 모양으로 가장자리를 꾸미고 있는 좁은 마당의 창 앞, 시골풍의 정사각형 융단을 온천탕처럼 달구고, 안락의자에서 그 현란한 비단을 벗기는가 하면 그 장식줄을 떼어내는 듯 보이면서 가구 장식의 매력과 복잡성을 더하게 하고 있었는데, 바로 그런 때에 산책하는 옷차림을 하려고 잠시 지나가는 그 방은 바깥 빛의 여러 빛깔을 분해하는 프리즘 같기도 하며, 내가 맛보려고 하는 그날의 꿀이 취할 듯싶은 향기를 풍기면서 녹아내려 흩어지는 모습이 눈에 선하게 보이는 밀방(蜜房) 같기도 하고, 은빛 광선과 장미 꽃잎의 파닥거림 속에 스며들려는 희망의 화원 같기도 했다. 하지만 무엇보다 그날 아침, 바다의 요정 네레이

* 길거리에 설치된 임시 제단.

데스*[1]처럼 파도가 놀고 있는 '바다'의 모습이 어떤 것인지 알고 싶어, 나는 참을성 없이 커튼을 열었다. 그 '바다'는 하루도 같은 모습일 때가 없었다. 다음 날에 가서는 전혀 다르고, 또 어느 때는 비슷했다. 그러나 같은 모습을 두 번 본 적은 한 번도 없었다.

어쩌다가 그것을 언뜻 볼 때, 놀라움에 기쁨이 솟구치는 드문 아름다움을 띠는 일도 있었다. 창은 도대체 어떤 특권으로, 다른 때와 달리 어느 한 아침에만, 놀라워하는 내 눈앞에, 요정 글로우코노메*[2]를 그 방긋이 열린 커튼 사이로 드러내 보여주는 걸까? 여리게 숨 쉬는 나른한 이 요정의 아름다움은 뽀얀 에메랄드처럼 투명하고, 그 투명함 너머로, 그것에 색을 입히는 무늬 있는 여러 요소가 흘러들어 가는 것이 보였다. 요정은 살포시 내려앉은 안개를 통해 무기력한 미소를 지으면서 눈으로 볼 수 없는 안개 속에서 태양을 놀게 하고 있었는데, 그 안개는 요정의 반투명한 몸 둘레에 남은 공간에 지나지 않았으며, 그 때문에 요정의 모습은 아직 다듬질이 끝나지 않은 대리석 덩어리에 조각가가 새긴 뚜렷한 여신상처럼 더욱 간결하고 강한 인상을 주었다. 이와 같이 요정은 그 비할 바 없는 색깔 속에서 우리를 마치 산책으로 유인했으며, 울퉁불퉁한 길 위 빌파리지의 사륜마차에 자리잡은 우리는, 온종일 이 요정의 곁에 이르지 못한 채, 그 가슴에 고동치고 있는 싱그러움을 바라보았다.

빌파리지 부인은 아침 일찍부터 마차를 준비시켰다. 생마르스 르 베튀나, 케톨름의 기암이나 그 밖에 느린 마차로는 매우 멀고, 꼬박 하루가 걸리는 소풍 장소까지 가는 데 여유를 두기 위함이다. 이제 긴 산책에 나선다고 생각하자, 나는 너무 기뻐서 얼마 전에 들은 가곡을 흥얼거리며 빌파리지 부인이 채비를 마칠 때까지 그 주위를 서성거렸다. 그날이 일요일이면 호텔 앞엔 부인의 마차만 있는 게 아니다. 새로 빌린 사륜마차 여러 대가, 페테른의 캉브르메르 부인의 성관에 초대받은 사람들뿐만 아니라, 벌받은 어린이들처럼 호텔에 그냥 남아 있기보다 일요일의 발베크가 진력난다고 떠들고 있는, 점심 식사가 끝나자마자 근처 바닷가로 몸을 숨기거나 명승지를 찾아가거나 하는 사람들을 기다리고 있었다. 그리고 자주, 누군가 나중에 블랑데 부인에

*1 바다의 신 네레우스의 딸들로서, 50~100명이라 함.

*2 바다의 푸른 반짝임의 의인화.

게 캉브르메르의 성관에 갔다 왔느냐고 물었을 때 블랑데 부인은 두말없이, "아뇨, 우리는 베크의 폭포에 갔다 왔어요"라고 대답했다. 마치 그것이 페테른에 가서 그날을 지내지 않았던 유일한 이유인 듯이. 그러면 변호사 회장은 인자하게 한마디 거들었다.

"부러운데요, 댁과 가는 곳을 바꾸었으면 좋았을걸. 다른 재미가 있으니."

내가 기다리고 있는 현관 앞에 늘어선 마차 곁에, 보기 드문 떨기나무처럼 젊은 안내인이 서 있었는데, 염색한 머리칼은 식물 같은 피부와 함께 묘하게 조화가 되어 눈길을 끌고 있었다. 호텔 안쪽, 로마 성당의 정문, 또는 세례 지원자의 교회라 해도 좋지만, 그 부분에 해당하는 호텔 휴게실은 호텔에 묵는 손님이 아니더라도 들어갈 수 있는 곳인데, 거기에는 '외부' 심부름을 맡은 보이의 동료들이 그와 별반 차이 없이 그저 조금 움직이고 있었다. 아마도 그들은 아침 청소를 돕고 있으리라. 그러나 오후에는 그저 거기에 있을 뿐이었다. 마치 고전극의 합창단원처럼 아무런 일도 하지 않으면서 보조적인 역할로서 무대에 나와 있었다. 나를 그처럼 겁먹게 하던 총지배인은 다음 해에 그들의 수를 대대적으로 늘릴 생각이었다. 총지배인은 '커다란 포부를 품고 있었기' 때문이다. 그 계획은 이 호텔 지배인을 몹시 괴롭혔다. 그는 그런 어린 보이들을 전부 '거추장스러운 말썽꾸러기'로밖에 여기지 않았으며, 결국 그들은 지나다니는 데 방해만 될 뿐 아무짝에도 쓸모없다는 것이었다. 하지만 적어도 그들은 점심과 저녁 식사 사이 동안, 다시 말해 손님들이 외출했다가 돌아올 때까지는 무대의 빈자리를 메우고 있다. 이를테면 맹트농 부인의 여학원 학생들*이, 에스더나 조아드가 퇴장할 때마다 이스라엘 아가씨 옷차림으로 막간을 메우는 것과 비슷하였다. 그러나 바깥에 서 있는, 아름다운 색채로 물들인 머리칼을 지녔으며 호리호리한 몸매의 그 소년은, 내가 후작부인이 내려오길 기다리는 데서 멀지 않은 곳에 가만히 있을 뿐만 아니라, 그 얼굴에는 우수의 그림자가 깃들어 있었다. 그의 형들이 더 빛나는 운명을 개척하려고 이 호텔을 떠나, 그는 이국땅에 홀로 남은 외로움을 느끼고 있었기 때문이다. 마침내 빌파리지 부인이 나왔다. 부인의 마차를 돌보기도 하고, 부인을 거들어 마차에 모시는 게 이 소년의 일일지도 모른다.

* 라신은 맹트농 부인이 설립한 생시르 여학원의 학생들을 위해 〈에스더〉를 썼음.

그렇지만 이 소년은 시중꾼을 데리고 오는 사람이라면 그 하인에게 심부름을 시키고, 여느 때는 호텔에서 좀처럼 봉사료를 주지 않는다는 사실을, 또한 옛 포부르 생제르맹의 귀족들도 똑같이 행동한다는 사실을 잘 알고 있었다. 빌파리지 부인은 이 두 범주에 함께 속해 있었다. 따라서 나무와도 같은 안내인은, 후작부인에겐 아무것도 기대할 게 없다고 결론지어, 부인의 집사와 몸종이 그녀를 자리잡아 주고 짐을 싣는 것을 보고도 못 본 척, 형들의 부러운 팔자를 꿈꾸며, 식물처럼 꿈적도 하지 않았다.

우리는 출발했다. 먼저 철도역을 빙 돌고 나서 얼마 있다가 시골길에 들어섰는데, 옆으로 돌아서, 울타리를 둘러친 아름다운 밭 사이로 빠져들어가는 근처부터, 거기서 벗어나, 양쪽에 갈아엎은 밭이 있는 모퉁이까지 콩브레의 길처럼, 금세 나에게 친밀한 것이 되었다. 그 밭 한가운데에는 곳곳에서 사과나무를 볼 수 있다. 이젠 꽃은 지고 암술만 남았지만, 나를 매혹하기에 충분했다. 나는 사과 특유의 잎을 알아보았는데, 그 폭넓은 잎은 이미 끝난 혼인 잔치의 단상에 깔려 있는 융단처럼 얼마 전까지 불그레한 꽃들이 찍힌 흰 공단 치맛자락에 짓밟혀왔다.

다음 해 5월 중, 파리에서 여러 번이나, 꽃집에 가서 사과나무 가지를 하나 사다가 그 꽃을 앞에 놓고 밤새우는 일이 있었다. 그런데 그 꽃 사이사이에는 크림같이 깨끗하고 순수한 알맹이가 똑같이 꽃피고 있어, 잎의 새순을 거품처럼 흰 분으로 바르고 있고, 또 그 꽃의 새하얀 꽃관 사이사이에는, 꽃장수가 나에게 후한 마음을 베풀어선지, 창의성이 풍부해선지, 대조를 보이려 함인지, 어울리는 장밋빛의 움을 여기저기에 더 덧붙인 듯 보였다. 나는 그것을 물끄러미 바라보다가, 전등 밑에 놓기도 하고—그렇게 오랫동안, 동이 튼 같은 시각 발베크에서도 그 꽃에 같은 붉은 기운을 뿌리는 새벽까지 그대로 있는 일이 많았다—상상 속에서, 그 꽃을 길 쪽으로 옮겨 수를 늘리고, 그 스케치를 마음속으로 익히고 있는 울타리를 둘러친 밭의 틀 안, 다 준비되어 있는 화폭 위에 펼치려고 애쓰는 한편, 그런 울타리 친 밭을 그토록 보고 싶어했으며, 또 어느 날 내가 그것을 다시 보게 된 것은, 봄이 주는 황홀한 활기와 더불어, 그 다채로운 색채를 이 울타리 친 밭의 화폭 위에 칠하는, 그런 계절이었다.

마차에 오르기 전 나는, 이제부터 찾아가려는 바다를 마음속으로 그렸다.

'빛나는 태양'과 더불어 구경하고픈 바다의 풍경화를 구상했는데, 여기저기 흩어져 있는 해수욕객들, 탈의실, 유람 요트 같은 것들처럼 내 꿈에는 받아들이기 어려운 수많은 저속한 방해물 때문에, 바다의 풍경화는 얼핏 갈기갈기 토막난 것으로밖에 느껴지지 않았다. 그러나 빌파리지 부인의 마차가 어느 언덕 위에 이르러 수목의 우거진 잎 사이로 바다를 보았을 때, 바다를 자연과 역사 밖에 놓았던 그 현대의 세부적인 것들은 멀리 사라져버렸다. 그래서 나는 물결치는 파도를 바라보며 르콩트 드 릴이 〈오레스테스〉 속에서, '새벽을 향해 나는 맹금류같이' 그리스 영웅시대 긴 머리의 전사들이 '노 열 개만으로 요란한 물결을 헤치고 간다'고 묘사했을 때의 물결과 이것은 같구나 하고 생각할 수 있었다. 반면 이제 나는 바다 가까이에 있지 않아 바다가 살아 있는 것같이 보이지 않고, 엉기어 굳어진 듯이 보여, 그 색채 아래에서 아무런 힘도 느껴지지 않고, 오로지 그림의 색채처럼 펼쳐져, 나뭇잎 사이에 하늘처럼 자주 변하는, 오직 하늘보다 색이 짙은 것으로 보일 뿐이었다.

빌파리지 부인은 내가 성당을 좋아하는 줄 알고는 이번엔 이 성당을 다음엔 저 성당을 하는 식으로, 특히 카르크빌 성당을 구경하러 가자고까지 약속해주었다. 이 성당은 '해묵은 담쟁이덩굴로 온 모습을 감춘 성당'이라고 말했는데, 그때 그녀의 손짓은 마치 눈에 보이지 않는 미묘하게 울창한 잎 속에 그 장소에 없는 이 성당의 모습을 격조 높게 싸는 듯이 보였다. 빌파리지 부인은 역사적인 건물의 매력과 특징을 나타내는 적절한 낱말을 알고 있어, 풍경을 묘사하는 작은 몸짓과 더불어 곧잘 입 밖에 내었는데, 전문용어를 쓰지 않았는데도 이야기하고 있는 사물을 썩 잘 알고 있음을 감추지 못했다. 자신은 아버지의 성관 가운데 하나에서 자랐고, 성관이 있는 지방에는 발베크 부근의 성당과 같은 양식의 성당이 많이 있으며, 게다가 그 성관이 가장 아름다운 르네상스풍 건축의 본보기이므로, 자기에게 건축 취미가 없다면 수치라 여겨 그 방면의 지식을 숨기지 않았으리라. 그러나 부인이 자라난 성관은 하나의 미술관이고, 또한 쇼팽과 리스트가 거기서 연주했으며, 라마르틴이 시를 낭송했고, 그 밖에 한 세기에 걸친 이름난 모든 예술가가 이 집안의 앨범에 명언·가락·소묘를 적어넣어서, 빌파리지 부인은 그 얌전함에선지, 집안 내력인지, 진실로 겸손해선지, 아니면 철학적인 사고의 결핍에선지, 온갖 예술에 관한 지식을 순전히 성관에 전해 내려온 예술품의 자취 때문이라 여겨, 결국에는 회화, 음악, 문학, 철학을, 일류이자 저명한 역사적 건물 안에서 더할 나위 없이 귀족적으로 자라난 아가씨의 부속물처럼 여기고 있었다. 부인에게는 유산으로 물려받은 그림 말고는 세상에 그림이라고 이름붙일 만한 게 없는 듯싶었다. 할머니가 부인의 옷 위에 비죽 나와 있는 목걸이를 마음에 든다고 말하자 부인은 만족스러워했다. 그 목걸이 속에는 티치아노가 그린 부인의 증조할머니 초상화가 들어 있는데, 아직 한 번도 집 밖으로 나간 적이 없다고 한다. 따라서 확실하게 진짜라고 말할 수 있다. 부인은 어느 부자가 뭔지도 모르고 사들인 그림 이야기는 듣고 싶지도 않았고, 처음부터 가짜라고 믿고 있어서 보고 싶다는 마음도 생기지 않았다. 우리는 빌파리지 부인 자신이 직접 수채화로 꽃을 그린다는 걸 알고 있었으며, 부인이 그린 수채화를 칭찬하는 말을 들은 할머니가 부인에게 그 이야기를 꺼냈다. 빌파리지 부인은 겸손하게도 화제를 바꿨지만, 충분히 알려져 있어 찬사가 하나도 반갑지 않은 화가처럼 놀라는 빛도 기뻐하는 기색도 나타내지 않았다. 부인은, 붓 끝에서 생기는 꽃들이 대단한 게 아닐는지 모르나, 적어도 그것을 그린다는 건 심심풀이나마 우리가 자연의 꽃들과 어울려 사는 것이므로, 특히 꽃을 묘사하려고 더 가까이 가서 바라볼 때, 그 아름다움에 물리는 일이 없다고 말할 뿐이었다. 그러나 빌파리지 부인은 발베크에서는 눈을 쉬게 하려고 수채화도 그리지 않았다.

할머니와 나는, 부인이 대부분의 부르주아들보다 더 '자유주의'임을 알고는 놀랐다. 부인은 예수회 사람들을 교육계에서 추방한 데에 대한 항간의 격분을 오히려 놀라워하여, 그런 일은 군주 정치 아래에서도 늘 있던 일이며, 에스파냐에서도 일어난 일이라고 말했다. 부인은 공화국을 변호하고 그 교권 반대주의를 비난했을 때에도 "미사에 가고 싶어하는 걸 막는 일은, 가고 싶지 않은 걸 억지로 참례시키는 일과 마찬가지로 나쁘다고 생각합니다"라고 말할 정도였다. 또 부인의 입에서 "오늘날의 귀족이라니, 도대체 뭐 하는 것들이죠!" "나한테는, 일하지 않는 인간이란 무가치해요"라는 말까지 나왔지만, 뭔가 짜릿한, 풍미 있는, 잊혀지지 않는 것이 되는 걸 스스로 느꼈고, 오직 그 이유만으로 말한 게 분명했다.

우리는 애써 공평하려고 상대방의 사상을 조심스럽게 고려하면서 보수적인 의견을 비난하기를 삼가며, 바로 그런 상대 가운데 한 사람을 통해, 가끔

진솔한 진보적인 의견이 뚜렷이 드러나는 걸 듣게 되는데—그렇다고 빌파리지 부인의 의견이 사회주의까지 치달은 건 아니었다. 사회주의는 부인이 이유 없이 싫어하는 사상이었다—부인의 그런 이야기를 듣는 가운데 할머니와 나는, 어느새, 이 마음에 드는 말동무의 마음속에는 모든 것에 관한 진리의 척도와 기준이 존재함을 믿게 되었다.

부인이 티치아노의 그림과 기둥 여러 개가 나란히 서 있는 성관의 복도, 루이 필립의 말재주에 대해 비평하는 동안, 우리는 그 말을 곧이들었다. 그러나 이집트의 회화와 에트루리아(Etruria)의 비문(碑文)에 관해서 이야기할 때는 우리를 경탄케 하면서, 현대의 문학작품에 대해서는 어찌나 쓸데없는 말밖에 안 하는지, 그 뛰어난 전문적 연구 속에, 그 진부한 보들레르론에서와 같은 평범함이 없는 것을, 그 학문에 흥미가 끌려서 이쪽에서 과대평가한 탓이 아닐까 하고 의심케 하는 박식한 사람처럼, 내가 빌파리지 부인한테, 지난날 그 부모에게 초대되고 부인 자신도 엿본 일이 있는 샤토브리앙 발자크, 빅토르 위고에 대해 질문하자 내 열광에 찬물을 끼얹고는, 이제 막 대귀족이나 정치가에게 쏘아댄 예리한 화살을 이 작가들에게 돌리고선 그들을 신랄하게 비평하는 것이었다. 그런 비평을 받은 것은, 분명히 그들에게, 적절히 날카로운 유일한 필치로 만족해하고, 무엇보다 과장된 문체의 우스꽝스러움을 피하는 겸허, 자기 말살, 간결한 기술, 참된 가치가 있는 사람만이 거기에 닿을 수 있다고 부인이 배워온 그 임기응변의 재능, 간명과 판단과 치우침 없는 올바름을 분간하는 능력이 부족했기 때문인데, 그래서 부인은 살롱이나 아카데미나 내각 회의에서 발자크, 위고, 비니보다 뛰어나게 보인 사람들, 곧 몰레, 퐁탄, 비트롤, 베르소, 파스키에, 르브랭, 살방디 또는 다뤼 쪽을 망설임 없이 더 마음에 들어했을 게 틀림없었다.

"당신은 감탄하고 있는 모양이지만 스탕달의 소설도 같아요. 당신이 그런 감탄하는 투로 스탕달에게 말했다면 바로 그 사람을 놀라게 했을 거예요. 내 아버님께서 메리메 댁에서—이분은 적어도 재능있는 분이죠—그분을 만나곤 했는데, 나한테 여러 차례 말씀하시기를 베에르(이게 스탕달의 본명이었어요)는 지독한 속물로, 만찬 석상에선 그런대로 재치 있게 굴었지만, 자신의 저작에 대해선 자랑하지 않았대요. 게다가 발자크 씨의 과장된 칭찬에 대해서 그분이 어떻게 어깨를 흠칫해 보였는지 당신도 이미 아시는 바이고요.

그 점으로 보아 그런대로 괜찮은 분이라 여겼죠."

부인은 그런 위대한 사람들의 친필을 소장하고 있어, 그들과 자기 가문의 특별한 교제를 자랑하면서, 그들에 관한 자기 판단을, 그들과 친히 만날 수 없었던 나와 같은 젊은이들의 판단보다 훨씬 더 옳다고 생각했다.

"나는 그분들에 대해서 말할 자격이 있다고 생각해요. 그분들이 우리 아버님 댁에 오시곤 했으니까요. 재치가 넘치던 생트뵈브 씨도 말씀하셨듯이, 그 사람들과 친히 마주하고, 그 사람들의 가치를 더 정확하게 판단할 수 있던 사람의 말을 믿어야 해요."

이따금, 마차가 경작지 사이의 언덕길로 올라갈 때, 들판을 더 현실적으로 보이게 하며, 옛 어느 거장들이 그림에 귀중한 작은 꽃을 그리고 서명한 듯이 진짜 들판이라는 표시를 내면서, 콩브레의 수레국화와 비슷한 꽃이 망설이며 우리 마차의 뒤를 따른다. 오래지 않아 말이 그것들을 뒤로 멀리하지만, 몇 걸음 더 나아갈 적에 또 다른 수레국화가 우리를 기다리면서, 앞쪽 풀 숲에 그 푸른 별을 뽐내고 있는 모습이 눈에 밟힌다. 그 몇몇은 대담하게도 길섶에까지 나와 자리잡았기에 그런 마주치기 쉬운 꽃들과 머나먼 나의 추억이 함께 이룬 것은 하나의 거대한 별자리였다.

우리는 언덕을 다시 내려갔다. 그러자 도보로, 자전거로, 또는 조그만 이륜마차나 마차로 올라오는 아가씨들이 보였다—화창한 날에 핀 꽃들, 하지만 들판의 꽃과는 달리 그 하나하나가 다른 무엇을 숨기고 있어, 그것이 우리 마음속에 생기게 한 욕망은 비슷한 다른 꽃으로 만족시키지 못하니까—우리는 암소를 모는, 또는 짐수레 위에 비스듬히 누운 농가의 딸, 산책 나온 가겟집 딸, 부모님 맞은편, 사륜포장마차 의자에 앉은 멋있는 아가씨와 엇갈린다. 내가 메제글리즈 쪽으로 혼자서 쓸쓸히 산책하면서 내 팔 안에 안길 농갓집 딸이 지나가주기를 바라던 꿈은, 내 바깥의 무엇하고도 통하지 않는 망상이 아니라, 촌아가씨건 멋있는 아가씨건, 우리가 만나는 아가씨는 전부 그와 같은 꿈을 들어줄 용의가 있다고 나에게 가르쳐준 날, 블로크는 나에게 참으로 또 다른 새 시대를 열어주었으며, 삶의 가치를 바꿔줬던 것이다. 지금은 몸이 불편해 혼자서는 외출도 못하는 나는, 도저히 그녀들과 사랑을 나눌 수 없지만, 그래도 행복했다. 마치 감옥이나 병원에서 태어난 어린이가 인간의 장기로 소화할 수 있는 것은 마른 빵과 조제약밖에 없는 줄로 오랫동안 믿어왔는데, 돌연 복숭아, 살구, 포도가 그저 들에 핀 장식이 아니라, 맛있고 소화가 잘되는 음식인 줄 알았을 때처럼 행복했다. 설령 교도관이나 간호사가 그런 아름다운 과일을 따지 못하게 할망정, 그 어린이에게는 세상이 더 좋게 보이고 생활이 더 다사롭게 보인다. 왜냐하면 우리 외부에서 실체가 욕망에 순응하는 것을 알았을 때, 설령 우리한테 그 욕망이 이뤄지지 않더라도, 욕망이라는 것이 더욱 아름답게 보이고, 한층 강한 믿음을 갖고서 욕망에 의지하기 때문이다. 그리고 보다 큰 기쁨을 안고서 삶을 생각하고, 개인이 욕망에 만족하는 걸 방해하는 우발적이며 특수한, 그러나 소소한 장애를 잠시 우리의 사고에서 떼어버리기만 하면, 우리는 삶에서 욕망의 포만을 떠올릴 수 있다. 지나가는 예쁜 아가씨들의 뺨에 입맞출 수 있다는 걸 안 그날부터, 나는 그녀들의 마음속에 있는 것이 알고 싶어졌다. 또 세계가 더욱 흥미진진하게 보이기 시작했다.

빌파리지 부인의 마차가 바람을 가르며 빨리 달린다. 이쪽으로 오는 소녀가 있어도, 거의 볼 수도 없을 정도다. 그런데도—인간의 아름다움은 사물의 그것과는 달라, 의식과 의지를 가진 독자적인 피조물의 아름다움이라고 느끼고 있으므로—소녀의 개성, 아련한 영혼, 나에게 미지인 그 의지가 놀라울 만큼 줄어들면서도 완벽한 영상으로 그녀의 방심한 눈길 속에 그려지자, 금세 준비가 다 된 꽃가루에 신비하게 반응하는 암술처럼, 나는 그 소녀의 사념에 나라는 인간을 의식시키지 않고서는 그녀를 지나가게 하지 않겠다, 다른 어떤 사내에게 가려는 그녀의 소망을 방해하지 않고서는 지나가게 하지 않겠다, 그녀의 몽상 속에 내 몸이 들어가 자리잡아 그 마음을 휘어잡기까지는 지나가게 하지 않겠다는 욕망의 한결같이 아련하고도 아주 작은 배아(胚芽)가 내 마음에 솟아나는 것을 느꼈다. 그러는 동안 마차는 멀리 사라지고, 아름다운 아가씨는 이미 우리 뒤에 멀리 떨어져, 그녀는 나에 대해, 한 인간을 이루는 개념을 조금도 갖고 있지 않아서, 나를 스치듯 본 그 눈은 벌써 나를 잊어버렸으리라. 내가 그 아가씨를 그처럼 아름답게 여긴 것은, 그 아가씨를 언뜻 보았기 때문이었을까? 그럴 테지. 첫째로, 한 여인의 곁에 멈출 수 없다는 사실, 다른 날 또다시 만나지 못한다는 근심, 그것이 느닷없이 그 여인에게, 병이나 가난 때문에 구경하러 가지 못한 어느 고장이 매력 있게 느껴지는, 혹은 병과 싸워 기어이 쓰러질, 얼마 남아 있지 않은 어두운 나날도 두 번 다시 없는 날이라서 매력 있게 보이는 그런 매력을 준 것이다. 그래서 습관이라는 게 없다면 시시각각 죽음의 위협을 받고 있는 존재들에게—다시 말해 모든 인간에게—삶은 즐거운 것으로 보이리라. 게다가 상상이 우리가 가질 수 없는 것에 대한 욕망으로 좌우되는 거라면, 지나가는 여인의 매력이 일반적으로 통행 속도와 비례하는 길거리의 만남에서, 상상의 비약은 상대의 실체를 완전하게 깨닫느냐 깨닫지 못하느냐와는 관계없다. 들판에서나 시가지에서나, 어둠이 깔리기 시작하고 마차가 조금이라도 빨리 달리면, 우리를 끌고 가는 속도나 사물을 어둠에 빠뜨리는 땅거미 덕분에, 여인의 토르소*는 고대의 대리석상처럼 훼손되는 일 없이, 길 한 모퉁이나 각 상점 안에서 반드시 '아름다움'의 화살을 우리 심장에 쏠 것이다. 그 '아름다움'은 아쉬움에 강하게 자극받는 우리의 상상력이 토막난 모습으로 삽시간에 멀어져가는 한 여인에게 덧붙이는 부분과 현실 세계에서는 다른 것이 아닌가 하고, 때로는 자문자답하고 싶은 그런 아름다움이다.

마차에서 내려 스쳐가는 아가씨에게 말을 걸 수 있었다면, 마차 위에서는 볼 수 없었던 피부결의 흠 같은 것에 분명 나는 실망했으리라(그때에는, 그녀의 삶에 비집고 들어가려는 온갖 노력도 돌연 보람 없는 것으로 느꼈을 것이다. 그도 그럴 것이 아름다움이란 하나로 이어지는 가정이어서, 한번 추함이 나타나자, 미지로 열리기 시작한 길이 막히면서 그 가정이 좁아지기 때문이다). 아마도 그녀가 입 밖에 냈을 한마디 말과 그녀 얼굴에 떠오를 미소가 행동을 알아보는 데 뜻하지 않은 열쇠, 암호를 주었을는지 모르나, 그 또한 금세 하찮은 것이 되었으리라. 사실 그럴지도 모른다. 내가 아무리 수많은 핑계를 꾸며대도 나를 놓아주지 않는 엄한 어른과 함께 있었던 만큼, 단 한 번도 탐나는 아가씨를 만난 적이 없었기 때문이다. 처음으로 내가 발베크에 간 지 몇 해가 지났을 때, 일이 있어 아버지의 친구분과 함께 마차로 파리에 가는 도중 어둠 속에 재빠른 걸음으로 걸어가는 한 여인을 언뜻 보고, 모르면 몰라도 일생에 자주 오지 않는 행복의 몫을 예절의 도리 때문에 놓치다니 당치 않다고 생각하여, 한마디 사과도 없이 마차에서 뛰어내려, 그 미지의 여인을 뒤쫓기 시작했는데, 두 갈래로 나뉜 길에서 사라졌다가 세 번째 길에

* 머리와 팔다리가 없이 몸통만 있는 조각상.

서 다시 찾아, 숨을 헐떡이며, 가로등 밑에서 겨우 마주친 상대는, 어처구니 없게도 내가 늘 피해온 베르뒤랭 노부인이었다. 놀란 그분은 너무나 기뻐서 외쳤다. "어머나! 나한테 인사하러 일부러 뛰어와주시다니 고맙기도 해라!"
그해, 발베크에서, 이처럼 아가씨들과 만날 때마다 나는 할머니와 빌파리지 부인한테, 두통이 심하니 나 혼자 걸어서 돌아가는 게 좋겠다고 떼를 쓰곤 했다. 두 분은 내가 내리게 그냥 두지 않았다. 그래서 나는 더 가깝게 보려고 하는 이 아가씨들을 내 수집에(이름도 모르고 움직이는 사람인지라 역사적 건물보다 더 만나기 어려운) 아름다운 아가씨로 보태넣었다. 그렇지만 그 가운데 하나, 내가 바라던 사귈 가능성이 높은 상황에서, 다시 내 눈앞에 나타난 아가씨가 있었다. 그녀는 우유 장수의 딸인데, 농장에서 호텔로 크림을 더 가져온 참이었다. 상대도 내 얼굴을 알아보고 있구나, 옳거니, 나를 유심히 바라보고 있구나 하는 생각이 들면서, 어쩌면 그건 내가 뚫어지게 상대를 보고 있는 데 놀라서 이쪽을 유심히 바라보고 있는 것에 지나지 않는다는 생각도 들었다. 그런데 다음 날, 오전 내내 잠을 자던 나에게, 정오 무렵 커튼을 열러 온 프랑수아즈가 호텔에 내 앞으로 맡겨져 있던 편지 한 통을 내놓았다. 나는 발베크에 아는 사람이 없었다. 따라서 우유 장수의 딸한테서 온 편지라고 확신했다. 그런데 아깝게도, 그것은 베르고트한테서 온 편지였고, 그는 지나가는 길에 나를 만나보고 가려다가 내가 잠들어 있는 걸 알고는 단순히 한마디 적어놓고 갔는데, 그걸 엘리베이터 보이가 봉투에 넣어두었고 나는 그것을 우유 장수의 딸이 보낸 편지로 생각했던 것이다. 나는 몹시 실망하여, 베르고트의 편지를 받는 쪽이 더 어려운 일이며 더 자랑할 만한 일이라 해도, 그 편지가 우유 장수의 딸한테서 온 게 아니라는 사실에 조금도 위로가 되지 않았다. 이 아가씨 또한, 빌파리지 부인의 마차에서 언뜻 본 다른 아가씨들과 마찬가지로 다시 보지 못했다. 다시 만난 아가씨들을 전부 잃는다는 것이 더욱더 나를 불안하게 하여, 그런 우리 욕망을 제한하길 권하는 철학자들의 예지에 수긍이 갔다(그렇지만 이 경우, 철학자는 인간에 대한 욕망을 이야기하려는 것이다. 의식을 소유한 미지의 것*을 대상으로 삼을 때 비로소 욕망은 불안을 일으키니까. 철학이 부귀에 대한 욕망을 왈가

* 인간.

왈부한다고 가정하다니 너무나 몰상식하다). 그런데도 나는 그런 예지를 어쩐지 완전하지 못한 것으로 판단했다. 그런 아가씨들과의 재회야말로 현실 세계를 더 아름답게 보여준다고 생각했기 때문이다. 이러한 세계는 모든 시골길에 진귀하지만 흔한 꽃, 하루의 덧없는 보배, 운 좋게 산책로에 돋아나 있어, 아마 둘도 없는 우연만이 삶에 대한 새로운 애착을 주는 이 기쁨을 언제나 맛보지 못하게 했던 게 아니라는 생각이 들었다.

그러나 분명 어느 날에 가서 더 자유로운 몸이 되면, 다른 길에서 비슷한 아가씨들을 만날 수 있겠거니 기대하는 나는 이미, 예쁘게 여겼던 여인의 곁에 살고 싶어한 욕망 속에 있는 개성적인 요소를 망가뜨리기 시작했는지도 모른다. 그 욕망을 인위적으로 생기게 할 수 있다는 그 가능성만으로도, 나는 그 욕망이 환상에 지나지 않는다는 사실을 암암리에 인정하고 있었던 것이다.

빌파리지 부인의 말마따나 담쟁이덩굴로 뒤덮인 성당은 크지 않은 언덕 위에 세워져, 마을이 내려다보이고, 그 마을을 꿰뚫으며 흐르는 작은 내에는 조그마한 다리가 있었다. 이 카르크빌 성당에 부인이 우리를 데리고 가던 날, 할머니는 내가 건물을 구경할 때 혼자 있는 편을 좋아할 거라고 생각해, 부인한테 제과점에 간식을 사러 가자고 권했다. 한눈에 알 수 있는 광장은 거기서 또렷하게 보이고, 그 녹 밑에 햇볕이 금빛으로 내리쬐고 있어, 온통 옛 풍치가 그윽한 오래된 사물 가운데 그것만 다른 부분인 듯했다. 나중에 거기서 다시 만나기로 하고 이곳엔 홀로 남게 되었다. 혼자서 눈앞에 있는 초록 덩어리 속 성당을 알아보려면, 성당이라는 관념을 좀더 명확히 파악하는 노력이 필요했다. 과연 외국어 번역이나 작문 시간에 익힌 형태에서 한 구절을 떼어내어 연습해야 할 때, 그 구절의 뜻을 좀더 완전하게 파악하는 학생의 경우와 마찬가지로, 한눈에 알아차릴 종탑 앞이라면 몰라도 여느 때와 달리 거의 필요하지 않은 성당이라는 관념에 도움을 받아가면서, 여기 담쟁이 수풀의 아치형은 고딕식 그림 유리의 아치에 해당하는구나, 저기 저 잎들이 나온 것은 기둥 윗부분의 돋을새김 탓이구나 하는 등등의 주의를 한시라도 멈추어서는 안 되었다. 그러다가 바람이 조금 불어와서 움직이는 현관을 살랑거리게 하며, 파문이 빛처럼 파르르 떨면서 넘나들었다. 잎 하나하나가 팔랑이고, 정문 근처의 식물을 부르르 떨게 하면서, 그 길동무 삼아, 물

겹치고, 쓰다듬으면서, 달아나는 기둥들을 끌고 가는 것이었다.

성당을 떠나 옛 다리 앞에 오니, 마을 아가씨들의 모습이 눈에 띄었다. 아마 주일이기 때문이었으리라. 몸치장한 마을 아가씨들이 서성거리며, 지나가는 사내들에게 이야기를 걸고 있었다. 그중에 다른 아가씨들보다 옷차림은 초라했으나, 어떤 분위기가 그 아가씨들을 지배하고 있는 성싶은—왜냐하면 다른 아가씨들이 말을 건네와도 대꾸를 할까 말까 했으니까—그리고 겉모습도 콧대가 세고 옹고집으로 보이는 덩치 큰 아가씨 하나가 다리의 가장자리에 걸터앉아 두 다리를 늘어뜨리고서, 분명 이제 막 낚아 올린 물고기가 가득한 작은 항아리를 무릎 위에 안고 있었다. 그녀는 햇볕에 그을린 얼굴색에 온순한 눈, 그러나 주위 사람을 멸시하는 눈초리, 섬세하고도 매력적인 조그마한 코를 가지고 있었다. 내 눈길은 그녀의 피부에 쏠리고, 내 입술도 자연스레 나의 시선을 뒤따르고 있었는지도 모른다. 하지만 내가 다다르고 싶었던 것은 오직 그녀의 육체만이 아니라, 그 육체 안에 살고 있는 한 인간이었다. 그런 그녀에게 맞닿으려면 상대의 주의를 끄는 수밖에 없고, 그 안에 뚫고 들어가려면 상대의 마음에 하나의 관념을 불러일으킬 수밖에 없다.

낚시질하는 아름다운 아가씨의 이 내부 세계는 여전히 나에게 닫힌 듯싶었다. 내가 암사슴의 시야 안에 비치고 있기나 하듯이, 나로서는 알지 못하는 어떤 굴절률에 따라서, 내 모습이 그녀 눈동자의 거울 속에 몰래 반사되고 있는 것을 언뜻 본 뒤에도, 내가 그녀의 내부 세계에 들어가 있는지 의심스러웠다. 그러나 내 입술이 그녀의 입술에서 쾌락을 느끼는 것만으로는 충분하지 않고, 그녀의 입술에도 쾌락을 주는 게 필요하듯이, 그녀의 존재 속에 들어가 거기에 자리잡으려는 나라는 관념이, 그녀의 주의를 끌 뿐만 아니라, 그녀의 감탄과 욕망도 이끌어내어 내가 그녀를 다시 만나는 날까지 그 존재 안에 나에 대한 추억을 간직하길 바랐던 것이다. 그렇지만 빌파리지 부인의 마차가 기다리기로 되어 있는 광장이 몇 걸음 안 되는 곳에 보였다. 한 순간밖에 없었다. 그리고 이미 그런 모양으로 서 있는 나를 보고 아가씨들이 웃기 시작하는 게 느껴졌다. 주머니에 5프랑이 있었다. 나는 그걸 꺼내, 그 아름다운 아가씨에게 심부름을 부탁하기에 앞서, 내 말을 귀담아듣게 하려고 그녀의 눈앞에 그 한 푼을 잠시 보였다.

"이 고장 분 같아서 부탁합니다만." 나는 낚시질하는 아가씨에게 말했다.

"내가 제과점 앞에 가야 하는데 그곳은 아무래도 광장에 있는 듯하군요. 그런데 어딘지 모르겠어요. 그곳에서 마차가 나를 기다리고 있는데 말입니다. 잠깐만! ……혼동하지 않도록 그것이 빌파리지 후작부인의 마차인지 물어봐주세요. 하기야 금세 눈에 띌 겁니다. 말 두 필이 달렸으니까."

나는 그것을 그녀에게 알려 대단한 사람으로 보이고 싶었다. 그런데 내가 '후작부인'이라는, '말 두 필'이라는 말을 입 밖에 내는 순간, 갑자기 마음이 진정되는 걸 깨달았다. 낚시질하는 아가씨가 나를 기억해두리라는 것을, 또 그녀를 두 번 다시 만나지 못할 거라는 두려움이 가시는 동시에, 그녀를 다시 만나고 싶다는 욕구가 조금씩 사라져가는 것을 느꼈다. 이제 막 눈에 보이지 않는 입술로 그녀에게 닿았다는, 내가 그녀의 마음에 들었다는 느낌을 받았다. 이렇게 강제로 상대방의 정신을 빼앗고, 비물질적인 형태로 그녀를 소유했다는 것은, 육체를 소유한 바와 마찬가지로 그녀한테서 신비스러움을 벗긴 것이다.

우리가 탄 마차는 위디메스닐 쪽으로 내려갔다. 돌연 나는 콩브레 이후 그다지 느끼지 못했던 깊은 행복감, 특히 마르탱빌의 종탑이 주었던 것과 비슷한 어떤 행복한 느낌으로 가득 찼다. 그러나 이번에는 그것이 완전하지 못한 채로 남았다. 우리가 접어들고 있는 비탈길 양쪽에서 움푹 들어간 곳에, 수풀로 덮인 오솔길 어귀의 표시임이 틀림없는 듯한 나무 세 그루가, 내가 처음 보는 게 아닌 하나의 그림을 이루고 있는 걸 언뜻 보고 난 뒤에 그런 행복한 느낌이 들었는데, 그처럼 나무 세 그루가 뚜렷이 드러났던 장소가 어딘지 확인할 수 없는 채, 그저 지난날 나에게 친숙했던 장소였다는 느낌만 들 뿐이었다. 따라서 내 정신이 먼 어느 과거와 현재 사이에서 비틀거리자마자, 발베크 부근도 어지럽게 흔들거려, 나는 이렇게 생각했다. 이 산책 전체가 하나의 허구에 지나지 않는 건 아닐까, 발베크는 한 번도 간 적 없는 상상 속의 장소로, 빌파리지 부인은 소설에 나오는 인물이 아닐까, 세 그루의 늙은 나무는, 독서 중인 책 속에서 실제 밖으로 옮겨진 것을 묘사하고 있는데, 이 책에서 잠시 눈을 쳐들면 다시 나타나는 그런 실물이 아닐까 하고 나는 세 그루 나무를 바라보고 또 바라보았으나, 아무래도 내 정신의 힘으론 잡아내지 못하는 어떤 것을 숨기고 있음을 느낀다. 그것은 너무나 멀리 놓여, 우리가 팔을 뻗고 손가락을 펴도, 이따금 그 봉지에 스칠 뿐 무엇 하나 움켜쥘 수 없는 물건과 같다. 그런 때 우리는 팔을 앞으로 더 힘차게 뻗어 더 멀리 다다르도록 노력하려고 잠시 휴식을 취하는 게 보통이다.

그러나 내 정신이 그처럼 힘을 모아 높이 뛰어오르게 하려면 혼자가 될 필요가 있었다. 게르망트 쪽을 산책하던 중 내가 부모님한테서 떨어져 홀로 남겨진 것처럼, 이번에도 얼마나 나 혼자 있고 싶었는지! 기필코 그렇게 해야만 한다는 느낌마저 들었다. 나는 이런 기쁨을 알고 있었다. 이 기쁨이 생각에 생각을 일으키는 어떤 정신의 노력을 요구하는 건 사실이다. 하지만 이 기쁨에 비한다면, 이것을 단념시키는 무사태평의 즐거움 따위는 아주 쓸모없는 것으로 보인다. 대상이 뭔지 알 듯한 이 기쁨, 나 자신이 만들어내야 하는 이 기쁨, 나는 그것을 어쩌다 한 번 느꼈을 뿐이지만, 그때마다, 그 사이에 일어났던 것들이 거의 대수롭지 않게 느껴져, 내가 이 기쁨의 유일한 실물에 집착하면 마침내 참다운 삶을 시작할 수 있으리라 생각했다. 빌파리지 부인의 눈에 띄지 않게 눈을 깜박일 수 있도록, 나는 순간 한 손으로 눈을 가렸다. 나는 그대로 아무것도 생각하지 않은 채 있었지만, 다시 집중하여, 더 강한 힘으로 사고하면서, 나무 쪽으로, 아니 오히려 내 몸속에서 나무를 보고 있는 그 안쪽으로 더 깊이 뛰어들었다. 또다시 나무 뒤에서 알아본 먼저와 같은, 그러나 막연한 대상을 느꼈지만, 그것을 내 쪽으로 데리고 올 수는 없었다.

그러는 동안 마차가 앞으로 나감에 따라 세 그루 모두 눈에 띄게 가까이 왔다. 어디서 저것을 구경하였던가? 콩브레 부근엔 그처럼 작은 길이 탁 트여 있는 데가 한 곳도 없었다. 어느 해 할머니와 함께 요양차 갔던 독일의 시골에는, 그 나무들이 나에게 떠올리게 하는 경치가 들어설 여지가 더더군다나 없었다. 나무 세 그루가 내 삶의 너무나 먼 과거에서 와서 그것을 둘러싸고 있는 경치도 기억에서 지워지고 말아, 읽은 적 없는 작품 속에 갑자기 아는 문장이 눈에 띄어 깜짝 놀라는 페이지처럼, 내 어린 시절의 망각한 책에서 그것만이 겉에 떠오르고 있다고 생각해야 옳은가? 아니면 반대로 이 나무들은 꿈의 풍경에만 속한 걸까? 그 꿈의 풍경은 적어도 나에겐 한결같은 것으로, 내 안에 나타나는 그 풍경의 기이한 모습은, 게르망트 쪽에서 여러 번 경험했듯이, 그 장소 뒤에 숨어 있는 걸로 예감하던 그 신비에 이르려고, 또는 발베크처럼, 알려고 애태우다 그것을 알아버린 날부터 아주 천박하게 보이던 곳에 다시 한 번 신비성을 끌어넣으려고 자지 않으면서까지 치른 노력이 잠자던 중에 객관화된 것에 지나지 않는가? 혹은 그것은 어젯밤 꿈에 나온 새로운 영상인데 벌써 어찌나 가뭇없어졌는지 아주 먼 옛 꿈인 듯 느껴지는 게 아닌가? 아니면 그것은 내가 이제껏 본 적 없는 나무이며, 게르망트 쪽에서 본 적 있는 나무나 풀숲과 마찬가지로, 먼 과거처럼 아리송하고도 파악하기 어려운 뜻을 그 뒤에 감추고 있으므로, 어떤 사념에 떠밀려 뭔가 그와 비슷한 것을 기억 속에서 찾아야 한다는 생각이 들었는가? 또는 그것이 사념조차 감추고 있지 않고 오로지 내 시력의 피로 때문에 이따금 공간에 사물이 두 겹으로 보이듯 시간 속에 그것이 겹쳐 보였는가? 나는 모르겠다. 그러는 사이 나무 세 그루는 내 쪽으로 오고 있었다. 아마도 신비스러운 유령의 출현, 그 예언을 나에게 일러주는 마녀, 또는 노른(Norn)*의 원무(圓舞)인 듯하다. 오히려 나는 그것이 과거의 환영, 나의 어릴 적 친한 친구, 사라져간 친구들로, 그들이 함께한 추억을 불러낸 거라 여겼다. 망령처럼 나무 세 그루가 나에게 저희들을 데리고 가달라, 생명을 돌려달라고 청하는 듯싶었다. 나는 그 소박하고도 열정 있는 몸짓 속에, 사랑받는 사람이 갑자기 벙어리가 되어, 하고자 하는 말을 할 수 없고, 상대도 알아차리지 못하는 것을 느끼는 이의 무력한 안타까움을 알아보았다. 이윽고 마차는 네거리에 이르러 세 그루 나무를 버렸다. 마차는 나만이 진실이라고 생각하는 것, 나를 진정 행복하게 해주리라 생각하는 것에서 나를 멀리 데려가고 있어, 그 마차가 가는 길은 마치 인생 자체와 비슷했다.

나는 나무가 죽을힘을 다해 팔을 흔들면서 멀어져가는 걸 보았는데, 나한테 이렇게 말하고 있는 듯싶었다. 네가 오늘 우리에게서 배우지 않은 것, 그것을 너는 영영 모르고 말리라, 이 길의 구석에서 네 몸까지 뻗어오르려 애쓰고 있는 곳에 우리를 그대로 뿌리치고 가면 우리가 네게 가져다준 너 자신의 일부는 영영 허무에 빠지리라고. 이제 막 이 장소에서 느낀 기쁨과 불안을, 실상 그 뒤 다시 맞닥뜨렸고, 또 그런 어느 날 저녁 이 같은 감정에—너무나 늦게, 그러나 영원토록—나를 맡겼는데, 그 반면 당장 그 나무 자체에서는, 그것이 나에게 무엇을 가져다주려고 했는지 어디서 그것을 본 적이

* 북유럽 신화에 나오는 운명과 예언의 세 여신.

있었는지 전혀 알 수가 없었다. 마차가 갈림길에 들어서면서, 더는 세 그루의 나무가 보이지 않게 되었을 때, 빌파리지 부인이 나에게 왜 그런 몽상에 잠긴 얼굴을 하고 있느냐 물었는데, 나는 이제 막 나의 벗을 잃었거나, 나 자신이 죽었거나, 어느 주검을 모르는 이라고 말하거나, 어느 신령을 노하게 한 것처럼 침울했다.

호텔로 돌아가야만 했다. 빌파리지 부인은 자연에 대한 감각도 있고, 할머니보다 차가웠지만, 미술관이나 귀족 저택 말고도 어떤 옛것들의 단순하며 장엄한 아름다움을 알아볼 줄 알아서, 마부에게 인적이 뜸하지만 오래된 느릅나무 가로수가 멋진 발베크의 옛길로 접어들라고 일렀다.

이 옛길에 익숙해지고 나서는, 변화를 구하려고 다니던 길에 들어서지 않는 경우, 돌아오는 길에 샹트렌과 캉틀루의 숲을 가로질렀다. 숲 속, 우리 가까이에서도 서로 우짖는 수많은 새의 모습은 보이지 않으나, 듣는 이가 눈 감았을 때와 똑같은 안정을 주었다. 바위에 사슬로 묶여 있는 프로메테우스처럼 마차 안 좌석에 매여 있는 나는, 가만히 오케아니데스*에 귀를 기울이고 있었다. 그리고 우연히 새 한 마리가 한 나뭇잎에서 다른 나뭇잎으로 건너가는 것을 언뜻 보았을 때, 그 새와 지저귐 사이에 눈에 띄는 유대가 거의 아무것도 없어, 놀라 허겁지겁 푸르르 날아가는 그 작은 몸에서 지저귐의 근원을 보았다는 생각이 들지 않았다.

이 길은 프랑스에서 흔히 부딪치는 허다한 길과 마찬가지로 꽤 가파른 언덕을 올라가자 기나긴 급경사가 나왔다. 그때 나는 이 길에서 중요하게 여길 만한 매력을 발견하지 못하고, 오로지 호텔로 돌아가는 것만이 기뻤다. 그런데 그 뒤에 그것은 내 기억 속에 하나의 계기로 남아, 기쁨의 원인이 되어, 그 뒤 산책이나 여행 중에 지나갈 비슷비슷한 길들이 끊어지지 않으며 금세 이어지고, 그 덕택으로 어느 길이나 내 마음과 직접 통할 수 있을 도화선이 되었다. 왜냐하면 빌파리지 부인과 함께 돌아다녔던 길의 계속인 듯 보이는 길 가운데 하나에, 그 뒤 마차나 자동차가 접어들자마자, 그때의 내 의식은 가장 가까운 과거에 의지하듯(그 사이 모든 세월이 흩어지고) 곧바로 발베크 근방 산책의 인상, 그날 오후의 끝 무렵, 나뭇잎들이 좋은 향내를 풍기

---

* 그리스 신화에서 오케아노스와 테티스 사이에 태어난 바다의 님프들.

고, 짙은 안개가 일기 시작해 마치 그날 저녁 안에 인근 마을 쪽으로 닿지 못할 듯싶은 어떤 이어진 거리, 먼 숲의 고장이기나 한 듯 나무들 사이로 석양이 지는 것을 언뜻 보았을 때에 발베크 근교를 산책하면서 받았던 인상에 의지하게 될 터이기에. 그런 인상은 그 뒤 다른 지방, 비슷한 길거리에서 내가 느끼는 인상에 연결되어 그 두 인상에 공통된 감각인, 자유로운 호흡, 호기심, 노곤함, 식욕, 쾌활 같은 온갖 감각에 둘러싸이면서, 다른 모든 것을 배제하고선 더 세어지고, 어떤 특별한 쾌락 같은, 또 거의 하나의 생활권을 갖춘 견고함을 띤다. 하기야 내가 그런 안쪽에 들어가는 기회는 드물긴 하나, 거기서 줄지어 깨어나는 추억은 육체적으로 지각되는 실재 한가운데, 다만 아무렇지도 않게 환기되고 몽상될 뿐 포착할 수 없는 실재의 대부분을 옮겨놓아, 내가 우연히 지나가는 그런 고장 한가운데서, 심미적인 감정 따위보다 앞으로 영원히 거기서 살고 싶다는 일시적이나 열광하는 욕망을 더 강하게 일으킬 것이다. 그 뒤 나뭇잎 냄새만 맡아도, 빌파리지 부인의 마차 안 맞은편 의자에 앉았던 일, 뤽상부르 공주와 마주치면서 공주가 그 마차에서 빌파리지 부인에게 인사를 건넨 일, 그랑 호텔에 저녁 식사 하러 돌아가던 일 같은 것이, 현재도 미래도 우리에게 가져다주지 못하는 일생에 한 번밖에 맛볼 수 없는, 겉으로 나타낼 수 없는 행복의 하나로써 얼마나 내 앞에 나타나던지!

우리가 돌아가기에 앞서 해가 진 일도 많았다. 나는 빌파리지 부인에게 하늘에 떠오르는 달을 가리키면서, 샤토브리앙이나 비니, 빅토르 위고의 아름다운 표현을 인용하여 들려줬다. 이를테면 '달이 그 우수에 찬 오래된 비밀을 퍼뜨리고 있었다'*[1] 또는 '다이애나처럼 샘물가에서 눈물방울 떨구고'*[2] 또는 '어둠은 혼례의 기색으로 가득 찼노라, 엄숙하고도 장엄하게'*[3] 같은 시구이다.

"아름답다고 생각해요?" 빌파리지 부인이 내게 물었다. "댁이 말한 대로 과연 '천재적'일까요? 나는 언제나 놀라요. 그분이 물론 친구들 사이에서는 뛰어나다는 걸 충분히 인정하면서도, 그분 친구들이 제일 먼저 우롱한 것들

---

*1 샤토브리앙의 소설 《아탈라》.

*2 비니의 시 〈목동의 집〉.

*3 위고의 장시 〈잠든 부아즈〉.

을 요즘 분들이 아주 곧이듣는 걸 보면 말이에요. 오늘날처럼 천재라는 표현을 함부로 쓰지 않았어요. 요즘은 작가한테 재능밖에 없다고 말하면 모욕으로 해석하지만요. 샤토브리앙 님의 달빛의 명구를 인용하셨는데, 나는 그 점에 동의할 수 없답니다. 샤토브리앙 님은 이따금 우리 아버님 댁에 오셨죠. 혼자 계실 때는 그래도 유쾌한 분이었는데, 아버님 댁에 여러 사람들이 오시면 금세 거드름을 피워 우스운 꼴이 되고 말거든요. 아버님 앞에서 그분은 국왕 눈앞에 사표를 던졌다느니, 교황 선거회를 지도했다느니 하는 말을 퍼뜨리는 거예요. 그 국왕께 복직을 청해달라고 아버님에게 부탁했던 일, 또 교황 선거에 관해 제정신으로는 할 수 없는 말도 안 되는 억측을 아버님한테 들려줬던 일을 까맣게 잊어버리고 말입니다. 이 교황 선거회는 블라카스 님한테 물어봐야 하지만, 이분은 샤토브리앙 님과는 딴판이었습니다. 그 달빛의 글귀로 말하면, 저택 주위에 밝은 달밤, 손님 가운데 새로 온 분이 있을 때마다 그 글귀는 우리집에서 순전히 비웃음거리가 되고 말았어요. 그분에게 만찬 뒤 샤토브리앙 님을 모시고 바깥바람을 쐬어보라고 권하죠. 그 두 분이 돌아오면 아버님은 반드시 그 새로 오신 분을 한구석으로 끌고 가세요. '샤토브리앙 님께서 퍽 말솜씨가 좋으시죠? —네에! 그렇더군요—당신한테 달빛에 대해 이야기했죠? —네에, 어떻게 아시죠? —잠깐, 이렇게 말하지 않던가요?' 하고 아버님은 그 글귀를 인용합니다. —'그 그대론데, 정말 이상한 일이군요? —그리고 로마의 들판을 비추는 달빛을 이야기하고요. —아니, 당신은 마법사이시군.' 천만에요, 아버님은 마법사가 아니었습니다. 다만 샤토브리앙 님이 늘 준비해둔 똑같은 글귀를 이용하시고 좋아라 하신 거죠."

비니의 이름이 입 밖에 나오자 빌파리지 부인은 웃음을 터뜨렸다.

"'나는 알프레드 드 비니 백작이올시다'라고 말하는 분. 백작이건 백작이 아니건 하나도 대수로울 게 없는 것을."

그러고 나서 아마도 이 점은 조금 중요하게 생각해선지 다음과 같이 덧붙였다.

"나는 그분이 백작인지 아닌지 확실한 건 모르지만, 어쨌든 보잘것없는 가문이었습니다. 시 가운데에서 자기의 '귀족 투구 꼭대기 장식'*에 대해 이

* 비니의 시 〈순수정신〉.

야기하고 있지만. 그것은 독자를 위해 얼마나 좋은 취미이자 흥밋거리인지! 이 점에서는 뮈세도 같아요. 과장하여 '나의 투구를 장식한 금제 새매'*라고 말하고 있지만, 한낱 파리 시민에 지나지 않아요. 진짜 귀족은 결코 그 따위 말을 입에 올리지 않죠. 그래도 뮈세는 시인으로서 재능이 있었습니다. 그러나 비니 님의 작품은 《생마르(*Cinq-Mars*)》를 빼놓곤 하나도 읽을 만한 게 없어 어찌나 지루한지 손에서 책이 떨어지고 말아요. 재능도 솜씨도 모자란 비니 님에 비해 몰레 님은 아주 뛰어나서, 비니 님을 아카데미에 받아들이는 자리에서 후련하게 그분의 잘못을 따졌습니다. 어머나, 그 연설을 모르시나요? 그야말로 악의와 무례의 걸작이랍니다."

조카들이 발자크를 애독하고 있는 것을 보자 놀란 그녀는, 그가 '자기를 받아들이지 않았던' 사교계를 묘사했다고 주장하고, 또 사교계에서 일어나지도 않은 일을 마구 떠들어댄 점을 비난했다. 빅토르 위고에 관해선 우리에게 다음과 같이 말했다. 곧 그녀의 아버님 부이용 님은 젊은 낭만주의 작가들 중 친구가 있어, 그 연고로 〈에르나니〉의 초연에 입장했는데, 극이 끝날 때까지 남아 있지 못했을 만큼 이 작가의 운문이 천부의 재질은 있지만 과장이 심해 우스꽝스럽다고 생각했으며, 또 위고가 대시인이라는 칭호를 받은 것은 손을 잘 썼기 때문이고, 그가 사회주의자들의 위험한 망발에 보인 재치 있는 관용의 보수에 불과하다고.

벌써 호텔과 그 등불이 눈에 들어온다. 도착한 첫날 저녁 그토록 적의를 품었던 등불도, 이젠 우리집을 알리는 다정하면서도 보호자 같은 눈길이다. 뿐만 아니라 마차가 출입구 근처에 다가가자, 우리의 늦은 귀가를 막연히 걱정하면서, 부랴부랴 들뜬 얼굴로 출입구 계단에 모여 우리를 기다리고 있는 문지기, 하인들, 엘리베이터 보이와는 이미 친한 사이가 되어 있었다. 이 사람들은 우리 자신이 변하듯이 우리 인생길에서 여러 번 모습을 바꾸어, 그들이 그렇게 잠깐 우리의 습관을 비추는 거울이 되고 있을 때, 그들 속에 착실하고도 정답게 비치고 있는 우리 모습에 우리는 더욱 다사로움을 맛본다. 우리가 오랫동안 만나지 않은 친구들보다 그들을 더 좋아하는 이유도 그들이 지금 우리의 모습을 더 많이 지니고 있기 때문이다.

---

* 뮈세의 시 〈A.T.님에게 바치는 소네트〉.

낮 동안 햇볕을 쬔 그 '현관 안내인'만이 저녁의 싸늘함에 견디지 못해 안으로 들어가 스웨터를 뒤집어쓰고 있었는데, 그 스웨터는, 오렌지빛으로 물들인 그의 늘어진 머리칼이나 뺨의 기묘하게 붉은 꽃과 함께 유리 낀 홀 가운데서 한기를 막은 온실의 식물을 생각나게 하였다. 우리는 필요 이상으로 많은 하인들의 도움을 받으며 마차에서 내렸다. 그처럼 많은 도움이 필요하지 않았지만, 그들은 이 일이 중요하다고 느껴 다들 하나씩 역할을 맡아야 한다고 믿고 있었다. 나는 허기져 있었다. 그래서 보통은 저녁 식사 시간에 늦지 않으려고 방에 올라가지 않는 일이 많았는데—이제는 실제로 아주 내 것이 되고 말아, 보라색 큰 커튼이나 나지막한 서가를 다시 보는 게 나라는 존재와 홀로 마주 있는 것과 마찬가지일 뿐더러 그 안에 있는 사물이 인간처럼 내 모습을 내게 보여주는 방에 올라가지 않고—우리는 다 함께 그대로 홀에 남아서, 지배인이 식사 준비가 다 된 것을 알리러 오기를 기다렸다. 그것은 빌파리지 부인의 이야기를 들을 또 한 번의 기회였다.

"폐를 끼치는군요." 할머니의 말.

"웬걸요, 나는 아주 기뻐요. 재미나요." 할머니의 벗은 평소 꾸미지 않는 태도와는 달리 노래 같은 가락으로 발음을 길게 끌면서, 감미로운 미소를 띠며 대답했다.

사실 그녀는 이것도 자연스럽지 않아, 귀부인이 부르주아에게 함께 있어서 기쁘다든가 자기는 교만한 태도가 없다든가 하는 기색을 나타내야 할 때의 귀족적인 모양새, 받아온 교육 같은 것을 염두에 두고 있었던 것이다. 그녀에게 참된 예의가 모자란다고 한다면, 그 이유는 오히려 그녀의 과도한 예의에 있었으니 까닭인즉, 거기엔 포부르 생제르맹의 귀부인에게만 보이는 특유한 버릇이 있기 때문이다. 이 귀족 동네의 귀부인은 부르주아 계급 사람들 중, 어느 날에 가서는 자기도 불만을 품게 되리라는 운명을 늘 예측하고 있어서, 가능한 모든 기회를 열심히 이용해 부르주아들에게 베푸는 호의의 장부 안에서, 그들을 초대하지 않을 만찬회나 대연회를 쉬이 그 차변(借邊)에 적어넣게 될 그런 대월금을 미리 지급해놓으려고 하는 것이다. 그와 같이 이 계급의 신비한 기운은 빌파리지 부인의 마음을 움직였는데, 전엔 부인 위에 단호하게 군림했으나 지금은 상황도 변하고, 상대방이 다른 걸 모르며, 또 오래지 않아 파리에 가서는 가끔 그녀의 간청으로 우리가 그녀의 집에 찾아가게 되는 줄도 모르고, 마치 호의를 보이는 데 허락된 시간이 짧기라도 한 듯이, 빌파리지 부인을 집요하게 부추겨, 우리가 발베크에 있는 동안 장미와 멜론을 보내고, 책을 빌려주며, 마차로 산책할 수 있게 배려하고, 그리고 진정의 토로 같은 것을 거듭하게 하고 있었다. 그래서—바닷가의 눈부신 광채, 방들에 가지각색으로 번쩍거리는 빛과 넓고 큰 바다 속 같은 훤한 빛, 상인의 도련님들이 마케도니아의 알렉산더처럼 거룩하게 보이는 그 승마 연습과 꼭 마찬가지로—빌파리지 부인의 매일 같은 친절과, 할머니가 여름 동안 너그럽게 받아들인 이 한때의 솔직함은 내 추억 속에 그해 여름의 특징으로 남아 있다.

"어서 외투를 내주어요, 위층으로 그것을 갖다드릴 테니까요."

할머니는 외투를 지배인에게 내주었지만, 그 지배인은 나에게 친절한 사람인지라 그런 실례로 내심 상처입은 듯이 보여, 나는 너무나 죄송했다.

"저 사람 언짢은가 봐." 후작부인이 말했다. "보아하니 당신의 숄을 들기에는 자신이 너무나 지체 높은 귀족이라고 생각하나 봐요. 내가 아직 어렸을 때, 부이용 저택 맨 위층 아버님 방에 느무르 공작*께서 편지와 커다란 신문다발을 안고 들어오시던 일이 떠오르는군요. 예쁜 목조(木彫)를 아로새긴 문틀 속에 푸른 옷을 입은 공작께서 서 있던 모습이 지금도 눈앞에 선해요. 그 목조는 바가르의 솜씨였던 걸로 기억하는데, 아시다시피 꽃다발을 매는 리본처럼 가느다랗고 유연한 선으로 세공인이 군데군데 조그마한 조개껍데기와 꽃을 만들어낸 그런 거였어요. '이거 받으시오' 하고 공작께서 아버님께 말씀하셨답니다. '문지기가 이걸 당신에게 갖다드리라고 부탁하더군. 그가 하는 말이, 어차피 백작님한테 가시니까 소인이 일부러 여러 층을 올라가는 수고를 덜어도 좋지 않겠습니까, 하지만 끈이 풀리지 않도록 조심해주십쇼 라고 하더군'이라고요. 이제 짐을 내주었으니까 앉으세요, 어서 이쪽으로." 그러고는 부인은 할머니의 손을 잡으면서 말했다.

"괜찮으시다면, 저 안락의자는 좀! 둘이 앉기에는 너무 작고 나 혼자 앉기에는 너무 커서 거북할 거예요."

"그 말씀을 들으니 생각나는군요. 사실 이것과 똑같은 안락의자인데, 내

* 루이 필립의 아들(1814~96).

가 오랫동안 지켜오다가 더는 간직할 수 없게 된 게 있어요. 가여운 프라스랭 공작부인께서 우리 어머님에게 주셨던 거라 오랫동안 잘 지켜왔답니다. 어머님은 아주 쾌활한 분이셨지만, 나도 잘 이해할 수 없었던 옛 사고방식을 가지고 계셔서, 처음에는 세 바스티아니 가문의 따님에 지나지 않았던 프라스랭 부인에게 소개되는 일을 꺼려하셨답니다. 한편 프라스랭 부인은 공작부인이므로 자기 쪽에서 먼저 소개받지 않으려 했고요." 빌파리지 부인은 그런 말을 이해 못해 질색했던 걸 까맣게 잊어버리고 덧붙였다. "사실 본가의 슈아죌 부인*이었다면 그런 자부심도 품을 만하지요. 슈아죌은 실로 대단한 가문이니 말이에요. 루이 르 그로(Louis le Gros) 왕의 누이분이 선조이며, 바시니(Bassigny)에서는 그야말로 왕처럼 위세를 부렸습니다. 인척 관계나 명성으로는 우리 가문이 더 우세하지만 오래된 점으로는 거의 비슷하다고 해도 무방하답니다. 누가 상석에 앉을 것인지 때문에 우스운 일도 여러 번 있었지요. 이를테면 어느 오찬회에서 그 부인 가운데 한 분이 소개되는 데 동의하지 않아서 식사가 한 시간 이상 늦어졌어요. 그런데도 두 분은 절친한 사이가 되어 어머님에게 이런 안락의자를 선물해주셨습니다. 그러나 이제 막 당신이 하셨듯이, 다들 거기에 앉는 걸 거절하셨죠.

어느 날 어머님이 저택 안마당에서 마차 소리가 나는 걸 들으시고 어린 하인에게 지금 온 이가 누구시냐고 물었습니다. '라 로슈푸코 공작부인이십니다, 마님—그래, 모셔라.' 하지만 15분이 지나도 아무도 들어오지 않았습니다. '아니, 라 로슈푸코 공작부인은? 어디 계시지? —계단에서 숨을 고르고 계십니다, 마님.' 어린 하인이 대답했답니다. 이 어린 하인은 시골에서 온 지 얼마 안 되었습니다. 어머님은 하인들을 시골에서 고르는 습관을 갖고 계셨어요. 날 때부터 눈여겨봐두는 거죠. 좋은 하인을 고용하기 위해 그렇게 하는 겁니다. 또 그것이 잔신경이 가는, 사치스러운 일이기도 하고요. 그건 그렇고, 과연 라 로슈푸코 공작부인이 가까스로 계단을 오르고 있었는데 어찌나 덩치가 크고 뚱뚱한지 그분이 방에 들어올 때, 어머님은 그분을 어디에 앉힐까 궁리하면서 잠시 당황해하셨답니다. 그때 프라스랭 부인이 보내온 가구가 퍼뜩 눈에 띄었어요. '어서 앉으세요' 하고 어머님은 그 의자를 부인 앞

* 이 가문은 이미 11세기 무렵부터 권세 있었던 귀족. 프라스랭네는 슈아죌 가문 출신.

으로 내밀면서 말했습니다. 공작부인은 그 의자를 가장자리까지 꽉 채웠죠. 공작부인은 그런 당당한 체구로 언제나 유쾌한 기분을 만들어주는 분이었습니다. '그분이 들어오실 때의 울림이 꽤 인상적이에요' 하고, 우리 벗 한 분이 말한 적이 있답니다. 그러자 어머님은 '돌아가실 때가 더욱 파격적이에요' 하고 대답했는데, 오늘날 유행에 못지않은 신랄한 말투였어요. 라 로슈푸코 부인의 자택에서도 부인을 앞에 놓고 그 옆으로 퍼진 몸매에 대하여 마구 농담했는데, 그 농담에 제일 먼저 웃어대는 분이 바로 부인 자신이었죠. 언젠가 어머님이 공작부인을 방문했을 적에 입구에서 그 남편의 영접을 받으며, 출구 안쪽에 꽉 차도록 서 있는 그 아내를 알아보지 못하여 '어쩌나, 혼자 계십니까? 부인께서 안 계시나요? 계시지 않을 때 와서, 그럼 이만.'—'일부러 찾아와주셔서 고맙습니다!' 하고, 내가 아는 사람 가운데 가장 엉뚱한 사람이며, 또 어느 면에서는 재기가 넘치는 공작이 대답했답니다."

저녁 식사 뒤, 할머니와 함께 방으로 돌아왔을 때 나는 할머니에게 말했다. 우리가 빌파리지 부인한테 감탄한 그 뛰어난 재치, 섬세함, 조심성, 자기에 대한 겸손 따위는 어쩌면 그다지 고귀한 게 아닐지도 모른다. 왜냐하면 그런 것을 더 높게 지니고 있는 이가 몰레와 로메니 같은 사람에 지나지 않았고, 그런 것이 없다고 해도, 일상의 대인 관계야 불쾌하게 될는지 모르겠지만, 샤토브리앙, 비니, 위고, 발자크가 되기에는 아무 지장이 없기 때문이다. 다만 이런 사람들은 허영심이 강하고 판단력이 떨어져 쉽사리 남들의 비웃음거리가 된다는 점에서는 블로크 같겠지만……. 그런데 할머니는 블로크라는 이름을 듣자마자 언성을 높였다. 그리고 빌파리지 부인을 칭찬했다. 애정과 욕심에 끌려 각자의 선택을 다루어 부리는 게 종족 보존의 본능이며, 자손이 더 이상적으로 태어나도록 뚱뚱한 사내는 마른 여인을, 마른 사내는 뚱뚱한 여인을 구하는 게 본능이라 하는데, 그와 마찬가지로 신경질 때문에, 또 비애와 고독에 빠지기 쉬운 내 병적인 성향 때문에 내 행복이 위태롭게 될까 봐 할머니로 하여금 냉철한 판단력을 첫째로 삼게 한 은근한 요구였다. 또 그런 능력이 오로지 빌파리지 부인만의 특징이 아니라 내가 정신의 위안과 안정을 찾을 수 있는 사회, 보세르장*, 주베르, 세비네의 정신이라고는 말 못 하나, 조

* 가공인물.

금이나마 두당(Doudan)*[1]이나 레뮈자(Rémusat)*[2]의 정신이 꽃피는 걸 볼 수 있는 사회 특유의 것으로, 그런 정신이야말로 행복한 인생을, 고귀한 기품을 가져다준다. 그와 반대로 세련된 정신은 보들레르, 포, 베를렌, 랭보를 고뇌에 빠뜨리고 악평으로 이끌었는데 이거야말로 할머니가 손자를 위하여 바라지 않은 정신이었다. 나는 할머니의 말을 막고 그녀를 안았다. 그리고 빌파리지 부인이 입 밖에 낸, 가문을 중요시하는 여성이 나타내는 말에 잘 주목했는지를 물었다. 그처럼 언제나 나는 할머니의 판단에 내 인상을 맡겨왔는데, 할머니의 가르침을 받지 않고서는 그 사람에게 치러야 할 존경의 정도를 모르기 때문이었다. 매일 저녁 내가 할머니한테 가지고 간 것은, 내가 낮 동안에 한 스케치, 할머니 말고는 관심없는 인물들의 스케치였다.

한번은 할머니에게 말했다. "할머니 없인 난 하루도 못 살 거야."—"그럼 못써요." 할머니는 떨리는 목소리로 대답했다. "우린 마음을 더 굳게 먹어야 해. 그렇지 않고서야 내가 여행이라도 떠나는 날엔 넌 어떻게 되겠니? 할머니가 곁에 없더라도 네가 의젓하게 행동하고 아주 행복하길 바란단다."—"며칠 여행하시는 거라면 얌전히 아이처럼 굴지도 모르죠, 그래도 목을 빼고 기다릴걸요."—"그럼, 할머니가 몇 달 동안 여행하는 날엔……(그런 생각만 해도 내 가슴은 죄어들었다), 몇 년…… 아니, 아주 영원히……."

두 사람 모두 입을 다물었다. 얼굴을 마주 볼 용기도 없었다. 그렇건만 나는 내 아픔보다 할머니의 고뇌가 더 괴로웠다. 그래서 창가로 다가가 눈을 딴 데로 돌리며 확실하게 말했다.

"내가 얼마나 모든 것에 쉽게 익숙해지는지 할머니도 아시죠. 가장 사랑하는 이들과 헤어지고 난 며칠 동안이야 괴로울 테죠. 하지만 그분들을 변함없이 사랑함에 익숙해져가다가, 생활도 잔잔해지고 평온하게 되어 떨어져 있어도 견디겠죠. 몇 달이고, 몇 년이고……."

나는 입을 다물고 창 너머만 바라봤다. 할머니는 잠깐 방에서 나갔다. 그러나 다음 날 나는 되도록 무심한 말투로, 하지만 할머니가 내 말에 주의를 기울이도록 신경 쓰면서 철학에 대해 말하기 시작했다. 과학의 새 발견이 끊임없는데도, 신기하게도 유물론이 몰락한 듯 보이고, 영혼이 불멸하며 미래

*1 프랑스의 문학자(1800~72).

*2 프랑스의 정치가이자 문학자(1797~1875).

에서 영혼이 다시 만나는 것처럼 보인다고 말했다.

빌파리지 부인이 오래지 않아 우리에게 전처럼 자주 만나지 못할 거라고 미리 알려왔다. 소위르 기병학교 수험 준비를 하고 있는 외손자가 지금 근처 동시에르 병영에 있는데, 몇 주 동안 휴가를 받아 부인 곁에서 지내게 되어, 부인은 외손자와 많은 시간을 보낼 거라고 했다. 이제까지 산책하면서 부인은 그 외손자가 아주 머리가 좋고, 특히 마음씨가 착하다고 자랑해왔다. 때문에 그가 나에게 호감을 갖고, 내가 그의 마음에 드는 벗이 되리라 지레 상상해오다가 그의 도착을 앞두고, 그의 할머니가 나의 할머니에게 터놓고 한 이야기를 통해, 그가 불행하게도 어느 몹쓸 여인의 마수에 걸려 그 여인에게 빠졌고, 그 여인도 그를 놓아줄 것 같지 않다는 사실을 알았다. 그때 나는 그런 사랑은 숙명적으로 정신착란, 범죄, 자살로 끝난다고 확신해온 터라, 아직 만나보기도 전에 내 마음속에서 커진 우리 우정도 아주 짧은 시간밖에 남아 있지 않다고 생각했다. 마치 절친한 사람이 중태에 빠져 앞으로 목숨이 얼마 남지 않음을 들었을 때처럼, 그 우정 앞에 도사린 불행을 생각하고 울었던 것이다.

무더운 어느 날 오후, 나는 호텔 식당에 있었는데 노랗게 바랜 커튼이 내려 들이치는 햇살을 막아 어두컴컴해지고, 그 커튼 틈 사이로 푸른 바다가 이따금 보인다. 그때 바닷가에서 호텔 앞길로 통하는 한길을 큰 키에, 호리호리하고, 긴 목에다 머리를 높이 자랑스럽게 쳐들고, 마치 햇볕을 모조리 받아들인 듯한 갈색 피부에, 머리칼을 금빛으로 번쩍거리면서 날카로운 눈매를 한 젊은이가 지나가는 걸 보았다. 남자로서는 감히 몸에 걸칠 용기가 나지 않을 성싶게 보드라운 흰 천, 그 얇음이 이 식당의 시원함과 또한 바깥 더위와 따가운 볕을 환기시키는 그런 천으로 만들어진 옷을 입고 젊은이는 빠른 걸음으로 걸었다. 외알안경이 끊임없이 떨어지곤 하는 그의 눈은 바다색이었다. 다들 신기한 듯이 그를 바라보았는데, 이 젊은 생루 팡 브레 후작이 이름난 멋쟁이라는 사실을 모두 알고 있었기 때문이다. 최근 젊은 위제스 공작을 위해 결투 입회인을 맡았을 때 입었던 복장은 신문이란 신문에서 죄다 대서특필했었다. 거친 암석으로 둘러싸여 푸르게 반짝거리는 귀중한 오팔 광맥처럼, 군중 한가운데 확연히 그를 나타내는 그 머리칼, 눈, 피부, 풍채의 유별난 특징은 다른 사람과는 별개의 생활을 영위하는 듯싶었다.

따라서 빌파리지 부인이 탄식해 마지않는 여인과 관계하기 전 사교계의 뛰어난 미모의 여인들이 그를 두고 경쟁을 벌일 무렵, 그가 그녀들 가운데 어떤 미녀와 어깨를 나란히 하고 바닷가에 나타나자 그녀는 완전히 스타가 되었을 뿐만 아니라, 이에 못지않게 그에게도 눈길이 쏠렸다. 그 '고상함', 그 젊은 '귀공자'의 경망한 말과 행동, 특히 그 뛰어난 미모 때문에 그를 여성적이라고 말하는 사람까지 있었으나 그렇다고 그 점을 비난하지는 않았다. 그가 얼마나 사나이답고 정열적으로 여자들을 사랑하는지 잘 알고 있기 때문이었다. 빌파리지 부인이 우리한테 얘기한 외손자가 바로 이 사람이었다. 나는 이런 사람과 몇 주일 동안 알고 지내리라 생각하니 황홀해져서, 그가 애정을 모두 내게 기울여주리라 믿었다. 그는 재빨리 건물을 따라서 호텔 앞을 건너갔는데, 나비처럼 그의 앞에서 팔락팔락 날고 있는 외알안경을 뒤쫓는 듯 보였다. 바닷가 쪽에서 온지라 홀의 유리창을 절반까지 채우고 있는 바다가 배경이 되어 그 온몸이 뚜렷이 드러났다. 마치 현대 생활의 정확한 관찰을 전부 드러내고, 모델에게 어울리는 폴로(polo)*나 골프장의 잔디밭, 경마장, 요트의 갑판 같은 적절한 환경을 고른, 풍경의 앞쪽에 인물을 그리는 프리미티프파 화가들의 현대판 초상화 같았다. 쌍두마차가 호텔 어귀에서 그를 기다리고 있었다. 그 외알안경이 양지바른 길에서 계속해 뛰노는 동안에 빌파리지 부인의 외손자는 이류 연주가에 비해 그다지 탁월할 것 같지 않은 솜씨로 그것도 매우 간단한 대목에서, 거장 피아니스트가 연주해 보이는 그 우아하고도 능란한 솜씨로 마부가 건네준 고삐를 잡았다. 그는 마부와 나란히 앉고 나서 호텔 지배인이 직접 내준 편지 봉투를 뜯으며 말을 달리게 했다.

다음 날, 나는 얼마나 실망했는지! 호텔 안팎에서 그를 만날 때마다—목을 높다랗게 쳐들고, 그 운동, 그 중심인 듯이 춤추는가 하면 달아나는 외알안경의 둘레를 끊임없이 조절하면서 나타나는 그를 만날 때마다—그가 우리한테 접근하려 하지 않는 걸 알았다. 우리가 그의 할머니의 벗인 줄 모를 리 없을 텐데 우리에게 인사조차 하지 않다니! 그리고 빌파리지 부인이, 또 이전에는 노르푸아 씨가 나에게 보인 호의를 떠올리면서 나는 생각했다. 어쩌

* 말을 타고 하는 공치기.

면 그 사람들은 허울 좋은 귀족일지도 모른다, 아니면 그 사회의 여인들이나 외교관들은 귀족 사회를 지배하는 어떤 비밀 조항에 따라 평민과의 교제에서 내가 알아채지 못하는 교만한 태도를 짓고 있는 게 틀림없다, 그와 반대로 젊은 후작은 가차없이 교만한 태도를 만천하에 나타내는 게 틀림없다고. 나의 지성은 그 반대의 말을 속삭일 수도 있었으리라. 그러나 내가 겪어내고 있는 우스꽝스러운 나이의 특징은—결코 미성숙한 나이가 아니라 오히려 매우 풍요한 나이인데—지성에 의지하지 않는 것, 또 인간의 보잘것없는 속성을 인격에 없어서는 안 될 부분으로 생각하는 것에 있다. 이 나이에는 여러 괴물과 신들에게 둘러싸여 거의 고요를 모른다. 그 뒤에 가서 그 무렵에 한 행동 가운데 지우고 싶은 행동은 거의 하나도 없다. 하지만 반대로 애석히 여기는 것은 그런 행동을 일으킨 자발성을 지니고 있지 않다는 점이다. 뒤에 가서 사물을 좀더 실제적으로 보며, 사회의 다른 부분과 완전히 일치시켜본다. 그러나 청소년기야말로 뭔가를 배우는 유일한 시절이다.

내가 생루 씨의 마음속에서 알아챈 거만, 또 거기에 포함돼 있는 타고난 엄격함 같은 것은 그가 우리 옆을 지나갈 때마다 보인 태도에서 모두 확인할 수 있었다. 빳빳이 세운 등줄기, 늘 높이 쳐든 머리, 바위와 같은 꿋꿋한 눈길, 보통 우리는 설혹 상대가 할머니를 모른다 할지라도 본디 인간이 지닌 어렴풋한 존경심을 품는 게 당연해서, 예컨대 내 경우, 가스등 앞에 서 있을 때와 어떤 노부인 앞에 서 있을 때와는 몸가짐이 아주 달라진다. 그와 같이 남에 대한 존경심의 흔적조차 없는 눈길, 이런 차가운 태도는 며칠 전부터 내가 기대하던 편지, 자신의 호의를 알리기 위해 나한테 써 보내줄 거라고 상상해온 다정다감한 편지와는 거리가 멀었다. 마치 감명 깊은 연설을 해내어 의회와 민중의 열광을 일으키고 있는 줄 상상한 연사가, 그렇게 혼자 망상에 빠져 자기를 위하여 고래고래 소리 지른 뒤 한 번 지어낸 듯한 박수갈채가 가라앉자마자 실망해버려서 세상에 알려지지 않은 보잘것없는 그 지위가 꿈꾼 열광의 장면과는 엄청난 차이인 것을 깨닫는 격이었다.

빌파리지 부인은 우리에게서 그의 오만하고 심술궂은 성미를 드러내는 나쁜 인상을 지우려고 애쓰기 위해선지, 그 외손자(그는 부인 조카딸의 아들인데 나보다 몇 살 위였다)의 무한한 선량함에 대해 이야기했을 때, 사교계에서는 모든 진실을 무시하고 그 사회를 이루는 빛나는 사람들에게 상냥하게 굴기만 하면 아무리 메마른 심성의 소유자라도 뛰어난 심성의 인간으로 쉽게 탈바꿈하는 데에 경악을 금치 못했다. 부인은 외손자의 성질에 대해, 이미 내가 아는 본질적인 특징에 간접적이지만 확증을 덧붙였다. 그것은 어느 날, 아주 좁다란 길에서 두 사람과 만나 빌파리지 부인이 나를 그에게 소개할 수밖에 없을 때였다. 그에게 이름을 일러주는데도 못 들은 듯이, 얼굴의 근육 하나 움직이지 않았다. 그 눈은 친화력을 보이는 아주 희미한 인간미조차 드러내지 않고, 오로지 무감각한 눈길 속에 과장된 표현만 보이는데, 그나마 그것도 없으면 생명 없는 거울과 다르지 않으리라. 다음에 내 인사를 받기 전 나에 관해 뭔가 알아보고 싶은 듯 그 인정머리 없는 눈으로 나를 뚫어지게 바라보며, 의지의 행동이라고 하기보다 오히려 근육의 반사작용인 듯한 황급한 동작으로 그 몸을 빼내, 그와 나 사이에 되도록 간격을 넓게 두면서, 한쪽 팔을 길게 뻗어 멀리서 손을 내밀었다. 이튿날 그가 내게 명함을 보내왔을 때, 어쩌면 결투에 관한 건 아닐까 착각했다. 그러나 그는 문학에 관한 긴 이야기를 한 뒤, 날마다 나와 함께 많은 시간을 보내고 싶다고 말했다. 이 방문 동안 그는 정신적인 것에 매우 흥미를 나타냈을 뿐만 아니라, 전날의 인사와는 다른 호의를 보였다. 그가 다른 이에게 소개될 때마다 그런 인사를 되풀이하는 걸 보고 그제야 나는 이해했다. 그것이 그 가문 특유의 사교적 습관에 지나지 않으며, 그를 훌륭하고 예의 바른 사나이로 키우려고 애쓴 어머니가 그의 몸에 그런 습관을 배게 했다는 사실을. 그는 그런 인사를, 그 멋들어진 복장이나 그 아름다운 머리칼을 생각하는 정도로 별다른 생각 없이 했던 것이다. 처음에 나는 그의 태도에 어떠한 뜻이 있다고 여겼는데 실제로는 아무런 뜻도 없었고, 순전히 습득된 것에 지나지 않았다. 어떤 이와 아는 사이가 되자마자 그 집안에 소개하도록 하는 그의 또 다른 습관도 인사와 마찬가지인 것이었고, 또 이것은 그에게 본능적인 습관이어서 우리가 만난 다음 날, 그는 나를 보자마자 달려들어 인사도 하지 않고 내 곁에 있는 할머니에게 소개해달라고 청했다. 그 성급한 부탁은 구타를 피하는 몸짓이나 끓어오르는 물 앞에서 눈을 감는 행동과 마찬가지로 어떤 방어 본능, 그런 예방 없이 잠시라도 지체하면 큰일 날 성싶은 방어 본능에서 나오는 듯했다.

성미 까다로운 요괴가 그 첫 거죽을 벗어 황홀하고 우아한 모습으로 변하듯 마귀 쫓는 첫 푸닥거리가 끝나자 이 거만스러운 인간이, 내가 여태껏 만난 사람 가운데에서 가장 상냥하고 싹싹한 젊은이로 변하는 걸 보았다. '좋다' 하고 나는 혼잣말을 했다. '나는 그를 오해했다. 환영에 감쪽같이 속았던 것이다. 그러나 첫 환영을 정복했지만 다시 다음 환영에 사로잡히고 말 것이다. 그가 귀족 사회에 열중한 귀공자인데도 그 점을 숨기려고 애쓰고 있기 때문이다.' 그런데 생루의 훌륭한 교양과 친절은 얼마 뒤 내가 추측하고 있는 바와는 아주 다른 사람됨을 드러내고 있었다.

귀족다운 풍채와 거만한 운동가 같은 허울을 하고 있는 이 젊은이는 정신적인 것들, 특히 그 할머니의 눈에는 우습게 보이는 문학과 예술의 근대주의적 작품에만 존경심과 호기심을 품었다. 한편으로는 그 할머니가 사회주의자들의 연설이라고 부르는 것에 동감하여, 제 계급에 깊은 멸시감을 품고, 니체와 프루동* 연구에 많은 시간을 보내고 있었다. 다시 말해 그는 책 속에 틀어박혀 고상한 사상에만 관심을 갖고, 쉬 감동하는 '지식인(intellectuels)' 가운데 한 사람이었다. 그런 생루이지만, 그가 그토록 수많은 내 평소 편견에서 거리가 먼 존재임을 느끼게 하는 추상적인 표현은 나를 감동시키며 한편으론 얼마쯤 질리게 하였다. 그의 아버지가 어떤 분이었는지를 내가 확실히 알게 된 이유는, 내가 막 이미 멀리 흘러간 한 시대의 특수한 멋을 몸에 지닌 몽상가로 유명한 마르상트 백작에 관한 일화가 실린 회상록을 읽고 나서 마르상트 씨가 보낸 생활에 관해 좀더 자세한 점을 알고 싶어하던 나날이었기 때문이었다. 나는 로베르 드 생루가 그 아버지의 아들이 되는 것에 만족하지 않고, 그 아버지의 생활이 영위되었던 예스러운 소설 무대에 나를 안내해주지도 않으며, 오히려 니체와 프루동을 애독할 만한 교양을 쌓아올린 것이 안타까웠다. 그의 아버지야 그와 같은 나의 안타까움을 함께 나누지는 않으리라. 그 아버지 자신도 총명한 사람으로 사교인으로서의 생활을 벗어난 인물이었다. 아들을 자세히 알아볼 겨를이 거의 없었지만, 아들이 자기보다 뛰어난 사람이 되기를 바랐다. 또 다른 사람들과 반대로 그는 제 아들에 감탄하기도 하고, 그가 엄숙한 명상 때문에 기분전환 삼던 심심풀이를 저버린 걸 기뻐하기도 하며, 사려와 겸허로 아들이 좋아하는 작가의 작품만 읽고서 로베르가 자기보다 얼마나 나은지 헤아렸으리라.

---

* 프랑스의 무정부주의 사상가이자 사회주의자(1809~65).

그런데 그렇듯 허심탄회하고, 자기와 퍽 다른 아들의 가치를 잘 이해했는지도 모르는 마르상트 씨이지만, 로베르 드 생루로 말하자면 어떤 형태로든지 예술이나 삶에 결부되어 있는 것에 가치가 있다고 믿는 인간이므로, 한평생을 사냥과 경마에 몰두하고 바그너에는 하품을 일삼으면서도 오펜바흐*1에 열중해온 아버지에 대하여 애정에 넘치는 추억이 있긴 했지만 거기에 멸시의 감정 또한 조금 섞여 있었다는 건 지극히 서글픈 일이었다. 지적인 가치란 어떤 심미적 형식에 정착하는 일과는 아무 관계도 없음을 이해할 만큼 생루는 총명하지 못했다. 또 그는 마르상트 씨의 '지성'에 대하여, 부아르디외(Boieldieu)*2의 아들 또는 라비슈의 아들이 단순히 상징적인 문학과 가장 복잡한 음악의 신봉자가 되었을 때, 그 아버지인 부아르디외 또는 라비슈에게 품었을지도 모르는 것과 거의 같은 종류의 멸시를 품고 있었다. "나는 아버지가 어떠한 분인지 통 모릅니다." 로베르가 말했다. "취미가 섬세한 분이었지만 그분의 실패는 그분이 살아온 한심한 시대 탓이었죠. 포부르 생제르맹에서 태어나신 것, 〈아름다운 헬레나(La Belle Hélène)〉*3의 시대에 살았던 것, 그게 생활에 파탄을 가져온 거죠. '링(ring)'*4에 열광하는 소시민이었다면 아마 달리 살았을 겁니다. 아버지가 문학을 좋아했다고는 하지만 어디 알 수 있나요. 그분께서 말씀하시는 문학이란 시대에 뒤진 작품뿐이니까." 내 경우에는 생루가 좀 지나치게 진지하다고 생각했는데, 그에겐 내가 좀더 진지해지지 못한 것이 이해가 안 되는 모양이었다. 그는 모든 일을 그것이 지닌 지성의 무게로밖에 판단하지 못한 채, 내가 어느 작품에 느끼는 상상의 매력을 지각 못하면서 하찮은 걸로 판단하고는, 내가—자기보다 우월하다고 믿고 있는 내가—그런 것에 흥미를 가질 수 있음에 놀라워했다.

며칠 사이에 생루는 나의 할머니 마음을 정복하고 말았는데, 그것은 그가 우리 두 사람에게 끊임없이 호의를 보여서만이 아니라, 그가 늘 그렇듯 그 호의를 아주 자연스럽게 보였기 때문이다. 그런데 자연스러움이란—아닌 게 아니라 인간은 그 재주로 자연을 느끼게 하기 때문에—할머니가 무엇보다

---

*1 프랑스의 작곡가(1819~80).

*2 프랑스의 작곡가(1775~1834).

*3 오펜바흐 작곡의 오페레타.

*4 체조 경기 가운데 하나.

좋아하는 성품이었다. 정원도 콩브레의 정원처럼 지나치게 가지런한 화단은 좋아하지 않았고, 요리도 그걸 만드는 데 쓴 재료를 거의 알아보지 못할 만큼 '잡다한 것'을 몹시 싫어했으며, 피아노 연주법에서도 지나치게 정성 들이고 공들인 것을 질색하고, 오히려 루빈슈타인의 바르지 못하고 어긋나기까지 한 음악에 유별난 기쁨을 느끼곤 했다. 할머니는 생루의 복장에서도 이런 자연스러움을 느꼈다. 그가 '풍덩한 맛'도 '꼭 끼는 맛'도 없고, 날이 선, 풀먹인 끈끈함도 없는 미끈한 맵시를 즐기고 있었기 때문이다. 할머니는 이 부유한 젊은이가 사치스러운 생활을 '돈 냄새 풍김' 없이, 잘난 체하는 겉모양 없이 해나가는 무심하고도 자유로운 태도를 더욱 높이 평가하고 있었다. 감동이 금세 얼굴에 나타나는 걸 억누르지 못하는—그건 소년기가 지나면 그 나이의 육체적 특징과 함께 일반적으로 사라지는 것인데—특징을 생루가 아직 간직하고 있음에도, 할머니는 그 자연스러움의 매력을 찾아내고 있었다. 이를테면 기대를 걸지 않았으나 마음속으로 바라고 있던 어떤 것, 오직 인사치레에 지나지 않을망정, 어떤 것을 받으면 그의 내부에 휘발유가 확 타오르는 듯한 기세 사나운 기쁨이 돌연히 일어나, 그 기쁨을 억누를 수도 감출 수도 없어, 기쁨의 주름이 온 얼굴에 만연하게 펴지고, 너무나 얇은 두 볼은 싱싱한 붉은 혈색을 환하게 드러내보이고, 눈은 당황과 환희로 빛을 뿜었다. 그래서 할머니는 그가 지닌 솔직함과 천진한 아름다운 겉모습에 매우 감탄했는데, 하기야 적어도 내가 친밀히 사귀었을 무렵의 생루라면 그를 잘못 본 게 아니었다.

그러나 지금 나는, 잠시 잠깐 홍조의 생리학적 솔직성과 정신의 이중성이 결코 서로 받아들여지지 않는 인간이 있다는 사실을 알고 있을 뿐더러, 또 그런 인간은 셀 수 없이 많아서, 그 홍조는 다시없이 비열한 기만을 가질 가능성 있는 인간이, 누를 수 없어서 마지못해 남들 앞에서 나타내는 기쁨의, 그 강도의 표시에 불과한 수가 있다. 어쨌거나 할머니가 감탄한 생루의 자연스러움은, 그가 내게 품은 호감을 솔직하게 털어놓는 말투가 좋아서였고, 또 호감의 말도, 할머니의 말씀을 빌린다면 그 이상 적절하고도 진정 어린 건 할머니 자신도 못 찾아냈을 낱말, '세비네와 보세르장'도 서명했을 만한 낱말을 그가 쓴 점에 있었다. 그는 내 결점을 놀리는 데 무람없이—교묘하게 내 결점을 들추어 할머니를 재미나게 하면서—그러나 할머니 자신이 한 것처럼 정답게, 게다가 한편으론 내 장점을 칭찬하면서 했으므로 그 열의 있게 마음 놓고 하는 농담에서는 그 나이 또래 젊은이가 흔히 점잔 빼는 줄로 여기는 겸손과 냉담이 조금도 느껴지지 않았다. 그래서 나의 사소한 불쾌함을 알아채거나, 모르는 사이 주위가 쌀쌀하게 느껴지면 다리 위에 담요를 덮어주기도 하고, 내가 쓸쓸해하거나 기색이 좋지 않으면 아무 말 없이 밤늦도록 내 옆에 머무르며 빈틈없는 배려를 보여주었다. 내 건강 면에서 본다면 좀더 엄격한 편이 아마도 더 바람직했을 테니까, 할머니로서는 그의 그런 배려가 지나친 것처럼 보였지만 한편 나에 대한 애정의 표시로서는 할머니의 마음을 몹시 감동시켰다.

곧 그와 나 사이에 우리가 영원한 벗이 되었음이 시인되었다. 그리고 그가 '우리의 우정'이라고 말했을 때, 그것은 마치 우리 자신만이 존재하는 뭔가 중요하고도 감미로운 것을 말하는 듯했는데, 그사이 그는 이것을—애인에 대한 애정은 빼놓고—삶의 큰 기쁨이라고 불렀다. 그런 말은 내게 어떤 쓸쓸함을 느끼게 하고 거기에 대답하는 데 당황케 했는데, 그와 함께 있거나 이야기하면—아마 상대가 다른 누구라도 같은 결과가 되겠지만—오히려 나 혼자 있을 때에 느낄 수 있는 행복을 조금도 느끼지 못했기 때문이다. 혼자 있으면 감미로운 안락을 가져다주는 그 인상 가운데 어떤 것이 내 마음속에 넘쳐흐르는 것을 느낀다. 그런데 누군가 같이 있게 되거나 벗에게 말을 건네면 금세 내 정신은 빙그르르 방향을 바꿔, 사고의 방향이 나 자신이 아닌 그 대화하는 사람 쪽으로 향해버려, 사고가 그런 반대 방향을 따라가고 있을 때 나는 아무런 즐거움도 얻지 못한다.

먼저 생루 곁을 떠나자, 낱말의 도움을 받아, 그와 함께 지냈던 어수선한 순간에 대해 어떤 질서를 부여한다. 나는 혼잣말을 한다. 나는 좋은 벗을 갖고 있다, 좋은 벗이란 갖기 힘들다고. 그래서 그런 얻기 힘든 행복에 둘러싸여 있다고 느끼자 내 본디 기쁨과는 정반대의 것, 희미함 속에 숨어 있는 뭔가를 나 자신에서 추려내 그것을 밝은 데로 끌어냈다는 기쁨과 정반대의 것을 맛보았다. 로베르 드 생루와 두세 시간을 이야기해도, 내가 한 말을 그가 칭찬해주어도, 나는 내 방에 혼자 남아 일할 준비를 하지 않아서 어떠한 가책, 후회, 피곤을 느낀다. 그러나 혼잣말을 한다. 인간은 저 자신을 위해서만 이지적인 게 아니다, 아무리 위대한 사람들이라도 다른 사람들에게 평가

받기를 원했다. 따라서 벗의 정신 속에 나에 대한 높은 평가를 심어준 그 시간을 헛되게 보낸 것으로 생각해서는 안 된다고. 그래서 내가 행복하게 될 거라는 확신이 쉽사리 들어 그런 우정의 행복을 여태껏 느끼지 못했던 만큼 더욱 열렬히, 앞으로 절대 빼앗기지 않기를 바랐다. 우리는 우리 바깥에 머물러 있는 좋은 것들의 잃음을 다른 무엇의 잃음보다 더 두려워하는데, 그건 우리 마음이 그것에 붙들리지 않았기 때문이다. 내게는 우정의 미덕을 행하는 데 남에게 뒤지지 않을 자신이 있었다(그도 그럴 것이 다른 사람들이 집착하는 개인적인 이익은 나에게 아무래도 좋았고, 그것보다 친구의 이익을 늘 생각하는 성미라서). 하지만 내 영혼과 남의 그것 사이에 있는 다름—우리 각자의 영혼 사이엔 저마다 다름이 있다—을 늘리는 대신에 그것을 없애려는 감정을 통해서 내게 우정의 행복을 알 수 있는 힘이 있다고는 느끼지 않았다.

반면에 때때로 내 사고력이, 생루에게는 그 자신보다 더 일반적인 인간, 곧 '귀족'에게 공통되는 요소가 있어 그것이 내적인 정신처럼 그의 팔다리를 움직이고, 그의 행동거지를 다스리고 있음을 분별할 때가 있었다. 그런 때, 그런 요소를 분별할 때, 나는 그의 곁에 있어도 고독해서, 풍경 앞에 서 있기라도 하듯 풍경의 조화만을 이해할 수 있었다. 이제 그는 내 몽상이 깊이 연구하려고 애쓰고 있는 한낱 대상에 지나지 않았다. 로베르가 바로 그런 존재가 아니기를 갈망하던 그 전 시대적인 존재, 매우 오래된 귀족으로서의 존재를 여전히 그에게서 찾아내고서는 나는 어떤 생생한 기쁨, 우정에서 오는 기쁨이 아닌 지적인 기쁨을 느꼈다. 그의 싹싹함이 그렇듯 우아한 기품을 느끼게 하는 정신적·육체적인 민첩함, 내 할머니에게 자기 마차를 내주고 거기에 모시는 거침없는 행동, 내가 추워할까 봐 내 어깨에 자기 외투를 걸쳐주려고 자리에서 뛰어나오는 재빠름 따위에서 내가 느꼈던 바는, 오로지 지성만을 내세우는 이 젊은이의 조상들이 대대로 그랬듯 능숙한 수렵가의 유전적인 유연성, 재산에 대한 조상들의 경멸(로베르에게는 벗들을 환대하려는 목적만이 재산에 대해 품은 기호와 나란히 존재해서, 벗들을 위하여 재산을 헌신짝처럼 내던지게 했는데)만이 아니었다. 특히 그런 대귀족들이 가지고 있었던, 자기가 '남들보다 위'라는 확신 내지는 망상으로, 그 때문에 생루에게는 '남들과 같다'는 점을 나타내는 욕망, 지나치게 친절히 굴지 않으려는 경계심 따위는 유전되지 않았다—그로서는 그런 실상을 전혀 몰라, 평민계급의 가장 성실함이 깃든 친절을 대부분 어색하고 뻣뻣해서 보기 흉하게 여겼다. 이따금 나는 그처럼 내 친구를 하나의 미술품으로 보고, 다시 말해 그를 인형으로서, 그 모든 것을 매어단 일반적 관념에 의해 조정되어 움직이고 있다고 생각해, 그것을 보고 기쁨을 누린다는 사실에 마음이 썩 좋지 않았다. 그를 움직이는 일반적 관념만 해도 그는 그것을 의식하지 않고 있었던 것이며, 따라서 그가 그토록 숱한 중요성을 부여하고 있는 지성과 윤리의 그 개인적인 가치, 그에게 특유한 개인적인 자질에 덧붙이는 것이 하나도 없다고 생각하여, 스스로 나무라기도 했다.

그렇지만 이 일반적인 관념은 어느 정도 신분을 결정짓는 조건이 되어 있었다. 그 정신적 활동과 사회주의 이념은 그로 하여금 옷차림이 단정하지 않은 건방진 젊은 학생들과의 교제를 구하도록 만들었지만, 그럼에도 그 젊은 학생들의 마음속에는 없는 참으로 순수하고 무사무욕한 것이 그에게 있었던 이유는 바로 그가 귀족이었기 때문이었다. 무지하고도 이기적인 계급의 후계자로 자처했기 때문에, 그 귀족 출신이라는 점을 학우들이 모른 체하고 넘어가 주길 진심으로 바라고 있었는데, 반대로 학우들은 귀족 출신이라는 점에 매력을 느껴, 그에게 짐짓 쌀쌀하고 거만하게 굴면서, 그 가문 때문에 그의 마음에 들기를 바라 마지않았다. 그처럼 콩브레의 사회학에 충실한 우리 집안이, 지체 높은 그가 어째서 외면하지 않는지 아연실색할 사람들과, 그는 스스로 교제를 트려 했던 것이다.

어느 날 생루와 내가 모래 위에 앉아 있을 때, 우리가 있는 반대쪽 천막에서, 발베크를 비껴가는 이스라엘 민족의 들끓음에 대한 저주 소리가 들려왔다. 목소리는 "놈들에게 부딪치지 않고서는 두 걸음도 디딜 수 없다"고 외치고 있었다. "내 주의로는 유대 민족에 절대로 적의를 품지 않지만, 여기는 너무 지나쳐. '여어 아프라함, 나, 샤코프를 만났어'라는 말뿐이야. 마치 아부키르 거리*에 있는 것 같아." 그렇게 이스라엘에 대해 욕설을 퍼붓고 있는 사내가 드디어 천막 밖으로 나왔다. 우리는 눈을 쳐들어 이 반유대주의자를 보았다. 나의 급우 블로크였다. 생루는 곧바로, 블로크가 명예상을 받았던 전국

* 파리의 제2구. 유대인이 많이 거주함.

우등생 콩쿠르에서 블로크와 만났던 일, 그 다음에 어떤 민중 대학(Université populaire)*[1]에서도 만났던 일을 블로크가 떠올릴 수 있도록 해달라고 나에게 부탁했다.

생루는 지적으로 뛰어난 친구 누군가가 사교상의 착오를 범하거나 쑥스러운 행동을 할 때마다 그 자신은 대수롭게 여기지 않지만, 그것을 남이 알아차린 걸 친구가 알면 얼굴을 붉히겠지 생각하고, 그 친구의 감정을 상하게 할까 봐 어쩔 줄 몰라했는데, 그런 점에서 나는 예수회 교육이 로베르의 몸에 배어 있는 것을 이따금 알아차리고 잠시 미소를 띠곤 하였다. 그럴 때 자기 자신이 죄라도 범한 듯이 얼굴을 붉히는 건 도리어 로베르 쪽이었다. 예컨대 블로크가 호텔로 그를 방문하러 가겠다고 약속하면서, 다음과 같이 덧붙인 날도 그러했다.

"난 낙타에 짐을 싣고 사막을 지나는 상인의 숙박소같이 멋없는 그런 곳에서 기다리는 건 참을 수 없으며, 또 집시 악단의 연주를 듣고 있으려면 구역질이 나니까, 먼저 놈들을 입 다물게 하고, 바로 자네에게 알리도록 '라이프트(laïft)'*[2]에게 일러두게."

개인적으로 나는 블로크가 호텔에 오는 걸 그다지 환영하지 않았다. 공교롭게도 그 혼자 발베크에 와 있는 게 아니라 누이들과 함께였는데, 그 누이들에게도 친척과 벗들이 수없이 딸려 있었다. 그런데 그런 유대인들의 한 식민지를 형성하는 일행은 보는 눈에 유쾌하기보다 화려하기 짝이 없었다. 러시아나 루마니아의 지리 교과서에 의하면 그 나라에서는 이스라엘 민족이, 이를테면 파리에서처럼 우대받지 못하거니와 똑같이 닮지도 않았다고 씌어 있는데, 그 점에서 발베크는 그 고장과 똑같았다. 블로크의 사촌누이들과 아저씨들, 또는 그들과 같은 종교를 신봉하는 남녀들이 단 하나의 이질 분자도 섞이지 않고 늘 함께 카지노에 가서 여자들은 '댄스홀'에, 남자들은 바카라 쪽으로 갈라졌을 때, 그들 자체로는 동질, 그 통행을 바라보는 사람들과는 완전히 이질인 행렬을 이루었는데, 그것을 바라보는 측은 전혀 달랐다. 캉브르메르네 집에 드나드는 사교 동아리이건, 지방 재판소장의 당파이건, 크고

---

*1 1898년부터 1901년에 걸쳐 사회계급 융화를 도모할 목적으로 열린 공개 강좌.

*2 영어의 lift를 잘못 발음한 것이고, 아프라함(Apraham)과 샤코프(Chakop)도 b를 p로, j를 c로 잘못 발음한 것임.

작은 부르주아이건, 혹은 파리의 한낱 씨앗 상인이건 해마다 이 고장에서 그들 일행과 얼굴을 마주치지만 단 한 번도 인사를 나눈 적이 없으며, 또한 그들을 바라보는 부르주아 아가씨들 쪽도 아름답고, 콧대 높고, 입가에 비웃음을 띠고, 프랑스 대성당의 조각상들처럼 진짜 프랑스적인 아가씨들인데, 그 일행 가운데 상스러운 계집애들이 '해수욕장의 유행'을 지나치게 따른 나머지, 늘 새우잡이를 갔다 오는 것 같은 차림을 하기도 하고, 한창 탱고를 추고 있는 듯한 꼴을 하기도 하는 무리와는 어울리려고 하지 않았다. 그 무리의 남자들은 어떤가 하면 턱시도에 칠피 구두라는 번쩍거리는 차림에도 불구하고, 그 맵시의 과장이 눈에 거슬려 이를테면 화가가 '머리로 짜내는' 멋부리기를 떠올리게 하였다. 다시 말해 《복음서》 또는 《천일야화》의 삽화를 그리는 데, 그 장면이 벌어진 지방을 생각하고, 베드로 성자 또는 알리바바에게, 발베크 '퐁트(ponte)'* 그대로의 풍모를 가져다 붙이는 필법이다. 블로크는 그 누이들을 내게 소개했는데, 너무나 건방진 그녀들은 들은 척 만 척했다. 그러면서도 흠모의 대상이자 우상인 오빠의 사소한 농담에 까르르 웃어댔다. 그래서 그 무리도, 다른 데와 마찬가지로, 아마도 다른 데 이상으로 수많은 즐거움이나 장점, 미덕으로 차 있을 법하다는 생각이 들었다. 그러나 그것을 몸소 경험하려면 거기에 직접 들어가야만 했을 것이다. 그런데 그 무리란 외부 사람의 마음에 들지 않았고 그들도 그 점을 느끼고 있어, 그런 데에 유대인 배척주의가 있다는 근거를 알아차리고, 거기에 대해서는 단단하고 물샐틈없는 전투대형을 갖추고 있지만, 누구 하나 그것을 돌파하여 길을 틀 생각을 하지 않았다.

'라이프트'라고 발음한 것에 대해 나는 그다지 놀라지 않았다. 그도 그럴 것이, 며칠 전 블로크가 나에게 왜 발베크에 왔는지 묻고서(그와 반대로 그 자신이 이곳에 있는 것은 아주 자연스러운 일이라는 듯이 여기고 있었다), "아름다운 벗을 사귀려고?" 하기에 이 여행은 베네치아로 가는 소망만큼 깊지는 않지만, 내가 오래전부터 품어온 소망 가운데 한 가지였다고 대답하니까, "흥, 그렇겠지, 아름다운 부인들과 소르베나 먹으려고, 진저리나는 이야기를 귀찮게 해대는 이발소 영감과도 같은 존 러스킨 경(卿)의 《베나이스의

* 룰렛이나 바카라에서 돈을 거는 도박사.

돌》을 읽은 척하는 게군" 하고 나에게 대꾸했던 것이다. 이런 점으로 미루어 보아 명백히 블로크는, 영국에서 남자는 모조리 경이라고 불릴 뿐만 아니라, 철자 i는 언제나 아이(aï)로 발음되는 줄로 믿고 있는 모양이었다. 한편 생루는, 거의 속된 지식이 너무나 몸에 배어 있어 도리어 그런 것을 멸시하고, 그런 지식이 없는 점에 관심을 갖는 나의 새로운 벗이니만큼, 이런 발음상의 오류를 대수롭지 않게 생각하고 있었다. 어느 날 블로크가, 베나이스를 베니스로 발음해야 하며 러스킨이 경이 아닌 사실을 알고는, 로베르가 그때 자기를 어리석게 생각했을 거라고 돌이켜 생각하여 식은땀이 났을 때, 되레 로베르 쪽에서는 늘 마음에 넘치고 있는 너그러움을 마치 가지지 못했거나 한 듯이 죄책감이 들어 블로크가 자신의 잘못을 발견했을 때 낯빛을 붉히려는 것을 미리 알아차리고 오히려 로베르 자신의 얼굴이 붉어짐을 느꼈다.

왜냐하면 로베르는, 블로크가 자기보다 더 그 오류를 중대하게 여긴다고 믿고 있기 때문이다. 사실 블로크는 며칠 뒤 그것을 증명했다. 어느 날 내가 '리프트'라고 발음하는 걸 들은 블로크가 "뭐라고! 리프트라고 하는군" 하면서 이야기를 가로막았을 때였다. 그는 무뚝뚝하고도 거만한 투로 말했다. "하기야 그런 건 대수롭지 않은 거야." 매우 중대한 경우나 그 반대의 경우에도 자존심이 강한 사람들이라면 누구나 내뱉는 어구, 반사작용과 비슷한 이 어구는 블로크의 경우와 마찬가지로 대단치 않은 거라고 내뱉는 본인이 그 문제를 얼마나 중대하게 생각하고 있는가를 나타낸다. 남의 도움도 그치고, 매달려 있는 마지막 희망의 거미줄마저 끊어지자 처음으로 거만스러운 인간의 입이 내뱉는 한심하고도 때로는 비극적인 어구, "뭐! 그런 건 대수롭지 않아, 달리 조치해보지." 그런데 하나도 대수롭지 않은 것에 취하는 조치가 때로는 자살로 끝난다.

다음에 블로크는 나에게 아주 상냥하게 말을 걸었다. 물론 나에게 아주 친절하게 굴고 싶었던 것이다. 그런데도 그는 나에게 이렇게 물었다.

"자네가 생루 팡 브레와 사귀다니 귀족이 되고 싶어서인가?—아주 빛나간 귀족으로 말이야, 자네가 순진한 줄 알았는데—한창 속물근성의 굉장한 위기를 통과하고 있는 셈이군. 안 그래, 자넨 속물이지? 그렇지, 틀려?" 이는 상냥하게 굴려는 마음이 갑자기 변한 게 아니다. 별로 정확하지 않은 낱말이지만, 프랑스어로 '나쁜 교육'이라 부르고 있는 것, 그런 그의 결점이 뛰어나왔기 때문이다. 따라서 그 결점을 스스로 깨닫지 못하고, 더구나 남이 그 때문에 언짢아하리라고는 짐작조차 못했다.

인간의 세계에 있어서 저마다에게, 특유한 결점의 다양성이 존재하는 것도 이상하지만 각자에게 균등하게 주어진 덕성이 자주 일어남도 신기한 일이다. 아마도 '이 세상에서 가장 널리 퍼진 것은'* 양식이 아니라, 착한 마음씨(la bonté)일 것이다. 우리는 아무리 멀리 떨어진 외진 곳이라도 착한 마음씨가 저만치 꽃피어 있는 것을 보고 놀란다. 마치 어느 외딴 골짜기에 다른 곳들과 영락없이 똑같은 모양으로 피어 있는 개양귀비, 또 거기서 보고 아는 것이라고는 이따금 그 외로운 붉은 모자를 파르르 떨게 하는 바람밖에 없는 개양귀비를 본 듯이. 그 착한 마음씨가 이해에 방해되어 이뤄지지 않더라도 변함없이 존재하여, 어떤 이기적인 동기에도 방해받지 않을 때, 이를테면 소설이나 신문을 읽는 동안에 꽃피어, 실생활에서는 살인도 마다하지 않을 인간조차 대중 소설 애호가로서의 부드러운 정을 잃지 않고, 약한 사람 편으로, 옳은 사람과 학대받는 사람 편으로 마음을 기울인다. 그런데 미덕이 서로 비슷한 것에 반해, 결점의 다양성도 못지않게 놀라운 것이다. 가장 완전한 사람이라 해도 결점을 가지고 있기 마련이고, 그것이 남의 마음을 언짢게 하거나 격노하게 한다. 어떤 사람은 훌륭한 지성을 갖추고 모든 일을 높은 관점에서 보아 남을 나쁘게 말하는 일이 결코 없다. 그런데 제 스스로 청해 맡은, 이쪽으로 올 매우 중요한 편지를 주머니 속에 넣은 채 까맣게 잊어버려, 그 편지에 씌어 있는 중대한 회합을 망쳐놓고서도 사과도 하지 않은 채 미소만 짓는다. 그도 그럴 것이, 이 사람은 시간에 대한 관념이 없어서 어쩌다가 잊어버리고 마는 것을 자랑으로 삼고 있기 때문이다. 또 어떤 사람들은 자상하고 부드럽고 예민해서 이쪽을 기쁘게 할 것밖에 말하지 않는데도, 어쩐지 다른 생각을 마음에 숨기고 있어 이쪽의 부아를 돋우는 느낌이 든다. 그리고 이쪽을 만나는 걸 기쁨으로 삼고 있어서 한번 만나면 쉽사리 놓지 않아, 이쪽을 진저리나게 할지도 모른다. 또 어떤 사람은 뛰어나게 성실한데, 그 도가 지나쳐 이쪽에 무엇이든 다 알게 하지 않고서는 그만두지

* 데카르트의 《방법서설》 중에서 인용.

않는다. 이쪽에서 몸이 편하지 않아 만나러 가지 못했다고 변명할 때 당신이 극장에 있는 것을 본 사람이 있다. 당신의 혈색 좋은 낯빛을 보고 온 사람이 있다. 또는 당신이 나를 위해 애써준 교섭이 조금도 신통하지 않았는데 제삼자까지 수고해주겠다고 하니 당신에겐 별로 폐를 끼치지 않게 됐다고 말하지 않고서는 못 배긴다. 첫 번째 친구라면 당신이 극장에 가 있었다든가, 다른 사람이 도와주게 됐다든가 하는 두 경우에도 모르는 척했을 것이다. 나중 친구는 어떤가 하면, 이쪽의 부아를 돋우는 말을 되풀이하거나 늘어놓거나 하지 않고는 못 배기는 성미라서 "나는 이런 사람이다"라며 그 솔직성에 멍하니 힘주어 말한다.

한편 다른 사람들은 그 과도한 호기심으로 또는 호기심이 눈에 띄지 않아 이쪽을 성가시게 하는데, 호기심이 어찌나 없는지, 최근 가장 떠들썩한 사건을 이야기해도 멍하니 있어 사람을 초조하게 한다. 또 이쪽에서 보낸 편지를 받고서도, 이쪽에 관계가 있으나 받는 쪽엔 관계가 없는 일이 씌어 있는 경우, 몇 달이고 답장을 보내지 않는 친구가 있는가 하면, 또 부탁할 일로 찾아뵙겠다고 서신을 보내와서, 찾아올 친구를 헛걸음시킬까 봐 외출도 못 하고 있는데, 찾아오지는 않고 몇 주일씩 기다리게 하는 친구도 있는데, 까닭인즉 그 서신의 답장을 청하지 않고서도 답장을 받지 못한 데서, 이쪽이 화난 줄 여겼기 때문이다. 또 어떤 사람은 자기 생각만하고 이쪽 형편은 아랑곳없이, 제 기분이 명랑할 때에는 상대가 대꾸 한마디 못하게 혼자 떠들어대고, 이쪽에 아무리 다급한 일이 있더라도 개의치 않고 만나려 한다. 날씨 탓으로 피곤하거나 기분이 나쁘거나 할 때는, 그 입에서 말 한마디 나오게 할 수 없고, 이쪽의 노력에도 힘없는 권태로 맞서, 마치 이쪽에서 하는 말이 들리지 않는 듯 한마디도 대답하려 하지 않았다. 우리 벗들은 저마다 그처럼 여러 결점을 가지고 있으므로 그런 벗을 계속해 좋아하려면—그 재능, 선량함, 정다움을 생각해서—그 결점을 감수하려 하거나, 아니면 오히려 우리의 성의를 다해 그 결점을 계산에 넣지 않으려고 애써야만 한다. 불행히도 벗의 결점을 보지 않으려는 우리의 상냥한 배려도 상대가 장님이거나, 아니면 상대가 남들을 장님으로 여기고 있으므로 끝끝내 그 결점을 버리지 않는 고집에 지고 만다. 자기 결점을 알아채지 못하거나 또는 남이 그 결점을 알아채지 못하는 줄로 여기기 때문이다. 남의 마음을 언짢게 하는 위험은 특히 모르는 사이에 뭐가 일어났는지를 가려내기 어려운 데서 오는 것이어서, 적어도 우리는 조심해가며 절대 자기에 관한 이야기를 해서는 안 된다. 왜냐면 그런 주제에서는 남들 견해와 우리 자신의 견해가 일치하지 않는 게 확실하다고 할 수 있으니까. 남들의 본디 생활을 발견했을 때, 즉 표면적인 세계 뒤에 숨은 원리의 세계를 발견했을 때, 마치 평범한 집인데 그 안을 살펴보니 보물, 도적이 쓰는 짧은 지렛대, 시신으로 가득 찬 것을 보았을 때처럼 놀라웠다. 동시에 우리가 남들이 이러니저러니 하는 말들로 지어낸 우리 자신의 모습에 비해—남들이 우리가 없는 데서 우리에 관해 지껄이는 말을 통해—그들이 우리 생활에 대하여 얼마나 딴판인 모습을 품고 있는지 알 때 우리의 놀라움은 크다. 그러므로 우리가 자신에 대해서 말할 때마다 해가 없으면서도 조심스러운 말로 하고, 듣는 쪽은 보기에 예절 바르고 찬동하는 표정을 짓지만, 뒤꿈치를 돌리고 나면 몹시 성나거나 아니면 몹시 명랑한 표정이 되는데, 어쨌든 우리말에 아주 바람직스럽지 않은 해석을 붙여 사람들 입에 오르내리게 할 게 뻔하다.

위험이 가장 적은 건 우리가 우리 자신에 대한 관념과 입 밖에 내는 말 사이의 부조화로 상대방을 귀찮게 하는 경우인데, 그런 부조화는 대부분 자기가 자신에 관해 하는 얘기를 우스꽝스럽게 여기게 하는 것으로, 음악 애호가인 체하는 사람이 자기가 좋아하는 가락을 콧노래로 부르고자, 그 가락의 분명하지 않은 속삭임을 힘찬 몸짓과 그 가락의 감탄할 점이 전혀 드러나지 않는 찬사로 채우면서 불러대는 흥얼거림과도 같다. 또 자기와 자기의 결점을 말하는 나쁜 습관과 한 덩어리를 이루는 것으로, 자신이 갖고 있는 결점과 아주 비슷한 결점이 남에게 있다는 걸 지적하는 또 다른 나쁜 습관을 덧붙여야겠다. 그런데 말하는 게 언제나 남의 결점일 때 마치 그것이 자기에 관해 얘기하는 완곡한 방법인 듯, 죄를 용서받는 기쁨에 털어놓고 얘기하는 기쁨을 더하는 셈이다.

그리고 또, 우리가 성격을 나타내는 특징에 늘 기울이는 주의로 말하자면, 무엇보다 남들에게서 발견하는 우리의 특징에 주목하는 성싶다. 근시인 사람은 남의 근시에 대해 이렇게 말한다. "게다가 그분의 눈은 뜨나마나 한걸요." 폐병 환자는 아주 튼튼한 사람의 폐에도 여러 의심을 한다. 불결한 사람은 남들이 목욕을 안 하는 사실만 말한다. 고약한 냄새를 풍기는 사람은 누구나 다 고약한 냄새가 난다고 우긴다. 아내에게 속은 남편은 어디서나 아내에게 속은 남편을, 바람난 아내는 여기저기에서 바람난 아내를, 속물은 곳곳에서 속물을 본다. 뿐만 아니라 각자의 악습은 저마다 직업인 양 특별한 지식을 요구하고 발전시켜, 이를 늘어놓길 사양치 않는다. 성도착자는 도착자를 찾아내고, 사교계에 초대된 재단사는 아직 얘기도 나누기 전에 벌써 이쪽의 옷감에 눈독을 들이고 손가락으로 옷감의 질을 만져보고 싶어 안달이 난다. 만약 당신이 치과 의사하고 잠시 얘기를 나눈 뒤에 이쪽의 개인적인 형편에 관한 진실한 의견을 물어볼 것 같으면, 상대는 충치의 개수를 말하리라. 그에게는 이보다 더 중요한 게 따로 없는 듯싶은데, 그런 말투를 주목한 이쪽으로서는 그보다 더 우스꽝스러운 일도 없다. 우리가 남들을 장님이라고 여김은 오로지 자신에 대해 말할 때뿐만이 아니다. 우리는 늘 남들이 장님인 것처럼 행동한다. 우리에겐 저마다 유별난 신령이 붙어 있어, 그 신령이 우리로부터 우리의 결점을 숨기거나 또는 틀림없이 남의 눈에 띄지 않는다고 말함으로써 그 신령은 몸을 씻지 않은 사람에게, 귀에 엉긴 때꼽재기와 겨드랑이 밑에서 나는 땀내에 눈과 콧구멍을 막히게 하여, 아무도 그것을 알아채지 않을 사교계에 저마다 그 때꼽재기와 땀내를 탈 없이 끌고 다닐 수 있다는 확신을 준다. 가짜 진주를 몸에 걸거나 선물이라고 주는 사람은 그게 진짜로 보이리라 상상한다. 블로크는 몸가짐이 바르지 않았고 신경질적인데다가 속물이며 가난한 가정에서 태어나, 바다의 밑바닥에 있기라도 한 듯, 한없이 무거운 압력을 버티고 있었으니, 겉면에 존재하는 기독교도의 압력뿐만이 아니라, 그의 위에 있는 유대인 계급의 각 층은, 제각기 바로 아래층을 멸시로 짓누르면서, 그의 위에 압력을 가하고 있었던 것이다. 블로크가 유대인 가정에서 유대인 가정으로 올라가면서 자유로운 대기권까지 뚫고 나가려면 몇천 년이 필요했으리라. 차라리 다른 방향에 출구를 새로 만들려고 노력하는 편이 나았다.

블로크가 나에게 속물근성의 위기를 지나가려는 거냐고 말하고, 내가 속물임을 까놓고 말하라며 따졌을 때, 나는 이렇게 대답할 수도 있었을 것이다. '내가 속물이었다면 자네하고 사귀지 않았을걸.' 그러나 나는 그저 심한 말을 하지 말라고 대답했을 뿐이었다. 그러자 그는 변명을 하려 했는데, 그 투가, 먼저 한 말로 되돌아가면서 더 심한 말을 할 기회를 얻는 데 기쁨을 느끼는 교양이 모자란 인간이 하는 말투, 바로 그것이었다. "용서하게." 이렇게, 이제 그는 나를 만날 때마다 말하곤 했다. "자네를 마음 아프게 하고 괴롭힌 건 일부러 심술궂게 군 거지. 그렇지만—일반적으로 인간이란, 특히 자네 친구인 나는 참으로 별난 동물이지—자네는 상상도 못할 걸세. 자네한테 그렇게 심하게 지분거리는 내가 사실은 어떠한 애정을 품고 있는지, 그 애정에 휩쓸리자 자네를 생각만 해도 번번이 눈물이 나네그려." 그러고 나서 그는 흐느꼈다.

그러한 블로크의 고약스런 태도보다 나를 더욱 놀라게 한 것은, 그 대화의 질이 얼마나 고르지 못했는가 하는 점이었다. 인기 많은 작가들을 "놈은 우중충한 바보야, 아주 숙맥이야" 말하곤 하는 이 까다로운 젊은이가 이따금 하나도 재미없는 일화를 무척 유쾌한 듯이 얘기하고, "참말로 이상한 놈"이라며 아주 평범한 사람의 이름을 댔다. 남들의 기지·가치·흥미를 판단하는 이런 두 개의 저울은, 내가 블로크의 아버지와 아는 사이가 될 때까지 계속해서 나를 놀라게 했다.

우리(생루와 나)가 블로크의 아버지를 알게 되리라고는 생각조차 못했다. 그도 그럴 것이 여태껏 블로크는 생루한테 나를 나쁘게 말하고, 나한테 생루를 나쁘게 말하고 있었기 때문이다. 특히 그는 내가 (여전히) 지독한 속물이라고 로베르에게 말했던 것이다. "아니, 그놈은 르그랑댕 씨와 알게 된 게 기뻐서 어쩔 줄 모른다니까." 블로크가 말 하나의 낱말을 그렇게 떼어 발음하는 버릇은 빈정거림의 표시인 동시에 문학 취미의 표시이기도 했다. 르그랑댕의 이름을 한 번도 들은 적 없던 생루는 놀라서 물었다. "그분은 누구시죠?"—"오오! 아주 좋은 놈이죠." 블로크는 웃으며 대답하고서, 추운 듯이 두 손을 윗도리 주머니 속에 찔러넣었는데, 그는 그 순간에 바르베 도르빌리(Barbey d'Aurevilly)*가 묘사한 인물 따위와는 비교도 안 될 만큼 비범한 시골 귀족의 생생한 모습을 바로 지금 눈앞에서 물끄러미 바라보는 중이라고 믿는 듯했다. '르'를 거듭 발음해, 이 이름을 최상품 포도주인 듯이 맛보면서, 르그랑댕 씨를 묘사해 보이지 못하는 안타까움을 스스로 달래는 것이었다.

그러나 이런 주관적인 즐거움이 남들에게 통할 리 없다. 그는 생루에게 나

* 프랑스의 작가(1808~89). 노르망디 지방의 몰락한 귀족으로, 그의 작품에는 부르주아 사회의 속물근성을 배척하는 경향이 있음.

를 나쁘게 말하면서, 한편으로는 나한테 생루를 나쁘게 말했다. 그다음 날 벌써 우리는 각기 그 험담의 내용을 알아버렸다. 우리 두 사람이 서로 그 험담을 거듭 일러주어서가 아니다. 그랬다면 우리는 큰 죄를 저지른 것으로 여겼으리라. 사실 블로크는, 탄로나는 게 당연한 듯이 거의 불가피한 일처럼 보여 불안한 나머지, 또 어차피 두 사람이 알고야 말 것을 둘 가운데 하나에게 알려두기만 하면 그만큼 확실해질 거라는 생각에 선수를 써서, 생루를 따로 데리고 가, 귀에 들어갈 거라고 생각해 일부러 그를 나쁘게 말했다고 털어놓고 '서약의 수호신 크로니온 제우스(Kronion Zeus)*1를 걸고' 그를 좋아한다, 그를 위해서면 목숨도 바치겠다고 맹세하며 눈물을 닦았다. 같은 날, 블로크는 나와 단둘이 만날 기회를 만들어 실토하고 나서, 자네를 위해 그런 짓을 했는데, 어떤 사교 관계가 자네한테 좋지 않게 여겨져서, '자네 값어치가 깎일까 봐' 그랬노라고 잘라 말했다. 그러고 나서 술주정뱅이의 감동과 더불어(하긴 그의 도취는 순전히 신경질적이었지만) 내 손을 잡고 이렇게 말했다. "나를 믿어줘. 만약 내가 어제, 자네를, 콩브레를, 자네에 대한 내 한없는 애정을, 이젠 자네가 기억조차 못하는 그 오후의 수업을 생각하면서 밤새도록 흐느껴 울었다는 게 거짓말이라면 암흑의 여신 케르(Ker)가 당장 나를 인간이 피하는 하데스의 문*2으로 들어가게 해도 좋아. 아무렴 밤새도록이지. 자네한테 맹세하네. 아아, 왜냐하면 난 남들의 속셈을 훤히 들여다보니까, 자네가 나를 믿지 않으리라는 걸." 사실 나는 그를 믿지 않았고, 또 그가 얘기 도중에 퍼뜩 생각해낸 느낌이 드는 '케르를 걸고' 한 맹세는 묵직한 무게를 덧붙이지 못했을 뿐더러, 그런 고대 그리스에 대한 숭배는 블로크에게 순전히 문학적인 것이었다. 게다가 거짓말에 자기 스스로 감동하기 시작하여 남도 감동시키고 싶어지자 '자네에게 그 정을 맹세한다'고 말하는 게 그의 버릇인데, 이는 진실을 말하고 있다는 점을 믿게 하려는 의도에서라기보다 거짓말하는 히스테리성 쾌락 때문에 입 밖에 내는 말이었다. 나는 그가 하는 말을 믿지 않았지만 탓하지도 않았으니, 어머니와 할머니의 기질을 타고난 나는 더 심한 못된 자에게도 원한을 품을 수 없고, 또 누구에게나 그 죄를 탓할 수 없었기 때문이다.

---

*1 '크로노스(Kronos)의 아들 제우스'라는 뜻.

*2 저승, 명부.

게다가 블로크도 전적으로 고약한 젊은이가 아니었고, 매우 얌전한 마음씨도 지니고 있었다. 나의 할머니나 어머니같이 허물없는 인간을 낳은 콩브레 종족이 거의 사라지다시피 한 뒤로, 나는 다음과 같은 인간 두 종류 가운데 하나를 택할 수밖에 없었다. 하나는 오직 그 목소리만 들어도 이쪽의 생활을 티끌만큼도 걱정하지 않는 게 금세 드러나는 무감각하지만 신의 있는, 정직한 멍청이, 또 하나는 우리 곁에 있는 동안 우리를 이해하고, 우리에게 애정을 품고 눈물이 나도록 감동하나, 몇 시간 뒤에는 신랄하게 야유하는 것으로 보복하고, 그러다가 우리 곁에 다시 오면 여전히 이해심이 깊고, 매력 있으며, 한동안 우리와 같아지는 인간. 이런 두 종류 가운데, 나로서는 도덕적인 가치를 제외하고는, 적어도 교제상 택하는 쪽은 두 번째 인간이라고 생각한다.

"자네를 생각할 때의 내 고통을 자넨 상상조차 못하네." 블로크가 다시 말했다. "결국 말이야, 그건 내 몸속에 있는 유대인적인 일면이지." 그는 마치 '유대인의 피'의 아주 적은 양을 현미경에 대보려고나 하는 듯 눈을 좁히면서, 또 조상 모두가 기독교인 프랑스 대귀족이 사뮈엘 베르나르*를 조상에 끼워넣거나, 또는 더 옛날로 거슬러 올라가, 레위 가문 사람들이, 이른바 자기네들이 거기에서 유래했노라 주장하는 바의 성모를 조상 수에 넣거나 할 때에 프랑스의 아무개 대공이 말했을 법한 투(입속으로만 말했지 입 밖에 내지 못했을)로 비꼬며 덧붙였다. "나는 말이야." 그는 이어 말했다.

"내 유대인 혈통에 속할 수 있는 요소, 하기야 꽤 희박한 요소지만, 그걸 그렇게 내 감정 속에 넣기를 좋아하네그려." 그가 이와 같은 어구를 입 밖에 낸 것은, 이 어구가 그 종족에 관한 사실을 밝히는 데 재치 있고도 용감스럽다고 느꼈기 때문이며, 또한 그 사실의 신빙성을 뚜렷하게 줄여버리는 그의 수단이기도 했다. 마치 부채를 전부 갚아버리려고 결심하면서도 그 절반만을 지출할 용기밖에 없는 구두쇠처럼. 이와 같은 속임수는 대담하게 사실을 발표하려고 하면서도, 그 사실을 왜곡시키는 거짓말을 상당수 섞는 데 있는데, 생각보다 더 널리 전해져, 평소에 그런 수를 쓰지 않는 사람들도, 일생 중의 어떤 위기, 특히 연애 관계의 위기에 닥칠 때, 그 수를 쓰는 기회에 말

* 프랑스의 금융업자(1651~1739). 루이 14세도 자주 그에게 의지했음.

려들어간다.

이렇게 블로크는 생루에게 나를 나쁘게 말하고, 나에게 생루를 헐뜯었는데, 결국에는 두 사람에게 실토하곤 하는 모든 만찬에 초대하게 되었다. 어쩌면 그는 처음에 생루만 초대하려 했을지도 모른다. 이 있을 법한 속셈은 성과를 거두지 못했으니, 블로크가 어느 날 다음과 같이 나와 생루에게 말했기 때문이다. "친애하는 친구와 아레스(Ares)*1의 총애를 받은 검사이자 명기수인 드 생루 팡 브레시여, 파도 소리 우렁차게 울리는 암피트리테(Amphitrite)*2의 바닷가, 쾌속선의 임자인 메니에 집안의 천막 근처에서, 소생이 두 분을 오랜만에 우연히 다시 만난 인연으로, 나무랄 데 없는 마음씨 덕분에 그 이름이 자자한 이의 아버지 거처까지, 이번 주 중 하루, 두 분이 함께 만찬에 참석하러 와주시지 않겠습니까?" 그가 우리한테 이런 초대를 한 것은 생루와 한층 더 긴밀한 유대를 맺고 싶었기 때문이며, 그러면 자신을 귀족 사회에 들어가게 해줄 수 있을 거라 기대했기 때문이다. 만약에 내가 나를 위해 이런 소망을 품었더라면, 그것이 블로크에게 몹시 흉악한 속물근성의 표시로 보였으리라. 그런 속물근성이야말로 내 성질의 일면에 있다는 그의 견해와 일치하지만, 그 또한 적어도 여태껏, 내 성질의 중심이라고는 판단하지 않아왔던 것이다. 그런데 똑같은 소망이라도 그의 경우에는 어쩌면 그가 어떤 문학상의 이용 가치를 발견할지도 모르는, 미지 사회로 전향하고 싶어하는 그 지성의 온당한 호기심의 표시로 느껴졌다.

블로크의 아버지는, 그 아들이 친구 가운데 하나를 만찬에 데리고 오겠다고 말하면서, 야유 섞인 만족스런 말투로 '생루 팡 브레 후작'이라는 작위와 이름을 댔을 때 심한 충격을 받았다. "생루 팡 브레 후작이라고! 허어! 그 녀석!" 블로크의 아버지는 그에게 있어서 사회적 경의의 가장 강한 표현인 이런 욕설을 쓰면서 외쳤다. 그리고 그와 같은 교제를 맺을 수 있었던 아들에게 '정말 놀라운 놈이야. 이 비범한 놈이 과연 내 아들인가?' 하는 뜻을 나타내는 감탄 섞인 눈길을 던졌다. 이 눈길은 내 동료에게 마치 다달의 용돈에 50프랑이 늘기라도 한 듯한 기쁨을 주었다. 그도 그럴 것이 블로크는 가정환경이 거북했고, 또 허구한 날 르콩트 드 릴, 에레디아와 그 밖에 여러

*1 그리스 신화의 군신.

*2 로마 신화의 해신 넵투누스의 아내. 바다의 여신.

'보헤미안'들을 감탄하는 속에 지내어 아버지한테 빗나간 자식으로 여겨지고 있음을 느껴왔기 때문이다. 그런데 지난날 수에즈 운하의 총재였던 분을 아버지로 모시는 생루 팡 브레와 교제를 맺다니! (허어! 그 녀석!) 이는 '왈가왈부할 게 없는' 결과가 아니고 뭐냐. 망가질까 봐 입체경을 파리에 두고 온 것이 더욱더 유감스러웠다. 블로크 아버지만이 그것을 다루는 기술 내지는 권리를 갖고 있었다. 게다가 그는 그것을 해보이는 게 드물고, 하는 날은 일부러, 대연회에서, 임시 고용된 하인이 많은 날에 한하였던 것이다. 따라서 입체경을 공개할 때에는, 그 자리에 모인 사람들로서는 특권을 즐기는 듯한 분위기가 조성되고, 공개를 주관하는 집주인으로서는 타고난 재능에서 비롯한 성싶은 위신이 조성되었는데, 만에 하나라도 입체경 화면이 블로크 씨 자신이 촬영한 것이며, 기계 자체가 그의 발명품이었다면, 그 위신이야말로 더 컸을 것이다. —"어제 살로몽네에 초대받지 못하셨나요?" 하고 친척들 사이에 블로크에 대한 화제가 가끔 입에 오르곤 했다. —"못 받았는데요, 끼지 못했나 보죠!"—"재미나는 일이라도 있었나요?"—"굉장했어요, 입체경의 원판 모두를 공개했거든요."—"그거 분한데요. 실체경의 공개였다면, 살로몽이 그것을 보여줄 땐 기가 막히다니까요."—"하는 수 없죠."

블로크 씨는 아들에게 말했다. "전부 한꺼번에 내놓지 않아도 괜찮아. 그런대로 그 사람은 나중에 즐길 것이 남게 되는 셈이니까." 아버지다운 정으로 아들을 감동시키려고, 기구를 운반시켜올까 하고 수차례 생각해보기는 했던 것이다. 그러나 '물리적 시간'이 부족했다. 아니, 오히려 그만한 시간이 없을 듯했다. 그런데 우리는 그 만찬을 미뤄야 했다. 빌파리지 부인 곁에서 2~3일 지내고 갈 어느 아저씨를 기다리느라고 생루가 멋대로 외출할 수가 없었기 때문이다. 육체 단련, 특히 장거리 도보에 열중해, 그 아저씨가 시골에 있는 별장에서 행차하시는데, 대부분을 걷고, 밤엔 길가에 있는 농장에서 쉬는 형편이라, 발베크에 언제 닿을지 도저히 갈피를 잡을 수 없었다. 그래서 생루는 외출할 수도 없어서, 전신국이 있는 앵카르빌까지, 그가 날마다 애인에게 전보를 치러 가는 걸 내게 부탁했다. 그가 그처럼 간절히 기다리는 아저씨는 팔라메드로 불리는데, 그 이름은 시칠리아 대공이라는 조상에게 이어받은 세례명이었다. 그런데 나중에 내가 역사 서적을 읽는 도중에, 르네상스의 아름다운 메달이라고도 할 만한 이름—사람에 따라서는 틀림없는 옛것이라 말하는—중세 이탈리아 대사법관이나 가톨릭교회의 추기경 같은 이름이 대대로 그 가문에 남아, 교황청에서 내 벗의 아저씨에 이르기까지 자자손손 전해 내려온 것을 알았다. 그때 느꼈던 기쁨은 돈이 없어서 메달 수집함이나 화랑을 마련 못하는 사람들이, 옛 이름들을 찾았을 때의 기쁨이었다(그 이름들은 옛 지도, 조감도, 표지 또는 관습법전같이 참고 자료가 되기도 하고 그 자체로 아름다운 고장 이름과, 또 우리 선조가 라틴어와 색슨어에 길이 남을 삭제의 상처를 입혀, 그것이 후세 문법의 엄한 법규가 되어버리고 만, 그 근원에 있던 어법의 결함이나 인종상의 상스러운 말투나 올바르지 못한 발음이, 프랑스어의 아름다운 어미로 남아서 우리 귀에 우렁차게 울리기도 하는 세례명이다). 요컨대 옛 악기로 옛 음악을 타보려고 비올라 다 감바(viola da gamba)와 비올라 다모레(viola d'amore)*[1]를 사들이는 사람들처럼, 그 옛 이름의 울림을 수집한 덕분에 저 혼자만의 연주회를 즐기는, 그런 즐거움을 느꼈다. 생루가 내게 한 얘기에 의하면, 팔라메드는 문을 가장 굳게 닫아건 귀족 사회에서도 유별나게 접근하기 어려운, 교만한, 제 고귀한 태생에 심취한 인간으로 남다른 빛을 띠는 존재이고, 형수와 그 밖의 선택된 몇몇 인물과 함께 페닉스 클럽이라 부르는 모임을 이루고 있었다. 그 모임에서도, 그의 오만한 말과 행동이 어찌나 두려움의 대상이 되고 있었던지, 한번은 그와 벗이 되고 싶은 사교인들이 그의 친형에게 주선을 부탁했는데도 단박에 거절해버릴 정도였다. "어림없는 말씀, 팔라메드에게 소개시켜 달라는 부탁일랑 나한테 하지 마시오, 내 안사람이나 우리가 모두 매달려도 도저히 안 될 거요. 어쩌면 당신에게 무뚝뚝하게 대할지도 모르니까 하기 싫소." 자키 클럽에서도, 그는 몇몇 친구와 결탁해 그들 사이에서 지명한 이백 명 정도의 회원에게는 결코 소개되지 않기로 하고 있었다. 그리고 파리 백작네에서는, 그는 그 우아함과 자존심 때문에 '왕자'라는 별명으로 통했다.

생루는 아저씨의 오래된 젊은 시절에 대해 나에게 얘기했다. 아저씨는 날마다 여러 여인을 자기 거처로 데려왔는데, 그 거처라는 게, 두 친구와 함께 쓰는 사내들만의 거처로, 두 친구도 그와 마찬가지로 잘생겨서, 그 때문에 그들을 '레 트루아 그라스(les trois Grâces)'*[2]라고 불렀다는 것이다.

---

*1 두 가지 다 비올라의 하나로써 크고 작은 것을 구분하여 이름 붙인 것임.

*2 그리스 신화의 카리테스(Charites). 곧 미의 세 여신.

“그 무렵 이런 일이 있었다는군요. 전부터 어떤 사내가—만약 발자크라면, 지금은 포부르 생제르맹 귀족 사회의 가장 주목받는 대상이라고 말했을 사내이지만, 신통하지 못했던 초기에는 여러 괴상한 취미를 보이던 사내인데, 이 사람이—아저씨에게, 그 독신 남자의 집을 방문하게 해달라고 부탁했다는군요. 그런데 도착하자마자 여인들이 아니라, 나의 아저씨 팔라메드에게 야릇한 고백인지 뭔지를 하기 시작하더래요. 아저씨는 뭐가 뭔지 이해 못하는 척 시치미를 떼고, 그럴싸한 핑계로 두 친구를 데려왔다는군요. 두 친구가 들어오자마자 이 파렴치한을 움켜잡아 발가벗기고 피가 나도록 두들겨 패고는, 영하 10도나 되는 추위에도 바깥으로 발길질해서 내찼더래요. 그래서 반죽음이 된 꼴로 발견됐는데 너무나 심한 봉변이라, 당국이 조사를 시작하려니까, 이 사내는 모진 고생 끝에 겨우 그걸 말렸다는 겁니다. 아저씨도 지금은 그처럼 잔혹한 짓을 하지 않겠지만요. 사교계 사람들에게는 아주 거만한 그분이, 지금에 와서 서민들에게 얼마나 애정을 드러내고 보호해주는지, 그런데도 그들은 얼마나 또 배은망덕한지 당신은 상상도 못할 겁니다. 어느 호텔에서 그의 시중을 든 하인이 그의 주선으로 파리에 취직되기도 하고, 농사꾼에게 생업 한 가지를 익히게도 했지요. 이런 일이 사교에서와는 대조적인, 그가 갖고 있는 꽤 싹싹한 면입니다.” 생루 또한 ‘그가 갖고 있는 꽤 싹싹한 면, 그의 꽤 싹싹한 면’이라는 표현, 이를테면 자기는 계산에 넣지 않고 ‘서민’이야말로 전부라는 사고방식을 급속히 만들어내는 매우 귀중한 씨앗을 잉태하고 있는 표현, 요컨대 서민의 자존심과는 정반대인 표현을 싹트게 할 수 있던, 높은 안쪽에 자리잡은 사교 사회의 젊은이에 속해 있었다.

“아저씨가 젊었을 때 온 사교계의 유행이나 풍조를 어떻게 지배하고 좌우했는지 떠올리지도 못할 정도랍니다. 모든 경우에서, 그분이 보기에 가장 마음에 드는, 편하게 느끼는 일을 하곤 했는데, 그것을 곧 속물들이 본떴다는 겁니다. 극장에 있다가 목이 말라 칸막이 좌석 안쪽으로 마실 것을 가져오게 했더니, 다음 주에는 각 좌석 안쪽이 모두 청량음료로 가득하더래요. 비가 많이 온 어느 해 여름, 가벼운 류머티즘으로 몸이 거북한 그가 부드럽지만 따뜻한 여행용 외투를 주문했대요. 여행할 때 거의 무릎덮개로밖에 쓰지 않는 것으로 그 푸른 빛깔과 오렌지 빛깔의 줄무늬를 마음에 들어했는데, 금세 고급 양복점에, 그 단골들한테서 푸른 줄무늬의 푹신푹신한 모직으로 술 달린 외투 주문이 쇄도하더래요. 하루 머물렀던 어느 별장의 만찬회에선 무슨 이유인지, 모든 예절의 격식을 벗어던지고, 그 기분을 내려고 야회복을 지참하지 않고 오후에 입던 평상복 그대로 식탁에 앉은 적이 있었는데, 그 때문에 시골 만찬회에 평상복으로 참석하는 게 그 무렵의 유행이 되었다는 겁니다. 과자를 먹는 데 숟가락이 아니라 포크를 쓰거나, 그분이 고안해서 금은방에 주문한 그릇을 쓰거나 또는 손가락으로 집거나 하면, 그 밖의 식은 쓰이지 않더랍니다. 베토벤의 사중주곡 하나를 몇 번이고 되풀이해서 듣고 싶어(무엇이나 괴상한 생각으로 대하는 그분은 이 방면에도 바보이기는커녕 타고난 재능이 있어서) 매주 음악가들을 초청하여 몇몇 친구들을 위해 연주시킨 일이 있었습니다. 그러자 그해의 최고 풍류는 다름 아닌 몇몇 사람이 모여 실내악을 듣는 일, 바로 그게 됩니다. 하기야 그분은 삶에 권태를 느낀 일이 없나 봐요. 미남이었으니, 사귄 여인도 많을 테고! 더구나 나는 그녀들이 어떤 여인들이었는지 확실히 말할 수 없는 게, 그분의 조심성이 여간 아니거든요. 그러나 그분이 돌아가신 내 아주머니를 곧잘 속인 것은 압니다. 그렇다고 그분이 아주머니한테 상냥하게 굴지 않았던 건 아니며, 아주머니가 그분을 뜨겁게 사랑하지 않았던 것도 아닙니다. 아주머니가 돌아가시자 그분은 몇 해를 두고 슬퍼하며 눈물을 흘렸습니다. 파리에 계실 때면 그분은 거의 날마다 묘소에 가죠."

로베르가 그 아저씨를 기다리면서 그처럼 아저씨에 관한 얘기를 해주던 날은 허탕치고, 그다음 날 아침, 내가 호텔로 돌아가는 길에 카지노 앞을 혼자 지나가다가, 누군가가 멀지 않은 거리에서 나를 바라보고 있는 걸 언뜻 느꼈다. 돌아보니, 큰 키에 꽤 뚱뚱한, 시커먼 윗수염이 있는 마흔 살 남짓한 남자가, 가느다란 짧은 지팡이로 판탈롱을 신경질적으로 치면서, 유심히 보기 위해 크게 뜬 눈으로 나를 뚫어지게 보고 있는 모습이 눈에 띄었다. 순간 그 눈에서 매우 활발한 눈길의 불꽃이 사방으로 퍼져나왔는데, 그것은 어떤 종류의 인간, 예컨대 미치광이 또는 간첩 같은 인간이 모르는 사람 앞에서 어떤 동기 때문에, 여느 머리에 떠오르지 않는 온갖 생각을 일으킬 때의 눈초리였다. 그 남자는 내 쪽으로 마지막 눈길을 흘깃 보냈는데, 대담하고도 신중한, 빠르고도 깊은, 마치 달아나는 순간에 쏘는 마지막 한 발인 듯했다. 그러고 나서 주위를 한 바퀴 훑어본 다음 돌연 먼 산을 바라보는 거만한 모습을 짓더니 별안간 눈길을 광고지 쪽으로 돌려, 어떤 노래 가락을 흥얼거리고, 단춧구멍에 늘어뜨린 들장미꽃을 고쳐 꽂으면서 열심히 광고지 내용을 읽기 시작했다. 그는 주머니에서 수첩을 꺼내, 광고지에 나 있는 구경거리의 제목을 적는 체하고, 회중시계를 두세 번 꺼내며, 검정 밀짚모자를 눈 위로 푹 내려, 누가 오지 않았나 보려는 것처럼 모자 챙에 손을 대고, 꽤 오래 기다린 것을 남에게 보이고 싶어서 하는, 그러나 정말 기다릴 때는 절대 취하지 않는 불만의 몸짓을 하고 나서 이번엔 모자를 뒤로 벌렁 밀어, 위쪽을 짧고 편평하게 깎았으나 양쪽에는 꽤 기다란 비둘기 날개 모양으로 기복을 이룬 머리털을 남긴 머리 모양을 드러내 보이면서, 그다지 덥지도 않은데 몹시 더워 타는 겉모양을 해보이려 한숨을 내뱉었다. 나는 호텔에 드나드는 깡패가 아닐까 생각했다. 그 깡패가 아마도 며칠 전부터 할머니와 나에게 눈독을 들여오다가, 어떤 악행을 저지르려고 나를 몰래 살펴보고 있는 현장을 들킨 걸 내가 막 알아챈 게 아닐까. 내 눈을 속이려고, 아마도 급작스럽게 태도를 바꿔 먼 산을 바라보는 멍한 겉모양을 나타내려고 했는데 과장되게 보여 그 목적이 적어도, 내가 품었을지도 모를 의심을 없애버리는 것만이 아니라, 내가 모르는 사이에 그에게 입혔을지도 모르는 모욕의 앙갚음을 한다고 여겼다. 즉 내가 남의 주목을 끌 만큼 대단한 인간이 아니라는 생각을 내 머리에 심어주는 데 있는 성싶었다. 그는 도전적인 태도로 상반신을 뒤로 펴고 입술을 바싹 다물며, 윗수염을 비틀어 올리고, 그러고서 그 시선에는 냉정한, 가혹한, 거의 모욕적인 어떤 것을 띠고 있었다. 따라서 그런 기이한 표정이 나로 하여금 도둑이 아닌가, 정신병자가 아닌가 여기게 했던 것이다. 그렇지만 그의 복장은 매우 공들인 것이었는데, 내가 발베크에서 보아온 어느 해수욕객의 복장보다 점잖고도 간소해, 남들이 입고 나오는 눈부시게 희지만 신통하지 않은 옷에 곧잘 기가 꺾이던 내 웃음을 위해서는 마음 놓이게 하는 점이 있었다.

하지만 거기에 할머니가 마중 나와 우리 두 사람은 할머니와 함께 한 바퀴 돌고 나서, 한 시간 뒤에 호텔로 잠시 돌아간 할머니를 그 앞에서 기다리고 있으려니까, 빌파리지 부인이 로베르 드 생루와 아까 카지노 앞에서 나를 뚫어지게 바라보던 낯선 남자와 함께 외출하는 모습이 보였다. 그 눈초리는 아까 내가 그를 알아차리던 순간과 똑같이 번개처럼 빠르게 나를 통해 지나가고, 그러고서 아무것도 안 본 듯이 되돌아가, 앞서보다 좀 낮은 앞쪽의 위치와 가지런히 놓였는데, 무디게 된 것이 마치 바깥이 하나도 보이지 않는 체하면서, 안에 있는 것도 무엇 하나 읽히지 않는 국외 중립의 눈초리, 뜬 눈의 가장자리에 속눈썹을 느끼는 만족감밖에 나타나 있지 않은 눈초리, 어떤 위선자들이 짓는 신심 깊은 체하는 눈초리, 어떤 백치들이 짓는 싱거운 눈초리인 듯싶었다. 나는 그의 복장이 변한 것을 보았다. 지금 입고 있는 옷이 더 수수했다. 아마 바른 멋은 바르지 않은 멋보다 더 산뜻함에 가깝기 때문일 거다. 그러나 그것만이 아니었다. 더 가까이 보고서 느꼈는데, 그 의복에는 화려한 색깔이 거의 없다시피 했다. 그렇게 색깔을 멀리한 것은 그 색깔에 무관심해서가 아니라 오히려 어떤 이유에선지 스스로 그 색깔을 금하고 있기 때문이었다. 그러한 의복에서 보이는 수수함은 감각의 결핍에서 비롯하기보다, 절제에 따르는 데서 비롯하는 수수함과 같은 것으로 느껴졌다. 판탈롱 천의 결에 있는, 짙은 초록빛의 가는 줄기가 양말의 줄무늬와 잘 어울리는 세련된 취미는, 다른 곳의 광나지 않은 아담한 정취의 생기와, 그 한 곳에만 양보가 행해진 관용을 드러내고 있는 한편, 그러한 전체의 수수함 가운데에서, 타이 위의 붉은 반점 하나는, 감히 무람없이 굴지 못하는 것처럼 그 존재가 거의 눈에 띄지 않았다.

"안녕하신가요, 우리 조카, 게르망트 남작을 소개합니다." 빌파리지 부인이 나에게 말했다. 그동안 낯선 그 사람은 나를 보지도 않고서 "반갑습니다" 하고 입속으로 중얼거리고 나서, "어, 허어, 어" 하고 뭔지 알아들을 수 없는 인사말을 억지로 되뇌고 새끼손가락과 집게손가락과 엄지손가락을 굽히고, 가운뎃손가락과 약손가락을 나에게 내밀었는데, 나는 부드러운 염소가죽으로 된 장갑 밑으로 반지라곤 하나도 끼지 않은 그 손가락을 쥐었다. 그러고 나서 그는 내 쪽으로 눈을 들지 않은 채, 빌파리지 부인 쪽으로 고개를 돌렸다.

"아차, 내 정신 좀 봐." 부인이 웃으면서 말했다. "자네를 게르망트 남작이라고 부르다니. 샤를뤼스 남작을 소개하겠어요. 그렇지만 결국, 큰 잘못은 아니지." 그러고선 부인은 덧붙였다. "그래도 자네는 게르망트네 사람이니까."

그러는 동안 나의 할머니가 나와서, 우리는 다 같이 걷기 시작했다. 생루의 아저씨는 나에게 말을 건네주지 않았을 뿐만 아니라 거들떠보지도 않았다. 그는 주위에 있는 낯선 사람들의 얼굴을 뚫어지게 바라보지만(이 짧은 산책 동안에도 그 몸서리나는 심각한 눈초리를 두세 번, 수심을 재는 납덩어리처럼 지나가는 하찮은 서민들에게 던졌다), 내 판단에 의하면, 그가 알고 있는 사람들에게는 어떠한 순간에도 눈길을 주지 않았다—마치 비밀 사명을 띤 형사가 자기 친구들을 그 직업적인 경계 밖에 놓는 경우처럼. 할머니, 빌파리지 부인, 그 사람이 함께 이야기하게 놔두고, 나는 생루를 뒤로 처지게 했다.

"저어, 확실히 그런가요? 빌파리지 부인께서 당신의 아저씨가 게르망트네 사람이라고 말씀하셨는데."

"그렇고말고요. 물론, 아저씨는 팔라메드 드 게르망트이십니다."

"그런데 콩브레 근방에 성관을 갖고 있는 그 게르망트와 같은 가문인가요, 주느비에브 드 브라방의 후손이라는?"

"바로 그렇죠. 아저씨는 문장학(紋章學)에 조예가 깊으니까. 당신에게 설명하겠지만, 우리 가문의 '명(銘)', 우리 가문 군기의 명은 처음에 콩브레지스였다가 그 뒤로 파사방이 되었어요." 그는 거의 군주에 견줄 만한 성주의 가문만이 갖는 이 명의 특권을 자랑하는 모습을 보이지 않으려고 웃으면서 말했다. "아저씨는 지금 그 성관의 소유자와는 형제간이죠."

그러므로 빌파리지 부인은 게르망트네 가문에 가깝게 속해 있었다. 내가 어렸을 때 오리가 문 초콜릿 상자를 나에게 주었던 귀부인으로서 오랫동안 내 기억에 남은 빌파리지 부인, 그 무렵 그녀가 메제글리즈 쪽의 어딘가에 틀어박혀 있었다고 생각하기보다 더욱더 게르망트쪽에서 먼 존재인 성싶던 그 빌파리지 부인, 콩브레의 안경 상인보다도 빛나지 않고 낮은 지위에 있는 분같이 느꼈던 그 빌파리지 부인은 이제 갑자기 그 가치의 가늠자를 엄청난 높이까지 올리고, 한편 우리가 지닌 다른 대상은 그것과 평행하여 뜻하지 않게 과소평가되었다. 이런 상승과 하락은 우리의 젊은 시절과 젊은 티가 아직 얼마간 남아 있는 생활의 어느 부분에 오비디우스*의 변신 못지않은 수많은 변신을 가져온다.

* 로마의 시인으로 《변신 이야기》의 저자(B.C. 43~A.D. 17).

"그 성관에는 게르망트네 옛 조상들의 흉상이 모두 남아 있다죠?"

"네, 대단한 구경거리죠." 생루는 비꼬는 투로 말했다. "우리끼리 얘기지만, 내겐 그런 게 다 우스꽝스러워요. 그러나 게르망트에는 좀더 재미나는 게 있습니다! 카리에르(Carrière)*가 그린 우리 외숙모의 초상화인데 퍽 마음을 감동시키는 작품이죠. 휘슬러나 벨라스케스가 그린 것처럼 훌륭합니다." 생루는 이렇게 덧붙였는데, 초심자다운 열에 들떠 적어도 화가의 위대성을 재는 기준이 정확히 지켜지지 않았다. "귀스타브 모로의 감동적인 그림도 몇 점 있어요. 외숙모는 당신과 친한 빌파리지 부인의 조카뻘 되는 분인데, 그분의 손에서 자랐고, 또한 우리 종조할머니 빌파리지 부인의 조카뻘 되는 지금의 게르망트 공작과 사촌끼리 결혼한 거죠."

"그럼 저 아저씨는?"

"저분은 샤를뤼스 남작의 칭호를 갖고 있죠. 본디 같으면 나의 외할아버지가 돌아가셨을 때, 팔라메드 아저씨는 롬 대공의 칭호를 가졌어야 해요. 저분의 형님이 게르망트 공작이 되기 전까지 가지고 있던 칭호이니까요. 어쨌든 이 집안사람들은 마치 셔츠를 갈아입듯 칭호를 조금 지나치게 남용한다는 게 저분의 의견으로, 대공의 칭호라면 네 벗 가운데에서 고를 수 있었는데, 항간에 항의하는 뜻으로, 눈에 띄게 허심탄회하게, 마음속으로는 크나큰 자부심을 품고서, 샤를뤼스 남작의 칭호를 그대로 지닌 거죠. '오늘날에는 모두가 공작이다'라고 저분은 말하죠. '그래도 뭔가 구별할 수 있는 게 필요해. 나는 익명으로 여행하고 싶을 때 대공의 칭호를 쓰지.' 저분의 말로는 샤를뤼스 남작의 칭호보다 예스러운 칭호가 없다는 거죠. 프랑스에서 최초의 남작이라고 자칭하던 몽모랑시 가문의 남작 칭호는 사실 정확하지 않은, 오로지 그 영지이던 일 드 프랑스에서만 통한 거였어요. 샤를뤼스 남작의 칭호가 몽모랑시보다 먼저 쓰인 것임을 증명하는 얘기라면, 아저씨는 몇 시간이고 기꺼이 당신에게 설명해줄 겁니다. 그도 그럴 것이, 아주 세련되고 타고난 재능이 많은 분이지만 그런 족보를 따지는 일을 아주 생기 있는 화제로 여기니까요." 생루는 싱글거리며 말했다. "그러나 나는 아저씨와는 달라서, 족보 따위를 따지고 싶지는 않아요. 이것보다 따분하고 시대에 뒤진 케케묵은 이

* 프랑스의 화가(1849~1906).

야기는 없다고 생각하니까요. 참말이지 인생은 너무나 짧으니까요."

이때 나는 조금 전에 카지노 근처에서 나로 하여금 돌아다보게 했던 냉혹한 눈초리에서, 언뜻 탕송빌에서 스완 부인이 질베르트를 불렀을 때 나를 뚫어지게 바라보던, 내가 보았던 그 눈초리를 확인했다.

"당신 아저씨, 샤를뤼스 님에게 수많은 여인이 있었다는 얘기였는데, 그 가운데 스완 부인이 끼어 있지 않았을까요?" "오오! 천만에! 아저씨는 스완과 절친한 친구여서, 스완을 늘 매우 두둔합니다. 아저씨가 스완 부인의 애인이었다고는 한 번도 들은 적이 없어요. 당신이 그렇게 여기는 모습을 보이기라도 하면, 사교계에 크나큰 놀라움을 일으킬 겁니다."

내가 그렇게 여기지 않는 모습을 보이기라도 했다면 콩브레에서는 더 깜작 놀랐겠지만, 그에 대답할 용기는 없었다.

할머니는 샤를뤼스 씨가 마음에 든 성싶었다. 확실히 그는 가문과 사교계의 지위 같은 문제를 중대사처럼 얘기했는데, 할머니도 그 점을 알아챘지만 그 여느 때의 준엄성, 바라 마지않지만 가질 수 없는 우월을 남이 마음껏 즐기는 것을 볼 때의 남모르는 선망의 정과 노기가 섞인 준엄성을 조금도 나타내지 않았다. 반대로 할머니는 자기 운명에 만족하고, 좀더 화려한 사교계에 살지 못함을 하나도 섭섭하게 생각하는 기색 없이, 그 지성을 샤를뤼스 씨의 기묘한 버릇을 살피는 데만 써서, 생루의 아저씨에 대해 할머니는 우리가 사심 없이 살피는 대상에서 얻어진 기쁨을 미소로 갚듯이 사심 없는 미소와 거의 공명하는 호의를 갖고서 이야기했다. 게다가 이번 대상이 명사이고 그 잘난 체하는 말이 전부 정당하지 않더라도 적어도 남을 현혹할 만큼 화려하여, 할머니가 흔히 만나는 사람들하고는 뚜렷한 대조를 이루고 있는 듯이 여겨져 더욱 할머니의 호의를 샀다. 그러나 그런 샤를뤼스 씨의 귀족적인 편견을 할머니가 쉽사리 눈감아준 이유가 특히 있다면, 생루가 비웃는 수많은 사교인과는 달리, 샤를뤼스 씨에게서 매우 생기 있는 지성과 감수성이 판별되었기 때문이다. 그렇건만 샤를뤼스 씨는 그 조카처럼, 귀족적인 편견을 보다 뛰어난 재능을 살리기 위해 희생시킨 적이 없었다. 오히려 그 편견과 뛰어난 재능을 서로 어울리게 해왔다. 느무르 가문의 역대 공작 및 랑발 가문의 역대 대공의 후예로서, 그 선조들을 위해 라파엘로·벨라스케스·부셰 같은 화가가 그린 초상화며, 기록 고문서며, 가구며, 장식 융단 따위를 소유하는 샤를뤼스이고 보니, 소장하고 있는 그런 기념품을 두루 구경하는 것만도 한 곳의 박물관, 비할 바 없는 도서관을 '참관하는' 거나 진배없다고 말할 만해, 그 조카가 귀족적인 유산을 모조리 깎아 내렸던 것과는 반대로 그 유산을 마땅한 높은 자리에 올려놓고 있었다. 아마도 또한, 조카보다는 덜 공론가여서, 말만으로는 만족해하지 않고, 남을 살피는 안목이 더욱 현실적이던 그는, 자기 위세를 남들에게 보이는 본질적인 요소를 가볍게 보려 하지 않았으며, 그 위세는 그의 상상에 아무런 욕심 없는 기쁨을 주기도 하였고, 자주 그의 타산적인 활동에 크게 도움되는 보좌역이 될 수 있었던 게 틀림없었다. 이런 사람들과 마음속 이상에 따르는 사람들 사이의 입씨름이란 언제 끝날지 모르는 법이니, 마음속 이상에 따르는 사람은 오로지 그 이상을 이루기 위해 타고난 우월을 스스로 떨치려고 하는데, 그런 사람은 화가나 작가가 뛰어난 솜씨를 버리거나, 예술적인 사람들이 스스로 근대화하거나, 싸움하길 좋아하는 사람들이 온 세계 비무장화의 선구가 되거나, 시민을 굴복시키려는 정부가 민주화하여 가혹한 법률을 폐기하는 것과 비슷하다.

하기야 현실은 흔히 그런 고귀한 노력에 보답하지 않는다. 그런 예술가는 재능을 잃기 쉽고, 그런 국민은 몇 세기에 걸치는 우월성을 유지 못하기 때문이며, 때로는 평화주의가 전쟁을, 관용이 범죄를 증가시킨다. 성실과 해방을 구하려는 생루의 노력을 외적인 결과로 판단한다면 매우 고귀한 것으로 생각할 수 있지만, 한편 그런 노력이 샤를뤼스 씨에게 모자란다는 사실은 오히려 스스로 축하할 만했으니, 그는 게르망트네 성관의 으리으리한 나무 벽을 그 조카처럼 현대식 살림살이나, 르부르와 기요맹*의 작품으로 바꾸지 않고, 그 공예품 대부분을 자기 집으로 옮겨버렸다. 하지만 샤를뤼스 씨의 이상이 몹시 인공적이라는 사실은 바뀌지 않는다. 또한 이러한 형용사를 이상이라는 말에 연결한다면, 그것은 예술적인 것과 마찬가지로 사교적인 이상이기도 했다. 2세기 전 옛 정치형태에서 온갖 영화와 풍류에 관계했던 여인들을 선조로 모시고, 미모와 희귀한 교양으로 소문이 자자한 여인들이 아니고서는 그에게 그 탁월성을 인정시키지 못했고, 그를 즐겁게 할 수 없었다. 그가 그런 여인들에게 바치고 있던 감탄의 정은, 물론 성실한 것이었으

* 둘 다 프랑스의 인상주의 화가.

나, 그녀들의 이름에서 불러일으켜지는 역사적이자 어렴풋한 추억들이 도리어 그 감탄의 정 대부분을 차지했다. 마치 현대시라는 이유만으로 거들떠보지도 않고 그보다 못할지 모르는 호라티우스의 오드(ode)*를 읽는, 문학가의 즐거움 중 한 가지인 고대에 대한 추상과 같은 것이었다. 그러한 여인들 하나하나를 중산계급의 예쁜 여인에 비교한다는 건, 그로서는, 신작로나 결혼식을 그린 현대화에, 옛 그림, 예컨대 그것을 주문해 그리게 한 교황 또는 황제의 옛이야기를 비롯하여 모모 인사들의 손으로 건너갔다는 내력을 알고, 증여, 구입, 노획 또는 상속에 의해 전해내려와 현재 소유자의 것이 되었다는 게, 우리에게 어떤 역사적인 사건 또는 적어도 역사적 흥미가 있는 어떤 인척 관계를, 요컨대 우리가 얻은 지식을 우리에게 떠올리게 하여, 그 그림에 새 가치를 주고, 우리 기억이나 지식을 간수하는 창고가 풍요하다는 느낌을 더하게 하는 옛 그림을 대조시키는 거나 진배없었다. 샤를뤼스 씨가 기뻐하는 것은 다름이 아니라, 그의 것과 비슷한 편견에 의해 몇몇 명문 귀부인들이 혈통이 덜 순수한 여인들과 사귀는 걸 피하면서, 변함없는 그 고귀성을 그대로 지켜 완벽한 채로 그의 예찬에 몸바쳐주는 일이다. 마치 편평한 장미색 대리석 둥근기둥에 의지한 18세기 건축이 새 시대에 아무런 영향도 받지 않은 것처럼.

샤를뤼스 씨는 그런 여인들의 재치와 심정의 진정한 '고귀함(noblesse)'을 찬양하면서, 그처럼 그 낱말의 애매한 뜻에 대해 농담하고, 그 자신이 애매함에 속아왔는데, 거기에는 여러 가지 뒤섞인 개념의 허망성, 이를테면 귀족사회 관용의, 예술의 혼합물이 있었다. 그것은 또한 나의 할머니 같은 분에게는 위험한 매혹이기도 했다. 상대가 가문의 혈통밖에 생각하지 않고 다른 것에는 무관심한, 예절 모르는 고지식한 귀족의 편견이었다면, 할머니도 매우 우스꽝스럽게 생각했을 테지만, 이번 경우처럼 지적으로 뛰어난 것이 어떤 형태로 나타나자마자, 할머니는 탄복해 마지않아, 왕후들은 라 브뤼에르나 페늘롱 같은 분을 가정교사로 삼을 수 있으므로 모든 사람보다 뛰어나 부러워할 만한 존재라는 사고방식이 된 것이다.

게르망트네 세 사람은 우리와 그랑 호텔 앞에서 헤어져 그 길로 뤽상부르

* 서정적인 단시(短詩).

공주의 오찬회에 갔다. 할머니가 빌파리지 부인에게, 다음에 생루가 할머니에게 작별인사를 했을 때, 그때까지 나에게 한마디도 건네지 않았던 샤를뤼스 씨가 뒤로 몇 걸음 처져 내 곁으로 오더니 말했다. “오늘 저녁, 나는 식사 뒤 빌파리지 아주머니 방에서 차를 마신다네. 부디 할머님과 같이 와주게.” 그러고 나서 그는 후작부인 곁으로 돌아갔다.

그날은 일요일이었는데, 호텔 앞에는 계절의 처음과는 달리 합승마차가 없었다. 특히 공증인 부인 같은 이는 캉브르메르네 집에 가지도 않는데 매번 마차를 빌린다는 게 낭비로 여겨져 방 안에 죽치고 앉아 참고 있었다.

“부인께서는 어디 아프신가요?” 누군가가 공증인에게 물었다. “오늘은 안 보이시네요.”

“머리가 좀 아프다나 봐요. 더위와 소나기 탓이죠. 그러나 오늘 저녁에는 보이겠죠. 내려오라고 권했으니까요. 틀어박혀 있느니 바깥바람을 쐬면 낫겠죠.”

샤를뤼스 씨가 그와 같이 우리를 초대한 까닭은, 그 숙모와 미리 의논한 것으로 의심하지 않았음은 물론이려니와, 오전 산책 동안에 그가 보인 실례를 만회해보려는 뜻이라고 나는 생각했었다. 그런데 빌파리지 부인의 손님방에 들어서서, 그 조카 샤를뤼스 씨에게 인사하려 했을 때, 그는 날카로운 목소리로 친척 가운데 한 사람에게 무척 심한 험담을 계속하고 있어서 그의 주위를 빙빙 돌아도 좀처럼 그 시선을 잡을 수 없었다. 내가 와 있다는 것을 알리기 위해 꽤 크게 인사를 하려고 결심했는데, 그때, 그가 벌써 나를 알아채고 있다는 걸 깨달았다. 왜냐하면 내 입에서 인사말 한마디가 나오기 전에, 내가 머리를 숙이는 순간, 그의 두 손가락이 나한테 잡으라는 듯이 내밀어져 오는 걸 보았기 때문인데, 그러면서도 그는 눈을 돌리지도 대화를 멈추지도 않았다. 기색도 보이지 않고 나를 보고 있었던 것이다. 그리고 이때 내가 깨달은 것은 그의 눈길이 결코 상대방 위로 똑바로 쏠리지 않고 마치 겁에 질린 동물의 눈을, 아니면 허튼소리를 뇌까리며 바르지 못한 상품을 벌여놓으면서 머리를 움직이지 않고서도 순경이 올 듯한 이쪽저쪽을 유심히 살피는 길거리 상인의 눈처럼 끊임없이 이리저리 굴린다는 점이었다.

한편 우리가 온 것을 보고 빌파리지 부인은 기쁜 표정을 지었지만, 우리를 기다리던 기색을 보이지 않아 나는 적잖이 놀랐고, 또 샤를뤼스 씨가 할머니에게 "아아! 뜻밖인데요, 참 잘 오셨습니다. 마침 잘됐군요, 안 그래요?" 말하면서, 그 숙모에게 다짐하는 말을 듣고 나는 더욱 깜짝 놀랐다. 아마도 우리가 들어오는 걸 보고 숙모가 놀라는 것을 알아챘으리라. 그가 악기의 음조를 맞추기 위해 '라' 음을 내는 데 익숙한 사람답게, 그런 놀라움을 기쁨으로 변하게 하려면 그 자신이 기뻐하는 모습을 보이기만 하면 충분하고, 우리 방문을 기뻐 맞이하는 기분을 일으키면 그만이라고 생각하고 있는 게 틀림없었다. 그 점에서 그의 계산은 정확했다. 이 조카에게 큰 기대를 걸고 또 그를 기쁘게 하는 게 퍽 어렵다는 사실을 알고 있는 빌파리지 부인이, 돌연 나의 할머니의 새 가치를 발견한 듯한 태도로 나와 할머니를 환대했으니까. 하지만 나로서는 이해할 수 없었다. 샤를뤼스 씨가 나에게 그날 오전, 그처럼 간략한, 그러나 보기에 계획적인, 그토록 사려 깊은 초대를 한 지 몇 시간도 안 되어 까맣게 잊어버리고, 분명 그의 머릿속에서 나온 생각을, 할머니의 생각인 듯이 "뜻밖인데요"라며 말하다니. 한 인간이 품은 의향에 관한 진실을 알고자 그 인간에게 물어보지 말 것이며, 알아채지 못한 체하며 지나쳐버리는 오해 쪽이 고지식하게 고집스런 질문보다 덜 위험하다는 것을 이해하게 된 나이까지 지녀온 정확성에 대한 거리낌에서, 나는 그에게 말했다. "하지만 보세요. 생각나시죠, 안 그래요, 나에게 오늘 저녁 할머니와 같이 와달라고 청한 사람이 당신이란 걸?" 샤를뤼스 씨는 내 질문을 들었음을 드러내는 아무런 동작도 소리도 없었다. 그것을 보자 나는, 마치 외교관이나 사이가 나빠진 젊은이들이 밝히지 않으려고 결심한 정보를 얻어내기 위해 끈기 있는 그러나 헛된 노력을 하듯이 질문을 되풀이했다. 샤를뤼스 씨는 한사코 대꾸하지 않았다. 나는 아주 높은 곳에서 굽어보며 성격과 교육을 판단하는 이의 미소가 그 입술 언저리에 감돌고 있는 걸 보는 듯했다.

그의 쪽에서 설명을 일절 거부하는지라, 내 쪽에서 한번 찾아보려 했지만, 여러 설명이 있어서 당황될 뿐만 아니라 어느 하나 정확하지 않을지도 모른다. 어쩌면 그가 오늘 아침 내게 말한 것을 기억 못하고 있는지도 모르지, 아니면 내가 잘못 들었는지도 모르고…… 아니, 분명 거만 때문에, 그가 업신여기는 사람을 끌어들이고 싶었던 양 보이기 싫어, 온 것을 온 사람의 뜻으로 돌리고 싶었던 게 틀림없다. 만약 그가 우리를 업신여기고 있다면, 어째서 우리를 오도록 했는가. 아니 오히려, 무엇 때문에 할머니를 오도록 했느냐 말이다. 왜냐하면 나와 할머니 두 사람 가운데에서, 그 저녁에 그가 이야기를 건넨 사람은 할머니뿐이었고 내게는 한마디도 없었으니까. 샤를뤼스 씨는 할머니와 빌파리지 부인과 함께 매우 생기 있게 이야기하면서, 마치 극장 좌석의 안쪽에 있기라도 하듯, 이를테면 두 여인 뒤에 숨어 있었다. 이따금 그 날카로운 눈으로 더듬어 살피는 듯한 눈초리를 돌려, 마치 내 얼굴이 읽어내기 어려운 고문서인 듯 그 진지한, 사색에 깊이 잠긴 듯한 표정을 짓고, 내 얼굴을 눈여겨볼 따름이었다.

그에게 그런 눈이 없었다면 샤를뤼스 씨의 얼굴은 잘생긴 대부분의 남자와 비슷했을 것이다. 나중에 생루가, 게르망트네의 다른 남자들에 대해 "어쩐지, 그들은 팔라메드 아저씨와 달라서 명문다운, 발톱 끝까지 대귀족다운 풍모가 없거든" 하고 말해 명문의 외모, 귀족의 품위가 조금도 신비스럽거나 신기하지 않으며, 내가 샤를뤼스 씨한테서 수월하게 알아보고 특별한 인상을 받지 못했던 그런 요소에 있다는 것을 확실하게 했을 때, 나는 내 환상 가운데 한 가지가 사라지는 걸 느꼈다. 그래도 분을 엷게 바르고 무대에 나온 배우의 얼굴인 양 보이는 이 얼굴에서, 샤를뤼스 씨는 표정을 감추려고 하지만 그게 잘 안 되어, 두 눈은 그곳만 틀어막을 수 없던 균열처럼, 총을 쏘기 위해 성벽에 뚫어놓은 구멍처럼 되어버려, 그를 보는 사람은 위치에 따라, 그 틈을 통해, 내부에 있는 어떤 병기 같은 것에서 섬광이 튀어나와 느닷없이 여기저기에서 마구 떨어지는 포탄을 뒤집어쓰는 느낌을 받는데, 그 병기로 말하면 주인조차 조금도 안심되지 않는 듯이 자유자재로 다루지 못한 채, 언제 터질지 모르는 불안정한 상태에서, 그것을 몸에 짊어지고 있는 듯했다. 그리고 조심성 있는, 한시도 가만히 있지 못하는 눈의 표정은 그 언저리에서 퍽 넓게 퍼지고 있는 퍼런 동그라미에 이르기까지 얼굴에 똑똑하게 나타난—아무리 꾸미고 손질했더라도 피로의 자국과 더불어, 위급하고 곤란해진 권력자나, 아니면 단순한 위험인물, 그저 비극적인 위험인물의 미행이나 변장을 생각하게 하는 게 있었다. 다른 사람들에겐 없는 그 눈 속의 비밀, 그날 아침 카지노 근처에서 만났을 때, 샤를뤼스 씨의 눈초리를 얼른 수수께끼처럼 생각하게 하던 그 비밀이 뭔지 나는 알고 싶었다. 그런데 내가 지금 그의 친척 관계에 대해 아는 바를 가지고서는, 이젠 그것을 도둑의 눈초리라고 믿을 수 없고, 그의 이야기를 들은 바에 의하면 미치광이의 눈초리라 생각할 수도 없었다. 할머니한테 그토록 상냥하면서도 내겐 냉랭했던 까닭은 아마도 개인적인 반감에서 온 것은 아니었으리라. 왜냐하면 대체로 말해, 여성에게는 친절하여 그녀의 결점에 대해서는 아주 너그럽게 보아 왈가왈부하지 않으나, 그만큼 남성에 대해선, 특히 젊은 남자에 관해선 여인을 싫어하는 이가 갖는, 여인에 대한 증오심을 떠올리게 하는 심한 증오심을 그가 갖고 있었기 때문이다. 생루가 우연히 친척 또는 친구인 두세 명의 '기둥서방'에 대해 그 이름을 입 밖에 냈을 때, 샤를뤼스 씨는 여느 때의 무관심과는 뚜렷이 대조를 이루는 거의 사나운 표정을 지으면서 말했다. "이 녀석은 애송이야." 나는 그가 오늘날 젊은이를 비난하는 것은 그들이 지나치게 여자 같다는 뜻임을 이해했다. "마치 여자 같다"라고 그는 멸시하는 투로 말했다. 그러나 그가 바라는 남성적인 생활에 비해 여성적으로 보이지 않는 생활이 있었을까. 아무리 힘차고 남자다워도 아직 충분하지 않다고 여기는 그에게(그는 도보 여행 도중 몇 시간을 걷고 나서 불덩어리 같은 몸을 찬 냇물에 풍덩 던지곤 했다) 사내 녀석이 반지 하나만 끼어도 그로서는 용서 못 할 노릇이었다.

하지만 그와 같이 사나이다움을 고집하면서도 극히 섬세한 감수성의 소질을 갖고 있음에는 변함없었다. 빌파리지 부인이, 나의 할머니를 위해 조카에게 세비녜 부인이 머무르던 성관 이야기를 부탁하고, 그 재미없는 딸인 그리냥 부인과 작별했을 때 세비녜 부인의 절망에는 좀 문학 냄새가 난다고 덧붙였더니, 그가 대답했다. "오히려 그 반대죠. 나는 그만큼 진실된 목소리도 없다고 생각해요. 게다가 그때로 말하면 그런 감정이 잘 이해되던 시대이기도 합니다. 라 퐁텐의 모노모타파(Monomotapa)*는, 꿈속에 친구가 좀 침울한 얼굴로 나타났으므로 그 친구 집으로 달려갔고, '비둘기 두 마리' 가운데 한 마리가 있지 않은 것을 최대의 불행으로 여기지만, 이런 점이 아주머니한테는, 세비녜 부인이 그 딸과 단둘이 있게 되는 순간을 기다리지 못하는 심정과 마찬가지로 부풀려진 것으로 보이겠지요. 세비녜 부인이 딸과 작별할 때 한 말은 실로 아름답지 않습니까. '이 작별이 내 영혼에게 주는 괴로움을 나는 육신의 아픔처럼 느낀단다. 사랑하는 이가 곁에 있지 않은 몸은 시간에

* 〈두 친구〉에 나오는 인물.

구애되지 않아. 갈망해 마지않는 시간을 향해 앞으로 나아간단다.'"

할머니는 그 《서간집》 내용이 마치 자기가 하듯이 정확하게 인용되는 걸 듣고 기쁘기 그지없었다. 남성이라도 그 내용을 그토록 깊이 이해할 수 있는 것을 보고 놀라웠다. 샤를뤼스 씨에게 여인 같은 섬세한 심정과 감수성을 발견했다. 나중에 가서, 할머니와 내가 단둘이 있었을 때, 그가 결국 한 여성의 깊은 영향을 받았고, 어머니, 아니면 나중에 딸(만약 애가 있다면)의 깊은 영향을 입을 게 틀림없다고 이야기했다. 나는 나대로 생루에게는 분명 좋아하는 여인이 있다고 생각했다. 그것은 생루의 정부가 생루에게 끼친다고 느껴지는 영향이 머릿속에 떠올랐기 때문인데, 그런 영향으로 미루어보아, 남자와 동거하는 여인이 얼마나 그 남자의 감수성을 세련되게 하는지 알아차릴 수 있었다.

"딸의 곁에 있게 되자, 아마 세비녜 부인도 딸에게 할 말이 없었을 거예요." 빌파리지 부인이 말했다.

"아니죠, 있었을 겁니다. 설령 '우리 말고는 주목하는 이가 없을 정도로 보잘것없는 것'이라고 세비녜 부인이 부르고 있는 것일망정. 어쨌든 세비녜 부인은 딸 곁에 있게 되었습니다. 그것이 가장 좋은 거라고 라 브뤼에르도 말했죠, '사랑하는 이가 곁에 있기만 하면, 이야기를 하건 말건 아무래도 좋다'고요. 그가 말한 그대로입니다. 그게 유일한 행복이죠." 샤를뤼스 씨는 우울한 말투로 덧붙였다. "그런데 그 행복을 말입니다, 한스럽게도 인생이 고르지 못해 맛보는 이가 매우 드물어요. 요컨대 세비녜 부인은 다른 사람들보다 덜 한스러운 생활을 누린 셈이죠. 그 대부분을 사랑하는 이의 곁에서 보냈으니까."

"그건 연애가 아니었다는 것을 잊었구나. 상대가 딸이라는 걸."

"인생에 있어서 중요한 건, 사랑하는 대상이 아니라" 하고 그는 권위 있는, 단호하고도 거의 단정적인 말투로 덧붙였다. "사랑한다는 그 자체입니다. 세비녜 부인이 딸에 대해 느낀 것은, 그 아들인 젊은 세비녜가 서방질하는 여자들과 맺은 하찮은 관계와는 비교도 안 될 정도로, 바로 라신이 〈앙드로마크〉 또는 〈페드르〉 속에 그린 사랑의 열정과 닮았어요. 어느 신비주의자의 신에 대한 사랑도 이와 같습니다. 우리가 사랑의 둘레에 긋고 있는 너무나 좁은 경계선은 오로지 삶에 대한 크나큰 무지에서 오는 것이죠."

"아저씨는 〈앙드로마크〉나 〈페드르〉를 아주 좋아하시죠?" 생루는 가벼운 멸시가 섞였지만 여전히 정다운 말투로 아저씨에게 물었다.

"라신의 비극 한 편엔 빅토르 위고 씨의 모든 희곡에 있는 것보다 더 많은 진실이 잠재해 있어." 샤를뤼스 씨의 대답.

"보세요, 역시 몸서리나지요, 사교계는." 생루가 귀에다 속삭였다. "빅토르보다 라신을 더 좋아하다니, 과연 뭔가 괴상해요!" 그는 아저씨의 말에 진정으로 한심한 생각이 들었지만, '과연'과 '괴상'이라는 두 마디를 입 밖에 내어 위안을 받았다.

사랑하는 이한테서 멀리 떨어져 살아야 하는 슬픔에 관한 그와 같은 고찰 (이러한 고찰에 감동한 나머지 할머니가 나중에 나에게, 빌파리지 부인의 조카는 그 숙모보다 몇몇 작품을 더 깊이 이해하고 있다. 특히 클럽 회원들 대부분 가운데 단연코 그를 빼어나게 하는 뭔가를 갖고 있다고 말하게끔 만드는데) 속에, 과연 남자들이 좀처럼 보이지 않는 섬세한 감정을 나타냈을 뿐만 아니라, 목청 자체도, 중음(中音)을 충분히 연습하지 못한 알토가, 젊은 남녀가 번갈아 잇는 이중창에서 노래하듯, 그처럼 섬세한 사상을 설명할 때는 높은 가락이 되어, 뜻밖의 부드러움을 띠고, 애정을 하소연하는 약혼녀들이나 수녀들의 합창을 간직하고 있는 듯했다. 여성스러운 게 있으면 전부 몸서리나도록 싫어하는 샤를뤼스 씨인데, 그 목청 속에 그와 같이 한배의 소녀들을 거느리고 있는 것처럼 남에게 보이다니, 얼마나 상심할 노릇이냐. 더구나 그 소녀들은 오직 감상적인 음악을 연주하거나 조바꿈에 한하여 나타나는 것만도 아니다. 자주, 샤를뤼스 씨가 얘기하는 도중에, 그 소녀들의, 기숙생다운, 아양 떠는 여학생다운 쟁쟁 울리는 싱싱한 웃음이, 그 반대쪽에 말솜씨가 능란하면서 교활한 이웃사촌인 심술궂음을 조절하고 있는 것이 들렸다.

그는 그의 가문에 속했던 저택, 마리 앙투아네트가 잔 일도 있고 르 노트르(Le Nôtre)*가 정원을 만든 저택, 지금은 어느 이스라엘 재벌이 사들여 그 소유가 된 저택에 대해서 얘기했다. "이스라엘, 적어도 이게 그들이 갖는 이름인데, 이는 고유명사라기보다 오히려 족속, 인종의 명사라고 볼 수 있어

---

* 프랑스의 건축가이자 정원 설계사(1613~1700).

요. 아마도 이 족속들은 이름이 없고 오로지 그들이 속해 있는 집단의 이름으로 불릴지도 몰라요. 이런 건 아무래도 좋습니다! 다만 게르망트네 저택이던 것이 지금 이스라엘네에 속하다니!" 그는 외쳤다. "블루아 성관의 그 방이 생각나는군요. 거기에 안내해준 수위가 말했습니다. '이곳은 마리 스튀아르께서 지내시던 방입니다, 그리고 지금 내가 비질합니다.' 물론 나는 이런 명예를 더럽힌 이야기 따위 듣고 싶지 않습니다. 남편과 헤어진 사촌누이 클라라 드 시메의 소식을 알고 싶지 않은 것과 마찬가지죠. 그러나 나는, 아직 손대지 않은 초기 무렵의 저택 사진을 간직하고 있고, 커다란 눈이 아직 사촌형에게만 쏠렸을 즈음의 대공부인 사진도 가지고 있습니다. 사진은 실물의 복사인 것을 넘어, 이제는 존재하지 않는 것을 우리에게 보여줄 때, 거기에 없는 위엄을 조금이나마 되찾아주지요. 그 사진 한 장을 댁에게 드리겠습니다. 그런 종류의 건축에 흥미를 갖고 계시는 듯하니까." 그는 할머니에게 말했다. 이때 호주머니 안에 있는 수놓은 손수건이 색깔의 가두리를 비쭉 내밀고 있는 것을 알아챈 그는, 몹시 수줍음을 타는 듯하나 결코 순진하지 않은 여인이 세심하고 면밀하게, 단정하지 않다고 판단한 교태를 숨길 때 짓는 화난 얼굴빛으로 재빨리 손수건을 들이밀었다.

"생각해보세요." 그는 이어 말했다. "그놈들이 르 노트르의 정원을 깨부수기 시작했습니다그려, 푸생의 화폭을 갈기갈기 찢는 거나 진배없는 죄죠. 이 짓만으로도 그 이스라엘 놈들은 감옥에 들어가야 해요. 하기야" 하고, 잠시 침묵하다가 그는 미소 지으며 덧붙였다. "그 밖에도 거기에 들어가야 할 짓을 많이들 하고 있는 건 틀림없지만! 어쨌든 그 아담한 정취 있는 건축 앞에 놈들의 영국풍 정원이 어떠한 효과를 내는지 상상에 맡기겠습니다."

"그래도 그 가옥은 프티 트리아농(Petit Trianon) 궁전과 같은 양식이지." 빌파리지 부인이 말했다. "마리 앙투아네트께서 프티 트리아농 궁전에 영국풍 정원을 만들게 했지."

"그 또한 가브리엘이 설계한 정면의 미를 망치고 있습니다." 샤를뤼스 씨는 대답했다. "분명히 지금 르 아모(Le Hameau)*를 부순다면 야만인이겠지요. 그러나 현대 정신이 어떤 건지 모르지만, 그 점에 관하여, 이스라엘 부

* 베르사유 궁전의 전원 한 모퉁이. 프티 트리아농 옆에 있는, 마리 앙투아네트가 전원생활을 즐기던 시골풍 정자.

인의 변덕이 마리 앙투아네트 왕비의 기념 정원과 똑같은 위신을 갖는다고는, 나는 역시 의심해 마지않습니다."

그러는 동안에 할머니는, 생루가 말리는데도 나한테 자러 올라가라는 몸짓을 하고 있었다. 부끄럽게도 내가 잠자기 전에 자주 슬픔을 느낀다는 사실을 생루가 샤를뤼스 씨 앞에서 이미 암시해버려, 그가 이 점을 사나이답지 않게 여기고 있을 게 틀림없었다. 그래도 나는 잠시 어물어물하다가 방으로 돌아갔는데, 잠시 뒤 방문을 두드리는 소리가 들려서, 누구냐고 묻자 샤를뤼스 씨의 목소리가 대답하여 적잖이 놀랐다. 샤를뤼스 씨는 무뚝뚝한 말투로 말했다.

"샤를뤼스요. 들어가도 괜찮겠소, 여보시게?" 들어선 그는 문을 닫고 나서 같은 말투로 이어 말했다. "아까 조카의 얘기로, 자네는 쉬 잠이 오지 않아 고생한다고. 또 베르고트의 책을 애독하고 있다고 들었네. 짐 가방에 들어 있는 것 가운데 자네가 아직 읽지 않았을 성싶은 책을 한 권 가져왔소. 우울한 시간을 보내는 데 도움이 될까 해서." 나는 감동하여 샤를뤼스 씨에게 사례하고 나서, 생루가 그에게 밤이 되면 불안해하는 내 모습을 말했던 탓으로, 그의 눈에 내가 실제보다 더 어리석게 보이지 않았나 하고 지나친 걱정을 했다고, 그에게 말했다.

"천만에." 그는 더욱 부드러운 투로 대답했다. "잘 모르지만, 자네는 개인적인 값어치라는 걸 못 가지고 있는지도 모르지, 그걸 갖고 있는 사람은 참으로 적다네! 하지만 당분간 적어도, 자네에게는 청춘이 있어. 이거야말로 영원한 매력이지. 게다가 자기가 모르는 감정을 우스꽝스럽다느니 비난받을 만하다느니 하는 건 가장 어리석은 생각이라네. 나는 밤이 좋은데 자네는 무섭다고 하고, 나는 장미 냄새가 좋은데 내 친구는 그 냄새를 맡으면 열이 나지. 그렇다고 내가 그 사람을 나보다 값어치가 못한 사람으로 생각하는 줄 아나? 나는 무엇이나 다 이해하려고 애쓰며 조금도 비난하지 않으려고 조심하지. 요컨대 너무 상심하지 말기를, 나는 그 슬픔이 고통스럽지 않다고 말하는 게 아닐세. 남이 이해해주지 못하는 게 얼마나 슬픈 일인지 나는 잘 아네. 그러나 적어도 자네는 그 애정을 줄 당신의 할머니라는 좋은 분이 계시잖은가. 할머니와 자주 만나고 또 자네의 경우, 그건 하나의 약속된 애정이지, 이를테면 보답받는 애정이란 말일세. 그렇게 말할 수 없는 게 많으니까!"

그는 어떤 물건을 바라보기도 하고, 또 물건 하나를 집어들기도 하면서 방안을 빙빙 돌고 있었다. 내게 뭔가 알리고 싶은 게 있지만 어떤 말로 해야 할지 모르는 듯한 인상을 받았다.

"베르고트의 책이 또 하나 있는데 가져오라고 하지." 이렇게 덧붙이고선 초인종을 울렸다. 잠시 뒤 보이가 왔다. "우두머리 사환을 불러오게. 이곳에서 영리하게 심부름을 할 수 있는 사람은 그 사람뿐이야" 하고 샤를뤼스 씨는 거만하게 말했다. ―"네, 에메 씨 말씀이죠?" 보이의 물음. "이름은 몰라, 아니, 그래그래, 에메라고 부르는 걸 들은 기억이 나네. 빨리 가보게, 급하니까."―"네, 곧 이곳으로 보내겠습니다. 조금 전에 아래에서 그를 보았으니까요." 보이는 잘 알았다는 듯이 대답했다. 몇 분인가 지났다. 보이가 돌아왔다. "저어, 에메 씨는 자는데요. 제가 심부름을 해드리겠습니다."―"아니지, 자네는 그 사람을 깨우면 돼."―"그게 안 됩니다. 여기서 자는 게 아니니까요."―"그럼, 좋아, 그만둬."―"저어." 나는 보이가 나간 뒤에 말했다. "너무 황송하니, 베르고트의 책 한 권으로 충분해요."―"그럴지도 모르겠군." 샤를뤼스는 계속해서 빙빙 돌고 있었다. 몇 분 간 그런 모양으로 돌다가, 잠시 머뭇거린 뒤에 몇 번이고 고쳐 생각하는 모습을 보이면서, 몸을 홱 돌리고 다시 엄해진 목소리로, "잘 주무시게" 하고 한마디 던지고는 나갔다.

밤에 그의 고상한 감정을 들었던 다음 날, 그날은 그가 출발하는 날이었다. 아침나절 바닷가에서 해수욕을 하려는 참에 샤를뤼스 씨가 내게 가까이 와서, 할머니가 기다리고 있으니 물에서 나오는 대로 곧 가보라고 일러주었는데, 내 목을 꼬집으면서 치근치근하게, 야비한 웃음을 지으면서 이렇게 말하는 걸 듣고 나는 깜짝 놀랐다.

"늙은 할머니가 무슨 상관이냐! 안 그래, 꼬마 악당아!"

"뭐라고요? 나는 할머니를 사랑해요!"

"허어." 그는 한 걸음 물러나면서, 차디찬 태도로 말했다. "자네는 아직 젊어, 이 기회에 두 가지를 배울 필요가 있네. 그 하나는 너무나 당연하니까 아무도 암시하지 않고 그냥 두는 감정을 입 밖에 내는 걸 삼갈 것, 또 하나는 남의 말에 대답할 때, 그 뜻을 깊이 생각하지도 않고서 싸움 걸듯 덤벼들지 말 것. 이 두 가지만 조심했다면 조금 전처럼 귀머거리 같은 소리를 하진 않았을 거야. 또 수영복에 그런 닻을 수놓은 우스꽝스러움에다 굴레를 덧붙이는 우스운 짓도 않았을 테고. 어제 베르고트의 책을 빌려주었는데 내게도 필요하니 한 시간 안으로 그 이상야릇한 이름의 우두머리 사환을 통해 보내주게, 그 시각에 설마 자고 있지는 않을 테니까. 어젯밤 자네한테 젊음의 매력에 대해서 말해줬는데 자네에게는 좀 이른 감이 드는군. 젊음의 경솔함과 무분별함, 이해력의 결핍을 지적하는 편이 도움이 되었을걸. 나의 이 작은 샤워를 뒤집어쓰는*[1] 편이 모름지기 이런 해수욕보다 몸에 유익할 거라고 생각하는데, 어떤가. 뭐 그렇게 가만히 있지만 말고, 감기 드니까. 잘 있게, 자네."

그는 아마도 이런 말을 한 걸 뉘우쳤는지 얼마 뒤 나는, 모로코 가죽으로 장정한 무늬 없는 천 위에, 물망초 가지 하나를 엷게 새긴 네모진 두꺼운 가죽을 끼운 책을 받았는데, 그것은 그가 어젯밤 나에게 빌려준 책, 에메가 '외출 중'이어서 엘리베이터 보이의 손을 통해 아까 막 돌려보낸 그 책이었다.

샤를뤼스 씨가 떠나자, 드디어 로베르와 나는 블로크네로 저녁 식사를 하러 갈 수 있었다. 그런데 이 연회 동안에 내가 이해한 바는, 우리의 급우 블로크가 쉽사리 재미있어하는 이야기는 모두 아버지 블로크 씨가 하는 이야기라는 것, 또 블로크가 '아주 괴짜'라고 하는 인간은, 또한 그 아버지가 그렇게 비평하고 있는 당신 친구들 가운데 아무개라는 점이었다. 우리는 어린 시절에 탄복해 마지않는 인물을 몇몇 갖는다. 예컨대 집안에서 누구보다도 재치 있어 보이는 아버지, 형이상학을 가르쳐줌으로써 우리의 어두운 눈을 뜨게 해주는 교수, 우리보다 지식이 앞선 급우(나로서는 블로크가 그러했듯이) 등등이다. 그런 급우는 우리가 아직 '신에 대한 희망'의 위세를 즐겨 부르고 있을 때 이미 그것을 멸시하고, 또 우리가 겨우 르콩트 영감*[2]이나 클로델의 작품에 다다를 때, 이번에는 거꾸로 위세의 가벼운 시구,

생블레즈에서, 주에카 섬에서
그대는, 그대는 안락하게……

*1 잔소리를 듣는다는 뜻.
*2 르콩트를 영감이라고 부른 것은 크로델이 프루스트와 거의 같은 나이이기 때문.

라든가, 또는

> 파도바는 정말 좋은 곳
> 훌륭한 법률 박사가 수두룩하다네……
> 그러나 나 좋아하는 건 폴렌타 요리……
> 검은 도미노 차림으로 지나가는
> 토퍼(topper) 입은 여인이라네.

와 같은 것에만 감동하고 그리고, 뮈세의 〈밤〉의 전 시편 중에서는,

> 대서양이 밀어닥치는, 르 아브르 항구에,
> 무덤의 풀 곁에 와서
> 창백한 아드리아 바다가 숨지는
> 베네치아의, 무시무시한 리도 섬에.

밖에 윈 것이 없다.

그런데 누군가를 완전히 믿고 찬미하고 있을 때, 우리는, 자기가 타고난 재질이나 복에 따라서 판단하면 마땅히 거부하고 말았을 매우 하찮은 것이라도, 그 사람의 것이라는 이유만으로 감탄하면서 기록하거나 인용한다. 말하자면 작가가, 살아 있는 전체 안에서 오히려 죽은 무게를 느끼게 하는 평범한 부분, 실제 인물이나 '상투어'를 그것이 사실이었다는 핑계 밑에 소설에 활용하는 것과 같다. 생시몽의 인물 묘사의 경우도, 그가 감탄의 정 없이 썼을 게 틀림없는 인물이 감탄할 만하고, 그의 벗이었던 매력 있고 재주 많은 남자로서 하나씩 들어 말한 인물의 풍모는 평범한 대로 그치거나 또는 그 말을 알 수 없게 되고 만다. 그는 코르뉘엘 부인 또는 루이 14세에 대해서, 그처럼 날카롭고도 생기 있게 기술하고 있지만, 거기에 그의 의도가 있다기보다는 오히려 경멸하고 싶을 정도였으리라. 하기야 이런 사실은 다른 수많은 작가의 경우에도 있고, 여러 가지 해석을 내릴 수도 있지만, 지금은 다음의 요약만으로 충분하다. 곧 '관찰하고 있을' 때의 정신 상태는 창작할 때의 수준보다 매우 낮다고.

따라서 나의 급우 블로크의 몸 안에는 아들보다도 40년 뒤떨어진 또 다른 아버지 블로크가 도사리고 앉아, 우스갯소리를 뇌까리면서, 내 친구의 안에서, 외적인 실물의 아버지 블로크 못지않게 껄껄 웃어대는 것이었다. 왜냐하면 이 실물의 아버지 블로크가, 듣는 쪽이 자기 얘기를 더 잘 음미할 수 있도록 번번이 나중 말을 두세 번 되풀이하면서 껄껄 웃을 때, 그 껄껄댐에는 아들의 소란스런 껄껄댐이 겹쳐, 그럼으로써 아들은 아버지의 얘기를 식탁에 환영했기 때문이다. 매우 지적인 것을 말한 끝에, 젊은 블로크가 그 가족한테서 받은 지참금을 자랑삼아 보이듯이, 서른 번이나 그 아버지 블로크의 상투어 가운데 어느 한 가지를 되풀이해 이야기한 것도 그런 식이었다. 그 아버지는 젊은 블로크가, 교수 가운데 한 사람, 모든 상을 탄 급우, 혹은 그날 밤 생루와 나같이 현혹할 만한 값어치를 갖춘 누군가를 데리고 오는 중요한 날에만 그 상투어(연미복과 함께)를 내왔다. 예컨대 '어떤 필연적인 이유로, 러일 전쟁에서 일본군이 패하고 러시아군이 승리했는지를 확고한 증거를 내세워 교묘하게 추론한 매우 예리한 군사 평론가' 또는 '그분은 정치계에서는 대실업가로 통하고 실업계에서는 대정치가로 통하는 명사입니다' 따위였다. 때론 이런 이야기는 로스차일드 남작의 이야기와 뤄퓌스 이스라엘 경의 이야기로 바뀌기도 했는데, 이런 인물은 분명하지 않은 이야기 투로 입에 올라 블로크 씨가 개인적으로 알아온 사람이었다는 암시를 넌지시 주었다.

나 자신도 그 암시에 걸려들었다. 아버지 블로크 씨가 베르고트에 대해 하는 말투로, 그가 베르고트의 옛 친구 가운데 한 분이라고 여겼다. 그런데 그런 유명한 사람들은 블로크 씨가 극장이나 큰길에서 멀찌감치 보았으므로 '안면 없이' 알고 있는 데에 지나지 않았다. 게다가 그는 그들에게 자기 얼굴이나 이름, 인격이 알려져 있지 않은 게 아니며, 그의 모습을 언뜻 보면, 그들이 그에게 인사하고 싶은 은밀한 욕망을 참고 있는 게 틀림없다고 상상하고 있었다. 사교계 사람들은 독창적인 재능이 있는 사람들과 알고 지내며, 그들을 회식에 초대하기도 하는데, 그렇다고 해서 그들을 잘 이해하고 있는 건 아니다. 그러나 사교계에 나가 좀 지내고 보면, 그 사람들의 어리석음에 진저리나, '안면 없이' 알고 지내서 눈에 띄지 않는 무리 속에 살고 싶고, 그런 곳에서야말로 지성이 있다고 생각하게 된다. 나는 이 점을 베르고트에 대해 말할 때에 가서 이해하게 되리라.

블로크네 집에서 블로크 씨 혼자만이 성공을 거두고 있는 건 아니었다. 나의 급우 블로크 또한 그 누이들 사이에서 아버지 이상으로 성공을 거두고 있어, 투덜거리는 투로 끊임없이 그녀들에게 트집을 잡아 따지고 물었는데, 그러한 그가 뚱딴지같은 소리를 하면, 영락없이 그녀들은 눈물이 나도록 웃어댔다. 게다가 그녀들은 오빠의 말투를 흉내내어, 마치 그것이 의무이며 또 지식인이 쓸 수 있는 유일한 것이라는 듯이 유창하게 재잘거리고 있었다. 우리가 도착했을 때, 손위 누이가 손아래 누이에게 말했다. "사려 깊으신 아버님과 존경하는 어머님께 알리러 가야지."—"이봐, 암캐들." 블로크가 누이들에게 말했다. "너희들에게 소개하지. 이분으로 말할 것 같으면 윤나는 석조 건물과 군마가 수없이 많은 동시에르 시가에서 며칠 동안 묵으러 오신, 날랜 마상의 창수(槍手), 생루 기사이시다." 그는 문학에 소양 있는 만큼이나 야비해서, 그 말을 호메로스적이라기보다 오히려 어떤 농담으로 끝맺는 게 예사였다. "이봐, 이봐, 그 아름다운 갈고리 단추가 달린 너희들 페플로스(peplos)*를 좀더 여며라, 왜들 야단법석이지? 뭐니뭐니해도, 이분이 우리 아버지는 아니지만!" 그러자 블로크 아가씨들은 폭풍우처럼 와르르 웃어댔다. 나는 그녀들의 오빠에게, 베르고트를 읽어보라고 나에게 권해준 것을 얼마나 기뻐했고, 애독했는지 말했다.

아버지 블로크 씨는 베르고트를 멀리서 볼 뿐 베르고트의 생활에 대해서는 극장의 아래층 뒷자리 객석을 통해 아는 정도였고, 그의 작품에 대해서도 겉모습만 문학적인 비평에 의지하여 매우 간접적인 형태로만 알 뿐이었다. 그는 대략의 세상에서 살고 있었다. 거기는 사람들이 허공에 인사하고 거짓 속에서 판단하는 세상이다. 부정확, 부적당하다고 해서 그 사람들의 확신이 줄어드는 게 아니다, 오히려 반대다. 빛나는 교제 관계나 서로 깊이 이해하는 친구를 가질 수 있는 사람은 아주 한정되어 있으므로 그것을 갖지 못하는 사람들은 자존심이라는 고마운 기적으로, 자신을 가장 좋은 몫을 타고난 사람으로 여긴다. 왜냐하면 사회적 단계에 따라 각도를 달리하는 렌즈가 그들로 하여금 자기가 차지하는 단계를 최상의 것으로 생각하게 하기 때문이며,

---

* 고대 그리스의 소매 없는 여성용 긴 윗옷.

그들은 자기들이 위인이라고 부르는 이들을, 자기들보다 덜 혜택받은, 불운한, 동정할 만한 인간으로 생각해, 그 사람들과 안면이 없으면서도 나쁜 소문을 퍼뜨리고, 비판하고, 멸시한다. 아주 작은 개인적인 장점을 자존심으로 부풀리고, 그래도 아직 남을 능가할 만한, 필요한 행복의 분량이 모자라는 경우, 선망이 그 차이를 채워준다. 실은 선망이 멸시적인 어구로 표시되면, '그 사람과는 아는 사이가 되고 싶지 않다'를 '그 사람과 아는 사이가 될 수 없다'로 새겨들어야 한다. 이것은 지적인 뜻이다. 그러나 감정적인 뜻은 분명히 '그 사람과는 아는 사이가 되고 싶지 않다'이다. 이렇게 말하는 사람도 그게 속마음이 아니란 걸 안다. 하지만 속마음을 말하지 않는 건 오직 꾀 때문이고, 그렇게 말하는 건 그렇게 느끼기 때문이니, 상대와의 거리를 없애는 데, 다시 말해 행복을 느끼는 데는 그걸로 충분하다.

자기중심주의란 그렇게 저마다에게 이 세상을 발밑으로 내려다보는 왕자 같은 기분을 주지만, 블로크 씨는 호사스럽게도 잔혹하고 비정한 왕이 될 때가 있었다. 이를테면 아침에 초콜릿을 먹으면서, 막 반쯤 펴본 신문의 어느 기사 끝머리에서 베르고트의 서명을 보자 그것을 멸시하는 투로 대강 읽고, 판결을 선고하며, 뜨거운 음료를 꿀떡 삼킬 때마다 사이사이에 "베르고트 녀석, 이제는 차마 눈뜨고 읽을 수 없게 되었군. 빌어먹을 놈 같으니, 이게 글이야, 지랄하는 동물의 아우성이지. 구독 중지다. 엿가락같이 잘도 늘인다! 객설뿐이군!" 하고 뇌까리는 안락한 기쁨을 누렸다. 그러고는 버터빵 한 조각을 입속에 넣는 것이다.

게다가 아버지 블로크 씨의 이런 허망한 권위는 그 자신의 지각 범위를 약간 넘은 곳까지 펼치고 있었다. 먼저 그의 자녀들이 그를 뛰어난 인간으로 여기고 있는 것이다. 자녀에게는 그 부모를 업신여기거나 찬양하거나 하는 경향이 있다. 특히 착한 아들에게는 그 아버지가 언제나 최상의 아버지다. 그 아버지에게 감탄하는 객관적인 이유를 전부 빼놓고서도 그렇다. 그런데 이 객관적인 이유라는 것이, 블로크 씨에게는 절대로 모자라지 않아서, 그는 교육도 받고, 요령도 좋으며, 자녀들에게도 다정했다. '상류 사교계'에서는, 하기야 몰상식한 표준이지만, 하나의 기준에 따르고, 또 잘못된 대로 굳어버린 규칙에 근거해 다른 멋쟁이들 전부와의 비교로 남을 판단하는데, 그 반면 부르주아 생활의 한 구분에서는, 만찬회나 친척들의 야회가 유쾌하고 재미난 분이라고 평판받는 사람들—그러나 상류 사교계에 가선 이틀 밤도 무사히 넘기지 못하는 사람들—의 주위에서 돌고 도는 만큼, 블로크 씨는 친척들간에 더 환영받아 왔다. 끝으로 귀족 사회의 후천적인 권세 따위가 존재하지 않는 이 사회에서는 그 대신에 선천적인 품위가 당치 않게 존중된다. 그러므로 그의 가정에서, 아니 먼 친척들 사이에서도 윗수염을 기른 모양과 코의 높이가 비슷하다고 우기고는, 블로크 씨를 '진짜 오말 공작'이라 일컫고 있었다(클럽 '심부름꾼' 세계에서 모자를 비뚤게 쓰고 윗도리를 몸에 꼭 끼게 입고 외국 사관인 체 빼기는 녀석이야말로, 그 동료들이 보기에 명사가 아니겠는가).

비슷하다 해도 아주 막연한 것인데, 어떠한 칭호라고 할 만한 것이다. 그러기에 이렇듯 되풀이되곤 했다. "블로크? 어느? 오말 공작의?" 이것은 이렇게 말하는 것과 마찬가지다. "뭐 왕녀? 어느? 왕비(나폴리의)?" 그 밖에도 몇몇 징후가 있어, 사촌들의 눈에는 그를 이른바 품위 있어 보이게 했다. 블로크 씨는 마차 한 대도 가지지 못해서 이따금 회사의 지붕 없는 쌍두사륜마차를 빌려 타고, 몸을 유연하게 비스듬히 눕히면서 두 손가락을 관자놀이에, 다른 두 손가락을 턱에 고이고 불로뉴 숲을 가로질렀다. 그를 모르는 사람이 그 모습을 보고서 '허풍선이'로 생각했다 하더라도, 친척 사이에서는, 세련된 점으로 봤을 땐 살로몽 아저씨가 그라몽 카드루스에게 설교도 할 수 있을 거라는 확신을 더 굳혔던 것이다. 말하자면 불바르의 어느 식당에서 그 신문의 주필과 식탁을 같이 썼다는 이유로, 그가 죽었을 때 〈라디칼〉지의 사교란에 '파리 명사의 모습'으로 평하는 사람이 있었는데, 블로크도 그런 인간 가운데 한 사람이었다. 블로크 씨는 우리, 생루와 나에게 말했다. 베르고트는 블로크 씨가 자신에게 인사하지 않는 이유를 잘 알고 있어, 극장이나 클럽에서 얼굴을 마주치면 눈길을 피하곤 한다고. 생루는 얼굴을 붉혔다. 블로크 씨가 말한 클럽이, 자신의 아버지가 전에 회장이던 자키 클럽일 리가 없다고, 다른 비교적 배타적인 클럽임이 틀림없다고 생각했다. 블로크 씨가 말하기를, 오늘날 같으면 베르고트도 받아들이지 않을 거라고 했기 때문이다. 그러므로 생루가 그 클럽이 루아얄 거리의 클럽이냐고 물었을 때, 그는 '상대를 얕보지' 않았나 철렁했다. 이 클럽은, 생루의 집에서 '타락한' 클럽으로 보고 있어서 몇몇 이스라엘 사람도 함께하고 있는 것을 그는 알고 있었다. “아닐세” 하고 블로크 씨는 아무렇게나, 뻐기는 듯하지만 부끄러운 듯한 모양으로 대답했다. “작은 클럽이지만 대단히 유쾌한 클럽이지. ‘못난이 클럽’이라는 데일세. 회원 자격 심사는 엄격해.”—“뤼피스 이스라엘 경이 회장이시죠?” 아들 블로크가 아버지에게 물었다. 이는 아버지한테 명예로운 거짓말을 할 기회를 마련해주기 위해서인데, 이 대실업가도 생루의 눈에는 그들이 생각하는 만큼 위신을 갖지 못한다는 걸 모르고 있었다.

사실 그 ‘못난이 클럽’에는 뤼퓌스 이스라엘은 흔적도 없고, 그 회사의 사원이 한 명 있을 뿐이었다. 그런데 이 사원은 사장과 아주 사이가 좋아, 이 대실업가의 명함을 마음대로 쓸 수 있어, 블로크 씨가 뤼퓌스 경이 경영하는 철도로 여행할 때 그 사원으로부터 명함 한 장을 받아온 것이었다. 그래서 아버지 블로크는 “클럽에 들러 뤼퓌스 경의 추천장을 받아 오지”라고 말했던 것이다. 또 명함의 위력으로 차장들의 눈을 현혹할 수 있었다. 블로크 아가씨들은 베르고트에게 더 흥미가 있어, ‘못난이들’의 뒤를 쫓아가는 대신 화제를 베르고트 쪽으로 돌렸는데, 막내가 세상에 다시없을 만큼 진지한 투(왜냐하면 재능 있는 사람들에 대해 얘기하는 데는 오빠가 사용하는 표현을 쓸 수밖에 없다고 믿고 있어서)로 오빠에게 물었다.

“그 베르고트, 정말 놀라운 녀석이죠? 릴라당(Villiers de L'Isle-Adam)*1이나 카퇼 망데스*2처럼 굉장한 영감의 범주에 들어가죠?”—“나는 그를 여러 번 무대 총연습 자리에서 만났어요” 니생 베르나르가 말했다. “그 사람 좀 반편인 것 같아, 슐레밀 같은 종류의.” 샤미소*3의 이야기에 대한 이 암시는 그다지 대수롭지 않았지만. 슐레밀이라는 비유는, 블로크 씨가 친밀한 사이의 모임에서는 즐겨 쓰지만, 남들 앞에서는 상스럽고 부적당하게 느껴지는 반독일풍, 반유대풍의 사투리에 속해 있는 것이었다. 그러므로 블로크 씨는 외숙에게 엄한 눈초리를 던졌다. “그분은 재능이 있습니다.” 블로크가 말했다. —“어머!” 하고 그 누이가, 그런 조건이라면 나도 용서받을 만하다고 말하듯이 진지하게 소리쳤다. —“작가는 누구나 재능이 있지.” 아버지 블로크가 멸시하듯 말했다. —“그래도, 그분은 아무래도 아카데미에 뽑힐 것

*1 프랑스의 소설가·극작가로 《잔혹한 이야기》, 《미래의 이브》 등을 남김(1838~89).

*2 프랑스의 시인이자 극작가(1841~1909).

*3 프랑스 태생의 독일 작가로서 《페터 슐레밀의 이상한 이야기》가 대표작(1781~1839).

같아요." 그 아들은 포크를 들고서 악독하게 비꼬는 모양으로 눈에 주름을 잡으며 말했다. "그럴 리가 있나! 그만한 업적이 없는걸." 이렇게 대답한 아버지 블로크는 아들이나 딸들만큼 아카데미를 멸시하는 성싶지는 않았다. "그릇이 못 돼"—"게다가 아카데미는 어떤 의미로 살롱이지, 그런데 베르고트에게는 사교적인 지위나 신망 같은 게 전혀 없거든."

블로크 부인을 유산 상속자로 삼고 있는 아저씨가 말참견했다. 그는 악의라곤 하나도 없는 온순한 인물로, 틀림없이 그 베르나르라는 성만이, 내 할아버지의 타고난 진단의 재능을 눈뜨게 했을 것이다. 그러나 그 성만은 다리우스 왕궁에서 가져와 디욀라푸아 부인에 의해 되살아난 것처럼 보이는*[1] 얼굴과는 충분히 조화된다고 생각하지 않을지도 모르지만, 그 머리에는 어떤 호사가에 의해 어쨌든 이 수사(Susa)*[2]풍의 얼굴에 동양적 완성을 주고자 선택된 니생이라는 이름이, 코르사바드(Khorsabad)*[3]풍의 인두우(人頭牛)가 갖춘 날개를 그의 머리 위에 폈다. 블로크 씨는 이 아저씨를 끊임없이 멸시했는데, 이 수모당하는 이의 반항 없는 순박성에 자극되고, 또 별장의 집세를 니생 베르나르 씨가 지불해주는 은혜를 입었다고는 해도, 자신이 자립하는 것, 특히 아첨까지 해서 이런 부자의 유산을 확보하려고 애쓰지 않음을 나타내 보이고 싶었기 때문이다. 이 외숙은 우두머리 사환 앞에서 무례하게 다루어지는 걸 특히 언짢아했다. 그럴 때 그는 이해할 수 없는 어구를 중얼거렸는데 알아들은 것은 "메스코레스(Meschores)들이 있는 데서"뿐이었다. 메스코레스란 구약 성서에서 신의 봉사자를 가리킨다. 그것을 블로크네 사람들은 하인들을 가리키는 데 쓰면서 늘 재미있어했다. 그도 그럴 것이 기독교 신자도 하인 당사자들도 이 말이 뭘 가리키는지 확실히 모른다는 점이 니생 베르나르와 블로크 씨의 기분 속에 특수한 우월감을, '주인'으로서의 그것과, 선택된 '유대인'의 그것인 우월감을 두 배로 높였기 때문이다. 하지만 만족의 두 번째 원인은, 남이 있을 때에는 반대로 불만의 원인이 되었다. 그때 블로크 씨는 '메스코레스'라는 낱말이 외숙의 입에서 튀어나오는 걸 듣

*1 고대 페르시아 다리우스 왕조 궁전 유적은, 수사에서 디욀라푸아 부부와 모르강에 의해 연구되어, 그 일부가 루브르에 복원됨.

*2 페르시아의 옛 수도.

*3 옛 아시리아의 지명.

자, 자기의 동양적인 측면이 크게 드러나는 것 같았다. 이를테면 창녀가 점잖은 사내들을 초대한 자리에서, 함께 부른 창녀들이 그 직업을 암시하거나 듣기 거북한 말을 쓰거나 할 때에 약이 오르는 기분이 되는 것이었다. 그러므로 이때도 그 외숙이 이러니저러니 변명했는데, 효과가 있기는커녕 블로크 씨를 발끈하게 해 참을 수 없게 만들었다. 그는 불쌍한 외숙을 매도하는 기회를 놓치지 않았다. "어리석은 말을 점잔 부려야 할 때, 아저씨는 꼭꼭 명중시키는군요. 그놈이(lui)* 이 방에 있다면 첫 번째로 놈의 발을 핥을 사람은 아저씨겠지요." 블로크 씨는 이렇게 외쳤다. 한편 니생 베르나르 씨는 시무룩해져서 사르곤(Sargon) 왕의 고리 모양 턱수염을 접시 쪽으로 숙이고 있었다. 나의 급우 블로크 또한 그 곱슬곱슬한 푸르스름한 턱수염을 기르게 되면서부터, 외할아버지를 닮게 되었다.

"허어, 자네가 마르상트 후작의 자제시라고? 아무렴, 나는 그분을 잘 알지." 니생 베르나르 씨가 생루에게 말했다. 아버지 블로크 씨가 베르고트를 알고 있다고 말한 뜻으로, 말하자면 멀찌감치 보아서도 '안면'이 있다는 의미라 나는 생각했다. 그런데 니생 베르나르 씨는 덧붙였다. "아버님께서는 내 좋은 친구들 중 한 분이셨어." 그러는 사이 블로크는 얼굴이 새빨갛게 되고, 그 아버지는 뱃속이 뒤집히는 얼굴을 했으며, 블로크 아가씨들은 웃음으로 숨이 막히고 있었다. 이는 아버지 블로크와 그 자녀들의 마음속에서 억눌러진 오기의 기호가, 니생 베르나르 씨의 마음속에서는 끊임없이 거짓말하는 습관을 낳았기 때문이었다. 이를테면 여행하는 길에, 호텔에 묵을 때, 니생 베르나르 씨는 자기가 시중꾼을 데리고 여행하고 있다는 사실을 남들에게 보이려고, 다들 모여 있는 식당에 그 시중꾼의 손으로 신문을 전부 가져오게 한다. 아마 아버지 블로크 씨도 그랬으리라. 조카라면 절대로 하지 않았을 것, 즉 호텔에서 사귀는 사람들한테 자기가 상원 의원이라고 말한다. 언젠가는 거짓이라는 게 알려지리라는 걸 뻔히 알면서도, 그 자리에서는 그런 칭호를 자칭하고 싶은 욕망을 억누르지 못하는 것이다. 블로크 씨는 아저

---

* 베르고트를 가리킴. 플레이아드판에는 349면 27행의 '이 외숙은 우두머리 사환'에서부터 350면 13행의 '기회를 놓치지 않았다'까지의 문장을 따로 놓고 있다. 이 부분은 초고에는 있지 않고 뒤에 덧붙인 것으로, 이어지는 문장 가운데 인칭대명사 뤼(lui)가 베르고트를 가리키는 것인지 외숙을 가리키는 것인지 분간하기 어렵기 때문임.

씨의 거짓말과 그 거짓말 때문에 당하는 여러 가지 폐해에 여러 번 시달림을 받아왔다. "저분의 말에 마음 쓰지 마시게, 둘도 없는 허풍선이니까." 블로크 씨가 생루에게 소곤댔지만, 생루는 거짓말쟁이의 심리에 더욱 호기심이 생겨 점점 흥미를 느낄 뿐이었다. ―"여신 아테네가 인간 가운데 최대의 거짓말쟁이라고 별명 지은 이타카의 오디세우스보다 더 지독한 거짓말쟁이"라고 우리의 친구 블로크가 더 보탰다. ―"허어! 설마하니!" 베르나르 씨가 소리쳤다. "내 벗의 자제분과 함께 식사를 하다니 생각도 못했다! 그런데 파리에 있는 내 집에 아버님의 사진 한 장과 편지 몇 통이 있소. 아버님께서는 늘 나를 '아저씨'라고 불렀다네, 까닭은 모르지만 매력적으로 빛나는 분이었지. 기억이 나는걸, 니스에 있는 내 집에서 연 만찬회의 일이. 그 자리에 있던 분은 사르두, 라비슈, 오지에……."―"몰리에르, 라신, 코르네유" 하고 아버지 블로크 씨가 비꼬는 투로 계속하고, 아들이 그 뒤를 이렇게 덧붙여 열거를 끝맺었다. ―"플라우투스, 메난드로스[*1] 칼리다사[*2]." 니생 베르나르 씨는 모욕을 받자 이야기를 딱 그치고, 고행자처럼 크나큰 기쁨을 단념하면서 만찬의 끝까지 그대로 입을 봉했다.

"청동 투구를 쓴 생루." 블로크가 말했다. "넓적다리에 기름이 잔뜩 낀 이 오리고기를 좀더 드시라, 가금(家禽)의 제물을 바치는 고명하신 사제께서 붉은 포도주를 신에게 올리는 술 삼아 뿌리면서 구운 것이요."

언제나, 아들의 이름난 학우에게 뤼퓌스 이스라엘 경과 그 밖의 이야기 묶음을 다 끌러놓은 다음에 블로크 씨는, 아들이 감동할 만큼 흡족해하고 있는 것을 느끼면, '건방진 학생'의 눈에 '제 모습을 그르치지' 않으려고 물러나곤 했다. 그렇지만 아들이, 이를테면 교수 자격시험에 합격했을 때와 같은 아주 중요한 이유가 있는 경우에는 그 개인적인 친구를 위하여 남겨두고 있는 다음과 같은 비꼬는 견해를 여느 이야기 묶음에 덤으로 보탰는데, 그것이 자기 친구 때문에 일부러 뇌까려지는 것을 보고 젊은 블로크는 몹시 자랑스러웠다.

"정부는 틀려먹었어. 코클랭 씨에게 상의도 하지 않다니! 코클랭 씨는 불만의 뜻을 표했지요."(블로크 씨는 자기가 보수주의자인 것과 극장의 실무자들을 멸시하고 있는 걸 자랑삼고 있는 것이었다)

---

*1 각각 고대 로마와 고대 그리스의 희극 작가.

*2 고대 인도의 시인. 〈샤쿤탈라〉의 저자.

그러나 두 블로크 아가씨와 그 오빠가 귀까지 빨개질 정도로 감동한 것은, 아버지 블로크 씨가 아들의 두 '학교 친구' 한테 끝까지 늠름하게 보이려고 샹파뉴를 가져오라 명하고, 또 우리에게 '한턱 내기' 위해 그날 저녁 카지노에서 여는 오페라 코미크 극장의 세 자리를 예약해놓았다고 아무렇지 않게 알렸을 때였다. 그는 칸막이 좌석을 얻을 수 없어서 유감이라고 말했다. 전부 찼다는 것이다. 게다가 거기에 자주 간 경험이 있어서 이번에는 아래층 앞자리가 좋을 거라고 생각했다는 것이다. 그 아들의 결점, 이를테면 남에게 보이지 않으리라고 여기는 아들의 결점이 무례함이었다면, 부친의 결점은 인색함이었다. 그러므로 샹파뉴라는 명목으로 거품 이는 술을 물병에 조금 담아 내놓고, 아래층 앞자리라는 명목으로 잡아놓은 것은 그것의 반액도 안 되는 아래층 뒷자리여서, 그의 결점의 신성한 작용에 의한 기묘한 확신에서, 그는 식탁에서나 극장에서나(칸막이 좌석은 텅 비어 있었다) 남들이 그의 말과 실행 사이의 차이를 알아차리지 못하는 줄로 믿는 것이었다.

그 아들이 '허리가 깊이 팬 큰 잔'이라는 미사여구로 꾸며댄 바닥이 얕은 잔으로 우리에게 입술을 적시게 한 블로크 씨는 그림 한 폭을 가져와 자랑했다. 그가 일부러 발베크행에 지니고 왔을 만큼 아끼는 그림이었다. 말하기를 루벤스의 것이라고 했다. 생루가 고지식하게 서명이 있느냐고 물었다. 블로크 씨는 얼굴을 붉히면서 틀 때문에 서명이 있는 곳을 잘랐는데, 팔 생각이 없으니까 아무렇지 않다고 대답했다. 그러고 나서 '정부의 기관지에 몰두'해야겠다고 부랴부랴 우리 곁에서 떠났다. 그 기관지의 호수는 쌓이고 쌓여서 온 방 안을 혼잡하게 했고, 또 그는 그것을 읽는 게 '의회에서의 자기 처지에서' 필요하다고 우리에게 말했는데 그의 처지가 정확히 어떤 것인지 뚜렷한 설명을 해주지 않았다.

"목도리를 하고 가야지." 블로크가 우리에게 말했다. "서풍의 여신 제피로스와 북풍의 여신 보레아스가 물고기 많은 바다를 누가 더 많이 차지하느냐 다투고 있고, 구경하고 나서 조금이라도 꾸물대면 자줏빛 손가락을 가진 에오스 신의 첫 빛이 비칠 무렵에야 돌아올 테니까." 그는 우리가 바깥에 나왔을 때, 생루에게 물었다(나는 철렁했다, 왜냐하면 블로크가 그 비꼬는 말투로 꺼내기 시작한 게 샤를뤼스 씨에 대한 이야기라는 걸 금세 알았으므로). "그런데 그저께 아침나절, 바닷가에서 당신이 꼭두각시를 산책시키고 있는 걸 보았습니다."—"나의 숙부죠." 생루는 약간 감정이 상해 대답했다. 공교롭게도 블로크는 '실수'는 피해야 한다는 견해에서 거리가 먼 존재였다. 그는 자지러지게 웃었다. "축하합니다. 진작 알아모셔야 했을걸. 보기에 세련된 인품인데, 드높은 혈통에 속하는 노망한 사람의 참으로 훌륭한 얼빠진 낯짝으로 생각했거든요."—"아주 잘못 생각했군요, 아주 총명한 분입니다." 생루가 사납게 반박했다. "유감인걸요, 그렇다면 옥에 티니까. 게다가 나는 그 분하고 아주 가까운 사이가 되려고 했거든요, 그런 영감의 온전한 기계 장치를 저술할 자신이 있으니까요. 지나가는 모습은 정말 웃겨요. 그러나 나는 풍자적인 면은 무시해요. 그 얼빠진 낯짝, 이건 실례, 어쨌든 나를 자주 허리가 부러질 듯 웃게 만드는 그 얼굴과, 문자의 조형미에 열중하는 나 같은 예술가한테는 경멸할 만한 것이죠. 또 나는 당신 숙부님의 귀족적인 면을 도드라지게 강조하겠지만, 이게 바로 처음 보기엔 야릇하지만 엄청난 효과로, 다시 보면 매우 뛰어난 문체로 가슴을 찌릅니다." 이번에는 나한테 말했다. "다른 얘기지만, 자네에게 물어볼 게 하나 있는데, 자네와 함께 있게 되면 번번이 어떤 신령님이, 올림포스에 계시는 행복한 신령님이 그걸 까맣게 잊게 하거든. 알았다면 유익했을 테고 앞으로도 나에게 아주 유익할 일인데 말이야. 저어, 그 미녀 말이야, 아클리마타시옹 공원에서 자네와 만났을 때 자네하고 같이 있던 여인, 낯설지 않은 신사와 긴 머리를 한 젊은 아가씨와 함께 있던 그 여인은 어떤 사람이지?" 나는 그때 스완 부인이 블로크의 이름을 잘 기억 못하고 있음을 눈치챘었다. 그녀가 내게 그의 이름을 다르게 말하고, 나의 급우가 관청에 근무하는 걸로 말했기 때문인데, 그가 과연 어느 관청에 들어갔는지, 그 뒤부터 물어보려 하면서도 잊어왔던 것이다. 그러나 그때 스완 부인의 말투로 미루어보아 블로크는 그녀에게 소개됐을 텐데, 어떻게 그가 지금 그녀의 이름을 모를 수 있을까? 나는 대답 없이 잠시 가만히 있었다. "어쨌든 축하하네." 그는 나에게 말했다. "자넨 그녀가 귀찮지 않겠지. 아클리마타시옹 공원에서 자네와 만나기 며칠 전에 파리의 환상선(環狀線) 열차 안에서 그녀를 만났어. 자네의 심복인 나를 위해 그녀가 그 환상선(Ceinture)*을 풀어주려고 했어. 그렇게 즐거운 순간을 보낸 적은 난생처음

* '허리띠'라는 뜻도 됨.

이야. 다시 만나려고 시간과 장소를 정하려 할 때, 마지막 두 번째 역에서, 싱겁게 그녀의 벗이 올라탔지 뭐야." 내가 잠자코 있는 게 블로크의 마음에 들지 않은 듯했다. "실은 말이야." 그는 나에게 말했다. "자네 덕분에 그녀의 주소를 알고, 일주일에 몇 차례, 신령님들이 즐기시는 에로스의 쾌락을 그녀의 집에서 맛보고 싶은데, 그러나 간청하진 않겠어. 파리와 푸앙 뒤 주르 역 중간에서, 세 번이나 계속해서, 게다가 더할 나위 없이 세련된 기교로 나에게 몸을 맡기던 전문가에 대해 조심스런 자세를 취하는 자네이니. 언젠가는 그녀와 다시 만날 테지."

나는 이 만찬회 뒤에도 블로크를 만나러 갔고, 그도 답례삼아 나를 찾아왔는데, 마침 나는 외출 중이었다. 프랑수아즈가 나에 대해 묻는 블로크의 모습을 언뜻 보게 되었다. 블로크가 콩브레에 온 적이 있었는데, 우연하게도 프랑수아즈는 그때까지 그를 보지 못했던 것이다. 따라서 그녀는 그저 나와 아는 '분들' 가운데 한 사람이 나를 보러 들른 줄만 알았을 뿐, 수수한 옷차림을 한 이가 '무엇 때문에' 왔는지는 전혀 몰랐으므로, 이렇다 할 감명을 받지 못했다. 그런데 낱말들이나 이름들을 한 번 혼동하면 영영 돌이키지 못하는 까다로운 점에 아마도 그 일부의 근거가 있는 듯싶어서 프랑수아즈의 어떤 사회적인 관념을 나는 영영 이해하지 못하리라는 것을 잘 아는 바이며, 또 그런 경우와 마주쳐 그 의문을 이리저리 궁리해본 지가 오래되었지만, 어째서 블로크의 이름이 프랑수아즈한테 한량없이 으리으리하게 느껴졌는지—하기야 헛된 노력이었지만—그 까닭을 궁리해볼 수밖에 없었다. 왜냐하면 프랑수아즈가 언뜻 보았던 그 젊은이가 블로크 씨라고 내가 말하자마자, 프랑수아즈는 뒤로 몇 걸음 물러설 만큼 놀라고, 그만큼 낙심했기 때문이다. "뭐라고요, 어머, 그분이 블로크 님이야!" 그녀는 땅바닥에 쓰러질 듯이 낙담하며 외쳤다. 그토록 명성 있는 인물이라면 마땅히 이 세상의 위인 앞에서 있는 길 이쪽에 금세 '알게 하는' 위용을 갖추고 있어야 할 게 아니냐는 듯이. 그리고 역사적인 인물이 평판만큼 빼어나지 않음을 발견한 사람처럼, 심한 충격을 받은 말투, 미래에 어떤 보편적인 회의에 대한 싹을 느끼는 투로 뇌까렸던 것이다.

"뭐라고요, 어머, 그분이 블로크 님이라니! 그것 참, 보고도 모르겠는걸." 여태껏 내가 프랑수아즈에게 블로크를 '과대평가'하기라도 한 것처럼 그녀는 나를 원망하고 있는 듯했다. 그렇지만 프랑수아즈에겐 다음 같은 착한 마음씨가 있었다. "그래도, 어떠한 블로크 님이든 간에 도련님과 마찬가지로 좋은 분임은 틀림없습니다."

프랑수아즈는 오래지 않아, 그녀가 존경하고 있는 생루에 대해서도 환멸을 느꼈다. 생루가 공화파임을 알았기 때문이다. 그런데 프랑수아즈는 이를테면, 그녀가 포르투갈 왕비에 대해 말할 때, 사람들 사이에서는 최상의 존경인 '필립의 누이 아멜리'라는 불경한 말을 쓰지만, 프랑수아즈는 단연코 왕당파였다. 그러나 특히 후작, 그녀의 눈을 현혹한 후작이 공화파를 지지한다니 정말 믿어지지 않았다. 나한테 받은 작은 함이 금으로 된 물건인 줄 알고 진심으로 감사해 마지않던 참에, 보석상이 도금한 것이라고 밝혀주기라도 한 듯이 시무룩한 얼굴을 하고 있었다. 프랑수아즈는 곧 생루에 대한 존경을 취소했는데, 그 뒤 오래지 않아 다시 존경하기 시작했다. 생루 후작인 이상 공화파라니 있을 수 없는 일이고, 다만 이해상으로 그런 척하고 있을 뿐이며, 지금 같은 정부 아래에서는 그렇게 하는 편이 더할 수 없이 커다란 이익을 가져다줄 수 있으리라 생각했던 것이다. 그날부터 생루에 대한 냉담, 나에게 보인 분노가 사라졌다. 그리고 생루에 대해 말할 때는, 언제나 "그분 위선자죠" 하면서, 처음처럼 다시 그를 '존경하고' 있다는 사실, 그를 용서하고 있다는 사실을 잘 이해시키는, 너그럽고도 착한 미소를 짓곤 했다.

그런데 생루의 성실성과 욕심 없음은, 프랑수아즈의 견해와는 정반대로 절대적인 것이고, 이 정신적인 위대한 순결은 연애 같은 이기적 감정에 만족하지 않는다. 예를 들어 나같이 자기 안에서만 정신적인 양식을 얻지 못하는 그런 불가능을 그는 지니지 않았으므로, 나와는 반대로 그를 참된 우애가 가능한 인물로 만들고 있었다.

이에 못지않게 프랑수아즈가 생루에 대해 잘못 생각한 것은, 생루가 얼핏 보기에는 하층민을 업신여기지 않는 듯하지만 실은 그렇지 않으며, 그건 그가 마부에게 화내고 있을 때의 모습만 봐도 알 수 있다고 프랑수아즈가 말했을 때였다. 사실, 때때로, 로베르가 어느 정도 사납게 마부를 나무라는 일이 있었다. 그러나 그것은 계급간 차별보다는, 계급간 평등의 감정의 증거였다. 그는, 그 마부를 조금 냉혹하게 다루었던 걸 꾸짖는 내 말에 대답했다.

"왜 저 사람한테 공손히 말해야 합니까? 저 사람은 나와 평등하지 않습니까? 내 숙부들이나 사촌들과 마찬가지로 내 가까이에 있는 인간 아닙니까? 아랫사람을 대하듯 내가 저 사람을 점잖게 다루어야 한다고 생각하는 모양이군요! 당신은 마치 귀족처럼 말하는군요." 그는 깔보듯 덧붙였다.

사실, 그가 편견과 불공평을 갖고서 대하는 유일한 계급은 귀족이었다. 그리고 일반 시민에 속하는 인간의 뛰어난 점을 쉽사리 믿는 대신, 사교계 인간의 뛰어난 점을 좀처럼 믿지 않는 경향에까지 이르고 있었다. 내가 그의 종조할머니와 함께 만난 뤽상부르 공주에 대해 얘기를 꺼내자, 그는 나에게 말했다.

"좀 모자라지요. 다들 비슷비슷해요. 하기야 그분은 우리하고 먼 사촌간이지만."

사교계 사람들에게 편견을 갖고 있는 생루는 사교계에 드나드는 일이 드물었다. 또 사교계에 대해 업신여기는, 적의를 품은 태도는, '무대에 서는' 여인과 그의 관계를 비통하게 생각하는 정을 그의 근친 사이에 더욱 더하게 했다. 근친들은, 그가 계속하고 있는 그런 관계가 그에게 치명적이라는 것, 특히 남의 명예를 손상시키거나 반항하는 정신을 자라게 했다는 것, 완전히 '낙오하기'까지 그를 '탈선시켜'버렸다는 것을 지적하고 있었다. 따라서 포부르 생제르맹의 경박스런 사람들 대부분은, 로베르의 애인 얘기를 할 때면 인정사정없었다. "매춘부들은 그게 직업이니까요." "그런 여인들이라고 해서 남들보다 더 나쁘다는 건 아니죠, 그러나 그녀만은 확실히 몹쓸 여자입니다! 용서 못해요! 우리가 사랑하는 소중한 사람에게 너무 고약하게 굴었으니까." 물론 그런 여인의 올가미에 걸린 사람은 그가 처음이 아니었다. 그러나 남들은 그대로 사교인으로서 즐기고, 정치와 그 밖의 모든 일에서 계속 사교인으로 생각했다. 그런데 생루의 경우, 가족들은 그가 '까다로운 사람'이 되었다고 여겼다. 사교계의 수많은 젊은이로 말하면, 흔히 그 애인이 참된 스승이 되고, 그런 관계가 유일한 도덕 학교 구실을 하여, 그들에게 드높은 교양을 깨우쳐주고, 이해타산을 떠난 교우의 값어치를 가르쳐주는 일이 있다는 사실, 그것 없이는 정신이 가꿔지지 않은 채로 남아, 우정에 부드러운 맛이 없고, 다사로움이 없는, 취미가 없는 인간이 되고 마는 두려움이 있다는 사실을 그의 가족은 이해 못했던 것이다.

하층계급(야비하다는 관점에서는 상류 사회와 닮았지만)에서도, 감수성이 풍부하며 섬세하고 한가한 여인은, 그것을 깊이 이해 못하지만 어떤 우아함에 호기심을 갖고 마음이나 예술의 아름다움을 존중하여, 사내에게 가장 바람직한 돈이나 지위 따위보다 높이 평가받는다. 그런데 생루처럼 젊은 클럽 회원의 애인인 경우, 또는 젊은 직공의 애인인 경우에는(이를테면 전기공도 오늘날에는 참된 기사도 동아리에 한몫 낀다), 연애하는 사내는 그 애인을 감탄하고 존경하는 나머지, 그 정을 애인이 감탄하고 존경하는 것 자체에까지 넓힐 수밖에 없다. 그래서 사내에게는 가치의 척도가 거꾸로 보인다. 여인은 여성으로서의 생리 현상 때문에 약해지는 일이 있고, 설명할 수 없는 신경쇠약에 걸리기도 한다. 그런 증세가 다른 남성에게 일어나거나, 다른 여성, 숙모나 사촌누이에게 일어난다면, 그것을 보고도 이 씩씩한 젊은이는 빙그레 웃고 말 것이다. 그러나 그가 사랑하는 여인이 그런 증세로 괴로워하면 차마 바로 볼 수 없다. 생루처럼 애인을 가진 젊은 귀족은, 애인을 데리고 카바레에 저녁 식사 하러 갈 때, 그 여인에게 필요하게 될지도 모르는 진통제를 주머니 속에 넣고 가는, 비꼬는 투로 들리지 않도록 힘차게 보이에게 명령하는, 소리 없이 문을 닫게 주의시키는, 탁자 위에 거품이 떨어지지 않게 주의시키는 습관을 들여서, 애인이 불편하지 않도록 한다. 이 사내로 말하자면 건강한 몸이라서 여태껏 불편한 느낌을 가져본 적이 없어, 그에게는 그것이 전연 알 바 없는 숨은 세계, 사랑하는 여인을 통해 처음으로 알려진 실재 세계인데, 바로 지금 그런 몸의 여의치 못함을 이해할 필요가 없게 되어도 여인을 측은해하고, 앞으로 몸이 여의치 못함을 느끼는 이가 다른 여인이라도 가여워할 것이다.

생루의 애인은—중세 최초의 수도사들이 기독교도 전체에게 가르쳤듯이—그에게 동물에 대한 연민의 정을 가르쳤다. 그녀가 동물을 몹시도 좋아해서, 여행할 때도 꼭 자신이 기르는 개나 카나리아, 앵무새를 데리고 갈 정도였기 때문이다. 생루는 어머니 빰치는 정성으로 그것들을 돌보고, 동물들에게 착하게 굴지 않는 인간을 짐승 취급했다. 한편 여배우 또는 자칭 여배우, 이를테면 그와 같이 살고 있는 여성은—총명한지는 나도 모르지만 그 솜씨로—그로 하여금 상류 부인들의 사교계를 진저리나는 곳으로 여기게 하고, 야회에 나가는 걸 강제 노동처럼 생각하게 하며, 그가 속물근성의 큰길로 달리는 걸 막고, 경솔하기 쉬운 걸 고쳤던 것이다. 그녀 덕분에 생루의 생활에서 사교적인 교제가 점점 적은 자리를 차지해가고 있는 반면에, 만약 그녀의 이 젊은 애인이 한갓 살롱의 인간에 지나지 않았다면, 허영심과 이해관계가 그 우정을 비웃고, 거칠음이 그 우정에 낙인을 찍었으리라. 그런 교우 관계를 고귀함과 세련됨 쪽으로 이끌어준 게 바로 그녀였다. 그녀는 만약 그녀가 없었다면 아마도 생루가 오해하거나 웃음거리로 삼았을는지 모르는 어떤 감정의 특성을 여러 사내들의 마음속에서 바르게 판단하게 하면서, 여성의 본능으로 생루에게 참다운 우정을 품고 있는 벗들을 그렇지 않은 벗들 사이에서 언제나 재빨리 가려내게 하고, 그런 벗을 택하게 했던 것이다. 그녀는 이 벗에 대한 감사의 마음을 갖게 하고, 그 마음을 벗에게 나타내게 하며, 벗을 기쁘게 하는 것, 벗을 괴롭게 하는 것을 주목시킬 줄 알았다. 그래서 오래지 않아 생루 또한, 그녀가 알려주지 않아도 자기 스스로 그런 것을 근심하기 시작해, 그녀가 오지 않은 이 발베크에서도, 나로서는 그녀를 한 번도 본 적 없고 또 틀림없이 편지에 아직 얘기 안 했을 나에게, 그는 스스로 내가 타고 있는 마차의 창문을 닫아주거나, 내가 기분 나빠하는 꽃을 방 밖으로 가져가거나 했다. 특히 그가 돌아가는 길에 여러 사람들에게 한꺼번에 작별인사를 해야 했을 때, 그 사람들과의 작별을 좀 빠르게 끝내도록 조처하고는 남은 시간을 나와 둘이서 보내, 다른 사람들과 나 사이에 차별을 두고, 나를 달리 대우해주었다. 그의 애인은 그의 정신을 눈에 보이지 않는 세계 쪽으로 터놓고, 그의 생활에 진지함을, 그의 마음에 섬세함을 심어주었건만, 가족들의 눈에는 비치지 않아 눈물과 더불어 뇌까리곤 했다. "그 매춘부는 머지않아 그를 죽이고 말 거야. 그때까지 그를 욕보이고 말이야."

사실 그녀가 그에게 해줄 수 있는 좋은 것을 그녀한테서 전부 빼내고 말아, 지금은 그녀가 그저 그의 끊임없는 괴로움의 원인이었다. 왜냐하면 그녀가 그를 싫어하게 되어 괴롭히고 있었으니까. 그녀는 어느 날부터 그를 어리석고 우스꽝스러운 사내라고 생각하기 시작했다. 그것은 그녀의 친구들인 젊은 작가나 배우들이 그가 어리석고 우스꽝스럽다고 단언했기 때문이며, 그 뒤로 이번에는 그녀가, 자신이 전혀 모르는 의견이나 습관을 바깥에서 받아서 그것을 얻을 때마다 나타내는 열정, 그 무람없음과 더불어 들은 말을 그대로 되풀이하게 되었다. 동료 배우들과 마찬가지로 그녀도 기꺼이 주장하기를, 그녀와 생루 사이에는 뛰어넘을 수 없는 구덩이가 있다, 서로 혈통이 다르기 때문이다, 지적인 그녀에 비해, 다른 의견들이 있겠지만 그는 태생으로 보아 지성의 적이라고 했다. 이 견해는 그녀에게 오묘한 것으로 느껴져, 생루의 더할 나위 없이 하찮은 말끝에서, 몹시 보잘것없는 행동거지에서 그 확증을 잡으려고 했다. 엎친 데 덮친 격으로 그녀의 동료들은 오늘날까지 그녀에게 커다란 기대를 걸어왔다고 주장했다. 그토록 걸맞지 않은 사내와 한 몸이 되어 그 기대를 어기려고 한다, 그런 애인은 머지않아 그녀의 눈 밖에 나고 말 것이다, 그와 함께 산다는 건 그녀의 예술가로서의 삶을 스스로 망치는 일이다 설득했을 때 생루에 대한 그녀의 경멸에 증오의 감정마저 보태져, 그가 그녀한테 죽을병을 감염시키려고 끈질기게 달라붙어 있기나 한 것처럼 혐오를 느꼈다.

그녀는 되도록 그와 덜 만나려고 하면서도 아직 결정적인 결렬의 순간을 미루고 있었는데, 그런 결렬이란 내가 보기에 좀처럼 있을 성싶지 않았다. 생루가 그녀를 위하여 많은 희생을 치르고 있으므로 그녀가 절세미인이 아니고서는(그런데 그는 이렇게 말하면서 그녀의 사진을 끝끝내 보이려 하지 않았다. "그 여인은 미인이 아닌 데다 사진도 잘 찍힌 게 아닙니다. 모두 내가 코닥(Kodak)으로 찍은 순간 사진이라 당신에게 그 여인에 대한 틀린 인상을 줄지도 모르니까요.") 비슷한 희생을 감수해주는 두 번째 사내를 얻기는 힘들 거라고 생각했다. 재능이 없으면서도 자기 힘으로 이름나고 싶어하는 열망, 또 한갓 한 사람의 존경에 지나지 않으나 권위자로 떠받드는 사람에게 받는 존경이(하기야 생루의 애인은 이에 해당하지 않을지도 모르나), 대단치 않은 창부로서도, 때로는 돈을 버는 기쁨 이상으로 결정적인 동기가 될 수 있다는 사실을 나는 미처 생각지 못했다. 생루는 애인의 마음속에 일어나고 있는 것을 잘 이해하지 못했다 하더라도, 그녀가 부당한 비난을 하건, 영원한 사랑을 약속하건 진심에서 나온 거짓 없는 말로 믿지는 않았지만, 그래도 때로는, 헤어질 만할 때에는 헤어질 작정인 그녀의 속셈을 알아채고, 그 때문에, 어쩌면 생루 자신보다도 더 통찰력 있는 그의 연애 유지 본능의 충동을 받아, 또 그의 마음의 가장 크고 맹목적인 애정의 충동과 따로 성립하고 있는 교묘한 실천 능력을 발휘하여, 그녀에 대한 투자를 삼가고, 그녀가 아무 부족 없이 살아갈 만한 엄청난 돈을 집에서 빌려다가, 그것을 그날그날 그녀에게 내주어왔다. 그래서 생루와 정말로 절교할 속셈이었더라도 그녀로서는 '한밑천' 잡을 때까지 냉정히 기다리고 있는 것인지도 몰랐다. 그때로 말하자면 생루한테서 받아온 금액으로 보아 앞으로 아주 짧은 시일 내임이 틀림없었다. 그러나 아무리 짧은 시일이지만 나의 이 새 벗의 행복을—또는 불행을—길게 늘리기 위하여 보태진 나날임에는 변함없었다.

그들 관계의 이런 극적인 때—지금에 와서는 그것이 생루에게도 가장 심하며 잔혹한 단계에까지 이르고 있었다. 왜냐하면 그녀는 짜증이 난다며 그를 파리에 머무르지 못하게 하고 그의 부대 주둔지 바로 옆에 있는 발베크에서 억지로 휴가를 보내게 했으니까—애당초 이 극적인 때는 어느 날 저녁, 생루의 한 숙모 저택에서 비롯했다. 생루는 그 숙모를 졸라대어 그의 여자친구를 부르고, 많은 초대객 앞에서 상징주의 희곡 하나를 낭독시키기로 했다. 여자친구는 이미 한 번 어느 전위 극장의 무대에서 그 희곡을 연기한 일이 있어, 그 작품에 대한 그녀 자신의 감탄을 그와 나누었었다.

그러나 그녀가 손에 커다란 나리꽃 한 송이를 들고, '앙킬라 도미니'*를 그대로 본뜬 의상이야말로 참다운 '예술의 환상'이라고 로베르를 설득했던 의상을 입고 나타났을 때, 그 등장은 클럽의 남자들과 공작부인들의 이 모임에 미소로 맞이되었는데, 오래지 않아, 낭독의 단조로운 가락, 어떤 낱말의 괴상함, 그 낱말의 거듭되는 반복으로 처음에는 웃음을 참던 사람들도 결국 웃음을 터뜨려 불쌍한 낭독자는 더는 계속할 수 없었다. 그다음 날 생루의 숙모는, 그처럼 괴상한 예술가를 그녀의 집에 출연시켰던 일을 한결같은 목소리로 비난받았다. 이름난 어느 공작은 생루의 숙모한테, 아무리 비난받더라도 어쩔 수 없는 자업자득이라고 솔직하게 말했다.

"너무하셨어요, 그런 너절한 것을 우리 앞에 끌어내지 마셨어야 했습니다! 그 여자에게 재능이라도 있다면 또 몰라요. 그런데 그건 흔적도 없고 또 앞으로도 영원히 없을 겁니다. 딱하기도 하지! 파리는 흔히 말하듯이 그렇게 바보가 아닙니다. 사교계도 숙맥들만 있는 게 아니고요. 그 아가씨야 물론 파리를 놀라게 해줄 속셈이었겠지만 파리는 그렇게 쉽사리 놀라지 않는다, 이 말씀이죠. 우리만 해도 그리 쉽게 골탕먹지 않고요."

여배우는 어떤가 하면, 생루에게 이렇게 말하면서 나가버렸다.

---

* 로베르 드 몽테스키외의 시집 《푸른 수국》 가운데 1편으로, 실제로 의상을 입고 무대에서 낭독되었다는 기록이 있음.

"멍청한 칠면조야. 당신이 나를 얼마나 교양이 없는지, 얼마나 버릇없는 상놈들한테 끌어왔는지 알아요? 까놓고 말해, 거기에 있는 사내치고 나에게 눈짓을 하지 않은 녀석, 발끝을 툭툭 치지 않은 놈이라곤 하나도 없었다고요. 그래서 내가 그런 제안을 물리쳤으니까 앙갚음을 하려고 드는 거예요."

이러한 고자질이 사교계 인간에 대한 로베르의 반감을 매우 심각하고도 비통한 혐오로 변하게 했는데, 그중에서도 특히 혐오의 대상이 된 것은, 도리어 그것에 가장 덜 해당하는, 그에게 헌신적인 집안사람들이었다. 그 사람들은 집안 대표로 파견되어, 생루의 여자친구에게 그와 손을 끊도록 하려 했는데, 그녀는 이런 교섭을 생루한테, 그녀에 대한 그들의 연정의 암시처럼 들려주었다. 로베르는 그 즉시 그들과 절교해버렸지만, 지금처럼 이 여자친구에게서 멀리 떨어져 있을 때 그들이 또는 다른 놈이 그 틈을 타 위임받은 일을 다시 시작해서 그녀의 특별대우를 받고 있는지도 모르겠다고 생각했다. 생루는 그런 생각이 들 때면 방탕자들의 얘기를 하며, 그들이 친구를 속이고 아내를 잘못된 길로 빠뜨리려고 그 친구나 아내를 매음굴에 데리고 가서 구경시키기도 한다고 말할 때 그의 얼굴에는 고뇌와 증오의 빛이 어려 있었다.

"난 놈들을 죽인다 해도 개를 죽인 것만큼도 뉘우치지 않습니다. 적어도 개는 온순하고 충실하며, 사람을 배반하지 않으니까. 그놈들이야말로 단두대에 올라갈 만합니다. 빈곤과 부자들의 무자비함 때문에 죄를 저지른 불행한 사람들보다도."

그는 대부분의 시간을 애인 앞으로의 편지나 전보를 보내는 데 보내고 있었다. 그녀 쪽에서 그가 파리에 오는 걸 막으면서, 거리를 두고 그와의 사이를 뒤트는 방법을 생각해낼 때마다 나는 그것을 그의 질린 얼굴에서 읽어낼 수 있었다. 그의 애인은, 그의 어떠한 점을 나무라든지 그 이유에 대해 한 번도 똑똑히 말하지 않았는데, 틀림없이 무엇 때문인지 모르는 게 분명하다. 그는 그저 싫증이 난 것이라 추측하면서도 자세한 설명을 듣고 싶어서 '내가 잘못한 점을 말해주구려. 나는 언제라도 내 잘못을 인정할 각오를 하고 있소'라고 썼다. 그가 느낀 고통은 결과적으로, 자기가 정말 잘못했다고 믿게 해버린 것이다.

그러나 그녀는 막연히 답장을 기다리게 한 뒤에 아무런 뜻도 없는 것을 보내왔다. 그래서 나는 거의 매번 미간을 찌푸리며, 보통은 빈손으로 우체국에서 돌아오는 생루의 모습을 가끔 보았다. 호텔에서 그와 프랑수아즈만이 일부러 편지를 부치거나 찾아오거나 하므로 우체국까지 갔던 것이다. 그는 사랑을 하는 사내의 조바심에서, 프랑수아즈는 하인의 호기심에서(전보를 치려면 그는 더 먼 길을 가야 했다).

블로크네에서 만찬이 있은 지 며칠 뒤, 할머니가 기쁜 듯이, 이제 막 생루를 만났는데, 그가 발베크를 떠나기 전에 사진을 찍어드리겠다고 하더라며 나에게 말하고는, 가장 좋은 옷을 입고, 어떤 모자를 쓸까 망설이고 있는 것을 본 나는, 할머니에게도 저런 유치한 면이 있었나 싶은 놀라움에 조금 화가 났다. 뿐만 아니라 내가 할머니를 잘못 보았던 게 아닌가, 지나치게 높이 평가해온 것이 아닌가, 할머니의 사람됨에 대하여 내가 이제껏 믿어온 만큼 초연한 존재인가, 할머니와는 인연이 먼 것으로 내가 믿어온 것, 그 교태를 할머니 또한 갖고 있는 게 아닌가 하는 생각이 들 정도였다.

나는 사진 촬영 계획, 특히 그 때문에 기뻐하는 듯 보이는 할머니의 만족 때문에 불쾌했지만, 공교롭게 남이 알아차릴 만큼 바깥으로 드러났는지 프랑수아즈가 이를 알아보았다. 프랑수아즈는 감동해 감상적인 설교를 나한테 했는데, 나는 거기에 동의하는 모습을 보이고 싶지 않아, 오히려 본의 아니게 나의 불만을 더하게 했다.

"오오! 도련님, 불쌍하신 큰마님께서는 사진 찍으시는 게 여간 기쁘신 게 아니에요. 이 늙은 프랑수아즈가 손질해드린 모자까지 쓰셨어요. 그대로 하시게 해야 합니다, 도련님."

프랑수아즈의 그와 같은 감수성을 무시해버려도 그다지 심한 짓이 아니라고 나는 확신했다. 모든 일에 나의 본보기인 어머니와 할머니가 자주 그렇게 한 것을 생각해내면서. 그러나 내가 시무룩해 있는 걸 알아챈 할머니가 사진을 찍는 게 내키지 않으면 그만두어도 좋다고 말했다. 나는 그러고 싶지 않아, 그걸 가지고 내가 왜 언짢아하겠느냐고 할머니를 안심시키고, 몸치장하게 내버려두었지만, 사진 찍어준다는 것에 들뜬 듯이 보이는 할머니의 기쁨을 줄어들게 하려고, 듣는 사람의 비위가 거슬리도록 몇 마디 비꼼으로써, 내게도 통찰력과 기개가 있다는 증거를 보였다고 생각했다.

그래서 내가 할머니의 화려한 모자를 보고 말없이 참기만 해도, 적어도 할머니 얼굴에서 기쁜 표정을 가시게 했다. 할머니로서는 그 기쁜 표정이 나를 기쁘게 해줄 거라 생각했지만 내게는 그렇게 비치지 않았다. 사랑하는 이들이 살아 있을 때 우리가 이렇듯 죄받을 짓을 곧잘 하듯이, 그러한 기쁜 표정은 우리가 그 사람을 위해 확보해주고 싶은 행복의 귀중한 형태라기보다도, 오히려 그 사람의 초라한 결함에 대해 화를 내는 걸로 우리 눈에 비친다. 나의 고약한 기분은 특히 그 주일, 할머니가 내게서 달아나려는 듯이 보인 사실, 낮이나 밤이나 잠깐이라도 할머니를 나만의 것으로 둘 수 없었다는 사실, 그런 이유에서 온 것이었다. 오후에 잠깐 할머니와 단둘이 있으려고 돌아왔을 때, 할머니가 안 계시다고 했다. 그렇지 않을 때는 프랑수아즈가 죽치고 들어앉아, 방해가 된다고 들어가지 못하게 한다. 또 생루와 함께 바깥에서 밤을 보내고 나서, 할머니를 빨리 보고 싶다, 빨리 입맞추고 싶다고 생각하면서 돌아왔을 때, 안녕히 주무시라는 인사를 하러 들어와도 좋다는 신호인 나지막한 똑똑 소리를, 칸막이 벽 너머로 기다렸으나 헛되이 감감무소식. 할머니에게는 참으로 신기한 냉담으로, 내가 그처럼 기대하고 돌아온 기쁨을 내게서 빼앗은 걸 조금 원망하면서, 하릴없이 잠자리에 들어가, 어릴 적처럼 가슴을 두근거리며 말없는 벽에 잠시 귀를 기울이다가 눈물 속에 잠들고 말았다.

며칠 전부터 그랬듯이, 그날도 생루는 동시에르에 가야 했다. 오래지 않아 결정적으로 거기에 돌아가게 될 날을 앞두고, 요즘은 오후 늦게 번번이 그곳에 발 묶이는 볼일이 있는 듯했다. 그가 발베크에 없는 게 섭섭했다. 나는 멀리 떨어져, 젊은 아가씨들이 황홀할 만큼 아름다운 모습으로 마차에서 내려, 한 무리가 카지노의 댄스홀, 또 한 무리가 아이스크림 가게로 들어가는 걸 혼자 보고 있었다. 사사로운 하나의 사랑을 가지지 못한, 텅 비어 있는 젊음의 한때, 하지만 곳곳에서 '아름다움'을—마치 연애하는 사나이가 반한 여인에게 하듯 바라고, 찾으며, 보는 그 젊음의 나날 가운데 하나에 이르고 있었다—한낱 실물의 윤곽만으로—멀리서, 뒤에서, 여자를 흘끗 보기만 해도—눈앞에 비춰내어, 어디선가 본 듯한 여인이란 생각에, 가슴을 설레며 걸음을 빨리 하다가, 여인이 사라지자, 분명히 그 여자였는데 하고 언제까지나 반신반의한다. 잘못 본 것을 아는 건 그 여자를 따라잡을 수 있을 때뿐이다.

게다가 상대 없는 괴로움이 더해감에 따라, 나로서는 매우 단순한 기쁨마저, 붙잡기 어렵다는 이유 때문에, 그것을 과대평가하는 경향이 생겼다. 멋진 여자들이 여기저기에서 눈에 띄는 것만 같았다. 왜냐하면 바닷가에 나가 있을 때는 내가 너무 피곤했고, 카지노나 과자점에 있을 때는 내가 너무 소심해서 그 여자들에게 다가갈 수 없었기 때문이다. 그런데도 머잖아 죽을 몸이라면, 인생이 바치는 아름다운 아가씨들을 가까이서, 또 현실적으로는 어떻게 생긴 것인지 알고 싶어서 죽을 지경이었다. 비록 그 인생의 헌납물을 즐길 사람이 내가 아닌 다른 사람일지라도, 또는 아무도 없을지라도, 내 호기심에는 변함이 없었다(사실 그 호기심의 근원에는, 여자를 아쉬워하는 욕망이 있음을 나는 몰랐던 것이다). 생루가 나와 함께 있었다면 댄스홀에 들어갈 용기도 났을 것이다. 나는 혼자, 심심하게 그랑 호텔 앞에 말뚝처럼 서서, 할머니한테로 다시 돌아갈 때가 오기를 멍하니 기다렸다. 그때, 둑의 거의 끝머리에 소녀들 대여섯 명이 마치 이상한 반점이 움직이듯이 이쪽으로 걸어오는 게 보였다. 발베크에서 낯익은 사람들과는 다른 그 모양과 맵시는, 갈매기 한 무리가 어디선지 모르게 날아와서, 바닷가 위를—뒤떨어진 것들은 푸르르 날아 앞선 것들을 따라잡으면서—보조를 맞추며 산책하는 듯하고, 또한 그 산책의 목적이 무엇인지, 새의 정령(精靈)과 같은 아가씨들로서는 환하겠지만, 그녀들의 눈에 비치지 않은 해수욕객들로서는 아리송하게 보였다.

이 낯선 아가씨들 가운데 하나는, 손으로 자전거를 내밀었다. 다른 둘은 골프 '채'를 들고 있었는데 그녀들의 옷차림은 발베크의 다른 아가씨들과는 아주 달랐다. 그야 물론 발베크의 아가씨들 가운데에도 운동에 열중하는 이가 있기는 하나, 그 때문에 특별한 옷차림을 하지는 않았다.

그때는 신사 숙녀들이 날마다 바닷가 둑을 한 바퀴 돌고 막 돌아오는 시각으로, 그들이 마치 어떤 흠을 가지고 있어 자세히 조사하듯이, 지방 재판소장의 부인이 그 신사 숙녀들 위에 손안경의 무자비한 포화를 퍼부었다. 그 부인은 야외 음악당 앞 엄숙한 의자의 줄 가운데 거만하게 앉아 있었는데, 곧 배우들이 비평가가 되어 이 의자에 앉으러 와서, 그들 앞에 줄지어 지나가는 사람들을 평하는 차례가 되는 시각이었다. 둑을 따라 걷고 있는 사람들은 마치 배의 갑판에 있기라도 하듯 하나같이 몹시 몸을 흔들거리며 걸어왔다(왜냐하면 그들은 한쪽 다리를 쳐들 때마다 무의식적으로 한쪽 팔을 흔들고, 눈을 두리번거리며, 어깨를 똑바로 펴고, 몸의 오른쪽에서 한 동작을 그 즉시 왼쪽에서도 하며, 얼굴은 빨갛게 물들어 있었으니까). 그들은 같은 쪽에서 걷고 있는 사람들이나 반대쪽에서 걸어오는 사람들과 부딪히지 않게, 슬그머니 상대를 바라보고, 그러면서도 상대를 거들떠보지 않는 것처럼 보고도 안 본 체하면서, 그러다가 상대에게 부딪치거나 충돌하거나 하는 것은, 서츠 겉으론 경멸을 나타내지만 그 속으로는 서로 비밀스런 호기심을 품고 있기 때문이었다. 사람들에 대한 그러한 애정—따라서 공포—은, 남들을 기쁘게 하려는 때에도, 놀라게 하려는 때에도, 멸시하는 걸 나타내려는 때에도, 모든 인간에게 가장 강한 동기 가운데 하나이다. 고독자에게 삶의 마지막까지 계속될 만큼이나 절대적인 칩거도 그 근본은 사람들에 대한 일반적인 규정에서 벗어난 애정일 때가 흔한데, 그것이 다른 어떤 감정보다도 강해서, 외출할 때 문지기, 통행인, 불러세운 마부 따위한테 공경을 받지 못하자, 앞으로는 그들에게 안 보이는 게 낫다, 그 때문에 외출해야 하는 어떠한 활동도 단념하는 편이 낫다고 생각하기에 이르렀다.

걷는 사람 가운데에는 속으로 한 생각을 좇으면서, 발작적인 동작, 방황하는 눈길로 마음의 움직임을 드러내고 마는 이들도 있었는데, 그것은 주위 사람들의 조심스러운 비틀걸음같이 주위와 조화되지 않는 것이었다. 그런 모든 행인 속에 섞여서, 내가 아까 언뜻 본 소녀들은, 흠잡을 데 없는 육체의 유연성에서 비롯하는 제멋대로의 몸짓과 다른 인간에 대한 솔직한 업신여김과 더불어, 머뭇거림도 어색함도 없이 앞으로 곧바로 걸어오는 품이, 그 팔다리마다 다른 몸과 완전히 독립해 있는 가운데, 바라는 동작을 정확하게 행동으로 옮기면서, 몸의 대부분은 왈츠를 잘 추는 이의 그 놀라운 부동성을 유지하고 있었다. 어느덧 아가씨들은 내게서 멀지 않은 곳까지 와 있었다. 저마다 다른 모습이지만 하나같이 아름다웠다. 그러나 사실을 말하자면, 나는 조금 전부터 흘깃거리며 감히 똑바로 바라볼 용기도 없어서, 아직 그녀들의 개성을 분간하지 못했다. 르네상스의 어느 그림에 보이는 아라비아인풍의 동방 박사처럼 곧은 코, 거무스름한 살갗으로 다른 아가씨와 대조를 이루고 있는 한 아가씨를 빼놓고, 아가씨들 가운데 하나는 엄하고 끈질기게 보이면서도 웃는 듯한 눈으로, 또 다른 아가씨는 장밋빛 두 볼이 쥐손이풀 꽃을 떠올리게 하는 구릿빛 색조를 띠고 있는 것으로 겨우 구분되었을 뿐이다. 이런 특징도, 아직 그 가운데 어느 것은 이 아가씨보다 저 아가씨에게 부여해 저마다 풀리지 않도록 비끄러매지 못해(이런 신기한 조화가 매우 다양한 모습으로 전개되고 갖가지 색조를 접근시키면서, 그리고 악절이 줄이어 지나가는 순간에는 뚜렷하게 들리지만 금세 잊어버려 하나하나 따로 떼어서는 인식할 수 없는 음악처럼 뒤섞이면서 펼쳐져가는 순서에 따라), 흰 달걀 모양의 얼굴, 검은 눈, 초록빛 눈이 줄지어 나타나는 걸 보았을 때, 그것이 조금 전 나에게 매혹을 가져다준 바와 같은 것인지 몰라, 다른 아가씨들한테서 따로 떼어내어 확정된 아무개 아가씨에게 그것을 돌릴 수가 없었다.

이처럼 한계를 잃어버린 시각에—이 젊은 아가씨들 사이의 구별이야 오래지 않아 가려지겠지만—그 무리를 통해, 조화가 있는 파동 같은 것, 무리를 지어 흘러가 아름다움의 연속적인 이동이 전파되어올 뿐이었다.

아마도 이 젊은 아가씨들이 한결같이 아름다운 벗들로만 동아리를 짠 것은 그저 우연 때문만은 아니다. 그녀들이 (그 태도로 보아 대담하며 변덕스럽고 매서운 성미가 충분히 드러나 있었다) 우스꽝스러운 것과 보기 흉한 것에는 더할 나위 없이 예민하면서도, 지적 또는 정신적인 면의 매력을 느낄 줄 몰라서, 같은 또래의 친구들 가운데에서 사색하기 좋아하거나 감수성이 풍부한 경향 때문에, 소심하고 소극적이며 굼뜬, 곧 이 아가씨들이 틀림없이 '역겨운 성질'이라고 부를, 그러한 성격을 겉으로 드러내는 아가씨들에 대하여 자연히 혐오감을 느끼고 멀리하기 때문이리라. 그뿐 아니라 반대로 맵시, 날램, 육체의 멋이 어울린 다른 아가씨들에게 마음이 끌려 동아리를 짜고 있던 것인데, 그런 형태가 아니고서는 매력 있는 성격의 빤한 모습, 함께 보내는 즐거운 시간의 미래를 떠올릴 수 없었던 것이다. 또한 아마도, 이 아가씨들이 속해 있는 계급, 그것이 어떤 계급인지 명확하게 말할 수 없지만, 그 계급의 진화가 다음과 같은 단계에 이르고 있었던 것인지도 몰랐다. 곧 부유와 여가 덕분에, 또는 보통 사람들에까지 어느 정도 널리 퍼져 있는 새로운 운동 습관과 아직 지적인 훈련이 따르지 않는 육체적인 훈련 습관 덕분에, 어느 사회 환경이, 여전히 고뇌의 빛을 띤 표정을 추구하지 않는 조화롭고도 다작인 조각의 유파와 비슷해, 자연히 아름다운 다리와 허리, 건강하고도 침착한 얼굴, 민첩하고도 꾀바른 모습을 갖춘 아름다운 육체를 수없이 만들어내는 진화의 단계에, 그리스 해안에서 햇볕 쪼이는 조각상처럼 저기, 바다 앞쪽으로 내가 보고 있는 것은, 인체미의 고귀하고도 고요한 전형이 아니었던가.

빛을 내는 혜성처럼, 하나의 동아리가 되어 둑을 따라 나아가는 젊은 아가씨들은, 주위 사람들이 그녀들과는 다른 인간으로 이루어져 있어, 그 인간의 어떠한 고뇌도 그녀들의 마음속에 연대감을 눈뜨게 할 수 없다는 생각을 품고 있기라도 한 듯, 사람들을 거들떠보지도 않는 모양으로, 말하자면 혼자서 움직이기 시작한 기계가 동행인을 피하기 위해 멈출 리가 없는 기세로, 사람을 멈추게 하고는 억지로 길을 비키게 했다. 그녀들이 그 존재를 인정하지 않으려니와 몸에 스치기조차 싫어하는 노신사가, 겁 많고 크게 화를 내는, 그러나 당황하여 우스운 꼴로 달아날 때, 그녀들은 서로를 쳐다보며 웃는 것이었다. 그녀들은 그 동아리 말고는 다른 것에 대하여 업신여기는 모습을 꾸미지 않았다. 마음속에서 우러나오는 업신여김으로 충분했다. 하지만 장애물 하나를 보고서는, 깡충 뛰거나 발 모아 뛰어넘으며 즐거워하지 않고선 그냥 지날 수 없었다. 그도 그럴 것이 그녀들은 넘칠 만큼 젊음으로 가득 차 있었으니까. 젊은 나날에는 우울하거나 조금 몸이 아프거나 할 때도, 그날의 기분보다 나이의 어쩔 수 없음에 따라 젊음을 발산시키지 않고서는 못 배겨, 뛰어넘기 또는 미끄럼타기의 기회를 놓칠세라 성실히 참가하여, 뛰어난 묘기에 변덕 섞인 돌아감으로, 그 느릿느릿한 걸음을—쇼팽의 가장 우수에 찬 야상곡처럼—멈추다가 이어지다가 한다.

마침 그때 늙은 은행가의 부인이 남편을 어디로 데려갈지 망설이다가, 둑길 쪽으로 향하고, 음악당에 의해 바람과 햇볕이 가려져 있는 접의자에 앉힌다. 늙은 남편이 거기에 편히 자리잡은 것을 본 그녀는, 남편에게 읽어주어 기분을 달래려고 신문을 사러 갔다. 그녀가 늙은 남편을 혼자 두고 가는 이 짧은 시간이 5분을 넘긴 적은 한 번도 없었다. 그 시간이 늙은 남편에겐 몹시 길게 느껴졌으나, 그래도 그녀는 가끔 남편을 혼자 두었다. 이것저것 돌보는 데 몸을 아끼지 않으면서도, 늙은 남편이 아직 다른 사람들처럼 살아갈 수 있고, 보호자가 전혀 필요 없다는 느낌을 갖도록, 자주 그렇게 혼자 두었던 것이다. 은행가의 머리 위에는, 음악당이 한번 넘어봄직한 자연의 도약대를 이루고 있었는데, 동아리 가운데 나이 많은 이가 달려오더니, 매우 놀란 노인 위를 뛰어넘었고, 그 날쌘 발이 노인의 해군용 모자를 스쳤다. 그것을 본 다른 아가씨들은 즐거워하고, 특히 인형 같은 얼굴에 초록빛 눈을 한 젊은 아가씨는 크게 재미있어하며, 그 눈은 그런 행동에 감탄과 통쾌함을 나타냈는데, 나는 거기서 얼마간의 겁, 다른 아가씨들에겐 없는 부끄러움과 함께 허세 부리는 수줍음을 알아본 듯했다. "저 노인이 불쌍해서 차마 못 보겠어, 쓰러진 것 같아." 아가씨 가운데 하나가 반은 비꼬는 투의 쉰 목소리로 말했다. 그녀들은 더 걸어가다가 문득 길 한복판에서 걸음을 멈추고, 교통이 멎는 것도 아랑곳없이, 마치 날아오르는 순간 한곳에 모이는 새들처럼 이마를 살며시 모으고, 일정하지 못한 모양으로 밀집한 것을 볼 수 없었던, 그칠 줄 모르고 지저귀는 모임의 무리를 이룬 다음, 바다 위의 둑을 따라, 한가로운 산책을 계속했다.

지금, 그녀들의 매력적인 얼굴은 이제 분명하지 않은, 뒤섞인 것이 아니었다. 나는 그 얼굴들을(하나하나 이름은 모르지만) 저마다 나누고 정리할 수 있었다. 이를테면 늙은 은행가의 머리 위를 뛰어넘은 키 큰 아가씨, 바다 수평선에 불룩한 장밋빛 볼과 초록빛 눈을 뚜렷이 드러내고 있는 키 작은 아가씨, 다른 아가씨들 사이에서 눈에 띄게 곧은 코를 한 거무스름한 얼굴빛의 아가씨, 병아리 주둥이처럼 둥근 선을 그린 조그만 코를 중심으로 흰 달걀 모양 얼굴, 갓난애에게 흔한 얼굴의 아가씨, 그리고 펠르린(pèlerine)*1을 입은 몸집 큰 또 다른 아가씨(펠르린은 이 아가씨를 초라해 보이게 하여, 멋있는 맵시를 너무나 망치고 있어서 금세 머릿속에 다음과 같은 설명이 떠올랐다. 이 아가씨의 부모님은 꽤 훌륭한 집안 출신임에 틀림없는데, 발베크의 해수욕객들과 그 자제들 의복의 우아함보다 초연한 자존심을 더 높이 평가하고 있어서, 하층민이 보아도 지나치게 수수해 보일 옷을 입고 그 딸이 둑을 산책하고 있어도 절대로 아랑곳하지 않는 것이다), 검은 '폴로(polo)*2를 눌러 쓰고 생글생글 웃음 짓고 반짝거리는 눈에, 윤기 없는 통통한 뺨을 한 아가씨들이었는데, 이 마지막 아가씨는 허리를 어색하게 좌우로 흔들며 자전거를 밀고 오다가, 내 곁을 지나칠 때, 너무도 거센 목소리로 어찌나 저속한 말투를 쓰는지(가장 거북한 말은 "내 맘대로 사는 거야"였다), 나는 그녀의 동

*1 여성용 짧은 케이프.

*2 테 없는 여성용 모자.

료인 펠르린 아가씨를 보며 세운 가설을 버리고, 도리어 이런 아가씨들은 전부 자전거 경주장에 드나드는 무리에 속하며, 자전거 선수의 아주 어린 정부임에 틀림없다고 결론지었다. 어쨌든 내 추측에서 어느 것에도, 그녀들의 품행이 좋다는 가정은 나오지 않았다. 첫눈에—웃으면서 서로 얼굴을 바라보는 모양이나, 윤기 없는 뺨을 지닌 아가씨의 끈질긴 눈길이나—그녀들의 품행이 좋지 않다는 사실을 알았다. 게다가 할머니가 너무나 세심한 주의로 늘 나를 감시했으므로, 우리가 하지 말아야 하는 것들은 모두 이어져 있어서, 뿔뿔이 흩어져 존재한다고는 생각지 않았으므로, 노인에게 존경심이 없는 젊은 아가씨라도, 팔십 노인의 머리 위를 뛰어넘는 것보다 더 유혹적인 쾌락이 있다면, 분명 멈칫하고 내닫던 달음박질을 멈출 줄로 생각했던 것이다.

이제 하나하나 독특한 개성을 갖추게 된 그녀들이지만, 동아리의 정신과 자만심에 생기 있는 그 눈길들이 벗에게 쏠리느냐 지나가는 사람들에게 쏠리느냐에 따라, 어떤 때는 안에 절친함을, 어떤 때는 바깥에 건방진 무관심을 잠깐잠깐 드러내면서, 서로의 눈길과 마주보는 의기투합, '다른 동아리'를 만들어 언제라도 함께 산책할 만큼 친밀하게 맺어져 있다는 그 의식. 그것이 그녀들 하나하나 독립된 몸 사이에, 그 몸들이 나란히 천천히 나아가는 동안에, 따스하며 똑같은 그림자, 하나의 동일한 대기처럼, 눈에 보이지 않으나 조화로운 유대를 이루고, 그녀들이 인파 속에 유유자적 굽이쳐가는 행렬을 수많은 사람과 구별되게 하면서도, 더불어 그녀들의 몸을 부분적으로 굳게 결합한 하나의 전체로 만들고 있었다.

자전거를 밀고 있는 갈색 머리의 뺨이 통통한 아가씨 곁을 지나칠 때, 한순간 나는 그녀의 웃음 치는 곁눈질과 마주쳤는데, 그것은 이 동아리 생활을 가두어 숨기고 있는 인간미 없는 세계, 나라는 존재에 대한 관념 따위는 도저히 자리잡을 수도 다다르지도 못할 가까이 갈 수 없는 세계였다. 폴로 모자를 푹 내려쓴 아가씨는 동아리 사람들 이야기를 열심히 들었는데, 그 눈에서 내뿜은 검은 빛줄기가 나와 마주쳤을 때 정말 나를 보았을까? 보았다면 그녀의 눈에 내가 어떻게 비쳤을까? 어떠한 세계에서 그녀가 나를 알아보았을까? 이를 말하기가 쉽지는 않다. 이를 테면 망원경 덕분에 이웃별에서 어떤 특수한 징후를 봤다고 해서, 거기에 인류가 살고 있으며 우리를 지켜본다고 결론짓기가, 또 우리를 지켜보며 어떤 생각을 품었는지 결론짓기가 어려운 거나 마찬가지이리라.

그와 같은 아가씨 눈이 반짝반짝 빛나는 동그스름한 돌비늘에 지나지 않다고 생각한다면, 우리는 구태여 탐욕스럽게 그녀의 생활을 알려고 하거나 그 생활을 우리와 연관지으려고 하지 않을 것이다. 그러나 우리는 느낀다. 반사하는 그 작은 원반 속에 반짝거리는 것이 오직 원반의 물질적인 구성 때문만은 아니라는 사실을. 그것은 우리가 잘 모르는 것, 본인이 스스로 만들어낸 관념의 검은 그림자라는 사실을. 그것은 그녀가 알거나 알고 있는 장소에 관한 관념의 검은 그림자다. 이를테면 내게는 페르시아 낙원의 선녀보다 더 매력 있는 이 어린 선녀가 들을 건너 숲을 지나, 페달을 밟으면서 나를 데려다주었을지도 모르는 경기장의 잔디, 경주로의 모래 따위이다. 그녀가 돌아가려는 검은 그림자, 그녀가 작성하는 또는 남이 그녀를 위하여 만든 계획의 그림자라고 느낀다. 특히 욕망, 동감, 반감, 비밀스런 끊임없는 의지를 간직한 그녀 자체라고 느낀다. 그 눈 속에 있는 걸 내 것으로 하지 못한다면, 이 자전거 타는 아가씨를 얻지 못하리라는 걸 나는 알고 있다. 따라서 내게 욕망을 불어넣고 있는 건 그녀의 모든 삶이다. 괴로운 욕망이었다. 그도 그럴 것이 그것은 이룰 수 없는 것이며 또한 나를 도취시키는 것임을 느꼈기 때문이다. 이제껏 나의 삶이던 것이 돌연 내 삶임을 멈추고, 내 앞에 펼쳐져 메우고 싶어 안달이 나는 공간, 이 아가씨들의 삶으로 이루어진 공간의 작은 부분에 지나지 않게 되고 말아, 이 세력의 늘어남, 이제 자신의 증가, 곧 행복이 까마득해 보였기 때문이다. 틀림없이, 나와 그녀들 사이에 아무런 공통된 습관—아무런 공통된 관념—도 없을 터이므로 그녀들과 사귀거나 그녀들을 기쁘게 해주는 걸 더욱 어렵게 만들고 있었다. 그러나 한 미지의 삶에 대한 내 영혼의 갈망—메마른 땅의 맹렬한 갈증과도 같이, 여태껏 물 한 방울도 받아본 적 없던 만큼 더욱더 탐욕스럽게 천천히 맛보며 완전히 빨아들이고 말 듯한 갈망—이 포만의 뒤를 이어 내 마음에 나타난 것은 그녀들과 나 사이에 아무런 공통점이 없다는 그 차이 탓이기도 하며, 아가씨들의 성질과 행위를 구성하고 있는 것 가운데에 내가 알거나 갖거나 한 요소가 하나도 들어가 있지 않다는 의식 탓이기도 했으리라.

반짝거리는 눈을 한 그 자전거 타는 아가씨를 내가 어찌나 바라보았던지 그녀는 눈치챈 듯 가장 키 큰 아가씨에게 뭔가 한마디 했는데, 내게는 들리지 않았지만, 그 말은 아가씨를 웃게 만들었다. 사실 이 갈색 머리 아가씨는 내가 가장 마음에 들어 한 아가씨가 아니었다. 그녀가 갈색 머리라는 바로 그 이유 때문이기도 하고, 또 탕송빌의 작은 고갯길에서 내가 질베르트를 본 뒤로, 금빛 살갗에 적갈색 머리칼의 아가씨야말로 여전히 나에게는 가까이할 수 없는 이상이었기 때문이다. 하지만 질베르트 또한 무엇보다도 그녀가 베르고트와 친하고, 그와 함께 여러 대성당을 구경하러 간다는 후광으로 둘러싸인 아가씨로서 내 눈에 비쳤으므로 유달리 그녀를 사랑했던 게 아니던가. 그와 같은 식으로, 이 갈색 머리 아가씨도, 나를 바라봐 준 것을 알아보았다(그래서 그녀와 사귀는 문에 들어서기가 더 쉬울 거라는 희망을 품었다)는 점으로 나 스스로 기뻐할 수는 없겠는가. 왜냐하면 그녀가 나를 노인의 머리 위를 뛰어넘은 모진 아가씨나, "저 노인이 불쌍해서 차마 못 보겠어" 말하던 잔혹한 아가씨, 저마다 마력으로 남의 마음을 이끌어 떠나지 못하게 하는 다른 아가씨에게 차례차례 전부 소개해줄 테니까. 그렇건만 내가 언젠가는 이 아가씨들 가운데 누군가와 친해질 거라는 가정, 벽에 비치는 햇살처럼 이따금 무의식중에 슬쩍 나에게 뜻 모를 눈길을 던지는 이 두 눈이, 언젠가는 기적적인 연금술로, 말로는 표현 못할 그 눈 사이에, 나라는 존재에 대한 관념이라든가, 나 자신에 대한 우정을 살그머니 들여보내 주리라는 가정, 그녀들이 바닷가를 따라 펼치는 화려한 행렬 속에 언젠가는 나 자신이 함께해 그녀들 사이에 끼리라는 가정, 이런 가정은 어느 행렬을 묘사한 고대의 기둥머리 조각이나 벽화 앞에 서서, 그것을 구경하는 내가 행렬의 성스러운 여인들에게 사랑받아 그녀들의 행렬에 낄 수 있다고 여기는 것과 마찬가지로, 해결 못할 모순을 품고 있는 듯이 보였다.

그러므로 이 젊은 아가씨들을 알게 된다는 행복은 이루어질 수 없는 일이었을까? 그렇다, 내가 이런 행복을 단념하는 건 이번이 처음은 아니었다. 발베크에서만 해도, 마차가 전속력으로 지나치는 바람에 내가 영영 단념해야만 했던 수많은 미지의 아가씨를 떠올릴 수 있다. 또 그리스의 숫처녀들로 이뤄져 있는 듯이 고귀하게 보이는 작은 동아리가 주는 쾌락도, 그 동아리가 뭔가 길거리를 도망쳐 달아나는 듯싶은 요소를 갖고 있는 데서 온 것이었다. 자주 만나는 사이에 어떠한 여성도 그 흠을 드러낼 수밖에 없는 일상생활의 닻줄에서 우리를 억지로 풀어 미지의 나라로 떠나게 하는 이 낯선 이들의 덧없음은, 우리로 하여금 끊임없이 뒤를 밟고 쫓게 만들어 다시는 상상을 멈추지 못한다. 그런데 우리의 쾌락에서 상상력을 벗겨내는 건, 쾌락을 오로지 쾌락으로만 돌리는 것, 곧 쾌락을 무에 이르게 하는 것이다. 이를테면 내가 홍등가 뚜쟁이의 주선으로 이 아가씨들을 만났다고 치고―내가 뚜쟁이를 업신여기지 않는 점은 이미 다른 곳에서 보았을 터―그녀들에게 그토록 미묘한 명암과 아련함을 주는 요소에서 그녀들을 끌어냈다면, 그토록 매혹되지는 않았으리라. 필요한 것은, 현실 대상에 이를 수 없을지도 모른다는 공포에서 생긴 상상력이 하나의 목적을 만들어내고, 그 밖의 다른 목적을 우리한테 숨기며, 삶에서 투철한 사고 대신에 관능적인 쾌락에 빠지게 하여, 쾌락의 참된 모습을 알거나 쾌락의 참된 맛을 보거나 쾌락을 그 분수에 그치고 말게 하는 걸 방해하는 일이다. 식탁에 마련되어 있는 물고기를 처음 보면, 그걸 우리 손으로 잡기 위해 여러 술책과 수단이 필요하다고 생각지 않으나, 낚시질 나간 오후 무료하게 보내는 동안 투명하게 흔들리는 하늘빛 물결 속에, 은빛 비늘이 반짝, 무언가의 그림자가 슬금슬금 소용돌이치면서 수면에 드러날락말락 하려면, 우리와 물고기 사이에 그 소용돌이가 끼여 있어야 한다.

이 젊은 아가씨들은 해수욕장 생활 특유의 사회적인 균형 변화를 혜택받고 있었다. 일상에서, 우리의 값어치를 엿가락 늘이듯 늘이거나 크게 하는 온갖 특권이 여기서는 눈에 띄지 않는 것이다. 반면에 그러한 특권이 있을 거라고 우리가 함부로 추측해보는 인간이 거짓 세력을 펴나간다. 그래서 낯선 여인들이나, 이날 젊은 아가씨들이 내 눈에 비교적 수월하게 퍽 중요한 위치를 차지하게 되고, 그 반대로 내가 가질 수 있는 위치가 그녀들에게 인정되지 않았다.

그러나 중요성으로 보아 작은 동아리의 산책은, 여태껏 언제나 내 마음을 혼란케 해온 도주, 지나가는 여인들의 헤아릴 수 없는 도망 가운데 하나의 요약에 지나지 않는다고 하면, 지금 이곳을 지나가는 아가씨들의 이 달아남은 움직이지 않는 것에 가까울 만큼 느릿느릿한 동작으로 되돌아간 달아남이었다. 그런데 이와 같이 느린 움직임에서는, 다시는 얼굴들이 소용돌이에 휩쓸리지 않고 잔잔하고도 뚜렷해지는데도, 그 얼굴들은 계속 아름답게 보여, 빌파리지 부인의 마차에 몸을 싣고 달렸을 때에 그처럼 자주 생각했듯이, 좀더 가까이 가서 잠깐 멈추고 바라본다면, 얽은 살갗, 납작코, 신통치 못한 눈, 찌푸린 미소, 보기 흉한 몸매 같은 세밀한 점이, 여인의 얼굴과 몸 안에서 내가 틀림없다고 떠올렸던 아름다움을 지워버릴 거라고 느끼던 생각을 품지 못하게 했다. 몸의 아름다운 선이나 생기 있는 얼굴빛을 본 것만으로 바로 넋을 잃을 듯한 어깨나 감미로운 눈길 따위, 늘 마음속에 그 추억이나 선입견을 지녀온 것을 진심으로 덧붙였으므로 달리는 순간에 스치며 보았던 상대를 재빨리 판단한다는 건, 마치 너무 빨리 읽어서, 낱말 한 음절에 대해서도 이것을 다른 낱말들과 구별할 틈 없이, 적혀 있는 낱말 대신 떠오르는 다른 글자를 붙이는 때와도 같은 오류를 범하게 된다.

그런데 이번에는 달랐다. 나는 그 얼굴들을 주의 깊게 보았던 것이다. 그 얼굴 하나하나를, 그렇다고 그 옆얼굴을 모든 방향에서 봤다고는 할 수 없으며, 드물게 마주 보았을 뿐이지만, 어쨌든 꽤 다른 관점 두셋에서 바라보아, 처음 보았을 때에 눈대중해본 선과 색의 갖가지 추측을 고치고, 검토, '교정'을 할 수 있었으며, 차례차례 변하는 표정을 통해 어떤 변하지 않는 육체적인 무언가가 그 안에 들어 있음을 볼 수 있었다. 그래서 나는 굳게 믿을 수 있었다. 파리에도, 발베크에도, 또 여태까지 내 눈을 멈추게 하던 지나가는 여인들을, 그녀들과 더불어 걸음을 멈추고 얘기할 수 있었다고 생각하는 가장 바람직한 가정 밑에 두는 경우조차, 나와 친해지지 않은 채로 그 모습을 드러내다가 사라져가는 이 젊은 아가씨들만큼 나에게 깊은 도취감을 주리라 여긴 존재는 따로 없었다고. 여배우들이든, 시골 아가씨들이든, 종교단체가 경영하는 여기숙사의 아가씨들이든, 그토록 아름답고 많은 미지의 것에 젖은, 그토록 매우 귀중한, 아닌 게 아니라 실로 가까이 못할 듯 느껴지는 존재를 본 일이 없었다. 이 젊은 아가씨들이, 이 세상의 알지 못하는 행복, 이 세상의 가능한 행복, 참으로 감미롭고 완벽한 본보기였으므로, 이상적 아름다움이 주는 더없이 신비로운 행복은, 어떠한 실수도 일어나지 않는 절대적 조건 속에서 맛볼 수 없을 것 같다는 오로지 지적인 이유를 따지면서 나는 절망을 느꼈다.

우리는 아름다움이 가져다주는 신비한 행복을 바라면서도, 바라지도 않던 여인들에게서 쾌락을 구함으로써—오데트를 알기 전의 스완은 번번이 그것을 거부했지만—결국 또 다른 참다운 쾌락이 무엇인지 모른 채 죽어버린다. 물론 현실에 미지의 쾌락이란 있을 수 없어, 가까이하면 그 신비로움은 꺼지고 오로지 욕망의 투영, 욕망의 신기루밖에 남지 않으리라. 그러나 이런 경우에도, 나는 그것을 자연계 법칙의 필연성 탓으로—만약에 자연계 법칙이 이 젊은 아가씨들에게 적용된다면, 다른 모든 여인에게도 적용될 것이다—대상이 지닌 결함 탓으로 돌릴 수는 없었을 것이다. 왜냐하면 이 대상은 내가 수많은 대상 가운데에서 특별히 택한 것이어서, 식물학자의 자신만만함과 더불어, 이 젊디젊은 아가씨의 꽃들보다 진귀한 꽃무리를 따로 발견할 수 없다는 점을 알고 있기 때문이다. 바로 이러한 순간에 이 젊디젊은 꽃들은 해안 절벽 위 정원을 꾸미는 펜실베이니아 장미 덤불과도 비슷하게 그 화사한 생울타리로 내 앞에 파도의 선을 가리고 있었는데, 그 아름다운 꽃들 사이에 증기선이 오가는 항로가 끼여 있고, 그 증기선이 꽃줄기 하나에서 또 다른 줄기로 이어져 있는 수평선 위를 어찌나 느리게 미끄러져 나가는지, 선체가 벌써 지나간 지 오래된 꽃부리 속에 꾸물대고 있는 게으른 나비 한 마리가, 배가 나아가고 있는 꽃의 첫 꽃잎과 아직까지 뱃머리 사이에 나 있는 조그마한 틈이 한낱 하늘빛 한 조각으로 물들기까지 기다렸다가 날아가도, 분명 배보다 앞서 그 꽃에 다다를 수 있을 만했다.

나는 방으로 돌아갔다. 로베르와 함께 리브벨에 저녁 식사하러 가기로 되어 있고, 또 이런 저녁은 외출하기에 앞서 한 시간 동안 침대에 누워 있어야 한다고, 할머니가 까다롭게 굴었기 때문이다. 이윽고 발베크 의사의 명령으로 외출하지 않는 저녁에도 이런 낮잠을 자게 되었다.

하기야 방으로 돌아가기 위해선, 둑을 떠나, 먼저 출입구 홀 쪽으로 돌아가서, 다시 말해 뒤쪽으로 해서 호텔로 들어갈 필요는 없었다. 콩브레에서 한 시간 남짓 빨리 점심 식사를 하던 토요일 오후에 비견할 만한 여유로, 여름이 한창인 지금은 낮이 몹시 길어져서, 발베크의 그랑 호텔에서 저녁 식사를 차리고 있을 즈음에는, 아직 간식 시간인 것처럼 해가 높다랗게 떠 있었다. 그래서 홈이 있는 커다란 식당 유리창은 둑과 같은 평면에 열린 채로 있었다. 밖에서 그 홈을 낸 나무 틀을 넘기만 하면 식당으로 들어갈 수 있었는데, 나는 그렇게 해서 식당에서 나와 곧장 승강기를 타러 갔다.

안내소 앞을 지나치며 나는 지배인에게 빙긋 미소 지어 보이면서 금세 상대의 얼굴에 그것이 떠오르는 걸 싫지 않게 받아들였다.

그 얼굴은 내가 발베크에 오고 난 뒤, 나의 포괄적인 주의력이 그 얼굴에 방부제를 집어넣어서 조금씩 박물학 표본처럼 변하게 만들었다. 그의 얼굴에 익숙해져, 우리가 읽은 활자처럼 평범하지만, 이해할 수 있는 뜻을 품고, 첫날 그 얼굴에 나타나던 기괴하고도 참을 수 없이 싫은 특징은 흔적도 없어지고 말았다. 그날 내가 눈앞에 본 것은, 지금 잊어버린 인물, 떠올랐다 하더라도 지금처럼 하찮은, 정중하기만 한 인물과 동일시하기 어려울 만큼 알아볼 수 없을 인물이었다. 그것은 그의 만화, 몹시 흉악하고도 거칠며 간략한 만화에 지나지 않았던 것이다. 도착하던 날 저녁처럼 주눅이 들거나 슬퍼지거나 하는 일 없이 나는 벨을 눌러 엘리베이터 보이를 불렀다.

올라가는 기둥에 따라 옮겨져가는 가슴과도 같은 승강기 속에 나와 나란히 서서 올라가는 동안 이제는 엘리베이터 보이 또한 가만히 있지 않고 나에게 이야기를 했다. "이젠 지난달만큼 손님이 많지 않습니다. 떠나기 시작했어요, 낮이 짧아지기 시작했으니까요." 그가 이런 말을 하고 있는 건 사실이 그래서가 아니라, 그가 이 해안의 가장 더운 지방에서 일하기로 되었기에, 우리가 조금이라도 빨리 전부 떠나기를 바라 그런 것인데, 그렇게 되면 호텔이 닫히고, 그는 새로운 자리에 '돌아가기(rentrer)'에 앞서 며칠 동안 자유로운 날을 보낼 수 있기 때문이었다.

게다가 '돌아가다(rentrer)'와 '새로운(nouvelle)'은 모순되는 표현이 아니었다. 왜냐하면 이 엘리베이터 보이에게 '돌아가다(rentrer)'는 '들어가다(entrer)'라는 동사 대신 늘 쓰이는 것이었기에.* 내가 한 가지 놀란 것은, 그가 '자리(place)'라는 낱말을 입 밖에 낼 만큼 비굴해져 있다는 점이었다. 그는 언어에 신분 제도의 흔적을 지우길 열망하는 현대의 프롤레타리아에 속해 있었으니까. 하기야 잠시 뒤 그는 이번에 '돌아가려'는 '지위'에서는, 좀더 좋은 '제복'을 입고, 더 훌륭한 '대우'를 받을 거라고 나에게 알렸다. '마련해준 옷'이라든가 '급료'라는 낱말이 쓰이지 않게 된, 예의에 어긋나는 말로 느껴졌다. 쓰이는 말은 부조리한 모순에서, 뭐니뭐니해도 '주인들(patrons)' 측에 불평등 개념을 남기고 있어, 나는 언제나 그가 건네는 말이 잘 이해되지 않았다. 이를테면 할머니가 호텔에 계신지 아는 것만이 내 관심사였다고 치자. 그런데 그

* 르(re)는 접두사로 '다시' '도로'라는 뜻이 있는데, 새로운(nouvelle)과는 뜻이 모순되나 엘리베이터를 다루는 사람이므로, 랑트레(rentrer)의 또 하나의 뜻인 '다시 들어가다'의 뜻으로 통한다는 익살.

때 나의 질문에 앞질러 그가 말한다. "마님이라면 막 손님네 방에서 나가신 참인데요." 나는 그 말에 홀려 할머니를 두고 한 말이겠거니 여긴다. "아니죠, 손님네에 근무하시는 그 마님 말입니다." 확실히 없애야 할 부르주아의 옛말에서는, 식모를 사무원이라 부르지 않으니까, 나는 잠시 생각해본다. '이상한데, 우리집에 회사도 없으려니와 사무원도 없는데.' 그러자 퍼뜩 내 머리에 떠오르는 게 있다. 근무자라는 이름이, 카페 사환이 윗수염을 기르듯이, 하인의 자존심 만족이며, 막 나가신 마님이란(아마 커피 가게에 가 있거나, 아니면 벨기에 부인의 몸종이 바느질하는 걸 구경하고 있을) 프랑수아즈를 두고 하는 말이구나 하고. 그런데 그에겐 아직 이 만족만으론 충분치 않았다. 왜냐하면 그는 늘 자기 계급을 측은히 여기면서, 마치 라신(Racine)이 '가난한 사람(le pauvre)……'이라고 말할 때처럼, 단수형을 쓰며 '노동자에서는' 또는 '하층민에서는……'이라며 스스로 말했으니까. 그러나 첫날의 열의와 소심에서 멀어져, 이제 나는 엘리베이터 보이에게 말을 건네지 않았다. 지금에 와선 반대로, 이 엘리베이터 보이가 짧게 건너가는 사이 아무런 대답도 받지 못한 채 서서, 장난감같이 속을 도려낸 호텔을 계속 꿰뚫어 가고 있는 것이었다. 그리고 호텔은 층층마다 우리 주위에, 복도를 여러 갈래로 펼치고, 그 복도 깊숙한 곳에는 빛이 벨벳처럼 부드럽게 하며, 엷어져 출입문이나 안쪽 계단을 가느다랗게 보이게 하여, 렘브란트가 창문틀이나 우물의 도르래를 뚜렷하게 드러내고 있는 그림 속 황혼처럼 햇살은 그 출입문이나 계단을 신비스런, 불안정한 금색 호박(琥珀) 장식품으로 바꾸고 있었다. 또 층마다 양탄자 위에 비치는 아주 여린 금빛이 석양과 화장실 창을 알리고 있었다.

내가 아까 본 젊은 아가씨들이 발베크에 살고 있는지, 정말 어떤 사람들인지 생각해보았다. 욕망이 이런 모양으로 인간의 무리를 선택해 거기로 향하게 되면, 그 무리의 모든 게 감동스럽고, 다음에 몽상의 동기가 된다. 어느 날 나는 둑에서 어느 부인이 이렇게 말하는 걸 들은 일이 있었다. "저이는 시모네 댁 따님의 친구예요." 말투는 마치 "저이는 라 로슈푸코 댁 아드님의 절친한 친구예요"라고 설명하는 사람과도 같은, 아는 체하는 거만함이 섞여 있었다. 그러자 그 말을 들은 상대 얼굴에 '시모네 댁 따님의 친구'라는 복 많은 사람 얼굴을 더 자세히 보려는 호기심이 드러나는 것을 금세 알 수 있었다. 아닌 게 아니라 그렇게 불리는 것은 하나의 특권이라 누구에게나 다주어지는 일은 아닌 듯싶었다. 귀족계급과는 상대적인 것에 지나지 않으니까. 그래서 가구점 아들이 유행계의 총아가 되어 젊은 웨일스 왕자인 양, 추종자들 위에 군림하는, 그런 값싸고 조촐한 사교계도 있는 법이다.

그 뒤로 나는 그때 해변에서 어떻게 내 귀에 시모네라는 이름이 들렸던가를 생각해내려고 여러 번 애썼다. 주의 깊게 듣지 않았으므로, 애매했고, 그 이름이 A라는 사람을 가리키는지, B라는 사람을 가리키는지도 확실하지 않았다. 그러나 요컨대 하나의 이름이, 그 뒤에 우리한테 몹시 감동 어린 아련함과 신기함을 주는 경우로서, 이럴 때 그 이름은, 끊임없이 우리가 주의를 기울이므로 시시각각으로 그 글자가 마음 깊이 새겨져, 오래지 않아(깨어나는 순간에나, 기절한 뒤에나) 그때의 시간이나 공간의 관념보다 앞서, 거의 '나'라는 낱말보다 먼저, 마치 그 이름의 주인이 오히려 나 자신이기나 한 것처럼, 또 무의식의 몇 분 뒤에 제일 먼저 떠오르는 게 그 이름의 주인이기나 한 것처럼, 다시 생각해내는 첫 낱말이 된다(시모네 댁 딸에 대하여, 이런 일이 나에게 일어나게 되는 것은 몇 년 뒤의 일이다). 내가 왜 만난 첫날부터, 이 시모네라는 이름이 그 젊은 아가씨들 가운데 한 사람의 이름임에 틀림없다고 생각했는지는 모른다. 다만 나는 어떻게 하면 시모네 집안과 아는 사이가 될 수 있을까 끊임없이 생각하게 되었다. 또 시모네 집안사람이 그들보다 뛰어나다고 판단하는 이들을 통해 사귀고 싶었다. 곧 나를 깔보게 하고 싶지 않았기 때문이니, 만약 상대방이 서민층 조무래기 창부들에 지나지 않는다면, 그런 방법으로 사귀기는 쉬웠으리라. 왜냐하면 상대방이 우리를 경멸하는 인간이라면, 그 경멸을 정복하지 않는 한 그 인간을 완전히 알거나 빈틈없이 끌어들일 수 없기 때문이다. 그런데 우리 마음에 여러 여인의 영상이 들어올 때마다 그것을 잊든지, 다른 영상이 그것과 다투어서 제쳐버리든지 하지 않는 경우, 우리가 그런 낯선 영상을 뭔가 우리와 비슷한 정다운 것으로 바꿀 때까지 우리 마음은 좀처럼 편치 않은 법이다. 이 점에 대해 우리의 정신은, 우리 육체와 같은 반작용과 활동을 타고나서 우리 몸이라는 이 유기체는 금세 침입자를 소화하거나 동화시키는 작용을 하지 않고서는 그 안에 이물질이 들어오는 걸 내버려두지 않는다. 시모네 집 딸은 모든 아가씨 가운데 가장 예쁠 게 틀림없으며, 게다가 어쩌면 내 애인이 되었을는지도 모른다는 생각이 들었다. 왜냐하면 두 번이나 세 번, 고개를 반쯤 돌려 나의 눈길을 알아챈 것처럼 보인 단 한 명의 아가씨가 바로 그녀였으므로. 나는 엘리베이터 보이에게 발베크의 시모네라는 집안사람들을 아느냐고 물었다. 그는 모른다고 말하기 싫어서, 그런 이름을 들은 듯하다고 대답했다. 꼭대기 층에 이르자, 나는 그에게 최근 방문자 명부를 갖다달라고 부탁했다.

나는 승강기에서 내려, 바로 방으로 가지 않고 복도 맨 안까지 걸어갔다. 이 층 시중꾼이 바람이 들어오는 걸 조심하면서도 이 시각까지, 복도 맨 끝머리 창문을 열어놓고 있었기 때문이다. 이 창은 바다 쪽으로 나지 않고, 작은 산과 그 골짜기 쪽으로 향해 있었으나, 보통은 그 위에 희뿌연 젖빛 유리창이 닫혀 있어서 좀처럼 그 경치를 볼 수 없었다. 나는 잠깐 머무르는 짧은 순간을, 어쩌다가 언덕 너머까지 보이는 이 '조망'에 경건한 기도를 바치고자 창문 앞에 멈춰 섰다. 호텔 뒤편이 작은 산에 기대 있고, 그 건너편에 얼마 되지 않는 거리를 두고, 그저 가옥 한 채가 있을 뿐인 전망이었지만, 저녁 무렵 멀리 보이는 경치와 빛이 그 가옥에, 아직 그 묵직한 느낌을 지니면서도 귀중한 조각품과 벨벳 보석함 같은 느낌을 주며, 마치 성스러운 유물함을 안치하기 위해 만들어지고, 정해진 날에만 신자가 볼 수 있게 허락되는 금은 칠보의 작은 사원이나 성당이라고 할 그런 모형 건축 같은 모습을 지니고 있었다. 그러나 이 경배의 순간도 벌써 너무 오래 끌었다. 한 손에 열쇠꾸러미를 쥔 객실 시중꾼이 다른 한 손으로 성당지기 같은 둥근 모자를 살짝 만지면서, 저녁 공기가 맑고 신선하여 그것을 벗어올리지 않은 채 내게 인사하고는, 성골함(聖骨函) 문을 닫듯이 유리창 두 문짝을 닫아, 나의 경배에서, 이 작은 성당과 성스러운 금색 유물을 감추고 말았다.

나는 방으로 돌아왔다. 계절이 지나감에 따라서, 내가 이 시각에 방에 돌아와 창문으로 보는 그림도 달라졌다. 먼저 해가 높고 환히 밝다. 우중충하다는 생각이 드는 것은 날씨가 좋지 않을 때뿐이었다. 그런 시각에, 그 굽이치는 둥그런 파도로 유리를 시퍼렇게 부풀리면서 납 테에 끼워진 한 장의 그림 유리처럼, 유리창 양쪽 기둥 사이에 박힌 바다는, 끝을 이루는 바위의 깊이 팬 가두리 장식 위에, 깃 달린 흰 파도의 세모꼴을 헤아릴 수 없이 풀어놓고 있었다. 그런데 그 흰 파도는, 피사넬로(Pisanello)*가 그린 깃털이나

* 이탈리아의 화가이자 메달 조각가(1395? ~1455).

솜털처럼, 그 섬세한 기법을 떠오르게 하는, 움직이지 않는 거품이며, 또 갈레(Gallé)*1가 만든 유리 공예품 가운데 하얗게 쌓인 눈을 나타낸, 마치 연유 덩이 같은 칠보였다.

오래지 않아 낮이 짧아져간다. 그리고 내가 방에 돌아올 즈음, 하늘은 보랏빛, 굳어지고, 기하학의 도형 같으며, 덧없고, 이글거리는 태양의 모습(어떤 기적의 표시, 신비스런 나타남의 표상인 듯)으로 낙인찍힌 듯, 제사를 위한 단상 위에 드리운 종교화처럼 수평선을 돌쩌귀 삼아 바다 쪽으로 기울어진다. 한편 낙조의 다른 부분은, 벽에 따라 놓여 있는 낮은 마호가니 책장 유리 속에 점점이 놓여, 나에게 그 하나하나가 단편적인 아름다운 그림을 떠오르게 하여, 마치 옛적 한 거장이 어느 종교 단체를 위하여 만든 성골함 위 여러 정경들이, 하나하나 따로 나란히 박물관의 같은 방에 진열되어, 오로지 참관자의 상상만으로, 그것을 제단 장식벽 유물함의 제자리에 다시 놓는 것이나 마찬가지였다.

그로부터 몇 주일 뒤에, 내가 방에 올라갈 때면 이미 해는 저물어 있었다. 바다 위에는, 콩브레에서 산책하고 돌아오는 길에, 저녁 식사 전에 부엌에 들러보자고 마음먹었을 때에 칼베르 언덕 위에서 보았던 것과 비슷한, 고기 젤리처럼 엉기고도 칼로 얇게 베어질 듯한 저녁놀 띠가 드리워지고, 그러다가 이윽고, 숭어라는 물고기처럼 이미 차갑고 푸르게 된 바다 위에, 좀 있다가 우리가 갈 예정인 리브벨의 식탁에 나올 연어 살빛과 같은 장밋빛 하늘이 보였는데, 그런 저녁놀을 볼라치면 저녁 식사에 나가려고 옷 갈아입는 기쁨을 새롭게 했다. 해안에 가까운 바다 위에, 그을음처럼 검으면서도 윤나는, 그리고 마노*2처럼 단단한, 또 보기에 무거운 듯한 운기(雲氣)가 겹쳐 점점 더 층을 넓히면서 치솟아 올라가려고 하다가, 가장 높다란 운기가 헝클어진 줄기 위에 기울어지면서, 여태까지 버텨온 줄기의 중심 밖으로 비어져나와, 거의 하늘 중간까지 다다른 그 발판을 이끌고 바닷속으로 곤두박질하려는 듯 보였다. 그때 밤의 나그네처럼 멀어져가는 배 한 척이 보인다. 그러자 내가 어느새 열차를 타고 있을 때처럼 방에 처박혀 자야 한다는 속박에서 풀려난 듯한 인상을 받는다. 게다가 한 시간 뒤에 방에서 나가 마차를 타야 하므

---

*1 프랑스의 공예가(1846~1904).

*2 석영·단백석·옥수의 혼합물.

로. 방에 갇혀 있다고도 느끼지 못했다. 잠자리에 몸을 던진다. 그리고 내 몸의 곁을 따라 지나가는 듯이 보이는 배, 밤이지만, 쓸쓸하고 고요한 가운데 잠들지 않고 무리 지어 있는 백조처럼, 어둠 속을 천천히 움직여가는 것이 놀랍게 보이는 배, 그런 배 안 침대에 누워 있듯, 주위가 바다의 영상으로 둘러싸였다.

그러나 보통의 경우, 그것은 영상에 지나지 않았다. 나는 그런 영상의 색채 밑에, 내가 발베크에 닿았을 때 그처럼 불안하게 느끼던 공허, 불안한 밤바람이 불어대는 바닷가의 쓸쓸한 공허가 입을 딱 벌리고 있는 것을 잊고 있었다. 게다가 방 안에 있어도, 지나가는 모습을 본 그 젊은 아가씨들에 정신이 팔려 있어, 내 마음속에 진정으로 깊은 아름다움의 인상이 생겨나기에 충분히, 고요하고 평안한 상태로 있을 수 없었다. 리브벨에서의 저녁 식사에 대한 기대가 내 기분을 더욱 경박하게 만들어, 이런 때는 나의 사념도 점등 장식으로 밝은 식당에서 나를 훑어보는 여인들의 눈에 되도록 좋게 보이려고 공들여 옷치레하려는 내 육신의 겉에만 머물러 있어, 사물 색채의 뒤를 깊이 파고들어갈 수 없었다. 그리고 만약, 창 아래에 명매기와 제비들이 마치 분수처럼 지칠 줄 모르고 부드럽게 날아, 생명의 꽃불처럼 치솟아 올라가면서, 그 높다란 불화살의 간격이 기다란 수평선 위에 남겨진 움직이지 않는 하얀 줄기로 이어지는 일이 없었다면, 내가 눈앞에 보이는 풍경을 실체에 잇는 그런 자연 현상의 귀여운 기적이 없었다면, 이런 풍경은, 내가 있는 이 장소에서 제맘대로 보이는, 그리고 이 장소와 아무런 관계도 없는, 날마다 변하는 그림의 발췌에 지나지 않다고 생각했으리라.

어떤 때는 일본 판화 전람회였다. 곧 달처럼 붉고 둥그런 해가 얇게 오려낸 것처럼 보이는 옆에, 노란 구름이 호수인 듯 보이고, 그 호수와 맞서 검은 칼 몇 자루가 호숫가 나무들처럼 둘레를 그리고 있다. 처음으로 그림물감 상자를 받은 이래 한 번도 본 적 없는 연분홍 모래밭이 한 줄기 큰 강 모양으로 물이 불기 시작한다. 그러자 그 양쪽 가에 있는 쪽배들이 빨리 물에 띄워지기를 애타게 기다리는 듯싶다. 사교적인 두 방문 사이에 화랑에 들른 여인의, 또는 호사가의 경멸적인, 시들해하는 경박한 눈길을 던지며 나는 혼자 중얼거린다. "이상한데, 오늘 저녁 햇빛은 좀 별나군. 하긴 생각해보면, 이 정도로 미묘하고 놀랄 만한 석양도 이미 어디선가 봤지."

내가 기쁨을 맛본 것은 배가 수평선 하늘에 흡수되어 액체가 되고, 수평선 색깔과 같은 색으로 보여서, 마치 인상파의 화폭처럼 배도 수평선도 같은 것처럼 보이는 저녁놀, 오직 선체와 동아줄만 드러나, 그런 사이에 있는 배가 하늘의 몽롱한 푸른색 속에 가늘게, 종이의 무늬처럼 되고 만다. 때로는 넓고 큰 바다가 내 방의 창을 가득 채우는 것 같다. 사실 창 위쪽에, 바다의 푸른색과 같은 한 가닥 선으로 하늘의 띠를 두르고 있어 그것이 바다를 들어올리고 있는 것인데, 언뜻 보기에 같은 빛깔이므로 하늘의 띠까지 바다로 여겨, 그저 조명의 효과로 색깔이 다르게 보인 것으로 해석한 적이 있다. 어느 날, 바다가 창의 아랫부분까지밖에 그려져 있지 않아, 창의 다른 부분이 수평 띠 모양으로 겹쳐진 수많은 구름으로 가득 차, 창유리는 미술가의 구상 또는 특색을 그리면서 '구름의 습작'을 나타내고 있는 듯 보였다.

한편 책장의 여러 진열창은, 똑같은 구름의, 수평차(水平差)로 인한 빛줄기의 온갖 색칠을 비치면서, 근대의 어느 화가들에게 소중한 필법*인 반복 묘사, 다른 시간에 관찰된 똑같은 대상의 효과를 반복 묘사로 늘어놓아, 그런 시간의 다름이, 움직이지 않는 예술작품이 되어, 어떤 때는 파스텔을 쓰고 어떤 때는 유리를 끼워, 지금 다 함께 같은 방 안에 보일 수 있게 되는 인상을 준다. 때로는 한결같이 회색인 하늘과 바다의 빛깔에 미묘하기 그지없는 세련된 아름다움과 함께 장밋빛이 약간 물들어 있고, 바로 이 순간 창 아래에 잠들어 있던 작은 나비 한 마리가, 휘슬러의 취미인 '회색과 장밋빛 조화의 아래쪽에, 그 날개로, 이 첼시 태생의 거장이 좋아하는 서명을 그려 넣고 있는 듯 보인다. 이 장밋빛도 사라지고, 이제는 바라볼 게 하나도 없다. 나는 잠시 서 있다가 다시 눕기 전에 큰 커튼을 닫는다. 그 커튼 위에 아직 남아 있는 한 가닥 빛줄기가 점점 어두워지고 가늘어지는 것을 침대에서 보았다. 여느 때라면 이미 식탁에 있을 이 시간이, 이렇게 커튼 위쪽으로 사라져가는 것을 그대로 내버려두면서, 나는 슬픔이나 미련을 느끼지 않는다. 그런 점이 이 하루가 다른 나날과는 다른 하루이며, 밤이 단 몇 분 동안 멈추게 하는 세상 끝의 나날처럼 여느 하루보다 길다는 걸 알고 있기 때문이다. 오래지 않아 이 황혼의 번데기에서, 빛나는 변신에 의하여 리브벨 식당

* 인상파의 수법.

의 눈부신 빛이 튀어나오리라는 걸 알고 있기 때문이다.

나는 혼자 중얼거린다, "시간이 됐다." 침대에서 기지개를 켜고, 일어나 몸단장을 끝마치려 한다. 그리고 이런 쓸모없는 시간, 모든 물질적인 짐에서 해방된 시간에 매력을 찾지만, 그때 아래층에서는 다른 사람들이 식사하고 있는데도, 이 저녁 한동안 아무것도 하지 않고 모은 기운을, 몸을 닦고 야회복을 입고 타이를 매는 일, 또 요전번 리브벨에서 눈여겨봐둔 여인을 또다시 만날지도 모른다는 기대에서 오는 기쁨으로 벌써 나를 조종하고 있다. 그 여인이 나를 바라보다가 잠깐 자리를 떠난 것도, 아마 따라오기를 바라서 그랬는지 모른다. 나는 완전히 들떠서 자유로운, 근심 없는 새 생활에 뛰어들기 위해 이런 매력을 몸에 걸쳤다. 이 새로운 생활에는 망설이는 마음을 침착한 생루에게 기대고, 박물학에 나오는 온갖 동식물과 지방의 특산물 가운데, 생루가 주문하여, 예스러운 요리를 이뤄, 나의 식도락과 상상력을 돋울 진품을 골라서 즐기는 새 생활에, 거침없이 몸을 맡기려 한다.

드디어 마지막으로, 내가 식당을 통해 바닷가 둑에서 돌아올 수 없는 날이 왔다. 식당 유리문은 이제 열려 있지 않다. 바깥이 어두워졌기 때문이고, 어두워지면 가난한 사람들이나 구경꾼이, 번쩍거리는 빛에 모여드는 벌레처럼 유리 낀 벌집과도 같은 이 식당의 반들반들 번쩍거리는 바깥벽에, 삭풍에 얼어버린 검은 송아리 모양으로 매달리기 때문이다.

누가 문을 두드렸다. 에메였다. 최근 방문자 명단을 직접 가져왔던 것이다.

에메는 물러가기 전에, 드레퓌스는 그지없는 죄인이라는 말을 하지 않고서는 못 배겼다. "다 알게 되죠." 그는 말했다. "올해는 안 되지만 내년에는 밝혀질 겁니다. 참모 본부와 관계 깊은 어떤 사람이 내게 그렇게 말하더군요. 곧 조사를 마쳐 올해 안으로 완전히 밝힐 수 없겠느냐고 물었더니, 그 사람은 담배를 놓고 말입니다." 에메는 그때의 모습을 그려내려고, 머리와 집게손가락을 흔들며, 그 손님의, 그렇게 너무 까다롭게 물으면 못쓴다는 몸짓을 흉내내면서 계속해서 말했다. "'올해는 안 되지, 에메' 하고 그분이 내 어깨를 가볍게 두드리며 말씀했지요. '올해 안으로는 불가능해, 그러나 내년 부활절에는 해결이 나지!'라고 했답니다." 이렇게 말하는 에메 또한 내 어깨를 가볍게 두드리며 말했다. "그렇습니다. 그분이 한대로 정확하게 해보이면 말이죠." 이 같은 속셈은 높은 분과 그처럼 친하다는 것을 자랑하기 위해서거나, 또는 논지의 가치와 우리가 바라는 이유를, 충분한 지식에 입각해서, 내가 더 잘 판단하도록 하기 위해서일지도 모른다.

방문자 명부의 첫 장에서 '시모네와 가족'이라는 글씨를 보았을 때, 가슴에 가벼운 충격이 일었다. 내 몸 안에는 어린 시절부터 해온 몽상이 몇 가지 남아 있었는데, 거기에는 나와 가능한 한 다른 존재로 된 한 인간이 있어, 다정다감한 애정은 전부 그 인간을 통해 나에게 가져왔다. 그야 물론 애정은 내 마음속에 있고, 마음으로 느끼긴 했지만, 그것을 뚜렷하게 판별하지는 못했던 것이다. 나는 또 한 번 그런 인간을 만들기 시작했다. 그러기 위하여 시모네라는 이름과 바닷가에서 본 고대 예술이나 지오토*에게도 어울릴 운동 행진을 하던 젊은 육체를 지배하고 있는 조화의 추상을 이용했다. 그 젊은 아가씨들 가운데 누가 시모네 아가씨인지, 또 그중에 그런 이름으로 불리는 아가씨가 있었는지도 몰랐지만, 어쨌든 내가 시모네 아가씨의 사랑을 받고 있다는 것, 생루에게 부탁해서 그녀와 사귀려고 하고 있다는 것을 알고 있었다. 공교롭게, 이 정도의 조건으론 생루로서는 외출 시간을 얼마간 늘리는 허가밖에 얻지 못하고 날마다 동시에르에 돌아가야 했다.

그러나 나는, 그가 조금이라도 군무를 저버리게 하려면, 나에 대한 우정 이상으로, 인간을 연구하는 박물학자와 같은 호기심을 목적으로 할 수 있다고 생각했다. 이를테면 사람들 입에 오르내리는 본인을 보기도 전에, 오로지 과일 가게에 예쁜 회계원 아가씨가 있다는 말만 듣고도, 나는 여러 번 여성미의 새 변종을 알려고 하는 호기심에 불탔다. 그런데 이런 호기심을, 내가 목격한 젊은 아가씨들에 대한 얘기를 생루에게 들려줌으로써 그의 마음을 부추기려 했던 것은 잘못이었다. 왜냐하면 생루는 그 여배우의 애인이어서, 그녀에 대한 사랑 때문에 다른 젊은 아가씨에 대한 호기심이 마비된 지 오래였기 때문이었다. 만일 그런 방면에 대한 감각이 조금쯤 다시 살아났더라도 그 애인의 성실성은 자신의 성실성에 달려 있다는 어떤 미신적인 신념을 갖고 있어, 그것을 억눌렀을 것이다. 그래서 우리 둘이 리브벨에 저녁 식사 하러 떠난 것은, 나의 젊은 아가씨들에게 적극적으로 관심을 두겠다는 그의 약

* 중세 이탈리아 최대의 화가(1266~1337).

속을 받지 못한 채였다.

우리가 도착한 무렵에는 해가 막 저물었으나 아직 환했다. 식당 정원에는 아직 불이 켜져 있지 않고, 낮더위가 식어서 화병 밑바닥에 가라앉은 것처럼 되어 있었다. 그리고 그 안벽에, 공기의 투명하고도 침침한 젤리 막이 단단히 엉겨붙은 듯이 보였고, 땅거미 진 담에 기댄 커다란 장미나무가, 그 담에 어룽어룽한 담홍색 줄을 그려내어, 마치 줄무늬 마노 속의 나뭇가지 수정처럼 보였다. 오래지 않아 우리가 마차에서 내리는 것은 밤뿐이었고, 날씨가 나빠, 잠깐 잔잔해지기를 기다리며 마차 준비를 미룰 때는, 밤이 되어서야 발베크에서 떠나기도 했다. 그러나 그런 날에는 바람 부는 소리를 들어도 슬프지 않았다. 비바람이 계획의 포기, 방 안에 틀어박혀 있는 걸 뜻하지 않음을 알고 있었고, 우리가 보헤미아 음악의 연주에 따라 들어갈 커다란 식당에는 헤아릴 수 없는 등불이, 그 넓은 금의 인두질을 하여 어둠과 냉기를 쉽사리 정복하리라는 것도 알고 있었다. 그래서 나는 소나기를 맞으며 우리를 기다리는 작은 마차 속 생루 옆에 명랑하게 올라탔던 것이다.

나의 주장에도 나라는 사람은 무엇보다 이지의 기쁨을 맛보려고 태어난 사람이라고, 딱 잘라 말해준 베르고트의 말에 힘입어, 앞으로의 일에 대하여, 요즘 얼마간 희망을 되찾은 나였으나, 막상 책상머리에 앉아 문학 평론이나 소설을 끼적거리기 시작하려면 권태를 느끼고 말아서 희망은 나날이 실망으로 변해가는 형편이었다. 나는 생각했다. '결국, 뭔가 쓸 때에 느낀 기쁨이란 아름다운 문장의 가치를 정하는 정확한 기준이 아닐지도 모른다. 그런 기쁨은 흔히 그 가치에 덧붙은 상태에 지나지 않을는지도 모른다. 그런 기쁨이 없다고 해서 아름다운 문장의 가치를 부정할 수는 없다. 어떤 걸작은 하품하면서 구성되었는지도 모른다.'

할머니는 내가 건강하게 되면 유쾌하게 잘 일할 수 있을 거라고 말하면서 나의 의혹을 달래주곤 했다. 또 주치의는 내 건강 상태가 불러올지도 모르는 중대한 위험을 경고해두는 게 현명하다고 생각하여 만일의 경우를 피하기 위해 지켜야 할 위생상의 온갖 조심을 지시해서, 나는 쾌락보다 대단하다고 느끼던 목적, 틀림없이 내가 내 안에 가지고 있는 작품을 현실화할 수 있을 만큼 건강하게 된다는 목적에 모든 쾌락을 종속시키고 있어, 발베크에 온 뒤로, 끊임없이 세심하게 나 자신을 보살펴왔다. 다음 날 피곤하지 않기 위해서는 밤에 잘 자야 했으므로, 그것을 방해하는 커피 한 잔에, 아무도 내 손이 닿게 하지는 못했으리라.

하지만 리브벨에 도착하자, 금세—새로운 쾌락에 대한 흥분 때문에, 또 며칠을 두고 참을성 있게 짠, 우리를 슬기로움 쪽으로 인도하는 그 줄을 싹둑 자른 뒤에, 예외가 우리를 들여보내는 다른 지대에 내가 와 있었으므로—마치 내일이라는 날도, 실현할 드높은 목적도 전혀 없는 듯, 장래의 목표를 완전하게 지키기 위하여 기능을 다하고 있는 신중한 위생의 그 정확한 기계장치가 사라졌다. 시중꾼이 내 외투를 받으려고 하자 생루가 나에게 말했다.

"추워지지 않을까요? 그대로 입고 있는 게 좋겠지요, 그다지 덥지 않으니까."

나는 괜찮다고 대답했다. 아마 추위를 느끼지 않았는지 모른다. 그러나 어쨌든 나는, 병에 걸릴 근심, 죽어서는 안 된다는 사정, 일의 중대성 따위는 몰랐다. 나는 외투를 내주었다. 우리는 보헤미안이 연주하는 어떤 군대 행진곡이 들리는 식당에 들어갔다. 쉬운 영광의 길을 가듯이, 음식을 차려놓은 식탁의 줄 사이를 지났다. 그리고 과분한 개선 축하와 무공 표창을 해주는 오케스트라 리듬에 환희의 열정이 용솟음치는 걸 느끼면서, 장중하고도 냉철한 얼굴빛과 권태로 가득 찬 걸음걸이로 열정을 숨긴 우리는, 개선장군처럼 씩씩한 태도로 무대에 올라가서, 호전적인 가락으로 외설스러운 구절을 불러대는 식당의 괴상한 멋쟁이들을 흉내내지 않으려고 애썼다.

이 순간부터 나는 새로운 인간이 되었다. 이제는 할머니의 손자가 아니다. 할머니야 이곳을 떠날 때쯤 해서야 머리에 떠오르겠지, 지금의 나는 식사를 날라주는 사환들의 형제였다.

발베크에서라면 일주일이 걸려도 마셔버릴 용기가 없었을 양의 맥주, 더더구나 샹파뉴까지도—침착하고도 명석한 의식을 가지고 있을 때라면, 이런 음료의 맛은 똑똑하게 느낄 수 있어, 맛있으면 그만큼 몸에 해롭다고 금세 그만둘 테지만—리브벨에서는 맛보기는커녕 흐릿한 의식으로, 포르토(porto)* 몇 방울을 섞으면서 한 시간 안에 마시고 만다. 그리고 막 연주를 끝낸 바이올리니스트에게, 살 것이 생각나지 않아 한 달 전부터 모아둔 '루이 금화'를

* 포르투갈의 포르토에서 나는 포도주.

기꺼이 두 푼이나 준다. 몇몇 사환들이 손바닥을 펴 접시를 올려놓고 전속력으로 식탁 사이를 왔다 갔다 하는 것을 보고 있으려니까 접시를 떨어뜨리지 않고 달음박질하는 경주 같았다. 사실 초콜릿 수플레가 뒤집히지 않은 채, 선수의 질주에 영국풍 감자가 흔들리는데도, 출발했을 때와 변함없이 포이약산(産) 어린 양고기 둘레에 고스란히 있는 채 목적지에 닿는다. 그런 사환들 가운데 한 사람, 아주 키가 크며, 훌륭한 검은 머리칼의 깃을 붙이고, 인간이라고 하기보다 희귀한 어떤 새를 떠올리게 하는 낯빛의 사내가, 식당의 저쪽에서 이쪽으로, 쉬지 않고, 목적이 없다고 말하고 싶을 만큼 달리고 있는 것이, 동물원의 큰 새장을 강렬한 색깔과 이상야릇한 흥분의 활개침으로 가득 채우는, 그 '아라(ara)'*[1]의 한 종류를 떠올리게 하는 것을, 나는 언뜻 깨달았다. 이윽고 주위의 광경은, 적어도 내 눈에 좀더 고상하고 고요한 정돈에 이르렀다.

어지러울 지경의 동작 전부가 잔잔한 조화를 이루어 고정되어간다. 나는 주위의 둥근 식탁들을 바라보았는데, 옛 풍자화에 그려져 있는 수없이 많이 모인 유성 같았다. 그리고 어찌할 수 없는 어떤 인력이 갖가지 유성 사이에 작용하고 있어, 어느 식탁이든, 손님들은 자기가 차지하지 않은 식탁 쪽에만 눈길을 보내고 있다. 예외로, 어느 부유한 자는 이름난 작가 하나를 데리고 오는 데 성공해, 회전 탁자의 효력 때문에, 그 작가한테서 여인들이 경탄해 마지않는 싱거운 이야기를 꺼내는 데 무척 노력하고 있다. 이러한 유성 식탁의 조화는 수많은 사환의 끊임없는 운행을 방해하지 못한다. 그들은 손님들처럼 앉아 있지 않고 서 있기 때문에 더 높다란 안쪽을 운행하고 있다. 그야 물론 그들 가운데 하나가 오르되브르(hors-d'œuvre)*[2]를 나르고, 포도주 병을 바꾸며, 잔을 더 놓기 위해 달리고 있다. 그러나 이런 특별한 이유가 있다 해도 둥근 식탁 사이를 달리는 그들의 끝없는 경주는 눈앞이 아찔해지고 다시금 질서정연한 순환의 법칙을 찾는 것으로 끝난다. 꽃무리 뒤에 앉아 있는 무시무시한 두 여자 회계원은 끝없는 계산에 열중이지만, 그것은 마치 중세기의 과학적 개념에 따라 이따금 천구(天球)에 일어나는 혼란을 점성학적 계산으로 예측하기 위해 온 마음과 온 힘을 다하고 있는 듯하다.

---

*1 중남미산의 깃털이 화려한 큰 앵무새.

*2 식사하기 전에 먹는 간단한 요리.

나는 모든 손님을 얼마쯤 불쌍히 여겼다. 왜냐하면 그들에겐 이 둥근 식탁은 유성이 아니었고, 또 사물의 습관적인 겉모습에서 우리를 해방시켜 거기에 비슷한 점을 깨닫게 하는 분할작용을, 그들이 사물에 실행하지 않았다고 느꼈기 때문이다. 그들은 오로지 아무개와 아무개하고 식사하고 있다는 것, 식사비용이 대략 얼마 들겠다는 것, 내일도 이곳에 와서 식사를 하겠다는 것밖에 생각하지 않는다. 그리고 그때 그들은 틀림없이 급한 볼일이 없기 때문인지, 바구니에 담은 빵을 줄지어 나누어주며 걷는 젊은 수습 사환들의 무리에는 전연 무감각한 듯하다. 그 수습생들 가운데 어떤 자는 너무 어린 탓인지, 우두머리 사환들이 지나치는 길에 쥐어박는 알밤을 얻어맞고 어리벙벙하다가, 서글픈 듯이 망연히, 아득한 꿈을 바라보는 것이었지만 이전에 고용되어 있던 발베크 호텔의 낯설지 않은 손님이 와 있다가, 그에게 말을 건네, 이런 마실 수 없는 샹파뉴 술은 가져가라고 친히 말해주면, 겨우 위로되어 뽐내는 기색이 가득했다.

나는 예민해진 신경의 둔탁한 울림을 들었는데, 그 속에 포함된 만족감은, 그런 감각을 가져다줄 것 같은 바깥 세계의 사물과는 독립된 것으로, 눈감고 그 위를 가볍게 누르자 색채가 느껴지듯이 내가 우연히 몸의 위치나 주의력을 옮기는 것만으로 충분히 느껴지는 만족감이었다. 이미 꽤 많은 포르토를 마셨지만 또 포르토를 주문한 것은, 새 술잔이 가져다줄 만족감을 얻기 위해서라기보다도, 그 전에 거듭 들었던 술잔에서 생겨난 만족감의 결과였다. 음악을 들으면서 음악이 이끄는 대로 그 가락 하나하나에 나의 기쁨을 맡기고, 기쁨도 온순하게 가락 위에 몸을 놓고 두둥실 따라갔다. 자연에서는 아주 드문 우연으로밖에 만나지 못하는 물체를 다량으로 생산하는 화학 공장과도 같은 이 리브벨의 식당이, 내가 산책에서 어쩌다 우연히 만나는 수를 한 해 동안 모은 것보다도 더 많은 여자를, 한꺼번에 이곳에 모아놓고 나로 하여금 그 여자들 마음에서 행복의 가능성을 예감케 하는, 그런 지상의 쾌락의 장소에 모였다.

한편 우리가 이곳에서 듣는 음악은—왈츠, 독일의 소가극, 카페 콩세르* 의 샹송 같은, 내게는 다 새로운 것들—이를테면 그것은 공중에 있는 쾌락

* 술이나 음식을 팔면서 시 낭독이나 음악을 들려주는 곳.

의 장소이며, 지상의 쾌락 위에 겹쳐져 있어, 그보다 한결 도취시켰다. 왜냐하면 주제마다, 여인처럼 개성적이면서, 그것을 숨기고 있는 즐거움의 비밀을, 여인이 하듯이, 어떤 특권적인 사내를 위하여 남겨두지 않았으니까. 음악의 주제는 나에게 그 비밀을 내놓고, 곁눈질하며, 뜬구름 또는 창부 같은 걸음걸이로 내게 와서, 바싹 몸을 대고 어루만진다. 마치 하루아침에 내가 더욱 매력 있는, 더욱 강한 또는 부유한 인간이 되었기나 한 듯.

나는 똑바로; 그 가락에서 뭔가 가혹한 것을 느끼고 있었다. 이해에서 벗어난 미적 감정, 이성의 반영이 전부 그 속에 결핍되어 있기 때문이다. 그런 가락에는 육체적인 기쁨만이 존재한다. 이런 음악은 질투에 괴로워하는 불행한 남성에겐 더할 나위 없이 무자비한 지옥, 출구라곤 하나도 없는 지옥이다. 그런 남성에게, 그가 잠깐도 잊지 못하고 사랑하는 여인의 유일한 쾌락은, 그녀가 자기 아닌 다른 사내와 맛보는 쾌락밖에 없다는 식으로 시기하게 한다. 그러나 그런 곡의 가락을 작은 목소리로 되풀이하여, 그 입맞춤을 돌려주고 있는 동안, 거기서 느끼는 특유한 관능이 어찌나 나에게 정들어버렸는지, 심란함과 경쾌함을 번갈아 활짝 펴가는 선을 그리면서, 눈에 보이지 않는 기이한 세계로 올라가는 그 주제를 뒤좇아가기 위해서라면, 가장 정다운 부모 곁을 떠나도 좋다는 생각마저 들었다. 그런 기쁨은, 그것이 인간에게 주어져도 그만큼 더한 값어치를 주는 것은 아니지만(왜냐하면 그것은 그 사람만 느끼는 것이니까), 또 우리 삶에서 어떤 여인이 우리를 알아보고서 마음에 들지 않을 때, 그녀는 그때에 우리가 그런 주관적인 내적 행복을 갖고 있는지를 전혀 모르지만(따라서 우리의 내적인 행복은 그녀가 우리에 대해 내린 판단을 바꾸지 않을 때지만), 그래도 나는 나 자신이 더욱 힘찬 인간, 거의 맞설 자가 없는 인간이 된 듯한 기분이 들었다. 이제는 내 사랑이 남의 불쾌함이나 냉소를 받는 그런 게 아니라, 내가 사랑하는 애인과 느닷없이 매우 가깝게 되는, 만남이 현실화될 공감의 분위기와도 같은 그 음악의 감동 어린 아름다움과 매력을 분명히 갖고 있는 듯했다.

이 식당은 고급 창부들뿐만 아니라, 더 고급인 사교계 사람들도 5시에 간식을 먹으러 오거나 만찬회를 열거나 했다. 5시의 간식은 유리 낀, 비좁은, 복도 모양을 한 갤러리에서 이뤄졌는데, 이곳은 현관에서 식당까지 정원을 따라 길게 나 있고(돌기둥 몇 개를 빼놓고), 여기저기 열려 있는 유리창으로 정원과 나뉘어 있을 뿐이었다. 그 결과 바람이 잘 통하는 데다 느닷없이 햇살이 비치다가는 사라지고, 그러다가 간식하는 여인들의 모습을 거의 분간할 수 없을 만큼, 반짝 눈부신 조명이 비치기도 하여, 병의 가느다란 목처럼 비좁게 기다란 장소에 두 개씩 줄지어놓은 식탁에 앉아 있는 여인들이 홍차를 마시거나 서로 인사하려 짓는 움직임마다 아롱거리는 것이, 어부가 잡은 눈부시게 아름다운 물고기들이, 통발이나 어항에 던져져서 서로 포개지고 물 밖으로 반쯤 나온 것에 햇빛이 닿아, 그 비늘의 빛깔이 가지각색으로 변하면서 보는 눈을 부시게 하는 것이나 다름이 없었다.

몇 시간 뒤의 만찬은 물론 식당에서 하는데, 밖이 밝은 데도 불을 켠다. 그래서 정원 안, 저녁놀의 빛을 받아, 저녁의 창백한 유령처럼 보이는 정자 옆에, 소사나무 몇 그루의 청록색 가운데를 마지막 햇살이 뚫고 지나가는 게 아직 보인다. 그리고 그 모습이, 만찬이 벌어진 등불이 밝은 방으로부터 유리창 저편에 나타나 있는 모양은—아까 푸른색과 금색의 복도를 따라, 오후의 끝머리에, 젖어서 반짝이는 그물 속에서 간식을 먹고 있던 여인들에 대해 형용한 것과는 달리—초자연적인 빛을 받은, 창백한, 거대한 초록빛 수족관 안의 식물인 듯싶었다.

이윽고 다들 식탁에서 일어선다. 그리고 손님들이 식사하는 동안에, 이웃 자리를 바라보거나, 그 이름을 대어주거나 하는 데 시간을 보내면서, 그 식탁들 주위의 완전한 응집력 속에 붙잡혀 있었더라도, 그날 저녁을 융숭하게 대접한 자의 주위에 그들을 이끌고 있는 인력은, 식후의 커피를 마시러 오후 늦게 간식을 들었던 복도로 옮기는 시각에 이르자, 힘을 잃고 말았다. 움직이기 시작한 만찬회는 그 이동 때, 흔히 그 미립자의 하나 또는 여러 개를 내버려두게 되고, 그 미립자 무리는, 다른 경쟁 상대의 만찬회 인력을 너무나 세게 받아서, 잠깐 그들 한편에서 탈락하곤 하는데, 그러자 이번에는 그 대신 다른 만찬회의 신사 숙녀들이 들어서서, "아무개 씨한테로 돌아가야 합니다만…… 오늘 저녁 그분의 초대를 받았으므로" 하고 말하면서, 초대받은 쪽으로 돌아가기 전에 아는 사람들에게 인사를 하러 이쪽과 어울리는 것이었다. 그래서 잠깐, 두 꽃다발이 그 가운데 몇 송이를 서로 바꾸었다고나 할까. 그러다가 복도 자체도 비어간다. 흔히 저녁 식사 뒤에도 해가 다 지지 않아, 이 기다란 복도에 등불이 켜져 있지 않고, 유리창 저편 바깥에 가지를 늘어뜨리고 있는 나무들로 가장자리를 둘러친 이 복도가 울창하고 어두컴컴한 공원 속 오솔길처럼 보인다.

때때로 이 어스레한 어둠 속에 여자 손님 하나가 오도카니 앉아 있는 일이 있다. 어느 날 저녁, 나는 거기서 나오려고 지나가는 길에 낯선 사람들 가운데 앉아 있는, 아름다운 뤽상부르 공주의 모습을 알아본다. 나는 걸음을 멈추지 않고 모자를 벗는다. 공주는 나를 알아보고 미소 지으며 인사한다. 그 동작 자체에서 내게로 건네오는 몇 마디는, 그 머리 인사의 훨씬 위쪽으로 선율을 그리면서 올라가지만, 그것은 얼마간 긴 밤인사, 나의 걸음을 멈추게 하려는 게 아니라 오로지 인사를 깍듯이 하려는 인사치레가 가미된 것임에 틀림없다. 그 말은 또렷하지 않은 대로 끝나버렸지만, 알아들은 단 한 가락이 어찌나 감미로운 여음을 남기고 음악적으로 울렸는지, 어두워진 나무들 가지 속에서 밤꾀꼬리 한 마리가 노래하기 시작한 듯하다.

우연히 우리가 생루의 친구 한 무리와 만나, 생루는 그들과 함께 밤을 보내기 위해 가까운 바닷가에 있는 카지노에 가기로 결심하고, 그들과 함께 떠나려고 나 혼자 마차에 태워 돌아가게 할 때, 내가 리브벨에 도착한 뒤로 남의 힘에 기대 온 그 습관의 바꿈을, 이번에는 스스로 내 감수성에 주게 되는—톱니바퀴 장치에 낀 듯한 수동 상태에서, 기계를 역전시켜 거기서 스스로 빠져나와야 하는—수고를 하지 않아도 괜찮은, 누구의 도움도 없이 지나게 될 시간을 되도록 줄이려고, 나는 전속력으로 달려달라고 마부에게 청했다. 마차 한 대가 지나갈 여유밖에 없는 캄캄한 밤길에서 반대쪽에서 오는 마차와 부딪힐 가능성, 자주 내려앉는 불안정한 낭떠러지 지반, 바다 위로 반듯하게 드리워진 비탈을 향한 접근, 그런 것에 맞닥뜨리면서, 나는 그런 위험에 대한 상상과 공포를 이성에까지 이끌어가는 데 필요했을 조금의 노력도 내게 없다는 사실을 알아챘다. 우리에게 하나의 작품을 만들게 하는 것이, 유명하게 되려는 욕망이 아니라 근면하게 일하는 습관이듯이, 미래의 위험에서 우리 몸을 지켜주는 것은 현재의 희열이 아니고 과거에 대한 슬기로운 반성이다. 그런데 이미 리브벨에 닿았을 때부터 나는, 허약한 몸을 도와주려고, 곧 바른 길을 우리에게 걸어가게 하는 이성과 자기 억제의 목발을 멀리 던져버리고, 어떠한 정신적인 운동 부족에 빠져 있었다.

한편 알코올은, 내 신경을 이상하게 긴장시키면서, 이 현재의 찰나라는 것에, 하나의 장점이나 매력을 느끼게 했다. 게다가 그것이 순간의 쾌락을 추구하며 사는 것을 수호할 만큼 나를 극성스러운 과감한 인간으로 만드는 결과를 가져다주지 못했다. 왜냐하면, 나의 흥분이, 현재의 찰나라는 것을, 내 삶의 나머지 것보다 천배나 더 귀중한 것으로 생각하게 하여, 그것을 외따로 떼어놓고 있었기 때문이다. 나는 현재 속에, 영웅처럼, 술망나니처럼 갇혀 있었다. 내 과거는 월식 때의 달처럼 한순간 모습을 가리고, 우리가 미래라고 일컫는 그 그림자를, 이제는 내 앞에 비추지 않았다. 삶의 목적을 그런 과거의 꿈을 이루는 데 두지 않고 현재 찰나의 더할 나위 없는 행복에 두면서 나는 이 찰나보다 멀리에는 눈을 돌리지 않았다. 그러므로 지금 예외적인 기쁨을 느끼는 이 순간, 내 삶이 행복하게 될 수 있다고 느끼는 이 순간, 내 삶이 내 눈에 더욱 값나가게 보여야 마땅하다고 느껴지는 이 순간에, 여태껏 나를 괴롭혀온 근심에서 벗어난 나는, 표면상에 지나지 않는 어떠한 모순에 의하여, 망설임 없이 일어날지도 모르는 사고의 우연에 삶을 맡겼던 것이다. 요컨대 남들에게는 산만하게 뿌려져 있는 부주의나 뜻하지 않은 부상 따위를, 나는 하룻밤 속에 응집시키고 있는 격이었다. 남들은 매일 아무런 필연성도 없이 바다 여행, 비행기 탑승, 자동차 드라이브에 위험을 무릅쓰고 있고, 한편 그들의 집에서는, 그들의 죽음으로써 생활이 파괴되고 마는 식구들이 기다리며, 때로는 그들의 깨어지기 쉬운 두뇌에는, 가까운 날에 햇빛을 보게 하는 게 그 삶의 유일한 이유인 그들의 책에 대한 감각이 붙어 있는 적도 있다. 그와 마찬가지로 리브벨의 식당 안에, 마침 우리가 와 있는 저녁에, 만에 하나라도 어떤 놈이 나를 죽이려고 들어와 있었다면, 나는 이미 현실성 없는 먼 곳으로밖에, 내 할머니, 내 미래, 창작할 책을 보고 있지 않아, 이웃 식탁에 있는 여인의 향기, 지배인의 예절, 연주되고 있는 왈츠의 윤곽 같은 것에 정신 팔려, 현재의 찰나에 밀착해 있고, 그 감각 이상의 확장을 갖지 못하며, 또 그 감각에서 떨어지지 않겠다는 목적밖에 없으므로, 나는 그 감각과 몸을 맞대고서, 몸을 막지도 움직이지도 못한 채 참살되는 대로 맡겼을 것이다. 마치 담배 연기에 마비된 꿀벌이 쌓고 쌓은 수고의 열매인 저 상품과 벌통의 기대를 지키려는 배려가 흔적 없이 없어지듯.

게다가 말해두어야 할 것은, 내 격렬한 흥분과는 대조적으로, 가장 중대한 문제도 무의미한 것으로 전락하고, 드디어 시모네 아가씨와 그 친구들까지 그 속에 포함하고 말았다는 점이다. 그녀들과 벗이 되려는 계획이 지금은 쉽고, 아무래도 좋은 것같이 느껴졌다. 왜냐하면 현재 찰나의 감각만이, 그 야릇한 힘, 그것이 가져다주는 희열(그 감각을 조금만 자극해도, 그것이 그저 이어지기만 해도 크나큰 기쁨이었다) 덕분에, 나에게 중요하다고 느껴졌기 때문이다. 그 밖의 것은—부모, 일, 쾌락, 발베크의 젊은 아가씨 할 것 없이 모두—큰 바람에 이는 물거품보다 더 가벼운 것이 되어, 이제는 이 안의 힘 끝머리와 관련하여 존재하고 있을 뿐이었다. 취했을 때 이뤄지는 주관적 관념주의, 순수현상주의는 기껏 몇 시간 동안이다. 두 가지 다 표면의 현상에 지나지 않고, 숭고한 우리 자아의 함수 하나에 지나지 않는다. 그런데 우리가 참된 사랑을 갖고 있다면, 그 사랑이 그와 같은 상태에서 계속 존재할 수 없는 것도 아니다. 그러나 뭔가 새로운 환경에 있는 것처럼, 알지 못하는 어떤 압력이 그 사랑의 차원을 바꿔버렸다는 느낌이 들어 그 사랑을 이전대로 여길 수가 없다. 하기야 같은 사랑이 존재하고 있다는 걸 알아보기는 하지만, 그것은 제자리에 놓이지 않은, 다시는 우리에게 영향을 미치지 않는 것이 되어, 현재가 주는 감각만으로 만족하고, 그 감각만으로 충분하다. 현재가 아닌 것에 근심하지 않으니까. 공교롭게도 그렇게 가치를 바꾸는 비례상수(常數)는, 이런 취한 시간에만 가치를 바꾼다. 이미 대수롭지 않게 된 사람들, 비눗방울처럼 우리가 가볍게 불어버린 사람들도 내일이 되면 다시 그 중요성을 되찾으리라. 아무런 뜻이 없다고 여기던 창작도, 다시 시작하는 새로운 시도가 필요하리라. 더욱 중대한 것은 그런 시간에도 내일의 수학과 같은 어제의 수학이 우리를 지배하고 쏜다는 점인데, 예외적으로 그 순간만은 깨닫지 못할망정, 피할 수 없는 운명에 따라 그 문제와 다시 씨름해야만 하리라. 우리 옆에 정숙한 여인이, 또는 적의를 품은 여인이 있다면, 어제까지는 매우 어려웠던 것이—다시 말해 그녀 마음에 들게 될 것인지의 가능성—지금은 천배나 쉬운 일로 여겨지더라도, 그 자체가 쉬워진 것은 아니다. 오직 우리 눈에, 우리 마음속 눈에, 달리 보일 뿐이기 때문이다. 우리가 여인 앞에서 심부름꾼에게 허물없는 태도를 취해, 인심 좋게 100프랑이나 수고비로 내준 것을 그다음 날이 되어서야 불만스럽게 생각한다면, 그 여인은 같은 불만을 그날 그 순간에 느꼈을 터이므로 불만의 이유는 같으면서, 우리가 그걸 느끼는 게 늦었을 뿐이다. 곧 술기운이 깰 때까지의 시간만큼.

나는 리브벨에 있는 여인을 아무도 몰랐는데, 마치 거울에 비춘 것이 거울의 한 부분을 이루듯이, 그녀들이 내 취기의 일부를 이루고 있으므로 점점 존재가 희미해지는 시모네 아가씨에 비해 천배나 더 탐났다. 금발의 젊은 아가씨 하나, 들꽃을 꽂은 밀짚모자 밑에 우수에 잠긴 얼굴로 잠시 꿈꾸듯 나를 바라보는 여인이 내 뜻에 맞게 보였다. 그러다가 이번에는 다른 여인이 나타나고, 또 세 번째 여인이 나타났다. 끝내는 눈부시게 밝은 얼굴빛을 한 갈색의 여인. 이런 여인들은 거의 다, 나하고는 아니지만 생루하고는 낯설지 않았다.

그는 현재 사랑하고 있는 정부와 알기 전에는, 주로 난봉 부리는 것으로 그치는 사회에서 살아왔기 때문에, 이런 저녁에 리브벨에 저녁 식사 하러 오는 여인들 가운데에서—그녀들의 대부분은 애인을 만나려고, 또는 애인을 찾으려고 바닷가에 왔으므로, 이 리브벨에 그녀들이 와 있는 것은 우연이지만—그 자신 또는 그 친구의 아무개가, 적어도 그녀들과 하룻밤을 보내 알고 있는 여인이었다. 그런 여인들이 사내와 함께일 때는 그는 그녀들에게 인사하지 않았다. 또 그녀들 쪽에서도, 그가 여배우 말고는 어떠한 연인에게도 관심없는 것을 알고 있어, 그런 그에게 특별한 매력을 느껴, 그의 모습을 누구보다도 주의 깊게 바라보지만, 아는 기색은 보이지 않았다. 그런 여인 하나가 쑥덕거렸다. "저분이 생루의 아드님이야. 여전히 그 매춘부를 사랑하나 봐. 대단한 사랑이지. 얼마나 잘난 사내냐! 내 마음에 꼭 들어! 얼마나 멋있어! 어쨌든 팔자 좋은 년도 있지 뭐냐, 아이 속상해. 어디로 보나 멋져. 나는 도를레앙과 함께 지냈을 때에 저분을 잘 알았어. 두 사람이 아주 친했거든. 그즈음에 저분은 난봉만 부렸어! 그런데 지금은 안 그런가 봐, 그 여자를 버리지 않으니 말이야. 참 운 좋은 여자지. 그 여자의 어디가 그렇게 좋은지 모르겠어. 그러니까 어쩌면 저분, 이만저만한 바보인지도 모르지. 그 여자의 꼬락서니라니, 발은 배처럼 크고, 미국 여자처럼 수염도 나고, 속옷이 더럽기는 말도 못 하지! 그 여자의 판탈롱 같은 건 삯바느질하는 계집애도 탐내지 않을 거야. 저 봐, 저분의 눈, 저런 사내를 위해서라면 불 속에 몸을 던져도 좋겠어. 잠깐, 쉿! 나를 알아봤나 봐. 웃지, 어머 어머! 나를 용케 기억하고 있었네. 나에 대한 얘기를 저분에게 잠깐 말해 봐요, 뭐라고 하나."

그녀들과 그 사이에 은밀히 통하는 눈길이 오가는 걸 발견했다. 생루가 그런 여인들을 나에게 소개해주어, 그녀들에게 모임을 청할 수 있고, 또 내가 승낙할 수 없을망정 그녀들 쪽에서 모임을 청해왔으면 얼마나 좋을까 하고 생각했다. 그렇지 않으면 그녀들의 얼굴은—마치 베일에 가려져 있기라도 하듯이—영원히 내 기억에 떠오르지 않을 테니까. 그 얼굴의 소중한 부분, 예컨대 여인마다 다르고, 실제로 본 여인이 아니면 상상해낼 수도 없는 부분, 이쪽에 쏠리어, 이쪽의 욕망에 승낙하고, 욕망이 채워질 것을 약속해주는 눈 속에만 나타나는 그 부분은—그것이 베일에 가려져 있기라도 한 듯이—영영 사라지고 말 테니까. 그렇지만 그렇게 간략해져도, 내게는 그녀들 얼굴이, 내가 정조가 굳은 줄 여기는 여인들 얼굴보다 훨씬 낫게 보이고, 정조가 굳은 여인들처럼 편평하고 오밀조밀하지 않으며, 모두 엇비슷한 것과는 하늘과 땅 차이로 느껴졌다.

분명 내 경우는 생루와 같을 수 없었다. 생루로 말하자면, 그를 모르는 체하고 눈썹 하나 움직이지 않고도 그 속을 환하게 보고, 또는 남에게 보낸 것 같은 긴치 않은 인사말을 통해서도, 그의 기억으로, 잠자리에 흐트러진 머리칼 사이에 황홀해 벌어진 입과 사르르 감은 눈을 떠올려, 지금 그가 보고 있는 것은 화가가 수많은 눈을 속이려고 얌전히 손질한 화폭처럼, 이를테면 잔잔한 한 폭의 화면이었다. 물론 나는 이제껏 그런 여인들 가운데 누구하고도 섞이지 않았으며, 앞으로도 그녀들이 밟아가려는 미지의 길에 휘말려 들어가는 일은 없을 거라고 느껴서, 생루와 달리 그녀들의 얼굴은 닫힌 채로 있었다. 그러나 그 얼굴들이 어떤 가치를 갖고 있다고 생각하기에는, 그 얼굴의 문이 열리리라는 걸 아는 것만으로도 충분했다. 만약에 그 얼굴들이, 사랑의 추억을 금딱지 밑에 넣고 목에 거는 로켓 대신에, 그저 아름다운 메달에 지나지 않았다면, 나는 그것의 가치를 발견하지 못했으리라. 로베르로 말하면, 풍류남아다운 미소 밑에 군인다운 행동의 갈망을 숨기면서, 앉아 있을 때도 거의 엉덩이를 붙이지 못했는데, 그런 그를 잘 관찰해보니까, 그 얼굴의 세모난 힘찬 골격이, 섬세한 문학가보다도 용감무쌍한 궁수에 어울리게 태어난 그 선조의 골격을 얼마나 정확하게 물려받았는지 이해할 만했다. 엷은 살갗 밑에, 호방한 얼개, 봉건적인 건축이 환히 드러나 있었다. 그의 머리는, 쓸모없어진 총 쏘는 구멍이 아직 눈에 띄게 남아 있지만, 안쪽은 수리된 옛 성탑을 떠오르게 했다.

발베크로 돌아가면서, 생루가 나에게 소개해준 미지의 여인들 가운데 아무개에 대해서 나는 쉴 새 없이, 그렇지만 거의 무의식중에, 노래의 후렴처럼 혼잣말을 되풀이했다. "정말 기분 좋은 여인이야!" 물론 이 말은 오래 이어질 판단에서 나왔다기보다는 오히려 흥분된 신경이 말하게 한 것이었다. 그런데도 내가 천 프랑을 갖고 있고, 그 시각에 열려 있는 보석 가게가 있었다면, 나는 미지의 여인에게 반지를 사주었을 것이다. 우리의 시간이 너무나 여러 가지 계획 위에 흘러가는 때, 내일에 가서는 관심을 잃어버리고 말 여러 사람들에게, 너무 지나치게 자기를 내주지 않았나 하는 생각이 든다. 그래도 어제 그 사람에게 말한 것에 책임을 느껴, 그 말에 대한 약속을 지키려고 한다.

이런 밤에 늦게 호텔에 돌아왔을 때, 나는 이제 적의를 보이지 않는 방 안에서 침대를 다시 보고 기쁜 마음을 금치 못했는데, 이곳에 도착한 날, 이런 침대에서 잠자기는 영영 틀렸다고 여기던 것이, 지금은 내 팔다리가 어찌나 지쳤는지 1초라도 빨리 침대에 매달리고 싶었다. 그래서 차례차례, 넓적다리, 허리, 어깨가 완전히, 털요를 덮은 자리에 바짝 붙으려고 했다. 마치 나의 피로가, 조각가처럼 인체의 온 원형을 뜨려고 하듯. 그러나 나는 좀처럼 잠들지 못하고, 날이 밝아오는 것을 느낀다. 안정도 건강도 이미 나에게서 사라져버렸다. 다시는 영원히 그것을 되찾지 못할 거라는 생각이 들어 슬프게 탄식했다. 그걸 되찾으려면 오랜 시간 자야 하리라. 그런데 지금부터 옅은 잠이 든다 해도 어차피 두 시간 뒤에는 교향곡 연주로 깨어날 것이다. 돌연 잠이 온다, 무거운 잠 속에 빠진다. 수면, 그 휘장을 젖히고 드러나는 것은 어린 시절로 되돌아감, 흘러간 세월과 잃어버린 감정의 되찾음, 육신에서의 이탈, 영혼의 윤회, 망자의 소환, 광기의 환상, 가장 원시적인 자연계 쪽으로의 후퇴(우리는 꿈에 곧잘 동물을 본다고 하지만, 이렇게 말할 때 우리는 거의 언제나, 꿈에서는 우리 자신이 동물이며, 사물 위에 확실함의 빛을 던지는 그 이성을 빼앗기고 있다는 점을 잊는다. 꿈에서 우리는 이성 대신에, 의심쩍은 환영을 삶의 풍경에 줄 뿐이다. 그리고 마치 환등의 영사가, 원판이 바뀔 때마다 연달아 바뀌듯, 망각에 의해 순간순간 없어지는 현실은 반드시 앞의 것이 뒤의 것에 의해 교대되어 사라진다), 그 밖에 우리가 알지 못하고 있는 줄 여긴 모든 신비, 그러나 사실 지금 하나의 신비인 사멸과 부활처럼, 우리가 매일 밤 전수받은 신비인 것이다. 내 과거의 어두컴컴한 지대를 잇달아 어슬렁거리는 조명은, 리브벨에서 먹은 저녁 식사가 좀체 소화되지 않아 더욱 방랑이 심해져서, 나를 르그랑댕과 만나는 걸 드높은 행복으로 여기는 인간으로 만들고 말아, 그런 나는 막 꿈속에서 르그랑댕과 이야기하는 것이었다.

그리고 나 자신의 생명조차도, 마치 새 무대장치 뒤에 완전히 가려져서, 말하자면 무대에 놓인 배경 앞에서, 배우가 막간 여흥을 하는 동안, 뒤에서는 장면 전환이 준비되는 것이나 비슷했다. 그럴 때 내가 꿈속의 배경 앞에서 하는 여흥은, 동양의 설화풍이어서, 칸살을 짓는 배경이 너무 가까운 탓에, 나는 자신의 과거에 대해서도, 나 자신에 대해서도 아무것도 모른다. 나는 이해할 수 없는 어떤 잘못 때문에 태형을 받고, 또 갖가지 벌을 받는 한 인물에 지나지 않는다. 그러나 그 잘못이라는 것은 스스로도 알아차리지 못했지만, 포르토를 너무 마셨다는 점이다.

갑자기 깨어, 오래 잔 덕분에 교향곡 연주를 못 들었다는 사실을 깨닫는다. 벌써 오후였다. 노력 끝에 겨우 몸을 일으켜 오후임을 손목시계로 확인한다. 몸을 일으키려는 노력도 처음에는 보람 없이, 여러 번 머리가 베개 위에 떨어져버려 멈춘다. 이렇게 잠깐 곯아떨어짐은, 술기운이건 병의 회복기이건 간에 다른 도취의 경우와 똑같다. 하기야 나는 시간을 보기에 앞서 오전이 지난 것을 확실히 알았다. 어젯밤 나는 텅 빈 무게 없는 인간에 지나지 않아서(앉아 있으려면 드러누워야만 하고 또 잠자코 있으려면 잠들어야만 할 정도로), 몸을 움직이지 않을 수가, 혼잣말을 하지 않을 수가 없어, 이미 밀도도 중심도 잃어버린 채 공간에 던져져서, 그대로 달나라까지 침울한 비행을 계속할 것 같았다. 그런데 잠들어 있는 동안에 내 눈이 시간을 볼 수 없었더라도, 내 몸이 시각을 잴 줄 알아, 때를 재는 것은 겉쪽에 그려진 글자판에 의해서가 아니라, 나의 온 체력을 회복해감에 따라 천천히 늘어나는 그 무게에 의해서였는데, 강력한 큰 시계처럼, 체력을 한 계단 두 계단으로 나의 뇌수에서 몸의 다른 부분으로 내려보내, 이제 몸 안에는, 무릎 위까지 손대지 않은 새 힘이 가득 차 있었다.

옛날에 바다가 우리 생명의 중심이어서 우리가 힘을 회복하려면 거기에 우리 피를 담가야 하는 게 사실이라면, 망각도 정신의 공허도 그와 마찬가지이다. 그런 상태에 있을 때, 우리는 몇 시간 동안 때를 잃어버린 듯이 생각한다. 그러나 그동안 허비되지 않고서 차곡차곡 쌓였던 힘은, 그 양으로, 시계추나 모래시계의 무너져가는 둔덕과 마찬가지로 정확하게 때를 재고 있는 것이다. 그리고 또, 우리는 긴 불면에서 빠져나오지 못하는 이상으로, 이런 긴 수면에서도 좀처럼 벗어나지 못한다. 이와 같이 온갖 일들이 이어지는 경향이 있어, 어떤 마취제가 잠들게 하는 게 사실이라면, 오랫동안 잠잔다는 것은 더욱 강력한 마취제라, 이런 잠 뒤에는 정신이 밝게 깨어나기가 여간 힘들지 않다. 배를 정박시키는 부두를 똑똑히 보면서, 아직도 배와 더불어 물결에 흔들리고 있는 뱃사람과도 같이, 나는 분명 시간을 보기 위해 몸을 일으킬 생각을 가지면서, 내 몸은 줄곧 다시 잠 속에 빠졌다. 상륙이 곤란하다. 그리고 몸을 일으켜 시계 쪽으로 손을 뻗어, 그것이 표시하는 시간과 몹시 피로한 내 다리가 준비하고 있는 풍부한 자료에 의해 드러나는 시각과 맞대어보기 전에 또다시 두세 번 베개 위에 쓰러졌다.

마침내 나는 확실하게 볼 수 있게 되었다. '오후 2시!' 초인종을 누른다. 그러나 다시 금세 졸음에 빠져든다. 이번 졸음은 깨어난 순간에 기나긴 밤이 지나갔다는 안심과 환상을 가진 느낌으로 판단컨대, 앞서 것보다 훨씬 긴 것임에 틀림없었다. 그렇지만 프랑수아즈가 들어왔으므로 이 졸음이 깨졌고, 프랑수아즈 자신도 내가 누른 초인종 소리를 듣고 들어왔으므로 이번 졸음은 다른 졸음보다 긴 것처럼 생각했지만, 또 내 마음에 그처럼 안심과 망각을 가져다주었지만 겨우 30초밖에 지나지 않았다.

할머니가 내 방문을 연다. 할머니에게 르그랑댕의 가족에 대하여 이것저것 물어본다.

나는 이미 안정과 건강을 되찾았다고 말하는 것만으로는 충분하지 않다. 왜냐하면 내게서 어제의 그것들을 떼어놓고 있던 바는, 단순한 거리 이상의 것이었기 때문이다. 나는 하룻밤 동안 역류와 싸워야 했다. 그러고 나서 나는 다시 그것들의 존재 앞에 있을 뿐만 아니라, 그것들이 내 몸 안에 돌아와 있었다. 나의 상념을 조금도 남겨두지 않고, 끊임없이 달아나게 놓아두면서, 텅 빈 채로, 언젠가는 풍선처럼 터져버릴 것 같던 내 머리의, 아직도 아픔이 조금 남아 있는 요소마다에 나의 상념은 겨우 제자리를 회복하고, 또 그때까지, 가엾게도, 아무리 기를 써도 활용할 수 없었던 그 기능을 되찾았던 것이다.

또 한 번 나는, 불면에서 벗어나고, 범람하는 신경 발작, 난파의 위험에서 빠져나왔다. 어젯밤, 안정을 잃었을 때에 나를 위협하던 것을 이제는 조금도 겁내지 않았다. 새로운 생활이 내 앞에 열리고 있었다. 이미 기분은 상쾌했으나 아직 피로가 남아 있어, 몸 하나 까닥하지 않고, 그대로 즐겁게 피로를 음미했다. 피로가 내 다리의, 팔의 뼈를 따로따로 헤쳐놓았는데, 이번에는 그것들이 내 앞에 한데 모여, 서로 맞추기만 하면 그만일 것 같아, 우화에 나오는 건축가처럼 노래하면서 쉽게 다시 조립할 수 있을 성싶었다.

갑자기 나는 리브벨에서 본 우수에 젖은, 그 순간에 나를 바라보던 금발의 젊은 여인을 떠올렸다. 하룻밤 동안 다른 수많은 여인이 기분 좋게 느껴졌는데, 지금은 그 여인만이 내 추억의 밑바닥에서 떠올랐다. 그녀도 나에게 마음이 끌리고 있는 듯이 보여, 리브벨의 사환 가운데 하나를 통해서 한마디 해오기를 나는 학수고대했다. 생루는 그 여인을 몰랐지만, 어엿한 집안의 여인일 거라고 말했던 것이다. 그녀를 만나는 것, 끊임없이 만난다는 것은 어려운 노릇, 그러나 그 때문에 모든 준비를 갖추고 있는 느낌이 들어, 나는 그녀만을 생각했다. 철학에서는 자유 행위와 필연 행위라는 말이 자주 쓰인다. 사고가 활동하는 동안에는 상승하지 않고 압축되어 있지만, 우리 사고가 쉬면, 방심의 압력으로, 어떤 추억을 다른 여러 추억과 같은 수준까지 올려, 문득 떠올리는—그 추억은 24시간 뒤에야 우리가 깨닫는 매력을 남몰래, 그리고 다른 추억과 같은 정도로 품고 있으므로—행위보다 더 완전하게 우리를 그 필연에 따르게 하는 것도 따로 없으리라. 또 아마도 이보다 자유로운 행위도 없을 것이다. 왜냐하면 이 행위에는 습관이 작용하지 않기 때문이며 연애를 할 때 절대적으로 어떤 인물의 영상만을 재생시키는, 그 어떤 정신적 괴벽이 아직 없기 때문이다.

그날은 바다 앞에 아름다운 젊은 아가씨들의 행렬이 지나가는 것을 보았던 바로 다음 날이었다. 거의 해마다 발베크에 오는 호텔 손님들 몇몇에게, 나는 그녀들에 대해서 물었다. 그들은 아무것도 알려줄 수 없었지만, 나중에 가서 사진 한 장으로 그 까닭을 설명해주었다. 몰라보게 자라서 달라져버리는 나이, 바로 그런 나이였던가, 아니면 이미 그 나이가 지난 아가씨들로서,

겨우 몇 년 전에, 천막 둘레의 모래 위에 둘러앉아 있는 것을 볼 수 있었던 그 소녀들의, 모양이 안 잡힌 즐거운, 아직 어린애에 지나지 않았던 한 무리가 지금의 그녀들일 줄이야 누가 알 수 있으랴! 몇 년 전만 해도 희고도 어렴풋한 별자리와도 같아, 그 가운데, 다른 소녀들보다 더 반짝이는 두 눈이나, 깜찍한 얼굴이나, 금발을 가려냈다고 생각하자마자, 금세 다시 잃어버려 젖이 흐르는 듯한 몽롱한 성운(星雲) 속에 뒤섞이고 말았으리라.

그 모습이 아주 최근의 일이었다고는 하나, 그녀들이 내 앞에 처음으로 모습을 나타낸 어제의 모습과는 달리, 아마도 눈에 비치는 그녀들의 무리가 아니라, 그 무리 자체가 아니었을까. 그 무렵, 아직 너무나 어려서, 저마다의 얼굴에 개성이 드러나지 않은, 그 인격 형성의 초기 단계에 있던 것이다. 개체가 거의 그 자체로는 존재하지 않고, 그것을 이루는 낱낱의 산호충(珊瑚蟲)보다 오히려 그 산호초로 이뤄지고 있는 원시적인 유기체처럼, 그녀들은 저마다 서로 밀집한 상태로 남아 있었던 것이다. 이따금 하나가 옆의 하나를 넘어뜨린다. 그러자 그녀들 개체 생활의 유일한 표명인 듯싶은 억누르지 못하는 웃음이 그녀들의 모든 걸 단번에 흔들어놓고, 바르르 떨면서 반짝거리는 한 덩어리 젤리 속에, 얼굴빛을 부드럽게 하고 크게 웃는 그녀들의 뚜렷하지 않은 얼굴을 뒤섞고 지워버린다. 그런데 나중에 가서, 어느 날 그녀들이 나에게 주어 간직하게 된 오랜 사진 속의 그 어린애 같은 동아리에는, 이미 나중 아가씨들의 행렬과 같은 수의 얼굴들이 보인다. 그것을 보면, 아가씨들이 이 무렵부터 바닷가 위에 이목을 끄는 독특한 얼룩을 찍었던 것이 느껴지는데, 이 사진 속에서, 그녀들 하나하나의 모습을 따로 알아보는 건 추측으로밖에 할 수 없고, 그 위에 소녀 시절에 일어나는 여러 변화를 고려에 넣는 여지를 남겨놓아야 하며, 다시 만들어내어 본디 얼굴이 다른 개성 위에 침범해, 이를 거듭 틀림없다고 확인해야만 하고, 이 아름다운 얼굴이, 키 큰 몸매와 고수머리를 서로 짝이 되는 것으로 보아, 이전에는 어쩌면 명함판 사진에 나타나 있는 쪼글쪼글한, 발육이 나쁜 찡그린 얼굴이었는지도 모른다고 추측해보기도 한다. 그리고 이 젊은 아가씨들 저마다의 육체적인 특징이 짧은 시일 동안 지나갔으므로, 아주 애매한 기준이 되어버렸지만, 그녀들이 갖는 공통된 것, 집단적이라고도 할 수 있는 것은 그즈음부터 벌써 나타나 있어, 그녀들과 아주 친한 벗들마저 때로는 이 사진을 보고, 하나를 다른 하나로 잘못 알아보는 정도니까, 결국에 가서는 어느 하나만이 몸에 달고 있고 다른 아가씨들이 달고 있는 확실한 액세서리에 의해서밖에 의문을 풀 방법이 없다. 바닷가 둑 위에서 그녀들을 본 날과는 매우 다른 그때부터, 다르면서도 매우 가까운 이 사진의 그때부터, 그녀들이 곧잘 웃음에 빠졌던 것은 어제 내가 본 대로지만, 그러나 이제 그 웃음은 어린 시절의 되풀이되는 웃음이 아니며, 또 비본 내의 피라미 떼가 흩어져 사라졌다가는 잠시 뒤 다시 모여들듯이, 끊임없이 머리를 물에 담갔다가 쳐드는 동작이 따르던, 저절로 터져나오는 웃음이 아니었다. 그녀들의 표정은 이제 자제력을 지니게 되어, 눈을 그것이 뒤따르는 대상 위에 붙들어둘 수 있게 되었다. 그래서 이전의 웃음이나 오래된 사진이 혼동을 일으켰던 것처럼, 창백한 산호충의, 오늘날 낱낱이 떨어져 나누어진 포자체를 구별하지 못하다니, 어제의 내 첫 지각은 몹시 흐릿한, 흔들림이 많았던 게 틀림없었다.

분명 나는 이전에도 몇 번이나 예쁜 젊은 아가씨들이 지나가면, 다시 한 번 만나보고 싶다고 생각했던 일이 있다. 그러나 보통, 마음속에 둔 아가씨들은 두 번 다시 나타나지 않는다. 게다가 기억은, 그 존재를 금세 지워, 그 얼굴도 좀처럼 떠오르지 않게 된다. 우리의 눈도 아마 그녀들도 알아보지 못할 테고, 또 다른 젊은 아가씨들이 지나가는 걸 새로 본다고 해도, 그녀들을 다시는 보지 못할 것이다. 그런데 때로는 오래지 않아 이 거만한 작은 동아리에 대하여 그런 일이 일어나듯이, 우연이 끈기 있게 그녀들을 우리 앞으로 다시 데려오는 일이 있다. 그럴 때 우연은 우리에게 아름다운 것으로 보인다. 왜냐하면 우리가 그 안에서, 우리 삶을 마련하기 위한 조건의 단서, 노력의 계기 같은 것을 가려내기 때문이다. 이런 우연이 없었다면 그녀들의 영상은 다른 것들과 마찬가지로 처음부터 쉽사리 잊어버릴 것이지만, 우연은 우리 기억에 그런 영상을 충실하게 연결시키고, 그것을 쉽사리 떠오르게 하며, 나중에는 그것을 피할 수 없는 숙명으로 만들고, 때로는—다행히도 잠시 잊었다가, 다시 떠올리는 바로 뒤 같은 때—그것을 잔혹한 것으로 느끼게 한다.

오래지 않아 생루가 머무는 마지막 날이 닥쳐왔다. 나는 더 이상 바닷가에서 그 젊은 아가씨들의 모습을 볼 수 없었다. 오후에는 생루가 거의 발베크에 있지 않아서, 나를 위하여, 그녀들에 대한 것을 생각하고, 그녀들한테 나를 다가가게 하는 기회를 만들어내는 노력을 할 수 없었다. 저녁때, 그는 한결 자유로운 몸이라서 변함없이 나를 자주 리브벨에 데리고 갔다. 이런 식당에는, 공원이나 열차 안에서처럼, 평범한 겉모습에 둘러싸여 있으면서, 우연히 이름을 물어보면, 그것이 우리가 상상한 모양으로 있으나마나 한 신참이 아니라, 우리가 자주 소문에 듣는 알려진 장관 또는 공작임에 틀림없다는 사실이 드러나 적잖이 놀라는, 그런 이름난 사람이 몇몇 있는 법이다. 이미 두세 번인가, 리브벨의 식당에서 생루와 나는, 손님들이 돌아가기 시작할 즈음에 한 식탁에 앉으러 들어오는, 큰 키에, 근육이 매우 튼튼한, 이목구비가 고르고, 희끗희끗 세기 시작한 수염에, 꿈꾸는 듯한 눈이 공간에 몽상을 그리듯 허공을 뚫어지게 바라보는 사람을 보았다. 언제나 혼자서 늦게 저녁 식사 하러 오는 이 아리송한 이가 누군지, 어느 날 저녁 우리가 주인에게 물어보니까 그가 대답했다. "뭐라구요, 유명한 화가 엘스티르를 모르셨나요?"

스완이 한번 그 이름을 내 앞에서 입 밖에 낸 일이 있었는데 무슨 얘기 끝에 나왔는지 통 기억이 나지 않았다. 그런데 추억의 누락이, 독서 중 문장 한 부분이 빠져 있을 때 같이, 때로는 불확실성을 부추기는 대신, 오히려 일관된 정확성을 부화시킨다. "그분이라면 스완의 벗이고, 매우 유명한 뛰어난 예술가죠." 내가 생루에게 말했다. 그러자 곧, 엘스티르는 위대한 예술가, 유명한 사람이라는 생각, 이어서 엘스티르가 우리를 다른 손님들과 착각하여 그 재능에 대한 우리의 열광을 알아채지 못하고 있다는 생각이, 생루와 내 가슴속을 전파처럼 지나갔다. 그가 우리 감탄의 정을 전혀 모르는 것도, 우리가 스완과 벗이라는 것도, 우리가 해수욕장에 와 있지 않았다면 틀림없이 그토록 안타까운 일이 아니었으리라. 그러나 감격을 잠자코 견디어낼 수 없는 나이였고, 또 여기선 우리를 알아주지 않는구나 하는 숨막힐 듯한 기분에서, 우리는 둘이서 서명한 쪽지를 썼는데, 당신에게서 몇 걸음 안 되는 곳에 앉아 식사하고 있는 두 사람이, 당신 재능에 대한 열렬한 애호자이며, 당신 벗인 스완의 벗이라고 밝히고, 우리가 당신에게 찬사를 보내는 것을 허락해달라고 했다. 사환 하나가 이 편지를 저명인사에게 전하는 일을 맡았다.

유명하다고 해도, 아직 이 무렵의 엘스티르는 식당 주인이 주장하는 만큼 널리 알려져 있지 않았으며, 그렇게 된 건 아마 몇 해 지나서였다. 그러나 이 식당이 아직 농원에 지나지 않았을 때부터 이곳에 살아온 그는, 이곳에 예술가 마을을 만드는 개척자 가운데 한 사람이었다(하기야 그런 예술가들은 모두 수수한 차양 아래 대기 중에서 식사를 하던 이 농원이 하나의 유행계 중심이 되자 다른 곳으로 옮겨 가버렸고, 엘스티르 자신도 요즘 리브벨에 들르곤 하는 건, 이곳에서 멀지 않은 곳에 함께 살고 있는 그의 아내가 집에 없었기 때문이었다). 하지만 위대한 재능은 아직 인정되지 않은 때조차 어떤 감탄스러운 현상을 필연적으로 일으킨다. 이를테면 이 농원의 주인만 해도, 여행길에 들르는 영국 부인으로, 엘스티르가 지내는 생활에 대해 여러 가지로 알고 싶어 질문하는 이가 한둘이 아닌 것과 엘스티르가 외국인한테서 받는 편지의 수로 보아 그의 재능을 분별할 만했던 것이다. 그때 주인은, 엘스티르가 그림 그릴 때 방해받는 걸 싫어하고, 달 밝은 밤중에 일어나서, 모델 소년을 바닷가로 데리고 가 알몸으로 자세를 취하게 하는 따위를 주목했었다. 그리고 그는, 엘스티르의 그림 가운데 한 폭에서, 리브벨의 어귀에 서 있는 나무 십자가를 알아보았을 때, 수많은 노력이 헛되지 않았으며, 유람객들의 숭배도 근거 없는 것은 아니라고 스스로에게 말했다. "과연 그것이다." 그는 깜짝 놀라 되뇌었다. "네 조각이 그대로 있군! 아무렴! 여간 힘들지 않았겠는걸!"

그러나 그는, 전에 엘스티르에게서 받은 〈바다 위의 해돋이〉가 재산 가치가 있는 걸 몰랐다.

우리는 엘스티르가 이쪽에서 보낸 서신을 읽고, 그것을 주머니에 넣고 계속해 식사하고, 가지고 온 짐을 가져오라고 부탁하면서, 떠나려고 일어나는 모습을 보았다. 그리고 우리의 교섭이 틀림없이 그의 마음을 언짢게 한 줄로 여겨(아까는 이쪽을 주목하지 않고 그가 떠나지 않을까 그처럼 걱정했는데), 지금은 그가 알아채지 않게 이쪽에서 떠나고 싶을 지경이었다. 우리의 생각이 미치지 않았지만, 무엇보다 중요하게 여겨야만 하는 게 있다. 그것은 엘스티르에 대한 우리의 감격, 그 성실성을 의심하는 사람이 있다면, 우리는 그 사람을 용서하지 않았을 테고, 과연 그 성실성의 증거로, 우리가 기대 때문에 이따금 숨이 막히고, 이 위대한 분을 위해서라면 어떤 어려운 일이나 모험도 마다하지 않을 결심을 표시했을 감격이, 우리가 떠올리는 것처럼 참된 감탄의 정이 아니라는 점이었다. 그도 그럴 것이, 우리는 아직 한 번도 엘스티르의 그림을 본 적이 없었기 때문이다. 우리 감정이 대상으로 삼고 있었던 바는 작품이 아니라 어쩌면 '위대한 예술가'라는 속 빈 관념이며, 우리는 그의 작품을 아직 모르고 있었던 것이다. 우리 감정의 대상은, 기껏해야 공허한 감탄, 신경의 틀, 알맹이 없는 감탄의 감상적인 뼈대, 이를테면 어른이 되면 없어지고 마는 어느 기관처럼 어린 시절에 붙어 있어서 떨어지지 않는 그 무엇이었다. 우리는 아직 어렸던 것이다. 그동안에 엘스티르는 막 문까지 이르고 있었는데, 그때 획 방향을 바꾸어 우리 쪽으로 왔다. 나는 뭐라고 형용키 어려운 기쁜 두려움에 사로잡혔다. 몇 해 뒤였다면 느낄 수 없었던 감정이었으리라. 왜냐하면 나이가 능력을 감소시키면서, 세상의 습관이 스며들어, 이런 감동을 느끼게 할 만큼 이상한 기회를 끌어 일으키는 모든 사념을 배제하기 때문이다.

엘스티르가 우리 식탁 앞에 앉으려 하면서 건네오는 말 가운데, 나는 여러 번이나 스완을 화제로 삼았는데도, 그는 한마디도 대꾸하지 않았다. 나는 그가 스완을 모르는 게 아닐까 하는 생각이 들었다. 그래도 그는, 나에게 발베크에 있는 그의 아틀리에에 찾아오라고 했다. 생루는 이 초대를 받지 않았고, 엘스티르가 스완과 친분이 있었더라도, 스완의 소개만으로는 분명 얻지 못했을 초대로(그도 그럴 것이, 남성의 삶에서 아무 탈 없이 편안한 정의 영역은 우리 생각과는 달리 넓은 자리를 차지하고 있으므로), 특히 내가 그것을 얻은 것은, 내가 예술을 좋아하는 인간이라고 생각하게 하는 몇 마디를 했기 때문이었다. 엘스티르는 나한테 호의를 아끼지 않았는데, 생루의 호의가 프티부르주아의 상냥함보다 나은 정도라면, 엘스티르의 호의는 생루의 그것보다 나았다. 위대한 예술가의 호의에 비하면 대귀족의 호의라는 건, 아무리 매력이 있더라도 배우의 연기나 거짓 꾸밈처럼 보인다. 생루는 내 마음에 들기를 바라지만, 엘스티르는 남에게 주기를, 자기를 주기를 좋아하는 것이다.

그가 지니고 있는 모든 것, 사상, 작품, 그 밖에 그가 대수롭지 않게 여기는 것을, 그는 그것을 이해하고 있는 듯싶은 사람에게는, 상대가 누구든 기꺼이 내주었으리라. 그러나 자기가 견딜 수 있는 사교 범위가 없으므로, 고독 속에 살면서, 사교계 사람들은 태깔 부린다느니 교양이 없다느니 하고, 권력자는 반역 정신이라 일컫고, 이웃들은 광기라고 부르며, 가족은 이기주의니 거만이니 하고 말하는, 그 야성인의 성격을 간직하고 있었다.

틀림없이 엘스티르도 처음에는, 그의 참된 값어치를 몰라주거나 그의 감정을 상하게 하는 사람들에게 작품을 통해 멀리서 그가 호소하는 걸, 그에 대하여 더욱 고상한 관념을 품게 하는 걸 고독 속에서도 기쁘게 생각했을 것이다. 아마도 그 무렵에 남들에게 무관심해서가 아니라, 오히려 남들을 좋아하므로 혼자 살았으리라. 그리고 내가 다른 날 더욱 사랑스러운 기색을 띠고 질베르트 앞에 나타나려고 먼저 그녀를 단념했듯이, 엘스티르도 어느 사람들을 마음속에 두고, 그들 쪽으로 돌아가고자, 그 자신의 돌아감 없이, 사람들이 그를 사랑하기를, 탄복하기를, 입에 오르내리기를 바라서 그림을 그렸을 것이다. 단념은 언제나 처음부터 온전한 게 아니다. 설령 병자, 수도사, 예술가, 영웅의 단념이라 할지라도, 처음에는 그때까지의 옛 심정으로 그것을 결심하는 것이고, 단념이 우리에게 영향을 미치는 건 나중이다. 그러나 어떤 사람을 마음속에 두고 작품을 만들려고 하더라도, 작품을 만드는 것으로 그는 사회에서 멀리, 그것에 무관심하게 되고, 그 자신을 위하여 살았던 것이다. 고독의 실행이 고독을 좋아하는 성향을 가져다준 것이다. 마치 큰 것에는 처음부터 공포를 느껴 손대지 못하고, 작은 것부터 먼저 어울리고 나서, 거기서 빠져나와 큰 것에 일치하는 일이 있듯이. 큰 것을 알기에 앞서 우리가 걱정해야 할 것은, 그 큰 것과, 그것을 알자마자 금세 멈추고 마는 어떤 기쁨을 어느 정도까지 타협시킬 수 있느냐는 점이다.

엘스티르는 언제나 우리와 이야기하지 않았다. 나는 2~3일 내로 그의 아틀리에에 가보려고 생각했는데, 다음 날 할머니를 모시고 카나프빌의 절벽 쪽 둑 끝까지 갔다가 돌아오는 길에 바닷가로 반듯하게 드리운 작은 길모퉁이에서, 우리는 젊은 아가씨와 엇갈렸다. 억지로 외양간에 끌려가는 가축처럼 머리를 수그린 그 아가씨는 골프채를 손에 들고서, 떼쓰는 한 여인 앞을 걸어갔는데, 보아하니 그 여인은 아닌 게 아니라 아가씨의, 아니면 아가씨 친구의 '영국인 가정교사'인 듯하여 홍차보다는 오히려 진을 좋아할 듯싶은 붉은 얼굴색에다가, 씹는담배를 씹은 검은 자국이 입아귀에 줄을 긋고, 희끗희끗하지만, 아직은 숱이 많은 수염 끝을 그 검은 자국이 갈고리처럼 늘이고 있는, 호가스(Hogarth)*가 그린 초상화 〈제퓌로스〉와 비슷했다. 그 앞을

* 영국의 풍자화가(1697~1764).

가는 아가씨는 그 작은 동아리 아가씨와 닮았다. 검은 폴로 모자를 쓰고, 통통한 볼과 무표정한 얼굴에 웃음 짓는 눈을 하고 있던 아가씨였다. 지금 돌아가고 있는 이 아가씨도 검은 폴로 모자를 쓰고 있지만, 이전의 아가씨보다 더 예뻐 보이고, 콧날이 더 곧아 보이며, 그 밑의 옆모습도 더 탐스럽고 통통하게 보였다. 게다가 이전의 아가씨는 창백하고 거만하게 보였는데, 이번 아가씨는 온순하게 길든 여자아이 같고, 얼굴빛도 장밋빛이었다. 그렇지만 같은 자전거를 밀고 있는 걸로 보거나, 같은 순록(馴鹿) 장갑을 끼고 있는 걸로 보거나 그 차이는 틀림없이 그녀를 바라보는 나의 위치, 상황 탓이라고 결론지었다. 왜냐하면 발베크에, 뭐니뭐니해도 얼굴이 그토록 닮고, 옷차림에 그처럼 똑같은 특징을 모은 아가씨가, 또 하나 있다는 건 거의 있을 수 없는 일이니까. 아가씨는 내 쪽으로 눈길을 흘깃 던졌다. 그러고 나서 며칠 동안, 바닷가에서 작은 동아리를 다시 보았을 때도, 더 나중에 가서 한 동아리를 이루는 모든 아가씨와 사귀게 되었을 때도, 그녀들 가운데 누가—그녀들 가운데에서 가장 그 아가씨와 비슷한 자전거의 아가씨마저—과연, 사실상, 그 저녁, 바닷가 끝머리의 작은 길 모퉁이에서 내가 보았던 아가씨, 하지만 그 행렬 속에서 처음으로 내 눈에 띄었을 때와는 조금 달랐던 그 아가씨였는지, 그것을 확신케 하는 절대적인 방법이 나에게는 없었다.

이 오후부터, 그 이전에 특히 키 큰 아가씨를 마음에 두었던 나였으나, 이날 오후부터 내 마음을 차지하기 시작한 사람은 골프채를 든, 시모네 아가씨로 추측되는 그녀였다. 다른 아가씨들과 걷는 도중에, 그녀는 자주 걸음을 멈추어, 그녀를 매우 우러러보고 있는 성실은 벗들의 걸음도 어쩔 수 없이 멈추게 하곤 했다. 나는 지금도 그런 모양으로 멈춰선 모습, 그 '폴로' 밑에 반짝거리는 눈을 한 그녀가 환하게 보인다—바다를 배경 삼아 그 영사막 위에 비치는 실루엣, 투명하고도 푸른 공간과, 그때부터 흘러간 때에 의하여 내게서 나누어진 모습, 내 추억 속에 비치는 아주 얇은 한 가닥의 첫 영상, 그 뒤 지나간 세월 속에 내가 자주 비춰 보이던 얼굴의, 그리워 좇게 된, 그러다가 잊힌, 그러다가 다시 찾아낸 영상, 그리고 내 방에 있는 어느 젊은 아가씨를 보고, 나 자신도 모르게 '그 아가씨!'라고 마음속으로 외치게 할 수 있었던 그 모습이.

그러나 아직 이때에 내가 가장 알고 싶어하던 것은, 아마도 쥐손이풀 꽃

낯빛을 한 초록빛 눈의 아가씨인지도 모른다. 만약에 그 아가씨가 없었다면, 일정한 어느 날에, 내가 보고 싶어하는 아가씨가 누구든 간에, 그것이 한 동아리의 다른 아가씨라면, 충분히 나를 감동시켰으리라. 나의 욕망도, 한번은 오히려 아가씨들 가운데 하나에 이끌리고, 또 한 번은 다른 하나에게 이끌리며, 계속해서—첫날, 내 눈에 비치던 혼란스런 모습처럼—그녀들을 모으고, 따로 떼어놓으며, 그리고 그녀들이 자랑삼아 이루고 있는 성싶은 공동생활의 활기 있는 작은 무리를 그녀들한테서 따로 만들어내기도 했다. 그녀들 가운데 누군가와 친하게 됨으로써 내가 들어가고 싶다고 생각한 것은—세련된 이교도, 아니면 야만인 가운데 섞인 조심성 있는 기독교도처럼—건강, 무의식, 쾌락, 잔혹, 지성의 결핍, 소란을 다스리는 젊디젊은 모임이다.

내가 엘스티르와 만나 얘기한 일을 듣고, 엘스티르와 친해짐으로써 지적인 이익을 얻을 수 있는 걸 기뻐하던 할머니는, 내가 아직 꾸물대며 그를 방문하지 않는 것을 몰상식하고도 실례되는 짓이라고 여겼다. 그러나 나는 작은 동아리밖에 마음에 없고, 또 그 젊은 아가씨들이 둑을 지나가는 시각이 확실하지 않아, 감히 멀리까지 가지 못했다. 할머니는 또한 나의 맵시에도 놀라고 있었다. 그도 그럴 것이, 지금껏 짐 가방 밑바닥에 내버려두었던 옷가지를 내가 갑작스럽게 생각해냈기 때문이다. 나는 날마다 다른 옷을 입고, 새 모자와 새 타이를 보내달라고 파리에 편지도 써 보냈다.

조가비나 과자 또는 꽃을 파는 예쁜 아가씨의 얼굴이 우리의 사념 속에 또렷한 빛깔로 그려지는 것이, 바닷가에서 보내는 한가하고도 화창한 나날들이, 매일 아침부터 찾아야 하는 목적이라면, 발베크와 같은 해수욕장 생활에 커다란 매력 하나가 더 생긴 셈이다. 그러면 그런 나날은, 그것만으로, 하는 일 없이도, 일하는 나날처럼 방심하지 않는, 바늘 끝처럼 따끔따끔한, 자석처럼 이끄는 힘이 있는 나날이 되고, 오래지 않아 사블레(sablé)*, 장미꽃, 조가비를 사면서, 꽃 위에 보이는 빛깔처럼 순수하게 아름다운 빛깔을 여인의 얼굴 위에서 보고 즐기려는, 가까운 순간 쪽으로 가볍게 가슴이 꿈틀거리는 나날이 된다. 그리고 적어도, 이 물건 파는 귀여운 아가씨들에게 말을 건넬 수 있으니까, 초상화를 앞에 놓고 있듯이, 한갓 시각이 주는 것 말고도

* 파삭파삭한 과자의 하나.

상상으로 다른 방면을 꾸며보거나, 또 그녀들의 생활을 머릿속으로 만들거나, 그 매력을 부풀리거나 해야만 하는 일을 모면한다. 무엇보다도, 직접 그녀들에게 말을 건네므로, 어디서 몇 시에 그녀들을 만날 수 있는지를 알 수 있다.

그런데 작은 동아리 아가씨들에 관해서는 조금도 그렇게 되지 않았다. 그녀들의 습관을 통 몰라서, 그녀들의 모습이 눈에 띄지 않는 날이 있으면, 그녀들이 없는 이유를 모르는 나는, 그날 나타나지 않은 것이 무슨 정한 일 때문인지, 하루 걸러서밖에 보이지 않는 것인지, 날씨 탓인지 아니면 통 보이지 않는 날이 여러 날 있어 그런 것인지, 여러 가지로 궁리해보았다. 그녀들의 벗이 된 나를 지레 상상해서 그녀들에게 말한다. '저어, 요전날엔 나오시지 않았습니까? —'그래요, 토요일이었으니까, 우린 토요일에는 나오지 않아요, 왜냐하면…….' 토요일은 슬프게도, 아무리 용을 써도 소용없다는 것, 바닷가를 사방팔방으로 쏘다녀도, 과자 가게 앞에 앉아 버티어도, 에클레르(éclair)*를 먹는 체해도, 골동품 가게에 들어가도, 해수욕, 연주, 한사리, 낙양, 밤의 시각을 기다려도, 보고 싶은 작은 동아리를 볼 수 없다는 것을 알기가, 얼마간이라도 그처럼 간단했다면 오죽이나 좋았으랴. 그런데 불행한 날은 아마도 한 주에 한 번 돌아오는 게 아닌가 보다. 그날이 반드시 토요일만도 아닌가 보다. 날씨가 그날에 영향을 미치는 것 같기도 하고, 아주 관계없는 것 같기도 하다. 우연의 일치에 속은 것은 아닌지. 우리 예측도 틀린 것은 아닌지. 그렇지 않는다는 확신이 생길 때까지, 무자비한 시련의 대가를 치르고 얻는 그 열렬한 천문학의 어떤 법칙을 찾아낼 수 있을 때까지 이런 미지 세계의 표면상 불규칙한 운동에서 인내심 많으면서도 냉정한, 얼마나 수많은 관찰을 그러모아야 하는가! 오늘과 같은 요일에는 아직 한 번도 그녀들을 보지 못한 점을 생각해내면서, 그녀들이 오지 않을 거라고, 바닷가에 우두커니 있어도 소용없다고, 나는 혼자 말한다. 그리고 바로 그때 나는 그녀들의 모습을 알아보는 것이다.

반대로, 그 아가씨들 별자리의 돌아옴을 법칙으로 정확하게 맞춘 셈치고, 그 계산에 따라 목을 길게 빼고 있는 날엔, 그녀들이 나오지 않는다. 그러나

---

* 과자의 하나.

그녀들을 그날 볼 것이냐 못 볼 것이냐 하는 이 첫 불안에, 앞으로 영영 못 볼 것이 아니냐 하는 더욱 중대한 불안이 겹치는 날이 오고야 마니, 요컨대 그녀들이 미국으로 떠나갈지 파리로 돌아갈지, 나로선 통 모르는 바라서 내가 그녀들을 사랑하기엔 이것만으로 충분했다. 우리는 누군가를 좋아할 수 있다. 하지만 연정을 마련하는 그 비애, 다시 어쩔 수 없는 정, 안타까운 불안을 터지게 하는 데 필요한 건—또 아마도 정열이 근심스레 껴안으려 하는 것이, 상대보다 오히려 이와 같은 눈앞의 대상인지도 모르지만—불가능성의 위험이다. 연정의 길에서 몇 번이나 되풀이되는 영향력, 그것이 이미 작용했다(하기야 이 힘은 대도시 생활에서 일어나는 일이 많다. 이를테면 여공 아가씨들의 휴일도 모른 채, 우연히 일터에서 나오는 걸 보지 못하는 날 안타깝게 걱정하는 경우처럼). 적어도 그러한 영향력은 내 연정의 길에서 되풀이되었다. 어쩌면 그것은 연정과 나누려 해도 나눌 수 없는 것인지도 모른다. 첫 연정의 특징이던 것이, 아마도 추억, 암시, 습관에 의하여 전부 다음 연정에 덧붙여지고, 우리 삶이 차례차례 지나가는 시기를 통해, 가지각색의 겉모습에 보편적인 특징을 줄 것이다.

그녀들을 만날 지도 모르는 시각이 되면 온갖 핑계를 짜내어 바닷가에 나갔다. 한번은 점심을 먹는 동안에 그녀들이 눈에 띈 일이 있어서, 그다음 날 그녀들이 지나가기를 둑에서 한없이 기다려 뒤늦게 점심 먹으러 간 적도 있었다. 식당에 앉아 있는 잠깐, 눈으로 유리창의 푸른색을 흘깃흘깃 보기도 하고, 다른 때에 그녀들이 산책하는 경우에도 그것을 놓칠세라 후식이 나오기 전에 일어나기도 하며, 제일 좋은 시간에도 할머니가 그들이 지나갈 때까지 나를 앉힐 때, 그것을 심술부리는 것인 줄 모르는 할머니한테 화내기도 했다. 앉은 의자를 비뚜로 놓고서 수평선을 넓게 보려고도 애썼다. 그러다가 우연히 그녀들 가운데 하나라도 눈에 띄면, 그녀들이 모두 똑같은 특별한 본질을 나누어 가지고 있으므로, 마치 내 눈앞에 내가 열렬히 갈망하던 꿈, 그렇지만 퍽 고집 부려 나에게 맞서던 꿈, 조금 전까지 아직 내 머릿속에밖에 존재하지 않던(하기야 영원히 거기에 괴어 있는 것이지만) 꿈의 한 가닥이 무시무시한 환각 속에 던져져 빙빙 도는 걸 보는 듯한 느낌이 들었다.

나는 그녀들만을 사랑하므로, 그 가운데 하나만을 사랑한다고는 할 수 없었다. 그러면서도 그녀들과 만날지도 모른다는 사실은, 내 나날의 유일한 감미로운 요소이며, 그것만으로 내 마음속에 희망이 생겨났다. 온갖 장애물을 부수고 말겠다는 희망, 한편 그녀들을 만나지 못했을 때에는, 이따금 분노가 따르는 희망이었다. 이런 순간에, 이 젊은 아가씨들은 내 눈에서 할머니의 존재를 가렸다. 그녀들이 머무름직한 고장에 가기 위해서는 어떠한 여행이라도 금세 내 마음에 들었을 것이다. 다른 일을 생각하고 있거니 여기고 있을 때나, 아무것도 생각하지 않을 때도, 나의 사념은 기꺼이 그녀들에게 가 있었다. 그러나 그런 줄 모르고서 그녀들을 생각하고 있을 때, 다시 말해 한층 더 무의식적으로 생각하고 있을 때 그녀들은 나에게 푸르고도 기복이 심한 바다의 움직임이자, 바다를 배경 삼은 행렬의 베어낸 면이었다. 앞으로 그녀들이 있다고 하는 어떤 시가에 가더라도, 내가 다시 보기를 바라는 것은 바다였다. 어떤 사람에 대한 가장 배타적인 사랑은 언제나 다른 것에 대한 사랑이다.

할머니는 내가 지금 골프나 테니스에만 열중하고 있으므로, 할머니가 가장 위대한 줄로 알고 있는 예술가의 일을 구경하며 이야기 듣는 기회를 놓쳐버리고 있는 것에, 얼마쯤 마음 없는 견해에서 생긴 듯한 멸시를 보란 듯이 나타내었다. 업신여김을 받고 있는 내가 전에 샹젤리제에서 예감했고, 그 뒤로 더 잘 실감했던 것은, 한 여인을 사모한다는 건, 오로지 우리가 그 여인에다 우리 영혼의 한 상태를 투사하는 것에 지나지 않는다. 따라서 중요한 것은 여인의 값어치가 아니라, 우리 영혼 상태의 깊이다. 게다가 평범한 아가씨라도 우리에게 주는 감동은, 우리 자신 속의 가장 내밀한 부분을—뛰어난 사람과 얘기할 때 또는 그 사람의 작품을 감탄과 더불어 감상할 때에 그것이 우리에게 주는 기쁨보다 더욱 개인적인, 더욱 심오한, 더욱 본질적인 우리 자신의 부분을—우리 의식에 다다르게 할 수 있다는 점이었다.

드디어 할머니의 주장에 따라야 했는데, 엘스티르가 사는 곳이 둑에서 꽤나 먼, 발베크의 새 거리 가운데 한 곳이라서 더욱더 가기 싫었다. 나는 어쩔 수 없이 한낮의 더위에 해안길을 달리는 전차를 타고, 내가 고대 키메르인의 왕국, 마르크(Mark) 왕의 조국, 또는 브로셀리앙드* 숲의 유적에 있다

* 원탁기사 이야기의 요술사 메를랭과 요정 비비안이 살았던 브르타뉴의 숲.

고 상상하기 위해, 눈앞에 펼쳐지는 건물의 싸구려 사치를 보지 않으려고 애썼다. 그런 건물 사이에서, 모르면 몰라도 엘스티르의 별장이 가장 사치스러워 보기에 흉한 것 같았다. 그런데도 그가 그곳을 빌려 든 것은, 발베크에 있는 모든 별장 가운데에서, 그곳만이 그에게 넓은 아틀리에를 줄 수 있었기 때문이었다.

눈을 딴 데로 돌리면서 나는 그 가옥의 정원을 건넜는데, 거기에 잔디가 있고—파리 교외의 어느 부르주아의 가옥에도 있을 듯한 작은 것이었다—점잖은 정원사의 작은 석상, 모습이 비치는 유리공, 가장자리를 두른 화단이 있으며, 녹을 지붕 삼은 정자 아래에는 철제 탁자 앞에 흔들의자가 있었다. 그러나 그렇듯 추한 시가라는 첫인상을 받은 뒤에 일단 아틀리에 안에 들어서자마자 나는, 벽 밑에 두른 초콜릿빛 널조각 구멍도 신경 쓰지 않았다. 나는 완전한 행복을 느꼈다. 아틀리에에 있는 온갖 습작에 둘러싸임으로써, 내가 여태까지 현실의 온전한 광경에서 떼어내지 않았던 수많은 형태의 기쁨으로 가득 찬, 시적인 한 인식에까지 스스로 높아지는 가능성을 느꼈기 때문이다. 그리고 엘스티르의 아틀리에는, 이를테면 세계의 새로운 창조의 실험실 같았다. 거기, 여기저기에 놓여 있는 여러 가지 직사각형 화폭 위에, 그는, 우리가 보는 온갖 것을 그리면서, 그것이 빠진 카오스에서 그것을 꺼내서, 이쪽에는 모래 위에 라일락빛 물거품을 부수는 큰 파도를, 저쪽에는 배 한 척의 갑판 위에 팔꿈치를 괴고 있는 흰 면직 옷을 입은 젊은이를 나타내고 있었다. 젊은이의 윗도리와 파도의 물보라는, 그 윗옷이 이제는 아무도 입지 못하는 것이며, 그 물결이 이제는 아무도 적시지 못하는, 말하자면 그 물질성에서 떠난 것인데도, 아직도 그 자체로서 계속 존재하고 있다는 사실에 의해, 이미 하나의 새로운 존엄성을 얻고 있었다.

마치 내가 아틀리에 안에 들어갔을 때, 창조자는 손에 쥔 붓으로, 지는 해의 모양을 끝마치는 중이었다.

주위 창문에는 거의 모두 차일이 내려져 있어서 아틀리에 안은 꽤 시원했으며 한낮의 햇살이 눈부시고 변하기 쉬운, 그 장식을 벽에 붙이고 있는 한 곳을 빼놓고는 어두컴컴했다. 오로지 하나, 겨우살이덩굴로 가두리를 한 작은 직사각형 창만이 열려 있었는데, 좁은 정원 너머로 거리를 향하고 있었다. 그래서 아틀리에 대부분의 공기는 한 덩어리가 되어 어둑하고 투명하며 올이 촘촘했는데, 그 덩어리 여기저기 난 금에, 빛이 새어들어온 곳은, 축축하고 반짝거려, 마치 겉이 이미 깎아 닦아져, 거울같이 번쩍거리거나 무지갯빛으로 빛나는 수정 덩어리 같았다. 나의 청으로, 엘스티르가 계속해서 그림을 그리고 있는 동안, 나는 한 그림 앞에 멈추었다가, 또 한 그림 앞에 멈추면서, 그 어두컴컴한 속을 빙빙 돌았다.

나를 둘러싼 그림 대부분은 그의 작품 가운데 내가 가장 보고 싶었던 제1기나 제2기 수법에 속하는 것이 아니었다. 그 수법은, 그랑 호텔 객실의 탁자 위에 흩어져 있는 영국 미술 평론지가 논하고 있듯이, 신화적인 수법과 그가 일본의 영향을 받았던 수법에 속하는 것으로, 이 두 가지 수법의 훌륭한 대표작이 게르망트 부인 수집품 가운데 있다는 소문이었다. 물론 지금 그의 아틀리에에 있는 것은 거의 이곳 발베크에서 주제를 얻은 바다 그림뿐이었다. 그러나 내가 거기서 분별해낼 수 있었던 것은, 그 그림 하나하나의 매력이, 표현된 사물의 어떤 메타모르포제(變形)*에 있다는 점이며, 이는 시에서 메타포(暗喩)라고 불리는 것과 비슷하다. 게다가 '아버지이신 천주'께서 온갖 사물과 현상에 이름을 붙임으로써 그것을 창조하셨다고 하면, 엘스티르는 사물에서 그 이름을 없애버림으로써, 또는 다른 이름을 줌으로써 그것을 다시 만들고 있다는 점이었다. 사물을 가리키는 이름은 우리의 참된 인상과는 아무 관계없는, 이성의 개념에 호응하는 게 보통이고, 이성은 그 개념과 관계없는 모든 것을 우리 인상에서 없애버린다.

이따금 발베크 호텔의 내 창가에서, 아침에 프랑수아즈가 빛을 가리고 있는 덮개를 벗길 때 , 또 저녁에 생루와 함께 출발하는 시각을 내가 기다리고 있을 때 햇살의 효과로, 바다의 한 곳, 특히 우중충한 부분을 저 멀리 너른 바다 쪽으로 여기거나 또는 거기가 바다에 속하는지 하늘에 속하는지 모르는 채 뭔가 푸르면서도 움직이는 지대를 기쁨과 더불어 바라보거나 하는 일이 있었다. 그럴 때 나의 이성은 금세 내 인상에 없었던 갈림을 각각의 요소 사이에 다시 세웠다. 따라서 파리의 내 방에서, 뭔가 말다툼 같은, 거의 소동이 아닌가 싶은 소리를 들으면 그것을 그 원인에다가, 예컨대 바퀴 소리를 울리면서 다가오는 마차와 연결시켜보다가, 내 귀가 분명히 들은, 날카롭고

---

* 동물이 자라는 과정에서, 어떤 시기에 형태가 다른 성체로 변하는 현상.

귀에 거슬리는 고함 소리도 나의 이성은 그 소리가 바퀴에서 나지 않는다는 사실을 알고 있으므로, 나는 금세 고함 소리를 지워버렸다. 그런데 자연을 있는 그대로, 시적으로, 우리가 바라보는 순간, 그러한 드문 순간으로 엘스티르의 작품은 만들어져 있었다. 지금 이 아틀리에에서 그가 옆에 놓고 있는 그림 속 바다에 나타난, 그가 가장 자주 쓰는 은유적인 기법 한 가지는, 뭍과 바다를 비교하면서, 그 사이의 모든 경계를 지우는 기법 바로 그것이었다. 같은 화폭 속에 말없이 지칠 줄 모른 채, 되풀이된 그런 비교, 그것이야말로 그 화폭에 다양하고도 힘찬 조화를 가져오고, 이 조화야말로 엘스티르의 그림이 어떤 애호가한테 일으키는 감격의 원인, 때로는 뚜렷이 깨닫지 못하는 원인이었다.

이를테면 엘스티르가 며칠 전에 막 완성한 카르크튀이 항구를 그린 그림 한 폭을 천천히 보았는데, 그 가운데 엘스티르는 작은 시가를 그리기 위해서는 바다에 관한 명사(名辭)*밖에, 바다를 그리기 위해서는 그 시가에 관한 명사밖에 쓰지 않은 채, 이런 은유적인 기법을 감상하는 이에게 깨닫게 하려고 애썼다. 그 가옥들이 항구의 한 부분을 가리고 있는 건지, 항구 안의 수리장을 가리고 있는 건지, 아니면 이 발베크 지방에 흔히 있듯이, 물굽이로 되어 뭍에 깊숙이 들어가 있는 바다 자체를 가리고 있는 건지, 어쨌든 간에 그 가옥들의 지붕이, 시가를 세우고 있는, 앞으로 나온 작은 곶의 건너편에, 돛대 몇몇을(마치 가옥들 위에 굴뚝이나 종탑이 있듯이) 비죽 내밀고, 그 돛대가 그것이 속해 있는 선체를, 뭔가 시가의 일부분 같은, 뭍의 건축물 같은 것으로 보이게 한다. 그 인상을 더욱 강하게 하는 것은 부둣가를 따라서 정박한 배들이 열을 지으면서도 어찌나 빽빽이 모여 있는지, 그 안의 배와 배에 있는 사람들이 담소하고 있을 정도로 밀집해, 배의 갈림도 물의 틈도 분간 못할 만큼 수많은 어선 무리 때문에, 도리어 그것이 바다에 속해 있지 않은 것처럼 보인다.

예를 들어 크리크베크에 있는 여러 성당의 먼 모습만 해도, 그것을 시가 없이 보기 때문에, 사면이 바다로 둘러싸이고, 태양과 파도의 먼지가 이는 가운데, 하얀 석고인지 물거품으로 부풀어올라 물에서 빠져나온 듯이 보이

* 논리학 용어로, 하나의 개념을 언어로 나타내며 명제를 구성하는 데에 요소가 되는 말.

고, 또 일곱 색깔 무지개의 띠를 두른, 비현실적인 신비스런 화면 한 폭을 구성하고 있는 듯 보인다. 이 화가는 해안의 전체 풍경에서는, 뭍과 대양 사이에 뚜렷한 경계, 절대적인 한계를 알아보지 않도록 눈을 익숙하게 할 줄 알았다. 배를 바다로 밀고 있는 사람들이 모래 위를 달리면서 동시에 물결 속을 달리고 있는데, 그 모래는, 물에 젖은 듯이 축축해 벌써 그 선체를 비치고 있었다. 바다 자체도 정연하게 빛깔이 짙지 않고 모래톱의 고르지 않은 기복에 따라 다르며, 그 모래톱을 원근법에 의해 멀리 점점이 이루어진 것들이 더욱 복잡하게 저미고 있으므로, 멀리 너른 바다에 있는 배 한 척이 조선소의 공사에 반쯤 가려져, 시가 한가운데를 항행하고 있는 듯 보였다. 암벽 사이에서 작은 새우를 채집하고 있는 여인네들은, 물에 둘러싸여 있기도 하고 바위들 원형의 장벽 뒤 옴폭 들어간 곳이, 해수면과 똑같은 수준(뭍에 가장 깊숙이 들어가 있는 양쪽의), 바닷가의 수준으로 낮았으므로, 배와 물결이 곤두박질하는 바다 동굴, 신기하게 그곳만이 파도 가운데 열리고 파도가 피해가는 바다 동굴 속에 있는 것 같았다. 바다가 뭍에 들어가고, 뭍이 이미 바다가 되어 물속이나 땅 위 모두 살 수 있는 인간이 생활하는 항구의 인상을 그림 전체가 주고 있지만, 바다의 요소가 곳곳에 힘차게 넘치고 있다. 그래서 암벽의 가장자리, 부두의 어구 같은 바다가 설렁거리는 곳에, 어떤 자는 고기잡이에서 거기로 돌아가고, 어떤 자는 고기잡이하러 거기서 나오는 시가의 창고, 성당, 가옥들이 수직으로 고요하게 서 있는 앞에, 고꾸라지지 않을 정도로 굽은 배의 기울어짐과 어부들 근육의 알통으로 보아, 그 어부들이 고물 위에 심하게 흔들리고 있는 게 짐작되고, 숙련되어 있지 않으면 땅 위로 나가떨어질 만큼, 맹렬하고 잽싸게 날뛰는 동물의 잔등이에 있는 듯한 느낌을 자아냈다.

산책자 한 무리가 너절한 마차같이 흔들리는 쪽배를 타고 쾌활하게 먼 바다로 나간다. 까불어대지만 조심성 있는 뱃사람 하나가 고삐를 쥔 듯이 그 쪽배의 키를 잡고, 펄럭거리는 돛을 조종하며, 승객들은 한쪽 무게가 지나쳐 배가 뒤집힐까 봐 제자리를 잘 지키고, 그런 모양으로 양지바른 들을 건너, 언덕을 부리나케 뛰어내려가면서 그늘진 경치 안으로 달려간다. 파동이 높았던 직후지만 화창한 아침이다. 그리고 바다 곳곳에 태양과 서늘함을 즐기면서 움직이지 않는 듯 보이는 배들의 잔잔한 안정에는, 먼저 어젯밤 폭풍의 강한 활동을 없애려는 기색이 아직 엿보이는데, 그런 부분의 바다 위는 아주 잔잔해, 배의 반영이 배 자체보다도 튼튼하며 더욱 실물답게 보여서, 오히려 배 자체가 태양열로 증발되는 것처럼 보인다. 게다가 원근법 때문에 그러한 부분도 서로 겹치고 있다. 아니 오히려, 바다의 부분이 아닌 것 같다. 왜냐하면 그 부분 사이에, 물에서 빠져나온 성당, 그리고 시가를 배경 삼은 배와 그 부분이 다른 만큼 차이가 있었기 때문이다. 이어서 이성이 작용하기 시작하여 거기에 있는 것에서 하나의 공통요소를 만들어낸다. 한 곳은 폭풍의 자국에 검으나, 더 멀리 있는 모든 것이 하늘과 한 색으로 하늘처럼 윤나고, 또 한 곳의 태양과 짙은 안개와 물거품으로 어찌나 희고, 어찌나 치밀하며, 어찌나 열매 같고, 어찌나 가옥들과 분간 안 되는지, 뭔가 돌둑 또는 눈 덮인 들이 떠오른다. 게다가, 여울에서 빠져나오면서 콧바람을 불어대는 마차와도 같이, 기선 한 척이 몹시 비탈진 경사로, 게다가 물 없이 올라가는 걸 보면서 놀라고 있다가, 잠시 뒤 단단한 고원의 높고도 울퉁불퉁한 넓이 위에, 이번에는 수많은 쪽배가 흔들리고 있는 걸 보고는, 그런 가지각색의 양상을 띠면서 거기에 있는 모든 게 또한 똑같은 바다임을 이해한다.

예술에는 진보도 발견도 없다. 진보나 발견은 오직 과학에만 있다. 또 예술가는 처음부터 모두 자신을 위하여 개인적인 노력을 시작해서, 남의 노력에 의해 도움받지도 방해되지도 않는다고 흔히 사리에 맞게 말한다. 그렇지만 예술이 어떤 법칙을 밝혀내는 한, 먼저 그 법칙이 공업에 의해 대중화되면, 그 이전의 예술은 과거를 돌아보아 독창성을 조금 잃는 것 또한 인정해야 한다. 엘스티르가 화단에 등장한 이래로, 우리는 풍경과 시가의 이른바 '예술적인' 사진을 알게 되었다. 예술 애호가들이 이 형용사로 무엇을 지적하려는 걸까. 그것을 명확하게 하고자 들면, 이 형용사가 보통 잘 알려진 것의 어떤 기발한 형상, 눈에 익숙한 바와는 다른 형상에 적용되는 걸 알 것이다. 기발하다고 하지만 그것은 진실이므로 그 형상은 우리 마음을 두 겹으로 사로잡는다. 그도 그럴 것이, 그것이 우리를 놀라게하고 우리를 습관에서 벗어나게 하며 우리한테 어떤 인상을 불러일으키면서 우리를 우리 자신으로 되돌아가게 하니까.

이를테면 그와 같이 '훌륭한' 사진의 어떤 것은, 한 가지 원근법 법칙을 빛내, 보통 우리가 시가 한가운데서 보아온 대성당을, 반대로 선택된 한 지점에서 잡아, 가옥들보다 서른 배나 더 높게 보이는데, 실제로는 강에서 멀리 떨어져 있는 것처럼 보이리라. 그런데 바깥의 사물이 어떠한 모양으로 있는지 알고 있는 대로 나타내지 않고 우리의 첫인상이 지어내는 그 시각의 착각에 따라 나타내려는 엘스티르의 노력이, 바로 그와 같은 원근법의 어떤 것을 밝혀내려고 하는 데 있었으므로, 그때 그 법칙이 더욱 이목을 끌었다. 왜냐하면 그가 도달한 예술이 처음으로 그런 법칙의 너울을 벗겼으니까. 하나의 강, 그 흐름의 굽이 때문에, 하나의 해안, 양 기슭의 절벽이 보기에 가깝기 때문에, 들 또는 산의 한가운데 사방이 꼭 막힌 하나의 호수를 판 듯했다. 찌는 듯한 여름날에 발베크에서 그린 그림에서는, 바다의 우묵한 곳이 장밋빛 화강암의 암벽 속에 갇혀, 마치 바다가 아닌 것처럼 보이고, 그 바다가 더 멀찌감치서 시작되었다. 대양으로 이어진 것은 갈매기 무리에 의해 암시되는 데 지나지 않으며, 그 갈매기 무리는 구경하는 사람의 눈에 암석으로 보이는 것 위에 빙빙 돌면서, 실은 물방울에 젖으며 물결 위를 날고 있었다.

또 다른 원근법 하나도 이 화폭에서 나왔다. 이를테면 깎아지른 절벽 밑의, 푸른 거울 위 흰 돛의, 마치 거기에 나비가 잠들어 있는 듯한 꼬마 나라의 아담함, 또 그림자의 깊음과 햇살의 희미한 빛깔 사이의 어떤 대조 같은. 그런 그림자놀이도 오늘날에 와서는 사진 때문에 아주 평범한 것이 되었지만, 엘스티르의 흥미를 끌어, 이전에 신기루 그대로를 즐겨 그렸는데, 그런 그림에는, 화창한 날씨의 야릇한 깨끗함이 물속에 비치는 그림자에 돌과 같은 단단함과 광채를 주어선지 아니면 아침 길의 안개가 그림자와 마찬가지로 돌을 기화시켜서인지, 탑을 꼭대기에 얹은 성 하나는, 그 위에 다른 탑 하나를, 그 아래에 거꾸로 된 다른 탑을 완전히 길게 늘린 원형의 성처럼 보였다. 그와 마찬가지로 바다 건너쪽, 숲이 늘어선 줄 뒤에, 또 하나의 바다가 시작되어 있어, 석양에 장밋빛으로 물들어 있는데, 실은 하늘이었다.

빛이 새로운 고체 같은 것을 만들어내어, 그것으로 두들겨 선체를 밀어내고 그림자가 된 선체에서 이번에는 그 고체를 꺼내어, 실질적으로는 평탄하나, 아침 바다의 조명으로 헤아릴 수 없이 부서지는 수면을 수정(水晶) 계단처럼 늘어놓고 있었다. 시가의 다리 밑을 흘러가는 강은 보기에 아무런 맥락이 없는 듯한 관점에서 잡아, 한곳은 호수같이 넓고, 또 한곳은 가는 물줄기같이 가늘고, 또 다른 곳은 시가 사람들이 시원한 저녁 바람을 맞으러 가는, 숲이 우거진 언덕 가운데를 가르고 있었다. 그 시가는 뒤죽박죽이 되어, 시가 전체의 리듬을 갖추고 있는 건 겨우 종탑의 꼿꼿한 수직선뿐, 그 종탑도 밑에서부터 서 있는 게 아니라 오히려 굵은 줄 끝에 매달아 무게의 깊이를 재는 식으로, 개선 행진곡 속에서처럼 박자를 고르게 하면서, 산산조각이 난 강가를 따라, 길은 안개 속에 겹겹이 싸인 가옥들의 혼잡한 온 덩어리를 끝에 늘어뜨리고 있는 듯싶었다. 또(엘스티르의 초기 작품은, 풍경화에 인물을 그려넣어 풍미를 주는 것이 유행한 시대의 작품이었으므로) 절벽 위나 산 밑에 있는 길이, 자연 속의, 반(半)인간적인 부분이, 강이나 바다와 마찬가지로, 원근법에 의하여 보이거나 가려지거나 했다. 그래서 산비탈이건, 폭포의 안개이건, 바다이건, 그 길은 산책자에겐 보이지만 우리에겐 보이지 않고, 구식 옷을 입은 조그만 인물은 그런 쓸쓸한 장소에서 길을 잃어, 심연 앞에 멈추고 있는 듯이 보이는 일이 여러 번 있었는데, 한편 거기보다 300미터 남짓 높은 전나무 숲 속에, 나그네의 발을 돕는 흰 모래의 오솔길이 나 있는 걸 보았을 때, 우리 눈은 뜨거워지고 가슴은 안도의 한숨을 내리쉬는데, 자세히 보니 산비탈이, 폭포나 물굽이를 휘돌면서 그 중간의 구불구불한 길을 우리한테서 가리고 있었다.

현실을 앞에 놓고서 그 지성의 온갖 개념에서 벗어나기 위하여 엘스티르가 치르는 노력은, 그리기에 앞서 자기를 아무것도 모르는 상태에 놓고, 모든 걸 깨끗하게 잊어버리고 마는 이 남자가(왜냐하면 자기가 아는 것은 자기 것이 아니므로), 바로 예외적으로 세련된 지성을 갖춘 것만으로 대단한 노력이었다. 내가 발베크의 성당 앞에서 느꼈던 실망을 털어놓고 말하니까 그가 말했다.

"허허, 그 현관에 실망하셨군요. 그러나 그건 대중이 읽을 수 있는 가장 아름다운 성서 이야기입니다. 성모님과 성모님의 일생을 얘기하는 그 모든 돋을새김, 그거야말로 중세기가 마돈나의 영광을 위하여 펼치는 긴 경배의 시, 찬송 시의 가장 다정하고도 영감에 가득 찬 표현입니다. 성서의 뜻을 더할 나위 없이 면밀한 정확성을 가지고서 해석하고 있는 한편, 그 늙은 조각가가 얼마나 미묘한 발견을 하고, 얼마나 심오한 사상과 아름다운 시를 발견했는지, 당신이 아신다면! 감히 직접 만지기에는 너무나 성스러운지 성모의 몸을 천사들이 커다란 천에 싸서 나르는, 그 좀처럼 추측하기 어려운 천의 생각(나는 같은 주제가 생탕드레 데 샹 성당에서도 다루어지고 있다고 그에게 말했다. 그는 이 성당의 현관 사진을 봤던 적이 있는데, 성모 주위에 한꺼번에 달려들고 있는 그 작은 촌사람들의 조급한 행동은, 날씬하고 온화한 모습이 거의 이탈리아 것인가 싶은 키 큰 두 천사의 침착함과는 전혀 관련성이 없음을 그가 나에게 지적했다). 성모의 영혼을 가져와 그 몸에 이으려는 천사. 성모와 만난 엘리사벳이 성모의 배를 만지고, 그 부름을 느끼고 놀라워하는 몸짓, 만져보지 않고서는 원죄 없는 잉태를 믿지 않으려고 하던 산파의 붕대로 싸맨 팔, 그리스도 부활의 증거를 표시하려고 성모가 토마스 성자에게 던지는 그 허리띠. 또한 성모가 그 가슴 언저리에서 떼어내 아들의 알몸을 싸는 천, 그리고 그리스도의 한쪽 옆에서 그리스도 교회의 성찬 술인 그 피를 잔에 받고, 그 반대쪽에는, 이미 자기 왕국의 통치가 끝난 유대 교회가, 눈가리개를 하고 반으로 꺾인 홀(笏)을 쥔 채, 머리에서 떨어지는 왕관과 함께, 옛 율법이 새겨진 탁자를 버리고 있습니다. 또 최후의 심판 때, 젊은 아내를 도와 묘에서 나오게 하면서, 안심시키려고 자기 심장에 아내의 손을 갖다대고 그것이 정말 고동치고 있는 걸 보여주는 남편, 이런 게 다 매우 근사한 별난 생각, 꽤 독창적인 게 아닐까요? 그리고 십자가의 환한 빛이 천체의 빛보다 일곱 배나 강하리라고 성서에 적혀 있는 까닭에, 쓸모없어진 해와 달을 가져가는 천사, 아기 예수가 들어가는 물이 알맞게 따뜻한지 보려고 손을 담그는 천사, 구름 사이에서 나와 성모의 이마 위에 화관을 놓는 천사, 높다란 천상의 예루살렘 난간 사이에서 굽어보며 사악한 무리들의 고통과 선택된 이들의 행복을 보고 무서운 듯이 또는 기쁜 듯이 팔을 번쩍 올리고 있는 천사들! 어쨌든 당신이 거기서 보게 되는 건, 하늘의 온 범위, 신학적이자 상징적인 거대한 시 한 권이니까. 그건 상식으로는 여기지 않는 것, 성스러운 것으로, 당신이 이탈리아에서 보게 될 그 어떤 것보다 천배나 뛰어난 겁니다. 이탈리아에서, 도리어 이 합각머리의 돋을새김이, 훨씬 재능이 뒤떨어지는 조각가에 의해 그대로 본떠졌던 것이죠. 왜냐하면 아시다시피, 모든 게 재능의 문제이니까. 모든 인간이 천사인 시대는 없어요. 그런 건 허풍이죠. 그런 시대가 있을 것 같으면 황금시대 이상으로 더 으리으리한 게 될 테니까. 어쨌든 그 정면을 조각한 인간은 대단한 인물입니다. 속 깊은 사상을 가진 사람이고, 당신이 가장 감탄하고 있는 현대 사람들에게 결코 뒤지지 않는 분입니다. 거기에 우리가 함께 가는 날이 있으면, 그 점을 설명해 드리죠. 성모 승천날의 미사 경문 한 구절을 해석한 게 있는데, 그 교묘함은, 르동(Redon)*도 따르지 못해요."

그가 말하는 이런 광대한 천상계의 광경, 거기에 새겨져 있는 줄 이제서야 이해하는 신학에 근거한 거대한 시편, 그렇지만 이것은 내가 그 앞에 서서 희망에 가득 찬 눈을 크게 떴을 때 보았던 것이 아니다. 높다란 발판 위에 올라서 어떤 통로를 형성하는 그 성자들의 커다란 조각상에 대해 나는 그에게 말했다.

"그 통로는 혼돈의 세기에서 출발해 예수 그리스도에게 이르는 셈이죠." 그가 말했다. "한쪽에 있는 것은 성령에 의한 그리스도의 선조들로, 반대쪽은 유대의 여러 왕, 곧 육체상 그리스도의 선조들이죠. 온 세기가 거기로 모인 셈이죠. 그래서 당신한테 높다란 발판으로 보인 것도 자세하게 들여다보았다면 그 조각상들을 앉히고 있는 게 무엇인지 말할 수 있었겠죠. 모세의 발밑에 금송아지가, 아브라함의 발밑에 숫양이, 요셉의 발밑에는 보디발의 아내에게 귀띔하는 악마가 있다는 걸 아셨을 겁니다."

나는 또한 페르시아풍에 가까운 건물을 기대했다는 것, 그것이 아마도 내가 실망한 원인 가운데 한가지였을 거라고 그에게 말했다. 그는 대답했다. "그래요, 아주 옳은 말이에요. 어떤 부분은 아주 동양적이죠. 기둥 윈 부분의 하나가 어찌나 정확하게 페르시아적인 주제를 재현하고 있는지, 지금 남아 있는 동양적 전통만으로는 설명하기에 모자랄 정도입니다. 조각가가 항해자들이 가져온 작은 상자 같은 것을 본뜬 게 틀림없어요." 과연, 그가 나중에 반은 중국풍인 용들이 서로 삼키고 있는 형태가 보이는 기둥 윗부분의 사진을 보여주었지만, 발베크에서는 '거의 페르시아식 성당'이라는 말이 내 머리에 떠오르게 한 것과는 비슷하지도 않은 건물 전체에 정신이 팔려, 그런 작은 조각은 내 눈에 띄지 않고 지나쳐버렸던 것이다.

아틀리에 안에서 나는 지적인 기쁨을 맛보았지만, 방의 반짝이는 희미한 빛, 미지근한 밝은 칠, 겨우살이덩굴로 가두리를 한 작은 창 끝 촌스러운 길의, 나무들의 간격과 그림자가 오로지 투명으로 흐리게 하고 있는 햇볕에 탄

* 프랑스의 화가이자 조각가(1840~1916).

흙의 오래 견딜 수 있는 힘을 지닌 건조 같은, 우리 정신과는 이를테면 아무런 관계없이 우리를 둘러싸고 있는 것도, 그런대로 내가 느끼는 바를 하나도 방해하지 않았다. 아마도 이 여름날에서 비롯하는 내 무의식의 안락함이, 흘러드는 분류처럼, '카르크튀이 항구'를 보고서 생긴 내 기쁨을 더 크게 한 것이었으리라.

나는 그때까지 엘스티르를 겸허한 사람인 줄 여겼는데, 고맙다는 인사말 가운데 내가 명성이라는 낱말을 입 밖에 냈을 때 그의 얼굴에 침울한 기색이 나타나는 걸 보고, 내가 잘못 생각했음을 깨달았다. 자기 작품의 영속성을 믿는 이들은—엘스티르의 경우도 그렇다—그들의 육체가 한 줌 티끌에 지나지 않을 미래의 한때에, 그 작품을 놓는 습관을 갖는다. 그래서 명성이라는 관념은, 어쩔 수 없이 허무에 대한 반성을 시켜 그들을 우울하게 만든다. 명성의 관념이 죽음의 관념과 떼어놓을 수 없기 때문이다. 뜻하지 않게 엘스티르의 이마를 흐리게 한, 그런 거만스러운 우울의 검은 구름을 없애려고 나는 화제를 바꿨다. "나에게 이런 충고를 해준 사람이 있어요." 콩브레에서 르그랑댕과 나누었던 대화를 생각하면서, 또 그것에 대해 엘스티르의 의견을 듣게 되는 걸 만족스러워하면서 나는 말했다. "브르타뉴에 가지 말라고 충고한 사람이 있었어요. 몽상에 잠기는 경향이 있는 정신에게 해로우니까." —"천만에." 그가 대답했다. "정신이 몽상에 이끌리는 때, 그 정신을 몽상에서 멀리 떼어놓거나, 몽상의 양식을 제한하거나 해서는 안 되죠. 당신이 그 몽상에서 정신을 딴 데로 돌리는 한, 당신의 정신은 몽상을 알 수 없겠죠. 본성을 이해할 수 없으므로 갖가지 사물의 겉모습에 농락받을 겁니다. 몽상하는 게 얼마간 위험하다면, 그것을 낫게 하는 방법은 몽상을 더 적게 하는 게 아니라, 몽상을 훨씬 많이 하는 것, 모든 걸 몽상하는 겁니다. 몽상에 시달리지 않으려면, 자기 몽상을 완전히 알 필요가 있어요. 몽상과 실제 삶 사이는 얼마간 분리가 되어 있고, 또 이 점이 많은 경우에 유익해서, 나는 스스로 묻기를, 어찌 되든 간에 분리를 미리 행동에 옮겨야만 하지 않느냐고 해요. 마치 외과의사가 앞으로 맹장염에 걸리지 않게, 다들 어린 시절에 맹장을 없애야 한다고 주장하듯이."

엘스티르와 나는 아틀리에 안쪽, 맞은편에 거의 촌스러운 좁은 길 같은 골목길이 있는 뜰로 향한 창가에 가 있었다. 늦은 오후의 시원한 공기를 들이 쉬기 위해서였다. 나는 작은 동아리의 젊은 아가씨들한테서 멀리 있는 것으로 여겼고, 마지못해 할머니의 부탁을 들어 엘스티르를 만나러 가기로 했을 때, 그녀들을 만나는 희망을 한 번만 희생시키는 줄로 생각했다. 찾는 것이 어디에 있는지 모르고, 우리를 초대한 장소를 다른 이유로 오랫동안 피하는 일이 있었기 때문이다. 머리에서 떠나지 않는 바로 그 존재를 거기서 만나리라고는 꿈에도 생각지 못했다. 나는 멍하니 시골길을 바라보고 있었다. 그것은 아틀리에 바깥, 바로 그 옆으로 통했으나 엘스티르의 집으로는 통하지 않았다. 돌연 거기에 나타난 것은 작은 동아리 가운데, 자전거를 끌고 다니는 아가씨가 그 검은 머리칼 위에 통통한 뺨까지 폴로를 푹 내려쓰고 쾌활하고도 약간 고집 센 눈을 하고서 총총걸음으로 걸어왔다. 그리고 감미로운 미래의 약속에 기적적으로 가득한, 이 행운의 좁은 길 나무 밑에서 그녀가 엘스티르한테 친한 친구 사이의 미소로 인사 보내는 것을 보았다. 그 인사는 나를 위해, 우리 물속과 땅 위 모두의 세계를, 이제껏 이르기가 불가능하다고 생각했던 곳을 잇는 무지개다리였다. 그녀는 화가에게 손을 내밀려고 가까이 오기까지 했으나 걸음을 멈추지 않았다. 나는 그 턱에 조그만 사마귀가 있는 걸 보았다.

"이 아가씨를 아시나요?" 나는 엘스티르에게 물었다. 이분이 나를 그녀에게 소개할 수도, 그의 집에 그녀를 초대할 수도 있으리라 여겼던 것이다. 그러자 촌스러운 환경 속에 조용한 이 아틀리에에 갑자기 다사로움이 더해져 가득 차게 되었다. 마치 어느 집에서 한 어린이가 이미 만족하고 있는데, 그 위에, 후하게 준 좋은 물건과 고귀한 분들이 수북이 준 선물에 싸이면서, 으리으리한 다과회가 자기를 위해 준비되고 있는 것을 알았을 때처럼 엘스티르는 그녀 이름이 알베르틴 시모네라는 것과, 그녀의 벗들의 이름도 알려주었다. 그가 거의 망설이지 않도록 내가 그 벗들의 특징을 꽤 정확하게 그려 보였던 것이다. 그녀들이 어떤 사회계급에 속해 있는지에 대해서 나는 오해했던 것인데, 그것은 발베크에서 저지른 오해와는 반대였다. 말을 타는 상인의 아들을 거침없이 왕자로 생각해왔다. 그런데 산업계와 실업계에 속하는 매우 부유한 프티부르주아 계급의 그 아가씨들을 내가 수상한 사회 환경 속에 두었던 것이었다. 프티부르주아란 처음부터 내 관심 밖의 계급이었다. 나에게 그것은, 천민계급의 신비도, 게르망트 같은 상류 사교계의 신비도 없었다.

바닷가 생활의 눈부신 공허에 어리둥절해진 내 눈이 그녀들에게 지레 어떤 현혹할 매력을 주지 않았다면, 그녀들이 대상인의 딸들이라는 사실만으로는, 아마도 나는 신비를 품지 않은 그런 관념을 정복하려 들지 않았으리라. 프랑스 부르주아 계급이 매우 변화무쌍한 인간 조각의 신기한 아틀리에와 얼마나 비슷한가를, 나는 새삼 감탄하지 않을 수 없었다. 얼굴 윤곽에 얼마나 뜻하지 않은 형태, 독창적인 것, 이목구비의 또렷한 선, 산뜻함, 천진스러움이 있는지! 이런 다이애나*들과 요정들을 만들어낸 탐욕스런 부르주아 영감들이, 나에게는 가장 위대한 조각가들처럼 느껴졌다. 내가 아직 이 아가씨들의 사회적인 변신을 깨달을 이유도 없는 중에—그도 그럴 것이 이런 모양으로 어떤 착오가 발견되거나, 어느 인물에 관한 개념이 바뀌거나 하는 건 화학 반응처럼 순식간이니까—내가 처음에 자전거 선수나 권투 선수의 정부들로 잘못 생각했던, 언뜻 불량해 보이는 그녀들의 얼굴 뒤로 우리가 아는 그 공증인 같은 가족과 아주 친한 사이가 아닐지도 모른다는 생각이 퍼뜩 들었다. 그러나 알베르틴 시모네가 어떠한 아가씨인지 나는 아직 거의 몰랐다. 그녀도, 어느 날에 가서 나에 대하여 그녀가 어떠한 인간이 될 것인지 몰랐을 게 틀림없다. 바닷가에서 내가 들은 적이 있던 시모네(Simonet)라는 이름도 써 보라고 하면, 나는, 그 가족이 철자에 n자가 하나밖에 없는 것을 중히 여기고 있음을 꿈에도 생각 못하고 n을 둘 붙였을 것이다. 사회계급이 낮아지는 만큼 속물근성은 하찮은 것에 집착한다. 하찮은 점으로는 귀족계급의 특권의식 이상이 아닐지 모르지만, 애매한 점, 가지각색으로 독특한 점으로는 그 이상이어서, 훨씬 더 사람을 놀라게 하는 게 있다. 시모네(Simonnet) 가문에, 크나큰 실패, 혹은 더 나쁜 일을 한 사람이 있었나 보다. 어쨌든 시모네 집안사람들은 n자를 둘 붙여 쓰면 핀잔을 받은 것처럼 번번이 화를 냈나 보다. n을 둘이 아니라 하나만 가진 유일한 시모네 집안이라고 자랑해왔나 보다. 마치 몽모랑시 가문이 프랑스 최초 남작 가문이라고 자랑하듯이. 내가 엘스티르에게 그 아가씨들이 발베크에 살고 있느냐고 물으니까, 그녀들 가운데 몇이 그렇다고 대답했다.

그중 한 아가씨의 별장은 바닷가 끝머리, 바로 카나프빌의 절벽이 시작되

* 로마 신화에 나오는 여신.

는 곳에 있었다. 그 아가씨가 알베르틴의 친구라니까, 내가 할머니와 함께 있었을 때 만났던 아가씨가 알베르틴이라고 믿을 만한 이유가 더 커진 셈이었다. 물론 바닷가로 뻗은 깎아세운 듯한 작은 길이 많고, 다 같은 기울기를 하고 있으므로, 그것이 어느 것이었는지 정확하게 구별하기란 어려울 것이다. 정확하게 떠올려보려 해도, 그 순간에 흐릿해진다. 그렇지만 알베르틴과 그 벗의 집으로 들어간 아가씨가 한 인간, 다시 말해 같은 인물이라는 건 확실했다. 그런데도 그 뒤에 경쾌한 골프복 차림의 갈색 머리 아가씨가 나에게 보인 수많은 영상이 아무리 서로 달라도 겹쳐져 있어서(왜냐하면 그것들이 모두 똑같은 그녀에게 속해 있음을 이제는 알기 때문에), 내 기억의 실을 거슬러 올라가면, 이 같은 인물이라는 핑계로, 마치 안으로 통하는 길을 따라가듯이, 같은 인물에서 떨어지지 않은 채 그 모든 영상을 하나하나 통과할 수 있다. 다만 한 가지, 할머니와 함께 있던 날 엇갈린 아가씨까지 거슬러 올라가려고 하면, 다시 한 번 바깥 세계로 나가야 한다. 거기서 다시 만나는 아가씨가 알베르틴이라는 것이 나에겐 확실했다. 벗들과 어울려 산책하다가, 바다 수평선 위에 비쭉 나오면서, 벗들 사이에 자주 걸음을 멈추던 그 알베르틴임이 틀림없다. 그러나 이런 모든 영상이 어디까지나 할머니와 함께 산책하는 날에 보았던 또 다른 영상과 나누어져 있는 까닭은, 나로선 내 눈에 강렬하게 비친 순간에 같은 아가씨로 느껴지지 않았던 것을, 지난 일을 돌이켜 생각해 억지로 같다고 할 수 없기 때문이다. 확률 계산이 아무리 다짐을 준다 할지라도, 바닷가로 나가는 작은 길 모퉁이에서 그처럼 대담하게 나를 주의 깊게 바라보던 통통한 볼의 그 아가씨, 내가 그 순간에 사랑받았을지도 모르는 그 아가씨와 재회라는 낱말의 엄격한 뜻으로는 나는 영원히 만날 수 없었던 것이다.

이러한 원인에 또 하나의 원인이 덧붙어, 그 위에, 처음 나를 얼떨떨하게 한 집합적인 매력을 저마다 얼마간 지니고 있는 그 작은 동아리의 가지각색인 젊은 아가씨들 사이에서 내 눈의 망설임이 나중에 생긴, 알베르틴에 대한 나의 가장 큰 연정—두 번째 연정—의 시기에서마저 그녀를 사랑하지 않는다는 더할 수 없이 짧은 때를 가진, 어떠한 간헐적인 자유를 나에게 남긴 게 아닐까? 결정적으로 그녀의 위에 시선이 멈추기까지 그녀의 모든 벗 사이를 배회했으므로, 나의 연정은 가끔 알베르틴과 그녀의 영상 사이에 어떤 '빛의 유희'가 들어갈 여지를 남겨, 그 때문에 나의 연정은, 초점이 고르지 못한 조명처럼, 그녀에게 쏠리기에 앞서, 다른 아가씨들의 위로 이리저리 옮길 수 있었다. 내가 느낀 애달픔과 알베르틴의 추상 사이의 관계가 나에게 피할 수 없는 일로 여겨지지 않아서, 이런 애달픔을 다른 아가씨의 영상과 일치시킬 수도 있었으리라. 그런 경우, 순식간의 번개처럼, 나는 현실을 없어지게 할 수 있었다. 그 현실은 질베르트에 대한 내 연정에서처럼(이 연정을 나는 내적인 한 상태로 보고, 내가 사랑하는 여인의 특수한 자질이나 개성 따위, 그 여인을 내 행복에 없어서는 안 될 존재로 만들고 있는 온갖 요소가 내게서 뽑힌 것으로 생각했다), 그저 외적인 현실만이 아니라 내적인 순수한 주관적인 현실이기도 했다.

"그녀들 가운데 하나가 아틀리에 앞을 지나가다 잠깐 들르지 않은 날이 없을 정도랍니다." 엘스티르가 말했다. 그 말을 들으니, 할머니가 찾아가보라고 일렀을 때 바로 방문했더라면, 이미 오래전에 알베르틴과 알게 되었으리라 생각하자 나는 매우 낙심했다.

그녀는 이미 멀리 가서, 이제 아틀리에에서는 그 모습이 보이지 않았다. '둑 위로 가서 그 벗들과 만나는구나.' 나는 생각했다. 거기에 엘스티르와 함께 있게만 된다면 그녀들과 벗이 될 것이었다. 나는 여러 핑계를 꾸며대어 나와 함께 바닷가를 한 바퀴 산책하러 가자고 그에게 권했다. 조금 전 젊은 아가씨가 작은 창틀 안에 나타나기 이전 같은 침착성을 잃어버린 나는, 그때까지 겨우살이덩굴 밑에 그처럼 아름다웠던 작은 창도 이제는 없었다. 엘스티르는, 나와 함께 몇 걸음 걸어도 좋기는 하나, 그리고 있는 부분을 먼저 끝내야 한다고 말하면서, 나에게 안타까움이 섞인 기쁨을 주었다. 그것은 꽃 그림이었다. 그러나 내가 바라는 꽃이 아니었다. 내가 그에게 그려달라고 하고 싶었던 것은, 인물 초상보다도 꽃 그림으로, 그것도 내가 그 앞에서 그토록 자주 헛되이 탐구해보았던 것의 모습을—흰 산사나무, 장밋빛 산사나무, 수레국화, 사과나무 꽃을—그의 천재적 계시를 통해 배우고 싶어서였다. 엘스티르는 그림을 그리면서 나에게 식물학 얘기를 하기 시작했으나 나는 거의 듣지 않았다. 이제는 그 자신만으로는 충분하지 못했다. 그는 오로지 젊은 아가씨들과 나 사이에 필요한 중개자에 지나지 않았다. 조금 전까지 그의 재능은 그에게 야릇한 위세를 갖추게 했는데, 그 위세도 지금은 그가 나에게 소개해줄 작은 동아리의 눈앞에서 나 자신에게 그 얼마간을 주는 한에서만 값어치가 있을 뿐이었다.

그의 일이 어서 끝나기를 기다리며 나는 아틀리에 안을 오락가락했다. 벽 쪽으로 겹겹이 쌓인 많은 습작을 손이 닿는 대로 집어 구경했다. 그러다가 엘스티르의 생활에서 꽤 오래된 것으로 보이는 수채화 하나를 꺼냈는데, 그 그림은 어떤 유다른 황홀감을 일으켰다. 그런 작품은 상쾌한 제작일 뿐만 아니라, 또는 매우 독특한, 매우 매력 있는 주제를 다룬 것으로 우리는 그 그림 매력의 일부를 그 주제의 까닭으로 돌린다. 그리고 그 매력은 자연 안에 이미 구체적으로 존재하고 있어 화가는 오직 그것을 찾아내 관찰하고, 재현하면 그만인 것이다. 이와 같은 대상이 화가의 해석 밖에서 아름답게 존재할 수 있음은, 이성에 박해당한, 인간의 본디 물질주의를 우리 마음에 만족시키고, 미학의 추상 관념에 맞서는 힘으로써 이바지한다. 그것은—곧 그 수채화—젊은 여인의 초상화로, 아주 예쁘지는 않으나, 신묘한 여성이 버피색 비단 리본으로 가두리를 한 중산모자와 매우 비슷한 머릿수건을 쓰고 있다. 미텐(mitaine)*을 낀 손 하나에 불붙인 담배를 들고, 다른 한 손에는 햇볕을 피하기 위한 밀짚으로 된 수수한 가리개인 커다란 정원 모자를 무릎 높이까지 쳐들고 있다. 여인 곁에는, 탁자 위에 장미꽃이 가득한 꽃병이 있었다. 흔히, 이번 경우도 그렇겠지만, 이런 작품의 독특성은, 특히 작품이 첫눈으로 보아서 뚜렷하게 알아차리지 못하는 특수한 상황에서 제작되었다는 점에 있다.

예를 들어 한 여인 모델의 이색적인 분장이 가장무도회 변장인지, 또는 화가가 기분 내키는 대로 입힌 것 같은 한 노인의 붉은 외투가, 교수나 참사관으로서의 가운인지, 아니면 추기경의 붉은 옷인지, 잘 분간할 수 없을 때가 있다. 지금 내가 보고 있는 이 초상의 인물이 띤 모호한 특성은, 잘 이해되지 않는 데다 그 인물이 반쯤 분장한, 옛날의 젊은 무대 배우라는 점에 있었다. 짧으나 부푼 머리칼 위에 얹힌 중산모자, 흰 셔츠 앞쪽에 벌어진 안자락 없는 벨벳 겉옷 따위가, 그것이 유행했던 시대와 모델 성별을 알쏭달쏭하게 만들었으므로 이곳에 있는 습작 가운데에서 가장 밝은 그림이라는 사실밖에

* 손가락 둘째 마디까지 노출시키는 여성용 장갑.

는, 내가 보고 있는 그림이 무엇인지 잘 모른다. 그리고 그림이 나에게 주는 기쁨도, 엘스티르가 아직 꾸물대고 있어서 젊은 아가씨들과 만나는 기회를 놓치고 말지 않을까 하는 걱정 때문에 흐려질 뿐이었다. 그도 그럴 것이 해가 이미 기울어져 작은 창문 속 아래쪽으로 보였기 때문이다. 이 수채화 속에는, 사실대로 인정되는 것은 하나도 없었고, 오직 이 장면 속의 유용성, 예를 들어 의상이라면 여인이 그걸 입어야만 한다든가, 꽃병이라면 꽃을 꽂아놓기 위한 유용성 때문에 그려진 게 하나도 없었다. 꽃병 유리는 그 자체의 아름다움으로 사랑받고, 물은 마치 그 유리 자체 속에 갇혀 있는 듯하며, 카네이션 줄기는 물같이 투명한, 거의 똑같은 유동성을 지닌 것 속에 잠겨 있는 것 같다. 여인의 옷도 그 자체로 독립된 아름다움, 그 여인의 자매 같은 아름다움을 갖고서 여인의 몸을 두르고 있다. 그리고 모르면 몰라도 옷 같은 공예품도 아름다움에서, 암고양이의 털이나, 카네이션 꽃잎이나, 비둘기 깃과 마찬가지로 섬세하고, 보기에 풍취 있고 뚜렷한 색채가 풍부하여, 그린 자연의 미묘한 창작물에 겨룰 수 있을 성싶다. 가슴받이의 흰빛은, 싸라기눈같이 촘촘한 올에다가, 그 경박한 주름이 은방울꽃 방울처럼 작은 방울을 늘어놓아, 방의 밝은 빛 반사가 별같이 반짝거리는데, 리넨에 수놓은 꽃다발처럼 거기만이 도독하고 미묘한 명암을 나타내고 있다. 벨벳 윗도리는 무지갯빛으로 빛나고, 여기저기 비죽비죽한 데가, 저며진 데가, 복슬복슬한 데가 있어, 그것이 꽃병 속 카네이션이 헝클어진 모습을 떠올리게 한다.

그러나 특히 느껴지는 점은, 재능 있는 연기보다 어떤 관객의 환락에 마비된, 퇴폐한 관능이 주는 자극적인 매력 쪽을 틀림없이 중히 여기고 있을 듯한 젊은 여배우의 이 분장이, 어떠한 부도덕한 것을 나타내고 있었든 엘스티르가 아랑곳하지 않고, 오히려 그러한 애매하고도 야릇한 특징에 마음 끌린 그가, 마치 심미적인 한 요소나 되는 듯이, 일부러 그것을 드러나게 하고 강조하기 위해 온갖 노력을 기울였다는 것이다. 얼굴선을 좇으면, 조금 사내아이 같은 아가씨 얼굴로 스스로 가려지는 듯한 점까지 이르다가, 꺼지고, 좀 있다가 다시 나타난다. 하지만 이번에는 오히려 행실이 고약한, 몽상가의, 여자 같은 젊은이일지도 모른다는 암시를 주면서, 다시 슬쩍 달아나, 그대로 이해할 수 없는 채 끝난다. 꿈꾸는 듯한 애수에 젖은 눈매의 특징도, 도리어 방탕과 극의 세계에 어울리는 액세서리로 강조되어, 보는 사람을 덜 혼란시킨다고는 할 수 없었다. 게다가 그 눈의 표정은 짐짓 꾸민 게 틀림없다는 생각이 들게 하고, 도발적인 의상을 걸치고 애무에 몸을 맡기려는 듯 보이는 이 젊은 인물은, 남모르는 감정과 말 못할 슬픔을 담은 그런 공상적인 표정을 지어 틀림없이 의상을 돋보이게 하는 것에 자극적인 흥분을 느끼고 있다는 생각도 들게 했다.

초상 아래쪽에 씌어 있었다. '미스 사크리팡, 1872년 10월.' 난 참을 수 없었다. "허어, 그건 하찮은 것이죠, 젊었을 때 그린 엉터리 그림이죠. 바리에테 극장의 레뷔를 위한 의상이었어요. 다 오래된 일이죠."—"모델은 누구였습니까?" 나의 이런 질문에 엘스티르 얼굴에는 한순간 놀라는 기색이 나타났지만, 금세 무관심한, 아무래도 좋다는 표정을 지었다. "자아, 어서 그 화포를 돌려주시죠." 그가 말했다. "안사람이 들어오는 소리가 들리는군요. 그야 물론 중산모자를 쓴 이 젊은이는 내 생활과 아무 관계도 없어요. 하지만 안사람에게 지금 이 수채화를 보일 필요는 없지요. 그 시대 연극의 재미나는 재료로서 갖고 있을 뿐이에요." 그러나 엘스티르는 아마도 오랫동안 이 수채화를 보지 않았을 것이다. 그 그림을 뒤로 감추기 전에 주의 깊게 바라봤다. "남겨두는 건 머리 부분뿐이야. 아래쪽은 정말 서툴게 그렸어, 손 좀 봐, 초보자의 솜씨야." 그는 이렇게 중얼거렸다.

엘스티르 부인이 들어와서 우리의 출발이 더욱 늦어지게 되니 정말 딱한 노릇이었다. 창문의 테두리가 오래지 않아 장밋빛이 되었다. 우리의 외출은 쓸모없을 것 같았다. 그 아가씨들을 볼 기회가 없을 듯싶었다. 그래서 엘스티르 부인이 빨리 나가든 늑장 부리든 이미 대수로운 일이 아니었다. 하기야 그녀는 그다지 오래 있지 않았다. 나는 그녀가 몹시 진저리나는 여인이라고 생각했다. 만약에 그녀가 스무 살이고, 로마의 들판에서 소를 몰고 있기라도 하면 아름답게 보였을는지 모른다. 그러나 그 검은 머리칼은 희끗희끗하기 시작했으며, 평범한 여인인데 솔직한 점도 없었다. 왜냐하면 점잔 빼는 거동과 엄숙한 태도가 자기의 조각적인 아름다움에 필요한 조건이라고 여기는 듯싶었으므로. 게다가 그런 조각적인 아름다움은 나이 탓으로 모든 매력을 잃고 있었다. 그 옷차림은 더할 나위 없이 단순했다.

엘스티르가 말끝마다 다정스러운 경의를 품고, "내 아름다운 가브리엘!"이라는 말을 입 밖에 냈는데, 그것을 입 밖에 내는 것만으로도 그에게 감동과 존경의 정이 일어나는 것 같았고, 듣고 있는 이쪽도 감동했지만, 그래도 꺼림칙한 느낌이 들었다. 나중에 신화를 주제로 한 엘스티르의 그림을 알게 되었을 때, 나에게도 엘스티르 부인이 아름답게 보였다. 그때 내가 깨달은 바는, 그의 작품에 끊임없이 나타나 있는 선이나 아라베스크로 요약되는 이상적인 모양, 어떠한 규범, 그러한 것에 대하여 그가 거의 성스러운 성격을 부여하고 있었다는 사실이었다. 왜냐하면 그의 모든 시간, 가능한 한 사고력의 온 노력, 한마디로 말해 온 생애를 그는 그러한 선을 바르게 구별하고, 그것을 더 충실하게 다시 나타내기 위한 끊임없는 노력을 했기 때문이다. 이와 같은 이상이 엘스티르의 마음에 일으켰던 것은 참으로 엄숙하고, 영원히 만족할 줄 모르며, 까다로운, 진정한 예배의 정이었다. 이 이상은 그 자신의 가장 내적인 부분이며, 따라서 그것을 뚜렷이 드러나게 하여 존경할 수도, 거기서 감동을 꺼낼 수도 없다가, 드디어 어느 날, 그것이 바깥에, 한 여성의 몸속에, 다시 말해 나중에 엘스티르 부인이 된 이의 몸속에 실현된 것을 찾는 것이다. 그 여성의 몸속에서만—우리로서 우리 자신이 아닌 것에 대해서만 가능한 일이 있듯이—그의 이상이, 칭찬받을 만한, 감동시키는, 숭고한 것이라는 사실을 깨닫게 된 것이다.

게다가 이 얼마나 안심이냐, 그때까지 그토록 지나친 수고와 더불어 자기로부터 추려내야만 했던 그 '아름다움' 위에 자기 입술을 내려놓다니. 또 지금은 그 아름다움이 신비스럽게 육신을 지니고, 영검스런 영성체의 의식을 위하여 그에게 몸을 맡기고 있다니! 이 무렵 엘스티르는 이미, 사고력만으로 이상이 실제로 이루어지기를 기대하며 젊은 시절을 보냈다. 정신력을 자극하려고 육체의 만족에 기대를 거는 나이, 정신의 피로가 우리로 하여금 물질주의에 기울이게 하고, 활동력의 감퇴가 외적인 영향을 수동적으로 받아들이는 가능성으로 기울이게 하는 나이, 마침내 특수한 대우를 받는 어떤 육체, 어떤 직업, 어떤 생명의 리듬이라는 것이 있어, 그런 것을 만나면 매우 자연스럽게 우리의 이상을 실현할 수 있으며 그때에는 타고난 재능이 없더라도, 다만 어깨의 움직임, 목의 선을 묘사만 해도 걸작을 만들어낼지 모른다고 우리를 이해시키기 시작하는 나이에 이르고 있었다. 이는, 우리의 바깥이나 가까이, 장식 융단 안에, 골동품상에서 발견한 티치아노의 아름다운 사생화 속에, 티치아노의 그림 못지않게 아름다운 애인 속에, 우리가 눈으로

'아름다움'을 어루만지기 좋아하는 나이이다. 이런 점을 깨닫고 보니, 이제 나는 엘스티르 부인을 볼 때마다 기뻤고, 그녀 몸의 우둔함도 구름처럼 사라졌다. 내가 그녀의 육체를 어떤 관념으로, 곧 그녀는 엘스티르가 그린 초상화, 비물질적인 인간이라는 관념으로 채웠기 때문이다. 나에게 그녀는 한낱 초상화였으며, 엘스티르에게도 그랬을 게 틀림없다.

생활이 우리에게 주는 것들은 예술가한테 셈속에 들지 않고, 예술가로서는 그것이 오직 타고난 재능을 나타내는 기회에 지나지 않는다. 엘스티르가 그린 여러 초상화 열 폭을 나란히 놓고 보면, 뭐니뭐니해도 먼저 엘스티르의 그림이라는 걸 느낀다. 다만 재능의 파도가 넘쳐 실생활을 덮어버린 뒤에, 두뇌가 피로해지면, 균형이 조금씩 깨진다. 한사리의 역류 끝에 다시 본디 흐름으로 돌아가는 강처럼, 다시금 실생활이 우위를 차지한다. 그런데 첫 시기가 계속되는 동안, 예술가는 의식하지 못한 타고난 재능에서, 법칙 또는 방식을 조금씩 찾아낸다. 소설가라면 어떠한 상황이, 화가라면 어떠한 풍경이 그에게 소재를 제공하는지 예술가는 안다. 그 소재 자체로는 아무래도 좋지만, 실험실 또는 아틀리에 모양으로 그의 탐구에 필요하다. 어둑어둑한 빛살의 효과와 더불어, 죄의 관념을 여러 가지로 바꾸는 뉘우침과 더불어, 석상처럼 나무 밑에 자세를 취하게 하거나 물속에 반쯤 몸을 잠기게 한 여인과 더불어, 걸작을 만들어낸 것을 예술가는 안다. 그러다가 두뇌의 노쇠로, 그의 타고난 재능이 쓴 소재를 앞에 놓고서도 그의 작품을 만들어낼 수 있는 유일한 지적 노력을 할 만한 기력이 없게 되는 날이 오리라. 그렇지만 소재가 예술가의 마음속에 눈뜨게 하는, 일을 향해 켠 불, 정신적인 기쁨을 느끼므로 소재가 가까이 있음을 행복하게 생각하면서 계속 소재를 탐구하리라. 게다가 그 소재가 다른 것보다 나은 듯이, 그 속에 예술작품 대부분의 요소가 이미 있어, 이를테면 거기에 다 된 작품이 잉태되어 있기라도 한 듯이, 그것을 어떤 미신으로 싸면서, 예술가는 이제 모델의 집으로 자주 다니는 것 밖에, 모델을 뜨겁게 사랑하는 것밖에 하지 않으리라. 뉘우친 범죄자의 회한이나 갱생이 그의 소설의 주제가 되었다면, 그 뒤로는 그런 범죄자와 더불어 한없이 이야기하리라. 안개로 어둑어둑해진 고장에 시골집을 사리라. 그는 몇 시간이나 여인들이 미역 감는 걸 구경하는 데 보내리라. 아름다운 천을 모으리라. 이와 같이 생활의 아름다움, 말하자면 뜻 잃은 낱말이야말로, 예술 이쪽에 자리잡은, 그리고 스완이 거기에 멈춰 있는 것을 내가 본 적이 있던 단계로, 타고난 재능의 감퇴와 더불어, 지난날의 타고난 재능을 약동시켰던 갖가지 형태를 우상적으로 우대하고, 더 적은 노력이 들기를 바라면서, 한낱 엘스티르가 점점 퇴보해가게 되어 있는 바로 그 단계였다.

그는 마침내 그 꽃에 마지막 붓질을 했다. 나는 잠깐 그걸 구경하면서 시간을 보냈는데, 그 젊은 아가씨들이 이젠 바닷가에 없으리라는 걸 알고 있으므로 그다지 힘들지 않았다. 그러나 그녀들이 아직 거기에 있는데 이러한 시간 낭비로 기회를 놓치고 있다는 생각이 들었다 해도 나는 그가 하는 작업을 구경했을 것이다. 왜냐하면 엘스티르는 나를 젊은 아가씨들과 만나게 하는 것보다 꽃에 더욱 관심을 두고 있구나 하고 스스로 타일렀을 테니까. 할머니의 성품은 나의 철저한 이기주의와 정반대였는데도, 이 또한 내 성격에도 반영되어 있었다. 내가 아무런 관심을 두지 않으면서도, 언제나 애정과 존경심을 품고 있는 듯이 꾸며 보이는 어떤 상대가 그저 불쾌한 꼴을 당하는 한편 나는 위험에 처한 경우에, 나는 내 몸의 위험을 대수롭지 않게 생각하고 상대의 불쾌함을 중요한 일이나 되는 양 불쌍히 여기는 것밖에 달리 어떻게 할 수 없었으리라. 그도 그럴 것이 사태가 상대의 눈에 비치는 양상을, 내가 생각하는 크기임에 틀림없는 걸로 생각할 테니까. 사실 그대로 말하면, 그 크기는 좀 지나쳐서, 나 자신이 당하는 위험을 분하게 여겨 탄식하지 않을 뿐더러 그 위험 앞에 나아가고, 남들에게 관계되는 위험을 목격한다면, 나 자신이 위험하게 될 기회가 더 많아져도 오히려 남들이 위험에서 벗어나도록 애썼을 것이다.

이는 전혀 나의 명예가 되지 않은 몇 가지 이유에서 비롯한다. 그 한 가지는, 이성으로 사물을 판단하는 한, 내가 특히 생명에 애착을 품어왔더라도, 내가 살아 있는 동안에, 도덕적인 걱정 또는 한갓 신경적인 불안이라든가, 때로는 말하기조차 쑥스러운 어린애 같은 불안이 내 마음을 괴롭힐 때마다, 내게는 목숨을 위태롭게 하는 위험을 가져오면서, 뜻하지 않은 사건이 일어날 때에는, 그 새로운 관심사는 다른 것들에 비하여 매우 가벼운 것으로 느껴져, 오히려 휴식의 정으로 그것을 마중하고, 그것이 즐거움에까지 이르는 적이 있었다. 이렇듯 나는 이 세상에서 가장 용기 없는 인간인데도, 이성으로 생각하고 있을 때에는 내 성질과는 매우 인연이 먼, 상상할 수조차 없었던, 이 위험에 대한 도취라는 걸 알기 시작했던 것이다. 그러나 설령 내가 완전히 평온하고도 행복한 때에, 어떤 위험, 그것도 목숨과 관계되는 위험이 나타났더라도, 누군가 함께 있다면 그 사람을 피난시키고, 나를 위험한 자리에 놓을 수밖에 없었으리라. 수많은 경험으로 늘 그와 같이 기쁘게 행동해온 사실을 알았을 때, 내가 늘 믿어온 것과 확인해온 것과는 반대로, 내가 남들의 의사에 매우 민감하다는 걸 발견하고는 크게 부끄러워했다. 이런 자존심이야 남들이 알 턱 없지만, 허영심이나 거만과는 아무런 관계도 없다. 왜냐하면 허영심이나 거만을 만족시킬 수 있는 것도 나에게는 아무 기쁨도 가져다주지 않았으며, 사실 나는 늘 그런 것을 삼가왔기 때문이다.

그러나 나라는 존재가 그다지 너절한 인간이 아니라는 인상을 줄 만한 사소한 장점을 상대에게 완전히 감추는 데 성공한 내가, 그래도 내 나름의 길이 아니라 상대의 길에서 죽음을 떨쳐버리도록 마음 쓰고 있다는 걸 표시하는 기쁨을 스스로 거절할 수가 없었다. 이럴 때의 나의 동기는 미덕이 아니라 자존심이니까, 상황 또는 사람에 따라 달리 행동하는 것을 당연한 일로 생각한다. 그 점에 대해 상대를 나무라기는커녕, 그 경우 만약에 상대와 마찬가지로 나로서도 그렇게 할 수밖에 없는 어떤 의무감에 동요되었다면, 아마 나도 그렇게 했을 것이다. 나무라기는커녕 나는 상대가 목숨을 아끼는 것이 매우 슬기롭다고 생각한다. 한편으론 내 목숨을 소홀히 하지 않고서는 못 배기면서. 이 점은, 폭탄이 터지기라도 하면 스스로 나아가 내 몸으로 보호해주려 하던 수많은 사람의 목숨이, 나의 목숨보다 값어치가 덜한 것을 인식한 이상, 가장 어리석고 죄스러운 짓으로 느껴졌다. 하기야 엘스티르를 방문한 이날은 이러한 값어치의 차이를 의식하게 되는 때에서 먼 옛날이고, 또 목숨의 위험 같은 문제와는 아무 관계도 없으며, 오직 끝마치지 않은 수채화보다도 열렬히 갈망해 마지않는 나 자신의 기쁨 쪽에 더 큰 중요성을 두는 겉모습을 보이지 않으려는, 고약스런 자존심의 전조에 지나지 않았다.

마침내 수채화가 끝났다. 드디어 밖에 나왔을 때 뜻밖에 늦지 않은 것을 깨달았다. 그만큼 낮이 긴 계절이었다. 우리는 둑 쪽으로 걸어갔다. 그 젊은 아가씨들이 아직 지나갈 것 같은 장소에 엘스티르의 걸음을 멈추게 하려고 얼마나 농간을 부렸는지! 우리 옆에 치솟아 있는 절벽을 가리키면서, 쉬지 않고 그 절벽에 대한 얘기를 청해, 그로 하여금 시각을 잊게 하고 그곳에 멈추게 했다. 바닷가 끝머리 쪽으로 가는 편이 작은 동아리를 붙잡는 기회가 많을 성싶었다. "저기 절벽 가까이에 선생님과 함께 잠시 가보고 싶은데요." 나는 엘스티르에게 말했는데, 젊은 아가씨들 가운데 하나가 몇 번 그쪽으로 가는 것을 마음속에 담아두었기 때문이었다. "저쪽으로 가는 동안 카르크튀이에 대해서 말씀해주세요. 정말이지, 카르크튀이에 가고 싶어요!" 나는 이렇게 덧붙였는데, 그때는 엘스티르의 〈카르크튀이 항구〉에 그토록 힘차게 나타나 있는 새 특징이, 그 바닷가 특유의 가치 때문이 아니라, 오히려 이 화가의 시각에서 비롯하고 있는 것을 생각지 못했다. "그 화면을 보고 나서, 거기는 라즈(Raz)*[1]와 함께 내가 가장 알고 싶은 곳이 됐나 봐요, 하기야 여기서부터 라즈에 가려면 먼 길이지만요."—"그러나 나로서는 라즈의 곶보다 가깝지 않더라도 권하고 싶은 건 아마 카르크튀이 쪽이겠죠." 엘스티르가 대답했다. "라즈의 곶은 감탄할 만하지만, 결국 아시는 바의 노르망디, 또는 브르타뉴의 커다란 절벽과 영원히 같으니까요. 카르크튀이, 그 낮은 바닷가 위에 비쭉비쭉 난 바위들은 아주 별다른 것들이지요. 내가 알기로는 그와 비슷한 것이 프랑스에는 없어요, 오히려 플로리다 주의 어떤 광경을 떠오르게 하죠. 참으로 신기하고 게다가 미개한 고장이지요. 클리투르(Clitourps)와 느옴(Nehomme) 중간에 있는데, 아시다시피 육지에서 가까운 바다 위가 얼마나 황량한지, 해안선의 아름다움은 황홀하죠. 이곳 해안선은 평범하지만, 저쪽은 말할 수 없을 정도로 우아하고 그윽해요."

땅거미가 지기 시작했다. 돌아가야 했다. 엘스티르를 그의 별장 쪽으로 돌아가게 했다. 그때 돌연 파우스트 앞에 메피스토펠레스가 나타났듯이, 길 저쪽에—허약하고 과도한 감수성으로 괴로워하는 나에게는 마치 빠져 있는 듯한, 거의 야만스럽고 잔인하다고도 할 수 있는 생활력, 나의 기질과는 정반대되는 기질의 비현실적이고도 악마적인 객관화이기나 한 듯이—다른 어떤 것하고도 혼동할 수 없는 정수(精髓)의 반점 몇 방울, 젊은 아가씨들의 식충류(植蟲類)*[2] 포자가 몇 개 나타났는데, 그 아가씨들은 나를 안 보는 체하면서도, 나에게 냉소적인 비평을 가하려 한다는 것은 의심할 여지가 없었다. 그녀들과의 만남을 피할 수 없다고 느낀 나는, 엘스티르가 나를 불러주리라

---

*1 브르타뉴의 최첨단에 있는 곶의 하나.

*2 산호·불가사리 등 그 형태가 식물과 비슷한 동물. zoophyte.

는 예상을 하면서도, 물결을 받아넘기려고 하는 해수욕객처럼 등을 돌렸다. 내 유명한 동반자가 걸어가도록 내버려두면서, 나 자신은 딱 멈춰, 뒤에 처진 채, 바로 그 순간에 지나치는 중인 골동상의 진열창 쪽으로, 마치 급작스럽게 그것에 흥미를 느끼기나 한 듯이 몸을 기울였다. 그런 젊은 아가씨들보다도 다른 것을 생각할 수 있는 체하는 것이 나로서도 그다지 나쁜 기분은 아니었다. 그리고 엘스티르가 나를 소개하려고 부를 때 놀라움이라기보다도, 오히려 놀라워하는 겉모양을 짓고 싶은 욕망을 드러내는 어떤 의심쩍은 눈길을 내가 하리라는 것을—그런 경우 누구나 다 서투른 배우이고, 상대의 방관자는 용한 인상학자이다—또 손가락으로 내 가슴을 가리키기까지 해서 "나를 부르시나요?" 묻고, 알고 싶지도 않은 사람들에게 일부러 소개되려고 옛 도자기의 감상을 못하게 된 불쾌한 얼굴을 쌀쌀하게 감추어, 순종과 온순으로 머리를 굽히고 빨리 달려가리라는 걸, 나는 어렴풋이 알고 있었다.

그러는 동안 나는 진열창을 물끄러미 보면서, 엘스티르가 부르는 내 이름이, 바라 마지않는 동시에 위험하지 않은 공 모양으로 나를 때리는 순간을 기다렸다. 젊은 아가씨들에게 소개될 것이 확실해지자, 그 결과로서 나는 그녀들에게 무관심한 태깔을 부렸을 뿐만 아니라, 실상 무관심을 느끼고 말았다. 피할 수 없는 일이 되고 보니, 그녀들과 알게 되는 기쁨이 압축되고 축소되어, 생루와 담소하거나, 할머니와 식사하거나 가까운 곳으로 소풍 가거나 하는 기쁨보다 더 보잘것없이 느껴졌다. 틀림없이 고적에 흥미 없을 아가씨들과 사귀게 되어, 근처로 나가는 소풍을 어쩔 수 없이 소홀히 하게 되면 안타까웠다. 더구나 내가 가지려고 하는 기쁨을 줄이는 것은, 그 실현이 눈앞에 있는 것뿐만 아니라, 주먹구구식인 것에도 원인이 있었다. 유체정역학(流體靜力學)의 법칙과 마찬가지로 엄밀한 법칙이, 일정한 순서에 따라 심상을 형성하고, 형상의 누적을 유지하다가, 막상 사건이 가까이 오면, 그 순서가 뒤죽박죽이 되는 일이 있다. 엘스티르는 나를 부를 것이다. 그러나 내가 여러 차례 바닷가나 방에서 그녀들과 벗이 되는 걸 떠올렸을 때는 전혀 이런 방식이 아니었다. 지금 일어나려고 하는 것은 내가 짐작도 못한 다른 사건이었다. 나는 그것에서 내 희망도, 희망의 대상도 인정할 수 없다. 엘스티르와 함께 나온 것을 거의 후회까지 했다.

하지만 특히 예상했던 기쁨이 줄어들고 만 것은, 이제는 아무것도 그 기쁨을 내게서 빼앗지 못한다는 확신 탓이었다. 그리고 이 확실성의 압박을 벗어나, 마치 탄력에 의한 듯이 기쁨이 본디 높이를 되찾은 것은, 뒤돌아보려고 결심한 내가, 몇 걸음 떨어진 곳에 젊은 아가씨와 함께 멈춰 있는 엘스티르의, 그녀들에게 또 보자고 작별인사를 말하는 모습을 본 순간이었다. 그의 옆에 가장 가까이 있는 아가씨의 얼굴은, 통통하고 눈빛에 반짝거려, 하늘을 조금 보이게 틈을 남긴 과자 같았다. 그녀의 눈은 움직이지 않아도 움직이는 인상을 준다. 마치 강풍이 부는 날, 눈에는 보이지 않아도 대기가 매우 빠르게 하늘을 통과하는 걸 감각으로 알 때와 같았다. 한순간 그녀의 눈길이 나와 엇갈렸다. 마치 뇌우가 쏟아지는 날, 속도가 느릿한 구름에 가까이 가서, 그 곁을 따라가다 그것을 스치고 앞지르는 하늘의 나그네처럼. 그러나 하늘의 나그네들은 서로를 몰라 멀리 떨어지고 만다. 그처럼 우리의 눈길도 한순간 마주치지만, 저마다 앞길에 있는 하늘의 대륙이 장차 어떠한 약속과 홍조를 품고 있는지 몰랐다. 다만 그녀의 눈길이 내 눈길 속을 정확히 지나간 순간만, 그 속도를 늦추지 않은 채 조금 흐려졌다. 그와 같이 갠 밤하늘을, 바람에 밀리는 달은 한 조각 구름 속을 지나, 잠깐 흐려졌다가 금세 그 모습을 다시 드러낸다. 그런데 엘스티르는 나를 부르지도 않고 이미 아가씨들과 헤어졌다. 그녀들은 골목으로 들어갔다. 그는 내게로 왔다. 모두 실패로 돌아갔다.

이미 말했듯이, 알베르틴은 그날 이전같이 내 눈에 보이지 않았다. 또 그 뒤로도 만날 때마다 달리 보였다. 하지만 그 순간에 내가 느낀 것은 한 인간의 풍채와 용모, 중대성, 키의 크기에서의 어떤 변화 또한, 그 인간과 우리 사이에 놓여 있는 어떤 심적인 상태의 변화에 기인하는 것인지도 모른다는 점이다. 그 점에 관한 가장 큰 소임을 맡은 게 확신이다(그날 저녁, 얼마 있지 않아 알베르틴과 벗이 되리라는 확신과 뒤이어 그 확신의 상실은, 내 눈에 그녀를 하찮게 비치게 하고, 뒤이어 한없이 귀중하게 비치게 했다. 몇 년 뒤, 알베르틴이 나한테 성실하다는 확신에 이은 그 확신의 상실은, 비슷한 변화를 가져왔다).

물론 이미 콩브레에서, 나는 어머니 옆에 있을 수 없는 슬픔이, 시각에 따라, 또 내 감수성을 나눈 두 개의 커다란 양식 가운데 내가 어느 쪽에 들어가 있는지에 따라, 더해지거나 덜해지는 것을 보았다. 오후 동안에는 마치 햇빛이 찬란할 때 달빛과 마찬가지로 깨닫지 못하다가, 밤이 오자 조금 전의 새로운 기억이 모두 사라지는 대신에 그것만이 불안한 내 영혼을 지배했다.

그러나 이날, 나를 부르지 않고서 엘스티르가 젊은 아가씨들과 헤어지는 걸 봤을 때, 기쁨이나 슬픔이 우리 눈에 비치는 중대한 변화는, 이 두 가지 심적인 상태의 순환에서뿐만 아니라, 눈에 보이지 않는 확신의 이동에서도 생긴다는 사실을 알게 되었다. 이를테면 이런 확신은 우리한테 죽음을 대수롭지 않도록 생각하게 하는데, 확신이 비현실성의 빛을 죽음 위에 뿌리기 때문이다. 따라서 우리가 음악 야회에 가는 걸 아무리 중대하게 여긴들, 만약에 우리를 단두대에 매달려고 한다는 알림에, 이 야회를 감싸는 확신이 홀연히 사라지고 만다면, 이 야회는 매력을 잃게 된다. 확신이 연출하는 그런 역할을, 내 속에 있는 그 무엇은 알고 있었다. 그것은 의지였다. 그러나 지성이나 감성이 그것을 모른다면 의지가 아무리 안다 한들 헛일이다. 지성과 감성은 우리가 그녀와 헤어지고 싶어하는 줄로 믿고, 오로지 의지만이 우리가 애인에게 집착하고 있는 줄로 알고 있는 경우도 있다. 헤어져도 얼마 지나지 않아 그녀와 다시 만나리라는 우리 확신의 구름으로 지성과 감성의 시야가 흐려졌기 때문이다. 그런데 이 확신의 구름이 흩어지고 갑자기 지성과 감성이 애인이 영영 떠나간 줄 안다면, 그때에는 지성과 감성은 초점을 잃고, 광기에 사로잡힌 듯이 쾌락마저 그지없이 커진다.

확신의 변화는 또한 연정의 소멸이니, 연정은 확신 앞에서 떠돌아다니다가, 한 여인 곁에서 멈춘다. 곧 곁에까지는 갈 수 있지만 그 여인에게 다다르기는 거의 불가능하기 때문이다. 그때부터 머릿속에 그려보기 힘든 그 여인에 대해 생각하기보다, 그 여인을 알 방법에 대해 더 많이 생각하게 된다. 안타까움의 온 과정이 펼쳐지고, 또 우리가 거의 잘 모르는 대상인 여인 위에 우리의 연정을 붙들어두는 데는 그만으로 충분하다. 연정은 끝없이 커지고, 현실의 여인이 그 안에 얼마나 작은 자리를 차지하는가를 우리는 생각해 보지도 않는다. 엘스티르가 젊은 아가씨들과 함께 걸음을 멈추는 걸 본 순간처럼, 느닷없이 우리가 불안이나 안타까움을 멈추는 일이 있다면 그 안타까움이야말로 우리의 연정이라서, 마침내 우리가 생각지도 못했던 값어치의 먹이를 덥석 문 순간, 급작스럽게 연정이 사라진 듯이 느껴지는 것이다. 도대체 나는 알베르틴에 대하여 뭘 알고 있었을까? 한두 번 바다를 배경 삼은 옆얼굴뿐이다. 확실히 베로네제가 그린 여인들의 옆얼굴만큼 아름답지 않아서 순전히 심미적인 이유에 따르기라도 했다면 오히려 알베르틴보다 베로네제가 그린 여인들 쪽이 더 좋았으리라.

그런데 내가 어찌 그런 다른 이유를 따를 수 있었겠는가? 불안이 누그러지자 다시 머리에 떠오르도록 할 수 있는 게 그 말없는 옆얼굴일 뿐, 아무것도 남기고 있는 게 없었기 때문이다. 처음 알베르틴을 본 뒤, 나는 날마다 그녀에 대해 수많은 생각을 해봤고, 내가 그녀라고 부르는 인물과 끝없는 내적 대화를 나누며, 그녀에게 질문하게 하고, 대답하게 하며, 생각하게 하고, 행동하게 했다. 시시각각으로 내 마음속에 줄이어 나타나는 공상된 알베르틴의 한없는 계열 속에, 바닷가에서 눈에 띈 실제의 알베르틴은, 맨 앞에 잠깐 얼굴을 나타내고 있는 데 지나지 않아, 마치 긴 흥행 중에, 한 역의 '창조자'인 여배우, 곧 스타가 첫날 상연밖에 출연하지 않는 것과 같았다. 이런 알베르틴은 거의 실루엣에 지나지 않고, 그 위에 겹쳐 놓인 것은 모두가 나의 산물이었다. 이렇듯 연정에서는 사랑을 하는 우리한테서 가져 온 것이—다만 분량에서 보건대—사랑을 받는 상대한테서 온 것보다 많다. 이 점은 가장 현실적인 사랑에서도 그렇다. 더할 수 없이 보잘것없는 것 주위에 생기는 사랑이 있을 뿐만 아니라, 또한 그것으로 계속 존재할 수 있다—개중에는 그런 사랑으로 육체의 소원을 푼 사람들마저 있다.

우리 할머니의 옛 그림 선생으로, 신분이 천한 정부에게 딸을 낳게 한 분이 있었다. 그 애가 태어난 지 얼마 뒤에 어머니가 죽고, 그림 선생도 비탄한 나머지 오래 살지 못했다. 우리 할머니나 몇몇 콩브레 부인들이나, 이 선생 앞에서는 그 여자에 대한 말을 삼갔는데—하기야 선생은 그 여자와 공공연하게 같이 산 것도 아니고, 관계도 아주 제한되었다—그러나 선생이 죽기 몇 달 전에, 어린 딸의 앞날을 보장해주기 위해 종신 연금을 마련하자는 생각을 해냈다. 이 제안을 한 분이 할머니였는데, 친구분들 가운데에는 찬성하지 않은 분도 있었다. 그 이유인즉, 어린 딸이 정말로 그처럼 대단한 문제냐, 스스로 친아버지라고 믿는 아버지의 딸에 지나지 않는 게 아니냐, 어머니라는 사람이 그런 여자이고 보니 과연 누가 친아버지인지 어떻게 알겠느냐 하는 것이었다. 하지만 결국 결심했다. 어린 딸이 사례차 왔다. 밉상인데, 늙은 그림 선생과 닮아 의혹은 사라졌다. 머리칼만이 그런대로 보기 좋아서 한 부인이 딸을 데리고 온 아버지에게 말했다. "머리칼도 참 고와라!" 그러자, 지금 죄 많은 여인도 죽고, 선생도 반송장이 된 상태여서, 이젠 지금껏 모른 체해온 그 과거에 대해 언급해도 괜찮다고 생각한 우리 할머니가 덧붙였다. "아마 혈통인가 봐요. 애 어머니도 이런 고운 머리칼을 하셨던가요?"—"글쎄요." 아버지가 솔직하게 대답했다. "모자를 쓰고 있을 때만 봐서 잘 모르겠는데요."

엘스티르한테로 가야 했다. 나는 유리 속에 비치는 내 꼴을 보았다. 소개되지 않았다는 충격에다, 넥타이가 옆으로 비뚤어지고, 꼴사납게 모자 밑으로 긴 머리칼이 비쭉 나와 있는 걸 알았다. 그러나 그런 꼴이라도, 내가 엘스티르와 있을 때에 그녀들과 만나, 그녀들에게 강한 인상을 주었을지도 모르는 것은 행운이었다. 이날 하마터면 너절한 조끼로 갈아입을 뻔했는데, 할머니가 권하여 예쁜 조끼를 입고, 가장 좋은 짧은 지팡이를 짚고 나온 것도 말하자면 행운이었다. 왜냐하면 우리가 바라 마지않는 사건은 결코 우리가 생각한 대로 일어나지 않으며, 기대할 수 있다고 여긴 유리한 점이 없는 대신에 바라지도 않던 다른 유리한 점이 나타나 전체를 서로 보완하니까. 우리는 처음부터 최악의 경우를 매우 두려워했으므로, 통틀어 살펴보면 오히려 우연이 우리에게 행운을 가져다주었다고 생각하는 적이 더 많다.

"그 아가씨들과 알게 되었더라면 얼마나 좋았을까요." 나는 엘스티르의 곁에 이르면서 말했다. —"그럼 어째서 멀리 있었습니까?" 이게 그가 입 밖에 낸 말이었는데, 속셈을 나타낸 게 아닌 것이, 그가 정말로 내 소원을 들어줄 생각이 있었다면 나를 부르는 거야 아주 쉬웠기 때문이다. 실은 잘못을 저지른 서민이 잘 쓰는 이런 말을 들었으므로 그것을 입 밖에 낸 것이며, 또 군자라 할지라도 어떤 일에서는 서민과 같아, 나날의 빵을 빵장수한테서 사듯이, 일상의 핑계를 서민의 상용어 속에서 잡아내기 때문일 것이다. 이와 같은 말이란 진실의 반대를 겉에 드러내고 있으므로 이를테면 거꾸로 알아들어야 하는, 반사작용의 필연적인 결과, 반사작용의 현상한 사진인지도 모른다. '아가씨들이 서둘러대고 있어서' 또는 그가 특히 그녀들의 눈 밖에 난 나를 그가 부르는 걸 그녀들이 말렸던 걸지도 모른다고 생각했다. 그렇지 않고서는 그녀들에 대해 이것저것 물어보았을 뿐만 아니라, 내가 그녀들에게 관심 있는 것을 그가 잘 알았던 직후라, 나를 부르지 않았을 리가 없었다.

"카르크튀이 얘기를 했죠." 그가 문가에서 작별하기에 앞서 나에게 말했다. "조그맣게 그린 게 있는데, 그 바닷가 모퉁이가 잘 나타나 있습니다. 그림도 그다지 나쁘지 않고, 이건 별문제지만요. 좋으시다면 우리가 우정을 맺은 기념으로 내 그림을 드리고 싶은데요." 그가 덧붙였다. 상대가 바라는 것을 거절한 사람에게 그 대신 다른 것을 주는 격이다.

"혹시 갖고 계시다면 미스 사크리팡의 작은 초상화 사진을 한 장 받고 싶은데요. 그런데 그 이름은 뭐가 그렇죠?"—"그 모델이 엉터리 소가극에서 맡은 역의 이름이죠."—"하지만 나는 그 여인을 전혀 모릅니다. 보아하니 나와 아는 사이로 생각하시는 모양이지만." 엘스티르는 입을 다물었다. "설마 결혼하기 전의 스완 부인은 아니겠지요." 나는 사실과의 우연한 갑작스러운 부딪침을 느끼고 말했다. 이런 우연한 부딪침은 더할 수 없이 드문 일이지만, 사후에 예감설이라는 것을 성립시키는 데 필요한 어떤 기초를 주기에 충분하다. 단 그 예감설을 부정하는 모든 오류를 잊는 게 필요하지만. 엘스티르는 대꾸하지 않았다. 그건 확실히 오데트 드 크레시의 초상화였다. 그녀는 여러 가지 이유로 그 초상화를 지니고 싶지 않았던 것이다. 그 몇 가지 이유는 너무도 뚜렷하다. 다른 이유도 있었다. 오데트가 얼굴과 몸매를 창조해나가기 이전의 초상화라는 이유였다. 그 뒤, 그녀가 창조한 멋들어진 선을, 미용사, 재봉사, 그녀 자신이—몸가짐, 말하기, 미소 짓기, 손을 놓기, 눈길을 보내기, 생각하기의 방식에서—존중하게 되었다. 황홀하도록 아름다운 아내가 되고 난 오데트의 '결정판'이라고 할 수많은 사진보다, 스완이 그 방 안에 놓아둔 작은 사진 한 장, 팬지꽃을 장식한 밀짚모자 밑에 더부룩한 머리칼이 나오고, 야윈 얼굴에, 마르고 밉상으로 보이기까지 하는 젊은 여인의 작은 사진 쪽을 더 좋아했다면, 이는 연정에 시들한 사내의 타락한 취미임에 틀림없다.

게다가 그 초상화, 스완이 좋아하던 사진처럼, 오데트의 얼굴이 당당하면서도 매력적인 하나의 새로운 형태로 체계화되기 이전의 그 초상화가, 설령 조직화 이전의 것이 아니라 그 이후의 것이었더라도, 엘스티르의 시각은 그런 형태를 망가뜨리기에 충분했으리라. 타고난 예술적 재능이란, 극도의 고온과 마찬가지로 원자의 배합을 파괴하고, 또 반대의 순서에 따르면서 다른 형태에 응하며 원자를 모으는 힘을 가지고 있다. 여인이 얼굴에 더한 인공적인 조화, 밤마다 외출하기에 앞서, 모자의 기욺, 머리칼의 윤택, 눈매의 활기를 고치면서, 거울 속에 그대로 있나 없나 주의 깊게 들여다보고 그대로 있음을 확인하는 그 인공적인 조화, 이것을 위대한 화가의 한눈이 순식간에 부숴버리고, 대신에 그 속마음이 지닌 그림과 여인에 대한 어떤 이상을 충족시키려고 여인의 얼굴을 다시 조립한다. 마찬가지로 어느 나이에 이르자, 흔히 위대한 탐구자의 눈은, 사물 간의 관계를 성립시키는 데 필요한 요소를 곳곳에서 발견하게 되고 또 그런 관계만이 그의 흥미를 끌게 된다. 마치 까다롭게 굴지 않고 손에 들어온 연장과 악기로 만족하는 장인과 연주자가 군말 없이, 이건 안성맞춤이구나 하고 말하는 것과 마찬가지다. 따라서 다음과 같은 일이 있었다.

전에, 가장 고귀한 미인의 전형이던 뤽상부르 공주의 사촌누이가, 그즈음 새로웠던 예술에 열중해, 자연주의 화가 가운데에서도 대가에게 자신의 초상화를 부탁한 일이 있었다. 그런데 그 화가의 눈은 당장 여기저기에서 흔히 보는 걸 찾아냈다. 화폭 위에는 귀부인 대신에 심부름하는 계집애가 그려져 있고, 그 뒤에 기울어진 보랏빛 널따란 배경은 피갈의 광장을 떠올리게 할 만한 것이었다. 그러나 이토록 극에까지 가지 않더라도, 대화가가 그린 여성의 초상화는, 여인의 까다로운 성미—이를테면 여성이 늙기 시작하자 제 딸의 자매이거나 제 딸의 딸같이 보이게 하려고 그대로 젊은 자태인 것을 보이려, 거의 여자아이 같은 옷차림으로 촬영케 하거나, 경우에 따라 자기 곁에 '옷을 멋없게 입은' 딸을 있게 하거나 하는 까다로운 성미—에 만족감을 주려고 하지 않을 뿐더러, 반대로 여성이 감추고 싶어하는 약점을 두드러지게 했다. 이런 약점은, 열병 환자의 얼굴색, 아니 오히려 창백한 얼굴색처럼 작용한다—고온은 '특징'을 가진 만큼 더 화가의 마음을 끈다. 하지만 그 약점은 그만큼 일반 서민 감상자에게는 환멸을 줘서, 여인이 자랑스럽게 뻐대로 버티고 있는 이상, 여인을 맞줄임할 수 없는 오직 하나뿐인 형태로 싸서, 다른 인간의 구름 위 권역 밖에 놓고 있는 이상을, 감상자의 눈앞에서 가루처럼 잘게 부스러뜨린다. 완벽한 모습으로 군림하던 특유한 전형에서 추방된 지금에 와서는 하찮은 여인에 지나지 않아, 그 우월성에 조금도 믿음이 가지 않고 만다. 이제껏 우리가 이런 전형 안에 넣어왔던 게, 오데트의 아름다움뿐만 아니라 그 개성, 그 본인과의 일치까지 넣어와서, 그녀한테서 이런 전형을 벗겨낸 초상화를 앞에 놓자 우리는, '보기 흉하게 그렸군!' 외치고 싶어질 뿐만 아니라, 또한 '조금도 닮지 않았는걸!' 내뱉고 싶어지는 것이다. 우리는 그것이 그녀라고 믿기 어렵다. 그녀라고 인정할 수 없다. 그런데도 그 초상화에 그려진 존재는, 분명히 어디서 본 듯한 기분이 든다.

그러나 거기에 있는 인간은 오데트가 아니다. 그 인간의 얼굴과 몸의 모습은 우리가 잘 알고 있는 것이다. 하지만 떠올리게 하는 건 오데트라는 여인은 아니다. 그녀는 결코 이런 모양으로 서 있은 적이 한 번도 없으며, 여느 때의 자세에게 이렇듯 괴상하고도 도발적인 아라베스크를 그린 적이 없기 때문이다. 다른 여인들, 엘스티르가 그려온 모든 여인을 떠올리게 한다. 그녀들이 설령 아무리 별나더라도, 그가 이와 같이 똑바로 서게 하기를, 활 모양으로 휜 발을 치마 밖으로 비죽 나오게 하기를, 동그란 큰 모자를 손에 들게 하기를 좋아한 여인을 모자에 덮여 있는 무릎 높이에, 앞을 보고 있는 다른 얼굴의 둥근 면에, 잘 어울리게 대응하고 있는 여인을. 요컨대 천재가 그린 초상화는, 여인의 교태와 아름다움에 대한 여성 제멋대로의 개념 같은 것이 정의한 전형을 분해하는 것만이 아니다. 또한 초상화가 설령 옛것이라도, 시대에 뒤진 의상을 입히고 실물을 찍은 사진 모양으로, 그 실물을 예스럽게 보이는 것만으로 그치는 게 아니다. 초상화에서, 시대를 나타내는 것은 여인이 입은 옷의 투뿐만 아니라, 도리어 화가가 그린 투이다. 이 투, 곧 엘스티르의 초기의 투는, 오데트로서는 가장 견딜 수 없는 출생증명서였다. 왜냐하면 그 무렵 그녀의 사진처럼, 그것은 그녀를 알려진 고급 창부 족속의 맨 끝자리에 등록시켰을 뿐만 아니라, 그녀의 초상화를 이미 망각 또는 역사에 속하는 사라진 허다한 모델에 의하여 마네나 휘슬러가 그린 수많은 초상화 가운데 하나로 같은 시대의 것으로 만들었기 때문이다.

엘스티르를 집까지 배웅하는 동안, 그의 곁에서 말없이 이런 생각을 새김질하면서, 나는 그 모델의 근본에 대해서 지금 막 머리에 떠오른 발견에 넋을 잃었다가, 이 첫 발견이 두 번째 발견을 만들었다. 더욱 나를 곤란하게 했던 발견, 화가 자신의 근본에 대한 발견이다. 엘스티르는 오데트 드 크레시의 초상화를 그렸다. 이 천재, 이 현자, 이 은자, 훌륭한 대화의 달인으로 모든 일을 굽어보는 철학자가, 지난날 베르뒤랭네 집 출입을 허락받은 어리석고도 타락한 화가였다는 것이 과연 있을 수 있는 일인가? 그에게 물었다.

베르뒤랭네를 알고, 그때 비슈(Biche) 씨라는 별명으로 불리지 않았느냐고. 그는 당황하지도 않고, 그렇다고 대답했다. 마치 그런 사실 따위는 그의 생활에서 이미 옛것이 되어버린 부분에 속한다는, 내 마음속에 야릇한 환멸이 일어나고 있는 것을 알아채지 못하는 듯. 그러나 눈을 쳐드는 순간, 그는 내 얼굴에서 환멸을 알아보았다. 그의 얼굴에는 불만의 표정이 떠올랐다. 우리는 이미 그의 집에 거의 이르고 있었는데, 지성과 심성이 덜 뛰어난 사람이었다면 이때 그저 무뚝뚝한 작별인사를 하고, 그 뒤 나하고 만나기를 피했을는지도 몰랐다.

하지만 엘스티르가 나에게 취한 태도는 그렇지 않았다. 진정 거장답게—순수한 창조라는 관점에서는, 거장이라는 낱말의 뜻에서, 한낱 거장인 것은 그의 유일한 결점인지도 몰랐다. 왜냐하면 예술가가 정신 생활의 진실 속에 완전하게 살려면 본디 고독해야 하고, 그 제자들에게도 자아를 아껴야 하기 때문이다—젊은이들이 최상 교육을 받을 수 있도록, 만일 그것이 자기에 대한 것이거나 남들에 대한 것이라도, 온갖 상황에서, 거기에 지니고 있는 진실의 부문을 꺼내주려 애쓰고 있었다. 따라서 그는 그 자존심의 앙갚음이 될 것 같은 말보다 나에게 교훈이 될 만한 말을 택했다. 그는 말했다. "아무리 총명한 자라도 그 젊음의 한때에, 뒷날 생각만 해도 불쾌한, 될 수만 있다면 그런 기억을 머릿속에서 지워버리고 싶은 말이나 생활을 하지 않았던 자는 없지요. 그러나 그건 별로 뉘우치지 않아도 좋아요, 왜냐하면 현자가 된다는 건 만만치 않은 수도여서, 먼저 자기가 어리석은 또는 밉살스러운 화신(化身)을 두루 거치지 않고선 그 마지막 화신을 얻지 못하기 때문입니다. 명문 출신의 자손으로, 중학 시절부터 가정교사가 정신의 고귀성과 심적인 아담한 정취를 가르친 젊은이들이 있다는 건 나도 압니다. 그들은 나이 들어 과거를 돌이켜보았을 때, 아마도 거기서 떼어버릴 게 하나도 없을 터이며, 그들이 말한 것을 다 터놓고 떠벌리면서 그것에 서명할지도 모르죠. 하지만 그들은 정신이 가난한 사람들, 실천도 않고서 헛된 이론이나 내세우는 자의 힘없는 자손이며, 그 예지는 소극적이자 열매를 맺지 못하는 불모지입니다. 예지는 배울 수 없는 것이고, 아무도 대신해주지 못하는 나그넷길, 아무도 도와주지 않는 여정을 걸은 뒤에 저 자신이 발견하는 거죠. 왜 그런고 하니, 예지는 사물을 보는 관점이니까. 당신이 감탄해 마지않는 생활, 고귀하다고 생각하는 태도도 아버지나 교사에 의해서 마련된 게 아니라 처음에 생활의 주위를 지배하고 있는 악덕이나 평범함의 영향을 받아 아주 딴판인 출발점에서 일어난 겁니다. 그것은 투쟁과 승리를 나타냅니다. 첫발을 내딛던 때의 우리 모습이 이제 알아볼 수 없게 된 것은, 아무튼 불쾌한 것이었음을 나는 알아요. 그렇지만 그 불쾌한 모습이 부인당해서는 안 됩니다. 그것이 바로 우리가 진실하게 살아왔다는 표시이자, 우리가 영위한 생활과 정신의 법칙에 따라, 모두에게 공통된 생활의 수많은 요소에서, 예컨대 화가라면 아틀리에의 생활에서, 예술가 동아리의 생활에서, 그 생활을 넘어서는 그 무엇을 얻어냈다는 표시이니까."

우리는 문 앞까지 왔다. 나는 아가씨들을 알게 되지 못한 것에 실망했다. 그러나 결국 언젠가는 그녀들을 다시 만나게 되리라는 가능성이 있었다. 다시는 나타나는 걸 못 보리라 여겼던 수평선에, 지금은 그녀들이 다만 지나가 버리는 게 아니었다. 그녀들 둘레에 그 커다란 소용돌이, 그녀들에게 가까이 갈 수 없다는, 영원히 달아난 건지도 모른다는 생각이 불러일으킨 불안에 기운을 돋우어, 끊임없이 활동하는, 흔들리는 절박한 욕망의 해석에 지나지 않았으며, 우리 사이를 떼어놓았던 그 커다란 소용돌이가 이제 일어나지 않았다. 그녀들에 대한 욕망, 그것이 가능하다는 것을 알자마자, 실현을 미루어 온 다른 욕망들 곁에, 그것을 쉬게 하여 남겨둘 수 있게 되었다. 엘스티르와 헤어지고, 나는 혼자가 되었다. 그러자 갑자기 여태껏 느꼈던 환멸에도, 머릿속에 하나하나 또렷하게 떠오른 것은, 이런 일이 생기리라고는 꿈에도 생각지 못했던 여러 우연이었다. 바로 엘스티르가 그 아가씨들과 친한 사이였다는, 아침까지만 해도 아직 나한테는 바다를 배경 삼은 그림 속의 인물에 지나지 않던 그 젊은 아가씨들이, 나를 알아보고, 더더구나 대화가와 함께 있는 나를 알아보았을 뿐더러, 지금은 이 화가가 그녀들과 벗이 되고 싶어하는 나의 욕망을 알고 있음은 물론이려니와 틀림없이 내 욕망을 도와주리라는 우연이었다. 이런 모든 것이 나한테 기쁨의 원인이었건만, 이 기쁨이 그대로 숨어 있었던 것이다. 이 기쁨은 이를테면 손님과 같아서, 자기가 있는 것을 알리려고, 남들이 떠나버려 우리가 혼자 있게 되기를 기다리고 있었다. 남들이 떠나자 우리는 그 손님의 모습을 알아채고 자아, 당신하고만 있게 되었습니다, 들어봅시다 하고 그에게 말을 시킬 수 있었다.

때로는 이런 기쁨이 우리한테 들어오는 시각과 우리가 기쁨 속에 들어갈 수 있는 시각 사이에 쇠털 같은 시간이 흘러, 그동안 우리가 수많은 다른 사람들과 만나야 하므로, 그 손님이 기다리지 못하지나 않을까 걱정한다. 그러나 그 손님은 참을성이 많으며, 지치지 않고 기다려준다. 다른 사람이 다 가버리자마자, 우리는 금세 그 손님과 마주한다. 때로는 도리어 우리 쪽이 어찌나 피곤한지, 우리의 기력 없는 사고 속에, 우리의 나약한 자아만을 유일한 처소, 유일한 실행의 기반으로 삼는 추억이나 인상을 붙잡아둘 만한 힘이 없을 듯한 생각이 들기도 한다. 그럴 때 우리는 뉘우치리라. 왜냐하면 생존이란 현실 세계의 티끌 속에 마법의 모래가 섞이는 날, 일상생활의 어떤 비속한 사건이 어쩌다가 정열적인 동기가 되는 날밖에 거의 흥미롭지 못하기 때문에. 이런 날에는 가까이 갈 수 없는 세계의 어느 곳이 홀연히 몽상의 빛 속에 온 모습을 나타내 우리 삶 속에 들어오고 그때에 우리는 잠에서 깨어난 듯 삶 속에서 똑똑히 본다, 꿈속에서밖에 보지 못하리라고 여겨온 아주 열렬하게 몽상하던 사람들을. 언제라도 내가 바라는 때에 그 젊은 아가씨들을 알게 되리라는 가능성이 가져다준 안심은, 생루의 출발 준비로 지내게 된 며칠 동안, 그녀들을 계속해서 살펴볼 수 없었던 만큼 더욱더 소중했다.

할머니는 생루가 할머니와 나에게 보인 여러 친절에 사례의 뜻을 표하고 싶어했다. 나는 할머니에게 생루가 프루동 예찬자라는 사실을 말해, 할머니가 사들였던 많은 분량의 철학자 자필 서한을 이곳으로 보내오게 하자는 생각을 할머니에게 주었다. 이 편지가 도착한 날, 그날은 생루가 출발하기 전날이었는데, 생루가 그것을 보려고 호텔에 왔다. 공손하게 한 장 한 장 손에 쥐고 탐독하면서 구구절절 외우려고 애쓰다가 일어나서, 할머니에게 너무 오래 머문 것을 사과하기 시작했을 때, 그는 할머니의 대답을 들었다.

“천만에, 죄다 가져가요, 당신 것이니까요. 주고 싶어서 보내오게 한 거죠.”

그는 의지의 간섭없이 마음대로 생기는 육체적인 징후를 억누르기보다 더 참기 힘든 기쁨에 사로잡혀, 벌을 받는 어린애처럼 빨갛게 되었다. 그래서 온몸을 냅다 흔들어대는 기쁨을 억누르려고 기를 쓰는(잘 되지 않는) 그를 보자, 할머니는 입 밖에 낼 수 있는 감사의 말 전부를 받은 것보다 더욱 감동했다. 그러나 감사의 정을 변변치 못하게 나타낸 것을 근심한 그는, 다음 날 병영에 돌아가려고 탄 작은 철도차 창문에 기대면서, 할머니에게 그 점을 잘 변명해달라고 나한테 부탁했다. 사실 병영으로 말하면 그다지 먼 거리가 아니었다. 발베크와 병영을 오가며, 밤에는 부대로 돌아가던 때에 곧잘 그렇게 한 것처럼, 이번에도 그는 마차로 돌아갈까 생각했다. 하지만 이번에는 아주 떠나버리는 길이었으므로 짐이 많아 아무래도 기차 편으로 보내야 했다. 그래서 그 자신도 기차로 가는 게 더 간단하다고 생각했으며, 겸해서, 마차가 좋으냐 작은 기차가 좋으냐는 문의를 받은 지배인이 '거의 분명하지 않은(équivoque)데요'라고 대답한 의견에 따른 셈이었다. 그런데 지배인이 '거의 분명하지 않은데요'라고 한 말은, 실은 '큰 차이 없이 거의 같다(équivalent)'고 말한 것이었다(요컨대 프랑수아즈가 '둘 다 비슷비슷해요'라고 말하는 뜻에 가까웠다). 생루는 결정했다. "그럼 작은 '토르티야르(tortillard)'*를 타기로 하지." 피곤하지만 않았다면 나도 동시에르까지 같이 타고 갔을는지도 몰랐지만, 그럴 수가 없어, 우리가 발베크 역에서 머무르고 있는 동안—다시 말해 작은 기차의 기관사가 지각하는 동료들을 기다리거나(그 동료들이 오지 않는 한 기관사는 출발하려고 들지 않았다) 또는 어떤 청량음료를 마시거나 하여 시간을 보내는 동안—나는 일주일에 몇 차례 그를 보러 가기로 약속했다.

블로크도 역에 나와 있었다—생루는 아주 싫어했지만. 이 인간이, 점심하러, 저녁 식사 하러, 묵으러 부디 동시에르로 와달라고 나한테 하는 자기 말을 엿듣고 있는 것을 알아챈 생루는, 드디어 매우 쌀쌀한 말투, 초대하는 억지 싹싹함을 고치려는, 블로크가 초대를 곧이곧대로 듣지 못하도록 하려는 말투로 그에게 말했다. "동시에르에 내 근무가 한가한 오후에 들르신다면 내 형편이 어떤지 병영에 물어볼 수 있겠지만, 여가가 거의 없어놔서." 또한 로베르는 나 혼자서는 오지 않을까 봐, 또 내가 입으로 말하는 것 이상으로 블로크와 사이가 좋으리라 생각하여, 그렇게 동행자를, 선두자를 내가 가질 수 있게 한 것인지도 몰랐다.

이런 말투, 이렇게 누군가를 초대하면서 오지 않도록 권하는 식이 블로크의 마음을 언짢게 하지나 않았을까 걱정했고, 오히려 생루가 아무 말도 하지

* 꼬불꼬불한 지방 철도 노선. 그 기차.

않았던 편이 낫지 않았을까 생각했다. 그러나 그것은 나의 잘못된 생각이었다. 까닭인즉 기차가 출발한 뒤, 나와 블로크가 같이 길을 걸어가면서 내가 호텔 쪽으로, 블로크가 별장 쪽으로 헤어져야 하는 두 길의 갈래까지 이르는 동안, 블로크가 나한테 언제 둘이서 동시에르에 갈 것인지 몇 번이고 물었기 때문이다. 그것도 '생루가 그처럼 싹싹하게 초대해주었는데', 그 초대에 응하지 않으면 자기가 '너무나 예절 모르는 것'이 아닐까 하는 걱정에서. 생루의 초대가 지독하고도 거의 예절에 벗어나는 어떤 말투로 행해졌는지 블로크가 알아채지 못한 것, 아니면 알아채지 못한 체 가장하고 싶었을 만큼 기분이 좋은 것에 나는 한숨 돌렸다. 그렇지만 블로크를 위해, 그가 당장에 동시에르까지 행차하는 어리석음에서 벗어나게 해주고 싶었다. 그러나 블로크가 법석대는 만큼 생루는 그다지 간절한 모양이 아니더라고 맞대 놓고 말하면 그의 비위를 건드릴 뿐인지도 몰라 감히 그에게 충고하지 못했다.

그는 매우 서둘러 했다. 그가 가지고 있는 이런 모든 결점은, 더욱 조심성 있는, 남들이 갖지 못하는 그의 뛰어난 재능으로 상쇄되어 왔는데, 이번에는 사람을 성가시게 굴 만큼, 그는 일을 밀고 나가려고 했다. 그의 말대로라면, 이번 주 안, 우리가 동시에르에 가지 않고서는 지낼 수 없다는 것이었다(그는 '우리'라고 말했다. 이유인즉 그가 행차하는 핑계로 내가 가는 것을 얼마쯤 기대하고 있어서 그런 듯싶다). 걷는 동안, 나무에 가려진 운동장 앞에서도, 테니스장 앞에서도, 마을 사무소 앞에서도, 조가비 가게 앞에서도 그는 나를 멈추게 하고, 가는 날을 정하라고 졸랐는데, 내가 응하지 않자 다음과 같이 말하면서 화를 내며 헤어졌다. "귀하의 뜻대로 하시게. 하여간 나는 가야 해. 그분이 초대했으니까."

생루는 할머니에게 사례의 뜻을 변변치 못하게 한 것을 매우 걱정하여, 그 다음다음 날, 그의 부대가 주둔하고 있는 시가로부터 내가 받은 편지 속에, 새삼 할머니에게 감사의 뜻을 전해달라고 부탁해왔다. 편지 봉투 위에 시가의 이름이 우체국 날짜 도장으로 찍힌 것을 보자, 시가가 나 있는 쪽으로 급히 달려와서, 그 성벽 사이, 루이 16세 기병대 안에서, 생루가 나를 생각하고 있는 걸 말해주는 듯한 기분이 들었다. 용지에는 마르상트 가문 문장(紋章)이 있고, 그 문장에는, 한 마리 사자 위에 프랑스 귀족 모자를 본뜬 왕관이 얹혀 있는 것을 알아볼 수 있었다.

'무사히 도착했습니다.' 그는 편지에서 말하고 있었다. '역에서 산 아르베드 바린*의 책으로 찻간의 무료를 덜었습니다(나는 이분이 러시아 작가인 줄 아는데, 외국인으로서는 주목할 만큼 잘 썼다고 생각합니다만, 당신의 감상을 들려주시기 바랍니다. 모든 걸 읽은, 지식의 샘이신 당신이니, 틀림없이 이 책을 알고 계실 테니까). 그리고 이 거친 생활 가운데 다시 돌아와 보니, 발베크에 두고 온 것이라곤 이곳에 하나도 없어, 마치 귀양살이를 하는 느낌이 듭니다. 애정의 추억이나 지성의 매력을 조금도 찾아보지 못하는 생활, 당신은 틀림없이 이 환경을 멸시하겠지만, 그래도 이 환경에 매력이 아주 없는 것은 아닙니다. 전번에 이곳을 떠난 뒤로 모든 것이 달라진 느낌이 듭니다. 왜냐하면 그동안에, 내 생애의 가장 중요한 나날 가운데 하나, 곧 우리의 우정이 시작됐기 때문입니다. 나는 이 우정이 절대 끝나지 않기를 바랍니다. 나는 이 우정과 당신에 대해서 단 한 사람, 뜻밖에 내 곁에 와서 한 시간 남짓을 보낸 내 여자친구에게만 말했습니다. 당신과 가까워진다면 그녀가 매우 좋아할 것이며, 또 당신과는 뜻이 맞을 거라고 생각합니다. 그녀 또한 문학에 많은 취미를 갖고 있으니까. 그에 반해 나는 당신과 나의 이야기를 다시 생각하려고, 내가 영원히 잊을 수 없는 그 즐거운 시간을 다시 한번 살리려고, 동료한테서 외따로 떨어지고 말았습니다. 그들도 훌륭한 젊은이지만, 우리가 하던 이야기를 도저히 이해할 수 없을 테니까요. 당신과 함께 지낸 추억을, 이곳에 도착한 첫날에는, 나 혼자만을 위하여 떠올리고자 해서, 당신한테 편지를 쓰지 말까 했습니다. 그러나 예민한 정신, 몹시 감각이 강한 심성의 소유자인 당신이, 이 거친 기병을 위하여 그토록 깊은 사려를 베풀어주셨고, 앞으로도 나의 거칠음을 벗겨, 조금이나마 예민하게, 조금이나마 당신에게 어울리도록 하려고 애쓰고 계신다면, 나한테서 편지를 받지 않기라도 하면 걱정하시지 않을까 생각했던 겁니다.'

요컨대 이 편지에는 애정이 담겨, 내가 생루를 아직 잘 몰랐을 무렵, 그가 나한테 써 보내리라고 상상하던 편지와 닮았다. 그를 처음 보았을 때, 그 쌀쌀한 응대에 그런 달콤한 몽상에서 금세 깨어나 차가운 현실 앞에 돌아왔던 것인데, 그 현실은 다행히도 결정적인 게 아니었다. 한번 그의 편지를 받은

---

* 프랑스의 여류 작가. 본명은 샤를 방상 부인.

뒤로는, 점심 시간에 우편물이 올 때마다, 그의 편지가 왔다는 것을 금세 알아차렸다. 왜냐하면 언제나 그의 편지는 그곳에 없는 인간이 보이는 두 번째 얼굴을 갖고 있었기 때문인데, 그 특징(글씨체의 특징) 속에는 콧날이나 목소리 속에서와 마찬가지로, 한 개인의 영혼을 파악하기에 충분한 믿음직스러운 원인이 있었다.

이제는 사환이 와서 식탁의 뒤처리를 하는 동안에도, 작은 동아리의 젊은 아가씨들이 지나갈 성싶은 시각이 아니고서는, 식탁 앞에 그대로 멍하니 앉아 바다 쪽을 보고만 있지 않았다. 엘스티르의 수채화 속 사물을 보고 난 뒤로는, 현실 속에서 다시 발견하려고 애쓰며, 그것들을 뭔가 시적인 것처럼 좋아했다. 이를테면 비뚜로 놓여 있는 칼의 멈춰선 몸짓, 햇살이 노란 벨벳 한 조각을 가운데에 넣은 헝클어진 냅킨의 불룩한 둥글음, 나팔꽃 모양으로 벌어진 형태를 돋보이게 하는 절반이 빈 유리잔, 햇빛이 엉겨 뭉친 것과도 같이 반투명한 유리잔 밑에, 침침하지만 빛에 반짝거리는 남은 술, 용량의 이동, 빛줄기 조명으로 인한 액체의 변형, 이미 반쯤 비워놓은 그릇 속에 있는, 초록빛에서 푸른색으로 푸른색에서 금빛으로 옮아가는 서양 자두 사탕절임 색채의 달라짐, 식도락의 축전이 치러지는 제단과도 같은 식탁보 둘레에 하루에 두 번씩 와서 자리잡는 낡은 의자의 산책, 또 식탁 위의 굴 껍질 밑에 남은, 작은 돌성수반 속에 보이듯이 반짝이는 물 몇 방울 따위를 뭔가 시적인 것처럼 좋아했다. 그런 곳에 아름다움이 있으리라곤 떠올리지도 못했던 장소에서, 가장 일상적으로 쓰는 사물 속에서, '정물'의 속 깊은 생명 속에서 나는 아름다움을 찾아보려고 했다.

생루가 출발한 지 며칠 뒤, 엘스티르로 하여금 내가 마침내 알베르틴을 만나게 될 조촐한 낮 다과회를 베풀게 하는 데 성공하고, 거기서 알베르틴을 만나게 되었다. 그날 그랑 호텔에서 나왔을 때, 아주 일시적이라고 해도, 싱싱한 용모와 멋(이는 충분한 휴식과 특별한 몸단장에 의한 것이었다)을, 그리고 엘스티르와 벗이라는 믿음을, 알베르틴이 아닌 더욱 흥미 있는 어떤 사람을 정복하기 위해 남겨두지 못하는 것을 나는 안타까워했고, 이것을 전부 알베르틴을 알게 된다는 단순한 기쁨 때문에 소비하는 것을 아깝게 여겼다. 나의 지성은 알베르틴과 벗이 되는 기쁨이 확보된 뒤로는 그 기쁨을 그다지 귀중하지 않은 것으로 판단하게 되었다. 그러나 마음속 의지는 잠깐이라도 이런 착각에 참여하지 않았다. 의지는, 우리의 연속적인 인격의 참을성 많은 꿋꿋한 하인으로, 그늘에 숨고, 업신여김을 받으며, 꾸준히 충실하고, 끊임없이 일하며, 우리 자아에 본질적으로 필요한 것이 모자라지 않는 한, 자아의 변화를 아랑곳하지 않는다. 바라 마지않던 여행이 이뤄지려는 순간에, 지성과 감수성은 과연 그것을 일부러 할 만큼 값어치가 있는지를 스스로 묻기 시작하는데, 한편 의지는 이런 한가한 주인들이, 이 여행을 이루지 못하게 되면 금세 그것을 다시 신기하게 여기기 시작할 것을 알아, 역 앞에서 주인들이 따지며 주저주저 망설이게 내버려둔다.

하지만 기차 출발 시각까지, 의지는 차표를 사고 우리를 차 안에 들여보내는 일을 맡는다. 지성과 감수성이 변하기 쉬운 것과는 정반대로, 의지는 변하지 않지만 잠잠하고, 이러니저러니 따지지 않아서 거의 존재하지 않는 듯하다. 의지의 확고한 결단력에, 우리 자아의 다른 부분들이 따르지만, 그런 부분들은 그들 자신의 결단 없음을 똑똑히 판별하면서도 의지의 존재를 알지 못한다. 나의 감수성과 지성이 알베르틴과 벗이 된다는 기쁨의 가치에 대해 왈가왈부하고 있는 동안, 나는, 감수성과 지성이 이다음의 다른 기회를 위하여 고스란히 남겨두고 싶어했을, 허무하고 덧없는 몸단장을 거울 속에 바라보고 있었다. 그러나 내 의지는 떠나야 하는 시간이 그대로 지나가게 내버려두지 않고, 그러곤 마부에게 엘스티르네 집으로 가기를 명했다. 내 지성과 감수성은 운명의 주사위가 던져진 이상 속은 상하지만 도리없는 일이라고 여길 뿐이었다. 만약 내 의지가 다른 곳으로 가기를 명령했다면, 지성과 감수성은 감쪽같이 속아 넘어갔을 것이다.

잠시 뒤 엘스티르네 집에 닿았을 때, 나는 먼저 시모네 아가씨가 아틀리에에 없다고 생각했다. 비단 드레스 차림에, 모자를 쓰지 않은 한 젊은 아가씨가 앉아 있기는 했으나, 그 탐스러운 머리털도, 코도, 얼굴빛도 눈에 익지 않아서, 이때까지 폴로를 쓰고 바닷가를 산책하는 젊은 자전거의 아가씨를 추려냈던 실체를 거기서 다시 찾아내지 못했다. 그런데도 또한 알베르틴이었다. 하지만 이 점을 알았을 때조차 나는 그녀에게 정신을 빼앗기지 않았다. 젊었을 때는 어떠한 사교장일지라도 거기에 들어가면서, 우리는 옛 자아를 죽이고 다른 인간이 된다. 어떠한 살롱일지라도 하나의 새로운 세계, 거기에 들어서자, 또 다른 정신적인 배경의 법칙에 따르면서, 다음 날 까맣게 잊어버릴지도 모르지만, 그때에 영원히 중요하게 여기는 인물이나, 춤이나 트럼프 놀이에 주의 깊은 눈길을 던진다. 알베르틴과의 담소 쪽으로 나를 이끌어가는 데는, 내가 마음속으로 손톱만큼도 그리지 않은 길, 먼저 엘스티르 앞에 멈추었다가, 다른 초대객 무리 사이를 지나가다가, 그들에게 소개되고, 다음에 음식을 차려놓은 식탁 옆에 들러, 권하는 딸기 파이를 먹고, 그러는 동안 연주하기 시작한 음악을 꼼짝도 않고서 듣는 길을 밟아야만 했는데, 나는 이런 여러 가지 일에 대해 시모네 아가씨에게 소개되는 것과 똑같은 중요성을 주고 있는 자신을 발견했다. 그 소개는 이제 작은 일들 가운데 한 가지에 지나지 않았으며, 조금 전까지는 이곳에 오는 유일한 목적이던 것을 까맣게 잊고 말았다. 하기야 바쁜 생활 속에서, 우리의 참된 행복도 크나큰 불행도 이 같은 길을 밟는 게 아닐까. 1년 내내 기다리던 반가운 답장 또는 치명적인 답장을 애인한테서 받는 건, 많은 다른 사람과 어울리고 있을 때다. 그러나 하던 이야기를 계속해야 한다. 여러 상념이 뒤이어 불어나 수면을 넓혀 나가므로, 불행이 닥쳐왔다는 추억, 매우 심각하지만 당장에는 더할 나위 없이 좁고 한정된 추억이 이따금 둔하게 그 수면을 겨우 떠오를 뿐이다. 그것이 불행이 아니라 행복일 경우에도 우리 감정 생활의 최대 사건이 일어났다는 것을, 사건이 있은 지 몇 년 뒤에 가서야 생각날지도 모른다. 예컨대 오로지 그런 사건의 기대 속에서만 가던 어떤 사교계 안에서, 천천히 주의할 틈도 없이, 또는 거의 의식할 틈도 없이 사건이 일어나버리는 수가 있을지도 모른다.

조금 멀리 앉아 있는 알베르틴에게 소개하려고 엘스티르가 나를 오라 했을 때, 나는 먼저 에클레르 커피를 먹고 나서, 막 아는 사이가 된 한 노신사, 내 단춧구멍에 꽂힌 장미를 칭찬해주어, 그에게 장미를 드려도 좋다고 생각한 노신사의 얘기에 흥미를 갖고, 노르망디의 어느 장날에 관해 좀더 자세한 것을 얘기해달라고 부탁하는 참이었다. 그다음에 받은 알베르틴의 소개가 나에게 아무런 기쁨도 일으키지 않았다고, 또 내 눈에 어떠한 중대성도 보이지 않았다고 하는 말은 아니다. 기쁨으로 말하면, 물론 나는 좀 뒤에, 호텔에 돌아가 혼자가 되어 본디의 자아로 되돌아왔을 때, 처음으로 알아보았다. 이 점에서 기쁨은 사진과 같다. 좋아하는 상대 앞에서 찍은 것은 사진의 필름 화상에 지나지 않고, 그것을 현상하기는, 나중에, 먼저 자기 속으로 돌아간 뒤, 다른 사람들과 함께 있는 동안에는 출입이 '금지'된 우리 안의 암실을 마음대로 쓰게 되고 난 다음이다.

쾌락을 아는 일이 그처럼 나에게 늦게 왔지만 반대로 이 소개의 중대성은 당장에 내가 느낄 수 있었다. 소개되는 순간에 우리는, 몇 주일 전부터 쫓던 기쁨을 이제야 얻겠구나 하고 갑자기 느끼게 되지만, 그런 유효한 '통행권'을 가진대도 아무런 효과가 없다. 그것을 갖게 됨으로써, 괴로운 추구는 끝이 난다—그런 점에서만은 한껏 환희에 넘칠지 모르지만—그와 동시에, 추구당하는 상대의 존재도 끝이 나는 법이다. 우리의 공상으로 모습이 바뀌어, 도저히 가까워질 수 없을 듯한 불안한 두려움으로 확대된 상대의 존재는, 문득 사라져버린다. 우리 이름이 소개자의 입속에 울리는 순간, 특히 엘스티르가 했듯이 소개자가 우리 이름을 찬사로 가득 찬 주석으로 두르는 순간, 이 기적적인 순간에는, 갑작스레 요정이 어떤 사람에게 다른 사람이 되라고 명령하는 순간과도 같이, 우리가 가까이하려고 바라던 여인은 가뭇없이 사라진다. 어찌 그녀가 이전의 그녀 자신 그대로 있겠는가? 어제만 해도 가엾은 곳에 있던 눈 속에서(방황하는 듯한 눈은 고르지 못한, 절망적인, 초점을 잃은 눈과 결코 만나지 못하리라 생각했다), 그러나 지금은 그 눈 속에—미지의 여인이 우리 이름과, 현실 속의 우리에게 주의를 기울여야 하는—우리가 찾고 있는 의식적인 시선이나 알 수 없는 사고를 바꿔, 기적적으로 아주 간단하게 밝은 거울 속에 비치듯이, 우리 자신의 모습으로 바뀐 것이다. 우리와 딴판인 듯이 느꼈던 것에 대한 우리 자신의 화신(化身)은, 막 소개받은 인물을 우리와 아주 가까운 것으로 변하게 하지만, 상태의 생김새가 아직 그대로 아련해, 그 인물이 신성(神性)일지, 탁자일지 또는 대야일지 의심스러워하는 일이 있다.

하지만 미지의 여인이 우리에게 말하는 인사 몇 마디는, 보는 눈앞에서 5분 동안에 흉상을 만들어내는 밀랍 세공사 같은 민첩함으로, 여인의 형태를 명확하게 할 것이며, 이제껏 우리 욕망과 상상력이 골몰하던 가정을 모두 업신여겨버릴 결정적인 뭔가를 미지의 여인에게 주리라. 그야 물론, 이 낮 다과회에 오기 전에도, 나에게 알베르틴은 완전한 환영의 여인이 아니었다. 우리 삶에 늘 따라다닐 만큼의 가치가 있는 환영은 지나가는 길에 언뜻 띈 이름 모를 여인뿐이었다. 그녀가 봉탕 부인과 친척이라는 것도, 으리으리하게 확대되는 그 가정의 영역에, 이미 제한을 가하게 되었으며, 가정이 널리 퍼질 수 있는 통로 가운데 한곳을 그것으로 막고 있었다. 내가 젊은 아가씨에게 다가감에 따라, 아가씨에 대하여 알아지는 게 더해감에 따라, 그런 지식은 뺄셈이 되어갔다. 상상력과 욕망이 차지하던 각 부분이, 가치가 몹시 떨어진 개념으로 바뀌기 때문인데, 인생의 영역에서는 그런 개념에 주식회사가 그 이전 주식의 상환 뒤에 발행하는 이른바 이익 배당주에 해당하는 바가 덧붙여 온다. 그녀의 이름, 그녀의 친척 관계가 내 예측에 더해진 첫 제한이었던 것이다. 그녀 바로 옆까지 갔던 내가 그녀 눈 밑의, 뺨 위에 작은 사마귀를 다시 발견하고 있는 동안 그녀의 애교는 두 번째 제한이었다. 끝으로 나를 놀라게 한 것은, 그녀가 '아주(tout à fait)' 대신에 '완전하게(parfaitement)'라는 부사를 쓰는 것을 들었을 때인데, 이를테면 두 남녀에 대해 이야기하면서, 그 가운데 하나에 대해 "그 여자는 완전하게 머리가 돌았어요, 그래도 매우 싹싹하기는 하죠"라고 말하고, 또 하나에 대해 "그분은 완전하게 평범하고 완전하게 진저리나는 사람이죠"라고 말하는 것이었다. 이 완전하게의 사용법은 아무리 익살맞더라도, 자전거 타는 바커스(Bacchus)의 무당, 골프에 열중한 뮤즈(Muse)가 이르고 있다고는 상상조차 못할 만큼의 문화와 문명의 정도를 가리키는 것이라고 하겠다.

하기야 이 첫 번째 변신 뒤에, 알베르틴이 내 눈에 또 한 번 변해 보이지 말라는 법은 없다. 한 인간이 그 얼굴 앞쪽에 배열해 보이는 장점과 단점은, 우리가 다른 방향을 통해 거기로 다가간다면 아주 다른, 마치 시가 안에 일직선으로 질서 없이 흩어져 있는 건물들이, 다른 각도에서 바라보면 안쪽에 사다리꼴로 늘어서 있으며 높이도 상대적으로 알맞듯이 말이다. 내가 알베르틴에게서 발견하기 시작한 것은, 누그러뜨릴 수 없는 겉모습 대신에 매우 겁내는 태도였다. 내가 그녀에게 말한, 그녀가 다른 아가씨들에게 맞춰 쓴 '그 애는 저속해요, 그 애는 익살맞아요'라는 부가 형용사로 미루어 판단하건대, 그녀는 버르장머리가 없기는커녕 착실해 보였다. 끝으로 그녀는 얼굴의 조준점으로서, 관자놀이가 타는 듯이 붉은 게 두드러져서 눈에 거슬렸지만, 그때까지 내가 그녀 얼굴과 연결시켜서 생각해온 그 독특한 눈길은 이미 찾아볼 수 없었다. 그러나 이는 어디까지나 나의 두 번째 보기에 지나지 않으며, 거기엔 틀림없이 다른 것이, 내가 그걸 연달아 통과해야 하는 다른 것이 있었다. 더듬어 찾으면서, 이와 같이 최초의 시각적인 착오를 알아차린 다음에라야, 처음으로 한 인간에 대한 정확한 인식에 도달할 것이다. 그런 인식이 가능하다면. 그러나 그 인식은 불가능하다. 그도 그럴 것이, 우리 눈에 비친 모습이 잇따라 고쳐지는 동안에, 무생물이 아닌 그 자체도 자기를 위하여 변해, 우리가 모습을 다시 파악했다고 생각하자마자, 그것은 이미 자리를 옮기고, 이번에야말로 그것을 똑똑히 보았거니 여겨도, 그건 우리가 이전에 붙잡았던 옛 모습에 지나지 않아, 용케 밝혔다고 여긴 것도 이미 그 모습을 나타내고 있는 게 아니기 때문이다.

그렇지만 한번 흘깃 본 것에 지나지 않는 것, 상상하는 여가를 주는 것으로 향하는 이런 걸음걸이, 이따금 피할 수 없는 실망을 가져올지도 모르나, 이 걸음걸이야말로 우리 감각을 건전하게 하고, 감각의 욕구를 부양하는 유일한 것이다. 게으름이나 소심함 탓에 먼저 상대를 꿈꿔볼 여유 없이, 가는 도중에 바라 마지않던 것의 옆에 감히 멈추지도 않고서 곧장 마차를 몰아, 벗의 집으로 가는 사람들의 생활에 얼마나 침울한 권태의 흔적이 있는지!

나는 막 끝난 다과회를 생각하면서, 엘스티르를 따라 알베르틴 곁으로 가기 전에 내가 먹었던 에클레르 커피와 노신사에게 준 장미꽃 등, 이를테면 모르는 사이에 그때그때 형편에 따라 우리가 택하는 세부, 특수하고도 우연한 배열에 따라서 우리가 첫 대면의 그림을 구성하는 세부를 하나하나 떠올리면서 돌아왔다. 그런데 몇 달 뒤 내가 알베르틴을 알게 된 첫날의 일을 그녀에게 말했을 때 놀랍게도, 에클레르, 남에게 준 꽃 같은, 내게만 중요한 일이라고는 말할 수 없으나, 나밖에 깨닫지 못한 줄로 여기던 여러 가지를 그녀가 모두 떠올리게 만들어 이 첫 대면의 그림이 나에게만 존재하고 있지 않았던 것을 이해하는 동시에, 이 그림을 나 자신보다 더 멀리에서, 다른 시선에서 보는 듯한 인상을 받았다. 이렇듯 나밖에 깨닫지 못한 줄 여긴 여러 가지가 꿈에도 생각지 못한 형태로, 알베르틴의 사념 속에 옮겨 씌어 있는 걸 발견했다. 이 첫날, 내 방에 들어가 다과회에서 가져온 추상을 살펴볼 수 있을 때, 요술쟁이의 공놀리기가 얼마나 용케 이뤄졌는가, 또 바닷가에서 그토록 오랫동안 뒤쫓던 아가씨와는 아무런 관련 없이, 요술사의 능숙한 솜씨로 그 아가씨로 바뀐 한 아가씨와 잠깐 어떻게 담소했는가를 알아챘다. 하기야 그럴 줄 미리 짐작은 했다. 바닷가의 젊은 아가씨는 내 마음속에서 만들어진 존재였기 때문이다. 그런데도 엘스티르와 얘기하면서, 내가 그 아가씨를 알베르틴과 동일시했으므로 이 현실의 알베르틴에 대하여, 나는 상상의 알베르틴에게 바친 사랑의 약속을 지켜야 한다는 도덕적인 의무감을 스스로 느끼고 있었다. 이는 대리인을 통해 약혼한 다음에 중매가 들어온 여인과 결혼해야 한다는 의무감을 느끼는 격이다. 그리고 바른 태도나 '완전하게 평범한' 보잘것없는 말씨나, 타는 듯이 붉은 관자놀이 같은 추상이 가라앉혀주기에 충분한 안타까움은 적어도 한때 내 생활에서 사라졌을망정 그 추상은 내 몸속에 다른 욕망, 당장에는 오누이 사이의 애정과 비슷한, 부드러운, 조금도 고통스럽지 않은 욕망을 일으켜서, 이 새로운 아가씨의 정중한 태도와 수줍음, 뜻밖의 고분고분함이 내 상상력의 헛된 운행을 멈추게 하면서 감동 어린 감사의 정을 우러나오게 하여, 이 아가씨를 꼭 껴안고 싶은 욕구를 끊임없이 느끼게 하고, 언젠가 결국, 이 또한 위험한 욕망이 될 가능성이 있었다. 그 위에 기억은 금세 서로간의 관계없는 필름을 이것저것 찍기 시작하고, 거기에 찍힌 장면 사이의 어떠한 관계도, 어떠한 연속도 흔적 없이 모두 없어지므로 기억이 펼치는 필름의 수집 안에서는, 최신 것이라고 해서 반드시 그 전 것을 망치지는 않는다. 나는 내가 말을 건네던 평범하고도 애처로운 알베르틴 맞은편에, 바다를 배경 삼은 신비스러운 알베르틴을 보았다. 이제 와서는 어느 쪽이나 추상, 곧 그림이며, 두 쪽이 다 진실이라고 생각할 수 없었다. 이 첫 소개의 오후 일에 대해 마지막으로 덧붙이자면, 내가 눈 밑의, 뺨 위에 나 있는 조그만 사마귀를 떠올리려고 하자, 엘스티르의 아틀리에 앞을 알베르틴이 떠나갔을 때 그 창 너머로 보았던, 턱 위의 사마귀가 떠올랐다. 요컨대 그녀를 볼 때마다, 나는 번번이 사마귀가 하나 있는 것을 주목했지만, 나의 헤매는 기억은, 나중에 떠올릴 때 어느 때는 이리로 어느 때는 저리로 그 사마귀를 알베르틴 얼굴 위에서 끌고 다녔던 것이다.

시모네 아가씨가 내가 알고 있는 누구와도 그리 다르지 않은 아가씨인 줄 알면서 어지간히 실망하기는 했으나 발베크 성당 앞에서의 환멸이, 캥페를레에 가고 싶어하는, 퐁타방과 베네치아에 가고 싶어하는 욕망을 막지 못했듯이, 그래도 나는 마음속으로, 알베르틴 자체가 내가 바라 마지않던 그대로의 됨됨이가 아닐망정, 적어도 그녀를 통해 작은 동아리의 그녀 벗들과 알게 되지 않을까 생각했다.

그래도 처음엔 계속 실패하리라 생각했다. 그녀는 앞으로도 발베크에 그대로 있을 터이고, 나 또한 그래, 지나치게 그녀를 만나려 하지 말고 우연히 만날 기회가 오기를 기다리는 편이 가장 좋은 방법이라고 생각했기 때문이다. 날마다 만나면 오히려, 그녀가 멀리서 내 인사에 고개만 끄떡하고 마는 두려움이 많아지니, 그렇게 되는 경우 말없는 인사만이 온 계절을 통해서 날마다 되풀이될 뿐, 그 이상 나아가지 못하리라.

그로부터 얼마 되지 않았을 때였다. 비가 온 뒤라서 거의 냉기가 도는 어느 아침, 둑 위에서 한 아가씨가 내게로 가까이 왔다. 챙 없는 작은 모자를 쓰고 머프*[1]를 끼고 있었다. 엘스티르네 모임에서 봤던 모습과 아주 달라, 이 아가씨를 같은 사람으로 알아보기가 정신적으로 불가능한 조작일 성싶었다. 그렇지만 내 정신은 그것에 성공했다. 그러나 잠깐 놀란 뒤라, 이 잠깐 놀란 나의 기색을 알베르틴이 알아차렸나 보다. 한편 전번에 나에게 강한 인상을 준 그녀의 '정중한 태도'가 생각나, 그때와는 반대의 놀라움을, 거친 말투와 '작은 동아리'다운 아니꼬운 태도를 내게 느끼게 했다. 게다가 보고 있는 각도가 달라선지, 모자를 깊게 눌러 쓰고 있어선지 아니면 홍조가 늘 있는 것이 아니라서인지, 관자놀이는 그 얼굴을 보는 시각을 안정시키는 중심 부분이 아니었다.

"날씨도 고약해라!" 그녀가 나에게 말했다. "발베크의 끝없는 여름이란 말은 결국 엄청난 허풍이야. 이곳에서 아무것도 하지 않나요? 카지노의 댄스홀에도 골프장에도 당신이 안 보이니, 승마도 안 하시고. 정말 심심하시겠네! 온종일 바닷가에서 어슬렁대다간 바보가 되지 않을까요? 아아, 그렇군, 볕 쬐기를 좋아하시나 봐요? 한가하시겠네. 당신은 나하고는 아주 딴판인가 보군요. 난 운동이라면 다 좋아하니까! 소뉴의 경마에 안 가셨죠? 우리는 트람(tram)*[2]으로 경마장엘 갔어요, 그야 물론 그런 타코(tacot)*[3]에 타는 것이 당신한테는 재미없겠지만! 두 시간이나 걸렸지 뭐예요? 나의 베칸(bécane)*[4]

---

*1 모피 뒷면에 헝겊을 대어서 만든 것으로, 양쪽으로 손을 넣게 만든 토시 모양의 방한용품.

*2 지선의 작은 기차.

*3 낡은 차.

*4 자전거의 속칭.

이라면 세 번 왕복했을 텐데." 생루가 시골 지선 철도의 작은 기차를 수없이 우회하므로 '토르티야르'라고 아주 천연스럽게 불렀을 때 감탄했던 나는, 알베르틴이 또한 '트람', '타코'라는 낱말을 쉽게 말하는 데 덜컥 겁이 나버렸다. 사물의 명칭을 부르는 식에 능숙함을 느껴, 나의 열등을 확인하고 업신여기지 않나 걱정되었다. 게다가 작은 동아리가 이 철도의 명칭으로 가지고 있는 동의어의 풍성함은 이제껏 내가 알아채지 못한 점이었다.

말할 때, 알베르틴은 머리를 까딱하지 않은 채, 콧구멍을 좁히고, 입술 끝만을 움직였다. 그래서 느릿느릿하고 콧소리 나는 음조의 구성에, 아마도 시골 사람의 유전, 영국적인 태연스러움의 연소한 멋, 외국인 가정교사의 교육, 비후성비염 같은 것이 들어가 있는 듯했다. 이 발성법도 그녀가 상대와 더욱 친해짐에 따라 금세 멈춰 자연히 본디 천진스러운 투로 되었는데, 아직은 듣기에 따라 귀에 거슬리기도 했다. 그러나 이 발성법은 특유한 것이어서 나를 매혹했다. 그녀를 만나는 일 없이 며칠이 지날 때마다, 몸을 똑바로 하고, 머리를 까딱하지 않고 코맹맹이 소리로 '골프장에도 당신이 안 보이니'라고 한 말을, 나는 속으로 되풀이하며 흥겨워했다. 그럴 때, 이만큼 바람직한 사람은 없다고 생각했다.

그날 아침, 우리는 쌍쌍들, 둑의 여기저기에 흩어져 있다가 몇 마디를 주고받을 때에만 접속선이나 중지선을 설치하고, 그러다가 따로따로 떨어져서 서로 다른 산책을 다시 시작하는 쌍쌍들 가운데 한 쌍이 되었다. 알베르틴의 움직이지 않는 자세를 이용해 그녀의 사마귀가 어디에 자리잡고 있는지 마지막으로 확인했다. 그런데 소나타 중에서 나를 황홀케 했던 뱅퇴유의 한 악절이, 내 기억을 안단테에서 피날레로 방황케 하다가, 드디어 어느 날 악보를 손에 넣어, 스케르초 안에서 그 악절을 찾아내, 처음으로 추상 속에서 악절을 본디의 장소에 고정시킬 수 있었듯이, 어떤 때는 뺨 위에 어떤 때는 턱 위에 있다고 기억했던 사마귀가, 마침내 코 밑, 윗입술 위에 영원히 자리잡게 되었다. 이와 같은 일은 암기하고 있는 시구의 경우에도 일어나, 발견하리라곤 꿈에도 생각지 않은 작품에서 그 시구에 부딪쳐 놀란다.

이때에 태양과 바닷바람에 익은 금빛과 장밋빛으로 동시에 빛나는 아가씨들의 아름다운 행렬이 풀려, 그 화려한 장식의 전체를 바다 앞쪽에, 갖가지 형태의 변화로 자유롭게 펼쳐나가려는 듯, 알베르틴의 친구 아가씨들이 아름다운 다리맵시에 날씬한 몸매로, 그러나 서로 다른 종아리의 모습을 나타내, 바다 가까이 평행선을 따라 걸어, 우리 쪽으로 점점 커지며 다가왔다. 나는 알베르틴에게 잠깐 같이 가도 되느냐고 물었다. 공교롭게 알베르틴은 손을 흔들어 친구들한테 인사하는 것으로 그쳤다. "그대로 가게 하면 나중에 친구분들이 불평할걸요." 나는 그녀들과 함께 산책하고 싶은 기대에서 그녀에게 말했다.

골프채를 든, 이목구비의 균형이 잘 잡힌 한 젊은이가 우리 곁으로 다가왔다. 바카라에 열중해서, 재판소장 부인이 매우 분개하고 있는 젊은이였다. 냉정하고, 그 어떤 것에도 쌀쌀한 겉모양, 명백히 그런 점에 최상의 품위가 있는 줄 생각하는 태도로 그는 알베르틴에게 인사했다. "골프 치고 오는 길이군요, 옥타브?" 그녀가 물었다. "잘 되던가요? 점수는?"—"말 마세요, 엉망입니다."—"앙드레도 거기 있던가요?"—"네, 그 아가씨는 77점이었죠."—"어쩌면, 기록인데?"—"나는 어제 82점이었는걸요." 그는 매우 부유한 실업가의 아들로, 오는 만국 박람회(1900년)의 기구에서 어지간히 중대한 소임을 맡기로 되어 있었다. 이 젊은이도 그렇거니와 젊은 아가씨들 동아리의 다른 남자친구들 가운데 몇몇에서 옷차림, 여송연, 영국풍 음료, 말 따위에 관한 지식이 세밀한 점에 나는 놀랐는데—이 젊은이도 그런 지식의 훨씬 세밀한 세부까지 정통해, 학자의 겸손한 침묵에 맞먹는 거만한 정확성에까지 이르고 있었지만—거기에 지적인 교양의 뒷받침 없이 따로따로 발달해 있는 꼴불견에 더욱 놀랐다. 형편에 알맞게 야회복 또는 잠옷을 고르는 데는 아무 망설임이 없지만, 어떤 낱말을 어떤 경우에 쓰는지에는 분별이 없어 심지어 프랑스어의 아주 간단한 문법마저 무시해버렸다. 이 두 가지 교양 사이의 어울리지 않는 상태는, 발베크의 토지 가옥 소유자 조합장인 그의 아버지 때도 같았을 게 틀림없었다. 왜냐하면 얼마 전 벽이란 벽에 그가 붙이게 한 선거민에 대한 공개장에 다음같이 씌어져 있었으니까. '나는 그 점에 관해 시장에게 얘기하려고(on causer)* 시장을 만나고자 했습니다. 시장은 나의 정당한 불만을 들으려고도 하지 않았습니다.' 옥타브는 카지노에서 보스턴 왈츠, 탱고 같은 모든 경연에서 입상한 바 있었다. 그가 원하기만 한다면,

* 문법상으로 '말하려고(en parler)'가 옳음.

이런 '해수욕장'의 환경에서 화려한 결혼을 할 수도 있었을 것이다. 그런 환경에서는, 젊은 아가씨들이 비유가 아니라 본디 의미에서 그녀들을 이끄는 '짝'으로 결혼하기 때문이다. 그는 알베르틴에게 "실례합니다" 말하면서 여송연에 불을 붙였는데, 그것은 마치 얘기하면서 급한 볼일을 끝마치는 허락을 구하는 듯했다. 그도 그럴 것이 그는 '아무것도 하지 않고 그대로 있을' 수가 없었으니까. 하기야 하는 일이라곤 아무것도 없었지만. 빈틈없는 무위는, 정신의 분야에서나, 육체와 근육을 움직이는 생활에서나, 지나친 노동과 똑같은 결과를 가져다주게 되는 것으로, 옥타브의 사색 깊은 듯한 이마 밑에 머문 지성의 공허함으로 말하면, 그 잔잔한 겉모양에도, 사물을 생각하려 해도 머리에서 나오는 게 없는 안타까움을 그에게 주는 결과가 되어버려, 과로한 철학자에게 흔히 생기듯이 밤에도 그를 잠들지 못하게 한 것이었다.

이 아가씨들의 남자친구들과 아는 사이가 되면, 더욱더 그녀들과 만날 기회도 늘 거라고 생각한 나는, 그에게 소개되기를 막 부탁하려고 했다. 그러나 "엉망입니다"를 연발하면서 젊은이가 떠나자마자, 나는 그것을 알베르틴에게 말했다. 이렇게 해서 다음번에 소개한다는 생각을 그녀의 머릿속에 불어넣으려 한 것이었다. "뭐라구요?" 그녀는 큰 소리로 말했다. "저런 보잘것없는 젊은이에게 당신을 소개할 수는 없어요! 이곳은 보잘것없는 사람들이 득실거리죠. 저런 사람들은 아무래도 당신과는 얘기 못해요. 저 사람은 골프에 아주 능숙하죠, 그게 전부예요. 나는 잘 알아요, 당신과는 전혀 어울리지 않는다는 걸."—"그대로 가게 하면 나중에 친구분들이 불평할 거요." 나는 그녀들과 같이 가자고 하기를 기대하면서 말했다.—"괜찮아요, 내가 없어도 괜찮으니까."

우리는 블로크와 마주쳤다. 그는 속뜻이 있는 간사한 미소를 내게 보내면서, 그와 아는 사이가 아닌 알베르틴, 또는 '벗이 아니고서도' 알고 있는 알베르틴이 있으므로, 조금 당황하는 듯, 눈에 거슬리는 엄격한 동작으로 머리를 깃 쪽으로 움츠렸다. "이름이 뭐죠, 저 야만인은?" 알베르틴이 내게 물었다. "어쩌자고 인사하는지 모르겠어, 나를 알지도 못하는 주제에. 그래서 답례하지 않았어요." 나는 알베르틴에게 대답할 겨를도 없었다. 우리 쪽으로 곧장 걸어와서 "얘기 도중에 실례" 하고 블로크가 말했기 때문이다. 블로크가 이어 말했다. "나는 내일 동시에르에 간다는 걸 자네에게 알리고 싶었네.

더 이상 지체하면 실례가 되니까. 생루 팡 브레가 나를 어떻게 생각할지 걱정인걸. 내가 2시 열차를 타겠다는 점을 말해두네. 그 뒤는 자네 마음대로 하게나." 그러나 나는 알베르틴과 다시 만나는 일과 그녀의 친구 아가씨들을 알려고 애쓰는 일밖에 머릿속에 없어서, 동시에르는 그녀들이 가는 곳이 아니며, 내가 거기에 가면 그녀들이 바닷가에 나타나는 시각이 지난 뒤라야 돌아오게 되니까, 마치 지구 끝머리에 있는 것같이 느껴지는 고장이었다. 나는 블로크에게 못 가겠다고 말했다. "그럼, 나 혼자 가지. 아루에(Arouet)* 선생의 익살맞은 12음보의 두 시구에 따라, 생루에게

> Apprends que mon devoir ne dépend pas du sien,
> Qu'il y manque s'il veut ; je dois faire le mien
> '나의 의무가 그의 의무 여하에 따르지 않음을 알라,
> 그가 저버리고 싶으면 저버리려무나, 나는 끝내 지키리'

라고 말해, 그의 성직 교권주의를 기쁘게 해주겠네."

"꽤 예쁘장한 분이라는 걸 인정하지만." 알베르틴이 나에게 말했다. "나 저런 사람은 싫더라구요!"

나는 블로크가 미남이라고는 한 번도 생각해본 적이 없는데, 듣고 보니 그런 성싶었다. 약간 두드러진 이마에, 심한 매부리코, 비상하게 총명한, 그리고 그 총명을 확신하고 있는 듯한 풍모, 이런 점으로 보기 좋은 얼굴을 하고 있었다. 그러나 알베르틴의 마음에 들 수 없는 얼굴이었다. 아마도 어느 정도, 알베르틴의 약점, 작은 동아리의 냉혹성, 감수성의 결핍, 그녀에게 어울리지 않는 것에 대해 아무 거리낌 없이 말하고 행동하는 태도 때문인지도 몰랐다. 그리고 그 뒤에, 내가 두 사람을 소개했을 때, 알베르틴의 반감은 바뀌지 않았다. 블로크가 속해 있는 환경으로 말하면, 사교계에 쏟아지는 우롱과, 그렇지만 '당사자'인 인간이 지니고 있는 예절 바름에 대한 마음속에 가득 찬 경의 사이에, 사교계 풍습과는 다른, 어쨌든 유별나게 고약하고도 세

---

* 볼테르를 가리킴.

속적인 냄새를 물씬 풍기는 특별한 절충법을 만들어냈다. 누군가에게 소개되었을 때 그는 회의적인 미소와 과장된 존경을 함께 나타내어 머리를 숙이고, 상대방이 남자라면 "뵙게 되어 반갑습니다" 말하곤 했는데, 그 목소리는 하고 있는 말을 비웃는 듯하며, 그 자신은 자기가 상스럽지 않은 인간에 속한다는 점을 의식하고 있는 것이었다. 관습에 따르면서도 이것을 우롱하는(정월 초하루에 "Je vous la souhaite bonne et heureuse〔새해에 복 많이 받으십쇼〕"라고 말하듯이)*1 대화의 첫 순간부터 총명하고도 꾀바른 태도로, 그는 '교묘한 궤변을 늘어놓았'는데, 그 내용이 자주 진실로 가득해서, 그것이 알베르틴의 '신경을 건드리는' 것이었다. 이 첫날, 그의 이름이 블로크라고 말하니까, 알베르틴이 외쳤다.

"틀림없이 그럴 거라고 생각했는데, 유대인이 틀림없군. 고약한 냄새가 나는 족속은 대부분 그들이라니까." 엎친 데 덮친 격으로, 블로크는 더 뒤에 가서, 또다시 알베르틴을 성나게 하고 말았다. 지식인의 대부분이 그렇듯이, 그는 단순한 것을 단순하게 말할 수가 없었다. 하나하나의 일마다에 재치를 뽐내려는 형용사를 찾아내고서 보편화했다. 이 점이 알베르틴을 진저리나게 했다. 그녀는 자기가 하는 일에 남이 귀찮게 간섭하는 것을 몹시 싫어했는데, 발목을 삐어 가만히 있을 때 블로크가 말했다.

"그녀는 긴 의자에 누워 있도다, 하지만 그 존재는 어디든지 있으니, 끝없이 넓은 골프장과 어딘지 모르는 테니스장을 동시에 오락가락하길 고치지 않는도다." 이것은 '문학'*2에 지나지 않았지만, 알베르틴은 움직이지 못한다고 말하면서 초대를 거절한 사람들과의 사이에 나쁜 일이 일어날지도 모르겠다고 느꼈으므로, 이런 말을 내뱉는 젊은이의 얼굴과 목소리에 반감을 품기에 충분했으리라.

알베르틴과 나는 한번 같이 외출하기로 약속하고 헤어졌다. 나는 내 말들이 마치 바닥없는 깊은 연못에 돌멩이를 던지듯이 어디까지 떨어지는지, 어찌 되는지 모르고서 그녀와 얘기했던 것이다. 말은 보통 우리가 그 말을 건네는 상대에 의하여 한 뜻을 차지하게 되는 것인데, 그 뜻은 상대가 자신의

---

*1 옳게 말하면 'Je vous souhaite une bonne et heureuse année'인데 'année'를 생략하고 그 대신 막연하게 인칭 대명사 라(la)를 앞에 서서 숨은 뜻을 풍기는 속된 말.

*2 베를렌의 《시법(詩法)》의 마지막 시구 '그 밖의 것은 다 문학'을 인용.

실체에서 꺼내는 것이며, 그 같은 말 속에 우리가 넣었던 뜻과는 다르다는 건, 일상생활이 우리에게 잇달아 보여주는 사실이다. 그러나 만약에 우리가 한 여인 곁에 있고, 그 여인의 교육(예컨대 나로서는 알베르틴의 교육)을 짐작 못하며, 그 여인의 경향, 독서, 원칙 따위를 모른다고 하면, 우리말이 그 여인의 마음속에 어떤 것을 불러일으키게 하는지, 동물에게도 어느 정도 사물을 이해시킬 수 있으니까 뭔가 동물의 몸속에 불러일으키는 것보다는 좀 나은 것인지, 우리는 통 모른다. 따라서 알베르틴과 친해지고자 하는 일이 불가능과 접촉하는 게 아니더라도, 미지와 접촉하는 것처럼 느껴져 말을 훈련시키는 일만큼이나 어렵고, 꿀벌을 치거나 장미를 재배하는 것만큼이나 정성 드는 일처럼 느껴졌다.

몇 시간 전만 해도, 나는 알베르틴이 내 인사에 멀리서 응할 뿐일 거라고 생각했다. 그런데 우리는 이제 막 함께 소풍갈 계획을 세우고 작별한 것이다. 알베르틴과 다시 만나면 더욱더 대담하게 되리라고 결심했다. 나는 할 말을 미리 다 짜놓고, 또한(지금은 알베르틴이 다루기 쉬운 아가씨일 게 틀림없다는 인상을 완전히 가졌으니까) 그녀에게 청하는 기쁨조차 미리 다 머릿속에 만들어놓고 있었다. 그러나 정신은 식물처럼, 세포나 화학 원소처럼 영향받기 쉽다. 정신을 담그고 그것을 여러 가지로 변화시키는 매개는 여러 외적인 상황인데, 이것이 새 틀이 된다. 다시 알베르틴과 만났을 때, 그녀가 눈앞에 있다는 사실만으로, 나 자신이 다른 사람이 되어버려, 미리 짜놓은 계획과는 딴판인 것을 말했다. 다음에, 타는 듯이 붉은 관자놀이를 떠올리면서 상냥한 마음은 이해관계를 뛰어넘은 것임을 알베르틴이 깨닫고, 좀더 존중하게 되지 않을까 생각했다. 결국 그녀의 어떤 눈초리, 어떤 미소 앞에 나는 당황해버렸다. 이런 눈초리나 미소는 너그러운 행동을 뜻하고 있을지도 모르지만, 또한 쾌활하고, 마음속에 순결을 지키고 있는 젊은 아가씨의, 얼마쯤 어리석은 명랑함을 나타내고 있는지도 몰랐다. 얼굴 표정도 언어 표현과 마찬가지로 똑같은 표현이 여러 뜻을 품을 수 있는 이상, 나는 그리스어의 어려운 번역문 앞에 앉은 학생처럼 머뭇거렸다.

이번에는 외출하자마자 거의 동시에, 우리는 몸집이 큰 앙드레를 만났다. 전에 재판소장 머리 위를 뛰어넘은 적이 있는 그 아가씨이다. 알베르틴은 그녀에게 나를 소개해야 했다. 그녀 친구의 눈은 유난히 밝고 맑았는데, 그 눈은 마치 어두운 아파트 안에서 반짝이는 바다의 초록빛 반사와 햇빛이 넘쳐 흐르게 하고 있는 방의 열린 문과도 같았다.

내가 발베크에 온 뒤로 자주 눈에 띄어 알고 있는 신사 다섯 명이 지나갔다. 어떤 인간일까 여러 차례 마음속으로 궁금해하던 사람들이었다. "그다지 세련된 사람들이 아니에요." 알베르틴이 깔보는 투로 비웃으면서 말했다. "꼬마영감, 머리에 물들이고, 누런 장갑을 끼고, 소 모는 막대기를 들고 있는 이, 어때요, 저 잘난 얼굴, 발베크의 치과 의사, 친절한 분이죠. 뚱뚱이는 시장, 꼬마뚱보말고, 꼬마뚱보는 아마 당신도 본 적이 있을 거예요, 춤 선생이죠. 저분도 어지간히 시시하다나? 우리가 카지노에서 좀 지나치게 소란 피워 의자를 부수기도 하고, 양탄자를 깔지 않은 채 춤추려고 하기 때문에 참을 수 없나 봐요. 그러니 우리에게 상을 줄 리가 없죠. 거기서 제대로 춤추는 건 우리뿐인데. 치과 의사야 친절한 분이니까 치과 의사한테 인사해서 춤 선생을 화나게 해주고 싶었지만, 생트크루아 씨가 함께 있어서 못 했죠. 저분은 도의원, 좋은 가문인데 돈 때문에 공화당 편에 들어서, 어엿한 사람이라면 아무도 저이에게 인사하지 않아요. 우리 아저씨와 관청 관계로 아는 사이지만, 아저씨말고는 우리 집안사람들은 다 그를 모른 체하죠. 비옷을 입은 말라깽이는 오케스트라 지휘자. 어머, 저분을 모르세요? 지휘는 완벽, 〈카발레리아 루스티카나〉*를 듣지 않았군요? 참 이상적이라고 생각해요! 오늘 저녁 저분의 연주회가 있어요. 그러나 우리는 거기에 못가요, 공회당에서 하니까. 카지노에서 한다면 상관없지만, 그리스도상을 떼어낸 공회당엘 간다면 앙드레 어머니께서는 쓰러질 거예요. 아주머니의 바깥어른이 관청에 다니지 않느냐고요? 그게 뭐 대수로운 일인가요? 아주머니는 뭐니 뭐니해도 내 아주머니니까. 아주머니라서 좋아하는 건 아니에요. 아주머니는, 나를 하루라도 빨리 치워버리겠다는 소원밖에 없어요. 어머니 대신 나를 정성스럽게 돌봐주시는 분, 게다가 나와는 아무런 관계도 없으므로 거듭 고마운 분이죠. 그래도 말하자면 어머니처럼 내가 사랑하는 친구분이죠, 나중에 사진을 보여드릴게요."

골프 선수이자 바카라의 노름꾼인 옥타브가 우리 쪽으로 다가왔다. 나는

---

* 마스카니(Mascagni, 1863~1945)가 작곡한 악극.

이 젊은이와 나 사이에 한 관계를 발견했다고 생각했다. 왜 그런가 하니, 얘기하는 중에 그가 베르뒤랭네와의 먼 친척이 되고, 게다가 베르뒤랭네 사람들에게서 아주 귀염을 받고 있다는 사실을 알았기 때문이다. 하지만 그는 그 소문난 수요일 모임을 멸시하는 투로 말하고, 또 베르뒤랭 씨가 야회복 예법을 모른다고 덧붙이면서, 그래서 어떤 '뮤직홀' 같은 데서 베르뒤랭 씨와 부딪치면 몹시 난처하고, 마을의 공증인같이 검은 옷에 검은 타이를 맨 신사에게, "여어, 망나니"라고 큰 소리로 불리는 게 아주 듣기 싫다고 말했다. 드디어 옥타브는 우리 곁을 떠났다. 오래지 않아 이번에는 앙드레가, 그 별장 앞에 오자, 우리와 작별했다. 앙드레는 산책하는 동안 내게 한마디도 없이 그대로 별장에 들어가버렸다. 그녀가 떠나버린 게 더욱 유감스러웠던 것은, 그녀가 얼마나 나에게 쌀쌀히 굴었는지 알베르틴에게 지적하면서, 알베르틴이 그 아가씨 친구들과 나를 친하게 하는 데 잘되지 않는 듯한 어려움을, 내 소원을 풀어주려다가 엘스티르가 첫날에 부딪쳤을는지도 모르는 그 적의(敵意)와 연관 지어 마음속으로 이 생각 저 생각 하고 있을 때, 두 젊은 아가씨, 앙브르사크네 자매가 지나가, 나도 인사하고, 알베르틴도 인사하는 걸 앙드레에게 보이지 못한 점이었다.

나는 이 아가씨들 덕분에 알베르틴에 대한 내 처지가 더 좋아지리라 생각했다. 이 두 아가씨는 빌파리지 부인과 한집안 되는 부인의 딸들로, 이 부인은 뤽상부르 공주와도 아는 사이였다. 앙브르사크 부부는 발베크에 작은 별장을 갖고 있는 대부호인데 매우 소박한 생활을 하고 있어, 언제나 남편은 같은 웃옷, 아내는 수수한 드레스를 입고 있었다. 두 분 다 나의 할머니에게 공손한 인사를 했지만, 그 이상은 없었다. 두 딸은 아주 예쁘고 세련된 옷을 입고 있었으나 도시에서 보는 듯한 우아함으로, 해수욕장 특유의 세련됨은 아니었다. 긴 드레스에, 커다란 모자를 쓴 두 아가씨는 알베르틴과는 다른 인종에 속해 있는 성싶었다. 알베르틴은 이 두 아가씨가 누군지 잘 알고 있었다. "어머! 앙브르사크네 아가씨들을 아시는군요? 그럼 정말 멋진 분들을 아는 셈인데요. 하기야 그 집 사람들은 매우 소박하지만." 그녀는 마치 그것이 모순이나 되는 듯이 덧붙였다. "둘 다 무척 얌전한 분인데, 어찌나 고상한지 카지노에 못 가게 해요. 특히 우리가 있기 때문이죠. 우리야 얌전하지 못하니까. 어때요, 저런 분이 마음에 드나요? 그야 사람에 따라 다르지만. 내게 보기엔 마치 순결한 새끼 거위, 아마 그 점이 귀엽나 보죠. 당신이 저 순결한 새끼 거위를 사랑한다면 마음껏 봉사받겠죠. 정말 저런 사람이 남자들이 좋아하는 생김새인가 봐요. 저분들 가운데 하나가 벌써 생루 후작의 약혼자이니까요. 그런데 그 젊은이를 연모하고 있는 동생에게는 그게 심한 타격이죠. 저이들은 무엇이나 입술 끝으로만 말해서 듣기만 해도 진저리가 나요. 그리고 또 입고 나오는 옷의 우스꽝스러운 꼴이라니, 비단 드레스 차림으로 골프 치러 간다니까. 저 나이로는 너무나 건방진 옷차림이지 뭐예요. 옷맵시 낼 줄 아는 중년 부인들보다 더하지 뭐예요. 저어, 엘스티르 부인, 그분 참 멋있죠."

나는, 엘스티르 부인이 내가 보기엔 몹시 소박한 옷차림 같더라고 대답했다. 알베르틴이 까르르 웃어댔다. "사실이에요, 매우 소박한 옷차림이에요. 하지만 그 옷차림에 매력이 있거든요. 당신 눈에 소박하게 보일 정도까지 이르기에, 많은 돈을 들인 거죠." 엘스티르 부인의 드레스는, 여인의 몸치장 물건들에 대한 틀림없는 취미와 담백한 기호를 갖지 못하는 이의 눈에 띄지 않은 채 지나가버리는 그런 것이었다. 내게는 그런 취미가 없었다. 알베르틴이 나에게 한 말로는, 엘스티르는 그것을 가장 높은 정도로 지니고 있다는 것이었다. 그의 아틀리에를 방문했을 때 나는 그 점을 알아채지 못했을 뿐더러, 또한 아틀리에를 가득 채우고 있는 멋들어진 그러나 담백한 물건들 모두가 그가 갈망하던 감탄할 만한 것들이어서, 그 물건들의 유서를 알고 있는 그가, 그것들을 손에 넣을 수 있는 데 충분한 돈을 벌기까지, 판매에서 판매로 그 행방의 뒤를 밟아왔다는 사실도 알아채지 못했던 것이다. 하지만 그 점에 대해서는, 알베르틴도 나와 마찬가지로 거의 몰라서 하나도 나에게 일러줄 수가 없었다.

한편 여인의 몸치장에 대해서는, 멋을 부리는 본능이 움직이는 이상, 아마도 자기 몸에 치장할 수 없는 것을 더 공평하게, 더 섬세하게, 부유한 사람들한테서 감상하는 가난한 아가씨들의 부러움으로, 그녀는 엘스티르의 세련된 취미를 곧잘 얘기할 수 있었다. 엘스티르의 취미는 어찌나 까다로운지, 그의 눈에 온갖 여인의 옷차림이 엉망으로 보이고, 또 모든 사람을 하나의 조화, 하나의 미묘한 느낌 속에 넣는 습관을 갖고 있어서, 그는 아내를 위하여 엄청난 값으로 파라솔이나 모자, 외투를 만들게 했다. 그런 걸 멋지다고 생각하게 된 것은 알베르틴한테 배워서이고, 취미 없는 사람이라면 나처럼 어디에 멋이 있는지 알아채지 못할 것들이었다. 게다가 알베르틴은 그림을 좀 그려보았지만 하나도 '소질'이 없다고 털어놓고 말하면서도 조금 그림 솜씨가 있어, 엘스티르에게 크나큰 존경의 마음을 품고 또 엘스티르가 그녀에게 한 말과 보여준 것 덕분으로 그림에 밝고, 그 지식은 〈카발레리아 루스티카나〉에 대한 열광과는 뚜렷한 대조를 이루고 있었다. 아직 거의 겉으로 보이진 않으나, 실제로 그녀는 몹시 총명해, 입으로 말하는 것들이 어리석지만, 그건 그녀 본모습이 아니었고 환경과 나이 탓이었다. 엘스티르는 그녀에게 다행스러운 영향을 주었지만, 부분적인 것이었다. 지성의 모든 형태가 알베르틴한테는 똑같은 발전 단계에 이르지 못하고 있었던 것이다. 그림에 대한 취미는 옷차림과 온갖 유행의 취미를 거의 따라잡고 있었으나, 음악에 대한 취미는 아직 아득히 멀어 훨씬 뒤쪽에 처져 있었다.

알베르틴이 앙브르사크네 사람들을 알고 있다고 해서 나에겐 조금도 도움이 되지 않았다. 큰일을 치를 수 있는 이가 반드시 작은 일을 치를 수 있는 것이 아니듯, 내가 앙브르사크네 자매에게 인사한 뒤에도, 알베르틴이 동아리의 벗들에게 더 적극적으로 나를 소개하려는 기미가 보이지 않았다. "그런 애들을 대수롭게 생각하다니 사람도 좋으셔라. 그 애들에게 마음 쓰지 말아요, 하찮은 애들이니까. 당신같이 어엿한 분에게 그런 어린 계집애들이 셈에 들어갈 수 있을까? 앙드레만큼은 아주 머리가 좋지요. 착한 아이지만 너무 변덕스러워요. 다른 애들은 정말 머리가 둔해요." 알베르틴과 작별한 뒤, 갑자기 나는, 생루가 약혼녀가 있다는 사실을 나에게 숨긴 것, 또 정부와 관계를 끊지 않은 채 약혼하는 나쁜 짓을 했다는 것이 머릿속에 떠올라 마음 아팠다. 그렇지만 며칠 뒤에 나는 앙드레와 얼굴을 대했다. 이번에는 그녀가 꽤 오랫동안 지껄여대서, 나는 그 틈을 타서 내일 또 만나고 싶다고 말했는데, 그녀는 어머니가 병환이라 혼자 있게 할 수 없다고 대답했다. 이틀 뒤 엘스티르를 만나러 가니까, 엘스티르는, 앙드레가 나한테 매우 호감을 품고 있더라고 말했다.

"아니죠, 처음으로 말한 날부터 그녀에게 호감을 느낀 건 나죠. 다음 날 또 만나자고 청했더니 그녀 쪽에서 안 된다고 하더군요."—"알고 있소, 그녀가 그렇게 말하더군요." 엘스티르가 말했다. "퍽 서운해했으나 여기서 10

리 남짓한 곳에 소풍을 가기로 약속이 있었나 봐요. 사륜마차로 가게 되어 있어 취소할 수가 없었다더군요." 이 거짓말은, 앙드레가 나와 친분이 두텁지 않으니까 문제가 되지 않을지 모르나, 태연히 거짓말을 하는 여인과의 교제는 끊어야 했으리라. 왜냐하면 사람은 한번 한 짓을 끝없이 되풀이하니까. 처음, 약속한 장소에 오지 않거나 또는 감기에 걸렸다는 친구를 해마다 찾아가보라. 또 감기로 누워 있다고 하거나 약속한 장소에 안 오거나 할 테니. 못 오는 핑계는 언제나 같은데, 자기 딴에는 경우에 따라 그때그때 핑계를 달리 댄 줄로 여긴다.

앙드레가 나에게 어머니 곁에 남아 있어야 한다고 말한 지 얼마 뒤의 어느 날 아침, 알베르틴을 언뜻 본 나는 그녀와 함께 산책하기 시작했다. 그 모습을 얼핏 보았을 때 지오토의 '우상 숭배'를 닮았구나 생각했는데, 그것은 그녀가 끈 끝에 기묘한 것을 달아 올리고 있었기 때문이다. 그 장난감은 '디아볼로(diabolo)'*라고 하는 것으로, 지금은 쓸모없게 되어, 그것을 손에 들고 있는 소녀 초상화 앞에 서면, 먼 미래의 비평가들은 마치 아레나 성당에 남아 있는 풍자화 앞에 서기라도 한 듯이, 그 소녀가 손에 쥐고 있는 것에 대하여 논쟁을 벌였으리라. 잠시 뒤 내가 젊은 아가씨들 동아리를 처음 보던 날, 앙드레의 날쌘 발이 스쳐간 그 노신사에 대해서 '저 노인, 불쌍해 차마 못 보겠어' 하고 심술궂은 투로 냉소하던, 초라하고도 인정머리 없는 그 벗이 다가와서 알베르틴에게 말했다. "안녕, 방해되니?" 이 소녀는 성가셔서 모자를 벗어버렸다. 그녀의 머리칼은, 식물의 넋을 잃게 하는 이름 모를 변종처럼, 자디잘게 갈라져 돋은 잎 모양으로 이마 위에 늘어져 있었다. 알베르틴은 모자도 쓰지 않은 그녀를 보고 화가 났을 것이다. 대꾸 한마디 없이 쌀쌀하게 침묵을 지켰음에도 상대는 태연히, 나와의 사이에 알베르틴을 둔 채로 걸었다. 알베르틴은 어떤 때는 그 벗과 단둘이 있게 하고, 또 어떤 때는 그 벗을 뒤에 처진 채 두고 나와 함께 걸어갔다. 나는 본인 앞에서 알베르틴에게 소개하라고 청해야만 했다. 알베르틴이 내 이름을 말하자, '저 노인, 불쌍해 차마 못 보겠어'라고 말했을 때 그토록 잔혹하게 보이던 이 아가씨의 얼굴과 푸른 눈 속에, 진심과 애정이 담긴 미소가 반짝 지나가는 걸 보

---

* 장대 두 개와 줄로 공중에서 팽이를 돌리는 놀이.

았다. 그녀는 손을 내밀었다. 머리칼은 금빛, 또 그 금빛은 그것만이 아니었다. 곧 두 볼은 장미색, 눈은 파랬지만 아직 아침의 다홍색 하늘처럼 얼굴 전체에 금빛이 나타나 반짝였다.

금세 불이 붙은 듯, 나는 마음속으로 말했다. 이 아가씨는 아직 어려서 사랑을 하면 수줍어한다. 알베르틴에게 핀잔을 받으면서도, 나를 위하여, 나를 연모하므로 우리를 따라오고 있는 것이다. 남들에게는 매정하지만 내게는 온순하다는 점을 그 웃음 치는 상냥한 눈길로 마침내 내게 털어놓을 수 있는 걸 기쁨으로 삼고 있을 게 틀림없다고. 그러고 보니, 아마도 내가 그녀를 모르고 있을 때부터, 바닷가에서 나를 주목해, 내내 나를 생각해왔는지도 모른다. 그리고 그 노인을 놀려댄 것은 나를 감탄시키기 위함이고, 그 뒤의 나날을 침울한 표정으로 보낸 것은 나와 가까워지지 못해 그랬는지 모른다. 그러고 보니 저녁때 바닷가를 혼자 산책하는 모습을, 호텔에서 몇 번인가 언뜻 본 적이 있다. 아마 그녀는 나를 만날 수 있으리라 생각해 그랬을 것이다. 지금은 작은 동아리 사람들이 없지만 알베르틴이 있으므로 방해받고 있는 그녀가, 이 벗의 점점 심해지는 쌀쌀한 태도에도 우리 뒤를 따라오는 것은, 마지막까지 뒤에 남아 잠시나마 단둘이 되는 기회를 얻어, 가족이나 친구들 모르게 빠져나와 미사 전 또는 골프 뒤에 안전한 곳에서 나와 만나는 약속을 맺고 싶기 때문이라고밖에 느껴지지 않았다. 앙드레와 그녀 사이가 나쁘고, 앙드레가 그녀를 싫어해서 그녀를 만나기가 더욱 쉽지 않았다. “난 오래오래 참아왔어요.” 앙드레가 내게 말했다. “그 애의 터무니없는 거짓말, 비열한 짓, 나에게 했던 헤아릴 수 없는 치사한 책략을 다른 벗들 때문에 참아왔어요. 그러나 최근 독설에는 인내심도 바닥이 드러나버렸죠.” 그리고 앙드레는 이 아가씨가 퍼뜨리고 돌아다닌 험담을 나에게 이야기했는데, 그것은 과연 앙드레를 악랄하게 중상하는 험담이었다.

그런데 알베르틴이 우리 둘을 두고 갔더라면 그때에 꺼내겠다고 지젤의 눈이 약속한 말은 결국 듣지 못하고 말았다. 왜냐하면 알베르틴이 고집 세게 우리 둘 사이에 끼어들어 더욱더 무뚝뚝한 대꾸를 계속하다가, 지젤이 무슨 말을 해도 단 한마디도 대답하지 않아 드디어 지젤도 물러가버렸기 때문이다. 나는 알베르틴에게 그처럼 불쾌한 태도를 취한 점을 나무랐다. “그래야 좀 조심성 있게 구는 걸 배우죠. 나쁜 애는 아니지만 짓궂어요. 그렇게 무엇에든지 참견할 게 뭐람. 뭣 때문에 찰떡같이 붙는다죠, 부탁도 하지 않았는데? 썩 꺼지라고 말할 뻔했다니까요. 또 그 머리 모양이 뭐예요, 망측하게, 악취미도 이만저만이 아니라니까." 알베르틴이 이렇게 말하고 있는 동안, 나는 그녀의 볼을 물끄러미 보고 있었다. 그리고 그 볼이 어떠한 향기, 어떠한 맛이 날까 생각했다.

이날 그녀는 산뜻하기보다 매끈매끈하고, 보랏빛 도는, 크림 같은, 무늬 없는 장밋빛으로, 초를 칠한 장미 꽃잎을 떠올리게 했다. 사람이 이따금 꽃에 열중하듯 나는 이 꽃에 정열을 느꼈다. "나는 그녀를 주의해 보지 않았는데요." 내가 대답했다. —"그래도 당신은 그 애를 꽤 자세하게 보던데요, 마치 그 애의 초상화라도 그리듯이." 그때 내가 눈여겨보고 있는 것이 그녀 자신이라는 사실에 마음 풀리지 않고 그녀가 말했다. "그렇지만 그 애는 당신 마음에 안들 거예요. 그 애는 전혀 이성의 환심을 사려는 아이가 아니거든요. 당신은 이성의 환심을 사려는 여자아이를 좋아하시죠. 어쨌든 그 애가 찰거머리처럼 붙어다녀 되짜 맞는 기회는 없어질 거예요, 곧 파리로 돌아가니까."—"다른 친구분들도 함께 가나요?"—"아뇨, 그 애만. 그 애와 가정교사하고. 시험을 치러야 하니까요. 맹렬히 공부하겠죠, 가엾게도. 생각만 해도 우울해요. 때로는 좋은 문제에 부딪치는 일도 있긴 하지만. 그런 건 정말 우연이죠. 내 친구 가운데, 재수 좋게 이런 문제에 부딪친 애가 있어요. '그대가 당한 사건을 이야기하라.' 운이 좋았죠. 그러나 이런 문제를 다뤄야만 했던 애를 알고 있어요(더구나 필기로), '알세스트와 필랭트* 가운데 당신은 어느 편을 벗으로 택할 것인가?' 나 같으면 벌린 입이 다물어지지 않을 문제! 뭐니뭐니해도 우리 같은 아가씨들에게 내놓을 문제가 아니지 뭐예요. 여학생은 다른 여자아이들과 사귀지, 남자분을 친구로 삼지는 않으니까(이 말은, 내가 작은 동아리 속에 끼일 기회가 거의 없다는 걸 나타내어, 나를 겁나게 했다). 아무튼 이런 문제가 남학생들에게 출제되었다고 치고, 그것에 대해 할 말이 뭐죠? 숱한 가정이, 이런 문제는 어렵다고 불평하는 글을 〈골루아〉지에 투고했답니다. 더 말이 아닌 것은 상을 받은 학생들의 우수 답안집에, 주제를 완전히 반대로 다룬 것이 두 편이나 있다는 점. 모든 게

* 몰리에르의 〈인간 혐오자(Le Misanthrope)〉에 나오는 인물.

시험관이 어떠한가에 따르다니까요. 한 시험관은 필랭트가 아첨꾼이자 교활한 인간이라고 대답하기를 바랐고, 또 한 시험관은 알세스트에게 탄복할 수밖에 없기는 하나 지나치게 까다로운 인간이라, 친구로서는 필랭트를 택해야 한다고 대답하기를 바란 거죠. 선생들 간에도 의견이 일치하지 않는데 학생들이 어떻게 안다죠, 불쌍한 건 학생들이라니까. 또 이 정도라면 아무것도 아니죠, 문제가 해마다 어려워지니, 원. 그러니 지젤도 있는 마력(馬力)을 다 내지 않으면 통과하기 힘들 거예요."

호텔에 돌아와 보니 할머니가 계시지 않아, 나는 오랫동안 기다렸다. 드디어 할머니가 돌아왔을 때, 나는 뜻하지 않은 일로 이틀 정도 걸리는 여행을 하게 해달라고 졸랐다. 할머니와 함께 식사를 끝내고, 마차를 불러 타고 역으로 몰았다. 지젤은 거기서 나를 보아도 놀라지 않을 것이다. 동시에르에서 파리행 기차를 갈아타기만 하면, 그 객차에는 다닐 수 있는 복도가 있으니까, 가정교사가 조는 동안에, 지젤을 어두운 한구석으로 데리고 가, 내가 파리에 돌아간 뒤에 그녀와 만날 장소를 정할 수 있겠지. 나는 될 수 있는 한 빨리 파리에 돌아가자. 그녀가 보일 의사에 따라, 캉 또는 에브뢰까지 그녀와 함께 가다가 거기서 다음 기차로 발베크에 돌아오자. 그렇지만 내가 그녀와 그 동아리 벗들 사이에서 선택에 망설이던 것, 그녀와 마찬가지로 알베르틴이나 맑은 눈의 아가씨나 로즈몽드한테 사랑받기를 원하던 것을, 그녀가 안다면 어떻게 생각할까? 서로의 사랑이 나를 지젤에게 잇닿게 하려는 지금, 나는 양심의 가책을 느낄 뿐이었다. 더구나 나는 이미 알베르틴을 좋아하지 않는다고 진심으로 지젤에게 딱 잘라 말할 수도 있을 것이다. 이날 아침, 지젤에게 말하려고, 등을 거의 이쪽으로 돌리면서 멀어져가는 알베르틴의 모습을 보았기 때문이다. 실쭉한 얼굴을 옆으로 돌린 그녀의 머리 위에, 그 뒷머리칼이 다른 곳의 그것과는 달리 두드러지게 검어, 마치 물에서 갓 나온 듯이 반짝이고 있었다. 나는 물에 젖은 암탉을 떠올렸고, 또 그 머리칼은, 연보랏빛 얼굴과 신비한 눈길이 이제껏 드러내던 영혼과는 다른 또 하나의 영혼을 나로 하여금 알베르틴 몸 안에 나타내게 했다. 이 윤나는 머리칼은, 한순간 내가 그녀에게서 언뜻 볼 수 있었던 전부이자, 그 뒤에도 이것만이 떠올랐다.

우리 기억은 진열창 있는 상점과도 같아, 그 진열창에 어떤 인물의 한 사진을 늘어놓고, 뒷날에 자세가 다른 사진을 진열한다. 그래서 보통 최근의 기억만이 얼마간 눈에 남는다. 마부가 말을 빨리 모는 동안, 나는 지젤이 속삭이는 감사와 애정의 말, 하나같이 그녀의 상냥한 미소와 내민 손에서 생긴 말을 듣고 있었다. 이는 내가 아직 연인이 되지 않았으나 그렇게 되기를 바라 마지않는 삶의 한때에, 아름다움의 육체적인 이상, 곧 언뜻 보고 나서 멀리 얼굴이 아리송하면, 지나가는 어느 여인 속에도 금세 내가 그럴 것임에 틀림없으리라 확인하는 육체적인 이상뿐만 아니라, 또한 나를 열중케 하려는 여인의 정신적인 환영마저—내 어린 시절부터 머릿속에 모조리 씌어 있던 연애극 속에서, 나의 대사를 나누고자 하는 여인의, 언제라도 인간의 육신을 가질 채비가 된 정신적인 환영마저—마음에 품고 있기 때문이다. 그리고 조금이라도 그 소임에 맞는 쓸모 있는 육체를 갖추고 있기만 하면, 어떠한 아가씨도 그런 연애극을 하고 싶어할 거라고 생각했다. 내가 새로운 배역을 만들거나 다시 상연하거나 하는 데 초청하는 새 '스타'가 어떠한 여인일지라도, 그 연극의 줄거리, 사태의 격변은 물론이려니와, 그 대본도 '결정판'의 형식을 유지했다.

며칠 뒤, 우리를 소개하는 데 조금도 서둘지 않았던 알베르틴의 태도에도, 나는 첫날 작은 동아리 사람 전부를 알게 되었다. 그녀들은 모두 발베크에 남아 있었다(단 지젤을 빼놓고. 내가 탄 마차가 역의 건널목 앞에서 오랫동안 멈춘 것과, 시간표가 바뀐 것 때문에, 지젤이 탄 기차에 가지 못해, 내가 도착하기 5분 전에 떠나버렸는데, 하기야 이제 나는 지젤에 대해 생각하지 않았다). 게다가 한동아리가 아닌 그녀들의 벗, 두서너 아가씨에게도 내 부탁으로 소개받았다. 그러므로 내가 새로 알게 된 한 아가씨에게 품는 기쁨의 기대는, 그 아가씨를 나에게 소개해준 다른 아가씨한테서 오며, 가장 마지막으로 온 아가씨는 별종의 장미 덕분에 얻은 변종 가운데 한 가지와도 같았다. 이렇게 꽃부리에서 꽃부리로 꽃줄을 거슬러 오르자, 변종을 아는 즐거움은 그 변종을 아는 계기가 된 꽃부리 쪽에 나를 되돌아가게 하여, 새 희망과 똑같은 정도의 욕망을 섞은 감사의 정을 품게 했다. 오래지 않아 나는 이 젊은 아가씨들과 나날을 지냈다.

애석하도다! 눈부시도록 싱싱한 꽃 속에, 무정한 세월의 덧없음을 아는 이, 눈에 보이지 않는 미세한 반점을 구별할 수 있으니, 한창 꽃핀 싱싱한 살이 오래지 않아 곧 건조로 또 결실로, 이미 예정된 변함없는 종자의 형태를 지어가리라는 걸 알아본다. 아침 바다가 상쾌하게 부풀게 하는 잔물결, 조수가 눈에 띄지 않을 만큼이나 잔잔한 바다에, 움직이지 않아 그린 듯한 잔물결과 같은 코의 높낮이를 우리는 더할 수 없는 쾌락과 더불어 눈으로 뒤따른다. 인간의 얼굴은 그것을 바라보는 순간에 변하지 않을 듯이 보이는 것이니, 얼굴이 새롭게 바뀌는 과정은 쉽사리 눈에 띄지 않을 만큼 완만하기 때문이다. 그러나 젊은 아가씨들 곁에 그 어머니나 아주머니를 놓고 보면, 얼굴이 지나온 거리를 재기에 충분하여 일반적으로 추한 모양 쪽으로 끌어당기는 내적인 힘의 작용으로, 얼굴은 미처 서른 해도 못 되는 사이에 눈매가 기울어지고, 지평선 너머 쪽으로 저물어 다시는 햇살을 받지 못할 정도로 변하고 마는 거리를 건너리라.

나는 알았다, 자기들의 종족, 자기들의 민족성에서 벗어난 줄로 여기는 사람들에게마저, 그 안에 숨어 있는 유대인적 애국주의 또는 기독교도적 유전과 마찬가지로 뿌리가 깊고, 피할 수 없게 알베르틴의, 로즈몽드의, 앙드레의 장밋빛 꽃차례 그늘에, 그녀들 자신도 모르게 만일의 경우를 위하여 커다란 코, 비쭉 나온 입, 비대함을 남겨두고 있다는 사실을. 이런 것이 겉으로 나타나면 놀라우나, 사실 무대 뒤에서 언제라도 무대에 나올 채비가 되어 있는데, 이를테면 때와 경우에 호응하여, 개인 그 자신에 앞선 본성에서 갑자기 생겨나는, 뜻밖의 피할 수 없는, 드레퓌스주의라든가 교권주의라든가, 민족적이자 봉건적인 영웅주의라든가와 똑같은 것이다. 개인은 그런 본성을 속에 지니면서 변하기 쉬운 개별적인 여러 양상을 띠는데, 그 양상과 본성의 관계를 가리지 못한 채, 생각하고, 살며, 변화하고, 강해지거나 죽는다.

정신적인 면에서도, 우리는 생각보다 더 강한 자연계의 법칙에 의존하여, 우리 정신은, 꽃이 피지 않고 씨를 뿌리는 식물같이, 어떤 벼과의 식물처럼, 미리 여러 가지 특성을 지니고 있는데, 그런 특성을 우리가 택한 줄로 생각한다. 그러나 우리는 2차적인 관념밖에 파악하지 못하며, 그런 관념을 필연적으로 만들어내는 제1원인, 필요에 따라 겉으로 나타나는 제1원인(유대 민족, 프랑스인의 혈통 같은)을 깨닫지 못한다. 2차적인 것이 깊이 고려한 결과처럼 보이고, 근본적인 것이 위생상 무모한 결과로만 보일지도 모르나, 콩과 식물이 형체를 그 종자에서 이어받고 있듯이, 우리를 살리는 관념도 우리를 죽이는 병도 모두 혈통에서 이어받고 있다.

꽃이 피고 나서 저마다 다른 시기에 열매 맺는 식물을 구경하듯, 나는 발베크의 바닷가에서 여러 나이 든 부인네 몸 안으로, 나의 친구 아가씨들이 어느 날 그렇게 될 단단한 종자, 그 무른 덩이줄기를 보았다. 하지만 그런 것은 아무래도 좋다. 지금은 꽃의 계절이다. 따라서 빌파리지 부인이 나를 산책에 초대하더라도, 핑계를 꾸며대어 시간에 얽매이지 않으려고 했던 것이다. 엘스티르한테 가는 것도 나의 새 친구 아가씨들이 함께할 때만 했다. 생루와 약속해놓고서도 동시에르에 그를 보러 가는 오후의 짬을 내기조차 힘들었다. 사교계 모임, 진지한 대화, 심지어 정다운 담소일망정, 그것이 만에 하나라도 아가씨들과의 외출을 방해하는 것이라면, 나는 마치 식사 시간에 식당에 데려가는 대신 앨범을 구경시키러 데리고 갈 때의 느낌을 받았으리라. 아이든 젊은이든 노년의 부인이든 중년의 부인이든 우리와 사귀다가 마음에 들었거니 여기는 상대가 우리의 시야에 나타나는 경우, 그것이 어떤 불안정한 평면 위에 나타나는데, 우리가 비좁은 시각으로 줄어든 눈을 통해서밖에 그 상대를 의식하지 못하기 때문이다.

그런데 이 젊은 아가씨들 쪽으로 시각을 돌리자 그 시각은 다른 수많은 감각의 대표 격이 된다. 감각의 대표는 냄새, 감촉, 맛 같은 갖가지 특색을 차례차례 찾아나가, 손과 입의 도움을 빌리지 않고서 그와 같은 여러 감각을 맛본다. 그리고 감각 대표는 그 위치를 바꾸거나 한데로 모으는 데에 탁월한 기술을 다 갖춘 덕분에, 욕망을 썩 잘 부려, 아가씨들의 볼 또는 가슴의 빛깔을 보기만 해도, 그 빛깔을 바탕 삼아, 두드림 진단, 맛보기, 접촉 등 실제로는 불가능한 행위를 벌일 수 있어, 마치 장미밭이나 포도밭에서 눈으로 꽃송이, 포도송이를 먹으면서, 그 단 꿀과 과즙을 맛볼 때와도 같은 풍만한 감각을 아가씨들에게 준다.

날씨가 나빠도 무서워하는 일 없이, 비옷을 걸친 알베르틴이 자전거로 소나기 속을 달리는 모습을 여러 번 보았지만, 비 오는 날 우리는 한나절을 카지노에서 보냈다. 그런 날 카지노에 가지 않다니, 나에게는 있을 수 없는 일처럼 느껴졌다. 앙브르사크 자매는 한 번도 카지노에 발을 들여놓은 적이 없어서 자매에게 가장 큰 멸시를 느꼈다. 그러고 나서 아가씨 친구들이 춤 선생에게 장난치는 것에 기꺼이 한몫 끼었다. 우리는 곧잘 감독권을 침해하여, 경영자 또는 사무원의 몇 마디 잔소리를 듣기가 보통이었다. 왜냐하면 아가씨 친구들은, 또한 앙드레도—앙드레로 말하면, 나는 첫날 그 장난이 너무나 심해 디오니소스적인 여자아이로 생각했지만, 사실은 그와 반대로 병약하고 지적인 아가씨였는데, 그해는 건강이 몹시 나빴음에도, 그런 건강 상태에 지배당하기보다 차라리 병자나 건강한 자나 한결같이 쾌활성 속에 녹아들게 하는 자랑스러운 나이의 힘에 지배당했던 것이었다—댄스홀 출입구에 이르기까지, 또 홀에 들어가는 데, 뜀뛰기, 의자 위를 전부 뛰어넘기, 노래 부르면서, 아직 양식이 나뉘지 않은 옛 시대에, 서사시 속에서, 신학의 가르침에 농업 규범을 섞는 고대 시인의 방식으로, 그녀들의 젊디젊은 젊음 속에 온갖 예술을 섞으면서, 미끄럼 타며 뒷걸음질치지 않고 배기는 적이 없었기 때문이다.

첫날에는 가장 쌀쌀하게 보인 앙드레지만, 알베르틴과는 비교도 안 될 만큼 감정이 섬세하며 다정스럽고 예민했으며, 알베르틴에게는 언니처럼 쓰다듬는 듯하고도 부드러운 애정을 보이고 있었다. 카지노에서는 내 곁에 와서 앉고—알베르틴과는 달라—왈츠의 차례를 거절할 줄 알았고, 내가 피로하기라도 하면 카지노에 가는 걸 단념하고 호텔에 오기까지 했다. 나에 대한 우정, 알베르틴에 대한 우정을, 앙드레는 심정과 사물에 대한 속 깊은 이해를 보여주는 섬세한 감각과 더불어 나타내었는데, 아마도 어느 정도 그녀의 병약한 상태 탓이었을 것이다. 앙드레는 언제나 명랑한 미소를 띠고 알베르틴의 유치한 행동, 즐거운 장난을 하자고 하면 천진난만한 기세와 더불어 저항 못할 유혹에 끌리는 마음을 겉으로 드러내는 알베르틴의 유치한 행동을 변명하고 있는 성싶었다. 알베르틴은 나와 함께 얘기하는 편이 좋다는 태도를, 앙드레처럼 단호하게 짓지 못했다…….

골프장에서 먹는 오후 간식 시간이 가까웠는데, 아직 우리가 자리에 그대로 있기라도 하면, 알베르틴은 채비를 차린 뒤에 앙드레한테 와서 말한다. "어서 앙드레, 왜 꾸물거리지? 골프장에 가기로 했잖아."—"가기 싫어, 나 여기 남아 저분하고 얘기할래." 앙드레는 나를 가리키며 대답한다—"그래도 뒤리외 부인이 너를 초대한 걸 알잖아." 알베르틴이 목소리를 높인다. 마치, 나와 함께 남아 있겠다는 앙드레의 생각이 초대되어 있는 걸 모르고 있던 게 틀림없다는 사실로밖에 설명할 수가 없다는 듯이. —"그만 해, 바보같이 소리지르지 마." 앙드레가 대답했다. 알베르틴은 그녀 또한 남아 있으라고 할까 봐 더 고집하지 않고, 머리를 살래살래 흔들고는 "마음대로 하렴" 하고, 마치 몸에 나쁜 줄 알면서도 쾌락을 그만두지 못해 몸을 축내는 병자에게 말하듯이 대답한다. "난 뛰어가야겠어, 네 시계가 느린 것 같으니까." 이렇게 말하고 나서 부리나케 달아난다. "버르장머리 없이 굴죠, 귀여운 애지만." 앙드레는, 귀여워하면서도 비판하는 미소로 그 벗을 감싸주면서 말한다. 이렇듯 놀기 좋아하는 점에서, 알베르틴이 처음 무렵의 질베르트와 뭔가 같은 점이 있다면, 이는 우리가 차례차례 좋아하는 여인들 사이에, 발전이 있기는 하지만 우리 기질이 변하지 않는 데서 비롯하는 어떤 유사점이 존재하기 때문이다. 이 기질이 여인을 선택하는 데, 우리와 정반대인 동시에 우리의 모자람을 채워줄 것 같은 여인, 다시 말해 우리 관능을 만족시키는 동시에 우리 마음을 괴롭히는 데 알맞은 여인을 택하고, 그렇지 않은 여인을 모조리 제쳐놓아 버린다. 그렇게 해서 선택된 여인들은, 우리 기질의 산물, 우리 감수성의 영상, 거꾸로 비친 영상, 바로 '음화(陰畫)'*이다. 따라서 소설가는 주인공의 생애를 통해, 연달아 일어나는 사랑을 거의 정확히 묘사할 수 있고, 자기 자신을 묘사하는 게 아니라 새로 창조하고 있는 인상을 줄 수가 있는 듯싶다. 왜냐하면 꾸며낸 참신함보다도 반복 속에 그런 힘이 있으며, 이것이 새로운 진실을 암시하기 때문이다.

게다가 소설가는, 이야기가 새로운 생활의 안쪽 다른 위도에 들어감에 따라 뚜렷이 드러나는 변화의 징후를, 여성을 사랑하고 있는 남성의 성격 속에 기록해야 할 것이다. 만약에 소설가가 다른 인물들에 대하여 각각 성격을 묘사하면서, 사랑을 받은 여성에게 어떠한 성격도 주기를 삼간다면, 모르면 몰라도 그 소설가는 또 하나의 진실을 설명하는 셈이 되리라. 우리는 아무래도 좋은 사람들의 성격을 잘 알고 있기는 하지만, 우리 생활과 뒤섞여 있는 이, 이윽고 우리 자신한테서 떼어내지 못하게 되는 이, 그 행동에 대하여 끊임없이 불안한 가정을 세웠다가 허물어뜨려야만 하는 이의 성격을, 어떻게 우리가 파악할 수 있겠는가? 사랑하는 여인의 이것저것을 알고 싶은 마음은, 지

* 사진 용어인 '네거티브(negative)'라는 뜻.

성의 바깥으로 뛰어나와 달음박질치는 중에 그 여인의 성격 범위를 지나쳐 버린다. 우리는 그 범위 내에 멈출 수도 있겠지만, 결국 우리는 그렇게 하기를 바라지 않을 것이다. 우리의 불안한 탐구 대상은, 여러 가지 모양으로 알맞게 합해져서 살의 현란한 독창성을 만들어내는 그 피부 위의 조그만 마름모꼴과 비슷한, 성격의 여러 특징보다도 더욱 본질적이다. 우리 직관이 바퀴살 모양으로 내뻗침은 그런 특징을 꿰뚫어, 그 내뻗침이 비추는 영상은 개인 얼굴의 영상이 아니라 해골이 가진 침울하고도 비통한 보편성을 나타낸다.

앙드레는 대단한 부자이고, 알베르틴은 가난한 고아였으므로, 앙드레는 아주 너그럽게 자신의 사치스런 생활을 알베르틴에게 이용시키고 있었다. 지젤에 대한 앙드레의 감정도 내가 생각했던 바와는 딴판이었다. 지젤이 떠난 며칠 뒤에, 이 여학생의 소식이, 아직 다른 아가씨들 하나하나에게 편지 보내지 못한 게으름을 사과하면서, 여행과 도착을 작은 동아리 모두에게 알릴 셈으로 쓴 지젤의 편지를 받은 알베르틴을 통해서 왔을 때, 지젤과 더할 수 없이 사이가 나쁘거니 생각했던 앙드레가, "내일 편지를 써 보내야지, 그 애의 편지를 기다렸다가는 또 언제 올지 모르니까. 그 애는 편지 쓰는 데 아주 게으르거든"이라고 하는 말을 듣고, 나는 적잖이 놀랐다. 그러고 나서 앙드레는 이쪽으로 머리를 돌리며 덧붙였다. "이렇다 할 만한 점이 없을지 모르지만 그래도 그 애는 아주 착해요. 게다가 난 그 애를 진심으로 좋아해요." 그래서 나는, 앙드레의 불화는 오래 가지 않는다고 결론지었다.

앞에서 말한 비 오는 날을 빼면, 우리는 자전거로 절벽 위나 교외로 나가게 되어 있어, 나는 한 시간이나 전부터 몸단장하기에 애쓰며, 프랑수아즈가 내 옷가지를 제대로 준비해놓지 않으면 곧잘 투덜거렸다.

그런데 파리에 있을 때에도 프랑수아즈는, 그 자존심의 비위를 맞추어줄 때면 겸손하고도 겸허하며 애교 있게 구는데, 잘못을 조금이라도 탓하면 기고만장하여 나이 탓으로 굽기 시작한 허리를 거만스럽게 똑바로 세웠다. 자존심이 그녀 생활의 커다란 원동력인지라, 만족과 좋은 기분은 사람들에게 부탁받은 어려운 일과 정비례했다. 발베크에 와서는 시키는 일이 너무나 간단해 거의 늘 얼굴에 불만의 기색을 나타냈는데, 내가 아가씨 친구들을 만나러 가려고 할 때, 모자에 솔질을 해두지 않거나 넥타이가 정돈되어 있지 않거나 한 점을 불평하면, 그 불만이 금세 백배로 늘어나, 엎친 데 덮친 격으로 비꼬는 듯한 거만한 표정마저 섞이는 것이었다. 많은 수고 끝에 대수로운 일을 한 것 같지 않은 데에 짜증이 난 프랑수아즈는, 윗도리가 늘 있던 곳에 없다는 간단한 잔소리에, 얼마나 정성 들여 그것을 '먼지 묻지 않도록 되도록 빨리 챙겨넣는지'를 자랑할 뿐더러, 또한 자기 일에 대한 입버릇의 찬사를 늘어놓으면서, 발베크에 와도 거의 휴가 기분이 나지 않는다는 둥, 이 같은 생활을 하는 사람은 둘도 없다는 둥 한탄했다.

"도대체 자기 옷가지를 이 모양으로 아무렇게나 내버려둘 수 있는지 모르겠네요. 이 뒤죽박죽 속에서 금세 찾아낼 수 있는 할멈이 따로 있는지 찾아보시구려. 마귀라도 갈피를 잡을 수 없을 테니." 그렇지 않으면, 벌겋게 달아오른 눈길을 나에게 쏘면서 여왕 같은 표정을 짓는 것만으로, 잠잠하다가도 문 닫고 복도에 나서자마자 그 침묵이 터진다. 그러자 욕설로 짐작되는 말로 복도가 쩌렁쩌렁 울리지만, 등장인물이 무대에 나가기 전에 무대장치의 받침대 뒤에서 대사 첫마디를 말할 때처럼 똑똑하게 들리지 않았다. 게다가, 내가 아가씨 친구들과 외출할 채비를 하고 있을 때, 모자라는 게 하나도 없고, 프랑수아즈의 기분이 썩 좋더라도 속으로 견디지 못하는 불평을 품고 있다는 것을 알았다. 왜냐하면 그 아가씨들에 대해 말하고 싶은 김에 내가 이것저것 그녀들에 대하여 한 농담을 프랑수아즈가 멋대로 써서 아는 체하는 말을 하고, 만에 하나라도 그것이 사실이라면 프랑수아즈보다는 내가 더 잘 알 일을 나에게 누설하는 겉모양을 지었기 때문인데, 그 내용은 프랑수아즈의 오해에서 생긴 밑도 끝도 없는 것들이었다.

누구나 그렇지만, 그녀 또한 고유한 개성을 갖고 있었다. 인간의 고유한 성격은 결코 똑바른 길과 맞지 않아, 그 기묘한, 그러나 피해갈 수 없는 그 에움길로 우리를 놀라게 한다. 다른 사람은 이러한 에움길을 알아채지 못하지만, 우리에게도 그 길을 지나기란 쉽지 않다. '모자가 제자리에 없다' 또는 앙드레의 이름, 알베르틴의 이름 같은 난처한 점에 부닥칠 때마다, 나는 프랑수아즈 때문에 꼬불꼬불한 형편없는 길로 끌려들어갈 수밖에 없어서 몹시 늦춰졌다. 또 절벽 위, 간식 시간에, 젊은 아가씨들과 함께 먹을 치즈나 샐러드의 샌드위치를 만들게 하거나 타르트를 사오게 하거나 할 때도 마찬가지로, 프랑수아즈가, 그 아가씨들도 그렇게 사사로운 이익에 급급하지 않다면 간식 값쯤이야 차례대로 낼 게 아니냐고 노골적으로 말했는데, 이럴 때 프랑수아즈를 응원하러 온 것은 촌사람의 탐욕과 지속성의 유전이었다. 이런 프랑수아즈의 관점으로 보건대, 망자가 된 욀라리 할멈의 육신에서 떠난 영혼이 엘루아 성자의 몸속에 들어갔다고 하기보다 도리어 더 우아하게 이 작은 동아리 아가씨 친구들의 예쁘장한 몸속에 들어가 있는 성싶었다. 나는 프랑수아즈의 성격이라는 이 정든 시골 길의, 거기서부터 더 앞으로 걸어갈 수 없게 되어버린—다행스럽게도 그다지 오랫동안이 아니지만—가시밭길의 어느 한곳에 부딪히는 아픔을 느껴 화가 머리끝까지 오르면서도, 그 비난을 순순히 듣곤 했다. 그러다가 외출복을 찾아내고, 샌드위치가 준비되어 나는 알베르틴, 앙드레, 로즈몽드, 때로는 다른 아가씨를 찾아가, 걸어서 또는 자전거로 출발하곤 했다.

이전 같으면 궂은 날씨에 이 산책을 하고 싶었을 것이다. 그 무렵 나는 발베크에서 '키메르인의 나라'를 찾아내려고 애써, 그런 험악한 나라에 화창한 날씨가 있을 리 없었고, 있다면 그것은 안개로 덮인 이 고대 지방으로 몰리는 해수욕객들의 저속한 여름이 침입하는 것뿐이었으니까. 그러나 지금은 이제까지 멸시해서 눈을 돌리던 모든 것, 햇살의 효과뿐만 아니라 요트 경기와 경마까지, 이전에는 폭풍우에 물결 높은 바다만 보기를 원했던 것과 같은 이유로 요트 경기나 경마도 한 심미 관념에 이어지고 있다고 생각하여 열심히 구경하려 했다. 이 심미 관념을 품게 된 것은 다름이 아니라, 때때로 아가씨 친구들과 함께 엘스티르를 만나러 가거나, 그 아가씨들이 거기에 있는 날에 엘스티르가 즐겨 보여주던 그림이, 바로 요트 타는 아름다운 여인들을 그린 것, 또는 발베크 부근 경마장을 그린 것이었기 때문이다. 나는 처음에 엘스티르에게, 이런 경주에 모이는 사교계에는 가고 싶지 않다고 수줍어하며 털어놓았다. "그건 당신이 잘못 생각한 거죠." 엘스티르가 내게 말했다. "매우 아름다운 데다 신기하기도 해요. 모두의 눈길이 쏠리는 특별한 존재, 기수(騎手)가 말을 선보이는 장소 앞에, 화려한 카자크를 입고 침울하고도 잿빛을 띤 얼굴로, 날뛰는 말의 고삐를 잡고 말과 하나가 되어 있어요. 프로로서 단련된 기수의 움직임을 드러내 보이거나 그 복장과 말의 의상이 경마장에 벌이는 눈부신 색채의 반점을 뚜렷하게 보이거나 할 수 있다면, 틀림없이 재미있는 일일 겁니다! 경마장의 끝없는 빛살 속에 세상 모든 것이 얼마나 변하는지 모릅니다. 수많은 그림자, 수많은 반사광 같은, 그 장소에서밖에 보지 못하는 이런 것에 경악을 금치 못해요! 거기서 여인들이 얼마나 예쁘게 보이는지 이루 표현 못합니다! 특히 첫날 모임은 황홀하답니다, 폐부를 찌르는 듯한 물의 차가움이 햇살 안에서도 피부에 스며드는 게 느껴지는, 네덜란드풍의 축축한 빛줄기 속에 몰려드는 뛰어나게 맵시 있는 여인들. 분명 바다의 냉기 탓이겠지만 그와 같은 빛줄기 속에, 마차를 타고, 눈에 쌍안경을 대고 오는 여인들을 한 번도 본 적이 없습니다. 그 빛살을 얼마나 그리고 싶었는지, 그래서 일하고 싶은 욕망에 사로잡혀 미친 듯이 경마에서 돌아왔지요!" 그러고 나서 그는 요트 경주회에 경마 이상으로 경탄했다.

그의 얘기를 들은 나는, 옷 잘 입은 여인들이 바다 경기장의 청록색 빛살 속에 잠기는 요트 경주와 같은 운동경기에서의 만남은, 현대 화가에게 마치 베로네제 또는 카르파초가 그토록 그리기 좋아한 잔치와 마찬가지로 흥미진진한 주제가 될 수 있다는 사실을 알았다. "그 비교는 실로 정확합니다." 엘스티르가 말했다. "특히 그들이 그린 마을이 마을만으로, 그러한 잔치가 부분적으로 바다 위에 벌어졌으니까요. 다만 그즈음 선박의 아름다움은 대부분 그 중량감, 그 복잡성에 있었습니다. 지금 이곳에 열리는 것처럼 수상 시합도 있었는데, 카르파초가 〈성녀 우르술라*1의 꿈〉에서 그리고 있듯이, 보통은 어느 사절 일행에게 경의를 표하고자 거행한 것이죠. 배들은 덩치가 커서 웅장한 건물과도 같은 구조, 진홍빛 공단과 페르시아 융단을 뒤덮은 도개교(跳開橋)로 부두와 연결되면서, 가지각색의 대리석을 박은 발코니 근처에 버찌색 브로카르(brocart)*2 또는 다마스(damas)*3를 몸에 걸친 여인들이 있고, 한편 진주를 박거나 베네치아 레이스를 단 검은 소매에 흰 안이 보이는 드레스를 입은 다른 여인들이 구경하려고 발코니에 기대고 있는 것을 보면, 마치 그 배들은 한데 어울려 대베네치아 한가운데 소베네치아를 이루는 땅과 바다 모두의 도시인 듯싶습니다. 도대체 어디서 뭍이 끝나고 어디서 물이 시작되는지, 아직도 궁전인지 이미 배인지, 카라벨*4인지 갈레아스*5 또는

*1 기독교의 전설적 순교자인 영국의 왕녀.

*2 금박, 비단 따위를 넣어서 수놓은 수단(繡緞).

*3 무늬를 넣은 피륙의 하나.

*4 15~16세기에 특히 탐험에 쓰이던 쾌속 범선.

*5 큰 범선.

뷔상토르*인지 가리지 못할 정도입니다."

알베르틴은 엘스티르가 우리 눈앞에 그려 보이는 이런 사치스런 형상, 의상의 세부를 열심히, 주의를 기울여 듣고 있었다. "어머나, 지금 말씀하시는 레이스를 보고 싶어라. 베네치아 레이스가 얼마나 예쁠까." 그녀가 소리쳤다. "게다가 난 얼마나 베네치아에 가고 싶은지 몰라요."—"오래지 않아 틀림없이 가게 되어 거기 여인들이 입은 호화로운 옷감을 직접 보게 되겠죠. 이제는 베네치아파 그림이라든가 꽤 드물게 성당의 보물 안에만 있고, 때로는 경매에 하나쯤 나오거나 했던 물건이지만요. 그런데 들리는 얘기로는, 베네치아 태생의 예술가, 포르튀니라고 하는 이가 그 제조법의 비밀을 발견했다니까, 몇 년 안으로, 예전에 베네치아가 귀족계급 여인들을 위하여 동방의 무늬로 꾸민 것과 똑같은 호화로운 브로카르를 입고, 여인들이 산책할 수 있거니와 집 안에서도 입을 수 있게 되겠죠. 그러나 그것이 내 마음에 썩 들는지는 모르겠습니다. 현대 여성에게는 지나치게 시대착오가 심한 복장이 아닐는지요, 요트 경주에 그걸 입고 나온다고 하면 말입니다. 현대 유람선으로 말할 것 같으면 '아드리아해의 여왕'이지, 베네치아 시대의 것과는 딴판이니까요. 요트 최대의 매력, 요트 장식이나 요트를 타는 사람의 복장이 지닌 가장 큰 매력은 바다와 관계있는 그 독특한 담백함에 있다고 하겠습니다. 또 그런 바다를 나는 퍽 좋아하고요! 솔직하게 말해, 베로네제 시대의 그것보다 현대 유행 쪽을, 아니 카르파초 시대의 유행보다 좋아해요. 요즈음 요트에서 가장 아름답다고 생각하는 것은—특히 크기가 중간쯤 되는 요트이지, 마치 선박같이 큰 것은 좋지 않아요, 모자와 마찬가지로 스스로 넘을 수 없는 범위가 있으니까—푸르스름하게 뿌연 날씨에, 크림같이 희미한, 무늬 없는, 담백한, 맑은, 회색이 도는 요트입니다. 거기에 마련된 방은 조그만 카페같이 보여야 해요. 요트에 타는 여인들 복장도 마찬가지예요. 우아하게 보이는 건, 무명베나 한랭사(寒冷紗)나, 목공단(木貢緞)이나 양달령의 경쾌한, 흰, 무늬 없는 옷, 햇살을 받아서, 푸른 바다를 배경으로 흰 돛처럼 눈부신 흰빛을 띱니다. 하기야 제대로 옷맵시 낼 줄 아는 여인이 그리 흔하지 않지만, 그래도 조금 멋지게 보이는 분도 있긴 하지요. 경마장에서, 레아 아가씨가 흰 모자를

* 베니스 총독의 전용선.

쓰고 작은 하얀 양산을 받치고 있는 맵시가 정말로 아름답던데요. 그 작은 양산을 손에 넣기 위해서라면 그 대가로 뭐든지 다 내놓겠습니다."

나는 그 작은 양산이 딴 것과 어떻게 다른지 몹시 알고 싶었고, 알베르틴도 다른 이유, 곧 여인의 본능으로 그걸 몹시 알고 싶은 모양이었다. 그러나 프랑수아즈가 수플레를 만들 때 '손대중이지' 말하듯이, 그 양산과 다른 양산의 다름은 그 양산을 만든 손의 마름질에 있었다. "그건 말입니다." 엘스티르가 말했다. "아주 조그맣고 동그란, 중국 양산 같았죠." 나는 몇몇 여인의 양산을 예로 들어보았지만, 전혀 그런 것이 아니었다. 내가 예로 든 양산 모두를 엘스티르는 보기에 망측하다고 했다. 취미가 세련되어 까다로운 이 사람에게는, 넷 가운데 세 여인이 지니고 있으며, 또 그를 소름끼치게 하는 것과 그를 황홀케 하는 아름다운 것의 차이는 더할 나위 없이 작으나, 거기에 가장 중요한 것이 있어서 아무리 호사로운 것을 보아도 머리에서 나오는 게 없는 나와는 반대로, 매우 작은 점에 존재하는 아름다움이 '그것과 똑같이 아름다운 걸 만들려는 의욕 때문에' 그리고 싶은 그의 욕구를 끓어오르게 했던 것이다.

"자아 여기에, 그 모자와 양산이 어떤지 이해하는 아가씨가 있어요." 엘스티르는, 부러운 나머지 눈을 반짝이는 알베르틴을 가리키며 내게 말했다. "부자가 되어 요트를 사고 싶어요!" 알베르틴이 화가에게 말했다. "그때에는 선생님께 조종법을 부탁드리겠어요. 얼마나 멋진 요트 여행을 할까! 그리고 카우스(Cowes)*의 요트 경주에 나가면 얼마나 좋을까! 또 자동차! 여성이 자동차에 취미를 붙이는 유행, 이걸 어떻게 생각하시죠?"—"좋지 않은데요." 엘스티르가 대꾸했다. "그러나 그렇게 될 겁니다. 그런데 쓸 만한 의상점이 드물어요. 한두 곳 될까, 칼로—레이스를 다루는 게 좀 심하지만—두세, 슈뤼이, 때로는 파캥 같은 의상점 정도. 나머지는 엉망이고."—"그럼, 칼로의 옷과 하찮은 옷 사이엔 많은 차이가 있나요?" 나는 알베르틴에게 물었다. —"물론, 엄청난 차이가 있어요, 바보로군요." 알베르틴이 대답했다. "어머, 이상한 말을 해서 미안해요. 속상하게, 다른 의상점이면 300프랑으로 되는 게 그런 의상점에서는 2천 프랑이나 해요. 그러나 물건은 달라

* 영국 남해안 와이트 섬의 항구. 해수욕장, 요트 경주장으로 유명함.

요, 아무것도 모르는 이들 눈에는 비슷비슷하게 보일는지 모르지만."—"정말 그래요." 엘스티르가 대꾸했다. "랭스 대성당의 한 석상과 생토귀스탱 성당의 한 석상만큼 큰 차이가 있다고는 말 못하지만, 그런데 대성당에 대해." 그는, 특히 나를 보고 말했다. 왜냐하면 그건 이제까지 이 젊은 아가씨들이 낀 적이 없던 얘기이자, 그녀들이 아무런 흥미도 느끼지 않을 화제였기 때문이었다. "전에 발베크 성당을, 하나의 큰 절벽으로, 이 고장의 돌로 만든 둑으로 비유해 얘기했는데, 그와는 반대로." 그는 수채화 한 장을 나에게 보이면서 말했다. "보세요! 이 절벽을(여기서 아주 가까운 레 크뢰니에에서 그린 겁니다), 이 힘차면서도 미묘하게 팬 바위를 보세요. 대성당을 떠오르게 하죠." 이 말을 듣고 보니 정말로, 장미색 거대한 둥근 천장 그대로였다.

그러나 무더운 낮에 그려진 이 바위는 푸석푸석 타오르고, 열기 때문에 증발되고 있는 듯하며, 그 열기는 바다를 반쯤 삼켜버려, 화면 전체에 걸쳐, 거의 기체화되었다. 햇빛이 마치 현실을 파괴해버린 듯한 그날에, 어둡고도 투명한 피조물들 속에 현실이 엉겨 모여, 그 빛과 대조적으로 오히려 더욱 절실하고도 친근한 생명의 인상을 자아내고 있었다. 즉 그림자의 존재이다. 서늘함에 목마른 듯이 그림자 대부분은, 불타는 듯한 저 너른 바다를 도망쳐 나와, 햇볕이 닿지 않는 바위 밑에 숨었다. 한 부분은 돌고래처럼 물 위를 천천히 헤엄치면서, 이리저리 떠도는 작은 배의 허리에 매달려, 그 반들반들한 푸른 팔다리로, 푸르스름한 바다 위에 선체의 폭을 넓히고 있었다. 그날 더위를 가장 잘 느끼게 하는 것, 그리고 레 크뢰니에를 모르는 것이 얼마나 유감이냐고 나로 하여금 소리치게 한 것은, 아마도 그런 그림자를 통해 전해진 시원함에 대한 갈망이었으리라. 알베르틴과 앙드레는, 내가 거기에 여러 차례 갔을 거라고 우겼다. 그렇다면, 언제인지 모르나 그 풍경을 보고서도 이처럼 아름다움에 대한 갈망을 일으키리라고는 알지도, 꿈에도 생각지도 않은 채였다. 이런 아름다움은 내가 이제껏 발베크의 절벽에서 찾았던 것처럼 뚜렷하게 자연의 아름다움이 아니라 도리어 건축적인 아름다움에 대한 갈망이었다. 폭풍우의 왕국을 구경하려고 외출했으면서도, 빌파리지 부인과 함께 산책하면서, 흔히 멀찌감치, 나무 사이로 그려진 넓은 바다밖에 보지 못하고, 큰 산과 같은 물 덩어리를 냅다 던지는 듯한 인상을 주기에 충분히 믿음직스러운, 움직이는, 살아 있는 대양을 아직 한 번도 보지 못한 나, 특히 겨울 안개의 수의에 싸여 꼼짝 않는 대양만을 보고 싶어하던 나로서는, 견고한 실체와 색채를 잃어버려 희끄무레한 김에 지나지 않는 바다를, 지금 내가 몽상할 줄은 거의 생각조차 못 했던 것이다. 그러나 엘스티르는 더위에 마비된 그 작은 배 안에서 꿈꾸고 있는 이들처럼, 이런 바다의 매력을 깊이 맛본 결과, 눈에 띄지 않는 썰물의 기색, 참된 이치를 깨달았을 때 사무치는 기쁨이 가져다주는 찰나의 고동마저 화폭 위에 가져다가 붙들어둘 수 있었던 것이다. 그리고 이 마술적인 초상을 보면서, 우리는 달아난 무더운 하루를 그 아주 짧은 잔잔한 우아함 속에 다시 찾아내기 위해 세계를 널리 돌아다니고 싶은 생각밖에 들지 않았다.

그래서 이와 같이 엘스티르네를 방문하고, 그의 바다 그림 한 점, 미국 국기를 우뚝 세운 요트 안에 가벼운 모직물인지 또는 한랭사 옷인지를 입은 한 여인이, 내 상상력에 한랭사 옷과 국기의 정신적인 '복사'를 지어내 금세 이 상상이, 마치 여태껏 그런 것이 나에게 일어난 적이 없듯이, 당장 바닷가에서 흰 베옷과 국기를 보고 싶은 탐욕스런 갈망을 품게 된 회화 한 점을 보기 이전에, 내가 바다 앞에 서서, 한눈에 보이는 해수욕객들을 비롯해, 바닷가에서 입는 옷처럼 희디흰 돛을 올린 요트, 또한 인류의 출현 이전에 이미 그 신비한 삶 자체를 펼쳐온 태고의 파도를 멀리서 바라보고 있다는 확신을 방해하는 모든 것, 심지어 안개와 폭풍우의 해안에 흔하디흔한 속된 여름 광경을 씌우고, 거기에 단순한 멈춤의 때, 곧 음악에서 박자라고 부르는 것과 대등한 것을 뜻없이 흔적 남기고 있는 것처럼 느껴지는 화창한 날에 이르기까지, 이런 모든 걸 내 시야에서 내쫓고자 늘 애써왔다면 지금은 궂은 날씨가 아름다움의 세계 속에 자리잡지 못하는, 어떤 불길한 일같이 되어버린 듯해, 그처럼 강하게 나를 흥분시키는 것을 현실 속에 다시 찾아가고픈 욕망을 깊이 느끼는 동시에, 엘스티르의 화폭에 있는 것과 똑같이 푸른 그림자를 절벽 위에서 굽어보기에 알맞도록 날씨가 좋기를 바라 마지않았다.

그리고 나는 길 가는 사이에도 이전처럼 손으로 시야를 가리려고 하지 않았다. 이전의 나는 자연이라는 것을, 이제껏 만국 박람회 또는 숙녀 모자점에서 나를 싫증으로 하품하게 한 물건 만드는 일과 대립하는 것, 인간 출현 이전의 생명으로 약동하는 것이라고 생각해, 그래서 바다에서는 기선이 가지 않는 부분밖에 보지 않으려고 손가리개를 만들어, 바다를 유사 이전의 것, 뭍에서 떨어져나간 시대와 같은 무렵의 것, 적어도 그리스 초기와 같은 시대의 것으로 상상하려고 했다. 이런 기분이, 블로크가 즐겨 외는 '르콩트 영감'*1의 다음과 같은 시구를 실감 나게 암송케 했다.

Ils sont partis, les rots des neufs éperonnées
Emmenant sur la mer tempétueuse hélas!
Les hommes chevélus de l'héroïque Hellas.
충각(衝角)*2 단 배들은 떠났다. 왕들이,
폭풍우 인 바다 위에, 장하여라!
용맹한 헬라스의 장발 장정들을 데리고.

나는 이제 숙녀 모자를 만드는 재봉사를 깔볼 수 없었다. 왜냐하면 그녀들이 마지막 구김질에 가하는, 다 된 모자의 리본이나 새털에 가하는 미묘한 손질은, 경마 기수의 동작과 마찬가지로, 그리고자 하는 흥미를 끌 것이라고, 엘스티르가 내게 말했기 때문이다(경마 기수의 동작은 알베르틴을 열중시켜 왔다). 그러나 숙녀 모자를 만드는 여공을 보려면 파리에 돌아갈 때까지 기다려야 했고, 경마나 요트 경주를 구경하려면 다음 해가 되지 않고서는 다시 열리지 않으니까, 다시금 발베크에 오기까지 기다려야만 했다. 엷은 흰 베옷을 입은 여인들을 태운 요트조차 한 척도 눈에 띄지 않았다.

우리는 자주 블로크 자매와 만났는데, 나는 그 아버지의 집에서 저녁 식사 대접을 받은 뒤로 마지못해 인사했다. 나의 아가씨 친구들은 이 자매와 모르는 사이였다. "놀지 못하게 해요, 이스라엘 사람들(israélites)하고는." 알베르틴이 이렇게 말했다. 이즈라엘 사람들(izraélites)이라 하지 않고, 이스라엘 사람들(issraélites)이라고 발음하는 그녀의 말투만으로, 이 말의 시작을 듣지 않고서도, 이 신심 깊은 체하는 가정의 젊은 부르주아 아가씨들, 유대인을 기독교도의 어린아이를 학살하는 종족으로 쉽사리 믿고 있을 게 틀림없는 이 아가씨들의 마음속 깊이 있는 것이, 선택된 민족에 대한 공감이 아니라는 점을 나타내는 데 충분했으리라. "게다가 더러워요, 당신의 저 친구는." 앙

---

*1 프랑스의 시인 르콩트 드 릴(1818~94)을 가리키는 말.

*2 적의 배를 들이받기 위해 뱃머리에 단 뾰족한 쇠붙이.

드레가 그녀들이 내 진짜 친구가 아님을 잘 안다는 뜻의 미소를 지으면서 내게 말했다. "저 종족에 관계되는 모든 게 다 그렇지." 알베르틴이 경험자와 같은 말투로 대꾸했다. 사실 블로크 자매는 옷을 너무 입은 동시에 거의 반나체, 생기 없는 듯하고도 활발한, 호사로운 듯하고도 초라한 차림이어서 훌륭한 인상을 자아내지 못했다. 아직 열다섯 살밖에 되지 않은 그녀들의 사촌 자매 가운데 하나는 블로크 아버지가 여배우로서의 재능을 높이 평가했던 레아 아가씨, 그녀의 취미로 말하면, 그것이 특히 사내들을 향한 것으로 생각할 수 없는 레아 아가씨에 대해, 노골적으로 동경을 보여 카지노 손님들의 눈살을 찌푸리게 했다.

우리는 근교의 농원 식당에서 오후 간식을 먹는 날도 있었다. 레 제코르, 마리 테레즈, 라 크루아 데를랑, 바가텔, 칼리포르니, 마리 앙투아네트 등으로 불리는 농원들이다. 작은 동아리가 택한 곳은 이 마지막 마리 앙투아네트였다.

때로는 농원에 가지 않고, 절벽 위까지 올라가, 거기에 이르러 풀 위에 앉고 나서, 우리는 샌드위치와 과자 꾸러미를 푼다. 아가씨 친구들은 샌드위치를 더 좋아하여, 내가 설탕을 고딕풍으로 꾸민 초콜릿 과자나 살구 파이를 먹는 걸 보고 놀란다. 치즈 샌드위치나 샐러드 샌드위치 같은 낯설고 새로운 음식에 대해서는, 나는 어쩐지 어색해서 말이 안 나왔다. 그러나 과자는 이해심이 있는 듯싶고, 살구 파이는 수다스럽다. 첫 번 것에는 크림의 싱거움이, 나중 것에는 과일의 신선한 향이 있는데, 둘 다 콩브레와 질베르트에 대한 것을 자세히 알고 있다. 질베르트에 대해서는, 콩브레의 질베르트뿐만 아니라 파리의 질베르트도 잘 알고 있다. 파리에 있는 질베르트 집의 간식 때, 내가 그 과자들과 다시 마주했으므로. 그 과자들은 나에게 《아라비안나이트》를 그린 과자 접시를 떠올리게 했다. 그 접시로 말하면 프랑수아즈가, 하루는 《알라딘 또는 신기한 램프》를 또 하루는 《알리바바》, 《깨어난 잠꾸러기》 또는 《모든 보물을 싣고 바소라 항구를 출범하는 뱃사람 신드바드》를 들고 왔을 때, 그 주제가 레오니 고모의 기분을 바꿨던 것이다. 나는 그 접시를 정말 다시 보고 싶었지만, 할머니는 그게 어떻게 됐는지 몰랐으며, 게다가 시골에서 사들인 변변치 않은 접시로 여겼던 것이다. 하지만 어쨌든 간에 그 접시의 그림 장식은, 샹파뉴 지방다운 콩브레의 회색 속에 갖가지 색채로 박혀 있던 것이다. 마치 컴컴한 성당 안에 반짝거리는 보석이 들어간 그림 유리창처럼, 내 방 황혼 속에 비치는 환등의 영사처럼, 갈려 나간 철도선과 작은 정거장 앞의 인도산 미나리아재비나 페르시아산 라일락처럼, 시골 노부인에게 알맞은 우중충한 집 안에 있는 내 왕고모의 중국 도자기 수집품처럼.

절벽 위에 누운 내 눈 앞에 작은 목장들과, 그 위에 겹겹이, 기독교 우주설에서 말하는 일곱 개의 하늘이 아닌 두 겹의 하늘, 하나는 더 짙고—바다—그 위에 더 푸르스름한 하늘만이 보인다. 우리는 간식을 먹는다. 그리고 간식과 함께, 내가 아가씨 친구들 가운데 아무개를 기쁘게 할 수 있는 수수한 선물을 가져오기라도 했으면, 그녀들의 투명한 얼굴에 기쁨이 왈칵 넘쳐 금방 빨갛게 되어, 입은 기쁨을 참을 만한 힘을 잃고 나오는 대로 웃음을 터뜨린다. 그녀들은 내 둘레에 모인다. 서로 바싹 다가붙은 얼굴과 얼굴 사이에, 그것을 떼어놓는 공기가 하늘빛 작은 길을 몇 줄 긋고 있다. 그것은 장미의 작은 숲 한가운데 자신만이 오갈 수 있도록 틈새를 마련하려고 한 정원사의 손으로 트인 작은 길 같다.

장만해온 것을 먹어 치우자, 그때까지 지루하다고 여긴 놀이, 때로는 '탑아, 탑아 쓰러지지 말아라'라는 동요나 '누가 먼저 웃나' 같은 유치한 놀이를 하지만, 지금은 도저히 그만둘 수 없는 놀이였다. 이 아가씨들 얼굴을 여전히 다홍색으로 물들이고 있는 젊음의 여명은—나는 벌써, 그때 나이로, 젊음 밖에 있었다—그녀들 앞에 있는 모든 것을 밝히며, 어느 프리미티프파 화가의 유동적인 화면처럼, 금빛 배경에 그녀들 삶의 더욱 중요하지 않은 세부까지 뚜렷이 드러나게 했다. 대부분의 젊은 아가씨들, 그 얼굴 자체는, 여명의 어렴풋한 붉은빛 속에 뒤섞여 있어, 확실한 얼굴 모습이 아직 거기에서 솟아나 있지 않았다. 거기서 보이는 것은 오로지 매력 있는 한 색채일 뿐, 몇 년 안에 뚜렷한 윤곽으로 될 게 식별되지 않았다. 오늘의 윤곽은 결정적인 요소는 하나도 없고, 자연이 우연하게 기념으로 남긴, 집안 가운데 어느 망자와 한때의 비슷함에 지나지 않았다. 그러나 바로 운명의 순간은 오게 마련이어서, 그때에는 미래에 기대할 게 아무것도 없게 되어, 몸은 엉겨 뭉쳐 다시는 뜻밖의 일을 기대하지 못하도록 바뀌고, 한여름에 벌써 마른 잎이 보이는 나무처럼, 아직 젊은 얼굴 둘레에 빠지거나 희끗희끗해지는 머리칼을 보면서 온갖 희망을 잃는다. 이 빛나는 아침이 어찌나 짧은지, 그 살이 귀중한 밀가루 반죽처럼 아직 반죽되어가는 젊은 아가씨들을 우리는 특히 사랑하는 법이다. 그녀들은 부드러운 물질의 물결에 지나지 않아 그때그때의 이상에 끊임없이 반죽되어, 그런 이상에 지배되는 대로 움직인다.

이를테면 그녀들은 저마다 차례대로, 솔직한, 오롯한, 그러면서도 덧없는 인상으로 빚어진, 쾌활·정색·아양·경악의 작은 상이다. 이 본디로 돌아가지 않는 성질 때문에, 젊은 아가씨가 우리에게 보이는 상냥함에서 다양한 모습과 매력을 느낀다. 물론 이 상냥함은 나이 든 여인에게도 없어서는 안 되는 것이어서, 우리 마음에 들지 않는 여인 또는 우리 마음에 들기를 겉으로 보이지 않는 여인이 뭔가 지루한 규격화로 보인다. 그런데 이런 상냥함 자체도, 어느 나이부터, 그 부드러운 유동성을 얼굴에 일으키지 못하게 되어, 얼굴이 생존 경쟁에 굳어져서, 영원히 전투적 또는 깨달음을 얻어 환희에 찬 모습이 된다. 어떤 얼굴은—아내를 자기 위엄 아래에 놓으려는 남편의 끊임없는 지배력 때문에—여성의 얼굴이라기보다 오히려 병사의 얼굴처럼 보이고, 또 어떤 얼굴은 어머니가 자식들 때문에 날마다 견디어온 희생으로 조각되어 사도의 얼굴이 된다. 어떤 얼굴은 몇 년 동안의 항해와 폭풍우를 겪고 늙은 사공의 얼굴이 되어, 오로지 그 복장만이 여성이라는 것을 보이는 데 지나지 않는다. 물론 우리에게 보이는 배려는 우리가 그 여인을 사랑할 때, 그녀 곁에서 지낸 시간에 새로운 매력의 씨를 뿌리기도 한다. 그러나 그 여인은 우리에게 연달아 다른 모습을 보이는 여인이 아니다. 그 쾌활성은 변하지 않는 얼굴 바깥에 남은 표정에 지나지 않는다. 그런데 청춘기는 완전한 굳어짐에 앞서는 것이므로, 우리가 젊은 아가씨들 곁에 있을 때, 그 불안정한 대립 속에 끊임없이 움직이며 늘 변화하는 형태가 주는 산뜻함을 느끼게 되고, 그 대립은 우리가 바다 앞에서 바라보는 자연 원소의 변하지 않는 참조를 떠올리게 한다.

내가 아가씨 친구들과 '고리찾기 놀이(furet)'* 또는 '수수께끼'를 하기 때문에 단순히 사교적인 오후 모임이나 빌파리지 부인과 함께하는 산책만이 아니라, 그 밖의 것도 희생시키려고 했다. 로베르 드 생루가 나에게 여러 번 알려왔다. 내 쪽에서 동시에르에 가지 못한다면, 자기 쪽에서 휴가를 하루 얻어 발베크에서 보내려고 하는데 이쪽 형편이 어떠냐는 내용이었다. 그때

* 여러 명이 원을 이룬 다음, 손에서 손으로 반지나 고리를 넘겨, 한 사람이 그 소재를 알아맞히는 놀이.

마다, 할머니와 함께 집안 볼일로 근처에 가므로 그날 바로 호텔 방을 비우게 된다는 핑계를 꾸며, 그렇게 하지 말라는 뜻을 써 보냈다. 생루는 이 집안의 볼일이라는 것이 무엇이며, 이 경우 어떤 인간이 할머니의 소임을 맡는가를, 틀림없이 그의 종조할머니의 소식을 통해 알고 나를 고약하게 생각했으리라. 그렇지만 내가 사교적인 즐거움뿐만 아니라, 우정의 즐거움마저 그 꽃밭에서 온종일 보내는 기쁨 때문에 희생한다는 것이, 경우에 따라 잘못이 아닐지도 모른다. 이런 희생을 치를 수 있는 인간은—예술가들이 그렇다. 또 나는 오래전부터 내가 예술가가 되지 못하리라고 굳게 믿어왔다—또한 자기 자신을 위해 사는 의무도 갖는다. 그런데 이런 인간에게는 우정이, 이 의무의 모면이자 자기의 포기이다. 우정의 표현 양식인 대화 자체가 피상적인 횡설수설이며, 우리에게 아무 이익도 안 된다. 우리는 한평생 남과 얘기해도 한순간의 공허를 끝없이 되풀이할 뿐일지도 모른다.

한편 예술적인 창조의 고독한 작업에서는, 사색의 걸음은 깊이 쪽으로 간다. 더 고통이 큰 것은 사실이지만, 진실을 얻는다는 결과를 향하여 앞으로 나아갈 수 있는, 우리한테 닫혀 있지 않은 유일한 방향이다. 우정은 대화와 마찬가지로 아무런 효과도 없을 뿐더러, 또한 해롭기까지 하다. 왜냐하면 순전히 내적인 방향에서 자기 발전의 길을 발견하는 계율을 지키는 우리 가운데 어떤 인간은 그 벗과 같이 있을 때에 권태의 인상을 느끼기 때문이다. 다시 말해 내적인 깊이 쪽으로 발견의 나그넷길을 가는 대신에, 저 자신의 겉에 머무르는 때에 느끼지 않을 수 없는 권태의 인상인데, 이런 인상 또한 우리가 다시 혼자가 되면 우리를 설득하여, 그런 권태의 인상을 고치게 해서, 벗이 우리에게 한 말을 감동과 더불어 도로 생각하게 하고 그것을 귀중한 재산처럼 여기게 한다. 그러나 우리가 바깥으로 돌을 쌓아올려서 되는 건물과 같은 게 아니라, 자기 수액으로 줄기를 만들고, 줄기에서 마디가 나와, 위쪽으로 잎이 무성해지는 나무와 같은 것이기 때문이다. 동시에, 생루와 같은 착하고, 총명한, 인기 있는 벗한테, 호감받고 존경받는 걸 내가 기뻐했을 때, 그리고 내 의무인 일, 나 자신 안에 있는 어렴풋한 인상을 밝혀내는 일에 지성을 맞춰 쓰지 않고서, 오직 내 벗의 말에만 나의 지성을 맞춰 쓰고 있었을 때 나는 자신에게 잘못을 저지르고 있었으며, 진실로 성장하고 행복해질 수 있는 방향으로 발전하는 것을, 스스로 막고 있었기 때문이다.

나는 벗의 말을 자신에게 되뇌면서—오히려 우리 안에 사는 자아와는 다른 인간, 그 어깨 위에 언제나 힘에 겨운 사고의 짐을 지우고는 안심하는, 그 다른 인간에게, 내 벗의 말을 되풀이시키면서—하나의 아름다움을 찾아내려고 애썼다. 진실로 혼자 있을 때 말없이 추구하는 아름다움과는 다른 아름다움, 로베르나 나 자신이나 내 삶에 더 많은 가치를 줄 수 있는 그런 아름다움이다. 이러한 벗이 나에게 느끼게 하는 아름다움에서는, 나는 마치 고독으로부터 포근히 보호되어, 벗을 위해 나 자신을 희생해도 좋다는 고귀한 소망을 품고 있는 듯한 느낌이 든다. 요컨대 자기를 현실화시킬 수 없는 것이다. 그러나 이 아가씨들 곁에서는 그와는 반대로, 내가 맛보는 기쁨이 이기적인 것일망정, 적어도 그 기쁨은, 우리 고독이 우정에 의해 꾀를 써서 벗어난다고 믿게 하는 거짓에 기초를 둔 것이 아니었으며, 또한 그 기쁨은, 우리가 남과 얘기할 때 말하는 사람이 이미 우리 자신, 곧 남과 뚜렷하게 구별되는 우리 자신이 아니라 남의 본을 뜬 우리라는 걸 시인하지 못하게 하는 거짓에 기초를 둔 것도 아니었다. 작은 동아리의 젊은 아가씨들과 나 사이에 오가는 말은 대부분 재미없고, 본디 말수도 적었으며, 이쪽에서 긴 침묵을 지키는 일이 많았다. 그렇다고 해서 그녀들 쪽에서 말을 건네왔을 때, 그 말을 듣고서 그녀들을 바라보는 것과 똑같은 기쁨, 그녀들 저마다의 목소리 속에서 생생하게 칠해진 그림 한 폭을 발견하는 것과 똑같은 기쁨을 느끼지 않는 것은 아니었다.

나는 더할 수 없는 기쁨과 더불어 그녀들의 지저귐에 귀를 기울였다. 좋아함은 판별하거나 구별하는 걸 돕는다. 새를 좋아하는 사람은 숲 속에서, 일반 사람이 헷갈리고 마는 새 하나하나의 독특한 지저귐을 금세 구별한다. 젊은 아가씨를 좋아하는 사람은 인간의 목소리가 새의 재잘거림보다 다양하다는 걸 안다. 그녀들 하나하나가 가장 음량이 풍부한 악기보다 더 많은 가락을 갖는다. 목소리가 그 가락을 한데 모은 배합이야말로 인격의 끝없는 변화 못지않게 한없이 많다. 아가씨 친구들 가운데 하나와 얘기할 때, 그녀 개성의 독특하고도 유일한 초상이, 표정과 마찬가지로 목소리 억양으로도 마음속에 교묘하게 그려져서 억지로 받아들일 수밖에 없어, 이 두 광경이 자아내는 분위기가 저마다의 영역에서 하나의 독특한 실체를 나타내고 있다는 사실을 알아차렸다. 틀림없이, 목소리 억양도 얼굴선과 마찬가지로, 아직 결정적으로 굳어 있지 않았다. 얼굴이 변해가듯이 목소리도 변해가리라. 어린아이에게는 어떤 선(線)이 있어, 거기서 내보내는 액이 젖의 소화를 돕는데, 그것이 어른이 되면 없어지듯, 이 젊은 아가씨들의 재잘거림에는 어른이 된 여인에게 없는 가락이 있었다. 변화무쌍한 이 악기를, 그녀들은 입술로, 벨리니가 그린 음악을 연주하는 어린 천사들의 부지런과 열심으로 더불어 연주했는데, 이것도 청춘만이 가진 특성이다. 머지않아 이 젊은 아가씨들도 이 감격 어린 확신의 억양을 잃게 되리라.

그러나 당장은, 설령 알베르틴이 뻐기는 목소리로 재미있는 이야기를 뇌까려, 그것을 감탄하면서 듣고 있는 좀더 어린 아가씨들이 재채기처럼 참을 수 없을 만큼 기세 사납게 터져나오는 웃음에 사로잡힌다 할지라도, 또 앙드레가 그녀들의 놀이보다 더 유치한 학과에 대해 어린애 같은 고지식한 투로 말하기 시작한다 할지라도, 그 목소리의 가락이 아무리 단순하다 해도 그것에 매력을 주어, 그녀들의 말은 아직 시가 음악에서 거의 나뉘지 않고서 여러 가지 투로 낭독되었던 고대의 시절(詩節)처럼 다양한 가락을 갖고 있었다. 하여간 이 젊은 아가씨들 목소리는, 아직 어린 아가씨 하나하나가 이미 삶에 대해 취하고 있는 태도를 벌써 똑똑하게 나타내고 있었다. 또한 그 태도는 매우 개성적이어서, 그 가운데 한 아가씨를 '그녀는 모든 걸 농담으로 삼는다'고 평하거나, 다른 한 아가씨를 '그녀는 뭐든지 그렇다고 말한다'고 평하거나, 또 다른 아가씨를 '그녀는 도움을 바라면서 말끝을 채 맺지 못한다'고 평한다면 너무 일반적인 낱말을 쓴 셈이 된다.

우리 얼굴은, 표정이 습관에 의해 결정적으로 되어버린 것에 지나지 않는다. 자연은 폼페이의 최후처럼, 요정의 변신처럼 우리를 습관적인 동작 속에 붙잡아두었다. 마찬가지로 목소리 억양은 우리 삶의 철학을 포함해, 인간이 사물에 대해 줄곧 생각하는 바를 품고 있다. 틀림없이 이런 얼굴 특징은 이 젊은 아가씨에게만 있는 게 아니었다. 그 부모에게도 있었다. 개인이란 개인보다 더 일반적인 것 속에 담겨 있다. 이로 미루어보아 부모는 어떤 동작으로 된 얼굴과 목소리 특징만을 우리에게 물려준 게 아니라, 말하는 어떤 방식, 어떤 상투어까지 물려주어, 그것이 목소리 억양 못지않게 거의 무의식적이고 뿌리 깊어, 삶에 대한 뚜렷한 시선을 가리킨다. 하기야 젊은 아가씨의 경우 그녀들이 어느 나이에 이르기까지, 바꾸어 말해 보통 그녀들이 어른이 되기까지 그 부모가 주려고 하지 않는 어떤 표현들이 있다. 그런 표현을 어른이 될 때까지 남겨둔다.

이를테면 엘스티르 친구의 초상화에 대해 얘기했을 때, 아직 머리칼을 등에 내리고 있는 앙드레는, 그녀의 어머니나 결혼한 언니가 쓰고 있는 '매력 있는 사내 같아 보여'라는 표현을 입 밖에 낼 수 없었을 것이다. 그러나 이런 표현도 그녀가 팔레 루아얄 극장에 가게 되면서부터 입에 담을 수 있으리라. 그런데 알베르틴은 첫 영성체 이래, 그 아주머니의 여자친구처럼, '그것 꽤 무시무시한데요'라고 말하는 버릇이 있었다. 또한 그녀에게 주어진 선물로는, 남의 얘기에 흥미를 갖는 체하거나 자기의 뚜렷한 견해를 꾸미는 체하려고 남이 한 말을 되풀이하는 버릇이 있었다. 어느 화가의 그림이 좋더라, 또는 그 집이 예쁘더라고 남이 말하면 이렇게 되풀이하곤 했다. "아아, 좋지! 그분의 그림? 아아, 예쁘지, 그분의 집이?" 요컨대 가족의 유전보다 더 보편적인 것은, 얕보지 못할 힘을 가진 가족 출생지의 풍미 있는 향토색으로, 그녀들은 거기에서 그 목소리를 꺼내고, 그 억양은 바로 거기에 물어뜯고 있는 것이었다.

앙드레가 장중한 가락 하나를 무뚝뚝하게 탔을 때, 그 음성 악기의 페리고르(Parigord) 지방풍의 금선(琴線)은, 그녀의 순 남부 지방적인 얼굴과 참으로 조화를 잘 이루었다. 또 로즈몽드의 잦은 농지거리에는 그녀가 뭐라고 하든 간에, 북부 지방적인 그 얼굴과 목소리의 실체가, 그녀가 태어난 시골의 사투리를 섞으면서 호응하고 있었다. 독특한 억양을 지닌 젊은 아가씨의 타고난 기질과 그녀의 시골 사이에, 나는 아름다운 대화 같은 것을 느낄 수 있었다. 대화이지, 부조화가 아니다. 아무것도 이 아가씨와 그 고향을 나누지 못한다. 그녀는 또한 그 고향 자체이기도 하다. 게다가 향토적인 소재가 천재에게 미치는 반응은, 작품의 개성을 약하게 하기는커녕, 오히려 작품에 활력을 주어, 천재는 향토적인 소재를 마음껏 활용한다. 건축가의 작품이건 가구 장인의 제품이건 음악가의 작품이건, 작품은 여전히 예술가가 지닌 개성의 더없이 섬세한 특징을 반영한다. 이를테면 상리스 지방의 맷돌, 스트라스부르의 붉은 사암을 소재로 삼아 일할 수밖에 별 도리가 없던 예술가가 있는가 하면, 물푸레나무의 독특한 마디를 끝까지 존중한 예술가도 있고, 또 악보를 쓸 때에 음향의 넓이와 한계, 플루트 또는 알토의 가능성을 헤아린 예술가도 있지만, 그렇다고 작품 개성의 아름다움이 덜해지는 것은 아니다.

나는 이 점을 이해했지만, 우리는 그다지 수다스럽게 얘기하지 않았다! 빌파리지 부인이나 생루와 함께라면, 나는 실제로 느낀 이상의 기쁨을 말로 나타냈으리라. 그도 그럴 것이 번번이 피로감과 더불어 그들과 작별했기 때문이다. 그런데 그와는 반대로, 이 젊은 아가씨들 사이에 섞여 누워 있고 보면, 생명의 충만함을 느껴, 이 느낌이 우리 얘기의 빈약함과 적음보다 한없이 강하여, 내 꼼짝 않는 자세와 침묵에서, 행복의 물결로 넘쳐흘러 나와 찰랑거리는 그 물결 소리가 이 젊디젊은 장미꽃들 밑에 사라져가는 것이었다.

회복기에 있는 사람이 온종일 꽃밭이나 과수원에서 쉬고, 그 안일한 일과의 헤아릴 수 없는 하찮은 일 구석구석에까지 꽃향기와 과일 향기가 깊이 스며들듯, 나의 경우도 그 이상으로, 내 눈길이 이 아가씨들 쪽으로 가서 찾아내는 색깔과 향기는 감미롭게 나를 감싸 드디어 나와 한 몸이 되고 말았다. 이러하듯 포도송이는 햇볕에 달콤하게 익어간다. 또 이렇듯이, 더할 나위 없이 단순한 놀이의 완만한 계속은, 바닷가에 누워 짠 바람을 들이쉬며 햇볕에 살을 태우는 일 말곤 하는 일 없는 이들에게와 마찬가지로 내게도 심기의 느슨함을, 무사태평한 미소를, 내 눈까지 닿는 어지럼을 가져다주었다.

때로는 어느 한 아가씨의 상냥한 마음씨가 내 가슴에 널따란 진동을 일으켜 한동안 다른 아가씨들에 대한 욕망을 멀리한 적이 있었다. 그래서 어느 날 알베르틴이 말했다. “누가 연필 가졌니?” 앙드레가 연필을 주고 로즈몽드가 종이를 주자 알베르틴은 모두에게 말했다. “어린 숙녀 여러분, 내가 쓰는 걸 봐서는 안 됩니다.” 종이를 무릎에 대고 한 자 한 자 얌전하게 쓴 다음, 그 종이를 “남이 보지 못하게 조심해요” 말하면서 나에게 넘겼다. 나는 종이를 펴고 그녀가 쓴 이런 글을 읽었다. ‘나는 당신이 정말 좋아요.’

그녀는 느닷없이 성급하고도 엄숙한 태도로 앙드레와 로즈몽드 쪽으로 몸을 돌리면서 소리 질렀다. “아아 참, 이런 쑥스런 말을 쓰는 놀이를 하기보다는 오늘 아침에 받은 지젤의 편지를 보여줘야지. 나 머리가 돌았나 봐, 주머니에 넣고 왔는데 우리한테 도움이 될지도 모르겠어!” 지젤은 학년 말 시험 때문에 지은 작문을, 알베르틴에게 보내어 다른 친구들에게 전해줘야 한다고 생각한 모양이었다. 알베르틴은 어려운 문제가 나올까 걱정했는데, 지젤이 두 문제 가운데 고른 문제는 그 걱정을 뛰어넘었다. 하나는 ‘지옥에서 소포클레스가 라신에게 〈아탈리〉의 실패를 위로하기 위해 써 보내는 편지' 라는 것, 다른 하나는 세비녜 부인이 〈에스더〉의 초연 뒤에 라 파예트 부인에게 참석하지 못함을 얼마나 유감으로 생각하는지를 적어 보내는 편지를 가정할 것'이었다. 그런데 지젤은 극성스런 열심으로 시험관의 마음을 감동시켰을 게 틀림없지만—이 두 문제 가운데, 더 어려운 첫 번째 문제를 택하고, 문제를 주목할 만큼 다루어, 14점이나 따서 심사위원의 칭찬을 받았다. 에스파냐어 시험에서 '잡치지'만 않았더라면 총평 '우'를 받았을 것이다. 지젤이 알베르틴에게 베껴 보낸 작문은 알베르틴의 입을 통해 바로 낭독되었다. 왜냐하면 알베르틴도 앞으로 같은 시험을 치러야 했으므로, 그녀들 가운데 가장 머리가 좋은 앙드레의 충고를 크게 기대했기 때문이다. "지젤은 운이 좋았어." 알베르틴이 말했다.

"여기서 프랑스어 선생이 그 애에게 죽자고 파게 한 문제가 바로 이거니까." 지젤이 적은, 라신에게 보내는 소포클레스의 편지는 다음과 같이 시작했다. "친애하는 벗이여, 당신과 친히 친분 있는 영광도 없이 서신을 올리는 무례를 용서하소서. 하오나 당신의 신작인 비극 〈아탈리〉야말로, 당신이 저의 졸작을 남김없이 연구하셨음을 가리키는 것이 아니올지? 당신은 극의 주역 또는 중요한 여러 인물의 대사에 그치지 않고, 또한 아첨 없이 말하는 것을 허락하신다면, 합창부에서도 아름다운 시를 쓰셨습니다. 이 합창부는 그리스 비극에서 가볍게 볼 수 없는 요소라고 하지만, 프랑스에서는 참으로 새로운 시도라고 하겠습니다. 게다가 정말로 치밀한, 꼼꼼한, 매혹적인, 정교한, 섬세한 당신의 재능이 이 작품에서 하나의 박력에 다다른 사실을 공경하여 축하해 마지않습니다. 아탈리, 조아드야말로 당신의 적수, 코르네유라도 그이 이상 완벽하게 꾸밀 수 없는 인물이라 하겠습니다. 각 성격은 씩씩하고, 줄거리는 간소하고도 힘찹니다. 남녀의 사랑을 동기로 삼지 않은 비극, 이 점에 나는 심심한 찬사를 바치는 바입니다. 가장 널리 알려진 교훈이라해서 반드시 진실하다는 법은 없나 봅니다. 보기를 하나 들어보겠습니다.

De cette passion la sensible peinture
Est pour aller au coeur la route la plus sûres.
이 정열의 간절한 표명이야말로

마음을 가장 정통으로 찌르는구나.

이번에 당신은 그 합창부에 넘치는 종교적인 정서가 사람의 마음을 감동시키는 힘이 적지 않다는 점을 보여주었습니다. 대중은 당황했을는지 모르나, 정말로 아는 사람들은 당신의 공적을 인정할 겁니다. 이 서신을 통해 나의 모든 축하하는 마음을 보내고 싶으며, 아울러 나의 친애하는 동지께 깊은 경의를 표하고자 합니다."

알베르틴의 눈은 이 낭독을 하는 동안 줄곧 반짝거렸다. "어디서 베껴온 것 같아." 그녀는 다 읽고 나자 소리 질렀다. "지젤이 이런 답안을 알 낳듯 낳다니 꿈에도 생각 못했지. 또 이 인용한 시! 도대체 어디서 훔쳐왔을까?" 알베르틴의 감탄은, 물론 그 대상을 바꾸면서, 그 열의와 함께 더욱더 높아져, 끊임없이 그녀의 '눈이 튀어나올' 정도였다. 두뇌가 명석한 연장자로서 물음을 받은 앙드레는 먼저 지젤의 답안을 어떤 비꼼을 섞어 말하고, 다음에 진정한 정색을 서투르게 감추는 경솔한 태도로, 이 편지를 자기식으로 고쳤다.

"나쁘지는 않아." 앙드레는 알베르틴에게 말했다. "그렇지만 말이야, 내가 너라면, 만약 이와 똑같은 문제가 나온다면, 나올지도 모르지, 자주 나오는 문제니까, 나는 그렇게 하지 않아. 나라면 이렇게 하지. 내가 지젤이었다면 흥분하지 않고, 먼저 다른 종이에 계획을 적는 것부터 시작했을 거야. 첫 줄에 문제 설정과 주제 서술, 다음에 전개해나갈 본문 개요, 끝으로 평가, 문체, 결론. 이렇게 전체의 개요를 적어두면 논지의 방향을 알게 되지. 지젤은 처음부터 실수했어. 주제를 서술할 때부터, 더 좋게 말해서 본문에 들어갈 때부터, 안 그래 티틴(Titine)? * 왜냐하면 이건 편지글이거든. 소포클레스가 17세기 인간에게 편지를 써 보내는데 '친애하는 벗이여'라고 쓸 리가 없단 말이야."—"듣고 보니 그렇군. '나의 친애하는 라신'이라고 해야 맞지." 알베르틴이 벌컥 성을 내면서 분하다는 듯 소리 높여 말했다. "그러는 편이 더 좋았을 거야."—"아니지." 앙드레가 좀 빈정거리는 말투로 대꾸했다. "'님'이라고 적어야 옳았어. 마찬가지로 끝머리를 맺는 데도, 뭔가 다음과 같은 뜻에 해당하는 글을 찾아내야 옳았어, 곧 '부디, 님께서는(아니면, 친애하는 님께

* 알베르틴의 애칭.

서는) 여기 님의 종이 되는 영광을 갖는 뜻을 존경의 정과 더불어 말씀올림을 용서하소서.' 또 다른 부분에서, 지젤이 〈아탈리〉의 합창부가 새로운 시도라고 말했는데, 그 애는 〈에스더〉를 까맣게 잊고 있지. 그리고 다른 두 비극도. 그다지 알려지지 않은 비극이지만, 올해 교수가 그걸 명확하게 분석했거든. 그래서 그 두 비극을 인용하기만 하면, 교수가 주장하는 의견이니까 합격은 따놓은 셈이지. 두 가지는 바로, 로베르 가르니에의 〈유대 여인들〉하고, 몽크레티앙의 〈아망〉이지." 앙드레는 이 두 제목을, 호의적인 우월감을 감추지 못해 그 정을 미소로 드러내면서 인용했는데, 게다가 그 미소는 우아했다. 알베르틴은 좋아서 어쩔 줄 모르는 듯 외쳤다. "앙드레, 굉장하구나. 그 두 제목을 적어주지 않겠니? 생각해봐, 내가 그 문제를 치렀으면 얼마나 좋을까. 구두시험에서도 난 당장 그 제목을 인용해 엄청난 주목을 끌 거야."

하지만 그러고 나서, 알베르틴이 앙드레에게, 적어놓게 그 두 극의 이름을 다시 말해달라고 부탁해도, 그때마다, 이 벗은 알면서도 잊어버렸노라 우기며 죽기로 기를 쓰고 일러주지 않았다. "그리고 말이야." 앙드레는, 좀더 어린 친구들이 느낄까 말까 한 멸시의 말투로, 그래도 남의 감동을 받는 것이 기뻐서, 자기라면 이리이리 지었을 거라고 생각하는 그 작문의 방법에 아니꼬운 태깔을 덧붙이면서 말했다. "지옥에 있는 소포클레스는 정보에 밝았을 터. 따라서 〈아탈리〉가 상영된 것이 대중 앞이 아니라, 태양왕과 특권 있는 궁인들 앞이라는 걸 알고 있어야 하거든. 이 점에 대해 지젤이, 물론 아는 사람들의 존경이니 어쩌니 한 말은 아주 틀려먹었다고는 할 수 없지만 좀더 설명이 있어야 옳았어. 불멸의 몸이 된 소포클레스가 예언의 능력을 받았을 게 틀림없으니까, 이렇게 예고해도 상관없지 않으냐 말이야, 곧 볼테르에 의하면 〈아탈리〉는 그저 '라신의 걸작에 그치지 않고 인간 정신의 걸작'이 되리라고." 알베르틴은 이런 말을 모두 삼킬 듯이 듣고 있었다. 그 눈동자는 이글이글 타는 듯했다. 그래서 로즈몽드가 놀이를 시작하자고 꺼낸 말을 몹시 화를 내며 거절했다. "결국" 하고 앙드레가, 여전히 초연한, 거리낌 없는, 좀 비꼬는, 꽤 확신에 찬 열띤 말투로 말했다. "만약 지젤이 전개할 본문의 요지를 침착하게 처음에 적어놓았다면, 나라면 했을 착상을 생각해냈을지도 모르지. 나라면 소포클레스의 합창부와 라신의 그것이 종교적인 영감에서 다름을 지적했을 거야. 또한 소포클레스의 입을 통해 보충을 달게 했을 거야. 라신의 합창부에 그리스 비극의 그것과 비슷한 종교적인 정서의 흔적이 있다고 해도, 그것은 같은 신에 관한 것이 아니라고 말이야. 조아드의 신은 소포클레스의 신과 아무 관계가 없거든. 따라서 본문의 전개가 끝난 뒤, 아주 자연스럽게 이런 결론이 나오게 되지. '신앙이 다른들 어떠랴? 소포클레스는 그 점을 강조하기를 망설이는지도 몰라. 그는 라신의 신념에 상처를 입힐까 봐, 오히려 이 점에 관해서, 포르 루아얄의 스승과 아버지들에 대한 라신의 몇 마디를 슬그머니 끼워넣으면서, 이 좋은 맞수가 지닌 시적 재능의 드높음을 치하하겠지."

감탄하여 어찌나 열심히 들었는지 알베르틴은 얼굴이 뜨거워지며 구슬땀을 흘리고 있었다. "성한 평론가의 판단을 몇 가지 인용하는 것도 나쁘지 않겠지." 앙드레가 다시 놀기에 앞서 말했다. 그러자 알베르틴이 대꾸했다. "아무렴. 다들 그렇게 말하더군. 대체로 가장 존경할 만한 건, 생트뵈브와 메를레의 비평이 아닐까?"—"네 생각이 아주 틀리지는 않아." 앙드레가 대꾸했다. "메를레와 생트뵈브도 나쁘지 않아. 그러나 뭐니뭐니해도 델투르와 가스크 데포세를 인용해야 해." 그녀는 이렇게 말하면서도, 알베르틴이 아무리 졸라도 다른 두 극의 이름만은 적어주지 않았다.

그동안 나는 알베르틴이 내게 넘겨준 종이쪽지의 내용을 생각했다. '나는 당신이 정말 좋아요.' 그런 지 한 시간 뒤, 발베크로 돌아가는 길, 내가 걷기에는 좀 가파른 비탈길을 내려오면서 나는 반드시 그녀와 소설을 쓰리라 생각했다.

우리에게는 자기가 연모에 애타고 있음을 스스로 인정하는 여러 표시가 있다. 그런 표시의 전체로 말미암아 특정한 상태, 이를테면 그 젊은 아가씨들 가운데 아무개가 찾아오는 경우 말고는 어떤 방문객이 와도 나를 깨우지 말라고 호텔에 일러두는 명령, 그녀들을(오기로 되어 있는 아가씨가 누구이건) 기다리는 동안에 뛰는 가슴의 울렁거림, 또 이즈음 수염을 깎으려는데 이발사가 없어 알베르틴, 로즈몽드, 또는 앙드레 앞에 어쩔 수 없이 보기 흉한 꼴로 나타나게 되었을 때에 느끼는 분노 같은 상태, 이런 상태는 모르면 몰라도, 어느 아가씨에 대해서도 번갈아 생겨, 우리가 이름 지어 부르는 사랑이라는 것과는 달랐다. 이를테면 생존 또는 개성이라고 하는 것이 갖가지 유기체 사이에 나누어 쪼개진 식충류(植蟲類)의 삶과 인간의 삶이 다르듯. 그러나 자연과학이 알려주는 바에 의하면, 그와 같은 생물의 조직체란 관찰할 수 있는 것, 마찬가지로 우리 인간의 삶도 아무리 조금씩이라도 이미 진화된 것이어서, 지난날 우리가 상상조차 못했던 상태의 현실성을 긍정하게 되며, 머잖아 곧 이런 상태도 지나고, 다음엔 버리고 만다.

나에게, 몇몇 아가씨들 사이에 함께 나누어진 이 연모의 상태 또한 그와 같았다. 나뉨이라고 하기보다 차라리 공동이라고 하는 편이 낫다. 나에게 다사로운 것, 그 밖의 세상 다른 것과 구별되는 것, 내일 또다시 만나리라는 희망이 내 삶 가운데 최상의 기쁨이 된 만큼 소중해지기 시작한 것, 그것은 흔히 그 젊은 아가씨들 가운데 한 명이 아니라 그 동아리 전체였기 때문이다—몇 번이나 절벽 위에서 보낸 오후, 산들바람이 불던 풀숲에는, 상상력을 자극하는 알베르틴, 로즈몽드, 앙드레의 얼굴이 가지런히 놓이던 시각에 파악한 동아리 전체이다. 또 그중의 누가 나로 하여금 특히 그 장소를 그토록 귀중히 여기게 했는지, 내가 누구를 가장 사랑하고 싶었는지 딱 잘라 말할 수 없었다. 한 연정의 처음에는 그 끝에서처럼 우리는 오로지 그 연정의 대상에 애착해 있지 않고, 오히려 연정이 비롯하는 사랑하고 싶은 욕정(연정의 마지막에 가서는 그것이 남기는 추억)이, 서로 통할 수 있는 매혹의 지대, 어디로 가나 낯선 느낌이 들지 않을 만큼 서로 간에 조화로운 매력 지대를—때로는 한갓 자연의 매력, 식도락 또는 주거의 매력—멋대로 놀며 떠돈다. 그리고 내 경우, 아가씨들 앞에서, 나는 아직 습관에 마비되어 있지 않았으니까, 그녀들을 보는 능력을, 다시 말해 그녀들이 있는 곳에 나갈 때마다 깊은 놀라움을 느낄 수 있었다.

물론 이 놀라움의 한 부분은, 상대가 우리 앞에 나타날 적마다 새로운 모습을 보이는 데 비롯한다. 그러나 언제나 저마다 다양성이 크고, 그 얼굴과 몸의 선이 어찌나 풍요한지, 그 선은 우리가 그 사람 곁에 있지 않으면 우리 기억의 변덕스러운 단순성 때문에 금세 알아보지 못하게 된다. 기억은, 우리 마음을 움직인 어떤 특징을 선택해 이것을 외따로 떼어놓고, 과장하여, 키가 좀 크게 보인 여인을 바탕 삼아 엄청나게 키 큰 여인의 습작을 그려내거나, 〈장밋빛과 금빛의 조화〉*를 만들어내거나 하는데, 그 여인이 현실의 여인으로 우리 곁에 다시 나타날 때, 그 여인의 모습을 균형 잡고 있는 것, 곧 우리가

* 미국의 화가 휘슬러(1834~1903)의 작품명.

잊어버린 다른 온갖 특색이, 두루뭉수리로 우리에게 엄습하여 키를 줄이고 장밋빛을 없애며, 우리가 오로지 추구해온 것을 다른 특징으로 바꾸어놓은 뒤라야, 비로소 처음에 그런 특징을 주목했던 사실을 떠올려, 어째서 나중에 그것을 생각 못했는지 이해할 수 없다. 그곳에 공작이 있었음을 돌이켜 생각하면서 그 앞에 가보지만 거기엔 작약이 있다. 이런 피할 길 없는 놀라움은 이 한 가지만이 아니다. 실은 이런 놀라움 곁에, 추상의 양식화와 현실 간의 차이가 아니라, 전번에 본 인간과 오늘 다른 각도에서 눈앞에 보는 같은 인간 간의 차이에서 생기는 또 하나의 놀라움이 있다. 인간의 얼굴은 참으로 동방의 신통계보학(神統系譜學)*의 신과 닮았다. 그 한 덩어리의 수많은 얼굴이 갖가지 면 속에 나란히 놓여 있지만, 그것을 한꺼번에 보지는 못한다.

그러나 우리가 놀라는 대부분은, 특히 인간이 우리에게 이전과 똑같은 얼굴을 보이는 데에서 온다. 우리가 아닌 것에서 우리에게 주어진 것은 무엇이나 다—과일의 맛 따위도—그것을 다시 만들어내는 데 비상한 노력이 들게 마련이라 우리는 한 인상을 받자마자, 모르는 사이에 기억의 언덕을 내려가, 그런 줄 모르고서 아주 짧은 시간 안에, 이제 막 느낀 인상에서 매우 멀어진다. 그래서 새 면접은 번번이 우리가 바로 보았던 것으로 우리를 데리고 가는 어떠한 조정이다. 전에 보았던 것을 우리는 이미 잊어버리고 있는 것이다. 때문에 한 존재를 떠올린다 함은 실제로 그 존재를 잊는다는 뜻이다. 하지만 아직 우리가 볼 줄 아는 동안에는 잊었던 얼굴이 언뜻 눈앞에 나타나자마자 우리는 금세 그것을 알아보고, 빗나간 선을 고칠 수밖에 없다. 그러므로 바닷가의 아름다운 아가씨들과 날마다 갖는 모임을, 나에게 그처럼 유익한 것으로, 마음을 부드럽게 하는 것으로 만든 끊임없고도 풍부한 놀라움은, 발견과 더불어 어렴풋한 기억으로 만들어진 것이었다. 이런 놀라움에 덧붙여, 내가 지레 생각했던 것과 같은 적이 전혀 없고, 오는 모임에 품어보는 기대도 앞서 때의 기대와 비슷하다고 하기보다, 오히려 마지막으로 만났을 때의 아직 또렷한 기억과 비슷한, 그녀들의 행동이 내 마음을 자극해, 산책할 때마다 내가 생각한 계획과는 너무 어긋나며, 그것이 내가 방에서 혼자 머릿속으로 그릴 수 있던 방향과 전혀 다르다는 점을 이해하리라. 이 방향

* 같은 계통의 신 전체를 하나의 상(像)으로 나타내는 사상. théogonie.

은, 내 마음을 어지럽히고 나서도 그대로 윙윙 울리고 있는 담소의 인상 때문에, 내가 마치 벌집처럼 진동하면서, 돌아올 때는 이미 잊어버려 그 흔적을 찾아볼 길이 없었던 것이다.

어떠한 존재도 우리가 그것을 보지 않게 될 때는 없어진다. 다음에 그것이 다시 나타나면 그건 새로운 창조로, 온갖 창조와 다르지 않더라도 적어도 그 전의 것과는 다르다. 왜냐하면 이런 창조를 지배할 수 있는 최소한의 변화가 이원적이니까. 어떤 이의 힘찬 헤어짐, 대담한 겉모양을 기억해오다가, 다시 그 사람을 만나 이번에는 어쩔 수 없이, 거의 기력 없는 옆얼굴, 꿈꾸는 듯한 부드러움 같은, 전번의 기억에서 빠진 것에 놀란다. 다시 말해 이번에는 오로지 그것에만 마음이 사로잡힌다. 추억을 새 현실에 맞추어볼 때, 우리를 실망시키거나 놀라게 하는 것은 그것일 테고, 다른 기억을 우리에게 일러줌으로써 이를테면 현실에 수정을 한다. 그리고 전번에 빠뜨린, 그 때문에 더욱 눈에 띄는, 더욱 사실에 가까운 수정된 얼굴이 이번에는 몽상이나 추상의 재료가 되리라. 우리가 다시 한 번 보고 싶은 것이, 기운 없는 둥근 옆얼굴, 부드럽고도 꿈꾸는 듯한 표정이리라. 그러자 또다시, 그 다음에는, 날카로운 눈, 뾰족한 코, 꼭 다문 입술에서 느껴지는 의지가 강한 모습이, 우리의 소망과 그 소망에 일치한 대상 사이의 차이를 고치러 오리라. 물론 내가 아가씨 친구들과 함께 있을 때마다 충실하게 되살아오는 순전히 육체적인 그 첫 인상은, 그녀들 얼굴에만 관계되는 게 아니었다. 아마도 얼굴보다 더욱 마음을 어지럽게 하는 그녀들의 목소리(왜냐하면 목소리는 얼굴 못지않게 독특하고 관능적인 겉면을 보일 뿐더러, 또한 희망 없는 입맞춤의 현기증을 일으키는, 가까이 갈 수 없는 심연의 한 부분도 보이므로)에도 예민해서, 그녀들의 목소리가 저마다 작은 악기의 독특한 소리와 같으며, 저마다 그 악기에 오롯이 골똘하고 있는 듯하며, 그 악기가 그녀들 각자에게 특유한 부속물 같았다. 어느 억양을 그리면서, 그런 목소리의 한 깊은 선이, 오랫동안 잊힌 뒤에, 나에게 인지되어 곧잘 나를 놀라게 했다. 그래서 그녀들과 새로 만날 때마다 완전한 정확성에 되돌아가기 위해 내가 해야만 했던 수정은, 조율사 또는 성악 선생의 그것인 동시에 또한 도안가의 그것이었다.

이 아가씨들한테서 나에게 퍼지는 갖가지 감정의 물결은, 그녀들이 저마다 멋대로의 팽창을 서로 견제하는 저항으로, 전부터 중화되고 있는 조화로운 응집 상태에 있다가, 어느 날 오후 우리가 고리찾기 놀이를 하고 있을 때, 알베르틴을 위하여 허물어지고 말았다. 절벽 위 작은 숲 속에서 일어난 일이었다. 그날은 사람 수를 늘릴 필요가 있어 동아리 말고 다른 아가씨들 몇몇도 데리고 왔는데, 나는 낯선 두 젊은 아가씨 사이에 끼여, 알베르틴의 옆에 있는 한 젊은이를 부럽게 바라보면서, 마음속으로, 내가 저 자리에 있다면, 이 뜻하지 않은 짧은 시간 동안에 그녀의 손을 만질 수 있겠구나, 이런 기회는 또 없을 텐데, 어쩌면 나라는 존재를 그녀 마음속 깊이 전할 수도 있을 텐데, 하고 생각했다. 아니, 알베르틴의 손과 닿는 것은, 그것이 아무런 결과를 가져다주지 못하더라도 오직 그것만으로도 감미로웠을 것이다. 물론 그녀의 손보다 고운 손을 본 적이 없었던 것은 아니다. 그녀의 친구들 가운데, 앙드레의 손만 해도 여위고 더 섬세하고 어떤 생명 같은 것—이 아가씨의 명령에 따르면서도, 독립된 고유한 생명—을 갖고 있으며, 나태와 기나긴 꿈과 급작스럽게 손가락 사이를 펴는 행동과 더불어, 마치 고상한 사냥개 모양으로 날씬하게 그녀의 무릎 위에 곧잘 늘어뜨렸는데, 이를 주제 삼아, 엘스티르가 손을 여러 번 그려보았던 것이다. 그 습작의 하나로, 앙드레가 불을 쬐고 있는 그림에는, 그 손이 불빛을 받아 두 가을 잎처럼 금빛이 돌아 투명했다. 그러나 더욱 통통한 알베르틴의 손은, 잡는 순간 그 압력에 잠시 눌리다가 금세 탄력을 되찾아 독특한 감촉을 주었다.

알베르틴 손의 압력에는 관능적인 부드러움이 있고, 그 살갗의 연한 보랏빛 어린 장밋빛과 잘 어울렸다. 그녀의 손을 잡기라도 하면, 비둘기의 구구거리는 소리 또는 어떤 외침 같은 좀 단정치 못한 그녀의 킬킬 웃음의 울림을 듣듯이, 이 아가씨의 몸속에, 그녀의 육감 깊숙이, 이쪽의 몸을 들여보내는 느낌이 들었다. 그녀는 그 손을 잡는 이에게 커다란 기쁨을 주는 여성이자, 서로 다가가는 젊은 남녀 사이에 악수를 공공연하게 허락된 행위로 정한 것을 문명에 감사하고 싶어지게 하는 그런 여성이었다. 예의라는 독단적인 습관이, 만약에 악수를 다른 행위로 바꿔버렸다면, 나는 날마다 만질 수 없는 알베르틴의 손을 보고는, 뺨의 풍미를 알고 싶어하는 호기심 못지않게 강렬한, 손의 감촉을 알고 싶은 호기심을 품었으리라. 하지만 설령 고리찾기 놀이에서 그녀의 이웃이 되었더라도, 내 손 사이에 그녀의 손을 오랫동안 쥐는 기쁨에서, 나는 오로지 그 기쁨에만 잠겨 있지는 않았을 것이다. 그때까지 소심해서 속내 이야기를 할 수 없던 고백이나 의사 표시를 어떤 손의 쥠을 통해 전하려고 했으리라. 그녀 또한 손을 꽉 잡아 그 뜻을 받아들인 표시를 나타내기가 얼마나 수월했을까! 얼마나 아기자기한 즐거움의 공모, 얼마나 다사로운 즐거움의 시작인가! 나의 사랑이 그렇게 그녀 곁에서 몇 분 동안 보낸다면, 그녀와 알게 된 뒤로 처음인 큰 진전을 볼 수 있지 않겠는가. 그런 시간은 너무나 짧아 오래지 않아 끝나리라. 왜냐하면 이 놀이가 오래가지 않을 게 틀림없으니까.

먼저 끝나면 너무 늦으리라는 것을 깨닫자, 나는 그대로 가만히 있을 수가 없었다. 나는 내 손에 돌아온 반지를 일부러 들켜 술래가 되어 한가운데로 나가자, 반지가 어디로 갔는지 알아차리지 못한 체하면서 눈으로 뒤좇아, 그것이 알베르틴의 옆사람 손에 이르는 순간을 기다렸다. 알베르틴은 있는 힘을 다해 웃어대면서, 놀이 재미로 얼굴이 온통 장미처럼 빨개져 있다. "우리는 예쁜 숲에 바로 있다." 앙드레가 우리를 둘러싼 나무를 가리키면서 나에게만 보내는 눈길로 미소 지으며 말했다. 그 눈길은 우리 둘만이 서로 통할 수 있는, 그리고 이 놀이가 시적인 분위기에 알맞다는 점을 지적할 수 있는 지적인 사람이라고 말하는 듯이, 온 놀이 친구들의 머리 위로 미소를 보내오는 성싶었다. 앙드레는 그런 미묘한 정신의 섬세함을 밀고 나가다가 저도 모르게 노래까지 불렀다.

"지나갔네, 숲의 흰 족제비가 이곳으로 지나갔네, 숙녀 여러분, 이곳으로 지나갔네, 예쁜 숲의 흰 족제비가(Il a passé par ici, le furet du Bois, Mesdames, il a passé par ici le furet du Bois joli)."*

---

*

이 민요의 악보는 위와 같음(라루스 백과사전).

노래 부르는 품이, 마치 트리아농에 가면 루이 16세풍 연회를 베풀지 않고 못 배기는 사람들 같고, 민요를 그것이 불린 환경 속에 노래시켜 흥겨워하는 이들과 같았다. 나라면, 설령 그런 생각을 할 틈이 있었더라도, 반대로 그것을 행동에 옮기는 데 매력을 느끼지 않았을 테니까 틀림없이 즐겁지 않았을 것이다. 내 정신은 이때 아주 다른 곳에 팔려 있었다. 놀이하는 남녀는 내가 멍청해 반지를 잡지 못하는 것에 놀라기 시작했다. 나는 아름다우며 무관심한, 쾌활한 알베르틴을 바라보고 있었다. 겨냥하는 이의 손에 반지가 멈출 때에 그 곁으로 가려는 속셈을 짐작 못하는 알베르틴, 그녀의 의심을 받지 않을 술책을 못 쓴다면 분명 그녀는 화낼 것이다. 놀이에 열중한 알베르틴의 긴 머리칼이 반쯤 풀어져, 굽이진 타래로 뺨 위에 늘어져 있어, 그 머리칼의 건조한 갈색이 불그레한 혈색을 더욱 곱게 드러나도록 했다. 로라 디앙티이나 엘레오노르 드 귀엔이나, 그 자손으로 샤토브리앙의 사랑을 흠씬 받은 여인처럼 땋아 늘인 머리를 하고 있었다. "언제나 머리칼을 조금 늘어뜨리는 게 좋겠습니다." 나는 그녀에게 다가서면서 그 귀에 속삭였다.*

갑자기 반지가 알베르틴의 옆사람에게 넘어갔다. 그러자 곧 달려들어, 난폭하게 손을 벌리고 반지를 잡았다. 그 젊은이는 나 대신 원의 가운데로 나가고, 나는 그가 있던 알베르틴의 곁에 앉았다. 조금 전만 해도, 그 젊은이의 손이 반지를 돌리는 가는 끈을 스치면서 줄곧 알베르틴의 손에 부딪히는 것을 보며 부러워했다. 그런데 막상 내 차례가 되고 보니 그런 맞닿음을 구하기에는 너무나 소심하고, 그런 맞닿음을 맛보기에는 너무나 감격스러워, 너무 빨리 뛰어 고통스러운 심장의 고동밖에 아무것도 느끼지 못했다. 한순간, 알베르틴이 몰래 알리는 시늉으로 그 동그란 장밋빛 얼굴을 이쪽으로 기울이고, 반지를 갖고 있는 체 꾸미면서, 술래를 속이고, 반지가 돌아가는 쪽을 술래가 보지 못하게 하려고 했다. 이런 알베르틴의 눈길이 보내는 암시가 그 술책을 가리키는 줄 나는 금세 알아챘지만, 그래도 놀이의 필요에 따른 순전히 가장된 의사 표시, 그녀와 나 사이에 없었던 비밀스런 화합의 표시가 그렇게 그녀의 눈 속에 지나가는 걸 보고 당황하면서, 이제부터 우리 둘 사이에도 그것이 가능할 듯싶어 그렇게 되면 얼마나 숭고하게 다사로울까 생

* 로라 디앙티는 티치아노의 〈두 거울을 든 미녀〉의 모델이고, 엘레오노르는 중세의 왕비임.

각했다. 이런 생각에 열중하고 있을 때, 알베르틴의 손이 가볍게 내 손을 누르고, 어루만지는 듯한 부드러운 손가락이, 내 손가락 밑에 슬그머니 들어오는 것을 느꼈다. 그와 동시에 나에게 눈을 깜박거려 들키지 않게 하려고 애쓰는 것을 보았다. 그러자 단번에, 그때까지 나 자신의 눈에 보이지 않던 수많은 희망이 덩어리가 되었다. '그녀는 놀이를 이용하여 나를 좋아한다는 사실을 내가 느끼도록 하는 것이다.' 그렇게 생각해 나는 너무나 기뻤는데, 알베르틴이 성난 목소리로 말하는 것을 들었을 때, 단박에 거기서 굴러떨어지고 말았다. "빨리 잡아요, 한 시간 전부터 넘기고 있는데 어쩌자고 꾸물꾸물하죠?" 어찌나 슬픈지 얼떨결에 가는 끈을 놓쳐, 술래가 반지를 언뜻 보고 그것에 달려들어 내가 다시 한가운데로 나가자, 내 둘레를 계속해 돌고 있는 과격한 원무를 바라보며, 놀리기 좋아하는 아가씨들의 재촉을 받으며, 그것에 대꾸하기 위해 억지웃음을 웃으면서 들어가야만 했다. 한편 알베르틴은 계속해 말하고 있었다. "주의하지 않고서 다른 사람들 방해만 하니 놀이가 돼야지. 다음부터 놀이하는 날에는 이분을 부르지 말기로 해, 앙드레. 아니면 내가 오지 않겠어." 앙드레는 놀이 따위 아랑곳없이 '예쁜 숲'의 노래를, 로즈몽드도 그다지 확신 없이 좇아하는 마음에서 그 뒤를 따라 노래를 부르고 있었는데, 알베르틴의 비난을 얼버무리려고 나에게 말했다.

"당신이 그토록 구경하고 싶어한 레 크뢰니에가 여기서 얼마 안 되는 거리에 있어요. 자아, 바보들이 어린애 장난을 하는 동안 거기에 데려다드리죠. 가는 길에도 예쁜 작은 길이 있어요." 앙드레가 어찌나 나한테 상냥하게 굴던지, 가는 도중, 나는 알베르틴에 대해, 그녀의 사랑을 받기에 알맞은 방법으로 생각하는 것을 이것저것 얘기했다. 앙드레는, 그녀도 알베르틴을 매우 좋아하고, 아주 매력적이라 생각한다고 대답했다. 그렇지만 이 벗에 대한 나의 찬사는, 그다지 앙드레를 기쁘게 하지 못한 듯 보였다. 갑자기 어린 시절의 그리운 추억에 감동하여 나는 옴폭한 작은 길 안에 멈춰 섰다. 둘레가 뚜렷이 드러난 빛나는 잎들이 무성하게 길가에 비어져나와, 산사나무 덤불, 아아, 봄이 간 지 오래여서 꽃 진 산사나무 덤불을 막 알아봤던 것이다. 내 주위에, 옛 마리아를 공경하는 달의, 일요일 오후의, 잊어버린 신앙의, 잘못의 분위기가 감돌기 시작했다. 나는 되도록 이 분위기를 붙잡고 싶었다.

내가 또다시 멈추자 앙드레는 내 마음을 어여삐 짐작하고, 내가 그 작은 떨기나무 잎과 잠깐 얘기하는 대로 내버려두었다. 나는 꽃의 소식을 그 잎들에게 물어보았다, 경솔하고, 예쁘장하며, 신심 깊은, 명랑한 젊은 아가씨들과도 같은 그 산사나무 꽃들의 소식을. "그 아가씨들은 벌써 오래전에 가버렸어요." 잎사귀들이 대답한다. 아마도 이 잎들은, 내가 그 아가씨들의 절친한 벗이라고 내세우는 남자치곤 그녀들의 습관을 너무나 모른다고 생각한 게 틀림없었다. 절친한 벗이긴 하나, 다시 만나자는 약속을 해놓고서도 오랜 시간 만나지 않았다. 그래도, 질베르트가 아가씨에 대한 나의 첫사랑이었듯이, 산사나무는 꽃에 대한 내 첫사랑이었다. "그래, 나도 알아요. 6월의 한가운데 즈음에 가버리죠." 나는 대꾸했다. "그러나 그 아가씨들이 이곳에서 살던 장소를 보는 것만도 참 기쁘군요. 내가 병상에 누워 있을 때 어머니가 데리고 와, 나를 보러 콩브레의 내 방에 왔죠. 그리고 우리는 마리아를 공경하는 달엔 토요일 저녁마다 만났어요. 이곳에서도 아가씨들이 나들이 갈 수 있나요?"—"그야 물론이죠! 게다가 이곳에서 가장 가까운 생드니 뒤 데제르 성당에서도 그 아가씨들을 옆에 두고 싶어하죠."—"그런데 지금 만나려면?"—"그건 좀! 내년 5월이 되지 않고서는."—"하지만 그때에는 그녀들이 여기에 오겠죠?"—"해마다 정확하게."—"그렇지만 내가 이곳을 옳게 찾아낼지 모르겠는걸요."—"아니죠! 그 아가씨들은 어찌나 쾌활한지 찬송가를 부를 때 말고는 웃음을 그치는 일이 없어요, 그러니 못 찾을 리가 없지요, 오솔길의 끝머리에서도 그 향기로 알아볼 겁니다."

나는 앙드레를 따라잡아, 다시 알베르틴을 칭찬하기 시작했다. 끈기 있게 되풀이해두면 앙드레가 전하지 않을 리가 없다고 생각했기 때문이다. 그런데도 알베르틴이 그런 칭찬을 알았다는 말은 영영 듣지 못했다. 그래도 앙드레는 마음에 대해서 알베르틴보다 이해가 깊었고, 친절한 점에서도 좀더 세련되었다. 그녀의 싹싹한 마음씨는, 가장 재치 있게 남을 기쁘게 할 수 있는 눈길이나 낱말, 행위를 찾아내거나, 사람을 슬프게 할지도 모르는 생각은 말하지 않거나, 놀이의 한때뿐만 아니라 오찬회나 원유회까지 희생시켜서(더구나 그것이 희생이 아니라는 겉모양을 짓고서) 슬픔에 잠긴 남녀 친구들 옆에 남아, 경박한 즐거움보다 단둘이 조촐하게 있는 편을 더 좋아한다는 사실을 상대에게 보여주었다. 그러나 좀더 앙드레의 사람됨을 알게 되었을 때, 그녀는 남의 걱정을 하기 싫어하는 용감한 겁쟁이—그런 인간의 희생적인 용기야말로 특히 값어치 있는 것—따위에 속한다고 해도 좋았다. 정신의 탁월함에서, 감수성에서, 자신을 좋은 벗으로 보이려고 하는 고귀한 의사에서, 그녀가 늘 겉으로 나타내고 있는 착함이, 실은 그녀 성질의 밑바탕에 없다고 해도 상관없었다. 알베르틴과 나 사이의 가능성 있는 애정에 대하여, 앙드레가 나에게 말해주는 그럴듯한 이야기를 듣고 있으면, 그녀가 그것이 이루어질 수 있게 온 힘을 써줄 듯한 생각이 들었다. 그런데 어쩌면 우연인지도 모르지만, 그럴 의향만 있다면 손쉬운 것, 나를 알베르틴에게 연결해줄 수 있는 더할 나위 없이 하찮은 것도 앙드레는 절대 쓰지 않았다. 그래서 알베르틴의 사랑을 받고 싶어하는 나의 노력이, 이 노력을 방해하려는 비밀스런 술책을 앙드레의 마음에 일으키지 않았더라도, 적어도 기색으로 나타내지 않는 노여움을 앙드레 마음속에 불러일으키지 않았다고는 나도 딱 잘라 말할 수 없다. 또 이 노염과 싸우는 데 앙드레 자신이 난처해했는지도 몰랐다. 착한 마음씨를 보이는 데 앙드레가 갖고 있는 수많은 세련된 솜씨에, 알베르틴은 도저히 적수가 못 되었을지는 모르나, 나는 뒷날에 가서 알베르틴의 깊은 호의를 믿었던 만큼 앙드레의 호의에 확신을 가질 수 없었다. 알베르틴의 들뜬 태도에도, 앙드레는 늘 다정하며 너그럽게 행동하고, 애정 깊은 벗으로서의 말이나 미소를 보였다. 아니, 그 이상으로 대했다. 빈곤한 벗이 제 사치스런 생활을 이용하게 하고, 그 벗을 행복하게 해주려고, 아무 이해관계 없이, 왕의 총애를 얻고자 하는 아첨꾼보다 더 큰 수고를 하는 걸 나는 날마다 보았다. 누군가 그녀 앞에서 알베르틴의 가난을 불쌍히 여겼을 때, 앙드레의 다정스러움은 이목을 끌 만했고, 슬퍼하는 그윽한 말은 듣기에 부드러웠다. 그리고 그런 알베르틴을 위해서는 부유한 벗을 위해 하는 경우보다 천배나 더한 걱정을 하곤 했다.

그러나 누가, 알베르틴은 남들이 말하는 만큼 가난하지 않나 보다고 주장하기라도 하면, 거의 분별 못할 정도의 검은 구름이 앙드레의 이마와 눈에 그늘지어 언짢은 기분이 느껴졌다. 또 누가, 뭐니뭐니해도 그녀가 알베르틴을 시집보내는 게 생각보다 수월할 거라는 말까지 하면, 앙드레는 있는 힘을 다해 항변해 거의 성이 나서 되풀이했다. "흥! 시집 못 갈걸! 난 잘 알아, 그래 여간 걱정이 되는 게 아니야!" 나에 대해서도 마찬가지였다. 남이 나에 대해 뭔가 언짢은 말을 해도 그녀는 결코 그것을 내게 고자질하지 않을 성격인데, 이런 성격은 동아리 아가씨들 가운데 그녀뿐이었다. 게다가 만약에 나 자신이 그런 얘기를 하기라도 하면, 곧이듣지 않는 체하거나 악의 없는 얘기로 해석하거나 했다. 한마디로 말해 요령 좋다는 인간 능력의 집성(集成)이다. 이런 집성의 소유자는, 이를테면 우리가 결투 장소에 나갈 때, 우리를 보고 치하하고 나서, 결투까지 할 이유야 없었는데 하고 덧붙임으로써, 어쩔 수 없는 일이 아니었지만, 우리가 증명해보인 용기를 우리 눈에 더 크게 보여주려고 한다. 이러한 사람들은 같은 경우에 다음처럼 말하는 이들과 정반대이다. "결투까지 하게 되어 정말 난처하시겠소, 그러나 한편으로 생각해보면 그런 모욕을 그대로 삼킬 수야 없으니, 당신으로서는 달리 어쩔 수가 없었겠죠."

하지만 모든 일에는 두 가지 면이 있는 법이라서, 친구가 우리한테 우리에 대한 모욕적인 소식을 전하는 데 속으로 기뻐하거나 또는 적어도 무관심한 경우, 이는 친구가 그 소식을 말하면서 거의 우리 처지가 되어 생각해주지 않고서, 마치 풍선을 찌르듯이 침이나 칼끝으로 우리 피부를 찌르는 걸 증명하는 일이라면, 또 다른 친구가 우리 행위에 대해 남들에게 들은 것, 우리 행위에 대해 그 자신이 품은 의견 가운데 우리가 불쾌하게 생각할 것을 언제까지나 우리에게 숨기는 경우, 이 요령 좋은 기교도 꽤 많은 거짓의 분량을 증명하는 것이라 하겠다. 이런 친구에게 정말로 악의가 없고, 남들이 하는 말이 우리에게 줄지도 모르는 고통을 그 친구가 느끼는 것이라면, 아무리 숨겨도 예의에 어긋나는 것이 아니다. 나는 앙드레의 경우가 그렇다고 생각했지만, 절대로 그렇다는 확신이 있는 건 아니었다.

우리는 작은 숲에서 나와 사람들이 잘 오가지 않는 그물 같은 오솔길 하나를 지나왔다. 앙드레는 이런 오솔길을 썩 잘 알았다. 그녀가 갑자기 말했다. "자아, 여기가 당신이 오고 싶어한 레 크뢰니에예요, 당신은 운이 좋았어요. 시각도, 빛줄기도 엘스티르가 그린 그대로이니." 그러나 나는, 고리찾기 놀이 가운데 그 모양으로 희망의 꼭대기에서 굴러떨어진 슬픔에 잠겨 있었다. 그래서 이때, 느닷없이 발밑에, 더위를 피해 바위 사이에 웅크리고 있는 바다의 여신들, 엘스티르가 숨어 있다가 용케 잡은 그 여신들의 모습을, 레오나르도의 그림에서 보는 듯한 아름다운 우중충한 밝은 빛 속에 구별할 수 있었지만 여느 때 같으면 느꼈을 기쁨은 알아차리지 못했다. 바위 옆으로 슬그머니 피한 신기한 그림자의 요정들이 날쌔게 움직이다가는 잔잔해지고, 햇살의 소용돌이가 치자마자 재빨리 바위 밑으로 미끄러지듯 들어가 굴 속에 숨을 태세로 있다가, 햇살의 위협이 지나가자, 바위 근처 또는 해조 옆에, 절벽과 빛이 바랜 대양을 부스러뜨리는 태양 밑에 그 모습을 살짝 나타낸다. 그리고 잠깐 대양의 옅은 잠을 감시하는 듯한 이 경솔하고도 태연한 여인들은, 그 끈적끈적한 몸과 짙푸른빛 눈의 주의 깊은 눈길을 물 위에 나타날 듯 말 듯하게 보인다.

우리 둘은 다른 아가씨들한테로 돌아갔다. 이제 나는 내가 알베르틴을 사랑하고 있다는 걸 알고 있었다. 하지만 유감스럽게 나는 그 뜻을 그녀에게 알리려는 생각을 하지 않았다. 내 연정이 잇달아 애착하는 상대가 거의 같아도, 샹젤리제에서 놀던 시절 이후, 내 사랑의 개념이 달라졌기 때문이다. 한편 사랑하는 여인에게 고백하고, 자신의 애정을 털어놓는 걸 사랑에 필요한 주된 장면으로 생각하지 않았으며, 또 사랑은 외적인 현실이 아니라 오로지 주관적인 기쁨으로밖에 여기지 않았기 때문이다. 그리고 이 기쁨만 해도 알베르틴은 내가 그것을 느끼고 있는 줄 모를 만큼, 이를 유지하기에 필요한 것을 기꺼이 대줄 거라고 생각했다.

돌아가는 길에, 알베르틴의 모습은 다른 아가씨들한테서 발산되는 빛 속에 뒤섞여, 나에게 존재하는 유일한 것은 아니었다. 그러나 햇빛이 있는 동안, 구름보다는 고르고 일정한 형태지만, 언뜻 보아 작은 흰구름처럼밖에 보이지 않는 달도, 오래지 않아 햇빛이 사라지자 곧 그 본디의 힘을 발휘하듯이, 내가 호텔에 돌아왔을 때 내 마음속에 솟아올라 빛나기 시작한 것은 유독 알베르틴의 모습뿐이었다.

내 방이 갑자기 새롭게 보였다. 물론 오래전부터 이 방은 도착 첫날밤의 적의에 찬 방이 아니었다. 우리는 꾸준히 우리 주위의 거처를 우리에게 알맞게 바꿔나간다. 그리고 습관이 그런 주위를 아무렇지 않게 생각해감에 따라, 우리 불쾌감의 객관적 대상인 알록달록한 색채라든가, 널따란 공간이라든가, 고약한 냄새 같은 해로운 요소를 없앤다. 이렇게 되고 보니 방은, 나를 괴롭히는 힘은 물론이려니와 나를 기쁘게 하는 힘도, 이미 나의 감수성에 미치지 못했다. 그것은, 눈부시게 햇빛을 반영하며 점점 멀어지는 돛이, 한순간 더운 김처럼 땅에 닿지 않도록 하얗게 뒤덮고 있는 듯한 빛으로 젖은 푸른 하늘을, 물이 반쯤 담긴 물거울에 어른거리게 하는 수영장과도 같은, 화창한 낮들의 큰 통도 아니거니와, 그림같이 아름다운 저녁들의 순수하게 심미적인 방도 아니었다. 내가 거기서 오랜 나날을 보내서 이제는 보고도 눈에 띄지 않게 된 방이었다. 그런데 이제 막 눈을 바로 뜨고 이 방을 다시 보기 시작했다. 더더구나 이번은, 연애의 눈길이라고 할까, 그런 이기주의자의 시선에서였다. 그러니 비스듬하나 아름답게 보이는 거울, 유리 낀 우아한 서가 따위, 만에 하나라도 알베르틴이 나를 보러온다면 나에게 유리한 인상을 그녀에게 줄 게 뻔하지 않은가. 바닷가 또는 리브벨 쪽으로 줄달음치기에 앞서 잠깐잠깐 지내던 임시 거처로 보이는 대신, 내 방이 새삼 현실적이고도 친밀한 것이 되어 새롭게 보였다. 알베르틴의 눈을 갖고서 방 안에 있는 가구 하나하나를 유심히 바라보며 감상했으므로.

고리찾기 놀이를 한 지 며칠 뒤, 우리는 너무 멀리까지 산책을 해서, 메느빌에서 자리가 두 개 있는 작은 이륜마차 두 대를 얻어내, 이것을 타고 돌아가면 저녁 식사 시간쯤 다다를 거라고 모두가 좋아했다. 그러나 알베르틴에 대한 내 연정이 커질 대로 커져서, 나는 로즈몽드와 앙드레에게 나와 함께 타자고 차례차례 제의하고 알베르틴에겐 한 번도 물어보지 않았다. 나중에 일부러 앙드레와 로즈몽드에게 같이 타자고 하면서 시간, 길, 외투 같은 이차적인 형편을 살펴보아, 내가 알베르틴과 함께하는 게 가장 적절하다는 결론이 내 의사가 아닌 듯 남들의 입에서 나오게 하여, 나는 마지못해 알베르틴과 함께하는 양 꾸미게 되었다. 이 어찌 한탄할 노릇이 아니겠는가, 연모의 정에는 상대를 오롯이 동화하려는 경향이 있는데, 오가는 담소만으로는 상대를 먹을 수 없어, 이 귀로 도중에 알베르틴이 아무리 내게 상냥하게 굴어도 소용없었다. 그녀를 그녀 집 앞에 내려놓았을 때 그녀가 내게 행복감을 남겨주었지만, 출발 때보다 더욱 그녀에게 허기진 나로서는, 이제 막 단둘이 지낸 짧은 시간이, 그것에 연이은 시간의, 그것만으로는 대수롭지 않은 서곡으로밖에 느껴지지 않았다. 그렇지만 이 서곡에는 또한 첫 꽃처럼 뒤에 가서 다시 찾을 길 없는 매력이 있었다. 나는 아직 알베르틴에게 아무것도 요구하지 않았다. 알베르틴은 내가 원하는 바를 떠올릴 수 있었겠지만 확신은 없어서, 내가 그저 뚜렷한 목적 없는 교제를 목표로 삼고 있는데 지나지 않다고 추측했을는지도 몰랐다. 이 목적 없는 교제에서, 나의 아가씨 친구는, 뒷날에 가서, 예측한 놀라움이 풍성하고도 감미로운 어렴풋함, 곧 로마네스크(romanesque)*를 찾게 되었다.

그 다음 주에 나는 알베르틴을 만나려고 그리 애쓰지 않았다. 앙드레 쪽을 더 좋아하는 척했다. 연정이 생길 때 상대 여인에 대하여, 여전히 그 여인의 사랑을 얻을 수 있는 미지의 남성으로 있고 싶다고 생각한다. 그러나 마음속으로는 그 여인을 갈망한다. 그 여인의 몸보다는 그 주의를 끌고, 그 마음에 닿기를 간절히 바란다. 편지 속에 심술궂은 글을 슬쩍 적어 그 냉담한 여인이 이쪽에 상냥함을 구하러 오게 한다. 이래서 연애는, 사랑하지 않을 수 없거니와 사랑받지 않을 수도 없는 톱니바퀴 장치의 서로 어긋난 운동 속에, 정확한 기술로 우리를 끌어간다. 다른 아가씨들이 낮 공연에 가는 시간을, 나는 앙드레와 보내기로 했다. 앙드레가 그런 낮 공연을 나 때문에 기쁘게 희생시키리라는 사실을, 또 싫더라도 비교적 저속한 기쁨에 애착한다는 관념을 남이나 그녀 자신에게 주지 않으려고, 고매한 정신에서, 그것을 희생시키리라는 사실을 나는 알고 있었다.

이렇듯 매일 저녁 앙드레를 독점하려고 마음 썼는데, 이는 알베르틴을 시새우게 하려는 생각에서가 아니라, 알베르틴 눈에 내 위신이 커지게, 적어도 내가 사랑하고 있는 이가 그녀이지 앙드레가 아니라는 점을 알려주면서도 내 위신이 떨어지지 않게 하려는 생각에서였다. 나는 이 점을, 알베르틴에게 고자질할까 봐 앙드레에게도 말하지 않았다. 앙드레와 함께 알베르틴에 대해 말할 때는 일부러 냉담한 체했는데, 아마도 앙드레는 쉽사리 곧이듣는 듯한 겉보기와는 달리, 이런 점에는 아마 나보다 덜 속았는지도 모른다. 앙드레는 알베르틴에 대한 나의 무관심을 믿는 체하기도 하고, 알베르틴과 나 사이에 될 수 있는 한 빈틈없는 결합을 원하는 체하기도 했다. 반대로 무관심을 믿지도 않았으며 결합을 바라지 않았는지도 모른다. 그녀의 벗인 알베르틴에게 별로 관심이 없다고 앙드레에게 말하는 동안에도 나는 단 한 가지밖에 생각하지 않았다. 곧, 발베크 근처에 며칠간 묵으러 와 있으며, 오래지 않아 알베르틴이 거기에 가서 사흘간 지내기로 되어 있는, 봉탕 부인과 친교를 맺고자 애쓰는 일이었다. 물론 나는 이 앙드레에게 희망을 털어놓지 않았

* 로망(roman)에서 파생한 말. 본디 소설적·공상적·정열적인 것 또는 사람의 뜻.

고, 또 알베르틴의 가족에 대해 그녀와 얘기할 때면 될 수 있는 한 방심한 태도를 지었다. 앙드레의 또렷한 대꾸는, 나의 본심을 의심스러워하는 기색이 하나도 없었다. 그렇다면 도대체 왜, 그런 어느 날, 그녀가 이렇게 말하는 실수를 했을까? "마침 알베르틴의 아주머니를 만났어요." 물론 그녀는 "아무렇게나 내뱉는 당신의 말 속에서, 난 정확히 꿰뚫어 볼 수 있어요, 당신이 알베르틴의 아주머니와 친교 맺는 일밖에 생각하고 있지 않다는 걸"이라고는 말하지 않았다. 그러나 '마침'이라는 낱말은, 앙드레 머릿속에 나한테 숨기는 게 예의라고 여기는 어느 개념이 있다는 것과 관련되어 있는 성싶었다. 이 낱말은, 인간의 말이 전화기 속에서 전류로 변한 다음에 다시 말로 들려오듯이, 듣는 이가 직접 알아들을 수 있게 고안된 논리적이고 합리적인 형식을 갖고 있지 않았지만, 참뜻을 이해시킬 수 있는 어떤 눈길이나 몸짓과 같은 계통에 속해 있었다. 그래서 내가 봉탕 부인에게 관심을 두고 있다는 개념을 앙드레의 머리에서 없애고자, 다시는 봉탕 부인에 대해 방심한 투로 말하지 않을 뿐더러 악의를 품고서 말하기까지 했다. 전에 그런 괴상한 여인과 만난 일이 있는데, 그런 봉변을 두 번 다시 당하고 싶지 않다고 잘라 말했다. 그런데 말과는 반대로 어떻게 해서든지 부인을 만나려고 애쓰는 것이었다.

나는 엘스티르에게, 절대 아무에게도 말하지 말고 봉탕 부인에게 내 말을 꺼내 함께 앉도록 하는 수고를 해달라고 졸랐다. 엘스티르는 부인에게 소개해주겠다고 약속했지만, 내가 원하는 바를 놀라워했다. 왜냐하면 그는 부인을 간사한 계책이나 부리는 업신여겨야 할 여인, 남에게 흥미가 끌리는 만큼은 남의 흥미를 끌지 못하는 여인으로 판단하고 있었기 때문이다. 내가 봉탕 부인을 만나면, 이 사실이 머잖아 앙드레에게 알려진다고 생각한 나는, 차라리 그녀에게 미리 말해두는 편이 좋겠다고 여겼다. "가장 피하려고 애쓰는 것을 도저히 벗어날 수 없나 보죠." 나는 이렇게 첫머리를 꺼냈다. "봉탕 부인과 만나는 일처럼 지긋지긋한 건 또 없는데, 달아날 수 없을 것 같군요, 엘스티르가 나를 부인과 함께 초대할 테니."—"나는 그걸 한시도 의심한 적이 없어요." 앙드레는 기분 나쁜 말투로 소리 질렀는데, 그동안에, 잔뜩 화가 난 그녀의 눈은 커지고, 눈빛은 변해서 뭔가 눈에 보이지 않는 것에 끌리고 있었다. 앙드레의 이 말은, 하나의 사고를 가장 질서정연하게 서술하고 있진 않았지만, 이렇게 요약할 수 있다. '나는 잘 알아요, 당신이 알베르틴을 사랑한다는 걸. 그리고 알베르틴의 가족에게 접근하려고 여러 방면으로 손쓰고 있다는 걸.' 그러나 '그걸 한시도 의심한 적이 없어요'라는 말은, 내가 앙드레에게 부딪쳐서, 그녀에게 억지로 사실대로 말하게 한 사상의, 다시 짜 맞출 수 있는 조잡한 단편들이었다. '마침'과 마찬가지로, 이 말은 이차적인 뜻밖에 없었다. 다시 말해 (곧바른 단언이 아니라) 누군가에 대한 존경 또는 경계심을 일으키게 하여, 우리와 그 사람 사이를 틀어지게 하는 말이었다.

알베르틴의 가족에게 무관심하다고 내가 말했을 때, 앙드레가 그 말을 믿으려고 하지 않은 이상, 앙드레는 내가 알베르틴을 사랑하고 있다고 생각하리라. 그리고 틀림없이 그것이 앙드레의 마음을 상하게 한 것이었다.

앙드레는 그 벗과 나의 만남에서 보통 제삼자로 참석하곤 했다. 그렇지만 알베르틴과 둘이서만 만나게 되는 날도 있었다. 이런 날을 나는 열에 들뜬 듯한 상태로 기다리곤 했는데, 막상 그날이 오자, 결정적인 것을 나에게 가져다주지 않아, 결국 중요한 날이 되지 못한 채 지나가, 중요한 소임을 금세 다음 날로 미루지만, 다음 날도 소임을 완수하지 못해, 그 다음에서 그 다음으로, 물결처럼, 그 꼭대기는 다음의 꼭대기로 옮겨가곤 했다.

고리찾기 놀이를 하던 날부터 한 달 남짓하게 지나, 소문에 알베르틴이 다음 날 아침, 봉탕 부인이 머무르고 있는 곳으로 이틀쯤 묵으러 가기로 되어, 이른 아침에 기차를 타야 하므로, 지금 함께 지내고 있는 벗들에게 폐를 끼치지 않고서, 첫 기차에 탈 수 있게 승합마차를 이용할 수 있는 그랑 호텔로 오늘 밤 묵으러 온다고 들었다. 나는 이 소문을 앙드레에게 말했다. "아무래도 믿을 수 없군요." 앙드레는 불만스럽게 말했다. "게다가 그건 당신의 소망에 아무런 도움도 주지 않을걸요, 알베르틴이 혼자 호텔에 온대도 당신을 안 만날 게 뻔하니까요. 그건 예의에 어긋나거든요." 이렇듯 그녀는 조금 전부터 아주 좋아하게 된 형용사 '뻔하다'를 쓰면서 덧붙였다. "알베르틴의 속마음을 잘 아니까 당신한테 이런 말을 하는 거예요. 당신이 만나든 못 만나든 내게 무슨 상관이 있나요? 난 아무래도 좋아요."

이때 옥타브가 와서 우리 이야기에 함께하고, 앙드레에게 어제 친 골프의 득점을 거침없이 지껄여댔다. 다음에 또 산책 중이던 알베르틴이 수녀가 묵주를 다루듯이 디아볼로를 굴리면서 왔다. 이 놀이 덕분에, 알베르틴은 혼자서도 몇 시간 동안 심심하지 않을 수 있었던 것이다. 그녀가 우리와 함께하자마자, 고집 세게 보이는 그녀의 코끝이 내 눈에 띄었다. 요즘에 그녀를 생각할 때에 내가 빠뜨렸던 것이다. 그녀의 검은 머리칼 밑에, 반듯하게 드리운 이마의 모습이 내가 간직해온 흐릿한 모습과 대립했다—이번이 처음은 아니었다—한편으로, 그 하얀 이마가 내 눈에 강렬하게 파고드는 것이었다. 회상의 티끌에서 나오면서, 알베르틴이 내 앞에 다시 구성되었다. 골프는 혼자서 즐기는 습관을 준다. 디아볼로가 주는 습관도 확실히 그렇다. 그렇건만 우리와 함께한 뒤에도 알베르틴은 수다 떨면서 그 놀이를 계속했다. 친구들이 찾아와도 뜨개질을 멈추지 않는 부인처럼.

알베르틴이 옥타브에게 말했다. "빌파리지 부인이 그녀의 아버지한테 이의를 적어 보냈나 봐(나는 이 '봐'라는 낱말 뒤에서, 알베르틴 특유의 말투 가운데 한 가지를 들었다. 내가 그런 말투를 잊어버렸었구나 하고 확인할 때마다, 그 말투 뒤에서 알베르틴의 프랑스 사람다운 꿋꿋한 표정을 언뜻 보았다는 기억도 같이 떠올랐다. 내가 보이지 않았더라도, 그런 말투 속에, 민첩하고도 얼마간 시골티 나는 그녀의 특징 가운데 어떤 것을 그녀의 코끝에서 보듯이 알아봤을 것이다. 그녀의 목소리는, 미래의 광선 전화기가 재현하리라고 말들 하는 목소리처럼, 몸속에 똑똑하게 시각적 영상을 드러내고 있었다). 빌파리지 부인이 아버지께 불평을 써 보냈을 뿐만 아니라, 발베크의 행정 책임자에게도 편지를 써서, 둑에서 디아볼로 놀이를 못하게 해야 한다고 했나 봐. 누가 디아볼로의 팽이로 그분 얼굴을 맞혔대."

"그래요, 나도 들어서 알지요. 쑥스러운 짓이죠. 그렇지 않아도 여기엔 심심풀이가 없는데."

앙드레는 이 대화에 끼지 않았다. 알베르틴이나 옥타브도 그랬지만, 그녀는 빌파리지 부인을 몰랐던 것이다. 그래도 앙드레가 말했다. "그분이 왜 그런 소동을 부렸는지 모르겠어." "캉브르메르 노부인도 팽이에 맞았지만 불평 한마디 하지 않던데."—"그 차이를 설명해볼까요." 옥타브가 성냥을 그어대면서 점잖게 대꾸했다. "내 생각으로는, 캉브르메르 부인이 사교적인 여성이라면, 빌파리지 부인은 출세를 제일로 치는 여인이라는 거죠. 오늘 오후 골프 치러 가시겠습니까?" 그러고 나서 그는 우리 곁을 떠났고, 앙드레 또한 떠났다. 나는 알베르틴과 단둘이 남았다. “좀 봐요.” 알베르틴이 말했다. “내 머리, 당신이 좋아하는 모양으로 땋았어요, 이 머리채를 보세요. 이런 꼴을 다들 놀려대지만, 누구를 위해 내가 이렇게 하는지 아무도 몰라요. 우리 아주머니도 놀려대겠죠. 그래도 나는 그 까닭을 말하지 않을래요.” 나는 알베르틴의 볼을 옆으로 보았다. 전에는 자주 창백하게 보였는데 이렇게 보니, 맑고 윤택해서, 어느 겨울날 아침, 한 부분에 햇볕이 든 돌이 장밋빛 화강암인 듯하고도, 기쁨을 내뿜고 있는 듯이 보이던 그 광택을 띠고 있었다. 이때 알베르틴의 볼을 보고 느끼는 기쁨도 그와 같이 생생했으나 산책과는 다른 것에 대한 욕망, 입맞춤의 욕망 쪽으로 나를 이끌었다. 나는 그녀가 호텔에 머문다는 계획이 정말인지 물어보았다. “정말이에요.” 그녀가 말했다. “오늘 밤, 나 당신 호텔에 묵어요, 그리고 좀 감기든 것 같으니까, 저녁 식사 전에 잠자리에 들래요. 침대 곁에서 내 저녁 식사를 구경하려면 오세요. 식사 뒤 당신이 좋아하는 걸 하며 놀기로 해요. 내일 아침 역에 와주면 기쁘겠는데, 그래도 이상하게 보일까 봐 걱정이에요. 앙드레에겐 말하지 않았어요, 그 애는 약으니까. 다른 애들한테는 말했으니까 역에 나올 테죠. 그래서 아주머니한테 누가 고자질이라도 하면 정말 시끄러울 거예요. 그나저나 오늘 밤은 함께 보낼 수 있어요. 이 사실만은 아주머니도 전혀 모르실 테죠. 앙드레에게 인사하러 갈래요. 그럼 나중에. 일찍 와요, 둘이서 오래오래 놀 수 있게.” 그녀는 미소 지으며 이렇게 덧붙였다. 이 말을 들은 나는, 질베르트를 사랑할 무렵보다 더 먼, 사랑이 한갓 외면뿐이 아니라 실제로 이루어질 수 있는 실체처럼 느껴지던 시절까지 거슬러 올라갔다. 샹젤리제에서 만났던 질베르트는, 내가 홀로 되자 금세, 내 마음속에서 되찾아내는 그녀와는 다른 여성이었는데, 그에 반해 내가 날마다 만나는 현실의 알베르틴, 부르주아의 편견으로 가득 차고, 그 숙모에게는 모든 것을 솔직하게 털어놓는 듯싶은 알베르틴은, 한 번에 상상의 그녀와 하나가 되었다. 내가 아직 그녀를 알기 전에, 둑에서 나를 몰래 훔쳐보는 듯했던 알베르틴, 멀어져가는 내 모습을 보면서 마지못해 발길을 돌린 듯했던 알베르틴이었다.

할머니와 함께 식사하러 갔을 때, 나는 마음속에 할머니가 모르는 비밀을 느꼈다. 알베르틴으로서도 같은 처지인지라, 내일 그녀의 벗들이 그녀와 같이 있을 때, 우리 둘 사이에 어떤 새로운 것이 일어났는지 모를 터이며, 봉탕 부인도 조카딸의 이마에 입맞출 때, 그녀들 둘 사이에, 나라는 존재가, 남몰래 나를 기쁘게 할 목적으로 땋아 늘인 머리채 모양으로 있는 것을 모르리라. 그 조카딸과 인척 관계이며, 상을 당하거나 축하할 일이 있을 때 같이 하는 사이라는 것 때문에 이제까지 그처럼 봉탕 부인을 부러워하던 나, 이 내가 지금은 알베르틴한테 그 숙모 이상의 존재가 되고 만 것이다. 숙모 곁에 있어도, 알베르틴이 생각하는 사람은 나다.

잠시 뒤 무슨 일이 일어날지 나는 잘 몰랐다. 어쨌든 이제는 그랑 호텔도 오늘 밤도 공허하다고는 생각지 않았다. 이것들 안에 내 행복이 포함되어 있었다. 알베르틴이 차지한 골짜기 쪽 방에 올라가려고, 나는 승강기 벨을 눌렀다. 승강기의 자리에 앉는 것 같은 사소한 동작마저 내 마음과 직접 관계가 있으므로 몹시 즐거웠다. 기계를 올리는 줄에서도, 올라온 몇 층계 속에서도, 나는 내 환희로 물질화된 장치나 계단밖에 보지 않았다. 그 장밋빛 몸이라는 귀중한 실체를 숨기고 있는 방에 이르는 거리는 복도를 몇 걸음 걷기만 하면 된다. 그 방은, 거기서 앞으로 어떠한 더없이 즐거운 행위가 벌어진들, 통지받지 못한 숙박객에게, 다른 모든 객실과 똑같이 시치미를 떼어, 늘 준비해둔 손님방의 겉모양을 유지할 것이며, 가구들도 어떤 현상을 목격한들 집요하게 침묵을 지켜, 굳게 쾌락을 보관해, 절대 그 비밀을 남에게 밝히지 않으리라. 층계참에서 알베르틴 방까지의 몇 걸음, 이제 아무도 멈추게 할 수 없는 몇 걸음을, 나는 더할 바 없는 기쁨과 더불어 신중하게, 새로운 원소에 잠겨가듯이, 앞으로 나아가면서 천천히 행복을 옮기고 있는 듯, 그와 동시에, 전능의 힘을 갖췄다는 알 수 없는 감정과 예전부터 내 소유였던 유산을 이제야 받으러 들어간다는 감정을 품으면서 걷디었다.

그러자 느닷없이 생각났다. 의심한 것이 내 잘못이다, 그녀가 나에게 자리에 들어가 있을 때 오라고 말하지 않았느냐. 뻔한 일, 나는 기쁨에 어쩔 줄 몰라, 가는 도중에 서 있는 프랑수아즈를 하마터면 넘어뜨릴 뻔했다. 나는 눈을 번쩍거리며 알베르틴의 방으로 달려갔다. 나는 침대에서 자고 있는 알베르틴을 발견했다. 목이 환히 드러난 흰 속옷 때문에 그녀의 얼굴 균형이 여느 때와 다르고, 침대 속에서 따뜻해진 건지, 감기 탓인지, 아니면 식사 때문에 충혈되어선지 더욱 장밋빛으로 보였다. 몇 시간 전, 둑 위, 바로 옆에서 보았던 그녀의 얼굴빛을 떠올렸다. 그 생생하게 윤기 나는 볼의 풍미를 마침내 막 맛보려는 참이었다. 나를 기쁘게 하려고 다 풀어 가볍게 땋아 늘인 검고 기다란 머리채 한 가닥이 뺨 위를 내리긋고 있었다. 생글생글 웃는 얼굴로 나를 빤히 보고 있었다. 그녀의 옆, 창문 속 골짜기가 달빛에 환했다. 내 눈에 들어오는 알베르틴의 적나라한 목, 지나치게 장밋빛인 두 볼이 어느새 나를, 도취(다시 말해 이승의 현실을 이제 현실 속이 아니라, 내가 억누르지 못한 감각의 분류 속에 던지고 만), 나라는 존재 속에 전전하는 끝없으면서도 파괴할 수 없는 삶과 이에 비해 너무나 빈약한 바깥 세계의 삶 사이의 균형이 깨어지고만 듯한 도취 속에 빠뜨리고 말았다. 창 속 골짜기 곁에 보이는 바다, 메느빌의 첫 절벽의 불룩한 젖가슴, 달이 아직 한가운데에 올라 있지 않은 하늘, 이 모든 것이, 나의 눈동자로서는 깃털보다 더 가볍게 지닐 수 있을 것같이 보여 눈동자가 눈꺼풀 사이에서 저항하며 부풀어, 다른 수많은 무거운 짐, 세계의 온 산을 그 눈동자의 섬세한 표면에 들어올리려고 하는 것을 나는 느꼈다.

내 눈은, 둥근 수평선을 갖고서도 이제는 충분히 가득 차지 않았다. 내 가슴을 부풀게 하는 끝없이 큰 호흡에 비하면, 자연이 내게 가져다줄 수 있는 어떠한 생명도 얇게 보이며, 바다의 숨결도 너무나 짧게 보였다. 입맞추려고 알베르틴 쪽으로 몸을 기울였다. 이 순간에 죽음이 나를 덮치기로 되어 있었던들 그건 내게 관계없는 것으로, 아니, 있을 수 없는 것으로 생각했으리라. 왜냐하면 목숨이 내 밖에 있지 않고 내 안에 있었으니까. 한 철학자가 내게 말하기를, 그대는 먼 어느 날 죽으리라, 자연의 힘은—그 숭고한 발밑에 그대 따위야 티끌 한 알에 지나지 않는 그 자연의 힘은—그대가 죽은 뒤에도 오래도록 계속되리라, 그대가 죽은 뒤에도 그 동그랗게 불룩한 절벽, 그 바다, 그 달빛, 그 하늘은 여전히 존재하리라고 했다면 나는 연민의 미소를 금치 못했을 것이다. 어찌 그것이 가능할 것인가, 어찌 이승이 나보다 더 계속될 수 있을까. 이 몸이 이승 안에서 죽어 없어지지 않는 이상, 이승이 이 몸 가운데 포함되어 있는 이상, 이승이 이 몸을 채우기는커녕 이승 아닌 다른 수많은 보물을 쌓아놓을 빈 자리를 이 몸에 느끼면서, 한구석에 하늘, 바다와 절벽을 건방지게 내던지고 있는 이 몸인데?

“아서요, 초인종을 울릴까 보다.” 알베르틴은, 내가 입맞추려고 덮쳐오는 걸 보고서 빽 소리쳤다. 그러나 나는 생각해보았다. 숙모가 알지 못하게 적당히 조처하면서, 젊은 아가씨가 남몰래 젊은이를 오게 한 건, 아무것도 하지 않기 위해서가 아니다. 하기야 기회를 이용할 줄 아는 인간은 대담하게 일을 치러 성공한다고. 흥분 상태에 놓인 나에게, 알베르틴의 동그란 얼굴은, 밤에 켜는 등불 때문인 것처럼 내적인 불에 밝아지면서, 또렷또렷하게 두드러진 모양으로, 움직이지 않는 듯하나 어지러울 지경으로 회오리치는 바람 속에 휩쓸리는, 미켈란젤로가 그린 〈천지 창조〉의 수많은 얼굴들처럼, 활활 타는 천체의 회전인 양 빙빙 돌고 있는 듯이 보였다. 처음 보는 이 과일의 냄새, 맛을 막 보려는 참이었다. 길고 요란스럽게 찌르릉거리는 소리가 들렸다. 알베르틴이 젖 먹던 힘을 내어 초인종을 울렸던 것이다.

나는 이제껏 알베르틴에 대하여 품어온 연정이 육체를 탐하는 정에 기초한다고는 생각지도 않았다. 그렇지만 이날 밤 경험의 결과로 실제 그런 소유가 불가능하다고 느꼈을 때 그리고 첫날, 바닷가에서 알베르틴을 보고 제멋대로인 여자아이일 게 틀림없다고 여긴 뒤로, 갖가지 중간 단계의 추측을 거쳐, 그녀가 단연 품행이 단정한 아가씨라는 결론이 내려진 듯 생각했을 때, 또 그날 밤부터 이레가 지나 숙모네 집에서 돌아온 알베르틴이 "용서해드리죠, 당신의 마음을 괴롭혀서 스스로도 뉘우칠 정도예요. 다시는 그러지 마세요" 하고 쌀쌀하게 말했을 때, 언젠가 블로크가 나한테, 그럴 의사만 있다면 어떠한 여인이건 손안에 넣을 수 있다고 말했을 적에 내 마음에 생겼던 바와는 반대로, 현실의 젊은 아가씨 대신에, 밀랍 인형과 알게 된 것처럼, 그녀의 생활에 끼어들고 싶은 욕망도, 그녀가 어린 시절을 지낸 고장에 따라가고픈 소망도, 그녀에게 운동 생활의 첫 걸음을 배우고 싶은 희망도 점점 그녀한테서 멀어지게 되었다. 이것저것에 대해 그녀가 생각하고 있는 바를 알고 싶은 지적인 호기심은, 그녀를 안을 수 있다는 확신이 사라지면서 없어졌다. 나의 몽상도, 육체 소유의 희망에 기운을 돋워주지 못하게 되자 이내 그녀를 버렸다. 나는 처음부터 몽상을 육체 소유의 희망과는 관계없는 것으로 생각해왔건만, 이때부터 몽상은 자유를 되찾아—어느 날 어느 아가씨에게서 발견했던 매력에 따라, 특히 사랑받을 가능성이나 기회를 어렴풋이 예상한 아가씨에게—알베르틴의 아가씨 친구들 가운데 아무개에게, 먼저 앙드레 쪽으로 옮아갔다. 그렇지만 만약에 알베르틴이 존재하지 않았다면, 그 뒤의 나날에 앙드레가 나에게 보인 귀여움에 점점 더 큰 기쁨을 느끼기 시작한 현상이 아마 생기지 않았으리라.

알베르틴은 그녀 곁에서 내가 당한 망신을 아무에게도 얘기하지 않았다. 그녀는 그 훌륭한 체격 때문에, 특히 어딘지 모르게 풍겨나오는 신비스러운 애교와 매력적인 생활력의 축적 속에 그 원천이 있어, 그런 타고난 혜택을 입지 못한 이들이 그 샘에 목을 축이러 오는지도 모르는 애교와 매력 때문에, 아주 어릴 때부터 가정, 친구들, 사교계에서, 더 아름다운 이들, 더 부유한 이들보다 많은 인기를 차지해온 어여쁜 아가씨들 가운데 하나였다. 또한 그녀는 사랑을 알 나이가 되면서부터는 물론이고, 그 이전에도, 본인이 바라는 이상의 것을 남들이 요구해오는, 본인이 줄 수 있는 이상의 것을 남들이 바라는, 그런 인간에 속해 있었다.

어려서부터 알베르틴은 그녀를 찬미하는 어린 동무 네댓 명에게 둘러싸여 있었다. 그 가운데에는 알베르틴보다 뛰어났고, 본인도 그 점을 알고 있는 앙드레도 섞여 있었다(그리고 알베르틴이 무의식적으로 행사하는 매력이 작은 동아리의 근원이었으며, 그 기초 역할을 했는지도 모른다). 이 매력은 꽤 폭넓게 비교적 훌륭한 교제 사회까지 퍼져 있어서, 그런 가정에서 파반(pavane) 춤을 추는 경우, 좋은 집안의 아가씨보다 알베르틴에게 부탁하는 정도였다. 그래서 지참금 한 푼도 없는 데다, 그녀를 떨쳐버리고 싶어한다는 수상한 소문이 들리는 봉탕 씨의 신세를 지는 가난한 생활을 하면서도 여러 가정의 만찬뿐만 아니라 체류에 초대되기까지 했다. 그녀를 초대하는 이들은, 생루의 눈으로 보면 기품이 조금도 없는 사람들이지만, 이런 사람들과 아는 사이가 아닌 매우 부유한 로즈몽드나 앙드레의 어머니들 처지에서는 뭔가 대단한 관록 있는 인물같이 보이는 이들이었다. 그래서 알베르틴은 해마다 몇 주일 동안, 프랑스 은행의 이사 겸 대철도 회사 대표이사의 가정에서 지냈다. 이 실업가의 부인은 중요 인물들을 초대했는데 앙드레의 어머니에게는, 자기 '면회일'을 알린 적이 한 번도 없었다. 앙드레 어머니는 이 부인을 무례하다고 여겼지만, 그 가정에서 일어나고 있는 일에 커다란 관심을 두고 있었다. 그래서 해마다 딸 앙드레에게 알베르틴을 별장에 초대하라고 권했다. 혼자 힘으로는 여행할 방편이 없는 아가씨, 그 숙모가 거의 돌보아주지 않는 아가씨에게 바닷가에서 휴가를 지내게 해준다는 것은 자선 행위가 되기 때문이라고, 앙드레 어머니는 말했다. 앙드레 어머니로서는 알베르틴이 자기와 딸의 귀염을 받고 있다는 사실을 은행 이사와 그 부인이 안다면 자기와 딸에게 호의를 품을 거라는 기대를 걸고 있을 리 없었고, 더더구나 알베르틴이 솜씨 좋게 자기를 은행가의 집에 초대되도록, 적어도 딸인 앙드레를 은행가의 원유회에 초대되게 해주리라는 희망을 품고 있을 리도 없었다.

다만 매일 저녁 식사 때, 알베르틴이 얘기하는 것, 거기에 있는 동안에 은행가의 저택에서 일어난 일, 거기에 초대된 사람들, 거의 전부가 그녀가 보았거나 그 이름을 들어서 아는 사람들에 대해 얘기하는 것을 듣고서, 깔보는, 흥미 없다는 겉모양을 꾸미면서도 마음속으로는 황홀해하는 것이었다. 보았거나 이름을 들어서밖에 그 사람들을 모른다는 것, 다시 말해 직접 그 사람들과 아는 사이가 아니라는 것(그런데도 그녀는 그 사람들을 '오래전부터' 아는 사이라고 했다)을 생각하면, 앙드레의 어머니는 거만하고도 방심한 듯한, 입술 끝으로 그 사람들에 대해 알베르틴에게 질문하면서, 가슴에 우울의 아픔을 느꼈는데, 우두머리 사환에게, "이 완두콩이 너무 단단하다고 요리장에게 일러요" 하고 잔소리를 함으로써 침착성을 되찾아, '생활의 현실'로 되돌아오지 않았다면, 그녀 지위의 중요성이 불확실하고 불안하게 느껴지는 것을 막지 못했으리라. 이런 잔소리를 하고서야 그녀는 마음의 평온을 되찾았다. 그리고 앙드레의 결혼 상대가 집안이 훌륭한 것은 물론, 자기와 마찬가지로, 요리장 한 사람과 마부 두 사람을 부릴 수 있을 정도로 유복한 가정의 자제여야 한다는 결심을 다시금 굳혔다. 그만한 고용인을 부린다는 것은, 지위의 확실한 증거, 지위의 진실한 증명이었다. 그러나 알베르틴이 아무개 부인과 함께 은행 이사의 별장에서 회식했다는 것, 그 부인이 이번 겨울에 알베르틴을 초대까지 했다는 것은, 앙드레 어머니로서는 알베르틴에게 어떤 특별한 조심을 하게 하는 원인이 되어, 그것이 알베르틴의 불행한 신세 탓에 마음속에서 일어나는 연민과 멸시의 정에 빈틈없이 이어졌다. 이 멸시의 정으로 말하면, 봉탕 씨가 자기 처지를 부정해서—막연하나 파나마 운하와 관련된 사건이라는 소문—정부와 한통속이 됐다는 사실로 더욱 커진 것이었다. 그렇다고 해서, 한마디라도 알베르틴의 가문을 비천하게 생각하는 투로 말하는 이들에게, 앙드레의 어머니가 진실에 대한 애정에서, 경멸의 벼락같은 소리를 버럭 지르지 않는 것은 아니었다. "뭐라고요, 가장 좋은 집안이에요. n이 하나밖에 없는 시모네(Simonet) 가문이랍니다."

물론 이런 모든 게 세월의 흐름에 따라 바뀌어, 돈이 한 가지 소임을 단단히 맡고, 높은 기품이라는 것이 남에게 초대받는 데 도움이 될지언정, 시집가는 데 아무런 보탬이 되지 않는 사회라서, 남들에게 아무리 특별대우를 받을지라도 그것이 알베르틴에게는, '그만하면 참을 수 있는' 결혼에 조금도 유익한 영향을 미칠 성싶지 않았고, 그것으로 가난과 상쇄되지도 않을 것처럼 남들의 눈에 보였으리라. 그러나 이것만으로는, 혼인에 미치는 영향을 기대 못한다고 하나, 이런 '성공'은 심술 사나운 어떤 어머니들에게 부러움을 사서, 이 아낙네들과 벗이 아닌 은행 이사의 부인이나 앙드레 어머니 같은 사람들에게, 알베르틴이 '가문의 아이'로서 대우받는 것을 보고는 펄펄 뛰며 화를 냈다. 그래서 이런 어머니들은, 그녀들 그리고 앞에 열거한 두 부인과 똑같은 벗에게 말하기를, 그 두 부인이 진실을 안다면 화를 낼 거라고 하는 것이었다. 즉 알베르틴이 어느 댁에 갔을 때(또 '그 반대도 마찬가지') 딴 댁에서 친한 나머지 조심성 없이 입 밖에 낸 것을, 다시 말해 알려지고 보면 관련된 자가 한없이 기분 나빠할 자질구레한 비밀을 이것저것 지껄인다는 것이었다. 이처럼 시기하는 아낙네들은, 그런 말이 입에서 입으로 옮겨가, 그 때문에 알베르틴과 그 보호자들의 사이가 틀어지도록 침이 마르도록 되풀이했다. 하지만 이런 고자질이 흔히 그렇게 되듯이, 하나도 효과를 거두지 못했다. 그런 말을 지껄여대는 이의 악의가 너무나 빤히 보여 도리어, 말 꺼낸 사람에 대한 멸시가 더 높아질 따름이었다. 앙드레 어머니는, 알베르틴에 대해 계속 같은 태도라, 의견을 바꿀 리는 없었다. 알베르틴을 '불행한', 그러나 뛰어난 성격의 소유자, 남을 기쁘게 하는 일밖에 생각지 않는 아가씨로 여기고 있었다.

알베르틴이 얻은 이런 인기가, 자기 한 몸에 도움이 될 듯한 실제 효과를 하나도 행사할 것 같지 않았지만, 늘 남에게 요구되므로 자기를 내밀 필요가 없는 인간이 갖는 눈에 띄는 특징(같은 이유로, 그러나 반대로 사교계 최상급에서, 유행의 멋을 한 몸에 모으고 있는 여인에게도 비슷한 것이 보이는 특징), 자기가 얻고 있는 인기를 내보이지 않고 숨기려고 하는 특징을 알베르틴의 사람됨에 적어넣었던 것이다. 어떤 사람에 대해, 알베르틴은 절대 "그분은 나를 보고 싶어해"라고 말하지 않고, 모든 사람에 대해 언제나 호의를 갖고서 말하므로, 뒤를 쫓아가 사귐을 나누고 싶어하는 게 오히려 그녀인 듯싶었다. 몇 분 전, 그녀가 모임을 거절했으므로 가혹한 비난을 그녀에게 퍼부은 젊은이가 화제에 올라도, 공공연히 그 젊은이에게 복수하거나 앙심을 품기는커녕, 참으로 상냥한 분이라며 칭찬하는 것이었다. 알베르틴은 남의 마음에 드는 걸 귀찮게 여기기까지 했다. 그래서 남에게 마음을 써야만 했다. 하지만 그녀의 타고난 성질은 남을 기쁘게 하는 것을 좋아했다. 남을 기쁘게 해주는 걸 지나치게 좋아하는 나머지, 타산적인 사람이나 출세 제일주의자들에게 특별한 거짓말을 할 수 있을 정도였다. 하기야 이런 불성실은, 수많은 사람들 마음속에 아이를 밸 수 있을 때의 세포와 같은 상태로 있는데, 한 가지 행위로 단 한 사람을 기쁘게 하는 것만으로는 만족하지 않은 데에 불성실성이 있다.

예를 들어 알베르틴의 숙모가 그다지 재미있지 않은 다과회에 조카딸을 억지로 데리고 가려 한다. 그러자 알베르틴은, 거기에 감으로써 숙모를 기쁘게 해드렸다는 정신적인 이익을 끌어낸 것만으로 만족해도 좋으리라. 그런데 그 댁의 부부에게 공손히 접대를 받자, 알베르틴은, 오래전부터 뵙고 싶어 이 기회를 타서 숙모의 허락을 애원했노라고 말하는 편이 좋겠다고 생각한다. 이것만으로는 아직 충분하지 않다. 이 다과회에, 알베르틴의 친구 가운데 비탄에 잠긴 아가씨도 참석해 있다. 알베르틴이 그 아가씨에게 말한다. "나는 말이야, 너를 혼자 내버려두고 싶지 않았어. 내가 네 곁에 있어주면 너도 좋을 거라고 생각했어. 이 자리를 피해 다른 데로 가고 싶으면 좋을 대로 해. 뭐니뭐니해도 슬퍼하지 않는 네 얼굴이 보고 싶으니까."(게다가, 이 또한 그녀의 진정이다.)

그렇지만 때로는 꾸며낸 목적이 실제 목적을 망가뜨리는 일이 있었다. 이를테면 알베르틴이 한 친구의 일로 부탁할 게 있어 어떤 부인을 만나러 간다. 그러나 이 선량하고 동정심 많은 부인 댁에 다다르자, 모르는 사이에 오직 하나의 행위를 갖가지로 활용한다는 원리에 따르고 만 젊은 아가씨는, 오로지 이 부인과의 재회에서 맛보리라고 느껴왔던 기쁨 때문에 찾아왔다는 겉모습을 꾸미는 편이 좀더 다정스럽다고 생각한다. 이 부인은 알베르틴이 순수한 우정 때문에 먼 길을 일부러 와준 데 그지없이 감동한다. 사뭇 감격한 부인의 모습을 보면서, 알베르틴은 더욱더 부인이 좋아진다. 다만 여기에 기대에 어긋난 일이 생긴다. 순수한 우정으로 찾아왔다고 거짓으로 우기던 그 우정의 기쁨이 어찌나 생생하게 느껴지는지, 이제 와서 친구의 일을 부탁하기라도 한다면, 부인이 실제로 진지한 정을 의심하지 않을까 걱정한다. 부인은 알베르틴이 친구의 일을 부탁하러 왔다고 생각할 테고, 사실 그대로이다. 그러나 알베르틴이 부인을 만나는 순수한 기쁨을 갖고 있지 않다고 결론지을 것이다. 이것은 틀렸다. 그래서 알베르틴은 친구 일을 부탁 못한 채 돌아오고 만다. 마치 여인의 정표를 얻고자 하는 기대로 갖은 친절을 다한 남자가, 이 친절한 행위의 고상한 품을 지키는 나머지 사랑 고백을 못하고 말듯이.

또 다른 경우에, 본디 목적이 그 뒤에 생각난 부수적인 목적 때문에 희생되었다고 말할 수 없을망정, 전자가 후자와 매우 상반되어 있으므로, 알베르틴이 뚜렷이 드러내는 한쪽의 목적을 듣고서 기뻐하는 사람도, 다른 한쪽의 목적을 알았다면, 그 기쁨은 금세 가장 심각한 슬픔으로 변하고 말았으리라. 이 이야기가 좀더 앞으로 나아가면, 이런 모순이 더 잘 이해될 것이다. 여기서는 전혀 다른 사실의 예를 들어, 이런 모순은 인생이 나타내는 갖가지 경우에 참으로 자주 일어난다고만 말해두겠다. 한 남편이 애인을, 자신이 속한 부대 주둔지에 살게 한다. 그 아내는 파리에 머무르지만, 그 사실을 대충 알고 비탄에 잠겨, 남편한테 질투의 편지를 써 보낸다. 그러던 차, 애인이 파리에 가서 하루를 보내야 하는 일이 생긴다. 그녀의 집요한 부탁에, 남편은 애인을 데려가게 되고, 24시간의 휴가를 얻는다. 그러나 사람됨이 착한 남편은, 아내를 괴롭히고 있는 것이 가슴 아파, 아내가 있는 곳으로 가서 진정에서 솟아나는 눈물을 몇 방울 흘리며 말한다. 당신의 편지를 보고 어쩔 줄 몰라, 당신을 안심시킬 겸 포옹하러 겨우 빠져나왔다고. 이렇듯 남편은 단 한 번의 여행으로 첩과 아내 모두에게 사랑의 증거를 보이는 수를 발견했다. 하지만 아내가 어떤 이유로 남편이 파리에 왔는지 알게 되면, 그 기쁨은 틀림없이 슬픔으로 변할 것이다. 어쨌든 간에 이 실없는 남편을 보는 걸, 거짓말로 괴로워하는 것보다 더 기쁘게 생각하지 않는다면.

이와 같은 일석이조의 방법을 늘 같은 형태로 실행하는 것같이 보인 사람들 가운데 노르푸아 씨가 있다. 그는 이따금 사이가 틀어진 두 친구의 중재를 맡아 남의 일을 잘 돌봐주어서 누구보다도 친절한 사람이라 여기게 했다.

그러나 그는 부탁하러 온 사람을 도우려고 하는 걸로 보이는 데에만 만족하지 못해, 또 한 사람에게도 맡고 있는 알선을, 전자의 부탁 때문만이 아니라 후자의 이익을 생각해서 하는 것처럼 간접적으로 나타냈는데, '남의 일을 가장 잘 돌보아주는 이' 앞에 있다는 선입관을 품은 후자에게 쉬이 그 시사가 이해되었다. 이런 식으로 두 장면에 등장하여, 무대 용어로 1인 2역을 맡아서, 노르푸아 씨는 결코 인기를 떨어뜨리는 위험에 빠지는 일 없이, 그 여러 수고함은 그가 얻은 신용의 일부를 남에게 넘겨주기는커녕 없어지게 했다. 한편 있는 힘을 다할 때마다 두 배로 돌아오는 듯하며, 이에 따라 더욱더 남의 일을 잘 돌봐주는, 친구라는 명성, 일을 부탁하면 그 알선이 칼로 물 베듯 끝나지 않고, 관련한 두 사람에게 받는 감사가 증명하듯이 반드시 적절한 효과를 거두는, 참으로 남의 일을 잘 돌봐주는 사람이라는 평판을 쌓아갔다. 이 이중성을 가진 친절은 노르푸아 씨 성격의 중요한 일부였는데, 모든 인간이 다 그렇듯이 나쁜 이면을 갖고 있었다. 그는 자주 관청에서도 나의 아버지에게 이바지한 걸로 생각하게 하면서, 사실 아버지를 이용했다.

바라지도 않은 인기를 얻어, 자기 성공을 떠들썩하게 퍼뜨릴 필요가 없던 알베르틴은, 밉상의 여인이라면 세상에 알리고 싶어했을, 침대에서 나와 있었던 장면에 대해 침묵을 지켰다. 그리고 그 장면에서 그녀가 보인 태도가 나는 아무래도 꺼림칙했다. 단연 품행이 단정하다는 가정만 해도(알베르틴이 나에게 안기는 것을 격하게 거부한 까닭은 그 탓이리라. 이 가정은, 내 친구 아가씨 성격의 밑바닥에 있는 선량함, 성실성에 대한 나의 개념에서 떼어낼 수 있는 것이었다), 나는 여러 차례 그것을 다시 고치지 않고는 못 배겼다. 이 가정은 알베르틴을 보았던 첫날에 내가 세웠던 가정과는 얼마나 반대되는 것이었는지! 다음에, 나에게 보인 또 다른 수많은 얌전한 행동(어루만지는 듯한, 때로는 근심스러워하는 듯한, 걱정되는 듯한 얌전함, 내가 특히 앙드레를 좋아하는 데 대한 시샘)이 여기저기에서 몰려들어, 내 팔에서 벗어나려고 초인종을 잡아당긴 그 거친 몸짓을 물에 잠기게 했다. 그럼 어쩌자고 침대 옆에서 밤을 지내러 오라고 나에게 청했을까? 어쩌자고 애정 어린 말을 줄곧 지껄여댔을까? 한 젊은이를 만나고 싶어, 그 젊은이가 자기보다 다른 아가씨 친구를 더 좋아할까 봐 그 젊은이를 기쁘게 해주려고, 그 밤은 자기 곁에서 지내도 다른 친구 아가씨들이 모를 거라고 로마네스크한 말을 하고 나서, 그와 같이 단순한 기쁨을 젊은이에게 거절하다니, 그리고 그것이 자기에게 기쁨이 안 되다니. 젊은이를 만나고 싶어한 목적이 대체 무엇일까?

그나저나 나는 알베르틴의 품행이 그렇게까지 어질다고는 생각지 않았다. 그 거친 몸짓에는 뭔가 교태스러운 원인, 이를테면 자기 몸에서 불쾌한 냄새가 나는 줄 여겨, 그것이 나를 기분 나쁘게 하지나 않을까 두려워한 원인, 아니면 소심한 원인, 예를 들어 사랑 장난의 실태를 잘 몰라, 내 신경 질환의 상태가 입맞춤을 통해 전염되는 줄로 알고 있던 게 아닌가 스스로 묻기에 이르렀다.

나를 기쁘게 해줄 수 없었던 걸, 그녀는 확실히 유감으로 생각해선지 나에게 금으로 만든 작은 연필을 주었는데, 그 속마음에는 이쪽의 다정스러움에 감동하면서, 그 다정스러움이 요구하는 것에 응하기를 승낙하지 않고, 그 대신 다른 것으로 호의를 보이려고 하는 이들의 너그러운 도리의 어긋남이 있었다. 평론으로 소설가를 만족스럽게 해야 하는 비평가가, 대신에 소설가를 만찬에 초대하고, 공작부인은 속물을 극장에 함께 데려가지 않고, 자기가 가지 않는 저녁의 칸막이 좌석권을 상대에게 보낸다. 그와 같이 최소의 것을 행할 뿐 중대한 것은 조금도 해주려 하지 않는 사람들은 그들이 받는 마음의 거리낌에 무엇을 하지 않고서는 못 배긴다. 나는 알베르틴에게 말했다. 이런 연필을 받아 몹시 기쁘긴 하지만 그래도 당신이 호텔에 숙박하러 왔던 밤에 입맞춤을 허락했다면 그쪽이 더욱더 기뻤을 거라고. "그렇게 해주었다면 얼마나 기뻤을까! 왜 그랬나요? 그처럼 사납게 거절하다니, 나는 퍽 놀랐습니다." 그러자 그녀가 대답했다. "내가 놀라는 건 당신이 그 일에 놀랐다는 바로 그 점이에요. 내가 취한 태도가 당신을 깜짝 놀라게 했다니, 그럼 어떤 아가씨와 가까운 사이였나 묻고 싶은데요."—"당신 마음을 아프게 한 것은 매우 유감이지만, 지금에 와서도 나는 똑똑하게 내가 잘못했다고는 말할 수 없습니다. 내 생각에 그런 행동은 하나도 대단한 것이 아닙니다. 쉽사리 남의 마음을 기쁘게 할 수 있는 아가씨가 그런 것을 승낙하지 않다니 이해가 안 갑니다." 나는 덧붙여, 어찌하여 그녀와 그녀의 친구들이, 여배우 레아의 여자친구에게 치명상을 입혔는지 떠올리면서, 알베르틴의 도덕관념을 얼마쯤 믿으면서도 한편으로는 의심하고 있음을 나타내려 했다.

"나는 말입니다. 젊은 아가씨라면 무슨 짓을 해도 괜찮으며 부도덕한 것은 전혀 없다고 말하려는 게 아닙니다. 그래서 저어, 언젠가 당신들이 이야기하던 발베크에 사는 그 소녀와 어떤 여배우 사이의 괴상한 관계 같은 것을 난 더럽다고 생각합니다. 어찌나 더러운지 정말이라고 믿지 않으며, 그 소녀를 몹시 미워하는 이들이 지어낸 말이라고 생각할 정도죠. 그런 일이 있을 법하지도, 있을 수도 없다고 생각해요. 그러나 입맞추게 한다는 것, 더구나 한 친구에게 입맞추게 한다는 게, 당신이 나를 친구라고 말하는 이상, 뭐 그렇게……." "당신은 내 친구예요, 하지만 당신을 알기 전부터 많은 벗이 있어요. 여러 젊은이들과도 아는 사이, 물론 당신만큼이나 모두 나에게 우정을 갖고 있지요. 그런데도 감히 그 같은 짓을 하려고 한 사람은 한 명도 없었어요, 알밤 두 대를 맞을 줄 알고들 있으니까. 하기야 그들은 그런 짓을 꿈에도 생각지 않고 좋은 친구 사이로서, 정답게, 담백하게 악수만 했지, 입맞춤이니 뭐니 따위를 말한 적이 한 번도 없었어요, 그렇다고 해서 우정이 줄거나 한 일도 없었지요. 그러니 내 우정을 소중히 생각한다면 이대로 만족할 줄 알아야 해요. 당신을 어지간히 좋아하지 않았다면 용서하지 않았어요. 하지만 당신이 나 같은 걸 대수롭게 여기지 않는 게 뻔해요. 당신 마음에 드는 애는 앙드레죠, 솔직히 털어놓으시라니까. 결국, 당신이 옳아요, 앙드레가 나보다 더 상냥하고, 또 매력이 있으니! 정말, 사내들이란!"

요즘의 환멸에도 이런 솔직한 말이 도리어 알베르틴에 대한 깊은 존경심을 일으키고, 내 가슴에 매우 감미로운 인상을 주었다. 아마도 이 인상이 한참 뒤에 가서 나에게 중대하고도 난처한 결과를 가져다주었는지 모른다. 왜냐하면 알베르틴에 대한 내 애정의 중심에 언제까지나 존재하게 되는 거의 가정적인 정감, 도덕적인 핵심은 이 감미로운 인상을 통해 이뤄졌으니까. 이 같은 정감은, 가장 큰 고뇌의 원인이 될 수도 있다. 그도 그럴 것이, 한 여인 때문에 진정 괴로워하려면 그 여인을 완전히 믿은 뒤라야 하니까. 얼마 동안 도덕적인 존경과 우정의 이 싹은 내 영혼 가운데 하나의 대치석(待齒石)*처럼 남아 있었다. 이것이 그와 같이 자라지 않고서, 내가 처음으로 발베크에 머문 마지막 몇 주일 동안은 물론이려니와, 그 다음해에 걸쳐 계속

* 석조 건축 맨 아래에 다음 공사에 이어서 할 수 있도록 남겨두는 치열상의 돌을 말함.

무기력하게 있었다면, 이 따라감만으로는 내 행복에 맞서 아무런 힘도 갖지 못했으리라. 뭐니뭐니해도 내쫓는 게 꼼꼼한 처사일 테지만, 낯선 환경 가운데 혼자 외롭게, 약하디약하게, 해로움 없이 얼마간 있을 듯하여, 위협하지 않고 그대로 그 자리에 있게 내버려두는 불청객처럼 그 따라감은 내 몸 가운데 있었다.

나의 몽상은 이제 자유를 되찾아, 알베르틴의 아가씨 친구들 가운데 아무 개에게 옮겨가도 상관없으나, 가장 먼저 앙드레로 옮겨갔다. 하지만 그 앙드레의 상냥한 친절도, 그것이 알베르틴에게 알려진다는 것이 확실하지 않았다면, 나는 아마도 그것에 그처럼 감동하지 않았을 것이다.

물론 오래전부터 앙드레를 유달리 좋아하는 체해왔으므로—함께 이야기를 하거나 애정을 고백하는 습관이 들어—이를테면 연정의 재료가 그녀를 위하여 다 준비되어 있는 셈이어서 거기에 여태껏 모자랐던 진정만을 덧붙이기만 하면 그만이었는데, 이제 다시금 자유롭게 된 내 심정이 그럴 의사만 있다면 그것을 충족시킬 수 있게 된 것이다. 그러나 내가 앙드레를 진정으로 사랑하기에는, 그녀는 너무나 지적이고 신경질적이며, 너무나 병약하고, 너무나 나와 닮았다. 알베르틴이 지금 나에게 텅텅 비어 있는 것으로 보였다면, 앙드레는 내가 몹시 잘 알고 있는 것으로 가득 차 있었다. 처음으로 바닷가에서 앙드레의 모습을 보던 날, 운동 열에 정신 나간 육상 선수의 정부라고 생각했는데, 나중에 앙드레가 나에게 한 말로는, 운동은 의사의 명령에 따라 신경쇠약과 영양장해 치료를 위해 시작한 것으로, 그녀에게 가장 즐거운 시간은 조지 엘리엇의 소설을 번역하는 시간이었다. 처음 앙드레가 어떤 아가씨인지 잘못 본 나는, 그 결과에 실망했지만, 이 환멸은 사실 나에게 조금도 중대한 일이 아니었다.

이에 반해 잘못된 생각은, 거기서 연정이 생기게 되고, 그 연정이 어쩔 수 없게 되고 나서 처음으로 잘못되었다고 알아차릴 때는 반드시 고뇌의 원인이 된다. 이런 잘못된 생각은—내가 앙드레에 대해 범한 잘못된 생각은 고뇌가 일어나지 않은 점에서 이와 다르다고 말할 수 있으며, 오히려 반대일지도 모르지만—처음 만나서 상대에 대해 그릇된 생각을 품는 경우, 흔히 그리고 앙드레를 처음 만났을 때에 특히 그러했는데, 상대의 실제 모습이나 태도보다도, 그렇게 되고 싶다고 상대가 원하는 모습이나 태도에, 지나치게 주의를 기울이는 데 기인한다. 겉모습, 꾸민 태도, 흉내, 좋은 사람이건 나쁜 사람이건 다른 수많은 사람에게 칭찬받고 싶은 욕망에 말과 행동에 거짓 꾸밈이 덧붙는다. 어떤 선량함, 어떤 너그러움 못지않게 시련을 견디지 못하는 파렴치와 잔혹성이 있다. 자선 사업으로 유명한 사람 속에서 자주 허영심이 강한 수전노를 발견하듯이, 방탕한 말로 허풍을 떨면, 아무리 도덕적인 선입관에 가득 찬 어엿한 아가씨일지라도 메살리나*를 떠올리게 한다. 나는 앙드레를 건강하고 원시적인 인간인 줄 여기고 있었는데, 사실 그녀는 건강을 찾고 있는 인간에 지나지 않았다. 그녀가 건강하다고 여겼던 사람들 대부분과 마찬가지로. 그들은 마치 불그레한 얼굴에 흰 플란넬 웃옷을 입은 뚱뚱한 관절염 환자가 당연히 헤라클레스가 아니듯, 사실은 건강하지 않았다. 그런데 건강하게 보이므로 사랑한 여인이 사실 병자에 지나지 않고, 마치 유성의 빛을 받은 것에 지나지 않으며, 어떤 물체가 그저 전기를 통과시키는 것에 지나지 않듯이, 실은 그 건강을 다른 것에서 받고 있고, 이것이 우리 행복과 관련된 상황도 있다는 것이다.

어쨌든 앙드레는 로즈몽드와 지젤처럼, 아니 그녀들보다 더 알베르틴의 벗이었으며, 알베르틴의 생활을 같이 꾸려나가, 알베르틴의 행동거지를 그대로 닮아, 그녀들과 만난 첫날은 좀처럼 그 둘을 구별할 수 없을 정도였다. 그 매력의 중심이 바다를 배경 삼아 뚜렷이 나타나는 데 있는, 한창 핀 장미 줄기와도 같은 이 아가씨들 사이에는, 내가 그녀들을 아직 모르던 무렵, 그 가운데 누군가 하나의 나타남이, 그 작은 동아리가 멀지 않은 곳에 있음을 나에게 알려주어 그토록 내 가슴을 울렁거리게 한, 그 무렵과 변함없이 서로 나뉘어 떨어질 수 없는 체제가 지배하고 있었다. 나는 지금도 마찬가지로 그 가운데 누군가 하나를 보면 기쁨을 느꼈는데, 그 기쁨 속에는, 내가 뚜렷하게 말할 수 없는 어떤 비례로, 그 작은 동아리가 뒤이어 나타나는 것을 머지않아 눈으로 본다는 기쁨이 섞여 있었으며, 설령 그날 작은 동아리가 뒤이어 오지 않더라도, 그 하나와 그녀들에 대해 얘기하는 기쁨과 내가 바닷가에 나왔더라고 그녀들에게 알려지리라는 걸 아는 기쁨이 섞여 있었다.

이제는 오직 첫 나날의 매력만이 아니라 되도록 사랑을 해볼까 하는 말 그

---

* 로마 황제 클라우디우스의 아내, 타락한 성의 상징으로 불림.

대로의 본심이 그녀들 사이에서 망설이고 있었다. 그토록 아가씨들 하나하나가, 자연스럽게 다른 하나와 바뀌었다. 나의 가장 큰 슬픔은, 내가 좋아하는 이 아가씨들 가운데 한 아가씨한테 버림받는 게 아니었으리라. 그 아가씨가 나를 버린다면 나는 금세 그녀를 특히 좋아했을 것이다. 왜냐하면 이 모든 아가씨 사이에 어렴풋하게 감돌고 있는 슬픔과 꿈의 모두를 그 아가씨에게 매어뒀을 테니까. 그리고 그녀들 가운데 한 아가씨한테 버림받는 경우에서도, 내가 그 아가씨를 통해 무의식적으로 미련을 느끼는 것은 그 동아리의 아가씨들 전부이므로, 머잖아 그녀들의 눈에 내가 곧 온갖 위신을 잃어버리는 걸 유감스럽게 생각할 것이다. 그도 그럴 것이, 그녀들 전부에게 나는 한데 뭉쳐진 연정을 바쳤기 때문이고, 그것은 정치가나 배우가 대중에 대하여 품는 애정이기 때문이다. 정치가나 배우는 대중의 인기를 한 몸에 받은 뒤에 버림을 당하면 마음을 달랠 길이 막히고 만다. 알베르틴의 호의를 얻을 수 없었지만, 어제저녁 나에게 모호한 눈길을 던지면서, 어떤 한마디를 말하고는 헤어진 아무개 아가씨에게 갑자기 여러 기대를 품고, 그 눈길 덕분에 이따금 온종일 내 욕망을 그 아가씨 쪽으로 돌리곤 했다.

그녀들의 변하기 쉬운 얼굴들은 비교적 고정된 표정이 나타나기 시작하면서 분간할 수 있게 되고, 게다가 확실하지 않고도 펴서 늘일 수 있는 화폐의 초상 모양으로 변하게 되어, 내 욕망은 그만큼 더 제멋대로 그녀들 사이를 오락가락했다. 얼굴과 얼굴 사이에 있는 다름에, 그 눈·코의 길이나 넓이에 있는 똑같은 다름이 들어맞을 리 없지만, 코·눈의 생김새는 아가씨들이 보기에 아무리 비슷하지 않아도, 서로 거의 겹쳐놓을 수 있을 만한 정도였다. 그러나 우리가 가지는 얼굴에 대한 인식은 결코 수학적이 아니다. 먼저 우리 인식은 부분을 측정하는 것부터 시작하지 않고, 하나의 표정, 얼굴 전체를 시작점으로 삼는다. 이를테면 앙드레에게는, 섬세하고도 온화한 눈이, 가늘고도 비좁게 오똑한 코에 알맞게 닿아 붙어, 그 콧날이 가느다란 곡선을 한 줄 긋고 있는 듯, 두 눈의 미소 안에, 먼저 두 줄로 나눈 섬세한 의도가, 그 콧날의 한 선을 따라올 수 있도록 하고 있는 듯했다. 똑같이 미묘한 또 다른 선이 앙드레 머리칼 속에, 바람이 모래밭에 자국낸 선같이 부드럽고도 깊은 고랑을 내고 있었다. 이런 점이 유전임에 틀림없는 게, 앙드레 어머니의 새하얀 머리카락도 대지의 기복에 따라 높고 낮은 눈처럼, 여기 부풂을 짓고,

저기 고랑을 지으면서 같은 모양으로 물결치고 있었다. 확실히 앙드레의 코가 지닌 가느다란 윤곽에 비하면, 로즈몽드의 코는 튼튼한 토대 위에 세워진 높다란 탑처럼 넓은 겉면을 보이고 있는 성싶었다. 아주 작은 것이 지어내는 다름 사이에 엄청난 다름을 생각하게 하는 힘이 표정에 있더라도—한낱 보잘것없는 것이 그것만으로 아주 특유한 표정 하나, 개성 하나를 창조할 수 있어도—그녀들의 얼굴을 상쇄할 수 없는 듯이 보이게 한 것은 그런 더할 수 없이 작은 선이나 특유한 표정만이 아니었다. 내 아가씨 친구들의 얼굴 사이에는, 빛깔이 또한 더욱 깊은 차이를 붙이고 있었다. 그 차이는 빛깔이 적지 않게 얼굴에 주는 색조, 곧 얼굴빛의 변화무쌍한 아름다움에 의하여 생겨났는데, 그 얼굴빛이 어찌나 대조적이던지 나는 로즈몽드 앞에서도—유황빛 도는 어떤 장미 빛깔로, 그 바탕 위에 초록빛 도는 눈빛이 반짝이고 있었다—또 앙드레 앞에서도—흰 뺨이 검은 머리로 한결 돋보이는—같은 즐거움, 낮의 햇볕이 내리쬐는 바닷가에서 쥐손이풀, 밤의 어둠 속에 피는 동백꽃을 번갈아 바라보기라도 하는 것 같은 즐거움을 느꼈다.

하지만 특히 얼굴의 차이는, 빛깔이라는 이 새 요소에 의하여, 선의 더없이 작은 차가 엄청나게 크게 보이게 되어, 면과 면의 관계가 전혀 달라졌기 때문에 생겨, 빛깔은 얼굴빛을 주는 동시에, 얼굴 넓이의 뛰어난 생산자, 아니면 적어도 그걸 바꾸는 자이다. 그래서 그다지 다르지 않은 지음새로 이루어진 듯한 얼굴들도, 다갈색 머리털의 불꽃에 비치어 장미색으로 물들거나, 흰 빛줄기에 부옇고 희미한 빛깔로 밝아짐에 따라, 늘어나기도 하고 또는 넓어지기도 하면서 다른 것이 되었다. 마치 한낮에 보면 한갓 종이의 고리로 만든 것에 지나지 않는, 러시아 발레에 따른 장식이 박스트(Bakst)* 같은 천재의 생각으로 이뤄진 것이라면, 무대에 비치는 담홍색 또는 달빛 같은 조명에 따라, 어떤 궁전의 겉에 터키 구슬 같이 단단히 박히거나 또는 정원 한가운데 벵골 장미처럼 부드럽게 꽃피거나 하듯이, 이와 같이 낯설지 않게 되면 우리는 그것을 곧잘 비교해보는데, 그건 화가로서지 측량가로서가 아니다.

알베르틴도 그 아가씨 친구들의 경우와 똑같았다. 어떤 날은 파리해, 우중충한 낯빛, 시무룩한 모습, 이따금 어떤 보랏빛 투명체가 바다에서 일어나듯

* 러시아의 화가이자 무대미술가(1866~1924).

눈 속에 비스듬히 내려와, 그런 그녀의 모습은 귀양살이의 슬픔을 맛보고 있는 듯했다. 또 어떤 날엔, 여느 때보다 더 매끈한 그녀의 얼굴은, 그 바깥에 바른 겉치레에 여러 욕망을 붙게 하여 욕망이 더 안으로 들어가지 못하게 했다. 그럴 때 옆쪽에서 흘깃 그녀를 보기만 하면, 밀랍으로 만든 흰 초같이 혈색을 잃은 두 볼도, 장미 빛깔의 속까지 환하게 보여서, 그 볼에 입맞추고 싶어지고, 그 속에 피하고 있는 다른 얼굴빛을 따라잡고 싶어진다. 또 어떤 때는, 행복이, 매우 잘 움직이는 밝은 빛으로 두 볼을 담그고 있었다. 그 때문에 변하기 쉬운 것으로 보이게 된 살갗이, 살갗 밑의 눈 같은 것을 드러내 보이고, 그로 인해 살갗 빛깔이 다른 색으로 보였는데, 그러나 살갗도 살갗 밑의 눈도 다른 물질로 된 것으로는 보이지 않았다. 때로는, 아무런 생각 없이, 언뜻 그녀 얼굴을 물끄러미 바라봤을 때, 그 얼굴에 깨알 같은 갈색 주근깨가 듬성듬성 나고, 그 안에 푸른 색깔로 눈에 띄는 두 점이 떠다니고 있었는데, 그런 얼굴이 어떻게 보면 방울새의 알 같기도 하고, 또 어떻게 보면, 다듬어지지 않은 갈색의 보석 가운데, 두 곳만을 가공하고 윤을 낸 희뿌연 젖빛의 마노, 하늘빛 나비의 투명한 두 날개인 양 두 눈이 반짝이고 있는 마노와도 같았다. 또 그 눈 속에, 살이 거울로 되어, 몸의 다른 부분을 바라보느니보다 더욱 우리를 영혼에 다가가게 하는 환상을 주었다.

하지만 더욱 흔히, 그녀는 더욱 화려했고 생기 있었다. 때로는 흰 얼굴 안에, 단 한 점, 코끝만이 장미 색깔이었다. 그때의 코는, 놀려대며 같이 놀고 싶어지는 앙큼한 어린 고양이의 코같이 조그마했다. 때로는 두 볼이 어찌나 매끈한지, 바라보는 눈길이, 그 장미색 에나멜 위를 마치 세밀하게 그려낸 칠보 그릇의 겉면을 미끄럼 타듯 미끄러졌고, 또한 그녀의 검은 머리칼이 성기게, 몇 가닥 엉키며 가려, 볼의 빛깔을 더욱 우아하고 그윽하게 보이도록 했다. 그 볼의 혈색이 시클라멘(cyclamen)과 같은 보랏빛 도는 장미색에 이르는 적이 있었다. 그리고 때로는 충혈되거나 열이 있거나 하여, 병적인 얼굴빛을 떠올리게 하고, 내 욕망을 더한층 육감적인 것으로 낮추면서 그녀의 눈에 뭔가 더욱 퇴폐적인, 불건전한 것이 보였을 때, 그 볼 색깔은 어떤 장미의 우중충한 자줏빛, 거의 거무스레한 연지가 되는 적이 있었다.

이처럼 알베르틴은 한 사람 한 사람이 달랐다. 무대에 비치는 빛살의 끝없는 변화 유희에 따라, 색·꼴·성격이 변하는 무희의 모습처럼. 뒷날 내가 어느 알베르틴을 생각하고 있는지에 따라, 나 자신이 다른 인물이 되는 습관을 갖게 된 것도, 아마도 이 무렵에 내가 그녀 가운데 비춰본 인간이 그토록 가지각색이었기 때문인가 보다. 내가 시새우는 인간, 무관심한 인간, 제멋대로 즐겨 노는 인간, 우울한 인간, 노하기 쉬운 인간으로 다시 만들어지는 건, 되살아나는 추억의 우연에 의해서만이 아니라, 똑같은 하나의 추억으로도 그것을 감상하는 나의 여러 가지 방식으로 인하여, 거기에 끼워넣는 내 확신의 정도에 따라서이다. 우리는 늘 이런 확신에 되돌아와야 하는데, 확신은 거의 언제나 우리가 모르는 사이에 우리 영혼을 가득 채우고, 게다가 우리의 행복으로서는, 우리가 현재 만나고 있는 인간보다 더욱 중요한 것이다. 왜냐하면 우리는 이러한 확신을 통해서 상대를 바라보기 때문이며, 이 확신이야말로 현재 보이는 인간에게 한동안 중요성을 지정해주니까. 엄밀히 말한다면, 나는 그 뒤로 알베르틴에 대한 내 생각 하나하나에 다른 이름을 붙여야 옳았고, 또한 그때의 나에 따라 결코 똑같은 모습을 나타내지 않은 알베르틴의 하나하나에도 다른 이름을 붙여야 옳았다. 그렇듯 다양한 알베르틴은, 그 다양한 바다—편의상 내가 단수로 그저 바다라고 불렀지만 사실은 연이어 변하던 다양한 바다—와 닮아 있었다. 그리고 그토록 다양한 바다 앞에, 또 하나의 요정, 알베르틴이 뚜렷이 드러나 있었다.

그러나 무엇보다도—이야기 속에서, 어느 하루의 날씨가 어떠어떠했다고 말하는, 그와 같은 방법, 아니 훨씬 효과적인 방법으로—알베르틴을 보았던 그날그날의 내 영혼을 지배한 확신에, 나는 번번이 이름을 붙여야 옳았다. 그때그때 바다의 모습과 분위기에 따라 인물의 모습과 분위기를 다시 만들어낸 확신이었다. 마치 바다의 모습이 거의 눈에 보이지 않을 정도의 구름에 따라 좌우되었다. 구름은 한곳에 모이거나, 움직이거나, 풀어지거나 도망쳐 달아나면서 사물 하나하나의 색채를 바꾼다. 어느 날 저녁, 엘스티르가, 그 젊은 아가씨들과 함께 걸음을 멈추고서도, 나에게 아가씨들을 소개해주지 않았을 때는, 확신은 깨지고 구름은 흩어져, 멀리 가버린 그녀들의 영상이 갑자기 더욱더 아름답게 되었지만, 며칠 뒤 그녀들과 아는 사이가 되었을 때는, 구름이 다시 그녀들의 빛을 가리며, 마치 베르길리우스의 레우코테아*

* 그리스 신화에 나오는 카드모스의 딸 이노가 바다에 투신하여 바다의 여신이 된 뒤의 이름.

처럼, 그 불투명하고도 부드러운 모습으로, 그녀들의 모습을 내 눈에서 가려버린다.

물론 그녀들의 얼굴은 그것을 알아보는 방법을 그녀들과 나누는 얘기, 내 의사에서 나오는 질문으로 어느 정도까지 얘기를 하게 하여, 가정한 것의 검토를 반증에서 구하는 실험자처럼 얘기를 여러 가지로 바꾸었던 만큼 더욱 값어치를 줄 수 있던 얘기를 통해 파악한 이래, 내게는 그 뜻이 모두 달라졌다. 요컨대 멀찌감치 아름답고도 신비롭게 보인 사물과 인물에, 그것이 아름다움도 신비도 없는 것인 줄 알아차릴 만큼 접근함은, 실로 존재하는 문제를 푸는 한 가지 방법, 다른 것도 있지만 분명 한 가지 방법이다. 그것은 우리가 마음 내키는 대로 택할 수 있는 위생법 가운데 하나, 그다지 권할 만한 위생법이 못 될지 모르지만, 삶을 이어가는 데 어떤 안정을 주고, 또한—최상에 이르고 보면, 최상이라는 것도 대수로운 게 아닌 것을 이해시켜, 아무런 미련도 없이—죽음을 받아들이게 하는 것이다.

나는 이 젊은 아가씨들 머릿속에, 순결에 대한 경멸감, 변덕 부린 나날의 추억이 가득 차 있다는 선입감 대신, 도덕적인 교훈으로 가득 차 있다는 인식을 품게 되었다. 그러한 교훈을 부르주아 사회에서 받았던 그녀들이, 그 때문에 위축되었는지도 모르지만, 그 덕분에 이제껏 온갖 잘못에서 몸을 지켜왔던 것이다. 그런데 인간은, 아무리 보잘것없는 것에 대해서도, 처음부터 그릇되게 생각했을 때 예측이나 추억의 착오가 악의 있는 험담의 출처나 대상을 틀린 방향에서 잃어버린 그 장소를 찾아내게 할 때, 설령 착오를 발견하더라도, 그것을 진실로 바꾸지 않고 또 다른 착오로 바꿔넣기 마련이다. 나는 그녀들의 생활방식과, 그녀들을 대할 때 취하는 나의 행실에 대하여, 그녀들과 정답게 담소하면서, 그 얼굴 위에서 읽어낸 순결이라는 낱말에서 온갖 결과를 끌어내고 있었다. 그러나 너무 빨리 판독할 때에 잘못 읽듯이, 어쩌면 내가 경솔하게 읽었는지도 모른다. 순결이란 글자가 거기에 씌어 있지 않았던 것이, 내가 처음 라 베르마를 듣던 낮 공연 프로그램에 쥘 페리(Jules Ferry)*의 이름이 씌어 있지 않았던 것이나 마찬가지인지도 모른다. 그 이름이 씌어 있지 않았어도, 개막극(開幕劇)을 쓴 이가 틀림없이 쥘 페리

* 프랑스의 변호사이자 정치가(1832~93).

일 거라고, 내가 노르푸아 씨에게 주장하는 데 방해가 되지 않았던 것이다.

그것이 작은 동아리의 아가씨 친구들 가운데 누구든 간에, 내가 가장 나중에 본 얼굴이, 어째서 나에게 떠오르는 유일한 얼굴이 아니었는가 하면, 어떤 사람에 대한 우리 회상에서, 지성이, 우리 일상의 관심사와 가까운 이익에 들어맞지 않는 모든 것을 젖혀버리기 때문이다(그러한 일상의 관심사가 연정이고, 그 연정이 이제껏 충족되지 않아 채워지기를 희망하는 가운데 사는 경우에는 특히 그렇다). 일상의 관심사와 가까운 이익은, 지나간 나날의 사슬이 풀어지는 대로 내버려두고, 우리가 삶의 나그넷길을 걸으면서, 어둠 속에 없어진 사슬의 고리와는 딴판인 금속의 맨 끝만을 꽉 쥐고 있는 일이 수두룩하여, 우리가 지금 있는 고장 밖에 현실로 여기지 않는다. 나의 첫인상은 전부 멀리멀리 가버려, 나날이 그 모습이 바뀌어가는데, 그것에 맞서는 힘을 기억 속에서 구할 수가 없었다. 그 젊은 아가씨들과 함께, 담소하며, 간식을 먹으며, 놀이를 하는 동안, 나는 그녀들이 벽화에서처럼, 바다를 배경 삼아 줄지어 걸어가는 것을 내가 보았던 그 무자비하고도 육감적인 아가씨들과 같은 아가씨들이라는 사실을 생각조차 못했다.

지리학자, 고고학자가 우리를 칼립소*1의 섬에 데려가고 또 그들의 손으로 미노스*2의 궁전을 발굴하기는 한다. 그러나 칼립소는 이미 한 여성에 지나지 않으며, 미노스는 어떠한 신성함도 가지지 않은 왕에 지나지 않는다. 더할 나위 없이 실제적인 이 인물들의 속성이었음을 역사가 우리에게 가르치는 장점이나 단점 또한, 우리가 똑같은 이름을 지닌 전설 속 인물들에게 돌리던 장점이나 단점과는 다르기 일쑤이다. 마찬가지로 처음 며칠 동안 지어낸 우아한 해양 신화도 전부 흐트러지고 말았다. 하지만 가까이할 수 없는 줄 여기던 것, 또 가까이 지내고 싶었던 것과 허물없이 보내는 때가 얼마간이라도 이따금 있게 됨은, 전혀 아무래도 좋은 게 아니다. 처음부터 불쾌하게 생각하던 사람들과의 교제에서, 어쩌다가 그들과 어울려 맛보게 된 기쁨 가운데조차 그들이 용케 숨긴 결점이 스민 쓴 뒷맛이 오래도록 남는다.

그러나 내가 알베르틴과 그 아가씨 친구들 사이에 이룬 친교에서는, 그 근원에 있는 참된 기쁨이, 어떠한 인공도, 억지로 익힌 과일에, 햇볕에 익지

*1 그리스 신화에 나오는 오기기아 섬에 사는 요정. 오디세우스가 7년 동안 같이 살았음.

*2 그리스 신화에 나오는 크레타 섬의 왕. 죽은 뒤에는 명부의 재판관이 됨.

않은 포도에 주지 못하는 향기가 남아 있다. 첫 무렵의 한때, 그녀들은 내겐 초자연적인 존재였다. 그 뒤, 나도 모르는 사이에, 그녀들과의 그지없이 평범한 관계 가운데 여전히 어떤 초자연성을 남겼다고 하기보다 오히려 우리 관계가 조금도 평범하지 않도록 예방했다. 지금 나와 아는 사이가 되어 나에게 미소 짓는 그 눈, 하지만 전에는 그 눈웃음의 뜻을, 내 욕망이 그토록 탐욕스럽게 추구했던 그 눈은, 첫날, 마치 다른 우주에서 비추는 빛처럼 내 눈길과 마주쳤던 것이다. 내 욕망이, 해안 절벽 위에 비스듬히 누워, 그저 나에게 샌드위치를 내밀기도 하고 수수께끼를 내기도 하는 그 아가씨들의 살갗에, 어느새 빛깔과 향기를 어찌나 넓게, 어찌나 골고루 뿌렸던지, 오후 동안 나는 몸을 길게 펴고서는 현대 생활에서 고대의 위대성을 구하고자, 발톱을 깎는 여인에 〈가시를 뽑는 소년〉*3의 고귀성을 주는 화가, 또는 루벤스와 같이 신화의 감흥과 경치를 이루려고 아는 사이의 여인들로써 여신을 지어내는 화가들처럼 내 둘레의 풀 속에 흩어져 있는, 아주 반대되는 모습의, 갈색과 금색의 그 아름다운 육체를 바라보았다. 일상생활이 그 몸에 채운 평범한 알맹이를 틀림없이 한 알도 빼지 않고서, 그렇건만(일부러 그 육체의 천국과도 같은 기원을 떠올리지 않고서) 마치 헤라클레스 또는 텔레마코스*2가 되어, 요정들 한가운데에 노닥거리고 있기라도 한 듯이, 그 육체를 바라보는 것이었다.

그러는 와중에 연주회도 열리지 않았다. 고약한 날씨가 이어졌다. 내 친구들이 발베크를 떠났다. 제비처럼 다 함께 간 것은 아니지만, 같은 주일 동안 하나 둘 떠났다. 알베르틴이 첫 번째로 갑작스레 가버렸는데, 그녀를 오라고 하는 일도, 심심풀이도 별로 없건만 어째서 그처럼 급히 파리에 돌아갔는지, 그때나 뒤에나, 아무도 몰랐다. "그 아가씨는 이렇다저렇다 한마디 없이 훌쩍 떠났대요." 프랑수아즈가 이렇게 투덜거렸는데, 속으로는 우리도 그같이 하기를 바라고 있었으리라. 우리가 남아 있는 것이, 프랑수아즈의 처지에서는, 이미 많은 수가 줄었지만, 그래도 호텔에 남아 있는 몇 안 되는 손님 때문에 붙잡혀 있는 고용인들에게, '공돈을 낭비하게 되는' 지배인에 대하여, 실없는 짓으로 보였던 것이다. 손님들 대부분이 떠난 지 오래여서 호텔도 곧

*3 교황청 미술관에 있는 청동상.

*2 그리스 신화에서 오디세우스와 페넬로페의 아들. 아버지의 행방을 찾아다님.

문 닫을 예정이었다.

호텔이 이처럼 쾌적한 적은 없었다. 그러나 지배인의 생각은 그렇지 않았다. 이미 하인이라고는 아무도 문 앞에 지키고 있지 않은 으슬으슬한 객실들 옆을 따라서, 그는 복도를 성큼성큼 오락가락했는데, 새 프록코트를 입고, 넥타이를 끊임없이 갈아매면서, 그 생기 없는 얼굴은 이발사가 어찌나 공들여 광을 냈는지 살의 한 부분을 화장품 셋을 섞어 버무려놓은 듯했다(이런 몸단장은, 난방 장치를 설치하거나 종업원을 확보하는 것보다 싸게 먹혔던 것이다. 예컨대 자선 사업에 10만 프랑을 낼 수 없게 된 사람이, 전보를 가져다준 배달부에게 술값으로 5프랑의 봉사료를 줌으로써 그런대로 힘들지 않게 넓은 도량을 보일 수 있듯이). 좋은 여름이 지나간 이 호텔 안에서 느껴지는 처량함에 바깥공기를 불어넣으려고 하는 그는 마치 공허를 시찰하는 듯, 자신의 훌륭한 옷차림 덕분에, 옛적에 자기 왕궁이었던 폐허에 자주 나오는 왕의 유령처럼 보였다. 갈려 나온 노선의 작은 기차가, 승객이 별로 없어 다음 봄까지 운행이 멎었을 때, 그는 유달리 불만의 기색을 나타냈다. "이곳 결점은 이 진동 기관*1이죠." 지배인이 이렇게 말했다. 그는 결손에도 다음 해를 위하여 대규모 계획을 세우고 있었다. 호텔 경영에 미사여구를 맞춰 쓸 때, 그는 그것을 정확하게 구사할 수 있어, 그 결과로 호텔 경영을 자찬하는 말이 튀어나왔다. "내게는 충분한 참모가 없었나 봐요, 하기야 식당 쪽에 솜씨 좋은 부대를 만들었지만." 그는 말했다. "하지만 추격병*2에 좀 모자란 점이 있었습니다. 내년에야말로 창을 쓰는 멋진 병사단을 조직하는지 보십시오." 어쨌든 B.C.B. 지선 운행이 멎어, 그는 하는 수 없이 이륜마차를 보내, 편지를 찾아오게 하고 때로는 손님을 안내해야만 했다. 나는 여러 번 마부 옆자리에 태워달라고 부탁하여, 그 덕분에 콩브레에서 지낸 겨울처럼 어떤 날씨에도 산책할 수 있었다.

그렇지만 때로는 옆으로 세차게 들이치는 비로, 게다가 카지노는 이미 닫혀 있어서 할머니와 나를 방 안에 가둘 때가 있었다. 방들은 바람 불 때의 배 밑바닥처럼 거의 텅텅 비어 있었다. 그러자 석 달 동안 아는 사이가 되지

---

*1 진동 기관(les moyens do commotion)은 지배인이 교통 기관(les moyens de communication)이라고 말할 셈으로 한 오용.

*2 원어는 샤쇠르(chasseur)로 호텔이나 식당에 제복 입은 종업원이란 뜻도 됨.

않은 채 한지붕 밑에서 지낸 사람들, 렌의 재판소장, 캉의 변호사 회장, 미국에서 태어난 한 부인과 그 딸들 가운데, 날마다 새 인물이, 항해 중일 때처럼 우리 방에 찾아와, 우리와 담소를 나누거나, 무료한 시간을 덜 지루하게 보내는 방법을 생각해내거나, 숨은 재주를 보이거나, 우리에게 신기한 놀이를 가르쳐주거나, 또 그쪽에서 우리를 초대하여 차를 들거나, 또는 음악을 듣거나, 시각을 정해 한데 모이거나 정말 즐거울 수 있는 기분전환을 함께 궁리하는 것이었다. 그러한 것이 우리를 즐겁게 했다고는 하지 못해도, 적어도 지루한 시간을 견디도록 도와주었다. 이를테면 내일이면 차례차례 출발하여 끊어지고 말 교제를, 체류의 끝머리에 와서 드디어 맺게 되었다. 내가 말한 바 있는 부유한 젊은이, 그 친구인 두 귀족 가운데 한 사람, 며칠 묵을 예정으로 다시 온 여배우 등과도 아는 사이가 되었다. 또 친구 하나가 파리에 돌아가, 이제 이 작은 사교 단체는 세 명이 되었다. 그들이 나에게 식당에 가서 같이 저녁 식사를 하지 않겠느냐고 물었다. 나중에 생각해보니, 내가 거절하는 편이 그들로서는 좋았던 것이다. 그러나 그들은 가능한 한 아주 상냥하게 초대했고, 사실 초대는 부유한 젊은이가 하는 것이지만(다른 두 사람이 그 손님에 지나지 않아), 젊은이가 함께하고 있는 친구, 모리스 드 보데몽 후작이 상당한 가문의 자손이었으므로, 본능적으로 여배우가 나에게 와주지 않겠느냐고 물으면서, 내 마음을 기쁘게 해주기 위해 말했던 것이다.

"와주시면 모리스가 퍽 기뻐할 거예요."

그러고 나서, 홀에서 내가 세 사람을 만났을 때, 부유한 젊은이는 나서지 않고 보데몽 씨가 나에게 말했다.

"우리와 함께 저녁 식사를 하지 않겠습니까?"

요컨대 나는 발베크의 생활을 아주 조금밖에 이용하지 못했다. 이런 생각이 들자, 발베크에 다시 오고 싶다는 소망이 간절하게 일어났다. 발베크에 머문 날이 너무나 짧은 듯했다. 내 친구들의 의견은 달라서, 발베크에 그대로 머물 셈이냐고 편지로 물어왔던 것이다. 또 그들이 봉투 위에 적어야만 했던 게 발베크라는 지명이었다. 그것을 보자 새삼스럽게, 창문이 들판이나 거리로 나 있지 않고, 큰 바다를 향하고 있으며, 한밤에 바다의 소란한 소리를 듣고, 잠들기에 앞서 쪽배인 양, 내 졸음을 그 소리에 내맡겨온 사실에, 물결과 더불어 뒤섞인 이 생활이, 마치 졸면서 배우는 학과처럼, 나도 모르는 사이에, 물결의 매력에 대한 관념을 실질적으로 내 속에 스며들게 했을 거라는 환상을 품었다.

지배인은 내년엔 더 좋은 방을 드리겠다고 말했지만, 내가 있는 방에 애착을 느낀 지 이미 오래되었다. 방에 들어올 때도 방충제 악취가 나지 않았다. 처음에 쉽사리 세우지 못했던 나의 정신도, 정확하게 방의 높이에 익숙해졌으므로, 파리에 돌아와 천장이 낮은 내 방에 눕게 되었을 때, 나는 정신이 정반대의 대우를 받게 할 수밖에 없었다.

그나저나 사실 발베크를 떠나야만 했다. 벽난로도 난방 장치도 없는 이 호텔에 더 오래 머무르기에는 추위와 습기가 지나칠 정도로 몸에 스며들었던 것이다. 하기야 이 마지막 몇 주일 간의 일들을 나는 대부분 금세 잊어버렸다. 발베크를 생각할 때 거의 변함없이 머리에 떠오르는 것은, 화창한 아름다운 계절 동안, 오후에 알베르틴이나 그 아가씨 친구들과 함께 외출하기로 되어 있어서, 아침마다, 할머니가 의사의 명령에 따라, 나를 억지로 어둠 속에 잠자게 한 그 순간들이었다. 지배인은 내가 있는 층에서 시끄럽게 굴지 말라고 명령하고, 그 명령이 잘 지켜지고 있는지를 이따금 몸소 살피러 왔다. 빛살이 너무나 눈부셨으므로, 첫날 저녁에 그토록 나에게 적의를 드러냈던 커다란 보랏빛 커튼을, 나는 될 수 있는 한 오랫동안 그대로 치고 있었다. 그러나 햇살이 통하지 않도록 프랑수아즈가 저녁마다 그녀만이 풀 수 있게 핀으로 커튼을 잡아매고, 이불, 붉은 모직으로 된 탁자 덮개, 여기저기서 주워 모은 천으로 틈새를 막았지만, 아무래도 빈틈없이 들어맞게 할 수가 없었다. 아침이 되면, 방의 어둠이 완전하지 못하고, 빨간 아네모네 꽃잎 같은 것이 융단 위에 뿌려져, 나는 그 가운데를 잠시 벗은 발로 밟으러 가지 않고서는 견디지 못했다. 창문 맞은편에, 군데군데 햇살을 받고 있는 벽 위에는, 아무것도 버티고 있지 않은 동그란 금색 통이 수직으로 걸려, 사막에서 히브리 민족을 이끄는 불기둥처럼 천천히 이동하고 있었다. 나는 다시 잠자리에 들었다. 하지만 아침이 나에게 권하는 유희의, 해수욕의, 산책의 즐거움을, 몸을 움직이지 않은 채 오로지 공상으로 한꺼번에 맛볼 수밖에 없게 된 나는, 환희에 심장이 요란하게 고동쳤다. 고정되어 있으면서 한창 활동 중에 있는 기계가, 자리에서 빙빙 돌아감으로써 그 에너지를 발산시킬 수밖에 없듯이.

나는 아가씨 친구들이 둑 위에 있는 걸 알고 있지만, 그 모습은 볼 수 없었다. 그러는 동안에 그녀들은, 바다의 울퉁불퉁한 사슬 고리 앞을 지나간다. 그 바다 저쪽에, 이탈리아의 옛 작은 마을처럼 푸르스름한 물결의 봉오리 한가운데 새처럼 앉아, 리브벨(rivebelle)*[1]의 작은 시 거리가, 태양에 산산이 토막나, 구름 사이의 트인 하늘 속에 이따금 가물거린다. 아가씨 친구들의 모습은 볼 수 없었지만(프랑수아즈가 '신문 기자'라고 일컫는 신문팔이의 외침 소리, 놀이하는 어린이들과 해수욕객들이 서로 떠드어대는 소리가, 바다새들의 울음소리처럼, 잔잔하게 부서지는 물결 소리에 구두점을 찍으면서, 내가 있는 전망대 같은 방까지 올라올 때에), 나는 그녀들이 있는 것을 짐작하며, 그 웃음소리가 네레이스*[2]들의 웃음소리처럼 잔잔한 물결 소리에 휩싸여 내 귀까지 올라오는 것을 듣는다.

"우리는 한참이나 바라보았어요." 저녁에 알베르틴이 말한다.

"당신이 내려오지 않나 하고 그런데 당신 방 덧문이 닫힌 채 있더군요, 연주가 시작되는 시간인데도." 사실 10시에 창문 밑에서 연주가 요란스럽게 울리곤 했다. 끊임없이 방울방울 미끄럼 타고 흐르는 물결 소리가, 악기 소리 사이사이에, 그 울림을 다시 계속한다. 그 물결은, 그 수정의 소용돌이 무늬 속에 바이올린의 선율을 포함하며, 바다 밑 음악의 간헐적인 메아리 위에 그 거품을 뿜어나오게 하고 있는 성싶다. 아직 아무도 내가 옷을 입을 수 있게 옷가지를 가져다주려고 오지 않아 조바심이 나기 시작한다. 정오가 되자, 드디어 프랑수아즈가 들어온다. 이렇게 연이어 몇 달 동안, 폭풍우를 얻어맞으며, 안개 속에 앞이 보이지 않은 줄 상상했기에 그토록 오고 싶어하던 이 발베크에 화창한 날씨가 이어졌던 것이다. 화창한 날씨가 어찌나 눈부시고 한결같은지, 프랑수아즈가 창문을 열려고 왔을 때, 창문 바깥쪽 벽 모퉁이에 변함없는 빛깔로 흰 태양의 늘 같은 부분을 보리라, 매번 어김없이 기대할 수 있었다. 그러니 여름의 표시로서 태양의 변함없는 빛깔이, 그 감동이 덜어지고, 생기 없고도 변변치 못한 칠보의 빛깔보다 더 우중충하게 보였다. 그래서 프랑수아즈가 출입문 위쪽 창에서 핀을 뽑고, 천을 뗀 뒤, 커튼을 잡아당기는 동안에, 헐벗어가는 여름 햇빛이, 우리 늙은 하녀가 금으로 된 옷

---

*1 직역해서 아름다운 바닷가 또는 물가.

*2 그리스 신화에 나오는 바다의 요정. 복수로는 네레이데스라고 함.

속에 방부제를 써서 지녀온 것을 드러내기에 앞서, 주의 깊게 한 겹씩 속옷을 벗겨가고 있기라도 한, 호화로운, 몇천 년 전의 미라처럼, 죽어버린, 기억할 수 없는 옛것인 듯했다.

옮긴이 민희식(閔憙植)

경기고 졸업 서울대 졸업 프랑스 스트라스부르대 문학박사 성균관대 교수 이화여대 교수 계명대·외국어대 프랑스과 교수 한양대 불문과 교수 한양대도서관장 저서《프랑스문학사》《법화경과 신약성서》《불교와 서구사상》《토마스복음서와 불교》《어린왕자의 심층분석》 역서《현대불문학사》 플로베르《보바리부인》 지드《좁은문》 뒤마피스《춘희》 바실라르《촛불의 철학》 뒤 가르《티보네 사람들》《한국시집(불역)》 박경리《토지(불역)》 한말숙《아름다운 연가(불역)》《김춘수시집(불역)》 허근욱《내가 설 땅은 어디냐(불역)》《불문학사예술론》《행복에 이르는 길》 프랑스문화공로훈장, 펜번역문학상 수상

World Book 140
Marcel Proust
À LA RECHERCHE DU TEMPS PERDU
잃어버린 시간을 찾아서 I
마르셀 프루스트/민희식 옮김
1판 1쇄 발행/2010. 10. 30
1판 6쇄 발행/2020. 11. 1
발행인 고정일
발행처 동서문화사
창업 1956. 12. 12. 등록 16-3799
서울 중구 마른내로 144(쌍림동)
☎ 546-0331~6 Fax. 545-0331
www.dongsuhbook.com
*

사업자등록번호 211-87-75330
ISBN 978-89-497-0679-5 04080
ISBN 978-89-497-0382-4 (세트)